刑法

条文理解与司法适用

·第二版·

上册

刘静坤◎主编

法律出版社 LAW PRESS · CHINA

北京

图书在版编目(CIP)数据

刑法条文理解与司法适用：上下册／刘静坤主编
. --2版. --北京：法律出版社，2024
ISBN 978-7-5197-8877-3

Ⅰ. ①刑… Ⅱ. ①刘… Ⅲ. ①刑法－法律解释－中国
②刑法－法律适用－中国 Ⅳ. ①D924.05

中国国家版本馆CIP数据核字(2024)第039765号

刑法条文理解与司法适用(上下册)
XINGFA TIAOWEN LIJIE YU SIFA SHIYONG
(SHANGXIACE)

刘静坤 主编

责任编辑 李 群 陈昱希 陈 熙
装帧设计 汪奇峰 臧晓飞

出版发行 法律出版社
编辑统筹 法规出版分社
责任校对 裴 黎 张翼羽
责任印制 耿润瑜
经　　销 新华书店

开本 710毫米×1000毫米 1/16
印张 76.25 **字数** 1356千
版本 2024年3月第2版
印次 2024年3月第1次印刷
印刷 固安华明印业有限公司

地址:北京市丰台区莲花池西里7号(100073)
网址:www.lawpress.com.cn
投稿邮箱:info@lawpress.com.cn
举报盗版邮箱:jbwq@lawpress.com.cn

销售电话:010-83938349
客服电话:010-83938350
咨询电话:010-63939796

书号:ISBN 978-7-5197-8877-3
(上下)定价:198.00元

凡购买本社图书,如有印装错误,我社负责退换。电话:010-83938349

作者简介

曾文科 法学博士，中国政法大学副教授、博士生导师，在《法学研究》等书刊上发表学术论文十余篇，并独译、合译日文文献多部（篇），主持多项国家级、省部级科研课题，负责本书第1~12条的撰写。

郝英兵 法学博士，中国人民公安大学副教授，负责本书第13~37条之一的撰写。

王　彪 法学博士，西南政法大学法学院副教授，曾任重庆市高级人民法院刑一庭法官、审判长，曾在最高人民法院刑三庭挂职参与中央司法改革项目，负责本书第38~60条的撰写。

肖　波 法学博士，上海定达律师事务所执行主任，曾从事刑事审判工作13年，负责本书第61~77条的撰写。

孙建保 法学博士、博士后，上海靖予霖律师事务所副主任暨合伙人会议主席，曾系上海市高级人民法院刑庭法官，负责本书第78~101条的撰写。

袁登明 法学博士，国家法官学院教授，曾在北京市第二中级人民法院、云南省公安厅、最高人民法院第二巡回法庭、中国应用法学研究所任（挂）职，主持或者参与11项省部级以上课题项目，负责本书第102~113条的撰写。

周凯东 法学博士，吉林省人民检察院第十一检察部主任，三级高级检察官，首届全国检察机关优秀调研骨干人才，著有个人法学专著《谁来打开和解之门——检察环节刑事和解研究》，参加2018年度国家社科重大项目《中国特色刑事证据理论体系研究》课题组、2017年度国家社会科学基金重点研究课题《认罪认罚从宽制度研究》课题组，负责本书第114~139条之一的撰写。

齐晓伶 法学博士、博士后，北京市乾坤律师事务所权益合伙人，北京市海淀区律师协会刑事法律研究会副主任，中国人民大学、北京理工大学、北京工商大学、北京中医药大学法律硕士实务导师，曾在CSSCI（中文社会科学引文索引）及全国核心期刊发表专业文章20余篇，负责本书第140～160条的撰写。

武广轶 北京市炜衡（昆明）律师事务所高级合伙人，第五届全国十佳公诉人，负责本书第161~169条之一的撰写。

于靖民 法学博士，北京市盈科（海淀区）律师事务所律师，盈科全国刑委会秘书长，北京市海淀区律师协会刑事法律研究会秘书长，曾任北京市第一中级人民法院、北京市第三中级人民法院法官，负责本书第161~169条之一的撰写。

万志尧 法学博士，国浩律所上海办高级合伙人，曾系最高人民法院、上海市高级人民法院、上海市第一中级人民法院、基层法院法官，负责本书第170~191条的撰写。

田　曳 法学博士，上海市汇业律师事务所高级合伙人，兼任华东政法大学硕士研究生导师、华东师范大学法学院研究员、上海股份制与证券研究会理事，曾在上海市人民检察院第一分院公诉处办案15年，系上海检察机关金融及知识产权专门人才，曾主办过最高人民检察院指导性案例（操纵证券市场罪）、全国首例操纵期货市场案和全国十大利用未公开信息交易案等，在全国核心、知名期刊发表理论研究文章50余篇并已出版3本合著，负责本书第192~220条的撰写。

谭　淼 法学博士，北京市盈科律师事务所律师，北京市律师协会刑法专业委员会副主任，著有《刑法规范精解集成》，负责本书第221~231条的撰写。

谢登科　法学博士，吉林大学法学院教授，博士生导师，中国刑事诉讼法学研究会常务理事，吉林省检察学研究会会长，吉林省律师协会刑事专业委员会副主任，曾任黑龙江省齐齐哈尔市中级人民法院法官，在《法学研究》《环球法律评论》《法律科学》《法制与社会发展》《当代法学》等刊物发表学术论文70余篇，主持国家社科基金青年项目、最高人民检察院检察理论研究项目、最高人民法院司法案例研究项目等省部级科研项目20余项，负责本书第232~262条之二的撰写。

赵春雨　法学硕士，北京市盈科律师事务所高级合伙人，盈科全国刑事法律专业委员会主任，北京市律师协会刑法专业委员会副主任，负责本书第263~291条之二的撰写。

张　卿　法律硕士，天津市高级人民法院刑一庭四级高级法官，全国法院系统扫黑除恶审判专家库成员，参与起草《中华人民共和国反有组织犯罪法》，负责本书第292~304条的撰写。

艾　静　法学博士、博士后，北京市盈科律师事务所管委会副主任、高级合伙人，盈科刑辩学院副院长，曾任北京市海淀区人民法院刑事法官，负责本书第305~323条的撰写。

王路真　法学博士研究生，广东省高级人民法院三级高级法官，曾在广州市海珠区人民法院和广州市中级人民法院刑庭任法官，负责本书第324~329、338~346条的撰写。

陈光昶　法律硕士，广东省高级人民法院审监二庭庭长，广东省审判业务专家，负责本书第330~337 条的撰写。

赵　剑　法学博士，云南省高级人民法院刑四庭副庭长、三级高级法官，负责本书第347~367条的撰写。

付海珍　法律硕士，现就职于解放军军事检察院，主办、主诉过军队数十起大、要案件，多次荣立个人二等功、三等功，曾获全国第四届优秀公诉人称号，2019年被表彰为全国巾帼建功标兵，负责本书第368~381条的撰写。

陈丽军 法律硕士，先后在军队保卫部门、军事法院工作，现任解放军军事检察院检察员，曾长期参加专案工作，主诉多起军队大要案件，荣获全军检察机关优秀公诉人标兵，参与本书第368~381条的撰写。

常　铮 法学博士研究生，北京衡宁律师事务所创始合伙人，北京市律师协会刑事诉讼专业委员会副主任，负责本书第382~396条的撰写。

李占州 法学博士、博士后，最高人民检察院一厅检察官，中国人民大学法学院研究员，主持最高人民检察院课题《侦查监督事项规范化办理机制研究》，执笔《国家监察委员会移送最高人民检察院职务犯罪案件证据收集审查基本要求与案卷移送清单》《检察机关扫黑除恶办案手册》《人民检察院工作文书格式样本（2020年版）》《人民检察院认罪认罚案件法律文书格式样本（试行）》《刑事公诉案件证据收集指引》等，参与执笔《中华人民共和国反有组织犯罪法》《最高人民法院、最高人民检察院、公安部、国家安全部、司法部关于在部分地区开展刑事案件认罪认罚从宽制度试点工作的办法》《最高人民法院、最高人民检察院、公安部关于办理电信网络诈骗等刑事案件适用法律若干问题的意见》等，负责本书第397~402条的撰写。

钟　晋 湖南省湘潭市人民检察院副检察长，三级高级检察官，获全国十佳公诉人提名奖，全国优秀公诉人，负责本书第397~402条的撰写。

郝　赟 法学博士研究生，北京乾成律师事务所新型犯罪研究中心主任，兼任北京大学《燕大法学教室》刑事法编辑，北京市海淀区律师协会专家讲师，北大法律信息网签约作者，无讼研究院特约作者，发表专业研究文章数十篇，出版著作若干，负责本书第403～413条的撰写。

罗高鹏 法学博士，吉林省高级人民法院督察室副主任，二级调研员，吉林省审判业务专家，多年从事刑事审判工作，负责本书第252~262、414~419条的撰写。

陈亚鸣 法律硕士，江苏省高级人民法院刑一庭副庭长、三级高级法官，江苏省审判业务专家，负责本书第420~438条的撰写。

冯喜恒 法学博士，浙江省高级人民法院刑一庭副庭长，曾在最高人民法院刑三庭挂职参与中央司法改革项目，负责本书第439~452条的撰写。

加强权力与资本滥用的刑法规制

——《刑法修正案(十二)》的深层解读

(第二版序言)

刘静坤*

2023年12月29日,第十四届全国人民代表大会常务委员会第七次会议通过《刑法修正案(十二)》,自2024年3月1日起施行。此次《刑法》修正涉及8个条文,主要涵盖惩治行贿犯罪和民营企业内部人员腐败犯罪两个方面。关于此次修法的背景、目的和主要内容,立法机关已经作出全面详尽的解读。① 与《刑法修正案(六)》增加背信损害上市公司利益罪,《刑法修正案(九)》修改行贿罪,《刑法修正案(十一)》修改职务侵占罪、非国家工作人员受贿罪、挪用资金罪等一脉相承,《刑法修正案(十二)》是对腐败犯罪的又一次重大法律修改。尽管此次修改的条文不多,但因牵涉"受贿行贿一起查"和"加强民营企业平等保护"等重要领域,对严格准确执行国家政策具有重要意义。

传统上,反腐败工作的重点是国家工作人员、国有公司、企业、事业单位人员等公职人员利用公权力实施的腐败行为。伴随法治反腐进程,社会各界对腐败犯罪的性质、规律,以及所涉领域和表现形式,有了更加科学和理性的认识。在市场经济背景下,腐败行为的实质是权力与资本的滥用,以及两者之间的复杂交互影响。鉴于此,《刑法修正案(十二)》的核心主线,可以被归结为:加强权力与资本滥用的刑法规制。

一、腐败的本质:权力与资本滥用

"权力导致腐败,绝对权力导致绝对腐败。"阿克顿勋爵的这一格言,深刻地揭

---

* 中国政法大学全面依法治国研究院教授。

① 参见张义健:《〈刑法修正案(十二)〉的理解与适用》,载《法律适用》2024年第2期。

示了权力与腐败的关联,一直被奉为规制权力和治理腐败的金律。不过,腐败作为复杂的社会现象,不仅体现为权力滥用,还牵涉权力背后复杂的利益关系,特别是资本对权力的追逐、侵蚀和影响。究其实质,腐败萌生于特定制度框架下,权力与资本对稀缺资源(或机会)的控制。

为了探寻腐败的模式,可考虑将机会(Opportunity)和制度(Institution)作为两个基本坐标。① 一方面,腐败源于资源稀缺,特别是政治与经济参与的机会不均等。当经济机会充足、政治机会有限时,人们为获得政治参与,施加政治影响,通常会利用资本攫取权力;当政治机会充足、经济机会有限时,人们为争取社会资源,获得经济利益,往往会借助权力谋取资本。另一方面,腐败与制度环境和制度能力紧密相关。如果法律和经济等基本制度健全,政府有能力制定实施各项完备的政策和规则,就能够减少腐败的制度空间;一旦法律和经济等基本制度缺位或者疲软,政府容易受到不法私利影响,难以规制公权力行使,就将形成腐败的诱因和环境。

实践表明,腐败不仅涉及公权力的滥用,在更深层次上,还涉及资本对公权力的俘获与控制。鉴于此,对于腐败犯罪的治理,不仅要聚焦权力规制,还需关注资本滥用。资本滥用对腐败犯罪的影响,突出体现为以下两个方面:

一是资本借助权力非法逐利。资本在法治框架下理性追逐正当利益,是市场经济的发展引擎。然而,资本借由权力追逐不正当利益,则有违市场经济的法治精神。更重要的是,公共机构及其官员作为国家公器,理应以创造公共产品、谋取公共福祉、维护公共利益为宗旨。然而,在资本滥用的不当影响和控制下,公权力容易异化为资本的工具和代言人。资本对公权力的侵蚀和滥用,如各类"权钱交易",是腐败问题的重要根源,对公权力的正当性和公信力具有严重危害。

二是资本内生的权力腐败。传统上认为,腐败是滥用公权力谋取私利。这一界定聚焦公权力腐败,忽视了市场经济下权力形态的多元性,因此存在一定的局限。从商业伦理角度看,私营部门存在与公共部门类似的权力结构,由此导致的腐败,如商业贿赂、内幕交易等,其危害性同样不容忽视。与公权力腐败对应的制度公信相比,私营部门的腐败不仅损害社会信任,而且影响市场评价,这在跨国经贸活动领域表现得尤为突出。对于跨国公司而言,如果发现东道国市场存在较高的私营部门腐败指数,就会相应地加强对该国分公司的投资管控。② 基于公共机

---

① See Michael Johnston, *Syndromes of Corruption*: *Wealth*, *Power*, *and Democracy*, Cambridge University Press, 2005, p. 38-48.

② See Michael A. Sartor, Paul W. Beamish, *Private Sector Corruption*, *Public Sector Corruption and the Organizational Structure of Foreign Subsidiaries*, 167 J Bus Ethics (2020) 731.

构腐败和私营部门腐败的区分,特别是考虑两者的互动影响,对腐败问题的法律治理,需要坚持“两手抓、两手都要硬”的基本思路。

如果将腐败视为社会关系的异化,那么,权力和资本滥用就是导致这种异化的根本原因。作为资源配置的“指挥棒”,权力和资本虽然分属不同领域,具有不同属性,但越来越体现出功能上的类似性。在腐败现象严重破坏政治和社会生态的情况下,甚至可以说,权力就是资本,资本就是权力。鉴于此,腐败问题的有效治理,需要对权力滥用和资本滥用双管齐下。从这个角度看,《刑法修正案(十二)》加强对行贿犯罪和民营企业内部人员腐败犯罪的惩处,无疑体现了对权力和资本滥用的法律关注。

二、行贿的深层危害:资本对权力的控制

《刑法》第 389 条第 1 款规定,为谋取不正当利益,给予国家工作人员以财物的,是行贿罪。通常认为,行贿罪侵犯的客体是国家的正常管理活动和国家工作人员的职务廉洁性。由于将职务廉洁性作为核心法益,惩治腐败的工作中心主要在于受贿犯罪。这是实践中“重受贿轻行贿”,对行贿惩处失之于宽的重要原因。然而,行贿犯罪的本质,是资本通过控制公权力实施的不当逐利型犯罪,其侵害的法益具有复杂性,包括但不限于职务廉洁性。与盗窃、抢劫、诈骗等谋利型犯罪相比,行贿犯罪的特殊之处在于,其对不正当利益的谋取,是借助公权力得以实现。

在政治经济学领域,资本与权力的伴生关系,早已成为基本共识。在法律制度框架下,资本与法律和权力紧密交织,一旦缺乏法律和权力保障,资本的特权就将丧失。① 为了维护自身特权,资本借助公权力,通过规避乃至扭曲法律的方式,谋取不正当利益,进而背离市场经济与法治的宗旨。通过行贿犯罪,资本得以捆绑公权力,将之作为谋取不正当利益的工具。这种做法不仅损害了公权力的职务廉洁性,更重要的是破坏了市场经济的法治规则和环境。由此可见,资本驱动的行贿犯罪,牵涉公权力的制度公信和利益获取的正当性,其所造成的深层社会危害不容低估。

坚持“受贿行贿一起查”,不仅有助于切断贿赂犯罪因果链,加强供给侧的受贿犯罪治理,更重要的是揭示行贿犯罪的深层危害,抵制资本对权力的不当控制。《刑法修正案(十二)》对行贿罪的刑罚结构作出调整,将其与受贿罪刑罚相衔接,有助于解决《刑法修正案(九)》在修改受贿罪的法定刑时,没有修改《刑法》第 390

---

① See Katharina Pistor, *The Code of Capital: How the Law Creates Wealth and Inequality*, Princeton University Press, 2019, p. 205.

条规定的行贿罪的法定刑,导致行贿罪与受贿罪的部分处罚轻重倒置的问题。[①] 同时,《刑法修正案(十二)》在行贿罪的处罚规定中增加一款,规定了从重处罚的行贿情形,与中央纪委国家监委等发布的《关于进一步推进受贿行贿一起查的意见》规定范围相衔接,有助于落实对行贿从严惩治的政策要求。

总体上看,《刑法修正案(十二)》对受贿犯罪的修改完善,在一定程度上优化了传统的贿赂犯罪法益观念,体现出对资本滥用现象,特别是资本对权力不当控制的关注。例如,在行贿犯罪的从重处罚情形中,专门提到在国家重点工程、重大项目中行贿,在生态环境、财政金融、安全生产、食品药品、防灾救灾、社会保障、教育、医疗等领域行贿,实施违法犯罪活动等情形。这些都是资本密集型行业和领域,容易诱发资本对权力的围猎和俘获。对于此类受贿行为从重处罚,有助于加强刑法对资本滥用问题的规制。

需要指出的是,关于行贿罪中"为谋取不正当利益"的构成要件,此次修改过程中存在不同意见。有意见认为,利益正当与否实践中难以界定,建议予以删去;也有意见认为,将"为谋取不正当利益"修改为"为谋取利益",符合行贿罪权钱交易的本质特征。不过,立法机关考虑到,"行贿罪的入刑范围要考虑现实情况、传统文化、社会承受度等实际情况,不宜过宽";目前司法解释已经对"不正当利益"作了宽泛界定,实践中已不构成太大障碍,故未作修改。[②] 如果认识到,资本驱动的行贿犯罪,根本目的是谋取不正当利益,这也是区分行贿与受贿,以及行贿与被迫索贿的关键,那么,关于此类行贿犯罪社会危害的认定,不仅需要考虑行贿数额,更要关注不正当利益的属性和数额。进一步讲,不正当利益的认定,是评估行贿犯罪社会危害的根本标尺。鉴于此,立法机关专家建议,应对依法不移送追究刑事责任的行贿人加强经济制裁力度,进一步完善有关行贿非法利益的认定和追缴处罚机制。对于资本驱动的受贿犯罪,这一建议极为重要,值得进一步深入研究。[③]

三、私营部门的异化:内生型权力的腐败

资本不仅会导致公权力腐败异化,自身也会成为权力腐败的"温床"。随着市场经济的发展,私营部门不断发展壮大,形成了类似公共机构的权力结构和组织

---

① 参见张明楷:《刑法修正的原则与技术——兼论〈刑法修正案(十二)(草案)〉的完善》,载《中国刑事法杂志》2023 年第 5 期。

② 参见张义健:《〈刑法修正案(十二)〉的理解与适用》,载《法律适用》2024 年第 2 期。

③ 参见许永安:《关于刑法修正案(十二)有关情况的报告》,载微信公众号"即墨政法"2023 年 11 月 3 日。

体系。近年来,民营企业内部腐败犯罪多发,体现出私营部门的内生型权力腐败值得关注。资本的逐利属性,使其对私营部门的权力关系更为敏感。私营部门的腐败异化,直接冲击市场经济的法律制度,并且与公共机构的腐败互相交织,严重危害政治和社会生态。

有学者结合《刑法修正案(十二)》的草案指出,《刑法》第 165 条将非法经营同类营业罪的行为主体限定为国有公司、企业的董事、经理;第 166 条将为亲友非法牟利罪的行为主体局限于国有公司、企业、事业单位的工作人员;第 169 条将徇私舞弊低价折股、出售国有资产罪的行为主体限制在国有公司、企业或者其上级主管部门直接负责的主管人员中,上述三个条文只保护国有公司、企业、事业单位的财产,而没有保护其他主体的财产,存在保护不公平的实质缺陷。① 鉴于此,《刑法修正案(十二)》将民营企业内部人员发生的非法经营同类营业、为亲友非法牟利和徇私舞弊低价折股、出售国有资产等三类行为规定为犯罪。这实际上是将现行对"国有公司、企业"等相关人员适用的犯罪扩展到民营企业,重点惩治企业内部关键岗位人员因腐败侵害企业、企业家权益的行为。对于私营部门的腐败行为,此次法律修改无疑有助于弥补法律漏洞。

在立法机关看来,《刑法修正案(十二)》对民营企业所涉三个罪名的修改、补充,保护的法益主要是"企业财产和利益",进一步加强了对民营企业的"平等保护"。② 所谓平等,是指既要保护国有企业财产,又要保护民营企业财产;所谓保护,是指保护民营企业利益,而不是打击民营企业。不过,有学者指出,平等保护的前提是权利平等,而非义务平等;同时,客观上法益侵害性不同要求区别对待,鉴于此,《刑法修正案(十二)》新增涉民企条款将国家工作人员的相关规定不能无差别适用于非国家工作人员,否则就与刑法的基本原则尤其是平等原则存在冲突。③ 同时,对于新增民营企业的特殊背信类犯罪,应当视为一种财产犯罪;公司、企业的利益主要体现为股东的财产权,为了避免此罪成为企业成员之间打击报复的罪名,应该将其严格限定为侵犯股东财产权的犯罪。④ 应当说,这些意见是非常中肯的,有助于避免执法司法陷入误区。实际上,立法机关在解读中也强调,需要

---

① 参见张明楷:《刑法修正的原则与技术——兼论〈刑法修正案(十二)(草案)〉的完善》,载《中国刑事法杂志》2023 年第 5 期。

② 参见张义健:《〈刑法修正案(十二)〉的理解与适用》,载《法律适用》2024 年第 2 期。

③ 参见罗翔:《技艺和程序:刑法修正的检视——〈刑法修正案(十二)〉新增民企工作人员犯罪条款的展开》,载《法学评论》2024 年第 1 期。

④ 参见罗翔:《技艺和程序:刑法修正的检视——〈刑法修正案(十二)〉新增民企工作人员犯罪条款的展开》,载《法学评论》2024 年第 1 期。

充分考虑“民营企业与国有企业相比具有的自身特点”，以及“民营企业大小不一、内部治理不规范等复杂情况”，并据此提出“严格准确把握犯罪本质；充分考虑企业意愿，切实保护企业利益；把握好涉‘股东内斗’案件”等政策要求。①

立法机关和专家学者对于民营企业内部腐败治理的审慎态度，并非杞人忧天。实际上，尽管我们强调公共机构腐败和私营部门腐败的区分，但这种区分更多是提示，腐败问题的综合治理不应将私营部门排除在外。具体到私营部门腐败的惩治，则需要综合考虑私营部门的特殊性，特别需要处理好公权力介入私营部门经营管理事务的法律边界。从私营部门内部看，不同利益主体存在不同的利益偏好，以及不同的利益诉求。与公司治理相关的法律规范，有助于规制民营企业的内部法律关系。相比之下，刑法作为最后手段，需要准确把握罪与非罪的法律界限，特别是防止利用刑事手段干涉私营企业正常生产经营活动。这就需要准确识别私营部门的权力结构和法律关系，具体区分股东合法权益、债权人合法权益和经营管理者的法律责任，而不是抽象地探讨私营企业的法律保护或者腐败治理。

结语：再版简要说明

以《刑法修正案（十二）》的出台为契机，本书得以再版发行。需要指出的是，除增补《刑法修正案（十二）》的修改内容之外，本书作者对各自负责的部分进行了全面修订，包括新增的司法解释、指导性案例和重点解读等内容，从整体上提升了全书的质量和权威性。

本书的顺利再版，得益于法律出版社李群分社长和陈昱希、陈熙编辑的大力支持，在此表示感谢！本书作者协力推进全书的修改完善，体现出较高的职业素养和专业水平，一并表示谢意！

---

① 参见张义健：《〈刑法修正案（十二）〉的理解与适用》，载《法律适用》2024年第2期。

协同探寻刑法的义理

刘静坤*

作为共同体的行为准则,刑法在确认社会认同的法益,划定法与不法的边界,勾勒犯罪与刑罚的体系方面扮演重要的角色,是现代国家治理体系的重要支柱。世界上没有完美的法律,刑法也不例外。从功能主义的角度看,刑法能否顺应法治需求,实现预期功能,避免滥用风险,关键在于司法质量。如果说刑法条文体现的是法律的表象,那么,司法者在适用刑法时,更重要的是深入探究刑法的义理。从某种意义上讲,只有整合条文含义、司法适用的解释方法以及裁判规则,才能真正掌握刑法的精义和法理。

本书以《刑法修正案(十一)》的出台为契机,对现有刑法条文的含义,特别是司法适用方法进行逐条解读,并附以典型案例的裁判规则。刑法的修正需要集思广益,同理,刑法的适用也要汇聚法律共同体的智慧。本书的创意和写作,就是整合法律共同体智慧的一次积极尝试。本书的编者,既包括法官、检察官、警察、律师等实务工作者,也包括法学院校的理论研究者,他们拥有深厚的法学理论功底和丰富的司法实务经验,有助于从不同维度、不同侧面探究刑法的义理。

刑法的历次修正,总要根据政策和实践需求,增删一些罪名,调整一些犯罪的构成要件和刑罚幅度。不过,在全面依法治国背景下,《刑法修正案(十一)》具有一些突出的特色,值得认真研究和对待。

一是刑事实体法与刑事程序法的协同发展。自从储槐植教授提出"刑事一体化"理念以来,刑事法研究领域开始重视整合刑事实体法和刑事程序法。但是,刑事实体法和刑事程序法的协同发展并非易事,取决于立法、司法和法学研究等领域的努力探索。立足刑事法治要求,刑事程序法对刑事

---

* 中国政法大学全面依法治国研究院教授。

实体法的一大助益,就是加强对“犯罪控制”的程序控制,避免刑罚过度扩张乃至滥用的风险。《刑法修正案(十一)》对刑事责任年龄的新规定,就是整合刑事实体法和刑事程序法的积极尝试。

降低刑事责任年龄,与未成年人的法律保护紧密相关。根据《未成年人保护法》第 4 条的规定,保护未成年人,应当坚持最有利于未成年人的原则。该法第 113 条还规定,对违法犯罪的未成年人,实行教育、感化、挽救的方针,坚持教育为主、惩罚为辅的原则。刑事责任年龄,是刑事责任能力的基础性和核心性要素;降低刑事责任年龄,意味着在一定程度上弱化了对未成年人的法律保护,使未成年人法律保护的天平由“教育”一端滑向“惩罚”一端。鉴于此,尽管这一立法举措有助于应对未满 14 周岁的未成年人实施严重犯罪免责的社会焦虑,但考虑到未成年人犯罪和矫治的复杂性,如何防止刑罚手段泛化,以及未成年人的犯罪预防和矫治虚化,理应成为立法审慎对待的问题。为了避免滑坡效应,对于降低刑事责任年龄的潜在风险,《刑法修正案(十一)》采用了“实体+程序”的协同控制模式:一方面,严格限定已满 12 周岁不满 14 周岁的人入罪的实体要件,在已满 14 周岁不满 16 周岁的人入罪的实体要件基础上,将案件范围进一步限定为“犯故意杀人、故意伤害罪,致人死亡或者以特别残忍手段致人重伤造成严重残疾”的情形,同时增加了“情节恶劣“的要件;另一方面,严格限定已满 12 周岁不满 14 周岁的人入罪的特殊程序要件,将”经最高人民检察院核准追诉”作为必要程序环节。这种整合刑事实体法和刑事程序法的立法模式,体现出立法机关对降低刑事责任年龄的审慎态度,并为司法机关保留了必要的裁量空间。

二是刑法理论与刑事政策的协同发展。张明楷教授指出,只有当某种法益侵害行为具有一般预防的必要性,而且根据现行刑法不能以犯罪论处时,才需要增设新罪。具体到增设新罪这一问题,除这种内在的理论逻辑之外,刑事立法还体现出外在的政策逻辑。现阶段刑事立法的一个突出特点,就是鲜明的政策导向,形成“实践问题—社会关注—政策聚焦—立法修改”的政策驱动型立法模式。其中的“政策聚焦”,既包括国家有关部门提出的立法建议,也包括有关智库机构提出的智库建议。

《刑法修正案(十一)》针对社会高度关注的实践问题,在政策聚焦基础上,增设了若干罪名,体现了对社会关切的政策回应。概括起来,基于维护出行安全的考虑,增设第 133 条之二,对行驶中的公共交通工具的驾驶人员使用暴力或者抢控驾驶操纵装置,干扰公共交通工具正常行驶,危及公共安全的,以及此类驾驶人员在行驶的公共交通工具上擅离职守,与他人互殴或者殴打他人,危及公共安全的,予以定罪处罚。基于重大事故预防原则的要求,增设第134条之一,在生产、作业中违反有关安全管理的规定,符合三种法定情形,具有发生重大伤亡事故或者其他严重后果的现实危险的,予以定罪处罚。基于惩治食品药品犯罪的考虑,增设第142条之一,违反药品管理法规,符合法定四种情形,足以严重危害人体健康的,予以定罪处罚。基于保护商业秘密的考虑,增设第219条之一,为境外的机构、组织、人员窃取、刺探、收买、非法提供商业秘密的,予以定罪处罚。基于保护未成年女性的考虑,增设第236条之一,对已满14周岁不满16周岁的未成年女性负有监护、收养、看护、教育、医疗等特殊职责的人员,与该未成年女性发生性关系的,予以定罪处罚。基于教育公平的考虑,增设第280条之二,盗用、冒用他人身份,顶替他人取得的高等学历教育入学资格、公务员录用资格、就业安置待遇的,予以定罪处罚。基于预防高空抛物行为的考虑,增设第291条之二,从建筑物或者其他高空抛掷物品,情节严重的,予以定罪处罚。基于惩治非法讨债行为的考虑,增设第293条之一,符合三种法定情形,催收高利放贷等产生的非法债务,情节严重的,予以定罪处罚。基于维护社会主义核心价值观的考虑,增设第299条之一,侮辱、诽谤或者以其他方式侵害英雄烈士的名誉、荣誉,损害社会公共利益,情节严重的,予以定罪处罚。基于保护国家安全和生物安全的考虑,增设第334条之一,违反国家有关规定,非法采集我国人类遗传资源或者非法运送、邮寄、携带我国人类遗传资源材料出境,危害公众健康或者社会公共利益,情节严重的,予以定罪处罚。基于生物安全和伦理等考虑,增设第336条之一,将基因编辑、克隆的人类胚胎植入人体或者动物体内,或者将基因编辑、克隆的动物胚胎植入人体内,情节严重的,予以定罪处罚。基于环境保护的考虑,增设第342条之一,违反自然保护地管理法规,在国家公园、国家级自然保护区进行开垦、开发活动或者修建建筑物,造成严重后果或者有其他恶劣情节的,予以定罪处罚。基于防范生物威胁的考虑,增设第344条之一,违反国家规定,非法引进、释放或者丢弃外来入侵物种,情节严重的,予以定罪处罚。基于竞赛公平的考虑,增设第355条之一,引诱、教唆、欺骗运动员使用兴奋剂参加国内、国际重大体育竞赛,或者明知运动员参加上述竞赛而向其提供兴奋剂,情节严重的,予以定罪处罚。

这些增设的罪名,基本上都是基于实践问题,因政策聚焦而触发的刑法回应。需要指出的是,政策聚焦具有分散性、具体性等特点,与必要性、类型化的刑法逻辑并不完全契合。但与抽象的理论逻辑相比,刑事立法的政策逻辑,更加具有开放性和包容性,更有利于维系国家治理的民意基础和正当性。当然,诚如张明楷教授所言,现行刑法存在按照现实发生的个别案件描述构成要件的现象,导致构成要件的涵摄范围过窄,进而必须不断增设新罪。不过,立法技术的优化并非一日之功,同时,刑事立法的政策逻辑也有其固有优势,鉴此,有必要整合刑事立法的理论逻辑和政策逻辑,积极寻求更加理性和适当的平衡。

此外,现行刑法包含诸多提示性规定,此类规定略显类型化不足,容易形成处罚漏洞或者滥用风险。不过,从司法实践出发,此类提示性规定仍然有其必要性。特别是当司法权威不足,司法人员在解释和适用刑法时存在疑惑,或者面临质疑时,明确的提示性规定有助于消除实践争议,避免司法人员陷入法律解释的权威困境。当然,这也反映出,现阶段刑事司法对明示规则较为依赖,难以满足有效解释原则的要求。

三是刑法体系内部和外部的协同发展。在《民法典》公布后,陈兴良教授指出,关于刑法与民法如何协调的问题,主要是刑法应当主动去适应民法典。这与刑法在整个法秩序中的基础支撑功能,特别是刑法对其他部门法规范的强制维持功能密不可分。《刑法修正案(十一)》结合其他部门法的发展演进,及时完善刑法规范,体现出刑法体系外部的协同发展。例如,为与《证券法》相衔接,第 160 条强调对发行文件的法律规制,并将“存托凭证或者国务院依法认定的其他证券”纳入欺诈发行股票、债券罪的范围。同时,第 182 条将“影响证券、期货交易价格或者证券、期货交易量”作为操纵证券、期货市场罪的构成要件,并增加规定“不以成交为目的,频繁或者大量申报买入、卖出证券、期货合约并撤销申报”“利用虚假或者不确定的重大信息,诱导投资者进行证券、期货交易”“对证券、证券发行人、期货交易标的公开作出评价、预测或者投资建议,同时进行反向证券交易或者相关期货交易”等新的操纵情形,有助于进一步规范证券、期货市场秩序。

同时,为了提高刑法体系内部的协调性,《刑法修正案(十一)》调整了第 163 条非国家工作人员受贿罪、第 176 条非法吸收公众存款罪、第 192 条集资诈骗罪、第 213 条假冒注册商标罪、第 214 条销售假冒注册商标的商品罪、第 219 条侵犯商业秘密罪、第 229 条提供虚假证明文件罪、第 271 条职务侵占罪、第 272 条挪用资金罪、第 338 条污染环境罪等罪名的法定刑幅度，提高了刑法体系内部的精密程度。

总体上讲，《刑法修正案(十一)》坚持“立得住、行得通、真管用”的原则，避免脱离实践导向的修改，旨在维护法律的权威和严肃有效执行。特别是前述三个方面的协同发展，体现出刑事立法的时代特色。当然，法律本身总有内在局限，法律修改总有未尽之处，凡此种种，都依赖高质量的司法予以矫正和补足。司法人员应当正视立法的局限，秉承法律的真谛，恪守司法的良知，坚持公正的底线，努力让人民群众在每一个司法案件中感受到公平正义。

另外，为更好地实现以案释法，读者可扫描下方二维码，进入“有章·刑审智库”，输入案例编号或信息即可查阅相关案例。

本书的写作和出版，感谢法律出版社的大力支持，以及各位作者的协同努力。因水平有限，书中难免有不尽如人意之处，敬请读者批评指正。

有章·刑审智库

缩略语表[①]

简　　称	全　　称	发文字号
《编造传播虚假恐怖信息案件解释》	最高人民法院《关于审理编造、故意传播虚假恐怖信息刑事案件适用法律若干问题的解释》	法释〔2013〕24 号
《财产刑规定》	最高人民法院《关于适用财产刑若干问题的规定》	法释〔2000〕45 号
《操纵证券、期货市场案件解释》	最高人民法院、最高人民检察院《关于办理操纵证券、期货市场刑事案件适用法律若干问题的解释》	法释〔2019〕9 号
《传染病案件解释》	最高人民法院、最高人民检察院《关于办理妨害预防、控制突发传染病疫情等灾害的刑事案件具体应用法律若干问题的解释》	法释〔2003〕8 号
《大连会议纪要》	《全国部分法院审理毒品犯罪案件工作座谈会纪要》	法〔2008〕324 号
《单位犯罪案件解释》	最高人民法院《关于审理单位犯罪案件具体应用法律有关问题的解释》	法释〔1999〕14 号
《盗窃案件解释》	最高人民法院、最高人民检察院《关于办理盗窃刑事案件适用法律若干问题的解释》	法释〔2013〕8 号
《盗窃油气、破坏油气设备案件解释》	最高人民法院、最高人民检察院《关于办理盗窃油气、破坏油气设备等刑事案件具体应用法律若干问题的解释》	法释〔2007〕3 号
《盗窃油气、破坏油气设备案件意见》	最高人民法院、最高人民检察院、公安部《关于办理盗窃油气、破坏油气设备等刑事案件适用法律若干问题的意见》	法发〔2018〕18 号

① 本缩略语表按简称拼音首字母排序。——编者注

续表

简　　称	全　　称	发文字号
《电信网络诈骗案件意见》	最高人民法院、最高人民检察院、公安部《关于办理电信网络诈骗等刑事案件适用法律若干问题的意见》	法发〔2016〕32 号
《毒品案件解释》	最高人民法院《关于审理毒品犯罪案件适用法律若干问题的解释》	法释〔2016〕8 号
《毒品案件意见》	最高人民法院、最高人民检察院、公安部《办理毒品犯罪案件适用法律若干问题的意见》	公通字〔2007〕84 号
《渎职案件解释(一)》	最高人民法院、最高人民检察院《关于办理渎职刑事案件适用法律若干问题的解释(一)》	法释〔2012〕18 号
《渎职侵权案件立案标准》	最高人民检察院《关于渎职侵权犯罪案件立案标准的规定》	高检发释字〔2006〕2 号
《赌博案件解释》	最高人民法院、最高人民检察院《关于办理赌博刑事案件具体应用法律若干问题的解释》	法释〔2005〕3 号
《妨害公共交通工具安全驾驶指导意见》	最高人民法院、最高人民检察院、公安部《关于依法惩治妨害公共交通工具安全驾驶违法犯罪行为的指导意见》	
《妨害国(边)境管理案件解释》	最高人民法院、最高人民检察院《关于办理妨害国(边)境管理刑事案件应用法律若干问题的解释》	法释〔2012〕17 号
《妨害文物管理案件解释》	最高人民法院、最高人民检察院《关于办理妨害文物管理等刑事案件适用法律若干问题的解释》	法释〔2015〕23 号
《妨害武装部队案件解释》	最高人民法院、最高人民检察院《关于办理妨害武装部队制式服装、车辆号牌管理秩序等刑事案件具体应用法律若干问题的解释》	法释〔2011〕16 号

续表

简　　称	全　　称	发文字号
《妨害信用卡案件解释》	最高人民法院、最高人民检察院《关于办理妨害信用卡管理刑事案件具体应用法律若干问题的解释》	法释〔2018〕19号
《非法采供血液案件解释》	最高人民法院、最高人民检察院《关于办理非法采供血液等刑事案件具体应用法律若干问题的解释》	法释〔2008〕12号
《非法采矿案件解释》	最高人民法院、最高人民检察院《关于办理非法采矿、破坏性采矿刑事案件适用法律若干问题的解释》	法释〔2016〕25号
《非法出版物案件解释》	最高人民法院《关于审理非法出版物刑事案件具体应用法律若干问题的解释》	法释〔1998〕30号
《非法行医案件解释》	最高人民法院《关于审理非法行医刑事案件具体应用法律若干问题的解释》	法释〔2016〕27号
《非法集资案件解释》	最高人民法院《关于审理非法集资刑事案件具体应用法律若干问题的解释》	法释〔2022〕5号
《非法集资案件意见》	最高人民法院、最高人民检察院、公安部《关于办理非法集资刑事案件适用法律若干问题的意见》	公通字〔2014〕16号
《非法集资案件若干意见》	最高人民法院、最高人民检察院、公安部《关于办理非法集资刑事案件若干问题的意见》	高检会〔2019〕2号
《非法利用信息网络案件解释》	最高人民法院、最高人民检察院《关于办理非法利用信息网络、帮助信息网络犯罪活动等刑事案件适用法律若干问题的解释》	法释〔2019〕15号
《高空抛物案件意见》	最高人民法院《关于依法妥善审理高空抛物、坠物案件的意见》	法发〔2019〕25号
《黑恶势力案件指导意见》	最高人民法院、最高人民检察院、公安部、司法部《关于办理黑恶势力犯罪案件若干问题的指导意见》	法发〔2018〕1号

续表

简　　称	全　　称	发文字号
《黑社会性质组织案件解释》	最高人民法院《关于审理黑社会性质组织犯罪的案件具体应用法律若干问题的解释》	法释〔2000〕42号
《环境污染案件解释》	最高人民法院、最高人民检察院《关于办理环境污染刑事案件适用法律若干问题的解释》	法释〔2023〕7号
《环境污染刑事案件适用法律解释》	最高人民法院、最高人民检察院《关于办理环境污染刑事案件适用法律的若干问题的解释》	法释〔2023〕7号
《减刑假释规定》	最高人民法院《关于办理减刑、假释案件具体应用法律的规定》	法释〔2016〕23号
《减刑假释补充规定》	最高人民法院《关于办理减刑、假释案件具体应用法律的补充规定》	法释〔2019〕6号
《减刑假释审理程序》	最高人民法院《关于减刑、假释案件审理程序的规定》	法释〔2014〕5号
《交通肇事案件解释》	最高人民法院《关于审理交通肇事刑事案件具体应用法律若干问题的解释》	法释〔2000〕33号
《拒不支付劳动报酬案件解释》	最高人民法院《关于审理拒不支付劳动报酬刑事案件适用法律若干问题的解释》	法释〔2013〕3号
《拒不执行判决、裁定案件解释》	最高人民法院《关于审理拒不执行判决、裁定刑事案件适用法律若干问题的解释》	法释〔2020〕21号
《军事通信案件解释》	最高人民法院《关于审理危害军事通信刑事案件具体应用法律若干问题的解释》	法释〔2007〕13号
《恐怖活动案件意见》	最高人民法院、最高人民检察院、公安部、司法部《关于办理恐怖活动和极端主义犯罪案件适用法律若干问题的意见》	高检会〔2018〕1号
《宽严相济意见》	最高人民法院《关于贯彻宽严相济刑事政策的若干意见》	法发〔2010〕9号
《昆明会议纪要》	《全国法院毒品案件审判工作会议纪要》	法〔2023〕108号

续表

简　　称	全　　称	发文字号
《立案追诉标准(二)》	最高人民检察院、公安部《关于公安机关管辖的刑事案件立案追诉标准的规定(二)》	公通字〔2022〕12 号
《立案追诉标准(一)》	最高人民检察院、公安部《关于公安机关管辖的刑事案件立案追诉标准的规定(一)》	公通字〔2008〕36 号
《立案追诉标准(一)补充规定》	最高人民检察院、公安部《关于公安机关管辖的刑事案件立案追诉标准的规定(一)的补充规定》	公通字〔2017〕12 号
《利用未公开信息交易案件解释》	最高人民法院、最高人民检察院《关于办理利用未公开信息交易刑事案件适用法律若干问题的解释》	法释〔2019〕10 号
《量刑程序意见》	最高人民法院、最高人民检察院、公安部、国家安全部、司法部《关于规范量刑程序若干问题的意见》	法发〔2020〕38 号
《量刑指导意见》	最高人民法院、最高人民检察院《关于常见犯罪的量刑指导意见(试行)》	法发〔2021〕21 号
《内幕交易案件解释》	最高人民法院、最高人民检察院《关于办理内幕交易、泄露内幕信息刑事案件具体应用法律若干问题的解释》	法释〔2012〕6 号
《骗取出口退税案件解释》	最高人民法院《关于审理骗取出口退税刑事案件具体应用法律若干问题的解释》	法释〔2002〕30 号
《破坏草原资源案件解释》	最高人民法院《关于审理破坏草原资源刑事案件应用法律若干问题的解释》	法释〔2012〕15 号
《破坏电力设备案件解释》	最高人民法院《关于审理破坏电力设备刑事案件具体应用法律若干问题的解释》	法释〔2007〕15 号
《破坏公用电信设施案件解释》	最高人民法院《关于审理破坏公用电信设施刑事案件具体应用法律若干问题的解释》	法释〔2004〕21 号
《破坏广播电视设施案件解释》	最高人民法院《关于审理破坏广播电视设施等刑事案件具体应用法律若干问题的解释》	法释〔2011〕13 号

续表

简　　称	全　　称	发文字号
《破坏森林资源案件解释》	最高人民法院《关于审理破坏森林资源刑事案件适用法律若干问题的解释》	法释〔2023〕8号
《破坏土地资源案件解释》	最高人民法院《关于审理破坏土地资源刑事案件具体应用法律若干问题的解释》	法释〔2000〕14号
《破坏野生动物资源案件解释》	最高人民法院《关于办理破坏野生动物资源刑事案件适用法律若干问题的解释》	法释〔2022〕12号
《抢夺案件解释》	最高人民法院、最高人民检察院《关于办理抢夺刑事案件适用法律若干问题的解释》	法释〔2013〕25号
《抢劫、抢夺案件意见》	最高人民法院《关于审理抢劫、抢夺刑事案件适用法律若干问题的意见》	法发〔2005〕8号
《敲诈勒索案件解释》	最高人民法院、最高人民检察院《关于办理敲诈勒索刑事案件适用法律若干问题的解释》	法释〔2013〕10号
《侵犯公民个人信息案件解释》	最高人民法院、最高人民检察院《关于办理侵犯公民个人信息刑事案件适用法律若干问题的解释》	法释〔2017〕10号
《侵犯知识产权案件解释》	最高人民法院、最高人民检察院《关于办理侵犯知识产权刑事案件具体应用法律若干问题的解释》	法释〔2004〕19号
《侵犯知识产权案件解释(二)》	最高人民法院、最高人民检察院《关于办理侵犯知识产权刑事案件具体应用法律若干问题的解释(二)》	法释〔2007〕6号
《侵犯知识产权案件解释(三)》	最高人民法院、最高人民检察院《关于办理侵犯知识产权刑事案件具体应用法律若干问题的解释(三)》	法释〔2020〕10号
《侵犯知识产权案件意见》	最高人民法院、最高人民检察院、公安部《关于办理侵犯知识产权刑事案件适用法律若干问题的意见》	法发〔2011〕3号
《扰乱电信市场管理秩序案件解释》	最高人民法院《关于审理扰乱电信市场管理秩序案件具体应用法律若干问题的解释》	法释〔2000〕12号

续表

简　　称	全　　称	发文字号
《扰乱无线电通讯管理秩序案件解释》	最高人民法院、最高人民检察院《关于办理扰乱无线电通讯管理秩序等刑事案件适用法律若干问题的解释》	法释〔2017〕11 号
《“软暴力”案件意见》	最高人民法院、最高人民检察院、公安部、司法部《关于办理实施“软暴力”的刑事案件若干问题的意见》	
《商业贿赂案件意见》	最高人民法院、最高人民检察院《关于办理商业贿赂刑事案件适用法律若干问题的意见》	法发〔2008〕33 号
《涉财产执行规定》	最高人民法院《关于刑事裁判涉财产部分执行的若干规定》	法释〔2014〕13 号
《涉卖淫案件解释》	最高人民法院、最高人民检察院《关于办理组织、强迫、引诱、容留、介绍卖淫刑事案件适用法律若干问题的解释》	法释〔2017〕13 号
《涉枪案件解释》	最高人民法院《关于审理非法制造、买卖、运输枪支、弹药、爆炸物等刑事案件具体应用法律若干问题的解释》	法释〔2009〕18 号
《涉淫秽电子信息案件解释(一)》	最高人民法院、最高人民检察院《关于办理利用互联网、移动通讯终端、声讯台制作、复制、出版、贩卖、传播淫秽电子信息刑事案件具体应用法律若干问题的解释(一)》	法释〔2004〕11 号
《涉淫秽电子信息案件解释(二)》	最高人民法院、最高人民检察院《关于办理利用互联网、移动通讯终端、声讯台制作、复制、出版、贩卖、传播淫秽电子信息刑事案件具体应用法律若干问题的解释(二)》	法释〔2010〕3 号
《时间效力解释》	最高人民法院《关于适用刑法时间效力规定若干问题的解释》	法释〔1997〕5 号
《适用禁止令规定》	最高人民法院、最高人民检察院、公安部、司法部《关于对判处管制、宣告缓刑的犯罪分子适用禁止令有关问题的规定(试行)》	法发〔2011〕9 号

续表

简　　称	全　　称	发文字号
《受贿案件意见》	最高人民法院、最高人民检察院《关于办理受贿刑事案件适用法律若干问题的意见》	法发〔2007〕22 号
《贪污贿赂案件解释》	最高人民法院、最高人民检察院《关于办理贪污贿赂刑事案件适用法律若干问题的解释》	法释〔2016〕9 号
《"套路贷"案件意见》	最高人民法院、最高人民检察院、公安部、司法部《关于办理"套路贷"刑事案件若干问题的意见》	法发〔2019〕11 号
《偷税抗税案件解释》	最高人民法院《关于审理偷税抗税刑事案件具体应用法律若干问题的解释》	法释〔2002〕33 号
《网络赌博案件解释》	最高人民法院、最高人民检察院、公安部《关于办理网络赌博犯罪案件适用法律若干问题的意见》	公通字〔2010〕40 号
《网络诽谤案件解释》	最高人民法院、最高人民检察院《关于办理利用信息网络实施诽谤等刑事案件适用法律若干问题的解释》	法释〔2013〕21 号
《危害计算机信息系统安全案件解释》	最高人民法院、最高人民检察院《关于办理危害计算机信息系统安全刑事案件应用法律若干问题的解释》	法释〔2011〕19 号
《危害生产安全案件解释》	最高人民法院、最高人民检察院《关于办理危害生产安全刑事案件适用法律若干问题的解释》	法释〔2015〕22 号
《危害食品安全案件解释》	最高人民法院、最高人民检察院《关于办理危害食品安全刑事案件适用法律若干问题的解释》	法释〔2021〕24 号
《危害药品安全案件解释》	最高人民法院、最高人民检察院《关于办理危害药品安全刑事案件适用法律若干问题的解释》	高检发释字〔2022〕1 号
《伪劣商品案件解释》	最高人民法院、最高人民检察院《关于办理生产、销售伪劣商品刑事案件具体应用法律若干问题的解释》	法释〔2001〕10 号

续表

简　　称	全　　称	发文字号
《伪造货币案件解释》	最高人民法院《关于审理伪造货币等案件具体应用法律若干问题的解释》	法释〔2000〕26号
《伪造货币案件解释(二)》	最高人民法院《关于审理伪造货币等案件具体应用法律若干问题的解释(二)》	法释〔2010〕14号
《未成年人案件解释》	最高人民法院《关于审理未成年人刑事案件具体应用法律若干问题的解释》	法释〔2006〕1号
《武汉会议纪要》	《全国法院毒品犯罪审判工作座谈会纪要》	法〔2015〕129号
《洗钱案件解释》	最高人民法院《关于审理洗钱等刑事案件具体应用法律若干问题的解释》	法释〔2009〕15号
《行贿案件解释》	最高人民法院、最高人民检察院《关于办理行贿刑事案件具体应用法律若干问题的解释》	法释〔2012〕22号
《刑事诉讼法解释》	最高人民法院《关于适用〈中华人民共和国刑事诉讼法〉的解释》	法释〔2021〕1号
《虚假诉讼案件解释》	最高人民法院、最高人民检察院《关于办理虚假诉讼刑事案件适用法律若干问题的解释》	法释〔2018〕17号
《寻衅滋事案件解释》	最高人民法院、最高人民检察院《关于办理寻衅滋事刑事案件适用法律若干问题的解释》	法释〔2013〕18号
《掩饰、隐瞒犯罪所得、犯罪所得收益案件解释》	最高人民法院《关于审理掩饰、隐瞒犯罪所得、犯罪所得收益刑事案件适用法律若干问题的解释》	法释〔2021〕8号
《诈骗案件解释》	最高人民法院、最高人民检察院《关于办理诈骗刑事案件具体应用法律若干问题的解释》	法释〔2011〕7号
《正当防卫意见》	最高人民法院、最高人民检察院、公安部《关于依法适用正当防卫制度的指导意见》	法发〔2020〕31号
《直接立案侦查案件立案标准》	最高人民检察院《关于人民检察院直接受理立案侦查案件立案标准的规定(试行)》	高检发释字〔1999〕2号

续表

简　　称	全　　称	发文字号
《职务犯罪案件自首立功意见》	最高人民法院、最高人民检察院《关于办理职务犯罪案件认定自首、立功等量刑情节若干问题的意见》	法发〔2009〕13 号
《制毒物品案件解释》	最高人民法院、最高人民检察院、公安部《关于办理制毒物品犯罪案件适用法律若干问题的意见》	公通字〔2009〕33 号
《自首立功解释》	最高人民法院《关于处理自首和立功具体应用法律若干问题的解释》	法释〔1998〕8 号
《自首立功意见》	最高人民法院《关于处理自首和立功若干具体问题的意见》	法发〔2010〕60 号
《走私案件解释》	最高人民法院、最高人民检察院《关于办理走私刑事案件适用法律若干问题的解释》	法释〔2014〕10 号
《走私案件意见》	最高人民法院、最高人民检察院、海关总署《关于办理走私刑事案件适用法律若干问题的意见》	法〔2002〕139 号
《组织、利用邪教组织破坏法律实施案件解释》	最高人民法院、最高人民检察院《关于办理组织、利用邪教组织破坏法律实施等刑事案件适用法律若干问题的解释》	法释〔2017〕3 号
《组织考试作弊案件解释》	最高人民法院、最高人民检察院《关于办理组织考试作弊等刑事案件适用法律若干问题的解释》	法释〔2019〕13 号
《组织领导传销活动案件意见》	最高人民法院、最高人民检察院、公安部《关于办理组织领导传销活动刑事案件适用法律若干问题的意见》	公通字〔2013〕37 号
《醉酒驾驶案件意见》	最高人民法院、最高人民检察院、公安部、司法部《关于办理醉酒危险驾驶刑事案件的意见》	高检发办字〔2023〕187 号

总目录

第一编　总　　则

第二编　分　　则

分目录·上册

第一编　总　　则

第二编　分　　则

第一编　总　则

第一章　刑法的任务、基本原则和适用范围

第一条　【立法目的和根据】为了惩罚犯罪，保护人民，根据宪法，结合我国同犯罪作斗争的具体经验及实际情况，制定本法。

【条文理解】

本条规定，刑法的目的在于"惩罚犯罪，保护人民"，即通过惩罚犯罪从而预防犯罪，最终实现保护人民的效果。具体而言有两种方式：一是通过明确的罪刑规定宣示，实施某种行为后将受到何种刑事制裁，使潜在的犯罪人不实施犯罪，从而保护人民（一般预防效果）；二是在现实出现犯罪后，对犯罪人施加刑事制裁，既震慑潜在的犯罪人使其不效仿犯罪（一般预防效果），又有针对性地对已经实施犯罪的人进行教育、改造、矫正，使其不再实施犯罪（特殊预防效果）。

本条还规定了制定刑法的根据：宪法是制定刑法的法律根据，我国同犯罪作斗争的具体经验及实际情况是制定刑法的实践根据。宪法是所有法律的母法，是根本法，所以制定刑法必须以宪法为法律根据。随着时代的变化、社会经济的发展，我国同犯罪作斗争的实际情况在不断发生变化，刑法也通过不断总结具体经验，制定了12个修正案，以期更好地应对当下的犯罪情势，以达成"惩罚犯罪，保护人民"的目的。

【司法适用】

在解释刑法、适用刑法的过程中，要时刻考虑到刑法的立法目的及其制定根据。第一，适用刑法要有利于实现"惩罚犯罪，保护人民"的目的，不能形式化、机械化地理解刑法。例如，虽然《刑法》第236条强奸罪中区分了"妇女"与"幼女"，但不能僵化地认为《刑法》中的"妇女"仅指已满14周岁的女性。否则，奸淫被拐卖的幼女的情形，将不满足《刑法》第240条中"奸淫被拐卖的妇女"这一法定刑升格条件。第二，解释刑法时不能违反宪法。一方面，不能通过适用刑法侵害公民

宪法上的权利。例如,《宪法》第41条第1款规定,"中华人民共和国公民对于任何国家机关和国家工作人员,有提出批评和建议的权利;对于任何国家机关和国家工作人员的违法失职行为,有向有关国家机关提出申诉、控告或者检举的权利,但是不得捏造或者歪曲事实进行诬告陷害"。所以相对应地,《刑法》第243条第3款规定,"不是有意诬陷,而是错告,或者检举失实的",不构成诬告陷害罪。另一方面,即便某个行为从形式上看符合了某种犯罪类型,甚至单独来看也侵害了一定的法益,但当该行为是为了实现宪法权利而实施时,应当慎重权衡侵害的法益与保护的宪法权利之间孰轻孰重,不宜轻易认定为犯罪。第三,运用刑法要有助于解决我国的现实问题,不能盲目照搬国外的理论学说。例如,我国现行刑法没有将妨碍业务的行为单独规定为一类犯罪,但不能因此就当然地认为我国刑法存在重大立法漏洞、现行刑法无法规制妨碍业务的行为,而是完全可以将诸如"反向刷单"限制竞争对手营业的行为作为破坏生产经营罪等进行处理。虽然国外刑法理论严格区分侵害财产的犯罪与妨碍业务的犯罪,但没有必要据此认为,我国的破坏生产经营罪只能是通过毁坏财物来破坏生产经营的单纯财产犯罪,完全可以将涉及侵犯财产利益的妨碍业务行为也纳入该罪的规制范围。

第二条 【任务】中华人民共和国刑法的任务,是用刑罚同一切犯罪行为作斗争,以保卫国家安全,保卫人民民主专政的政权和社会主义制度,保护国有财产和劳动群众集体所有的财产,保护公民私人所有的财产,保护公民的人身权利、民主权利和其他权利,维护社会秩序、经济秩序,保障社会主义建设事业的顺利进行。

【条文理解】

本条承接《刑法》第1条,为实现刑法"惩罚犯罪,保护人民"的目的,规定了刑法的具体任务。同时,为了完成刑法的任务,《刑法》分则将犯罪分为十章,分别是"危害国家安全罪""危害公共安全罪""破坏社会主义市场经济秩序罪""侵犯公民人身权利、民主权利罪""侵犯财产罪""妨害社会管理秩序罪""危害国防利益罪""贪污贿赂罪""渎职罪""军人违反职责罪",规定了各种具体犯罪的罪状与法定刑。

本条规定的刑法任务可以归结为保护法益。我国刑法所保护的法益大体可以分为三类,即个人法益(大体对应分则第四、五章)、社会法益(大体对应分则第二、三、六章)与国家法益(大体对应分则第一、七、八、九、十章)。刑法具有谦抑性,所以刑法给予的是一种补充性的法益保护,并不保护所有的生活利益。换言之，通过刑法之外的其他法律，如民法、行政法等予以充分保护的，则没有必要动用刑法予以规制。需要注意的是，保护法益虽然是刑法的任务，但并非刑法的全部任务。《刑法》第3条规定了罪刑法定原则，从该原则中可以引申出刑法的另一个重要任务，即保障人权与自由。所以，解释刑法、适用刑法的过程，就是在保护法益与保障人权之间不断权衡、协调的过程。

刑法通过行为规制机能完成保护法益的任务。具体而言，行为规制机能由评价机能与决定机能两部分构成。评价机能是指刑法能够指引国民对什么是违法什么是合法做出妥当的评判；决定机能是指刑法能够作用于国民的意志，使其做出不实施违反刑法的行为这样的意思决定。行为规制机能的目的在于使国民形成法所期待的是非善恶判断，不产生实施违法行为的意思决定，最终实现保护法益的任务。

【司法适用】

为完成保护法益这一刑法的基本任务，在运用刑法时需要遵循两大原则：法益保护原则与行为主义原则。

一是，根据法益保护原则，刑法不是为了维护社会伦理，也不是单纯为了维持规范的有效性，而是为了保护在经验上可以感知的、有价值的利益。从法益保护原则出发，如果被害人放弃了自身的法益，那么原则上，相应的侵害行为不应该构成针对该法益的犯罪。例如，基于被害人的同意而将其对财物的占有转移为自己占有的，不构成盗窃罪。但是，即便是在个人法益的场合，某些例外的情形中国家出于对被害人某些重大利益的绝对性保护，仍然不允许国民放弃相应的法益。例如，对生命的承诺无效，所以征得被害人同意后将其杀死的行为，仍然构成故意杀人罪。又如，《刑法》第236条第2款规定："奸淫不满十四周岁的幼女的，以强奸论，从重处罚。"幼女的性自主决定权不允许放弃，即便行为人得到了12周岁幼女的同意，与之发生性关系的，行为人也构成强奸罪。

二是，行为主义则要求，只有通过行为来侵害法益的情形才值得动用刑法来应对，所以犯罪评价的对象是客观的行为，从而排除对单纯坏的思想、恶的意思、不良动机的处罚。与行为主义对立的是行为人主义，即认为犯罪评价的对象是行为人自身的危险性。根据行为主义，一方面，成为犯罪评价对象的行为必须"作用于"外部世界。例如，虽然通过某人写下的日记能够窥探出该人具有犯强奸罪的意图，但由于写日记的行为并没有与被害人之间发生作用关系，所以写日记的行为只是一种思想、意思的外在表露方式，并不能因为存在写日记这一行为而追究该人强奸罪的刑事责任。另一方面，行为中必须存在行为人的主体性参与。例如梦游时杀人的，虽然也是通过客观的身体动作作用于外部世界，与被害人之间发生了作用关系,但此时并不存在行为人的主体性参与,所以不是作为犯罪评价对象的行为。因此,为了认定为刑法上的行为,必须至少存在基于行为人的意思、具有回避可能性的身体动静。

第三条 【罪刑法定原则】法律明文规定为犯罪行为的,依照法律定罪处刑;法律没有明文规定为犯罪行为的,不得定罪处刑。

【条文理解】

本条前段"法律明文规定为犯罪行为的,依照法律定罪处刑"的规定,常被称为积极的罪刑法定原则;后段"法律没有明文规定为犯罪行为的,不得定罪处刑"的规定,则被称为消极的罪刑法定原则。从罪刑法定原则的历史发展来看,只有消极的罪刑法定原则才是其本来的内容。本条前段的规定可以说是对《刑法》第2条规定的保护法益这一刑法任务的重申,即通过"法律明文规定为犯罪行为的,依照法律定罪处刑"这一具体做法来实现保护法益的刑法任务。此外,《行政处罚法》第8条第2款规定:"违法行为构成犯罪,应当依法追究刑事责任的,不得以行政处罚代替刑事处罚。"第27条第1款中规定:"违法行为涉嫌犯罪的,行政机关应当及时将案件移送司法机关,依法追究刑事责任。"这两个条款所表达的,实际上是禁止以罚代刑原则。本条前段的规定则是在刑法中呼应"禁止以罚代刑"的要求。构成犯罪的行为却不交由刑事程序处理,无异于将犯罪行为矮小化为一般的违法行为,这种做法同样也混淆了本来以追诉标准为界限、范围清晰的行政违法行为与犯罪行为,影响行政处理与刑事处理的合理衔接。

1979年《刑法》没有规定罪刑法定原则,允许做不利于被告人的类推解释,而现行《刑法》明确规定了罪刑法定原则,这是1997年修订《刑法》时极为重要的进步,在之后制定的涉及罪刑规范的法律中,也都明确坚持了罪刑法定原则。例如,《香港特别行政区维护国家安全法》第5条第1款规定:"防范、制止和惩治危害国家安全犯罪,应当坚持法治原则。法律规定为犯罪行为的,依照法律定罪处刑;法律没有规定为犯罪行为的,不得定罪处刑。"罪刑法定原则的基本含义是"法无明文规定不为罪""法无明文规定不处罚"。只有当国民明确地知道哪些行为是犯罪,哪些行为会受到刑罚处罚时,才能正确地做出行动决定,不必在实施每个行为时总担心是否会涉嫌犯罪。

【司法适用】

罪刑法定原则贯穿刑事立法与司法始终。罪刑法定原则既对立法活动有限制,也对司法活动有要求。《刑法》第 94 条规定:“本法所称司法工作人员,是指有侦查、检察、审判、监管职责的工作人员。”不仅是公安人员、检察官、法官、监狱管理人员作为司法工作人员在办理刑事案件时要遵循罪刑法定原则,军队保卫部门、中国海警局、监狱、监察委人员办理刑事案件过程中行使侦查权时,也必须遵循罪刑法定原则;不仅在定罪量刑阶段要遵循罪刑法定原则,在刑罚的具体执行过程中也要遵循罪刑法定原则。在司法适用过程中,应当符合以下要求,以满足罪刑法定原则:

第一,遵循法律主义。罪刑法定中的“法”必须是立法机关制定的法律,不能是行政法规、习惯、判例等。

第二,禁止溯及既往。即不能以行为后才生效的法律来对行为人定罪处罚。因为站在行为的时点行为人对于事后的法律并没有预测可能性,只能要求行为人按照行为时的有效法律来决定自身的行为。例如,与刑法一样确立了罪刑法定原则的《香港特别行政区维护国家安全法》第 39 条就明确规定:“本法施行以后的行为,适用本法定罪处刑。”罪刑法定原则禁止的是不利于被告人的溯及既往。换言之,如果按照事后的法律来处理反而有利于被告人,那么适用该有利于被告人的事后法,不违反罪刑法定原则。《刑法》第 12 条关于刑法的溯及力规定了“从旧兼从轻”原则,“从旧”表明了罪刑法定原则下禁止溯及既往的要求,“从轻”则表明有利于被告人的溯及既往是允许的。此外,罪刑法定原则既禁止溯及性地使无罪变有罪,又禁止溯及性地加重刑罚等犯罪的法律后果,还禁止溯及性地宽松对待诉讼条件(如行为时是亲告罪,行为后变为了非亲告罪)与证据规则(如行为后的法律使证明标准降低)等。

第三,禁止类推解释。由于类推解释有违国民的预测可能性,所以违反罪刑法定原则。罪刑法定原则虽然禁止不利于被告人的类推解释,但允许有利于被告人的类推解释。例如,《刑法》第 389 条第 1 款规定:“为谋取不正当利益,给予国家工作人员以财物的,是行贿罪。”第 3 款则规定:“因被勒索给予国家工作人员以财物,没有获得不正当利益的,不是行贿。”可是,在第 164 条规定的对非国家工作人员行贿罪中却没有类似于第 389 条第 3 款的出罪规定。比较对国家工作人员行贿与对非国家工作人员行贿两种类型会发现,前者的性质更重。那么,既然前者这类重的行贿类型中都可以按照第 389 条第 3 款出罪,那么后者这类轻的行贿类型中也应当有类似的出罪机制(按照当然解释,出罪时举重以明轻)。因此,将第 389 条第 3 款类推适用于对非国家工作人员行贿罪中是合理的。此时,不可能将“国家工作人员”扩大解释为“非国家工作人员”,所以只能采用类推解释的办法。由于这种类推解释有利于被告人,因此不违反罪刑法定原则。

在司法实践中,经常成为问题的是如何区分扩大解释与不利于被告人的类推解释。如果只是扩大解释,则不违背罪刑法定原则(当然,采用扩大解释后得出的结论是否正确,另当别论),是刑法上允许的解释技巧;如果是有利于被告人的类推解释,也不违背罪刑法定原则,刑法上也允许;如果是不利于被告人的类推解释,则违背了罪刑法定原则,是被刑法禁止的。例如,盗窃他人Q币的,是否构成盗窃罪?这关系到将Q币解释为“财物”是扩大解释,还是类推解释。又如,在网络上发布淫秽影像资料的,是否构成传播淫秽物品罪。这关系到将电子数据化的影像资料解释为“物品”是扩大解释,还是类推解释。一般而言,在区分扩大解释与类推解释时,需要考虑以下三个因素:(1)与通常语义的距离;(2)处罚的必要性;(3)某解释在其他案件中的可行性。如果关于某用语的解释与该用语的通常语义或核心语义距离较近,相关案件中处罚的必要性很大,且在该案中做出这种解释不会在其他案件中产生负面效果,那么将这种解释认定为扩大解释较为合适。反之,如果关于某用语的解释与该用语的通常语义或核心语义距离较远,相关案件中处罚的必要性不大,且在该案中做出这种解释会对其他案件产生负面效果,那么很有可能将这种解释认定为类推解释。上述两例中,将Q币解释为“财物”从而认定构成盗窃罪,将电子数据化的影像资料解释为“物品”从而认定构成传播淫秽物品罪,可以说都是扩大解释,而非类推解释。在《涉淫秽电子信息案件解释(一)》与《涉淫秽电子信息案件解释(二)》中,都将淫秽电子信息、淫秽语音信息等解释为“淫秽物品”。

第四,处罚的明确与合理。罪刑规定本身必须明确,在出现兜底条款时(如《刑法》第114条中的“以其他危险方法危害公共安全”,第225条中的“其他严重扰乱市场秩序的非法经营行为”),也应当通过同类解释的方法使其处罚范围明确。在刑事司法过程中,一方面,虽然《刑法》分则各犯罪大多规定了具有幅度的法定刑(相对确定的法定刑),但在具体案件中必须对被告人宣告确定的刑种与刑罚量,不能宣告不定期刑。另一方面,考虑到国民一般不会去直接翻看刑法条文,而是通过刑事司法活动来认识刑法、形成规范意识,所以要求司法解释与指导性案例等具有明确性,判决书与起诉书也要明确地说理释法。此外,对不当罚的行为进行处罚,或者施以不均衡的、残虐的刑罚,这些行为都应当禁止。

第四条　【平等适用刑法原则】对任何人犯罪,在适用法律上一律平等。不允许任何人有超越法律的特权。

【条文理解】

《宪法》第33条第2款规定:“中华人民共和国公民在法律面前一律平等。”本条是该宪法原则在刑法上的具体体现,即适用刑法时应当一律平等。同时,这也呼应了《刑法》第1条的规定,即刑法是“根据宪法”制定的。

需要注意的是,本条规定的平等原则是从适用刑法的角度出发来谈的,而不是刑事立法的原则。在现行刑法的框架内,对于同样性质的犯罪应当同样适用刑法,不允许任何人因为特殊的身份、社会地位、财力权力等,而在适用刑法的过程中享受不同的对待。但是,在刑事立法的过程中,可以依据身份等的不同,设定不同的犯罪成立条件或特别的量刑情节。需具有一定身份才能构成的犯罪,称为真正(构成的)身份犯,如成立滥用职权罪必须具有国家机关工作人员身份。成立犯罪虽然不需要具有一定的身份,但因具有某种身份而会造成刑罚轻重不同的,称为不真正(加减的)身份犯。例如,任何人都可以成立非法拘禁罪,但根据《刑法》第238条第4款,国家机关工作人员利用职权犯非法拘禁罪的,要从重处罚,这里国家机关工作人员的身份就是不真正的身份。另外,诸如《刑法》第65条有关累犯从重处罚的规定,以及《刑法》第356条有关毒品犯罪的再犯从重处罚的规定等,在刑事立法的过程中完全有可能基于犯罪人的特殊预防必要性程度不同而类型化地设置量刑情节。这些刑事立法上的现象与规定,不违反本条规定的平等适用刑法原则。因为一旦在刑法中确立下来了,那么这些规定在适用中对具备相应身份或情节的犯罪人就具有普遍性,不涉及特权等问题。例如,不具备国家工作人员身份,就不可能单独构成受贿罪;可一旦具备了国家工作人员身份,且同时具备了该罪的其他成立条件,那么就不能因为行为人的职位高低等而不适用受贿罪的规定追究其刑事责任。

【司法适用】

本条在适用过程中应当贯穿定罪、量刑与执行的全过程。首先,在定罪阶段,不能因身份、地位、权势等的不同而把有罪的认定为无罪、把无罪的认定为有罪、把重罪认定为轻罪或把轻罪认定为重罪。其次,在量刑阶段,对具有相同情节的犯罪人应当予以平等对待,不能将身份、地位、权势等与犯罪人的特殊预防必要性无关的要素纳入量刑时的考虑范围。最后,在刑罚的执行阶段,尤其是在办理减刑、假释时,不能因为服刑人员的身份、地位、权势等使其享有超越一般服刑人员的优待。

当然,如果不是直接因为身份、地位、权势等,而是以这些为基础通过其他行为表现反映出犯罪人特殊预防必要性发生变化时,则可纳入考虑之中。例如,犯罪人因财力充实而积极赔偿被害人,反映出悔过心态,获得被害人谅解的,会作为酌情从轻处罚的情节。此时并不是直接因为犯罪人的财富多寡而不平等适用刑法,而是通过以财力为基础的赔偿行为反映出特殊预防必要性降低,所以才留有从轻处罚的余地。换言之,如果犯罪人只是单纯表达愿意“以钱了事”的冷漠态度,没有表现出悔过、反省的意思,也没有获得被害人的谅解,那么绝不能因其财力雄厚而特别地对其从轻处罚。又如,根据《交通肇事案件解释》第 2 条第 1 款第 3 项,交通肇事“造成公共财产或者他人财产直接损失,负事故全部或者主要责任,无能力赔偿数额在 30 万元以上的”,以交通肇事罪追究刑事责任。倘若只是形式化地理解该项规定,那么的确会导致“财力雄厚能够赔钱的无罪,财力不足不能赔钱的坐牢”这一不平等的局面。为了回避这一问题,应当实质地理解该项规定:第一,交通肇事造成公共财产或者他人财产直接损失不足 30 万元的,不构成交通肇事罪;第二,造成直接财产损失 30 万元以上的,原则上构成交通肇事罪,具体分为以下三种情形:(1)赔偿后最终无能力赔偿数额仍在 30 万元以上的,仍然构成交通肇事罪;(2)赔偿后最终无能力赔偿数额不满 30 万元,但赔偿过程没能反映出犯罪人的悔罪心态、不能看出其特殊预防必要性减少的,仍然构成交通肇事罪;(3)赔偿后最终无能力赔偿数额不满 30 万元,且赔偿过程反映出犯罪人的悔罪心态、能看出其特殊预防必要性减少的,则例外地不以交通肇事罪追究刑事责任。

第五条　【罪责刑相适应原则】刑罚的轻重,应当与犯罪分子所犯罪行和承担的刑事责任相适应。

【条文理解】

本条规定的是与刑罚、刑事责任相关的基本原则,要求刑罚与罪行、刑事责任相适应。唯有与罪行、刑事责任相适应的刑罚,才能说得上是正当的刑罚。所以,要理解本条,首先要弄明白刑罚的正当化根据。现在通说采用的是相对的报应刑论,即同时考虑报应、一般预防与特殊预防。报应是指,针对已经发生的案件,需要就何种程度的法益侵害来非难、谴责犯罪人。一般预防注重的是对作为潜在犯罪人的一般国民进行预防,即预防尚未犯罪的人使其不敢甚至不愿实施犯罪。而特殊预防将重点放在预防已经犯罪的特定行为人本人身上,预防其再次犯罪。

本条虽然主要与量刑活动相关,但并非只指导量刑活动。首先,在制定刑罚的阶段,由于尚不存在具体的犯罪人,此时主要考虑的是报应与一般预防必要性。也就是说,立法者为各种犯罪设定的法定刑要与该犯罪可能侵害的法益大小,以及试图通过宣示一定幅度的法定刑打消犯罪念头的必要性之间相适应。其次,在宣告刑罚的阶段,由于是面对具体的被告人发动刑罚权,所以主要考虑该被告人责任程度的轻重与其特殊预防的必要性。此时不能通过考虑一般预防必要性来超出具体被告人报应的范围科处刑罚,否则就是"将人作为手段来对待"。在量刑阶段,可以将本条中的"罪行"解释为有责的不法,将"刑事责任"理解为案件外的影响行为人刑事责任(再犯罪可能性大小)的事实。本条关于罪责刑相适应原则的规定,实际上是要求刑罚的轻重必须与罪行的轻重以及犯罪人的再犯罪可能性相适应。最后,在执行刑罚时,由于具体案件中犯罪人的责任已经在宣告刑罚时得到清算,所以此时主要考虑具体服刑人员的特殊预防必要性大小。如果特殊预防必要性已经显著降低甚至完全消失,那么可以考虑不必完全按照宣告刑的程度来执行刑罚。例如减刑、假释制度主要运用于特殊预防必要性降低的情形。

另外,罪责刑相适应原则也与罪刑法定原则有联系。罪刑法定原则实质要求处罚具有合理性,禁止对犯罪人施以不均衡的、残虐的刑罚。之所以禁止不均衡、残虐的刑罚,是因为这样的刑罚不可能与犯罪分子所犯罪行和承担的刑事责任相适应。

【司法适用】

《刑法》第61条规定了量刑的一般原则,即"对于犯罪分子决定刑罚的时候,应当根据犯罪的事实、犯罪的性质、情节和对于社会的危害程度,依照本法的有关规定判处"。该条是罪责刑相适应原则在具体量刑工作中的反映,既要考虑与犯罪行为本身(报应)相关的情节,也要考虑与再犯可能性(预防)相关的情节。尤其需要注意处理好报应与预防的二律背反关系,即罪行极其严重但预防必要性较小的情形,与罪行并不严重但预防必要性较大的情形。为了实现罪刑相适应,满足刑罚的正当化根据,除了要从发动刑罚权的一方,即从国家的视角出发进行考虑,还需要从接受刑罚权的一方,即具体的犯罪人的视角出发进行考虑。这是因为,如果刑罚权的发动不能被具体的犯罪人所接受,那么刑罚的效果必将大打折扣,令具体的犯罪人甚至一般国民认为其不过是因为不走运才被科处如此重的刑罚,从而产生抵抗情绪,难以实现预防犯罪的目的。从发动刑罚权的一方来看,主要是通过考虑目的合理性(是否能够最大限度地实现预防犯罪的目的)来判断发动刑罚权是否正当;而从接受刑罚权的一方来看,主要是通过考虑刑罚是否超出了其责任的边界或者说超出了报应的范围来判断刑罚是否能够接受,即是否"罪有应得"。

由此可以得出以下结论,即在被告人的责任限度内,考虑目的的合理性,从轻或者减轻处罚是允许的;而出于预防犯罪的考虑,超出责任的限度加重处罚则不被允许。所以,在量刑时应当先将各种犯罪情节区分为影响责任刑(报应刑)的情节与影响预防刑(目的刑)的情节,前者是与犯罪成立要件相关的情节(如是否防卫过当、是否犯罪中止、是否属于从犯或胁从犯等),后者是与犯罪成立要件本身无关但与具体犯罪人的再犯可能性相关的情节(如是否构成累犯、是否自首、坦白、立功等)。综合影响责任刑的情节确定量刑的上限,然后在此限度内考虑影响预防刑的情节调整最终宣告的刑罚量。

罪责刑相适应原则符合我国宽严相济、轻轻重重的刑事政策,即便是在特定时期从严处理某类犯罪行为时,也不能放弃该原则。2010 年 3 月 24 日最高人民法院刑一庭《准确把握和正确适用依法从严政策》中也指出,罪刑法定、罪刑相适应是刑法的基本原则,办理任何刑事案件包括严重刑事犯罪案件都必须严格遵守。从严惩处不是无限度的,不是越严越好、越重越好,而是有标准、有限度的。这个标准就是罪刑法定和罪刑相适应的刑法基本原则,就是《刑法》总则和分则中关于量刑情节和具体犯罪定罪量刑的规定,就是有关司法解释关于具体适用法律问题的规定。不能为了从严而突破法律的幅度和界限,任意或变相加重被告人的刑罚,否则,既不可能实现良好的法律效果,也不可能实现良好的社会效果。

例如,最高人民法院、最高人民检察院、公安部、农业农村部《依法惩治长江流域非法捕捞等违法犯罪的意见》中指出,"非法猎捕、收购、运输、出售珍贵、濒危水生野生动物,尚未造成动物死亡,综合考虑行为手段、主观罪过、犯罪动机、获利数额、涉案水生生物的濒危程度、数量价值以及行为人的认罪悔罪态度、修复生态环境情况等情节,认为适用本意见规定的定罪量刑标准明显过重的,可以结合具体案件的实际情况依法作出妥当处理,确保罪责刑相适应"。又如,最高人民法院、最高人民检察院、公安部、国家移民管理局《关于依法惩治妨害国(边)境管理违法犯罪的意见》中规定,"对于为非法用工而组织、运送他人偷越国(边)境,或者明知是偷越国(边)境的犯罪分子而招募用工的,在决定是否追究刑事责任以及如何裁量刑罚时,应当综合考虑越境人数、违法所得、前科情况、造成影响或者后果等情节,恰当评估社会危害性,依法妥当处理。其中,单位实施上述行为,对组织者、策划者、实施者依法追究刑事责任的,定罪量刑应作综合考量,适当体现区别,确保罪责刑相适应"。

第六条　【属地管辖权】凡在中华人民共和国领域内犯罪的,除法律有特别规定的以外,都适用本法。

凡在中华人民共和国船舶或者航空器内犯罪的，也适用本法。

犯罪的行为或者结果有一项发生在中华人民共和国领域内的，就认为是在中华人民共和国领域内犯罪。

【条文理解】

我国刑法通过属地管辖、属人管辖、保护管辖与普遍管辖四个原则确立了我国刑法的空间适用范围。本条规定的是属地管辖原则。犯罪的行为或者结果有一项发生在中华人民共和国领域内的，或者在中华人民共和国船舶或者航空器内犯罪的，都适用我国刑法。属地管辖原则是有关刑法空间适用范围的基础性原则，优先于其他原则适用。例如，日本人甲在我国杀害中国公民乙的，是根据属地管辖原则，而不是保护管辖原则适用我国刑法。又如，中国公民丙在我国强奸美国妇女丁的，也是根据属地管辖原则，而不是属人管辖原则适用我国刑法。

中华人民共和国领域内，是指我国国境以内的全部区域，具体包括：第一，领陆，即国境线以内的陆地以及陆地以下的底土。《领海及毗连区法》第 2 条第 2 款规定："中华人民共和国的陆地领土包括中华人民共和国大陆及其沿海岛屿、台湾及其包括钓鱼岛在内的附属各岛、澎湖列岛、东沙群岛、西沙群岛、中沙群岛、南沙群岛以及其他一切属于中华人民共和国的岛屿。"第二，领水，即内水（我国领海基线向陆地一侧的水域）、领海（领海的宽度从领海基线量起为 12 海里）及其水床与底土。第三，领空，即领陆、领水之上的空气空间，不包括外层空间。在外国驻华使、领馆内实施的犯罪，属于在我国领域内实施的犯罪，依照属地管辖原则追究刑事责任。

作为属地管辖原则的补充，按照旗国主义这一国际惯例，悬挂本国国旗的船舶与航空器属于本国领土（常被称为"拟制领土"或"浮动领土"，并非真正意义上的领土），不管其航行或停放于何处，对在船舶与航空器内的犯罪，都适用旗国的刑法。本条第 2 款中的"中华人民共和国船舶或者航空器"包括：(1) 标示了中华人民共和国国旗的船舶、航空器；(2) 标示了中华人民共和国国徽等表明中华人民共和国所有的标志的船舶、航空器；(3) 没有悬挂任何国家的国旗、国徽等标志但事实上属于中华人民共和国国家、法人或者国民所有的船舶、航空器。这里所说的"船舶或者航空器"不包括国际列车。

本条第 1 款中"法律有特别规定的"，指以下三种情形：

第一，不适用中国刑法的情况。根据《刑法》第 11 条，享有外交特权和豁免权的外国人的刑事责任，通过外交途径解决。所以，对这些人不能适用属地管辖原则,这是真正的属地管辖的例外。

第二,不适用内地刑法的情况。根据《香港特别行政区基本法》《澳门特别行政区基本法》的规定,发生在香港、澳门特别行政区的刑事案件,按照香港、澳门特别行政区的刑法定罪处罚。《香港特别行政区维护国家安全法》第 36 条更是明确规定:"任何人在香港特别行政区内实施本法规定的犯罪的,适用本法。犯罪的行为或者结果有一项发生在香港特别行政区内的,就认为是在香港特别行政区内犯罪。在香港特别行政区注册的船舶或者航空器内实施本法规定的犯罪的,也适用本法。"这是"一国两制"制度下刑事管辖权高度灵活性的具体体现。但是,当全国人民代表大会常务委员会决定宣布战争状态或因香港或澳门特别行政区内发生香港或澳门特别行政区政府不能控制的危及国家统一或安全的动乱而决定香港或澳门特别行政区进入紧急状态时,中央人民政府可发布命令将包括《刑法》在内的有关全国性法律在香港或澳门特别行政区实施。按照"一国两制"的基本构想,大陆刑法对祖国统一后的台湾地区也将没有适用效力。但是,根据 2016 年 4 月 27 日最高人民法院《关于人民法院办理接收在台湾地区服刑的大陆居民回大陆服刑案件的规定》第 9 条的规定,被判刑人回大陆服刑后,有关减刑、假释、暂予监外执行、赦免等事项,适用《刑法》、《刑事诉讼法》及相关司法解释的规定。

第三,不适用中国刑法典部分条文的情况。《刑法》第 90 条规定:"民族自治地方不能全部适用本法规定的,可以由自治区或者省的人民代表大会根据当地民族的政治、经济、文化的特点和本法规定的基本原则,制定变通或者补充的规定,报请全国人民代表大会常务委员会批准施行。"所以,如果民族自治地方有变通规定,按照该变通规定处理案件。

【司法适用】

适用属地管辖时,首先要确定犯罪地是否在我国领域内。根据本条第 3 款,犯罪的行为或者结果有一项发生在中华人民共和国领域内的,就认为是在中华人民共和国领域内犯罪。例如,甲在我国故意伤害乙,致使乙去往韩国后死亡的,属于行为地在我国,但结果地不在我国,仍然可以适用属地管辖原则追究甲故意伤害致人死亡的刑事责任。又如,丙从印度邮寄掺有毒药的点心到中国,致使在中国的收件人丁吃下点心后死亡的,属于行为地不在我国,但结果地在我国,也可以适用属地管辖原则追究丙故意杀人的刑事责任。此外,共犯行为发生在我国,正犯行为发生在国外,但对正犯行为不能适用我国刑法时,对共犯行为仍能适用我国刑法。但正犯行为在国外不构成犯罪的,则对共犯行为不应适用我国刑法追究刑事责任。例如,A 在中国教唆美国人 B 回美国杀害英国人 C 的,我国虽然对 B 没有管辖权,但仍然可以按照属地管辖原则将 A 作为故意杀人罪的教唆犯追究其刑事责任。又如,D 教唆美国人 E 去阿拉斯加赌博的,虽然我国刑法规定了赌博罪,但赌博行为在阿拉斯加不构成犯罪,所以对 D 的教唆行为也不应适用我国刑法追究赌博罪的刑事责任。

《刑事诉讼法解释》第 2 条规定,犯罪地包括犯罪行为地和犯罪结果地。针对或者主要利用计算机网络实施的犯罪,犯罪地包括用于实施犯罪行为的网络服务使用的服务器所在地,网络服务提供者所在地,被侵害的信息网络系统及其管理者所在地,犯罪过程中被告人、被害人使用的信息网络系统所在地,以及被害人被侵害时所在地和被害人财产遭受损失地等。第 4 条规定,在中华人民共和国内水、领海发生的刑事案件,由犯罪地或者被告人登陆地的人民法院管辖。由被告人居住地的人民法院审判更为适宜的,可以由被告人居住地的人民法院管辖。第 5 条规定,在列车上的犯罪,被告人在列车运行途中被抓获的,由前方停靠站所在地负责审判铁路运输刑事案件的人民法院管辖。必要时,也可以由始发站或者终点站所在地负责审判铁路运输刑事案件的人民法院管辖。被告人不是在列车运行途中被抓获的,由负责该列车乘务的铁路公安机关对应的审判铁路运输刑事案件的人民法院管辖;被告人在列车运行途经车站被抓获的,也可以由该车站所在地负责审判铁路运输刑事案件的人民法院管辖。第 6 条规定,在国际列车上的犯罪,根据我国与相关国家签订的协定确定管辖;没有协定的,由该列车始发或者前方停靠的中国车站所在地负责审判铁路运输刑事案件的人民法院管辖。第 7 条规定,在中华人民共和国领域外的中国船舶内的犯罪,由该船舶最初停泊的中国口岸所在地或者被告人登陆地、入境地的人民法院管辖。第 8 条规定,在中华人民共和国领域外的中国航空器内的犯罪,由该航空器在中国最初降落地的人民法院管辖。

另外,2003 年 10 月 15 日最高人民法院研究室《关于外国公司、企业、事业单位在我国领域内犯罪如何适用法律问题的答复》中指出,“符合我国法人资格条件的外国公司、企业、事业单位,在我国领域内实施危害社会的行为,依照我国《刑法》构成犯罪的,应当依照我国《刑法》关于单位犯罪的规定追究刑事责任”。换言之,境外公司在我国境内犯罪的,可依属地管辖原则追究刑事责任。

【司法案例】

邵某天制造毒品案①

[**裁判要旨**]在遵循属地、属人管辖等相关原则的基础上,解决管辖权冲突还

---

① 参见《刑事审判参考》总第 75 集第 640 号案例。

应当考虑方便诉讼原则，即以有利于证据的收集、犯罪的侦查以及惩治、改造犯罪分子为原则。同时，案件的优先受理、犯罪嫌疑人的实际控制等特定事实对确定管辖权也起到一定作用。

自诉人桥某郁子诉被告人桥某浩重婚案①

［**裁判要旨**］重婚罪从犯罪形态上属于继续犯，重婚犯罪行为在一定时间内处于继续状态，但期间内可能会发生犯罪地的移动和变化，外籍被告人在中国经常居住地的人民法院具有刑事管辖权。

李某某资助危害国家安全犯罪活动案②

［**裁判要旨**］资助危害国家安全犯罪活动，无论资助行为是发生在国内还是国外，因资助的结果发生在中国领域内，所以属于在中国领域内犯罪，适用中国刑法。

第七条　【属人管辖权】中华人民共和国公民在中华人民共和国领域外犯本法规定之罪的，适用本法，但是按本法规定的最高刑为三年以下有期徒刑的，可以不予追究。

中华人民共和国国家工作人员和军人在中华人民共和国领域外犯本法规定之罪的，适用本法。

【条文理解】

本条适用于我国公民在我国境外犯罪的情形，是一种积极的属人管辖。本条首先规定，中华人民共和国公民在中华人民共和国领域外犯我国刑法规定之罪的，原则上都要适用我国刑法追究刑事责任。例外的是，所犯之罪的最高刑为3年以下有期徒刑时，可以不追究刑事责任。所谓“可以不予追究”，前提仍然是我国对此类案件具有刑事管辖权。中华人民共和国国家工作人员和军人在中华人民共和国领域外犯我国刑法规定之罪的，不考虑所犯之罪的最高刑，一律按照属人管辖的原则适用我国刑法追究刑事责任。例如，普通公民在国外犯危险驾驶罪的（根据《刑法》第133条之一，法定最高刑为拘役），虽然我国对其具有刑事管辖权，但可以不追究刑事责任。但是，中华人民共和国国家工作人员和军人在国外

① 参见《刑事审判参考》总第84集第748号案例。

② 参见《最高人民法院发布平安中国建设第一批典型案例》。

犯该罪的,仍然要追究刑事责任。根据《刑法》第 93 条的规定,国家工作人员是指:(1)国家机关中从事公务的人员;(2)国有公司、企业、事业单位、人民团体中从事公务的人员;(3)国家机关、国有公司、企业、事业单位委派到非国有公司、企业、事业单位、社会团体从事公务的人员;(4)其他依照法律从事公务的人员。根据《刑法》第 450 条的规定,军人是指中国人民解放军的现役军官、文职干部、士兵及具有军籍的学员和中国人民武装警察部队的现役警官、文职干部、士兵及具有军籍的学员以及文职人员、执行军事任务的预备役人员和其他人员。

另外,根据《香港特别行政区维护国家安全法》第 37 条的规定,香港特别行政区永久性居民或者在香港特别行政区成立的公司、团体等法人或者非法人组织在香港特别行政区以外实施香港特别行政区维护国家安全法规定的犯罪的,适用《香港特别行政区维护国家安全法》。

【司法适用】

本条中的"中华人民共和国公民"不限于"行为时"具有我国国籍的人,还包括"审判时"具有我国国籍的人。换言之,犯罪时具有我国国籍但犯罪后加入别国国籍的,或者犯罪时不具有我国国籍但犯罪后加入我国国籍的,均可基于属人管辖适用我国刑法。在后一种情形下,倘若不适用属人管辖原则,则会因同时受制于"本国公民不引渡的原则"(指请求国向被请求国提出引渡申请,其所指向的请求引渡人是被请求国公民的,被请求国可以拒绝引渡),而使我国成为其犯罪的"避风港",故应当适用属人管辖追究其刑事责任。

本条虽然没有像《刑法》第 8 条但书那样明确规定"双重犯罪"标准(行为在我国刑法与犯罪地刑法上均构成犯罪),但从刑事追诉与处罚的合理性角度来看,中华人民共和国公民在中华人民共和国领域外犯我国刑法规定之罪时,倘若该行为按照犯罪地的法律不受处罚,则应当实质地判断该行为是否侵犯了我国国家或公民的法益。我国公民在国外犯罪时,如果该行为按照犯罪地的法律不受处罚,且该行为没有侵犯我国国家或公民的法益,则不宜按照属人管辖原则追究刑事责任。反之,倘若该行为虽然按照犯罪地的法律不受处罚,但侵犯了我国国家或公民的法益的,则仍然应按照属人管辖追究刑事责任。

中国公民在中国驻外使、领馆内实施犯罪的,按照属人管辖而不是属地管辖追究刑事责任。《刑事诉讼法解释》第 9 条规定,"中国公民在中国驻外使领馆内的犯罪,由其主管单位所在地或者原户籍地的人民法院管辖";第 10 条规定,"中国公民在中华人民共和国领域外的犯罪,由其入境地或者离境前居住地的人民法院管辖;被害人是中国公民的,也可由被害人离境前居住地的人民法院管辖"。

【司法案例】

陈某贵聚众扰乱社会秩序案①

［**裁判要旨**］中华人民共和国公民在中华人民共和国领域外犯我国刑法规定之罪，但是按刑法规定的最高刑为3年以下有期徒刑的，只是“可以”不予追究。侵害重大且在国际上产生恶劣影响，后果严重的，仍应依法追究其刑事责任。这里的“最高刑为3年以下有期徒刑”是指条文的最高法定刑，即刑法规定的该罪名的最高刑罚为3年以下有期徒刑，而不是指对被告人实际判处的刑罚。

袁某钢、包某敏骗取出境证件案②

［**裁判要旨**］根据国际惯例，对于自然人国籍的积极冲突（包括双重国籍），原始国籍政府对国籍问题有优先管辖权。自动丧失中国国籍必须同时具备两个条件：一是中国公民定居外国；二是自愿加入或取得外国国籍。人民法院在审查被告人身份时，对被告人是否具有或者是否丧失中国国籍，依法应以我国公安部门确定的为准。

第八条　【保护管辖权】外国人在中华人民共和国领域外对中华人民共和国国家或者公民犯罪，而按本法规定的最低刑为三年以上有期徒刑的，可以适用本法，但是按照犯罪地的法律不受处罚的除外。

【条文理解】

本条规定适用于外国人在我国境外犯罪但侵害我国国家或者公民的情形，是一种消极的属人管辖，或者称为保护管辖。外国人在中华人民共和国领域外对中华人民共和国国家或者公民犯罪的，只有我国《刑法》规定的最低刑为3年以上有期徒刑的，才纳入保护管辖的范围。换言之，在我国，保护管辖原则限定适用于严重犯罪的场合。由于是外国人在我国境外犯罪，缉拿归案的难度大，尤其是当行为人是在其母国实施侵害我国国家或者公民的行为时，受制于“本国公民不引渡的原则”，我国司法机关事实上难以对该犯罪人展开刑事追究。尽管如此，为了维护国家主权与刑事司法权的完整，保障我国国家和公民的利益不受侵犯，我国《刑法》仍然通过本条声明、强调了保护管辖的权限。在其他法律中也有保护管辖原

---

① 参见《刑事审判参考》总第8辑第61号案例。

② 参见《刑事审判参考》总第9辑第69号案例。

则的体现。例如,《反恐怖主义法》第 11 条规定:“对在中华人民共和国领域外对中华人民共和国国家、公民或者机构实施的恐怖活动犯罪,或者实施的中华人民共和国缔结、参加的国际条约所规定的恐怖活动犯罪,中华人民共和国行使刑事管辖权,依法追究刑事责任。”该条前半段规制的行为不区分是本国人实施的还是外国人实施的,实际上综合体现了属人管辖与保护管辖;后半段则是《刑法》第 9 条普遍管辖的具体运用。

另外,根据《香港特别行政区维护国家安全法》第 38 条,不具有香港特别行政区永久性居民身份的人在香港特别行政区以外针对香港特别行政区实施香港特别行政区维护国家安全法规定的犯罪的,适用《香港特别行政区维护国家安全法》。

【司法适用】

适用本条时,需要满足“双重犯罪”标准,即外国人在中华人民共和国领域外实施的侵害我国或者公民利益的行为,一方面必须按照我国《刑法》构成犯罪且按我国《刑法》规定的最低刑为 3 年以上有期徒刑,另一方面必须按照犯罪地的法律也构成犯罪。之所以要求“必须按照犯罪地的法律也构成犯罪”,主要是考虑到外国人在犯罪地实施行为时,只需遵守其母国与犯罪地刑法的规定,不能要求其全面掌握世界各地的刑法。

《刑事诉讼法解释》第 11 条规定,“外国人在中华人民共和国领域外对中华人民共和国国家或者公民犯罪,根据《中华人民共和国刑法》应当受处罚的,由该外国人登陆地、入境地或者入境后居住地的人民法院管辖,也可以由被害人离境前居住地或者现居住地的人民法院管辖”。

第九条 【普遍管辖权】对于中华人民共和国缔结或者参加的国际条约所规定的罪行,中华人民共和国在所承担条约义务的范围内行使刑事管辖权的,适用本法。

【条文理解】

如果案件符合了属地管辖、属人管辖或保护管辖,那么直接依据《刑法》第 6~8 条行使刑事管辖权即可。本条适用于不符合属地管辖、属人管辖与保护管辖的情形。换言之,犯罪地既不在我国领域内也不在我国船舶或者航空器内,犯罪人也不是我国公民,且不是对我国国家或者公民的犯罪时,才考虑普遍管辖的适用。普遍管辖原则旨在保护世界各国的共同利益。凡是国际条约[如 1970 年 12 月 16 日的《关于制止非法劫持航空器的公约》,1971 年 9 月 23 日的《关于制止危害民用航空安全的非法行为的公约》,1973 年 12 月 14 日的《关于防止和惩处侵害应受国际保护人员包括外交代表的罪行的公约》等]规定的危害人类共同利益的犯罪(主要有劫持航空器、跨国贩毒、跨国拐卖人口、海盗、种族灭绝、洗钱、恐怖活动等),不论犯罪地与犯罪人国籍,缔约国或参加国在其领域内发现犯罪人时即可行使刑事管辖权。

【司法适用】

适用普遍管辖原则时,需要满足以下四个条件:

第一,行使普遍管辖权的犯罪应是国际条约所规定的罪行。主要是一些性质严重的危害国际社会与人类全体利益的犯罪,如反和平罪、战争罪、反人道罪、非法使用武器罪、劫持航空器罪、劫持人质罪等。

第二,我国是相关条约的缔约国或参加国,在我国所承担的条约义务范围内行使刑事管辖权。如果是我国声明保留的条款中所规定的义务,则不在我国所承担的条约义务的范围内。

第三,国内刑法也将该行为规定为犯罪。国际条约不是我国刑法的渊源,适用普遍管辖原则时,前提是国内刑法将相关行为规定为犯罪。因此,适用普遍管辖原则管辖、审理案件时,刑事实体法的适用根据是国内刑法,而非国际条约。

第四,犯罪人出现在我国领域内并被抓获。《刑事诉讼法解释》第 12 条规定,“对中华人民共和国缔结或者参加的国际条约所规定的罪行,中华人民共和国在所承担条约义务的范围内行使刑事管辖权的,由被告人被抓获地、登陆地或者入境地的人民法院管辖”。

【司法案例】

阿丹・某姆等抢劫案①

[**裁判要旨**]根据普遍管辖原则,世界上每个主权国家都有权对国际犯罪实行刑事管辖。而不论这种犯罪是否在本国领域内发生,不论是否由本国公民实施,也不论是否侵害本国国家或公民的利益,只要罪犯在其领域内被发现,就可以行使刑事管辖权。

第十条 【域外刑事判决的消极承认】凡在中华人民共和国领域外犯罪,依照本法应当负刑事责任的,虽然经过外国审判,仍然可以依照本法追究,但是在外国已经受过刑罚处罚的,可以免除或者减轻处罚。

---

① 参见《刑事审判参考》总第 32 辑第 245 号案例。

【条文理解】

本条表明,我国是独立自主的主权国家,享有独立的刑事管辖权,不受外国审判效力的约束;当然考虑到实际情况,如果犯罪分子已经在外国受到刑罚处罚,可以考虑免除或者减轻处罚。

不仅我国《刑法》采取了属地管辖、属人管辖、保护管辖与普遍管辖原则综合运用的做法,其他国家同样采用多种刑事管辖原则,所以会出现多个国家对同一犯罪都具有刑事管辖权的情形。我国对域外刑事判决采用的是消极承认的态度,而不是积极承认。积极承认意味着将外国法院的判决与本国法院的判决同等看待,在本国具有刑事管辖权的行为在外国受有罪判决时,即便犯罪人被遣送回本国,也直接执行外国的有罪判决;如果犯罪人在外国已服刑完毕,或者在外国的有罪判决中被宣告免除刑罚,或者在外国被宣告无罪,则本国不再追诉。换言之,外国刑事管辖权的行使构成了本国行使刑事管辖权的障碍。消极承认则意味着本国刑事管辖权不受外国刑事管辖权的制约,不因犯罪在外国经刑事审判而消灭,在本国具有刑事管辖权的行为无论在外国被宣告有罪还是无罪,刑罚是否已经执行完毕,本国仍可基于独立的刑事管辖权对案件重新审理并定罪量刑,只是在此过程中将外国刑事判决及刑罚执行的事实一并考虑而已。例如,中国公民甲在日本杀害中国公民乙的,日本基于属地管辖对甲有刑事管辖权,我国基于属人管辖同样对甲有刑事管辖权。倘若日本先行对甲作出刑事判决甚至在日本已经执行刑罚完毕,甲被遣返回国后我国仍然可以基于属人管辖对甲杀害乙的事实重新追究刑事责任,对甲定罪处罚,只是“可以免除或者减轻处罚”。

【司法适用】

本条中的“外国审判”不仅包括日本、德国、美国、英国等独立主权国家的刑事审判,而且包括国际刑事法院的审判。对于这些外国审判,采取消极承认。但是,由于港、澳、台地区属于我国领土不可分割的一部分,在这些地区犯罪的不属于“在中华人民共和国领域外犯罪”,这些地区的刑事审判也不能认定为“外国审判”,所以在我国港、澳、台地区犯罪且经过港、澳、台地区刑事审判的,超出了本条的适用犯罪。此外,也不能将本条规定类推适用于港、澳、台地区的刑事审判,因为这种类推最终导致被告人有可能遭受不同地区的两次刑事审判,属于不利于被告人的类推解释,违反罪刑法定原则。所以,对于港、澳、台地区的刑事审判,应当采取积极承认的态度。例如,2016 年 4 月 27 日最高人民法院《关于人民法院办理接收在台湾地区服刑的大陆居民回大陆服刑案件的规定》第 10 条规定:“被判刑人回大陆服刑后,对其在台湾地区已被判处刑罚的行为,人民法院不再审理。”之所以人民法院不再审理,正是因为积极承认了台湾地区的刑事审判。

本条规定,“在外国已经受过刑罚处罚的,可以免除或者减轻处罚”。一般而言,《刑法》中规定的“从轻”、“减轻”或“免除”处罚都是就量刑阶段而言的,即在宣告具体刑罚之前考虑是否予以从轻、减轻或免除处罚。但从尊重、保护国家刑事管辖权的角度来看,不应将本条的“免除或者减轻处罚”理解为宣告时免除或者减轻刑罚,而应实质地解释为是在正常宣告刑罚后“免除或者减轻刑罚的执行”。如此处理也有利于刑事判决书起到明确的法制宣传与行为引导作用,即准确地告知国民,实施某种犯罪行为应当以何种程度的刑罚来予以非难。倘若直接在宣告刑罚时免除或减轻处罚,反而会有误导国民的危险,引起“明明犯罪性质严重却可以免除处罚不坐牢”的误解。

第十一条 【外交代表的刑事豁免】享有外交特权和豁免权的外国人的刑事责任,通过外交途径解决。

【条文理解】

《刑法》第6条第1款规定:“凡在中华人民共和国领域内犯罪的,除法律有特别规定的以外,都适用本法。”本条有关外交豁免的规定,就属于《刑法》第6条第1款中所说的“特别规定”。换言之,本条规定的外交特权和豁免权构成了属地管辖原则的例外。需要注意的是,享有外交特权和豁免权的外国人在我国领域内犯罪时,虽然因存在管辖上的障碍不能最终适用我国刑法判决其构成犯罪,但这仅仅表明不能对其展开刑事追诉,并不意味着在刑事实体法上其行为不构成犯罪。《外交特权与豁免条例》第15条第1款规定:“外交代表和第二十条规定享有豁免的人员的管辖豁免可以由派遣国政府明确表示放弃。”倘若派遣国政府明确表示放弃,则意味着上述管辖上的障碍消除,仍有适用我国刑法追究刑事责任的余地。

【司法适用】

为确定外国驻中国使馆和使馆人员的外交特权与豁免,便于外国驻中国使馆代表其国家有效地执行职务,《外交特权与豁免条例》规定,“使馆人员”是指使馆馆长和使馆工作人员(指使馆外交人员、行政技术人员和服务人员)。该条例详尽规定了外国使馆享有的外交特权与豁免的内容。其中与刑事管辖外交豁免相关的规定整理如下:

根据该条例第14条、第21条,外交代表享有刑事管辖豁免;但外交代表如果是中国公民或者获得在中国永久居留资格的外国人,仅就其执行公务的行为,享有管辖豁免和不受侵犯。“外交代表”是指使馆馆长或者使馆外交人员。其中,

“使馆馆长”是指派遣国委派担任此项职位的大使、公使、代办以及其他同等级别的人；“使馆外交人员”是指具有外交官衔的使馆工作人员。

根据该条例第20条：(1)与外交代表共同生活的配偶及未成年子女，如果不是中国公民的，享有刑事管辖豁免；(2)使馆行政技术人员和与其共同生活的配偶及未成年子女，如果不是中国公民并且不是在中国永久居留的，也享有刑事管辖豁免；(3)使馆服务人员如果不是中国公民并且不是在中国永久居留的，其执行公务的行为享有刑事管辖豁免。其中，“使馆行政技术人员”是指从事行政和技术工作的使馆工作人员；“使馆服务人员”是指从事服务工作的使馆工作人员。

根据该条例第22条，下列人员享有在中国过境或者逗留期间所必需的刑事管辖豁免：(1)途经中国的外国驻第三国的外交代表和与其共同生活的配偶及未成年子女；(2)持有中国外交签证或者持有外交护照(仅限互免签证的国家)来中国的外国官员；(3)经中国政府同意给予该条所规定的特权与豁免的其他来中国访问的外国人士。

根据该条例第23条，来中国访问的外国国家元首、政府首脑、外交部长及其他具有同等身份的官员，享有刑事管辖豁免。

此外，该条例第26条规定，“如果外国给予中国驻该国使馆、使馆人员以及临时去该国的有关人员的外交特权与豁免，低于中国按本条例给予该国驻中国使馆、使馆人员以及临时来中国的有关人员的外交特权与豁免，中国政府根据对等原则，可以给予该国驻中国使馆、使馆人员以及临时来中国的有关人员以相应的外交特权与豁免”。

同时，该条例第25条规定享有外交特权与豁免的人员：(1)应当尊重中国的法律、法规；(2)不得干涉中国的内政；(3)不得在中国境内为私人利益从事任何职业或者商业活动；(4)不得将使馆馆舍和使馆工作人员寓所充作与使馆职务不相符合的用途。享有外交特权和豁免权的外国人在我国领域内犯罪的，虽然不能刑事追诉，但也不能坐视不理，应当通过外交途径解决。例如，可以建议派遣国依法处理；也可以将犯罪人宣布为不受欢迎的人，令其限期出境；罪行严重的也可以由政府宣布逐驱出境等。

第十二条　【溯及力】中华人民共和国成立以后本法施行以前的行为，如果当时的法律不认为是犯罪的，适用当时的法律；如果当时的法律认为是犯罪的，依照本法总则第四章第八节的规定应当追诉的，按照当时的法律追究刑事责任，但是如果本法不认为是犯罪或者处刑较轻的，适用本法。

本法施行以前，依照当时的法律已经作出的生效判决，继续有效。

【条文理解】

本条第1款确立了刑法的时间适用范围,采用的是“从旧兼从轻”原则。对于按照现行刑法仍在追诉时效内的行为,原则上按照行为时的法律处理,即“从旧”;但例外地,当按照裁判时的现行刑法处理对行为人更加有利时,按照现行刑法处理,即“从轻”。该原则同样适用于刑法修正案。例如,《刑法修正案(十一)》将刑事责任年龄从“14周岁”降低为“12周岁”,但在该修正案施行前,已满12周岁不满14周岁的人,即便犯故意杀人、故意伤害罪,致人死亡或者以特别残忍手段致人重伤造成严重残疾,情节恶劣的,也不能追究其刑事责任。另外,根据本条第2款,新法的施行不改变原有判决的既判力。

“从旧兼从轻”原则是罪刑法定原则中“禁止不利于被告人的溯及既往”这一要求在刑法时间适用范围问题上的体现。所以,如果行为发生在旧法时期,结果发生在新法时期的,由于行为人只能按照行为当时的法律来预测行为的后果、规划自己的行为,所以原则上仍然适用行为时的法律,除非按照新法的处理对其更加有利。

具体而言,本条中的“本法施行以前的行为”指的是1997年9月30日以前的行为。1997年10月1日现行《刑法》施行以后审理1949年10月1日至1997年9月30日这段时间发生且未经确定判决的案件时,应当区分如下情形处理:

第一,行为时的法律不认为是犯罪,而现行《刑法》认为是犯罪的,应当“从旧”,现行《刑法》没有溯及力,适用行为时的法律不以犯罪论处。

第二,行为时的法律认为是犯罪,而现行《刑法》不认为是犯罪的,应当“从轻”,现行《刑法》具有溯及力,适用现行《刑法》不以犯罪论处。根据1997年10月6日最高人民检察院《关于检察工作中具体适用修订刑法第十二条若干问题的通知》,这种情形下,“已经立案、侦查的,撤销案件;已批准逮捕的,撤销批准逮捕决定,并建议公安机关撤销案件;审查起诉的,作出不起诉决定;已经起诉的,建议人民法院退回案件,予以撤销;已经抗诉的,撤回抗诉”。

第三,行为时的法律与现行《刑法》都认为是犯罪,并且按现行《刑法》总则第四章第八节的规定应当追诉的,原则上应当“从旧”,现行《刑法》没有溯及力(但现行《刑法》第87条关于追诉期限的规定具有溯及力),适用行为时的法律处理;但是,如果现行《刑法》处刑较轻,则应当“从轻”,现行《刑法》具有溯及力,适用现行《刑法》处理。如果现行《刑法》规定的定罪处刑标准、法定刑与修订前《刑法》相同,应当适用修订前的《刑法》。

根据1997年12月31日最高人民法院《关于适用刑法第十二条几个问题的解释》第1条规定的“处刑较轻”,是指刑法对某种犯罪规定的刑罚即法定刑比修订前刑法轻。法定刑较轻是指法定最高刑较轻;如果法定最高刑相同,则指法定最低刑较轻。第2条规定,如果刑法规定的某一犯罪只有一个法定刑幅度,法定最高刑或者最低刑是指该法定刑幅度的最高刑或者最低刑;如果刑法规定的某一犯罪有两个以上的法定刑幅度,法定最高刑或者最低刑是指具体犯罪行为应当适用的法定刑幅度的最高刑或者最低刑。

【司法适用】

关于刑法的溯及力,在适用本条时以下几点值得特别注意:

第一,根据本条,中华人民共和国成立以后本法施行以前的行为,如果当时的法律认为是犯罪的,是否超过追诉时效,应当依照现行《刑法》总则第四章第八节的规定来判断。表面上看,现行刑法关于追诉时效的规定都当然地具有溯及力,不管对行为人是否有利。但与1979年《刑法》第77条相比,现行《刑法》第88条关于不受追诉期限限制的情形的规定不利于行为人。从罪刑法定原则中“禁止不利于被告人的溯及既往”这一要求出发,应当实质地解读本条中的“依照本法总则第四章第八节的规定应当追诉”,认为其不包括现行《刑法》第88条的规定。换言之,除现行《刑法》第87条当然具有溯及力外,对行为人不利的时效规定也应当采取“从旧兼从轻”的原则。例如,根据《时间效力解释》第1条,对于行为人1997年9月30日以前实施的犯罪行为,在人民检察院、公安机关、国家安全机关立案侦查或者在人民法院受理案件以后,行为人逃避侦查或者审判,超过追诉期限或者被害人在追诉期限内提出控告,人民法院、人民检察院、公安机关应当立案而不予立案,超过追诉期限的,是否追究行为人的刑事责任,适用1979年《刑法》第77条而不是现行《刑法》第88条的规定。

第二,根据1998年12月2日最高人民检察院《关于对跨越修订刑法施行日期的继续犯罪、连续犯罪以及其他同种数罪应如何具体适用刑法问题的批复》,对于开始于1997年9月30日以前,继续到1997年10月1日以后终了的继续犯罪,应当适用修订《刑法》一并进行追诉。对于开始于1997年9月30日以前,连续到1997年10月1日以后的连续犯罪,或者在1997年10月1日前后分别实施同种类数罪,其中罪名、构成要件、情节以及法定刑均没有变化的,应当适用修订《刑法》,一并进行追诉;罪名、构成要件、情节以及法定刑已经变化的,也应当适用修订刑法,一并进行追诉,但是修订《刑法》比原《刑法》所规定的构成要件和情节较为严格,或者法定刑较重的,在提起公诉时应当提出酌情从轻处理意见。简言之,对跨越修订《刑法》施行日期的继续犯罪、连续犯罪以及其他同种数罪一律“从新”,按照修订后的《刑法》处理。

第三,当新的刑法条文既有对被告人有利的规定,又有对被告人不利的规定时，完全可能同时适用旧法与新法。例如，《刑法修正案(九)》提高了贪污罪、受贿罪死刑的适用标准，但同时又对触犯这两个罪名被判处死刑缓期执行的犯罪分子在死刑缓期执行二年期满依法减为无期徒刑后规定了终身监禁的执行方式。根据“从旧兼从轻”的原则，对于该修正案施行之前实施的贪污、受贿行为，既要提高死刑的适用标准(适用新法)，又不应适用终身监禁的规定(适用旧法)。但是，根据2015年10月29日最高人民法院《关于〈中华人民共和国刑法修正案(九)〉时间效力问题的解释》第8条，对于2015年10月31日以前(《刑法修正案(九)》施行前)实施贪污、受贿行为，罪行极其严重，根据修正前刑法判处死刑缓期执行不能体现罪刑相适应原则，而根据修正后刑法判处死刑缓期执行同时决定在其死刑缓期执行二年期满依法减为无期徒刑后，终身监禁，不得减刑、假释可以罚当其罪的，适用修正后《刑法》第383条第4款的规定。根据修正前刑法判处死刑缓期执行足以罚当其罪的，不适用修正后《刑法》第383条第4款的规定。

第四，新旧两法的比较不限于有罪无罪、法定刑高低的比较，对于主刑与附加刑的配置选择、酌定减轻处罚，累犯的认定，自首的认定，立功的认定，缓刑的撤销，减刑、假释的适用与撤销以及法定的从轻、减轻处罚与从重处罚规定的适用等问题，都应当遵循“从旧兼从轻”的原则处理。

例如，根据现行《刑法》第63条第2款，犯罪分子不具有法定的减轻处罚情节时，需“经最高人民法院核准”才可以在法定刑以下判处刑罚；但1997年9月30日以前犯罪，不具有法定减轻处罚情节，但是根据案件的具体情况需要在法定刑以下判处刑罚的，《时间效力解释》第2条规定，“适用修订前的刑法第五十九条第二款的规定”，经“人民法院审判委员会决定”就可以在法定刑以下判处刑罚。

又如，根据现行《刑法》第81条第2款，对累犯以及因故意杀人、强奸、抢劫、绑架、放火、爆炸、投放危险物质或者有组织的暴力性犯罪被判处10年以上有期徒刑、无期徒刑的犯罪分子，不得假释。但对于1997年9月30日以前犯罪，1997年10月1日以后仍在服刑的累犯以及因杀人、爆炸、抢劫、强奸、绑架等暴力性犯罪被判处10年以上有期徒刑、无期徒刑的犯罪分子，上述司法解释第8条规定，“适用修订前的刑法第七十三条的规定，可以假释”。

再如，2011年4月25日最高人民法院《关于〈中华人民共和国刑法修正案(八)〉时间效力问题的解释》第3条第1款，“被判处有期徒刑以上刑罚，刑罚执行完毕或者赦免以后，在2011年4月30日以前再犯应当判处有期徒刑以上刑罚之罪的，是否构成累犯，适用修正前刑法第六十五条的规定；但是，前罪实施时不满十八周岁的，是否构成累犯，适用修正后刑法第六十五条的规定”。与此相对，根据该解释第1条、第2条,对于2011年4月30日以前(《刑法修正案(八)》施行前)犯罪,依法应当判处管制或者宣告缓刑的,人民法院根据犯罪情况,认为确有必要同时禁止犯罪分子在管制期间或者缓刑考验期内从事特定活动,进入特定区域、场所,接触特定人的,适用修正后刑法有关禁止令的规定;被告人具有累犯情节,或者所犯之罪是故意杀人、强奸、抢劫、绑架、放火、爆炸、投放危险物质或者有组织的暴力性犯罪,罪行极其严重,根据修正前刑法判处死刑缓期执行不能体现罪刑相适应原则,而根据修正后刑法判处死刑缓期执行同时决定限制减刑可以罚当其罪的,适用修正后刑法有关限制减刑的规定。

又再如,2021年5月20日最高人民法院、最高人民检察院、公安部、司法部《关于适用〈中华人民共和国刑法修正案(十一)〉有关问题的通知》第3条规定,"修正前刑法规定的主刑较重但未规定附加刑,修正后刑法规定的主刑较轻但规定并处附加刑的,应当适用修正后刑法的有关规定,在判处主刑时并处附加刑,但应当妥当把握主刑、附加刑的幅度,确保体现从旧兼从轻的原则"。

第五,《时间效力解释》第10条规定:"按照审判监督程序重新审判的案件,适用行为时的法律。"

关于立法解释、司法解释等正式解释的溯及力问题,有见解认为不存在"从旧兼从轻"的问题,应直接适用新的正式解释。因为立法解释与司法解释只是对刑法适用过程中出现问题的一种见解,并不代表刑法自身的真实含义。当新的解释纠正了原有解释中的错误认识时,没有理由继续将原来的错误解释适用到尚未判决的案件中。当然,如果行为人因为信赖行为时的正式解释而认为自己的行为不构成犯罪,但裁判时的正式解释将其行为解释为犯罪时,可因不具有违法性认识的可能性而排除其有责性,最终不以犯罪论处。但2001年12月7日最高人民法院、最高人民检察院《关于适用刑事司法解释时间效力问题的规定》中认为,司法解释也应当遵循"从旧兼从轻"原则。具体而言:(1)对于司法解释实施前发生的行为,行为时没有相关司法解释,司法解释施行后尚未处理或者正在处理的案件,依照司法解释的规定办理;(2)对于新的司法解释实施前发生的行为,行为时已有相关司法解释,依照行为时的司法解释办理,但适用新的司法解释对犯罪嫌疑人、被告人有利的,适用新的司法解释;(3)对于在司法解释施行前已办结的案件,按照当时的法律和司法解释,认定事实和适用法律没有错误的,不再变动。

【司法案例】

杨某波等贩卖淫秽物品牟利案①

［**裁判要旨**］由于司法解释是对法律本来含义作出的具体适用的解释，因此其溯及效力应当与法律的溯及力相同。在我国的司法实践中，虽然并不因司法解释新的具体规定再去纠正、修改以前已经生效的判决裁定，但是，只要案件起诉后，无论是在一审还是二审阶段发布了有关司法解释，均应当适用该解释，与有关法律一并作为定罪处刑的依据。

张某光、张某荣虚假诉讼案②

［**裁判要旨**］妨害作证罪、帮助伪造证据罪和虚假诉讼罪的法定最高刑相同，但妨害作证罪和帮助伪造证据罪的法定最低刑均为拘役，而虚假诉讼罪的法定最低刑为管制和罚金，故虚假诉讼罪系处刑较轻的罪名。以虚假诉讼罪定罪处罚，符合“从旧兼从轻”原则。

朱某春、李某乐诈骗案③

［**裁判要旨**］对于发生在《刑法修正案（九）》施行之前，《刑法修正案（九）》施行后尚未处理完毕，同时符合虚假诉讼罪构成要件和诈骗罪等侵财型犯罪构成要件的行为，适用修正前《刑法》的有关规定，直接以诈骗罪等侵财型犯罪定罪处罚，不应根据《刑法》第三百零七条之一第三款的规定以诈骗罪等侵财型犯罪从重处罚。

仇某侵害英雄烈士名誉、荣誉案④

［**裁判要旨**］发生在《刑法修正案（十一）》实施前的行为，实施后尚未处理或者正在处理的，应当根据《刑法》第十二条规定的“从旧兼从轻”原则，以侵害英雄烈士名誉、荣誉罪而不是寻衅滋事罪追究刑事责任。

---

① 参见《刑事审判参考》总第1辑第5号案例。

② 参见《刑事审判参考》总第124集第1380号案例。

③ 参见《刑事审判参考》总第124集第1371号案例。

④ 参见最高人民检察院第136号指导性案例。

第二章　犯　　罪

第一节　犯罪和刑事责任

第十三条　【犯罪概念】一切危害国家主权、领土完整和安全，分裂国家、颠覆人民民主专政的政权和推翻社会主义制度，破坏社会秩序和经济秩序，侵犯国有财产或者劳动群众集体所有的财产，侵犯公民私人所有的财产，侵犯公民的人身权利、民主权利和其他权利，以及其他危害社会的行为，依照法律应当受刑罚处罚的，都是犯罪，但是情节显著轻微危害不大的，不认为是犯罪。

【条文理解】

根据本条规定，犯罪具有两个基本特征：一是严重的社会危害性。首先，犯罪必须具有社会危害性，"一切危害国家主权、领土完整和安全，分裂国家、颠覆人民民主专政的政权和推翻社会主义制度，破坏社会秩序和经济秩序，侵犯国有财产或者劳动群众集体所有的财产，侵犯公民私人所有的财产，侵犯公民的人身权利、民主权利和其他权利，以及其他危害社会的行为"，才可能构成犯罪；不具有社会危害性的行为不能构成犯罪。其次，犯罪必须具有严重的社会危害性，"情节显著轻微危害不大的"行为，不能构成犯罪。扰乱公共秩序，妨害公共安全，侵犯人身权利、财产权利，妨害社会管理，具有社会危害性，但尚不够刑事处罚的，由公安机关依照《治安管理处罚法》给予治安管理处罚。最后，社会危害性不仅包括对法益造成的实害，而且也包括对法益的现实危险。在我国的刑法中，不仅有既遂犯的规定，还有未遂犯的规定；不仅有实害犯的规定，还有危险犯的规定。二是根据法律规定应当受到刑罚处罚性。只有"依照法律应当受刑罚处罚"的行为，才成立犯罪。这里的"法律"主要是指本法，此外还包括我国目前唯一有效的单行刑法——全国人民代表大会常务委员会《关于惩治骗购外汇、逃汇和非法买卖外汇犯罪的决定》。只有同时符合严重的社会危害性和根据法律规定应当受到刑罚处罚性的行为,才构成犯罪,缺一不可。换言之,根据法律规定应当受到刑罚处罚的严重危害社会的行为,就构成犯罪。

【司法适用】

司法实践中适用本条时,需要注意三种情形:

一是,有些行为具有严重的社会危害性,但是刑法未对其予以明文规定。具有严重社会危害性的行为应当被法律明文规定为犯罪,但是由于受到立法滞后性以及其他各种因素的影响,却没有被规定为犯罪。由于这些行为不能同时符合犯罪的两个基本特征,即不符合"依照法律应当受刑罚处罚",故不构成犯罪。这也是罪刑法定原则的应有之义。根据罪刑法定原则,"法无明文规定不为罪,法无明文规定不处罚",这些具有严重的社会危害性但未被法律规定为犯罪的行为,不构成犯罪,不得类推适用相关罪名予以处罚。

二是,有些行为根据法律规定应当受到刑罚处罚,但是没有社会危害性。没有社会危害性的行为不应当被刑法规定为犯罪,但是由于立法对危害社会行为予以类型化时,不能考虑到所有情形,造成在一些特殊情形中,存在形式上符合犯罪类型的行为实际上却没有社会危害性的情况。由于这些行为不具有社会危害性,即使形式上"依照法律应当受刑罚处罚",也不构成犯罪。

三是,有些行为既具有社会危害性,又具有依照法律应当受到刑罚处罚性,但是情节显著轻微危害不大。立法入罪是将严重危害社会的行为予以类型化,定性有余而定量不足,这就导致有些"情节显著轻微危害不大"的行为也被法律规定的犯罪行为类型所涵摄。由于这些行为情节显著轻微危害不大,不符合犯罪的严重社会危害性特征,故"不认为是犯罪"。

第十四条　【故意犯罪】明知自己的行为会发生危害社会的结果,并且希望或者放任这种结果发生,因而构成犯罪的,是故意犯罪。

故意犯罪,应当负刑事责任。

【条文理解】

根据本条规定,故意犯罪的主观方面为犯罪故意,包括认识因素与意志因素。认识因素的内容是"明知自己的行为会发生危害社会的结果";意志因素的内容是"希望或者放任这种结果发生"。故意是认识因素与意志因素的统一。根据故意的认识因素与意志因素内容的不同,故意分为直接故意与间接故意。直接故意是指明知自己的行为会发生危害社会的结果,并且希望这种结果发生的心理态度。

间接故意是指明知自己的行为可能发生危害社会的结果,并且放任这种结果发生的心理态度。

直接故意与间接故意的首要区别在于意志内容的不同。直接故意表现为“希望”危害结果的发生,而间接故意表现为“放任”危害结果的发生。“希望”有积极追求的意思,而“放任”则是听之任之的态度。直接故意与间接故意不仅在意志内容上有区别,在认识内容上也有差异。虽然条文规定采取相同的表述,但在理论上要做不同的解读。直接故意的认识是明知自己的行为会发生危害社会的结果,包括“必然”会发生危害结果的认识和“可能”会发生危害结果的认识;而间接故意的认识则只包括“可能”会发生危害社会结果的认识。因为意志因素以认识因素为前提,而反过来,意志因素的内容又限制认识因素的内容,如果认识到危害结果必然发生,则不可能再放任危害结果的发生。在相同情况下,直接故意行为人的主观恶性要比间接故意行为人的主观恶性更大一些,对此在量刑时应当予以考虑。

与过失犯罪相比,故意犯罪的主观恶性及社会危害性(针对特定的法益)更大,是刑法规制的主要对象,故本条第2款规定,“故意犯罪,应当负刑事责任”。

【司法适用】

司法实践中适用本条时,需要注意以下三点:

一是,关于危害结果的认识。对危害结果的认识不要求很具体,只要求认识到是某种性质的危害结果。例如,故意杀人时,只要求认识到会有人死亡即可,不要求具体认识到谁在什么具体时刻死亡。

二是,关于社会危害性认识错误。故意的认识内容不仅包括对自己的行为及其后果的事实的认识,还包括对自己的行为及其后果的社会危害性的认识。社会危害性认识错误是指行为人对自己的行为及其后果是否具有社会危害性的认识错误。一种情况是,行为人认为自己的行为及其后果不具有社会危害性,但实际上具有社会危害性。这种情况下除非有正当理由,行为人的认识错误不影响故意的成立。另一种情况是,行为人误以为自己的行为及其后果具有社会危害性,但实际上不具有社会危害性。这种情况下行为人的认识错误不会导致犯罪故意的成立。

三是,关于事实认识错误。事实认识错误是指行为人对自己的行为及其后果的事实的认识错误。事实认识错误可分为三大类:第一类,误把有害事实当成无害事实。例如,行为人误将真枪当作假枪予以贩卖。由于行为人主观上不知道自己的行为会发生危害社会的结果,也没有积极追求危害社会的结果,因此不构成故意犯罪。第二类,误把无害事实当成有害事实。例如,行为人误将白糖当成毒药给他人食用。由于行为人主观上知道自己的行为会发生危害社会的结果,并且积极追求危害社会结果的发生,因此构成故意犯罪。但是由于危害社会结果没有实际发生,故只能认定为犯罪未遂。第三类,误以为有正当化事由的事实但实际上没有。例如,行为人误以为遭到违法行为攻击,采取防卫措施造成他人伤亡。由于行为人没有对自己的行为会发生危害社会结果的认识,也没有积极追求危害社会结果的发生,因此不成立故意犯罪。如果行为人的认识错误存在过失,则可以认定为过失犯罪。

【司法案例】

汪某洗钱案①

［**裁判要旨**］洗钱罪的构成需以行为人对作为洗钱对象的毒品犯罪、黑社会性质的组织犯罪、恐怖活动犯罪、走私犯罪(以下简称四类上游犯罪)的违法所得及其产生的收益具有主观明知为要件,主观明知是成立洗钱罪的一个前提条件。

明知不等于确知,尽管确定性认识和可能性认识存在程度上的差异,但两者都应纳入明知的范畴。只要证明行为人在当时确实知道或者根据事实足可推定行为人对于所经手的财产系四类上游犯罪所得的赃钱的可能性有所认识,都可成立明知。同时应注意避免以应当知道的证明取代对于可能性明知的证明,后者属于实然层面上的心理状态,前者属于应然层面上的注意义务,两者不可混为一谈。至于明知的具体认定,一般可以综合行为人的主观认识,接触赃物的时空环境,赃物的种类、数额,赃物交易、运送的方式、方法及行为人的一贯表现等主、客观因素进行具体判断。

第十五条　【过失犯罪】应当预见自己的行为可能发生危害社会的结果,因为疏忽大意而没有预见,或者已经预见而轻信能够避免,以致发生这种结果的,是过失犯罪。

过失犯罪,法律有规定的才负刑事责任。

【条文理解】

根据认识内容的不同,过失分为疏忽大意的过失与过于自信的过失两种。疏忽大意的过失是指应当预见自己的行为可能发生危害社会的结果,因为疏忽大意而没有预见,以致发生这种结果的心理态度。过于自信的过失是指已经预见自己

① 参见《刑事审判参考》总第37集第286号案例。

的行为可能发生危害社会的结果,但是轻信能够避免,以致发生这种结果的心理态度。疏忽大意的过失与过于自信的过失的区别主要表现在:前者未认识到危害结果的发生;而后者则认识到危害结果的发生,只是轻信能够避免,最终造成危害结果的发生。疏忽大意的过失与过于自信的过失虽然存在区别,但二者的法律评价相同。

与故意犯罪相比,过失犯罪处于从属地位。刑法规制的主要对象是故意犯罪。故意犯罪的主观恶性及社会危害性(针对特定的法益)显然大于过失犯罪。因此本条第2款对过失犯罪处罚原则的规定为“法律有规定的才负刑事责任”,而故意犯罪的处罚原则为“应当负刑事责任”。

【司法适用】

司法实践中适用本条时,应当注意以下三点:

一是,在认定疏忽大意的过失犯罪时,应当注意与意外事件的区分,以划清罪与非罪的界限。疏忽大意的过失犯罪和意外事件的区别在于前者的行为人主观上有过失,即行为人由于疏忽大意,对自己的行为可能发生危害社会的结果应当预见而没有预见,以致发生了这种危害结果;而后者是由于客观上不可预见、不可抗拒的原因造成了危害社会的结果,行为人主观上没有过失心理,不负刑事责任。

二是,在认定过于自信的过失犯罪时,应当注意与间接故意犯罪的区分。虽然二者的行为人对于其行为可能发生危害结果皆已有预见,但在主观意志上,前者的行为人对于危害结果的发生持反对态度,也就是说,危害结果的发生是违背其意志的;而后者的行为人对于危害结果的发生则持放任的态度,即危害结果的发生不违背其意志。相比较而言,间接故意犯罪人的主观恶性要大于过于自信的过失犯罪人的主观恶性。

三是,在认定过失犯罪时,还应注意过失转化为故意的情况,即行为人的过失行为导致对某种法益的危险,但行为人故意不消除危险,希望或者放任结果的发生。例如,行为人开荒时将烟头随意丢在树丛中,存在发生森林火灾的危险,行为人能够及时消除危险,但故意不消除危险,导致火灾的发生。这便由过失转化为犯罪故意,应认定为放火罪而不是失火罪。

【司法案例】

杨某过失致人死亡案①

[**裁判要旨**]判断某一行为是过于自信的过失还是伤害的故意(间接故意),

---

① 参见《刑事审判参考》总第75集第635号案例。

关键在于判断行为人是不希望还是不在乎危害后果的发生。故意伤害罪(致死)是故意伤害罪的结果加重犯,以成立故意伤害罪为前提,因此,行为人虽然对被害人死亡的加重结果系过失,但对造成被害人身体伤害系故意,也就是说行为人明知自己的行为可能会伤害被害人身体健康,希望或者放任这种危害后果的发生。而过失致人死亡罪,行为人既无伤害的故意,更无杀人的故意,行为人对危害后果持否定的态度,既不希望发生被害人身体受伤的危害后果,更不希望发生被害人死亡的危害后果。因此判断某一行为是过于自信的过失还是伤害的故意(间接故意),关键在于判断行为人是不希望发生危害后果,还是根本不在乎危害后果是否发生,危害后果发生与不发生均不违背其意志。行为人的罪过不像客观行为那样容易证明,由于种种原因,行为人可能不会如实供述其实际想法,仅仅依靠口供进行判断,难保不偏离事实。不过,罪过毕竟不是单纯的思想,其必然支配一定的危害社会行为,并且反映在这一危害行为上,这就为认识行为人的主观思想提供了一条途径,即通过对客观事实和外在行为的综合分析推断行为人的主观罪过。

第十六条 【不可抗力和意外事件】行为在客观上虽然造成了损害结果,但是不是出于故意或者过失,而是由于不能抗拒或者不能预见的原因所引起的,不是犯罪。

【条文理解】

根据本条规定,不可抗力或意外事件引起的行为,不构成犯罪。不可抗力,是指行为虽然客观上造成了损害结果,但不是出于故意或过失,而是由于不能抗拒的原因所引起的,不构成犯罪。“不能抗拒”,是指行为人虽然认识到自己的行为会发生损害结果,但由于当时主客观条件限制,行为人无力排除或阻止损害结果的发生。意外事件,是指行为在客观上虽然造成了损害后果,但不是出于故意或者过失,而是由于不能预见到的原因所引起的,不构成犯罪。意外事件与不可抗力造成损害结果的,行为人之所以不负刑事责任,是因为其主观上没有故意或过失,对实际发生的危害结果没有罪过。

【司法适用】

司法实践中适用本条时,应当注意要根据具体实际情况来判断是否为意外事件或不可抗力。例如,甲将汽车停在自家院内,没有锁车门,邻居家小孩误入车内,并将车门反锁,没有被人发现;由于天气炎热,车内温度高,最终导致小孩死亡。甲对小孩的死亡要不要承担过失责任?综合当时情况来看,甲将汽车停在自家院内,虽然没锁门,但造成他人死亡的可能性很小,依常情常理常识判断,小孩的死亡属于意外事件,甲不应该承担过失责任。但是如果当时是另外一种情况,甲将汽车停在幼儿园内,没有关车门,也没有给予充分的注意,同样有小孩误入其中并死亡,甲应当对小孩的死亡负过失责任。因为甲将汽车停在幼儿园不锁车门,相比于前一种情况存在更大的风险隐患,而甲未予以充分注意,最终导致小孩的死亡,则甲存在疏忽大意的过失。

【司法案例】

朱某平过失致人死亡案①

[**裁判要旨**]判断某一行为是意外事件还是疏忽大意的过失,关键是判断行为人是否应当预见、能够预见。意外事件与疏忽大意的过失有相似之处,表现在行为人事实上都没有预见到自己行为的危害结果,客观上又都发生了危害结果。但是,在意外事件中,行为人是不应当预见、不能够预见危害结果的发生,而疏忽大意的过失的行为人是应当预见、能够预见危害结果的发生,只是由于疏忽大意才没有预见。因此,二者区分的关键是判断行为人是否应当预见、能够预见。

疏忽大意的过失通常被称为无认识的过失,行为人没有预见到自己的行为可能发生危害社会的结果,没有预见并非行为人不能预见危害结果,而是在应当预见的前提下由于疏忽大意才没有预见,如果行为人小心谨慎、认真负责,那么就会预见到危害结果的发生。因此,有注意能力未尽注意义务是疏忽大意过失的行为人承担刑事责任的根据。在司法实践中,判断疏忽大意的过失,不是判断行为人是否疏忽大意,而是判断行为人是否应当预见、能够预见,如果应当预见、能够预见而没有预见就表明行为人疏忽大意了。疏忽大意过失中的注意义务是为一般人所设定的,不需要考虑具体情况。注意义务不仅来源于法律、法令、职务和业务方面的规章制度所确定的义务,而且包括日常生活准则所提出的义务,即“社会生活上必要的注意”。预见能力因人而异,有高低大小之分,需要进行具体的判断:(1)判断的基础,应当把行为人的智能水平、行为本身的危险性和行为时的客观环境结合起来。(2)判断的方法,要坚持从客观到主观,把对一般人的注意义务与具体行为人的智能水平结合起来。(3)判断的标准,应当在考察一般人的预见能力基础上充分考虑行为人的具体智能情况。详言之,首先,考察行为人所属的一般人能否预见结果的发生;其次,再考虑行为人的智能水平是高于一般人还是低于一般人。如果一般人能够预见,但行为人智能水平低,则不宜认定过失;如果行为

① 参见《刑事审判参考》总第44集第346号案例。

人的智能水平不低于一般人，则可以认定过失；如果一般人不能预见，而行为人的智能水平明显高于一般人，则可以认定为过失。

第十七条 【刑事责任年龄】已满十六周岁的人犯罪，应当负刑事责任。

已满十四周岁不满十六周岁的人，犯故意杀人、故意伤害致人重伤或者死亡、强奸、抢劫、贩卖毒品、放火、爆炸、投放危险物质罪的，应当负刑事责任。

已满十二周岁不满十四周岁的人，犯故意杀人、故意伤害罪，致人死亡或者以特别残忍手段致人重伤造成严重残疾，情节恶劣，经最高人民检察院核准追诉的，应当负刑事责任。

对依照前三款规定追究刑事责任的不满十八周岁的人，应当从轻或者减轻处罚。

因不满十六周岁不予刑事处罚的，责令其父母或者其他监护人加以管教；在必要的时候，依法进行专门矫治教育。

【条文对照】

1997年《刑法》	2020年《刑法修正案(十一)》
第十七条 已满十六周岁的人犯罪，应当负刑事责任。 已满十四周岁不满十六周岁的人，犯故意杀人、故意伤害致人重伤或者死亡、强奸、抢劫、贩卖毒品、放火、爆炸、**投毒**罪的，应当负刑事责任。 已满**十四**周岁不满**十八**周岁的人**犯罪**，应当从轻或者减轻处罚。 因不满十六周岁不予刑事处罚的，责令**他的家长**或者监护人加以管教；在必要的时候，**也可以由政府收容教养**。	第十七条 已满十六周岁的人犯罪，应当负刑事责任。 已满十四周岁不满十六周岁的人，犯故意杀人、故意伤害致人重伤或者死亡、强奸、抢劫、贩卖毒品、放火、爆炸、**投放危险物质**罪的，应当负刑事责任。 已满**十二**周岁不满**十四**周岁的人，**犯故意杀人、故意伤害罪，致人死亡或者以特别残忍手段致人重伤造成严重残疾，情节恶劣，经最高人民检察院核准追诉的，应当负刑事责任。** **对依照前三款规定追究刑事责任的**不满十八周岁的人，应当从轻或者减轻处罚。 因不满十六周岁不予刑事处罚的，责令**其父母**或者**其他**监护人加以管教；在必要的时候，**依法进行专门矫治教育**。

【条文理解】

刑事责任年龄，是指法律规定的应当对自己的犯罪行为负刑事责任的年龄。只有达到法定年龄的人实施了犯罪行为，才能追究其刑事责任。对于没有达到法定年龄的人，即使实施了危害社会的行为，也不负刑事责任。本法将刑事责任年龄划分为完全负刑事责任年龄、相对负刑事责任年龄和完全不负刑事责任年龄三个阶段。其中相对负刑事责任年龄段又分为已满 14 周岁不满 16 周岁和已满 12 周岁不满 14 周岁两个年龄段。

本条第 1 款是关于完全负刑事责任年龄段的规定。已满 16 周岁的人完全负刑事责任,其对实施本法规定的任何一种犯罪行为,都应当负刑事责任。

第 2 款是关于相对负刑事责任年龄段之已满 14 周岁不满 16 周岁年龄段的规定。已满 14 周岁不满 16 周岁的人,不是对所有犯罪都负刑事责任,而是只对 8 种严重暴力犯罪行为负刑事责任,它们分别是故意杀人、故意伤害致人重伤或者死亡、强奸、抢劫、贩卖毒品、放火、爆炸、投放危害物质罪。需要指出的是,这里所规定的 8 种犯罪,是指具体犯罪行为而不是具体罪名。"故意杀人、故意伤害致人重伤或者死亡",是指只要故意实施了杀人、伤害行为并且造成了致人重伤,死亡后果的,都应负刑事责任。而不是指只有犯故意杀人罪、故意伤害罪的才负刑事责任。

第 3 款是关于相对负刑事责任年龄段之已满 12 周岁不满 14 周岁年龄段的规定。已满 12 周岁不满 14 周岁的人,只有犯故意杀人、故意伤害罪,致人死亡或者以特别残忍手段致人重伤造成严重残疾,情节恶劣,并且经最高人民检察院核准追诉的,才应当负刑事责任。鉴于近年来低龄未成年人实施严重犯罪的案件时有发生,引发了社会广泛关注。基于维护公平正义和保护未成年人权益的双重考虑,寻求二者之间的平衡,《刑法修正案(十一)》增加了本款的规定,一方面对法定最低刑事责任年龄作个别下调,另一方面加以严格限制。

第 4 款是关于对未成年人犯罪处罚原则的规定。根据本款规定,对不满 18 周岁的人实施犯罪被追究刑事责任的,应当从轻或者减轻处罚。这里规定的是"应当"而不是"可以",也就是说,必须从轻或者减轻处罚。

第 5 款是关于对不予刑罚处罚的未成年人处理的规定。根据本款规定,对于实施了危害社会的行为,但因不满 16 周岁不予刑事处罚的,责令其父母或者其他监护人加以管教;在必要的时候,依法进行专门矫治教育。这样规定是为了维护正常的社会秩序,也是为了教育和保护未成年人。《刑法修正案(十一)》统筹考虑刑法修改和预防未成年人犯罪法修改相关问题,将"收容教养"修改为"专门矫治教育"。

【司法适用】

一是,关于刑事责任年龄的计算。根据《未成年人案件解释》第 2 条规定,"周岁"按照公历的年、月、日计算,从周岁生日的第 2 天起算。在我国,公历是官方规定采用的历法。户籍管理中就明确要求公民必须以公历的出生年月日进行户籍登记。如果查明的被告人年龄是农历的出生年月日,也应当以与之相对应的公历年月日计算被告人年龄。此外,根据该解释第4条规定,对于没有充分证据证明被告人实施被指控的犯罪时已经达到法定刑事责任年龄且确实无法查明的,应当推定其没有达到相应法定刑事责任年龄。相关证据足以证明被告人实施被指控的犯罪时已经达到法定刑事责任年龄,但是无法准确查明被告人具体出生日期的,应当认定其达到相应法定刑事责任年龄。

二是,关于已满14周岁不满16周岁的人承担刑事责任范围问题。根据全国人民代表大会常务委员会法制工作委员会《关于已满十四周岁不满十六周岁的人承担刑事责任范围问题的答复意见》,《刑法》第17条第2款规定的8种犯罪,是指具体犯罪行为而不是具体罪名。《刑法》第17条中规定的"犯故意杀人、故意伤害致人重伤或者死亡",是指只要故意实施了杀人、伤害行为并且造成了致人重伤、死亡后果的,都应负刑事责任。而不是指只有犯故意杀人罪、故意伤害罪的,才负刑事责任,绑架撕票的,不负刑事责任。对司法实践中出现的已满14周岁不满16周岁的人绑架人质后杀害被绑架人、拐卖妇女、儿童而故意造成被拐卖妇女、儿童重伤或死亡的行为,依据刑法是应当追究其刑事责任的。

三是,关于相对刑事责任年龄的人承担刑事责任如何认定罪名的问题。根据最高人民检察院法律政策研究室《关于相对刑事责任年龄的人承担刑事责任范围有关问题的答复》:(1)相对刑事责任年龄的人实施了《刑法》第17条第2款规定的行为,应当追究刑事责任的,其罪名应当根据所触犯的《刑法》分则具体条文认定。对于绑架后杀害被绑架人的,其罪名应认定为绑架罪。(2)相对刑事责任年龄的人实施了《刑法》第269条规定的行为的,应当依照《刑法》第263条的规定,以抢劫罪追究刑事责任。但对情节显著轻微,危害不大的,可根据《刑法》第13条的规定,不予追究刑事责任。

【司法案例】

王某华抢劫案①

[**裁判要旨**]已满14周岁不满16周岁的未成年人,不能构成转化型抢劫罪。第一,已满14周岁不满16周岁的未成年人,依法对盗窃罪不负刑事责任,因此,不具备转化型抢劫罪的基础。已满14周岁未满16周岁的相对刑事责任人,只对实施《刑法》第17条第2款所列举的故意杀人、抢劫等8种犯罪负刑事责任,对盗窃行为不负刑事责任,因而不能满足构成转化型抢劫罪的前提条件。第二,从现

① 参见《刑事审判参考》总第86集第777号案例。

有司法解释的规定也可以推导出相对刑事责任能力年龄的人不能成为转化型抢劫罪的犯罪主体。已满14周岁不满16周岁的人盗窃、诈骗、抢夺他人财物,为窝藏赃物、抗拒抓捕或者毁灭罪证,当场使用暴力,故意伤害致人重伤或者死亡,或者故意杀人的,应当分别以故意伤害罪或者故意杀人罪定罪处罚。可见,相对刑事责任年龄的人实施了转化型抢劫的行为,形式上符合转化型抢劫罪的要件,只对暴力行为造成重伤或死亡结果的以故意伤害罪或者故意杀人罪定罪处罚。该规定严格限缩了相对刑事责任年龄的人实施此类行为的处罚范围,处罚罪名上也不以抢劫罪论处,体现了刑法对未成年人犯罪从宽处罚的立法精神。

第十七条之一 【已满七十五周岁的人犯罪的刑事责任】已满七十五周岁的人故意犯罪的,可以从轻或者减轻处罚;过失犯罪的,应当从轻或者减轻处罚。

【条文对照】

1997年《刑法》	2011年《刑法修正案(八)》
无	**第十七条之一 已满七十五周岁的人故意犯罪的,可以从轻或者减轻处罚;过失犯罪的,应当从轻或者减轻处罚。**

【条文理解】

根据本条规定,对已满75周岁的老年人犯罪予以从宽处罚,体现了对老年人的特殊保护。长期以来,不少社会公众和专家提出对老年人犯罪应当予以从轻处罚的建议,以体现中华民族尊老爱幼的传统美德。立法机关在广泛征求意见的基础上,总体认为,对老年人犯罪适当从宽处理,不会影响到社会治安秩序,也有利于体现宽严相济的刑事政策,遂采纳了上述建议。根据本条规定,已满75周岁的老年人故意犯罪的,可以从轻或者减轻处罚,而非"应当",即不是必须从轻或者减轻处罚;已满75周岁的老年人过失犯罪的,应当从轻或者减轻处罚,而非"可以",即必须从轻或者减轻处罚。对"故意"和"过失"犯罪的区别对待,是宽严相济刑事政策的具体运用。

【司法适用】

司法实践中适用本条时需要注意"已满七十五周岁"的认定问题。是否已满75周岁,应当根据权威法律文件如户籍、出生证明等,或具有鉴定资质的机构出具的骨龄鉴定意见,以公历的出生年月日计算被告人年龄。司法实践中,由于行为人年事已高,加之数十年前的社会管理和生育管理的滞后,基本很难找到出生证明等相关材料。这时就可以选择骨龄鉴定。骨龄是骨骼发育进程的年龄描述,代表了特定正常人体骨骼发育的一般状态。一般情况下,通过对人体的肩、肘、腕、髋、膝、踝等关节的 X 光射线检查骨骼发育的情况,并运用科学的评测方法,可以比较准确的推断个体的年龄。根据最高人民检察院《关于"骨龄鉴定"能否作为确定刑事责任年龄证据使用的批复》的规定,"犯罪嫌疑人不讲真实姓名、住址,年龄不明的,可以委托进行骨龄鉴定或者其他科学鉴定,经审查,鉴定结论能够准确确定犯罪嫌疑人实施犯罪行为时的年龄的,可以作为判断犯罪嫌疑人年龄的证据使用"。

第十八条 【精神病人与醉酒的人的刑事责任能力】精神病人在不能辨认或者不能控制自己行为的时候造成危害结果,经法定程序鉴定确认的,不负刑事责任,但是应当责令他的家属或者监护人严加看管和医疗;在必要的时候,由政府强制医疗。

间歇性的精神病人在精神正常的时候犯罪,应当负刑事责任。

尚未完全丧失辨认或者控制自己行为能力的精神病人犯罪的,应当负刑事责任,但是可以从轻或者减轻处罚。

醉酒的人犯罪,应当负刑事责任。

【条文理解】

本条前 3 款是关于精神病人刑事责任能力的规定。对精神病人刑事责任能力的判断不仅要进行医学判断,还要进行心理学判断。首先,判断行为人是否患有精神病,由精神病医学专家鉴定;其次,判断行为人是否因为患有精神病而不能辨认或者不能控制自己的行为,由司法工作人员判断。如果精神病医学专家的鉴定意见是行为人没有患精神病,司法工作人员就必须肯定行为人具有责任能力;如果精神病医学专家的鉴定意见是行为人患有精神病,司法工作人员则应在此基础上进一步判断行为人是否具有责任能力。对于间歇性精神病人,如果其在实施犯罪行为时精神正常,具有责任能力,当然应对自己的行为承担刑事责任;即使其是在实施行为后精神不正常,也应承担责任。尚未完全丧失辨认或者控制自己行为能力的精神病人,由于其尚能辨认或者控制自己行为,只是这种能力有所减弱而非丧失,因此,行为人应当承担刑事责任,但是可以从轻或者减轻处罚。

实施了犯罪行为但不负刑事责任的精神病人虽然不能被定罪处罚,但是应当责令其家属或者监护人严加看管和医疗;在必要的时候,由政府强制医疗。根据我国《刑事诉讼法》第302条的规定,实施暴力行为,危害公共安全或者严重危害公民人身安全,经法定程序鉴定依法不负刑事责任的精神病人,有继续危害社会可能的,可以予以强制医疗。

本条第4款是关于醉酒者刑事责任能力的规定。醉酒的人犯罪,应当负刑事责任。但是醉酒分为生理性醉酒与病理性醉酒两种情况,需要区别对待。生理性醉酒即普通醉酒,它不是精神病的一种。一般认为,在生理性醉酒情况下,还具有责任能力,故对其实施的犯罪行为应当负刑事责任;即使其责任有所减弱,但由于醉酒是由行为人自己的原因造成的,属于原因自由行为,也不得从轻或者减轻处罚。病理性醉酒则属于精神病的一种。病理性醉酒人的行为紊乱、记忆缺失、出现意识障碍,并伴有幻觉、错觉、妄想等精神病症状。一般认为,病理性醉酒人属于精神病人,完全丧失责任能力,在没有意识到病理性醉酒的情况下不承担刑事责任。如果具有责任能力的行为人,已知自己有病理性醉酒的历史,而故意或者过失使自己一时陷入丧失或者尚未完全丧失责任能力的状态,并在该状态下实施了符合客观构成要件的违法行为,则应当承担刑事责任。

【司法适用】

司法实践中,判断精神病人有无责任能力时,除了以精神病医学专家的鉴定意见为基础外,还应注意以下几点:

一是,要审查精神病的种类以及程度轻重,因为精神病的种类与程度轻重对判断精神病人是否具有责任能力具有极为重要的意义。

二是,要对精神病人的家属、亲属、邻居等调查其言行与精神状况,如果有足够的证据表明该精神病人平时不能正确认识自己的行为性质、社会意义与结果,不能有意识地选择和控制自己的行为,则能作为精神病人没有责任能力的有力证据。

三是,要进一步判断精神病人所实施的行为与精神病之间有无直接联系。因为精神病人的精神不一定完全错乱,它可能在有些方面是正常的。因此,要判断精神病人实施导致危害后果的行为时是否起因于精神病。

四是,行为人虽然患有精神病,但如果该精神病对其辨认与控制能力没有任何影响,那么,行为人就属于有完全责任能力的人,精神病不能成为其责任阻却事由。

【司法案例】

杜某军故意杀人案①

［**裁判要旨**］在严重暴力犯罪案件中，对具有轻度精神障碍，认识和控制能力所受影响不大的被告人，可以不从轻处罚。根据《刑法》第18条第3款的规定，如果所实施的犯罪受到辨认和控制能力减弱的影响，可以根据所受影响程度的大小决定是否从轻或者减轻处罚。首先，虽然患有精神病，但如果尚未完全丧失辨认和控制能力，就表明行为人还具有一定的自由意志，在其行为成立犯罪的情况下，应当承担责任。其次，"尚未完全丧失辨认或者控制自己行为能力"，表明行为人对自己实施的行为具有一定的辨认和控制能力，只是由于精神病而有所减弱而已。最后，对责任能力减弱的精神病人犯罪的，只是"可以"从轻或者减轻处罚，而不是"应当"从轻或者减轻处罚。刑法并没有规定对限制行为能力人一律从轻处罚，对罪行极其严重且辨认和控制自己行为能力轻微减弱的犯罪人不予从轻处罚，并不违背立法本意。

徐某富强制医疗案②

［**裁判要旨**］审理强制医疗案件，对被申请人或者被告人是否"有继续危害社会可能"，应当综合被申请人或者被告人所患精神病的种类、症状，案件审理时其病情是否已经好转，以及其家属或者监护人有无严加看管和自行送医治疗的意愿和能力等情况予以判定。必要时，可以委托相关机构或者专家进行评估。

第十九条　【又聋又哑的人或盲人犯罪的刑事责任】又聋又哑的人或者盲人犯罪，可以从轻、减轻或者免除处罚。

【条文理解】

根据本条规定，又聋又哑的人和盲人，可以从轻、减轻或者免除处罚；只聋不哑或只哑不聋的人不适用本条。一般而言，人达到一定年龄而又没有精神疾病，即具备辨认和控制自己行为的能力，需要负刑事责任。但是，人的这种刑事责任能力可能由于重要的生理功能的丧失而受到影响。行为人具有又聋又哑或者眼睛失明的生理缺陷，属于生理发育不健全的人，在社会生活中，接受教育、了解事物，都会受到一定限制和影响，辨认事物的能力也会低于正常人。因此，对他们的

① 参见《刑事审判参考》总第95集第925号案例。

② 参见最高人民法院第63号指导案例。

处罚要轻于正常人。但由于具有上述生理缺陷的人实施犯罪的情节，造成危害结果的严重程度，以及行为人具有的生理缺陷等具体情况不同，处罚的轻重程度也应不同。“可以从轻、减轻或者免除处罚”是指根据行为人的上述具体情况，决定是否从轻、减轻或者免除处罚，而不是必须从轻、减轻或者免除处罚。对于极少数知识和智力水平不低于正常人、犯罪时具备完全刑事责任能力的聋哑人、盲人，可以不予考虑从宽处罚。

【司法案例】

苏某强、王某敲诈勒索案①

［**裁判要旨**］对“盲人”犯罪是否适用《刑法》第19条从宽处罚，须依据视力残疾与犯罪的关系而定。刑法之所以规定对聋哑人、盲人犯罪可以从轻、减轻或者免除处罚，主要是考虑生理重要功能的丧失会导致人的认知、交流等能力下降，不能正常融入社会生活，其辨认自身行为性质和控制自己行为的能力也弱于常人，故追究其刑事责任时可以从宽处罚。由于刑法规定对盲人犯罪是“可以”而不是“应当”从轻、减轻或者免除处罚，因此在审判中应当全面分析犯罪性质、情节和危害程度，重点分析盲人身份对实施犯罪行为的具体影响，并不必然从宽处罚。对于犯罪行为与其聋哑人、盲人身份有直接联系的，考虑到聋哑人、盲人被告人特别的生理、心理状况，可依法比照正常人犯罪酌予从宽处罚。但是在聋哑人、盲人实施的与其聋哑人、盲人身份无直接关系的犯罪中，特别是在共同犯罪或者有组织犯罪中，这类被告人甚至可能成为犯罪的策划者和组织者。在此情况下，被告人虽具有聋哑人、盲人身份，但不能作为对其从宽处罚的理由。

第二十条　【正当防卫】为了使国家、公共利益、本人或者他人的人身、财产和其他权利免受正在进行的不法侵害，而采取的制止不法侵害的行为，对不法侵害人造成损害的，属于正当防卫，不负刑事责任。

正当防卫明显超过必要限度造成重大损害的，应当负刑事责任，但是应当减轻或者免除处罚。

对正在进行行凶、杀人、抢劫、强奸、绑架以及其他严重危及人身安全的暴力犯罪，采取防卫行为，造成不法侵害人伤亡的，不属于防卫过当，不负刑事责任。

---

① 参见《刑事审判参考》总第59集第469号案例。

【条文理解】

根据本条规定,正当防卫是指为了国家、公共利益、本人或者他人的人身、财产安全免受正在进行的不法侵害,而采取的制止不法侵害并对不法侵害人造成损害的行为。正当防卫成立必须满足以下条件:(1)存在实际的不法侵害。对依法执行职务的合法行为,如依法拘留、逮捕、依法没收财产等,不能实行正当防卫。(2)不法侵害必须正在进行。如果不法侵害已经结束,或行为人已经放弃了不法侵害行为,防卫人不得实施正当防卫行为。(3)必须是为了使国家、公共利益、本人或他人的人身、财产和其他权利免受不法侵害,即主观上要求防卫人必须是出于防卫意图。如果不是出于防卫意图,而是偶然防卫,则不构成正当防卫。(4)防卫行为必须针对不法侵害人进行。正当防卫,既可以针对不法侵害人的人身进行防卫,也可以针对其财产进行防卫,但在通常情况下是针对不法侵害人的人身进行防卫。(5)防卫行为没有明显超过必要限度,造成重大损害。

本条第 2 款是关于防卫过当的规定。防卫过当,是指防卫明显超过必要限度,造成重大损害,应当负刑事责任的犯罪行为。防卫过当应当同时具备以下特征:(1)防卫过当必须是明显地超过必要限度。明显超过必要限度,是指一般人都能够认识到其防卫强度已经超过了正当防卫所必需的强度。(2)对不法侵害人造成了重大损害。重大损害,是指由于防卫人明显超过必要限度的防卫行为造成不法侵害人人身伤亡及其他能够避免的严重的损害。防卫过当的行为应当负刑事责任,但对防卫过当的行为毕竟不能等同于犯罪行为,所以应当减轻或者免除处罚。

本条第 3 款是对特殊防卫权或无限防卫权的规定。对于正在进行行凶、杀人、抢劫、强奸、绑架以及其他严重危及人身安全的暴力犯罪,采取防卫行为,不受正当防卫必要限度的限制。这是本条第 2 款规定的例外情形,是特殊情况下对公民正当防卫权的特殊保障。

【司法适用】

根据《正当防卫意见》,司法实践中适用本条时需要把握以下几个方面:

一是,关于正当防卫的具体适用。(1)准确把握正当防卫的起因条件。正当防卫的前提是存在不法侵害。不法侵害既包括侵犯生命、健康权利的行为,也包括侵犯人身自由、公私财产等权利的行为;既包括犯罪行为,也包括违法行为。不应将不法侵害不当限缩为暴力侵害或者犯罪行为。对于非法限制他人人身自由、非法侵入他人住宅等不法侵害,可以实行防卫。不法侵害既包括针对本人的不法侵害,也包括危害国家、公共利益或者针对他人的不法侵害。对于正在进行的拉拽方向盘、殴打司机等妨害安全驾驶、危害公共安全的违法犯罪行为,可以实行防卫。成年人对于未成年人正在实施的针对其他未成年人的不法侵害,应当劝阻、制止;劝阻、制止无效的,可以实行防卫。(2)准确把握正当防卫的时间条件。正当防卫必须是针对正在进行的不法侵害。对于不法侵害已经形成现实、紧迫危险的,应当认定为不法侵害已经开始;对于不法侵害虽然暂时中断或者被暂时制止,但不法侵害人仍有继续实施侵害的现实可能性的,应当认定为不法侵害仍在进行;在财产犯罪中,不法侵害人虽已取得财物,但通过追赶、阻击等措施能够追回财物的,可以视为不法侵害仍在进行;对于不法侵害人确已失去侵害能力或者确已放弃侵害的,应当认定为不法侵害已经结束。对于不法侵害是否已经开始或者结束,应当立足防卫人在防卫时所处情境,按照社会公众的一般认知,依法作出合乎情理的判断,不能苛求防卫人。对于防卫人因为恐慌、紧张等心理,对不法侵害是否已经开始或者结束产生错误认识的,应当根据主客观相统一原则,依法作出妥当处理。(3)准确把握正当防卫的对象条件。正当防卫必须针对不法侵害人进行。对于多人共同实施不法侵害的,既可以针对直接实施不法侵害的人进行防卫,也可以针对在现场共同实施不法侵害的人进行防卫。明知侵害人是无刑事责任能力人或者限制刑事责任能力人的,应当尽量使用其他方式避免或者制止侵害;没有其他方式可以避免、制止不法侵害,或者不法侵害严重危及人身安全的,可以进行反击。(4)准确把握正当防卫的意图条件。正当防卫必须是为了使国家、公共利益、本人或者他人的人身、财产和其他权利免受不法侵害。对于故意以语言、行为等挑动对方侵害自己再予以反击的防卫挑拨,不应认定为防卫行为。(5)准确界分防卫行为与相互斗殴。防卫行为与相互斗殴具有外观上的相似性,准确区分两者要坚持主客观相统一原则,通过综合考量案发起因、对冲突升级是否有过错、是否使用或者准备使用凶器、是否采用明显不相当的暴力、是否纠集他人参与打斗等客观情节,准确判断行为人的主观意图和行为性质。因琐事发生争执,双方均不能保持克制而引发打斗,对于有过错的一方先动手且手段明显过激,或者一方先动手,在对方努力避免冲突的情况下仍继续侵害的,还击一方的行为一般应当认定为防卫行为。双方因琐事发生冲突,冲突结束后,一方又实施不法侵害,对方还击,包括使用工具还击的,一般应当认定为防卫行为。不能仅因行为人事先进行防卫准备,就影响对其防卫意图的认定。(6)防止将滥用防卫权的行为认定为防卫行为。对于显著轻微的不法侵害,行为人在可以辨识的情况下,直接使用足以致人重伤或者死亡的方式进行制止的,不应认定为防卫行为。不法侵害系因行为人的重大过错引发,行为人在可以使用其他手段避免侵害的情况下,仍故意使用足以致人重伤或者死亡的方式还击的,不应认定为防卫行为。

二是,防卫过当的具体适用。(1)准确把握防卫过当的认定条件。根据《刑法》第 20 条第 2 款的规定,认定防卫过当应当同时具备“明显超过必要限度”和“造成重大损害”两个条件,缺一不可。(2)准确认定“明显超过必要限度”。防卫是否“明显超过必要限度”,应当综合不法侵害的性质、手段、强度、危害程度和防卫的时机、手段、强度、损害后果等情节,考虑双方力量对比,立足防卫人防卫时所处情境,结合社会公众的一般认知作出判断。在判断不法侵害的危害程度时,不仅要考虑已经造成的损害,还要考虑造成进一步损害的紧迫危险性和现实可能性。不应当苛求防卫人必须采取与不法侵害基本相当的反击方式和强度。通过综合考量,对于防卫行为与不法侵害相差悬殊、明显过激的,应当认定防卫明显超过必要限度。(3)准确认定“造成重大损害”。“造成重大损害”是指造成不法侵害人重伤、死亡。造成轻伤及以下损害的,不属于重大损害。防卫行为虽然明显超过必要限度但没有造成重大损害的,不应认定为防卫过当。(4)准确把握防卫过当的刑罚裁量。防卫过当应当负刑事责任,但是应当减轻或者免除处罚。要综合考虑案件情况,特别是不法侵害人的过错程度、不法侵害的严重程度以及防卫人面对不法侵害的恐慌、紧张等心理,确保刑罚裁量适当、公正。对于因侵害人实施严重贬损他人人格尊严、严重违反伦理道德的不法侵害,或者多次、长期实施不法侵害所引发的防卫过当行为,在量刑时应当充分考虑,以确保案件处理既经得起法律检验,又符合社会公平正义观念。

三是,关于特殊防卫的具体适用。(1)准确理解和把握“行凶”。根据《刑法》第 20 条第 3 款的规定,下列行为应当认定为“行凶”:使用致命性凶器,严重危及他人人身安全的;未使用凶器或者未使用致命性凶器,但是根据不法侵害的人数、打击部位和力度等情况,确已严重危及他人人身安全的。虽然尚未造成实际损害,但已对人身安全造成严重、紧迫危险的,可以认定为“行凶”。(2)准确理解和把握“杀人、抢劫、强奸、绑架”。《刑法》第 20 条第 3 款规定的“杀人、抢劫、强奸、绑架”,是指具体犯罪行为而不是具体罪名。在实施不法侵害过程中存在杀人、抢劫、强奸、绑架等严重危及人身安全的暴力犯罪行为的,如以暴力手段抢劫枪支、弹药、爆炸物或者以绑架手段拐卖妇女、儿童的,可以实行特殊防卫。有关行为没有严重危及人身安全的,应当适用一般防卫的法律规定。(3)准确理解和把握“其他严重危及人身安全的暴力犯罪”。《刑法》第 20 条第 3 款规定的“其他严重危及人身安全的暴力犯罪”,应当是与杀人、抢劫、强奸、绑架行为相当,并具有致人重伤或者死亡的紧迫危险和现实可能的暴力犯罪。(4)准确把握一般防卫与特殊防卫的关系。对于不符合特殊防卫起因条件的防卫行为,致不法侵害人伤亡的,如果没有明显超过必要限度,也应当认定为正当防卫,不负刑事责任。

【司法案例】

于某故意伤害案①

［**裁判要旨**］(1)对正在进行的非法限制他人人身自由的行为，应当认定为《刑法》第20条第1款规定的“不法侵害”，可以进行正当防卫。(2)对非法限制他人人身自由并伴有侮辱、轻微殴打的行为，不应当认定为《刑法》第20条第3款规定的“严重危及人身安全的暴力犯罪”。(3)判断防卫是否过当，应当综合考虑不法侵害的性质、手段、强度、危害程度，以及防卫行为的性质、时机、手段、强度、所处环境和损害后果等情节。对非法限制他人人身自由并伴有侮辱、轻微殴打，且并不十分紧迫的不法侵害，进行防卫致人死亡重伤的，应当认定为《刑法》第20条第2款规定的“明显超过必要限度造成重大损害”。(4)防卫过当案件，如系因被害人实施严重贬损他人人格尊严或者亵渎人伦的不法侵害引发的，量刑时对此应予充分考虑，以确保司法裁判既经得起法律检验，又符合社会公平正义观念。

韩某故意伤害案②

［**裁判要旨**］防卫人实施防卫行为时，不法侵害行为处于持续状态，应当认为满足正当防卫成立的时间条件。面对被害人一方明显的不法侵害意图和已经实施的殴打等不法侵害行为，防卫人为免遭不法侵害的继续而逃脱，被害人等仍然群起追赶，可见被害人一方的不法侵害对防卫人的人身安全所造成的威胁并没有消除或停止，并可能进一步加重，对防卫人的不法侵害行为处于持续状态。因此，防卫人实施反击时，正值不法侵害行为正在进行的紧迫期间，其实施防卫行为是适时的。认为只有当防卫人在遭受被害人殴打的瞬间予以反击，方能满足正当防卫成立的时间条件，否则属于事后防卫的观点是不准确的。

第二十一条 【紧急避险】为了使国家、公共利益、本人或者他人的人身、财产和其他权利免受正在发生的危险，不得已采取的紧急避险行为，造成损害的，不负刑事责任。

紧急避险超过必要限度造成不应有的损害的，应当负刑事责任，但是应当减轻或者免除处罚。

---

① 参见最高人民法院第93号指导案例。

② 参见《刑事审判参考》总第69集第569号案例。

第一款中关于避免本人危险的规定,不适用于职务上、业务上负有特定责任的人。

【条文理解】

根据本条规定,紧急避险是指为了使国家、公共利益、本人或者他人的人身、财产和其他权利免受正在发生的危险,在紧急情形下不得已采取的损害较小合法权益的行为。紧急避险的成立必须具备以下条件:(1)客观上存在一定的危险。只有在"危险"是客观真实存在的情况下,才能实施紧急避险。如果实际中并不存在危险,而行为人主观想象或臆测误认为存在危险并实行所谓的避险,致使合法权益受到损害,则在刑法理论上称为"假想避险"。对于假想避险,应根据处理事实认识错误的原则,确定是否应当负刑事责任。(2)危险正在发生。在危险尚未开始或者已经结束的情况下,实行所谓的避险而对合法权益造成损害的,称为"避险不适时"。(3)必须是不得已的紧急情况。"不得已",是指在危险已经发生的非常时刻,从当时的实际情况看,除了采取紧急避险措施外,别无他法能够避免危险,即紧急避险成为唯一的选择。(4)必须具有避险意图。如果行为人主观上没有避险的意图,那么其行为尽管在客观上避免了某种合法权益免遭危害,也不属于紧急避险。(5)必须没有超过必要限度造成不应有的损害。如果紧急避险行为超过了必要限度,造成了不应有的损害,即属于避险过当,应当追究刑事责任,但是应当减轻或者免除处罚。

本条第2款是关于避险过当的规定。避险过当具有两个特征:其一,避险行为客观上超过了必要限度造成了不应有的损害。这是避险过当行为人承担刑事责任的客观基础。其二,行为人对过当的行为及结果主观上具有罪过,即存在故意或过失。这是其承担刑事责任的主观基础。避险过当的,应当负刑事责任,但是应当减轻或者免除处罚。

本条第3款是对紧急避险主体设置的一项特殊限制规定。在职务上、业务上负有特定责任的人,不得因为避免本人的合法权益免受损害而实行紧急避险。"职务上、业务上负有特定责任",是指行为人所担任的职务或所从事业务的性质要求其负有接触或排除一定危险的责任,如医师、护士有防治传染病的责任,消防人员有扑灭火灾的责任,船长、船员面对海损事故有坚守岗位的责任,民航客机机组人员在客机发生故障的情况下有排除险情的责任等。

【司法适用】

一是,准确把握避险过当的认定条件。根据本条规定,认定避险过当应当同时具备"超过必要限度"和"造成不应有的损害"两个条件,缺一不可。

二是,准确认定"造成不应有的损害"。传统观点认为避险行为造成的损害必须小于所避免的损害,否则就属于"造成不应有的损害"。这种观点与犯罪概念相悖。犯罪是根据法律规定应当受到刑罚处罚的严重危害社会的行为。当避险行为造成的损害等于所避免的损害时,未造成社会危害性,充其量只能认为这种避险行为没有实质意义,而不能被认定为犯罪。因此,"造成不应有的损害"应当理解为避险行为造成的损害不超过所避免的损害,而非必须小于所避免的损害。

三是,准确认定"超过必要限度"。避险行为是否"超过必要限度",应当基于避险时的具体情况综合考虑。如果避险行为造成的损害未超过所避免的损害,并且将可能造成的损害降到了最低,那么可以认定其未超过必要的限度。

【司法案例】

谭某财、罗某东强奸、抢劫、盗窃案①

[**裁判要旨**]在生命受到现实威胁的情况下,被迫与他人性交的行为,系紧急避险行为,不构成犯罪。紧急避险行为中行为人因受威胁而为的损害他人利益的行为,与共同犯罪中胁从犯因被胁迫实施的犯罪行为虽有一定的相似性,即行为人均是在受人胁迫的前提下,实施了损害第三人利益的行为,但是,二者的区别还是比较明显的:一是从危险的紧急性来看,紧急避险中的危险是正在发生的危险,后者既可以是正在发生的危险,也可以是将来可能发生的危险。二是从保护的利益来看,紧急避险保护的是合法权益,包括国家、公共利益、本人或者他人的人身、财产或其他权利,后者既可以是保护合法权益,还可以是保护非法权益,如本人或他人的非法所得、不良隐私、违法犯罪行为等。三是行为人意志自由丧失程度不一致。紧急避险中的行为人在当时的危险状态下,其完全无选择意志的自由,即其实施损害第三人利益的行为是在别无他法可以避免危险时才被允许,也就是"不得已"而为之。胁从犯虽然是被胁迫而参加犯罪,但其还是有一定程度的自由意志,其参加犯罪仍然是其自行选择的结果。四是是否承担刑事责任不同。紧急避险未超过必要限度的,不负刑事责任,超过必要限度造成不应有的损害的,应当负刑事责任,但是应当减轻或者免除处罚;胁从犯则均应负刑事责任,只是可以减轻或者免除处罚。可见,基于上述不同,对于紧急避险,从权益衡量原理出发,允许为了保护较大的合法权益而牺牲较小的合法权益,并将之看作是对社会有

---

① 参见《刑事审判参考》总第63集第495号案例。

益的行为;后者基于可期待性原理,对被胁迫参加犯罪的行为人只在量刑上予以适当考虑。

第二节 犯罪的预备、未遂和中止

第二十二条 【犯罪预备】为了犯罪,准备工具、制造条件的,是犯罪预备。

对于预备犯,可以比照既遂犯从轻、减轻处罚或者免除处罚。

【条文理解】

根据本条规定,犯罪预备的成立需要满足三个条件:(1)主观上有犯罪故意;(2)客观上实施了犯罪预防行为,但尚未着手实施犯罪;(3)未能着手实施犯罪是行为人意志以外的原因造成的,而非犯罪人自动中止。犯罪预备主要包括准备工具和制造条件两种情况。准备工具,是指准备为实施犯罪所必需的作案工具和其他物品。准备包括收集、购买、制造以及非法获取等活动。制造条件,是指除准备犯罪工具和其他物品以外的其他为顺利进行犯罪活动、达到犯罪目的而创造条件的行为。从准备工具对实施犯罪所起的作用来看,准备犯罪工具也是为实施犯罪制造条件。行为人在犯罪预备阶段虽然未着手实施犯罪,但是为犯罪做准备,已经对法益构成威胁,具有一定的危害性,这是追究其刑事责任的客观依据。

第2款是关于犯罪预备处罚的规定。犯罪预备仅处于犯罪的预备阶段,尚未着手实施犯罪,犯罪结果也未发生,其社会危害程度要轻于既遂犯。因此,对预备犯的处罚要轻于既遂犯,可以比照既遂犯从轻、减轻处罚或者免除处罚。实际上,犯罪预备的社会危害程度不仅轻于既遂犯,而且也轻于未遂犯,对预备犯的处罚通常也要轻于未遂犯。

【司法适用】

一是,在认定犯罪预备时,应当注意罪与非罪的界限,慎重适用,防止打击面过宽。因为犯罪预备行为没有直接对法益造成侵害结果,对法益的威胁并不紧迫,在通常情况下不值得追究刑事责任。因此,对犯罪预备的成立范围必须进行严格限制:(1)只有从刑事政策的角度来看,需要尽早预防某些犯罪时,才有必要处罚犯罪预备。(2)只有当行为人的犯罪故意确定,确实将实行某一特定犯罪,并实施了相应的预备行为时,才有必要作为犯罪预备处罚。(3)不符合预备一般特征的行为,绝对不能以犯罪论处。容易与犯罪预备混淆的是犯意表示。犯意表示一般是以口头、书面或者其他方法,将真实犯罪意图表现于外部的行为。由于犯意表示只是犯意的单纯流露,而不是为犯罪制造条件,因此犯意表示不成立犯罪。

二是,在认定犯罪预备行为时,要注意其与犯罪未遂、犯罪中止的区别。犯罪预备与犯罪未遂区别的关键在于行为人是否已经着手实施犯罪行为。犯罪预备发生在着手实施犯罪行为之前,即尚未实施犯罪行为;犯罪未遂发生在着手实施犯罪行为之后,即已经实施犯罪行为。犯罪预备与犯罪中止区别的关键在于行为人是由于外界因素被迫停止犯罪预备行为,还是自动停止犯罪预备行为。前者属于犯罪预备;后者属于犯罪中止。

【司法案例】

张某权等抢劫案①

[**裁判要旨**]为实施特定犯罪而准备工具、制造条件的,应当认定为犯罪预备。根据《刑法》第22条第1款的规定,犯罪预备是指为了犯罪,准备工具、制造条件的行为。据此,成立犯罪预备应当具有四个特征,即行为人主观上是为了实行犯罪,客观上实施了犯罪预备行为,事实上未能着手实行犯罪,未能着手实行犯罪是由于行为人意志以外的原因。犯罪预备作为故意犯罪的初期形态,虽然还没有着手实行犯罪,但客观上造成了对法益的现实威胁或者侵害的现实可能性,依照刑法应当追究刑事责任;由于预备犯还没有造成犯罪结果,对法益的侵害通常小于既遂犯,因此刑法规定对于预备犯,可以比照既遂犯从轻、减轻或者免除处罚。

犯意表示是指行为人通过一定的方式,将内心的犯罪意图表现于外部的行为。其特征是:(1)犯意表示是一种单纯将犯罪意图表现于外部的行为;(2)它需要借助语言、文字或者具体的行为举动等一定的方式被他人所感知;(3)它是一种犯罪意图的单纯流露,对以后可能实施的犯罪是否易于实行、便于完成尚不能起到制造条件的作用。

犯意表示与犯罪预备的本质区别在于,犯罪预备是对实行犯罪起促进作用的行为,即准备犯罪工具、制造条件,也就是有实现其犯罪故意的行为;而犯意表示行为只是单纯流露犯意,不是实现犯意的具体行为,没有对法益构成现实威胁,因此,犯意表示并不是我国刑法所规定的可以构成犯罪的"危害社会的行为",只有建立在为了该犯意表示而"准备工具、制造条件"的基础之上的具体行为,才能评

---

① 参见《刑事审判参考》总第59集第467号案例。

价为“危害社会的行为”从而可能成立犯罪预备。从成立犯罪预备的核心要求看，仅有犯意表示而没有具体准备工具、制造条件行为的，不能认定为犯罪预备。根据刑法规定，犯罪预备要求的行为包括两类：(1)准备工具，即准备实行犯罪的工具，如购买犯罪工具、制造犯罪工具、改装物品使之适应犯罪需要以及盗窃他人物品作为犯罪工具等。(2)制造条件，即除准备工具以外的一切为实行犯罪制造条件的预备行为，可以表现为：①制造实行犯罪的客观条件，如调查犯罪场所和被害人行踪、出发前往犯罪场所或者守候被害人的到来、诱骗被害人前往犯罪场所等；②创造实行犯罪的主体条件，如勾结纠集犯罪同伙、寻找共犯人等；③制造实行犯罪的现实作案条件，如商议犯罪的实行计划、进行分工等。

第二十三条 【犯罪未遂】已经着手实行犯罪，由于犯罪分子意志以外的原因而未得逞的，是犯罪未遂。

对于未遂犯，可以比照既遂犯从轻或者减轻处罚。

【条文理解】

根据本条规定，犯罪未遂的成立需要满足三个条件：(1)行为人已经着手实施犯罪；(2)犯罪未得逞；(3)犯罪未得逞的原因是行为人意志以外的原因，而非犯罪人自动中止。已经着手实行犯罪，表明行为人已经从犯罪预备阶段进入实行阶段，即行为人从为实施犯罪创造条件进入了开始实现完成犯罪意图的阶段。犯罪未得逞，即犯罪分子没有实现本法分则规定的具体犯罪的犯罪构成的客观要件。犯罪未得逞即说明犯罪还未造成实际的危害后果，因此，犯罪未遂的社会危害性要小于犯罪既遂，对未遂犯可以比照既遂犯从轻或者减轻处罚。但是，犯罪未遂毕竟已经进入犯罪行为实施阶段，对于刑法所要保护的法益造成的危险明显要大于犯罪预备，故对其处罚重于犯罪预备。

【司法适用】

在司法实践中，认定犯罪未遂时，需要注意以下几点：

一是，关于着手的认定。犯罪未遂是已经着手实行犯罪，由于犯罪分子意志以外的原因而未得逞。犯罪着手的认定是判断犯罪未遂的前提与基础。一般来说，只要开始实施《刑法》分则规定的某一犯罪构成客观要件的行为，就是着手。然而，《刑法》分则规定的犯罪构成客观要件并不总是那么明确，在客观要件不明确的情况下着手的判断就失去了明确的标准。因此，除了根据《刑法》分则规定的犯罪构成要件外，还需要考虑行为对法益造成的危险状态。当行为已经对法益造成现实紧迫的危险时,就应当认定为着手。例如,持枪故意杀人的,瞄准被害人就应当被认为是杀人罪的着手,而不必等到扣动扳机才算是着手。

二是,犯罪未遂与犯罪中止的区别。(1)犯罪未遂发生在着手实施犯罪行为之后,犯罪得逞之前;而犯罪中止则可以发生在犯罪过程中的任何一阶段。根据《刑法》第24条的规定,即使犯罪行为实施完毕,自动有效地防止犯罪结果发生的,依然成立犯罪中止。(2)犯罪未遂中犯罪未得逞的原因是行为人意志以外的原因造成的;而犯罪中止则是行为人自动放弃或者自动有效地防止犯罪结果发生导致的。犯罪意志以外的原因是指始终违背犯罪人意志的,客观上使犯罪不可能既遂,或者使犯罪人认为不可能既遂从而被迫停止犯罪的原因。客观上使犯罪不可能既遂主要包括犯罪行为被制止和阻止犯罪结果的发生两种情况。犯罪人主观上认为不可能既遂的情形主要是虽然客观上看犯罪行为可以继续实施,但主观上判断必须放弃犯罪。例如,行为人正在实施入室盗窃行为时,突然听到有人说话,以为主人回来,被迫放弃犯罪。即使说话的人不是户主,客观上也不会发现其盗窃行为,但是由于行为人以为自己不能再继续实施犯罪了,仍然属于意志以外的原因。

【司法案例】

李某容抢劫、故意杀人案①

[**裁判要旨**]被告人放弃犯罪的不完全自动性,以及已实施侵害行为的严重社会危害,应当认定被告人的故意杀人行为构成犯罪未遂。放弃重复侵害行为并不必然属于犯罪中止。"放弃重复实施的侵害行为"的特征主要有主客观两方面的条件:一是客观上,已经实施的侵害行为未能发生预期的危害结果,而且,同时存在继续实施犯罪行为的可能性;二是主观上,认识到可以重复继续实施自己的犯罪行为而放弃重复实施,并且行为人预期的法定结果始终没有发生。一般而言,自动放弃重复侵害行为可以认定为犯罪中止。因为行为人在客观上具备可以继续实施犯罪的条件,主观上对继续实施犯罪的可能性亦有清醒的认识,放弃本来可以继续实施的犯罪行为,表现出放弃犯罪的自觉性。然而,现实情况非常复杂,必须具体情况具体分析。如果停止犯罪完全是出于被告人的本意,放弃本来可以继续实施的犯罪行为,自然应当认定为犯罪中止。但是,如果不是完全自动地放弃重复侵害行为,而是既有自动性,也有被迫性,就应当实事求是,客观分析判断究竟是自动性为主,还是被迫性为主,如果有足够依据判定行为人停止犯罪是以

---

① 参见《刑事审判参考》总第73集第611号案例。

被迫性为主,则可以认定犯罪停止形态为未遂。

第二十四条 【犯罪中止】在犯罪过程中,自动放弃犯罪或者自动有效地防止犯罪结果发生的,是犯罪中止。

对于中止犯,没有造成损害的,应当免除处罚;造成损害的,应当减轻处罚。

【条文理解】

根据本条的规定,犯罪中止应当同时具有以下特征:(1)发生在犯罪过程中。犯罪中止是故意犯罪发展过程中的一种犯罪形态,可能发生在犯罪预备阶段,也可能发生在犯罪的实行阶段。“犯罪过程中”是指犯罪既遂前的整个犯罪过程中,犯罪既遂之后的任何主动弥补损失的行为都不是犯罪中止,只是悔罪的表现。(2)必须是犯罪分子自动放弃或者自动有效地防止犯罪结果的发生。“自动放弃犯罪”,是指犯罪分子在着手实施犯罪之前,主动放弃犯罪意图和为犯罪创造条件,停止着手实施犯罪,或者在着手实施犯罪之后,犯罪结果发生之前,主动放弃继续犯罪,中止犯罪行为。“自动有效地防止犯罪结果发生”,是指犯罪人在已经着手实施犯罪之后,犯罪结果发生之前,主动放弃继续犯罪,并主动采取积极措施防止了犯罪结果的发生。自动性是犯罪中止的本质特征,也是它与犯罪未遂、犯罪预备的本质区别。犯罪中止的自动性,是指行为人自认为可以继续完成犯罪,但是在主观上自愿放弃犯罪,主动防止结果发生,从而阻止犯罪达到既遂状态。

【司法适用】

一是,犯罪中止的自动性的理解适用。犯罪中止的自动性可以从两个方面来理解:其一,行为人自认为当时可以继续实施和完成犯罪;其二,行为人出于本人意志而放弃犯罪。“出于本人意志”并不要求行为人出于真心悔悟、同情被害人等伦理性动机,即使出于恐惧、惊愕等动机而放弃犯罪的,依然可以认定为“出于本人意志”。然而,如果并不存在外界干扰因素,而行为人却误以为存在外界干扰因素,被迫放弃犯罪的,不能认定为犯罪中止,而应当认定为犯罪未遂。

二是,犯罪中止的有效性的理解适用。行为人在犯罪过程中自动放弃犯罪,或自动采取有效措施防止犯罪结果发生,即便犯罪结果最终未发生是偶然导致的,但只要行为足以防止犯罪结果发生,或者客观上完全由他人防止了犯罪结果发生的,也成立犯罪中止。也就是说,只要中止行为足以避免犯罪结果发生,即使犯罪结果是由于其他原因而没有发生的,也应认定为犯罪中止。

【司法案例】

朱某伟强奸、故意杀人案①

[**裁判要旨**]被告人的中止行为没有对被害人造成刑法意义上的损害,依法应当免予刑事处罚。中止犯要构成犯罪,必须满足《刑法》第13条关于犯罪概念的规定,即中止犯的行为应当具有严重社会危害性,是能够为刑法所评价的行为,对于那些情节显著轻微、危害不大的行为,不能认定为犯罪,自然也就谈不上成立中止犯的可能。这是确立中止犯惩罚标准"损害"的基本点。因此,中止犯造成的"损害"是建立在犯罪成立评价前提下的,不能等同于一般意义上的损伤。作为刑法规定的中止犯中的"损害"概念:从质的方面来说,损害是指犯罪行为对犯罪对象造成的破坏,根据犯罪对象不同可以分为物质性损害和非物质性损害。物质性损害,如人体机能损伤、物体毁损等,是由以物质为对象的犯罪行为造成的;非物质性损害,如名誉的毁损、人格的损害等,是由以非物质为对象的犯罪行为造成的。从量的方面来说,损害是为刑法所评价的达到一定严重社会危害程度的后果,而不是一般意义上的损伤,否则就存在刑法对中止犯的评价比既遂犯还要严苛的可能,违背刑法设置中止犯的初衷。

第三节　共同犯罪

第二十五条　【共同犯罪概念】共同犯罪是指二人以上共同故意犯罪。

二人以上共同过失犯罪,不以共同犯罪论处;应当负刑事责任的,按照他们所犯的罪分别处罚。

【条文理解】

根据本条规定,共同犯罪的成立需要满足四个条件:(1)必须是两个或两个以上达到法定刑事责任年龄、具有刑事责任能力的人。两个未达到法定责任年龄的未成年人共同实施危害社会的行为,则不构成共同犯罪。数人共同实施犯罪,但如果其中只有一人达到法定刑事责任年龄、具有刑事责任能力,也不能构成共同

① 参见《刑事审判参考》总第72集第601号案例。

犯罪。(2)共同犯罪人主观上必须具有共同的犯罪故意。一是共同犯罪人不仅认识到自己在故意地参加实施共同犯罪,而且还认识到有其他共同犯罪人和他一起参加实施犯罪。二是共同犯罪人对犯罪结果的发生,都抱着希望或者放任的故意态度。共同的犯罪故意使各共同犯罪人的行为彼此联系,相互默契,结合成为一个统一的犯罪行为,共同导致危害结果的发生。(3)共同犯罪人客观上必须具有共同的犯罪行为。各共同犯罪人在实施共同犯罪时,尽管其所处的地位、具体的分工、参加的程度、甚至参与的时间等可能有所不同,但他们的行为都是为了达到同一犯罪目的,指向相同的目标,从而紧密相联,有机配合,各自的犯罪行为都是整个犯罪活动的组成部分。在发生危害结果的情况下,共同犯罪人所实施的犯罪行为都与发生的犯罪结果之间有因果关系。(4)共同犯罪具有共同的犯罪客体,即共同犯罪人的犯罪行为必须指向同一犯罪客体,这是共同犯罪的成立必须有共同的犯罪故意和共同的犯罪行为的必然要求。

本条第2款是关于二人以上共同过失犯罪,不以共同犯罪论处及其如何处罚的规定。这是对共同犯罪概念的重要补充。本款有两层意思:一是二人以上共同过失犯罪,不以共同犯罪论处,即二人以上由于过失造成同一危害结果的,不以共同犯罪定罪处刑。二是二人以上由于过失造成危害结果,应当负刑事责任的,按照他们所犯的罪分别处罚,即按照行为人各自的罪责承担刑事责任。

【司法适用】

一是,关于片面共犯的问题。行为人具有共同犯罪故意,对他人犯罪暗中进行帮助的,为片面共犯。片面共犯在主观上积极地配合或者协助他人完成犯罪,在认识因素上不仅认识到自己正与他人互相配合共同实施犯罪,而且认识到自己行为的性质及共同行为的性质是犯罪行为,还概括地预见到了他正在配合的共同行为会引起危害结果,即认识到了共同行为及自己的行为与危害结果间的因果关系。在意志因素上,希望或者放任自己的行为引起的危害结果和共同犯罪行为会引起的危害结果。因此,片面共犯应认定为共同犯罪。

二是,共谋共同犯罪的问题。二人以上共谋实行某犯罪行为,但只有一部分人基于共同的意思实行了犯罪,没有直接实行犯罪的共谋人与实行了犯罪的人,一起构成共同犯罪。因为没有直接实行犯罪的共谋人与实行了犯罪的人属于"同心一体",其中一方所实施的行为归属于双方。

三是,有身份者和无身份者共同犯罪的问题。有身份者和无身份者共同犯罪如何定性,应当取决于两个因素:第一,是否真实反映共同犯罪的原貌和性质。要认清共同犯罪的原貌就必须考察主犯对共同犯罪的导向作用,主犯的性质也要体现在共同犯罪的定罪中。毕竟,共同犯罪的基本特征是由主犯犯罪的基本特征决定的。第二,是否实现罪刑均衡。在对无身份者与有身份者共同犯罪定罪时,应当坚持如下规则:可以区分主从犯的,按照主犯的罪名定罪;不能区分主从犯的,例如,有身份者与无身份者在犯罪中共同合谋,相互为对方的行为提供帮助,共同推动犯罪的完成,各共同犯罪人的关系是"互为帮助犯的想象竞合",对此按照想象竞合犯的定罪规则,应当从一重罪处罚。

【司法案例】

刘某波、刘某平强奸案[①]

[**裁判要旨**]欠缺犯意联络和协同行为的同时犯罪,不能认定为共同犯罪。根据《刑法》第 25 条第 1 款的规定,共同犯罪是指二人以上共同故意犯罪。一般认为,共同犯罪必须具备主观上的共同犯罪故意和客观上共同犯罪行为两个必要条件。共同的犯罪故意主要是指各行为人之间必须存在关于共同实施特定犯罪行为的犯意联络。共同的犯罪行为主要是指各行为人在犯意联络的基础上共同实施相应的犯罪行为。实践中,对共同犯罪故意的认定需要关注以下两个方面的内容:一是共同犯罪故意的认识因素和意志因素;二是共同犯罪人之间的犯意联络。具言之,共同犯罪故意的认识因素是指各行为人对本人和他人共同实施的犯罪行为所具有的社会危害性的认识。共同犯罪故意的意志因素即各行为人在认识到共同犯罪社会危害性的基础上决意共同实施犯罪行为,希望或者放任共同犯罪危害结果发生的心理态度。而共同犯罪的犯意联络则是指各行为人关于相互协同实施特定犯罪行为的意思沟通,这种意思沟通可以采用明示或者默示的方式进行,其实质上是指各行为人共同实施特定犯罪行为的"合意"。共同犯罪行为人必须对共同犯罪具有故意,但如果各行为人之间欠缺相互协同实施特定犯罪行为的意思沟通,则不构成共同犯罪,只不过是同时犯,作为单独犯只对自己所实施的犯罪行为承担责任。

孙某亮职务侵占案[②]

[**裁判要旨**]掩饰、隐瞒行为人在事前与上游犯罪的行为人有共同的意思联络,承诺事后将为犯罪分子销赃,这对与其形成共犯关系的上游犯罪的实行行为人起到很大的鼓励、帮助作用,对最终的犯罪结果发生具有很强的原因力,因而其所实施的掩饰、隐瞒行为就构成了上游共同犯罪的一部分。当然,在共同犯罪中

---

① 参见《刑事审判参考》总第 77 集第 658 号案例。

② 参见《刑事审判参考》总第 104 集第 1101 号案例。

的地位、作用,可以根据行为人实际所起的地位、作用认定。

第二十六条 【主犯】组织、领导犯罪集团进行犯罪活动的或者在共同犯罪中起主要作用的,是主犯。

三人以上为共同实施犯罪而组成的较为固定的犯罪组织,是犯罪集团。

对组织、领导犯罪集团的首要分子,按照集团所犯的全部罪行处罚。

对于第三款规定以外的主犯,应当按照其所参与的或者组织、指挥的全部犯罪处罚。

【条文理解】

根据本条规定,主犯包括两类:一是组织、领导犯罪集团进行犯罪活动的犯罪分子;二是其他在共同犯罪中起主要作用的犯罪分子。组织、领导犯罪集团进行犯罪活动的犯罪分子,就是犯罪集团的首要分子。“组织”主要是指为首纠集他人组成犯罪集团,使集团成员固定或基本固定。“领导”就是指策划、指挥。在共同犯罪中起主要作用的犯罪分子,是指除犯罪集团的首要分子以外的在共同犯罪中对共同犯罪的形成、实施与完成起决定或重要作用的犯罪分子。在共同犯罪中起主要作用的犯罪分子,是指除犯罪集团的首要分子以外的在共同犯罪中对共同犯罪的形成、实施与完成起决定或重要作用的犯罪分子。

需要注意的是,首要分子并不都是主犯,主犯也并不都是首要分子。根据《刑法》第 97 条的规定,首要分子分为两类:一类是犯罪集团中的首要分子;另一类是聚众犯罪中的首要分子。犯罪集团中的首要分子都是主犯;除了首要分子外,其他起主要作用的犯罪分子也是主犯。聚众犯罪中,刑法规定只处罚首要分子的,如果首要分子只有一人,那么只有一人构成犯罪,无共同犯罪,也无所谓主犯与从犯之分;如果首要分子有两人以上,那么应根据各首要分子在聚众犯罪中所起的作用,分别认定为主犯与从犯,而非都是主犯。

本条第 3 款是关于犯罪集团首要分子处罚原则的规定。对组织、领导犯罪集团的首要分子,按照集团所犯的全部罪行处罚。也就是说,犯罪集团的首要分子,除了对自己直接实施的具体犯罪行为及其结果承担责任外,还要对犯罪集团所犯的全部罪行承担责任,即还要对其他成员按该集团犯罪计划所犯的全部罪行承担责任。

本条第 4 款是关于对于第 3 款规定以外的主犯处罚原则的规定。对于第 3 款规定以外的主犯,应当按照其所参与的或者组织、指挥的全部犯罪处罚。如果其他共同犯罪人所实施的犯罪不是主犯所组织、指挥而是自己起意实施的，不能由主犯为其承担刑事责任。

【司法适用】

一是，犯罪分子在共同犯罪中是否起主要作用的判断。判断犯罪分子在共同犯罪中是否起主要作用，一方面要分析犯罪分子实施了哪些具体犯罪行为，对结果的发生起什么作用；另一方面要分析犯罪分子对其他共犯人的支配作用。根据《宽严相济意见》第 31 条，对于一般共同犯罪案件，应当充分考虑各被告人在共同犯罪中的地位和作用，以及在主观恶性和人身危险性方面的不同，根据事实和证据能分清主从犯的，都应当认定主从犯。有多名主犯的，应在主犯中进一步区分出罪行最为严重者。对于多名被告人共同致死一名被害人的案件，要进一步分清各被告人的作用，准确确定各被告人的罪责，以做到区别对待；不能以分不清主次为由，简单地一律判处重刑。

二是，关于犯罪集团首要分子刑事责任的认定。对犯罪集团的首要分子，是按集团所犯的全部罪行处罚，而不是全体成员所犯的全部罪行：(1)犯罪集团首要分子对集团成员在其总体性、概括性故意之内的，策划、指挥下的罪行，即使不知详情，也应当承担责任。(2)虽然犯罪集团首要分子事先确定、指示了集团的犯罪范围，但当成员超出该犯罪范围，实施某种犯罪行为后，首要分子并不反对，而是默认，甚至赞同、怂恿，导致集团成员以后实施该种犯罪的，应当承担责任。(3)首要分子对成员的犯罪内容做出指示，但没有明确具体目标的情况下，集团成员实施的犯罪行为没有明显超出确定的范围，首要分子仍应承担责任。(4)如果首要分子策划、指挥的犯罪是容易转化的犯罪，那么当集团成员在实施首要分子策划、指挥的犯罪过程中转化为另一重罪时，首要分子原则上应当对转化后的犯罪承担责任。(5)如果首要分子策划、指挥某种基本行为，但集团成员在实施基本犯罪时造成加重结果时，首要分子应对结果加重犯承担责任。(6)虽然首要分子要对集团所犯的全部罪行承担责任，但这并不意味着首要分子要对其中的任何具体罪行都承担主要责任。首要分子对于具体犯罪所承担的责任，应当根据其在该起犯罪中的具体地位、作用来确定。

【司法案例】

龙某成、吴某跃故意杀人、抢劫案①

[**裁判要旨**]共同犯罪中，如果各被告人均系主犯，且罪责相当的，也需要进一

---

① 参见《刑事审判参考》总第 75 集第 634 号案例。

步区分主犯之间的罪责。

共同犯罪中,主犯之间的地位、作用看似相当,但根据各人犯罪的具体情节,实际上存在进一步区分罪责大小的必要性和余地。这既是贯彻宽严相济刑事政策的具体要求,也是罪责刑相适应原则的具体体现。从实践情况看,应综合考虑各被告人在共同犯罪中的具体作用及主观恶性、人身危险性等因素,来准确确定罪责大小。首先,可以从各被告人在犯罪中的具体行为来分析其地位、作用。在犯罪预备阶段,通常包括提起犯意、选择犯罪对象、准备犯罪工具等环节。区分各被告人在这一阶段的具体作用,原则上以确定提起犯意者为主。但是,如果二人均有犯意,仅是其中一人先说出,另一人一拍即合,并积极参与预谋,起意者在实行阶段作用不突出的,则不宜认定起意者罪责最大。在实行阶段,关键看谁的行为对造成被害人死亡的结果所起作用相对较大。大体上,实施抢劫和伤人行为越主动的,罪责越大,而使用暴力手段有所节制者,罪责相对较小。在犯罪后续阶段,通常有毁灭罪证、分赃等环节。在一般情况下,可通过下列环节比较所起作用的大小:抛尸、分尸或实施其他毁灭罪证行为的被告人比没有参与这些行为的被告人作用大;主持分赃的被告人比其他被告人作用大;分赃多的被告人比分赃少的被告人作用大;负责销赃的被告人比其他被告人作用大。

其次,区分各被告人在主观恶性、人身危险性等方面的差异,是确定各被告人罪责的重要依据。如果通过比较犯罪中的具体作用无法准确区分被告人罪责大小的,还应当考察各被告人自身情况、犯罪前后表现等因素,来确定各被告人的罪责。例如,一般情况下,成年人和未成年人共同犯罪的,成年人罪责较大;父子或者兄弟共同犯罪的,父亲或者兄长的罪责较大;有累犯、再犯情节或者违法记录的被告人,比品行良好的初犯的罪责更大。从犯罪后的表现看,作案后自首、立功、认罪悔罪、积极赔偿、取得被害人谅解的比不具备这些情节的被告人的罪责要小。当然,对被告人最终罪责的认定,均是综合分析判断的结果。

第二十七条　【从犯】在共同犯罪中起次要或者辅助作用的,是从犯。
对于从犯,应当从轻、减轻处罚或者免除处罚。

【条文理解】

在共同犯罪中,从犯是相对于主犯而言的。没有主犯就不可能有从犯;同样,没有从犯,也就不存在作为对偶的主犯。根据本条的规定,从犯可分为两类:一类是在共同犯罪中起次要作用的犯罪分子,即对共同犯罪的形成与共同犯罪行为的实施、完成起次于主犯作用的犯罪分子;另一类是在共同犯罪中起辅助作用的犯罪分子,即为共同犯罪提供方便、帮助创造条件的犯罪分子,主要是指帮助犯。帮助犯的帮助行为使实行犯的实行行为更为容易。帮助行为既可以是有形的,也可以是无形的。前者是指提供犯罪工具、犯罪场所等物质性的帮助行为,后者是指精神上的帮助行为,如提供建议、强化犯意等。

由于从犯在共同犯罪中起次于主犯的作用,刑法对其采取了必减原则。本条第2款就规定,对于从犯,应当从轻、减轻处罚或者免除处罚。需要注意的是,从犯从轻、减轻处罚不是比照主犯量刑,而是在其法定刑幅度内从轻、减轻处罚;而且是"应当"从轻、减轻处罚或者免除处罚,而非"可以",也就是必减,而非可减。

【司法适用】

一是,关于从犯的认定。认定从犯时,要根据行为人在共同犯罪中所处的地位、对共同故意形成的作用、实际参与的程度、具体行为的样态、对结果所起的作用等进行具体分析,判断其是否在共同犯罪中起次要或辅助作用。在犯罪集团中,听命于首要分子,参与了某些犯罪活动,或者在一般共同犯罪中,参与实施了一部分犯罪活动,但不起主要作用的,一般属于从犯,如参与盗窃时望风放哨。为共同犯罪行为事先提供方便、创造有利条件、排除障碍等,发挥辅助作用的,一般属于从犯,如提供犯罪工具。

二是,教唆犯与无形帮助犯的区别。教唆犯是故意唆使并引起他人实施符合构成要件的违法行为,无形帮助犯是强化他人实行特定犯罪的决意,或者是提供建议使他人更容易地实行犯罪。前者引起他人犯罪,后者则是强化他人犯罪决意或给他人提供建议。教唆犯对于实行犯的作用显然更大,而无形帮助犯只起到辅助作用。因此,教唆犯绝大多数是主犯,而无形帮助犯则都是从犯。

【司法案例】

于某银、戴某阳故意杀人案①

[**裁判要旨**]在共同犯罪中,担当配角、起辅助作用的犯罪人,应认定为从犯。

刑法以共同犯罪人在共同犯罪中所起的作用为主要标准,将共同犯罪人划分为主犯、从犯、胁从犯。在刑法理论上,可将我国刑法中的共同犯罪人分为两类:第一类,以分工为标准分为组织犯、实行犯、帮助犯、教唆犯;第二类,以作用为标准分为主犯、从犯、胁从犯。对组织犯,应按刑法规定的主犯处罚。对实行犯,依照其在共同犯罪中所起的作用,分别按主犯、从犯、胁从犯处罚。帮助犯,在刑法

---

① 参见《刑事审判参考》总第49集第388号案例。

中属于“起次要作用的”从犯。在处理共同犯罪案件时,要注意将从犯与主犯区别开来。在共同犯罪案件中,可能共同犯罪人都是主犯,但不可能都是从犯,一般说来总是有主有从。从犯与犯罪集团的首要分子不难区别,问题在于从犯与其他主犯的区别,区别的根据是在共同犯罪中所起的作用是主要作用还是次要或者辅助作用。这应综合考虑其在共同犯罪中所处的地位、参与程度、犯罪情节以及对造成危害结果产生作用的大小等各方面的因素来确定。从审判实践来看,主犯一般在事前提出犯意,担当导演角色,纠集、邀约他人,出谋划策;实施犯罪时积极参加,担当主角,往往还指挥、协调他人的行动,所犯罪行较重,或者直接造成严重的危害后果;有的事后还有策划掩盖罪行、毁灭罪证、逃避处罚的行为。而从犯在客观上担当配角,不直接实施具体犯罪构成客观要件的行为,帮助准备、实施犯罪,为共同犯罪创造有利条件和环境,或者虽然直接参与实施了犯罪行为,但罪行较轻,没有直接造成危害后果或者危害后果并不严重;在主观上,犯罪时与其他共同犯罪人具有共同的犯罪故意,但听从主犯的安排、授意和指挥,主观恶性较小。

第二十八条 【胁从犯】对于被胁迫参加犯罪的,应当按照他的犯罪情节减轻处罚或者免除处罚。

【条文理解】

胁从犯的规定是我国刑法中的一个特色。胁从犯的概念源于我国惩办与宽大相结合的刑事政策,其内容是“首恶必办,胁从不问,坦白从宽,抗拒从严,立功折罪,立大功受奖”。对被胁迫参加犯罪的人,我国的刑事政策一向要求区别对待、从宽处理。1979 年《刑法》规定,对被胁迫参加犯罪的,应当按照他的犯罪情节,比照从犯减轻处罚或者免除处罚。1997 年《刑法》对胁从犯规定了独立的处罚原则。胁从犯,是指被胁迫参加犯罪的人,即在他人威胁下不完全自愿地参加共同犯罪。胁迫的内容包括揭发隐私、毁损财物、剥夺生命等;胁迫的程度为足以使行为人产生恐惧。如果以不服从则加以诅咒来胁迫行为人,显然达不到使人恐惧的地步,不能认为是胁迫。被胁迫参加犯罪虽非出于自愿,有违背意志、不得已的一面,但最后参加犯罪仍是由其意志决定的,其人身并未受到强制,主观上毕竟还是经过了他的自由选择,其行为也是受自己的意志支配的,只是畏于自身遭到危险。这种行为人主观上是有罪过的,应当负刑事责任。由于协从犯的主观恶性小,在共同犯罪中起的作用小,责任轻于从犯,因此本条规定“对于被胁迫参加犯罪的,应当按照他的犯罪情节减轻处罚或者免除处罚”。

【司法适用】

一是,关于协从犯的转化问题。如果行为人起先是被胁迫参加共同犯罪,但后来发生变化,积极主动实施犯罪行为,在共同犯罪中起主要或次要作用,这时行为人已经由胁从犯转化为主犯或从犯,应当按照主犯或从犯论处。

二是,关于罪与非罪的认定。行为人身体完全受强制、完全丧失意志自由或者符合紧急避险条件实施了某种行为的,不构成胁从犯。例如,飞机在飞行中突遭歹徒劫持,机长为避免机毁人亡,不得已将飞机开往歹徒指定地点。此时机长的行为是紧急避险,不是劫机犯的胁从犯。

第二十九条 【教唆犯】教唆他人犯罪的,应当按照他在共同犯罪中所起的作用处罚。教唆不满十八周岁的人犯罪的,应当从重处罚。

如果被教唆的人没有犯被教唆的罪,对于教唆犯,可以从轻或者减轻处罚。

【条文理解】

教唆犯,是指教唆他人犯罪的人,即故意引起他人实行犯罪意图的人。教唆犯有两个基本特征:(1)教唆犯是犯意的制造者,即通过对他人灌输犯罪意图,以制造犯意为己任的共同犯罪人。(2)教唆犯通过他人实现其犯罪意图。教唆犯是共同犯罪人中最为复杂的一种类型,社会危害性较大,但教唆犯不一定就是主犯。教唆犯在共同犯罪中起主要作用的,按主犯处罚;起次要作用的,按从犯处罚。由于未成年人经历少,认识事物的能力与辨别是非的能力较低,思想尚未成熟,容易被教唆,教唆未成年人犯罪的行为具有更大的社会危害性。另外,也是出于对未成年人的保护,故本条规定教唆不满 18 周岁的人犯罪的,应当从重处罚。

本条第 2 款是关于教唆未遂处罚的规定。教唆犯罪既遂与否,应以教唆结果是否发生为标准。教唆行为没有引起教唆的人的犯意或者被教唆的人没有实施被教唆的犯罪而是实施了其他犯罪的,对于教唆犯而言,均是未得逞,视为教唆未遂。被教唆人实施了被教唆的具体犯罪行为,但是由于教唆人意志以外的原因,使被教唆人实施的犯罪未遂,属于未遂犯的教唆犯。“被教唆的人没有犯被教唆的罪,对于教唆犯,可以从轻或者减轻处罚。”被教唆的人实施了被教唆的犯罪而未得逞的,对于教唆犯既要考虑犯罪未遂情节,又要考虑其在共犯中所起的作用予以处罚。

【司法适用】

一是,对教唆犯,应当依照他所教唆的罪定罪,而不能笼统定教唆罪。如教唆他人犯杀人罪的,就定杀人罪;教唆他人犯盗窃罪的,就定盗窃罪。如果被教唆者对被教唆的罪产生误解,实施了其他犯罪,或者超出被教唆罪的范围实施了其他犯罪,那么教唆犯只对其所教唆之罪承担责任。例如,甲教唆乙实施盗窃罪,但是乙在盗窃过程中又实施了强奸罪。甲只对其所教唆的盗窃罪承担责任,故只能认定为盗窃罪。

二是,当《刑法》分则条文将教唆他人实施特定犯罪的行为规定为独立犯罪时,对教唆者不能依所教唆的罪定罪,而应当依照分则条文规定的犯罪定罪,不适用《刑法》总则关于教唆犯的规定,如《刑法》第 104 条第 2 款的规定。

三是,教唆他人实施几种较为特定犯罪中的任何一种犯罪时,对教唆犯按被教唆者具体实施的犯罪定罪。例如,甲教唆乙对丙实施财产犯罪,言明使用盗窃、诈骗、抢劫均可。如果乙实施了盗窃罪,则对甲也定盗窃罪;如果乙实施了诈骗罪,那么就对甲定诈骗罪。

四是,教唆犯未明确教唆他人犯何罪,被教唆人所犯之罪未明显超出其语义范围之外时,教唆犯应当对被教唆人所犯之罪承担责任。例如,甲让乙教训丙,乙将丙打成重伤。乙所实施的故意伤害并致人重伤未明显超出"教训"的含义范围,故甲应当承担责任。

【司法案例】

李某英传授犯罪方法案①

[**裁判要旨**]胁迫行为属于共同犯罪中的教唆,被胁迫人没有实施教唆的犯罪,成立教唆未遂。

《刑法》第 29 条规定:教唆他人犯罪的,应当按照他在共同犯罪中所起的作用处罚。教唆犯,是指以劝说、利诱、授意、怂恿、收买、威胁等方法,将自己的犯罪意图灌输给本来没有犯罪意图的人,致使其按教唆人的犯罪意图实施犯罪,实施教唆行为的人。教唆的行为方式通常为唆使、引诱、怂恿、煽动等,有的以金钱、物质、美色以及其他方面的好处引诱他人犯罪,有的以嘲弄、蔑视或者侮辱的手段刺激他人实施犯罪,有的利用封建迷信教唆他人犯罪。通常被教唆人的人身自由和意志不会受到强制,但也存在被教唆人在被逼无奈或受到胁迫接受教唆的情况,如教唆人以暴力或者其他方式胁迫他人犯罪。教唆犯有双重特性,在定罪上具有独立性,只要其主观上有教人犯罪的故意,客观上实施了教唆行为就构成犯罪;但在量刑上却具有从属性,如果被教唆人实施了教唆的犯罪,成立教唆既遂,按照

---

① 参见《刑事审判参考》总第 76 集第 651 号案例。

《刑法》分则规定的犯罪量刑,如被教唆人没有实施教唆的犯罪,成立教唆未遂,对教唆人可以从轻或者减轻处罚。

第四节 单位犯罪

第三十条 【单位负刑事责任的范围】公司、企业、事业单位、机关、团体实施的危害社会的行为,法律规定为单位犯罪的,应当负刑事责任。

【条文理解】

单位犯罪,是指公司、企业、事业单位、机关、团体为本单位谋取非法利益,由单位的决策机构按照单位的决策程序决定,由直接责任人员具体实施的,且刑法有明文规定的犯罪。“公司、企业、事业单位”既包括国有、集体所有的公司、企业、事业单位,也包括依法设立的合资经营企业、合作经营企业和具有法人资格的独资、私营等公司、企业、事业单位。机关即国家机关,指从事国家管理和行使国家权力的机关。团体即人民团体,是指除政府、政府官方机构、企业公司和事业单位以外的团体组织总称。单位犯罪具有如下特征:(1)单位犯罪是公司、企业、事业单位、机关、团体犯罪,即单位本身犯罪,而不是单位的各个成员的犯罪之集合;(2)单位犯罪是由单位的决策机构按照单位的决策程序决定,由直接责任人员实施的,即单位犯罪是在单位整体意志的支配下实施的;(3)单位犯罪以刑法有明文规定为前提,即只有当刑法规定了单位可以成为某种犯罪的行为主体时,才可能将单位认定为犯罪主体。例如,“小偷公司”实施犯罪的,不构成单位犯罪,只能依自然人实施盗窃罪定罪处罚。

【司法适用】

一是,不以单位犯罪论处的情形。根据《单位犯罪案件解释》第2条、第3条的规定,具有下列情形的,不以单位犯罪论处:(1)个人为进行违法犯罪活动而设立的公司、企业、事业单位实施犯罪的;(2)公司、企业、事业单位设立后,以实施犯罪为主要活动的;(3)盗用单位名义实施犯罪,违法所得由实施犯罪的个人私分的。

二是,法律未规定追究单位的刑事责任的如何处置的问题。根据全国人民代表大会常务委员会《关于〈中华人民共和国刑法〉第三十条的解释》,公司、企业、事业单位、机关、团体等单位实施刑法规定的危害社会的行为,《刑法》分则和其他法律未规定追究单位的刑事责任的，对组织、策划、实施该危害社会行为的人依法追究刑事责任。

三是，企业犯罪后被合并应当如何追究刑事责任问题。根据最高人民法院研究室《关于企业犯罪后被合并应当如何追究刑事责任问题的答复》，人民检察院起诉时该犯罪企业已被合并到一个新企业的，仍应依法追究原犯罪企业及其直接负责的主管人员和其他直接人员的刑事责任。人民法院审判时，对被告单位应列原犯罪企业名称，但注明已被并入新的企业，对被告单位所判处的罚金数额以其并入新的企业的财产及收益为限。

【司法案例】

邱某特等销售假冒注册商标的商品案①

[**裁判要旨**]单位行为是否构成单位犯罪，必须以刑法明文规定为前提。只有法律规定单位应负刑事责任的行为才可能构成单位犯罪，同时，也只有合法成立的公司、企业、事业单位、机关、团体才能成为单位犯罪的主体。然而，对于公司实施的违法犯罪行为，应区别对待，并非绝对认定为或不认定为单位犯罪。为了维护社会秩序和经济秩序，保护人民的财产权，避免股东利用公司作为实施违法犯罪活动的幌子，拿公司作"挡箭牌"，以下几种情形通常不被认定为单位犯罪：(1)无法人资格的独资、合伙企业犯罪的；(2)个人以实施犯罪活动为主要目的而设立公司、企业、事业单位实施犯罪的；(3)单位设立后，以实施犯罪为主要活动的；(4)盗用单位名义实施犯罪，违法所得由个人私分的。对于此类犯罪一般不实行"双罚制"，而是依法追究直接负责的主管人员和其他直接责任人员的刑事责任。在司法实践中，有些单位有正规的主营业务，但是在部分业务往来中没有按正常途径操作，或者是偶尔实施了不法行为，对于此类公司行为可以按单位犯罪来认定。但对于以实施犯罪为主要目的而设立单位或者单位设立后以实施犯罪为主要活动，即使是偶尔经营部分正当业务的，一般也不认定为单位犯罪。

第三十一条 【单位犯罪的处罚原则】单位犯罪的，对单位判处罚金，并对其直接负责的主管人员和其他直接责任人员判处刑罚。本法分则和其他法律另有规定的，依照规定。

---

① 参见《刑事审判参考》总第78集第676号案例。

【条文理解】

根据本条规定,对单位犯罪一般采取双罚制原则,即单位犯罪的,对单位判处罚金,同时对单位直接负责的主管人员和其他直接责任人员判处刑罚。这是我国刑法对单位犯罪普遍适用的处罚原则。“本法分则和其他法律另有规定”是指根据具体的单位犯罪的实际情况认为不宜采取双罚制处罚原则的,在分则中规定了单罚制,即不规定对单位处罚,而只对直接责任人员予以处罚。如《刑法》第396条规定的私分国有资产罪和私分罚没财物罪。

【司法案例】

北京匡达制药厂偷税案①

[**裁判要旨**]未参与策划、组织、实施单位犯罪行为的单位法定代表人,不宜被认定为“直接负责的主管人员”。

“直接负责的主管人员”应从以下两个方面加以把握:(1)直接负责的主管人员是在单位中实际行使管理职权的负责人员;(2)对单位具体犯罪行为负有主管责任。两个条件缺一不可,如非单位的管理人员,就谈不上主管人员;如与单位犯罪无直接关系,就不能说对单位犯罪负有直接责任。司法实践中,主管人员主要包括单位法定代表人、单位的主要负责人、单位的部门负责人等。但以上单位的管理人员并非在任何情况下都要对单位犯罪承担刑事责任,只有当其在单位犯罪中起着组织、指挥、决策作用,所实施的行为与单位犯罪行为融为一体,成为单位犯罪行为组成部分之时,上述人员才能成为单位犯罪的主体,对单位犯罪承担刑事责任。需强调指出的是,单位的法定代表人,也即“一把手”,作为单位的最主要的领导成员,在单位里对重要问题的决定会起至为重要的作用,在单位实施犯罪的情况下,是否均需对单位犯罪负责?对此,同样不能一概而论,应否承担刑事责任,仍需视其是否具体介入了单位犯罪行为,在单位犯罪过程中是否起到了组织、指挥、决策作用而定。如主持单位领导层集体研究、决定或者依职权个人决定实施单位犯罪的情况下,当属“直接负责的主管人员”;反之,在由单位其他领导决定、指挥、组织实施单位犯罪、不在其本人职权分工范围之内、本人并不知情的情况下,则不应以单位犯罪直接负责的主管人员追究其刑事责任。当然,单位的法定代表人因失职行为,依法构成其他犯罪的,另当别论。

---

① 参见《刑事审判参考》总第33辑第251号案例。

第三章 刑 罚

第一节 刑罚的种类

第三十二条 【刑罚的分类】刑罚分为主刑和附加刑。

【条文理解】

根据本条规定,刑罚分为主刑和附加刑。主刑是对犯罪分子适用的主要的、主导的刑罚方法。它的特点是只能独立适用,不能附加适用;既不能用来补充其他主刑,也不能用来补充附加刑。附加刑也称从刑,是相对主刑而言、作为主刑的补充而附加的刑罚方法。它的特点是既能独立适用,又能附加适用。当附加适用时,附加于已适用的主刑,而且对于同一犯罪和同一犯罪人可以同时适用两个以上附加刑。

第三十三条 【主刑种类】主刑的种类如下:

(一)管制;

(二)拘役;

(三)有期徒刑;

(四)无期徒刑;

(五)死刑。

【条文理解】

根据本条规定,主刑的种类包括管制、拘役、有期徒刑、无期徒刑和死刑。(1)管制。管制是对犯罪分子不实行关押,但限制其一定自由,依法实行社区矫正的刑罚方法。(2)拘役。拘役是对犯罪分子短期剥夺人身自由,实行就近关押改造的刑罚方法。它适用于罪刑较轻的犯罪分子。(3)有期徒刑。有期徒刑是对犯罪分子剥夺一定期限的人身自由,并进行教育改造的刑罚方法。(4)无期徒刑。

无期徒刑是剥夺犯罪分子终身自由的刑罚方法,是仅次于死刑的一种严厉的刑罚方法(死缓属于死刑),只适用于严重的犯罪。(5)死刑。死刑是指剥夺犯罪分子生命的刑罚方法。从执行方式上,死刑又可分为死刑立即执行和死刑缓期执行。死刑只适用于罪行极其严重的犯罪分子。需要指出的是,死刑缓期执行不是刑罚的一种,而是死刑的一种执行方式。

第三十四条 【附加刑种类】**附加刑的种类如下:**

(一)罚金;

(二)剥夺政治权利;

(三)没收财产。

附加刑也可以独立适用。

【条文理解】

根据本条第1款规定,附加刑的种类包括罚金、剥夺政治权利、没收财产。(1)罚金。罚金是指强制犯罪分子向国家缴纳一定数额金钱,对罪犯进行经济制裁的一种刑罚方法。它主要适用于破坏社会主义市场经济秩序的犯罪和其他牟利型、侵财型的犯罪。(2)剥夺政治权利。剥夺政治权利是指依法剥夺犯罪分子一定期限参加国家管理和政治活动权利的刑罚方法。它主要适用于危害国家安全和其他严重危害社会治安的犯罪分子。对于无期徒刑和死刑的犯罪分子,应当附加剥夺政治权利终身。(3)没收财产。没收财产是指将犯罪分子个人所有的财产的一部分或者全部强行无偿地收归国有的一种刑罚方法。它主要适用于危害国家安全罪、破坏社会主义市场经济秩序罪、侵犯财产罪及妨害社会管理秩序罪中较严重的犯罪。

第2款是关于附加刑可以独立适用的规定。根据本条的规定,附加刑一般是随主刑附加适用的,但也可以独立适用。附加刑可以独立适用于犯罪性质、情节较轻的犯罪。

【司法案例】

龚某彬等抢劫、贩卖毒品案①

[**裁判要旨**]二审改变一审定性的案件,基于上诉不加刑原则,改判后不得加

① 参见《刑事审判参考》总第70集第581号案例。

重刑罚,不仅适用于主刑,同时也适用于附加刑领域。龚某彬等一审被认定为故意伤害罪,二审改判为抢劫罪。基于上诉不加刑原则,改判抢劫罪后不加重刑罚,不再增判罚金刑。

第三十五条　【驱逐出境】对于犯罪的外国人,可以独立适用或者附加适用驱逐出境。

【条文理解】

根据本条规定,对于犯罪的外国人,可以独立适用或者附加适用驱逐出境。驱逐出境,是指对犯罪的外国人强迫离开中国国(边)境的一种特殊的刑罚方法。它只对犯罪的外国人适用,不具有普遍适用的性质。因此,刑法没有把"驱逐出境"列入一般刑种体系中,而是将其作为对犯罪的外国人适用的特殊刑种作了单独规定。这条规定体现了我国的主权原则。人民法院可以根据维护我们国家和人民利益的需要,决定是否判处实施犯罪行为的外国人驱逐出境。

【司法适用】

根据最高人民法院、最高人民检察院、公安部、外交部、司法部、财政部《关于强制外国人出境的执行办法的规定》:(1)对判处独立适用驱逐出境刑罚的外国人,人民法院应当自该判决生效之日起 15 日内,将对该犯的刑事判决书、执行通知书的副本交付所在地省级公安机关,由省级公安机关指定的公安机关执行。(2)被判处徒刑的外国人,其主刑执行期满后应执行驱逐出境附加刑的,应在主刑刑期届满的 1 个月前,由原羁押监狱的主管部门将该犯的原判决书、执行通知书副本或者复印本送交所在地省级公安机关,由省级公安机关指定的公安机关执行。

第三十六条　【民事赔偿责任】由于犯罪行为而使被害人遭受经济损失的,对犯罪分子除依法给予刑事处罚外,并应根据情况判处赔偿经济损失。

承担民事赔偿责任的犯罪分子,同时被判处罚金,其财产不足以全部支付的,或者被判处没收财产的,应当先承担对被害人的民事赔偿责任。

【条文理解】

刑事损害赔偿是非刑罚处理方法的一种,是就被害人的经济损失,对受到刑罚处罚的犯罪分子判处给予被害人一定的经济赔偿。它属于民事赔偿的范畴。

民事赔偿责任的适用条件:(1)被害人遭受了实际的经济损失;(2)被害人的经济损失与被告人的犯罪行为之间存在因果联系,即被害人的经济损失是由犯罪分子的犯罪行为造成的;(3)适用的对象必须是依法被判处刑罚的犯罪分子。犯罪分子被免予刑事处罚或者对其不需要判处刑罚的,不适用本条规定,而适用《刑法》第37条的规定。这里规定的"由于犯罪行为而使被害人遭受经济损失的",既包括由犯罪行为直接造成被害人物质损失的,如毁坏财物、盗窃、诈骗等直接侵害财产的行为;也包括由于犯罪行为的侵害间接造成被害人经济上的损失,如伤害行为,不仅使被害人身体健康受到损害,而且使被害人遭受支出医疗费用等经济损失。需要特别指出的是,被害人因犯罪行为遭受精神损害而提出民事经济赔偿的,法律不予支持。

本条第2款还规定了"承担民事责任的犯罪分子,同时被判处罚金,其财产不足以全部支付的,或者被判处没收财产的,应当先承担对被害人的民事赔偿责任"。也就是说,在刑事责任与民事责任竞合且犯罪分子的财产不足以全部支付的情况下,实行民事赔偿优先的原则,以利于对被害人利益的保护。

【司法适用】

一是,在认定"由于犯罪行为而使被害人遭受经济损失的"事实时,应当注意认定犯罪分子的犯罪行为与被害人遭受经济损失的后果之间是否有因果关系。

二是,在执行本条第2款时,应当注意弄清犯罪分子的经济状况,既要注意保护被害人的合法权益,又要防止犯罪分子钻法律空子,逃避法律制裁。

三是,关于精神损害赔偿。根据《刑事诉讼法解释》第175条第2款规定,"因受到犯罪侵犯,提起附带民事诉讼或者单独提起民事诉讼要求赔偿精神损失的,人民法院一般不予受理"。

【司法案例】

高某故意伤害案①

[**裁判要旨**]法人的工作人员在执行职务中致人伤害的,应由该法人承担民事责任,被告人不承担连带责任。

由法人或其他组织对刑事被告人的犯罪行为承担的民事赔偿责任的特征是一种特殊侵权责任。在一般侵权责任中,责任人对自己的行为负赔偿责任,因而此时责任人与行为人是同一的。而在特殊侵权责任的情况下,责任人不是为自己的侵权行为负赔偿责任,而是责任人与侵权行为人相分离,由责任人替代行为人

---

① 参见《刑事审判参考》总第47集第371号案例。

承担赔偿责任。因而,由法人或其他组织承担的责任实际上是一种替代责任(由法人或其他组织承担责任,而造成损害的行为人自己不承担责任。如果造成损害的行为人在致人损害中存在过错,法人或其他组织在承担了赔偿责任以后,有权向有过错的行为人进行追偿),而不是连带责任,不适用一般连带责任原理。正由于法人或其他组织对刑事被告人的犯罪行为所承担的民事赔偿责任,是一种替代责任,而不是连带责任,因此就不能适用一般连带责任原理来要求被告人承担连带责任。

昆明闽某纸业有限责任公司等污染环境刑事附带民事公益诉讼案①

[**裁判要旨**]企业在生产经营过程中,应当承担合理利用资源、采取措施防治污染、履行保护环境的社会责任。被告单位闽某纸业有限责任公司无视企业环境保护社会责任,违反国家法律规定,在无排污许可的前提下,未对生产废水进行有效处理并通过暗管直接排放,严重污染环境,造成高达10,815,021元的生态环境损害,并对下游金沙江生态流域功能也造成一定影响,其行为构成对环境公共利益的严重损害,不仅需要依法承担刑事责任,还应承担生态环境损害赔偿民事责任。附带民事公益诉讼被告闽某公司在追求经济效益的同时,漠视对环境保护的义务,致使公司生产经营活动对环境公共利益造成严重损害后果,闽某公司承担的赔偿损失和鉴定检测费用属于公司环境侵权债务。

第三十七条　【非刑罚性处置措施】对于犯罪情节轻微不需要判处刑罚的,可以免予刑事处罚,但是可以根据案件的不同情况,予以训诫或者责令具结悔过、赔礼道歉、赔偿损失,或者由主管部门予以行政处罚或者行政处分。

【条文理解】

根据本条规定,对犯罪情节轻微不需要判处刑罚的,可免予刑事处罚,但可以适用非刑罚处罚措施。刑罚的目的是通过惩罚,教育和挽救犯罪分子以达到特殊犯罪预防的目的,以及警示教育其他人,以达到一般犯罪预防的目的。对于犯罪情节轻微的犯罪分子,由于其行为对社会的危害不大,人身危险性较低,同时被效仿的可能性较小,不予刑事处罚,而是予以训诫或者责令具结悔过、赔礼道歉、赔偿损失,或者由主管部门予以行政处罚或者行政处分,同样可以达到刑罚的目的。

---

① 参见最高人民法院第215号指导案例。

这样不仅节约了司法资源,也体现了罪刑相适应的原则。

【司法适用】

适用本条时,需要正确理解免予刑事处罚的两个条件,即“犯罪情节轻微”和“不需要判处刑罚”。犯罪情节轻微,是指已经构成犯罪,但犯罪的性质和情节及危害后果都很轻。如果情节显著轻微危害不大,根据本法第13条的规定,已经不构成犯罪,也不是本条中的“犯罪情节轻微”。不需要判处刑罚的,是指不适用刑罚而采取非刑罚的方法亦可达到刑罚的目的。只有同时满足这两个条件,才可以免予刑事处罚。

第三十七条之一　【禁业规定】因利用职业便利实施犯罪,或者实施违背职业要求的特定义务的犯罪被判处刑罚的,人民法院可以根据犯罪情况和预防再犯罪的需要,禁止其自刑罚执行完毕之日或者假释之日起从事相关职业,期限为三年至五年。

被禁止从事相关职业的人违反人民法院依照前款规定作出的决定的,由公安机关依法给予处罚;情节严重的,依照本法第三百一十三条的规定定罪处罚。

其他法律、行政法规对其从事相关职业另有禁止或者限制性规定的,从其规定。

【条文对照】

1997年《刑法》	2015年《刑法修正案(九)》
无	第三十七条之一　因利用职业便利实施犯罪,或者实施违背职业要求的特定义务的犯罪被判处刑罚的,人民法院可以根据犯罪情况和预防再犯罪的需要,禁止其自刑罚执行完毕之日或者假释之日起从事相关职业,期限为三年至五年。 被禁止从事相关职业的人违反人民法院依照前款规定作出的决定的,由公安机关依法给予处罚;情节严重的,依照本法第三百一十三条的规定定罪处罚。 其他法律、行政法规对其从事相关职业另有禁止或者限制性规定的,从其规定。

【条文理解】

根据本条规定,禁止从事相关职业的预防性措施,或者称为从业禁止,是指人民法院对于利用所从事职业便利或违背职业特定义务实施犯罪被判处刑罚的人,依法禁止其在一定期限内从事相关职业以预防其再次实施犯罪的法律措施。本条是《刑法修正案(九)》增加的内容,主要是考虑到,实践中一些犯罪分子利用所从事职业的便利实施犯罪,或者实施违背职业要求的特定义务的犯罪,在刑罚执行完毕或者假释之后,又继续从事原来的职业或者相关的职业,对公众合法权益或社会秩序构成一定的危害与危险。为预防这些人利用相关职业再次实施犯罪,保护公众合法权益,有必要在一定期限内禁止其从事相关职业。

利用职业便利实施犯罪,是指利用自己从事该职业所形成的管理、经手、权力、地位等便利条件实施犯罪,如犯罪人利用职业便利实施的职务侵占犯罪等,从事证券业、银行业、保险业等人员利用职业便利实施妨害对公司、企业管理秩序罪、破坏金融管理秩序罪等。实施违背职业要求的特定义务的犯罪,是指违背一些特定行业、领域有关特定义务的要求,违背行业标准、规章制度以及职业道德、职业信誉所实施的犯罪。

第 2 款是关于违反从业禁止判决的后果的规定。违反从业禁止判决的,情节较轻的,由公安机关依法给予处罚。这主要是针对违反人民法院作出的从业禁止决定,但情节比较轻微,尚不构成犯罪的情况。违反从业禁止判决,情节严重的,依照《刑法》第 313 条的规定,以拒不执行判决、裁定罪定罪处罚。这主要是指违反人民法院从业禁止决定,经有关部门劝告、纠正仍不改正的,因违反从业禁止决定受到行政处罚又违反的,或者违反从业禁止决定且在从业过程中又有违法行为的情形。

第 3 款是关于其他法律、行政法规对从事相关职业另有禁止或者限制性规定时如何处理的规定。“从业禁止”这类措施不仅是刑法,在许多行政管理法律法规中也都有类似的规定,这样的法律、行政法规多达 20 余部,比如《证券法》《公司法》《法官法》《教师法》《公务员法》等。这些法律、行政法规的规定与本条规定的从业禁止适用条件、禁止期限等方面存在一定差异。根据本条第 3 款规定,对于其他法律、行政法规对从事相关职业另有禁止或者限制性规定的,从其规定,即依照这些法律、行政法规的规定处理。

【司法适用】

适用本条需要注意把握以下几个方面:

一是,从业禁止规定适用的对象,是利用职业便利实施犯罪或者实施违背职业要求的特定义务犯罪而被判处刑罚的犯罪人。“被判处刑罚”包括被判处主刑和附加刑,单处罚金或者独立适用剥夺政治权利的,属于本条第 1 款规定的“被判处刑罚”。对于依照《刑法》第 37 条规定予以定罪,但免予刑事处罚的犯罪分子,不适用从业禁止的规定。

二是，从业禁止规定适用的条件，根据犯罪情况和预防再犯罪的需要，人民法院可以对犯罪分子决定适用从业禁止规定。“根据犯罪情况和预防再犯罪的需要”，主要是指根据犯罪的性质、情节、社会危害程度、造成的社会影响，以及犯罪分子的主观恶性、再次犯罪的可能性等方面来确定。从业禁止规定的适用不是“应当”而是“可以”，即可以适用也可以不适用，由人民法院根据具体情况来判断。一般来说，对于主观恶性大、犯罪情节恶劣，不适用从业禁止可能严重影响公众安全感，难以预防其再次犯罪的，适用从业禁止规定。对于主观恶性小、犯罪情节较轻、再次犯罪可能性较小的，也可以不适用从业禁止的规定。

三是，从业禁止规定的期限为3年至5年，人民法院可以根据犯罪情况和预防犯罪需要，在3年至5年的范围内酌情确定具体期限。从业禁止期限自刑罚执行完毕或者假释之日起计算。从业禁止的效力当然适用于刑罚执行期间。

【司法案例】

林某某强制猥亵案①

[**要旨**]林某某利用教师身份强制猥亵15岁女学生，法院经审理，以强制猥亵罪判处林某某有期徒刑2年6个月，并自刑罚执行完毕之日起3年内禁止从事教育相关工作。性侵害未成年人犯罪重犯率高、熟人作案占比大，关于从业禁止的规定对于预防侵害未成年人犯罪发挥了积极作用，但是与未成年人有密切接触的行业点长、面多，保障从业禁止制度得到有效落实，发挥应有作用，还需要实现对相关行业实施强制入职审查的制度化、常态化。

第二节　管　　制

第三十八条　【管制的期限与执行】管制的期限，为三个月以上二年以下。

判处管制，可以根据犯罪情况，同时禁止犯罪分子在执行期间从事特定活动，进入特定区域、场所，接触特定的人。

对判处管制的犯罪分子，依法实行社区矫正。

违反第二款规定的禁止令的，由公安机关依照《中华人民共和国治安管理处罚法》的规定处罚。

---

① 参见最高人民检察院发布10起未成年人全面综合司法保护典型案(事)例之八。

【条文对照】

1997 年《刑法》	2011 年《刑法修正案(八)》
第三十八条 管制的期限,为三个月以上二年以下。 **被**判处管制的犯罪分子,**由公安机关执行。**	第三十八条 管制的期限,为三个月以上二年以下。 **判处管制,可以根据犯罪情况,同时禁止犯罪分子在执行期间从事特定活动,进入特定区域、场所,接触特定的人。** 对判处管制的犯罪分子,**依法实行社区矫正。** **违反第二款规定的禁止令的,由公安机关依照《中华人民共和国治安管理处罚法》的规定处罚。**

【条文理解】

管制是由人民法院判决,对犯罪分子不予关押,但限制其一定自由,实行社区矫正的刑罚方法。在我国刑罚体系中,管制是最轻的一种主刑,适用对象主要是罪行轻微、人身危险性小的犯罪分子。管制须由人民法院判决并交由社区矫正机关执行,其他任何机关、单位、团体和个人都无权决定与执行。被判处管制的犯罪分子仍可在原工作地或原居住地工作生活,但需遵守法定限制。其工作生活必须接受公安机关等部门的管束与人民群众的监督,并依法实行社区矫正。

1979 年《刑法》将管制规定为主刑的一种,而在 1997 年《刑法》修订过程中,关于管制的存废问题存在极大的争议。有人认为管制刑虽在我国革命战争时期和新中国成立后巩固政权的时期发挥了积极的作用,但在人员流动性增强、民众阶级意识淡化的社会背景下,管制适用率较低,甚至管制的存在会妨碍缓刑制度的完善。然而,考虑到管制刑是刑罚轻缓化在主刑上的具体表现,在对罪行轻微的犯罪分子判刑时能充分考虑到其家庭背景,不致妨碍其家庭生活及回归社会。同时,相比监禁刑,管制能使犯罪分子在履行抚养或赡养义务的同时,对自身所犯下的错误进行反思,既能预防其再犯罪,也警示了社会上其他人。因而,历次《刑法》修改都保留或完善了管制刑。其中,2011 年 2 月通过的《刑法修正案(八)》对本条作了修订补充,增加了对判处管制的犯罪分子依法实行社区矫正和可同时适用禁止令的规定,并明确了被判处管制的犯罪分子在管制期间违反禁止令的法律责任。

本条第 1 款是关于管制期限的规定,管制期限最低为 3 个月,最高为 2 年;根据《刑法》第 69 条的规定,数罪并罚时管制刑期最高不能超过 3 年。

本条第 2 款是关于管制刑适用禁止令的规定,《适用禁止令规定》进一步作出了详细规定。首先,根据本款与《适用禁止令规定》第 1 条的规定,人民法院并非对所有被判处管制的犯罪分子都要设置禁止令,而应根据犯罪情况,从促进犯罪分子教育矫正、有效维护社会秩序的需要出发,确有必要禁止其在管制执行期间从事特定活动,进入特定区域、场所,接触特定人的,可以同时宣告禁止令,法院不能片面依据其所犯罪行为客观危害的大小决定是否适用禁止令。其次,关于禁止令的内容,应有利于犯罪分子教育改造、重新回归社会与预防再次犯罪,且不得损害其合法权益。根据《适用禁止令规定》第2条的规定,人民法院宣告禁止令,应当根据犯罪分子的犯罪原因、犯罪性质、犯罪手段、犯罪后的悔罪表现、个人一贯表现等情况,充分考虑与犯罪分子所犯罪行的关联程度,有针对性地决定禁止其在管制执行期间内"从事特定活动,进入特定区域、场所,接触特定的人"的一项或者几项内容。关于"特定",上述规定第3~5条有详细规定。换言之,禁止令可以涉及一方面内容,也可涉及多方面内容,具体根据案件情况而定,但禁止令的内容必须具有可行性,不能根本无从执行,也不能妨害犯罪分子的正常生活。同时,对于有关法律法规已经明确禁止的内容,不能再通过禁止令的形式予以禁止。最后,关于禁止令的期限,根据《适用禁止令规定》第6条的规定,既可以与管制执行期限相同,也可以短于管制执行期限,但判处管制的,禁止令期限不得少于3个月。判处管制的犯罪分子在判决执行以前先行羁押以致管制执行的期限少于3个月的,禁止令的期限不受前款规定的最短期限的限制。禁止令的执行期限,从管制执行之日起计算;被宣告禁止令的犯罪分子被依法减刑时,禁止令的期限可以相应缩短。

本条第3款是关于对判处管制的犯罪分子,依法实行社区矫正的规定。社区矫正,是对犯罪性质比较轻微和社会危害性较小的罪犯在社区中执行刑罚活动的总称。其是将判处管制、缓刑、假释、监外执行的犯罪人置于社区之内,通过系统的管理、教育、帮扶等系列矫正措施促使其复归社会的特殊刑罚执行方法。关于社区矫正的具体做法,《关于在全国试行社区矫正工作的意见》《关于进一步加强社区矫正》《社区矫正法》《社区矫正法实施办法》等规定中有详细规定。按照上述法律法规的规定,司法行政部门主管社区矫正工作,人民法院、人民检察院、公安机关和其他有关部门应依照各自职责,依法做好社区矫正工作。社区矫正工作坚持监督管理与教育帮扶相结合,专门机关与社会力量相结合,采取分类管理、个别化矫正,有针对性地消除社区矫正对象可能重新犯罪的因素,帮助其成为守法公民。人民检察院依法对社区矫正工作实行法律监督。

本条第4款是关于被判处管制的犯罪分子违反禁止令的法律责任的规定。对违反禁止令的管制犯,公安机关应当依照《治安管理处罚法》第60条的规定给予处罚。根据《治安管理处罚法》第60条第1款第4项的规定,被依法执行管制、剥夺政治权利或者在缓刑、暂予监外执行中的罪犯或者被依法采取刑事强制措施的人,有违反法律、行政法规或者国务院有关部门的监督管理规定的行为,处5日以上10日以下拘留,并处200元以上500元以下罚款。

【司法适用】

根据刑法及《适用禁止令规定》的要求,审判实践中应注意准确理解和把握禁止令的性质、刑法增设禁止令的立法目的以及适用禁止令的原则等问题。(1)关于禁止令的性质,审判中应注意禁止令不是一种新的刑罚。除了要考虑其罪行因素外,还应当以其人身危险性和在社区矫正过程中再犯罪的可能性等作为重点考量因素。同时,如果犯罪分子不服法院作出的禁止令决定,应允许其就禁止令上诉。(2)禁止令的主要目的在于强化对犯罪分子的有效监管,促进其教育矫正、防止其再次危害社会。(3)适用禁止令应当把握三项原则:一是必要性原则,是否宣告禁止令有赖于法官的自由裁量;二是合法性原则,即不允许超越法律和相关规范性文件所确定的范围另外创设新的禁止令内容;三是针对性原则,禁止令是一项个性化的社区矫正措施,应当针对罪犯本人的情况及其所实施犯罪的具体特点,决定应否对其适用以及如何适用禁止令。

【司法案例】

董某某、宋某某抢劫案①

[**裁判要旨**]对判处管制或者宣告缓刑的未成年被告人,可以根据其犯罪的具体情况以及禁止事项与所犯罪行的关联程度,对其适用"禁止令"。对于未成年人因上网诱发犯罪的,可以禁止其在一定期限内进入网吧等特定场所。

第三十九条　【被管制罪犯的义务与权利】被判处管制的犯罪分子,在执行期间,应当遵守下列规定:

(一)遵守法律、行政法规,服从监督;

(二)未经执行机关批准,不得行使言论、出版、集会、结社、游行、示威自由的权利;

(三)按照执行机关规定报告自己的活动情况;

(四)遵守执行机关关于会客的规定;

(五)离开所居住的市、县或者迁居,应当报经执行机关批准。

对于被判处管制的犯罪分子,在劳动中应当同工同酬。

① 参见最高人民法院第14号指导案例。

【条文理解】

管制刑属于非监禁刑。由于管制刑只适用于社会危害性较小、人身危险性不大的犯罪分子,故被判处管制的犯罪分子不被送往监狱等封闭性场所服刑。但并不是对被判处管制的犯罪分子放任不管,而是要对其进行必要的管束和限制,即限制他们一定的政治、人身自由。为此,本条第 1 款明确了被判处管制的犯罪分子在执行期间必须遵守的履行的义务,规范并严格了管制刑的执行。

被判处管制的犯罪分子需要严格遵守上述规定。与 1979 年《刑法》相比,该条文在 1996 年修订中存在一处变化,即增加了"未经执行机关批准,不得行使言论、出版、集会、结社、游行、示威自由的权利"的规定。需要注意的是,这实际上是在执行管制刑过程中对犯罪分子加强监管的具体措施,本不剥夺犯罪分子的言论自由等权利。若需要剥夺被判处管制的犯罪分子政治权利,应附加判处。判处管制附加剥夺政治权利的,剥夺政治权利的期限与管制期限相等,同时执行。《社区矫正法实施办法》第 24~31 条规定了被判处管制的犯罪分子履行上述义务的监管机制以及准许变通执行的情形;《社区矫正法》第 24~34 条与《社区矫正法实施办法》第 34~40 条规定了犯罪分子违反管制规定的相应惩戒情形。根据不同的违规情形,执行地县级社区矫正机构可依法对犯罪分子予以训诫、警告等处罚,或提请同级公安机关依法给予处罚,并向执行地同级人民检察院抄送治安管理处罚建议书副本,及时通知处理结果;必要时,经县级司法行政部门负责人批准,可以使用电子定位装置,加强监管。

本条第 2 款规定,被判处管制的犯罪分子,在劳动中应该同工同酬。该规定体现了管制的轻缓化,有利于保障犯罪分子及其所赡养或抚养者的生活,不影响家庭稳定,也不给社会造成负担。换言之,管制作为非监禁刑,在对犯罪分子自由予以一定限制的同时,要保持他们参加社会生活的能力,保证他们能最大限度地矫正自我心理,回归社会。

【司法适用】

被判处管制的犯罪分子应严格遵守本条规定。实践中,被判处管制的犯罪分子积极服从管理或实施违法违规行为的,应当根据《社区矫正法实施办法》第 33~36 条的规定,视不同情形作不同处理。

犯罪分子在被管制、剥夺政治权利、缓刑、假释期间,若原所在单位确有特殊情况不能安排工作,在不影响对其实行监督考察的情况下,经工商管理部门批准,可以在常住户口所在地自谋生计;家在农村的,亦可就地从事或承包一些农副业生产。犯罪分子在被管制、剥夺政治权利、缓刑、假释期间,不能担任国营或集体企事业单位的领导职务。另外,根据 1991 年最高人民检察院《关于被判处管制、剥夺政治权利和宣告缓刑、假释的犯罪分子能否担任中外合资合作经营企业领导职务问题的答复》的规定,1986 年《关于被判处管制、剥夺政治权利和宣告缓刑、假释的犯罪分子能否外出经商等问题的通知》第 3 条所规定的不能担任领导职务的原则,可适用于中外合资、中外合作企业(包括我方与港、澳、台客商合资、合作企业)。此外,对被判处管制的犯罪分子,在劳动中应该同工同酬。

第四十条 【管制的解除】被判处管制的犯罪分子,管制期满,执行机关应即向本人和其所在单位或者居住地的群众宣布解除管制。

【条文理解】

本条规定了被判处管制的犯罪分子解除管制的条件与方式。管制解除的前提条件是管制刑执行完毕。而一旦管制刑执行完毕,执行机关应立即向本人和其所在单位或者居住地的群众宣布解除管制。本条纠正了管制期满,不宣布解除的"无期管制"的现象,且宣布对象范围的确定也有利于执行机关将宣布解除落到实处。从《社区矫正法实施办法》第 53 条、第 54 条的规定来看,执行地县级社区矫正机构应当向社区矫正对象发放解除社区矫正证明书,并书面通知社区矫正决定机关,同时抄送执行地县级人民检察院和公安机关;执行地县级社区矫正机构或者受委托的司法所可以组织解除矫正宣告。解除矫正宣告包括以下内容:(1)宣读对社区矫正对象的鉴定意见;(2)宣布社区矫正期限届满,依法解除社区矫正;(3)对判处管制的,宣布执行期满,解除管制。宣告由社区矫正机构或者司法所工作人员主持,矫正小组成员及其他相关人员到场,按照规定程序进行。管制不仅要充分发挥群众监督的作用,防止犯罪分子继续犯罪,还要保障被判处管制的犯罪分子可融入社会中,保持原来的生活方式。管制期满后,执行机关应及时向其本人和所在单位或居住地群众宣布解除管制。此外,附加剥夺政治权利的,应同时宣布恢复政治权利。

【司法适用】

对于管制期限届满,依法应当解除管制的,根据《社区矫正法》第 44 条的规定,社区矫正机构应当向社区矫正对象发放解除社区矫正证明书,并通知社区矫正决定机关、所在地的人民检察院、公安机关。

第四十一条 【管制刑期的计算】管制的刑期,从判决执行之日起计算;判决执行以前先行羁押的,羁押一日折抵刑期二日。

【条文理解】

本条规定了管制刑期的计算与先行羁押的折抵问题。根据本条规定,管制的刑期,从判决执行之日起计算,开始执行的当日应计算在内。同时,管制属于不剥夺犯罪分子人身自由的非监禁刑,而羁押属于依法剥夺其人身自由的强制措施。二者在程度上存在差别,故将先行羁押的 1 日折抵管制刑期 2 日。需要说明的是,先行羁押是出于追诉犯罪、保障诉讼顺利进行以及维护社会公共安全的功利性需要而设立的刑事强制措施。其与人权保障、无罪推定、一事不二罚等现代刑事司法原则存在一定冲突,故设置刑期折抵这样一种实体救济方式。但要遵循折抵关联性规则,即因羁押的行为事实与需要折抵本刑的犯罪事实之间是存在关联的。相应地,刑期折抵的适用条件为,被羁押的涉案事实(理由)又被刑事追诉、判处某些法定刑罚。此外,有观点提出因管制属于限制自由刑而非剥夺自由刑,所以不仅先前羁押的期限要折抵刑期,而且先期限制自由的强制措施如取保候审、监视居住等也应折抵管制的刑期,且应采取限制自由 1 日折抵 1 日刑期的方式。该观点有一定的合理性,但就目前而言,尚不具有可行性。因为根据刑法规定,凡存在刑期折抵的前提都是“先行羁押”,而对于非指定居所监视居住、取保候审等限制自由的强制措施难以解释为“羁押”,且会带来限制自由型强制措施如何折抵剥夺自由型刑罚的新问题。在现行刑事法律框架下,羁押折抵刑期中的“羁押”一般仍限于审前剥夺自由的强制措施期间,就管制而言,取保候审的期间原则上不能折抵刑期。考虑到在指定居所执行监视居住的情形中,在对犯罪嫌疑人、被告人人身自由限制的程度上,与羁押相似,故《刑事诉讼法》第 76 条规定,指定居所监视居住的期限应当折抵刑期。被判处管制的,指定居所监视居住 1 日折抵刑期 1 日。

【司法适用】

根据《刑法》规定,管制的刑期为 3 个月以上 2 年以下,数罪并罚的最高不超过 3 年。管制的期限,从判决执行之日起计算,即从实际执行之日开始计算;判决执行前对犯罪嫌疑人、被告人采取逮捕、刑事拘留等羁押措施的,应当以羁押 1 日折抵管制刑期 2 日;判决执行前对犯罪嫌疑人、被告人采取指定居所监视居住的,应当以监视居住 1 日折抵管制刑期 1 日。

判决执行之日指的是生效的判决交付执行之日。而判决执行之日往往在判决确定之日后,两者之间存在一个法院将生效判决交付执行机关(如监狱、公安机关)的间隔,所以可从人民法院签发执行通知书之日后起算。一般来说,对判处管制的,应当在刑事裁判文书中写明刑种、刑期和主刑刑期的起止日期及折抵办法。根据最高人民法院《关于刑事裁判文书中刑期起止日期如何表述问题的批复》的规定,刑期从判决执行之日起计算。判决执行以前先行羁押的,羁押1日折抵刑期1日(判处管制刑的,羁押1日折抵刑期2日),即自××××年××月××日(羁押之日)起至××××年××月××日止。羁押期间取保候审的,刑期的终止日顺延。另根据《“软暴力”案件意见》第10条的规定,对已受行政处罚的行为追究刑事责任的,行为人先前所受的行政拘留处罚应当折抵刑期,罚款应当抵扣罚金。

先行羁押属于在判决执行前被采取的剥夺人身自由的强制措施,根据折抵关联性规则,先行羁押应当与被判处管制刑系因同一犯罪行为。对于实施了多个犯罪行为的犯罪嫌疑人,针对被判处刑罚的某一行为的刑期不能折抵被判处另一刑罚的另一行为而实行的关押;对于数罪并罚的案件,先行羁押折抵刑期时原则上应折抵并罚后判决所确定的执行刑而非具体个罪的宣告刑。

第三节 拘　　役

第四十二条　【拘役的期限】拘役的期限,为一个月以上六个月以下。

【条文理解】

拘役是短期剥夺犯罪分子自由,就近实行劳动改造的刑罚方法。根据本条的规定,拘役的期限,为1个月以上6个月以下。数罪并罚时,最高不得超过1年。与管制相比,管制只是部分地限制犯罪分子的自由,而拘役则是完全剥夺犯罪分子的自由,二者存在质的不同。拘役是介于管制与有期徒刑之间的一种较轻的刑罚,拘役的刑期较之限制犯罪分子一定自由的管制要短,但其性质比管制重,是对犯罪分子予以关押的三种自由刑中最轻的一种,主要适用于罪行较轻,但又必须实行短期关押的犯罪分子。

拘役与刑事拘留、民事拘留、行政拘留都是短期剥夺自由的强制方法,但他们之间存在明显的区别,其区别主要表现在:(1)性质不同。拘役是刑罚方法,而刑事拘留是刑事诉讼中的一种强制措施;民事拘留属于司法行政性质的处罚;行政拘留属于治安行政处罚。(2)适用的对象不同。拘役适用于犯罪分子;刑事拘留适用于《刑事诉讼法》第82条规定的七种情形之一的现行犯或者重大嫌疑分子;民事拘留适用于《民事诉讼法》第111~114条规定的行为,但又不构成犯罪的民事诉讼参与人或其他人;行政拘留适用于违反治安管理法规,但尚未达到犯罪程度的行为人。(3)适用的机关不同。拘役和民事拘留由人民法院适用,但拘役由人民法院的刑事审判部门适用,民事拘留由人民法院的民事审判部门适用;刑事拘留、行政拘留由公安机关适用。(4)适用的法律依据不同。拘役依照《刑法》的规定适用;刑事拘留依照《刑事诉讼法》的规定适用;民事拘留依据《民事诉讼法》的规定适用;行政拘留依据《治安管理处罚法》的规定适用。

【司法适用】

拘役的期限为1个月以上6个月以下,数罪并罚时不超过1年。拘役的刑期从判决执行之日起计算。拘役主要适用于罪行较轻、但仍需短期关押改造的犯罪分子。《刑法》分则中设置拘役刑的条文多数把拘役作为最低法定刑规定,在这样的条文中,拘役适用于犯罪情节轻微,不需要判处有期徒刑的犯罪。实践证明,对于这些罪行较轻的犯罪分子,如果不剥夺短期自由,就不足以惩戒犯罪,但判处有期徒刑又嫌过重,适用拘役刑能够取得适中的效果。

第四十三条 【拘役的执行】被判处拘役的犯罪分子,由公安机关就近执行。

在执行期间,被判处拘役的犯罪分子每月可以回家一天至两天;参加劳动的,可以酌量发给报酬。

【条文理解】

本条第1款确定了拘役的执行机关。刑事诉讼中的执行是指刑事执行机关为了实施已经发生法律效力的判决和裁定所确定的内容而进行的活动。根据本款规定,拘役刑由公安机关执行,而不交给司法行政部门的监狱执行。拘役刑由公安机关执行,主要是指在公安机关的看管下进行劳动改造。所谓"就近执行",是指由犯罪分子所在地的县、市或市辖区的公安机关设立的看守所执行。在执行期间,应当对犯罪分子进行认罪服法、政治时事和社会主义道德品质等教育,并因地制宜地组织他们参加生产劳动。

本条第2款是关于被判处拘役的犯罪分子每月可回家一天至两天和酌量发给劳动报酬的规定。被判处拘役的犯罪分子,在服刑期间享有探亲待遇,每月可以回家住一天至两天。路途较远的,假期可以累积使用;参加劳动的可给予适当的劳动报酬。所谓适当的劳动报酬,是指公安机关根据拘役犯服刑表现、生产技能和劳动收入等情况,发给一定的报酬。它比判处管制实行同工同酬为重,但比判处有期徒刑强迫劳动不发报酬为轻。在劳动报酬问题上也显示出拘役是介于管制和有期徒刑之间的一种刑罚方法。拘役轻于有期徒刑,不仅体现在它的刑期较短,也体现在被判处拘役的犯罪分子与被判处有期徒刑的犯罪分子有不同的待遇。拘役的待遇体现了我国刑罚的社会主义人道主义精神,使犯罪分子能够同家庭和社会保持一定的联系,有利于犯罪分子接受来自家庭和社会方面的教育,同时也可以使其有机会帮助家庭解决生活方面的困难,还对促进犯罪分子的改造和早日回归社会具有积极意义。

【司法适用】

判处拘役的罪犯,交付执行时在押的,第一审人民法院应当在判决、裁定生效后的10日内,将判决书、裁定书、起诉书副本、自诉状复印件、执行通知书、结案登记表送达看守所,由公安机关将罪犯交付执行。

《公安机关办理刑事案件程序规定》第303条规定:"对被判处有期徒刑由看守所代为执行和被判处拘役的罪犯,执行期间如果没有再犯新罪,执行期满,看守所应当发给刑满释放证明书。"

根据公安部《关于对被判处拘役的罪犯在执行期间回家问题的批复》的规定,是否准许被判处拘役的罪犯回家,应当根据其在服刑期间表现以及准许其回家是否会影响剩余刑期的继续执行等情况综合考虑,由负责执行的看守所提出建议,报其所属的县级以上公安机关决定。被判处拘役的外国籍罪犯提出回家申请的,由地方级以上公安机关决定,并由决定机关将有关情况报上级机关备案。对于准许回家的,应当发给国家证明,告知其应当按时返回监管场所和不按时返回将要承担的法律责任,并将准许回家的决定送同级人民检察院。被判处拘役的罪犯在决定机关辖区内有固定住处的,可允许其回固定住处,没有固定住处的,可在决定机关为其指定的居所每月与其家人团聚一天至两天。看守所根据被判处拘役的罪犯在服刑及回家期间表现,认为不宜继续准许其回家的,应当提出建议,报原决定机关决定。对于被判处拘役的罪犯在回家期间逃跑的,应当以脱逃罪追究其刑事责任。

第四十四条 【拘役刑期的计算】**拘役的刑期,从判决执行之日起计算;判决执行以前先行羁押的,羁押一日折抵刑期一日。**

【条文理解】

拘役的刑期,从判决执行之日起计算,即从犯罪分子实际执行拘役开始计算。对于虽已作出拘役判决,但犯罪分子尚未交付公安机关执行的,还不能算判决执行之日,不能开始计算刑期。这里所说的判决执行以前先行羁押的,羁押1日折抵刑期 1 日,是指判决执行前对犯罪嫌疑人、被告人逮捕、刑事拘留后进行关押的期间,应当羁押 1 日折抵拘役刑期 1 日。

执行前羁押是为了控制犯罪嫌疑人、收集与犯罪相关的证据或保证诉讼程序的正常进行等,而对犯罪嫌疑人采取的剥夺其人身自由的强制措施的总称。这些强制措施是必要的,并有相关的法律依据,但是,就其性质而言,它们都只是为进行审判和执行判决而采取的"临时"手段。待有罪判决正式开始执行之日,因采取这些强制措施而剥夺的犯罪嫌疑人的人身自由的期限,应当折抵到判决确定的刑期之中。

根据本条规定,被判处拘役的犯罪分子在判决执行以前被羁押的,羁押 1 日折抵刑期 1 日。立法上作出这种规定,是因为拘役虽然在严厉程度上轻于有期徒刑,但它仍然是剥夺犯罪分子人身自由的一种刑罚方法,其与限制犯罪分子人身自由的管制存在性质上的差别,而执行前羁押也是剥夺犯罪分子人身自由的强制措施,所以,把执行前羁押的期限如数折抵到拘役刑期之中的规定,是合理的。

该规定的"先行羁押"是指判决开始执行以前,针对被判处刑罚的同一行为而实施的关押。对于实施了多个犯罪行为的犯罪嫌疑人,针对被判处刑罚的某一行为而实行的关押,不能折抵被判处另一刑罚的另一行为而实行的关押。这是因为,犯罪是具有独立性的,针对每个犯罪行为而对行为人进行的羁押和审判都应当进行独立的考察,然后再依据相关的刑罚制度确定最终的执行刑期。只有这样做,才能保证审判结果的明晰和公正,才能保证罪责刑相适应原则的实现。

【司法适用】

《刑法》第 47 条规定:"有期徒刑的刑期,从判决执行之日起计算;判决执行以前先行羁押的,羁押一日折抵刑期一日。"《刑法》第 69 条第 2 款规定:"数罪中有判处有期徒刑和拘役的,执行有期徒刑。数罪中有判处有期徒刑和管制,或者拘役和管制的,有期徒刑、拘役执行完毕后,管制仍须执行。"

在《刑法修正案(九)》出台以前,我国刑法对于有期徒刑与拘役的数罪并罚并无详细规定,仅有最高人民法院《关于管制犯在管制期间又犯新罪被判处拘役或者有期徒刑应如何执行的问题的批复》(已废止)的规定。而《刑法修正案(九)》对数罪中有判处有期徒刑和拘役的并罚规定,可以说对于长期以来司法实务中有期徒刑和拘役数罪并罚是采用并科原则、吸收原则还是换算折抵原则的争论有了明确答案。

《刑事诉讼法》第 76 条规定:"指定居所监视居住的期限应当折抵刑期。被判处管制的,监视居住一日折抵刑期一日;被判处拘役、有期徒刑的,监视居住二日折抵刑期一日。"

最高人民法院《关于刑事裁判文书中刑期起止日期如何表述问题的批复》规定:“判处管制、拘役、有期徒刑的,应当在刑事裁判文书中写明刑种、刑期和主刑刑期的起止日期及折抵办法。刑期从判决执行之日起计算。判决执行之前先行羁押的,羁押一日折抵刑期一日(判处管制刑的,羁押一日折抵刑期二日),即自××××年××月××日(羁押之日)起至××××年××月××日止。羁押期间取保候审的,刑期的终止日顺延。”

《行政处罚法》第35条第1款规定:“违法行为构成犯罪,人民法院判处拘役或者有期徒刑时,行政机关已经给予当事人行政拘留的,应当依法折抵相应刑期。”

第四节 有期徒刑、无期徒刑

第四十五条 【有期徒刑的期限】有期徒刑的期限,除本法第五十条、第六十九条规定外,为六个月以上十五年以下。

【条文理解】

有期徒刑作为我国的法定刑罚种类之一,主要适用于较为严重的犯罪。本条规定的内容包括有期徒刑期限的一般情况和特殊情形,在一般情形下,有期徒刑的期限范围为最低期限6个月,最高期限15年。从刑罚幅度特点上来说,有期徒刑的幅度范围较大,为司法适用的广泛性提供规范前提。在刑罚严厉程度上,较拘役更为严厉,有期徒刑的最低限度为6个月,同拘役的期限相衔接。但在特殊情况下,有期徒刑的期限可能超出15年的上限规定,第一种是根据《刑法》第50条的规定,被判处死刑缓期执行的罪犯,在死缓执行期间,如确有重大立功表现,2年期满后可以减为25年有期徒刑。第二种是根据《刑法》第69条规定,对犯罪分子存在数罪并罚的情形,有期徒刑总和刑期不满35年的,最高不能超过20年,总和刑期在35年以上的,最高不能超过25年。除了上述两种特殊情形外,一般情况下的有期徒刑应当受到本条刑期规范的限制。

【司法适用】

在我国的刑罚体系中,有期徒刑是在法律规范中适用最广的刑罚种类。6个月的最低期限同拘役的最高期限相衔接,同时规定了在一般情况下15年的最高期限,表明其在刑罚严厉程度上高于拘役而低于无期徒刑。除了有期徒刑本身跨度广的刑罚特点以外,实践中对于适用无期徒刑和死刑的限制规范也为有期徒刑的适用提供依据。例如,根据《未成年人案件解释》,对于未成年人犯罪只有罪行极其严重的,才可以适用无期徒刑。对已满 14 周岁不满 16 周岁的人犯罪一般不判处无期徒刑。在一般情况下,有期徒刑的期限不得超过 15 年,但存在两种特殊情况。第一种是对于死刑缓期执行期间,存在重大立功表现的,且 2 年期满的,可以减为 25 年有期徒刑。《刑法修正案(八)》对《刑法》第 50 条进行了修改,将原先的"减为十五年以上二十年以下有期徒刑"修改为"减为二十五年有期徒刑"。尽管存在重大立功表现,符合减刑要求可以减为有期徒刑,但由于被判处死刑缓期执行的犯罪分子所犯罪行严重,因此需要突破一般关于有期徒刑的期限限制,将其提升为 25 年有期徒刑。第二种情况所针对的主要是数罪并罚的情形,由于犯罪分子的罪数较多,按照不得超过 15 年最高期限的一般规定来判处刑罚可能会违背罪刑相适应原则。因此对于数罪并罚总和刑期不满 35 年和 35 年以上的情形,不再按照关于有期徒刑的一般期限进行限制,而采用特殊的上限规定。

第四十六条 【有期徒刑与无期徒刑的执行】被判处有期徒刑、无期徒刑的犯罪分子,在监狱或者其他执行场所执行;凡有劳动能力的,都应当参加劳动,接受教育和改造。

【条文理解】

本条针对的犯罪分子被判处的刑罚是有期徒刑和无期徒刑,前半段涉及执行场所,分为监狱和其他执行场所;后半段涉及执行内容的规定,包括参加劳动和接受教育改造。监狱作为国家的刑罚执行机关,是被判处有期徒刑、无期徒刑、死刑缓期 2 年执行的罪犯服刑的场所。其他的执行场所包括两个:一是根据《监狱法》第 15 条规定,对于罪犯在被交付执行刑罚前,剩余刑期在 3 个月以下的,由看守所代为执行;二是针对特殊主体的犯罪分子,即未成年人犯,在未成年犯管教所执行刑罚。有劳动能力的犯罪分子,都应当参加劳动,接受教育和改造。"有劳动能力"主要是针对罪犯身体健康程度的要求。对于部分由于身体年老体弱或者患有严重疾病的,不应安排其进行劳动改造。教育的内容包含技术教育和思想教育,技术教育的内容主要是让罪犯掌握职业技术,确保其释放后能够凭借职业技巧找到适合的工作,进而更好地融入和回归社会。思想教育的内容主要是通过对罪犯进行国家政策、法律以及道德文化教育等,在思想上对罪犯进行改造,帮助其提升文化素质和道德素质水平。同时还要坚持因材施教,分类教育,对于未成年犯主要着眼点在于思想教育改造而非劳动改造。

【司法适用】

有期徒刑和无期徒刑主要的执行场所是监狱,对于剩余刑期期限较短的情形,可以由原先羁押犯罪分子的看守所代为执行,主要是基于便利性的原则和安全性的考虑。对于已满14周岁不满18周岁的未成年人这类特殊主体,通过未成年犯管教所能够针对其未成年人的身份进行特殊的改造和教育,体现国家对于未成年人犯罪群体的"教育改造为主"的特殊方针。需要注意的是,根据《监狱法》第76条的规定,未成年犯年满18周岁时,剩余刑期不超过2年的,仍可以留在未成年犯管教所执行剩余刑期。

针对被判处有期徒刑和无期徒刑的犯罪分子,根据《监狱法》第3条的规定,监狱对罪犯实行惩罚和改造相结合、教育和劳动相结合的原则。主要通过劳动改造和教育改造两个手段进行改造。根据《监狱法》第62~64条的规定,教育的内容包含法制、道德、形势、政策、素质教育和职业技术教育等。主要的目的是在思想上改造罪犯的同时,能够使其在服刑结束后尽快适应社会,拥有一技之长而避免再犯罪。根据《监狱法》第69~72条的规定,有劳动能力的罪犯,必须参加劳动。同时还享有在法定休息日和节日休息的权利。对于参加劳动的罪犯,还有权按照相关规定获取报酬。对未成年人则坚持"教育改造为主,劳动改造为辅"的方针,主要通过组织其参与学习文化和生产技能,秉持"教育、挽救、感化"的方针。

【司法案例】

扎西某娃等抢劫案①

[**裁判要旨**]尽管被告人所犯的罪行极其严重,但由于被告人均属未成年人,因此,在适用刑罚上仅有无期徒刑和有期徒刑两种刑种可供选择,但并不等同于本案只能选择有期徒刑而不允许适用无期徒刑。对于罪行极其严重的未成年人罪犯,应当坚持统筹全案情节的裁判原则,同时秉持对于未成年人罪犯的特殊刑事政策,对于罪行极其严重的未成年人罪犯适用无期徒刑符合法律规定。

第四十七条 【有期徒刑刑期的计算】**有期徒刑的刑期,从判决执行之日起计算;判决执行以前先行羁押的,羁押一日折抵刑期一日。**

---

① 参见《刑事审判参考》总第26辑第184号案例。

【条文理解】

根据本条规定,有期徒刑的刑期从判决执行之日起计算。需要注意的是“判决执行之日”同“判决生效之日”不同,指的是罪犯被送交监狱或者其他刑罚执行机关之日。后半段规定的是执行刑期折抵,只有在判决执行之前被采取逮捕、拘留等剥夺人身自由措施的,由于其强制性程度较高,与有期徒刑一样存在剥夺罪犯人身自由的特点,因此才按照羁押1日折抵刑期1日的规定处理。

【司法适用】

判决执行之日从实际被移送至刑罚执行机关之日起计算,但刑满释放之日则是根据判决书所确定的刑期终止之日。需要注意的是,此处的折抵刑期仅限于先前采取拘留、逮捕等剥夺人身自由的措施,根据《刑事诉讼法》第76条规定,指定居所监视居住的期限应当折抵刑期。被判处管制的,监视居住1日折抵刑期1日;被判处拘役、有期徒刑的,监视居住2日折抵刑期1日。因此,指定居所监视居住作为一种准羁押措施,其期限也可以用来折抵有期徒刑的刑期期限。除了刑事诉讼过程中的羁押抵扣,根据《行政处罚法》第35条的规定,违法行为构成犯罪,人民法院判处拘役或者有期徒刑时,行政机关已经给予当事人行政拘留的,应当依法折抵相应刑期。需要注意的是,此处要求给予的行政处罚类型为行政拘留,并且是由于同一行为触犯行政法规和刑法,为了避免重复处罚,在给予当事人行政拘留之后,对其判处有期徒刑应当进行折抵。刑事诉讼的羁押性措施也可以折抵行政拘留,如果已经因为同一行为被刑事拘留,则公安机关在对其裁决行政拘留时,应当将之前对其采取刑事拘留的时间折抵。若行为人依法被刑事拘留的时间已经超过依法被裁决的行政拘留时间,则其行政拘留不再执行,但必须将行政拘留裁决书送达被处罚人。实践中还存在其他的折抵情形,如根据最高人民法院《关于撤销缓刑时罪犯在宣告缓刑前羁押的时间能否折抵刑期问题的批复》,对被宣告缓刑的犯罪分子撤销缓刑执行原判刑罚的,对其在宣告缓刑前羁押的时间应当折抵刑期。

【司法案例】

陈某莲贩卖毒品案①

[**裁判要旨**]被告人先前羁押时间能否最终折抵刑期,不能一概而论。只有先前被羁押行为与最终被定罪行为系同一行为,或者虽然不是同一行为,但两者之间存在密切关联时才可以予以折抵。

---

① 参见《刑事审判参考》总第115集第1280号案例。

第五节　死　　刑

第四十八条　【死刑、死缓的适用对象及核准程序】死刑只适用于罪行极其严重的犯罪分子。对于应当判处死刑的犯罪分子，如果不是必须立即执行的，可以判处死刑同时宣告缓期二年执行。

死刑除依法由最高人民法院判决的以外，都应当报请最高人民法院核准。死刑缓期执行的，可以由高级人民法院判决或者核准。

【条文理解】

适用死刑，关键条件是犯罪分子的罪行是否极其严重。根据罪刑法定原则，《刑法》分则为具体罪名配置死刑的，才能判处罪行极其严重的犯罪分子死刑。"罪行极其严重的犯罪分子"，是指犯罪分子所犯罪行对国家和人民的安全、生命、财产等利益危害特别严重和情节特别恶劣。情节恶劣程度，要结合具体罪名与犯罪行为造成的危害结果进行判断。"如果不是必须立即执行"，一般指犯罪分子具备刑法第四章第三节"自首和立功"规定的条件，人民法院酌情从轻处罚犯罪分子，不适用死刑立即执行，而宣告缓期 2 年执行。同时，在民间纠纷引起的或被害人有明显过错等因素的刑事案件，一般情况下也属于"如果不是必须立即执行"的情形。"死缓"是"判处死刑并宣告缓期二年执行"的简称，是死刑的执行方法，而不是独立的刑种。选择死刑的执行方式，要考虑犯罪分子是否具备免死情节。一般认为，适用死刑缓期执行的条件是犯罪分子罪当该死，但考虑到犯罪分子具备法定或酌定从轻处罚情节，人身危险程度相对较低，仍然有改造的可能，从人道主义的角度讲应当免其一死。本条规定死刑缓期执行，也有助于贯彻"少杀慎杀"的刑事司法政策。

本条第 2 款规定死刑的核准制度。"依法由最高人民法院判决"，是指在一审审理刑事案件以及在二审审理死刑上诉案件中，终审判处犯罪分子死刑立即执行或裁定维持高级人民法院作出的死刑立即执行判决。除此之外的死刑立即执行判决或裁定，都由最高人民法院进行核准。由最高司法机关核准死刑立即执行判决，有利于及时查明犯罪事实，既使罪刑极其严重的犯罪分子及时得到处罚，又能够避免无罪、罪轻之人被剥夺生命。本款中的"可以"，意指死刑缓期执行的核准是高级人民法院的职权而不是裁量权。《刑事诉讼法》第 248 条规定："中级人民法院判处死刑缓期二年执行的案件,由高级人民法院核准。”

【司法适用】

本条从实体法上规定了死刑的适用及其核准制度,如何适用死刑及其核准制度,需要根据刑事诉讼法第四章“死刑复核程序”的规定进行。《刑事诉讼法》第249条规定:“最高人民法院复核死刑案件,高级人民法院复核死刑缓期执行的案件,应当由审判员三人组成合议庭进行。”就最高人民法院的死刑立即执行核准程序,《刑事诉讼法》第250条规定:“最高人民法院复核死刑案件,应当作出核准或者不核准死刑的裁定。对于不核准死刑的,最高人民法院可以发回重新审判或者予以改判。”《刑事诉讼法》第251条规定:“最高人民法院复核死刑案件,应当讯问被告人,辩护律师提出要求的,应当听取辩护律师的意见。在复核死刑案件过程中,最高人民检察院可以向最高人民法院提出意见。最高人民法院应当将死刑复核结果通报最高人民检察院。”在司法解释层面,《刑事诉讼法解释》第十七章“死刑复核程序”详细规定了核准死刑案件的程序和审查标准。其中第427条严格规定了死刑案件的审查标准:“复核死刑、死刑缓期执行案件,应当全面审查以下内容:(一)被告人的年龄,被告人有无刑事责任能力、是否系怀孕的妇女;(二)原判认定的事实是否清楚,证据是否确实、充分;(三)犯罪情节、后果及危害程度;(四)原判适用法律是否正确,是否必须判处死刑,是否必须立即执行;(五)有无法定、酌定从重、从轻或者减轻处罚情节;(六)诉讼程序是否合法;(七)应当审查的其他情况。复核死刑、死刑缓期执行案件,应当重视审查被告人及其辩护人的辩解、辩护意见。”最高人民法院《关于对被判处死刑的被告人未提出上诉、共同犯罪的部分被告人或者附带民事诉讼原告人提出上诉的案件应适用何种程序审理的批复》和最高人民法院、最高人民检察院《关于对死刑判决提出上诉的被告人在上诉期满后宣判前提出撤回上诉人民法院是否准许的批复》还就死刑复核中的特殊情形进行补充说明。

【司法案例】

闫某华故意杀人、盗窃案①

[**裁判要旨**]被告人在羁押期间主动供述司法机关尚未掌握的罪行,构成自首的,即使其供述的罪行达到极其严重且应当判处死刑的程度,也可以根据案件的具体情况,不判处死刑立即执行。

---

① 参见《刑事审判参考》总第50集第393号案例。

林某龙强奸案①

[**裁判要旨**]在死刑案件中,被告人家属积极赔偿,取得被害方谅解的,法院还要注意审查相关协议的过程和内容是否合法,被害方的谅解意愿是否真实,即便认定具有积极赔偿和被害方谅解的情节,考虑从轻时也应当从严把握。

第四十九条 【死刑适用对象的限制】犯罪的时候不满十八周岁的人和审判的时候怀孕的妇女,不适用死刑。

审判的时候已满七十五周岁的人,不适用死刑,但以特别残忍手段致人死亡的除外。

【条文对照】

1997 年《刑法》	2011 年《刑法修正案(八)》
第四十九条 犯罪的时候不满十八周岁的人和审判的时候怀孕的妇女,不适用死刑。	第四十九条 犯罪的时候不满十八周岁的人和审判的时候怀孕的妇女,不适用死刑。 **审判的时候已满七十五周岁的人,不适用死刑,但以特别残忍手段致人死亡的除外。**

【条文理解】

本条第 1 款规定人民法院对犯罪的时候不满 18 周岁的人和审判的时候怀孕的妇女绝对不适用死刑。第一,“犯罪的时候”,是指犯罪分子开始实施犯罪到犯罪结束的全过程。如果未成年犯罪分子实施的犯罪结束于年满 18 周岁之后,不适用本条第 1 款的规定。本条不能理解为人民法院可以先判处不满 18 周岁的人死刑,待其年满 18 周岁后再行刑。18 周岁的认定应当一律按公历的年、月、日计算实足年龄,且必须是过了 18 周岁生日的第二天起,才认定年满 18 周岁。第二,“审判的时候怀孕的妇女”不应理解为在审判阶段怀孕的妇女。“审判的时候怀孕的妇女”是指在侦查阶段、审查起诉阶段和审判阶段任一阶段怀孕的妇女。《刑事诉讼法》第 67 条第 1 款第 3 项规定,对患有严重疾病、生活不能自理,怀孕或者正在哺乳自己婴儿的妇女,采取取保候审不致发生社会危险性的犯罪嫌疑人、被告人,人民法院、人民检察院和公安机关可以取保候审。此时,人民法院不可因怀孕的妇女未被羁押,而判处怀孕的妇女死刑。怀孕的妇女因证据不足不被起诉,在分娩或流产后因同一事实被起诉、交付审判的,也不得对其适用死刑。根据 1998

① 参见《刑事审判参考》总第 75 集第 636 号案例。

年 8 月 7 日最高人民法院《关于对怀孕妇女在羁押期间自然流产审判时是否可以适用死刑问题的批复》,怀孕妇女因涉嫌犯罪在羁押期间自然流产后,又因同一事实被起诉、交付审判的,应当视为"审判的时候怀孕的妇女",依法不适用死刑。第三,死刑缓期 2 年执行是死刑的执行方式,不是独立刑种,"不适用死刑"包括不适用死刑缓期 2 年执行,对怀孕的妇女至多只能判处无期徒刑。第四,不得在审判监督程序中以妇女尚未怀孕为由,判处犯罪分子死刑;在审判监督程序以及死刑复核程序中,被告人怀孕的,也不得判处死刑。根据《刑事诉讼法》第 262 条的规定,罪犯正在怀孕,下级人民法院停止执行死刑的,应当报请最高人民法院依法改判。

第 2 款是《刑法修正案(八)》增加的内容,人民法院原则上不可以判处年满 75 周岁的人死刑。理解本款的思路与理解第 1 款"审判的时候怀孕的妇女"是相同的,即"审判的时候已满七十五周岁"是指犯罪分子在侦查程序、审查起诉程序、审判程序、审判监督程序、死刑复核程序任一程序中已满 75 周岁。"已满七十五周岁"的认定,与认定年满 18 周岁的方法相同,即从犯罪分子 75 周岁生日的第 2 天起算。由于杀人手段难以穷尽,"以特别残忍手段致人死亡",需要人民法院根据合理的经验、价值进行判断。

【司法适用】

怀孕的妇女因同一犯罪事实进入刑事诉讼程序,人民法院无论如何都不得判处其死刑。

司法机关应当全面、充分收集证据以查明被告人的实足年龄。无法查明被告人年满 18 周岁的,人民法院应当推定被告人未年满 18 周岁,不得对其适用死刑。现有证据不能证明被告人的具体生日,但可以证明被告人已年满 18 周岁,应当认定被告人达到 18 周岁,可以根据犯罪情节恶劣程度判处死刑。《未成年人案件解释》第 2 条规定:"刑法第十七条规定的'周岁',按照公历的年、月、日计算,从周岁生日的第二天起算。"第 3 条规定:"审理未成年人刑事案件,应当查明被告人实施被指控的犯罪时的年龄。裁判文书中应当写明被告人出生的年、月、日。"第 4 条规定:"对于没有充分证据证明被告人实施被指控的犯罪时已经达到法定刑事责任年龄且确实无法查明的,应当推定其没有达到相应法定刑事责任年龄。相关证据足以证明被告人实施被指控的犯罪时已经达到法定刑事责任年龄,但是无法准确查明被告人具体出生日期的,应当认定其达到相应法定刑事责任年龄。"

【司法案例】

韩某利贩卖毒品、韩镇平窝藏毒品案①

[**裁判要旨**]被告人在羁押期间人工流产后脱逃,多年后又被抓获审判的,仍应视为审判时怀孕的妇女,不适用死刑。

胡某亭故意杀人案②

[**裁判要旨**]一般手段杀人与以特别残忍手段杀人,两者的相同之处在于侵害了被害人的生命权,两者的区别在于对善良风俗、伦理底线、人类恻隐之心的侵犯程度不同。因此,对故意杀人罪中"特别残忍手段"的理解与认定,应当符合社会民众一般的观念。

第五十条　【死缓变更】判处死刑缓期执行的,在死刑缓期执行期间,如果没有故意犯罪,二年期满以后,减为无期徒刑;如果确有重大立功表现,二年期满以后,减为二十五年有期徒刑;如果故意犯罪,情节恶劣的,报请最高人民法院核准后执行死刑;对于故意犯罪未执行死刑的,死刑缓期执行的期间重新计算,并报最高人民法院备案。

对被判处死刑缓期执行的累犯以及因故意杀人、强奸、抢劫、绑架、放火、爆炸、投放危险物质或者有组织的暴力性犯罪被判处死刑缓期执行的犯罪分子,人民法院根据犯罪情节等情况可以同时决定对其限制减刑。

【条文对照】

1997年 《刑法》	2011年 《刑法修正案(八)》	2015年 《刑法修正案(九)》
第五十条　判处死刑缓期执行的,在死刑缓期执行期间,如果没有故意犯罪,二年期满以后,减为无期徒刑;如果	第五十条　判处死刑缓期执行的,在死刑缓期执行期间,如果没有故意犯罪,二年期满以后,减为无期徒刑;如果确有重大立功表现,二年期满以后,减为**二十五年**有期徒	第五十条　判处死刑缓期执行的,在死刑缓期执行期间,如果没有故意犯罪,二年期满以后,减为无期徒刑;如果确有重大立功表现,二年期满以后,减为二十五年有期徒刑;如果故意犯罪,**情节恶**

① 参见《刑事审判参考》总第32辑第250号案例。

② 参见《刑事审判参考》总第80集第830号案例。

续表

1997 年 《刑法》	2011 年 《刑法修正案(八)》	2015 年 《刑法修正案(九)》
确有重大立功表现,二年期满以后,减为**十五年以上二十年以下**有期徒刑;如果故意犯罪,查证属实的,由最高人民法院核准,执行死刑。	刑;如果故意犯罪,查证属实的,由最高人民法院核准,执行死刑。 **对被判处死刑缓期执行的累犯以及因故意杀人、强奸、抢劫、绑架、放火、爆炸、投放危险物质或者有组织的暴力性犯罪被判处死刑缓期执行的犯罪分子,人民法院根据犯罪情节等情况可以同时决定对其限制减刑。**	**劣的,报请最高人民法院核准后执行死刑;对于故意犯罪未执行死刑的,死刑缓期执行的期间重新计算,并报最高人民法院备案。** 对被判处死刑缓期执行的累犯以及因故意杀人、强奸、抢劫、绑架、放火、爆炸、投放危险物质或者有组织的暴力性犯罪被判处死刑缓期执行的犯罪分子,人民法院根据犯罪情节等情况可以同时决定对其限制减刑。

【条文理解】

第 1 款中的"故意犯罪",根据《刑法》第 14 条规定,明知自己的行为会发生危害社会的结果,并且希望或者放任这种结果发生,因而构成犯罪的,是故意犯罪。因此,犯罪分子过失犯罪的,仍减为无期徒刑。"重大立功表现",是指《刑法》第 78 条第 1 款中规定的六种情形:阻止他人重大犯罪活动的;检举监狱内外重大犯罪活动,经查证属实的;有发明创造或者重大技术革新的;在日常生产、生活中舍己救人的;在抗御自然灾害或者排除重大事故中,有突出表现的;对国家和社会有其他重大贡献的。同时,《刑法》第 68 条规定,犯罪分子有重大立功表现,可以减轻或者免除处罚。据此,从体系解释的角度来看,这就意味着人民法院不因犯罪分子有重大立功表现,而"必须"将死刑缓期执行减为 25 年有期徒刑。犯罪分子在考验期内故意犯罪,人民法院根据刑事诉讼法有关规定开展审判工作。审判的人民法院认为犯罪分子犯罪情节恶劣而需要执行死刑的,应报请最高人民法院进行死刑复核。最高人民法院认为情节恶劣的,可核准死刑立即执行;最高人民法院认为情节尚未达到恶劣程度,不核准死刑的,重新计算死刑缓期执行的期间,并报最高人民法院备案。此外,在死刑缓期执行考验期内发现漏罪,漏罪同样判处死刑缓期执行的,中级人民法院仍应报请高级人民法院核准。高级人民法院核准后,重新计算犯罪分子的死刑缓期执行的期间。

第 2 款是《刑法修正案(八)》增加的内容,旨在改变部分犯有严重罪行的犯罪分子服刑时间过短的状况。本款所称的"累犯",既指《刑法》第 65 条规定的,被判处有期徒刑以上刑罚,刑罚执行完毕或者赦免以后,在 5 年以内再犯应当判处有期徒刑以上刑罚之罪的成年犯罪分子;也指《刑法》第 66 条规定的危害国家安全犯罪、恐怖活动犯罪、黑社会性质的组织犯罪,在刑罚执行完毕或者赦免以后,在任何时候再犯上述任一类罪的犯罪分子。值得注意的是,《刑法》第 356 条规定“因走私、贩卖、运输、制造、非法持有毒品罪被判过刑,又犯本节规定之罪的,从重处罚”的规定不是累犯制度的内容。因上述九种情形被判处死刑缓期执行的犯罪分子,人民法院应当根据犯罪情节决定限制减刑,不能一律决定限制减刑。

【司法适用】

死刑缓期执行的适用涉及罪犯的人身自由与生命权,部分死缓案件还具有一定的社会影响度,执行不公将影响人民群众对人民法院司法工作的信任。适用死刑缓期执行,应当留意最高人民法院颁布的有关刑罚执行方面的解释。认定“重大立功表现”,要依据《减刑假释规定》第 5 条第 1 款规定:“具有下列情形之一的,应当认定为有‘重大立功表现’:(一)阻止他人实施重大犯罪活动的;(二)检举监狱内外重大犯罪活动,经查证属实的;(三)协助司法机关抓捕其他重大犯罪嫌疑人的;(四)有发明创造或者重大技术革新的;(五)在日常生产、生活中舍己救人的;(六)在抗御自然灾害或者排除重大事故中,有突出表现的;(七)对国家和社会有其他重大贡献的。”第 2 款规定:“第(四)项中的发明创造或者重大技术革新应当是罪犯在刑罚执行期间独立或者为主完成并经国家主管部门确认的发明专利,且不包括实用新型专利和外观设计专利;第(七)项中的其他重大贡献应当由罪犯在刑罚执行期间独立或者为主完成,并经国家主管部门确认。”

犯罪分子被判处死刑缓期执行并限制减刑,其减刑条件及幅度在最高人民法院相关司法解释中亦有说明。《减刑假释规定》第 14 条规定:“被限制减刑的死刑缓期执行罪犯,减为有期徒刑后再减刑时,一次减刑不超过六个月有期徒刑,两次减刑间隔时间不得少于二年。有重大立功表现的,间隔时间可以适当缩短,但一次减刑不超过一年有期徒刑。”《减刑假释补充规定》第 4 条规定:“被判处死刑缓期执行的,减为无期徒刑后,符合减刑条件的,执行四年以上方可减刑。确有悔改表现或者有立功表现的,可以减为二十五年有期徒刑;确有悔改表现并有立功表现的,可以减为二十四年六个月以上二十五年以下有期徒刑;有重大立功表现的,可以减为二十四年以上二十四年六个月以下有期徒刑。减为有期徒刑后再减刑时,减刑幅度比照本规定第二条的规定执行。两次减刑之间应当间隔二年以上。”第 5 条规定:“罪犯有重大立功表现的,减刑时可以不受上述起始时间和间隔时间的限制。”

【司法案例】

王某才故意杀人案①

［**裁判要旨**］因恋爱、婚姻矛盾激化引发的故意杀人案件，被告人犯罪手段残忍，论罪应当判处死刑，但被告人具有坦白悔罪、积极赔偿等从轻处罚情节，同时被害人亲属要求严惩的，人民法院根据案件性质、犯罪情节、危害后果和被告人的主观恶性及人身危险性，可以依法判处被告人死刑，缓期2年执行，同时决定限制减刑，以有效化解社会矛盾，促进社会和谐。

李某故意杀人案②

［**裁判要旨**］对于因民间矛盾引发的故意杀人案件，被告人犯罪手段残忍，且系累犯，论罪应当判处死刑，但被告人亲属主动协助公安机关将其抓捕归案，并积极赔偿的，人民法院根据案件具体情节，从尽量化解社会矛盾角度考虑，可以依法判处被告人死刑，缓期2年执行，同时决定限制减刑。

高某某故意伤害案③

［**裁判要旨**］死刑缓期执行期间故意犯罪“情节恶劣”的认定，应当根据故意犯罪的动机、手段、造成的危害后果等犯罪情节，并结合罪犯在缓期执行期间的改造、悔罪表现等，综合作出判断。

第五十一条 【死缓执行期间的计算】死刑缓期执行的期间，从判决确定之日起计算。死刑缓期执行减为有期徒刑的刑期，从死刑缓期执行期满之日起计算。

【条文理解】

死刑缓期执行的期间，从判决确定之日起计算。“判决确定之日”，即判决生效之日。与一般刑事案件不同，死刑案件的判决生效之日，是指终审判决、裁定宣告之日。由于死刑立即执行案件需经最高人民法院裁定核准，死刑缓期执行案件需经高级人民法院裁定核准，核准死刑立即执行、缓期执行的裁定，在本质上属于

① 参见最高人民法院第4号指导案例。

② 参见最高人民法院第12号指导案例。

③ 参见《刑事审判参考》总第124集第1369号案例。

终审裁定。同时,与“已满十八周岁”从罪犯 18 周岁生日的第 2 天起计算不同,“判决确定之日”从判决生效当日起计算。依《刑法》第 50 条和 68 条的规定,犯罪分子有重大立功表现,人民法院可以将死刑缓期执行减为 25 年有期徒刑。鉴于死刑缓期执行考验期的死刑性质,25 年有期徒刑的刑期,要从死刑缓期执行期满之日起计算,而非从死刑缓期执行之日起算。即不能以 25 年有期徒刑减去 2 年死缓考验期,认为罪犯要服刑 23 年。同时,“从死刑缓期执行期满之日起计算”就意味着,有期徒刑刑期不能从高级人民法院的减刑裁定生效之日起算。

【司法适用】

判决确定之日,即判决生效之日。高级人民法院在第二审中改判死刑缓期执行的,判决宣告之日为生效之日;高级人民法院在第二审程序中维持原判或死刑复核程序中核准死刑缓期执行的,一审判决生效之日为高级人民法院作出维持原判或核准死缓的裁定宣告之日。死刑缓期执行减为无期徒刑或者有期徒刑,应当由高级人民法院作出减刑裁定。《刑事诉讼法》第 261 条规定:“最高人民法院判处和核准的死刑立即执行的判决,应当由最高人民法院院长签发执行死刑的命令。被判处死刑缓期二年执行的罪犯,在死刑缓期执行期间,如果没有故意犯罪,死刑缓期执行期满,应当予以减刑的,由执行机关提出书面意见,报请高级人民法院裁定;如果故意犯罪,情节恶劣,查证属实,应当执行死刑的,由高级人民法院报请最高人民法院核准;对于故意犯罪未执行死刑的,死刑缓期执行的期间重新计算,并报最高人民法院备案。”同时,《刑事诉讼法解释》第二十一章“执行程序”第五节“减刑、假释案件的审理”也是人民法院审理死刑缓期执行减刑案件的重要依据。

【司法案例】

范某平抢劫、盗窃案①

[**裁判要旨**]死刑缓期执行期间发现漏罪被判决后仍决定执行死刑缓期 2 年执行的,仍应报请高级人民法院核准。死刑缓期执行的期间应从新的死缓判决确定之日起计算,已经执行的死缓期间不应计算在新的死缓判决的执行期间之内。

---

① 参见《刑事审判参考》总第 51 集第 402 号案例。本案对于死缓执行期间内发现漏罪后仍判决执行死缓的,如何计算刑期问题的精神与《减刑假释规定》第 35 条的规定不一致,对该问题应以新解释为准。

第六节 罚 金

第五十二条 【罚金的判处】判处罚金,应当根据犯罪情节决定罚金数额。

【条文理解】

罚金,作为我国刑法规定的三种附加刑之一,是人民法院判处被告人向国家缴纳一定数额金钱的刑罚方法,属于财产刑。罚金的数额,应当根据被告人的犯罪情节,在法律规定的数额幅度内确定。所谓“犯罪情节”,主要是指被告人所犯罪行的危害程度高低、主观恶性大小、手段是否恶劣、非法所得多少以及后果是否严重等。犯罪分子缴纳罚金的能力也应当作为考量因素,因为如果罚金数额过高,远超出犯罪分子的经济负担能力,会导致刑罚无法得到执行,损害判决的权威性;如果罚金数额过低,对犯罪分子又无法起到应有的惩戒作用。

罚金不同于行政罚款。首先,二者法律性质不同,罚金是一种刑事处罚,罚款是一种行政处罚;其次,适用对象不同,罚金只适用于犯罪分子,罚款则适用于违反海关、税收、治安管理和工商管理等行政法规的违法分子;再次,适用主体不同,罚金由人民法院适用,罚款则由海关、税务、公安和工商等行政管理机关适用;最后,适用依据不同,罚金的适用依据是刑法,罚款则依照《行政处罚法》中有关行政法规的规定适用。

罚金也不同于刑事附带民事诉讼案件中的赔偿经济损失。赔偿经济损失是指行为人由于犯罪行为而使被害人遭受经济损失,依法应当给予被害人的赔偿,是一种民事制裁的方法。赔偿的金钱直接交给被害人,而罚金是一种刑罚处罚方法,由犯罪分子向国库缴纳。

根据刑事立法,适用罚金有四种情况:(1)选处罚金,例如《刑法》第 277 条规定,以暴力、威胁方法阻碍国家机关工作人员依法执行职务的,处 3 年以下有期徒刑、拘役、管制或者罚金。该种情况下罚金是作为一种供选择的法定刑,可以选择适用,也可以不适用,但如果适用则只能单独适用,不能附加适用。(2)并处或单处罚金,例如《刑法》第 216 条规定,假冒他人专利,情节严重的,处 3 年以下有期徒刑或者拘役,并处或者单处罚金。此时罚金既可单独适用也可附加适用,主要根据被告人所犯罪行的情节轻重来确定。(3)并处罚金,例如《刑法》第 229 条规定,承担资产评估、验资、验证、会计、审计、法律服务等职责的中介组织的人员故意提供虚假证明文件,情节严重的,处5年以下有期徒刑或者拘役,并处罚金,在这里,罚金只能附加适用,不能独立适用。(4)单处罚金,即罚金只能单独适用而不能附加适用。

【司法适用】

人民法院应当根据犯罪情节,如违法所得数额、造成损失的大小等,依法判处罚金。对于具有从轻、减轻或者免除处罚情节的被告人,对于本应并处的罚金刑原则上也应当从轻、减轻或者免除。《财产刑规定》第2条第1款中规定:“人民法院应当根据犯罪情节,如违法所得数额、造成损失的大小等,并综合考虑犯罪分子缴纳罚金的能力,依法判处罚金。”

刑法规定“并处”没收财产或者罚金的犯罪,人民法院在对犯罪分子判处主刑的同时,必须依法判处相应的财产刑;刑法规定“可以并处”没收财产或者罚金的犯罪,人民法院应当根据案件具体情况及犯罪分子的财产状况,决定是否适用财产刑。对自由刑与罚金刑均可选择适用的案件,如盗窃罪,在决定刑罚时,既要避免以罚金刑代替自由刑,又要克服机械执法只判处自由刑的倾向。《财产刑规定》第4条规定:“犯罪情节较轻,适用单处罚金不致再危害社会并具有下列情形之一的,可以依法单处罚金:(一)偶犯或者初犯;(二)自首或者有立功表现的;(三)犯罪时不满十八周岁的;(四)犯罪预备、中止或者未遂的;(五)被胁迫参加犯罪的;(六)全部退赃并有悔罪表现的;(七)其他可以依法单处罚金的情形。”对于应当并处罚金刑的犯罪,如被告人能积极缴纳罚金,认罪态度较好,且判处的罚金数量较大,自由刑可适当从轻,或考虑宣告缓刑。

刑法没有明确规定罚金数额标准的,罚金的最低数额不能少于1000元。关于未成年人犯罪判处罚金的问题,《财产刑规定》第2条第2款规定:“对未成年人犯罪应当从轻或者减轻判处罚金,但罚金的最低数额不能少于五百元。”与之相关的《未成年人案件解释》第15条规定:“对未成年罪犯实施刑法规定的‘并处’没收财产或者罚金的犯罪,应当依法判处相应的财产刑;对未成年罪犯实施刑法规定的‘可以并处’没收财产或者罚金的犯罪,一般不判处财产刑。对未成年罪犯判处罚金刑时,应当依法从轻或者减轻判处,并根据犯罪情节,综合考虑其缴纳罚金的能力,确定罚金数额。但罚金的最低数额不得少于五百元人民币。对被判处罚金刑的未成年罪犯,其监护人或者其他人自愿代为垫付罚金的,人民法院应当允许。”

单位金融犯罪中直接负责的主管人员和其他直接责任人员,是否适用罚金刑,应当根据刑法的具体规定。《刑法》分则条文规定有罚金刑,并规定对单位犯罪中直接负责的主管人员和其他直接责任人员依照自然人犯罪条款处罚的,应当判处罚金刑,但是对直接负责的主管人员和其他直接责任人员判处罚金的数额,应当低于对单位判处罚金的数额;《刑法》分则条文明确规定对单位犯罪中直接负责的主管人员和其他直接责任人员只判处自由刑的,不能附加判处罚金刑。被告人犯数罪的,应避免判处罚金刑的同时,判处没收部分财产。对于判处没收全部财产,同时判处罚金刑的,应决定执行没收全部财产,不再执行罚金刑。

【司法案例】

朱某虎等非法经营案①

[**裁判要旨**]从犯属于法定从轻、减轻情节,不仅适用于刑法中的主刑,也同样可以适用于包括罚金在内的附加刑。而罚金金额应当根据犯罪情节,如违法所得数额、造成损失的大小等确定。对于具有从轻、减轻或者免除处罚情节的被告人,对于本应并处的罚金刑原则上也应当从轻、减轻或者免除。

第五十三条　【罚金的缴纳】罚金在判决指定的期限内一次或者分期缴纳。期满不缴纳的,强制缴纳。对于不能全部缴纳罚金的,人民法院在任何时候发现被执行人有可以执行的财产,应当随时追缴。

由于遭遇不能抗拒的灾祸等原因缴纳确实有困难的,经人民法院裁定,可以延期缴纳、酌情减少或者免除。

【条文对照】

1997 年《刑法》	2015 年《刑法修正案(九)》
第五十三条　罚金在判决指定的期限内一次或者分期缴纳。期满不缴纳的,强制缴纳。对于不能全部缴纳罚金的,人民法院在任何时候发现被执行人有可以执行的财产,应当随时追缴。如果由于遭遇不能抗拒的灾祸缴纳确实有困难的,可以酌情减少或者免除。	第五十三条　罚金在判决指定的期限内一次或者分期缴纳。期满不缴纳的,强制缴纳。对于不能全部缴纳罚金的,人民法院在任何时候发现被执行人有可以执行的财产,应当随时追缴。 由于遭遇不能抗拒的灾祸**等原因**缴纳确实有困难的,**经人民法院裁定**,可以**延期缴纳**、酌情减少或者免除。

① 参见《刑事审判参考》总第 90 集第 829 号案例。

【条文理解】

我国罚金的缴纳方式主要有以下五种：

（1）一次性缴纳，即一次性地缴纳罚金。如果罚金数额较少或较多但缴纳并不困难，人民法院通常会采取一次性缴纳的方式，通过该方式判决可以得到更好的执行，避免由于分期缴纳而导致的各种弊端。

（2）分期缴纳，通常适用于罚金数额较大，一次性缴纳有困难的情况。当犯罪分子确实无力一次性缴纳所有罚金时，可以采取分期缴纳的方式。

（3）强制缴纳，即被执行人如果在判决指定的期限内，有能力缴纳而拒不缴纳，人民法院可以根据刑事诉讼法的规定采取查封、拍卖财产、冻结存款、扣留收入等措施强制其缴纳。自判决指定的期限届满第 2 日起，人民法院对于没有法定减免事由不缴纳罚金的，应当强制其缴纳。

（4）随时追缴，即对于不能全部缴纳罚金的，人民法院在任何时候发现被执行人有可以执行的财产，应当随时追缴。主要针对在判决指定的期限内应当一次缴纳或者分期缴纳罚金的犯罪人没有按照规定的期限将罚金全部缴纳的情况。不论是客观原因导致还是被执行人主观上逃避，其缴纳义务都不会被免除，人民法院只要发现其有财产可供执行，就应当随时追缴。

（5）延期、减免缴纳，被判处罚金的犯罪分子由于遭遇不能抗拒的灾祸等原因缴纳确实有困难的，可以酌情减少或者免除。“由于遭遇不能抗拒的灾祸等原因缴纳确实有困难的”，主要是指因遭受火灾、水灾、地震等灾祸而丧失财产；罪犯因重病、伤残等而丧失劳动能力，或者需要罪犯抚养的近亲属患有重病，需支付巨额医药费等，确实没有财产可供执行的情形。

【司法适用】

根据《财产刑规定》第 5 条的规定，“判决指定的期限”应为从判决发生法律效力第 2 日起最长不超过 3 个月。罚金的缴纳方式为一次性缴纳或者分期缴纳。如果罚金数额较少或较多但缴纳并不困难的，可以要求一次性缴纳；罚金数额较多，犯罪分子无力一次性缴纳的，可以分期缴纳。“判决指定的期限”和缴纳方式都应当在判决书中予以明确。

根据《财产刑规定》第 11 条的规定，“自判决指定的期限届满第二日起，人民法院对于没有法定减免事由不缴纳罚金的，应当强制其缴纳”。强制缴纳，一般针对期满有能力缴纳而不缴纳罚金的犯罪分子，人民法院可以采取查封、扣押、冻结存款，扣留、收缴工资或其他收入等办法，迫使犯罪分子缴纳罚金。

对于不能全部缴纳罚金的，人民法院在任何时候发现被执行人有可以执行的财产，应当随时追缴。所谓“追缴”，是指人民法院对没有缴纳或者没有全部缴纳罚金的被执行人,在发现其有可供执行的财产时,予以追回上缴国库。根据《财产刑规定》第 11 条第 2 款规定,“对于隐藏、转移、变卖、损毁已被扣押、冻结财产情节严重的,依照刑法第三百一十四条的规定追究刑事责任”。

根据《财产刑规定》第 6 条的规定,“刑法第五十三条规定的‘由于遭遇不能抗拒的灾祸缴纳确实有困难的’,主要是指因遭受火灾、水灾、地震等灾祸而丧失财产;罪犯因重病、伤残等而丧失劳动能力,或者需要罪犯抚养的近亲属患有重病,需支付巨额医药费等,确实没有财产可供执行的情形”,在该情况下,“由罪犯本人、亲属或者犯罪单位向负责执行的人民法院提出书面申请,并提供相应的证明材料。人民法院审查以后,根据实际情况,裁定减少或者免除应当缴纳的罚金数额”。

根据《财产刑规定》第 10 条的规定,“财产刑由第一审人民法院执行。犯罪分子的财产在异地的,第一审人民法院可以委托财产所在地人民法院代为执行”。

【司法案例】

法院裁定终结执行被执行人龙某罚金案①

[**裁判要旨**]对被执行人遭遇不能抗拒的灾祸缴纳罚金确实有困难的,终结执行罚金。

第七节　剥夺政治权利

第五十四条　【剥夺政治权利的内容】剥夺政治权利是剥夺下列权利:

(一)选举权和被选举权;

(二)言论、出版、集会、结社、游行、示威自由的权利;

(三)担任国家机关职务的权利;

(四)担任国有公司、企业、事业单位和人民团体领导职务的权利。

【条文理解】

剥夺政治权利是指剥夺罪犯参加国家管理和政治活动权利的刑罚方法。剥夺政治权利是一种资格刑,以剥夺犯罪人的一定资格为内容。我国刑法中的剥夺政治权利具有明显的政治性。根据本条规定,剥夺政治权利即剥夺以下四种权利:

---

① 参见《刑事审判参考》总第 72 集第 596 号案例。

(1)选举权和被选举权。具体而言,选举权是公民依照自由意志选举国家权力机关的代表与其他国家公职人员的权利;被选举权则是公民依照自由意志被选任为国家权力机关的代表或其他国家公职人员的权利。选举权和被选举权是公民的一项基本政治权利,《宪法》第34条为刑法提供了剥夺政治权利的依据:"中华人民共和国年满十八周岁的公民,不分民族、种族、性别、职业、家庭出身、宗教信仰、教育程度、财产状况、居住期限,都有选举权和被选举权;但是依照法律被剥夺政治权利的人除外。"

(2)言论、出版、集会、结社、游行、示威自由的权利。言论自由是指公民可以通过语言形式,表达其对政治和社会中各种问题的思想和见解的自由,言论自由在公民的各项政治自由中居于首要地位;出版自由是指公民可以通过公开出版物的形式,表达其对国家经济和文化事业、社会事务的观点和想法;结社自由是指公民以一定宗旨,依照法定程序组织或者参加具有持续性的社会团体的自由;集会、游行、示威自由都是公民共同在公共场所表达自己的态度、意愿和请求的自由,是言论自由的延伸和具体化,区别在于意愿的表现形式不同。以上六项自由是我国宪法赋予公民的基本政治自由,被依法剥夺政治权利的人当然不能行使。

(3)担任国家机关职务的权利。国家机关,是指从事国家管理和行使国家权力的机关,包括国家元首、立法机关、行政机关、监察机关、审判机关、检察机关和军事机关。被剥夺政治权利的人不得在上述机关中担任领导职务或其他职务。

(4)担任国有公司、企业、事业单位和人民团体领导职务的权利。公民被剥夺政治权利后,可以在国有公司、企业、事业单位和人民团体内继续工作,但不得担任领导职务。对于领导职务的界定,《公务员法》第18条规定:"公务员领导职务根据宪法、有关法律和机构规格设置。领导职务层次分为:国家级正职、国家级副职、省部级正职、省部级副职、厅局级正职、厅局级副职、县处级正职、县处级副职、乡科级正职、乡科级副职。"

【司法适用】

针对未成年人附加剥夺政治权利的适用问题,《未成年人案件解释》第14条规定,"除刑法规定'应当'附加剥夺政治权利外,对未成年罪犯一般不判处附加剥夺政治权利。如果对未成年罪犯判处附加剥夺政治权利的,应当依法从轻判处。对实施被指控犯罪时未成年、审判时已成年的罪犯判处附加剥夺政治权利,适用前款的规定"。由此,除《刑法》第56条第1款规定的"对于危害国家安全的犯罪分子应当附加剥夺政治权利",对于其他未成年犯罪分子应以"不判处附加剥夺政治权利"为原则,即便在例外情况下适用附加剥夺政治权利,也应当依法从轻。

最高人民检察院《关于被判处管制、剥夺政治权利和宣告缓刑、假释的犯罪分子能否担任中外合资、合作经营企业领导职务问题的答复》规定："最高人民法院、最高人民检察院、公安部、劳动人事部(86)高检会(三)字第2号《关于被判处管制、剥夺政治权利和宣告缓刑、假释的犯罪分子能否外出经商等问题的通知》第三条所规定的不能担任领导职务的原则,可适用于中外合资、中外合作企业(包括我方与港、澳、台客商合资、合作企业)。"因此,被剥夺政治权利的犯罪分子不得担任领导职务的限制同样适用于中外合资、中外合作企业(包括我方与港、澳、台客商合资、合作企业),但不适用于集体、私营公司、企业、事业单位。

第五十五条　【剥夺政治权利的期限】剥夺政治权利的期限,除本法第五十七条规定外,为一年以上五年以下。

判处管制附加剥夺政治权利的,剥夺政治权利的期限与管制的期限相等,同时执行。

【条文理解】

本条第1款是关于剥夺政治权利的期限的一般性规定。根据该规定,除《刑法》第57条规定的判处死刑、无期徒刑以及判处死刑缓期执行后减为有期徒刑或者无期徒刑减为有期徒刑外,单处剥夺政治权利以及判处有期徒刑、拘役附加剥夺政治权利的期限均为1年以上5年以下。在决定剥夺政治权利的期限时,应当综合考量犯罪的性质、情节、社会危害性和被告人的人身危险性等多方因素。同时,附加剥夺政治权利的刑期应与所判处的主刑相适应。

本条第2款是关于判处管制附加剥夺政治权利的期限规定。"剥夺政治权利的期限与管制的期限相等",是指一罪被判处管制的同时附加判处剥夺政治权利的,判处剥夺政治权利的刑期与判处管制的刑期长度相等。"同时执行",是指在刑罚执行时,剥夺政治权利的执行与管制的执行同时开始,而非待管制期满执行完毕后才开始执行剥夺政治权利。一旦执行期满管制解除,罪犯的政治权利也同时恢复。值得注意的是,该条款规定的是剥夺政治权利的期限问题,不能与剥夺政治权利的并罚问题相混淆。所谓"判处管制附加剥夺政治权利"是指针对同一罪名判处管制的同时附加判处剥夺政治权利,而并非数罪并罚中多个个罪分别涉及管制和剥夺政治权利的判处。因此,对于数罪中的不同罪名分别被判处管制和剥夺政治权利的情况,并不适用本条款规定,无须满足"期限相等""同时执行"的要求。

【司法适用】

最高人民法院《关于在执行附加刑剥夺政治权利期间犯新罪应如何处理的批

复》规定:“一、对判处有期徒刑并处剥夺政治权利的罪犯,主刑已执行完毕,在执行附加刑剥夺政治权利期间又犯新罪,如果所犯新罪无须附加剥夺政治权利的,依照刑法第七十一条的规定数罪并罚。二、前罪尚未执行完毕的附加刑剥夺政治权利的刑期从新罪的主刑有期徒刑执行之日起停止计算,并依照刑法第五十八条规定从新罪的主刑有期徒刑执行完毕之日或者假释之日起继续计算;附加刑剥夺政治权利的效力施用于新罪的主刑执行期间。三、对判处有期徒刑的罪犯,主刑已执行完毕,在执行附加刑剥夺政治权利期间又犯新罪,如果所犯新罪也剥夺政治权利的,依照刑法第五十五条、第五十七条、第七十一条的规定并罚。”由此,对于判处有期徒刑附加剥夺政治权利,且主刑已执行完毕附加剥夺政治权利未执行完毕的罪犯,其在执行附加剥夺政治权利期间犯新罪,分为以下两种情况进行处理:(1)若所犯新罪未判处附加剥夺政治权利,则直接将新罪判处的刑罚与原剥夺政治权利的剩余刑期并罚,但在执行时,应当先执行新罪判处的有期徒刑,原附加刑剥夺政治权利的刑期自新罪判处的有期徒刑执行之日起停止计算,待新罪的主刑有期徒刑执行完毕之日或者假释之日起再继续计算并执行附加剥夺政治权利。(2)若所犯新罪也判处附加剥夺政治权利,则应将前罪尚未执行完毕的附加剥夺政治权利和后罪所判处的主刑有期徒刑以及新附加的剥夺政治权利数罪并罚并执行。

第五十六条 【剥夺政治权利的适用对象】对于危害国家安全的犯罪分子应当附加剥夺政治权利;对于故意杀人、强奸、放火、爆炸、投毒、抢劫等严重破坏社会秩序的犯罪分子,可以附加剥夺政治权利。

独立适用剥夺政治权利的,依照本法分则的规定。

【条文理解】

本条第1款是关于附加剥夺政治权利的适用对象的规定。本条款分别规定了“应当”附加剥夺政治权利和“可以”附加剥夺政治权利的情形。对于危害国家安全的犯罪分子,在判处刑罚时“应当”附加剥夺政治权利。此类主体触犯了《刑法》分则第一章的规定,实施了危害国家主权、领土完整和安全,分裂国家、颠覆人民民主专政的政权和推翻社会主义制度的行为,侵犯了国家赖以生存发展的政治基础和物质基础的安全,其犯罪性质决定了附加剥夺政治权利的必要性。因此,无论该类犯罪分子被判处何种主刑,均必须对其附加剥夺政治权利。对于故意杀人、强奸、放火、爆炸、投毒、抢劫等严重破坏社会秩序的犯罪分子,在判处刑罚时“可以”附加剥夺政治权利。该条款列举了故意杀人、强奸、放火、爆炸、投毒、抢劫等具有严重的社会危害性、对于公民人身安全和社会公共安全具有潜在威胁的行为,针对实施这些行为的犯罪主体,在必要时可以在判处主刑的基础上对其附加剥夺政治权利,以发挥刑罚的教育和特殊预防功能。《刑法修正案(三)》将《刑法》第114条、第115条中的“投毒”修改为“投放毒害性、放射性、传染病病原体等物质”。因此,该条款中的“投毒”目前应指“投放危险物质”。

本条第2款是关于单独剥夺政治权利的适用对象的规定。剥夺政治权利既可以附加适用,也可以单独适用。附加剥夺政治权利主要适用于危害国家安全犯罪和严重破坏社会秩序的犯罪,而独立适用剥夺政治权利不具有类似拘役、徒刑和死刑的剥夺人身自由甚至生命的强制性,其作为一种较为轻缓的刑罚执行方式,主要适用于社会危害性较小、情节较轻、犯罪分子主观恶性不大的犯罪。对于《刑法》分则未规定可以单独适用剥夺政治权利的犯罪,不得独立适用剥夺政治权利。

【司法适用】

《刑法》第56条第1款并未穷尽列举可以附加剥夺政治权利的犯罪情形,而是采用了“等”字,对于其他未列举的,与故意杀人、强奸、放火、爆炸、投毒、抢劫对社会秩序的破坏程度相当的犯罪,也允许依法适用附加剥夺政治权利。

《组织、利用邪教组织破坏法律实施案件解释》第14条规定:“对于犯组织、利用邪教组织破坏法律实施罪、组织、利用邪教组织致人重伤、死亡罪,严重破坏社会秩序的犯罪分子,根据刑法第五十六条的规定,可以附加剥夺政治权利。”最高人民法院《关于对故意伤害、盗窃等严重破坏社会秩序的犯罪分子能否附加剥夺政治权利问题的批复》规定:“对故意伤害、盗窃等其他严重破坏社会秩序的犯罪,犯罪分子主观恶性较深、犯罪情节恶劣、罪行严重的,也可以依法附加剥夺政治权利。”由此,在确定何种情况下附加剥夺政治权利时,要综合考量犯罪的社会危害性大小、罪行轻重、情节是否恶劣和犯罪分子的主观恶性等因素,不得违背罪刑相适应原则。

【司法案例】

方某青惠投毒案[①]

[**裁判要旨**]《刑法》第54条规定的政治权利是我国公民依法享有的参与国家管理和政治活动的权利,是宪法赋予中国公民的权利,外国籍被告人并不享有,也就不存在剥夺的问题。

---

① 参见《刑事审判参考》总第16辑第101号案例。

第五十七条 【死刑、无期徒刑犯罪分子剥夺政治权利的期限】对于被判处死刑、无期徒刑的犯罪分子,应当剥夺政治权利终身。

在死刑缓期执行减为有期徒刑或者无期徒刑减为有期徒刑的时候,应当把附加剥夺政治权利的期限改为三年以上十年以下。

【条文理解】

本条第1款规定对于判处死刑、无期徒刑的犯罪分子,应当剥夺政治权利终身。根据本款规定,被判处死刑(包括被判处死刑缓期执行)、无期徒刑的犯罪分子,自死刑、无期徒刑的判决或裁定发生法律效力之日起就永远被剥夺政治权利。

本条第2款规定死刑缓期执行或者无期徒刑减为有期徒刑时,相应地附加剥夺政治权利的期限由终身变更为3年以上10年以下。根据《刑法》第58条规定,死刑缓期执行或无期徒刑减为有期徒刑的附加剥夺政治权利的期限,应当从犯罪分子主刑执行完毕之日或假释之日起计算。

【司法适用】

依据2009年最高人民法院《关于在执行附加刑剥夺政治权利期间犯新罪应如何处理的批复》,对判处有期徒刑的罪犯,主刑已执行完毕,在执行附加刑剥夺政治权利期间又犯新罪,如果所犯新罪也剥夺政治权利,依照《刑法》第55条、第57条、第71条的规定并罚。

也就是说,对剥夺政治权利均为有期限的,采取限制加重的方法,把前罪未执行完毕的剥夺政治权利的刑期与新罪的剥夺政治权利并罚,除《刑法》第57条第2款规定外,依照《刑法》第55条规定在1年以上5年以下决定应执行的刑期;如果有一罪判处剥夺政治权利终身,则采取吸收方法,并罚时只执行剥夺政治权利终身。

第五十八条 【剥夺政治权利的刑期计算与执行】附加剥夺政治权利的刑期,从徒刑、拘役执行完毕之日或者从假释之日起计算;剥夺政治权利的效力当然施用于主刑执行期间。

被剥夺政治权利的犯罪分子,在执行期间,应当遵守法律、行政法规和国务院公安部门有关监督管理的规定,服从监督;不得行使本法第五十四条规定的各项权利。

【条文理解】

本条第1款规定附加剥夺政治权利的刑期如何计算和剥夺政治权利的效力是否适用于主刑执行期间。对于判处有期徒刑、拘役的犯罪分子,附加适用剥夺政治权利的,从主刑执行完毕之日或假释之日计算剥夺政治权利的刑期,剥夺政治权利的效力从主刑执行之日起已经发生,在主刑执行期间,政治权利也应同时被剥夺。在这种情况下,被附加剥夺政治权利的罪犯被实际剥夺政治权利的时间要比判决确定的剥夺政治权利的期限长,等于罪犯主刑刑期和剥夺政治权利刑期的总和。

本条第2款规定被剥夺政治权利的犯罪分子应当遵守的监督管理规定。被剥夺政治权利的犯罪分子,在执行期间必须遵守国家法律、行政法规,不得有违法行为。同时,根据《刑事诉讼法》第270条的规定,对于被判处剥夺政治权利的罪犯,由公安机关执行。因此,被剥夺政治权利的犯罪分子在执行期间还应当遵守公安机关有关对剥夺政治权利的犯罪分子的监督管理规定。

【司法适用】

如何计算前罪尚未执行完毕的剥夺政治权利的刑期?在数罪并罚时,必须计算前罪尚未执行完毕的剥夺政治权利的剩余刑期。对此,司法实践中主要有以下三种意见:第一种意见认为,前罪附加刑剥夺政治权利,应从新罪的主刑有期徒刑执行之日起停止计算,如判决前先行羁押的,应从涉嫌犯新罪被羁押之日起停止计算。第二种意见认为,应从新罪一审判决之日起停止计算。第三种意见认为,应从新罪判决生效之日起停止计算,因为罪犯在新罪判决生效之前,其被剥夺政治权利的根据只能是前罪正执行的附加刑。

依据最高人民法院《关于在执行附加刑剥夺政治权利期间犯新罪应如何处理的批复》,前罪尚未执行完毕的附加刑剥夺政治权利的刑期从新罪的主刑有期徒刑执行之日起停止计算,并依照《刑法》第58条规定从新罪的主刑有期徒刑执行完毕之日或者假释之日起继续计算;附加刑剥夺政治权利的效力施用于新罪的主刑执行期间。

被告人所犯新罪被判处的有期徒刑与前罪尚未执行完毕的剥夺政治权利数罪并罚后,仍有主刑和附加刑,这两者仍是主刑和附加刑的关系,数罪并罚条件下一罪附加剥夺政治权利的效力可以及于并罚后决定执行的主刑执行期间。反之,如果剥夺政治权利的效力不施用于新罪的主刑执行期间,就会出现主刑执行完毕后被剥夺政治权利,而主刑执行期间却具有政治权利的矛盾和不合理现象。

第八节 没收财产

第五十九条 【没收财产的范围】没收财产是没收犯罪分子个人所有财产的一部或者全部。没收全部财产的,应当对犯罪分子个人及其扶养的家属保留必需的生活费用。

在判处没收财产的时候,不得没收属于犯罪分子家属所有或者应有的财产。

【条文理解】

根据第1款的规定,没收财产是没收犯罪分子个人所有财产的一部或者全部。这句话包括两层含义:一是只能没收"犯罪分子个人所有的财产",即属于犯罪分子本人实际所有的全部财产及其在与他人共有财产中依法应有的份额;二是对具体犯罪分子适用部分没收还是全部没收,应根据案件具体情况来确定,一般应考虑的因素有:

(1)犯罪分子所判处的主刑的轻重。如果主刑是有期徒刑或者拘役,就意味着犯罪分子刑满释放后面临再社会化的问题,为保证其出狱后具备谋生的经济能力,防止出现因没收全部财产而无法自食其力、复归社会的情况,对这部分犯罪分子通常只判处部分没收财产。

(2)犯罪分子的家庭经济情况。如果犯罪分子的经济状况不佳,负担较重,为防止其家庭成员的生活陷入更大的困境,一般只宜判处部分没收;如果犯罪分子经济状况良好,没收全部财产不会对其家庭成员的生活造成较大影响,此时可以考虑判处全部没收。

(3)犯罪分子的人身危险性大小。对于人身危险性较大的贪利性的罪犯,例如走私的首要分子或累犯,如果所犯罪行还不足以判处其死刑、无期徒刑,为有效剥夺其再犯罪的资本,可以考虑全部没收。而对于人身危险性较小的贪利性的罪犯,考虑到其不太可能再犯罪,因此没有必要全部没收其财产,宜判处部分没收财产。

此外,对于适用全部没收的情况,应当对犯罪分子个人及其扶养的家属保留必需的生活费用,避免全部没收财产而造成犯罪分子及其家属生活困难。此处所说的"其扶养的家属"既包括由其扶养的配偶,又包括由其抚养的子女和赡养的老人。

本条第2款是关于不得没收属于犯罪分子家属所有或者应有的财产的规定。“家属所有的财产”，是指家属实际所有而非名义上所有的财产。“家属应有的财产”，包括两部分：一部分是指犯罪分子与其家属共同购置、共同所有、共同使用的财产中家属应得的一份；另一部分是指无独立生活能力或者其他收入来源，而原来依靠犯罪分子赡养、扶养、抚养的家属，在没收犯罪分子个人财产时，应给这些家属留下维持其生活的必要财产。

【司法适用】

实践中适用没收财产的刑罚时，应注意以下几点：

(1)没收财产的适用对象只能是犯罪分子，该刑罚的内容是剥夺犯罪分子的现有财产。

(2)没收财产的适用范围以《刑法》分则明文规定为限，主要适用于危害国家安全罪、破坏社会主义市场经济秩序罪、侵犯财产罪、贪污贿赂罪，实践中必须按照《刑法》分则的有关规定严格执行。我国《刑法》分则对何种条件下适用没收财产的刑罚作出了明确的规定，司法机关办理具体案件时，应严格遵照法律，凡是《刑法》分则条文中有没收财产规定的，应当按照要求正确适用这一刑罚手段。如果条文中没有没收财产规定，不得随意扩大没收财产的适用范围。

(3)根据《财产刑规定》第1条的规定，刑法规定“并处”没收财产的犯罪，人民法院在对犯罪分子判处主刑的同时，必须依法判处相应的财产刑；刑法规定“可以并处”没收财产的犯罪，人民法院应当根据案件具体情况及犯罪分子的财产状况，决定是否适用财产刑。

(4)根据《涉财产执行规定》第6条第2款的规定，判处没收部分财产的，应当明确没收的具体财物或者金额，即在判决中应写明没收的财产名称、数额，不能笼统地判决没收部分财产而没有具体内容。

(5)关于生活必需费用在实践中如何把握的问题，《涉财产执行规定》第9条规定：“判处没收财产的，应当执行刑事裁判生效时被执行人合法所有的财产。执行没收财产或罚金刑，应当参照被扶养人住所地政府公布的上年度当地居民最低生活费标准，保留被执行人及其所扶养家属的生活必需费用。”

第六十条　【以没收的财产偿还债务】没收财产以前犯罪分子所负的正当债务，需要以没收的财产偿还的，经债权人请求，应当偿还。

【条文理解】

以没收的财产偿还犯罪分子的债务时,应满足下列四个条件:

(1)债务必须正当、合法。根据《财产刑规定》第7条的规定,"没收财产以前犯罪分子所负的正当债务",是指犯罪分子在判决生效前所负他人的合法债务,如正当的买卖、借贷、租赁、雇佣所负的债务。因违法行为所负的债务,如因赌博所欠的赌债,属于非正当债务,非正当的债务不受法律保护,不能用没收的财产偿还。

(2)所负债务应产生于人民法院没收其财产以前,包括所负国家、集体和个人的债务;没收财产之后所负的债务,不在偿还之列。

(3)必须经债权人提出申请。人民法院接到债权人的申请后,经审查属实且属于正当债务的,应当予以偿还。

(4)需要以没收的财产偿还。如果犯罪分子还有其他财产可用以偿还债务,不是必须以没收的财产偿还,不应适用本条。在偿还债务时,如果有多数债权人,对众多债权人的清偿,应当在没收财产的限额以内,清偿顺序则依照民事诉讼法的规定处理。

在适用没收财产时,应当把它同没收犯罪分子违法所得的财物、供犯罪所用的犯罪分子本人财物、违禁品相区别。根据《刑法》第64条的规定,犯罪分子违法所得的一切财物,应当予以追缴或者责令退赔;对被害人的合法财产,应当及时返还;违禁品和供犯罪所用的本人财物,应当予以没收。没收的财物和罚金,一律上缴国库,不得挪用和自行处理。这是对犯罪分子违法所得、供犯罪所用的本人财物以及违禁品的处理方法,只要属于犯罪分子违法所得财物和供犯罪所用的本人财物、违禁品,都要追缴或没收,而没收财产是一种刑罚方法,二者性质截然不同。

此外,无论没收财产是附加适用还是独立适用,都由人民法院执行,必要时可以法院会同公安机关执行。为防止发生执行前财产转移、损坏以及其他影响判决执行的情况,人民法院可以先采取查封、扣押、冻结被告人财产的措施。对于没收的财产,应按规定及时上缴国库或财政部门,任何机关、单位和个人都不得违法私自享用、调换、压价私分或变相私分。

【司法适用】

为保障公民合法的财产权益,犯罪分子所负的正当债务应当优先于没收财产刑的执行,但优先受偿的正当债务存在时间节点上的限制,实践中应正确把握。《财产刑规定》第7条规定:"刑法第六十条规定的'没收财产以前犯罪分子所负的正当债务',是指犯罪分子在判决生效前所负他人的合法债务。"

关于财产执行、责任承担的先后顺序,根据《涉财产执行规定》第13条的规定，被执行人在执行中同时承担刑事责任、民事责任，其财产不足以支付的，按照下列顺序执行：(1)人身损害赔偿中的医疗费用；(2)退赔被害人的损失；(3)其他民事债务；(4)罚金；(5)没收财产。债权人对执行标的依法享有优先受偿权，其主张优先受偿的，人民法院应当在前款第1项规定的医疗费用受偿后，予以支持。

第四章　刑罚的具体运用

第一节　量　　刑

第六十一条　【量刑根据】对于犯罪分子决定刑罚的时候，应当根据犯罪的事实、犯罪的性质、情节和对于社会的危害程度，依照本法的有关规定判处。

【条文理解】

犯罪事实，是指犯罪构成要件的全部事实，包括犯罪的主体、犯罪的主观方面、犯罪的客观方面，危害社会的行为、手段、危害社会的后果、行为和后果之间的因果关系以及犯罪的时间、地点和方法等。

犯罪的性质，是指根据犯罪的性质，确定《刑法》分则中对应的罪名，从而对应不同的刑罚。

情节，是指实施犯罪的有关具体情况。第一种是法定情节，即法律规定的从重、从轻、减轻以及免除处罚的情节，如犯罪中止、从犯、累犯、自首等，对于犯罪行为具有法定情节的，必须依法确定其量刑的轻重。第二种是酌定情节，即不是法律中明确规定的情节，而是人民法院根据实际情况和审判实践，在量刑时予以考虑的情节，如犯罪动机、犯罪人的一贯表现、认罪态度等。

对社会的危害程度一般包括两方面的内容：一是犯罪行为直接造成的危害后果；二是犯罪行为虽未直接造成危害后果，但存在潜在的危害。根据不同的犯罪对社会的不同危害程度，刑法规定了不同的刑罚或者划分了不同的量刑幅度。

本法的有关规定，包括《刑法》总则、分则中的有关规定，适用《刑法》分则中不同的罪名、不同的量刑幅度，适用《刑法》总则和分则中从重、从轻、减轻、免除刑罚的有关规定。

【司法适用】

规范量刑裁量权，是当前刑事审判改革的焦点热点问题。最高人民法院先后制定了《量刑指导意见》和《量刑程序意见》，从实体和程序两个方面保障量刑公平、公正，在司法实践中应当重点关注并适用。

《量刑指导意见》第2条规定了量刑的基本方法：量刑时，应以定性分析为主，定量分析为辅，依次确定量刑起点、基准刑和宣告刑。量刑步骤为：(1)根据基本犯罪构成事实在相应的法定刑幅度内确定量刑起点；(2)根据其他影响犯罪构成的犯罪数额、犯罪次数、犯罪后果等犯罪事实，在量刑起点的基础上增加刑罚量确定基准刑；(3)根据量刑情节调节基准刑，并综合考虑全案情况，依法确定宣告刑。《量刑指导意见》还规定了调节基准刑的方法和确定宣告刑的方法，第3条规定了常见量刑情节的适用，例如未遂犯、从犯、自首情节等，明确量刑比例。

《量刑程序意见》要求侦查机关、人民检察院应当依照法定程序，全面收集、审查、移送证明犯罪嫌疑人、被告人犯罪事实、量刑情节的证据。人民检察院提出量刑建议时，要求犯罪事实清楚，证据确实、充分，查清提出量刑建议所依据的法定从重、从轻、减轻或者免除处罚等量刑情节，查清提出量刑建议所依据的酌定从重、从轻处罚等量刑情节，在提出量刑建议时，应当说明理由和依据。人民法院应当在刑事裁判文书中说明量刑理由。除刑法规定的量刑情节以外，不同罪名所涉及的司法解释对于各个罪名涉及的量刑情节，在今后的司法审判中应当全面地收集相关证据。例如，《非法集资案件意见》规定，非法吸收或者变相吸收公众存款的数额，以行为人所吸收的资金全额计算。集资参与人收回本金或者获得回报后又重复投资的数额不予扣除，但可以作为量刑情节酌情考虑。因此，在办理非法吸收公众存款案件时，还应当查清量刑情节相关的事实。

【司法案例】

阎某普、黄某故意杀人案①

［**裁判要旨**］被告人是出于激愤杀人，又具有防卫性质，且被害人有严重过错，故其杀人犯罪应与严重危害社会治安的故意杀人案件有所区别，要根据其从轻、减轻情节、主犯、从犯地位等法定情节，以及被害人对本案的发生具有严重过错这一酌定情节，对被告人进行相应判决。

第六十二条　【从重处罚与从轻处罚】犯罪分子具有本法规定的从重处罚、从轻处罚情节的，应当在法定刑的限度以内判处刑罚。

【条文理解】

刑法在总则和分则中均明确规定了从重处罚、从轻处罚的情节。对具有从

① 参见《刑事审判参考》总第8辑第58号案例。

重、从轻处罚情节的犯罪分子在法定刑的幅度内判处刑罚,是因为法律所规定的这些应予从重、从轻处罚的情节反映了其犯罪行为的社会危害性和犯罪分子的主观恶性程度。根据不同的犯罪情节以较重或较轻的刑罚予以惩罚和教育,是罪刑相适应原则的体现。

【司法适用】

从重处罚与从轻处罚,都必须是在法定刑的限度以内,不能高于法定刑或者低于法定刑。《刑法》分则针对某种特定的犯罪的特定情节规定的量刑幅度,既包括适用的刑种,也包括该条文具体规定的刑期。

从重处罚并不意味着在法定刑的"中间线"以上判处刑罚,从轻处罚也不意味着在法定刑的"中间线"以下判处刑罚,从重、从轻处罚都是相对于没有从轻或者从重处罚情节的一般情况下所判处的刑罚而言。如果《刑法》分则对某罪名规定数个刑罚幅度,首先要依法确定该犯罪分子应适用的幅度,然后在该幅度内从重。

刑法规定的从轻处罚的情节可以分为两类:一类是应当予以从轻处罚;另一类是可以予以从轻处罚。对于刑法规定应当予以从轻处罚的情节,人民法院在量刑时必须充分考虑该情节,处以相对较轻的刑罚;对于刑法规定可以从轻处罚的情节,人民法院在量刑时也必须充分考虑该情节,并综合全案情况,决定是否予以从轻处罚以及从轻的幅度。如果犯罪分子同时具备从重、从轻处罚情节,人民法院应当综合全案情况,在罪刑相适应原则的指导下,处以合理的刑罚。

除刑法规定的从轻处罚情节以外,从轻处罚的情节相当宽泛,因为凡是表明责任有所降低或者预防必要性有所减少的情节,都能成为从轻处罚的情节(只是从轻幅度不同)。从轻处罚有利于被告人,从重处罚不利于被告人,所以,扩大从轻处罚的范围,不会违反罪刑法定原则,但随意扩大从重处罚的范围,则会违反罪刑法定原则,本条强调"本法规定",说明只有在满足狭义的刑法中明文规定的从重处罚情节的情况下,定罪量刑才可以从重处罚。因此,应当避免因刑事政策变更而没有根据的从重处罚。

案件中涉及法律明文规定的从重、从轻情节时,在判决书中应进行说明,载明量刑情节对应的事实、证据及法律条文。

【司法案例】

林某元等受贿、玩忽职守案①

[**裁判要旨**]被告人犯有数罪,应当在对数罪分别量刑时,先考虑立功情节,对

---

① 参见《刑事审判参考》总第 6 辑第 46 号案例。

个罪依法从轻或者减轻处罚,然后再按照数罪并罚的原则,决定执行的刑罚。如果先数罪并罚再考虑从轻、减轻处罚情节,无法确定,也无法审查对每一个罪的量刑是否适当。可参考数罪并罚原则,如数罪中判处无期徒刑、死刑的,可只对无期徒刑、死刑依法予以从轻或者减轻处罚,这样也就达到了对被告人予以从轻或者减轻处罚的目的;如数罪均为有期徒刑以下的刑罚,可只对主要的一两个罪予以从轻或者减轻处罚,这同样可以明显缩短总和刑期。另外,一般情况下,如果决定对被告人予以减轻处罚,在对数罪中的个罪分别量刑时,应只能减轻,而不能对有的罪予以减轻,有的则予以从轻。

耿某有受贿案①

［**裁判要旨**］同时具有从重和从轻处罚情节的被告人,在量刑时不能简单地抵销处理,而应根据不同情节的作用(包括正面和负面)大小和影响程度分别考量,然后再进行综合评价。

第六十三条　【减轻处罚】犯罪分子具有本法规定的减轻处罚情节的,应当在法定刑以下判处刑罚;本法规定有数个量刑幅度的,应当在法定量刑幅度的下一个量刑幅度内判处刑罚。

犯罪分子虽然不具有本法规定的减轻处罚情节,但是根据案件的特殊情况,经最高人民法院核准,也可以在法定刑以下判处刑罚。

【条文对照】

1997 年《刑法》	2011 年《刑法修正案(八)》
第六十三条　犯罪分子具有本法规定的减轻处罚情节的,应当在法定刑以下判处刑罚。 犯罪分子虽然不具有本法规定的减轻处罚情节,但是根据案件的特殊情况,经最高人民法院核准,也可以在法定刑以下判处刑罚。	第六十三条　犯罪分子具有本法规定的减轻处罚情节的,应当在法定刑以下判处刑罚;**本法规定有数个量刑幅度的,应当在法定量刑幅度的下一个量刑幅度内判处刑罚。** 犯罪分子虽然不具有本法规定的减轻处罚情节,但是根据案件的特殊情况,经最高人民法院核准,也可以在法定刑以下判处刑罚。

【条文理解】

本条共分为两款,第 1 款是关于具有法定减轻处罚情节如何适用刑罚的规

① 参见《刑事审判参考》总第 106 集第 1150 号案例。

定。减轻处罚是指在法定刑以下判处刑罚,“法定刑”是指根据被告人所犯罪行的轻重,应当分别适用刑法规定的不同条款或者相应的量刑幅度。有数个量刑幅度的,应当在法定量刑幅度的下一个量刑幅度内判处刑罚。减轻处罚不同于从轻处罚,后者是指在《刑法》分则条文规定的刑罚幅度内选择较轻的刑种或者较短的刑期。我国刑法规定的减轻处罚的情节有:预备犯、未遂犯、中止犯、从犯、胁从犯,犯罪后自首、立功等。刑法规定的减轻处罚的情节包括两类:一类是硬性的,即应当予以减轻处罚;另一类是弹性的,即可以予以减轻处罚。对于刑法规定应当予以减轻处罚的,人民法院在量刑时必须在该犯罪行为所应当适用的刑罚幅度规定的最低刑以下判处刑罚。对于刑法规定可以予以减轻处罚的,人民法院在量刑时应当综合全案的情节以决定是否予以减轻以及减轻的幅度。应当注意的是,刑法中的减轻处罚的情节往往是以复合情节的形式规定的,如“应当从轻、减轻或者免除处罚”“可以从轻、减轻处罚”等。因此,人民法院在量刑时首先要综合全案情况,决定应予以从轻还是减轻处罚,然后才能根据刑法关于从轻、减轻处罚的要求,判处适当的刑罚。

第 2 款是关于犯罪分子没有法定减轻处罚的情节,但是根据案件的特殊情况,也可以在法定刑以下判处刑罚,这是量刑规则的例外规定。刑法规定的刑罚幅度是适用于实践中的各种情况的,由于具体犯罪情节千差万别,不排除个别案件中即使适用刑法规定的最低刑仍然过重,不符合罪刑相适应原则的情况。刑法作本款规定,就是为了赋予人民法院在特殊情况下,根据案件的特殊情况作出特殊处理的权力。“经最高人民法院核准”,主要是为了防止实践中扩大适用范围或滥用减轻处罚的规定,造成不良影响。因此,在适用这一规定时,必须经最高人民法院核准。

【司法适用】

在司法实务中,具有多个减轻处罚或者免除处罚情节,抑或同时具有减轻处罚或免除处罚情节的,如果对被告人在法定量刑幅度的下一个量刑幅度内判处刑罚仍显过重,而免除处罚则显过轻时,人民法院可以在法定量刑幅度的下两个量刑幅度内判处刑罚,并不超出审理法院的职权范围,无须逐级报请最高人民法院核准。如此适用,主要有以下几点理由:

(1)符合罪责刑相适应原则。《刑法》第 5 条规定的罪责刑相适应原则,是刑法的重要原则之一。该原则对于法官正确理解和适用刑法规定的量刑情节,准确裁量刑罚,防止机械理解和套用法律条文导致罪刑失衡,实现司法公正,具有重要的规制、指引作用。

(2)符合举重明轻的基本原理。当然解释的法理基础是公平正义,是重要的刑法解释方法,其中举重以明轻就是一项重要原则。减轻处罚与免除处罚相比较,免除处罚比减轻处罚的力度更大,授予法官的裁判权更重、更大,减轻处罚与免除处罚之间存在逻辑上的递进关系。

(3)符合我国刑法立法的根本目的。《刑法》第63条第1款明确了减轻处罚只能在法定量刑幅度的下一个量刑幅度内判处刑罚,其立法目的在于统一适用标准,规范法官的自由裁量权,实现量刑公正、均衡。根据体系解释和文理解释原理,该条款是对我国刑法关于单个减轻处罚情节的释义,并非对具有数个减轻处罚或者免除处罚情节,抑或同时具有减轻处罚或免除处罚情节如何量刑作出的规定。故认为无论有多少个法定减轻或免除处罚情节,减轻处罚均不得突破法定量刑幅度的下一个量刑幅度,超出了本条的文义范围,也与本条的立法目的不符。

(4)符合我国刑法理论的通说观点。通说认为,如果只有一个减轻处罚情节,只能下一格处罚。但是如果是"减轻或者免除处罚"情节,或者被告人有两个以上减轻处罚情节,则可以不在此限。

【司法案例】

武某军、关某情拐卖儿童案[①]

[**裁判要旨**]出卖亲生子女构成拐卖儿童罪,具备特殊情况的,可在法定刑以下判处刑罚。对于将亲生子女送给他人并收取一定数额钱财的行为,实践中一定要结合各种因素综合判断,如果认定行为人非法获利目的的证据存疑,应当按照存疑有利于被告人的原则,根据案件具体情况,或者认定为遗弃罪,或者作无罪处理。其中是否具有非法获利目的,需要考虑的因素为:(1)审查是否有证据证实行为人将生育作为非法获利的手段,生育子女后即将子女出卖;(2)审查行为人将子女送人的背景和真实原因;(3)审查行为人收取钱财的多少以及在收取钱财过程中的态度。

第六十四条　【犯罪物品的处理】犯罪分子违法所得的一切财物,应当予以追缴或者责令退赔;对被害人的合法财产,应当及时返还;违禁品和供犯罪所用的本人财物,应当予以没收。没收的财物和罚金,一律上缴国库,不得挪用和自行处理。

---

① 参见《刑事审判参考》总第86集第781号案例。

【条文理解】

对犯罪分子违法所得的财物和违禁品等的处理分为四种情况：

(1)犯罪分子违法所得的一切财物，应当予以追缴或者责令退赔。违法所得的财物，是指犯罪分子因实施犯罪活动，而取得的全部财物，包括金钱或者物品。包括以下两种财物：第一种，犯罪行为所得之物，即行为人通过实施犯罪行为取得了原本存在的物。例如，赌博犯赢得的金钱、受贿犯收受的贿赂，就是犯罪行为所得之物。第二种，作为犯罪行为的报酬而得到的财物，受嘱托杀人所得到的酬金属于这一类。所谓“追缴”，是指将犯罪分子的违法所得强制收归国有，“追缴”的对象必须是现实存在的违法所得，既包括犯罪分子占有的违法所得的财物，也包括转移至他人但依然应当追缴的违法所得的财物(如本犯为了销赃而将受贿所得的财物转移给销赃者保管时，也应追缴)。“责令退赔”，是指犯罪分子已将违法所得使用、挥霍或者毁坏的，也要责令其按违法所得财物的价值退赔。

(2)对于追缴和退赔的违法所得，如果是属于被害人的合法财物，应当及时返还。对于被害人的合法财产被损坏或者已经不存在的，应当折价退赔。

(3)对于违禁品和供犯罪所用的本人财物，应当没收。所谓违禁品，是指依照国家规定，公民不得私自留存、使用的物品，如枪支、弹药、毒品以及淫秽物品等。如果某种物对于公共安全或社会秩序具有危险性，无论这种特定物由谁持有，均应从防卫社会出发予以没收。“供犯罪所用的本人财物”，是指供犯罪分子进行犯罪活动而使用的属于他本人所有的钱款和物品。在适用违法所得没收程序时还应注意比例原则的适用，目的是规范权力行使的限度，以防止公权力对私权力的过度侵害。根据比例原则，在确定没收数额时，必须考量没收的适当性、必要性和均衡性。

(4)对于依法没收的财物和罚金，一律上缴国库，即由最后结案的单位统一上缴国家财政，不得挪作他用。

【司法适用】

对赃款赃物及其收益，人民法院应当一并追缴。被执行人将赃款赃物进行投资或者置业，对因此形成的财产及其收益，人民法院应予追缴。被告人对被害人物质损失的赔偿情况，可以作为量刑情节予以考虑。

人民法院审理附带民事诉讼案件的受案范围，应只限于被害人因人身权利受到犯罪行为侵犯和财物被犯罪行为损毁而遭受的物质损失，不包括因犯罪分子非法占有、处置被害人财产而使其遭受的物质损失。被告人非法占有、处置被害人财产的，应当依法予以追缴或者责令退赔。据此，追缴或者责令退赔的具体内容，应当在判决主文中写明；其中，判决前已经发还被害人的财产，应当注明。被害人提起诉讼，或者另行提起民事诉讼请求返还被非法占有、处置的财产的，人民法院不予受理。

【司法案例】

韩某昌徇私舞弊、挪用公款案[①]

［**裁判要旨**］刑法规定追缴违法所得、退赔被害人损失及没收的对象有两种：一是犯罪分子违法所得的一切财物，对此应予以追缴或责令退赔；二是违禁品和用于犯罪的犯罪分子个人所有的财物，对此应予以没收。被告人的个人合法财产，并未用于犯罪活动，依法不能没收，也不能作为追缴的对象。

第二节　累　　犯

第六十五条　【一般累犯】被判处有期徒刑以上刑罚的犯罪分子，刑罚执行完毕或者赦免以后，在五年以内再犯应当判处有期徒刑以上刑罚之罪的，是累犯，应当从重处罚，但是过失犯罪和不满十八周岁的人犯罪的除外。

前款规定的期限，对于被假释的犯罪分子，从假释期满之日起计算。

【条文对照】

1997 年《刑法》	2011 年《刑法修正案(八)》
第六十五条　被判处有期徒刑以上刑罚的犯罪分子，刑罚执行完毕或者赦免以后，在五年以内再犯应当判处有期徒刑以上刑罚之罪的，是累犯，应当从重处罚，但是过失犯罪除外。 前款规定的期限，对于被假释的犯罪分子，从假释期满之日起计算。	第六十五条　被判处有期徒刑以上刑罚的犯罪分子，刑罚执行完毕或者赦免以后，在五年以内再犯应当判处有期徒刑以上刑罚之罪的，是累犯，应当从重处罚，但是过失犯罪**和不满十八周岁的人犯罪的**除外。 前款规定的期限，对于被假释的犯罪分子，从假释期满之日起计算。

【条文理解】

一般累犯的构成要件包括：(1)前罪与后罪都必须是故意犯罪。这是构成累犯的主观条件。如果前后两罪或者其中一罪是过失犯罪，就不成立累犯。之所以如此规定，是因为过失犯罪所反映的主观恶性明显轻于故意犯罪，而且过失犯罪

---

① 参见《刑事审判参考》总第 4 辑第 31 号案例。

人再犯罪的可能性也比较小。而累犯制度的设立是以消除犯罪人的再犯可能性为宗旨的,故不应也无必要设立过失犯罪的累犯制度。(2)前罪被判处有期徒刑以上刑罚,后罪应当判处有期徒刑以上刑罚。这是构成累犯的刑度条件。因此,如果前罪被判处的是拘役、管制或者单处附加刑,那么无论后罪多么严重,也不构成累犯。同样,若前罪被判处了有期徒刑以上刑罚,但后罪应当判处拘役、管制或者单处附加刑,也不能成立累犯。此处所谓"被判处有期徒刑以上刑罚",是指人民法院最后确定的宣告刑是有期徒刑以上的刑罚。所谓"应当判处有期徒刑以上刑罚",不是指法定刑中包含有期徒刑以上刑罚,而是指根据犯罪事实、性质、情节等,应当判处有期徒刑以上刑罚的宣告刑。累犯的刑度条件,体现了将累犯限定于严重犯罪的立法初衷。(3)后罪发生的时间,必须在前罪所判处的刑罚执行完毕或者赦免后的 5 年之内。这是构成累犯的时间条件。其中所谓"刑罚执行完毕",是指主刑执行完毕,不包括附加刑在内。主刑执行完毕 5 年之内又犯罪的,即使附加刑尚未执行完毕,仍可构成累犯。所谓"赦免",是指受到特赦减免。此处 5 年的期限,对于被假释的犯罪人,应从假释之日起计算。

【司法适用】

(1)跨越 18 周岁的连续犯的累犯适用。判断关键在于其成年后所实施的犯罪行为在单独评价时是否可以判处有期徒刑以上刑罚,如果可以则构成累犯。《未成年人案件解释》第 12 条第 2 款规定,行为人在年满 18 周岁前后实施了不同种犯罪行为,对其年满 18 周岁以前实施的犯罪应当依法从轻或者减轻处罚。行为人在年满 18 周岁前后实施了同种犯罪行为,在量刑时应当考虑对年满 18 周岁以前实施的犯罪,适当给予从轻或者减轻处罚。

(2)刑罚执行完毕以后"五年以内"起始日期的认定。最高人民检察院《关于认定累犯如何确定刑罚执行完毕以后"五年以内"起始日期的批复》明确规定:《刑法》第 65 条第 1 款规定的"刑罚执行完毕",是指刑罚执行到期应予释放之日。认定累犯,确定刑罚执行完毕以后"五年以内"的起始日期,应当从刑满释放之日起计算。

(3)前罪被判处有期徒刑且同时宣告缓刑的,缓刑考验期满后又故意犯罪、应当被判处有期徒刑以上的刑罚的不构成累犯。缓刑系附条件不执行原判刑罚,不等同于刑罚执行完毕。

(4)前罪被判处有期徒刑、管制刑罚,在有期徒刑执行完毕后、管制刑罚执行期间,再犯应当判处有期徒刑以上刑罚之罪的,不应当认定为累犯,即累犯认定中的刑罚执行完毕系指主刑执行完毕。

【司法案例】

姚某贩卖毒品案①

[**裁判要旨**]不满18周岁的人因毒品犯罪被判处5年有期徒刑以下刑罚,其再次实施毒品犯罪的,不能认定为毒品再犯而予以从重处罚,符合未成年人轻罪犯罪记录封存制度的本质特征和设立目的以及我国宽严相济刑事政策中对未成年人的保护原则。

钟某抢劫案②

[**裁判要旨**]对于在18周岁前后实施数罪或持续性的犯罪行为(包括连续犯、继续犯等情形),其中,18周岁后实施的故意犯罪不是应当判处有期徒刑以上刑罚的,不构成累犯;18周岁后实施的故意犯罪处于可能判处有期徒刑与拘役、管制、单处罚金等刑罚的临界点的,在前罪判处的刑罚执行完毕或者赦免以后5年内,再故意犯应当判处有期徒刑以上刑罚之罪的行为人,一般不认定为累犯。

周某敏贩卖毒品案③

[**裁判要旨**]二审裁判文书生效后,发现被告人在因一审判处的有期徒刑届满被取保候审期间又犯新罪的,在对新罪进行审判时不应认定该被告人构成累犯。

第六十六条　【特别累犯】危害国家安全犯罪、恐怖活动犯罪、黑社会性质的组织犯罪的犯罪分子,在刑罚执行完毕或者赦免以后,在任何时候再犯上述任一类罪的,都以累犯论处。

【条文对照】

1997年《刑法》	2011年《刑法修正案(八)》
第六十六条　危害国家安全的犯罪分子在刑罚执行完毕或者赦免以后,在任何时候再犯危害国家安全罪的,都以累犯论处。	第六十六条　危害国家安全**犯罪、恐怖活动犯罪、黑社会性质的组织犯罪的**犯罪分子,在刑罚执行完毕或者赦免以后,在任何时候再犯**上述任一类**罪的,都以累犯论处。

① 参见《刑事审判参考》总第100集第1034号案例。
② 参见《刑事审判参考》总第108集第1173号案例。
③ 参见《刑事审判参考》总第102集第1068号案例。

【条文理解】

特别累犯的构成要件：(1)前罪和后罪都必须是危害国家安全犯罪、恐怖活动犯罪、黑社会性质的组织犯罪这三大类犯罪之一；(2)必须是在刑罚执行完毕或者赦免以后再犯罪。前罪刑罚执行完毕后，不论经过多长时间再犯这三大类犯罪之一的，都构成特殊累犯，依法从重处罚。

【司法适用】

关于一般累犯中“但是过失犯罪和不满十八周岁的人犯罪的除外”的规定在特别累犯中的适用。年满16周岁未满18周岁的未成年人可以构成特别累犯，因为特别累犯的先决条件是危害国家安全犯罪、恐怖活动犯罪、黑社会性质的组织犯罪的犯罪分子，对于这些犯罪，不满16周岁的，不追究刑事责任。

第三节　自首和立功

第六十七条　【自首】犯罪以后自动投案，如实供述自己的罪行的，是自首。对于自首的犯罪分子，可以从轻或者减轻处罚。其中，犯罪较轻的，可以免除处罚。

被采取强制措施的犯罪嫌疑人、被告人和正在服刑的罪犯，如实供述司法机关还未掌握的本人其他罪行的，以自首论。

犯罪嫌疑人虽不具有前两款规定的自首情节，但是如实供述自己罪行的，可以从轻处罚；因其如实供述自己罪行，避免特别严重后果发生的，可以减轻处罚。

【条文对照】

1997年《刑法》	2011年《刑法修正案(八)》
第六十七条　犯罪以后自动投案，如实供述自己的罪行的，是自首。对于自首的犯罪分子，可以从轻或者减轻处罚。其中，犯罪较轻的，可以免除处罚。 被采取强制措施的犯罪嫌疑人、被告人和正在服刑的罪犯，如实供述司法机关还未掌握的本人其他罪行的，以自首论。	第六十七条　犯罪以后自动投案，如实供述自己的罪行的，是自首。对于自首的犯罪分子，可以从轻或者减轻处罚。其中，犯罪较轻的，可以免除处罚。 被采取强制措施的犯罪嫌疑人、被告人和正在服刑的罪犯，如实供述司法机关还未掌握的本人其他罪行的，以自首论。 **犯罪嫌疑人虽不具有前两款规定的自首情节，但是如实供述自己罪行的，可以从轻处罚；因其如实供述自己罪行，避免特别严重后果发生的，可以减轻处罚。**

【条文理解】

自首是指犯罪以后自动投案,如实供述自己的罪行的行为。被采取强制措施的犯罪嫌疑人、被告人和正在服刑的罪犯,如实供述司法机关还未掌握的本人其他罪行的,以自首论。据此,自首可以分为自首和准自首。正确理解刑法中的自首和准自首的含义,需要掌握以下几点:

1. 一般自首的理解与适用

(1)犯罪以后自动投案。《自首立功解释》第1条规定:自动投案,是指犯罪事实或者犯罪嫌疑人未被司法机关发觉,或者虽被发觉,但犯罪嫌疑人尚未受到讯问、未被采取强制措施时,主动、直接向公安机关、人民检察院或者人民法院投案。一般认为自动投案是犯罪嫌疑人主动直接或间接将自己置于办案机关的合法控制下,接受审查与裁判的行为。

自动投案中的"投案",一般是指犯罪人向公安机关、检察机关、审判机关等办案机关投案。具体哪些行为可以认定为自动投案,司法解释作了列举:

《自首立功解释》第1条规定,以下行为也应视为"自动投案":①犯罪嫌疑人向其所在单位、城乡基层组织或者其他有关负责人员投案的;②犯罪嫌疑人因病、伤或者为了减轻犯罪后果,委托他人先代为投案,或者先以信电投案的;③罪行尚未被司法机关发觉,仅因形迹可疑,被有关组织或者司法机关盘问、教育后,主动交代自己的罪行的;④犯罪后逃跑,在被通缉、追捕过程中,主动投案的,经查实确已准备去投案,或者正在投案途中,被公安机关捕获的;⑤并非出于犯罪嫌疑人主动,而是经亲友规劝、陪同投案的;⑥公安机关通知犯罪嫌疑人的亲友,或者亲友主动报案后,将犯罪嫌疑人送去投案的。

《自首立功意见》在上述六种自动投案的情形下,又增加了五种,具体如下:①犯罪后主动报案,虽未表明自己是作案人,但没有逃离现场,在司法机关询问时交代自己罪行的;②明知他人报案而在现场等待,抓捕时无拒捕行为,供认犯罪事实的;③在司法机关未确定犯罪嫌疑人,尚在一般性排查询问时主动交代自己罪行的;④因特定违法行为被采取行政拘留等行政、司法强制措施期间,主动向执行机构交代尚未被掌握的犯罪行为的;⑤其他符合自首立法本意,应当视为自动投案的情形。这里的第⑤项是兜底条款,为其他司法解释未列举但可以被认定为自首的情形留下了空间。例如,在司法实践中,在进入刑事诉讼程序前有行政调查程序的案件,如果犯罪嫌疑人主动到行政机关接受调查,交待全部违法犯罪事实的,也可以认定为自首。

(2)如实供述自己的罪行。即犯罪人自动投案后,如实交待自己的主要犯罪事实。"如实"的实质是既不缩小也不扩大自己的罪行。理论上要求自动到案后及时供述主要犯罪事实,但是犯罪嫌疑人自动投案时虽然没有交待自己的主要犯罪事实,在司法机关掌握其主要犯罪事实之前主动交待的,应认定为如实供述自己的罪行。关于如实供述的适用,司法解释相关规定如下:

①《自首立功解释》第1条规定:犯有数罪的犯罪嫌疑人仅如实供述所犯数罪中部分犯罪的,只对如实供述部分犯罪的行为,认定为自首。共同犯罪案件中的犯罪嫌疑人,除如实供述自己的罪行,还应当供述所知的同案犯,主犯则应当供述所知其他同案犯的共同犯罪事实,才能认定为自首。犯罪嫌疑人自动投案并如实供述自己的罪行后又翻供的,不能认定为自首;但在一审判决前又能如实供述的,应当认定为自首。

②《自首立功意见》在此基础上,进一步作了补充:如实供述除供述自己的主要犯罪事实外,还应包括姓名、年龄、职业、住址、前科等情况。犯罪嫌疑人供述的身份等情况与真实情况虽有差别,但不影响定罪量刑的,应认定为如实供述自己的罪行。犯罪嫌疑人自动投案后隐瞒自己的真实身份等情况,影响对其定罪量刑的,不能认定为如实供述自己的罪行。犯罪嫌疑人多次实施同种罪行的,应当综合考虑已交代的犯罪事实与未交代的犯罪事实的危害程度,决定是否认定为如实供述主要犯罪事实。虽然投案后没有交代全部犯罪事实,但如实交代的犯罪情节重于未交代的犯罪情节,或者如实交代的犯罪数额多于未交代的犯罪数额,一般应认定为如实供述自己的主要犯罪事实。无法区分已交代的与未交代的犯罪情节的严重程度,或者已交代的犯罪数额与未交代的犯罪数额相当,一般不认定为如实供述自己的主要犯罪事实。

③一般自首的处罚。根据《刑法》第67条第1款的规定,对于自首的犯罪分子,可以从轻或者减轻处罚;对于犯罪较轻的,可以免除处罚。具体确定从轻、减轻还是免除处罚,应当根据犯罪轻重,并考虑自首的具体情节。

2. 准自首理解与适用

准自首(特殊自首),是指被采取强制措施的犯罪嫌疑人、被告人或者正在服刑的罪犯,如实供述司法机关还未掌握的本人其他罪行的行为。其成立条件如下:

(1)准自首的主体和一般自首的主体不同。准自首的主体必须是被采取强制措施的犯罪嫌疑人、被告人或者正在服刑的罪犯。一般认为,被"采取强制措施"是指根据刑事诉讼法的规定,被采取拘传、拘留、取保候审、监视居住与逮捕。但基于有利于被告人的原则,可以扩大解释为包含行政拘留、司法拘留、强制隔离戒毒等。可以看出,准自首的主体比一般自首的主体范围要小,限定在犯罪嫌疑人。

(2)"司法机关尚未掌握"和"其他罪行"的理解。关于"司法机关尚未掌握的本人其他罪行"的理解,《自首立功意见》对此专门作了规定,该意见第3条规定:

犯罪嫌疑人、被告人在被采取强制措施期间，向司法机关主动如实供述本人的其他罪行，该罪行能否认定为司法机关已掌握，应根据不同情形区别对待。如果该罪行已被通缉，一般应以该司法机关是否在通缉令发布范围内作出判断，不在通缉令发布范围内的，应认定为还未掌握，在通缉令发布范围内的，应视为已掌握；如果该罪行已被录入全国公安信息网络在逃人员信息数据库，应视为已掌握。如果该罪行未被通缉、也未被录入全国公安信息网络在逃人员信息数据库，应以该司法机关是否已实际掌握该罪行为标准。

犯罪嫌疑人、被告人在被采取强制措施期间如实供述本人其他罪行，该罪行与司法机关已掌握的罪行属同种罪行还是不同种罪行，一般应以罪名区分。虽然如实供述的其他罪行的罪名与司法机关已掌握犯罪的罪名不同，但如实供述的其他犯罪与司法机关已掌握的犯罪属选择性罪名或者在法律、事实上密切关联，如因受贿被采取强制措施后，又交代因受贿为他人谋取利益行为，构成滥用职权罪的，应认定为同种罪行。

(3)特殊自首的处罚。根据《刑法》第 67 条第 2 款的规定，被采取强制措施的犯罪嫌疑人、被告人和正在服刑的罪犯，如实供述司法机关还未掌握的本人其他罪行的，以自首论。对相关犯罪嫌疑人、被告人或正在服刑的罪犯可以从轻或者减轻处罚；对于犯罪较轻的，可以免除处罚。

3. 关于坦白的理解与适用

《刑法》第 67 条第 3 款是关于坦白的规定，是《刑法修正案(八)》新增加的内容。刑法所指的坦白，是指犯罪嫌疑人除构成自首以外的如实供述自己罪行的行为。正确理解刑法中的坦白的含义，必须掌握以下几点：

(1)坦白的主体是犯罪嫌疑人。这与《刑法》第 67 条第 1 款规定的“犯罪分子”，第 2 款规定的“被采取强制措施的犯罪嫌疑人、被告人和正在服刑的罪犯”不同，坦白仅限于“犯罪嫌疑人”。从司法角度分析，“犯罪嫌疑人”是指被司法机关怀疑实施了犯罪行为，所以坦白的启动是“被司法机关怀疑”。如果尚未被怀疑，就主动如实供述，显然是自首。同时，如果是被检察机关起诉之后，说明检察机关已经掌握了确实充分的证据，此时坦白的意义已经不大。也就是说，只有在侦查和审查起诉阶段如实供述自己的罪行的，才属于坦白。

(2)坦白的实质是如实供述自己罪行。对于坦白情节中的“如实供述自己罪行”，其认定标准为：①如实供述自己罪行，是指犯罪嫌疑人在犯罪事实被发觉，受到司法机关调查、盘问或者讯问时，如实交代自己的主要犯罪事实和真实身份，或者交代司法机关尚未发觉的其他同种罪行。②共同犯罪中的犯罪嫌疑人，除如实供述自己罪行，还应当供述所知同案犯的基本情况和共同犯罪事实，才能认定为坦白。③如果供述自己罪行后又翻供,不能认定为如实供述自己罪行,但是在一审判决前又能如实供述的,应当认定为如实供述自己罪行。

(3)坦白为被动到案。坦白与自首都要求如实供述自己罪行,区别主要在于自首必须是犯罪以后自动投案,若被动到案,除非如实供述司法机关尚未掌握的其他不同种罪行,否则只能构成坦白。

(4)坦白的处罚。《刑法修正案(八)》将坦白从宽的刑事政策法律化,为司法机关适用坦白从宽提供了法律依据。对于坦白,原则上"可以从轻处罚",但是如果出现"因其如实供述自己罪行,避免特别严重后果发生的"特殊情况,就可以减轻处罚。

【司法适用】

根据《自首立功意见》第 1 条的规定,罪行未被有关部门、司法机关发觉,仅因形迹可疑被盘问、教育后,主动交代了犯罪事实的,应当视为自动投案,但有关部门、司法机关在其身上、随身携带的物品、驾乘的交通工具等处发现与犯罪有关的物品的,不能认定为自动投案。

"形迹可疑"主要有两种常见情形:一是司法机关或有关组织尚未掌握行为人犯罪的任何线索、证据,而是根据行为人当时不正常的衣着、举止、言语、神态等情况判断行为人可能存在违法犯罪行为。这种情形的特点是,"可疑"是非具体的、泛化的,无法将行为人同某一具体犯罪案件联系起来,而只是有关人员根据经验和直觉来作出判断。在公路、铁路、水运、民航等部门的日常检查中,常能发现这种"形迹可疑"的人,不少案件也是通过这种检查、盘问而破获的。行为人若在接受这种检查时主动供述所犯罪行的,当然构成自首。二是某一犯罪案件发生后,司法机关或有关组织已经掌握了一定的证据或者线索,明确了侦查方向,圈定了排查范围,在排查或者调查过程中发现行为人的表现或者反应不正常,引人生疑,但尚不足以通过现有证据确定其为犯罪嫌疑人。这种情形的特点是,"可疑"具有一定的针对性,能够将行为人同具体案件联系起来,但这种联系仍不够明确和具有较为充分的把握,还不能达到将行为人锁定为犯罪嫌疑人进而采取强制措施的程度。这时,行为人主动供述所犯罪行的,仍应认定为自首。

但是,如果有关侦查人员从行为人身边或者住处找到客观性证据,如赃物、作案工具、带血迹的衣物等,或者有目击证人直接指认行为人为作案人,从而在行为人与具体犯罪案件间建立起直接、明确、紧密的联系时,由于当时已有一定的证据指向行为人,其具有较其他排查对象更高的作案嫌疑,则行为人就"升级"为犯罪嫌疑人,而不再仅仅是"形迹可疑"了,因为对于侦查机关来讲,案件侦查到这个程度,就可以对其采取一定的强制措施或者进行传讯了。

也就是说,判断行为人是否属于"形迹可疑",关键就是看司法机关能否依凭现有证据特别是客观性证据,在行为人与具体案件之间建立起直接、明确、紧密的联系,依据当时的证据行为人作案的可能性已经大大提高,达到了被确定为"犯罪嫌疑人"的程度,能建立起这种联系的,行为人就属于犯罪嫌疑人;建立不起这种联系,而主要是凭经验、直觉认为行为人有作案可能的,行为人就属于"形迹可疑"。行为人在因"形迹可疑"受到盘问、教育时主动交代自己所犯罪行的,应当认定为自动投案,构成自首。判断行为人是否具有"形迹可疑"下的自首情节,最终要以投案的自动性为出发点和落脚点,只有具备投案的自动性,才能认定为自首。

【司法案例】

王某斌故意杀人案①

[**裁判要旨**]报假案,编造虚假情况,欺骗司法机关,不属于自动投案。如实供述自己的罪行,是指犯罪分子供述的必须是自己的犯罪行为和犯罪事实,而不是与犯罪无关的事实或其他人的犯罪事实。而且,应是按照实际情况彻底供述自己所实施的全部犯罪事实或是如实供述主要犯罪事实。如果在供述过程中推诿罪责,避重就轻,掩盖真相,企图减轻罪责,则不能认为是如实供述。

王某明故意伤害案②

[**裁判要旨**]在电话中明确表示投案意图,并在到案后如实供述犯罪事实的,成立自首;在电话报警时虽然没有明确的投案意图,但在公安人员根据其报警提供的线索到达犯罪现场或抢救现场后,未通过调查将其列为犯罪嫌疑人或采取强制措施之前,其主动向公安人员供述犯罪事实的,或者属于因形迹可疑,经盘问主动如实供述罪行的,也成立自首。但是,犯罪人实施犯罪后,主动电话报警时并未明确供述其主要犯罪事实或在公安人员到达后仍未主动供述主要犯罪事实,在公安机关通过调查工作已将其列为犯罪嫌疑人后才如实供述罪行的,不能成立自首。

第六十八条 【立功】犯罪分子有揭发他人犯罪行为,查证属实的,或者提供重要线索,从而得以侦破其他案件等立功表现的,可以从轻或者减轻处罚;有重大立功表现的,可以减轻或者免除处罚。

---

① 参见《刑事审判参考》总第12辑第80号案例。

② 参见《刑事审判参考》总第66集第525号案例。

【条文对照】

1997 年《刑法》	2011 年《刑法修正案(八)》
第六十八条　犯罪分子有揭发他人犯罪行为,查证属实的,或者提供重要线索,从而得以侦破其他案件等立功表现的,可以从轻或者减轻处罚;有重大立功表现的,可以减轻或者免除处罚。 **犯罪后自首又有重大立功表现的,应当减轻或者免除处罚。**	第六十八条　犯罪分子有揭发他人犯罪行为,查证属实的,或者提供重要线索,从而得以侦破其他案件等立功表现的,可以从轻或者减轻处罚;有重大立功表现的,可以减轻或者免除处罚。

【条文理解】

我国《刑法》中共有 6 个条文涉及立功制度,分别为第 50 条第 1 款、第 68 条、第 78 条、第 79 条、第 390 条第 2 款以及第 449 条。理论界一般将其归纳为三种立功类型,即量刑情节的立功、减刑情节的立功和战时的戴罪立功,本条属于量刑情节的立功。

1. 立功的构成要件

本条规定立功的主体必须为犯罪分子,即包括刑事诉讼过程中的犯罪嫌疑人和被告人,这就将一些代为立功的行为排除在立功制度之外。《自首立功意见》第 4 条关于立功线索来源的具体认定中指出,"犯罪分子亲友为使犯罪分子'立功',向司法机关提供他人犯罪线索、协助抓捕犯罪嫌疑人的,不能认定为犯罪分子有立功表现"。

立功的时间要件。《自首立功解释》第 5 条规定:"根据刑法第六十八条第一款的规定,犯罪分子到案后有检举、揭发他人犯罪行为,包括共同犯罪案件中的犯罪分子揭发同案犯共同犯罪以外的其他犯罪,经查证属实;提供侦破其他案件的重要线索,经查证属实;阻止他人犯罪活动;协助司法机关抓捕其他犯罪嫌疑人(包括同案犯);具有其他有利于国家和社会的突出表现的,应当认定为有立功表现。"将立功限定为"到案后"表现,司法实践中一般将立功的时间限定在判决确定之前,如果二审终审宣判前确定立功情节,依然可以认定为立功。

立功应指明具体犯罪事实或对案件的侦破或嫌疑人的抓捕具有实际作用。《职务犯罪案件自首立功意见》中指出:"据以立功的他人罪行材料应当指明具体犯罪事实;据以立功的线索或者协助行为对于侦破案件或者抓捕犯罪嫌疑人要有实际作用。犯罪分子揭发他人犯罪行为时没有指明具体犯罪事实的;揭发的犯罪事实与查实的犯罪事实不具有关联性的;提供的线索或者协助行为对于其他案件的侦破或者其他犯罪嫌疑人的抓捕不具有实际作用的,不能认定为立功表现。"

2. 立功的法律后果

《量刑指导意见》规定:“对于立功情节,综合考虑立功的大小、次数、内容、来源、效果以及罪行轻重等情况,确定从宽的幅度。(1)一般立功的,可以减少基准刑的20%以下;(2)重大立功的,可以减少基准刑的20%-50%;犯罪较轻的,减少基准刑的50%以上或者依法免除处罚。”在对严重刑事犯罪依法从严惩处的同时,对被告人具有自首、立功、从犯等法定或酌定从宽处罚情节的,还要注意宽以济严,根据犯罪的具体情况,依法应当或可以从宽的,都应当在量刑上予以充分考虑。

【司法适用】

对于有立功表现的犯罪分子并非一定从宽处罚,应结合犯罪分子所犯罪行及全案情节进行综合考虑。对于犯罪分子虽然有立功和重大立功表现,但罪行极其严重的,也可不予从轻处罚。对此,《大连会议纪要》指出:“关于立功从宽处罚的把握,应以功是否足以抵罪为标准。在毒品共同犯罪案件中,毒枭、毒品犯罪集团首要分子、共同犯罪的主犯、职业毒犯、毒品惯犯等,由于掌握同案犯、从犯、马仔的犯罪情况和个人信息,被抓获后往往能协助抓捕同案犯,获得立功或者重大立功。对其是否从宽处罚以及从宽幅度的大小,应当主要看功是否足以抵罪,即应结合被告人罪行的严重程度、立功大小综合考虑。要充分注意毒品共同犯罪人以及上、下家之间的量刑平衡。对于毒枭等严重毒品犯罪分子立功的,从轻或者减轻处罚应当从严掌握。如果其罪行极其严重,只有一般立功表现,功不足以抵罪的,可不予从轻处罚;如果其检举、揭发的是其他犯罪案件中罪行同样严重的犯罪分子,或者协助抓获的是同案中的其他首要分子、主犯,功足以抵罪的,原则上可以从轻或者减轻处罚;如果协助抓获的只是同案中的从犯或者马仔,功不足以抵罪,或者从轻处罚后全案处刑明显失衡的,不予从轻处罚。”

检举揭发共同犯罪中的其他同案犯的行为不能构成立功,这在理论和实务界已无争议。但就检举揭发对向犯中对方的犯罪行为是否能构成立功,理论界仍有不同的声音。一般认为,犯罪分子如实供述自己所参与的对合型犯罪中对方的犯罪行为,不构成立功。对合型犯罪又称对合犯、对向犯,是指某一犯罪的实施或完成必须基于行为双方之间的对应行为,双方互为实现特定犯罪构成的必要条件。在对合型犯罪中,参与犯罪的一方如实供述自己的犯罪行为系其法定义务。由于对合型犯罪的特殊性,其供述必然包含了另一方的犯罪行为。反之,一方若不想供述另一方的犯罪行为,就至少必须隐瞒自身的部分犯罪事实,因而违反了如实供述的法定义务。因此,犯罪分子如实供述自己所参与的对合型犯罪中对方的犯罪行为,不应认定为立功。

已归案的犯罪分子协助公安机关抓捕其他犯罪嫌疑人，是否构成立功，认定的标准在于是否有协助行为以及协助行为对抓捕其他犯罪嫌疑人是否起了作用，而不是协助行为所起作用的大小。对于已归案的犯罪分子协助公安机关抓捕其他犯罪嫌疑人，构成立功的条件有两个：(1)客观上有无协助公安机关抓捕其他犯罪嫌疑人的行为；(2)协助行为对抓捕其他犯罪嫌疑人是否起到了作用。至于协助行为对于抓捕其他犯罪嫌疑人所起作用的大小，司法解释并未规定，也未要求。也就是说，对于已归案的犯罪分子协助抓获其他犯罪嫌疑人的，只要协助行为对抓捕其他犯罪嫌疑人确实起到了作用，无论所起作用的大小，都应认定为立功。换言之，协助行为对抓捕其他犯罪嫌疑人所起作用的大小，并不影响立功的成立。关于协助行为对抓捕其他犯罪嫌疑人所起作用大小的问题，只是在认定构成立功的前提下，对被告人量刑时应当予以考虑的问题，即在决定是否给予被告人从轻、减轻或免除处罚以及从轻、减轻处罚的幅度时，应当予以考虑的因素。

【司法案例】

杨某玲故意杀人案①

[**裁判要旨**]“揭发他人犯罪行为”或“提供侦破其他案件的重要线索”这两种立功情节均要求犯罪分子交代的内容独立于本人所实施的犯罪，所以法律规定着重强调是“他人犯罪行为”“其他案件”。在对合型犯罪中，参与者双方的行为均系对方行为成立的必要条件，一方交代自己的犯罪事实必然包含了对方的犯罪事实；同样，交代对方的事实必然包含了自己的犯罪事实。据此，犯罪分子如实供述自己所参与的对合型犯罪中对方的犯罪行为属于应当供述的内容，不构成立功。

第四节　数 罪 并 罚

第六十九条　【判决宣告前一人犯数罪的并罚】判决宣告以前一人犯数罪的，除判处死刑和无期徒刑的以外，应当在总和刑期以下、数刑中最高刑期以上，酌情决定执行的刑期，但是管制最高不能超过三年，拘役最高不能超过一年，有期徒刑总和刑期不满三十五年的，最高不能超过二十年，总和刑期在三十五年以上的，最高不能超过二十五年。

① 参见《刑事审判参考》总第80集第714号案例。

数罪中有判处有期徒刑和拘役的，执行有期徒刑。数罪中有判处有期徒刑和管制，或者拘役和管制的，有期徒刑、拘役执行完毕后，管制仍须执行。

数罪中有判处附加刑的，附加刑仍须执行，其中附加刑种类相同的，合并执行，种类不同的，分别执行。

【条文对照】

1997 年 《刑法》	2011 年 《刑法修正案(八)》	2015 年 《刑法修正案(九)》
第六十九条　判决宣告以前一人犯数罪的，除判处死刑和无期徒刑的以外，应当在总和刑期以下、数刑中最高刑期以上，酌情决定执行的刑期，但是管制最高不能超过三年，拘役最高不能超过一年，有期徒刑最高不能超过二十年。 如果数罪中有判处附加刑的，附加刑仍须执行。	第六十九条　判决宣告以前一人犯数罪的，除判处死刑和无期徒刑的以外，应当在总和刑期以下、数刑中最高刑期以上，酌情决定执行的刑期，但是管制最高不能超过三年，拘役最高不能超过一年，有期徒刑**总和刑期不满三十五年的，最高不能超过二十年，总和刑期在三十五年以上的，**最高不能超过**二十五**年。 数罪中有判处附加刑的，附加刑仍须执行，**其中附加刑种类相同的，合并执行，种类不同的，分别执行。**	第六十九条　判决宣告以前一人犯数罪的，除判处死刑和无期徒刑的以外，应当在总和刑期以下、数刑中最高刑期以上，酌情决定执行的刑期，但是管制最高不能超过三年，拘役最高不能超过一年，有期徒刑总和刑期不满三十五年的，最高不能超过二十年，总和刑期在三十五年以上的，最高不能超过二十五年。 **数罪中有判处有期徒刑和拘役的，执行有期徒刑。数罪中有判处有期徒刑和管制，或者拘役和管制的，有期徒刑、拘役执行完毕后，管制仍须执行。** 数罪中有判处附加刑的，附加刑仍须执行，其中附加刑种类相同的，合并执行，种类不同的，分别执行。

【条文理解】

1. 主刑的并罚

（1）有期徒刑、拘役和管制执行刑期的并罚。根据《刑法》第 69 条第 1 款的规定，判决宣告以前一人犯数罪，各罪均被判处有期徒刑的，应当在总和刑期以下、数刑中最高刑期以上，酌情决定执行的刑期，但有期徒刑总和刑期不满 35 年的，最高不能超过 20 年，总和刑期在 35 年以上的，最高不能超过 25 年。这里需注意，根据《刑法》第 99 条的规定，“总和刑期在三十五年以上”包括本数，即包括 35 年本身，但“不满三十五年”则指的是总和刑期少于 35 年，不包括 35 年本身。

（2）数罪分别被判处不同主刑的并罚。当被告人所犯数罪中有被判处死刑和无期徒刑的情形时，由于采取重刑吸收轻刑的原则，并罚决定执行的刑罚不存在困难。当被告人所犯数罪分别被判处有期徒刑、拘役或者管制时，《刑法修正案(九)》明确了有期徒刑与拘役并罚时采用吸收原则，仅执行有期徒刑；有期徒刑与管制或拘役与管制并罚时采用并科原则,在有期徒刑或拘役执行完毕后开始执行管制。

2. 附加刑的并罚

附加刑采用并罚原则,即“附加刑种类相同的、合并执行,种类不同的,分别执行”。刑法规定的附加刑有罚金、剥夺政治权利和没收财产三种,其中,剥夺政治权利属于资格刑,罚金和没收财产属于财产刑。根据刑法对附加刑并罚的新规定,结合司法实践情况,可以对附加刑的并罚问题分别情形处理。对于被告人所犯数罪分别被判处资格刑和财产刑的,分别执行即可,一般不存在问题和争议。

对被告人所犯数罪中既有罚金刑,又有没收财产刑的,依据相关司法解释处理。《财产刑规定》第 3 条规定:“依法对犯罪分子所犯数罪分别判处罚金的,应当实行并罚,将所判处的罚金数额相加,执行总和数额。一人犯数罪依法同时并处罚金和没收财产的,应当合并执行;但并处没收全部财产的,只执行没收财产刑。”

【司法适用】

关于数罪并罚涉及的新法旧法适用问题,根据最高人民法院《关于〈中华人民共和国刑法修正案(八)〉时间效力问题的解释》第 6 条的规定,2011 年 4 月 30 日以前一人犯数罪,应当数罪并罚的,适用修正前《刑法》第 69 条的规定;2011 年 4 月 30 日前后一人犯数罪,其中一罪发生在 2011 年 5 月 1 日以后的,适用修正后《刑法》第 69 条的规定。根据最高人民法院《关于〈中华人民共和国刑法修正案(九)〉时间效力问题的解释》第 3 条的规定,对于 2015 年 10 月 31 日以前一人犯数罪,数罪中有判处有期徒刑和拘役,有期徒刑和管制,或者拘役和管制,予以数罪并罚的,适用修正后《刑法》第 69 条第 2 款的规定。

关于附加剥夺政治权利期间再犯罪的并罚问题,最高人民法院《关于在执行附加刑剥夺政治权利期间犯新罪应如何处理的批复》规定:(1)对判处有期徒刑并处剥夺政治权利的罪犯,主刑已执行完毕,在执行附加刑剥夺政治权利期间又犯新罪,如果所犯新罪无须附加剥夺政治权利的,依照《刑法》第 71 条的规定数罪并罚。(2)前罪尚未执行完毕的附加刑剥夺政治权利的刑期从新罪的主刑有期徒刑执行之日起停止计算,并依照《刑法》第 58 条规定从新罪的主刑有期徒刑执行完毕之日或者假释之日起继续计算;附加刑剥夺政治权利的效力施用于新罪的主刑执行期间。(3)对判处有期徒刑的罪犯,主刑已执行完毕,在执行附加刑剥夺政治权利期间又犯新罪,如果所犯新罪也剥夺政治权利,依照《刑法》第 55 条、第 57 条、第 71 条的规定并罚。

在理解和适用“前罪尚未执行完毕的附加刑剥夺政治权利的刑期从新罪的主刑有期徒刑执行之日起停止计算”时应注意:第一,对于判决以前先行羁押的,前罪尚未执行完毕的附加刑剥夺政治权利的刑期可从因涉嫌犯新罪被羁押之日起停止计算。第二,对于判决前未予羁押的,可以将一审判决作出之日作为前罪尚未执行完毕的剥夺政治权利停止计算的时间点。

第七十条　【判决宣告后发现漏罪的并罚】判决宣告以后,刑罚执行完毕以前,发现被判刑的犯罪分子在判决宣告以前还有其他罪没有判决的,应当对新发现的罪作出判决,把前后两个判决所判处的刑罚,依照本法第六十九条的规定,决定执行的刑罚。已经执行的刑期,应当计算在新判决决定的刑期以内。

【条文理解】

本条属于数罪并罚的其中一种情形,其特点是:(1)一人所犯数罪均发生在原判决宣告以前;(2)原判决只对其中的部分犯罪作出判决,对另一部分犯罪没有判决;(3)将新发现的漏罪定罪量刑,依照《刑法》第69条规定的原则与原判决的刑罚实行并罚;(4)已执行的刑期计算在新判决决定的刑期以内。这种方法称为“先并后减”。

【司法适用】

关于罪犯被裁定减刑后,刑罚执行期间因发现漏罪而数罪并罚时如何处理的问题。《减刑假释规定》第34条规定:罪犯被裁定减刑后,刑罚执行期间因发现漏罪而数罪并罚的,原减刑裁定自动失效。如漏罪系罪犯主动交代,对其原减去的刑期,由执行机关报请有管辖权的人民法院重新作出减刑裁定,予以确认;如漏罪系有关机关发现或者他人检举揭发,由执行机关报请有管辖权的人民法院,在原减刑裁定减去的刑期总和之内,酌情重新裁定。第35条规定:被判处死刑缓期执行的罪犯,在死刑缓期执行期内被发现漏罪,依据《刑法》第70条规定数罪并罚,决定执行死刑缓期执行的,死刑缓期执行期间自新判决确定之日起计算,已经执行的死刑缓期执行期间计入新判决的死刑缓期执行期间内,但漏罪被判处死刑缓期执行的除外。第36条规定:被判处死刑缓期执行的罪犯,在死刑缓期执行期满后被发现漏罪,依据《刑法》第70条规定数罪并罚,决定执行死刑缓期执行的,交付执行时对罪犯实际执行无期徒刑,死缓考验期不再执行,但漏罪被判处死刑缓期执行的除外。在无期徒刑减为有期徒刑时,前罪死刑缓期执行减为无期徒刑之日起至新判决生效之日止已经实际执行的刑期,应当计算在减刑裁定决定执行的刑期以内。原减刑裁定减去的刑期依照本规定第34条处理。第37条规定:被判处无期徒刑的罪犯在减为有期徒刑后因发现漏罪,依据《刑法》第70条规定数罪并罚,决定执行无期徒刑的,前罪无期徒刑生效之日起至新判决生效之日止已经实际执行的刑期,应当在新判决的无期徒刑减为有期徒刑时,在减刑裁定决定执行的刑期内扣减。无期徒刑罪犯减为有期徒刑后因发现漏罪判处3年有期徒刑以下刑罚,数罪并罚决定执行无期徒刑的,在新判决生效后执行1年以上,符合减刑条件的,可以减为有期徒刑,减刑幅度依照本规定第8条、第9条的规定执行。原减刑裁定减去的刑期依照本规定第34条处理。

最高人民法院《关于罪犯因漏罪、新罪数罪并罚时原减刑裁定应如何处理的意见》规定:罪犯被裁定减刑后,因被发现漏罪或者又犯新罪而依法进行数罪并罚时,经减刑裁定减去的刑期不计入已经执行的刑期。在此后对因漏罪数罪并罚的罪犯依法减刑,决定减刑的频次、幅度时,应当对其原经减刑裁定减去的刑期酌予考虑。

关于判决宣告后又发现被判刑的犯罪分子的同种漏罪的数罪并罚的问题,根据最高人民法院《关于判决宣告后又发现被判刑的犯罪分子的同种漏罪是否实行数罪并罚问题的批复》,人民法院的判决宣告并已发生法律效力以后,刑罚还没有执行完毕以前,发现被判刑的犯罪分子在判决宣告以前还有其他罪没有判决的,无论新发现的罪与原判决的罪是否属于同种罪,都应当依照《刑法》第65条的规定实行数罪并罚。但在第一审人民法院的判决宣告以后,被告人提出上诉或者人民检察院提出抗诉,判决尚未发生法律效力的,第二审人民法院在审理期间,发现原审被告人在第一审判决宣告以前还有同种漏罪没有判决的,第二审人民法院应当依照刑事诉讼法的规定,裁定撤销原判,发回原审人民法院重新审判,第一审人民法院重新审判时,不适用刑法关于数罪并罚的规定。

【司法案例】

陈某玲非法进行节育手术案①

[**裁判要旨**](1)判决宣告以前犯同种数罪的,一般应并案按照一罪处理,不实行并罚。(2)在审理过程中,法院发现被告人犯有同种数罪但被人为分案处理的,可以建议检察机关并案起诉;检察机关不予并案处理的,应仅就起诉的犯罪事实作出裁判,在审理后起诉的犯罪事实时,可以适用《刑法》第70条关于漏罪并罚的规定。

---

① 参见《刑事审判参考》总第109集第1191号案例。

第七十一条　【判决宣告后又犯新罪的并罚】判决宣告以后，刑罚执行完毕以前，被判刑的犯罪分子又犯罪的，应当对新犯的罪作出判决，把前罪没有执行的刑罚和后罪所判处的刑罚，依照本法第六十九条的规定，决定执行的刑罚。

【条文理解】

本条属于数罪并罚的其中一种情形，其特点是：(1)犯罪人在原判决宣告以后，刑罚执行完毕之前又犯新罪；(2)不管新罪是否与原判决的罪性质相同；(3)将新罪定罪量刑；(4)将前罪没有执行的刑罚与新罪所判处的刑罚，依照《刑法》第69条的原则进行并罚；(5)已经执行的刑期不得计算在新判决所决定的刑期以内。这种方法称为“先减后并”。

【司法适用】

1. 关于对被告人在罚金刑执行完毕前又犯新罪的罚金应否与未执行完毕的罚金适用数罪并罚的问题

根据全国人民代表大会常务委员会法制工作委员会《关于对被告人在罚金刑执行完毕前又犯新罪的罚金应否与未执行完毕的罚金适用数罪并罚问题的答复意见》，《刑法》第71条中的“刑罚执行完毕以前”应是指主刑执行完毕以前。如果被告人主刑已执行完毕，只是罚金尚未执行完毕的，根据《刑法》第53条的规定，人民法院在任何时候发现有可以执行的财产，应当随时追缴。因此，被告人前罪主刑已执行完毕，罚金尚未执行完毕的，应当由人民法院继续执行未执行完毕的罚金，不必与新罪判处的罚金数罪并罚。

2. 关于罪犯被裁定减刑后，减去的刑期是否计入已经执行的刑期的问题

《减刑假释规定》第33条规定，罪犯被裁定减刑后，刑罚执行期间因故意犯罪而数罪并罚时，经减刑裁定减去的刑期不计入已经执行的刑期。原判死刑缓期执行减为无期徒刑、有期徒刑，或者无期徒刑减为有期徒刑的裁定继续有效。

3. 关于在执行附加刑剥夺政治权利期间犯新罪应如何处理的问题

最高人民法院《关于在执行附加刑剥夺政治权利期间犯新罪应如何处理的批复》规定：(1)对判处有期徒刑并处剥夺政治权利的罪犯，主刑已执行完毕，在执行附加刑剥夺政治权利期间又犯新罪，如果所犯新罪无须附加剥夺政治权利，依照《刑法》第71条的规定数罪并罚。(2)前罪尚未执行完毕的附加刑剥夺政治权利的刑期从新罪的主刑有期徒刑执行之日起停止计算，并依照《刑法》第58条规定从新罪的主刑有期徒刑执行完毕之日或者假释之日起继续计算；附加刑剥夺政治权利的效力施用于新罪的主刑执行期间。(3)对判处有期徒刑的罪犯，主刑已执

行完毕，在执行附加刑剥夺政治权利期间又犯新罪，如果所犯新罪也剥夺政治权利，依照《刑法》第55条、第57条、第71条的规定并罚。

4. 关于对再审改判前因犯新罪被加刑的罪犯再审时如何确定执行的刑罚问题

最高人民法院研究室《关于对再审改判前因犯新罪被加刑的罪犯再审时如何确定执行的刑罚问题的电话答复》规定，对于再审改判前因犯新罪被加刑的罪犯，在对其前罪再审时，应当将罪犯犯新罪时的判决中关于前罪与新罪并罚的内容撤销，并把经再审改判后的前罪没有执行完的刑罚和新罪已判处的刑罚，按照《刑法》第66条的规定依法数罪并罚。关于原前罪与新罪并罚的判决由哪个法院撤销，应视具体情况确定：如果再审法院是对新罪作出判决的法院的上级法院，或者是对新罪作出判决的同一法院，可以由再审法院撤销；否则，应由对新罪作出判决的法院撤销。对于前罪经再审改判为无罪或者免予刑事处分的，其已执行的刑期可以折抵新罪的刑期。

【司法案例】

田某兵敲诈勒索案①

［**裁判要旨**］(1)暂予监外执行期间犯新罪，但新罪是在暂予监外执行期限届满后才被发现的，不应当数罪并罚。暂予监外执行期满应当视为刑罚已经执行完毕。(2)《刑法》第71条不仅要求罪犯又犯新罪，更重要的是要求罪犯又犯新罪的时间、发现罪犯又犯新罪的时间均在前罪的刑罚执行完毕之前。

潘某荣、赖某有抢劫案②

［**裁判要旨**］保外就医的时间应计入已执行刑期。保外就医期间违反相关监管规定脱管、脱逃的，脱管、脱逃期间不计入执行刑期。对于保外就医如何计入刑罚执行期间的问题，应当以更加严格和审慎的标准来认定，如果将罪犯保外就医期满后未办理延期手续、未归监的时间都计入刑罚执行期间，无异于引导和鼓励保外就医的罪犯违反规定和脱管，显然与保外就医制度设立的初衷相背离。

---

① 参见《刑事审判参考》总第87集第797号案例。

② 参见《刑事审判参考》总第105集第1127号案例。

第五节　缓　　刑

第七十二条　【适用条件】对于被判处拘役、三年以下有期徒刑的犯罪分子，同时符合下列条件的，可以宣告缓刑，对其中不满十八周岁的人、怀孕的妇女和已满七十五周岁的人，应当宣告缓刑：

（一）犯罪情节较轻；

（二）有悔罪表现；

（三）没有再犯罪的危险；

（四）宣告缓刑对所居住社区没有重大不良影响。

宣告缓刑，可以根据犯罪情况，同时禁止犯罪分子在缓刑考验期限内从事特定活动，进入特定区域、场所，接触特定的人。

被宣告缓刑的犯罪分子，如果被判处附加刑，附加刑仍须执行。

【条文对照】

1997年《刑法》	2011年《刑法修正案（八）》
第七十二条　对于被判处拘役、三年以下有期徒刑的犯罪分子，**根据犯罪分子的犯罪情节和悔罪表现，适用缓刑确实不致再危害社会的，可以**宣告缓刑。 被宣告缓刑的犯罪分子，如果被判处附加刑，附加刑仍须执行。	第七十二条　对于被判处拘役、三年以下有期徒刑的犯罪分子，**同时符合下列条件的，可以宣告缓刑，对其中不满十八周岁的人、怀孕的妇女和已满七十五周岁的人，应当**宣告缓刑： **（一）犯罪情节较轻；** **（二）有悔罪表现；** **（三）没有再犯罪的危险；** **（四）宣告缓刑对所居住社区没有重大不良影响。** **宣告缓刑，可以根据犯罪情况，同时禁止犯罪分子在缓刑考验期限内从事特定活动，进入特定区域、场所，接触特定的人。** 被宣告缓刑的犯罪分子，如果被判处附加刑，附加刑仍须执行。

【条文理解】

1. 缓刑的适用条件

根据《刑法》第72条第1款规定的缓刑适用条件，满足以下要求的，可以判决适用缓刑：

(1)关于宣告刑的要求,缓刑只适用于被判处拘役或者3年以下有期徒刑(含3年)的犯罪人。对于这一要求,有以下基本理解:①被判处拘役或者3年以下有期徒刑,不要求被起诉的罪名法定刑为拘役或者3年以下有期徒刑,因具有减轻处罚情节而被判处拘役或者3年以下有期徒刑的,也可能适用缓刑。②对被判处管制或者单处附加刑的,不适用缓刑。因为管制或者单处附加刑的被告人,没有被剥夺人身自由,自然也没有适用缓刑的必要。③数罪并罚的情况下,宣告刑为3年以下有期徒刑或者拘役的,也可以适用缓刑。最高人民检察院《关于对数罪并罚决定执行刑期为三年以下有期徒刑的犯罪分子能否适用缓刑问题的复函》规定:根据《刑法》第72条的规定,可以适用缓刑的对象是被判处拘役、3年以下有期徒刑的犯罪分子;条件是根据犯罪分子的犯罪情节和悔罪表现,适用缓刑确实不致再危害社会。对于判决宣告以前犯数罪的犯罪分子,只要判决执行的刑罚为拘役、3年以下有期徒刑,且符合根据犯罪分子的犯罪情节和悔罪表现,适用缓刑确实不致再危害社会的案件,依法可以适用缓刑。

(2)关于社会危害性的要求,需同时满足以下四个条件:①犯罪情节较轻。②悔罪表现。悔罪表现是指被告人犯罪后对自己罪行的表现,主要考察自首或如实供述情节、愿意接受司法机关的处理、积极救助被害人、向被害人赔礼道歉、取得被害人谅解、赔偿被害人损失等表现。③没有再犯罪的危险。如果具有累犯、再犯、犯罪前科的被告人,一般认为再犯的危险性比较高。此外前两项"犯罪情节较轻"和"悔罪表现"也是判断没有再犯罪危险的重要参考。④宣告缓刑对所居住社区没有重大不良影响。法院在决定适用缓刑时,一般会委托司法局对被告人进行调查评估,结合司法局出具的《社区矫正评估意见》,综合判断宣告缓刑是否对所居住社区有重大不良影响。在司法实践中,司法行政机关的意见对于法院最终的判决有较大影响。

(3)应当不属于不能适用缓刑的情形。《刑法》第74条规定,对于累犯和犯罪集团的首要分子,不适用缓刑。此外,《关于依法惩治性侵害未成年人犯罪的意见》《侵犯知识产权案件解释(三)》《行贿案件解释》等司法解释和文件中也规定了一般不适用缓刑的情形,对法院的判决也有一定影响。

满足以上条件的,法院可以宣告适用缓刑。不满18周岁的人、怀孕的妇女和已满75周岁的人满足以上条件的,则应当宣告缓刑。

2. 缓刑期间的限制

根据《刑法》第72条第2款的规定,宣告缓刑的,可以根据犯罪情况,同时禁止犯罪分子在缓刑考验期限内从事特定活动,进入特定区域、场所,接触特定的人。例如,对于犯污染环境罪的人,可以禁止其在缓刑考验期内从事与排污有关的活动。

3. 缓刑和附加型的关系

根据《刑法》第72条第3款的规定，对单处附加刑的，不适用缓刑。但宣告刑为拘役或3年以下有期徒刑并被判处其他附加刑的，如果被告人同时被宣告缓刑，附加刑仍须执行。

【司法适用】

《刑法修正案（八）》将1997年刑法条文中的“犯罪分子的犯罪情节”修改为“犯罪情节较轻”，由此，对于情节加重犯适用条件的“情节严重”是否与缓刑适用条件中的“犯罪情节较轻”相矛盾，实践中存在不同认识。一种意见认为，如果属于情节加重犯中的“情节严重”的情形，则不符合缓刑适用条件。另一种意见认为，虽然依照相关司法解释的规定，被指控的行为可能属于情节加重犯的“情节严重”情形，但与《刑法》第72条第1款规定的缓刑适用条件并不矛盾，仍然可以适用缓刑。《刑事审判参考》收录的“谭永艮非法持有枪支案”认为，根据刑法关于情节加重犯和缓刑制度的规定，情节严重情形并不代表不能适用缓刑。情节加重犯适用条件的“情节严重”与缓刑适用条件中的“犯罪情节较轻”在适用时并不矛盾。

【司法案例】

董某某、宋某某抢劫案①

［**裁判要旨**］对判处管制或者宣告缓刑的未成年被告人，可以根据其犯罪的具体情况以及禁止事项与所犯罪行的关联程度，对其适用“禁止令”。对于未成年人因上网诱发犯罪的，可以禁止其在一定期限内进入网吧等特定场所。

第七十三条　【考验期限】拘役的缓刑考验期限为原判刑期以上一年以下，但是不能少于二个月。

有期徒刑的缓刑考验期限为原判刑期以上五年以下，但是不能少于一年。

缓刑考验期限，从判决确定之日起计算。

【条文理解】

缓刑的考验期限，是指对被宣告缓刑的犯罪人进行考察的一定期间，期间内

① 参见最高人民法院第14号指导案例。

犯罪人应当遵守《刑法》第 75 条的规定和要求,从而使缓刑起到应有的作用。缓刑不是免予刑罚,而是对所判处的刑罚有条件的不执行。

本条第 1 款规定的是拘役的缓刑考验期限。拘役的缓刑考验期限为原判刑期以上 1 年以下,但是不能少于 2 个月。本条第 2 款规定的是有期徒刑的缓刑考验期限,为原判刑期以上 5 年以下,但是不能少于 1 年。但需要注意的是,仍应坚持宣告刑为 3 年以下有期徒刑的限制,并且拘役和缓刑考验期均应在原判刑期以上。

本条第 3 款规定,缓刑的考验期限从判决确定之日起计算。这主要是因为:先前的羁押期间,实际上也是对犯罪人有无悔罪表现的考验,羁押期间犯罪人的表现同时也是法院决定是否适用缓刑的重要考虑因素,因此不能折抵缓刑考验期限;缓刑考验期相对较短,如果将羁押日期折抵考验期限,就会更加缩短考验期限,减损了规定考验期限的意义。

【司法适用】

"判决确定之日"如何确定,关系考验期间的计算,从而影响缓刑犯再犯罪是否撤销缓刑以及数罪并罚等诸多问题。但对于"判决确定之日",存在以下不同理解:(1)判决书签发之日为"判决确定之日",即以判决书盖章的日期为准,因为法院判决书上落款之日即判决内容成文之日,判决内容已经确定。(2)文书送达或者宣判之日为"判决确定之日",因为宣判或送达之日,意味着法院以公开的方式将已经确定的判决内容告知被告人并公之于众。(3)判决生效之日为"判决确定之日",刑事一审裁判文书通过上诉、抗诉期间才能生效,才具有法律效力。此外,刑事诉讼分为侦查、起诉、审判、执行四个阶段,审判程序结束,进入刑罚执行阶段,而只有判决生效之日,审判阶段才结束。(4)缓刑交付执行之日为"判决确定之日"。如果判决生效后暂未交付社区矫正机构执行,则会造成考察机关还没开始考察,而缓刑犯罪分子的考察期却已经开始。笔者认为,结合司法实践习惯和可操作性,判决生效之日为判决确定日期较为妥当。

第七十四条　【不适用缓刑的对象】对于累犯和犯罪集团的首要分子,不适用缓刑。

【条文对照】

1997 年《刑法》	2011 年《刑法修正案(八)》
第七十四条　对于累犯,不适用缓刑。	第七十四条　对于累犯**和犯罪集团的首要分子**,不适用缓刑。

【条文理解】

累犯不适用缓刑，主要是由于：(1)从累犯的定义来看，累犯本就有再犯罪的内涵，因此不满足缓刑适用条件中的“有悔罪表现”和“没有再犯罪的危险”两个条件。(2)累犯往往会耗费更多国家司法机关在侦查、审判和执行方面的人力物力，对累犯适用缓刑也会影响国家法律在公民心目中的威信。而犯罪集团首要分子不适用缓刑，则主要考虑的是其在缓刑考验期限内仍有可能组织、领导犯罪集团的犯罪活动。

此外，一些司法解释和文件中也规定了一般不适用缓刑的情形。例如，根据《妨害公共交通工具安全驾驶指导意见》的规定，对于乘客实施“抢夺方向盘、变速杆等操纵装置，殴打、拉拽驾驶人员”等具有高度危险性的妨害安全驾驶行为的，即使尚未造成严重后果，一般也不得适用缓刑；《侵犯知识产权案件解释(二)》和《侵犯知识产权案件解释(三)》规定，对于拒不交出违法所得等情形，一般不得适用缓刑；《武汉会议纪要》规定，对于毒品再犯，一般不得适用缓刑。同时，指导案例、公报案例中对于哪些案件、情节可以适用缓刑也有许多表述，也是影响缓刑适用的重要因素。

【司法适用】

累犯不适用缓刑，但若前罪缓刑考验期满5年内再犯有期徒刑以上刑罚之罪的，是否应当认定为累犯，从而排除缓刑的适用？对此，最高人民法院、最高人民检察院《关于缓刑犯在考验期满后五年内再犯应当判处有期徒刑以上刑罚之罪应否认定为累犯问题的批复》规定，被判处有期徒刑宣告缓刑的犯罪分子，在缓刑考验期满后5年内再犯应当判处有期徒刑以上刑罚之罪的，因前罪判处的有期徒刑并未执行，不具备《刑法》第65条规定的“刑罚执行完毕”的要件，故不应认定为累犯，但可作为对新罪确定刑罚的酌定从重情节予以考虑。

第七十五条　【缓刑犯应遵守的规定】**被宣告缓刑的犯罪分子，应当遵守下列规定：**

(一)遵守法律、行政法规，服从监督；

(二)按照考察机关的规定报告自己的活动情况；

(三)遵守考察机关关于会客的规定；

(四)离开所居住的市、县或者迁居，应当报经考察机关批准。

【条文理解】

本条是1997年《刑法》新增设的条款,规定了犯罪人在缓刑考验期间应当遵守的行为规范,为犯罪人接受监督考察、为考察机关执行监督考察提供了明确的行为指引。

本条有关被宣告缓刑的犯罪人应遵守的行为规范具体理解如下:(1)被宣告缓刑的犯罪人在缓刑考验期限内,应遵守的法律法规范畴包括全国人民代表大会及其常务委员会制定的法律和国务院根据宪法和法律制定的行政法规;并服从考察机关监督。(2)按照考察机关规定的时间、内容、频次等要求,向考察机关报告自己的活动情况。(3)按照考察机关公布或向其告知的规定及要求进行会客。(4)未经考察机关批准,不得擅自离开所居住的市、县或者迁居。

【司法适用】

《刑法》第76条规定,"对宣告缓刑的犯罪分子,在缓刑考验期限内,依法实行社区矫正",因此,关于缓刑考验期限内被考察对象需遵守的规范,较多地规定在《社区矫正法》和《社区矫正法实施办法》中,其中包括:

关于接触犯罪案件相关人员的报批规范。《社区矫正法实施办法》第25条规定:"未经执行地县级社区矫正机构批准,社区矫正对象不得接触其犯罪案件中的被害人、控告人、举报人,不得接触同案犯等可能诱发其再犯罪的人。"

关于离开所居住的市、县或者迁居的报批规范。根据《社区矫正法》第27条的规定,社区矫正对象离开所居住的市、县或者迁居,应当报经社区矫正机构批准。社区矫正机构对于有正当理由的,应当批准;对于因正常工作和生活需要经常性跨市、县活动的,可以根据情况,简化批准程序和方式。因社区矫正对象迁居等原因需要变更执行地的,社区矫正机构应当按照有关规定作出变更决定。而《社区矫正法实施办法》第26条第2款规定:"社区矫正对象外出的正当理由是指就医、就学、参与诉讼、处理家庭或者工作重要事务等。"因此,对于因就医、就学、参与诉讼、处理家庭或者工作重要事务等需离开所居住的市、县或者迁居而向社区矫正机构报批的,应予批准。

第七十六条　【缓刑的考验】对宣告缓刑的犯罪分子,在缓刑考验期限内,依法实行社区矫正,如果没有本法第七十七条规定的情形,缓刑考验期满,原判的刑罚就不再执行,并公开予以宣告。

【条文对照】

1997年《刑法》	2011年《刑法修正案(八)》
第七十六条 被宣告缓刑的犯罪分子,在缓刑考验期限内,**由公安机关考察,所在单位或者基层组织予以配合**,如果没有本法第七十七条规定的情形,缓刑考验期满,原判的刑罚就不再执行,并公开予以宣告。	第七十六条 对宣告缓刑的犯罪分子,在缓刑考验期限内,**依法实行社区矫正**,如果没有本法第七十七条规定的情形,缓刑考验期满,原判的刑罚就不再执行,并公开予以宣告。

【条文理解】

本条确立了缓刑考验期限内采取的社区矫正制度。社区矫正是一种非监禁性矫正刑罚,是指将罪犯置于社区内,在判决确定的期限内,由专门的社区矫正机构对罪犯的行为与心理进行矫正。

被宣告缓刑的犯罪分子不再执行原判刑罚的条件包括:第一,在缓刑考验期限内依法实行社区矫正;第二,在缓刑考验期限内不存在《刑法》第77条规定的撤销缓刑的情形,包括:又犯新罪,发现漏罪,违反法律、行政法规或者国务院有关部门关于缓刑的监督管理规定,或者违反人民法院判决中的禁止令,情节严重的情形;第三,缓刑考验期届满。不再执行原判刑罚,是指原判决的有罪宣告仍然有效,只是原判决的刑罚不再执行,而并非刑罚已经执行完毕。

对于不再执行原判刑罚的,有关方面应当向犯罪分子及其所在单位、居住地的居委会、村委会公开予以宣告。

【司法适用】

关于社区矫正所涉及各主管部门的职权。《社区矫正法实施办法》第2~9条详细规定了社区矫正工作中党委、地方政府、司法行政机关、人民法院、人民检察院、公安机关、监狱管理机关以及监狱、社区矫正机构各组织各部门应当履行的职责。

1. 关于被宣告缓刑的犯罪分子实行社区矫正的执行地如何确定

《社区矫正法》第17条中规定:"社区矫正执行地为社区矫正对象的居住地。社区矫正对象在多个地方居住的,可以确定经常居住地为执行地。社区矫正对象的居住地、经常居住地无法确定或者不适宜执行社区矫正的,社区矫正决定机关应当根据有利于社区矫正对象接受矫正、更好地融入社会的原则,确定执行地。"其中,社区矫正对象的居住地是指其实际居住的县(市、区)。社区矫正对象的经常居住地是指其经常居住的,有固定住所、固定生活来源的县(市、区)。社区矫正执行地确定后需要变更的,依法应当提前1个月提出书面申请,并提供相应证明材料,由受委托的司法所签署意见后报执行地县级社区矫正机构审批。

2. 关于决定社区矫正可以委托调查评估的规定

《社区矫正法》第18条规定："社区矫正决定机关根据需要，可以委托社区矫正机构或者有关社会组织对被告人或者罪犯的社会危险性和对所居住社区的影响，进行调查评估，提出意见，供决定社区矫正时参考。居民委员会、村民委员会等组织应当提供必要的协助。"社区矫正机构、有关社会组织接受委托后，应当对被告人或者罪犯的居所情况、家庭和社会关系、犯罪行为的后果和影响、居住地村(居)民委员会和被害人意见、拟禁止的事项、社会危险性、对所居住社区的影响等情况进行调查了解，形成调查评估意见，与相关材料一起提交委托机关。调查评估时，相关单位、部门、村(居)民委员会等组织、个人应当依法为调查评估提供必要的协助。社区矫正决定机关对调查评估意见的采信情况，应当在相关法律文书中说明。人民检察院对社区矫正决定机关、社区矫正机构或者有关社会组织的调查评估活动实行法律监督。

3. 关于缓刑考验期满无撤销缓刑情况的解矫宣告

社区矫正对象矫正期满，执行地县级社区矫正机构或者受委托的司法所可以组织解除矫正宣告。宣告由社区矫正机构或者司法所工作人员主持，矫正小组成员及其他相关人员到场，按照规定程序进行。解矫宣告包括以下内容：(1)宣读对社区矫正对象的鉴定意见；(2)宣布社区矫正期限届满，依法解除社区矫正；(3)宣布缓刑考验期满，原判刑罚不再执行。

【司法案例】

朱某英、郭某云诈骗案①

[**裁判要旨**]人民法院量刑时，应当科学、客观地对待"社区矫正调查评估"。对被告人量刑应当综合考虑各种因素，切实做到罪责刑相一致。人民法院在决定是否适用缓刑时，应当根据刑法规定和案件的实际情况，参考当地司法行政机关的《调查评估意见书》。但决定是否适用缓刑归根结底是人民法院审判权的内容之一，法官既不能完全置《调查评估意见书》于不顾，也不能在被告人确实符合适用缓刑条件时完全被《调查评估意见书》左右而不敢适用缓刑。同时，人民法院也可以自己认定对被告人适用缓刑对社区有重大不良影响。

---

① 参见《刑事审判参考》总第111集第1217号案例。

第七十七条 【缓刑的撤销】被宣告缓刑的犯罪分子，在缓刑考验期限内犯新罪或者发现判决宣告以前还有其他罪没有判决的，应当撤销缓刑，对新犯的罪或者新发现的罪作出判决，把前罪和后罪所判处的刑罚，依照本法第六十九条的规定，决定执行的刑罚。

被宣告缓刑的犯罪分子，在缓刑考验期限内，违反法律、行政法规或者国务院有关部门关于缓刑的监督管理规定，或者违反人民法院判决中的禁止令，情节严重的，应当撤销缓刑，执行原判刑罚。

【条文对照】

1997 年《刑法》	2011 年《刑法修正案(八)》
第七十七条 被宣告缓刑的犯罪分子，在缓刑考验期限内犯新罪或者发现判决宣告以前还有其他罪没有判决的，应当撤销缓刑，对新犯的罪或者新发现的罪作出判决，把前罪和后罪所判处的刑罚，依照本法第六十九条的规定，决定执行的刑罚。 被宣告缓刑的犯罪分子，在缓刑考验期限内，违反法律、行政法规或者国务院**公安**部门**有关**缓刑的监督管理规定，情节严重的，应当撤销缓刑，执行原判刑罚。	第七十七条 被宣告缓刑的犯罪分子，在缓刑考验期限内犯新罪或者发现判决宣告以前还有其他罪没有判决的，应当撤销缓刑，对新犯的罪或者新发现的罪作出判决，把前罪和后罪所判处的刑罚，依照本法第六十九条的规定，决定执行的刑罚。 被宣告缓刑的犯罪分子，在缓刑考验期限内，违反法律、行政法规或者国务院**有关**部门**关于**缓刑的监督管理规定，**或者违反人民法院判决中的禁止令**，情节严重的，应当撤销缓刑，执行原判刑罚。

【条文理解】

本条规定了撤销缓刑的四种情形和撤销后的处理，具体如下：

(1)被宣告缓刑的犯罪分子，在缓刑考验期限内犯新罪的，应当撤销缓刑，对新犯的罪作出判决，把前罪和后罪所判处的刑罚，依照《刑法》第 69 条的规定，决定执行的刑罚。缓刑考验期限已过再犯新罪的，不影响原缓刑考验期满的处理；缓刑考验期限内犯新罪，但在缓刑考验期满之后才发现的，因《刑法》第 76 条规定“缓刑考验期满，原判的刑罚就不再执行”，而不认为是原判刑罚已经执行完毕，故也应当撤销原缓刑。撤销缓刑后，决定执行的新的刑罚不得再宣告缓刑，否则将与本条第 2 款的规定存在冲突。

(2)被宣告缓刑的犯罪分子，在缓刑考验期限内发现判决宣告以前还有其他罪没有判决的，即发现漏罪的，应当撤销缓刑，对新发现的罪作出判决，把前罪和后罪所判处的刑罚，依照《刑法》第 69 条的规定，决定执行的刑罚。撤销缓刑后，决定执行的新的刑罚符合缓刑条件的，可以再宣告缓刑。在缓刑考验期满之后发现漏罪的，不应撤销缓刑，只能对新发现的罪单独作出判决并执行刑罚，此时不应当然地不适用缓刑,而应综合考量各种因素进行量刑。

(3)被宣告缓刑的犯罪分子,在缓刑考验期限内,违反法律、行政法规或者国务院有关部门关于缓刑的监督管理规定,情节严重的,应当撤销缓刑,执行原判刑罚。这一部分可以联系《刑法》第 75 条第 1 款第 1 项进行理解。基于刑法谦抑性原则,因违法违规可致撤销缓刑的法规范围限于立法机关通过的法律、国务院通过的行政法规及国务院有关部门关于缓刑的监督管理规定。一方面,违反其他规章制度、地方性法规或规范性文件的行为以及其他违反《刑法》第 75 条的一切行为并不可致撤销缓刑;另一方面,即使在本条规定的违法违规范围之内,仍须达到情节严重的程度,方可产生撤销缓刑的后果。

(4)被宣告缓刑的犯罪分子,在缓刑考验期限内,违反人民法院判决中的禁止令,情节严重的,应当撤销缓刑,执行原判刑罚。原作出缓刑裁判的人民法院应当自收到当地社区矫正机构提出的撤销缓刑建议书之日起 1 个月内依法作出裁定。人民法院撤销缓刑的裁定一经作出,立即生效。

【司法适用】

根据《公安机关办理刑事案件程序规定》第 316 条第 1 款的规定,被宣告缓刑的罪犯在缓刑考验期内又犯新罪的,由犯罪地公安机关立案侦查。

关于撤销缓刑时犯罪分子在宣告缓刑前羁押的时间能否折抵刑期的问题。根据最高人民法院《关于撤销缓刑时罪犯在宣告缓刑前羁押的时间能否折抵刑期问题的批复》,对被宣告缓刑的犯罪分子撤销缓刑执行原判刑罚的,对其在宣告缓刑前羁押的时间应当折抵刑期。

本条第 2 款所称的"情节严重"涉及被宣告缓刑的犯罪分子在缓刑考验期内违反法律、行政法规或者国务院有关部门关于缓刑的监督管理规定,以及违反禁止令的两种情况。对于前者,根据中央社会治安综合治理委员会办公室、最高人民法院、最高人民检察院、公安部、司法部《关于加强和规范监外执行工作的意见》第 15 条的规定,其"情节严重"情形包括:(1)人民法院、监狱、看守所已书面告知罪犯应当按时到执行地公安机关报到,罪犯未在规定的时间内报到,脱离监管 3 个月以上的;(2)未经执行地公安机关批准擅自离开所居住的市、县或者迁居,脱离监管 3 个月以上的;(3)未按照执行地公安机关的规定报告自己的活动情况或者不遵守执行机关关于会客等规定,经过 3 次教育仍然拒不改正的;(4)有其他违反法律、行政法规或者国务院公安部门有关缓刑、假释的监督管理规定行为,情节严重的。

对于后者,根据《适用禁止令规定》第 12 条,违反禁止令认定为"情节严重"的情形包括:(1)3 次以上违反禁止令的;(2)因违反禁止令被治安管理处罚后,再次违反禁止令的;(3)违反禁止令,发生较为严重危害后果的;(4)其他情节严重的情形。该四种“情节严重”的情形,第1种属于多次违反禁止令的情形;第2种反映出犯罪分子悔罪的意识不足,而再犯罪的危险性较大;第3种从危害后果上考虑,如使被害人因受犯罪分子滋扰精神失常;第4种是兜底条款。

【司法案例】

代某业盗窃案①

[**裁判要旨**]缓刑考验期内犯新罪的,应当先数罪并罚决定执行的刑罚,再折抵因前罪被先行羁押的时间。判决执行以前先行羁押时间折抵刑期的目的是确保被告人的合法权益,同时也便于计算有期徒刑的刑期和起止时间,属于判决执行的范畴,与理论上对《刑法》第70条、第71条概括的数罪并罚原则“先减后并”或“先并后减”中的“减”根本不同,后者目的在于决定数罪执行的刑罚,至于实际执行的期限,则属于刑罚确定后执行有期徒刑的计算问题,包括先行羁押时间的折抵问题。缓刑犯在缓刑期间犯新罪,表明其主观恶性较大,在处理上应当体现从重处罚原则。但《刑法》第77条规定的是撤销缓刑,“把前罪和后罪所判处的刑罚,依照本法第六十九条的规定,决定执行的刑罚”,可见,立法对缓刑犯又犯新罪的从重处罚,主要体现在对其缓刑的撤销,而不在于实际执行刑期方面。《刑法》第77条的规定符合数罪并罚的原理和司法实践的一贯做法。

第六节　减　　刑

第七十八条　【减刑条件与限度】被判处管制、拘役、有期徒刑、无期徒刑的犯罪分子,在执行期间,如果认真遵守监规,接受教育改造,确有悔改表现的,或者有立功表现的,可以减刑;有下列重大立功表现之一的,应当减刑:

(一)阻止他人重大犯罪活动的;

(二)检举监狱内外重大犯罪活动,经查证属实的;

(三)有发明创造或者重大技术革新的;

(四)在日常生产、生活中舍己救人的;

---

① 参见《刑事审判参考》总第76集第648号案例。

（五）在抗御自然灾害或者排除重大事故中，有突出表现的；

（六）对国家和社会有其他重大贡献的。

减刑以后实际执行的刑期不能少于下列期限：

（一）判处管制、拘役、有期徒刑的，不能少于原判刑期的二分之一；

（二）判处无期徒刑的，不能少于十三年；

（三）人民法院依照本法第五十条第二款规定限制减刑的死刑缓期执行的犯罪分子，缓期执行期满后依法减为无期徒刑的，不能少于二十五年，缓期执行期满后依法减为二十五年有期徒刑的，不能少于二十年。

【条文对照】

1997年《刑法》	2011年《刑法修正案（八）》
第七十八条　被判处管制、拘役、有期徒刑、无期徒刑的犯罪分子，在执行期间，如果认真遵守监规，接受教育改造，确有悔改表现的，或者有立功表现的，可以减刑；有下列重大立功表现之一的，应当减刑： （一）阻止他人重大犯罪活动的； （二）检举监狱内外重大犯罪活动，经查证属实的； （三）有发明创造或者重大技术革新的； （四）在日常生产、生活中舍己救人的； （五）在抗御自然灾害或者排除重大事故中，有突出表现的； （六）对国家和社会有其他重大贡献的。 减刑以后实际执行的刑期，判处管制、拘役、有期徒刑的，不能少于原判刑期的二分之一；判处无期徒刑的，不能少于十年。	第七十八条　被判处管制、拘役、有期徒刑、无期徒刑的犯罪分子，在执行期间，如果认真遵守监规，接受教育改造，确有悔改表现的，或者有立功表现的，可以减刑；有下列重大立功表现之一的，应当减刑： （一）阻止他人重大犯罪活动的； （二）检举监狱内外重大犯罪活动，经查证属实的； （三）有发明创造或者重大技术革新的； （四）在日常生产、生活中舍己救人的； （五）在抗御自然灾害或者排除重大事故中，有突出表现的； （六）对国家和社会有其他重大贡献的。 减刑以后实际执行的刑期**不能少于下列期限：** （一）判处管制、拘役、有期徒刑的，不能少于原判刑期的二分之一； （二）判处无期徒刑的，不能少于**十三年；** **（三）人民法院依照本法第五十条第二款规定限制减刑的死刑缓期执行的犯罪分子，缓期执行期满后依法减为无期徒刑的，不能少于二十五年，缓期执行期满后依法减为二十五年有期徒刑的，不能少于二十年。**

【条文理解】

本条内容涉及三个方面，即减刑的对象、减刑的条件以及减刑后实际服刑刑期的限制性规定。从广义上来看，这三个方面其实都可以视为减刑的条件，即减刑的对象条件、实质条件以及减刑的幅度限定条件。

从对象条件来看,将减刑的对象限定为被判处管制、拘役、有期徒刑、无期徒刑的犯罪分子。如果死刑缓期执行的判决在 2 年期满后被减为无期徒刑,那么在此后的再次减刑就适用本条的规定。

从实质条件来看,减刑必须要以犯罪分子在执行期间,认真遵守监规,接受教育改造,确有悔改表现,或者有立功表现为前提条件。当然,这里的立功包括一般立功与重大立功两种情形。对于一般立功的,属于"得减"情形,对于重大立功的,则属于"必减"情形。对于"重大立功"的情形,刑法采用了列举加概括的方式进行了明确。具体来说,包括阻止他人重大犯罪活动;检举监狱内外重大犯罪活动,经查证属实;有发明创造或者重大技术革新;在日常生产、生活中舍己救人;在抗御自然灾害或者排除重大事故中,有突出表现;其他对国家和社会有重大贡献的表现形式。

从限定条件来看,减刑以后实际执行的刑期不能少于一定的最低服刑期限。具体来说,对于被判处管制、拘役、有期徒刑的,不能少于原判刑期的 1/2;对于被判处无期徒刑的,不能少于 13 年;对于被判处死刑缓期执行并限制减刑的犯罪分子,缓期执行期满后依法减为无期徒刑的,不能少于 25 年,缓期执行期满后依法减为 25 年有期徒刑的,不能少于 20 年。

刑法中之所以要作出这种限定性要求,主要是考虑到对于管制、拘役、有期徒刑而言,"这三种刑罚在执行过程中无论如何变更,也不能出现实行刑不达宣告刑一半的情形,否则会失去宣告刑罚应有的严肃性,损害人民法院生效裁判的尊严,同时也会影响刑罚目的的实现"。[①]《刑法修正案(八)》一方面对无期徒刑的最低服刑年限进行了调整,由原先的 10 年调整为 13 年,另一方面对死刑缓期执行增设了限制减刑的规定,并同时对死刑缓期执行并限制减刑的最低服刑年限作出了规定。

【司法适用】

按照《自首立功解释》的规定,重大立功所涉及的须为重大犯罪、重大案件、重大犯罪嫌疑人,而"重大犯罪""重大案件""重大犯罪嫌疑人"的标准一般是指犯罪嫌疑人、被告人可能被判处无期徒刑以上刑罚或者案件在本省、自治区、直辖市或者全国范围内有较大影响等情形。这里需要强调的一点是,如果犯罪嫌疑人、被告人检举揭发的或者协助抓获的人的行为应当判处无期徒刑以上刑罚,但因为具有法定或者酌定从宽处罚情节,从而被宣告有期徒刑或者更轻刑罚的,不影响对犯罪嫌疑人、被告人重大立功的认定。同样,如果犯罪嫌疑人、被告人检举揭发

---

① 张军主编:《刑法修正案(八)条文及配套司法解释理解与适用》,人民法院出版社 2011 年版,第 123~124 页。

或者协助抓获的人的行为构成犯罪,但因为具备法定情形而不追究刑事责任、不起诉、终止审理的,不影响对犯罪嫌疑人、被告人立功的认定。

【司法案例】

宣告缓刑罪犯蔡某等12人减刑监督案①

[**要旨**]对于判处拘役或者3年以下有期徒刑并宣告缓刑的罪犯,在缓刑考验期内确有悔改表现或者有一般立功表现,一般不适用减刑。在缓刑考验期内有重大立功表现的,可以参照《刑法》第78条的规定予以减刑。人民法院对宣告缓刑罪犯裁定减刑适用法律错误的,人民检察院应当依法提出纠正意见。人民法院裁定维持原减刑裁定的,人民检察院应当继续予以监督。

第七十九条 【减刑程序】**对于犯罪分子的减刑,由执行机关向中级以上人民法院提出减刑建议书。人民法院应当组成合议庭进行审理,对确有悔改或者立功事实的,裁定予以减刑。非经法定程序不得减刑。**

【条文理解】

按照本条规定,减刑至少包括三个环节:(1)由执行机关提出减刑建议书,受理减刑建议书的为中级以上人民法院;(2)受理减刑建议书的中级以上人民法院组成合议庭,做好审理准备工作;(3)合议庭进行审理,审查确认报请减刑的罪犯是否确有悔改表现或者立功表现,进而作出是否准予减刑的裁定。如果没有经过法定程序,不得减刑。

需要注意以下几点:(1)减刑程序只能由刑罚执行机关启动,人民法院不可以主动开启。这里的"执行机关"具体来说包括执行拘役、管制的公安机关以及执行有期徒刑、无期徒刑的监狱。(2)减刑案件只能由中级以上人民法院审理,基层法院无权审理。按照《减刑假释审理程序》的规定,对于被判处死刑缓期执行的罪犯或者被判处无期徒刑的罪犯的减刑,由罪犯服刑地的高级人民法院作出裁定;对于被判处有期徒刑和被减为有期徒刑的罪犯以及被判处拘役、管制的罪犯的减刑,由罪犯服刑地的中级人民法院作出裁定;对于暂予监外执行罪犯的减刑,则区别情况,分别由高级人民法院或者中级人民法院作出裁定。(3)审理减刑案件,必须由审判员或者由审判员和人民陪审员组成合议庭进行审理,不能独任审判。

① 参见最高人民检察院检例第70号。

【司法适用】

减刑案件的审理有别于刑事诉讼案件的审理。对于减刑案件的审理,人民法院可以采取开庭审理或者书面审理的方式。如果开庭审理,人民法院应当在开庭3日前将开庭的时间、地点通知人民检察院、执行机关、被报请减刑罪犯和有必要参加庭审的其他人员,并于开庭3日前进行公告。至于庭审地点,一般是在罪犯刑罚执行场所或者人民法院确定的场所进行,如果具备条件,也可以采取视频开庭的方式进行。

按照《减刑假释审理程序》的规定,减刑案件的审理按照以下程序进行:(1)审判长宣布开庭,核实被报请减刑罪犯的基本情况;(2)审判长宣布合议庭组成人员、检察人员、执行机关代表及其他庭审参加人;(3)执行机关代表宣读减刑建议书,并说明主要理由;(4)检察人员发表检察意见;(5)法庭对被报请减刑罪犯确有悔改表现或立功表现、重大立功表现的事实以及其他影响减刑的情况进行调查核实;(6)被报请减刑罪犯作最后陈述;(7)审判长对庭审情况进行总结并宣布休庭评议。在庭审过程中,合议庭人员对报请理由有疑问的,可以向被报请减刑罪犯、证人、执行机关代表、检察人员提问;检察人员对报请理由有疑问的,在经审判长许可后,可以出示证据,申请证人到庭,向被报请减刑罪犯及证人提问并发表意见。被报请减刑罪犯对报请理由有疑问的,在经审判长许可后,可以出示证据,申请证人到庭,向证人提问并发表意见。

对于经审理的减刑案件,人民法院按照不同情形分别作出不同的处理:被报请减刑罪犯符合法律规定的减刑条件的,作出予以减刑的裁定;被报请减刑的罪犯符合法律规定的减刑条件,但执行机关报请的减刑幅度不适当的,对减刑幅度进行相应调整后作出予以减刑的裁定;被报请减刑罪犯不符合法律规定的减刑条件的,作出不予减刑的裁定。在人民法院作出减刑裁定前,执行机关书面申请撤回减刑建议的,是否准许,由人民法院决定。

减刑审理的过程在很大程度上其实也就是审查确认报请减刑的罪犯是否确有悔改表现或者立功表现。刑罚执行机关在向人民法院提出减刑建议时,需要同时提交罪犯确有悔改或者立功、重大立功表现的具体事实的书面证明材料以及罪犯评审鉴定表、奖惩审批表等材料,合议庭在审理减刑案件时,会重点审核这些证明材料。

第八十条 【无期徒刑减刑的刑期计算】**无期徒刑减为有期徒刑的刑期,从裁定减刑之日起计算。**

【条文理解】

被判处无期徒刑的犯罪分子,在服刑期间如果具备了《刑法》第 78 条第 1 款规定的减刑条件,可以被减刑为有期徒刑。减刑后的刑期为需要继续服刑的刑期,此前已经服过的刑期不能从减刑后的刑期内减去。这一点有别于管制、拘役、有期徒刑的减刑。管制、拘役、有期徒刑的减刑,减刑后的刑期需要减去已经服过的刑期。例如,甲被判处无期徒刑,服刑 5 年后被减为 20 年有期徒刑,那么减刑裁定生效后甲还需要服刑 20 年,已经服过的 5 年不可以从 20 年中减去;乙被判处有期徒刑 15 年,服刑 5 年后被减为 13 年有期徒刑,那么减刑裁定生效后乙只需要再服刑 8 年即可,已经服过的 5 年刑期应当从 13 年中减去。当然,如果甲在被减为 20 年有期徒刑后,在服刑过程中又因为有悔改表现或者立功表现而被再度减刑的话,就与普通的有期徒刑减刑一样了。

【司法适用】

《减刑假释规定》第 8 条规定,被判处无期徒刑的罪犯在刑罚执行期间,符合减刑条件的,执行 2 年以上方可减刑。减刑幅度为:确有悔改表现或者立功表现的,可以减为 22 年有期徒刑;确有悔改表现并有立功表现的,可以减为 21 年以上 22 年以下有期徒刑;有重大立功表现的,可以减为 20 年以上 21 年以下有期徒刑;确有悔改表现并有重大立功表现的,可以减为 19 年以上 20 年以下有期徒刑。同时对部分被判处无期徒刑的特定对象的减刑作出从严要求,包括职务犯罪罪犯、破坏金融管理秩序和金融诈骗犯罪罪犯,组织、领导、参加、包庇、纵容黑社会性质组织犯罪罪犯,危害国家安全犯罪罪犯,恐怖活动犯罪罪犯,毒品犯罪集团的首要分子及毒品再犯,累犯以及因故意杀人、强奸、抢劫、绑架、放火、爆炸、投放危险物质或者有组织的暴力性犯罪的罪犯,确有履行能力而不履行或者不全部履行生效裁判中财产性判项的罪犯,数罪并罚被判处无期徒刑的罪犯。对这部分对象的从严体现在两个方面:一方面要求执行 3 年以上方可减刑;另一方面要求减刑幅度比照普通的无期徒刑的减刑幅度从严掌握,且减刑后的刑期最低不得少于 20 年有期徒刑。

第七节　假　　释

第八十一条　【假释的适用条件】被判处有期徒刑的犯罪分子,执行原判刑期二分之一以上,被判处无期徒刑的犯罪分子,实际执行十三年以上,如果

认真遵守监规,接受教育改造,确有悔改表现,没有再犯罪的危险的,可以假释。如果有特殊情况,经最高人民法院核准,可以不受上述执行刑期的限制。

对累犯以及因故意杀人、强奸、抢劫、绑架、放火、爆炸、投放危险物质或者有组织的暴力性犯罪被判处十年以上有期徒刑、无期徒刑的犯罪分子,不得假释。

对犯罪分子决定假释时,应当考虑其假释后对所居住社区的影响。

【条文对照】

1997 年《刑法》	2011 年《刑法修正案(八)》
第八十一条 被判处有期徒刑的犯罪分子,执行原判刑期二分之一以上,被判处无期徒刑的犯罪分子,实际执行十年以上,如果认真遵守监规,接受教育改造,确有悔改表现,**假释后不致再危害社会的**,可以假释。如果有特殊情况,经最高人民法院核准,可以不受上述执行刑期的限制。 对累犯以及因杀人、爆炸、抢劫、强奸、绑架等暴力性犯罪被判处十年以上有期徒刑、无期徒刑的犯罪分子,不得假释。	第八十一条 被判处有期徒刑的犯罪分子,执行原判刑期二分之一以上,被判处无期徒刑的犯罪分子,实际执行**十三年**以上,如果认真遵守监规,接受教育改造,确有悔改表现,**没有再犯罪的危险的**,可以假释。如果有特殊情况,经最高人民法院核准,可以不受上述执行刑期的限制。 对累犯以及因**故意**杀人、强奸、抢劫、绑架、**放火**、爆炸、**投放危险物质或者有组织的**暴力性犯罪被判处十年以上有期徒刑、无期徒刑的犯罪分子,不得假释。 **对犯罪分子决定假释时,应当考虑其假释后对所居住社区的影响。**

【条文理解】

所谓假释,“是指对于被判处有期徒刑、无期徒刑的犯罪分子,在刑罚执行一定时间后,符合一定条件的,而附条件地将其提前释放的一种刑罚制度”。[①] “假释的‘假’是‘有条件的’意思,这是沿用了古汉语中‘假’的意思。”[②]假释只是附条件地提前释放,并非刑满释放。

我国刑法中的假释需要具备特定的条件:(1)对象条件。包括被判处有期徒刑和无期徒刑的犯罪分子。(2)时间条件。被判处有期徒刑的犯罪分子,执行原判刑期 1/2 以上方才可能被假释,被判处无期徒刑的犯罪分子,实际执行 13 年以上方才可能被假释。(3)实质条件。无论是被判处有期徒刑,还是被判处无期徒刑,都需要犯罪分子在服刑期间认真遵守监规,接受教育改造,确有悔改表现,没

① 郎胜主编:《〈中华人民共和国刑法〉释解》,群众出版社 1997 年版,第 82 页。

② 刘宪权:《刑法学名师讲演出录(总论)》,上海人民出版社 2016 年版,第 364 页。

有再犯罪的危险。(4)排除条件。对于累犯以及因故意杀人、强奸、抢劫、绑架、放火、爆炸、投放危险物质或者有组织的暴力性犯罪被判处10年以上有期徒刑、无期徒刑的犯罪分子,即便具备前面三项条件,也不得假释。如果说前面三项条件是从正面提出肯定性要求,第四项条件则是从反面提出否定性要求。

需要强调的是,本条第1款中"如果有特殊情况,经最高人民法院核准,可以不受上述执行刑期的限制"如同但书规定,其所指涉的情形仅指具备本条第1款中对象条件与时间条件的犯罪分子,而不包括本条第2款所涉及的犯罪分子。对于累犯以及因故意杀人、强奸、抢劫、绑架、放火、爆炸、投放危险物质或者有组织的暴力性犯罪被判处10年以上有期徒刑、无期徒刑的犯罪分子,属于"绝对不得假释"的情形,在任何时候都不得假释。

【司法适用】

在假释的肯定性条件中,并没有对假释对象所犯之罪的主观方面作出限定,也就意味着无论是故意犯罪,还是过失犯罪,只要具备三项肯定性条件,均有机会被假释。但从否定性的排除条件来看,不得假释的罪犯应当理解为仅限于故意犯罪。理由在于:(1)累犯以及故意杀人、强奸、抢劫、绑架、放火等均为典型的故意犯罪,作为同样被排除假释适用的其他犯罪,在体现社会危害性的"质"上与累犯及故意杀人等犯罪应当具有"等质"属性,亦应系故意犯罪;(2)《刑法修正案(八)》将原条文中的"杀人"行为修正限定为"故意杀人",其将过失杀人排除在外的动意是非常明显的,这种"排除过失"的动意也有理由辐射到本款所列出的其他罪名与行为中;(3)爆炸、投放危险物质行为虽然既可以表现为故意形式,也可能表现为过失形式,但从过失爆炸罪、过失投放危险物质罪的法定刑来看,最高即为7年有期徒刑,因此本来就不可能被判处10年以上有期徒刑;(4)通常来说,过失犯罪在主观恶性上往往本来就较故意犯罪要低,没有理由对被判处10年以下有期徒刑故意犯罪的罪犯予以假释却对过失犯罪不予假释;并且从逻辑情理上来说,假释本来是对服刑罪犯的一种"奖励",如果不予奖励,那一定只能是针对社会危害最为严重的那些犯罪,一些严重的过失犯罪虽然在某些情形下危害性并不一定低于情节轻微的故意犯罪,但从整体情形上而言,过失犯罪的危害性,尤其是犯罪分子的主观恶性一定是低于故意犯罪的,所以没有理由将过失犯罪涵盖在本条第2款内。

本条中的排除条件,即对于累犯以及因故意杀人、强奸、抢劫、绑架、放火、爆炸、投放危险物质或者有组织的暴力性犯罪被判处10年以上有期徒刑、无期徒刑的犯罪分子不得假释,这一点是明确的,但在司法实践中,可能存在另外一种情形,即某人因暴力性犯罪被判处死刑缓期执行,2年期满后减为无期徒刑,如果此后服刑时间达到了最低服刑年限,是否可以假释?法条里对此未予明确。对此,我们认为,不予假释是对罪犯的不利之举,与入罪有类同之处。入罪时需要遵循"举轻以明重"的原理,假释亦一样,如果对于被判处较轻的有期徒刑、无期徒刑的暴力性犯罪都不得假释,那么对于被判处更重的死刑缓期执行的暴力性犯罪,当然更有理由不得假释。当然,这并不意味着所有被判处死刑缓期执行的罪犯的"假释之门"就一律被关闭了,如果是因非暴力性犯罪而被判处死刑缓期执行的,一旦具备本条规定的条件,仍然有假释的机会。

在排除条件中还有另外一个问题,故意杀人、强奸、抢劫、绑架、放火、爆炸、投放危险物质都有具体指向的罪名,唯独"有组织的暴力性犯罪"没有确定的罪名。对此,我们认为,在理解这一概念时需要把握两点:一是"暴力性",二是"有组织",这里的"组织"不一定需要像黑社会性质组织那样逐步形成或者长期存在,可以是临时纠集的,只要是为了有目的地实施某次犯罪或某个犯罪活动而聚集起来的即可,不需要具有"有组织犯罪"中的犯罪组织那种组织架构特征,这里的"组织"更多地是一种"预谋""策划"的意思,侧重于强调事先有准备,而非犯罪集团或者犯罪团伙的内部层级架构表现形式。

第八十二条　【假释程序】对于犯罪分子的假释,依照本法第七十九条规定的程序进行。非经法定程序不得假释。

【条文理解】

按照《刑法》第79条的规定,如同减刑一样,假释至少包括三个环节:(1)由执行机关提出假释建议书,受理假释建议书的为中级以上人民法院;(2)受理假释建议书的中级以上人民法院组成合议庭,做好审理准备工作;(3)合议庭进行审理,审查确认报请假释的罪犯是否确有悔改表现,没有再犯罪的危险,进而作出是否准予假释的裁定。如果没有经过法定程序,不得假释。我国现行监狱法亦对假释的程序作出了简单的规定。按照《监狱法》第32条的规定,"被判处无期徒刑、有期徒刑的罪犯,符合法律规定的假释条件的,由监狱根据考核结果向人民法院提出假释建议,人民法院应当自收到假释建议书之日起一个月内予以审核裁定;案情复杂或者情况特殊的,可以延长一个月"。

假释程序只能由刑罚执行机关启动,人民法院不可以主动开启。假释案件只能由中级以上人民法院审理,基层法院无权审理,并且在审理报请假释案件时,必须由审判员或者由审判员和人民陪审员组成合议庭进行审理,不能独任审判。按照《减刑假释审理程序》的规定,对于被判处无期徒刑的罪犯的假释,由罪犯服刑地的高级人民法院作出裁定;对于被判处有期徒刑和被减为有期徒刑的罪犯的假释,由罪犯服刑地的中级人民法院作出裁定。

【司法适用】

当前办理假释案件的基本程序已经较为成熟、完善,但在执行实践中对于一些具体问题的认定还有待进一步深入研究。例如,《刑法修正案(八)》将原条文中的“假释后不致再危害社会”修正表述为“没有再犯罪的危险”,在行刑实践中如何认定“没有再犯罪的危险”,仍然欠缺相对明晰的判断标准。当然,也可能是因为每个案件每个当事人的具体情况都各不相同,本来就不会有相对明晰的判断标准。总体来说,按照《减刑假释规定》,对于“没有再犯罪的危险”的认定,除需要符合本法第 81 条规定的情形外,还需要根据犯罪的具体情节,原判刑罚情况,在刑罚执行中的一贯表现,罪犯的年龄、身体状况、性格特征,假释后生活来源以及监管条件等因素综合考虑。

第八十三条　【考验期限】有期徒刑的假释考验期限,为没有执行完毕的刑期;无期徒刑的假释考验期限为十年。

假释考验期限,从假释之日起计算。

【条文理解】

假释是一种附条件的提前释放,这里的条件主要就是指本法第 84 条规定的犯罪分子在假释期间需要遵守的相关规定。当然,从某种意义上来说,假释的考验期限也可以算是条件之一。所谓“考验”,就是要看被假释的犯罪分子在假释期间有没有做到《刑法》第 84 条的要求,如果做到了,则表明被假释的犯罪分子通过了考验,如果没有做到,则表明其没有通过考验。

对假释的犯罪分子的考验期限需要适当,既不能无限期地考验下去,也不宜把考验期限设置得过于短暂。对此,刑法采取了对有期徒刑和无期徒刑区别对待的考验期限“二分法”,将有期徒刑的假释考验期限设定为没有执行完毕的刑期,这是一种不固定的期限,考验期限因人因案而异;而无期徒刑的假释考验期限则统一确定为 10 年,这是一种固定的期限。应当说,刑法中根据个案情况以及刑种属性等因素的不同而分别设置不同的假释考验期限的做法是合理的,确定的考验期限也是恰当的。

【司法适用】

有期徒刑的假释考验期属于一种不确定的期限,而无期徒刑的假释考验期则为确定的期限,由此就可能出现有期徒刑的假释考验期反而会较无期徒刑的假释考验期长的情形。具体来说,犯罪分子因为数罪并罚被判处 25 年有期徒刑,服刑 12 年半后即有机会被假释,假如其实际服刑 13 年后被假释,那么其假释考验期应当为 12 年。这样一来,其假释考验期就要比无期徒刑的假释考验期长。应当说,无论其是因为多少项罪名而被并罚,作为有期徒刑,假释考验期都不宜比无期徒刑的假释考验期长。为避免这种不合理现象的发生,我们认为,只能由刑罚执行机关充分关注这一点,尽可能在有期徒刑的余刑系 10 年以下时才报请假释。

如果无期徒刑的生效判决是数罪并罚时其中的某罪或某几个罪吸收了其他轻罪名的刑期而被宣告无期徒刑,在假释考验期恒定的情况下,那么就有必要将假释的条件适当收紧,在报请假释前适当放长其实际服刑时间,以免造成刑罚执行上的不合理与不公平。

第八十四条　【假释犯应遵守的规定】被宣告假释的犯罪分子,应当遵守下列规定:

(一)遵守法律、行政法规,服从监督;

(二)按照监督机关的规定报告自己的活动情况;

(三)遵守监督机关关于会客的规定;

(四)离开所居住的市、县或者迁居,应当报经监督机关批准。

【条文理解】

假释是一种附条件的提前释放,不同于刑满释放。刑满释放是刑罚已经执行完毕了,而假释的刑罚并没有执行完毕,只是将矫治方式由封闭转为开放而已。为了确保这种非羁押式的矫正能够顺利进行并取得成效,有必要对被假释的犯罪分子作出一定的义务性限定,这种义务性的限定也就是本条所规定的犯罪分子在假释期间必须遵守的相关要求。具体来说包括四项:一是遵守法律、行政法规,服从监督;二是按照监督机关的规定报告自己的活动情况;三是遵守监督机关关于会客的规定;四是离开所居住的市、县或者迁居,应当报经监督机关批准。

第八十五条　【假释的考验】对假释的犯罪分子，在假释考验期限内，依法实行社区矫正，如果没有本法第八十六条规定的情形，假释考验期满，就认为原判刑罚已经执行完毕，并公开予以宣告。

【条文对照】

1997 年《刑法》	2011 年《刑法修正案（八）》
第八十五条　被假释的犯罪分子，在假释考验期限内，**由公安机关予以监督**，如果没有本法第八十六条规定的情形，假释考验期满，就认为原判刑罚已经执行完毕，并公开予以宣告。	第八十五条　对假释的犯罪分子，在假释考验期限内，**依法实行社区矫正**，如果没有本法第八十六条规定的情形，假释考验期满，就认为原判刑罚已经执行完毕，并公开予以宣告。

【条文理解】

《刑法修正案（八）》对被假释犯罪分子的监督管理工作主体进行了调整，该项工作不再由公安机关承担，而是改由负责社区矫正工作的部门牵头组织有关单位和社区基层组织，并在相关社会团体和民间组织以及社会志愿者的协助下开展实施。《社区矫正法》提出了“专门机关与社会力量相结合”的工作原则。

实践中，绝大多数犯罪分子都能做到假释期间应当遵守的相关规定，且亦未再犯新罪或者被发现漏罪，进而顺利度过假释考验期。一旦假释考验期满，就认为原判刑罚已经执行完毕，并公开予以宣告。按照《社区矫正法》的规定，社区矫正对象矫正期满的，社区矫正机构应当向社区矫正对象发放解除社区矫正证明书，并通知社区矫正决定机关、所在地的人民检察院、公安机关。

【司法适用】

《社区矫正法》对包括被裁定假释的犯罪分子在内的社区矫正对象从被裁定、决定或者批准社区矫正起至社区矫正机构如何监督管理以及其他有关单位和部门如何实施教育帮扶等都作出了规定。

按照《社区矫正法》的规定，社区矫正决定机关应当自假释裁定生效之日起 5 日内通知执行地社区矫正机构，并在 10 日内送达有关法律文书，同时抄送人民检察院和执行地公安机关。被裁定假释的社区矫正对象应当自裁定生效之日起 10 日内到执行地社区矫正机构报到。社区矫正机构应当依法接收社区矫正对象，核对法律文书、核实身份、办理接收登记、建立档案，并宣告社区矫正对象的犯罪事实、执行社区矫正的期限以及应当遵守的规定。

社区矫正机构应当根据裁判内容和社区矫正对象的性别、年龄、心理特点、健康状况、犯罪原因、犯罪类型、犯罪情节、悔罪表现等情况,制定有针对性的矫正方案,实现分类管理、个别化矫正。矫正方案应当根据社区矫正对象的表现等情况相应调整。社区矫正机构应当根据社区矫正对象的情况,为其确定矫正小组,负责落实相应的矫正方案。根据需要,矫正小组可以由司法所、居民委员会、村民委员会的人员,社区矫正对象的监护人、家庭成员,所在单位或者就读学校的人员以及社会工作者、志愿者等组成。

在社区矫正工作中,社区矫正机构应当了解掌握社区矫正对象的活动情况和行为表现。社区矫正机构可以通过通信联络、信息化核查、实地查访等方式核实有关情况,有关单位和个人应当予以配合。社区矫正对象离开所居住的市、县或者迁居,应当报经社区矫正机构批准。社区矫正机构对于有正当理由的,应当批准;对于因正常工作和生活需要经常性跨市、县活动的,可以根据情况,简化批准程序和方式。

社区矫正机构根据社区矫正对象的表现,依照有关规定对其实施考核奖惩。社区矫正对象认罪悔罪、遵守法律法规、服从监督管理、接受教育表现突出的,应当给予表扬。社区矫正对象违反法律法规或者监督管理规定的,应当视情节依法给予训诫、警告、提请公安机关予以治安管理处罚,或者依法提请撤销假释。对社区矫正对象的考核结果,可以作为认定其是否确有悔改表现或者是否严重违反监督管理规定的依据。

开展社区矫正工作,应当保障社区矫正对象的合法权益。社区矫正的措施和方法应当避免对社区矫正对象的正常工作和生活造成不必要的影响;非依法律规定,不得限制或者变相限制社区矫正对象的人身自由。

第八十六条　【假释的撤销】被假释的犯罪分子,在假释考验期限内犯新罪,应当撤销假释,依照本法第七十一条的规定实行数罪并罚。

在假释考验期限内,发现被假释的犯罪分子在判决宣告以前还有其他罪没有判决的,应当撤销假释,依照本法第七十条的规定实行数罪并罚。

被假释的犯罪分子,在假释考验期限内,有违反法律、行政法规或者国务院有关部门关于假释的监督管理规定的行为,尚未构成新的犯罪的,应当依照法定程序撤销假释,收监执行未执行完毕的刑罚。

【条文对照】

1997 年《刑法》	2011 年《刑法修正案(八)》
第八十六条　被假释的犯罪分子,在假释考验期限内犯新罪,应当撤销假释,依照本法第七十一条的规定实行数罪并罚。 在假释考验期限内,发现被假释的犯罪分子在判决宣告以前还有其他罪没有判决的,应当撤销假释,依照本法第七十条的规定实行数罪并罚。 被假释的犯罪分子,在假释考验期限内,有违反法律、行政法规或者国务院**公安**部门**有关**假释的监督管理规定的行为,尚未构成新的犯罪的,应当依照法定程序撤销假释,收监执行未执行完毕的刑罚。	第八十六条　被假释的犯罪分子,在假释考验期限内犯新罪,应当撤销假释,依照本法第七十一条的规定实行数罪并罚。 在假释考验期限内,发现被假释的犯罪分子在判决宣告以前还有其他罪没有判决的,应当撤销假释,依照本法第七十条的规定实行数罪并罚。 被假释的犯罪分子,在假释考验期限内,有违反法律、行政法规或者国务院**有关**部门**关于**假释的监督管理规定的行为,尚未构成新的犯罪的,应当依照法定程序撤销假释,收监执行未执行完毕的刑罚。

【条文理解】

《刑法》第 85 条从肯定的角度规定了顺利通过假释考验期的法律后果,本条则是从否定的角度规定了如果未能通过假释考验期则该面临何种法律后果。未能通过假释考验期,主要在于两个方面的原因:一是发现了犯罪事实;二是虽然没有犯罪事实,但发生了违反法律、行政法规或者国务院有关部门关于假释的监督管理规定的行为。对于前者,又包括两种具体情形:一是在假释考验期内再犯新罪;二是在假释考验期内发现了判决宣告以前的漏罪。

无论是针对再犯新罪,还是发现漏罪,都应当撤销假释,但在撤销假释的同时对于新罪或者漏罪的处理方法不一样。对于再犯新罪的,应当按照"先减后并"的方式加以处理。对于发现漏罪的,则应当按照"先并后减"的方式加以处理。

如果被假释的犯罪分子在假释考验期限内虽未实施新的犯罪行为,但其实施了其他违反法律、行政法规或者国务院有关部门关于假释的监督管理规定的行为,也应当依照法定程序撤销假释,收监执行未执行完毕的刑罚。

【司法适用】

《刑事诉讼法解释》第 542 条规定,"罪犯在缓刑、假释考验期限内犯新罪或者被发现在判决宣告前还有其他罪没有判决,应当撤销缓刑、假释的,由审判新罪的人民法院撤销原判决、裁定宣告的缓刑、假释,并书面通知原审人民法院和执行机关";第 543 条规定,"人民法院收到社区矫正机构的撤销缓刑建议书后,经审查,确认罪犯在缓刑考验期限内是有下列情形之一的,应当作出撤销缓刑的裁定:(一)违反禁止令,情节严重的;(二)无正当理由不按规定时间报到或者接受社区矫正期间脱离监管,超过一个月的;(三)因违反监督管理规定受到治安管理处罚,仍不改正的;(四)受到执行机关二次警告,仍不改正的;(五)违反法律、行政法规和监督管理规定,情节严重的其他情形。人民法院收到社区矫正机构的撤销假释建议书后,经审查,确认罪犯在假释考验期限内具有前款第二项、第四项规定情形之一,或者有其他违反监督管理规定的行为,尚未构成新的犯罪的,应当作出撤销假释的裁定”。

这里可能会涉及一个问题,如果假释的犯罪分子在社区矫正期间实施了理应受到治安管理处罚的行为,如理应行政拘留,那么此时是否需要先行执行行政拘留的治安处罚,然后才撤销假释收监执行余刑?并且,行政拘留的时间是否折抵刑期?我们认为,应当先行执行行政拘留的治安处罚,然后再撤销假释收监执行,且行政拘留的时间不应当折抵刑期。理由在于:其一,行政法律责任与刑事法律责任是两种不同的责任承担方式,不应当混同。承担刑事法律责任是因为此前的犯罪行为,而承担行政法律责任是因为新实施的违反治安管理的行为,这里存在两个行为,且为两种性质不同的行为,本就应当分别承担不同的法律责任,相应地,时间也不应当进行折抵。当然,从假释的立法精神来看,一旦假释被撤销,那么此前考验期所经过的时间就应当“归零”,本身就不存在折抵的问题。其二,《刑事诉讼法解释》第 543 条第 1 款第 3 项的表述为“因违反监督管理规定受到治安管理处罚,仍不改正的”,这种表述从逻辑关系的角度来看,应当指的就是应当先予治安管理处罚,然后才能收监执行。这里又有两个问题需要关注:一是部分特定对象虽应受到行政拘留处罚但并不实际执行的,如何解决这部分对象的撤销假释问题?按照《治安管理处罚法》第 21 条的规定,“违反治安管理行为人有下列情形之一,依照本法应当给予行政拘留处罚的,不执行行政拘留处罚:(一)已满十四周岁不满十六周岁的;(二)已满十六周岁不满十八周岁,初次违反治安管理的;(三)七十周岁以上的;(四)怀孕或者哺乳自己不满一周岁婴儿的”。我们认为,这四类特殊对象与其他实际执行行政拘留处罚的违反治安管理的行为人并无不同,在治安管理处罚决定生效后依法办理撤销假释的手续即可。二是对“因违反监督管理规定受到治安管理处罚,仍不改正的”这句话可以作两层意思的解读:第一层意思是受到治安管理处罚后仍然可以不撤销假释,可以再给被假释对象以机会,直到其有新的其他违规行为的出现,才表明其“仍不改正”,才有必要予以撤销假释;第二层意思是受到治安管理处罚就表明被假释对象“仍不改正”,受到治安管理处罚就是“仍不改正”的具体表现,一旦被治安管理处罚了,就应当立即撤销假释。我们倾向于作第一层意思的理解,因为如果按照第二层意思理解的话,那么“因违反监督管理规定受到治安管理处罚,仍不改正的”这句话中“仍不改正”这四个字就没有必要写入法条中,完全可以删除,但实际情况是实践中不乏按照第二层意思进行操作的实例。

本条还可能引申出另外一个值得探讨的问题，即被假释的犯罪分子在被收监执行后，如果表现良好，是否还可以再次假释？应当说，从理论上而言，或者从本法第81条所列的条件来看，没有不能再次假释的禁止性规定。但在假释的条件中，“没有再犯罪的危险”这个条件包含较强的主观判断的成分，没有办法保证假释后又收监执行的犯罪分子绝对不会再犯新罪，事实上，其此前在假释考验期限内实施了违反法律、行政法规或者国务院有关部门关于假释的监督管理规定的行为本身已经在一定程度上表明了不排除今后再犯罪的可能。所以从这层意义上来说，虽然理论上没有排除再次假释的可能，但实践中不宜再次假释，或者应当更加谨慎、更加严格地把握假释的条件与标准。或许也正是出于这层因素的考虑，《减刑假释规定》第30条规定，“依照刑法第八十六条规定被撤销假释的罪犯，一般不得再假释。但依照该条第二款被撤销假释的罪犯，如果罪犯对漏罪曾作如实供述但原判未予认定，或者漏罪系其自首，符合假释条件的，可以再假释”。

【司法案例】

丁某军强奸、抢劫、盗窃案[①]

[**裁判要旨**]假释是附条件的提前释放，罪犯在考验期内必须严格遵守《刑法》第84条的规定，否则就得按《刑法》第86条的规定撤销假释，以保证假释制度的严肃性。不论行为人的犯罪行为连续与否，也不论其犯罪行为是在何时被发现的，只要有一项罪行是在假释考验期内实施且依法未超过追诉时效，就应当依法撤销其假释，实行并罚。

朱某森等盗窃案[②]

[**裁判要旨**]罪犯在假释期间又犯新罪数罪并罚时原减刑裁定不计入已执行的刑期。罪犯只要是又犯新罪或者被发现还有漏罪尚未处理，需要进行数罪并罚时，先前裁定减去的刑期一律不计入已经执行的期限，也就是说先前的减刑裁定被“一笔勾销”，不管先前罪犯被减刑几次、被减去的刑期有多长。

---

① 参见《刑事审判参考》总第28辑第202号案例。

② 参见《刑事审判参考》总第99集第1009号案例。

第八节　时　　效

第八十七条　【追诉时效期限】犯罪经过下列期限不再追诉：

（一）法定最高刑为不满五年有期徒刑的，经过五年；

（二）法定最高刑为五年以上不满十年有期徒刑的，经过十年；

（三）法定最高刑为十年以上有期徒刑的，经过十五年；

（四）法定最高刑为无期徒刑、死刑的，经过二十年。如果二十年以后认为必须追诉的，须报请最高人民检察院核准。

【条文理解】

追诉时效，是指刑法所规定的对犯罪分子追究刑事责任的有效期限。如果犯罪尚处于追诉时效期限内，司法机关有权追究犯罪人的刑事责任；如果犯罪已经过了法定的追诉时效期限，司法机关无权追究犯罪人的刑事责任。

本条设置了四档追诉时效的期限：一是法定最高刑为不满 5 年有期徒刑的，追诉时效为 5 年；二是法定最高刑为 5 年以上不满 10 年有期徒刑的，追诉时效为 10 年；三是法定最高刑为 10 年以上有期徒刑的，追诉时效为 15 年；四是法定最高刑为无期徒刑、死刑的，追诉时效为 20 年。此外，还针对法定最高刑为无期徒刑、死刑的情形设置了一档特别追诉时效，即这种情形如果在经过 20 年以后认为必须追诉的，必须报请最高人民检察院核准，方可追诉。

当然，这里有个问题可能会存在认识分歧，即“认为必须追诉”中“认为”的主体是谁，是一般公众，还是司法机关？如果是司法机关，那么是哪个或哪级司法机关？我们认为，还是理解为司法机关比较妥当。从汉语文法上来讲，“如果二十年以后认为必须追诉的，须报请最高人民检察院核准”这句话的前后主语应当是一致的，而后半句中“报请最高人民检察院核准”的行为只能由司法机关完成，这是一种司法活动，不可能由司法机关之外的社会公众完成，所以前半句中“认为”的主体亦相应地理解为司法机关比较合适。

【司法适用】

在具体适用该条时需要注意正确理解这里的“法定最高刑”的概念。通俗地说，这里可能存在两个“法定最高刑”的概念，即立法上的法定最高刑与司法上的法定最高刑。前者是指立法时给某个具体罪名配置的最重的刑种与最高的刑期，是最重刑种与最高刑期的结合体。例如，某个罪名可能配置有三档刑期，分别为5年以下有期徒刑，5年至10年有期徒刑，10年以上有期徒刑。此时从立法上来说，该罪的法定最高刑为15年有期徒刑。后者则是某个具体的案件中，根据行为人犯罪的事实、性质、情节以及社会危害程度，应当适用的某一具体刑档，该刑档内的最高刑期即为具体个案中司法上的法定最高刑。例如，某一数额犯罪名，配置有三档法定刑，涉案金额如果分别达到5万元、50万元、250万元，则分别在5年以下、10年以下、15年以下有期徒刑的刑档内量刑，某行为人的涉案金额为30万元，那么其对应的司法上的法定最高刑为10年以下有期徒刑，而非15年以下有期徒刑。

现行刑法中，一部分罪名的法定刑是单一刑档，这主要是指一些社会危害性相对较小的犯罪，但大多数罪名都配置了两个以上的刑档。对于单一刑档，立法上的法定最高刑与司法上的法定最高刑是重合的，不会产生理解上的分歧与异议。但对于两个以上的刑档，就可能会产生理解上的分歧与异议了，立法上的法定最高刑与司法上的法定最高刑并不完全重合。在此情形之下，本条中的“法定最高刑”其实是针对司法上的法定最高刑而言的。需要注意的是，刑法中多刑档罪名的法定刑都采用了“以上”“以下”的概念，这里的“以上”“以下”都包括本数在内，如果某个具体案件中对应的法定最高刑为5年以下有期徒刑，那么其追诉时效应当为10年，而非5年。

【司法案例】

杨某云（故意杀人）不核准追诉案①

［**要旨**］（1）因婚姻家庭等民间矛盾激化引发的犯罪，经过20年追诉期限，犯罪嫌疑人没有再犯罪危险性，被害人及其家属对犯罪嫌疑人表示谅解，不追诉有利于化解社会矛盾、恢复正常社会秩序，同时不会影响社会稳定或者产生其他严重后果的，对犯罪嫌疑人可以不再追诉。（2）须报请最高人民检察院核准追诉的案件，侦查机关在核准之前可以依法对犯罪嫌疑人采取强制措施。侦查机关报请核准追诉并提请逮捕犯罪嫌疑人，人民检察院经审查认为必须追诉而且符合法定逮捕条件的，可以依法批准逮捕。

第八十八条　【追诉期限的延长】在人民检察院、公安机关、国家安全机关立案侦查或者在人民法院受理案件以后，逃避侦查或者审判的，不受追诉期限的限制。

① 参见最高人民检察院检例第22号。

被害人在追诉期限内提出控告，人民法院、人民检察院、公安机关应当立案而不予立案的，不受追诉期限的限制。

【条文理解】

对于本条第1款的情形，需要同时具备两个条件：(1)人民检察院、公安机关、国家安全机关已经立案侦查，或者人民法院已经受理案件。人民检察院、公安机关、国家安全机关立案侦查主要是针对公诉案件而言的，人民法院受理案件则包括刑事自诉案件以及进入了审判环节的公诉案件。(2)行为人逃避侦查或者审判。行为人如果同时具备了这两个条件，那么无论经过多长时间，都应当进行追诉。

对于本条第2款的情形，亦需要同时具备两个条件：(1)被害人在追诉期限内已经提出了控告。这里需要注意的一点是，刑事案件涉及司法机关的职能分工与管辖问题，不能苛求被害人对刑事案件的管辖都如同法律专业人士一样搞得很清楚，被害人在提出控告时弄错级别管辖或者地域管辖，甚至弄错司法机关的职能分工，到人民检察院控告，要求检察机关立案侦查理应由公安机关立案侦查的刑事案件的，都不影响"被害人在追诉期限内已经提出了控告"这个条件的成立。(2)人民法院、人民检察院、公安机关应当立案而不予立案。这个条件还可以做细分拆解，一是应然角度的，即应立案，二是实然角度的，即未立案。应立案"是指根据刑法的规定和公认的刑法理论，被控告人的行为已构成犯罪，应当对其进行立案侦查或者受理案件"。[①] 只要是对于应当立案的控告并未立案，即具备了这一条件。

【司法适用】

本条中的"被害人"不应当狭义地理解为仅指被害人本人，还应当包括被害人的法定代理人及其近亲属。因为被害人完全可能会因受到严重伤害而处于不能报案的状况，例如，因被伤害而长期昏迷不醒，或者因受到威吓、胁迫等精神强制而不敢提出控告。这种情形下如果不允许被害人的法定代理人或者近亲属代为控告，显然是不合理的，有违立法初衷。

本条在司法适用中一直存在一个莫衷一是的问题，即到底应该如何理解"立案侦查"。对此，总体上存在两种观点：一种观点认为这里的立案指的是"对人立案"，另一种观点则认为应当指的是"对事立案"。前者意味着侦查机关在立案时

---

① 高铭暄、马克昌主编：《刑法学》，北京大学出版社、高等教育出版社2019年版，第305页。

不仅确认有犯罪事实发生,而且已经锁定了犯罪嫌疑人;而后者则意味着侦查机关在立案时仅仅只是确认有犯罪事实发生,但并没有锁定犯罪嫌疑人,不能确定犯罪事实系何人所为。

持"对人立案" 者的重要论据之一是历史沿革角度的考察,认为 1979 年《刑法》是以"采取强制措施" 作为不受追诉期限限制的条件,只是在 1997 年《刑法》修订时才将"采取强制措施" 改为侦查机关"受理案件" 或者审判机关"受理案件",而"采取强制措施" 显然是针对人而言的,不可能是针对案件,如此一来,从精神传承或者法理沿袭的角度来看,1997 年《刑法》中的侦查机关"立案侦查" 或者审判机关"受理案件" 相应地也应该理解为是针对人而言的。我们认为这条理由并不令人信服,完全可以反其意而理解之,"采取强制措施" 确实是针对人而言的,但问题是既然 1997 年《刑法》改变了 1979 年《刑法》的表述方式,那也就是说完全可以认为正是因为 1979 年《刑法》的表述不够妥当,不应当单纯地采用"对人立案" 的模式,所以 1997 年《刑法》才加以修改,采用"对事立案" 的模式,这条反其道而行之的逻辑推论完全能够站得住脚。

当前,较多人认同"对人立案" 的观点,但我们认为,还是理解为"对事立案" 比较妥当。就当前的刑事侦查工作实践而言,不少案件在犯罪事实发生后因为各种因素所致,侦查机关无从判断系何人所为,经过大量的调查工作后才能确定犯罪嫌疑人,甚至有些案件即便付出巨大的努力也仍然无法锁定犯罪嫌疑人。在此情形下,要求公安机关"对人立案" 显然是一种苛求。或许有人会提出异议,认为我们在这里把立案时的"对人立案" 与追诉时的"对人立案" 混为一谈了。但实际情况并非如此。立案侦查时,如果侦查机关未能锁定犯罪嫌疑人,或许跟侦查条件、侦查能力有一定关系,但也一定跟犯罪嫌疑人的反侦查能力有一定关系,对于那些没有锁定犯罪嫌疑人的案件而言,往往也就意味着犯罪嫌疑人规避侦查逃避处罚的意愿更强,重新犯罪的人身危险性更大。如果认为"对人立案" 的案件可以不受追诉期限的限制,那么行为人悔罪态度更差、主观恶性更重的"对事立案" 的案件更有理由不受追诉期限的限制。

【司法案例】

林某波故意伤害案①

[**裁判要旨**]只要被害人在追诉期限内提出控告的,遇有该立案而不予立案的情况,对犯罪人的追诉就不受《刑法》第 87 条规定的追诉期限的限制。在这种情

① 参见《刑事审判参考》总第 96 集第 943 号案例。

形下,不管司法机关出于何种原因没有立案,不论行为人是否逃避侦查或者审判,不论经过多长时间,任何时候都可以对其进行追诉。即使被害人在追诉期限内的控告不符合管辖规定,也不妨碍追诉时效的延长。

袁某祥、王某恩故意杀人案①

［**裁判要旨**］犯罪行为发生于1997年《刑法》施行之前,行为人在1997年《刑法》施行之后到案。按照1979年《刑法》的规定,是否受到追诉时效的限制取决于两个因素,一是被告人是否曾被采取强制措施,二是在被采取强制措施后是否逃避侦查或者审判。如果曾被采取强制措施,此后因证据不足等原因而被释放,但其间并未逃避侦查或者审判的,则受到追诉时效的限制;如果曾被采取强制措施,但其间逃避侦查或者审判的,则不受追诉时效的限制。这里的“被采取强制措施”既包括已经实际执行强制措施的情形,也包括侦查机关、审判机关决定(批准)采取强制措施后,由于犯罪分子逃避而无法执行,以及犯罪分子在逃,经决定(批准)逮捕并发布通缉令后拒不到案的情形。

共同犯罪中,部分被告人的追诉期限延长或者中断,或者不受追诉期限限制,并不必然影响共同犯罪中其他被告人的追诉期限,需要结合具体情况对共同犯罪中各被告人的追诉时效分别评价判断。因为追诉期限的长短,是根据犯罪分子所犯罪行对应的法定最高刑进行确定,是否受追诉期限限制,考察的是犯罪分子是否具有逃避侦查或者审判的情形,这就必然要结合各被告人的具体情况进行个别化判断。

第八十九条　【追诉期限的计算】追诉期限从犯罪之日起计算;犯罪行为有连续或者继续状态的,从犯罪行为终了之日起计算。

在追诉期限以内又犯罪的,前罪追诉的期限从犯后罪之日起计算。

【条文理解】

追诉期限是一个时间区间,本条是关于追诉期限何时开始计算,也就是关于区间“起点”的规定。按照本条规定,犯罪的追诉期限的起点为“犯罪之日”,即犯罪成立之日,亦即犯罪构成要件齐备之日。② 对于不以危害结果作为要件的犯罪

① 参见《刑事审判参考》总第110集第1200号案例。

② 此类权威教科书例如高铭暄、马克昌主编:《刑法学》,北京大学出版社、高等教育出版社2019年版,第303页;张明楷:《刑法学》(上),法律出版社2016年版,第650页。

而言,行为实施完毕之日即为犯罪成立之日;对于以危害结果作为要件的犯罪而言,危害结果的出现或者发生即为犯罪成立之日。

本条涉及连续犯与继续犯的问题,针对连续犯与继续犯的追诉期限,明确规定以“犯罪行为终了之日”作为起算点。因为连续犯是有数个均能独立成罪的行为,而继续犯是仅有一个处于持续状态的行为,所以对于连续犯而言,作为追诉时效起算点的“犯罪之日”应当是最后一个独立犯罪的构成要件齐备之日,而对于继续犯而言,则应当将该持续性行为的结束之日视作“犯罪之日”。

本条第 2 款是关于追诉时效中断的规定。所谓追诉时效的中断,“是指在追诉时效进行期间,因发生法律规定的事由,而使以前所经过的时效期间归于无效,法律规定的事由终了之时,时效重新开始计算”。① 本款追诉时效中断针对的是在追诉期限以内又犯罪这种情形,此时前罪追诉的期限从犯后罪之日起重新计算,此前已经经过的期限归零。

【司法适用】

本条确立了追诉的“起点”,但并没有涉及追诉的“终点”问题,而“终点”问题却又是追诉期限绕不过的一个话题。或许在多数情况下,追诉的“终点”问题并不那么重要,但在当追诉“终点”临近追诉截止时间点时,这个问题可能骤然间就变得非常重要了,因为其直接关系到行为人是否承担刑事责任,就如同直接关系到罪与非罪的问题一样。

刑事诉讼包括侦查、审查起诉、审判等环节。如果追诉期限截止时尚未立案,那么一切问题都将不复存在。但问题是如果追诉期限截止时已经进入了侦查、审查起诉或者审判环节中的任何一个环节,但尚未作出生效裁判,此时追诉时效如何把握与确认?易言之,确认是否过了追诉期限,究竟是以立案侦查的时间节点为准,还是以作出生效判决的时间节点为准?对此,有观点认为,“追诉不只是起诉的含义,而是包括了侦查、起诉、审判的全过程。因此,追诉期限应从犯罪之日起计算到审判之日为止。换言之,只有在审判之日还没有超过诉讼期限的,才能追诉”。②我们认为,这种观点是值得商榷的,一方面有宽纵犯罪之嫌,另一方面在司法实践中可能会行不通或者导致不合理。每个案件的具体情况都各不相同,在立案侦查之初,没有办法确认接下来的审查起诉以及审判环节需要多少时间,此外,每个诉讼环节都可以延长办案时间,有的还可以多次延长,这其中需要多少时间才能走完整个诉讼流程,事先根本无法准确预估。理论上来说,甚至不排除为

---

① 高铭暄、马克昌主编:《刑法学》,北京大学出版社、高等教育出版社 2019 年版,第 304 页。

② 张明楷:《刑法学》(上),法律出版社 2016 年版,第 651 页。

了把时间拖到追诉期限届满而“合理”利用刑事诉讼法设置的退回补充侦查等制度而故意反复多次延长办案时限的极端可能。司法实践中，一些案件从立案到审理完毕耗时两三年时间甚至更长时间的情形并不罕见。如果一个案件立案查处了相当长的一段时间后因为追诉期限届满，然后终止诉讼程序，既浪费了司法资源，又有失刑事诉讼的严肃性与权威性。基于此，我们认为，合理的选项应当是以立案侦查的时间节点为准，只要在立案侦查之日没有超过法定的时限，就应当认为没有超过追诉期限。

【司法案例】

沈某某滥用职权案①

［**裁判要旨**］滥用职权罪属于结果犯，即除了有犯罪行为之外，还应该致使公共财产、国家和人民利益遭受重大损失这一后果发生才构成犯罪。滥用职权罪属于状态犯，而非继续犯。滥用职权罪的犯罪行为实行终了后产生不法状态，即侵害结果，此后，侵害结果虽然一直存在，但滥用职权行为本身已经实行终了，没有持续。因此，追诉期限仍应从滥用职权行为造成的侵害结果发生之日起计算，而不能以侵害结果终了之日起算。

---

① 参见《刑事审判参考》总第105集第1134号案例。

第五章 其他规定

第九十条 【民族自治地方刑法变通适用】民族自治地方不能全部适用本法规定的，可以由自治区或者省的人民代表大会根据当地民族的政治、经济、文化的特点和本法规定的基本原则，制定变通或者补充的规定，报请全国人民代表大会常务委员会批准施行。

【条文理解】

我国是个多民族国家，各民族的文化传统、风俗习惯等各不相同，为了促进各民族共同发展，有必要根据各民族的政治、经济、文化特点，对包括刑法在内的国家法律制度在各民族自治地方的适用略作变通或者补充，不能不分具体情况“一刀切”地要求所有民族无条件无差别地统一适用各部法律。按照《民族区域自治法》的规定，民族自治地方的自治机关根据本地方的情况，在不违背宪法和法律的原则下，有权采取特殊政策和灵活措施，加速民族自治地方经济、文化建设事业的发展。民族自治地方的自治机关行使《宪法》第三章第五节规定的地方国家机关的职权，同时依照宪法和民族区域自治法以及其他法律规定的权限行使自治权，根据本地方的实际情况贯彻执行国家的法律、政策。

就针对刑法的变通或者补充而言，需要遵循几个前提条件：其一，只能由自治区或者省级人民代表大会实施，自治州或者地市级以下的人大无权实施。其二，必须根据当地民族的政治、经济、文化特点进行，不能脱离当地民族的政治、经济、文化特点任性而为。其三，变通或者补充的内容不能悖离刑法的基本原则，这种基本原则不仅仅只是《刑法》总则中确立的基本原则，还包括《刑法》分则中涉及的原则，不仅仅只是定罪方面的，也包括量刑方面的。其四，这种变通或者补充规定必须报请全国人民代表大会常务委员会批准，方可施行。

【司法适用】

本条中的“民族自治地方”是一个法定的概念，不能扩大解释，也不能限缩解释。按照现行《民族区域自治法》第 2 条的规定，民族自治地方分为自治区、自治州、自治县。

本条中的“制定变通或者补充的规定”，是指在不违背刑法基本原则的基础上，“可以对刑法的某一具体规定，如对某一犯罪的具体情节或者某一构成要件，作一些灵活的改变，或者补充一些条件限制，或者在处刑的轻重上采取一些灵活的规定，以体现对少数民族风俗习惯、传统生活方式的特殊保护”。[①]

第九十一条 【公共财产的范围】本法所称公共财产，是指下列财产：

（一）国有财产；

（二）劳动群众集体所有的财产；

（三）用于扶贫和其他公益事业的社会捐助或者专项基金的财产。

在国家机关、国有公司、企业、集体企业和人民团体管理、使用或者运输中的私人财产，以公共财产论。

【条文理解】

国有财产，是指国有公司、国有企业、国有事业单位、共青团及妇联等人民团体的财产。其中既包括前述财产主体在其内部独立经营、管理、使用的财产，也包括其投向外部其他财产主体的参股或者控股的股权股份所代表或折合的财产，其所有权属于国家所有。劳动群众集体所有的财产是指在集体所有制公司、企业、事业单位，以及按照集体所有制进行管理的社会团体中的财产，其所有权属于集体单位所有。用于扶贫和其他公益事业的社会捐助或者专项基金的财产是指主要用于扶助老幼病残等弱势群体的带有社会公益性质的财产，既包括社会捐助的财产，也包括专项基金的财产。

之所以要将在国家机关、国有公司、企业、集体企业和人民团体管理、使用或者运输中的私人财产以公共财产论，主要是考虑到这部分财产虽然本属个人私人所有，但当由于某种原因由国家机关、国有公司、企业、集体企业和人民团体对其加以管理、使用或者运输的时候，国家机关、国有公司、企业、集体企业和人民团体与作为财产所有人的私人之间便产生了一种实质上的委托关系，财产的占有权、使用权等权能被临时过渡给国家机关、国有公司、企业、集体企业和人民团体，一旦这些私人财产毁损、灭失等，国家机关、国有公司、企业、集体企业和人民团体便要承担起相应的赔偿责任。为防范风险，保护国家机关、国有公司、企业、集体企业和人民团体对这些私人财产的管理、使用和运输，便将这些财产视为公共财产。

---

① 郎胜主编：《〈中华人民共和国刑法〉释解》，群众出版社 1997 年版，第 92~93 页。

因此,这种公共财产其实是一种法律上的拟制,将原本属于私人所有的财产拟制为公共财产。

【司法适用】

根据《国家出资企业中职务犯罪案件具体应用法律若干问题的意见》的规定,国有公司、企业不仅仅是国有独资或者全资公司、企业,还包括国家参股公司、企业。

【司法案例】

李某兴贪污案①

[**裁判要旨**]社会养老保险基金属于公共财物。社会养老保险基金中的国家财政补贴部分当然属于国有财产,用人单位的缴费(除去纳入个人账户的部分)在一定范围内进行社会统筹,进入统筹的部分显然属于集体财产。然而,社会养老保险基金中个人账户部分(包括职工个人缴费和企业缴费纳入职工个人账户的部分)的性质,法律、法规没有明确规定。社会养老保险基金中个人账户部分虽然是私人所有,但在个人不符合领取条件时一直由劳动保障行政部门负责管理、使用,在此期间损毁灭失风险由国家机关承担,因而应以公共财物论。

颜某票据诈骗案②

[**裁判要旨**]企业向银行借款,对银行而言,借款合同履行完毕后,所借款项的性质即从银行管理的资产变为企业对银行的债务;对企业而言,该借款成为企业资产的一部分。此时,所借款项不再属于国家出资企业管理、使用或者运输中的私人财产,不再具有公共财产的性质。

第九十二条　【公民私人所有财产的范围】本法所称公民私人所有的财产,是指下列财产:

(一)公民的合法收入、储蓄、房屋和其他生活资料;

(二)依法归个人、家庭所有的生产资料;

(三)个体户和私营企业的合法财产;

(四)依法归个人所有的股份、股票、债券和其他财产。

---

① 参见《刑事审判参考》总第85集第771号案例。

② 参见《刑事审判参考》总第92集第861号案例。

【条文理解】

公民私人所有的财产，总体上可以概括为四类，分别为生活资料型私人财产、生产资料型私人财产、经营收入型私人财产、投资收益型私人财产。

生活资料型私人财产包括公民的合法收入、储蓄、房屋等。这里的“合法收入”包括劳动所得、继承、受赠等而取得的合法收入。“储蓄”收入包括通过在银行等金融机构存储或投资理财等行为而获得的本金及孳息。“房屋”要视具体情况而定，并非私人居住的房屋就一定系私人财产。如果是个人出资购买或者经审批同意而合法建造的房屋当然属于个人合法财产，但由于历史遗留问题等原因，一部分城市房屋的所有权并非由个人所有，而系集体或者国家所有，对于这些个人并未取得所有权的房屋，不能认定为公民私人所有的财产。

生产资料型私人财产包括依法归个人所有的生产资料以及依法归家庭所有的生产资料。无论是归个人所有还是归家庭所有，都是用于生产用途，包括劳动工具和劳动对象。

经营收入型私人财产包括个体户的合法财产以及私营企业的合法财产。个体户包括个体工商户以及农村承包经营户。在《刑法》中使用了“个体户”的概念，《民法典》中使用的则是“个体工商户和农村承包经营户”。私营企业包括私人投资经营的独资企业以及合伙企业等，私营企业的资产及经营收入属于出资者或者实际控制人私人所有。

投资收益型私人财产包括依法归个人所有的股份、股票、债券以及其他财产，其表现形式主要为财产性利益。这里所谓“‘归个人所有的股份’，是指在非私营企业性质的股份有限公司中，以个人出资认股的股份。公民个人出资认购的股份，属于个人所有的财产”。[①] 股票、债券等权利凭证的种类、内容等应当依照证券法等法律法规的规定加以判别。除股份、股票、债券外，投资收益型私人财产还包括投资基金的收益等其他财产。

【司法适用】

本条中的“个体户”涉及两个重要概念，即个体工商户与农村承包经营户，这两个概念的具体内容在《刑法》中并未涉及，但在《民法典》“自然人”章下设了专节对个体工商户与农村承包经营户的相关内容加以明确。在理解本条中的“个体户”概念时，需要结合《民法典》的相关规定来加以进行。

按照《民法典》的规定，自然人从事工商业经营，经依法登记，为个体工商户；农村集体经济组织的成员，依法取得农村土地承包经营权，从事家庭承包经营的，

---

① 胡康生、李福成主编：《中华人民共和国刑法释义》，法律出版社 1997 年版，第 103 页。

为农村承包经营户。个体工商户的债务,个人经营的,以个人财产承担;家庭经营的,以家庭财产承担;无法区分的,以家庭财产承担。农村承包经营户的债务,以从事农村土地承包经营的农户财产承担;事实上由农户部分成员经营的,以该部分成员的财产承担。从个体工商户和农村承包经营户的概念以及债务承担方式就能看出其财产属性的私人性质。

第九十三条 【国家工作人员的范围】本法所称国家工作人员,是指国家机关中从事公务的人员。

国有公司、企业、事业单位、人民团体中从事公务的人员和国家机关、国有公司、企业、事业单位委派到非国有公司、企业、事业单位、社会团体从事公务的人员,以及其他依照法律从事公务的人员,以国家工作人员论。

【条文理解】

"国家工作人员"是刑法中的一个重要概念,《刑法》分则中的许多罪名就是以行为人是否系"国家工作人员"为标准区分此罪与彼罪或者是否从重处罚。因此,准确界定"国家工作人员"的含义及范围对于正确理解和适用法律至关重要。刑法中的"国家工作人员"包括两类:一类是国家机关中从事公务的人员亦即国家机关工作人员,另一类是国家机关工作人员之外的其他国家工作人员。

本条第 1 款规定的是国家机关工作人员。国家机关工作人员是指在国家机关中从事公务的人员,包括在各级国家权力机关、行政机关、司法机关、监察机关以及军事机关中从事公务的人员。司法实践中,在各级党的机关以及政协机关中从事公务的人员也被视为国家机关工作人员。此外,根据相关立法解释,在依照法律、法规规定行使国家行政管理职权的组织中从事公务的人员,或者在受国家机关委托代表国家行使职权的组织中从事公务的人员,或者虽未列入国家机关人员编制但在国家机关中从事公务的人员,亦视为国家机关工作人员。

本条第 2 款规定的是国家机关工作人员之外的其他国家工作人员。具体又可以细分为三种类型:第一种类型是国有公司、企业、事业单位、人民团体中从事公务的人员;第二种类型是国家机关、国有公司、企业、事业单位委派到非国有公司、企业、事业单位、社会团体从事公务的人员;第三种类型是前述两种类型之外的其他依照法律从事公务的人员。

第一种类型的国家工作人员相对容易界定,第二种类型的国家工作人员就比较复杂了,不仅涉及身份认定的问题,还涉及如何理解"委派"的含义问题。按照

《全国法院审理经济犯罪案件工作座谈会纪要》,所谓委派,即委任、派遣,其形式多种多样,如任命、指派、提名、批准等。无论被委派的人身份如何,只要是接受国家机关、国有公司、企业、事业单位委派,代表国家机关、国有公司、企业、事业单位在非国有公司、企业、事业单位、社会团体中从事组织、领导、监督、管理等工作,都可以认定为国家机关、国有公司、企业、事业单位委派到非国有公司、企业、事业单位、社会团体从事公务的人员。如国家机关、国有公司、企业、事业单位委派在国有控股或者参股的股份有限公司从事组织、领导、监督、管理等工作的人员,应当以国家工作人员论。国有公司、企业改制为股份有限公司后,原国有公司、企业的工作人员和股份有限公司新任命的人员中,除代表国有投资主体行使监督、管理职权的人外,不以国家工作人员论。

《全国法院审理经济犯罪案件工作座谈会纪要》还同时对第三种类型"其他依照法律从事公务的人员"的认定达成了共识。按照纪要,这里的"其他依照法律从事公务的人员"应当具有两个特征:一是在特定条件下行使国家管理职能;二是依照法律规定从事公务。具体包括:(1)依法履行职责的各级人民代表大会代表;(2)依法履行审判职责的人民陪审员;(3)协助乡镇人民政府、街道办事处从事行政管理工作的村民委员会、居民委员会等农村和城市基层组织人员;(4)其他由法律授权从事公务的人员。

全国人民代表大会常务委员会《关于〈中华人民共和国刑法〉第九十三条第二款的解释》中也涉及一类关于"其他依照法律从事公务的人员"的界定。按照该立法解释,"村民委员会等村基层组织人员协助人民政府从事下列行政管理工作,属于刑法第九十三条第二款规定的'其他依照法律从事公务的人员':(一)救灾、抢险、防汛、优抚、扶贫、移民、救济款物的管理;(二)社会捐助公益事业款物的管理;(三)国有土地的经营和管理;(四)土地征收、征用补偿费用的管理;(五)代征、代缴税款;(六)有关计划生育、户籍、征兵工作;(七)协助人民政府从事的其他行政管理工作"。

【司法适用】

无论是国家机关工作人员,还是国家机关工作人员之外的其他国家工作人员,在界定其身份时,都将一个必备因素作为界定的条件,即是否从事公务。因此,如何理解"从事公务"对于认定是否系国家工作人员起着至关重要的作用。

《全国法院审理经济犯罪案件工作座谈会纪要》规定,从事公务是指代表国家机关、国有公司、企业、事业单位、人民团体等履行组织、领导、监督、管理等职责。公务主要表现为与职权相联系的公共事务以及监督、管理国有财产的职务活动。如国家机关工作人员依法履行职责,国有公司的董事、经理、监事、会计、出纳人员等管理、监督国有财产等活动,属于从事公务。那些不具备职权内容的劳务活动、技术服务工作,如售货员、售票员等所从事的工作,一般不认为是公务。

【司法案例】

宋某非国家工作人员受贿案①

[**裁判要旨**]在国有控股、参股公司等国家出资企业中,国家工作人员的认定,需要具备形式与实质两个要件。形式要件,即系争工作人员需要具备负有管理、监督国有资产职责的组织批准或者研究决定。这里的"负有管理、监督国有资产职责的组织"一般是指上级或者本级国家出资企业领导部门和联席会议,而非国家出资公司的股东会、董事会、监事会,以及公司的人事组织部门,后者均非适格的任命主体。实质要件即代表负有管理、监督国有资产职责的组织在国有控股、参股公司及其分支机构中从事组织、领导、监督、经营、管理工作。在对国有控股、参股公司中国家工作人员身份进行认定时,除了需要审查行为人的任命程序,还需要着重核实其所从事的工作性质,看其是否"代表负有管理、监督国有资产职责的组织",从事"组织、领导、监督、经营、管理工作"。因此,从实质层面而言,将国家出资企业中的"代表人员"认定为国家工作人员,还要求其所从事的工作同时具备两大特征,一是代表性,二是公务性。

第九十四条 【司法工作人员的范围】**本法所称司法工作人员,是指有侦查、检察、审判、监管职责的工作人员。**

【条文理解】

司法工作人员包括四类,分别是负有侦查职责的工作人员、负有检察职责的工作人员、负有审判职责的工作人员和负有监管职责的工作人员。

按照《刑事诉讼法》的规定,对刑事案件的侦查由公安机关负责;检察机关直接受理的案件的侦查由人民检察院负责;国家安全机关依照法律规定办理危害国家安全的刑事案件,行使与公安机关相同的职权。因此,负有侦查职责的工作人员主要包括侦查机关、检察机关、国家安全机关中依法负有查禁犯罪职责的工作人员。

检察职能由人民检察院承担。按照《人民检察院组织法》第 35 条的规定,人民检察院的检察人员由检察长、副检察长、检察委员会委员和检察员等人员组成。

---

① 参见《刑事审判参考》总第 97 集第 957 号案例。

这些人员履行批准逮捕、审查起诉、出庭公诉、执法监督等具体职责，均属于本条规定的负有检察职责的工作人员。

审判职能由人民法院承担。按照《人民法院组织法》第 40 条的规定，人民法院的审判人员由院长、副院长、审判委员会委员和审判员等人员组成。这些人员具体履行审判职责，均属于本条规定的负有审判职责的工作人员。

监管的内容主要包括两个方面：一个是对尚处于刑事诉讼过程中未作出判决或者虽已作出判决但判决尚未生效的未决犯的监管，另一个是对判决已经生效的已决犯的监管。前者指涉的未决犯主要羁押于看守所，后者指涉的已决犯则主要在监狱服刑。在看守所以及监狱中针对未决犯或者已决犯履行监管职责的工作人员均属于本条规定的负有监管职责的工作人员。

【司法适用】

近年来，随着国家法治进程的日臻完善，诸多法律或新出台，或被修订，其中一部分内容也涉及本条的规定，加之新一轮司法改革的深入推进，在此大背景下，出现了不少与本条相关的新问题。兹列举如下几个问题：

其一，监察委员会履行调查犯罪职责的人员是否属于本条中的司法工作人员，这是一个与监察工作相关的问题。按照《监察法》的规定，监察委员会由主任、副主任若干人、委员若干人组成，其职责之一是对涉嫌贪污贿赂、滥用职权、玩忽职守、权力寻租、利益输送、徇私舞弊以及浪费国家资财等职务违法和职务犯罪进行调查；经调查，对涉嫌职务犯罪的，将调查结果移送人民检察院依法审查、提起公诉。这就可能涉及一个问题，履行监察调查工作的工作人员是否属于本条中的司法工作人员？“监察委员会是实现党和国家自我监督的政治机关，其性质和地位不同于行政机关、司法机关。”①就此而言，不应将监察委员会履行监察职责的工作人员视为司法工作人员。

其二，军队保卫部门与中国海警局中行使侦查权的工作人员是否属于本条中的司法工作人员，这是一个“涉军”的问题。按照《刑事诉讼法》第 308 条的规定，军队保卫部门对军队内部发生的刑事案件行使侦查权；中国海警局履行海上维权执法职责，对海上发生的刑事案件行使侦查权；军队保卫部门、中国海警局办理刑事案件适用刑事诉讼法的有关规定。军队保卫部门行使侦查权的工作人员均具有军籍，中国海警局的情况则更特殊一些，其内部工作人员，既有现役军人，又有非现役军人，行使侦查权的主要是现役军人。对于这些行使侦查权的现役军人，

---

① 《【聚焦监察法草案】②监察委员会是政治机关》，载中华人民共和国国家监察委员会网：http://www.ccdi.gov.cn/yaowen/201803/t20180308_165743.html，最后访问时间：2020 年 12 月 30 日。

其具有军事机关工作人员的身份是无疑的,但是否亦属于本条中的司法工作人员?这个问题尚有待进一步的讨论。

其三,法官助理、检察官助理与书记员是否属于本条中的司法工作人员,这是一个与审判、检察工作相关的问题。新一轮的司法改革推行法官、检察官员额制,员额法官与检察官当然属于本条中的司法工作人员,但法官助理与检察官助理以及书记员是否属于司法工作人员?按照《人民法院组织法》的规定,人民法院的法官助理在法官指导下负责审查案件材料、草拟法律文书等审判辅助事务;符合法官任职条件的法官助理,经遴选后可以按照法官任免程序任命为法官;人民法院的书记员负责法庭审理记录等审判辅助事务。按照《人民检察院组织法》的规定,人民检察院的检察官助理在检察官指导下负责审查案件材料、草拟法律文书等检察辅助事务;符合检察官任职条件的检察官助理,经遴选后可以按照检察官任免程序任命为检察官;人民检察院的书记员负责案件记录等检察辅助事务。在新的司法体制之下,法院以及检察院均对工作人员实行分类管理,所有工作人员被区分为法官/检察官、审判/检察辅助人员和司法行政人员三类。法官助理、检察官助理以及书记员均归属于审判辅助人员或者检察辅助人员。管理上的区别是否也影响或者决定其身份或者工作职责性质的区别,这是一个值得关注的问题。这些人员是否属于司法人员,还是值得深入探讨的。

当然,如果做进一步区分,法官助理、检察官助理与书记员又有所不同。书记员不能办案,法官助理与检察官助理本也不能办案,但在当前司法实践中,囿于"案多人少"等因素所困,法官助理与检察官助理在"幕后"办案而由员额法官或者员额检察官出庭的现象并不罕见。由此一来,法官助理和检察官助理与书记员虽然同为审判/检察辅助人员,但实际从事的工作差别还是很大的。不仅法官助理、检察官助理与书记员有所不同,即便同样是书记员,书记员与书记员之间可能又有所不同,因为近年来不少地方的法院、检察院推行试点改革,从社会上招聘不占用编制的文职人员从事书记员工作,且也被称为书记员,由此一来,就存在具有正式编制的书记员与不占用编制的书记员两类人员。

【司法案例】

杨某才帮助犯罪分子逃避处罚案①

[**裁判要旨**]认定是不是国家机关工作人员,关键要看其是不是在国家机关中从事一定的公务,行使一定的公权力,而不在于其是不是具有国家干部身份。当

① 参见《刑事审判参考》总第20辑第129号案例。

然从事公务仍应以具有一定身份为前提，但这种身份以"能使其具有从事公务必须的权力"即可，而不必非得是国家干部，只要是国家机关依法通过录用、聘用、委派甚至借用的途径给予一定的工作岗位并赋予一定的公务职责，就应该视为国家机关工作人员。

第九十五条　【重伤的范围】本法所称重伤，是指有下列情形之一的伤害：

（一）使人肢体残废或者毁人容貌的；

（二）使人丧失听觉、视觉或者其他器官机能的；

（三）其他对于人身健康有重大伤害的。

【条文理解】

本条以列举加概括的方式对什么是重伤作出了定义。刑法中的重伤是指使人肢体残废或者毁人容貌的，使人丧失听觉、视觉或者其他器官机能的，以及其他对于人身健康有重大伤害的伤害。

《人体损伤程度鉴定标准》对重伤的定义是，使人肢体残废、毁人容貌、丧失听觉、丧失视觉、丧失其他器官功能或者其他对于人身健康有重大伤害的损伤，包括重伤一级和重伤二级。《人体损伤程度鉴定标准》对于重伤除了从内涵层面进行定义外，还从外延角度对重伤的表现形式进行了详细的列举与描述。按其列举与描述，人体的颅脑、脊髓损伤，面部、耳廓损伤，听器听力损伤，视器视力损伤，颈部损伤，胸部损伤，腹部损伤，盆部及会阴损伤，脊柱四肢损伤，手损伤，体表损伤等都可能构成重伤，当然还存在烧烫伤、枪弹伤、溺水、电击等其他重伤形式。

值得注意的是，《人体损伤程度鉴定标准》不仅对重伤的内涵及外延均予以了明确，还更进一步将重伤区分为重伤一级与重伤二级，同时还对损伤程度等级划分原则予以了释明。按其解释，重伤一级系各种致伤因素所致的原发性损伤或者由原发性损伤引起的并发症，严重危及生命；遗留肢体严重残废或者重度容貌毁损；严重丧失听觉、视觉或者其他重要器官功能。重伤二级则系各种致伤因素所致的原发性损伤或者由原发性损伤引起的并发症，危及生命；遗留肢体残废或者轻度容貌毁损；丧失听觉、视觉或者其他重要器官功能。

【司法适用】

《人体损伤程度鉴定标准》将人体损伤的等级区分为重伤（包括重伤一级、重伤二级）、轻伤（包括轻伤一级、轻伤二级）、轻微伤，同时还对伤势等级予以明确，重伤二级是重伤的下限,与重伤一级相衔接,重伤一级的上限是致人死亡;重伤二级与轻伤一级的上限相衔接。这一划分对于正确适用法律起着至关重要的指引作用。

就司法实践而言,重伤的鉴定结果有时对定罪产生影响,有时对量刑产生影响,有时则既可能对定罪又可能对量刑产生影响。具体来说,对于定罪产生的影响表现在,有时只有发生重伤的结果才可能构成某一罪,例如过失致人重伤罪,这是一条独立的罪名,必须以造成重伤的结果为犯罪构成要件;又如交通肇事罪,就人身伤亡而言,必须以造成重伤或者死亡的结果为要件。至于对量刑产生的影响,在很多场合下,重伤结果成为法定刑升格的条件。典型的罪名如故意伤害罪,造成轻伤结果的,在 3 年以下有期徒刑的刑档内量刑;致人重伤的,则法定刑升格为 3 年以上 10 年以下有期徒刑,如果以特别残忍手段致人重伤造成严重残疾的,可处 10 年以上有期徒刑、无期徒刑乃至死刑。

第九十六条 【违反国家规定的含义】本法所称违反国家规定,是指违反全国人民代表大会及其常务委员会制定的法律和决定,国务院制定的行政法规、规定的行政措施、发布的决定和命令。

【条文理解】

《刑法》法条中含有“违反规定”意思的表述有多种,例如违反某部具体法律的规定(如妨害传染病防治罪,擅自出卖、转让国有档案罪,非法采矿罪,故意泄露国家秘密罪),违反某一具体对象的管理规定(如非法持有、私藏枪支、弹药罪,擅自改变武器装备编配用途罪)、违反规章制度(如重大飞行事故罪、铁路运营安全事故罪)、违反某一领域工作的管理规定(如消防责任事故罪)、笼统地表述为“违反法律规定”(如非法携带武器、管制刀具、爆炸物参加集会、游行、示威罪)、笼统表述为“违反法律、行政法规的规定”(如徇私舞弊发售发票、抵扣税款、出口退税罪),违反部门规章甚至效力级别更低的文件规定(如传染病菌种、毒种扩散罪),也有相当一部分统筹地表述为“违反规定”(如利用未公开信息交易罪,违规出具金融票证罪,擅自出卖、转让军队房地产罪),更多的是表述为“违反国家规定”。这些“违反规定”的含义和范围并不完全相同,甚至可以说是各不相同,其中的不同完全是因为“规定”的不同所致。本条对“违反国家规定”的含义进行了明确,其根本目的在于统一法律适用,体现罪刑法定原则。

刑法中的“违反国家规定”包括两个方面:一是指违反全国人民代表大会及其

常务委员会制定的法律和决定；二是指违反国务院制定的行政法规、规定的行政措施、发布的决定和命令。最高人民法院《关于准确理解和适用刑法中"国家规定"的有关问题的通知》中明确，"国务院规定的行政措施"应当由国务院决定，通常以行政法规或者国务院制发文件的形式加以规定。以国务院办公厅名义制发的文件，符合以下条件的，亦应视为刑法中的"国家规定"：(1)有明确的法律依据或者同相关行政法规不相抵触；(2)经国务院常务会议讨论通过或者经国务院批准；(3)在国务院公报上公开发布。

【司法适用】

对于"违反国家规定"，从"规定"的制定主体而言，主要来自两个方面，即最高国家权力机关与最高国家行政机关。因此，对于违反地方性法规、部门规章的行为，不得认定为"违反国家规定"。最高人民法院《关于准确理解和适用刑法中"国家规定"的有关问题的通知》中要求，对被告人的行为是否"违反国家规定"存在争议的，应当作为法律适用问题，逐级向最高人民法院请示。

这里还有一个问题值得关注，即本条中的"违反国家规定"是否必须将这六个字作为一个固定词语不可拆分、不可颠倒、不可省略、不可替换，才能理解为本条所指的含义？我们认为，不能绝对地一概而论，关键还是要看分则罪名罪状中的"规定"的内涵与外延，有的罪名中的"规定"的外延范围窄于本条中的"国家规定"，有的罪名中的"规定"的外延范围宽于本条中的"国家规定"，有的罪名中的"规定"的外延范围则完全异于本条中的"国家规定"。例如，《刑法》第331条传染病菌种、毒种扩散罪的罪状表述为，"从事实验、保藏、携带、运输传染病菌种、毒种的人员，违反国务院卫生行政部门的有关规定，造成传染病菌种、毒种扩散，后果严重的"，这里的"国务院卫生行政部门"的规定从法律效力层级来看，最高仅为部门规章，与"违反国家规定"中的"国家规定"之间没有交集，是两个完全不同的外延范围，当然也有个别情况下的"规定"与本条中的"国家规定"是等同的。例如，《刑法》第337条第1款妨害动植物防疫、检疫罪的罪状为，"违反有关动植物防疫、检疫的国家规定，引起重大动植物疫情的，或者有引起重大动植物疫情危险，情节严重的"，这里并没有"违反国家规定"的字眼，但我们认为，罪状中的"违反有关动植物防疫、检疫的国家规定"与本条中的"违反国家规定"是在等同含义上使用的。

第九十七条　【首要分子的范围】本法所称首要分子，是指在犯罪集团或者聚众犯罪中起组织、策划、指挥作用的犯罪分子。

【条文理解】

《刑法》中的首要分子包括两种类型:一种是在犯罪集团中起组织、策划、指挥作用的犯罪分子,另一种是在聚众犯罪中起组织、策划、指挥作用的犯罪分子。正确理解首要分子的含义,需要把握本条中的几个关键概念:一是“犯罪集团”。按照《刑法》第26条第2款的规定,犯罪集团是3人以上为共同实施犯罪而组成的较为固定的犯罪组织。犯罪集团有别于犯罪团伙,犯罪集团是为了实施犯罪而形成的犯罪组织,其成员相对固定,组织架构比较明显,各成员在犯罪组织中的地位也相对明确且固定,其中一定有能对犯罪组织成员发号施令的人,也就是能对犯罪活动起组织、策划、指挥作用的人,这部分人就是犯罪集团中的首要分子。二是“聚众犯罪”。《刑法》中有不少聚众型犯罪,但并非所有的聚众型犯罪情况都是相同的,有的聚众型犯罪是有预谋、有组织的,有的聚众型犯罪是临时起意临时纠集的。有预谋、有组织的聚众型犯罪中往往会有起着组织、策划、指挥作用的首要分子,临时起意临时纠集的聚众型犯罪中则未必会有首要分子存在。三是“组织、策划、指挥”。我们认为,组织、策划、指挥,这三个词语无论是从文义上,还是在实践中,都没有办法截然分割。认定某人是否为首要分子,不一定非要拘泥于确定该人所起的到底是组织作用,还是策划作用或者指挥作用,根本上来说,还是看其在犯罪集团以及聚众犯罪中的“话语权”,看其在共同犯罪中是否发挥“领导者”的作用。位于犯罪组织架构顶层,统揽犯罪活动全局的理当归属于首要分子之列。

【司法适用】

首要分子的概念本身并没有什么大的争议,但在司法实践中认定某一具体行为人是否属于首要分子时往往会存在较大的争议。产生这种争议也很正常,就如同认定主从犯一样,很多时候本来就没有标准答案可言,无非是看哪种认定方法与认定结论更为合理而已。

认定首要分子,必须注意的一点是,一定要放在犯罪集团或者聚众犯罪的整体中来考察,不能将犯罪分子的行为与整体脱钩。犯罪集团是为实施犯罪活动而纠集起来的,实践中往往实施了多起犯罪活动,考察某人是否属于首要分子,至少需要注意两个方面,一是“人”的方面,二是“事”的方面。就“人”的方面而言,主要是看其在犯罪组织架构中的“话语权”,也就是在其他犯罪分子当中说话的“分量”程度;就“事”的方面而言,主要是看其做了多少事,做的是什么事。打个比方,某犯罪集团成员甚众,实施了十起犯罪活动,甲犯罪分子在其中的某一起犯罪中起到了主导作用,但在其他九起犯罪活动中参与甚少,更没有实施组织、策划、指挥作用,这个时候认定其是否属于首要分子,就不应当仅就其起主导作用的该起犯罪事实孤立地考察,而要从全局的角度去考察。

第九十八条　【告诉才处理的含义】本法所称告诉才处理,是指被害人告诉才处理。如果被害人因受强制、威吓无法告诉的,人民检察院和被害人的近亲属也可以告诉。

【条文理解】

《刑法》分则中共有 5 个罪名、4 条条文涉及"告诉的才处理",亦即本条的"告诉才处理",分别是第 246 条的侮辱罪、诽谤罪,第 257 条的暴力干涉婚姻自由罪,第 260 条的虐待罪,第 270 条的侵占罪。所谓"告诉才处理"是指只有被害人告诉,司法机关才处理,如果被害人不告诉,司法机关不会依职权主动处理,实行"不告不理"原则。

《刑法》之所以要设置"告诉才处理"的规定,主要是考虑到这些罪名所涉及的行为往往发生于邻里、亲属等特定的关系人之间,且往往由民间矛盾所引发,更多时候属于私人之间的纠纷。站在被害人的角度,未必希望将事态扩大化;站在纠纷解决的角度,这些事情有可能通过非法律的途径,例如通过民间调解等方式得以化解,从而既节约了司法资源,又体现了刑法的谦抑精神。如果公权力机关强行介入,效果可能会适得其反。故而,立法时将这几条罪名作为"特例"对待,实行"告诉才处理",最大限度尊重了被害人的意思自治。

"告诉才处理"的"告诉"主体包括三类:一是刑事案件的被害人本人,如果被害人有多人,每名被害人都有权提起告诉;二是人民检察院;三是被害人的近亲属,具体包括被害人的夫、妻、父、母、子、女、同胞兄弟姐妹。其中,人民检察院以及被害人的近亲属成为告诉主体需要具备一定的前提条件,即在被害人因受强制、威吓无法告诉的情况下才可以提起告诉。

【司法适用】

《刑法》分则涉及 5 个"告诉才处理"的罪名又可以细分为两类:一类是侵犯公民人身权利民主权利罪章下的侮辱罪、诽谤罪、暴力干涉婚姻自由罪、虐待罪,另一类是侵犯财产罪章下的侵占罪。其中前者可以称为相对的"告诉才处理",都有着"但书"限制,后者则是绝对的"告诉才处理",没有"但书"限制。具体来说,侮辱罪和诽谤罪要求侮辱、诽谤行为不属于严重危害社会秩序和国家利益的情形,暴力干涉婚姻自由罪要求暴力干涉行为不能致使被害人死亡,虐待罪要求虐待行为不能致使被害人重伤、死亡,否则均不再属于告诉才处理的范畴,而是转为公诉案件,由公安机关立案侦查。

《网络诽谤案件解释》对诽谤罪中利用信息网络实施诽谤行为“严重危害社会秩序和国家利益”的情形作出了明确规定,具体包括:引发群体性事件的;引发公共秩序混乱的;引发民族、宗教冲突的;诽谤多人,造成恶劣社会影响的;损害国家形象,严重危害国家利益的;造成恶劣国际影响的;其他严重危害社会秩序和国家利益的情形。

第九十九条 【以上、以下、以内的界定】本法所称以上、以下、以内,包括本数。

【条文理解】

刑法中多处使用了“以上”“以下”,少数地方使用了“以内”,无论是“以上”“以下”,还是“以内”,均包括本数在内。例如,交通肇事罪中“交通运输肇事后逃逸或者有其他特别恶劣情节的,处三年以上七年以下有期徒刑”,这里的 3 年与 7 年均包括在内,在没有法定减轻处罚情节的情况下,这种情形最高可以判处 7 年有期徒刑,最低应当判处 3 年有期徒刑。

【司法适用】

《民法典》第 1259 条除对“以上”“以下”“以内”予以明确外,还对“届满”“不满”“超过”“以外”等予以了明确。这一规定从立法技术与立法规范性的角度来看,严谨且科学。相比之下,刑法中除了没有“届满”的概念外,“不满”“超过”“以外”等概念均有,且有的概念还多次出现。虽然从实践的角度而言,对这些概念未予明确是否包括本数并不影响对这些概念的理解与应用,但从立法严谨性与科学性的角度来看,还是予以明确为宜。

第一百条 【前科报告制度】依法受过刑事处罚的人,在入伍、就业的时候,应当如实向有关单位报告自己曾受过刑事处罚,不得隐瞒。

犯罪的时候不满十八周岁被判处五年有期徒刑以下刑罚的人,免除前款规定的报告义务。

【条文对照】

1997 年《刑法》	2011 年《刑法修正案(八)》
第一百条　依法受过刑事处罚的人,在入伍、就业的时候,应当如实向有关单位报告自己曾受过刑事处罚,不得隐瞒。	第一百条　依法受过刑事处罚的人,在入伍、就业的时候,应当如实向有关单位报告自己曾受过刑事处罚,不得隐瞒。 **犯罪的时候不满十八周岁被判处五年有期徒刑以下刑罚的人,免除前款规定的报告义务。**

【条文理解】

本条共分两款对前科报告义务作出了规定,第 1 款是应当如实报告的义务性规定,第 2 款则是免除报告义务的除外规定。

按照第 1 款规定,依法受过刑事处罚的人,在入伍、就业的时候,应当如实向有关单位报告自己曾受过刑事处罚,不得隐瞒。正确理解这条规定,需要把握几个关键之处:一是“受过刑事处罚”。在公安侦查阶段撤销案件的,不属于受过刑事处罚;在检察机关审查起诉阶段作不起诉处理的,无论是法定不起诉,还是酌定不起诉或者存疑不起诉,抑或经最高人民检察院核准的特定不起诉,均不属于受过刑事处罚;在法院审判阶段,虽然被认定行为构成犯罪,但免予刑事处罚的,亦不属于受过刑事处罚。这些情形之下,都不需要履行报告义务。二是“入伍、就业”。本条设定的报告义务仅发生在两种场合,即参军入伍或者应聘就业,其他场合均不需要履行报告义务,包括求学、移民、经商等。三是“如实报告”。如果受过两次以上刑事处罚,在报告时仅报告其中的一次或者几次,没有全部报告,是否属于履行了报告义务?我们认为,本条中的“如实”就意味着不能有隐瞒,至少不能在根本性的问题上有隐瞒,例如受过几次刑事处罚,处罚的罪名是什么,刑种及刑期如何,等等,这些根本性问题不应当有所隐瞒,否则就不能称为“如实”,不能认为履行了报告义务。

第 2 款内容是关于未成年人轻罪免除报告的规定。按照该款规定,犯罪的时候不满 18 周岁被判处 5 年有期徒刑以下刑罚的人在入伍、就业的时候没有如实报告的义务。这是《刑法修正案(八)》新增的规定。之所以作此规定,主要是考虑到未成年犯与成年犯相比,有其特殊性。未成年犯的身心发育尚不健全,价值观和人生观还未成型,具有很强的可塑性,免除其前科报告义务,有利于其摆脱犯罪记录的影响,防止被“标签”化,有利于其重新回归社会,从而实现对未成年人的“教育、感化、挽救”,巩固教育改造成果,这也契合当前世界主要国家未成年人刑事立法的潮流和改革趋势。①

至于如何将免除报告的义务落到实处，刑法当中未有规定，但在《刑事诉讼法》中对此予以了相对明确的规定。按照《刑事诉讼法》第286条的规定，“犯罪的时候不满十八周岁，被判处五年有期徒刑以下刑罚的，应当对相关犯罪记录予以封存。犯罪记录被封存的，不得向任何单位和个人提供，但司法机关为办案需要或者有关单位根据国家规定进行查询的除外。依法进行查询的单位，应当对被封存的犯罪记录的情况予以保密”。

【司法适用】

需要说明的是，刑法虽然设定了报告的义务，但却没有设置如果不履行义务会面临何种不利后果的罚则，由此使这种义务成为一种带有宣言性或者宣示性特征的义务。但其中的一些问题仍然值得探讨与深入研究。

本条中“入伍”的含义原本比较容易理解，不会产生歧义，就是指应征参军，无论参军后的身份是解放军军官、武警警官，还是战士或者士官，均一律适用。但《刑法修正案（十一）》对《刑法》分则第十章“军人违反职责罪”的适用范围进行了修正，由此给这里“入伍”概念的理解带来了一定的争议。《刑法修正案（十一）》将《刑法》第450条由“本章适用于中国人民解放军的现役军官、文职干部、士兵及具有军籍的学员和中国人民武装警察部队的现役警官、文职干部、士兵及具有军籍的学员以及执行军事任务的预备役人员和其他人员”修正为“本章适用于中国人民解放军的现役军官、文职干部、士兵及具有军籍的学员和中国人民武装警察部队的现役警官、文职干部、士兵及具有军籍的学员以及文职人员、执行军事任务的预备役人员和其他人员”。修正后的适用范围增加了“文职人员”。

军队招录文职人员是军队近年来推出的一项改革措施。文职人员应聘进入部队后不具有军籍，但办理涉及军队工作的相关事宜。但由此引出的问题是，其应聘进入部队的行为是否属于“入伍”，是否需要履行报告义务。对此，我们认为，无论其被征召进部队从事相关工作的行为是否属于“入伍”，都应当履行报告义务。理由在于：部队属于军事机关，有极大的特殊性，不仅有别于其他机关，更有别于企业、事业单位。部队征召适龄青年入伍，需要进行严格的政治审查，这是为了适应未来战备工作的需要，也是考虑军事机关保密工作的特殊需要。即便招录的仅仅只是文职人员，也需要进行政治审查。这就带来了两个可资比较的侧面：一方面，前往普通的企业单位就业，都需要履行报告义务，进入部队这样对政治素

---

① 参见张军主编：《刑法修正案（八）条文及配套司法解释理解与适用》，人民法院出版社2011年版，第140页。

质要求高得多的军事机关工作，当然更有必要履行报告义务；另一方面，前往普通的企业就业，企业不一定会进行主动的前科情况调查，而是依靠求职者的自行报告，这种情况下都要履行报告义务，当应聘入职的系军事机关，且军事机关主动进行政治审查，加之是否受过刑事处罚本身就是政治审查的重要内容之一，在这种情形之下当然更有必要履行报告义务。

【司法案例】

沈某故意杀人、抢劫案①

［**裁判要旨**］前罪符合犯罪记录封存条件，在前罪假释考验期限内又犯新罪的，应当撤销假释，依法数罪并罚。尽管犯罪记录已经封存，但在审理减刑、假释案件的诉讼中仍应对犯罪记录进行援引和评价。罪犯假释期间违反规定，应当撤销假释，收监执行未执行完毕的刑罚，在审理撤销假释案件过程中也可以对封存的犯罪记录进行援引和评价，这样才不至于因为未成年人的犯罪记录封存而架空刑法中关于减刑、假释的规定。

第一百零一条　【总则的效力】本法总则适用于其他有刑罚规定的法律，但是其他法律有特别规定的除外。

【条文理解】

我国刑法采用了“大一统”的立法模式，将涉及犯罪与刑罚的内容均规定于刑法中，但由于各种因素所致，在刑法之外，尚存在一定数量的附属刑法规范以及个别单行刑法。目前单行刑法仅有 1998 年全国人大常委会《关于惩治骗购外汇、逃汇和非法买卖外汇犯罪的决定》，附属刑法规范则散见于众多的民商事及行政法律中。这些附属刑法规范以及单行刑法在适用时，也需要适用《刑法》总则的规定。当然，如果这些附属刑法或者单行刑法中特别规定在某方面不适用《刑法》总则的规定，而是另行适用其他规定或者另行作出特别适用规则的话，则从其规定。

---

① 参见《刑事审判参考》总第 120 集第 1300 号案例。

第二编　分　则

第一章　危害国家安全罪

第一百零二条　【背叛国家罪】勾结外国，危害中华人民共和国的主权、领土完整和安全的，处无期徒刑或者十年以上有期徒刑。

与境外机构、组织、个人相勾结，犯前款罪的，依照前款的规定处罚。

【条文理解】

背叛国家罪，是指勾结外国或者境外机构、组织、个人，危害中华人民共和国的主权、领土完整和安全的行为。背叛国家罪在1979年刑法中即有规定。1979年《刑法》第91条规定“勾结外国，阴谋危害祖国的主权、领土完整和安全的，处无期徒刑或者十年以上有期徒刑”，而1997年《刑法》第102条删除了“阴谋”二字，体现了构成犯罪强调必须有危害社会客观行为的刑事立法精神。本罪的具体构成条件是：

(1)本罪侵犯的客体是中华人民共和国的主权、领土完整和安全。主权是一个国家处理对内对外事务的最高权力，包括立法权、司法权、行政权、外交权等；领土的完整是一个国家主权独立的标志之一；作为国家的“安全”，是指国家不受域外的军事侵略。因此，这里的“安全”是狭义的，仅指军事安全，不是广义的国家安全。如果国家遭到了别国的军事侵略和占领，主权和领土完整也就失去了根本的保障，本国公民的人身财产安全就处在严重的威胁之中。所以，一个国家的主权、领土完整和安全是国家最根本的利益所在。如果危害了国家的主权、领土完整和安全，毫无疑问危害了国家的最根本利益。

(2)本罪的客观方面表现为勾结外国或者勾结境外机构、组织、个人，危害中华人民共和国的主权、领土完整和安全的行为。具体行为方式包括“勾结外国”和“勾结境外机构、组织、个人”。“勾结”即暗中不正当的联系和结合，“勾结外国”包括勾结外国官方机构以及这些机构在我国的代表机构，如外国政府驻我国的使馆、领馆等,也包括勾结外国的政党组织、社会团体及其他组织或个人;“勾结境外机构、组织、个人”,是指勾结中华人民共和国边境以外的国家或者地区的机构、社会性团体,以及外国公民、无国籍人以及外籍华人等。行为结果是勾结外国或者境外机构、组织、个人危害了中华人民共和国的主权、领土完整和安全。危害国家主权的行为,如擅自允许外国在中国享有司法权,擅自允许外国军队进驻本国;危害领土完整的行为,如擅自与外国签订条约,割让中国领土;危害军事安全的行为,例如勾结外国发动对中国的武装进攻。又如在外国占领中国期间,勾结外国军队对中国军队发动进攻,或者帮助外国军队扫荡中国的村庄、城镇。

(3)本罪的主体必须为中国公民,即具有中国国籍的人。由本罪行为的性质决定,能够实施背叛国家罪的人一般是本国掌握党、政、军权力的人物,但并非绝对,有些行为,普通的中国公民也可以实施,如勾结外国军队,对中国进行武装进攻、危害中国主权等。所以,普通中国公民也可以成为本罪的主体。

(4)本罪的主观方面由故意构成,即明知自己勾结外国或者境外机构、组织、个人实施的行为会危害中华人民共和国的主权、领土完整和安全,而希望或者放任这种危害后果的发生。

【司法适用】

司法实践中,认定本罪应注意:

1. 关于“境外”的认定

如果与港、澳、台的组织或个人相勾结,危害国家主权、领土的安全和完整,能否构成背叛国家罪是司法实践中认定的一个难点。所谓境外机构、组织,是指中华人民共和国边境以外的国家或者地区的机构、社会性团体。所谓境外个人,是指外国公民、无国籍人、外籍华人以及居住在中华人民共和国境内不具有中华人民共和国国籍的人等。此处所说的居住,无论是否取得永久居住权或长期居住权,还是短期居住权,都应视为居住。根据《刑法》第 102 条第 2 款的规定,与境外机构、组织、个人相勾结,危害中华人民共和国的主权、领土完整和安全的,也以本罪论处。

2. 背叛国家罪与分裂国家罪的界限

两者的主要区别是:(1)客体不同。从危害客体看,前者危害的是国家的主权、领土完整和安全,而后者侵犯的是国家的统一。(2)客观方面不同。从客观行为看,前者以勾结外国或境外势力为要件,后者以制造分裂为目的,但不排除勾结外国的可能。

3. 背叛国家罪既遂与未遂的界限

本罪是行为犯,构成本罪并不要求已经造成危害国家主权、领土完整和安全的实际后果,而是只要行为人的行为具备上述两个特征,即有勾结外国、境外机构、组织、个人,意在危害中华人民共和国主权、领土完整和安全的活动,即可构成,而且无论是处于暗中策划、秘密接触的预谋阶段,还是将计划付诸实施,都成立本罪既遂。

4. 背叛国家罪一罪与数罪的界限

行为人在勾结外国,危害中华人民共和国的主权、领土完整和安全的过程中,又实施了其他犯罪的,如投敌叛变、颠覆国家政权等,应按照处理牵连犯的原则择一重罪论处。

第一百零三条　【分裂国家罪】组织、策划、实施分裂国家、破坏国家统一的,对首要分子或者罪行重大的,处无期徒刑或者十年以上有期徒刑;对积极参加的,处三年以上十年以下有期徒刑;对其他参加的,处三年以下有期徒刑、拘役、管制或者剥夺政治权利。

【煽动分裂国家罪】煽动分裂国家、破坏国家统一的,处五年以下有期徒刑、拘役、管制或者剥夺政治权利;首要分子或者罪行重大的,处五年以上有期徒刑。

【条文理解】

1. 分裂国家罪

分裂国家罪,是指组织、策划、实施分裂国家、破坏国家统一的行为。本罪的具体构成要件是:

(1)本罪侵犯的客体是国家的统一。

(2)本罪的客观方面表现为组织、策划、实施分裂国家、破坏国家统一的行为。分裂国家,是指将统一的国家分裂成几个部分,在中央政府之外又另立政府,对抗中央,割据一方,并自立为国,谋取国际上的承认。破坏国家统一,是指对实现国家统一的活动和进程进行阻挠、破坏,意图使国家不能实现统一。具体行为方式有三种:一是组织分裂国家、破坏国家统一的活动。即以分裂国家、破坏国家统一为目的,进行组织活动,包括组织人员、经费、物资等。二是策划分裂国家、破坏国家统一的活动。即以分裂国家、破坏国家统一为目的,进行策划活动,包括进行商量、计划、阴谋等活动。三是实施分裂国家、破坏国家统一的活动。即根据策划,有组织地进行具体的分裂国家、破坏国家统一的活动。按照法律规定,行为人只要实施了组织、策划、实施分裂国家、破坏国家统一其中一种行为的,就构成本罪;

实施两种以上行为的,仍为一罪,不实行并罚。

(3)本罪的主体为一般主体,既包括境内公民,也包括境外公民。

(4)本罪的主观方面由故意构成。

2. 煽动分裂国家罪

煽动分裂国家罪,是指煽动分裂国家、破坏国家统一的行为。本罪的具体构成要件是:

(1)本罪侵犯的客体是国家的统一,与分裂国家罪侵犯的客体相同。

(2)本罪的客观方面表现为煽动分裂国家、破坏国家统一的行为。煽动,是指以语言、文字、图像等方式对他人进行鼓动、宣传。煽动的内容是分裂国家、破坏国家统一。

(3)本罪的主体为一般主体。既可以是在国内有一定政治影响的人物,也可以是普通的公民;既可以是中国人,也可以是外国人。

(4)本罪的主观方面由故意构成。

【司法适用】

司法实践中,认定分裂国家罪与煽动分裂国家罪时,应注意:

1. 注意分裂国家罪与颠覆国家政权罪的界限

这两个罪的行为方式是相同的,都包含组织、策划、实施的行为,二者的区别主要是:(1)客体不同。前罪侵犯的是国家的统一,后罪侵犯的是人民民主专政的政权和社会主义制度。(2)主观方面不同。前罪的目的是分裂统一的多民族国家,后罪的目的是颠覆人民民主专政和推翻社会主义制度。(3)客观方面不同。前罪是组织策划、实施分裂国家、破坏国家统一的行为,后罪是组织、策划、实施颠覆国家政权、推翻社会主义制度的行为。

2. 注意分裂国家罪的一罪与数罪的认定

行为人在实施分裂国家行为的过程中,又实施了危害国家安全的犯罪或者其他犯罪的,如何处理也是司法实践中的难点。对于那些在实施分裂国家行为的过程中,其构成特征又符合其他犯罪的,如果分裂国家行为与其他犯罪行为具有包容关系、竞合关系、吸收关系或者牵连关系,应当分别按照刑法上处理法条竞合、想象竞合、吸收犯或者牵连犯的原则从一重罪处断,如为破坏国家统一而成立具有黑社会性质的犯罪组织或者在出版物中刊载歧视、侮辱少数民族的内容,成立牵连犯;先煽动一部分群众分裂国家又参与其中实施分裂国家的具体犯罪行为的,教唆或者帮助行为被实行行为所吸收;勾结外国势力分裂国家的,成立本罪与背叛国家罪的竞合,应当以一重罪即背叛国家罪论处等。如果另行实施的其他犯罪行为与分裂国家行为不存在上述包容关系、竞合关系、吸收关系或者牵连关系,只能实行数罪并罚。

3. 注意煽动分裂国家罪与一般的错误言论界限

煽动分裂国家罪与一般的错误言论区分关系到罪与非罪问题。二者的区别可从两方面加以认识:(1)从主观方面看,煽动分裂国家罪具有特定的分裂国家、破坏国家统一的犯罪故意,而一般的错误言论在主观上或者是由于思想狭隘,或不满现状发牢骚、抱怨,行为人发表错误言论一般属于个人情绪宣泄,并不具有煽动他人产生犯罪和实施犯罪的故意;(2)从客观上看,构成煽动分裂国家罪的行为人在分裂国家的犯罪决意下,积极实施煽动分裂国家的犯罪行为。发表错误言论者只是在小范围内发表消极言论。

4. 注意煽动分裂国家罪停止形态的认定

刑法理论认为,煽动分裂国家罪是举动犯。所谓举动犯,是指只要行为人实施了该罪构成要件规定中的危害行为就构成既遂的犯罪形态。由于举动犯一经着手实施就构成犯罪,因此举动犯是没有未遂的。所以煽动分裂国家罪不存在犯罪未遂形态。如果行为人主观上具有煽动分裂国家的犯罪意图,已经写好了几封具有煽动性的反动信件,但基于行为人自己的意志而将其烧毁,未予以传播或者由于行为人意志以外的客观原因,未能将这些信件发出去,后被查缴,这种情况具有煽动分裂国家预备或者犯罪中止的性质,但并不能因此将之视为煽动分裂国家罪的预备犯或中止犯,上述情形中行为人的言论尚未对他人发生影响力,根本不足以产生客观的煽动后果,故不以犯罪论处。

5. 注意区分煽动分裂国家罪与分裂国家罪的界限

两罪的客体是相同的,即国家的统一;两罪的目的也是相同的,即分裂国家。但它们有明显的区别:一是实施的行为不同,前罪是煽动行为,后罪是组织、策划、实施分裂的行为。二是犯罪形式不同,前罪是任意共同犯罪,即单个人即可构成,后罪是必要共同犯罪,只能以共同犯罪形式存在。三是犯罪故意的内容不同,前罪是煽动的故意,后罪是组织、策划、实施的故意。四是犯罪主体虽都是一般主体,但在实施中是有所区别的。前罪的实行者多为民族分裂主义分子,后罪的实行者则多是窃据重要地位的政界要人,也包括民族分裂主义分子。

6.《香港特别行政区维护国家安全法》关于分裂国家罪、煽动分裂国家罪的特殊规定及其适用问题

值得特别说明的是,2020 年 6 月 30 日第十三届全国人大常委会第二十次会议通过《香港特别行政区维护国家安全法》,对于香港特别行政区内或者针对香港特别行政区实施的分裂国家罪、煽动分裂国家罪有特别、具体明确的规定。该法第 20 条规定,任何人组织、策划、实施或者参与实施以下旨在分裂国家、破坏国家

统一行为之一的，无论是否使用武力或者以武力相威胁，即属犯罪，对首要分子或者罪行重大的，处无期徒刑或者10年以上有期徒刑；对积极参加的，处3年以上10年以下有期徒刑；对其他参加的，处3年以下有期徒刑、拘役或者管制：(1)将香港特别行政区或者中华人民共和国其他任何部分从中华人民共和国分离出去；(2)非法改变香港特别行政区或者中华人民共和国其他任何部分的法律地位；(3)将香港特别行政区或者中华人民共和国其他任何部分转归外国统治。该法第21条规定，任何人煽动、协助、教唆、以金钱或者其他财物资助他人实施本法第20条规定的犯罪的，即属犯罪。情节严重的，处5年以上10年以下有期徒刑；情节较轻的，处5年以下有期徒刑、拘役或者管制。从法律关系及适用规则上看，《香港特别行政区维护国家安全法》第20条、第21条关于分裂国家罪、煽动分裂国家罪以及资助分裂国家犯罪活动行为的规定，与《刑法》第103条关于分裂国家罪、煽动分裂国家罪以及第107条资助危害国家安全犯罪活动罪相比，可谓特殊规定，即因危害行为发生在香港特别行政区这一特定区域或者针对香港特别行政区这一特定对象而实施危害行为，应优先于《刑法》第103条、第107条适用。

第一百零四条　【武装叛乱、暴乱罪】组织、策划、实施武装叛乱或者武装暴乱的，对首要分子或者罪行重大的，处无期徒刑或者十年以上有期徒刑；对积极参加的，处三年以上十年以下有期徒刑；对其他参加的，处三年以下有期徒刑、拘役、管制或者剥夺政治权利。

策动、胁迫、勾引、收买国家机关工作人员、武装部队人员、人民警察、民兵进行武装叛乱或者武装暴乱的，依照前款的规定从重处罚。

【条文理解】

武装叛乱、暴乱罪，是指行为人以破坏人民民主专政和推翻社会主义制度为目的，用武装的手段组织、策划、实施武装叛乱或武装暴乱的行为。本罪是选择性罪名，组织、策划、实施武装叛乱的，构成武装叛乱罪；组织、策划、实施武装暴乱的，构成武装暴乱罪。本罪的具体构成要件是：

(1)本罪侵犯的客体是复杂客体，既侵害我国人民民主专政的政权，又同时侵害国家和人民的财产安全以及公民的人身安全，但主要侵害的是我国人民民主专政的政权。

(2)本罪的客观方面表现为武装叛乱或者武装暴乱的行为。叛乱，是指意图投靠境外组织或者境外敌对势力而反叛国家和政府。反叛的方式是采取武装手段，即配备杀伤性、破坏性的武器、弹药、爆炸物、车辆等进行爆炸、放火、杀人，破坏道路、桥梁、建筑，抢劫档案、军火或者其他物资等。暴乱，是指不以投靠境外敌对势力为目的，而是采用武力的形式，直接与国家或者政府进行对抗。应当指出的是，构成武装叛乱、暴乱罪，不仅表现为直接实施上述武装叛乱、暴乱的行为，而且包括组织、策划行为。本罪属于选择性罪名，按照法律规定，行为人只要实施了武装叛乱或者武装暴乱其中一种行为，就构成本罪；实施了两种行为的，仍为一罪，不实行并罚。

(3)本罪的主体为一般主体。武装叛乱的主体只能是中国公民；武装暴乱的主体主要是中国公民，也包括外国人、无国籍人。

(4)本罪的主观方面由直接故意构成，并且具有武装叛乱、暴乱的目的。武装叛乱的目的是投靠境外敌对势力，破坏、推翻人民民主专政的政权，危害我国社会主义的制度；武装暴乱的目的是推翻、破坏国内的政权、制度。

【司法适用】

在认定本罪时，需要注意以下几个问题：

1. 注意本罪的停止形态

本罪是行为犯，不强调是否达到目的、产生结果。只要有组织、策划、实施武装叛乱、暴乱的行为，即构成本罪，无论是否得逞，是否造成严重后果均构成犯罪，并且成立既遂。

2. 注意本罪从重处罚的规定

本罪第 2 款规定的“从重情节”，行为针对的对象是特定的，即只有策动、胁迫、勾引、收买国家机关工作人员、武装部队人员、人民警察、民兵进行叛乱、暴乱的，才可以从重处罚。此处的策动，是通过策划、鼓动，使国家机关工作人员、武装部队人员、人民警察、民兵实施武装叛乱或者武装暴乱行为；胁迫，是指威胁、强迫或者控制他人参与犯罪活动；勾引，是指利用名利、地位、色情等手段，引诱国家机关工作人员、武装部队人员、人民警察、民兵实施武装叛乱或者武装暴乱的行为；收买，是指用金钱、物质或其他利益笼络人心，使国家机关工作人员、武装部队人员、人民警察、民兵实施武装叛乱或者武装暴乱行为。

3. 关于本罪的一罪与数罪问题

实施武装叛乱、暴乱行为，在犯罪过程中可能存在杀人、放火、抢劫等行为，由此也触犯了故意杀人罪、放火罪、抢劫罪等罪名，但是由于武装叛乱、暴乱罪本身就包含杀人、放火、抢劫等暴力犯罪，上述行为只是武装叛乱、暴乱行为的具体内容，只能按本罪一罪处罚，不能按本罪与故意杀人罪等实行数罪并罚。

第一百零五条 【颠覆国家政权罪】组织、策划、实施颠覆国家政权、推翻社会主义制度的,对首要分子或者罪行重大的,处无期徒刑或者十年以上有期徒刑;对积极参加的,处三年以上十年以下有期徒刑;对其他参加的,处三年以下有期徒刑、拘役、管制或者剥夺政治权利。

【煽动颠覆国家政权罪】以造谣、诽谤或者其他方式煽动颠覆国家政权、推翻社会主义制度的,处五年以下有期徒刑、拘役、管制或者剥夺政治权利;首要分子或者罪行重大的,处五年以上有期徒刑。

【条文理解】

1. 颠覆国家政权罪

颠覆国家政权罪,是指组织、策划、实施颠覆国家政权、推翻社会主义制度的行为。本罪的具体构成要件是:

(1)本罪侵犯的客体是人民民主专政的政权和社会主义制度。

(2)本罪的客观方面表现为组织、策划、实施颠覆国家政权、推翻社会主义制度的行为。此处的颠覆,是指以非法手段推翻或篡夺国家现政权,包括我国各级权力机关、司法机关、军事机关、中央和地方人民政府在内的整个政权。颠覆政府的形式是多种多样的,包括暴力的和非暴力的、公开的和秘密的等各种手段。

(3)本罪的主体为一般主体,即达到法定刑事责任年龄、具有刑事责任能力的自然人。本条将犯罪主体分别规定为首要分子、罪行重大者、积极参加者和其他参加者四种类型,分别适用相应的刑事责任。

(4)本罪的主观方面表现为故意,具有颠覆或者煽动颠覆国家政权、推翻社会主义制度的故意。

2. 煽动颠覆国家政权罪

煽动颠覆国家政权罪,是指以造谣、诽谤或者其他方式煽动颠覆国家政权、推翻社会主义制度的行为。行为人只要具有以造谣、诽谤或者以其他方式煽动颠覆国家政权、推翻社会主义制度的行为,不管其所煽动的对象是否相信或接受其所煽动的内容,也不管其是否去实行所煽动的有关颠覆活动,均不影响犯罪的构成。本罪的具体构成要件是:

(1)本罪侵犯的客体是我国人民民主专政的政权和社会主义制度。

(2)本罪的客观方面表现为以造谣、诽谤或者其他方式煽动颠覆国家政权和社会主义制度的行为。煽动,即宣传、鼓动。煽动的方式包括造谣、诽谤或者其他方式。造谣,是指制造谣言,捏造没有事实根据的传闻、消息;诽谤,是指恶意诬蔑、中伤。具体形式多种多样，如当众演讲，呼喊反动口号，投寄匿名信，散发、张贴传单等。

(3)本罪的主体为一般主体。

(4)本罪的主观方面由故意构成，并且具有颠覆国家政权推翻社会主义制度以及改变中国共产党的领导地位的目的。行为人希望通过自己的煽动，把别人煽动起来，实施颠覆国家政权、推翻社会主义制度的行为。

【司法适用】

1. 认定颠覆国家政权罪的注意事项

(1)注意本罪的性质。本罪属行为犯，不要求有颠覆政府的实际危害结果，行为人只要进行了组织、策划、实施颠覆国家政权、推翻社会主义制度的行为，不管其是否得逞，不影响颠覆国家政权罪的成立，只要查明犯罪分子以颠覆政府为目的而进行了秘密谋划活动，就足以构成本罪。

(2)注意颠覆国家政权罪与分裂国家罪的界限。两罪都是极为严重的危害国家安全的犯罪，因此处罚很重，在条文上位于本章犯罪的前列。它们的区别主要是：①犯罪客体不同。本罪侵犯的是国家政权和社会主义制度；而后者侵犯的是国家的统一。②行为内容不同。本罪表现为行为人希望通过暴力或其他方法，推翻现有政权和政治制度，建立新政权；而后者则表现为另立新政权，割据一方，独自为政。

(3)注意颠覆国家政权罪与煽动颠覆国家政权罪的界限。二者侵犯的直接客体以及犯罪目的均相同，二者区别主要体现在客观方面。颠覆国家政权罪的行为方式是采取组织、策划、实施的方式；而煽动颠覆国家政权罪则是采取煽动群众的方式，其中主要是造谣和诽谤。

2. 认定煽动颠覆国家政权罪的注意事项

(1)注意本罪的罪与非罪界限。在煽动颠覆国家政权罪中，认定煽动的方式，应注意同那些一时不明真相的群众轻信、误传小道消息或出于善意对某些政府行为或领导人进行批评、发牢骚相区别，不能将后者按犯罪处理。

(2)煽动颠覆国家政权罪与其他危害国家安全罪的教唆犯存在区别。本罪一般是公开，对不特定的多人进行煽动，当然也不排除一个一个地对多人进行分别煽动的情况。但其他危害国家安全罪的教唆犯只是对特定对象进行教唆，一般不是公开的。

3.《香港特别行政区维护国家安全法》关于颠覆国家政权罪的特殊规定及适用问题

值得特别指出的是，《香港特别行政区维护国家安全法》对于香港特别行政区内或者针对香港特别行政区实施的颠覆国家政权罪、煽动颠覆国家政权罪有特别、具体明确的规定。该法第22条规定,任何人组织、策划、实施或者参与实施以下以武力、威胁使用武力或者其他非法手段旨在颠覆国家政权行为之一的,即属犯罪,对首要分子或者罪行重大的,处无期徒刑或者10年以上有期徒刑;对积极参加的,处3年以上10年以下有期徒刑;对其他参加的,处3年以下有期徒刑、拘役或者管制:(1)推翻、破坏中华人民共和国宪法所确立的中华人民共和国根本制度;(2)推翻中华人民共和国中央政权机关或者香港特别行政区政权机关;(3)严重干扰、阻挠、破坏中华人民共和国中央政权机关或者香港特别行政区政权机关依法履行职能;(4)攻击、破坏香港特别行政区政权机关履职场所及其设施,致使其无法正常履行职能。第23条规定,任何人煽动、协助、教唆、以金钱或者其他财物资助他人实施本法第22条规定的犯罪的,即属犯罪。情节严重的,处5年以上10年以下有期徒刑;情节较轻的,处5年以下有期徒刑、拘役或者管制。从法律关系及适用规则上看,《香港特别行政区维护国家安全法》第22条、第23条关于颠覆国家政权罪、煽动颠覆国家政权罪以及资助颠覆国家政权犯罪活动的规定,与《刑法》第105条关于颠覆国家政权罪、煽动颠覆国家政权罪以及第107条资助危害国家安全犯罪活动罪相比,可谓特殊规定,即因危害行为发生在香港特别行政区这一特定区域或者针对香港特别行政区这一特定对象而实施危害行为,应优先于《刑法》第105条、第107条适用。

【司法案例】

黄某秋颠覆国家政权案①

[**裁判要旨**]在互联网发表反动文章,组织、策划成立反动党派等,构成颠覆国家政权罪。行为人既实施了煽动颠覆国家政权的行为,又具体实施了颠覆国家政权的行为(实行行为),按照刑法上的吸收犯原理,煽动行为被实行行为所吸收,以实行行为所构成的颠覆国家政权罪论处。

第一百零六条　【与境外勾结的处罚规定】与境外机构、组织、个人相勾结,实施本章第一百零三条、第一百零四条、第一百零五条规定之罪的,依照各该条的规定从重处罚。

① 参见江苏省高级人民法院(2004)苏刑终字第309号刑事裁定书,载最高人民法院中国应用法学研究所编:《人民法院案例选》(2005年第2辑),人民法院出版社2006年版。

【条文理解】

与境外机构、组织、个人相勾结进行分裂国家犯罪,煽动分裂国家犯罪,武装叛乱、暴乱犯罪,颠覆国家政权犯罪和煽动颠覆国家政权犯罪的,依《刑法》第103~105条各条的规定从重处罚。本条规定的“相勾结”,是指境内的犯罪分子与境外机构、组织、个人通过各种途径联络、共同策划、密谋,以实施《刑法》第103~105条规定的有关危害国家安全的犯罪行为。这种内外勾结危害国家安全的犯罪行为,使此类犯罪具有某种涉外因素,往往造成更为严重的危害后果,应当比同等情形下犯罪处罚更重。

【司法适用】

在适用本条时,必须注意以下几个问题:

1. 行为人必须实施了分裂国家、煽动分裂国家、武装叛乱、武装暴乱、颠覆国家政权、煽动颠覆国家政权行为。为了更有力地维护国家安全,打击危害国家安全的犯罪,刑法特别规定了关于与境外机构、组织、个人相勾结实施分裂国家、煽动分裂国家、武装叛乱、武装暴乱、颠覆国家政权、煽动颠覆国家政权的犯罪。这几种行为都是对我国国家安全危害最为严重、危险性最大的犯罪。

2. 根据本条规定,境内人员与境外机构、组织、个人相勾结,实施《刑法》第103~105条规定之罪的,适用本条的规定,对其依照上述有关条文规定的刑罚从重处罚。

3.《香港特别行政区维护国家安全法》对于在香港特别行政区内或者针对香港特别行政区实施的勾结外国或者境外势力危害国家安全犯罪的行为,不再按照相应危害国家安全犯罪的罪名从重处罚,而是单独设立一个罪名——勾结外国或者境外势力危害国家安全罪,并设置了相对独立的罪刑体系。《香港特别行政区维护国家安全法》第29条规定:为外国或者境外机构、组织、人员窃取、刺探、收买、非法提供涉及国家安全的国家秘密或者情报的,请求外国或者境外机构、组织、人员实施,与外国或者境外机构、组织、人员串谋实施,或者直接或者间接接受外国或者境外机构、组织、人员的指使、控制、资助或者其他形式的支援实施以下行为之一的,均构成勾结外国或者境外势力危害国家安全罪犯罪:(1)对中华人民共和国发动战争,或者以武力或者武力相威胁,对中华人民共和国主权、统一和领土完整造成严重危害;(2)对香港特别行政区政府或者中央人民政府制定和执行法律、政策进行严重阻挠并可能造成严重后果;(3)对香港特别行政区选举进行操控、破坏并可能造成严重后果;(4)对香港特别行政区或者中华人民共和国进行制裁、封锁或者采取其他敌对行动;(5)通过各种非法方式引发香港特别行政区居民对中央人民政府或者香港特别行政区政府的憎恨并可能造成严重后果。对于犯勾结外国或者境外势力危害国家安全罪的,处3年以上10年以下有期徒刑;罪行重大的,处无期徒刑或者10年以上有期徒刑。对于行为人所勾结的境外机构、组织、人员,按共同犯罪定罪处刑。从法律关系及适用规则上看,《香港特别行政区维护国家安全法》第29条关于勾结外国或者境外势力危害国家安全罪的规定,与《刑法》第106条关于与境外勾结犯罪的处罚以及第111条为境外窃取、刺探、收买、非法提供国家秘密、情报罪等相比,可谓特殊规定,即因危害行为发生在香港特别行政区这一特定区域或者针对香港特别行政区这一特定对象而实施危害行为,应优先于《刑法》第106条、第111条适用,直接适用《香港特别行政区维护国安法》第29条勾结外国或者境外势力危害国家安全罪予以定罪处罚。

第一百零七条　【资助危害国家安全犯罪活动罪】境内外机构、组织或者个人资助实施本章第一百零二条、第一百零三条、第一百零四条、第一百零五条规定之罪的,对直接责任人员,处五年以下有期徒刑、拘役、管制或者剥夺政治权利;情节严重的,处五年以上有期徒刑。

【条文对照】

1997年《刑法》	2011年《刑法修正案(八)》
第一百零七条　境内外机构、组织或者个人资助**境内组织或者个人**实施本章第一百零二条、第一百零三条、第一百零四条、第一百零五条规定之罪的,对直接责任人员,处五年以下有期徒刑、拘役、管制或者剥夺政治权利;情节严重的,处五年以上有期徒刑。	第一百零七条　境内外机构、组织或者个人资助实施本章第一百零二条、第一百零三条、第一百零四条、第一百零五条规定之罪的,对直接责任人员,处五年以下有期徒刑、拘役、管制或者剥夺政治权利;情节严重的,处五年以上有期徒刑。

【条文理解】

资助危害国家安全犯罪活动罪,是指境内外机构、组织或者个人,资助犯罪分子实施危害国家安全的特定犯罪活动的行为。《反间谍法》第6条规定,境外机构、组织、个人实施或者指使、资助他人实施的,或者境内机构、组织、个人与境外机构、组织、个人相勾结实施的危害中华人民共和国国家安全的间谍行为,都必须受到法律追究。修订后的《刑法》第107条将境内外机构、组织、个人资助他人实施危害国家安全犯罪活动单独设立罪名,以严惩此种犯罪,保护国家安全和利益。同时又与《反间谍法》相协调,是《反间谍法》相关法律责任的体现。本罪的具体构成要件是:

(1)本罪侵犯的客体是国家安全。

(2)本罪的客观方面表现为必须有资助他人实施危害国家安全的犯罪行为。此处的“资助”,主要是指物质、金钱和提供活动场所等。此处的实施危害国家安全的犯罪是指《刑法》第102~105条规定的7种犯罪,即背叛国家罪、分裂国家罪、煽动分裂国家罪、武装叛乱罪、武装暴乱罪、颠覆国家政权罪、煽动颠覆国家政权罪。机构、组织和个人的资助对象必须仅限于这几种特定的犯罪,才成立资助危害国家安全犯罪活动罪。

(3)本罪的主体为一般主体,即凡达到刑事责任年龄、具备刑事责任能力的人均可成为本罪主体。本罪的主体要件既可以是境内的机构、组织或个人,也可以是境外的机构、组织或个人。本罪的资助对象即被资助人,既可以是境内的机关机构、组织或个人,也可以是境外的机关机构、组织或个人,但均仅限于实施《刑法》第102~105条所规定的七种犯罪行为的情形。

(4)本罪的主观方面表现为故意,即明知境内组织或者个人实施危害国家安全的行为,但仍给予以资助。

【司法适用】

司法实践中,认定本罪需注意:

1. 行为人为境内外机构、组织或者个人

根据本条规定,任何人资助犯罪分子进行本条所规定的危害国家安全犯罪活动的,都将适用本条处罚。此处的任何人,既包括单位,也包括个人;既包括境内的,也包括境外的国家和地区。该资助行为,虽然符合共犯原理,但单独定罪,有自己独立的罪刑结构。

2. 资助行为仅限于资助实施特定危害国家安全行为

特定的危害国家安全行为包括背叛国家罪、分裂国家罪和煽动分裂国家、武装叛乱、暴乱罪以及颠覆国家政权和煽动颠覆国家政权罪。之所以作这样的规定,主要是这几种犯罪对于国家安全来说都是危险性最大的犯罪,也是根据维护国家安全的实际需要所作的规定。

3. 1997年《刑法》第107条关于“资助危害国家安全犯罪活动罪”的客观行为仅限于资助“境内组织或者个人”所实施的危害国家安全犯罪活动

但是随着社会政治经济的发展,出现一些新的现象:资助危害国家安全犯罪已经不仅仅是直接资助境内机构、组织或个人实施颠覆国家政权等犯罪行为,还大量地转向资助境外机构、组织、个人实施的煽动分裂国家、颠覆国家政权等犯罪活动,敌对分子在境外对我国政权进行颠覆、破坏活动已经成为国家安全犯罪的一种新形势(如“三股势力”)。所以,资助危害国家安全犯罪活动罪的资助对象不应仅仅限于境内也应包括境外的机构、组织或个人。《刑法修正案(八)》关于本罪的修改删除了资助“境内组织或者个人”的限制性规定,这样,本罪的对象包括实施资助《刑法》第102~105条犯罪行为的境内外组织或个人。这一修正,体现了刑法对国家安全的充分保护,并与《反间谍法》相衔接,加大了对资助危害国家安全犯罪活动的打击力度。

第一百零八条 【投敌叛变罪】投敌叛变的,处三年以上十年以下有期徒刑;情节严重或者带领武装部队人员、人民警察、民兵投敌叛变的,处十年以上有期徒刑或者无期徒刑。

【条文理解】

投敌叛变罪,是指中华人民共和国公民意图危害国家安全而投向敌人,或者在被捕、被俘后投降敌人的行为。本罪的具体构成要件是:

(1)本罪侵犯的客体是人民民主专政的政权和社会主义制度。

(2)本罪的客观方面表现为实施投敌叛变的行为。投敌就是投奔敌国、敌方或者在被捕、被俘后投降敌人、背叛国家。行为的具体表现:一是投奔到境外的敌对国家及其控制区;二是投奔国内的敌对方面;三是通过与境外敌对国家或敌方联络,成为敌方助手,实际上已背叛国家;四是在战争状态下投奔或投靠已进入境内的敌方,或者被捕、被俘后投降敌人。投敌的目的是进行危害国家安全的活动。如果不是为了进行危害国家安全的活动,而是羡慕资产阶级生活方式,追求资产阶级的民主、自由,或者为了投亲靠友、求学、做工、继承财产等,投奔敌方的,不构成本罪。

(3)本罪的主体为一般主体,且只能是达到法定刑事责任年龄、具有刑事责任能力的中国公民。外国公民不能构成本罪。外国人策动或帮助中国公民投敌叛变的,应以投敌叛变罪的共犯论处。

(4)本罪的主观方面表现为故意,即具有危害国家安全的意图。投敌叛变行为,无论是基于危害国家安全而主动叛变投敌,还是受他人策动、勾引、收买或被捕、被俘后经不起考验而投敌,皆不影响本罪构成。如果行为人被捕、被俘而未投降敌人的,不构成本罪。

投敌叛变是危害国家安全的行为,从而与不以危害国家安全为目的的偷越国(边)境犯罪严格区别。投敌叛变后,又进行危害国家安全的其他行为,构成犯罪的,要实行数罪并罚。

【司法适用】

司法实践中,认定本罪需注意:

1. 投敌叛变罪罪与非罪的认定

对投敌叛变罪罪与非罪的认定,可以从主观方面与客观方面考虑。从主观方面看,如果行为人没有投敌叛变的故意,没有危害国家安全的目的,即便行为人进入敌人控制区域,也不构成投敌叛变罪。从客观方面看,行为人构成投敌叛变罪必须实施了投敌叛变行为,如投奔敌人营垒为敌人效力,或被敌人捕获、俘虏后进行危害国家安全的活动,如果行为人没有实施投敌叛变行为,即便行为人有投敌叛变故意,也不构成投敌叛变罪,但有可能构成《刑法》第109条的叛逃罪。

2. 本罪与间谍罪的区别

两者都是危害国家安全的犯罪,都与境外有联系,但两罪有明显的区别:(1)犯罪客观特征不同。本罪是投降敌人或投奔敌人,进行危害国家安全的活动。间谍罪的行为内容则包括三种:参加间谍组织或者接受间谍组织及其代理人的间谍活动任务;为境外机构、组织、人员窃取、刺探、收买、非法提供国家秘密或者情报;为敌人指示轰击目标。可见,间谍罪的行为人为之效力的既可以是敌对国家或势力,也可以不是敌对国家或势力。(2)犯罪主体不同。本罪主体只能是中国公民,后罪主体则也可以是外国人、无国籍人。(3)犯罪主观方面不同。本罪有特定的目的,而间谍罪没有特定的目的。

3. 投敌叛变罪的一罪与数罪

投敌叛变罪的一罪与数罪问题可以分为三种情形:(1)为了投敌叛变而在投敌叛变以前实施其他犯罪行为的;(2)在投敌叛变过程中实施其他犯罪行为的;(3)投敌叛变以后实施其他犯罪行为的。而不管是哪种情形,只要是投敌叛变行为与其他犯罪行为之间具有包容关系、竞合关系、吸收关系或者牵连关系的,都应当分别按照刑法上处理法条竞合、想象竞合、吸收犯或者牵连犯的原则从一重罪处断。如果另行实施的其他犯罪行为与投敌叛变行为之间不存在上述包容关系、竞合关系、吸收关系或者牵连关系,不能以一罪论处,只能实行数罪并罚。

4. 投敌叛变罪的犯罪形态认定

投敌叛变罪,不仅仅包括“投敌”行为,也包括“叛变”行为。在犯罪形态的认定上,当行为人以投敌叛变的故意准备工具、创造条件,但尚未着手实施投奔敌方或者敌对营垒的行为,或者由于被捕、被俘或者其他原因被敌方控制以后,尚未实施投奔敌方或者敌对营垒的,属于犯罪的预备阶段,成立预备犯。如果行为人出于自己的意愿而放弃犯罪预备,则属于犯罪中止,成立中止犯。如果行为人已着手实施投奔敌方或者敌对营垒的行为,或者由于被捕、被俘或者其他原因被敌方控制以后,着手实施投奔敌方或者敌对营垒的行为,但由于行为人意志以外的原因而未实施叛变行为或者虽然实施叛变行为,但叛变行为未能完成的,则属于犯罪未遂,成立未遂犯。如果行为人既实施了投敌行为,又实施了叛变行为,且两种行为都已完成,则属于犯罪既遂,成立既遂犯。

第一百零九条 【叛逃罪】国家机关工作人员在履行公务期间,擅离岗位,叛逃境外或者在境外叛逃的,处五年以下有期徒刑、拘役、管制或者剥夺政治权利;情节严重的,处五年以上十年以下有期徒刑。

掌握国家秘密的国家工作人员叛逃境外或者在境外叛逃的,依照前款的规定从重处罚。

【条文对照】

1997年《刑法》	2011年《刑法修正案(八)》
第一百零九条 国家机关工作人员在履行公务期间,擅离岗位,叛逃境外或者在境外叛逃,**危害中华人民共和国国家安全的**,处五年以下有期徒刑、拘役、管制或者剥夺政治权利;情节严重的,处五年以上十年以下有期徒刑。 掌握国家秘密的国家工作人员**犯前款罪**的,依照前款的规定从重处罚。	第一百零九条 国家机关工作人员在履行公务期间,擅离岗位,叛逃境外或者在境外叛逃**的**,处五年以下有期徒刑、拘役、管制或者剥夺政治权利;情节严重的,处五年以上十年以下有期徒刑。 掌握国家秘密的国家工作人员**叛逃境外或者在境外叛逃**的,依照前款的规定从重处罚。

【条文理解】

叛逃罪,是特指国家机关工作人员或者掌握国家秘密的国家工作人员履行公务期间,擅离岗位叛逃境外或者在境外叛逃的行为。本罪的具体构成要件是:

(1)本罪侵犯的客体是国家安全,即人民民主专政的政权和社会主义制度。随着我国对外开放的进一步扩大,各类出国人员日益增多,在对外交往活动中也确实存在一些值得注意的问题,其中最严重的就是我国国家工作人员,特别是掌握国家秘密的国家工作人员叛逃境外或者在境外叛逃,给我国国家安全造成难以估量的危害。特别是对那些叛逃后,一时尚未发现实施危害国家安全的行为,或者一时没有公开投靠境外机构、组织的国家工作人员,给我国国家安全、荣誉和利益造成重大危害。

(2)本罪的客观方面表现为在履行公务期间,擅离岗位、叛逃境外或者在境外叛逃的行为。其主要包括以下几个方面:①必须是在履行公务期间叛逃,才构成犯罪。若不是在履行公务期间叛逃,则不能构成犯罪。②必须是擅离岗位叛逃,没有离开自己工作岗位的,不可能成为叛逃行为。③要有叛逃行为,包括两种方式:一是在境内履行公务期间叛逃至境外;二是在境外履行公务期间叛逃。叛逃境外或者在境外叛逃,是指在境内实施背叛国家、逃往境外或者在境外实施背叛国家的出逃行为。具体表现就是国家工作人员在境内或者境外履行公务期间,擅离岗位叛逃。

(3)本罪的主体为特殊主体,是国家机关工作人员以及掌握国家秘密的国家工作人员。国家机关工作人员,是指在国家机关,包括国家权力机关、行政机关、审判机关、检察机关等单位中依照法律从事公务的人员(军人叛逃的,构成军人违反职责罪)。从我国国情以及犯罪的实际情况考虑,中国共产党的各级机关、中国人民政治协商会议的各级机关中从事公务的人员,也应属于国家机关工作人员。本条第 2 款规定掌握国家秘密的国家工作人员可以成为本罪主体,第 2 款中所称国家工作人员,既指国家机关中从事公务的人员,也包括国有公司、企业、事业单位、人民团体中从事公务的人员和国家机关、国有公司、企业、事业单位委派到非国有公司、企业、事业单位、社会团体从事公务的人员,以及其他依照法律从事公务的人员。

(4)本罪的主观方面表现为故意,即明知自己的叛逃行为会发生危害国家安全的结果,并且希望或者放任这种结果发生。

【司法适用】

司法实践中,认定本罪需注意:

1.《刑法修正案(八)》关于叛逃罪的修正与理解

《刑法修正案(八)》对《刑法》第 109 条叛逃罪的修改有两处:第一处修改是删除了原第 1 款中"危害中华人民共和国国家安全"的条件,即不再要求叛逃行为必须"危害国家安全",只要国家机关工作人员有叛逃行为即可构成本罪。这在客观上解决了本罪在实践中难以认定、不宜证明的问题。可以这样认为,国家机关工作人员在履行公务期间,擅离岗位,叛逃境外或者在境外叛逃的,就可认为具有"危害国家安全"的性质,可直接构成叛逃罪。第二处修改是针对原第 2 款掌握国家秘密的国家工作人员的叛逃行为,删除了"在履行公务期间,擅离岗位"的条件,即对于掌握国家秘密的工作人员,只要其叛逃境外或在境外叛逃的,就应认定为叛逃罪且从重处罚。毫无疑问,《刑法修正案(八)》关于叛逃罪的修正是为了适应新时期公职人员叛逃境外的危害性,加大对叛逃行为的打击力度,充分体现了对国家安全的保护力度。

2. 注意本罪与投敌叛变罪的界限

两罪的主观方面、犯罪主体均有相同之处,不同之处在于:(1)客观方面不同。

本罪的行为人投靠的是除间谍组织和敌对势力以外的机构、组织;而投敌叛变罪行为人投靠的是敌对势力,而且还包括被捕、被俘后投降敌人的行为。(2)主体不同。本罪的主体是特殊主体,叛逃罪必须是国家机关工作人员或掌握国家秘密的其他国家工作人员;而投敌叛变罪的主体可以是任何具备犯罪主体一般要件的中国公民。

第一百一十条 【间谍罪】有下列间谍行为之一,危害国家安全的,处十年以上有期徒刑或者无期徒刑;情节较轻的,处三年以上十年以下有期徒刑:

(一)参加间谍组织或者接受间谍组织及其代理人的任务的;

(二)为敌人指示轰击目标的。

【条文理解】

间谍罪,是指参加间谍组织或者接受间谍组织及其代理人的任务,或者为敌人指示轰击目标的行为。本罪的具体构成要件是:

(1)本罪侵犯的客体是国家安全。

(2)本罪的客观方面表现为以下三种行为:①参加国外间谍组织。间谍组织,是指外国政府或者境外敌对势力建立的旨在收集其他国家情报,对他国进行颠覆破坏活动,破坏他国国家安全和利益的组织。参加间谍组织,就是经过一定的手续,加入间谍组织,成为间谍组织的一员。参加了间谍组织,就意味着要从事间谍活动,但构成间谍罪,不以已经从事间谍活动为要件,只要参加了间谍组织,即使尚未从事间谍活动,也构成犯罪。②接受间谍组织及其代理人的任务。这是指没有从组织上参加间谍组织,而是接受间谍组织以及间谍组织的代理人的指令,完成他们交给的收集情报等任务。③为敌人指示轰击目标。这是指用各种手段向敌人指示敌人所要轰击的目标,如写信、打电话、发电报、放信号弹等,以使敌人能够准确地打击我方目标。

(3)本罪的主体为一般主体。

(4)本罪的主观方面由直接故意构成。间接故意和过失不构成本罪。

【司法适用】

司法实践中,认定本罪应注意:

1. 罪与非罪问题

要把参加间谍组织的间谍分子同这些组织中的非间谍分子加以区别。所谓非间谍分子,是指间谍组织中未履行参加间谍组织的手续,也未进行间谍活动的工程技术、一般勤杂、医务、传达、庶务等人员。这些人员虽然也来我国旅游、探亲、学术交流、经贸洽谈等,但没有进行间谍活动的,不能按间谍罪予以追究。

2. 一罪与数罪问题

行为人参加间谍组织或者接受间谍组织及其代理人的任务,实施其他危害国家安全的行为,如进行暗杀、破坏等活动,如果这些活动是在间谍组织的指令范围内的,以间谍罪一罪论处即可;如果超出了间谍组织的指令范围,不属间谍犯罪行为,除了构成间谍罪以外,还应当根据具体行为构成的其他犯罪,实行数罪并罚。

3. 适用本罪时注意与《反间谍法》协调适用问题

《反间谍法》第38条规定了间谍行为的主要形式和类型,具体包括:(1)间谍组织及其代理人实施或者指使、资助他人实施,或者境内外机构、组织、个人与其相勾结实施的危害中华人民共和国国家安全的活动;(2)参加间谍组织或者接受间谍组织及其代理人的任务的;(3)间谍组织及其代理人以外的其他境外机构、组织、个人实施或者指使、资助他人实施,或者境内机构、组织、个人与其相勾结实施的窃取、刺探、收买或者非法提供国家秘密或者情报,或者策动、引诱、收买国家工作人员叛变的活动;(4)为敌人指示攻击目标的;(5)进行其他间谍活动的。这5种行为类型与方式对间谍罪的认定具有十分重要的借鉴意义。《反间谍法》第27条规定,境外机构、组织、个人实施或者指使、资助他人实施,或者境内机构、组织、个人与境外机构、组织、个人相勾结实施间谍行为,构成犯罪的,依法追究刑事责任。实施间谍行为,有自首或者立功表现的,可以从轻、减轻或者免除处罚;有重大立功表现的,给予奖励。该法第28条规定对间谍犯罪行为实行宽严相济刑事政策,即在境外受胁迫或者受诱骗参加敌对组织、间谍组织,从事危害中华人民共和国国家安全的活动,及时向中华人民共和国驻外机构如实说明情况,或者入境后直接或者通过所在单位及时向国家安全机关、公安机关如实说明情况,并有悔改表现的,可以不予追究。《反间谍法》的上述规定,是依法适用间谍罪追究刑事责任时重要的法律依据。

【司法案例】

张某某、李某某、鲍某某间谍案①

[**裁判要旨**]接受间谍组织的派遣任务,搜集我国大量军事、政治、经济情报,并将部分情报交给间谍组织,行为构成间谍罪一罪、从重论处。

① 参见河北省高级人民法院(2000)冀刑再终字第4号刑事裁定书。

第一百一十一条　【为境外窃取、刺探、收买、非法提供国家秘密、情报罪】为境外的机构、组织、人员窃取、刺探、收买、非法提供国家秘密或者情报的，处五年以上十年以下有期徒刑；情节特别严重的，处十年以上有期徒刑或者无期徒刑；情节较轻的，处五年以下有期徒刑、拘役、管制或者剥夺政治权利。

【条文理解】

为境外窃取、刺探、收买、非法提供国家秘密、情报罪，是指为境外的机构、组织、人员窃取、刺探、收买、非法提供国家秘密或者情报的行为。本罪的具体构成要件是：

(1)本罪侵犯的客体是国家的安全即人民民主专政的政权和社会主义制度。保守国家秘密是宪法规定的中国公民的一项基本权利和义务，《反间谍法》第23~24条也规定：任何公民和组织都应当保守所知悉的有关反间谍工作的国家秘密。任何个人和组织都不得非法持有属于国家秘密的文件、资料和其他物品。本罪的对象是国家秘密、情报。国家秘密是指关系国家的安全和利益，依法定程序确定、在一定时间内只限于一定范围的人员知悉的事项。根据《保守国家秘密法》的规定，具体包括：①国家事务重大决策中的秘密事项；②国防建设和武装力量活动的秘密事项；③外交和外事活动中的秘密事项以及对外承担保密义务的秘密事项；④国民经济和社会发展中的秘密事项；⑤科学技术中的秘密事项；⑥维护国家安全活动和追查刑事犯罪中的秘密事项；⑦经国家保密行政部门确定的其他秘密事项。符合《保守国家秘密法》第5条规定的政党中的秘密事项，也应属于国家秘密。行为人对不同等级即绝密、机密、秘密的国家秘密进行窃取、刺探、收买、非法提供给境外的机构、组织、个人，致使国家的安全、利益遭受的危害程度也不同。情报是指除国家秘密以外的涉及国家政治、经济、军事、科技等方面尚未公开或不宜公开泄露的、影响国家安全和利益的情况和材料。不公开的单位内部情况、正常的情报信息交流，不应理解为此处的情报。

(2)本罪的客观方面是指为境外机构、组织、人员窃取、刺探、收买、非法提供国家秘密或者情报。本罪的行为方式包括：①窃取，即使用各种秘密手段盗窃属于国家秘密或者情报的资料或物品的行为。②刺探，是指通过各种渠道、使用各种手段，非法探知国家秘密或者情报资料的行为。③收买，是指用金钱、色情和其他物质利益等手段向掌握国家秘密或者情报的人员获取国家秘密或者情报资料或者物品的行为。④非法提供，是指国家秘密持有者或知悉者非法出卖、交付、告知其他不应知悉该项国家秘密或者情报的人的行为。本条规定有窃取、刺探、收买、非法提供4个具体行为。只要行为人实施上述行为其中之一的，就构成犯罪。如果行为人实施上述行为时被抓获，实际上未能最终获取国家秘密或情报，或者未能完成非法提供的行为时，也应构成本罪未遂。

根据最高人民法院《关于审理为境外窃取、刺探、收买、非法提供国家秘密、情报案件具体应用法律若干问题的解释》第3条的规定，为境外窃取、刺探、收买、非法提供国家秘密或者情报，具有下列情形之一的，属于本罪构成行为：①为境外窃取、刺探、收买、非法提供机密级国家秘密的；②为境外窃取、刺探、收买、非法提供3项以上秘密级国家秘密的；③为境外窃取、刺探、收买、非法提供国家秘密或者情报，对国家安全和利益造成其他严重损害的。

（3）本罪的主体。责任主体为一般主体，即凡达到刑事责任年龄具备刑事责任能力的中国公民均可构成，外国人、无国籍人不构成本罪。

（4）本罪的主观方面。本罪的责任形式为故意。此处的故意是指明知是国家秘密、情报而窃取、刺探、收买、非法提供的主观心理态度。

【司法适用】

司法实践中，认定为境外窃取、刺探、收买、非法提供国家秘密、情报罪应注意：

1. 本罪的罪与非罪的界限

（1）应查明行为人所窃取、刺探、收买、非法提供的是否属于国家秘密或者情报的范围，不能把一切未公开的情况、信息都列入国家秘密或者情报的范围。（2）应与正常的信息、情报交流区别开，根据《保守国家秘密法》的规定，机关、单位按照国家有关规定办理的向境外或者向境外在中国境内设立的组织、机构提供秘密的行为，是合法行为。

2. 本罪与其他罪名的牵连

如果行为人接受间谍组织及其代理人的任务而实施本罪的行为，应按牵连犯的处理原则，择一重罪论处。如果行为人不是接受间谍及其代理人的任务而为境外机构、组织、人员窃取、刺探、收买、非法提供国家秘密或者情报，则构成本罪。

3. 关于本罪对象"国家秘密"密级与定罪量刑的关系问题

根据《保守国家秘密法》的规定，国家秘密的密级分为"绝密""机密""秘密"三个等级。其中，"绝密"是最重要的国家秘密，泄露会使国家的安全和利益遭受特别严重的损害；"机密"是重要的国家秘密，泄露会使国家的安全和利益遭受严重损害；"秘密"是一般的国家秘密，泄露会使国家的安全和利益遭受损害。根据最高人民法院《关于审理为境外窃取、刺探、收买、非法提供国家秘密、情报案件具体应用法律若干问题的解释》的相关规定，为境外窃取、刺探、收买、非法提供1项以上机密级国家秘密的，或者3项以上秘密级国家秘密的，即构成本罪，适用本罪的基本刑“五年以上十年以下有期徒刑,可以并处没收财产”的法定刑幅度。如果为境外窃取、刺探、收买、非法提供1项以上的绝密级国家秘密则不仅构成本罪,而且属于为境外窃取、刺探、收买、非法提供国家秘密罪的“情节特别严重”情形,适用“处十年以上有期徒刑、无期徒刑,可以并处没收财产”法定刑幅度。为境外窃取、刺探、收买、非法提供秘密级国家秘密或者情报,属于“情节较轻”,“处5年以下有期徒刑、拘役、管制或者剥夺政治权利”。这说明,为境外窃取、刺探、收买、非法提供国家秘密的,无论是秘密级还是机密级、绝密级,原则上均构成为境外窃取、刺探、收买、非法提供国家秘密罪,但适用的法定刑幅度可能不同。

第一百一十二条　【资敌罪】战时供给敌人武器装备、军用物资资敌的,处十年以上有期徒刑或者无期徒刑;情节较轻的,处三年以上十年以下有期徒刑。

【条文理解】

资敌罪,是指战时供给敌人武器装备、军用物资资敌的行为。本罪的具体构成要件是:

(1)本罪侵犯的客体是国家安全,而且是战时特定时期的国家安全,其危害性和后果是十分严重的。

(2)本罪的客观方面表现为战时向敌人提供武器装备或者军用物资的行为。所谓战时,根据《刑法》第451条的规定,是指国家宣布进入战争状态、部队受领作战任务或者遭敌突然袭击时。部队执行戒严任务或者处置突发性暴力事件时,以战时论。此处所说的敌人,是指国内外带有军事性质的危害国家安全的武装力量,包括国内敌人和国外敌人。武器装备,是指直接用于实施和保障作战行动的武器、武器系统和军事技术器材。提供非用于军事的物资,不构成本罪。为敌人提供上述军用物资的方式是多种多样的,无论是有偿的或是无偿的,或者为向敌人提供而购买、携带、运输,均可构成本罪。

所谓提供武器装备或者军用物资,是指无偿支援或者出售给敌方各种武器、弹药、通讯设施、运输工具、医疗设施、药品、能源、食品、被服等军用物品。综上所述,构成资敌罪必须符合战时向敌方武装力量提供武器弹药、装备、军用物资三个要素,缺一不构成资敌罪。

(3)本罪的主体只有中国公民才能构成,外国公民、无国籍人不构成本罪。

(4)本罪的主观方面表现为故意。

【司法适用】

司法实践中,认定本罪应注意:

1. 资敌罪犯罪构成中的三个核心要素——"战时""敌人""武器装备和军用物资"的认定,应结合上述学理分析,了解其概念的含义及外延,缺一不构成资敌罪。

2. 本罪与资助危害国家安全犯罪活动罪的界限

这两种犯罪都有资助的行为。两者的区别在于:第一,资助的对象不同。前者资助的是敌人,即敌对国家或者敌对阵营;而后者资助的是实施特定类型犯罪行为的犯罪人,即犯背叛祖国、分裂国家等《刑法》第102~105条规定的7种罪行的人。第二,资助的物品不同。前者资助的是武器装备、军用物资;而后者资助的主要是金钱、普通物品等。

第一百一十三条 【危害国家安全罪适用死刑、没收财产的规定】本章上述危害国家安全罪行中,除第一百零三条第二款、第一百零五条、第一百零七条、第一百零九条外,对国家和人民危害特别严重、情节特别恶劣的,可以判处死刑。

犯本章之罪的,可以并处没收财产。

【条文理解】

对于犯危害国家安全犯罪的刑罚适用,除依法适用《刑法》分则第一章各相应条文规定的罪刑规范外,还应注意适用两个具有共性要求的条文所规定的刑罚制度:(1)《刑法》第56条规定的"对于危害国家安全的犯罪分子应当附加适用剥夺政治权利";(2)《刑法》第113条关于死刑和没收财产的适用问题。

根据本条的规定,对于本章规定的12个危害国家安全犯罪罪名中,有背叛国家罪,分裂国家罪,武装叛乱罪,武装暴乱罪,投敌叛变罪,间谍罪,为境外窃取、刺探、收买、非法提供国家秘密、情报罪和资敌罪等8个罪名,若达到"对国家和人民危害特别严重、情节特别恶劣的",依法可以判处死刑。危害国家安全犯罪作为在所有犯罪中危害最重的犯罪类型之一,对其中最重要部分的罪行保留死刑适用的可能性是有必要的,也是符合绝大多数国家刑事立法惯例的。

对于危害国家安全犯罪,依法并处没收财产,有助于剥夺此类犯罪分子再犯罪的能力。根据《刑法》第34条和第59条的规定,没收财产是将犯罪人个人所有财产的一部分或全部强制无偿地收归国有的刑罚。没收财产是一种严厉的财产刑,一般只适用于两大类犯罪:一是危害国家安全的犯罪;二是贪利性犯罪。根据

《刑法》第113条第2款规定，犯危害国家安全罪的，可以并处没收财产。对危害国家安全罪适用没收财产刑，反映了国家对这类犯罪最严厉谴责的态度，也是对继续从事这类犯罪的资本予以必要的剥夺。

【司法适用】

在适用本条规定时，需要注意的是对于“没收财产”，使用的是“可以”，而不是“应当”，也就是说，在人民法院审理危害国家安全的犯罪案件时，应当根据案件的具体情况适用法律，对有必要判处没收财产的犯罪分子，可以并处没收财产，而不是一律并处没收财产。

第二章　危害公共安全罪

第一百一十四条　【放火罪;决水罪;爆炸罪;投放危险物质罪;以危险方法危害公共安全罪】放火、决水、爆炸以及投放毒害性、放射性、传染病病原体等物质或者以其他危险方法危害公共安全,尚未造成严重后果的,处三年以上十年以下有期徒刑。

【条文对照】

1997年《刑法》	2001年《刑法修正案(三)》
第一百一十四条　放火、决水、爆炸、**投毒**或者以其他危险方法**破坏工厂、矿场、油田、港口、河流、水源、仓库、住宅、森林、农场、谷场、牧场、重要管道、公共建筑物或者其他公私财产**,危害公共安全,尚未造成严重后果的,处三年以上十年以下有期徒刑。	第一百一十四条　放火、决水、爆炸**以及投放毒害性、放射性、传染病病原体等物质**或者以其他危险方法危害公共安全,尚未造成严重后果的,处三年以上十年以下有期徒刑。

【条文理解】

"危害公共安全",是指危害不特定的多数人的生命、健康以及重大财产的安全。"放火",是指故意纵火焚烧公私财物,严重危害公共安全的行为;"决水",是指故意破坏堤防、大坝、防水排水设施,制造水患危害公共安全的行为;"爆炸",是指故意引爆爆炸物,危害公共安全的行为;"投放毒害性、放射性、传染病病原体等物质",是指向公共饮用水源、食品或公共场所、设施投放能够致人死亡或严重危害人体健康的上述几种物质。其中"毒害性""放射性"物质,是指能危害人体或动物健康的化学性毒物、生物性毒物、微生物类毒物和放射性物质;"传染病病原体",是指能在人体或动物体内生长、繁殖,通过空气、饮食、接触等方式传播,危害人体健康的传染病菌种和毒种。"其他危险方法",是指除上述方法之外的任何能够造成不特定的多数人的伤亡或者公私财物重大损失的方法。

【司法适用】

在抗击新冠肺炎疫情过程中,最高人民法院、最高人民检察院、公安部、司法部出台了《关于依法惩治妨害新型冠状病毒感染肺炎疫情防控违法犯罪的意见》,依法严惩抗拒疫情防控措施的犯罪。该意见特别规定,故意传播新型冠状病毒感染肺炎病原体,具有下列情形之一,危害公共安全的,依照《刑法》第114条、第115条第1款的规定,以以危险方法危害公共安全罪定罪处罚:(1)已经确诊的新型冠状病毒感染肺炎病人、病原携带者,拒绝隔离治疗或者隔离期未满擅自脱离隔离治疗,并进入公共场所或者公共交通工具的;(2)新型冠状病毒感染肺炎疑似病人拒绝隔离治疗或者隔离期未满擅自脱离隔离治疗,并进入公共场所或者公共交通工具,造成新型冠状病毒传播的。

《组织、利用邪教组织破坏法律实施案件解释》第12条规定:邪教组织人员以自焚、自爆或者其他危险方法危害公共安全的,依照《刑法》第114条、第115条的规定,以放火罪、爆炸罪、以危险方法危害公共安全罪等定罪处罚。《传染病案件解释》第1条第1款规定:故意传播突发传染病病原体,危害公共安全的,依照《刑法》第114条、第115条第1款的规定,按照以危险方法危害公共安全罪定罪处罚。

《妨害公共交通工具安全驾驶指导意见》规定:(1)乘客在公共交通工具行驶过程中,抢夺方向盘、变速杆等操纵装置,殴打、拉拽驾驶人员,或者有其他妨害安全驾驶行为,危害公共安全,尚未造成严重后果的,依照《刑法》第114条的规定,以以危险方法危害公共安全罪定罪处罚;致人重伤、死亡或者使公私财产遭受重大损失的,依照《刑法》第115条第1款的规定,以以危险方法危害公共安全罪定罪处罚。(2)乘客在公共交通工具行驶过程中,随意殴打其他乘客,追逐、辱骂他人,或者起哄闹事,妨害公共交通工具运营秩序,符合《刑法》第293条规定的,以寻衅滋事罪定罪处罚;妨害公共交通工具安全行驶,危害公共安全的,依照《刑法》第114条、第115条第1款的规定,以以危险方法危害公共安全罪定罪处罚。(3)驾驶人员在公共交通工具行驶过程中,与乘客发生纷争后违规操作或者擅离职守,与乘客厮打、互殴,危害公共安全,尚未造成严重后果的,依照《刑法》第114条的规定,以以危险方法危害公共安全罪定罪处罚;致人重伤、死亡或者使公私财产遭受重大损失的,依照《刑法》第115条第1款的规定,以以危险方法危害公共安全罪定罪处罚。

《高空抛物案件意见》规定,故意从高空抛弃物品,尚未造成严重后果,但足以危害公共安全的,依照《刑法》第114条规定的以危险方法危害公共安全罪定罪处罚;致人重伤、死亡或者使公私财物遭受重大损失的,依照《刑法》第115条第1款的规定处罚。

【司法案例】

黄某华以危险方法危害公共安全案①

[**裁判要旨**]“不特定多数人”是指不特定并且多数的人，其中“不特定”是一种客观的判断，包含犯罪对象的不确定性和危害后果的不确定性。实施危害公共安全犯罪的行为人，有些在主观上有将要侵犯的特定对象，同时也会对损害的可能范围有一定预判，虽然其在某一特定阶段可能指向特定的目标，但行为最终造成或者可能造成的危害后果是行为人难以控制的，从而危害到之前特定人之外的人的人身或者财产安全。

第一百一十五条 【放火罪；决水罪；爆炸罪；投放危险物质罪；以危险方法危害公共安全罪】**放火、决水、爆炸以及投放毒害性、放射性、传染病病原体等物质或者以其他危险方法致人重伤、死亡或者使公私财产遭受重大损失的，处十年以上有期徒刑、无期徒刑或者死刑。**

【失火罪；过失决水罪；过失爆炸罪；过失投放危险物质罪；过失以危险方法危害公共安全罪】**过失犯前款罪的，处三年以上七年以下有期徒刑；情节较轻的，处三年以下有期徒刑或者拘役。**

【条文对照】

1997年《刑法》	2001年《刑法修正案(三)》
第一百一十五条　放火、决水、爆炸、**投毒**或者以其他危险方法致人重伤、死亡或者使公私财产遭受重大损失的，处十年以上有期徒刑、无期徒刑或者死刑。 过失犯前款罪的，处三年以上七年以下有期徒刑；情节较轻的，处三年以下有期徒刑或者拘役。	第一百一十五条　放火、决水、爆炸**以及投放毒害性、放射性、传染病病原体等物质**或者以其他危险方法致人重伤、死亡或者使公私财产遭受重大损失的，处十年以上有期徒刑、无期徒刑或者死刑。 过失犯前款罪的，处三年以上七年以下有期徒刑；情节较轻的，处三年以下有期徒刑或者拘役。

【条文理解】

本条第1款与《刑法》第114条从两个层次对放火罪、决水罪、爆炸罪以及投放危险物质罪、以危险方法危害公共安全罪的法定刑进行了规定。

应当注意，虽然本条第1款以“致人重伤、死亡或者使公私财产遭受重大损

① 参见《刑事审判参考》总第94集第910号案例。

失”为犯罪构成要件,《刑法》第 114 条以“尚未造成严重后果”为要件,但二者并非对立,也不存在互斥关系。因此,以放火罪为例,如行为人实施了放火等危险行为,客观上也存在自然人死亡的事实,却不能证明被害人的死亡与放火行为存在因果关系时,应适用《刑法》第 114 条,而非以事实不清为由宣告无罪。

本条第 2 款规定了失火罪、过失决水罪、过失爆炸罪、过失投放危险物质罪以及过失以危险方法危害公共安全罪。上述罪名,分别指过失引起火灾,过失造成水患,过失引起爆炸,过失投放危险物质,过失使用放火、决水、爆炸、投放危险物质以外的危险方法危害公共安全,致人重伤、死亡或者使公私财产遭受重大损失的行为。上述犯罪的责任形式为过失。

【司法适用】

1. 以杀害特定少数人为目的而实施投放危险物质行为的案件的定性

在司法实践中,对一些以杀害特定少数人为目的而实施投放危险物质行为的案件的定性常常会产生争议。笔者认为,对这类案件的定性,关键在于要对下列事实形成准确判断,即行为人所实施的投放危险物质的行为,是否具有同时威胁或危害其他不特定人的生命、健康或者财产安全,即危害公共安全的危险性质。具体而言,如果行为人所实施的投放危险物质的行为,除了可能造成其意图杀害的特定少数人死亡的结果外,还可能威胁或危害到其他不特定人的生命、健康或者财产安全,且行为人对此又有认识,则说明行为人在积极追求特定少数人死亡结果发生的同时,还存在放任危害公共安全结果发生的心态,此时,行为人的行为属于(间接故意)投放危险物质罪与(直接故意)故意杀人罪的想象竞合犯,依照想象竞合犯之“从一重处断”原则,应当对其以投放危险物质罪论处;反之,如果行为人的投放危险物质行为在客观上并不具有威胁或危害其他不特定人生命、健康或者财产安全的性质,或者虽具有这种性质,但行为人对此没有认识,则其行为不符合投放危险物质罪的构成,应当认定其构成故意杀人罪。

这里需要说明的是,投放危险物质罪与故意杀人罪的法定刑虽然完全相同,但是,危害公共安全罪在整体上要重于侵犯公民人身权利、民主权利罪。一般认为,我国《刑法》分则章节基本是按由重至轻的顺序排列的;故意杀人罪的减轻构成(属于《结果犯》)要比投放危险物质罪的基本构成(属于危险犯)相对更为严格;在观念上,一般认为投放危险物质罪要比故意杀人罪更为严重,因此,在上述两罪发生竞合的情况下,按照“从一重处断”的原则,应当对行为人以投放危险物质罪论处。

2. 过失投放危险物质罪与过失以危险方法危害公共安全罪的区分

过失以危险方法危害公共安全罪、过失投放危险物质罪、过失致人死亡罪,罪过形式均是过失且都有可能发生了致人死亡的结果。过失投放危险物质罪,要求被告人有过失投放的行为,即行为人主动实施了一定的行为,导致危险物质混入食物中,他人进食后中毒,产生危害后果,如在日常生活中将农药与饮用水放在一起,做饭时误将农药当作水,造成多人中毒伤亡的后果等。过失致人死亡罪侵犯的客体是公民个人生命健康,危害的对象具有特定性。

过失以危险方法危害公共安全罪,是指过失以放火、决水、爆炸、投放危险物质以外的其他危险方法,致人重伤、死亡或者使公私财产遭受重大损失的行为。本罪侵犯的客体是公共安全;客观方面表现为行为人过失以放火、决水、爆炸、投放危险物质以外的其他危险方法,致人重伤、死亡或者使公私财产遭受重大损失;主体为一般主体;主观方面为过失。本罪的"其他危险方法"是指与放火、决水、爆炸、投放危险物质等方法危害性相当的方法,而不是泛指一切对公共安全具有危害性的方法,即该方法应当具有大规模和杀伤性。"大规模"是指该方法一经实施就可能危害到多数人或者不特定的人,"杀伤性"是指行为后果严重,该方法能够造成致人重伤、死亡或者使公私财产遭受重大损失的后果。

3. 危害公共安全罪中"不特定多数人"的理解

危害公共安全罪设立的目的在于将生命、健康等个人法益抽象为社会利益作为保护对象,故危害公共安全罪最突出的特点是其"社会性"。对于以危险方法危害公共安全罪的犯罪对象"不特定多数人"的含义,应当从其"社会性"的特点出发进行理解。以危险方法危害公共安全罪保护的是公众的生命、健康,而"公众"与"社会性"均要求重视量的"多数"。换言之,"多数"是"公共"概念的核心。"不特定"也意味着随时有向"多数"发展的现实可能性,会使社会多数成员遭受危害和侵害。在司法实践中,一般有两种情况会认定为"不特定多数人",从而构成危害公共安全犯罪:第一种情形是行为针对的对象是不特定的,且行为人事先也没有预料到具体的危害后果;第二种情形是行为人针对的对象是相对特定的,但实际造成的后果是行为人没有预料的,不能控制的。侵害"不特定多数人",并不是说行为人没有特定的侵犯对象或目标,而是行为人主观上有一定的侵害对象,对损害的可能范围也有一定的预判,但对最终造成或者可能造成的危害后果难以控制,从而危害特定人之外的人身或者财产安全。

4. "公共安全"不等同于"公共场所的安全"

首先,"公共安全"的词义应解释为多数人的生命、健康和公私财产的安全。公共安全包括信息安全、食品安全、公共卫生安全等,是一个抽象的概念。虽然在公共场所更容易发生侵犯公共安全的案件,但是公共安全不等同于公共场所的安全。其次,公共安全的核心在于"多数",而无论是封闭的场所还是开放的公共场所,即使是在相对封闭的场所发生了危害多数人的损害后果,也有可能属于侵犯公共安全的行为。如出于故意,驾驶车辆在公共场所连续冲撞他人致多人轻伤、轻微伤的行为,是以危险方法危害公共安全罪的典型犯罪。

《组织、利用邪教组织破坏法律实施案件解释》第 12 条规定:邪教组织人员以自焚、自爆或者其他危险方法危害公共安全的,依照《刑法》第 114 条、第 115 条的规定,以放火罪、爆炸罪、以危险方法危害公共安全罪等定罪处罚。《传染病案件解释》第 1 条规定:故意传播突发传染病病原体,危害公共安全的,依照《刑法》第 114 条、第 115 条第 1 款的规定,按照以危险方法危害公共安全罪定罪处罚。患有突发传染病或者疑似突发传染病而拒绝接受检疫、强制隔离或者治疗,过失造成传染病传播,情节严重,危害公共安全的,依照《刑法》第 115 条第 2 款的规定,按照过失以危险方法危害公共安全罪定罪处罚。《妨害公共交通工具安全驾驶指导意见》规定:(1)乘客在公共交通工具行驶过程中,抢夺方向盘、变速杆等操纵装置,殴打、拉拽驾驶人员,或者有其他妨害安全驾驶行为,危害公共安全,尚未造成严重后果的,依照《刑法》第 114 条的规定,以以危险方法危害公共安全罪定罪处罚;致人重伤、死亡或者使公私财产遭受重大损失的,依照《刑法》第 115 条第 1 款的规定,以以危险方法危害公共安全罪定罪处罚。(2)乘客在公共交通工具行驶过程中,随意殴打其他乘客,追逐、辱骂他人,或者起哄闹事,妨害公共交通工具运营秩序,符合《刑法》第 293 条规定的,以寻衅滋事罪定罪处罚;妨害公共交通工具安全行驶,危害公共安全的,依照《刑法》第 114 条、第 115 条第 1 款的规定,以以危险方法危害公共安全罪定罪处罚。(3)驾驶人员在公共交通工具行驶过程中,与乘客发生纷争后违规操作或者擅离职守,与乘客厮打、互殴,危害公共安全,尚未造成严重后果的,依照《刑法》第 114 条的规定,以以危险方法危害公共安全罪定罪处罚;致人重伤、死亡或者使公私财产遭受重大损失的,依照《刑法》第 115 条第 1 款的规定,以以危险方法危害公共安全罪定罪处罚。

【司法案例】

许某渠过失以危险方法危害公共安全案①

[**裁判要旨**]本罪中的"其他危险方法"是指与放火、决水、爆炸、投放危险物质等方法危害性相当的方法,而不是泛指一切对公共安全具有危害性的方法,即该方法应当具有"大规模"和"杀伤性"。"大规模"是指该方法一经实施就可能危害到多数人或者不特定的人,"杀伤性"是指行为后果严重,该方法能够造成致人重伤、死亡或者使公私财产遭受重大损失的后果。被告人未妥善保管行为发生在

① 参见《刑事审判参考》总第 101 集第 1041 号案例。

食品销售流通领域,对社会公共安全造成了潜在的和现实的威胁,该行为构成刑法上的“其他危险方法”。该行为危害到不特定多数人的生命健康,并最终导致一死一轻微伤的严重后果,符合过失以危险方法危害公共安全罪的构成要件。

第一百一十六条 【破坏交通工具罪】破坏火车、汽车、电车、船只、航空器,足以使火车、汽车、电车、船只、航空器发生倾覆、毁坏危险,尚未造成严重后果的,处三年以上十年以下有期徒刑。

【条文理解】

“破坏交通工具罪”,要求犯罪行为出于主观故意,并威胁到五种特定交通工具的运行安全,即足以使火车、汽车、电车、船只、航空器发生颠覆、毁坏危险。这里的“颠覆”是指火车出轨、颠覆,汽车、电车翻车,船只翻沉,航空器坠毁等情况。“毁坏”是指上述工具遭到人为破坏而不能正常运行,并危及运载的人、物品或交通工具自身的安全。

【司法适用】

破坏交通工具罪与放火罪、爆炸罪在犯罪客体、犯罪手段等方面是相同的。因为从广义上讲,放火、爆炸也是一种破坏性行为,但是在犯罪对象上存在明显不同。就侵犯对象同属交通工具的情形而言,本罪的对象是正在使用中的交通工具,而后两罪破坏的则是停置不用的交通工具。鉴于此,在司法实践中,应当主要根据破坏行为侵害的对象来区分破坏交通工具罪与放火罪、爆炸罪。如果行为人采用放火、爆炸的方法破坏正在使用中的交通工具,足以使交通工具发生倾覆、毁坏危险的,应当以破坏交通工具罪处罚;破坏的是尚未交付使用的交通工具,但危害公共安全的,应分别以放火罪、爆炸罪追究刑事责任。

以交通工具为对象的盗窃罪、故意毁坏财物罪的行为人也可能采用了破坏性的手段,造成了交通工具的毁坏或者财物的灭失。本罪与此种盗窃罪、故意毁坏财物罪在手段上虽然相同,但其行为危害的对象、特别是后果是有明显区别的:(1)破坏交通工具行为的对象是正在使用中的交通工具;盗窃、故意毁坏行为指向的一般是未交付使用的交通工具或者交通工具的附属部件。(2)破坏交通工具行为的危害后果是危害了公共安全,包括已经使交通工具发生倾覆、焚毁或者造成人员重大伤亡、公私财产重大损失;盗窃、故意毁坏财物行为的危害后果在既遂的情况下是造成了交通工具的毁损或者交通工具附属部件的灭失,并没有对公共安全构成危险。因此,在司法实践中,应当根据破坏交通工具行为的对象以及是否危及公共安全来区分破坏交通工具罪与盗窃罪、故意毁坏财物罪。行为人如果采用破坏性的手段盗窃、毁坏不属于正在使用中的交通工具或者正在使用中的交通工具的部件,但没有危及公共安全的,则不构成破坏交通工具罪,应当分别以盗窃罪、故意毁坏财物罪论处。

【司法案例】

叶某红等放火案[①]

[**裁判要旨**]以盗窃为目的放火烧毁货物列车行为的定性,关键在于行为人的放火行为是否足以危及公共安全。如果行为人主观上明知在火车站放火会危及公共安全,客观上又实施了该行为,符合放火罪的构成要件,应认定为放火罪,而不应认定为故意毁坏财物罪;行为人实施放火行为的目的所直接指向的是货物列车上所装载的物而非列车本身,虽存在造成交通工具毁坏的危险,且客观上也造成了交通工具一定程度的毁坏,但不符合破坏交通工具罪的直接故意特征,故认定为放火罪而非破坏交通工具罪更符合行为特点。

第一百一十七条 【破坏交通设施罪】破坏轨道、桥梁、隧道、公路、机场、航道、灯塔、标志或者进行其他破坏活动,足以使火车、汽车、电车、船只、航空器发生倾覆、毁坏危险,尚未造成严重后果的,处三年以上十年以下有期徒刑。

【条文理解】

"破坏交通设施罪"与"破坏交通工具罪"的表现形式相同,本条需要说明的是"其他破坏活动"是指虽然没有直接破坏交通设施,但足以使本条规定的交通工具发生倾覆、毁坏危险的犯罪活动,如乱发交通指示信号,干扰无线电通信或导航,在铁轨、道路或航线上设置障碍等。判断是否"足以使……发生倾覆、毁坏危险",以该行为是否危及公共安全为标准。如果破坏的是非运行状态中的交通工具或交通设施,或者仅破坏不影响安全行驶的辅助设备,因为这类行为不会危及公共安全,所以不构成上述罪名。

【司法适用】

破坏交通设施罪与以交通设施为对象的盗窃罪在认定时有时容易混淆,主要是因为后罪的行为人也可能采用了破坏性的手段,也造成了交通设施的毁坏或者

---

① 参见《刑事审判参考》总第32辑第239号案例。

财物的灭失。本罪与此种盗窃罪尽管在犯罪手段上相同,但其行为危害的对象、特别是后果是有明显区别的:(1)破坏交通设施行为的对象是正在使用中的交通设施;盗窃行为指向的一般是未交付使用的交通设施或者交通设施的附属部件。(2)交通设施行为的危害后果是危害了公共安全,包括已经使交通工具发生倾覆、焚毁或者造成人员重大伤亡、公私财产重大损失;盗窃行为的危害后果在既遂的情况下是造成了交通设施的毁损或者交通设施附属部件的灭失,并没有对公共安全构成危险。因此,在司法实践中,应当根据破坏交通设施行为的对象以及是否危及公共安全来区分破坏交通设施罪与盗窃罪。行为人如果采用破坏性的手段盗窃不属于正在使用中的交通设施或者正在使用中的交通设施的附属部件,但没有危及危害公共安全的,则不构成破坏交通设施罪,应当以盗窃罪论处。

【司法案例】

王某兴破坏交通设施案①

[**裁判要旨**]行为人因实施紧急避险行为损坏交通设施,在紧急避险结束后,行为人有义务采取积极的救济措施消除危险;行为人有条件能够履行而不履行的,应构成不作为的破坏交通设施罪。

第一百一十八条 【破坏电力设备罪;破坏易燃易爆设备罪】**破坏电力、燃气或者其他易燃易爆设备,危害公共安全,尚未造成严重后果的,处三年以上十年以下有期徒刑。**

【条文理解】

本条规定的“破坏电力设备罪”“破坏易燃易爆设备罪”要求行为人主观上具有破坏的故意,并能够危害公共安全。这里的“电力设备”是指用来发电或供电的公用设备,不包括私人家用的照明线路等。“易燃易爆设备”是指生产、贮存、输送各种燃气或易燃易爆物品的设备,如煤气管道、天然气管道、液化气站等燃气设备,石油管道、加油站、火药生产设备等。

【司法适用】

1. 破坏电力设备罪与盗窃罪等的界限

司法实践中的情况比较复杂,许多情况下并不仅仅是单纯破坏电力设备的行

① 参见《刑事审判参考》总第38集第295号案例。

为。实践中大量出现的是以盗窃电力为目的,但其采取的手段、行为方式同时又破坏了电力设备。司法机关在认定时容易出现不同认识。基于此,《破坏电力设备案件解释》明确了破坏电力设备罪和盗窃罪等犯罪的界限,即在何种情形下以何种罪名定罪量刑的处罚原则,主要有以下三种情形:

(1)盗窃电力设备危害公共安全,但不构成盗窃罪的,以破坏电力设备罪定罪处罚。这种情形主要是盗窃电力设备,其行为危害了公共安全,符合破坏电力设备罪的构成,但其盗窃的电力设备价值较低,盗窃数额尚未达到相应数额标准的,此时,该行为不构成盗窃罪,应当以破坏电力设备罪定罪处罚。

(2)盗窃电力设备,危害公共安全,同时构成盗窃罪和破坏电力设备罪的,依照刑法处罚较重的规定定罪处罚。与前一种情形不同,这种情形下盗窃电力设备,盗窃数额达到了盗窃罪的数额标准,构成盗窃罪,同时该行为又危害了公共安全,也构成破坏电力设备罪,此时,应当按照择一重处罚的原则,即依照刑法处罚较重的规定定罪处罚。这种情形下,既可能以盗窃罪定罪处罚,也可能以破坏电力设施罪定罪处罚。虽然一般情况下,破坏电力设备罪的量刑似乎比盗窃罪要重,但实践中也可能存在盗窃的电力设备非常贵重,盗窃数额巨大或者特别巨大,按照盗窃罪定罪量刑比按照破坏电力设备罪定罪量刑要重的情况。

(3)盗窃电力设备,没有危及公共安全的,不构成破坏电力设备罪,但是应当追究刑事责任的,可以根据案件的不同情况,按照盗窃罪等犯罪处罚。与前两种情形都不同,这种情形下盗窃电力设备没有危及公共安全,不能以破坏电力设备罪定罪处罚;如果该行为构成其他犯罪,比如盗窃数额达到入罪标准的,以盗窃罪定罪处罚;盗窃数额尚未达到盗窃罪标准,不构成盗窃罪,但应当追究刑事责任的,根据具体情况,可分别以故意毁坏财物罪、破坏生产经营罪等犯罪处理。

在司法实践中,应当根据破坏电力设备行为的对象以及是否危及公共安全来区分破坏电力设备罪与盗窃罪。行为人如果采用破坏性的手段盗窃不属于正在使用中的电力设备或者正在使用中的电力设备的附属部件,但没有危及危害公共安全的,则不构成破坏电力设备罪,应当以盗窃罪论处。行为人如果以非法占有为目的盗窃电力设备,危害了公共安全,构成想象竞合犯,应当依据《盗窃案件解释》第 11 条的规定,择一重罪从重处罚。

2. 对破坏电力设备罪中"电力设备"的把握

关于电力设备的范围,主要涉及两个有争议的问题:一是电力设备是否等同于电力设施问题,二是电力设备是否为正在使用的电力设备问题。

(1)关于电力设备是否等同于电力设施问题。《刑法》第 118 条和第 119 条表述的都是电力设备,而《电力设施保护条例》中使用的是电力设施,其第 2 条规定,条例适用于中华人民共和国境内已建或在建的电力设施(包括发电设施、变电设施和电力线路设施及其有关辅助设施)。该条例第 8 条、第 9 条进一步明确了发电设施、变电设施和电力线路设施的保护范围。有一种观点认为,电力设备与电力设施的概念应当具有同一性,即只要是发供电所必需的设施或设备均可以称为电力设备,因此建议《破坏电力设备案件解释》将电力设备的外延扩大至《电力设施保护条例》所规定的电力设施的保护范围。否则,将有大量的电力设施被排除在外,使《电力设施保护条例》的立法目的落空。

根据《现代汉语词典》的解释,设备是指进行某项工作或供应某种需要所必需的成套建筑或器物;设施是指为进行某项工作或满足某种需要而建立起来的机构、系统、组织、建筑等。经研究认为,从字面含义来看,二者的含义不尽一致,从立法目的来看,二者也不尽一致。从刑法的立法目的来看,破坏电力设备罪重点保护的是维持电力运行所必需的电力设备,而非广义的电力设施。破坏电力设备罪是危害公共安全的犯罪,本质上要求破坏电力设备的行为危害公共安全,而有些电力设施,主要是一些辅助设施,即使遭到破坏,也不可能对公共安全造成任何影响。相比刑法中的电力设备而言,《电力设施保护条例》中的电力设施的范围还是过于广泛,因此,《破坏电力设备案件解释》没有采纳将电力设备等同于电力设施的观点,而是依照刑法采取了电力设备的表述。

(2)关于电力设备是否为正在使用中的电力设备。对于这个问题,我们认为,从危害公共安全罪的性质考虑,关键是看破坏电力设备是否危害公共安全。《破坏电力设备案件解释》综合考虑,直接明确电力设备是否为正在使用中的电力设备,第 4 条规定:本解释所称电力设备,是指处于运行、应急等使用中的电力设备;已经通电使用,只是由于枯水季节或电力不足等原因暂停使用的电力设备;已经交付使用但尚未通电的电力设备。不包括尚未安装完毕,或者已经安装完但尚未交付使用的电力设备。

3. 对破坏电力设备罪中"直接损失"的把握

《破坏电力设备案件解释》第 1 条第 3 项规定破坏电力设备造成直接经济损失 100 万元以上的,属于造成严重后果,这就涉及直接经济损失的计算范围问题。关于直接经济损失的计算范围,《破坏电力设备案件解释》第 4 条规定,包括电量损失金额,被毁损设备材料的购置、更换、修复费用,以及因停电给用户造成的直接经济损失等。这种直接经济损失不仅包括设备损坏本身的损失,还包括因设备损坏导致的电量损失,之所以将因设备损坏导致的电量损失也纳入直接损失的范围,在于电力发、供、用是同时进行的,破坏电力设备或过失损坏电力设备导致停电的,必然直接造成电量的减少,减少的电量折合成金额即经济损失的数额。另外，出于平等保护电力企业和电力用户的利益考虑，《破坏电力设备案件解释》明确规定将用户所受到的直接经济损失也纳入计算范围。例如，破坏电力设备造成钢铁厂火炉铁水凝结的，钢铁厂为修理火炉及处理铁水发生的费用，就属于直接经济损失。

另外，根据《盗窃油气、破坏油气设备案件意见》的规定，在实施盗窃油气等行为过程中，破坏正在使用的油气设备，具有下列情形之一的，应当认定为《刑法》第118条规定的"危害公共安全"：(1)采用切割、打孔、撬砸、拆卸手段的，但是明显未危害公共安全的除外；(2)采用开、关等手段，足以引发火灾、爆炸等危险的。

【司法案例】

冯某民破坏电力设备、盗窃案①

[**裁判要旨**]盗割正在使用的电缆，属于破坏电力设备罪与盗窃罪的想象竞合犯，应当择一重罪处断；想象竞合犯涉及的两个罪名的法定刑相同的，应当通过比较两种犯罪的社会危害性及犯罪行为本身的性质确定罪名的轻重。

关于被告人行为"危害公共安全"的认定问题。由于司法解释特别强调"盗窃电力设备，没有危及公共安全的"情形，在审理此类犯罪案件时，如何认定其犯罪行为是否对于公共安全造成威胁显得非常重要。一般认为，如果割的是正在使用中的高压输电线路备用线，或者用于医疗、交通、抢险、生产、养殖等领域的正在使用中的电路，会危害公共安全，而对于一般生活用电、景观照明等用电线路则要视其损害的范围及时间，以及是否造成了严重后果而定。因此在没有相关证据直接证明其对公共安全造成实际损害的情况下，就只能通过其所偷窃的电力设备的地点和用途来判断其对于公共安全的危害程度。

第一百一十九条　【破坏交通工具罪；破坏交通设施罪；破坏电力设备罪；破坏易燃易爆设备罪】**破坏交通工具、交通设施、电力设备、燃气设备、易燃易爆设备，造成严重后果的，处十年以上有期徒刑、无期徒刑或者死刑。**

【过失损坏交通工具罪；过失损坏交通设施罪；过失损坏电力设备罪；过失损坏易燃易爆设备罪】**过失犯前款罪的，处三年以上七年以下有期徒刑；情节较轻的，处三年以下有期徒刑或者拘役。**

---

① 参见《刑事审判参考》总第64集第504号案例。

【条文理解】

故意实施上述犯罪行为造成严重后果的,依照《刑法》第119条第1款定罪处罚。过失实施上述犯罪行为,造成严重后果的,依照《刑法》第119条第2款定罪处罚。这里的“过失”,是指行为人主观上疏忽大意或者轻信能够避免,但实际上造成了严重后果。这里的“严重后果”,主要是造成了人员伤亡或公私财产重大损失,如上述交通设备发生颠覆、毁坏,或者电力设备失火、毁坏,或者易燃易爆设备发生爆炸、重大火灾等。

【司法适用】

《盗窃油气、破坏油气设备案件意见》规定,在实施盗窃油气等行为过程中,破坏正在使用的油气设备,具有下列情形之一的,应当认定为《刑法》第118条规定的“危害公共安全”:(1)采用切割、打孔、撬砸、拆卸手段的,但是明显未危害公共安全的除外;(2)采用开、关等手段同,足以引发火灾、爆炸等危险的。

最高人民法院、最高人民检察院、公安部、《关于办理涉窨井盖相关刑事案件的指导意见》规定,盗窃、破坏正在使用中的社会机动车通行道路上的窨井盖,足以使汽车、电车发生倾覆、毁坏危险,尚未造成严重后果的,依照《刑法》第117条的规定定罪处罚;造成严重后果的,依照《刑法》第119条第1款规定处罚。过失造成严重后果的,依照《刑法》第119条第2款的规定定罪处罚。

一般认为,《刑法》第119条第1款规定的“造成严重后果”,是指实施破坏易燃易爆设备的行为,导致易燃易爆设备发生失火、爆炸、毁坏,包括因此造成的经济损失,或者造成多人伤亡等严重后果的情形,不包括盗窃油品所造成的经济损失。这是因为只有出现这些后果,才能危害公共安全,即造成重大人员伤亡或者公私财产重大损失。因此,不能因为盗窃油品所造成的经济损失特别巨大,即使没有出现前述严重后果,也将其认定属于“造成严重后果”。在司法实践中,行为人如果采用打孔的手段盗窃油品,危害公共安全,且造成严重后果,同时构成破坏易燃易爆设备罪、盗窃罪的,无论盗窃油品所造成的经济损失有多大,均应当按照“从一重罪处罚”的原则以处罚较重的罪名定罪处罚;尚未造成严重后果的,即使盗窃油品所造成的经济损失特别巨大,也应以盗窃罪追究刑事责任。

第一百二十条　【组织、领导、参加恐怖组织罪】组织、领导恐怖活动组织的,处十年以上有期徒刑或者无期徒刑,并处没收财产;积极参加的,处三年以上十年以下有期徒刑,并处罚金;其他参加的,处三年以下有期徒刑、拘役、管制或者剥夺政治权利,可以并处罚金。

犯前款罪并实施杀人、爆炸、绑架等犯罪的,依照数罪并罚的规定处罚。

【条文对照】

1997年《刑法》	2001年《刑法修正案(三)》	2015年《刑法修正案(九)》
第一百二十条　组织、领导和积极参加恐怖活动组织的,处三年以上十年以下有期徒刑;其他参加的,处三年以下有期徒刑、拘役或者管制。 犯前款罪并实施杀人、爆炸、绑架等犯罪的,依照数罪并罚的规定处罚。	第一百二十条　组织、领导恐怖活动组织的,**处十年以上有期徒刑或者无期徒刑**;积极参加的,处三年以上十年以下有期徒刑;其他参加的,处三年以下有期徒刑、拘役、管制或者**剥夺政治权利**。 犯前款罪并实施杀人、爆炸、绑架等犯罪的,依照数罪并罚的规定处罚。	第一百二十条　组织、领导恐怖活动组织的,处十年以上有期徒刑或者无期徒刑,**并处没收财产**;积极参加的,处三年以上十年以下有期徒刑,**并处罚金**;其他参加的,处三年以下有期徒刑、拘役、管制或者剥夺政治权利,**可以并处罚金**。 犯前款罪并实施杀人、爆炸、绑架等犯罪的,依照数罪并罚的规定处罚。

【条文理解】

本条规定的"恐怖活动组织"是指3人以上为实施恐怖活动而组成的犯罪组织。恐怖活动组织和人员,由国家反恐怖主义工作领导机构依法认定并予以公告。"组织、领导",是指鼓动、召集他人建立犯罪集团,或者在犯罪集团的恐怖活动中起指挥、决策作用;"积极参加",是指对恐怖活动态度积极,并起主要作用;"其他参加的",是指恐怖组织中的一般成员。对组织、领导或参加恐怖组织后,又实施了杀人、爆炸、绑架等犯罪的,应该分别依照《刑法》第120条、第232条、第114条、第115条、第239条定罪量刑,然后依照《刑法》第69条的规定被告数罪并罚。

【司法适用】

宽严相济刑事政策是我国的基本刑事政策,"保留死刑,严格控制和慎重适用死刑"是我国的重要死刑政策。审理恐怖活动犯罪案件,应当在准确理解把握宽严相济刑事政策和"保留死刑,严格控制和慎重适用死刑"政策基础上,依法准确适用死刑,确保案件裁判法律效果和社会效果的有机统一。《宽严相济意见》明确提出,对于危害国家安全犯罪、恐怖组织犯罪、邪教组织犯罪、黑社会性质组织犯罪、恶势力犯罪、故意危害公共安全犯罪等严重危害国家政权稳固和社会治安的犯罪,要作为严惩的重点,依法从重处罚,尤其对于极端仇视国家和社会,以不特定人为侵害对象,所犯罪行特别严重的犯罪分子,该重判的要坚决依法重判,该判处死刑的要坚决依法判处死刑。最高人民法院《关于充分发挥审判职能作用切实维护公共安全的若干意见》再次强调,"对暴力恐怖犯罪活动,要坚持严打方针不动摇,对首要分子、骨干成员、罪行重大者,该判处重刑乃至死刑的应当依法判处”。因此,对罪行极其严重的暴恐犯罪分子依法判处死刑,是贯彻宽严相济刑事政策的重要方面,也是贯彻“保留死刑,严格控制和慎重适用死刑”政策的重要方面。

在具体适用上,应当严格依照《刑法》第48条第1款关于“死刑只适用于罪行极其严重的犯罪分子”的规定,坚持罪刑法定、罪责刑相适应等刑法基本原则,综合考虑犯罪情节、犯罪后果以及被告人的主观恶性和人身危险性等因素,依法准确裁量判断。同时,要注意突出打击重点,对于恐怖活动组织的组织者、领导者、骨干成员,应当作为严惩的重点,其中确属罪行极其严重依法应当判处死刑的,坚决依法判处死刑,但是,对于具有法定从宽处罚情节的,也要注意依法从宽处罚。

《恐怖活动案件意见》对于准确认定组织、领导恐怖组织罪和适用的程序进行了详细的规定。

【司法案例】

依斯坎达尔·艾某提等组织、领导、参加恐怖组织,故意杀人案[①]

[**裁判要旨**]应当客观、正确对待恐怖活动组织成员地位与其应当承担的刑事责任的关系,不能为了判处重刑或者因为组织者、领导者已死亡或在逃而将积极参加者拔高认定为组织者、领导者;同时,即便只是积极参加者,如果在实施杀人、放火、爆炸等恐怖活动时行为积极、作用突出,而相关恐怖活动造成严重后果,仍可根据其实施的恐怖活动的行为性质以故意杀人罪、放火罪、爆炸罪等罪名依法判处重刑乃至死刑;对于恐怖活动组织的组织者、领导者、骨干成员,应当作为严惩的重点,其中确属罪行极其严重依法应当判处死刑的,坚决依法判处死刑,但是,对于具有法定从宽处罚情节的,也要注意依法从宽处罚。

第一百二十条之一　【帮助恐怖活动罪】资助恐怖活动组织、实施恐怖活动的个人的,或者资助恐怖活动培训的,处五年以下有期徒刑、拘役、管制或者剥夺政治权利,并处罚金;情节严重的,处五年以上有期徒刑,并处罚金或者没收财产。

---

① 参见《刑事审判参考》总第112集第1220号案例。

为恐怖活动组织、实施恐怖活动或者恐怖活动培训招募、运送人员的，依照前款的规定处罚。

单位犯前两款罪的，对单位判处罚金，并对其直接负责的主管人员和其他直接责任人员，依照第一款的规定处罚。

【条文对照】

1997年《刑法》	2001年《刑法修正案(三)》	2015年《刑法修正案(九)》
无	**第一百二十条之一 资助恐怖活动组织或者实施恐怖活动的个人的，处五年以下有期徒刑、拘役、管制或者剥夺政治权利，并处罚金；情节严重的，处五年以上有期徒刑，并处罚金或者没收财产。** **单位犯前款罪的，对单位判处罚金，并对其直接负责的主管人员和其他直接责任人员，依照前款的规定处罚。**	第一百二十条之一 资助恐怖活动组织、实施恐怖活动的个人的，或者**资助恐怖活动培训的**，处五年以下有期徒刑、拘役、管制或者剥夺政治权利，并处罚金；情节严重的，处五年以上有期徒刑，并处罚金或者没收财产。 **为恐怖活动组织、实施恐怖活动或者恐怖活动培训招募、运送人员的，依照前款的规定处罚。** 单位犯前**两**款罪的，对单位判处罚金，并对其直接负责的主管人员和其他直接责任人员，依照**第一**款的规定处罚。

【条文理解】

本条规定的"实施恐怖活动"，包括预谋实施、准备实施和实际实施恐怖活动；"资助恐怖活动培训"，包括资助培训活动本身，也包括资助去参加或接受培训的行为。"恐怖活动培训"，既包括当面讲授、组建训练营、开办论坛，也包括组织收听观看音视频材料，或在网上建立交流指导平台等；培训的内容既可以是思想、意识上的，也可以是体能、技能上的。

【司法适用】

构成本罪必须符合以下三个条件：

(1)具有主观上的故意性。即明知对方是实施恐怖活动的组织或个人，或者在进行恐怖活动培训，仍然予以资助，或为其招募、运送人员。如果不明知(如受欺骗等)，则不构成本罪。至于资助的目的和动机如何，不影响本罪的构成。

(2)客观上对境内或境外的实施恐怖活动的组织或个人或者恐怖活动培训实施了资助行为，即为其提供了资金、财物、场所或者其他便利条件，如为其招募、运送了人员等。

(3)这种"资助"是以有形的物质性利益进行帮助，如提供活动经费、活动场所、训练基地、各种宣传通讯设备、设施等。如果行为人仅仅是在精神上、舆论宣传等方面给予支持帮助,不构成本罪。

根据《恐怖活动案件意见》的规定,具有下列情形之一的,依照《刑法》第120条之一的规定,以帮助恐怖活动罪定罪处罚:(1)以募捐、变卖房产、转移资金等方式为恐怖活动组织、实施恐怖活动的个人、恐怖活动培训筹集、提供经费,或者提供器材、设备、交通工具、武器装备等物资,或者提供其他物质便利的;(2)以宣传、招收、介绍、输送等方式为恐怖活动组织、实施恐怖活动、恐怖活动培训招募人员的;(3)以帮助非法出入境,或者为非法出入境提供中介服务、中转运送、停留住宿、伪造身份证明材料等便利,或者充当向导、帮助探查偷越国(边)境路线等方式,为恐怖活动组织、实施恐怖活动、恐怖活动培训运送人员的;(4)其他资助恐怖活动组织、实施恐怖活动的个人、恐怖活动培训,或者为恐怖活动组织、实施恐怖活动、恐怖活动培训招募、运送人员的情形。实施恐怖活动的个人,包括已经实施恐怖活动的个人,也包括准备实施、正在实施恐怖活动的个人;包括在我国领域内实施恐怖活动的个人,也包括在我国领域外实施恐怖活动的个人;包括我国公民,也包括外国公民和无国籍人。帮助恐怖活动罪的主观故意,应当根据案件具体情况,结合行为人的具体行为、认知能力、一贯表现和职业等综合认定。明知是恐怖活动犯罪所得及其产生的收益,为掩饰、隐瞒其来源和性质,而提供资金账户,协助将财产转换为现金、金融票据、有价证券,通过转账或者其他结算方式协助资金转移,协助将资金汇往境外的,以洗钱罪定罪处罚。事先通谋的,以相关恐怖活动犯罪的共同犯罪论处。

第一百二十条之二　【准备实施恐怖活动罪】有下列情形之一的,处五年以下有期徒刑、拘役、管制或者剥夺政治权利,并处罚金;情节严重的,处五年以上有期徒刑,并处罚金或者没收财产:

(一)为实施恐怖活动准备凶器、危险物品或者其他工具的;

(二)组织恐怖活动培训或者积极参加恐怖活动培训的;

(三)为实施恐怖活动与境外恐怖活动组织或者人员联络的;

(四)为实施恐怖活动进行策划或者其他准备的。

有前款行为,同时构成其他犯罪的,依照处罚较重的规定定罪处罚。

【条文对照】

1997 年《刑法》	2015 年《刑法修正案(九)》
无	**第一百二十条之二　有下列情形之一的,处五年以下有期徒刑、拘役、管制或者剥夺政治权利,并处罚金;情节严重的,处五年以上有期徒刑,并处罚金或者没收财产:** **(一)为实施恐怖活动准备凶器、危险物品或者其他工具的;** **(二)组织恐怖活动培训或者积极参加恐怖活动培训的;** **(三)为实施恐怖活动与境外恐怖活动组织或者人员联络的;** **(四)为实施恐怖活动进行策划或者其他准备的。** **有前款行为,同时构成其他犯罪的,依照处罚较重的规定定罪处罚。**

【条文理解】

本罪属于预备行为的实行行为化,对于教唆、帮助他人实施本罪行为的,应当以教唆犯、帮助犯论处。行为人完成了本罪行为的即构成犯罪既遂,不适用《刑法》总则关于预备犯的规定。本罪的责任形式为故意。

【司法适用】

本罪的构成要件行为表现为恐怖犯罪活动的准备行为。“凶器”,是指足以致人伤亡的武器、刀具等器具;“危险物品”,是指具有燃烧性、爆炸性、腐蚀性、毒害性、放射性等特性的物品;“其他工具”是指其他类似的实施恐怖犯罪活动所需要的工具。“准备”的方法没有限定,包括购买、制造、租用等。“恐怖活动培训”,既包括传授、灌输恐怖主义思想、主张的培训,也包括实施具体恐怖活动的方法、技能的培训。组织与积极参加恐怖活动培训的,成立本罪。讲授恐怖活动内容的行为,至少属于本罪的“积极参加”的行为。偶然接受培训的行为,不以本罪论处。“与境外恐怖活动组织或者人员联络”,既包括利用各种通信方式联络,也包括直接见面联络;联络的目的是“为实施恐怖活动”,其内容既可以是参加境外恐怖活动组织或者具体恐怖活动,也可以是向对方提供相关情报,还可以是寻求支持、支援与帮助等。“为实施恐怖活动进行策划”,是指就实施恐怖活动的时间、地点、目标、方法等进行筹划、谋划。“其他准备”是本条第 1 款的兜底规定,其他准备行为都能够包括在其中。

根据《恐怖活动案件意见》的规定,具有下列情形之一的,以准备实施恐怖活动罪定罪处罚:(1)为实施恐怖活动制造、购买、储存、运输凶器,易燃易爆、易制爆品,腐蚀性、放射性、传染性、毒害性物品等危险物品,或者其他工具的;(2)以当面传授、开办培训班、组建训练营、开办论坛、组织收听收看音频视频资料等方式,或者利用网站、网页、论坛、博客、微博客、网盘、即时通信、通讯群组、聊天室等网络平台、网络应用服务组织恐怖活动培训的,或者积极参加恐怖活动心理体能培训,传授、学习犯罪技能方法或者进行恐怖活动训练的;(3)为实施恐怖活动,通过拨打电话、发送短信、电子邮件等方式,或者利用网站、网页、论坛、博客、微博客、网盘、即时通信、通讯群组、聊天室等网络平台、网络应用服务与境外恐怖活动组织、人员联络的;(4)为实施恐怖活动出入境或者组织、策划、煽动、拉拢他人出入境的;(5)为实施恐怖活动进行策划或者其他准备的情形。

第一百二十条之三 【宣扬恐怖主义、极端主义、煽动实施恐怖活动罪】以制作、散发宣扬恐怖主义、极端主义的图书、音频视频资料或者其他物品,或者通过讲授、发布信息等方式宣扬恐怖主义、极端主义的,或者煽动实施恐怖活动的,处五年以下有期徒刑、拘役、管制或者剥夺政治权利,并处罚金;情节严重的,处五年以上有期徒刑,并处罚金或者没收财产。

【条文对照】

1997 年《刑法》	2015 年《刑法修正案(九)》
无	**第一百二十条之三 以制作、散发宣扬恐怖主义、极端主义的图书、音频视频资料或者其他物品,或者通过讲授、发布信息等方式宣扬恐怖主义、极端主义的,或者煽动实施恐怖活动的,处五年以下有期徒刑、拘役、管制或者剥夺政治权利,并处罚金;情节严重的,处五年以上有期徒刑,并处罚金或者没收财产。**

【条文理解】

本罪在主观方面表现为故意,包括直接故意和间接故意,通常是指以制作、散发宣扬恐怖主义、极端主义的图书、音频视频资料或者其他物品,或者通过讲授、发布信息等方式宣扬恐怖主义、极端主义的,或者煽动实施恐怖活动的行为。

本条主要包括两类犯罪:一类是宣扬恐怖主义、极端主义,另一类是煽动实施恐怖活动。本条具体列举了宣扬恐怖主义、极端主义常见的一些形式。主要包括:

(1)制作、散发宣扬恐怖主义、极端主义的图书、音频视频资料或者其他物品。这里所说的"制作",是指编写、出版、印刷、复制载有恐怖主义、极端主义思想内容的图书、音频视频资料或者其他物品的行为。"散发",是指通过发行,当面散发,以邮寄、手机短信、电子邮件等方式发送,或者通过网络、微信等即时通讯工具、聊天软件、移动存储介质公开发帖、转载、传输,以使他人接触到恐怖主义、极端主义信息的行为。散发的目标可以是明确、具体的,也可以是针对不特定的多数人的。"图书、音频视频资料或者其他物品",包括图书、报纸、期刊、音像制品、电子出版物,载有恐怖主义、极端主义思想内容的传单、图片、标语等,在手机、移动存储介质、电子阅读器、网络上展示的图片、文稿、音频、视频、音像制品，以及带有恐怖主义、极端主义标记、符号、文字、图像的服饰、纪念品、生活用品等。需要注意的是，制作、散发恐怖主义、极端主义的图书、音频视频资料或者其他物品的行为，是宣扬恐怖主义、极端主义活动的重要环节，因此，即使只实施了制作、寄递、出售等行为，也应当依照本条的规定定罪处罚。比如，工厂明知所制作、印刷的是宣扬恐怖主义、极端主义的图书、音频视频资料而制作的，寄递企业明知道是宣扬恐怖主义、极端主义的图书、音频视频资料而寄递的，书店明知道是宣扬恐怖主义、极端主义图书、音频视频资料而出售的，也属于宣扬恐怖主义、极端主义的行为。

(2)讲授、发布信息等方式。这里所说的“讲授”，是指为宣扬对象讲解、传授恐怖主义、极端主义思想、观念、主张的。讲授的对象，可以是明确的一人或者数人，也可以是一定范围内的不特定的人，比如，在广场上针对围观的人群进行讲解。“发布信息”，则是指面向特定个人或者不特定个人，既可以是通过手机短信、电子邮件等方式宣扬恐怖主义、极端主义，也可以是在网络平台上发布相关信息，使特定人或者不特定人看到这些信息的行为。

(3)其他方式。本条在列举宣扬恐怖主义、极端主义的具体方式中使用了“等方式”的表述。在本条中列举宣扬的具体方式，主要是为了对司法执法活动提供指导，同时也向社会警示宣扬恐怖主义、极端主义在实践中常见的方式，发挥刑法对社会行为的引导和教育作用。这里所规定的“等方式”，意思是宣扬恐怖主义、极端主义的方式不限于本条所列举的情形。例如，在私人场合或者秘密场合，在家庭、朋友之间，或者通过投寄信件、利用不开放的网络论坛或者聊天室等进行的煽动行为，也属于本条规定的犯罪，应当依法追究其刑事责任。

本条规定的另一类犯罪是煽动实施恐怖活动的犯罪，对具体行为方式未作限定，在煽动的时间、场合、方式等方面和宣扬恐怖主义、极端主义的犯罪有一定重合。比如，近些年来，我国部分地区利用地下讲经点煽动实施恐怖活动的情况比较严重，甚至有相当一部分未成年人进入这些秘密的地下讲经点，接受恐怖主义、极端主义的灌输、洗脑，成为“独狼式”的恐怖活动人员。宣扬恐怖主义、极端主义罪和煽动实施恐怖活动罪的区别主要在于前者重在思想上的洗脑，后者则侧重于具体的恐怖活动行为。

【司法适用】

1. 要注意区分恐怖主义和极端主义这两个不同的概念

恐怖主义和极端主义都是构成本罪在行为内容上的表现形式。虽然可以视为相同的犯罪行为，但这两种行为内容在构成特征上仍然存在一定的区别。认识这两种犯罪形式的内容，可以为正确定罪量刑提供参考。恐怖主义是以威胁、恫吓和骚扰为主要特点,其主要目的是对国家和人民的生命财产安全造成事实上的或者心理上的强制力,导致社会始终处于一种不安定、不安宁的状态。极端主义虽然具有与恐怖主义的共性特征,但从行为人本身的主观态度上看,主要是为了发泄自身对国家、社会和他人的不满情绪,或者自己的盲目追求和邪恶信念建立在社会可能遭受破坏和侵害的基础之上。所以,后者的主观恶性要轻于前者,但造成的危害后果则不一定。在特定情况下,采用极端主义的行为对社会所造成的实际危害后果,很可能还要大于采取恐怖行为所造成的实际危害后果。

2. 要注意区分宣扬恐怖主义、极端主义、煽动实施恐怖活动罪与煽动分裂国家罪和煽动颠覆国家政权罪的界限

煽动分裂国家罪,是指煽动分裂国家、破坏国家统一的行为;煽动颠覆国家政权罪,是指以造谣、诽谤或者其他方式煽动颠覆国家政权、推翻社会主义制度的行为。本罪与上述两种犯罪在行为方式上都是采取宣传、煽动的手段,都可能没有对社会造成实际上的破坏,而属于危险犯的范畴。本罪与煽动分裂国家罪和煽动颠覆国家政权罪的主要区别有以下几点:一是侵犯的同类客体不同。本罪侵犯的同类客体是社会公共安全;煽动分裂国家罪和煽动颠覆国家政权罪侵犯的同类客体是国家安全。二是针对的对象不同。本罪主要侵犯的是社会公共利益,包括国家利益和公民个人利益,其特定对象范围比煽动分裂国家罪和煽动颠覆国家政权罪针对的特定对象范围要更广泛。三是行为方式也有区别。本罪的行为人必然采用一些威胁、恫吓、骚扰以及其他极端的行为方式进行犯罪;煽动分裂国家罪和煽动颠覆国家政权罪的行为人并不必然采取这些方式,有时甚至是采取一些拉拢、蒙蔽民众的方式进行。

3. 要注意区分宣扬恐怖主义、极端主义、煽动实施恐怖活动罪与编造、故意传播虚假恐怖信息罪的界限

编造、故意传播虚假恐怖信息罪,是指故意编造爆炸威胁、生化威胁、放射威胁等恐怖信息,或者明知是编造的恐怖信息而故意传播,严重扰乱社会秩序的行为。本罪与编造、故意传播虚假恐怖信息罪在行为特征上具有相似之处,即行为人都可能采取恫吓、传播等手段进行犯罪。但两者的界限也是很明显的。区分两者的关键要注意以下几点:(1)行为内容不同。本罪的行为内容是行为人决意实施的恐怖主义和极端主义,或者说行为人希望看到的是真实的恐怖主义或极端主义行为;编造、故意传播虚假恐怖信息罪的行为内容是虚假的恐怖信息,也就是说,这些恐怖信息和内容除了造成社会和民众惶恐不安之外,不会对社会产生实际的恐慌和极端破坏结果。(2)采取的行为方式也有区别。本罪行为人采取的方式主要是进行煽动和宣传,意在促成恐怖主义、极端主义的滋生和蔓延,最终造成

对社会的损害;编造、故意传播虚假恐怖信息罪的行为人采取的方式是故意编造或者故意传播,在很大程度上表现为一种欺骗性质,是为了制造一种子虚乌有的虚假事实。(3)两者侵犯的客体不同。本罪侵犯的客体是社会公共安全;编造、故意传播虚假恐怖信息罪侵犯的客体是社会的正常管理秩序。

第一百二十条之四　【利用极端主义破坏法律实施罪】利用极端主义煽动、胁迫群众破坏国家法律确立的婚姻、司法、教育、社会管理等制度实施的,处三年以下有期徒刑、拘役或者管制,并处罚金;情节严重的,处三年以上七年以下有期徒刑,并处罚金;情节特别严重的,处七年以上有期徒刑,并处罚金或者没收财产。

【条文对照】

1997年《刑法》	2015年《刑法修正案(九)》
无	**第一百二十条之四　利用极端主义煽动、胁迫群众破坏国家法律确立的婚姻、司法、教育、社会管理等制度实施的,处三年以下有期徒刑、拘役或者管制,并处罚金;情节严重的,处三年以上七年以下有期徒刑,并处罚金;情节特别严重的,处七年以上有期徒刑,并处罚金或者没收财产。**

【条文理解】

本罪的行为方式表现为利用极端主义煽动、胁迫群众。只有利用极端主义实施本条规定的煽动、胁迫行为的,才构成本罪。这里所说的"煽动",是指利用极端主义,以各种方式对他人进行要求、鼓动、怂恿,意图使他人产生犯意,去实施所煽动的行为。这里所说的"胁迫",是指通过暴力、威胁或者以给被胁迫人或者其亲属等造成人身、心理、经济等方面的损害为要挟,对他人形成心理强制,迫使其从事胁迫者希望其实施的特定行为。胁迫的方式可以是通过暴力手段,也可以是通过言语威胁或者对被胁迫者的利益进行限制、剥夺等方式。

本罪中煽动、胁迫的目的是破坏国家法律制度的实施。国家法律确立的婚姻、司法、教育、社会管理等方面的制度,涉及社会的基本生活,是国家对社会进行管理的基本形式和内容。很多极端主义分子歪曲宗教教义或者民族风俗习惯,假借宗教信仰或者民族风俗习惯等煽动歧视、煽动仇恨,崇尚、鼓吹、挑动暴力,本身就与宗教信仰自由和民族风俗习惯背道而驰,是对国家相关法律制度的破坏。

本罪的直接危害是破坏国家法律规定的管理制度,使国家法律确定的婚姻、司法、教育、社会管理等制度得不到有效实施。同时,本罪的危害还在于,这一行为还会使被煽动、胁迫的特定对象产生认识混乱或者恐惧心理,损害其个人的合法权益,进而危及公共利益、社会安全和秩序。本罪不以被煽动、胁迫者实施破坏国家法律制度的具体行为为必要条件,只要行为人实施了煽动、胁迫的行为,就已经构成本罪。

【司法适用】

1.“利用极端主义”是构成本罪的要件之一

对于煽动、胁迫他人破坏国家法律制度实施但没有利用极端主义的,应当根据具体情况分别处理。对于组织、利用会道门、邪教组织或者利用迷信破坏国家法律、行政法规实施,构成犯罪的,依照本法第300条的规定定罪处罚。有些人由于狭隘思想或者愚昧等原因,对宗教教义、民族风俗习惯产生不正确的理解,并进而破坏国家法律制度实施的,如果构成犯罪,可以按照《刑法》的其他规定定罪处罚。不构成犯罪的,依法予以行政处罚或者进行批评、教育。

2. 在处理这类犯罪时,应当处理好依法打击和分化瓦解的关系

在依法严厉打击少数极端分子的同时,对受裹挟、蒙蔽的一般群众,应当最大限度地进行区分,进行团结和教育。

3. 要注意罪与非罪的界限

本条规定的是煽动、胁迫“群众”破坏国家相关制度实施而不是煽动他人。对于家长出于极端主义考虑干涉未成年子女接受义务教育,或者干涉子女婚姻自由的,一般不宜按照本条规定的煽动、胁迫破坏国家制度的犯罪追究,必要时可以根据反恐怖主义法的规定予以行政处罚。

4. 要注意此罪与彼罪的界限

(1)要注意区分利用极端主义破坏法律实施罪与宣传恐怖主义、极端主义、煽动实施恐怖活动罪的界限。

本罪与宣传恐怖主义、极端主义、煽动实施恐怖活动罪的界限,主要表现在以下几个方面:一是对极端主义的利用手段不同。宣传恐怖主义、极端主义、煽动实施恐怖活动罪,主要是行为人通过制作、散发资料、发布信息、当面讲授、音频视频、信息网络等方式促使他人产生极端主义的念头,然后再通过他人实施极端主义行为来达到其破坏公共安全的目的;本罪是直接利用已经开始出现或者正在实行的极端主义行为破坏国家法律的实施。二是行为目的和行为指向上也存在区别。宣传恐怖主义、极端主义、煽动实施恐怖活动罪的行为目的,在于促使危害社会公共安全的极端主义的产生,行为的主要指向在于制造、煽动恐怖主义、极端主义思潮和现象;本罪的目的在于利用现存的极端主义行为来达到某种破坏国家法律实施的目的,行为的指向在于国家法律制度。

(2)要注意区分利用极端主义破坏法律实施罪与组织、利用会道门、邪教组

织、利用迷信破坏法律实施罪的界限。

本罪与组织、利用会道门、邪教组织、利用迷信破坏法律实施罪之间可能发生牵连或竞合,即行为人利用极端主义破坏国家法律实施的行为内容,很可能涉及反动会道门、邪教组织和封建迷信,在行为方式和行为内容上会产生牵连与竞合。区分二者的关键在于对利用的对象进行区分。组织、利用会道门、邪教组织、利用迷信破坏法律实施罪所利用的对象是反动会道门、邪教组织、封建迷信;本罪的利用对象是极端主义。虽然极端主义也可能包括封建迷信和会道门、邪教组织的思想意识,但并不是极端主义的全部内容。极端主义行为中还可能包括在封建迷信和会道门、邪教组织意识之外的其他严重扰乱公共安全的行为内容。同时,会道门、邪教组织和封建迷信意识也不全都会采取极端主义的形式,有的也可能采取温和的形式。只有那些可能通过极端的行为方式表现出来的反社会、反人类的思想意识,才属于极端主义的思想意识。例如,因群众认识水平不高而产生对神的盲目崇拜,就不能简单地认为是极端主义;有的少数民族对图腾偶像的崇拜不能认为是极端主义;公民申诉控告或者向上级国家机关反映情况也不能被扣上极端主义的帽子。

根据《恐怖活动案件意见》的规定,利用极端主义,实施下列行为之一的,依照《刑法》第 120 条之四的规定,以利用极端主义破坏法律实施罪定罪处罚:①煽动、胁迫群众以宗教仪式取代结婚、离婚登记,或者干涉婚姻自由的;②煽动、胁迫群众破坏国家法律确立的司法制度实施的;③煽动、胁迫群众干涉未成年人接受义务教育,或者破坏学校教育制度、国家教育考试制度等国家法律规定的教育制度的;④煽动、胁迫群众抵制人民政府依法管理,或者阻碍国家机关工作人员依法执行职务的;⑤煽动、胁迫群众损毁居民身份证、居民户口簿等国家法定证件以及人民币的;⑥煽动、胁迫群众驱赶其他民族、有其他信仰的人员离开居住地,或者干涉他人生活和生产经营的;⑦其他煽动、胁迫群众破坏国家法律制度实施的行为。

“利用极端主义”是构成本罪的一个要件。对于煽动、胁迫他人破坏国家法律制度实施但没有利用极端主义的,应当根据具体情况分别处理。本条规定的是煽动、胁迫“群众”破坏国家相关制度实施而不是煽动他人。对于家长出于极端主义考虑干涉未成年子女接受义务教育,或者干涉子女婚姻自由的,一般不宜按照本条规定的煽动、胁迫破坏国家制度的犯罪追究,必要时可以根据反恐怖主义法的规定予以行政处罚。

第一百二十条之五　【强制穿戴宣扬恐怖主义、极端主义服饰、标志罪】以暴力、胁迫等方式强制他人在公共场所穿着、佩戴宣扬恐怖主义、极端主义服饰、标志的，处三年以下有期徒刑、拘役或者管制，并处罚金。

【条文对照】

1997年《刑法》	2015年《刑法修正案(九)》
无	**第一百二十条之五　以暴力、胁迫等方式强制他人在公共场所穿着、佩戴宣扬恐怖主义、极端主义服饰、标志的，处三年以下有期徒刑、拘役或者管制，并处罚金。**

【条文理解】

本条所说的“暴力”，是指以殴打、捆绑、伤害他人身体的方法，使被害人不能抗拒。“胁迫”，是指对被害人施以威胁、恐吓，进行精神上的强制，迫使被害人就范，不敢抗拒，包括以杀害被害人、加害被害人的亲属相威胁，威胁要对被害人、被害人的亲属施以暴力，以披露被害人的隐私相威胁，利用职权、教养关系、从属关系或者被害人孤立无援的环境迫使被害人服从等。除了暴力、胁迫手段以外，通过采用对被害人产生肉体强制或者精神强制的其他手段，强制他人在公共场所穿着、佩戴宣扬恐怖主义、极端主义服饰、标志的，也构成本罪。这里的“公共场所”包括群众进行公开活动的场所，如商店、影剧院、体育场、街道等；也包括各类单位，如机关、团体、事业单位的办公场所，企业生产经营场所，医院、学校、幼儿园等；还包括公共交通工具，如火车、轮船、长途客运汽车、公共电车、汽车、民用航空器等。

本条规定的“宣扬恐怖主义、极端主义服饰、标志”，指的是穿着、佩戴的服饰、标志包含了恐怖主义、极端主义的符号、旗帜、徽记、文字、口号、标语、图形或者带有恐怖主义、极端主义的色彩，容易使人联想到恐怖主义、极端主义。具体哪些服饰、标志属于“宣扬恐怖主义、极端主义服饰、标志”，可由有关主管部门根据国际国内反恐、去极端化斗争实际认定和掌握。

【司法适用】

1. 要注意区分强制穿戴宣扬恐怖主义、极端主义服饰、标志罪与宣传恐怖主义、极端主义、煽动实施恐怖活动罪的界限

本罪与宣扬恐怖主义、极端主义、煽动实施恐怖活动罪在主观故意，甚至危害目的方面，都可能存在很大的相似性。区分两者的界限，主要是看行为人的直接目的。如果行为的直接目的在于宣传、煽动恐怖主义、极端主义，就应当以宣扬恐

怖主义、极端主义、煽动实施恐怖活动罪处罚；如果行为目的仅仅是强迫他人穿戴宣扬恐怖主义、极端主义的服饰、标志，就应当以强制穿戴宣扬恐怖主义、极端主义服饰、标志罪定罪。

2. 要注意认定和处理强制穿戴宣扬恐怖主义、极端主义服饰、标志罪与宣扬恐怖主义、极端主义、煽动实施恐怖活动罪和利用极端主义破坏法律实施罪之间的牵连与竞合关系

本罪与以上其他数罪之间常常存在牵连与竞合。如果行为人既实施了宣扬、煽动恐怖主义、极端主义和利用极端主义煽动、胁迫群众破坏国家法律实施的行为，又实施了强迫他人穿戴宣扬恐怖主义、极端主义服饰、标志的行为，属于刑法上的牵连犯罪。按照牵连犯从一重处罚的原则，由于后两者的法定刑重于本罪，应当以较重的罪宣扬恐怖主义、极端主义、煽动实施恐怖活动罪或者利用极端主义破坏法律实施罪处罚。

根据《恐怖活动案件意见》的规定，具有下列情形之一的，依照《刑法》第 120 条之五的规定，以强制穿戴宣扬恐怖主义、极端主义服饰、标志罪定罪处罚：(1) 以暴力、胁迫等方式强制他人在公共场所穿着、佩戴宣扬恐怖主义、极端主义服饰的；(2) 以暴力、胁迫等方式强制他人在公共场所穿着、佩戴含有恐怖主义、极端主义的文字、符号、图形、口号、徽章的服饰、标志的；(3) 其他强制他人穿戴宣扬恐怖主义、极端主义服饰、标志的情形。

第一百二十条之六　【非法持有宣扬恐怖主义、极端主义物品罪】明知是宣扬恐怖主义、极端主义的图书、音频视频资料或者其他物品而非法持有，情节严重的，处三年以下有期徒刑、拘役或者管制，并处或者单处罚金。

【条文对照】

1997 年《刑法》	2015 年《刑法修正案(九)》
无	**第一百二十条之六　明知是宣扬恐怖主义、极端主义的图书、音频视频资料或者其他物品而非法持有，情节严重的，处三年以下有期徒刑、拘役或者管制，并处或者单处罚金。**

【条文理解】

本罪在主观上要求是故意，即行为人明知是宣扬恐怖主义、极端主义的图书、音频视频资料或者其他物品而非法持有的，才能构成本罪。这里所说的“明知”，是指知道或者应当知道。实践中，对是否“明知”的认定，应当结合案件的具体情

况和有关证据材料进行全面分析。比如，对曾因实施暴力恐怖活动、极端主义违法犯罪行为受过行政、刑事处罚的，或者被责令改正后又实施的，应当认定为明知。有其他共同犯罪嫌疑人、被告人或者其他知情人供认、指证，虽然行为人不承认其主观上“明知”，但又不能作出合理解释的，依据其行为本身和认知程度，足以认定其确实知道或者应当知道的，应当认定为明知。但是，结合行为人的认知程度和客观条件，如果确实属于不明知所持有物品为宣扬恐怖主义、极端主义图书、音频视频资料等物品的，不能认定为本罪。

本罪在客观上要求行为人有非法持有的行为。这里所规定的“持有”，是指行为人对恐怖主义、极端主义宣传品处于占有、支配、控制的一种状态。不仅随身携带可以认定为持有，在其住所、驾驶的运输工具上发现的恐怖主义、极端主义宣传品也可以认定为持有。持有型犯罪以行为人持有特定物品或者财产的不法状态为基本的构成要素。在持有型犯罪中，有的持有物本身不具有危害性，如巨额财产，绝密、机密文件等；有的本身就是违禁品，如毒品、枪支、弹药、毒品原植物种子、幼苗等。无论是否为违禁品，构成犯罪的前提都是非法持有。实践中有一些合法持有的情形，如查办案件的人民警察查封、扣押宣扬恐怖主义、极端主义的图书、音频视频资料等物品因而持有的，研究反恐怖主义问题的专家学者为进行学术研究而持有少量恐怖主义、极端主义宣传品的，则不能认定为犯罪。

【司法适用】

注意区分非法持有宣扬恐怖主义、极端主义物品罪与宣扬恐怖主义、极端主义、煽动实施恐怖活动罪的界限。

两罪都是故意犯罪，犯罪对象都涉及恐怖主义和极端主义。两罪之间的区别主要表现在犯罪形态上不同。本罪在犯罪形态上属于持有犯，持有犯一般都可以归入行为犯或者继续犯的范畴。只有持有人的确实施了持有行为，才构成犯罪。宣扬恐怖主义、极端主义、煽动实施恐怖活动罪是危险犯，行为人只要实施了具有危害社会公共安全的危险行为，无论是否发生实际的危害后果，都构成犯罪。在犯罪对象方面也存在一定的差异。本罪的犯罪对象是具有宣扬恐怖主义、极端主义物品、图书、资料，是实实在在的物质性犯罪。宣扬恐怖主义、极端主义、煽动实施恐怖活动罪是非物质性犯罪，主要是通过口头或者其他鼓动和宣传手段实施犯罪，犯罪对象虽然涉及恐怖主义、极端主义，但是，指向其思想或观念实质，不单指反映其宗旨的物品、图书或资料。

根据《恐怖活动案件意见》的规定，明知是载有宣扬恐怖主义、极端主义内容的图书、报刊、文稿、图片、音频视频资料、服饰、标志或者其他物品而非法持有，达到下列数量标准之一的，依照《刑法》第 120 条之六的规定，以非法持有宣扬恐怖主义、极端主义物品罪定罪处罚:(1)图书、刊物20册以上,或者电子图书、刊物5册以上的;(2)报纸100份(张)以上,或者电子报纸20份(张)以上的;(3)文稿、图片100篇(张)以上,或者电子文稿、图片20篇(张)以上,或者电子文档50万字符以上的;(4)录音带、录像带等音像制品20个以上,或者电子音频视频资料5个以上,或者电子音频视频资料20分钟以上的;(5)服饰、标志20件以上的。

非法持有宣扬恐怖主义、极端主义的物品,虽达到前款规定的数量标准,但具有多次持有,持有多类物品,造成严重后果或者恶劣社会影响,曾因实施恐怖活动、极端主义违法犯罪被追究刑事责任或者2年内受过行政处罚等情形之一的,也可以定罪处罚。

多次非法持有宣扬恐怖主义、极端主义的物品,未经处理的,数量应当累计计算。非法持有宣扬恐怖主义、极端主义的物品,涉及不同种类或者形式的,可以根据本条规定的不同数量标准的相应比例折算后累计计算。

第一百二十一条 【劫持航空器罪】以暴力、胁迫或者其他方法劫持航空器的,处十年以上有期徒刑或者无期徒刑;致人重伤、死亡或者使航空器遭受严重破坏的,处死刑。

【条文理解】

作为本罪对象的航空器,必须是使用中或者飞行中的航空器。本罪的行为主体没有限制,航空器的驾驶人员与乘务组其他人员均可以成为本罪主体。

"劫持"主要表现为两种情况:一是劫夺航空器,犯罪人直接驾驶或者操作航空器;二是强迫航空器驾驶、操作人员按照自己的意志驾驶、操作,从而控制航空器的起飞、航行路线、速度与降落地点。行为人控制了航空器或者控制了航空器的航行,成立本罪的既遂。"其他方法"是指采取非暴力或胁迫的方法劫持航空器,如使用精神类药物控制驾驶员的意识,或改变交通指示、控制信号误导驾驶员,或者驾驶人员利用自身的使得条件,驾驶航空器非法出境等。

【司法适用】

1. 劫持航空器罪中"航空器"的认定

"航空器"是近些年才出现的词,在过去一般是指飞机。但随着现代科技的不断发展,航空器的类别有所增加,宇宙飞船、运载火箭、卫星、滑翔器、飞行气球等,都可以称之为航空器。利用飞行物体进行犯罪都可能在这些飞行器上发生。但从一般意义上讲,本罪所指"航空器",仍然主要局限在飞机一类航空器上。

但并非所有飞机都是本罪的犯罪对象。虽然《刑法》第 121 条所称航空器并没有说明是否包括军用航空器在内,但根据中国加入的国际公约规定,一般有关航空器罪中所指的“航空器”,不适用于供军事、海关或警用的航空器。所以,劫持航空器犯罪中的“航空器”,仅指民用航空器,一般就是民用航空部门的飞机。

2. 劫持航空器罪中既遂与未遂的认定

如何区分劫持航空器犯罪的既遂和未遂,理论上和实践中存在很多不同的观点。有的人认为应当以劫机目的是否达到为标准,如果劫机人已经把飞机劫持到手并按照劫持人的目标飞行时,就认为是既遂。有的人认为应当以飞机是否飞离航空部门的控制区为标准,如果飞机已经脱离航空部门的有效控制,就认为是行为既遂。也有的人认为应当以行为控制说为标准,即劫持人实际上已经完全控制了对飞机飞行的控制,就认为是达到了既遂。还有的人认为只要行为人已经实际着手实施劫持飞机的犯罪,如劫持人已经进入机舱开始实施劫持行为,就可以认为是既遂。笔者认为,把实际控制说作为本罪既遂的标准比较符合其构成特征。

3. 劫持航空器罪与组织、领导、参加恐怖活动组织罪的区分

劫持航空器罪与组织、领导、参加恐怖活动组织罪之间的区分,主要是后者在犯罪过程中采用劫持航空器的方法实施犯罪,从而与劫持航空器罪发生牵连关系。美国“9 · 11”事件被认为是恐怖组织活动犯罪,但采用的方法就是劫持飞机实施犯罪。进行恐怖犯罪是行为人的目的,而劫持飞机是犯罪过程中采用的方法。劫持航空器罪与组织、领导、参加恐怖活动组织罪之间,就是方法行为与目的行为的牵连。

区分劫持航空器罪与组织、领导、参加恐怖活动组织罪的界限,主要应当注意以下几个方面:(1)犯罪对象不同。劫持航空器罪的犯罪对象是特定的,即使用中的航空器,而且只有航空器才能作为该罪的犯罪对象;组织、领导、参加恐怖活动组织罪没有固定的、具体的犯罪对象,犯罪对象具有不特定性,犯罪客体与犯罪对象具有重合交叉的形式。(2)采取的行为方式不同。劫持航空器罪的行为方式单纯地表现为采用暴力、胁迫方式来劫持航空器;组织、领导、参加恐怖活动组织罪可能采用多种行为方式,其中也包括暴力手段。(3)犯罪目的和动机不同。单纯的劫持航空器犯罪的目的,是通过劫持航空器来达到越境或者毁灭航空器等目的,犯罪的目的明确、单一;组织、领导、参加恐怖活动组织罪的犯罪目的,是给社会制造混乱,或者对政府、机关进行打击报复等,犯罪目的和动机比较复杂。(4)对犯罪的处罚不同。劫持航空器罪中,只要行为人实施了劫持航空器的行为,

就要受到刑事处罚;组织、领导、参加恐怖活动组织罪的处罚对象,只是组织者、领导者和积极参加者;通常情况下,组织中的一般人员不是刑罚适用的对象。

第一百二十二条 【劫持船只、汽车罪】以暴力、胁迫或者其他方法劫持船只、汽车的,处五年以上十年以下有期徒刑;造成严重后果的,处十年以上有期徒刑或者无期徒刑。

【条文理解】

根据我国《刑法》规定,劫持汽车罪是指以暴力、胁迫或者其他方法劫持汽车的行为。本罪侵犯的客体是公共安全,主要是指汽车的交通运输安全和不特定多数人的生命、健康及财产安全。本罪客观方面表现为以暴力、胁迫或者其他方法劫持汽车的行为。其中"暴力"是指对车辆驾驶人员等人实施不法有形力,并达到足以抑制其反抗的程度;"胁迫"是指对车辆驾驶人员等人实施精神恐吓或强制,足以抑制其反抗的程度;"其他方法"是指与暴力、胁迫性质相当,使车辆驾驶人员等人不能反抗、不敢反抗或者不知反抗的方法。"劫持"主要表现为行为人直接驾驶汽车或者强迫驾驶人员按照自己的意志驾驶,从而控制汽车的行驶路线、速度等。

【司法适用】

劫持船只、汽车罪,是指以暴力、胁迫或者其他方法劫持船只、汽车的行为。劫持火车、电车的行为不构成本罪,宜以破坏交通工具罪论处。使用暴力、胁迫方法迫使小型出租车司机开往某地的,一般不应认定为本罪。但是,使用暴力、胁迫方法逼使出租车司机横冲直撞,或者劫夺后直接驾驶出租车横冲直撞的,则应认定为劫持汽车罪。即客观上不存在危害公共安全的危险的行为,不应以本罪论处。劫持船只、汽车的行为同时触犯抢劫罪的,按想象竞合处理。

犯罪成立既要符合《刑法》分则对犯罪构成要件的规定,同时也要符合《刑法》总则对犯罪的定义。本罪虽然是抽象的危险犯,但在司法实践中,还应当把握该行为是否具有相当严重的社会危害性,即是否危害公共安全。就本罪而言,可以从两方面来看:一是从道路上不特定人员来看,如果车辆在行使过程中存在造成交通秩序混乱导致不特定人员伤亡的危险或者因车辆在行使过程中造成不特定人员伤亡的结果,都可以认定为危害公共安全;二是从车辆上不特定人员来看,如果对车辆上的不特定人员造成伤亡的危险或者结果,也可以认定为危害公共安全。

【司法案例】

陈某故意杀人、劫持汽车案①

[**裁判要旨**]劫持汽车罪要求行为人故意使用暴力、胁迫等行为劫持汽车,行为人在明知驾驶员不同意其搭乘的情况下,仍对驾驶员实施暴力、胁迫等行为,从而非法控制汽车。只要行为人实施了劫持汽车的行为,足以对公共安全造成威胁,即可构成本罪。如果行为人认为驾驶员同意其搭乘汽车,也未实施暴力、胁迫行为,且驾驶员未有反抗行为,则不应认定为劫持。如果行为人将驾驶员赶走,自行驾驶汽车离开,且非法占有汽车或者造成车辆失踪无法找到的,则可以认定行为人具有非法占有汽车的故意。

第一百二十三条　【暴力危及飞行安全罪】对飞行中的航空器上的人员使用暴力,危及飞行安全,尚未造成严重后果的,处五年以下有期徒刑或者拘役;造成严重后果的,处五年以上有期徒刑。

【条文理解】

"飞行中",是指从起飞前航空器所有机舱门关闭时算起,到降落后打开航空器任一舱门时为止;"航空器",是指飞机、宇宙飞船等能在空中运动的机器;"危及飞行安全",是指出现足以造成航空器发生颠覆、毁坏的危险,或者已经实际造成航空器颠簸,严重影响飞行安全。

"造成严重后果"主要是指造成人员伤亡或公私财产遭受重大损失,或者致使航空器无法正常飞行,以至于迫降或坠毁。

【司法适用】

1. 暴力危及飞行安全罪罪与非罪的区分

认定本罪是否构成犯罪以及犯罪行为与一般违法行为之间的界限,重点要注意以下几个方面的问题:(1)行为人是否使用了暴力,这是本罪构成的基本行为特征。因为认定行为构成本罪的具体方式只限于使用暴力,不包括使用其他方法。如果行为人虽然吵闹、大骂,但没有使用任何暴力,也不能认为是犯罪行为。这里的暴力行为,是指行为人对被害人身体实施袭击或者其他暴力手段,如打、伤害、捆绑、禁闭等。(2)是否危及了飞行安全。即使行为人使用了暴力,但非常轻微,

① 参见《刑事审判参考》总第92集第866号案例。

如相互之间稍加推搡或者轻微地拉扯,经服务人员提醒或制止很快停止下来,就不能说是危及飞行安全。这里的“危及飞行安全”,应当是暴力行为具有足以造成航空器发生颠覆、毁坏的危险。简单地说,就是暴力程度十分凶狠,力量十分强大,涉及的人员较多等。(3)要注意把一般违法行为与犯罪行为区别开来,对于使用暴力,也造成了对飞行安全的影响,但根据情节和危险程度,尚不足以造成航空器颠覆、毁坏,也没有发生严重后果,如双方之间进行厮打致轻伤等,只要没有达到犯罪的程度,可以按照《治安管理处罚法》给予行政处罚。

2. 危害民用航空安全行为的认定

根据我国加入的国际上有关航空安全方面的公约规定,暴力危及飞行安全行为主要是指危害民用航空安全的行为,是从一般危害民用航空安全行为上升为犯罪的行为。所以,暴力危及飞行安全行为也应当通过民用航空安全法律、法规来加以调整。

凡是《民用航空安全保卫条例》规定中所禁止的行为,都是属于危害民用航空安全的行为,但并非所有这些行为都构成暴力危及飞行安全罪。只有那些既实施了暴力又从实质上造成了危害后果,包括对飞行安全造成损害和威胁的行为,才以犯罪论处。例如,在乘坐的航班上故意酗酒、打架斗殴、寻衅滋事,不听劝告和制止,给航空安全造成现实的损害或威胁的行为,就应当以犯罪论处。其中有的行为,如轻微地拉扯、大声吵闹,或者擅自攀(钻)越没有造成严重后果的,可以给予教育或者行政处罚,不宜以犯罪论处。有的虽然构成犯罪,如损毁机场安全防护设施,造成机场安全事故,或者足以造成飞行安全事故等行为,应当以以危险方法危害公共安全罪处罚,不能以暴力危及飞行安全罪论处。

3. 暴力危及飞行安全罪与劫持航空器罪的区分

本罪与劫持航空器罪具有许多相似之处:犯罪的地点都是在航空器内;犯罪时间都发生在使用中的航空器中;都使用了暴力或者暴力相威胁的手段。两罪在发生过程中往往具有相互竞合的关系。正确认定两罪,主要从以下几个方面进行区分:(1)行为对象不同。本罪的行为对象主要是针对航空器上的人员;劫持航空器罪的对象既可以是航空器上的人员,也可以是航空器本身。(2)行为方式有区别。本罪的行为方式仅限于暴力手段,劫持航空器罪的行为方式除了暴力手段外,还包括非暴力手段。(3)主观目的不同。本罪行为人的主观目的不是特定的,可能因为多种主观原因导致危害行为的发生;劫持航空器罪行为人的主观目的是十分明确的,主要是为了劫持航空器。具有劫持航空器的主观目的是劫持航空器罪与暴力危及飞行罪的根本区别。

第一百二十四条 【破坏广播电视设施、公用电信设施罪】破坏广播电视设施、公用电信设施，危害公共安全的，处三年以上七年以下有期徒刑；造成严重后果的，处七年以上有期徒刑。

【过失损坏广播电视设施、公用电信设施罪】过失犯前款罪的，处三年以上七年以下有期徒刑；情节较轻的，处三年以下有期徒刑或者拘役。

【条文理解】

“广播电视设施”主要是指传播新闻信息的有线广播站、无线广播发射台、电视发射台、转播台等。“公用电信设施”主要是指用于社会公用事业的通信设施、设备及其组成部分，如国家电信部门的无线发报设施、国家重要部门的电话交换台、无线电通信网络、导航设施等。

【司法适用】

1. 盗窃公用电信设备且危害公共安全的行为的定罪处罚

在审判实践中，对《破坏公用电信设施案件解释》第 3 条第 2 款“盗窃公用电信设施价值数额不大，但是构成危害公共安全犯罪的，依照第一百二十四条的规定定罪处罚”中的“构成危害公共安全犯罪”和“盗窃公用电信设施同时构成盗窃罪和破坏公用电信设施罪的，依照处罚较重的规定”中的“破坏公用电信设施罪”，存在不同理解。一种意见认为，此两处规定均是以构成破坏公用电信设施罪为落脚点，因此，其定罪标准均应适用《破坏公用电信设施案件解释》第 1 条、第 2 条规定。另一种意见认为，该解释第 1 条、第 2 条专指破坏正在使用的公用电信设施危害公共安全的情形，不包括盗窃公用电信设施危害公共安全的情形，所以，对于盗窃正在使用的公共电信设施危害公共安全，不能适用《破坏公用电信设施案件解释》第 1 条、第 2 条的规定，只要实施了危害公共安全的行为，就应认定已构成破坏公用电信设施罪。

2. 破坏广播电视设施行为的定罪处罚

根据《破坏广播电视设施案件解释》的规定，采取拆卸、毁坏设备，剪割缆线，删除、修改、增加广播电视设备系统中存储、处理、传输的数据和应用程序，非法占用频率等手段，破坏正在使用的广播电视设施，以破坏广播电视设施罪处罚。建设、施工单位的管理人员、施工人员，在建设、施工过程中，违反广播电视设施保护规定，故意或者过失损毁正在使用的广播电视设施，构成犯罪的，以破坏广播电视设施罪或者过失损坏广播电视设施罪定罪处罚。盗窃正在使用的广播电视设施，尚未构成盗窃罪，危害公共安全的，以破坏广播电视设施罪定罪处罚；同时构成盗窃罪和破坏广播电视设施罪的,依照处罚较重的规定定罪处罚。破坏正在使用的广播电视设施未危及公共安全,或者故意毁坏尚未投入使用的广播电视设施,造成财物损失数额较大或者有其他严重情节的,以故意毁坏财物罪定罪处罚。实施破坏广播电视设施犯罪,并利用广播电视设施实施煽动分裂国家、煽动颠覆国家政权、煽动民族仇恨、民族歧视或者宣扬邪教等行为,同时构成其他犯罪的,依照处罚较重的规定定罪处罚。

3. 关于非法生产销售使用“伪基站”设备行为的定罪处罚

根据《关于依法办理非法生产销售使用“伪基站”设备案件的意见》的规定,非法使用“伪基站”设备干扰公用电信网络信号,危害公共安全的,以破坏公用电信设施罪追究刑事责任;同时构成虚假广告罪、非法获取公民个人信息罪、破坏计算机信息系统罪、扰乱无线电通讯管理秩序罪的,依照处罚较重的规定追究刑事责任。除法律、司法解释另有规定外,利用“伪基站”设备实施诈骗等其他犯罪行为,同时构成破坏公用电信设施罪的,依照处罚较重的规定追究刑事责任。

第一百二十五条　【非法制造、买卖、运输、邮寄、储存枪支、弹药、爆炸物罪】**非法制造、买卖、运输、邮寄、储存枪支、弹药、爆炸物的,处三年以上十年以下有期徒刑;情节严重的,处十年以上有期徒刑、无期徒刑或者死刑。**

【非法制造、买卖、运输、储存危险物质罪】**非法制造、买卖、运输、储存毒害性、放射性、传染病病原体等物质,危害公共安全的,依照前款的规定处罚。**

单位犯前两款罪的,对单位判处罚金,并对其直接负责的主管人员和其他直接责任人员,依照第一款的规定处罚。

【条文对照】

1997 年《刑法》	2001 年《刑法修正案(三)》
第一百二十五条　非法制造、买卖、运输、邮寄、储存枪支、弹药、爆炸物的,处三年以上十年以下有期徒刑;情节严重的,处十年以上有期徒刑、无期徒刑或者死刑。 非法买卖、运输**核材料**的,依照前款的规定处罚。 单位犯前两款罪的,对单位判处罚金,并对其直接负责的主管人员和其他直接责任人员,依照第一款的规定处罚。	第一百二十五条　非法制造、买卖、运输、邮寄、储存枪支、弹药、爆炸物的,处三年以上十年以下有期徒刑;情节严重的,处十年以上有期徒刑、无期徒刑或者死刑。 非法**制造、**买卖、运输、**储存毒害性、放射性、传染病病原体等物质,危害公共安全**的,依照前款的规定处罚。 单位犯前两款罪的,对单位判处罚金,并对其直接负责的主管人员和其他直接责任人员,依照第一款的规定处罚。

【条文理解】

本条规定的“非法”,既包括违反法律、法规,也包括违反国家有关部门发布的规章、通告等规范性文件。

行为主体既可以是自然人,也可以是单位。制造、买卖、运输、邮寄、储存的必须是枪支、弹药、爆炸物。枪支弹药,是指军用手枪、步枪、冲锋枪、机枪、射击运动的各种枪支、狩猎用的有线枪、散弹枪火药枪,麻醉动用的注射枪和能发射金属弹丸的气枪,以及上述枪支所使用的弹药;发射金属弹丸的钢珠枪,也包含在内。以火药为动力发射弹药的大口径武器,属于本罪的枪支。此外,对私自制作土枪出售,或者将体育运动用枪改装成火药枪的,应根据具体情况,区别对待:构成犯罪的,以非法制造、买卖枪支罪予以处罚,如果情节显著轻微危害不大,则不以犯罪论处。不能发射子弹的仿真手枪等不属于本条的枪支。至于爆炸物,则是指具有较大爆破性或杀伤性的爆炸物,既包括军用的爆炸物,如地雷、炸弹、手榴弹,也包括《民用爆炸物品安全管理条例》所列的爆破器材。非法制造,是指未经国家许可擅自制造(包括改装、装配)枪支、弹药、爆炸物。非法买卖,是指违反有关法规,购买后者出售枪支、弹药、爆炸物(不要求买入后再卖出);介绍买卖枪支、弹药、爆炸物的,以买卖枪支、弹药、爆炸物罪的共犯论处。对于以枪支换枪支、以弹药换弹药或者以枪支换弹药的行为,需要判断是否增加了公共危险,如果得出肯定结论,也以本罪论处。

本条第 2 款规定的“非法买卖”,是指违反法律和国家主管部门规定,未经有关主管部门批准许可,擅自购买或者出售危险物质的行为,并不需要兼有买进和卖出的行为。行为必须危害公共安全。危害公共安全的邮寄行为与走私行为,属于本罪中的“运输”。非法制造、买卖、运输、储存毒鼠强等禁用剧毒化学品,危害公共安全的,以本罪论处。

【司法适用】

《刑法》第 125 条规定了非法制造、买卖、运输、邮寄、储存枪支、弹药、爆炸物罪,第 128 条规定了非法持有、私藏枪支、弹药罪,第 151 条规定了走私武器、弹药罪。为依法严惩涉枪涉爆犯罪,《涉枪案件解释》《走私案件解释》对走私武器、弹药罪的定罪量刑标准作了规定。由于涉枪犯罪危害公共安全,社会危害性大,相关司法解释设置了较低的入罪门槛和升档量刑标准,以彰显严厉惩治此类犯罪的立场。例如,根据司法解释的规定,非法制造、买卖、运输、邮寄、储存、持有、私藏军用枪支 1 支以上的,或者非法制造、买卖、运输、邮寄、储存、持有、私藏以火药为动力发射枪弹的非军用枪支 1 支以上或者以压缩气体等为动力的其他非军用枪支 2 支以上的,即构成犯罪;枪支数量达到上述标准 5 倍以上的,要升档量刑,其中如认定为非法制造、买卖、运输、邮寄、储存枪支罪的，可以判处 10 年以上有期徒刑直至死刑。应当指出的是，上述司法解释的发布施行，对于有效惩治涉枪犯罪，保障人民群众的生命财产安全，确保国家安全和社会大局稳定发挥了重要作用。

《枪支管理法》第 46 条对“枪支”作了定义性规定，明确“本法所称枪支，是指以火药或者压缩气体为动力，利用管状器具发射金属弹丸或者其他物质，足以致人伤亡或者丧失知觉的各种枪支”。同时，该法第 4 条规定，枪支管理工作由公安机关主管。由于《枪支管理法》只是明确了枪支的性能特征，实践中办理相关案件，一直按照有关部门制定的枪支鉴定标准认定是否属于枪支。2010 年《公安机关涉案枪支弹药性能鉴定工作规定》（公通字〔2010〕67 号）明确规定，对不能发射制式弹药的非制式枪支，“枪口比动能大于等于 1.8 焦耳/平方厘米时，一律认定为枪支”。

在枪支鉴定标准作出调整后，近年来，涉枪案件呈现出多样性、复杂性的特点。特别是，一些涉以压缩气体为动力且枪口比动能较低的枪支的案件，涉案枪支的致伤力较低，在决定是否追究刑事责任以及裁量刑罚时唯枪支数量论，恐会悖离一般公众的认知，也违背罪责刑相适应原则的要求。司法实践中，个别案件的处理引发社会各界广泛关注，法律效果和社会效果不佳。

此外，在司法实践中，涉气枪铅弹案件同样存在类似问题。根据《涉枪案件解释》的规定，非法制造、买卖、运输、邮寄、储存气枪铅弹达到 500 发以上的，即应当判处 3 年以上 10 年以下有期徒刑，达到 2500 发以上的，即应当判处 10 年以上有期徒刑直至死刑；非法持有、私藏气枪铅弹达到 1000 发以上的，即应当判处 3 年以下有期徒刑、拘役或者管制，达到 5000 发以上的，即应当判处 3 年以上 7 年以下有期徒刑。《走私案件解释》对走私气枪铅弹定罪量刑的入罪门槛和法定刑升档标准同样很低。而从司法实践来看，此类案件涉案铅弹往往数量大，通常一小盒铅弹的数量即超过 500 发，达到入罪标准。因此，在决定是否追究刑事责任以及裁量刑罚时唯铅弹数量论，也会出现刑事打击范围过大和量刑畸重的不合理现象。

针对非法制造、买卖、运输、邮寄、储存、持有、私藏、走私以压缩气体为动力且枪口比动能较低的枪支、气枪铅弹案件的新情况、新特点，2018 年 3 月，最高人民法院会同最高人民检察院，在公安部、国家海关总署等有关部门的大力支持下，通过了《关于涉以压缩气体为动力的枪支、气枪铅弹刑事案件定罪量刑问题的批复》，着重注意把握了以下几点：

一是坚持严控枪支与妥善处理案件并重。一方面，坚持严格管控枪支，依法严惩涉枪犯罪,有效维护公共安全和社会秩序,保障国家长治久安;另一方面,坚持实事求是原则,考虑到不同类型枪支、弹药的致伤力存在重大差异,对涉及以压缩气体为动力且枪口比动能较低的枪支、气枪铅弹案件实行差别化的定罪量刑标准,以确保相关案件处理实现法律效果与社会效果的有机统一,确保人民群众在每一个涉枪犯罪案件的处理中感受到公平正义。

二是保持涉枪犯罪案件定罪量刑标准的相对连贯性。根据动力的不同,枪支主要分为以火药为动力的枪支和以压缩气体为动力的枪支。从实践反映的情况看,以火药为动力的枪支案件的定罪量刑不存在问题。但是,以压缩气体为动力的枪支的枪口比动能范围很宽,高则能达上百焦耳/平方厘米,危害性不小于以火药为动力的枪支;低则可能刚刚达到枪支的认定标准,致伤力较低。对于涉此类枪支案件的刑事责任追究和刑罚裁量,如不作区别,明显不符合宽严相济刑事政策和罪责刑相适应原则的基本要求。鉴于此,该批复仅对涉以压缩气体为动力且枪口比动能较低的枪支案件的定罪量刑标准作出调整,对于以火药为动力的枪支以及以压缩气体为动力但枪口比动能较高的枪支的案件,仍然适用《涉枪案件解释》和《走私案件解释》的标准不变,从严惩治,确保司法标准和裁判尺度的连贯性、一致性。

三是彰显宽严相济刑事政策的基本要求。根据宽严相济刑事政策的要求,就枪支犯罪而言,当前应当针对边境走私、网络贩卖枪支案件高发的新特点,突出打击重点、切实提升打击的针对性、实效性。就涉以压缩气体为动力且枪口比动能较低的枪支、气枪铅弹案件而言,应当重点打击以牟利、实施其他犯罪为目的,或者涉案枪支易于通过改制提升致伤力,以及行为人具有前科情节等情形。对于以收藏、娱乐为目的,涉案枪支致伤力极低,主观上难以认识到系枪支,行为人系初犯、偶犯等情形的,应当体现从宽的精神。鉴于此,该批复要求对此类案件的处理坚持宽严相济刑事政策,对于非法制造、买卖、运输、邮寄、储存、持有、私藏、走私以压缩气体为动力且枪口比动能较低的枪支的行为,在决定是否追究刑事责任以及如何裁量刑罚时,不仅应当考虑涉案枪支的数量,而且应当充分考虑涉案枪支的外观、材质、发射物、购买场所和渠道、价格、用途、致伤力大小、是否易于通过改制提升致伤力,以及行为人的主观认知、动机目的、一贯表现、违法所得、是否规避调查等情节,综合评估社会危害性,坚持主客观相统一,确保罪责刑相适应。顺带提及的是,除气枪铅弹外,用其他金属加工的气枪弹与气枪铅弹具有大致相当的致伤力。因此,为避免司法实践中对气枪铅弹作机械把握,该批复明确气枪铅弹是指用铅、铅合金或者其他金属加工的气枪弹。

【司法案例】

王某成等非法买卖、储存危险物质案①

[**裁判要旨**](1)国家严格监督管理的氰化钠等剧毒化学品，易致人中毒或者死亡，对人体、环境具有极大的毒害性和危险性，属于《刑法》第125条第2款规定的“毒害性”物质。(2)“非法买卖”毒害性物质，是指违反法律和国家主管部门规定，未经有关主管部门批准许可，擅自购买或者出售毒害性物质的行为，并不需要兼有买进和卖出的行为。

第一百二十六条　【违规制造、销售枪支罪】依法被指定、确定的枪支制造企业、销售企业，违反枪支管理规定，有下列行为之一的，对单位判处罚金，并对其直接负责的主管人员和其他直接责任人员，处五年以下有期徒刑；情节严重的，处五年以上十年以下有期徒刑；情节特别严重的，处十年以上有期徒刑或者无期徒刑：

(一)以非法销售为目的，超过限额或者不按照规定的品种制造、配售枪支的；

(二)以非法销售为目的，制造无号、重号、假号的枪支的；

(三)非法销售枪支或者在境内销售为出口制造的枪支的。

【条文理解】

本条规定的“依法”是指依据《枪支管理法》和有关部门据此制定的相关规定。“以非法销售为目的”是指以非法出售枪支、获取非法利润为目的；“非法销售枪支”是指违反《枪支管理法》的规定出售枪支，既包括没有销售资格而销售枪支的行为，也包括超过限额和品种销售枪支的行为。

行为主体是依法被指定、确定的枪支制造企业、销售企业；其他企业及个人非法制造、销售枪支的，构成非法制造、买卖枪支罪。《枪支管理法》第13条明确规定，国家对枪支的制造、配售实行特别许可制度。未经许可，任何单位或者个人不得制造、买卖枪支。只有经国家专门指定或确定的企业才能从事枪支的制造或销售。公务用枪，即部队、警察、民兵以及其他特殊部门所装备的各种军用、警用等公务使用枪支。《枪支管理法》第14条规定，公务用枪由国家指定的企业制造。

① 参见最高人民法院第13号指导案例。

民用枪支,即猎枪、麻醉注射枪、射击运动枪等其他非军用枪支的制造企业,由国务院有关主管部门提出,由国务院公安部门确定。第 15 条规定,配售民用枪支的企业,由省级人民政府公安机关确定;并由省级人民政府的公安机关核发民用枪支配售许可证件,有效期为 3 年,期满需继续配售民用枪支的,应当重新申请领取许可证件。

本罪的客观行为包括:一是超过限额或者不按照规定的品种制造、配售枪支;二是制造无号、重号、假号的枪支;三是非法销售枪支或者在境内销售为出口制造的枪支。责任形式为故意,其中,非法制造、配售枪支的行为须以非法销售为目的;非法销售枪支的行为不要求有特定的目的。

【司法适用】

根据《涉枪案件解释》第 3 条的规定,依法被指定或者确定的枪支制造、销售企业,实施《刑法》第 126 条规定的行为,具有下列情形之一的,以违规制造、销售枪支罪定罪处罚:(1)违规制造枪支 5 支以上的;(2)违规销售枪支 2 支以上的;(3)虽未达到上述最低数量标准,但具有造成严重后果等其他恶劣情节的。具有下列情形之一的,属于《刑法》第 126 条规定的"情节严重":(1)违规制造枪支 20 支以上的;(2)违规销售枪支 10 支以上的;(3)达到第 3 条第 1 款规定的最低数量标准,并具有造成严重后果等其他恶劣情节的。具有下列情形之一的,属于《刑法》第 126 条规定的"情节特别严重":(1)违规制造枪支 50 支以上的;(2)违规销售枪支 30 支以上的;(3)达到第 3 条第 2 款规定的最低数量标准,并具有造成严重后果等其他恶劣情节的。

根据《立案追诉标准(一)》第 3 条的规定,依法被指定、确定的枪支制造企业、销售企业,违反枪支管理规定,以非法销售为目的,超过限额或者不按照规定的品种制造、配售枪支,或者以非法销售为目的,制造无号、重号、假号的枪支,或者非法销售枪支或者在境内销售为出口制造的枪支,涉嫌下列情形之一的,应予立案追诉:(1)违规制造枪支 5 支以上的;(2)违规销售枪支 2 支以上的;(3)虽未达到上述数量标准,但具有造成严重后果等其他恶劣情节的。

第一百二十七条 【盗窃、抢夺枪支、弹药、爆炸物、危险物质罪】**盗窃、抢夺枪支、弹药、爆炸物的,或者盗窃、抢夺毒害性、放射性、传染病病原体等物质,危害公共安全的,处三年以上十年以下有期徒刑;情节严重的,处十年以上有期徒刑、无期徒刑或者死刑。**

【抢劫枪支、弹药、爆炸物、危险物质罪；盗窃、抢夺枪支、弹药、爆炸物、危险物质罪】**抢劫枪支、弹药、爆炸物的，或者抢劫毒害性、放射性、传染病病原体等物质，危害公共安全的，或者盗窃、抢夺国家机关、军警人员、民兵的枪支、弹药、爆炸物的，处十年以上有期徒刑、无期徒刑或者死刑。**

【条文对照】

1997 年《刑法》	2001 年《刑法修正案(三)》
第一百二十七条　盗窃、抢夺枪支、弹药、爆炸物的，处三年以上十年以下有期徒刑；情节严重的，处十年以上有期徒刑、无期徒刑或者死刑。 抢劫枪支、弹药、爆炸物或者盗窃、抢夺国家机关、军警人员、民兵的枪支、弹药、爆炸物的，处十年以上有期徒刑、无期徒刑或者死刑。	第一百二十七条　盗窃、抢夺枪支、弹药、爆炸物的，**或者盗窃、抢夺毒害性、放射性、传染病病原体等物质，危害公共安全的，**处三年以上十年以下有期徒刑；情节严重的，处十年以上有期徒刑、无期徒刑或者死刑。 抢劫枪支、弹药、爆炸物**的，或者抢劫毒害性、放射性、传染病病原体等物质，危害公共安全的，**或者盗窃、抢夺国家机关、军警人员、民兵的枪支、弹药、爆炸物的，处十年以上有期徒刑、无期徒刑或者死刑。

【条文理解】

本条第 1 款规定的“盗窃”，是指违反占有者的意思，将他人占有的枪支、弹药、爆炸物或者其他危险物质转移为自己或者第三者占有。“抢夺”，一般是指当场直接夺取他人占有的枪支、弹药等。至于他人占有枪支、弹药等是否合法，则不影响本罪的成立。

盗窃、抢夺枪支、弹药、爆炸物属于抽象的危险犯，只要行为人实施了盗窃、抢夺枪支、弹药、爆炸物的行为，根据社会一般生活经验，可以得出具有公共危险的结论。当然，只有发生了替代性的侵害结果(行为人或者第三人控制了枪支、弹药、爆炸物)，才成立本罪既遂。盗窃、抢夺危险物质的，属于具体的危险犯，需要根据危险物质的种类、盗窃与抢夺的方式判断行为是否发生了具体的公共危险。行为人或者第三者控制了危险物质，成立本罪既遂。骗取枪支、弹药、爆炸物、危险物质的行为，不成立本罪，视行为性质与情节，按普通诈骗罪，运输枪支、弹药、爆炸物、危险物质罪等论处。本罪的责任形式为故意。

本条第 2 款规定的抢劫枪支、弹药、爆炸物、危险物质罪，是指以非法占有为目的，以暴力、胁迫或者其他方法抢劫枪支、弹药、爆炸物的，或者抢劫毒害性、放射性、传染病病原体等危险物质，危害公共安全的行为。犯本罪的，处 10 年以上有期徒刑、无期徒刑或者死刑。

【司法适用】

1. 盗窃、抢夺枪支、弹药、爆炸物、危险物质罪的定罪标准

根据《涉枪案件解释》第 4 条的规定，盗窃、抢夺枪支、弹药、爆炸物，具有下列情形之一的，依照《刑法》第 127 条第 1 款的规定，以盗窃、抢夺枪支、弹药、爆炸物罪定罪处罚：(1)盗窃、抢夺以火药为动力的发射枪弹非军用枪支 1 支以上或者以压缩气体等为动力的其他非军用枪支 2 支以上的；(2)盗窃、抢夺军用子弹 10 发以上、气枪铅弹 500 发以上或者其他非军用子弹 100 发以上的；(3)盗窃、抢夺爆炸装置的；(4)盗窃、抢夺炸药、发射药、黑火药 1000 克以上或者烟火药 3000 克以上、雷管 30 枚以上或者导火索、导爆索 30 米以上的；(5)虽未达到上述最低数量标准，但具有造成严重后果等其他恶劣情节的。具有下列情形之一的，属于《刑法》第 127 条第 1 款规定的"情节严重"：(1)盗窃、抢夺枪支、弹药、爆炸物的数量达到本条第 1 款规定的最低数量标准 5 倍以上的；(2)盗窃、抢夺军用枪支的；(3)盗窃、抢夺手榴弹的；(4)盗窃、抢夺爆炸装置，危害严重的；(5)达到本条第 1 款规定的最低数量标准，并具有造成严重后果等其他恶劣情节的。

2. 盗窃他人私藏枪支、弹药行为的认定

如果行为盗窃的是他人私藏的枪支弹药，而私藏枪支弹药的行为是不受法律保护的，那么这种盗窃行为是否构成盗窃枪支、弹药罪？笔者认为，盗窃他人私藏的枪支的行为仍然构成盗窃枪支、弹药罪。理由如下：行为人所盗窃的枪支虽然是他人私藏的枪支，属于非法物品，但这种非法物品只是针对非法持有人来说才是非法的，而物品本身并不是非法的。私藏枪支的行为是对合法枪支的非法侵害，而盗窃他人私藏的枪支的行为则是对合法枪支的又一次非法侵害，其行为仍然构成盗窃枪支罪。同时，根据犯罪构成理论，犯罪对象不影响犯罪的成立，只对量刑产生影响。所以，盗窃非法财产一般也不影响盗窃行为本身的成立。如果行为人盗窃枪支后又将其枪支私自持有，同时又触犯了私藏枪支罪，其盗窃行为与持有行为两种行为之间具有牵连关系，应当按照牵连犯的处罚原则从一重罪，以盗窃枪支罪处罚。

3. 盗窃枪支散件的行为是否构成盗窃枪支罪

盗窃枪支散件的情况是客观存在的，但盗窃的目的和用途却有不同。如果一概以盗窃罪论处不准确，而一概定盗窃枪支罪也有扩大惩罚面之嫌。因此，必须根据犯罪的行为和主观故意等因素来确定其行为的定性。笔者认为，首先，要查清盗窃的目的和意图。如果行为人是出于盗窃财物的目的，而不是盗窃枪支的目的，此种行为一般应当以盗窃罪论处，但可以把盗窃枪支散件的行为作为一个从重处罚的情节。其次，要考察盗窃之后对赃物的处理情况。如果行为人虽然不是

出于盗窃枪支的故意,而是为了盗窃其他财物,但当枪支散件盗窃成功后可以组装牟利,遂对盗窃得来的散件进行组装成枪支。那么,此时普通盗窃行为就发生了转化,变成了盗窃枪支的行为。最后,在认定盗窃枪支散件行为时,要注意从行为人的主观目的和事后的行为意志两个方面去考察。如果行为人自己虽然没有将盗窃得来的散件组装成枪支,但他明知是枪支散件而出售给别人,由别人组装成为枪支,也应当以盗窃枪支罪处罚。如果他在出售散件时根本不知道这些散件可以组装成枪支,仍然应当以盗窃罪论处。

4. 军人盗窃、抢夺其保管或使用的枪支、弹药如何定罪处罚

军人盗窃、抢夺其保管或使用的枪支、弹药应依照《刑法》第 127 条第 1 款的规定量刑处罚,但是罪名应当依照《刑法》第 438 条的规定,以“盗窃、抢夺武器装备罪”定罪。

第一百二十八条 【非法持有、私藏枪支、弹药罪】**违反枪支管理规定,非法持有、私藏枪支、弹药的,处三年以下有期徒刑、拘役或者管制;情节严重的,处三年以上七年以下有期徒刑。**

【非法出租、出借枪支罪】**依法配备公务用枪的人员,非法出租、出借枪支的,依照前款的规定处罚。**

【非法出租、出借枪支罪】**依法配置枪支的人员,非法出租、出借枪支,造成严重后果的,依照第一款的规定处罚。**

单位犯第二款、第三款罪的,对单位判处罚金,并对其直接负责的主管人员和其他直接责任人员,依照第一款的规定处罚。

【条文理解】

本条第 1 款规定的非法持有、私藏枪支、弹药罪,是指违反枪支管理规定,非法持有、私藏枪支、弹药的行为。

“非法持有”,是指不符合配备、配置枪支、弹药条件的人员,违反枪支管理法律、法规的规定,擅自持有枪支、弹药的行为。“私藏”,是指依法配备、配置枪支、弹药的人员,在配备、配置枪支、弹药的条件消除后,私自藏匿枪支、弹药并且拒不交出的行为。

本条第 2 款规定的非法出租、出借枪支罪,是指依法配备公务用枪的人员与单位,非法出租、出借枪支或者依法配置枪支的人员与单位,非法出租、出借枪支,造成严重后果的行为。

本罪的行为主体是依法配备公务用枪和依法配置枪支的人员与单位。非法持有枪支的人,出租、出借枪支的,不成立本罪。非法持有枪支、弹药的人将枪支、弹药出租、出借给他人的,双方均以非法持有、私藏枪支、弹药罪论处。行为人明知他人使用枪支实施杀人、伤害、抢劫、绑架等犯罪行为,而出租、出借枪支给他人的,成立本罪与相应的共同犯罪的想象竞合,从一重罪处罚。

【司法适用】

1. 非法持有枪支罪与私藏枪支罪的界限

在《刑法》第128条规定中,非法持有枪支与私藏枪支是选择性罪名,两种罪名既有相同点又有区别。相同之处是:(1)两者都是违反枪支管理法律、法规的行为;(2)行为人都是没有资格配备、配置枪支的人员;(3)行为人都持有枪支。但两者之间的区别也是明显的,主要是主体资格不同。根据《涉枪案件解释》第8条第2款、第3款的规定,非法持有枪支是指不符合配备、配置枪支条件的人员,违反枪支管理法律、法规的规定,擅自持有枪支的行为;私藏枪支,是指依法配备、配置枪支的人员,在配备、配置枪支的条件消除后,违反枪支管理法律、法规的法定,私自藏匿所配备、配置的枪支且拒不交出的行为。可见,私藏枪支罪的主体是特殊主体,即行为人先前具有配备、配置枪支的资格,而非法持有枪支罪的主体是一般主体。两者的区别还在于,根据司法解释的精神,私自藏匿枪支者如果事后能主动交出或经教育后即主动交出的,一般不定罪,而非法持有枪支者无论是否主动交出均构成犯罪。

2. 关于持有不能正常击发的枪支是否构成非法持有枪支罪

根据《枪支管理法》的规定,枪支是指以火药或者压缩气体等为动力,利用管状器具发射金属弹丸或者其他物质,足以致人伤亡或者丧失知觉的各种枪支。据此,枪支的本质特征是必须具有杀伤力。

认定非法持有枪支罪中的"枪支"应当依有关枪支的管理规定进行确定。如果持有的枪支虽然具备枪支的基本结构,但是不能正常击发,不具备杀伤力,该枪支不具备枪支的本质特征。因此,不构成非法持有枪支罪。

【司法案例】

叶某兵非法持有枪支案①

[**裁判要旨**]非法持有枪支罪的共同犯罪,要求各行为人在主观上明知所持有的枪支为管制物品,明知自己缺乏持有枪支的合法条件和资格而持有,同时各行

① 参见《刑事审判参考》总第76集第644号案例。

为人之间对持有枪支的行为具有意思联络。

第一百二十九条　【丢失枪支不报罪】依法配备公务用枪的人员，丢失枪支不及时报告，造成严重后果的，处三年以下有期徒刑或者拘役。

【条文理解】

本罪的行为主体只能是依法配备公务用枪的人员。不及时报告是一种不作为，是指行为人在丢失枪支后有及时报告的义务，但行为人没有履行这种义务。不及时报告包括两种情况：一是丢失枪支后根本不报告；二是丢失枪支后拖延一段时间才报告。不及时报告以丢失枪支为前提，丢失枪支，即遗失枪支，包括强制被盗、被抢等情况。丢失枪支不及时报告，只有造成严重后果的，才成立本罪。

"及时报告"的时间期限，法律没有明确规定，应根据实际情况把握。

"严重后果"主要是指该枪支造成了人员伤亡，或被用于犯罪活动。

行为人丢失公务用枪的具体原因，以及行为人在丢失枪支事件中是否存在过错，均不影响本罪的成立。

【司法适用】

从司法实践上看，本罪中的"造成严重后果"通常表现为枪支落入不法分子之手后成为其作案工具，进而造成严重后果。事实上，只要行为人丢失枪支不及时报告、因而造成严重后果的，不管行为人是否希望或者放任严重后果发生（可以肯定，行为人能够预见严重后果发生的可能性），都应当以犯罪论处。因此，本罪中的"造成严重后果"虽然是构成要件要素，但不需要行为人对之具有认识与希望或者放任态度，"造成严重后果"便成为超出故意内容的客观要素。承认本罪的责任形式为故意，并不违反《刑法》总则的规定。行为人丢失枪支不及时报告的直接结果，是有关国家机关不能及时知道枪支丢失，因而使枪支继续处于失控状态，间接后果便是他人利用行为人所丢失的枪支造成严重后果。所以详言之，本罪的故意内容是，行为人明知自己丢失枪支不及时报告的行为，导致有关国家机关不能及时知道枪支丢失，因而使枪支继续处于失控状态，并且希望或者放任这种结果发生。所以，认为本罪的责任形式为故意，并不是仅指行为人对行为本身持故意，而是包括对枪支继续处于失控状态这一结果持故意。

本罪完全有成立共同犯罪的可能性，将本罪的责任形式确定为故意，有利于处理共同犯罪案件。例如，警察甲与乙均携带公务用枪外出追捕逃犯。其间，甲遗失枪支后，意欲及时报告。乙则唆使甲不报告，于是，甲没有报告。后来，该枪支落入不法分子之手,造成了严重后果。如果认为本罪只能由过失构成则对乙的行为难以按本罪的共犯论处,显然不合适。

依法配备公务用枪的人员,违反法律规定,将公务用枪用作质押物,使枪支处于非依法持枪人的控制、使用之下,严重危害公共安全,是《刑法》第 128 条第 2 款所规定的非法出借枪支行为的一种形式,应以非法出借枪支罪追究刑事责任;对接受枪支质押的人员,构成犯罪的,根据《刑法》第 128 条第 1 款的规定,应以非法持有枪支罪追究其刑事责任。

《立案追诉标准(一)》第 6 条规定,依法配备公务用枪的人员,丢失枪支不及时报告,涉嫌下列情形之一的,应予立案追诉:(1)丢失的枪支被他人使用造成人员轻伤以上伤亡事故的;(2)丢失的枪支被他人利用进行违法犯罪活动的;(3)其他造成严重后果的情形。

第一百三十条 【非法携带枪支、弹药、管制刀具、危险物品危及公共安全罪】**非法携带枪支、弹药、管制刀具或者爆炸性、易燃性、放射性、毒害性、腐蚀性物品,进入公共场所或者公共交通工具,危及公共安全,情节严重的,处三年以下有期徒刑、拘役或者管制。**

【条文理解】

"携带",是指在进入公共场所或者公共交通工具时,将枪支、弹药、管制刀具及其他危险物品带在身上或者置于身边,使其置于行为人现实的支配之下的行为。本罪属于故意犯罪,行为人明知是枪支、弹药、管制刀具或者其他危险物品而携带,并明知自己进入了公共场所或者公共交通工具的,才可能成立本罪。此外,成立本罪还要求情节严重,根据《涉枪案件解释》的规定,具有下列情形之一的,属于"情节严重":(1)携带枪支或者手榴弹的;(2)携带爆炸装置的;(3)携带炸药、发射药、黑火药 500 克以上或者烟火药 1000 克以上、雷管 20 枚以上或者导火索、导爆索 20 米以上的;(4)携带的弹药、爆炸物在公共场所或者公共交通工具上发生爆炸或者燃烧,尚未造成严重后果的;(5)具有其他严重情节的。行为人非法携带上述第 3 项爆炸物进入公共场所或者公共交通工具,虽未达到上述数量标准,但拒不交出的,依照本罪处罚;携带的数量达到最低数量标准,能够主动、全部交出的,可不以犯罪论处。

非法携带枪支、弹药进入公共场所或者公共交通工具,危及公共安全、情节严重的行为,同时触犯了非法持有枪支、弹药罪,应认定为非法持有枪支、弹药罪。

如果行为人将自己一直非法持有的枪支、弹药携带进入公共场所或者公共交通工具,危及公共安全,情节严重的,应当将非法持有、弹药罪与本罪实行数罪并罚。本罪与非法运输枪支、弹药罪的关系,亦如此。

【司法适用】

关于对少数民族人员佩带刀具乘坐火车如何处理的问题。根据国务院批准、公安部发布的《对部分刀具实行管制的暂行规定》的规定,管制刀具,是指匕首、三棱刀(包括机械加工用的三棱刮刀)、带有自锁装置的弹簧刀(跳刀)以及其他相类似的单刃、双刃、三棱尖刀。任何人不得非法制造、销售、携带和私自保存管制刀具。少数民族人员只能在民族自治地区佩带、销售和使用藏刀、腰刀、靴刀等民族刀具;在非民族自治地区,只要少数民族人员所携带的刀具属于管制刀具范围,就应当严格按照相应规定予以管理。少数民族人员违反《铁路法》和《铁路运输安全保护条例》携带管制刀具进入车站、乘坐火车的,由公安机关依法予以没收,构成犯罪的,依法追究其刑事责任。

根据《立案追诉标准(一)》第7条的规定,非法携带枪支、弹药、管制刀具或者爆炸性、易燃性、放射性、毒害性、腐蚀性物品,进入公共场所或者公共交通工具,危及公共安全,涉嫌下列情形之一的,应予立案追诉:(1)携带枪支1支以上或者手榴弹、炸弹、地雷、手雷等具有杀伤性弹药1枚以上的;(2)携带爆炸装置1套以上的;(3)携带炸药、发射药、黑火药500克以上或者烟火药1000克以上、雷管20枚以上或者导火索、导爆索20米以上,或者虽未达到上述数量标准,但拒不交出的;(4)携带的弹药、爆炸物在公共场所或者公共交通工具上发生爆炸或者燃烧,尚未造成严重后果的;(5)携带管制刀具20把以上,或者虽未达到上述数量标准,但拒不交出,或者用来进行违法活动尚未构成其他犯罪的;(6)携带的爆炸性、易燃性、放射性、毒害性、腐蚀性物品在公共场所或者公共交通工具上发生泄漏、遗洒,尚未造成严重后果的;(7)其他情节严重的情形。

第一百三十一条　【重大飞行事故罪】航空人员违反规章制度,致使发生重大飞行事故,造成严重后果的,处三年以下有期徒刑或者拘役;造成飞机坠毁或者人员死亡的,处三年以上七年以下有期徒刑。

【条文理解】

本罪的犯罪行为主体为航空人员,根据《民用航空法》第39条的规定,这里的“航空人员”是指从事民用航空活动的空勤人员与地面人员。空勤人员,包括驾驶员、飞行机械人员与乘务员；地面人员，包括航空器维修人员、空中交通管制员、飞行签派员与航空电台通讯员。本罪的客观方面表现为行为人实施了违反规章制度的行为，致使发生重大飞行事故。这里所说的“违反规章制度”，是指违反了对民用航空器的维修、操作管理、空域管理、运输管理及安全飞行管理等方面的规章制度。这里所说的“造成严重后果”，是指造成人员重伤或者航空器严重损坏以及承运的货物毁坏等重大损失的情形。对于本条的加重情形“造成飞机坠毁或者人员死亡”，是指造成飞机坠落、机毁人亡，或者飞机虽未坠毁，但由于重大飞行事故造成人员死亡。这里的“人员”，既包括航空人员，也包括其他人员。

本罪的责任形式为过失，故意制造飞行事故的，按其他相应的犯罪论处。

【司法适用】

在司法实践中，“违反规章制度”，通常是指违反了对民用航空器的维修、操作管理、空域管理、运输管理及安全飞行管理等方面的规章制度。如民用航空器不按照空中交通管制单位指定的航路和飞行高度飞行，民用航空器机组人员的飞行时间、执勤时间大大超过国务院民用航空主管部门规定的时限等；对于“重大飞行事故”，是指在航空器飞行过程中发生的航空器严重毁坏、破损造成人身伤亡的事件等；对于“造成严重后果”，是指造成人员重伤或者航空器严重损坏以及承运的货物毁坏等重大损失的情形。严重后果必须是违章行为引起的，二者之间存在因果关系。违反规章制度，致人重伤、死亡或者使公私财产遭受重大损失的行为，必须发生在从始发机场准备载人装货至终点机场旅客离去，货物卸完的整个交通运输活动过程中。

实践中飞行事故发生的原因很多，往往并非单一原因造成的，也就是说飞行事故的发生不仅仅由于航空人员违反规章制度的原因，还有其他诸如恶劣天气、机械故障、航空管理疏忽等原因，因此，本条规定的发生重大飞行事故必须是由航空人员违反规章制度的行为引起的，即违反规章制度与重大飞行事故之间存在因果关系，如果重大飞行事故不是由于行为人违反规章制度的行为引起的，而是由于暴雨、雷电等自然原因引起的，则不构成本罪。

第一百三十二条　【铁路运营安全事故罪】铁路职工违反规章制度，致使发生铁路运营安全事故，造成严重后果的，处三年以下有期徒刑或者拘役；造成特别严重后果的，处三年以上七年以下有期徒刑。

【条文理解】

本罪的犯罪主体是“铁路职工”,是指从事铁路管理、运输、维修等工作的人员,既包括工人,也包括管理人员。本罪的客观方面表现为行为人实施了违反规章制度的行为,致使发生铁路运营安全事故。这里所说的“违反规章制度”,是指违反法律、行政法规或者有关主管部门制定、颁布的保证铁路运输安全的各种规章和制度,包括交通法规、技术操作规程、运输管理工作制度等。“铁路运营安全事故”,是指铁路在运输过程中发生的火车倾覆、出轨、撞车等造成人员伤亡、机车毁坏以及致使公私财产遭受重大损失的严重事件。一般的列车晚点,不能正点发车或者到达不属于安全事故。

【司法适用】

本罪是结果犯,必须造成严重后果才构成本罪,并且要求行为人违反规章制度的行为与铁路运营安全事故的严重后果之间具有因果关系。根据《危害生产安全案件解释》第6条的规定,具有下列情形之一的,应当认定为“造成严重后果”:(1)造成死亡1人以上,或者重伤3人以上的;(2)造成直接经济损失100万元以上的;(3)其他造成严重后果或者重大安全事故的情形。

实际执行中应当注意的是,铁路运输涉及人员较多,既有直接参与铁路安全运营的人员,也有与保障铁路运营安全直接相关的人员,还有为铁路提供后勤保障的人员。铁路运输不仅人员多,线路长、运输车站多,铁路发生运营安全事故后,可能会涉及每个作业环节和人员,直接或者间接涉及的人员会很多,在追究刑事责任时,要全面、具体地分析情况,正确把握每个相关责任人员与铁路事故发生之间的因果关系,以及对发生事故所起的作用大小,分清主要责任和次要责任,重点追究直接相关责任人员,对于不相关人员或者关联度较小人员不应予以处罚。

第一百三十三条 【交通肇事罪】违反交通运输管理法规,因而发生重大事故,致人重伤、死亡或者使公私财产遭受重大损失的,处三年以下有期徒刑或者拘役;交通运输肇事后逃逸或者有其他特别恶劣情节的,处三年以上七年以下有期徒刑;因逃逸致人死亡的,处七年以上有期徒刑。

【条文理解】

本罪犯罪主体为一般主体。

第一,公路、水上运输人员以及其他相关人员造成公路、水上交通事故的,成立本罪;航空人员、铁路职工以外的人员造成重大飞行事故或者铁路运营事故的,成立本罪;航空人员违反交通运输法规,造成飞行事故以外的交通事故的,成立本罪;铁路职工违反交通运输法规,造成铁路安全事故以外的交通事故的,成立本罪。在偷开机动车辆过程中因过失撞死、撞伤他人或者撞坏车辆的,成立交通肇事罪。

第二,必须有违反交通运输管理法规的行为。这里的交通运输管理法规,主要指公路、水上交通运输中的各种交通规则、操作规程、劳动纪律等,同时也包括铁路、航空交通运输中的各种管理法规。

第三,必须发生重大交通事故,致人重伤、死亡或者使公私财产遭受重大损失。单纯违反交通运输管理法规的行为,不成立本罪。

第四,重大交通事故必须发生在交通过程中以及与交通有直接关系的活动中。如果利用非机动交通工具从事交通运输违章,造成重大事故的行为,发生在公共交通管理范围内,具有危害公共安全的性质,就应以本罪论处,否则只能认定为其他犯罪。

第五,交通肇事的结果必须由违反规范保护目的的行为所引起。换言之,行为虽然违反交通运输管理法规,也发生了结果,但倘若结果的发生超出了规范保护目的,就不能认定为本罪。例如,禁止驾驶没有经过年检的车辆的目的,是防止因车辆故障导致交通事故。如果行为人驾驶没有年检的车辆,但该车并无故障,而是由于被害人横穿高速公路造成的交通事故,对行为人也不以交通肇事罪论处。

犯本罪的,处 3 年以下有期徒刑或者拘役;交通运输肇事后逃逸或者有其他特别恶劣情节的,处 3 年以上 7 年以下有期徒刑;因逃逸致人死亡的,处 7 年以上有期徒刑。

【司法适用】

1. 认定"交通运输肇事后逃逸",应当定位于为"逃避法律追究而逃跑",且"逃跑"并不限于"当即从现场逃跑"

"交通运输肇事后逃逸"是 1997 年《刑法》修订时增加规定的加重处罚情节。实践中,交通肇事后逃逸的行为具有较大的危害性,往往导致被害人无法得到救助、损失无法得到赔偿、案件查处难度增大等。

《刑法》第 133 条规定了构成交通肇事罪的一般情形,"交通运输肇事后逃逸或者有其他特别恶劣情节"和"因逃逸致人死亡"两种特殊情形。根据《交通肇事案件解释》第 3 条的规定,"交通运输肇事后逃逸",是指行为人具有该解释第 2 条第 1 款规定和第 2 款第 1~5 项规定的情形之一,在发生交通事故后,为逃避法律追究而逃跑的行为。

据此,构成交通肇事后逃逸的条件包括以下几个方面:一是有交通肇事行为的发生,且符合《交通肇事案件解释》第 2 条第 1 款规定和第 2 款第 1~5 项规定的情形之一。二是为逃避法律追究而逃逸。这里的法律追究包括刑事追究、民事追究、行政追究。实践中，肇事人逃跑的目的大多是想逃避法律追究，但也有少数肇事人逃跑的目的是怕受害方或者其他围观群众因激愤而对其进行报复、殴打等。如果是后一情况，行为人在逃离现场后，通常能够通过报告单位领导或者报警等方式，自愿接受法律处理。因此，不能推定所有逃离现场的行为都是为逃避法律追究。三是《交通肇事案件解释》规定的“逃跑”，并没有固定时间和场所的限定。有意见认为，交通肇事后逃逸，应当理解为“逃离事故现场”的行为，实践中大多也属于这种情况。但是，有的肇事人并未在肇事后立即逃离现场（有的是不可能逃跑），而是在将伤者送到医院后或者在等待交通管理部门处理的时候逃跑，类似的情形有很多。如果仅将逃逸界定为当即逃离现场，那么性质同样恶劣的逃避法律追究的行为就得不到相应的追责，可能会影响对这类犯罪行为的惩处。因此，只要是在肇事后为逃避法律追究而逃跑的行为，都应视为“交通肇事后逃逸”。

从《刑法》本条的规定和《交通肇事案件解释》的意图来看，立足点在于鼓励行为人在发生交通事故后，采取积极措施对被害人进行救助。如果没有逃逸，因被害人救治及时，行为人则存在不构成犯罪的可能性。但如果行为人在交通事故后逃逸，致被害人因得不到救助而死亡，则行为人构成交通肇事罪（特殊情形的重罪）。简言之，如果交通事故发生后，被害人已经死亡，行为人逃逸的，则只构成《交通肇事案件解释》第 3 条规定的法定加重情节，对行为人应当在 3 年以上 7 年以下有期徒刑的法定刑范围内处罚；如果被害人没有死亡，但由于行为人的逃逸而致使被害人因得不到救助而死亡的，则行为人的行为构成交通肇事罪的重罪情形，应在 7 年以上有期徒刑的法定刑范围内处罚。

2. 对运输货车自行滑坡造成他人死亡的定性处理

笔者认为，行为人严重超载与事故发生之间如有因果关系，行为人的行为已符合交通肇事罪的构成，但如果考虑到案件发生具有一定的偶发性，如通过民事赔偿能够化解矛盾，被害方不坚持追诉，也可不追究行为人的刑事责任。如行为人严重超载与事故发生之间不能认定因果关系，则应认定为意外事件。

【司法案例】

刘某露交通肇事案①

［**裁判要旨**］交通肇事后，行为人因受伤在医院治疗，公安机关向其询问案情时，拒不交代肇事经过，并虚构身份信息，后逃离医院的行为，应认定为“交通肇事后逃逸”。

① 参见《刑事审判参考》总第 87 集第 788 号案例。

邵某平交通肇事案[①]

[**裁判要旨**](1)“因逃逸致人死亡”的认定,不以逃逸前的交通肇事行为构成犯罪为前提;(2)“因逃逸致人死亡”的认定不以行为人在逃逸前的交通肇事行为中的责任大小为前提条件。行为人在逃逸前的交通事故中的责任大小不影响“因逃逸致人死亡”的认定;介入因素一般不能阻断逃逸行为与被害人死亡的因果关系。

第一百三十三条之一　【危险驾驶罪】在道路上驾驶机动车,有下列情形之一的,处拘役,并处罚金:

(一)追逐竞驶,情节恶劣的;

(二)醉酒驾驶机动车的;

(三)从事校车业务或者旅客运输,严重超过额定乘员载客,或者严重超过规定时速行驶的;

(四)违反危险化学品安全管理规定运输危险化学品,危及公共安全的。

机动车所有人、管理人对前款第三项、第四项行为负有直接责任的,依照前款的规定处罚。

有前两款行为,同时构成其他犯罪的,依照处罚较重的规定定罪处罚。

【条文对照】

1997年 《刑法》	2011年 《刑法修正案(八)》	2015年 《刑法修正案(九)》
无	**第一百三十三条之一　在道路上驾驶机动车追逐竞驶,情节恶劣的,或者在道路上醉酒驾驶机动车的,处拘役,并处罚金。** **有前款行为,同时构成其他犯罪的,依照处罚较重的规定定罪处罚。**	第一百三十三条之一　在道路上驾驶机动车,有下列情形之一的,处拘役,并处罚金: (一)追逐竞驶,情节恶劣的; (二)醉酒驾驶机动车的; **(三)从事校车业务或者旅客运输,严重超过额定乘员载客,或者严重超过规定时速行驶的;** **(四)违反危险化学品安全管理规定运输危险化学品,危及公共安全的。** **机动车所有人、管理人对前款第三项、第四项行为负有直接责任的,依照前款的规定处罚。** 有前**两**款行为,同时构成其他犯罪的,依照处罚较重的规定定罪处罚。

① 参见《刑事审判参考》总第105集第1118号案例。

【条文理解】

本罪分为四个类型：

1. 追逐竞驶

追逐竞驶，是指行为人在道路上高速、超速行驶，随意追逐、超越其他车辆，频繁、突然并线，近距离驶入其他车辆之前的危险驾驶行为。追逐竞驶属于危害公共安全的危险犯。只要追逐竞驶行为具有类型化的抽象危险，而且情节恶劣，就构成犯罪。本罪行为不要求发生在公共道路上，只要求发生在道路上即可。在校园内、大型厂矿内的道路上，以及在人行道上追逐竞驶的，因为对不特定或者多数人的生命、身体产生了抽象的危险，依然可能成立本罪。追逐竞驶以具有抽象危险性的高速、超速驾驶为前提，缓慢驾驶的行为不可能成立本罪。但是，单纯的高速驾驶或者超速驾驶，并不直接成立本罪。换言之，不能将本罪等同于国外的超速驾驶罪。追逐竞驶要求以产生抽象的交通危险的方式驾驶，行为的基本方式是随意追逐、超越其他车辆，频繁并线、突然并线或者近距离驶入其他车辆之前等。追逐竞驶既可能是2人以上基于意思联络而实施，也可能是单个人实施。机动车驾驶人员出于竞技、追求刺激、斗气或者其他动机，在道路上曲折穿行、快速追赶行驶的，可能成立本罪。成立本罪要求情节恶劣。情节恶劣的基本判断标准是追逐竞驶行为的危险程度。对此，应以道路上车辆与行人的多少、驾驶的路段与时间、驾驶的速度与方式、驾驶的次数等进行综合判断。

2. 醉酒驾驶

醉酒驾驶，是指在醉酒状态下在道路上驾驶机动车的行为。根据最高人民法院、最高人民检察院、公安部《醉酒驾驶案件意见》，在道路上驾驶机动车，血液中的酒精含量大于或者等于80毫克/100毫升的，属于醉酒驾驶。

一般来说，只要行为人知道自己喝了一定量的酒，事实上又达到了醉酒状态，并驾驶机动车的，就可以认定其具有醉酒驾驶的故意。认为自己只是酒后驾驶，而不是醉酒驾驶的辩解，不能排除故意的成立。即使行为人没有主动饮酒，但驾驶机动车之前或者当时意识到自己已经饮酒的，也应认定具有醉酒驾驶的故意。当然，如果没有主动饮酒，也没有意识到自己已经饮酒的，排除故意的成立。

3. 超员、超速行驶

超员、超速行驶，是指从事校车业务或者旅客运输，严重超过额定乘员载客，或者严重超过规定时速行驶的行为。

依照《校车安全管理条例》的规定，“校车”是指取得使用许可，用于接送接受义务教育的学生上下学的7座以上的载客汽车。本罪的校车，既包括依照国家规定取得使用许可的校车，也包括没有取得使用许可的违章从事接送学生业务的校车。

从事旅客运输的车辆,是指从事公路客运、公交客运、出租客运、旅游客运等从事旅客运输的车辆;既包括具有营运资格的车辆,也包括非法从事旅客运输的车辆。一般超员、超速的行为不成立本罪,只有严重超员、超速的行为才成立本罪。本罪的成立不以发生人员伤亡等后果为要件。

4. 违规运输危险化学品

违规运输危险化学品,是指违反危险化学品安全管理规定运输危险化学品,危及公共安全的行为。本类型的危险驾驶罪属于具体危险犯。危险化学品,是指具有毒害、腐蚀、爆炸、燃烧、助燃等性质,对人体、设施、环境具有危害的剧毒化学品和其他化学品。根据《危险化学品安全管理条例》的规定,从事危险化学品道路运输的,应当取得危险货物道路运输许可,并向工商行政管理部门办理登记手续;危险化学品道路运输企业应当配备专职安全管理人员;危险化学品道路运输企业的驾驶人员、装卸管理人员、押运人员、申报人员、集装箱装箱现场检查员应当经交通运输主管部门考核合格,取得从业资格;运输危险化学品,应当根据危险化学品的危险特性采取相应的安全防护措施,并配备必要的防护用品和应急救援器材;用于运输危险化学品的槽罐以及其他容器应当封口严密,能够防止危险化学品在运输过程中因温度、湿度或者压力的变化发生渗漏、洒漏;槽罐以及其他容器的溢流和泄压装置应当设置准确、起闭灵活;通过道路运输危险化学品的,应当按照运输车辆的核定载质量装载危险化学品,不得超载;危险化学品运输车辆应当符合国家标准要求的安全技术条件,并按照国家有关规定定期进行安全技术检验;运输危险化学品途中因住宿或者发生影响正常运输的情况需要较长时间停车的,驾驶人员、押运人员应当采取相应的安全防护措施;等等。

【司法适用】

随着"汽车社会"的到来,危险驾驶行为数量直线上升,这一现象带来的潜在危险和现实危害迫使立法者对危险驾驶行为的社会危害性重新作出评价。2011年《刑法修正案(八)》将危险驾驶行为纳入刑法调整范围。危险驾驶罪的直接法益是交通安全,危害的是不特定的多数人的生命、健康或者重大公私财产的安全。危险驾驶以一定危险状态的产生作为构成犯罪的基本要件,危险驾驶罪是危险犯,无论是否实际发生了损害后果,都可以构成危险驾驶罪。立法将危险驾驶行为限定发生在"道路"这一特定的空间场域,其保护的不仅是特定事故的受损害方(在发生交通事故的情况下),而且包括不特定的多数人的生命、健康或者重大公私财产的安全。

在明确这一立法意图的基础上,笔者认为,对危险驾驶罪中"道路"的理解应重点把握驾驶行为发生地是否具有"公共性",只要具有"公共性",就应当认定为"道路"。近年来,随着经济的发展,农村的一些道路出现了明显的公路化演变,行驶的机动车数量大量增多，机动车在农村道路上发生的交通事故也大幅增加。因此，将农村中具有一定规模和较强公共性的农村道路纳入“道路”范畴不仅符合立法的价值取向，而且也顺应了司法实践发展的需要。

此外，对于危险驾驶罪中关于“醉酒驾驶”行为的标准、加重情节等具体适用与认定可以参考《醉酒驾驶案件意见》的相关规定。

【司法案例】

张某某、金某危险驾驶案①

[**裁判要旨**]（1）机动车驾驶人员出于竞技、追求刺激、斗气或者其他动机，在道路上曲折穿行、快速追赶行驶的，属于《刑法》第133条之一规定的“追逐竞驶”。（2）追逐竞驶虽未造成人员伤亡或财产损失，但综合考虑超过限速、闯红灯、强行超车、抗拒交通执法等严重违反道路交通安全法的行为，足以威胁他人生命、财产安全的，属于危险驾驶罪中“情节恶劣”的情形。

第一百三十三条之二　【妨害安全驾驶罪】对行驶中的公共交通工具的驾驶人员使用暴力或者抢控驾驶操纵装置，干扰公共交通工具正常行驶，危及公共安全的，处一年以下有期徒刑、拘役或者管制，并处或者单处罚金。

前款规定的驾驶人员在行驶的公共交通工具上擅离职守，与他人互殴或者殴打他人，危及公共安全的，依照前款的规定处罚。

有前两款行为，同时构成其他犯罪的，依照处罚较重的规定定罪处罚。

【条文对照】

1997年《刑法》	2020年《刑法修正案(十一)》
无	第一百三十三条之二　对行驶中的公共交通工具的驾驶人员使用暴力或者抢控驾驶操纵装置，干扰公共交通工具正常行驶，危及公共安全的，处一年以下有期徒刑、拘役或者管制，并处或者单处罚金。 前款规定的驾驶人员在行驶的公共交通工具上擅离职守，与他人互殴或者殴打他人，危及公共安全的，依照前款的规定处罚。 有前两款行为，同时构成其他犯罪的，依照处罚较重的规定定罪处罚。

① 参见最高人民法院第32号指导案例。

【条文理解】

1. 对于非驾驶人员,构成本罪需符合 4 个条件:(1)公共交通工具在行驶中;(2)对驾驶人员使用了暴力,或者抢控了驾驶操纵装置;(3)干扰了公共交通工具的正常行驶;(4)危及公共安全。仅使用“语言暴力”的不能认定为本条规定的“暴力”。

2. 对于驾驶人员,构成本罪需符合 4 个条件;(1)公共交通工具在行驶中;(2)擅离职守;(3)与他人互殴,或者殴打他人;(4)危及公共安全。这里的“擅离职守”,是指去做与安全驾驶无关的事,包括离开驾驶席,也包括双手或单手离开方向盘。

本条规定的“公共交通工具”主要是指运输旅客的公共汽车、公路客运车,大、中型出租车,火车、地铁,轮渡班船等,但不包括飞机。

【司法适用】

近年来,在公共交通工具上抢夺方向盘、殴打驾驶人员等妨害安全驾驶的行为时有发生,严重威胁道路交通安全,有的造成重大人员伤亡和财产损失,成为不容忽视的公共安全问题。本条是《刑法修正案(十一)》新增的内容,是关于妨害安全驾驶罪及其处罚的规定。本条前两款规定的行为如果构成了犯罪,要求必须危害了公共安全,存在危害公共安全的危险。这是划分罪与非罪的重要界限。“危及公共安全的”,主要是指行为人的行为足以导致公共交通工具不能安全行驶,车辆失控,随时可能发生乘客、道路上的行人、车辆伤亡或者财产损失的现实危险。如果行为人只是辱骂或者轻微拉扯乘客等,并没有影响车辆的正常行驶,不宜作为犯罪处理,但违反《治安管理处罚法》规定的,应当依法予以治安处罚。

《妨害公共交通工具安全驾驶指导意见》第 1 条第 1 款规定:“乘客在公共交通工具行驶过程中,抢夺方向盘、变速杆等操纵装置,殴打、拉拽驾驶人员,或者有其他妨害安全驾驶行为,危害公共安全,尚未造成严重后果的,依照刑法第一百一十四条的规定,以以危险方法危害公共安全罪定罪处罚;致人重伤、死亡或者使公私财产遭受重大损失的,依照刑法第一百一十五条第一款的规定,以以危险方法危害公共安全罪定罪处罚。”第 3 款规定:“驾驶人员在公共交通工具行驶过程中,与乘客发生纷争后违规操作或者擅离职守,与乘客厮打、互殴,危害公共安全,尚未造成严重后果的,依照刑法第一百一十四条的规定,以以危险方法危害公共安全罪定罪处罚;致人重伤、死亡或者使公私财产遭受重大损失的,依照刑法第一百一十五条第一款的规定,以以危险方法危害公共安全罪定罪处罚。”司法实践中对此类行为的严惩,也在一定程度上遏制了暴力抢夺方向盘殴打、拉拽驾驶人员以及驾驶人员与乘客厮打、互殴等妨害安全驾驶行为。

当然,在司法认定的时候,还要将驾驶人员与他人互殴的行为与遭受他人突如其来的暴力，出于自卫而对他人不法侵害实行反击的行为加以区分。这种反击行为具有职务上的正当防卫的性质，但是，驾驶人员的首要职责还是保障乘载人员的安全。因此，反击也只能在这一前提下进行，如果置乘载人员安全于不顾而对他人的殴打进行反击，也应当承担相应的刑事责任。

另外，以危险方法危害公共安全罪定罪量刑，一般来说起刑点在 3 年有期徒刑以上，只有属于过失且情节较轻，才可能处 3 年以下有期徒刑或者拘役。这种不加分别地严惩，并不符合罪责刑相适应、谦抑性等刑法原则。《刑法修正案（十一）》将暴力抢夺公共汽车方向盘等行为单独入刑，并适当降低量刑幅度，跳出了以危险方法危害公共安全罪作为“兜底”，量刑尺度“水涨船高”的窠臼，有利于以更精准、更合理的量刑，惩治有关危害公共安全行为。在司法适用中应当格外注意把握刑法与相关司法解释的效力位阶关系以及“从旧兼从轻”原则。

第一百三十四条 【重大责任事故罪】在生产、作业中违反有关安全管理的规定，因而发生重大伤亡事故或者造成其他严重后果的，处三年以下有期徒刑或者拘役；情节特别恶劣的，处三年以上七年以下有期徒刑。

【强令、组织他人违章冒险作业罪】强令他人违章冒险作业，或者明知存在重大事故隐患而不排除，仍冒险组织作业，因而发生重大伤亡事故或者造成其他严重后果的，处五年以下有期徒刑或者拘役；情节特别恶劣的，处五年以上有期徒刑。

【条文对照】

1997 年 《刑法》	2006 年 《刑法修正案（六）》	2020 年 《刑法修正案（十一）》
第一百三十四条 **工厂、矿山、林场、建筑企业或者其他企业、事业单位的职工，由于不服管理、违反规章制度，或者强令工人违章冒险作业，**因而发生重大伤亡事故或者造成其他严重后果的，处三年以下有期徒刑或者拘役；情节特别恶劣的，处三年以上七年以下有期徒刑。	第一百三十四条 **在生产、作业中违反有关安全管理的规定，**因而发生重大伤亡事故或者造成其他严重后果的，处三年以下有期徒刑或者拘役；情节特别恶劣的，处三年以上七年以下有期徒刑。 **强令他人违章冒险作业，因而发生重大伤亡事故或者造成其他严重后果的，处五年以下有期徒刑或者拘役；情节特别恶劣的，处五年以上有期徒刑。**	第一百三十四条 在生产、作业中违反有关安全管理的规定，因而发生重大伤亡事故或者造成其他严重后果的，处三年以下有期徒刑或者拘役；情节特别恶劣的，处三年以上七年以下有期徒刑。 强令他人违章冒险作业，**或者明知存在重大事故隐患而不排除，仍冒险组织作业，**因而发生重大伤亡事故或者造成其他严重后果的，处五年以下有期徒刑或者拘役；情节特别恶劣的，处五年以上有期徒刑。

【条文理解】

(一)重大责任事故罪

本条第1款规定行为主体为自然人,包括对生产、作业负有组织、指挥或者管理职责的负责人、管理人员、实际控制人、投资人等人员,以及直接从事生产、作业的人员。企业的性质,不影响本罪的成立。重大责任事故必须发生在生产、作业活动中。根据《危害生产安全案件解释》的规定,具有下列情形之一的,应当认定为“发生重大伤亡事故或者造成其他严重后果”:(1)造成死亡1人以上,或者重伤3人以上的;(2)造成直接经济损失100万元以上的;(3)造成其他严重后果或者重大安全事故的情形。本罪的责任形式为过失。

根据《危害生产安全案件解释》,具有下列情形之一的,属于本条所规定的“情节特别恶劣”:(1)造成死亡3人以上或者重伤10人以上,负事故主要责任的;(2)造成直接经济损失500万元以上,负事故主要责任的;(3)其他造成特别严重后果、情节特别恶劣或者后果特别严重的情形。国家工作人员违反规定投资入股生产经营,构成本罪的,或者国家工作人员的贪污、受贿犯罪行为与安全事故发生存在关联性的,从重处罚;同时构成贪污、受贿犯罪和危害生产安全犯罪的,禁止其在缓刑考验期限内从事与安全生产相关联的特定活动;对于被判处刑罚的犯罪分子,可以根据犯罪情况和预防再犯罪的需要,禁止其自刑罚执行完毕之日或者假释之日起3年至5年内从事与安全生产相关的职业。

对于厂(矿)区内机动车作业期间发生的伤亡事故案件,应根据不同情况,区别对待:在公共交通管理范围内,因违反交通运输管理法规,造成重大事故的,应认定为交通肇事罪;因违反安全生产规章制度,发生重大伤亡事故,造成严重后果的,应认定为重大责任事故罪;在公共交通管理范围外发生重大事故的,应认定为重大责任事故罪。

(二)强令、组织他人违章冒险作业罪

本条第2款规定的是强令、组织他人违章冒险作业罪。《刑法修正案(十一)》在第2款增加了“或者明知存在重大事故隐患而不排除,仍冒险组织作业”的内容,对于此条应当作如下理解:

(1)明知存在重大事故隐患而不排除。这里的明知是指对存在安全生产隐患的明知。一般来说,明知是一种认知状态,因而属于主观要素的范畴。但这里的明知并不是责任要素,而是构成要件要素。正是在明知的前提下,行为人没有履行排除事故隐患的义务,因而在客观上表现为不排除的不作为。如果仅仅是这种不作为,还不能构成本罪。行为人在此基础上又实施了组织违章冒险作业行为,因而导致发生重大事故,这才构成本罪。由此可见,本罪的构成要件在构造上是较为复杂的,要求同时具备不作为与作为,并且不作为还要求以一定的明知为前提。

(2)组织违章冒险作业。组织违章冒险作业,是指在存在生产安全隐患的情况下,继续组织生产、作业。这里的冒险是指不顾危险,对于生产、作业中的安全隐患置之不理,放任不管。这里的组织违章冒险作业是指在明知存在安全生产隐患的情况下,继续安排生产、作业活动。

(3)发生重大伤亡事故或者造成其他严重后果。本罪是实害犯,只有发生重大伤亡事故或者造成其他严重后果,才构成本罪。对于本罪的实害结果,在司法认定中可以参照《危害生产安全案件解释》第6条的规定,是指具有下列情形之一的:①造成死亡1人以上,或者重伤3人以上的;②造成直接经济损失100万元以上的;③其他造成严重后果或者重大安全事故的情形。

如果行为人强令、组织他人违章作业,但违反的规章与安全生产无关,因而并不存在对人的生命、身体的危险,则不成立本罪。一般认为,本罪的责任形式为过失。行为不符合本罪的犯罪构成,但符合重大责任事故罪的犯罪构成的,应认定为重大责任事故罪。

【司法适用】

重大责任事故罪与重大劳动安全事故罪主体均为生产经营活动的从业者,法定最高刑均为7年以下有期徒刑。两罪的差异主要在于行为特征不同,重大责任事故罪是行为人"在生产、作业中违反有关安全管理的规定";重大劳动安全事故罪是生产经营单位的"安全生产设施或者安全生产条件不符合国家规定"。实践中,安全生产事故发生的原因如果仅为生产、作业中违反有关安全管理的规定,或者仅为提供的安全生产设施或条件不符合国家规定,罪名较易确定;如果事故发生系上述两方面混合因素所致,两罪则会出现竞合,此时,应当根据相关涉案人员的工作职责和具体行为来认定其罪名。具体而言,对企业安全生产负有责任的人员,在生产、作业过程中违反安全管理规定的,应认定为重大责任事故罪;对企业安全生产设施或者安全生产条件不符合国家规定负有责任的人员,应认定为重大劳动安全事故罪;如果行为人的行为同时包括在生产、作业中违反有关安全管理的规定和提供安全生产设施或条件不符合国家规定,为全面评价其行为,应认定为重大责任事故罪。

【司法案例】

宋某某等人重大责任事故案①

[**要旨**]对相关部门出具的安全生产事故调查报告,要综合全案证据进行审查,准确认定案件事实和相关人员责任。要正确区分相关涉案人员的责任和追责方式,发现漏犯及时追诉,对不符合起诉条件的,依法作出不起诉处理。

---

① 参见最高人民检察院检例第95号。

夏某某等人重大责任事故案①

[**要旨**]内河运输中发生的船舶交通事故，相关责任人员可能同时涉嫌交通肇事罪和重大责任事故罪，要根据运输活动是否具有营运性质以及相关人员的具体职责和行为，准确适用罪名。重大责任事故往往涉案人员较多，因果关系复杂，要准确认定涉案单位投资人、管理人员及相关国家工作人员等涉案人员的刑事责任。

第一百三十四条之一　【危险作业罪】在生产、作业中违反有关安全管理的规定，有下列情形之一，具有发生重大伤亡事故或者其他严重后果的现实危险的，处一年以下有期徒刑、拘役或者管制：

（一）关闭、破坏直接关系生产安全的监控、报警、防护、救生设备、设施，或者篡改、隐瞒、销毁其相关数据、信息的；

（二）因存在重大事故隐患被依法责令停产停业、停止施工、停止使用有关设备、设施、场所或者立即采取排除危险的整改措施，而拒不执行的；

（三）涉及安全生产的事项未经依法批准或者许可，擅自从事矿山开采、金属冶炼、建筑施工，以及危险物品生产、经营、储存等高度危险的生产作业活动的。

【条文对照】

1997年《刑法》	2020年《刑法修正案（十一）》
无	第一百三十四条之一　在生产、作业中违反有关安全管理的规定，有下列情形之一，具有发生重大伤亡事故或者其他严重后果的现实危险的，处一年以下有期徒刑、拘役或者管制： （一）关闭、破坏直接关系生产安全的监控、报警、防护、救生设备、设施，或者篡改、隐瞒、销毁其相关数据、信息的； （二）因存在重大事故隐患被依法责令停产停业、停止施工、停止使用有关设备、设施、场所或者立即采取排除危险的整改措施，而拒不执行的； （三）涉及安全生产的事项未经依法批准或者许可，擅自从事矿山开采、金属冶炼、建筑施工，以及危险物品生产、经营、储存等高度危险的生产作业活动的。

① 参见最高人民检察院检例第97号。

【条文理解】

根据《刑法修正案(十一)》的规定,本罪具有以下三种行为:

(1)关闭、破坏直接关系生产安全的监控、报警、防护、救生设备、设施,或者篡改、隐瞒、销毁其相关数据、信息的。这是一种对生产安全条件的破坏行为。无论是生产安全的设备、设施,还是数据、信息,对于保障安全生产具有重要作用。上述对安全生产条件的破坏行为,具有现实危险性。

(2)因存在重大事故隐患被依法责令停产停业、停止施工、停止使用有关设备、设施、场所或者立即采取排除危险的整改措施,而拒不执行的。在发现重大事故隐患以后,为了防止事故发生,要采取相应的停工、停产等整改措施。在现实生活中,往往存在对这些防止事故发生的整改措施拒不执行,结果导致发生重大事故的情形。为了防患于未然,《刑法修正案(十一)》规定只要对整改措施拒不执行,即使尚未发生重大事故,亦构成本罪。

(3)涉及安全生产的事项未经依法批准或者许可,擅自从事矿山开采、金属冶炼、建筑施工,以及危险物品生产、经营、储存等高度危险的生产作业活动的。某些高度危险的生产作业领域,对安全生产具有更高要求。对此,我国行政机关往往设立行政许可,只有符合一定的条件才能从事某种生产、作业活动。如果未经行政许可从事这种高度危险的生产、作业活动,具有发生重大事故的现实危险,因而《刑法修正案(十一)》将此种行为规定为本罪。

【司法适用】

《刑法修正案(十一)》对于企业的安全生产提出了更高的要求,强令他人违章冒险作业的行为面临更严峻的刑罚,尤其是对关闭、破坏安全生产预防措施、拒不执行针对重大事故隐患的整改措施、未经依法批准擅自从事高危生产作业活动等具有导致严重后果发生危险的三类行为,也将被纳入刑事追责范畴。本罪是指在生产、作业中违反有关安全管理的规定,具有导致重大伤亡事故或者其他严重后果发生的现实危险的行为。

《危害生产安全案件解释》规定对于"关闭、破坏必要的安全监控和报警设备的;已经发现事故隐患,经有关部门或者个人提出后,仍不采取措施的"行为从重处罚。这个司法解释在当时对于危害生产安全刑事案件的办理发挥了积极的作用。但是,司法实践中又出现了一些新的犯罪行为,同时这一司法解释处罚较重。《刑法修正案(十一)》为解决这一问题增设了第134条之一,具体规定了危险作业罪的犯罪构成要件和法定刑。《刑法》第134条之一规定,"在生产、作业中违反有关安全管理的规定,具有发生重大伤亡事故或者其他严重后果发生的现实危险的,处一年以下有期徒刑、拘役或者管制"。从法定刑配置看,本条是典型的轻罪立法,本条与《刑法修正案(八)》增设的第 133 条之一,共同使我国刑法中的轻罪立法得以有序扩充,使刑法结构更趋于科学,真正推进轻罪治理的改革。

第一百三十五条 【重大劳动安全事故罪】安全生产设施或者安全生产条件不符合国家规定,因而发生重大伤亡事故或者造成其他严重后果的,对直接负责的主管人员和其他直接责任人员,处三年以下有期徒刑或者拘役;情节特别恶劣的,处三年以上七年以下有期徒刑。

【条文对照】

1997 年《刑法》	2006 年《刑法修正案(六)》
第一百三十五条 **工厂、矿山、林场、建筑企业或者其他企业、事业单位的劳动安全设施**不符合国家规定,**经有关部门或者单位职工提出后,对事故隐患仍不采取措施,**因而发生重大伤亡事故或者造成其他严重后果的,对直接责任人员,处三年以下有期徒刑或者拘役;情节特别恶劣的,处三年以上七年以下有期徒刑。	第一百三十五条 **安全生产设施或者安全生产条件**不符合国家规定,因而发生重大伤亡事故或者造成其他严重后果的,**对直接负责的主管人员和其他**直接责任人员,处三年以下有期徒刑或者拘役;情节特别恶劣的,处三年以上七年以下有期徒刑。

【条文理解】

本罪的行为主体是直接负责的主管人员和其他直接责任人员,即对安全生产设施或者安全生产条件不符合国家规定负有直接责任的生产经营单位负责人、管理人员、实际控制人、投资人以及其他对安全生产设施或者安全生产条件负有管理、维护职责的人员(如对安全生产设施或者安全生产条件负有管理、维护职责的电工、瓦斯检查工等人员)。

本罪的客观行为与结果应包括两种情形:一是负责安全生产设施或安全生产条件的人员,没有设置合格的安全生产设施与安全生产条件,因而发生重大伤亡事故或者造成其他严重后果;二是在安全生产设施或者安全生产条件不符合国家规定的情况下,直接负责的主管人员或者其他直接责任人员,不改善安全生产设施与安全生产条件,因而发生重大伤亡事故或者造成其他严重后果。安全生产设施或者安全生产条件的主管或管理人员不采取措施消除事故隐患,在生产作业中,直接从事领导、指挥的人员强令、组织他人违章冒险作业,因而发生重大伤亡事故或者造成其他严重后果的,对于前者应以重大劳动安全事故罪论处,对于后者应以强令、组织他人违章冒险作业罪论处。本罪的责任形式为过失。

【司法适用】

1. 危害生产安全刑事案件的责任认定

危害生产安全犯罪的涉案人员往往较多，犯罪主体复杂，既包括直接从事生产、作业的人员，也包括对生产、作业负有组织、指挥或者管理职责的负责人、管理人员、实际控制人、投资人等，有的还涉及国家机关工作人员渎职犯罪，而且事故原因错综复杂，既有直接原因，又有间接原因，原因行为与危害后果之间的关联程度又存在差异，如何坚持实事求是，正确区分责任，确保罪责刑相适应，是审理此类案件的难点。

政府或相关职能部门依法对事故原因、损失大小、责任划分作出的调查认定，经庭审质证后，结合其他证据，可作为责任认定的依据。对于多个原因行为导致生产安全事故发生的，在区分直接原因与间接原因的同时，应当根据原因行为在引发事故中所具作用的大小，分清主要原因与次要原因，确认主要责任和次要责任，合理确定罪责。一般情况下，对生产、作业负有组织、指挥或者管理职责的负责人、管理人员、实际控制人、投资人，违反有关安全生产管理规定，对重大生产安全事故的发生起决定性、关键性作用的，应当承担主要责任。对于直接从事生产、作业的人员违反安全管理规定，发生重大生产安全事故的，要综合考虑行为人的从业资格、从业时间、接受安全生产教育培训情况、现场条件、是否受到他人强令作业、生产经营单位执行安全生产规章制度的情况等因素认定责任，不能将直接责任简单等同于主要责任。对于负有安全生产管理、监督职责的工作人员，应根据其岗位职责、履职依据、履职时间等，综合考察工作职责、监管条件、履职能力、履职情况等合理确定罪责。

2. 危害生产安全犯罪和其他犯罪的区分和竞合

严格把握危害生产安全犯罪与以其他危险方法危害公共安全罪的界限，不应将生产经营中违章违规的故意不加区别地视为对危害后果发生的故意。(1)以行贿方式逃避安全生产监督管理，或者非法、违法生产、作业，导致发生重大生产安全事故，构成数罪的，依照数罪并罚的规定处罚；(2)违反安全生产管理规定，非法采矿、破坏性采矿或排放、倾倒、处置有害物质严重污染环境，造成重大伤亡事故或者其他严重后果，同时构成危害生产安全犯罪和破坏环境资源保护犯罪的，依照数罪并罚的规定处罚；(3)安全事故发生后，负有报告职责的国家工作人员不报或者谎报事故情况，贻误事故抢救，情节严重，构成不报、谎报安全事故罪，同时构成职务犯罪或其他危害生产安全犯罪的，依照数罪并罚的规定处罚。

3. 重大劳动安全事故罪与重大责任事故罪竞合时的处理

在完全是由于安全生产设施或者安全生产条件不符合国家规定的情况下进

行生产、作业,因而发生重大伤亡事故或者造成其他严重后果的情况下,应当以重大劳动安全事故罪定罪量刑。在安全生产设施或者安全生产条件不符合国家规定的情况下,在生产、作业中又违反具体的安全管理规定,因而发生重大伤亡事故或者造成其他严重后果的,应区分不同情况选择较为妥当的罪名定罪量刑。

司法实践中,当工厂、矿山、林场、建筑企业或者其他企业、事业单位发生重大伤亡事故或者造成其他严重后果,当重大责任事故罪与重大劳动安全事故罪的客观方面和主体都出现竞合时,应当按照下列原则处理:

(1)在完全是由于安全生产设施或者安全生产条件不符合国家规定的情况下进行生产、作业,因而发生重大伤亡事故或者造成其他严重后果的情况下,应当以重大劳动安全事故罪定罪量刑。因为这是立法规定的典型重大劳动安全事故犯罪,即使这种行为本身也是一种违反有关安全管理规定的行为,从罪名评价的最相符合性考虑,一般不以重大责任事故罪认定。

(2)在安全生产设施或者安全生产条件不符合国家规定的情况下,在生产、作业中又违反具体的安全管理规定,因而发生重大伤亡事故或者造成其他严重后果的,应区分不同情况选择较为妥当的罪名定罪量刑。①当二罪中某一罪的情节明显重于另一罪时,应按情节较重的罪名定罪量刑。②当二罪的情节基本相当的情况下,对于实际控制人、投资人,他们对安全生产设施或者安全生产条件是否符合国家规定负有直接责任,在无法查清对生产、作业是否负有组织、指挥或者管理职责时,以重大劳动安全事故罪定罪量刑。如果对生产、作业同时负有组织、指挥或者管理职责时,我们认为,为了司法实践的统一,一般仍以重大劳动安全事故罪定罪为宜,而将“在生产、作业中违反有关安全管理的规定”的行为作为从重处罚的情节;对于负责人、管理人员,他们既对生产、作业负有组织、指挥或者管理职责,又对安全生产设施或者安全生产条件是否符合国家规定负有直接责任。出于同样的考虑,对他们一般也以重大劳动安全事故罪定罪为宜,而将“在生产、作业中违反有关安全管理的规定”的行为作为从重处罚的情节。对于“对安全生产设施或者安全生产条件负有管理、维护职责的电工、瓦斯检查工等人员”,亦参照上述原则处理。

第一百三十五条之一　【大型群众性活动重大安全事故罪】举办大型群众性活动违反安全管理规定,因而发生重大伤亡事故或者造成其他严重后果的,对直接负责的主管人员和其他直接责任人员,处三年以下有期徒刑或者拘役;情节特别恶劣的,处三年以上七年以下有期徒刑。

【条文对照】

1997年《刑法》	2006年《刑法修正案(六)》
无	**第一百三十五条之一　举办大型群众性活动违反安全管理规定,因而发生重大伤亡事故或者造成其他严重后果的,对直接负责的主管人员和其他直接责任人员,处三年以下有期徒刑或者拘役;情节特别恶劣的,处三年以上七年以下有期徒刑。**

【条文理解】

本罪主体是特殊主体,包括大型群众性活动举办单位及相关人员。这里的“单位”既包括法人组织,也包括非法人组织;既包括国家机关,也包括非国家机关性质的公司和企事业单位。

本罪行为人主观上是过失。即行为人对自己违反有关安全管理规定举办大型群众性活动的行为,可能发生的危害社会的结果,因为疏忽大意而没有预见,或者已经预见而轻信能够避免,以致发生这种结果。

本罪的客观方面是行为人在客观上实施了违反安全管理规定,举办大型群众性活动的行为。大型活动的举办,其特点是在一定时期和有限的空间内,人员众多,身份复杂,物资汇聚,极易发生重大伤亡事故。

根据本条的规定,构成这一犯罪的客观行为要同时具备两个条件:(1)“违反安全管理规定”。这里的“安全管理规定”是广义的,不仅包括举办大型群众性活动应当具备的各种安全防范设施,还包括举办大型群众性活动涉及的人员管理的各种安全规定。如参加者人数大大超出场地人员的核定容量,没有迅速疏散人员的应急预案等存在严重安全隐患,不符合举办大型群众性活动的安全要求,可能危及参加者人身财产安全等情况。(2)举办的是“大型群众性活动”。根据《大型群众性活动安全管理条例》第2条的规定,“大型群众性活动”,一般是指法人或者其他组织面向社会公众举办的每场次预计参加人数达到1000人以上的各种群众活动,如体育比赛活动,演唱会、音乐会等文艺演出活动,展览、展销活动等。

【司法适用】

1.关于“大型群众性活动”的认定

大型群众性活动,顾名思义,就是在规模、人员和宣传组织动态方面,都超出了小型活动的范围。《大型群众性活动安全管理条例》第12条规定,大型群众性活动的预计参加人数在1000人以上5000人以下的,由活动所在地县级人民政府公安机关实施安全许可;预计参加人数在5000人以上的,由活动所在地设区的市级人民政府公安机关或者直辖市人民政府公安机关实施安全许可;跨省、自治区、直辖市举办大型群众性活动的,由国务院公安部门实施安全许可。

根据有关规定,所谓“群众性活动”,是指在公园、风景游览区、游乐园、广场、体育场(馆)、展览馆、俱乐部、公共道路、居民生活区等公共场所举办的下列活动:(1)演唱会、音乐会等文艺活动;(2)游园、灯会、花会、龙舟会等民间传统活动;(3)体育比赛、民间竞技、健身气功等群众性体育活动;(4)其他群众性文化体育活动。可见,只要是举办1000人以上的类似上述列举的活动,都属于大型群众性活动。当然,除了上述活动外,实践中也肯定还存在其他类型的大型群众性活动,如春节期间的庙会、商品展销会等,如果规模巨大参加人员众多,也应归入大型群众性活动之列。

2. 关于“违反安全管理”的认定

是否违反国家有关大型群众性活动的安全管理规定,是构成本罪的一个前提。如果举办人在组织、承办和管理过程中没有违反国家有关安全管理的规定,有序组织实施活动,但举办过程中仍然发生了不可预见的意外事件,不能以犯罪论处。

认定行为人是否违反了安全管理规定,主要应当从以下几个方面进行考察:(1)是否制定了安全防卫措施,包括影响活动的各项安全,如人员疏散组织协调机构、事故处理应急措施等;(2)是否严格按照举办大型群众性活动的有关规定,依法向有关部门申办,是否将举办情况向公安机关等有关部门报告并说明;(3)场地地形状况和消防安全设施是否符合举办大型群众性活动的基本要求,这些场地和设施是否经过主管部门检查验收并同意举行;(4)是否超过核定举办的人数和举办项目。

根据《大型群众性活动安全管理条例》第5条的规定,大型群众性活动的承办者对其承办活动的安全负责,承办者的主要负责人为大型群众性活动的安全责任人。对负有安全监管职责的有关主管部门的工作人员在履行大型群众性活动安全管理职责中,有滥用职权、玩忽职守、徇私舞弊行为,构成犯罪的,应当依据《刑法》第九章“渎职罪”的相关规定追究刑事责任。

第一百三十六条 【危险物品肇事罪】违反爆炸性、易燃性、放射性、毒害性、腐蚀性物品的管理规定,在生产、储存、运输、使用中发生重大事故,造成严重后果的,处三年以下有期徒刑或者拘役;后果特别严重的,处三年以上七年以下有期徒刑。

【条文理解】

本罪的犯罪主体为从事生产、储存、运输、使用危险物品的工作人员,这些工作人员在工作中负有遵守、执行危险物品管理规定的职责。

本罪行为人在主观上是出于过失。

本罪的客观方面包括三点:(1)行为人实施了违反爆炸性、易燃性、放射性、毒害性、腐蚀性物品的管理规定的行为。根据《安全生产法》第112条的规定,危险物品,是指易燃易爆物品、危险化学品、放射性物品等能够危及人身安全和财产安全的物品。(2)违反危险物品管理规定的行为必须是发生在生产、储存、运输、使用上述危险物品的过程中。生产危险物品,是指从事危险物品的生产,如制造雷管、炸药等;储存危险物品,是指从事危险物品的保管放置工作;运输危险物品,是指从事把危险物品由甲地运往乙地的运输搬送工作;使用危险物品,是指将危险物品用于实际的生产与生活中,如使用敌敌畏杀虫等。行为人只有在生产、储存、运输、使用危险物品的过程中违反危险物品的管理规定,才能构成本罪。如果行为人在其他场合发生与危险物品有关的重大事故,则不构成本罪。(3)行为人违反危险物品管理规定的行为必须"发生重大事故,造成严重后果的",才构成犯罪,即必须因违反危险物品管理规定而发生重大事故,造成严重后果,这是构成本罪的结果条件。

【司法适用】

注意本罪中"故意"的判断。一般的危险物品肇事罪为过失犯罪。行为人也可能有意识地违反相关管理规定,这或许可以认定为生活中的"故意",但并不一定构成刑法意义上的"故意"。此种情境下,行为人往往使轻信能够避免结果发生,因此仍为过失。

本罪既可能是违规运输危险化学品类型的危险驾驶罪的结果加重犯,也可能与危险驾驶罪构成想象竞合。危险驾驶罪是故意犯罪,但危险驾驶行为过失造成他人伤亡,符合本罪的犯罪构成的,应以本罪论处。此时,行为人对基本犯是故意,对加重结果是过失。当危险驾驶罪与本罪想象竞合时,行为人虽然对危险驾驶罪是故意的,但对本罪仍然是过失。实施本罪行为同时触犯过失投放危险物质罪、过失爆炸罪的,以本罪论处;对完全符合本罪成立条件的行为,不得以过失以其他方法危害公共安全罪论处。

本罪与重大责任事故罪的区别在于:(1)主体不同。重大责任事故罪的主体是特殊主体,而危险物品肇事罪是一般主体。(2)客观方面表现不同。重大责任事故罪在客观表现为违反有关生产、作业的规章制度,在生产、作业过程中发生重大伤亡事故或者其他严重后果的行为,而后者在客观方面表现为违反危险物品的管理规定,在生产、储存、运输、运用危险物品中发生重大事故,造成严重后果的行为。(3)违反的规章制度不同。前者违反的是一般生产作业的安全管理制度;后者违反的是有关危险物品生产、储存、运输、使用的安全管理制度。(4)发生的场合不同。前者发生在一般生产作业过程中;后者则发生在危险物品的生产、储存、运输、使用过程中。

【司法案例】

康某水、王某危险物品肇事案①

[**裁判要旨**]有危险货物运输从业资格的人员,明知使用具有安全隐患的机动车超载运输剧毒化学品,有可能引发危害公共安全的事故,却轻信能够避免,以致这种事故发生并造成严重后果的,构成《刑法》第136条规定的危险物品肇事罪。

第一百三十七条 【工程重大安全事故罪】建设单位、设计单位、施工单位、工程监理单位违反国家规定,降低工程质量标准,造成重大安全事故的,对直接责任人员,处五年以下有期徒刑或者拘役,并处罚金;后果特别严重的,处五年以上十年以下有期徒刑,并处罚金。

【条文理解】

本罪为单位犯罪,实行单罚制。只处罚直接责任人员。"建设单位",是指对建设工程拥有所有权或者使用权的部门;"设计单位",是指对建设工程进行专门设计的单位;"施工单位",主要是指按照设计单位的设计及各种标准、要求进行建筑物建设的部门。"工程监理单位",是指受建设单位聘请,担任工程质量监督工作的单位。

本罪的客观行为包括违反国家规定,降低工程质量标准,具有导致结果发生危险的一切行为。"造成重大安全事故",不限于造成对人的生命、身体的安全事故,还应包括造成工程本身的安全事故(以对人的生命、身体安全具有危险为前提),如导致工程本身不合格,无法投入使用等。本罪的责任形式为过失,即对于违反国家规定、降低工程质量标准的行为,可能发生重大安全事故,具有预见可能性,或者已经预见而轻信能够避免。

【司法适用】

(1)需要注意的是,本罪主观方面为过失,是指行为人的目的是并不希望重大安全事故的发生,但其为了投机取巧,从中牟利,其降低工程质量标准的行为是故意的,而且行为人在客观方面实施了违反国家规定,降低工程质量标准的行为,如

① 参见《最高人民法院公报》2006年第8期。

降低水泥标号，使用不合格的残次建筑材料等。

(2)本条在实际执行时，应当注意无法定工程资格、无相关工程资质、非法设立的单位能否成为本罪的犯罪主体问题。本条仅从形式上规定了工程重大安全事故罪的单位主体，并未对此类单位的法定工程资格作出规定。有无法定工程资格，并不妨碍相关单位成为本罪的犯罪主体。虽然这些单位系非法成立，但是只要它们是以建设、设计、施工、监理的身份作用于工程建设，无论它们名义上是否具有相应称呼、法律上是否具有相应资质，都可以成为本罪的犯罪主体。

(3)根据《危害生产安全案件解释》第 13 条的规定，实施本条规定的犯罪行为，在安全事故发生后积极组织、参与事故抢救，或者积极配合调查、主动赔偿损失的，可以酌情从轻处罚。

(4)根据《立案追诉标准(一)》第 13 条的规定，建设单位、设计单位、施工单位、工程监理单位违反国家规定，降低工程质量标准，涉嫌下列情形之一的，应予立案追诉：①造成死亡 1 人以上，或者重伤 3 人以上；②造成直接经济损失 50 万元以上的；③其他造成严重后果的情形。

第一百三十八条　【教育设施重大安全事故罪】明知校舍或者教育教学设施有危险，而不采取措施或者不及时报告，致使发生重大伤亡事故的，对直接责任人员，处三年以下有期徒刑或者拘役；后果特别严重的，处三年以上七年以下有期徒刑。

【条文理解】

本罪的行为主体是对教育教学设施负有管理责任的人员。

本罪的客观行为与结果的内容为，行为人在校舍或者其他教育教学设施存在危险的情况下，不采取措施去消除、避免危险或者不及时向有关部门报告，以致发生重大伤亡事故的行为。

所谓“校舍”，是指各类学校及其他教育机构的教室、教学楼、行政办公室、宿舍、图书阅览室等。“教育教学设施”，是指用于教育教学的各类设施、设备，如实验室及实验设备、体育活动场地及器械等。所谓“明知校舍或者教育教学设施有危险”，是指知道校舍或者教育教学设施有倒塌或者发生人身伤害事故的危险、隐患。校舍或者教育教学设施虽然出现了危险但并不明知，则不能构成本罪。不采取措施或者不及时报告，是指本罪行为表现为不作为。如果行为人采取了一定有效措施或者及时向有关部门报告情况，即使造成了重大伤亡事故，也不成立本罪。

本罪的责任形式为过失,法条中的“明知”并不等同于故意犯罪中的“明知”,只是表明行为人已经预见发生侵害结果的危险。本罪侵犯的客体是学校及其他教育机构的正常活动和师生员工的人身安全。

【司法适用】

(1)教育设施重大安全事故罪与工程重大安全事故罪的区分。两者都是过失犯罪,都以发生严重后果,作为构成犯罪的必要条件。但两者的区别在于:①犯罪主体不同。教育设施重大安全罪主体只能是对校舍或者教育教学设施负有采取安全负责的主管人员和其他直接责任人员;工程重大安全事故罪是单位犯罪,其犯罪主体是建设单位、设计单位、施工工程监理单位。②造成严重事故的原因不同。教育设施重大安全事故罪中重大伤亡事故的发生是由于行为人对自己明知的或教育教学设施存在的危险,不采取措施或者不及时报告,以致贻误时机,致使发生严重事故;工程重大安全事故罪中的重大安全事故发生的原因是建设单位、设计单位、施工单位、工程监理单位,降低工程质量标准造成的。

(2)需要注意的是,本罪在主观方面表现为过失。可以是疏忽大意的过失,也可以是过于自信的过失。这里所说的过失,是指行为人对其所造成的危害结果的心理状态而言。但是,对行为人不采取措施或者不及时报告的行为来说,有时却是明知故犯的。行为人明知校舍或者教育教学设施有危险,但却未想到会因此立即产生严重后果,或者轻信能够避免,以致发生了严重后果。

(3)根据《危害生产安全案件解释》第 13 条的规定,实施本条规定的犯罪行为,在安全事故发生后积极组织、参与事故抢救,或者积极配合调查、主动赔偿损失的,可以酌情从轻处罚。

(4)根据《立案追诉标准(一)》第 14 条的规定,明知校舍或者教育教学设施有危险,而不采取措施或者不及时报告,涉嫌下列情形之一的,应予立案追诉:①造成死亡 1 人以上、重伤 3 人以上或者轻伤 10 人以上的;②其他致使发生重大伤亡事故的情形。

【司法案例】

郑州市中原区人民检察院诉高某先、乔某杰过失致人死亡案①

[**裁判要旨**]幼儿教育单位的负责人明知本单位接送幼儿的专用车辆有安全隐患,不符合行车要求,而不采取必要的检修措施,仍让他人使用该车接送幼儿,以致在车辆发生故障后,驾驶人员违规操作引起车辆失火,使被接送的幼儿多人

① 参见《最高人民法院公报》2005 年第 1 期。

伤亡，该负责人的行为构成《刑法》第138条规定的教育设施重大安全事故罪。

第一百三十九条　【消防责任事故罪】违反消防管理法规，经消防监督机构通知采取改正措施而拒绝执行，造成严重后果的，对直接责任人员，处三年以下有期徒刑或者拘役；后果特别严重的，处三年以上七年以下有期徒刑。

【条文理解】

本罪的具体构成要件是：

(1)本罪侵犯的客体是国家的消防监督制度和公共安全。

(2)本罪的客观方面表现为违反消防管理法规且经消防监督机构通知采取改正措施而拒绝执行的行为。违反消防管理法规而造成严重后果，是这种犯罪行为的本质特征。所谓违反消防管理法规，是指违反了我国《消防条例》《消防条例实施细则》《仓库防火安全管理规则》《高层建筑消防管理规则》等。消防监督机构，是指根据有关法律、法规建立的专门负责消防监督检查工作的机构。消防监督机构通知，既包括书面通知，也包括口头通知；既包括直接通知，也包括经由第三者的间接通知。"拒绝执行"，包括完全不执行和不按照消防监督机构的要求执行。本罪客观方面要求必须造成严重后果。根据《危害生产安全案件解释》的规定，"造成严重后果"，包括以下几种情形：①造成死亡1人以上，或者重伤3人以上的；②造成直接经济损失100万元以上的；③其他造成严重后果或者重大安全事故的情形。"后果特别严重"，包括以下几种情形：①造成死亡3人以上或者重伤10人以上，负事故主要责任的；②造成直接经济损失500万元以上，负事故主要责任的；③其他造成特别严重后果、情节特别恶劣或者后果特别严重的情形。

(3)本罪主体是一般主体，主要是负有防火安全职责的单位负责人员、主管人员或者其他直接责任人员。

(4)本罪在主观方面表现为过失。可以是疏忽大意的过失，也可以是过于自信的过失。

【司法适用】

(1)本罪是结果犯，必须造成严重后果才构成本罪，如果是虽然发生了一般的消防事故，造成了一定的后果，但不到严重程度的，不构成本罪。

(2)本罪的犯罪主体是一般主体，玩忽职守罪的犯罪主体是国家机关工作人员。如果单位的负责人或有关人员是国家机关工作人员，违反消防管理法规，经消防监督机构通知采取改正措施而拒绝执行，致使发生火灾事故，造成严重后果的,则属于法条竞合,按照本法第 397 条第 1 款本法另有规定的,依照规定,应以特别法条即本条的规定定罪处罚。也就是说,对犯罪行为人应以消防责任事故罪论处,而不应以玩忽职守罪论处。

(3)根据《立案追诉标准(一)》第 15 条的规定,违反消防管理法规,经消防监督机构通知采取改正措施而拒绝执行,涉嫌下列情形之一的,应予立案追诉:①造成死亡 1 人以上,或者重伤 3 人以上;②造成直接经济损失 50 万元以上的;③造成森林火灾;④其他造成严重后果的情形。

第一百三十九条之一 【不报、谎报安全事故罪】在安全事故发生后,负有报告职责的人员不报或者谎报事故情况,贻误事故抢救,情节严重的,处三年以下有期徒刑或者拘役;情节特别严重的,处三年以上七年以下有期徒刑。

【条文对照】

1997 年《刑法》	2006 年《刑法修正案(六)》
无	**第一百三十九条之一 在安全事故发生后,负有报告职责的人员不报或者谎报事故情况,贻误事故抢救,情节严重的,处三年以下有期徒刑或者拘役;情节特别严重的,处三年以上七年以下有期徒刑。**

【条文理解】

本罪的主体是对安全事故后果发生负有报告职责的人员。安全事故,是指环境污染、水灾、矿难、大型群众性活动中发生的重大伤亡事故等各种安全事故。本罪所指的安全事故,既包括过失导致的事故,也包括意外造成的事故。“负有报告职责的人员”,是指负有组织、指挥或者管理职责的负责人、管理人员、实际控制人、投资人,以及其他负有报告职责的人员,包括生产经营单位的主要负责人,负有安全生产监督管理职责部门的主要负责人和有关地方人民政府的直接人员、直接造成安全事故的责任人员等。

本罪在客观方面表现为安全事故发生后,负有报告职责的人员不报或者谎报事故情况,贻误事故抢救,情节严重的情形。具体包括两点:(1)行为人实施了不报或者谎报的行为。“不报”,是指行为人不按照规定及时报告。“谎报”,是指行为人虽然将发生安全事故这件事按照规定向有关部门作了报告,但对事故的真实情况如人员伤亡、财产损失、事故原因等作了虚假的描述或隐瞒了某些情况,做避重就轻的描述。(2)行为人不报或者谎报事故情况的行为,导致贻误事故抢救,且情节严重才构成犯罪。“贻误事故抢救”包括贻误对受伤人员的救治,也包括贻误对财产的抢救。本罪的犯罪主观方面为故意，即明知安全事故的发生而不报、迟报、谎报事故情况的情形，对安全事故造成的人身伤亡和财产损失，则可能处于过失。

【司法适用】

区分本罪与相邻犯罪的界限，重点是要分清本罪与玩忽职守罪和重大责任事故罪的界限。

本罪与玩忽职守罪的界限主要表现在以下几个方面：一是侵犯的客体不同，本罪侵犯的客体是公共安全；玩忽职守罪侵犯的客体是国家机关的正常工作秩序。二是犯罪发生的内容不同。本罪是对发生的事故不按照规定及时报告；玩忽职守罪则是表现为严重不负责任，放任事故的发生。三是犯罪主体不同。本罪的主体是对安全事故发生负有报告责任的直接责任人员；玩忽职守罪的主体是特殊主体，即国家工作人员。四是主观内容不同。本罪是故意犯罪；玩忽职守罪是过失犯罪。

本罪与重大责任事故罪的界限，主要表现在主观罪过形态和对事故发生的认识程度上。本罪是故意犯罪，行为人对事故的发生是明知的，而且不予报告的行为也是行为人故意做出；重大责任事故罪是过失犯罪，罪过形态和对事故发生的认识程度是区分两者的关键。

对安全事故本身负有责任的人员（其行为已经构成相关安全事故犯罪的人员），在生产经营单位负责或者直接从事安全管理事务的人员，属于负有报告职责的人员。生产经营单位的普通员工、过路人、参观者等，不属于负有报告职责的人员。但是，在安全事故发生后，教唆或者帮助负有报告职责的人员不报或者谎报情况，贻误事故抢救，情节严重的，构成本罪的共犯。

本罪要求行为人不报或谎报的行为，贻误事故抢救，情节严重才构成犯罪。根据《危害生产安全案件解释》第8条的规定，具有下列情形之一的，应当认定为“情节严重”：（1）导致事故后果扩大，增加死亡1人以上，或者增加重伤3人以上，或者增加直接经济损失100万元以上的。（2）实施下列行为之一，致使不能及时有效开展事故抢救的：一是决定不报、迟报、谎报事故情况或者指使、串通有关人员不报、迟报、谎报事故情况的；二是在事故抢救期间擅离职守或者逃匿的；三是伪造、破坏事故现场，或者转移、藏匿、毁灭遇难人员尸体，或者转移、藏匿受伤人员的；四是毁灭、伪造、隐匿与事故有关的图纸、记录、计算机数据等资料以及其他证据的。（3）其他情节严重的情形。具有下列情形之一的，应当认定为“情节特别严重”：一是导致事故后果扩大，增加死亡3人以上，或者增加重伤10人以上，或者增加直接经济损失500万元以上的；二是采用暴力、胁迫、命令等方式阻止他人报告事故情况,导致事故后果扩大的;三是其他情节特别严重的情形。

根据《危害生产安全案件解释》第 13 条的规定,实施本条规定的犯罪行为,在安全事故发生后积极组织、参与事故抢救,或者积极配合调查、主动赔偿损失的,可以酌情从轻处罚。

认定本罪,应重点审查谎报事故的行为与贻误事故抢救结果之间是否存在刑法上的因果关系。只有谎报事故的行为造成贻误事故抢救的后果,即造成事故后果扩大或致使不能及时有效开展事故抢救,才可能构成本罪。如果事故已经完成抢救,或者没有抢救时机(危害结果不可能加重或扩大),则不构成本罪。构成重大责任事故罪,同时又构成谎报安全事故罪的,应当数罪并罚。

【司法案例】

黄某某等人重大责任事故、谎报安全事故案①

[**要旨**]检察机关要充分运用行政执法和刑事司法衔接工作机制,通过积极履职,加强对线索移送和立案的法律监督。认定谎报安全事故罪,要重点审查谎报行为与贻误事故抢救结果之间的因果关系。对同时构成重大责任事故罪和谎报安全事故罪的,应当数罪并罚。应注重督促涉事单位或有关部门及时赔偿被害人损失,有效化解社会矛盾。安全生产事故涉及生态环境污染等公益损害的,刑事检察部门要和公益诉讼检察部门加强协作配合,督促协同行政监管部门,统筹运用法律、行政、经济等手段严格落实企业主体责任,修复受损公益,防控安全风险。

① 参见最高人民检察院检例第 96 号。

第三章　破坏社会主义市场经济秩序罪

第一节　生产、销售伪劣商品罪

第一百四十条　【生产、销售伪劣产品罪】生产者、销售者在产品中掺杂、掺假，以假充真，以次充好或者以不合格产品冒充合格产品，销售金额五万元以上不满二十万元的，处二年以下有期徒刑或者拘役，并处或者单处销售金额百分之五十以上二倍以下罚金；销售金额二十万元以上不满五十万元的，处二年以上七年以下有期徒刑，并处销售金额百分之五十以上二倍以下罚金；销售金额五十万元以上不满二百万元的，处七年以上有期徒刑，并处销售金额百分之五十以上二倍以下罚金；销售金额二百万元以上的，处十五年有期徒刑或者无期徒刑，并处销售金额百分之五十以上二倍以下罚金或者没收财产。

【条文理解】

生产、销售伪劣产品罪，是指违反产品质量管理法律、法规，在产品生产、销售过程中掺杂、掺假，以假充真，以次充好，或者以不合格产品冒充合格产品，销售金额较大的行为。本罪的具体构成要件是：

（1）本罪的客体是复杂客体，首先是产品质量管理秩序，其次是消费者的合法权益。

（2）本罪的客观方面表现为违反产品质量管理法律、法规，在生产、销售产品过程中掺杂、掺假，以假充真，以次充好，或者以不合格产品冒充合格产品，销售金额较大的行为。所谓“掺杂、掺假”，是指在产品中掺入杂质或者异物，致使产品质量不符合国家法律、法规或者产品明示质量标准规定的质量要求，降低、失去应有使用性能的行为。“以假充真”，是指以不具有某种使用性能的产品冒充具有该种使用性能的产品的行为。“以次充好”，是指以低等级、低档次产品冒充高等级、高档次产品，或者以残次、废旧零配件组合、拼装后冒充正品或者新产品的行为。“不合格产品”，是指不符合产品质量法律、法规规定的质量要求的产品。根据《刑法》第140条的规定,生产、销售伪劣产品销售金额在5万元以上即应追究刑事责任。根据《伪劣商品案件解释》第2条的规定,伪劣产品尚未销售,货值金额达到上述法定标准的3倍(15万元)以上的,以本罪(未遂)定罪处罚;多次实施生产、销售伪劣产品行为未经处理的,其销售金额或货值金额累计计算。

(3)本罪的主体既可以是个人,也可以是单位。其中“生产者”既包括产品的制造者,也包括产品的加工者;“销售者”则包括批量销售者、零散销售者以及生产后的直接销售者。《伪劣商品案件解释》第12条规定:“国家机关工作人员参与生产、销售伪劣商品犯罪的,从重处罚。”

(4)本罪的主观方面只能由故意构成,即行为人明知自己在生产、销售的产品中掺杂、掺假,以假充真,以次充好或者以不合格产品冒充合格产品的行为会发生破坏市场经济秩序、侵害消费者合法权益的结果,并且希望或者放任这种结果的发生。

【司法适用】

本罪对象范围以产品质量法有关“安全”标准的要求,即以违法的严重程度作为界定本类犯罪对象的标准:在性质上不符合保障人体健康和人身、财产安全的国家标准、行业标准的产品;在产品中掺杂、掺假,以假充真,以次充好,或者以不合格产品冒充合格产品;销售失效、变质的产品。同时,根据产品质量法的相关规定:(1)未经过加工的天然矿物品,不能成为本罪对象。如天然黄金、宝石,可以销售获利,但它并不受产品质量法调整,只有经人们加工过再度销售,才能成为产品质量法调整的产品。(2)不动产、军工产品、文物、货币、违禁品等,不属于本罪对象,但是,建设工程所需的建筑材料、建筑构配件和设备是产品范围,属于本罪对象。例如,水泥、钢架构件、电缆、涂料等。

《刑法》第140条规定与第141~148条规定是法条竞合关系,当行为不符合第141~148条的规定,但生产、销售伪劣产品数额达到法定数额,应按照第140条的规定定罪处罚,因此,本罪对象包括《刑法》第141~148条所规定的特定对象。

《伪劣商品案件解释》第2条规定的“销售金额”是指生产者、销售者出售伪劣产品后所得和应得的全部违法收入。当然,“所得”,是指实际已经获得的违法所得(不得减除违法犯罪所投入的成本);“应得”,是指虽然还没有实际所得,但有预期违法所得,如按照合同、协议能够获得的违法收入。即“销售金额”包括尚未收回的销售后的伪劣产品违法金额,在此基础上,至少应该实施了销售行为。有关伪劣产品与非伪劣产品混合销售时,混同销售但无法确定伪劣产品的销售金额达到规定标准的,只能作无罪处理;对能够确定伪劣产品的销售金额达到规定标准的,理应按照确定的具体金额定罪处罚。

《伪劣商品案件解释》第9条规定："知道或者应当知道他人实施生产、销售伪劣商品犯罪，而为其提供贷款、资金、账号、发票、证明、许可证件，或者提供生产、经营场所或者运输、仓储、保管、邮寄等便利条件，或者提供制假生产技术的，以生产、销售伪劣商品犯罪的共犯论处。"对未直接参与制售伪劣产品但仍然为制售者提供贷款、资金、账号、发票、证明、许可证件，或者提供生产、经营场所或者运输、仓储、保管、邮寄等便利条件，或者提供制假生产技术的，只要有证据证实是事先明知的，则应以本罪的共同犯罪论处。

【司法案例】

柳某国等人生产、销售有毒、有害食品，生产、销售伪劣产品案①

[**要旨**]明知对方是食用油经销者，仍将用餐厨废弃油(俗称"地沟油")加工而成的劣质油脂销售给对方，导致劣质油脂流入食用油市场供人食用的，构成生产、销售有毒、有害食品罪；明知油脂经销者向饲料生产企业和药品生产企业等单位销售豆油等食用油，仍将用餐厨废弃油加工而成的劣质油脂销售给对方，导致劣质油脂流向饲料生产企业和药品生产企业等单位的，构成生产、销售伪劣产品罪。

杨某君销售假冒注册商标的商品案②

[**裁判要旨**]在符合入罪标准的情况下，如果销售的假冒注册商标的商品同时属于伪劣产品，则一行为触犯二罪名，分别构成销售假冒注册商标的商品罪和销售伪劣产品罪，根据想象竞合犯"择一重罪处罚"的原则，按照销售伪劣产品罪论处。如果销售的假冒注册商标的商品不能认定为伪劣产品，则不能以销售伪劣产品罪论处，只能以销售假冒注册商标的商品罪论处。

方某胜销售伪劣产品案③

[**裁判要旨**]新型冠状肺炎疫情防控期间，以出售非医用口罩的名义销售"三无"劣质口罩的，应认定为销售伪劣产品罪。产品是否合格，有时可以通过外观、生活常识或直接验证使用效果等方式进行判断，对是否为"不合格产品"等难以确定的，应当委托法律、行政法规规定的产品质量检验机构进行鉴定。

---

① 参见最高人民检察院检例第12号。

② 参见《刑事审判参考》总第78集第677号案例。

③ 参见《刑事审判参考》总第121集第1315号案例。

第一百四十一条　【生产、销售、提供假药罪】生产、销售假药的，处三年以下有期徒刑或者拘役，并处罚金；对人体健康造成严重危害或者有其他严重情节的，处三年以上十年以下有期徒刑，并处罚金；致人死亡或者有其他特别严重情节的，处十年以上有期徒刑、无期徒刑或者死刑，并处罚金或者没收财产。

药品使用单位的人员明知是假药而提供给他人使用的，依照前款的规定处罚。

【条文对照】

1997 年 《刑法》	2011 年 《刑法修正案(八)》	2020 年 《刑法修正案(十一)》
第一百四十一条　生产、销售假药，**足以严重危害人体健康**的，处三年以下有期徒刑或者拘役，并处**或者单处销售金额百分之五十以上二倍以下**罚金；对人体健康造成严重危害的，处三年以上十年以下有期徒刑，并处**销售金额百分之五十以上二倍以下**罚金；致人死亡或者对人体健康造成特别严重危害的，处十年以上有期徒刑、无期徒刑或者死刑，并处**销售金额百分之五十以上二倍以下**罚金或者没收财产。 **本条所称假药，是指依照《中华人民共和国药品管理法》的规定属于假药和按假药处理的药品、非药品。**	第一百四十一条　生产、销售假药的，处三年以下有期徒刑或者拘役，并处罚金；对人体健康造成严重危害**或者有其他严重情节的**，处三年以上十年以下有期徒刑，并处罚金；致人死亡或者**有其他特别严重情节**的，处十年以上有期徒刑、无期徒刑或者死刑，并处罚金或者没收财产。 本条所称假药，是指依照《中华人民共和国药品管理法》的规定属于假药和按假药处理的药品、非药品。	第一百四十一条　生产、销售假药的，处三年以下有期徒刑或者拘役，并处罚金；对人体健康造成严重危害或者有其他严重情节的，处三年以上十年以下有期徒刑，并处罚金；致人死亡或者有其他特别严重情节的，处十年以上有期徒刑、无期徒刑或者死刑，并处罚金或者没收财产。 **药品使用单位的人员明知是假药而提供给他人使用的，依照前款的规定处罚。**

【条文理解】

生产、销售、提供假药罪，是指违反药品管理法律、法规，生产、销售、提供假药的行为。本罪的具体构成要件是：

(1)本罪侵犯的客体是复杂客体，主要客体是药品管理秩序，次要客体是患者的健康权、生命权等合法权益。

(2)本罪的客观方面表现为违反药品管理法律、法规，生产、销售、提供假药的行为。根据《立案追诉标准(一)补充规定》第 2 条的规定，以生产、销售假药为目的，具有下列情形之一的，属于《刑法》第 141 条规定的“生产”：①合成、精制、提取、储存、加工炮制药品原料的;②将药品原料、辅料、包装材料制成成品过程中,进行配料、混合、制剂、储存、包装的;③印制包装材料、标签、说明书的。医疗机构、医疗机构工作人员明知是假药而有偿提供给他人使用的,按照生产、销售假药罪的规定定罪处罚。根据《药品管理法》第98条的规定,有下列情形之一的,为假药:①药品所含成份与国家药品标准规定的成份不符;②以非药品冒充药品或者以他种药品冒充此种药品;③变质的药品;④药品所标明的适应症或者功能主治超出规定范围。

(3)本罪的主体是生产、销售、提供药品的自然人或者单位(非身份犯),其是否具有生产、销售药品的合法资格并不影响本罪的成立。其中,法条规定实施提供假药行为的主体必须是药品使用单位及其人员。

(4)本罪在主观方面表现为故意,即行为人必须明知自己生产、销售、提供的是假药。本罪不要求以获取非法利润为目的,即使低于成本价出售假药,也不影响本罪的成立。

本条第2款是《刑法修正案(十一)》修改的内容,该规定属于提示性规定,并没有新增加生产、销售假药罪的行为主体,而只是提示司法者及社会公众,药品使用单位的人员明知是假药而提供给他人使用的,也属于销售假药的行为。也就是说,即使没有关于该款的规定,药品使用单位的人员明知是假药而提供给他人使用的,也构成本罪。

【司法适用】

生产、销售、提供假药的,应予立案追诉。但销售少量根据民间传统配方私自加工的药品,或者销售少量未经批准进口的国外、境外药品,没有造成他人伤害后果或者延误诊治,情节显著轻微危害不大的除外。

在疫情防控期间,生产、销售、提供用于防治新型冠状病毒感染肺炎的假药,符合《刑法》第141条规定的,以生产、销售、提供假药罪定罪处罚。

《危害药品安全案件解释》第1~4条对"应当酌情从重处罚""对人体健康造成严重危害""其他严重情节""其他特别严重情节"的情形予以规定。

根据该解释第8条的规定,明知他人生产、销售假药、劣药,而有下列情形之一的,以共同犯罪论处:(1)提供资金、贷款、账号、发票、证明、许可证件的;(2)提供生产、经营场所、设备或者运输、储存、保管、邮寄、网络销售渠道等便利条件的;(3)提供生产技术或者原料、辅料、包装材料、标签、说明书的;(4)提供广告宣传等帮助行为的。

【司法案例】

王某平以危险方法危害公共安全、销售伪劣产品、虚报注册资本案①

［**裁判要旨**］行为人在销售产品的过程中，以工业原料冒充食品原料，属于生产、销售伪劣产品罪客观方面中的以假充真行为，可构成销售伪劣产品罪。行为人明知会发生危害他人身体健康的后果，但基于非法牟利的目的，放任这种结果的发生，向药品生产企业销售假冒的药用辅料用于生产药品，致使药品投入市场后发生致人重伤、死亡的严重后果，其行为构成以危险方法危害公共安全罪。

第一百四十二条 【生产、销售、提供劣药罪】**生产、销售劣药，对人体健康造成严重危害的，处三年以上十年以下有期徒刑，并处罚金；后果特别严重的，处十年以上有期徒刑或者无期徒刑，并处罚金或者没收财产。**

药品使用单位的人员明知是劣药而提供给他人使用的，依照前款的规定处罚。

【条文对照】

1997年《刑法》	2020年《刑法修正案（十一）》
第一百四十二条 生产、销售劣药，对人体健康造成严重危害的，处三年以上十年以下有期徒刑，并处**销售金额百分之五十以上二倍以下**罚金；后果特别严重的，处十年以上有期徒刑或者无期徒刑，并处**销售金额百分之五十以上二倍以下**罚金或者没收财产。 **本条所称劣药，是指依照《中华人民共和国药品管理法》的规定属于劣药的药品。**	第一百四十二条 生产、销售劣药，对人体健康造成严重危害的，处三年以上十年以下有期徒刑，并处罚金；后果特别严重的，处十年以上有期徒刑或者无期徒刑，并处罚金或者没收财产。 **药品使用单位的人员明知是劣药而提供给他人使用的，依照前款的规定处罚。**

【条文理解】

生产、销售、提供劣药罪，是指违反药品管理法律、法规，生产、销售、提供劣药，对人体健康造成严重危害的行为。“提供”行为是《刑法修正案（十一）》所增加的行为。根据《药品管理法》第98条的规定，所谓劣药，是指具有下列情形之一的人用药品：（1）药品成份的含量不符合国家药品标准；（2）被污染的药品；（3）未标明或者更改有效期的药品；（4）未注明或者更改产品批号的药品；（5）超过有效

① 参见《刑事审判参考》总第64集第503号案例。

期的药品;(6)擅自添加防腐剂、辅料的药品;(7)其他不符合药品标准的药品。根据《危害药品安全案件解释》第5条的规定,生产、销售劣药,具有下列情形之一的,应当认定为"对人体健康造成严重危害":(1)造成轻伤或者重伤的;(2)造成轻度残疾或者中度残疾的;(3)造成器官组织损伤导致一般功能障碍或者严重功能障碍的;(4)其他对人体健康造成严重危害的情形。

"对人体健康造成严重危害",是指该劣药中的有害成分直接造成了严重危害患者身体健康的后果,或者该劣药中的有效成分含量不足而不能发挥应有的药用价值,因而贻误了对疾病的抢救或治疗,间接造成了严重危害患者身体健康的后果。根据《危害药品安全案件解释》第5条的规定,生产、销售劣药,致人死亡,或者具有下列情形之一的,应当认定为"后果特别严重":(1)致人重度残疾的;(2)造成3人以上重伤、中度残疾或者器官组织损伤导致严重功能障碍的;(3)造成5人以上轻度残疾或者器官组织损伤导致一般功能障碍的;(4)造成10人以上轻伤的;(5)造成重大、特别重大突发公共卫生事件的。

本罪主观方面为故意,即明知生产、销售、提供劣药的行为会发生破坏药品市场秩序、危害人体健康的结果,并且希望或者放任这种结果的发生。

【司法适用】

在认定本罪时应当注意区分其与生产、销售、提供假药罪的界限,此二罪的区别主要有两点:一是犯罪对象不同。本罪的对象为劣药,后者的对象为假药。对于生产、销售中混杂假药与劣药的情况,由于二罪的入罪条件有显著差别,因此应通过对物品进行鉴定以区别二者,但不宜实行并罚。对混同生产、销售、提供的,首先应该确定是以假药还是以劣药为主定罪处罚,其他方面的情节应视为从重情节。二是构成犯罪的程度标准不同。本罪是结果犯,必须对人体造成严重危害才能构成犯罪;后者是行为犯,只要有生产、销售、提供假药行为即可构成犯罪。

第一百四十二条之一　【妨害药品管理罪】违反药品管理法规,有下列情形之一,足以严重危害人体健康的,处三年以下有期徒刑或者拘役,并处或者单处罚金;对人体健康造成严重危害或者有其他严重情节的,处三年以上七年以下有期徒刑,并处罚金:

(一)生产、销售国务院药品监督管理部门禁止使用的药品的;

(二)未取得药品相关批准证明文件生产、进口药品或者明知是上述药品而销售的;

(三)药品申请注册中提供虚假的证明、数据、资料、样品或者采取其他欺骗手段的;

（四）编造生产、检验记录的。

有前款行为，同时又构成本法第一百四十一条、第一百四十二条规定之罪或者其他犯罪的，依照处罚较重的规定定罪处罚。

【条文对照】

1997年《刑法》	2020年《刑法修正案（十一）》
无	**第一百四十二条之一　违反药品管理法规，有下列情形之一，足以严重危害人体健康的，处三年以下有期徒刑或者拘役，并处或者单处罚金；对人体健康造成严重危害或者有其他严重情节的，处三年以上七年以下有期徒刑，并处罚金：** **（一）生产、销售国务院药品监督管理部门禁止使用的药品的；** **（二）未取得药品相关批准证明文件生产、进口药品或者明知是上述药品而销售的；** **（三）药品申请注册中提供虚假的证明、数据、资料、样品或者采取其他欺骗手段的；** **（四）编造生产、检验记录的。** **有前款行为，同时又构成本法第一百四十一条、第一百四十二条规定之罪或者其他犯罪的，依照处罚较重的规定定罪处罚。**

【条文理解】

妨害药品管理罪是《刑法修正案（十一）》新增设的罪名。为进一步强化食品药品安全，保护人民群众安全，与《药品管理法》等法律作好衔接，《刑法修正案（十一）》完善了惩治食品药品犯罪的规定。本次修正过程中总结了长春长生疫苗事件等案件的经验教训，与《药品管理法》进一步衔接，将一些此前以假药论的情形以及违反药品生产质量管理规范的行为等单独规定为一类犯罪。

妨害药品管理罪，是指违反药品管理法律、法规，实施足以严重危害人体健康妨害药品管理秩序的行为。本罪的具体构成要件是：

（1）本罪侵犯的客体是复杂客体，主要客体是药品管理秩序，次要客体是人的健康权、生命权等合法权益。

（2）本罪的客观方面表现为违反药品管理法律、法规，实施申请、生产、进口、销售药品等妨害药品管理秩序的行为。

（3）本罪的主体只能是申请、生产、进口、销售药品的自然人或者单位。

（4）本罪的主观方面为故意。即行为人明知申请、生产、销售、进口药品的行为违反药品管理法规，且足以严重威胁人体健康，而仍然申请、生产、销售、进口药品等妨害药品管理秩序的行为。行为人实施申请、生产、销售、进口药品行为通常是为了谋取非法利润，但该目的不是本罪成立的必备条件。如果行为人不是出于故意,而是出于过失实施了上述行为的,则不能作为犯罪处理。

【司法适用】

本罪是具体危险犯,要求行为人违反药品管理法律、法规,实施申请、生产、进口、销售药品等妨害药品管理秩序的行为足以严重危害人体健康。严重危害人体健康的具体危险,是本罪的成立条件。造成人体健康严重危害不是本罪的入罪条件,而是加重处罚条件。行为人虽然违反药品管理法规申请、生产、进口、销售药品,但药品不会严重危害人体健康,反而有助于治疗疾病,则不应当按照该罪名予以处罚。

本罪属于选择性罪名,只要行为人实施其中一种行为的,即可构成犯罪。本罪与生产、销售、提供假药罪,生产、销售、提供劣药罪之间,属于法条竞合关系,同时触犯该数个罪名的,依照处罚较重的规定定罪处罚。

此外还需要说明的是,《刑法》第 142 条之一第 2 款所规定的"有前款行为",就是指"犯前款罪",而不是有前款规定的狭义行为。

第一百四十三条　【生产、销售不符合安全标准的食品罪】**生产、销售不符合食品安全标准的食品,足以造成严重食物中毒事故或者其他严重食源性疾病的,处三年以下有期徒刑或者拘役,并处罚金;对人体健康造成严重危害或者有其他严重情节的,处三年以上七年以下有期徒刑,并处罚金;后果特别严重的,处七年以上有期徒刑或者无期徒刑,并处罚金或者没收财产。**

【条文对照】

1997 年《刑法》	2011 年《刑法修正案(八)》
第一百四十三条　生产、销售不符合卫生标准的食品,足以造成严重食物中毒事故或者其他严重食源性**疾患**的,处三年以下有期徒刑或者拘役,并处**或者单处销售金额百分之五十以上二倍以下**罚金;对人体健康造成严重危害的,处三年以上七年以下有期徒刑,并处**销售金额百分之五十以上二倍以下**罚金;后果特别严重的,处七年以上有期徒刑或者无期徒刑,并处**销售金额百分之五十以上二倍以下**罚金或者没收财产。	第一百四十三条　生产、销售不符合**食品安全**标准的食品,足以造成严重食物中毒事故或者其他严重食源性**疾病**的,处三年以下有期徒刑或者拘役,并处罚金;对人体健康造成严重危害**或者有其他严重情节的**,处三年以上七年以下有期徒刑,并处罚金;后果特别严重的,处七年以上有期徒刑或者无期徒刑,并处罚金或者没收财产。

【条文理解】

生产、销售不符合安全标准的食品罪,是指违反食品安全质量管理法律、法规,生产、销售不符合安全标准的食品,足以造成严重食物中毒事故或者其他严重食源性疾患的行为。不符合安全标准的食品,是指具有下列情形之一的食品:(1)食品、食品添加剂、食品相关产品中的致病性微生物,农药残留、兽药残留、生物毒素、重金属等污染物质以及其他危害人体健康物质超过限量规定;(2)食品添加剂的品种、使用范围、用量不符合安全规定;(3)专供婴幼儿和其他特定人群的主辅食品的营养成分不符合要求;(4)对与卫生、营养等食品安全要求有关的标签、标志、说明书不符合要求;(5)食品生产经营过程的卫生不符合要求;(6)与食品安全有关的质量不符合要求;(7)与食品安全有关的食品检验方法与规程不符合规定;(8)其他不符合食品安全标准的行为。严重食物中毒事故,是指人们因食用了含有细菌性、化学性、真菌性毒素或者有毒动植物的食品而引起暴发性中毒,并造成严重后果的事件。严重食源性疾患,是指人们因食用了不符合安全标准的食品而引起的痢疾、肠炎、肝炎等流行性疾病。所谓足以造成严重食物中毒事故或者其他严重食源性疾患,是指虽然还没有实际造成严重食物中毒事故或者其他严重食源性疾患,但是如果人们食用了该种不符合卫生标准的食品,就完全有可能造成严重食物中毒事故或者其他严重食源性疾患等严重后果。《危害食品安全案件解释》第1~4条分别对"足以造成严重食物中毒事故或者其他严重食源性疾病""对人体健康造成严重危害""其他严重情节""后果特别严重"的情形进行了规定。

本罪的主体只能由食品生产、销售者(指一切从事食品生产、经营的单位或者个人,包括职工食堂、食品摊贩等)构成,但该主体本身是否具有生产、经营食品的合法资格并不影响本罪的成立。

本罪主观上是故意,动机不影响认定。

根据2019年11月18日公布的最高人民法院《关于办理走私、非法经营、非法使用兴奋剂刑事案件适用法律若干问题的解释》第5条的规定,生产、销售含有兴奋剂目录所列物质的食品,根据案件具体情况,以生产、销售不符合安全标准的食品罪或者生产、销售有毒、有害食品罪定罪处罚。此外,依照2020年3月27日最高人民检察院《关于废止〈最高人民检察院关于办理非法经营食盐刑事案件具体应用法律若干问题的解释〉的决定》的规定,对以非碘盐充当碘盐或者以工业用盐等非食盐充当食盐等危害食盐安全的行为,分别不同情况,以生产、销售伪劣产品罪,或者生产、销售不符合安全标准的食品罪,或者生产、销售有毒、有害食品罪追究刑事责任。

为依法惩治危害食品安全犯罪,保障人民群众身体健康和生命安全,最高人民法院、最高人民检察院共同制定了《危害食品安全案件解释》。该解释于2021年12月31日公布,自2022年1月1日起施行。

根据《危害食品安全案件解释》第1条的规定,生产、销售不符合食品安全标准的食品,具有下列情形之一的,应当认定为《刑法》第143条规定的“足以造成严重食物中毒事故或者其他严重食源性疾病”:(1)含有严重超出标准限量的致病性微生物、农药残留、兽药残留、生物毒素、重金属等污染物质以及其他严重危害人体健康的物质的;(2)属于病死、死因不明或者检验检疫不合格的畜、禽、兽、水产动物肉类及其制品的;(3)属于国家为防控疾病等特殊需要明令禁止生产、销售的;(4)特殊医学用途配方食品、专供婴幼儿的主辅食品营养成分严重不符合食品安全标准的;(5)其他足以造成严重食物中毒事故或者严重食源性疾病的情形。

其中,《危害食品安全案件解释》第1条沿用了2013年的规定,将实践中具有高度危险的一些典型情形予以类型化的认定方式,其中,第3项中“防控疾病”是指人类可能患有的疾病,包括人畜共患疾病,但不包括非洲猪瘟等人类不会患有的疾病,因此生产、销售感染非洲猪瘟的生猪及其制品,不能适用《危害食品安全案件解释》第1条第2项、第3项的规定以生产、销售不符合安全标准的食品罪定罪处罚,但根据《危害食品安全案件解释》第13条第2款的规定,构成生产、销售伪劣产品罪,妨害动植物防疫、检疫罪等其他犯罪的,依照该其他犯罪定罪处罚。

需要说明的是,2013年的《危害食品安全案件解释》施行以来,一些基层执法部门建议以倍比数的方式明确第1条第1项“严重超出”和第1条第4项“严重不符合”的认定标准,部分地方制定了地方标准。征求意见过程中,有意见提出建议将农药残留、兽药残留及铅、汞、镉、铬、砷、铊、锑超过食品安全标准3倍以上的认定为“严重超出”。但是经研究发现,该标准的制定不仅是法律问题,更是科学问题。鉴于食品中涉及的物质种类繁多,不同物质标准制定过程中考虑的因素多样,且超出标准后的危害差异性悬殊,如农药就有高毒、中毒、低毒和微毒之分,故难以在司法解释中“一刀切”地以倍比数的方式加以解决。

《危害食品安全案件解释》第2条规定了本罪中的“对人体健康造成严重危害”:(1)造成轻伤以上伤害的;(2)造成轻度残疾或者中度残疾的;(3)造成器官组织损伤导致一般功能障碍或者严重功能障碍的;(4)造成10人以上严重食物中毒或者其他严重食源性疾病的;(5)其他对人体健康造成严重危害的情形。

《危害食品安全案件解释》第3条规定了本罪中的“其他严重情节”:(1)生产、销售金额20万元以上的;(2)生产、销售金额10万元以上不满20万元,不符合食品安全标准的食品数量较大或者生产、销售持续时间6个月以上的;(3)生产、销售金额10万元以上不满20万元,属于特殊医学用途配方食品、专供婴幼儿的主辅食品的;(4)生产、销售金额10万元以上不满20万元,且在中小学校园、托幼机构、养老机构及周边面向未成年人、老年人销售的;(5)生产、销售金额10万元以上不满 20 万元,曾因危害食品安全犯罪受过刑事处罚或者 2 年内因危害食品安全违法行为受过行政处罚的;(6)其他情节严重的情形。

本条将"在中小学校园、托幼机构、养老机构及周边面向未成年人、老年人销售的"增加规定为数额减半"其他严重情节"的认定情形,有利于加强对特殊群体的食品安全保护力度;将曾因危害食品安全犯罪受过刑事处罚的年限由 1 年修改为不受年限限制,将受行政处罚的年限由 1 年修改为 2 年,加大了处罚力度。

《危害食品安全案件解释》第 4 条规定了本罪中的"后果特别严重":(1)致人死亡的;(2)造成重度残疾以上的;(3)造成 3 人以上重伤、中度残疾或者器官组织损伤导致严重功能障碍的;(4)造成 10 人以上轻伤、5 人以上轻度残疾或者器官组织损伤导致一般功能障碍的;(5)造成 30 人以上严重食物中毒或者其他严重食源性疾病的;(6)其他特别严重的后果。

此外,生产、销售不符合食品安全标准的食品添加剂,用于食品的包装材料、容器、洗涤剂、消毒剂,或者用于食品生产经营的工具、设备等,符合《刑法》第 140 条规定的,以生产、销售伪劣产品罪定罪处罚。

生产、销售用超过保质期的食品原料、超过保质期的食品、回收食品作为原料的食品,或者以更改生产日期、保质期、改换包装等方式销售超过保质期的食品、回收食品,适用前款的规定定罪处罚。

实施前两款行为,同时构成生产、销售不符合安全标准的食品罪,生产、销售不符合安全标准的产品罪等其他犯罪的,依照处罚较重的规定定罪处罚。

【司法适用】

本罪与生产、销售有毒、有害食品罪为法条竞合关系,因后者是在食品中掺入有毒、有害非食品原料,必然不符合食品安全标准,但本罪中的"食品"不符合安全标准的原因,并非人为地在食品中掺入非食品原料,故本罪为普通法条,生产、销售有毒、有害食品罪为特别法条。本罪为具体危险犯,要求所生产、销售的食品具有足以造成严重食物中毒事故或者其他严重食源性疾病的具体危险,这也为本罪的立案条件,但并不以发生实害结果为认定构成犯罪的必要条件。

《危害食品安全案件解释》第 14 条规定,明知他人生产、销售不符合食品安全标准的食品,具有下列情形之一的,以生产、销售不符合安全标准的食品罪的共犯论处:(1)提供资金、贷款、账号、发票、证明、许可证件的;(2)提供生产、经营场所或者运输、贮存、保管、邮寄、网络销售渠道等便利条件的;(3)提供生产技术或者食品原料、食品添加剂、食品相关产品的;(4)提供广告等宣传的。

对于本罪中食品滥用添加行为的定性:

《危害食品安全案件解释》第 5 条是关于食品滥用添加行为的定性处理规定,

基本沿用 2013 年《危害食品安全案件解释》第 8 条的规定。司法实践中需要注意的是：

（1）第 5 条第 1 款在适用过程中应注意把握食品滥用添加行为与食品非法添加行为的区别，特别是要注意“超范围滥用食品添加剂”与“掺入有毒、有害的非食品原料”的区分，避免将仅在部分食品中禁止使用的食品添加剂视为有毒、有害的非食品原料，进而混淆生产、销售不符合安全标准的食品罪与生产、销售有毒、有害食品罪。

（2）第 5 条第 2 款在适用时也存在同样的问题，应注意“超范围滥用农药、兽药”与“使用禁用农药、食品动物中禁止使用的药品及其他化合物等有毒、有害的非食品原料”的区分，避免将仅在部分食用农产品中禁止使用的农药、兽药认定为有毒、有害的非食品原料，进而混淆生产、销售不符合安全标准的食品罪与生产、销售有毒、有害食品罪。例如，根据农业农村部公告的禁限用农药名录，克百威禁止在蔬菜、瓜果、茶叶、菌类、中草药材上使用，但可在水稻、花生、大豆等食品农产品上使用，故在蔬菜、瓜果上使用克百威属于超范围滥用农药，应依照生产、销售不符合安全标准的食品罪处理。对于超范围滥用克百威等农药的，如果农药残留量超出标准限量，可以生产、销售不符合安全标准的食品罪定罪处罚，这既坚持了罪刑法定原则，避免定罪标准不统一，也能够实现对此类具有较高食品安全风险的犯罪予以从严惩处的效果。

【司法案例】

被告人胡某彬、柯某治、陈某勇等生产、销售伪劣产品，生产、销售不符合卫生标准的食品案[①]

［**裁判要旨**］行为人明知病死的猪肉供人食用后足以造成严重食物中毒事故或者其他严重食源性疾患，仍予以生产、销售，构成生产、销售不符合安全标准的食品罪，同时其将病死猪肉加工后作为合格猪肉销售的，构成生产、销售伪劣产品罪，依法应当以处罚较重的生产、销售伪劣产品罪定罪处罚。

邓某均、符某宣生产、销售有毒、有害食品案[②]

［**裁判要旨**］行为人在生产、销售的食品中加入国家允许使用的食品添加剂，但超出允许使用的范围或超过允许的最大使用量或残留量，有危害食品安全的风

---

① 参见《最高人民法院公报》2013 年第 6 期。

② 参见《刑事审判参考》总第 122 集第 1335 号案例。

险或造成严重后果的，应以生产、销售不符合安全标准的食品罪定罪处罚。

第一百四十四条 【生产、销售有毒、有害食品罪】**在生产、销售的食品中掺入有毒、有害的非食品原料的，或者销售明知掺有有毒、有害的非食品原料的食品的，处五年以下有期徒刑，并处罚金；对人体健康造成严重危害或者有其他严重情节的，处五年以上十年以下有期徒刑，并处罚金；致人死亡或者有其他特别严重情节的，依照本法第一百四十一条的规定处罚。**

【条文对照】

1997年《刑法》	2011年《刑法修正案(八)》
第一百四十四条 在生产、销售的食品中掺入有毒、有害的非食品原料的，或者销售明知掺有有毒、有害的非食品原料的食品的，处五年以下有期徒刑**或者拘役**，并处**或者单处销售金额百分之五十以上二倍以下**罚金；**造成严重食物中毒事故或者其他严重食源性疾患**，对人体健康造成严重危害的，处五年以上十年以下有期徒刑，并处**销售金额百分之五十以上二倍以下**罚金；致人死亡或者**对人体健康造成**特别严重**危害**的，依照本法第一百四十一条的规定处罚。	第一百四十四条 在生产、销售的食品中掺入有毒、有害的非食品原料的，或者销售明知掺有有毒、有害的非食品原料的食品的，处五年以下有期徒刑，并处罚金；对人体健康造成严重危害**或者有其他严重情节**的，处五年以上十年以下有期徒刑，并处罚金；致人死亡或者**有其他**特别严重**情节**的，依照本法第一百四十一条的规定处罚。

【条文理解】

生产、销售有毒、有害食品罪，是指违反食品安全法律、法规，在生产、销售的食品中掺入有毒、有害的非食品原料，或者明知是掺有有毒、有害的非食品原料的食品而予以销售的行为。本罪的具体构成要件是：

(1)本罪侵害的客体为复杂客体，主要是食品卫生管理秩序，其次是消费者的健康权、生命权等合法权益。

(2)本罪的客观方面包括三种行为：一是在生产食品时往食品中掺入有毒、有害的非食品原料的行为；二是在销售食品时往食品中掺入有毒、有害的非食品原料的行为；三是明知是掺有有毒、有害的非食品原料的食品而予以销售的行为。非食品原料是相对于食品原料而言的。食品原料是指粮食、食用油、肉类、蛋类、糖类、奶类、蔬菜、水果、水产品等可以用来加工食品的基本材料。所谓非食品原料，是指食品原料以外的其他物质。非食品原料又可分为可以作为食品添加剂的非食品原料和不能作为食品添加剂的非食品原料。所谓食品添加剂，是指出于改善食品品质和色、香、味，以及为防腐和加工工艺的需要而加入食品中的化学合成或者天然物质,包括食盐、味精、胡椒粉、花椒粉等普通佐料,也包括食用香精、食用色素、膨化剂、乳化剂、防腐剂等无毒、无害的非食品原料,还包括葡萄糖、维生素、传统药膳中的药物等为增强营养成分而加入食品中的天然的或者人工合成的属于天然营养素范围的营养强化剂。所谓有毒、有害的非食品原料,是指不但不能作为食品添加剂,而且对人体具有毒害作用的非食品原料。需要特别指出的是,立法上并未规定本罪须以足以严重危害人体健康为必要,原则上只要实施了上述三种行为之一即可构成犯罪。

根据《危害食品安全案件解释》第9条的规定,下列物质应认定为本罪中的"有毒、有害的非食品原料":

①因危害人体健康,被法律、法规禁止在食品生产经营活动中添加、使用的物质;②因危害人体健康,被国务院有关部门列入《食品中可能违法添加的非食用物质名单》《保健食品中可能非法添加的物质名单》和国务院有关部门公告的禁用农药、《食品动物中禁止使用的药品及其他化合物清单》等名单上的物质;③其他有毒、有害的物质。

该条增加了"因危害人体健康"被禁用的限制性规定,强调对第1项和第2项的禁用物质要进行有毒、有害的实质性判断,避免将禁用物质完全等同于有毒、有害的非食品原料。在此特别强调的是,有毒、有害的非食品原料要求在食品、食用农产品以及食品、食用农产品生产、种植、养殖、销售、运输、贮存等环节均被禁止添加、使用,如果仅在部分食品、食用农产品中被禁止添加、使用,或者仅在部分环节被禁止添加、使用,均不能认定为有毒、有害的非食品原料。同时,在禁用物质毒害性不明时,根据《危害食品安全案件解释》第24条的规定,可以依据鉴定意见、检验报告、相关行政主管部门组织出具的书面意见,结合其他证据作出认定。

对于食品相关产品造成食品被污染行为的定性的处理:

对于食品相关产品含有严重超出标准限量的致病性微生物、农药残留、兽药残留、生物毒素、重金属等污染物质以及其他严重危害人体健康的物质,造成食品被污染,足以造成严重食物中毒事故或者其他严重食源性疾病的,以生产、销售不符合安全标准的食品罪定罪处罚;对于食品相关产品造成食品中掺入有毒、有害的非食品原料的,以生产、销售有毒、有害食品罪定罪处罚。

(3)本罪的主体只能由从事食品生产、经营的个人或者单位构成(非身份犯),即该主体本身是否具有生产、经营食品的合法资格并不影响本罪的成立。根据最高人民法院、最高人民检察院《关于办理非法生产、销售、使用禁止在饲料和动物饮用水中使用的药品等刑事案件具体应用法律若干问题的解释》的规定,明知是使用盐酸克仑特罗等禁止在饲料和动物饮用水中使用的药品或者含有该类药品的饲料养殖的供人食用的动物,而提供屠宰等加工服务,或者销售其制品的,成立本罪。其中的“提供屠宰等加工服务”,属于生产有毒、有害食品的行为。

(4)本罪的主观方面为故意。根据《危害食品安全案件解释》第10条的规定,对于“明知”的认定,应当综合行为人的认知能力、食品质量、进货或者销售的渠道及价格等主、客观因素进行认定。

具有下列情形之一的,可以认定为《刑法》第144条规定的“明知”,但存在相反证据并经查证属实的除外:①长期从事相关食品、食用农产品生产、种植、养殖、销售、运输、贮存行业,不依法履行保障食品安全义务的;②没有合法有效的购货凭证,且不能提供或者拒不提供销售的相关食品来源的;③以明显低于市场价格进货或者销售且无合理原因的;④在有关部门发出禁令或者食品安全预警的情况下继续销售的;⑤因实施危害食品安全行为受过行政处罚或者刑事处罚,又实施同种行为的;⑥其他足以认定行为人明知的情形。

而关于认定销售有毒、有害食品罪的“明知”,并不要求达到确知的程度,而只要达到概括性的程度即可,即只要行为人对所销售的食品存在食品安全隐患具有概括性的认识即可。这种概括性的认识,意味着食品无论是掺有有毒、有害的非食品原料,还是不符合食品安全标准,或者是伪劣食品,都没有超出行为人的主观认识。在具体案件认定时,应当遵循主客观统一原则,既要考虑行为人主观故意,也要考虑涉案食品的危害性。

【司法适用】

《危害食品安全案件解释》第5~7条分别对“对人体健康造成严重危害”“其他严重情节”“致人死亡或者有其他特别严重情节”的情形进行了规定。

因有毒、有害非食品原料同样具有致人伤亡的客观危险性,故实施本罪与投放危险物质罪具有想象竞合关系,区别在于后者是以毒害不特定以及多数人(物)为故意的内容,致害性是现实的且结果可以在短时间内显现,而前者是在食品中掺入有毒、有害非食品原料,并非以毒害不特定以及多数人为故意的内容,致害的过程具有不确定性,致害结果的显现过程比较缓慢。对明知是具有较强毒害性的非食品原料而仍然掺入,或猎杀野生动物出卖的,若残留的不能分解的毒物对人的生命、健康具有较强危险性,则同时触犯投放危险物质罪,属于想象竞合犯,应择一重罪论处。

根据《危害食品安全案件解释》第7条的规定,具有以下情形之一的,应当认定为“其他严重情节”:(1)生产、销售金额20万元以上不满50万元的;(2)生产、销售金额10万元以上不满20万元,有毒、有害食品数量较大或者生产、销售持续时间6个月以上的;(3)生产、销售金额10万元以上不满20万元,属于特殊医学用途配方食品、专供婴幼儿的主辅食品的;(4)生产、销售金额10万元以上不满20万元,且在中小学校园、托幼机构、养老机构及周边面向未成年人、老年人销售的;(5)生产、销售金额10万元以上不满20万元,曾因危害食品安全犯罪受过刑事处罚或者2年内因危害食品安全违法行为受过行政处罚的;(6)有毒、有害的非食品原料毒害性强或者含量高的;(7)其他情节严重的情形。

生产、销售有毒、有害食品,生产、销售金额50万元以上,或者具有《危害食品安全案件解释》第4条第2项至第6项规定的情形之一的,应当认定为《刑法》第144条规定的"其他特别严重情节"。

此外,根据该解释第11条的规定,"在食品生产、销售、运输、贮存等过程中,掺入有毒、有害的非食品原料,或者使用有毒、有害的非食品原料生产食品的,依照《刑法》第一百四十四条的规定以生产、销售有毒、有害食品罪定罪处罚。在食用农产品种植、养殖、销售、运输、贮存等过程中,使用禁用农药、食品动物中禁止使用的药品及其他化合物等有毒、有害的非食品原料,适用前款的规定定罪处罚。在保健食品或者其他食品中非法添加国家禁用药物等有毒、有害的非食品原料的,适用第一款的规定定罪处罚"。

对于畜禽屠宰相关环节注水注药等行为的定性处理:《危害食品安全案件解释》第17条第2款明确了屠宰相关环节畜禽注水注药行为的定性处理。这里的屠宰相关环节,既包括进入屠宰厂(场)后的待宰环节,也包括屠宰前的运输等相关环节。

实践中,关于是否区分药物情况作出不同定性处理有两种不同意见:一种意见认为,只要在屠宰相关环节对畜禽使用兽药、人用药或者其他有毒、有害物质的,就以生产、销售有毒、有害食品罪定罪处罚。另一种意见认为,应当区分药物情况适用不同罪名,对于使用禁用药物的,以生产、销售有毒、有害食品罪定罪处罚;使用非禁用药物的,根据具体情况,分别以生产、销售不符合安全标准的食品罪,生产、销售伪劣产品罪定罪处罚。

从《刑法》第144条的构成要件来看,只有在食品(含食用农产品)生产、销售过程中使用有毒、有害的非食品原料的行为,才能以生产、销售有毒、有害食品罪定罪处罚。将屠宰相关环节对畜禽使用兽药和人用药行为一律以生产、销售有毒、有害食品罪定罪处罚,未充分考虑不同种类药品的属性差异和可能造成的危害,不符合《刑法》第144条的规定构成要件,不符合罪责刑相适应原则,也不利于区别对待、从严惩治严重危害食品安全犯罪。因此,应当根据对畜禽注入药物等物质的差异和可能造成的危害,适用不同罪名。另外,对于仅查明有注水行为的,也要区分不同情况,准确适用法律。

(1)对于使用盐酸克仑特罗、沙丁胺醇等禁用药物的,以生产、销售有毒、有害食品罪定罪处罚。

(2)对于使用允许使用的兽药的,如果肉品中兽药残留量超标,足以造成严重食物中毒事故或者其他严重食源性疾病的,以生产、销售不符合安全标准的食品罪定罪处罚;如果肉品中兽药残留量不超标,或者所注入的兽药未规定最大残留限量,但销售金额在5万元以上的,以生产、销售伪劣产品罪定罪处罚。

(3)对于不法分子使用自己购买或者配置的化学物质,如果可以证明属于其他有毒、有害物质的,以生产、销售有毒、有害食品罪定罪处罚;如果难以证明毒害性,但销售金额在5万元以上的,可以生产、销售伪劣产品罪定罪处罚。

【司法案例】

北京阳光一佰生物技术开发有限公司、习某有等生产、销售有毒、有害食品案[①]

[**裁判要旨**]行为人在食品生产经营中添加的虽然不是国务院有关部门公布的《食品中可能违法添加的非食用物质名单》和《保健食品中可能非法添加的物质名单》中的物质,但如果该物质与上述名单中所列物质具有同等属性,并且根据检验报告和专家意见等相关材料能够确定该物质对人体具有同等危害的,应当认定为《刑法》第144条规定的“有毒、有害的非食品原料”。

第一百四十五条 【生产、销售不符合标准的医用器材罪】**生产不符合保障人体健康的国家标准、行业标准的医疗器械、医用卫生材料,或者销售明知是不符合保障人体健康的国家标准、行业标准的医疗器械、医用卫生材料,足以严重危害人体健康的,处三年以下有期徒刑或者拘役,并处销售金额百分之五十以上二倍以下罚金;对人体健康造成严重危害的,处三年以上十年以下有期徒刑,并处销售金额百分之五十以上二倍以下罚金;后果特别严重的,处十年以上有期徒刑或者无期徒刑,并处销售金额百分之五十以上二倍以下罚金或者没收财产。**

---

① 参见最高人民法院第70号指导案例。

【条文对照】

1997 年《刑法》	2002 年《刑法修正案(四)》
第一百四十五条 生产不符合保障人体健康的国家标准、行业标准的医疗器械、医用卫生材料,或者销售明知是不符合保障人体健康的国家标准、行业标准的医疗器械、医用卫生材料,**对人体健康造成严重危害的,处五年以下有期徒刑,**并处销售金额百分之五十以上二倍以下罚金;**后果特别严重**的,处**五**年以上十年以下有期徒刑,并处销售金额百分之五十以上二倍以下罚金,其中情节特别恶劣的,处十年以上有期徒刑或者无期徒刑,并处销售金额百分之五十以上二倍以下罚金或者没收财产。	第一百四十五条 生产不符合保障人体健康的国家标准、行业标准的医疗器械、医用卫生材料,或者销售明知是不符合保障人体健康的国家标准、行业标准的医疗器械、医用卫生材料,**足以严重危害人体健康的,处三年以下有期徒刑或者拘役,**并处销售金额百分之五十以上二倍以下罚金;**对人体健康造成严重危害**的,处**三**年以上十年以下有期徒刑,并处销售金额百分之五十以上二倍以下罚金;**后果特别严重**的,处十年以上有期徒刑或者无期徒刑,并处销售金额百分之五十以上二倍以下罚金或者没收财产。

【条文理解】

生产、销售不符合标准的医用器材罪,是指违反医用器材质量管理法律、法规,生产不符合保障人体健康的国家标准、行业标准的医疗器械、医用卫生材料,或者销售明知是不符合保障人体健康的国家标准、行业标准的医疗器械、医用卫生材料,足以严重危害人体健康的行为。本罪的具体构成要件是:

(1)本罪侵犯的客体是国家对医用器材质量的监管秩序及患者的人身安全。

(2)本罪的客观方面表现为生产不符合保障人体健康的国家标准、行业标准的医疗器械、医用卫生材料,或者销售明知是不符合保障人体健康的国家标准、行业标准的医疗器械、医用卫生材料。"医疗器材"是指单独或者组合用于治疗、检查目的的机械设备、仪器以及用具(应包括配件)等;医用卫生材料,是指在医疗、检查中使用的消耗性治疗、检查、防护用品。根据《伪劣商品案件解释》第 4 条第 2 款的规定,生产、销售不符合卫生标准的食品被食用后,造成轻伤、重伤或者其他严重后果的,应认定为"对人体健康造成严重危害"。

(3)本罪主观方面是故意,不以特定目的为主观要素,动机不影响认定。《伪劣商品案件解释》第 6 条第 4 款、第 5 款规定,医疗机构或者个人知道或者应当知道是不符合保障人体健康的国家标准、行业标准的医疗器械、医用卫生材料而购买、使用,对人体健康造成严重危害的,以销售不符合标准的医用器材罪定罪处罚;没有国家标准、行业标准的医疗器械,注册产品标准可视为"保障人体健康的行业标准"。

(4)本罪主体为自然人和单位。

【司法适用】

本罪为具体危险犯。不要求实害结果发生，发生严重后果的，是本罪的加重情节。

【司法案例】

四川省峨眉山市某有限公司涉嫌生产、销售不符合标准的医用器材案①

［**要旨**］销售明知是不符合标准的医用器材，足以严重危害人体健康的，以生产、销售不符合标准的医用器材罪定罪处罚。因疫情防控需要，为赶工期导致产品标注不符合相关规定，生产销售的产品经鉴定符合国家相关卫生、质量标准，未造成实质危害的，应当慎重把握入罪标准，依法妥善处理。

王某莉、陈某销售伪劣产品案②

［**裁判要旨**］只有医用防护口罩、外科口罩、医用口罩（一次性使用医用口罩），才属于销售不符合标准的医用器材犯罪中的医用器材。对于N95或者KN95的口罩，应针对案件证据情况具体分析。如假冒的N95或者KN95的口罩从执行标准等方面确属于医用产品的，可根据案件具体情况认定构成生产、销售不符合标准的医用器材罪。反之，如无明确标示或标注为防尘口罩的，则可能构成生产、销售伪劣产品罪。

第一百四十六条　【生产、销售不符合安全标准的产品罪】**生产不符合保障人身、财产安全的国家标准、行业标准的电器、压力容器、易燃易爆产品或者其他不符合保障人身、财产安全的国家标准、行业标准的产品，或者销售明知是以上不符合保障人身、财产安全的国家标准、行业标准的产品，造成严重后果的，处五年以下有期徒刑，并处销售金额百分之五十以上二倍以下罚金；后果特别严重的，处五年以上有期徒刑，并处销售金额百分之五十以上二倍以下罚金。**

① 全国检察机关依法办理妨害新冠肺炎疫情防控犯罪典型案例（第六批）案例二。

② 参见《刑事审判参考》总第121集第1316号案例。

【条文理解】

生产、销售不符合安全标准的产品罪，是指违反产品质量管理法律、法规，生产不符合保障人身、财产安全的国家标准、行业标准的电器、压力容器、易燃易爆产品或者其他不符合保障人身、财产安全的国家标准、行业标准的产品，或者销售明知是以上不符合保障人身、财产安全的国家标准、行业标准的产品，造成严重后果的行为。本罪的客体是国家对特别予以保障人身、财产安全产品的质量监管秩序以及人身、财产安全。本罪主体为自然人和单位。主观上是故意，不以特定目的为主观要素，动机不影响认定。

需要注意的是，有些生产者、销售者所生产、销售的产品，虽然整体上符合标准，但也不排除其中的个别产品不符合标准，在这种情况下，需要查明被害人使用的产品是否符合标准，从而得出正确结论。

【司法适用】

本罪对象为电器、压力容器、易燃易爆产品或者其他与保障人身、财产安全相关的产品。对本罪的对象应从"使用"的意义上理解，且与人身、财产安全直接关联，至于是家庭、个人生活使用，还是生产、经营使用，在所不问。生产、销售不符合安全标准的产品，是指生产者明知其设计、生产的产品不符合国家、行业标准；销售者明知其销售的是不符合国家、行业标准的产品。本罪为结果犯，以造成严重后果为入罪条件。对符合法条竞合关系的，按照法条竞合犯原则处理。

【司法案例】

刘某均、王某凯等生产、销售不符合安全标准的产品案①

［**裁判要旨**］生产、销售不符合安全标准的产品罪和生产、销售伪劣产品罪在犯罪构成上有以下相同和不同之处：(1)主观上均为故意，但故意的内容不同。前者要求行为人明知其所生产、销售的产品是保障人身、财产安全的产品，且没有达到国家标准、行业标准；后者只要求行为人明知生产、销售的产品是不符合质量标准的产品。(2)犯罪对象不同。前者是不符合保障人身、财产安全的国家标准、行业标准的伪劣产品；后者不涉及人身、财产安全。(3)客观上均实施了生产、销售伪劣产品的行为，但定罪的标准和依据不同。前者要求造成严重后果；如果生产、销售不符合安全标准的产品，没有造成严重后果，但销售金额在5万元以上的，按生产、销售伪劣产品罪定罪处罚。

① 参见《刑事审判参考》总第7辑第47号案例。

第一百四十七条 【生产、销售伪劣农药、兽药、化肥、种子罪】生产假农药、假兽药、假化肥，销售明知是假的或者失去使用效能的农药、兽药、化肥、种子，或者生产者、销售者以不合格的农药、兽药、化肥、种子冒充合格的农药、兽药、化肥、种子，使生产遭受较大损失的，处三年以下有期徒刑或者拘役，并处或者单处销售金额百分之五十以上二倍以下罚金；使生产遭受重大损失的，处三年以上七年以下有期徒刑，并处销售金额百分之五十以上二倍以下罚金；使生产遭受特别重大损失的，处七年以上有期徒刑或者无期徒刑，并处销售金额百分之五十以上二倍以下罚金或者没收财产。

【条文理解】

生产、销售伪劣农药、兽药、化肥、种子罪，是指违反农业生产资料质量管理法律、法规，生产假农药、假兽药、假化肥、假种子，销售明知是假的或者失去使用效能的农药、兽药、化肥、种子，或者生产者、销售者以不合格的农药、兽药、化肥、种子冒充合格的农药、兽药、化肥、种子，使生产遭受较大损失的行为。

本罪侵犯的客体是国家对农业生产资料的安全监管秩序。

本罪保护的范围，根据《农业法》第 2 条规定，是指“种植业、林业、畜牧业和渔业等产业，包括与其直接相关的产前、产中、产后服务”。本罪主体为自然人一般主体和单位，主观上是故意，不以特定目的为主观要素，动机不影响认定。根据《伪劣商品案件解释》第 7 条的规定，“使生产遭受较大损失”一般以 2 万元为起点，“重大损失”一般以 10 万元为起点，“特别重大损失”一般以 50 万元为起点。

本罪中的“兽药”应包括禽类药品；“种子”应包括树苗。根据 2019 年 12 月 20 日最高人民检察院检例第 61 号，以同一科属的此品种种子冒充彼品种种子，属于刑法上的“假种子”。

【司法适用】

本罪的对象，为农业生产资料，即农药、兽药、化肥、种子，不包括其他农业生产资料。本罪行为包括：(1)生产假农药、假兽药、假化肥；(2)销售明知是假的或者失去使用效能的农药、兽药、化肥、种子；(3)生产者、销售者以不合格的农药、兽药、化肥、种子冒充合格的农药、兽药、化肥、种子。三种行为具备其一即可，但不排除可能同时实施两种以上行为，实施两种以上行为的，以一罪论处，不实行数罪并罚。“假农药、兽药、化肥、种子”，是指农药、兽药、化肥不具有有效成分，或以其他品种冒充；“失去使用效能的农药、兽药、化肥、种子”，是指农药、兽药、化肥已经超过有效使用期限，种子已经丧失活性(力)；“以不合格的农药、兽药、化肥、种子冒充合格的农药、兽药、化肥、种子”，是指将并未达到国家、行业标准的农药、兽药、化肥、种子，冒充其质量已经符合标准。本罪以“生产遭受较大损失”为入罪标准。对符合法条竞合关系的，按照法条竞合犯原则处理。

本罪主观上是故意，对生产者而言，认定其“明知”尚不困难，但对销售者而言，因其并非生产者，对农药、兽药、化肥的有效成分（需要专门机构检验）、使用期限或种子的品质、品种等未必清楚，因此认定其“明知”存在一定难度，只有通过确实、充分的证据（如明显低于市场交易价格购进、篡改有效期限等）予以认定。

【司法案例】

南京百分百公司等生产、销售伪劣农药案①

［**要旨**］（1）未取得农药登记证的企业或者个人，借用他人农药登记证、生产许可证、质量标准证等许可证明文件生产、销售农药，使生产遭受较大损失的，以生产、销售伪劣农药罪追究刑事责任。（2）对于使用伪劣农药造成的农业生产损失，可采取田间试验的方法确定受损原因，并以农作物绝收折损面积、受害地区前三年该类农作物的平均亩产量和平均销售价格为基准，综合计算认定损失金额。

第一百四十八条　【生产、销售不符合卫生标准的化妆品罪】生产不符合卫生标准的化妆品，或者销售明知是不符合卫生标准的化妆品，造成严重后果的，处三年以下有期徒刑或者拘役，并处或者单处销售金额百分之五十以上二倍以下罚金。

【条文理解】

生产、销售不符合卫生标准的化妆品罪，是指违反化妆品卫生质量管理法律、法规，生产不符合卫生标准的化妆品，或者销售明知是不符合卫生标准的化妆品，造成严重后果的行为。本罪侵犯的客体，是国家对化妆品的质量监管秩序以及消费者的人身安全。本罪主体为自然人一般主体和单位。主观上是故意，不以特定目的为主观要素，动机不影响认定。

【司法适用】

本罪对象为化妆品，化妆品包括具有一定保健、治疗效用的“特殊化妆品”。

---

① 参见最高人民检察院检例第62号。

“不符合卫生标准”，是指不符合国家《化妆品监督条例》规定的卫生标准。本罪中的生产、销售应是指具有生产、销售资质的单位或个人生产、销售不符合卫生标准的化妆品，对于无资质的单位或个人进行非法生产、销售的（无论其化妆品是否符合国家卫生标准），应区别不同情况处理：对属于国家管控的生物制品化妆品，应以非法经营罪论处，对不属于国家管控的生物制品化妆品，非法生产、销售未造成严重后果的，不应视为犯罪。本罪以造成严重后果为入罪标准。对符合法条竞合关系的，按照法条竞合犯原则处理。

本罪主观上是故意，认定生产者“明知”生产的化妆品不符合卫生标准尚不困难，但销售者并非生产者，对化妆品是否符合卫生标准及特殊化妆品的效用成分（是需要专门机构检验的）等未必清楚，因此认定销售者“明知”应通过确实、充分的证据（如明显低于市场交易价格购进、篡改有效期限等）予以证明。

根据立案标准的规定，具有下列情形之一的，属于“造成严重后果”：（1）造成他人容貌毁损或者皮肤严重损伤的；（2）造成他人器官组织损伤导致严重功能障碍的；（3）致使他人精神失常或者自杀、自残造成重伤、死亡的；（4）其他造成严重后果的情形。

第一百四十九条 【对生产、销售伪劣商品行为的法条适用】**生产、销售本节第一百四十一条至第一百四十八条所列产品，不构成各该条规定的犯罪，但是销售金额在五万元以上的，依照本节第一百四十条的规定定罪处罚。**

生产、销售本节第一百四十一条至第一百四十八条所列产品，构成各该条规定的犯罪，同时又构成本节第一百四十条规定之罪的，依照处罚较重的规定定罪处罚。

【条文理解】

本条第 1 款是对生产、销售特殊伪劣产品行为不构成有特殊规定之犯罪，但销售金额在 5 万元以上情形如何定罪量刑的规定。本条第 2 款是对生产、销售特殊伪劣产品行为同时触犯两个罪名，如何适用法律问题的规定。

《刑法》第 140 条是一般性条款，生产、销售伪劣产品罪相对而言是普通罪名，而第 141~148 条是特殊条款，所规定的生产、销售假药等罪名相对而言属于特殊罪名。但这种法条竞合关系，不是按照“特殊法优于普通法”的原则处理，而是按照“重法优于轻法”的原则处理的，因此，需特别注意《刑法》第 149 条第 2 款所规定的处断原则。

【司法适用】

在适用本节各个条文的时候,应当注意以下两点:

(1)生产、销售本节第141~148条所列的产品,不构成各条所规定的犯罪,但是销售金额在5万元以上的,依照《刑法》第140条生产、销售伪劣产品罪的规定定罪处罚。如生产、销售劣药,没有对人体造成严重危害的,虽然不构成生产、销售劣药罪,但如果销售金额达到了5万元以上,则应当以生产、销售伪劣产品罪定罪处刑。

(2)生产、销售本节第141~148条所列产品,构成各该条规定的犯罪,同时又构成《刑法》第140条规定之罪的,依照处罚较重的规定定罪处罚。如生产、销售不符合安全标准的产品,销售金额在200万元上的,就不能按照《刑法》第146条的生产、销售不符合安全标准的产品罪定罪处罚,而必须以《刑法》第140条的生产、销售伪劣产品罪处罚。因为,按照《刑法》第146条的规定,上述行为最高只能判处15年有期徒刑,而按照《刑法》第140条的规定,上述行为最高可能处以无期徒刑。

第一百五十条　【单位犯生产、销售伪劣商品罪的处罚规定】单位犯本节第一百四十条至第一百四十八条规定之罪的,对单位判处罚金,并对其直接负责的主管人员和其他直接责任人员,依照各该条的规定处罚。

【条文理解】

根据本条,单位如果实施《刑法》第140~148条规定的生产、销售伪劣产品罪,生产、销售假药罪,生产、销售劣药罪,生产、销售不符合安全标准的食品罪,生产、销售有毒、有害食品罪,生产、销售不符合标准的医用器材罪,生产、销售不符合安全标准的产品罪,生产、销售伪劣农药、兽药、化肥、种子罪,生产、销售不符合卫生标准的化妆品罪等行为的,对单位判处罚金,并对其直接负责的主管人员和其他直接责任人员,依照各条关于自然人犯罪的规定定罪处罚。

第二节 走 私 罪

第一百五十一条 【走私武器、弹药罪；走私核材料罪；走私假币罪】**走私武器、弹药、核材料或者伪造的货币的，处七年以上有期徒刑，并处罚金或者没收财产；情节特别严重的，处无期徒刑，并处没收财产；情节较轻的，处三年以上七年以下有期徒刑，并处罚金。**

【走私文物罪；走私贵重金属罪；走私珍贵动物、珍贵动物制品罪】**走私国家禁止出口的文物、黄金、白银和其他贵重金属或者国家禁止进出口的珍贵动物及其制品的，处五年以上十年以下有期徒刑，并处罚金；情节特别严重的，处十年以上有期徒刑或者无期徒刑，并处没收财产；情节较轻的，处五年以下有期徒刑，并处罚金。**

【走私国家禁止进出口的货物、物品罪】**走私珍稀植物及其制品等国家禁止进出口的其他货物、物品的，处五年以下有期徒刑或者拘役，并处或者单处罚金；情节严重的，处五年以上有期徒刑，并处罚金。**

单位犯本条规定之罪的，对单位判处罚金，并对其直接负责的主管人员和其他直接责任人员，依照本条各款的规定处罚。

【条文对照】

1997年 《刑法》	2009年 《刑法修正案(七)》	2011年 《刑法修正案(八)》	2015年 《刑法修正案(九)》
第一百五十一条　走私武器、弹药、核材料或者伪造的货币的，处七年以上有期徒刑，并处罚金或者没收财产；情节较轻的，处三年以上七年以下有期徒刑，并处罚金。 走私国家禁止出口的文物、黄金、白银和其他贵重金属或者国家禁止进出口的珍	第一百五十一条　走私武器、弹药、核材料或者伪造的货币的，处七年以上有期徒刑，并处罚金或者没收财产；情节较轻的，处三年以上七年以下有期徒刑，并处罚金。 走私国家禁止出口的文物、黄金、白银和其他贵重金属或者国家禁止进出口的珍	第一百五十一条　走私武器、弹药、核材料或者伪造的货币的，处七年以上有期徒刑，并处罚金或者没收财产；**情节特别严重的，处无期徒刑或者死刑**，并处没收财产；情节较轻的，处三年以上七年以下有期徒刑，并处罚金。 走私国家禁止出口的文物、黄金、白银	第一百五十一条　走私武器、弹药、核材料或者伪造的货币的，处七年以上有期徒刑，并处罚金或者没收财产；情节特别严重的，处无期徒刑，并处没收财产；情节较轻的，处三年以上七年以下有期徒刑，并处罚金。 走私国家禁止出口的文物、黄金、白银

续表

1997年《刑法》	2009年《刑法修正案(七)》	2011年《刑法修正案(八)》	2015年《刑法修正案(九)》
贵动物及其制品的,处五年以上有期徒刑,并处罚金;情节较轻的,处五年以下有期徒刑,并处罚金。 走私国家禁止进出口的珍稀植物及其制品的,处五年以下有期徒刑,并处或者单处罚金;情节严重的,处五年以上有期徒刑,并处罚金。 犯第一款、第二款罪,情节特别严重的,处无期徒刑或者死刑,并处没收财产。 单位犯本条规定之罪的,对单位判处罚金,并对其直接负责的主管人员和其他直接责任人员,依照本条各款的规定处罚。	贵动物及其制品的,处五年以上有期徒刑,并处罚金;情节较轻的,处五年以下有期徒刑,并处罚金。 走私珍稀植物及其制品**等**国家禁止进出口的**其他货物、物品**的,处五年以下有期徒刑**或者拘役**,并处或者单处罚金;情节严重的,处五年以上有期徒刑,并处罚金。 犯第一款、第二款罪,情节特别严重的,处无期徒刑或者死刑,并处没收财产。 单位犯本条规定之罪的,对单位判处罚金,并对其直接负责的主管人员和其他直接责任人员,依照本条各款的规定处罚。	和其他贵重金属或者国家禁止进出口的珍贵动物及其制品的,处五年以上**十年以下**有期徒刑,并处罚金;**情节特别严重的,处十年以上有期徒刑或者无期徒刑,并处没收财产**;情节较轻的,处五年以下有期徒刑,并处罚金。 走私珍稀植物及其制品等国家禁止进出口的其他货物、物品的,处五年以下有期徒刑或者拘役,并处或者单处罚金;情节严重的,处五年以上有期徒刑,并处罚金。 单位犯本条规定之罪的,对单位判处罚金,并对其直接负责的主管人员和其他直接责任人员,依照本条各款的规定处罚。	和其他贵重金属或者国家禁止进出口的珍贵动物及其制品的,处五年以上十年以下有期徒刑,并处罚金;情节特别严重的,处十年以上有期徒刑或者无期徒刑,并处没收财产;情节较轻的,处五年以下有期徒刑,并处罚金。 走私珍稀植物及其制品等国家禁止进出口的其他货物、物品的,处五年以下有期徒刑或者拘役,并处或者单处罚金;情节严重的,处五年以上有期徒刑,并处罚金。 单位犯本条规定之罪的,对单位判处罚金,并对其直接负责的主管人员和其他直接责任人员,依照本条各款的规定处罚。

【条文理解】

本条文共包括4款规定,具体规定了走私武器、弹药罪等7个罪名。

本条第1款是关于走私武器、弹药罪、走私核材料罪、走私假币罪及其处罚的规定。根据本款规定,构成前述3个罪名的走私对象为武器、弹药、核材料以及伪造的货币。

走私武器、弹药罪,是指违法海关法规,走私武器,弹药的行为。本罪的保护法益是货物、物品的进出口管理秩序与不特定或者多数人的生命、身体的安全(公共安全)。《走私案件解释》第2条规定,《刑法》第151条第1款规定的"武器、弹药"的种类,参照《中华人民共和国进口税则》及《中华人民共和国禁止进出境物品表》的有关规定确定。第3条规定,走私枪支散件,构成犯罪的,依照《刑法》第151条第1款的规定,以走私武器罪定罪处罚。成套枪支散件以相应数量的枪支计,非成套枪支散件以每30件为一套枪支散件计。第4条规定,走私各种弹药的弹头、弹壳,构成犯罪的,依照《刑法》第 151 条第 1 款的规定,以走私弹药罪定罪处罚。根据《走私案件解释》第 5 条的规定,《刑法》第 151 条第 1 款规定的"武器、弹药"不包括报废或者无法组装并使用的各种弹药的弹头、弹壳,走私前述物品构成犯罪的,依照《刑法》第 153 条的规定,以走私普通货物、物品罪定罪处罚;前述物品经认定属于废物的,依照《刑法》第 152 条第 2 款的规定,以走私废物罪定罪处罚。弹头、弹壳是否属于"报废或者无法组装并使用"或者"废物",由国家有关技术部门进行鉴定。《刑法》第 151 条第 1 款规定的"武器"不包括国家禁止或者限制进出口的仿真枪、管制刀具,走私前述物品构成犯罪的,依照《刑法》第 151 条第 3 款的规定,以走私国家禁止进出口的货物、物品罪定罪处罚。但是,若走私的仿真枪经鉴定为枪支,构成犯罪的,则依照《刑法》第 151 条第 1 款的规定,以走私武器罪定罪处罚。其中,不以牟利或者从事违法犯罪活动为目的,且无其他严重情节的,可以依法从轻处罚;情节轻微不需要判处刑罚的,可以免予刑事处罚。

走私假币罪,是指违反海关法规,走私伪造的货币的行为。本罪的保护法益是货物、物品进出口管理秩序与货币的公共信用。《刑法》第 151 条规定的"货币",包括正在流通的人民币和境外货币(伪造的境外货币数额、折后成人民币计算)。"伪造的货币",是指依照真实货币的图案、形状、颜色、面额以及质地等制造的假货币,包括人民币以及美元、欧元等境外货币。伪造的境外货币的数额,折合成人民币计算。根据《刑法》第 157 条的规定,武装掩护走私的,依照《刑法》第 151 条第 1 款的规定从重处罚。

本条第 2 款是关于走私文物罪、走私贵重金属罪以及走私珍贵动物、珍贵动物制品罪及其处罚的规定。根据本款规定,构成前述犯罪的走私对象为国家禁止出口的文物、黄金、白银和其他贵重金属或者国家禁止进出口的珍贵动物及其制品。其中,走私文物罪和走私贵重金属罪的行为方式仅限于出口而不包括进口,而走私珍贵动物、珍贵动物制品罪的行为方式包括进口和出口。本款规定中"国家禁止出口的文物",依照《文物保护法》规定的"国家禁止出境的文物"的范围认定。《文物保护法》第 60 条规定,国有文物、非国有文物中的珍贵文物和国家规定禁止出境的其他文物,不得出境;但是依照该法规定出境展览或者因特殊需要经国务院批准出境的除外。此外,根据《走私案件解释》的相关规定,《刑法》第 151 条第 2 款规定的"文物"包括具有科学价值的古脊椎动物化石、古人类化石。本款规定的"珍贵动物",包括列入《国家重点保护野生动物名录》中的国家一、二级保护野生动物,《濒危野生动植物种国际贸易公约》附录Ⅰ、附录Ⅱ中的野生动物,以及驯养繁殖的上述动物。"珍贵动物制品",主要是指珍贵动物的皮、肉、毛、骨等制成品。行为人不以牟利为目的,为留作纪念而走私珍贵动物制品进境,数额不满10万元的,可以免予刑事处罚;情节显著轻微的,不作为犯罪处理。

本条第3款是关于走私国家禁止进出口的货物、物品罪及其处罚的规定。本罪是指违反海关法规,走私珍稀植物及其制品等国家禁止进出口的其他货物、物品的行为。根据本款规定,构成本款规定的犯罪时走私的对象为珍稀植物及其制品等国家禁止进出口的其他货物、物品。其中,“珍稀植物”,是指国家重点保护的原生的天然生长的珍贵植物和原生的天然生长的并具有重要经济、科学、文化价值的稀有之物;“珍稀植物制品”是指利用珍稀植物加工制作的标本、药材等制成品。根据《走私案件解释》第12条的规定,《刑法》第151条第3款规定的“珍稀植物”,包括列入《国家重点保护野生植物名录》《国家重点保护野生药材物种名录》《国家珍贵树种名录》中的国家一、二级保护野生植物、国家重点保护的野生药材、珍贵树木,《濒危野生动植物种国际贸易公约》附录Ⅰ、附录Ⅱ中的野生植物,以及人工培育的上述植物。

本条第4款是关于单位犯罪及其处罚的规定。依照本款规定,单位犯本条规定之罪的,对单位判处罚金,并对其直接负责的主管人员和其他直接责任人员,依照本条各款的规定处罚。

【司法适用】

本条所规定的犯罪与走私普通货物、物品罪之间是特殊与一般的关系。在认定构成本条所规定的犯罪时,需要严格认定行为人走私的物品是否属于武器、弹药、文物、珍贵动物及其制品以及珍稀植物及其制品等特殊物品、货物。本条所列的货物、物品有的是武器、弹药等违禁品,有的是文物、贵重金属等国家禁止出口的物品,成立本条所规定的犯罪,要求行为人明知走私的是武器、弹药、核材料、伪造的货币等特殊货物、物品。若行为人主观上误认为走私的是普通的货物、物品,则构成走私普通货物、物品罪。

根据《走私案件解释》的规定,未经许可进出口国家限制进出口的货物、物品,构成犯罪的,应当以走私国家禁止进出口的货物、物品罪等罪名定罪处罚;偷逃应缴税额,同时又构成走私普通货物、物品罪的,依照处罚较重的规定定罪处罚。行为人租用、借用或者使用购买的他人许可证,进出口国家限制进出口的货物、物品的,以走私国家禁止进出口的货物、物品罪等罪名定罪处罚。行为人在走私的货物、物品中藏匿本条规定的货物、物品,构成犯罪的,以实际走私的货物、物品定罪处罚;构成数罪的,实行数罪并罚。

【司法案例】

蓑口某则走私文物案[①]

[**裁判要旨**]古生物化石不是文物，能否视同为文物予以保护，应依据有关法律规定进行确定。依据《文物保护法》，古脊椎动物化石、古人类化石可以视同为文物，因此，走私这两类古生物化石应以走私文物罪定罪。除此之外的其他古生物化石如无脊椎动物化石等，因《文物保护法》没有规定对其与文物受同等保护，故走私此类古生物化石的行为就不能以走私文物罪追究行为人的刑事责任。

林某杰、卢某强走私普通货物案[②]

[**裁判要旨**]《枪支管理法》规定的枪支，是指以火药或者压缩气体等为动力，利用管状器具发射金属弹丸或者其他物质，足以致人伤亡或者丧失知觉的各种枪支。偷运有一定杀伤力的仿真枪支入境的，应当对该枪支的杀伤力进行鉴定，如果符合“足以致人伤亡或者丧失知觉”标准的，则应该按照《刑法》第 151 条的规定以走私武器、弹药罪论处。不符合上述标准的，应当按照《刑法》第 153 条规定的走私普通货物、物品罪定罪处罚。

第一百五十二条　【走私淫秽物品罪】以牟利或者传播为目的，走私淫秽的影片、录像带、录音带、图片、书刊或者其他淫秽物品的，处三年以上十年以下有期徒刑，并处罚金；情节严重的，处十年以上有期徒刑或者无期徒刑，并处罚金或者没收财产；情节较轻的，处三年以下有期徒刑、拘役或者管制，并处罚金。

【走私废物罪】逃避海关监管将境外固体废物、液态废物和气态废物运输进境，情节严重的，处五年以下有期徒刑，并处或者单处罚金；情节特别严重的，处五年以上有期徒刑，并处罚金。

单位犯前两款罪的，对单位判处罚金，并对其直接负责的主管人员和其他直接责任人员，依照前两款的规定处罚。

---

① 参见《刑事审判参考》总第 53 集第 416 号案例。

② 参见《刑事审判参考》总第 54 集第 423 号案例。

【条文对照】

1997 年《刑法》	2002 年《刑法修正案(四)》
第一百五十二条　以牟利或者传播为目的,走私淫秽的影片、录像带、录音带、图片、书刊或者其他淫秽物品的,处三年以上十年以下有期徒刑,并处罚金;情节严重的,处十年以上有期徒刑或者无期徒刑,并处罚金或者没收财产;情节较轻的,处三年以下有期徒刑、拘役或者管制,并处罚金。 单位犯前款罪的,对单位判处罚金,并对其直接负责的主管人员和其他直接责任人员,依照前款的规定处罚。	第一百五十二条　以牟利或者传播为目的,走私淫秽的影片、录像带、录音带、图片、书刊或者其他淫秽物品的,处三年以上十年以下有期徒刑,并处罚金;情节严重的,处十年以上有期徒刑或者无期徒刑,并处罚金或者没收财产;情节较轻的,处三年以下有期徒刑、拘役或者管制,并处罚金。 **逃避海关监管将境外固体废物、液态废物和气态废物运输进境,情节严重的,处五年以下有期徒刑,并处或者单处罚金;情节特别严重的,处五年以上有期徒刑,并处罚金。** 单位犯前**两**款罪的,对单位判处罚金,并对其直接负责的主管人员和其他直接责任人员,依照前**两**款的规定处罚。

【条文理解】

本条共有 3 款规定,规定了走私淫秽物品罪和走私废物罪两个罪名。

第 1 款是关于走私淫秽物品罪及其处罚的规定。根据本款的规定,走私淫秽物品罪,是指行为人以牟利或者传播为目的,违反海关法规、逃避海关监管,通过运输、携带、邮寄等方式,将淫秽的影片、录像带、录音带、图片、书刊等淫秽物品运输进出国(边)境的行为。本罪的犯罪主体为一般主体,自然人和单位均可以构成本罪。本罪的主观方面必须是出于故意,并且具有牟利或者传播的主观目的。为了自用而走私少量淫秽物品的,不构成本罪。不知走私的物品属于淫秽物品的,也不构成本罪。本罪的客观方面表现为行为人通过运输、携带、邮寄等方式,将淫秽物品运输进出国(边)境。根据本款规定,本罪中的"淫秽物品"主要包括具体描绘性行为或者露骨宣扬色情的诲淫性的影片、录像带、录音带、图片、书刊或者其他淫秽物品。但是,有关人体生理、医学知识的科学著作不属于淫秽物品。包含有色情内容但是具有艺术价值的文学、艺术作品也不属于淫秽物品。

第 2 款是关于走私废物罪及其处罚的规定。根据本款的规定,走私废物罪是指行为人违反海关法规、逃避海关监管,将境外的固体废物、液态废物和气态废物运输进境,情节严重的行为。本罪的保护法益是货物、物品的进出口管理秩序与生态环境。本罪的走私行为仅限于将废物运输进境的行为。本罪的犯罪主体为一般主体,自然人和单位均可以构成本罪。本罪的主观方面必须是出于故意,过失不构成本罪。本罪的客观方面表现为行为人违反海关法规、逃避海关监管,将境外的固体废物、液态废物和气态废物运输进境。因此,将境内的固体废物、液态废物和气态废物运输出境的行为不会构成本罪。根据本款规定,本罪中的“废物”包括固体废物、液态废物和气态废物。本款是《刑法修正案(四)》新增加的犯罪。

第3款是关于单位犯罪的规定。根据本款规定,单位犯走私淫秽物品罪以及走私废物罪的,对单位判处罚金,并对其直接负责的主管人员和其他直接责任人员,依照前两款的规定处罚。

【司法适用】

根据《刑法》第339条第3款的规定,以原料利用为名,进口不能用作原料的固体废物、液态废物和气态废物的,依照走私废物罪定罪处罚。根据《走私案件解释》的规定,行为人走私报废或者无法组装并使用的各种弹药的弹头、弹壳,若认定属于废物的,依照走私废物罪定罪处罚。在走私的货物、物品中藏匿本条规定的货物、物品,构成犯罪的,以实际走私的货物、物品定罪处罚;构成数罪的,实行数罪并罚。此外,本条所规定的犯罪与走私普通货物、物品罪之间是特殊与一般的关系。在认定构成本条所规定的犯罪时,需要严格认定行为人走私的物品是否属于淫秽物品以及废物。成立本条所规定的犯罪,要求行为人明知走私的是淫秽物品或者废物。若行为人主观上误认为走私的是普通的货物、物品,则构成走私普通货物、物品罪。

【司法案例】

应某敏、陆某走私废物、走私普通货物案①

[**裁判要旨**]在走私犯罪案件中,应当根据案情综合判断行为人对夹藏物品是否具有走私的故意。行为人不具有走私的概括故意,对于走私物品中还夹藏有其他不同种类走私物品确实不明知的,不能适用相关规范性文件中“根据实际的走私对象定罪处罚”的规定进行数罪并罚,而应当根据主客观相统一原则,以行为人主观认知的走私对象性质加以定罪处罚。对于客观上走私了夹藏的其他物品的,可作为行为人所构成特定走私犯罪的量刑情节予以评价,以体现罪责刑相适应原则。

第一百五十三条 【走私普通货物、物品罪】走私本法第一百五十一条、第一百五十二条、第三百四十七条规定以外的货物、物品的,根据情节轻重,

① 参见《最高人民法院公报》2014年第5期。

分别依照下列规定处罚：

（一）走私货物、物品偷逃应缴税额较大或者一年内曾因走私被给予二次行政处罚后又走私的，处三年以下有期徒刑或者拘役，并处偷逃应缴税额一倍以上五倍以下罚金。

（二）走私货物、物品偷逃应缴税额巨大或者有其他严重情节的，处三年以上十年以下有期徒刑，并处偷逃应缴税额一倍以上五倍以下罚金。

（三）走私货物、物品偷逃应缴税额特别巨大或者有其他特别严重情节的，处十年以上有期徒刑或者无期徒刑，并处偷逃应缴税额一倍以上五倍以下罚金或者没收财产。

单位犯前款罪的，对单位判处罚金，并对其直接负责的主管人员和其他直接责任人员，处三年以下有期徒刑或者拘役；情节严重的，处三年以上十年以下有期徒刑；情节特别严重的，处十年以上有期徒刑。

对多次走私未经处理的，按照累计走私货物、物品的偷逃应缴税额处罚。

【条文对照】

1997年《刑法》	2011年《刑法修正案（八）》
第一百五十三条　走私本法第一百五十一条、第一百五十二条、第三百四十七条规定以外的货物、物品的，根据情节轻重，分别依照下列规定处罚： （一）走私货物、物品偷逃应缴税额**在五十万元以上的，处十年以上有期徒刑或者无期徒刑**，并处偷逃应缴税额一倍以上五倍以下罚金**或者没收财产；情节特别严重的，依照本法第一百五十一条第四款的规定处罚**。 （二）走私货物、物品偷逃应缴税额**在十五万元以上不满五十万元**的，处三年以上十年以下有期徒刑，并处偷逃应缴税额一倍以上五倍以下罚金**；情节特别严重的，处十年以上有期徒刑或者无期徒刑，并处偷逃应缴税额一倍以上五倍以下罚金或者没收财产**。 （三）走私货物、物品偷逃应缴税额**在五万元以上不满十五万元**的，处**三年以下有期徒刑或者拘役**，并处偷逃应缴税额一倍以上五倍以下罚金。	第一百五十三条　走私本法第一百五十一条、第一百五十二条、第三百四十七条规定以外的货物、物品的，根据情节轻重，分别依照下列规定处罚： （一）走私货物、物品偷逃应缴税额**较大或者一年内曾因走私被给予二次行政处罚后又走私的，处三年以下有期徒刑或者拘役**，并处偷逃应缴税额一倍以上五倍以下罚金。 （二）走私货物、物品偷逃应缴税额**巨大或者有其他严重情节**的，处三年以上十年以下有期徒刑，并处偷逃应缴税额一倍以上五倍以下罚金。 （三）走私货物、物品偷逃应缴税额**特别巨大或者有其他特别严重情节**的，处**十年以上有期徒刑或者无期徒刑**，并处偷逃应缴税额一倍以上五倍以下罚金**或者没收财产**。 单位犯前款罪的，对单位判处罚金，

续表

1997 年《刑法》	2011 年《刑法修正案(八)》
单位犯前款罪的,对单位判处罚金,并对其直接负责的主管人员和其他直接责任人员,处三年以下有期徒刑或者拘役;情节严重的,处三年以上十年以下有期徒刑;情节特别严重的,处十年以上有期徒刑。 对多次走私未经处理的,按照累计走私货物、物品的偷逃应缴税额处罚。	并对其直接负责的主管人员和其他直接责任人员,处三年以下有期徒刑或者拘役;情节严重的,处三年以上十年以下有期徒刑;情节特别严重的,处十年以上有期徒刑。 对多次走私未经处理的,按照累计走私货物、物品的偷逃应缴税额处罚。

【条文理解】

本条共有 3 款内容,第 1 款是关于走私普通货物、物品罪的犯罪构成及其刑罚的规定。根据本款规定,构成走私普通货物、物品罪时,在走私的对象上具有特定性,即行为人走私的对象应是《刑法》第 151 条、第 152 条、第 347 条规定以外的货物、物品。若行为人走私的对象是《刑法》第 151 条、第 152 条、第 347 条规定的货物、物品的,则应按照各条规定定罪处罚。

根据《走私案件解释》第 16 条的规定,行为人走私普通货物、物品,偷逃应缴税额在 10 万元以上不满 50 万元的,应当认定为本款规定的"偷逃应缴税额较大";偷逃应缴税额在 50 万元以上不满 250 万元的,应当认定为"偷逃应缴税额巨大";偷逃应缴税额在 250 万元以上的,应当认定为"偷逃应缴税额特别巨大"。行为人走私普通货物、物品,具有犯罪集团的首要分子,使用特种车辆从事走私活动的,为实施走私犯罪向国家机关工作人员行贿的,教唆、利用未成年人、孕妇等特殊人群走私的,聚众阻挠缉私的五种情形之一,偷逃应缴税额在 30 万元以上不满 50 万元的,应当认定为"其他严重情节";偷逃应缴税额在 150 万元以上不满 250 万元的,应当认定为"其他特别严重情节"。

第 2 款是关于单位犯罪的处罚规定,即单位犯前款罪的,对单位判处罚金,并对其直接负责的主管人员和其他直接责任人员,根据犯罪情节处以相应的刑罚。

第 3 款是关于行为人多次走私未经处理时的处罚规定,即按照累计走私货物、物品的偷逃应缴税额处罚。其中,本款规定的"多次走私未经处理",包括未经行政处理和刑事处理。本条第 1 款、第 3 款规定的"应缴税额",包括进出口货物、物品应当缴纳的进出口关税和进口环节海关代征税的税额。应缴税额以走私行为实施时的税则、税率、汇率和完税价格计算;多次走私的,以每次走私行为实施时的税则、税率、汇率和完税价格逐票计算;走私行为实施时间不能确定的,以案发时的税则、税率、汇率和完税价格计算。

【司法适用】

根据本条第1款的规定,走私普通货物、物品罪,是指行为人违反海关法规、逃避海关监管,通过运输、邮寄、携带等方式运送普通货物、物品进出国(边)境,且偷逃应缴纳税额较大或者1年内曾因走私被给予两次行政处罚后又走私的行为。

本罪的犯罪主体为一般主体,自然人和单位均可以构成本罪。

根据《走私案件意见》第18条的规定,具备下列特征的,可以认定为单位走私犯罪:(1)以单位的名义实施走私犯罪,即由单位集体研究决定,或者由单位的负责人或者被授权的其他人员决定、同意;(2)为单位谋取不正当利益或者违法所得大部分归单位所有。而且,依照相关司法解释的规定,个人为进行违法犯罪活动而设立的公司、企业、事业单位实施犯罪的,或者个人设立公司、企业、事业单位后,以实施犯罪为主要活动的,不以单位犯罪论处。单位是否以实施犯罪为主要活动,应根据单位实施走私行为的次数、频度、持续时间、单位进行合法经营的状况等因素综合考虑认定。根据单位人员在单位走私犯罪活动中所发挥的不同作用,对其直接负责的主管人员和其他直接责任人员,可以确定为一人或者数人。对于受单位领导指派而积极参与实施走私犯罪行为的人员,如果其行为在走私犯罪的主要环节起重要作用的,可以认定为单位犯罪的直接责任人员。根据《走私案件解释》的规定,本条中的"应缴税额"包括进出口货物、物品应当缴纳的进出口关税和进口环节海关代征税的税额。

本罪在主观方面要求是故意,过失不构成本罪。而且在认定本罪时,不要求行为人主观上必须具备牟利的目的。在认定犯罪嫌疑人是否构成走私普通货物、物品罪时,可以根据立案标准以及《走私案件意见》,着重审查其是否具备走私的主观故意。

根据《走私案件意见》第5条、第6条的规定,在认定走私犯罪嫌疑人、被告人是否具有主观故意时,若行为人明知自己的行为违反国家法律法规,逃避海关监管,偷逃进出境货物、物品的应缴税额,或者逃避国家有关进出境的禁止性管理,并且希望或者放任危害结果发生的,应认定为具有走私的主观故意。而且,走私主观故意中的"明知"是指行为人知道或者应当知道所从事的行为是走私行为。具有下列7种情形之一的,可以认定为"明知",但有证据证明确属被蒙骗的除外:(1)逃避海关监管,运输、携带、邮寄国家禁止进出境的货物、物品的;(2)用特制的设备或者运输工具走私货物、物品的;(3)未经海关同意,在非设关的码头、海(河)岸、陆路边境等地点,运输(驳载)、收购或者贩卖非法进出境货物、物品的;(4)提供虚假的合同、发票、证明等商业单证委托他人办理通关手续的;(5)以明显低于货物正常进(出)口的应缴税额委托他人代理进(出)口业务的;(6)曾因同一种走私行为受过刑事处罚或者行政处罚的;(7)其他有证据证明的情形。若犯罪嫌疑人主观上具有走私犯罪故意,但对其走私的具体对象不明确的,不影响走私犯罪构成,应当根据实际的走私对象定罪处罚。但是,确有证据证明行为人因受蒙骗而对走私对象发生认识错误的,可以从轻处罚。

本罪侵犯的客体是国家对外贸易管制中关于普通货物、物品进出口的监管制度和税收关税制度。

本罪在客观方面表现为行为人违反海关法规、逃避海关监管,通过运输、邮寄、携带等方式运送普通货物、物品进出国(边)境,且偷逃应缴纳税额较大或者1年内曾因走私被给予两次行政处罚后又走私。其中,本款规定的"一年内曾因走私被给予二次行政处罚后又走私"中的"一年内",以因走私第一次受到行政处罚的生效之日与"又走私"行为实施之日的时间间隔计算确定;"被给予二次行政处罚"的走私行为,包括走私普通货物、物品以及其他货物、物品;"又走私"行为仅指走私普通货物、物品。根据最高人民检察院《关于擅自销售进料加工保税货物的行为法律适用问题的解释》的规定,保税货物,是指经海关批准未办理纳税手续进境,在境内储存、加工、装配后复运出境的货物。经海关批准进口的进料加工的货物属于保税货物。未经海关许可并且未补缴应缴税额,擅自将批准进口的进料加工的原材料、零件、制成品、设备等保税货物,在境内销售牟利,偷逃应缴税额在5万元以上的,依照《刑法》第153条、第154条的规定,以走私普通货物、物品罪追究刑事责任。

根据《走私案件解释》第23条的规定,实施走私犯罪,具有下列情形之一的,应当认定为犯罪既遂:(1)在海关监管现场被查获的;(2)以虚假申报方式走私,申报行为实施完毕的;(3)以保税货物或者特定减税、免税进口的货物、物品为对象走私,在境内销售的,或者申请核销行为实施完毕的。

【司法案例】

谢某威、梁某玲走私制毒物品案①

[**裁判要旨**](1)判断某种物品是否为制毒物品,应当依据国家相关法律、行政法规的规定。国家相关法律、行政法规未规定为制毒物品的,即使该物品可以用于制造毒品,亦不能将其认定为制毒物品。(2)根据《刑法》第350条的规定,构成走私制毒物品罪必须要求行为人具有明知是制毒物品而走私的犯罪故意。如果行为人确实不知道所走私的物品是制毒物品,且其走私目的系用于正当生产经

---

① 参见《最高人民法院公报》2007年第9期。

营,即使该物品可以用于制毒,亦不能认定行为人具有走私制毒物品的犯罪故意。

舟山市某远洋渔业有限公司、李某某走私普通货物案①

[**裁判要旨**]海关监管的进口货物包含经过依法批准的国内远洋渔业企业运回的在公海上捕捞的水产品。在未能继续取得农业部远洋渔业项目确认的情况下,冒用其他船只具有的远洋自捕水产品免税的资格在公海上进行远洋鱿钓作业,之后向海关进行申报并免税进口的,其主观上具备了逃避海关监管的故意,客观上实施了走私进口货物的行为,无论是单位还是自然人,其行为均构成走私普通货物罪。

第一百五十四条　【走私普通货物、物品罪】下列走私行为,根据本节规定构成犯罪的,依照本法第一百五十三条的规定定罪处罚:

(一)未经海关许可并且未补缴应缴税额,擅自将批准进口的来料加工、来件装配、补偿贸易的原材料、零件、制成品、设备等保税货物,在境内销售牟利的;

(二)未经海关许可并且未补缴应缴税额,擅自将特定减税、免税进口的货物、物品,在境内销售牟利的。

【条文理解】

本条规定共包括两项内容,主要针对走私货物、物品罪的特殊形式,分别规定了走私保税货物和特定减税、免税进口的货物、物品两类犯罪行为。

根据本条第1项的规定,未经海关许可并且未补缴应缴税额,擅自将批准进口的来料加工、来件装配、补偿贸易的原材料、零件、制成品、设备等保税货物在境内销售牟利,个人偷逃应缴税额在10万元以上、单位在20万元以上的,依照刑法关于走私普通货物、物品罪的规定定罪处罚。

根据本条第2项的规定,未经海关许可并且未补缴应缴税额,擅自将特定减税、免税进口的货物、物品,在境内销售牟利,个人偷逃应缴税额在10万元以上、单位在20万元以上的,依照刑法关于走私普通货物、物品罪的规定定罪处罚。

【司法适用】

本条第1项中所指的"保税货物",是指经海关批准,未办理纳税手续进境,在

---

① 参见《刑事审判参考》总第105集第1199号案例。

境内储存、加工、装配后应予复运出境的货物,包括通过加工贸易、补偿贸易等方式进口的货物,以及在保税仓库、保税工厂、保税区或者免税商店内等储存、加工、寄售的货物。

本条第2项中所指的“特定减税、免税进口的货物、物品”,需要依照海关法的规定进行认定。根据《海关法》第56条的规定,对于无商业价值的广告品和货样;外国政府、国际组织无偿赠送的物资;在海关放行前遭受损坏或者损失的货物;规定数额以内的物品;法律规定减征、免征关税的其他货物、物品;中华人民共和国缔结或者参加的国际条约规定减征、免征关税的货物、物品等六类进出口货物、进出境物品,减征或者免征关税。根据《海关法》第57条的规定,特定地区、特定企业或者有特定用途的进出口货物,可以减征或者免征关税。因此,本项规定中所指的“特定减税、免税进口的货物、物品”,是指我国海关根据国家政策规定,准予减税、免税进出口使用于特定地区、特定企业、特定用途的货物。其中,特定地区是指我国关境内由行政法规规定的某一特别限定区域。如经国务院批准的海关特殊监管区域——出口加工区、保税区以及自由贸易试验区等。享受减免税优惠的进口货物只能在这些特别的区域内保管使用。特定企业是指由国务院制定的行政法规专门规定的企业,如外商投资企业、勘探和开发海洋或陆地石油的企业等,享受减免税优惠的进口货物只能由这些专门规定的企业使用。特定用途是指根据规定可以享受减免税优惠的进口货物只能用于行政法规专门规定的用途,如科学研究机构和学校进口的专用科教用品,残疾人专用用品及残疾人组织和单位进口的货物,国家重点项目进口货物,通信、港口、铁路、公路、机场建设进口设备等。

此外,根据《走私案件意见》第13条的规定,本条第1、2项规定的“销售牟利”,是指行为人主观上为了牟取非法利益而擅自销售海关监管的保税货物、特定减免税货物。该种行为是否构成犯罪,应当根据偷逃的应缴税额是否达到《刑法》第153条及相关司法解释规定的数额标准予以认定。实际获利与否或者获利多少并不影响定罪。

第一百五十五条 【*以走私罪论处的间接走私行为*】**下列行为,以走私罪论处,依照本节的有关规定处罚:**

(一)直接向走私人非法收购国家禁止进口物品的,或者直接向走私人非法收购走私进口的其他货物、物品,数额较大的;

（二）在内海、领海、界河、界湖运输、收购、贩卖国家禁止进出口物品的，或者运输、收购、贩卖国家限制进出口货物、物品，数额较大，没有合法证明的。

【条文对照】

1997年《刑法》	2002年《刑法修正案（四）》
第一百五十五条　下列行为，以走私罪论处，依照本节的有关规定处罚： （一）直接向走私人非法收购国家禁止进口物品的，或者直接向走私人非法收购走私进口的其他货物、物品，数额较大的； （二）在内海、领海运输、收购、贩卖国家禁止进出口物品的，或者运输、收购、贩卖国家限制进出口货物、物品，数额较大，没有合法证明的； **（三）逃避海关监管将境外固体废物运输进境的。**	第一百五十五条　下列行为，以走私罪论处，依照本节的有关规定处罚： （一）直接向走私人非法收购国家禁止进口物品的，或者直接向走私人非法收购走私进口的其他货物、物品，数额较大的； （二）在内海、领海、**界河、界湖**运输、收购、贩卖国家禁止进出口物品的，或者运输、收购、贩卖国家限制进出口货物、物品，数额较大，没有合法证明的。

【条文理解】

本条文共包括两项内容，主要规定了行为人直接向走私人非法收购国家禁止进口或者走私进口的货物、物品以及在内海、领海、界河、界湖运输、收购、贩卖国家禁止进出口或者限制进出口的货物、物品的两种间接走私的犯罪行为。

根据本条第1项的规定，行为人直接向走私人非法收购国家禁止进口物品的，或者直接向走私人非法收购走私进口的其他货物、物品的，属于间接走私行为。数额较大的，依照相关走私犯罪的规定定罪处罚。

根据本条第2项的规定，行为人在内海、领海、界河、界湖运输、收购、贩卖国家禁止进出口物品的，或者运输、收购、贩卖国家限制进出口货物、物品的，属于间接走私行为。数额较大且没有合法证明的，依照相关走私犯罪的规定定罪处罚。

其中，内海包括内河的入海口水域。

【司法适用】

在司法适用上，因为《刑法》并未将间接走私行为规定为独立的罪名，所以对于间接走私行为，需要根据行为人具体走私的对象及有关条件，具体确定构成何种走私罪名。

认定行为人构成本条第1项规定的犯罪行为时，需要行为人明知对方是走私人，而直接向其非法收购国家禁止进口物品的，或者直接向走私人非法收购走私进口的其他货物、物品。若不是直接向走私人收购走私的货物、物品,则不能按照本项规定以走私罪论处。此外,对间接走私行为以走私罪论处时,还需要涉案数额达到“数额较大”的标准,具体是偷逃应缴纳税额个人在10万元以上,单位在20万元以上。若走私的货物、物品是武器、弹药、核材料、假币、珍贵动物及其制品、珍稀植物及其制品、淫秽物品的,则没有涉案数额的限制。

认定行为人构成本条第2项规定的犯罪行为时,犯罪行为的发生地是在我国的内海、领海、界河和界湖,其中的“内海”包括内河的入海口水域。不是在上述区域运输、收购、贩卖国家禁止进出口或者限制进出口的货物、物品的,不能以走私罪论处。犯罪的对象是国家禁止进出口或者限制进出口的货物、物品。其中,国家禁止进出口或者限制进出口的货物、物品的范围,需要依据《中华人民共和国禁止进出境物品表》《中华人民共和国限制进出境物品表》等文件来具体确定。根据《走私案件意见》第14条的规定,对本条第2项规定的实施海上走私犯罪行为的运输人、收购人或者贩卖人应当追究刑事责任。对运输人,一般追究运输工具的负责人或者主要责任人的刑事责任,但对于事先通谋的、集资走私的或者使用特殊的走私运输工具从事走私犯罪活动的,可以追究其他参与人员的刑事责任。根据《走私案件解释》第20条的规定,直接向走私人非法收购走私进口的货物、物品,在内海、领海、界河、界湖运输、收购、贩卖国家禁止进出口的物品,或者没有合法证明,在内海、领海、界河、界湖运输、收购、贩卖国家限制进出口的货物、物品,构成犯罪的,应当按照走私货物、物品的种类,分别依照《刑法》第151~153条、第347条、第350条的规定定罪处罚。

第一百五十六条 【走私共犯】与走私罪犯通谋,为其提供贷款、资金、帐号、发票、证明,或者为其提供运输、保管、邮寄或者其他方便的,以走私罪的共犯论处。

【条文理解】

全国人民代表大会常务委员会《关于惩治走私罪的补充规定》第8条规定了本条文的内容,1997年修订《刑法》时将该条内容吸收纳入刑法中。根据本条的规定,行为人与走私罪犯通谋,为其提供贷款、资金、账号、发票、证明,或者为其提供运输、保管、邮寄或者其他方便的,以走私罪的共犯论处。其中所指的“通谋”,是指犯罪行为人之间事先或者事中形成的共同的走私故意。下列情形可以认定为通谋:(1)对明知他人从事走私活动而同意为其提供贷款、资金、账号、发票、证明、海关单证,提供运输、保管、邮寄或者其他方便的;(2)多次为同一走私犯罪分子的走私行为提供前项帮助的。

【司法适用】

行为人构成走私罪的共犯时,需要满足下述两个条件:一是行为人在主观上具有为走私罪犯提供贷款、资金、账号、发票、证明以及其他方便的犯罪故意。二是行为人在客观上实施了为走私罪犯提供贷款、资金、账号、发票、证明,或者为其提供运输、保管、邮寄或者其他方便的行为。其中,“提供贷款、资金”,是指行为人为走私罪犯提供贷款、资金给走私罪犯从事犯罪活动;提供“帐号”,是指行为人将本人或者单位在银行或者金融机构中设立的账号提供给走私罪犯,供其在走私中使用;提供“发票”,是指行为人为走私罪犯提供可作为记账、纳税、报销等凭据的写有售出商品名称、数量、价格等内容的发票或者空白发票等;“提供证明”,是指行为人为走私罪犯提供运输、收购、贩卖走私货物、物品所需要的相关证明;“提供运输方便”,是指行为人为走私罪犯运输走私货物、物品提供运输工具、运输服务等;“提供保管方便”,是指行为人为走私罪犯存放走私货物、物品提供存放仓库、场所或者代为储存、保管等便利;“提供邮寄方便”,是指行为人明知他人邮寄的物品是国家禁止进出口的物品,或者是超过国家规定的进出境限额的物品而准予邮寄的行为;“提供其他方便”,是指《刑法》所列举的帮助形式之外的其他帮助方法,例如为走私罪犯提供重要信息等。“以走私罪的共犯论处”,即是依照行为人在走私共同犯罪中的地位以及作用,按照走私罪犯所实施走私犯罪的具体性质和相应的法定刑来定罪处罚。

另外,在司法实践中,有一些“公司”专门为货主实施走私行为,对这些“公司”不能仅认定为从犯,而应按正犯或者共同正犯处罚。

【司法案例】

广州顺亨汽车配件贸易有限公司等走私普通货物案①

[**裁判要旨**]对于涉案被告人及被告单位较多的共同走私犯罪,在界定犯罪中的主、从犯时,可以从两个层面对主、从犯认定问题予以辨析:(1)被告单位之间主、从犯的认定;(2)单位内部责任人员主、从犯的认定。关于被告单位之间主、从犯的认定,被告单位在共同犯罪中起主要作用的,是主犯,依法应当按照其所参与的全部犯罪处罚。被告单位在共同犯罪中起次要作用的,是从犯,依法从轻、减轻或者免除处罚。作为主犯的被告单位的主要负责人应当追究主犯责任;所在单位

① 参见《刑事审判参考》总第93集第873号案例。

不是主犯,但行为人在共同犯罪中起主要作用的依法可以认定为主犯;从犯单位负责人若在共同犯罪中所起作用不大,依法可以认定为从犯。走私单位的普通员工在共同犯罪中所处地位和作用属次要时,应当认定为从犯。

第一百五十七条 【武装掩护走私、抗拒缉私的处罚规定】**武装掩护走私的,依照本法第一百五十一条第一款的规定从重处罚。**

以暴力、威胁方法抗拒缉私的,以走私罪和本法第二百七十七条规定的阻碍国家机关工作人员依法执行职务罪,依照数罪并罚的规定处罚。

【条文对照】

1997 年《刑法》	2011 年《刑法修正案(八)》
第一百五十七条 武装掩护走私的,依照本法第一百五十一条第一款、**第四款**的规定从重处罚。 以暴力、威胁方法抗拒缉私的,以走私罪和本法第二百七十七条规定的阻碍国家机关工作人员依法执行职务罪,依照数罪并罚的规定处罚。	第一百五十七条 武装掩护走私的,依照本法第一百五十一条第一款的规定从重处罚。 以暴力、威胁方法抗拒缉私的,以走私罪和本法第二百七十七条规定的阻碍国家机关工作人员依法执行职务罪,依照数罪并罚的规定处罚。

【条文理解】

本条共分为两款内容,第 1 款规定的是对武装掩护走私的行为,依照《刑法》第 151 条第 1 款的规定从重处罚,即按照走私武器、弹药罪、走私核材料罪、走私假币罪的处罚规定从重处罚。《刑法》第 151 条第 1 款规定了 3 档量刑幅度,具体为:构成犯罪的,处 7 年以上有期徒刑,并处罚金或者没收财产;情节特别严重的,处无期徒刑,并处没收财产;情节较轻的,处 3 年以上 7 年以下有期徒刑,并处罚金。第 2 款规定的是对于以暴力、威胁方法抗拒缉私的行为,应以走私罪和阻碍国家机关工作人员依法执行职务罪数罪并罚。

【司法适用】

本条文在司法适用中,应注意以下两点内容:

第 1 款中所指的"武装掩护走私",是指行为人为了顺利实施走私活动,携带武器装备或者雇请武装人员,采取警戒、压制等手段,为走私活动提供安全保障。此处所指的武器装备应当是行为人所走私物品之外携带的武器装备,若行为人走私的对象本身即是武器、弹药的话,在未使用走私的武器、弹药来掩护走私时,不属于武装掩护走私。在实践中,有的犯罪分子在遇到缉私检查时,公然持武器进行抵抗,有的没有用武器进行抵抗或者没有来得及用武器进行抵抗便被捕获。只要犯罪分子携带武器武装掩护,无论是否使用武器,都不影响本罪的成立。而且,只要行为人武装掩护走私,不论其走私的对象是什么以及走私数量的多少,原则上都应按犯罪处理,即并不要求行为人的走私行为本身达到构成走私犯罪的标准。此外,对于武装掩护走私的行为,《刑法》并没有规定独立的罪名,对该类行为应当根据武装掩护的走私行为所触犯的具体罪名来定罪,如武装掩护走私假币的,以走私假币罪定罪,并从重处罚。

第 2 款中所指的“暴力”,一般指使用有形的力量,如殴打、撕咬、捆绑等行为,但不能包括故意杀人、故意伤害等行为。即本款规定中所指的“暴力”仅包括恶性程度较低的一般暴力行为,若行为人采用故意杀人、故意伤害的方式抗拒缉私的,则应按照走私罪和故意杀人罪或故意伤害罪数罪并罚。本款规定中的“威胁”,一般指使用无形的力量使对方形成精神压力或心理恐惧,如扬言对缉私人员使用暴力、威胁杀害、毁坏其财产、报复其家人等。此外应注意的是,根据《刑法》第 69 条的规定,数罪并罚,是指对两个以上独立的犯罪行为实行并罚。因此,按照本款规定对行为人数罪并罚的前提,是行为人的走私行为已经构成犯罪,且同时存在以暴力、威胁方法抗拒缉私的行为。如果行为人的走私行为尚不构成走私罪但使用暴力、威胁方法抗拒缉私,则只能按《刑法》第 277 条的规定,以妨害公务罪定罪处罚。

第三节　妨害对公司、企业的管理秩序罪

第一百五十八条　【虚报注册资本罪】申请公司登记使用虚假证明文件或者采取其他欺诈手段虚报注册资本,欺骗公司登记主管部门,取得公司登记,虚报注册资本数额巨大、后果严重或者有其他严重情节的,处三年以下有期徒刑或者拘役,并处或者单处虚报注册资本金额百分之一以上百分之五以下罚金。

单位犯前款罪的,对单位判处罚金,并对其直接负责的主管人员和其他直接责任人员,处三年以下有期徒刑或者拘役。

【条文理解】

虚报注册资本罪是指申请公司登记使用虚假证明文件或者采取其他欺诈手段虚报注册资本,欺骗公司登记主管部门,取得公司登记,虚报注册资本数额巨大、后果严重或者有其他严重情节的行为。本罪的具体构成要件是:

(1)本罪侵犯的客体是国家有关公司登记的管理秩序。

(2)本罪在客观方面包括:①申请公司登记使用虚假证明文件或者采取其他欺诈手段虚报注册资本,欺骗公司登记主管部门。其中,“虚报注册资本”是指公司股东的实际出资额低于申请公司登记的法定最低出资额且谎称已经达到了法定出资额的情形;“虚假证明文件”是指申请公司登记时提供内容失实或者有虚假内容的验资、评估报告等证明文件;“其他欺诈手段”是指除虚假证明文件之外的其他骗取公司登记的方法。构成本罪时,行为人欺骗的对象是公司登记主管部门,且已经取得公司登记。②已经取得公司登记,即已被公司登记机关批准登记注册并已领取企业法人营业执照。欺诈手段被登记机关发觉而未予登记的,不成立本罪。③虚报注册资本数额巨大、后果严重或者有其他严重情节,具备三者之一,即可构成本罪。④本罪在犯罪主体上是一般主体,包括任何年满 16 周岁、具有刑事责任能力的自然人及单位。⑤本罪在犯罪主观方面是故意,即行为人具有骗取公司登记和营业执照的主观目的。

本条规定共包括两款内容,依据第 1 款规定,申请公司登记使用虚假证明文件或者采取其他欺诈手段虚报注册资本,欺骗公司登记主管部门,取得公司登记,虚报注册资本数额巨大、后果严重或者有其他严重情节的行为,构成虚报注册资本罪。对于本款规定中“数额巨大、后果严重或者有其他严重情节”的认定标准,《立案追诉标准(二)》第 3 条有明确规定。

注册资本,是指合营企业在登记管理机构登记的资本总额,是合营各方已经缴纳的或合营者承诺一定要缴纳的出资额的总和。我国法律、法规规定,合营企业成立之前必须在合营企业合同、章程中明确企业的注册资本、合营各方的出资额、出资比例、利润分配和亏损分担的比例,并向登记机构登记。在注册资本上,存在认缴制和实缴制两种制度。认缴制又叫注册资本认缴登记制,营业执照只登记公司所有股东认缴的注册资本总额,不强制要求提交验资报告。实缴制是指公司营业执照上的注册资本数额是多少,银行的验资账户上就必须存有这个数目的资金。2013 年修正的《公司法》将注册资本实缴登记制改为认缴登记制,取消了关于公司股东(发起人)应当自公司成立之日起两年内缴足出资,投资公司可以在 5 年内缴足出资的规定,即“注册资本”的登记管理已经从“实缴登记制”调整为

“认缴登记制”。

第 2 款规定是单位犯本罪时的处罚规定,即对单位判处罚金,并对其直接负责的主管人员和其他直接责任人员,处 3 年以下有期徒刑或者拘役。

【司法适用】

根据全国人民代表大会常务委员会《关于〈中华人民共和国刑法〉第一百五十八条、第一百五十九条的解释》的规定,本条关于虚报注册资本罪的规定,只适用于依法实行注册资本实缴登记制的公司,不适用于注册资本认缴登记制的公司。2023 年《公司法》修改后,“注册资本”的登记管理制度调整为 5 年实缴。根据《商业银行法》《保险法》等法律、行政法规以及国务院的明确规定,采取募集方式设立的股份有限公司,商业银行,外资银行,金融资产管理公司,信托公司,财务公司,金融租赁公司,汽车金融公司,消费金融公司,货币经纪公司,村镇银行,贷款公司,农村信用合作联社,农村资金互助社,证券公司,期货公司,基金管理公司,保险公司,保险专业代理机构、保险经纪人,外资保险公司,直销企业,对外劳务合作企业,融资性担保公司,劳务派遣企业,典当行,保险资产管理公司,小额贷款公司等。因此,只有前述实行注册资本实缴登记制的公司类型中的相关人员或单位,在申请公司登记时才有可能构成虚报注册资本罪。

最高人民检察院、公安部《关于严格依法办理虚报注册资本和虚假出资抽逃出资刑事案件的通知》中指出,根据 2013 年修改的《公司法》和全国人大常委会立法解释,自 2014 年 3 月 1 日起,除依法实行注册资本实缴登记制的公司[参见《国务院关于印发注册资本登记制度改革方案的通知》(国发〔2014〕7 号)]以外,对申请公司登记的单位和个人不得以虚报注册资本罪追究刑事责任;对公司股东、发起人不得以虚假出资、抽逃出资罪追究刑事责任。对依法实行注册资本实缴登记制的公司涉嫌虚报注册资本和虚假出资、抽逃出资犯罪的,各级公安机关、检察机关依照《刑法》和《立案追诉标准(二)》的相关规定追究刑事责任时,应当认真研究行为性质和危害后果,确保执法办案的法律效果和社会效果。

虚报注册资本罪和虚假出资罪在行为侵犯的客体、行为关系、行为目的及危害性方面不同。虚报注册资本罪和虚假出资罪的区别在于:(1)在侵犯的客体方面,虚报注册资本罪侵犯的客体是工商行政管理登记制度,虚假出资罪侵犯的客体是公司出资制度。虚报注册资本罪使潜在债权人的利益受到威胁,而虚假出资罪则不仅将潜在债权人的利益置于危险之中,同时还侵犯公司其他股东的实际利益。(2)在行为关系方面,虚报注册资本是公司整体行为,欺骗对象指向公司之外的登记管理部门,具有对外欺骗性;而虚假出资为公司发起人、股东的个人行为,具有对内欺骗性，必须是部分发起人、股东对公司其他发起人、股东的欺骗。(3)在行为目的及危害性方面，虚报注册资本行为的目的在于非法取得公司登记；虚假出资行为的目的则在于通过少出资或者不出资的方式谋取利益。公司设立登记过程中，未交付货币，采用他人垫资的欺诈方式骗取验资证明，进而取得公司设立登记的行为，从形式上看似乎存在虚报注册资本与虚假出资两种犯罪行为的交织，实际上对行为人的行为应认定为虚报注册资本罪。

【司法案例】

管某虚报注册资本案①

［**裁判要旨**］使用虚假的资信证明和其他证明文件，虚报注册资本，骗取公司登记，虚报注册资本的数额巨大，在骗取了公司登记后，不仅不在核定的经营范围内开展经营活动，反而利用公司账户"倒账"，为其他公司注入虚假的资本提供便利，破坏国家对工商、金融活动进行的监控、管理，后果严重，行为已构成虚报注册资本罪。

第一百五十九条　【虚假出资、抽逃出资罪】公司发起人、股东违反公司法的规定未交付货币、实物或者未转移财产权，虚假出资，或者在公司成立后又抽逃其出资，数额巨大、后果严重或者有其他严重情节的，处五年以下有期徒刑或者拘役，并处或者单处虚假出资金额或者抽逃出资金额百分之二以上百分之十以下罚金。

单位犯前款罪的，对单位判处罚金，并对其直接负责的主管人员和其他直接责任人员，处五年以下有期徒刑或者拘役。

【条文理解】

本条文共包括两款内容，第 1 款规定了虚假出资、抽逃出资罪的行为方式及其处罚。公司发起人、股东违反《公司法》的规定未交付货币、实物或者未转移财产权，虚假出资，或者在公司成立后又抽逃其出资，数额巨大、后果严重或者有其他严重情节的，构成虚假出资、抽逃出资罪。对于本款规定中"数额巨大、后果严重或者有其他严重情节"的认定标准，《立案追诉标准(二)》第 4 条有明确规定。

① 参见《最高人民法院公报》2000 年第 4 期。

第2款规定了单位犯本罪时的处罚规定,即对单位判处罚金,并对其直接负责的主管人员和其他直接责任人员,处5年以下有期徒刑或者拘役。

【司法适用】

根据本条的规定,虚假出资、抽逃出资罪,是指公司发起人、股东违反《公司法》的规定未交付货币、实物或者未转移财产权,虚假出资,或者在公司成立后又抽逃其出资,数额巨大、后果严重或者有其他严重情节的行为。本罪名为选择性罪名,行为表现为违反《公司法》的规定,或者在公司成立前虚假出资,或者在公司成立后抽逃出资,并要求具备数额巨大、后果严重或其他严重情节之一。

本罪的主体为特殊主体,即公司的发起人和股东。本罪中的"公司"仅限于依法实行注册资本实缴登记制的公司。"公司发起人"是指依法设立公司的个人或者单位。"股东"是指公司的出资人。2013年修正的《公司法》将注册资本实缴登记制改为认缴登记制,取消了关于公司股东(发起人)应当自公司成立之日起两年内缴足出资,投资公司可以在5年内缴足出资的规定。根据前述修改,全国人民代表大会常务委员会《关于〈中华人民共和国刑法〉第一百五十八条、第一百五十九条的解释》中作出相应规定,本条关于虚假出资、抽逃出资罪的规定,只适用于依法实行注册资本实缴登记制的公司,不适用于注册资本认缴登记制的公司。即只有实行注册资本实缴登记制的公司的发起人、股东才会构成虚假出资、抽逃出资罪。根据《商业银行法》《保险法》等法律、行政法规以及国务院的明确规定,目前仍有部分行业暂不实行注册资本认缴登记制,而是继续实行注册资本实缴登记制。主要包括:采取募集方式设立的股份有限公司,商业银行,外资银行,金融资产管理公司,信托公司,财务公司,金融租赁公司,汽车金融公司,消费金融公司,货币经纪公司,村镇银行,贷款公司,农村信用合作联社,农村资金互助社,证券公司,期货公司,基金管理公司,保险公司,保险专业代理机构、保险经纪人,外资保险公司,直销企业,对外劳务合作企业,融资性担保公司,劳务派遣企业,典当行,保险资产管理公司,小额贷款公司等。

最高人民检察院、公安部《关于严格依法办理虚报注册资本和虚假出资抽逃出资刑事案件的通知》中指出,根据2013年新修改的公司法和全国人大常委会立法解释,自2014年3月1日起,除依法实行注册资本实缴登记制的公司[参见《国务院关于印发注册资本登记制度改革方案的通知》(国发〔2014〕7号)]以外,对申请公司登记的单位和个人不得以虚报注册资本罪追究刑事责任;对公司股东、发起人不得以虚假出资、抽逃出资罪追究刑事责任。对依法实行注册资本实缴登记制的公司涉嫌虚报注册资本和虚假出资、抽逃出资犯罪的,各级公安机关、检察机关依照刑法和《立案追诉标准(二)》的相关规定追究刑事责任时,应当认真研究行为性质和危害后果,确保执法办案的法律效果和社会效果。

本罪在主观方面为故意,即公司的发起人和股东在主观上具有虚假出资、抽逃出资的故意。

本罪侵犯的客体是国家有关设立公司的出资管理秩序。

本罪的客观方面表现为行为人违反公司法的规定未交付货币、实物或者未转移财产权,虚假出资,或者在公司成立后又抽逃其出资。《公司法》第 49 条第 1、2 款规定,股东应当按期足额缴纳公司章程中规定的各自所认缴的出资额。股东以货币出资的,应当将货币出资足额存入有限责任公司在银行开设的账户;以非货币财产出资的,应当依法办理其财产权的转移手续。第 53 条第 1 款规定,公司成立后,股东不得抽逃出资。根据前述《公司法》的规定,股东以货币出资的,应当将货币出资足额存入指定账户,以非货币财产出资的,应当依法办理财产权转移手续,而不能不交付货币、实物或者不转移财产权。若实施虚假出资、抽逃出资的行为,数额巨大、后果严重或者有其他严重情节,则可能构成虚假出资、抽逃出资罪。

第一百六十条 【欺诈发行证券罪】在招股说明书、认股书、公司、企业债券募集办法等发行文件中隐瞒重要事实或者编造重大虚假内容,发行股票或者公司、企业债券、存托凭证或者国务院依法认定的其他证券,数额巨大、后果严重或者有其他严重情节的,处五年以下有期徒刑或者拘役,并处或者单处罚金;数额特别巨大、后果特别严重或者有其他特别严重情节的,处五年以上有期徒刑,并处罚金。

控股股东、实际控制人组织、指使实施前款行为的,处五年以下有期徒刑或者拘役,并处或者单处非法募集资金金额百分之二十以上一倍以下罚金;数额特别巨大、后果特别严重或者有其他特别严重情节的,处五年以上有期徒刑,并处非法募集资金金额百分之二十以上一倍以下罚金。

单位犯前两款罪的,对单位判处非法募集资金金额百分之二十以上一倍以下罚金,并对其直接负责的主管人员和其他直接责任人员,依照第一款的规定处罚。

【条文对照】

1997年《刑法》	2020年《刑法修正案(十一)》
第一百六十条　在招股说明书、认股书、公司、企业债券募集办法中隐瞒重要事实或者编造重大虚假内容,发行股票或者公司、企业债券,数额巨大、后果严重或者有其他严重情节的,处五年以下有期徒刑或者拘役,并处或者单处**非法募集资金金额百分之一以上百分之五以下**罚金。 单位犯前款罪的,对单位判处罚金,并对其直接负责的主管人员和其他直接责任人员,处五年以下有期徒刑或者拘役。	第一百六十条　在招股说明书、认股书、公司、企业债券募集办法**等发行文件**中隐瞒重要事实或者编造重大虚假内容,发行股票或者公司、企业债券**、存托凭证或者国务院依法认定的其他证券**,数额巨大、后果严重或者有其他严重情节的,处五年以下有期徒刑或者拘役,并处或者单处罚金**;数额特别巨大、后果特别严重或者有其他特别严重情节的,处五年以上有期徒刑,并处罚金**。 **控股股东、实际控制人组织、指使实施前款行为的,处五年以下有期徒刑或者拘役,并处或者单处非法募集资金金额百分之二十以上一倍以下罚金;数额特别巨大、后果特别严重或者有其他特别严重情节的,处五年以上有期徒刑,并处非法募集资金金额百分之二十以上一倍以下罚金。** 单位犯前**两**款罪的,对单位判处**非法募集资金金额百分之二十以上一倍以下**罚金,并对其直接负责的主管人员和其他直接责任人员,**依照第一款的规定处罚**。

【条文理解】

《刑法修正案(十一)》对本条的修改主要有以下四点:

(1)扩大了行为人借以隐瞒重要事实或者编造重大虚假内容的文书对象,在招股说明书、认股书、公司、企业债券募集办法三项文书外增加了"等发行文件"的规定,即将行为人借以隐瞒重要事实或者编造重大虚假内容的文书对象扩大到一切发行文件,为规制将来可能出现的其他与招股说明书、认股书以及募集办法具有相当性的"发行文件",提供了法律适用的空间。(2)扩大了欺诈发行的对象范围。根据2019年修订的《证券法》第2条的规定,在中华人民共和国境内,股票、公司债券、存托凭证和国务院依法认定的其他证券的发行和交易,适用《证券法》。因此,《证券法》规定的证券类型,包括股票、公司债券、存托凭证和国务院依法认定的其他证券。《刑法修正案(十一)》针对性地对于欺诈发行股票、债券罪的行为对象进行了扩大,即在股票、公司债券、企业债券的基础上,增加了"存托凭证或者国务院依法认定的其他证券"。(3)提高了本罪的刑罚力度。为了与以信息披露为核心的证券发行注册制改革相适应,保障注册制改革顺利推进,维护证券市场秩序和投资者利益,《刑法修正案(十一)》提高了欺诈发行股票、债券罪的刑罚。首先是将本罪的量刑幅度由一档改为两档,即增加了"数额特别巨大、后果特别严重或者有其他特别严重情节的,处五年以上有期徒刑,并处罚金"这一档量刑幅度,将有期徒刑的最高刑期由5年提升至15年。其次是取消了第一档量刑幅度内适用罚金刑的比例限制，即将“并处或者单处非法募集资金金额百分之一以上百分之五以下罚金”修改为“并处或者单处罚金”。最后是对单位犯本罪时适用罚金的比例进行了限制，即将“对单位判处罚金”修改为“对单位判处非法募集资金金额百分之二十以上一倍以下罚金”。(4)明确了控股股东、实际控制人的刑事责任，即规定控股股东、实际控制人组织、指使实施欺诈发行股票、债券行为的，应承担相应的刑事责任。

根据本条的规定，欺诈发行证券罪，是指行为人在招股说明书、认股书、公司、企业债券募集办法等发行文件中隐瞒重要事实或者编造重大虚假内容，发行股票或者公司、企业债券、存托凭证或者国务院依法认定的其他证券，数额巨大、后果严重或者有其他严重情节的行为。本罪的具体构成要件是：

(1)本罪侵犯的客体是国家有关公司、企业发行股票、债权的管理秩序。

(2)本罪的客观方面表现为行为人在招股说明书、认股书、公司、企业债券募集办法等发行文件中隐瞒重要事实或者编造重大虚假内容，发行股票、公司债券、企业债券、存托凭证或者国务院依法认定的其他证券的行为。实践中，股票发行文件主要包括招股说明书、认股书、盈利预测审核报告、资产评估报告、审计报告、发行人法律意见书和律师工作报告等；债券发行文件主要包括公司债券募集办法、公司登记证明、资产评估报告和验资报告等。“存托凭证”是指由存托人签发、以境外证券为基础在中国境内发行、代表境外基础证券权益的证券。“国务院依法认定的其他证券”主要是指投资基金份额、非公司企业债券、国家政府债券等。“隐瞒重要事实或者编造重大虚假内容”是指违反《公司法》《证券法》等有关法律、法规的规定，制作的招股说明书、认股书、公司、企业债券募集办法等发行文件的内容全部都是虚构的，或者对其中重要的事项和内容作虚假的陈述或记载，或者对某些重要事实进行夸大或者隐瞒，或者故意遗漏有关的重要事项等。

(3)本罪的主体为一般主体，任何已满16周岁、具有刑事责任能力的自然人和单位均可以构成本罪。

(4)本罪的主观方面为故意，即行为人在招股说明书等发行文件中，故意隐瞒重要事实或者编造重大虚假内容，发行股票、公司债券等证券。

【司法适用】

本条规定共包括3款内容，第1款规定了本罪的行为方式及其处罚。行为人在招股说明书、认股书、公司、企业债券募集办法等发行文件中隐瞒重要事实或者编造重大虚假内容，发行股票或者公司、企业债券、存托凭证或者国务院依法认定的其他证券，数额巨大、后果严重或者有其他严重情节的，构成欺诈发行证券罪。对于本款规定中“数额巨大、后果严重或者有其他严重情节”的认定标准，《立案追诉标准(二)》第5条有明确规定。第2款规定了控股股东、实际控制人组织、指使实施欺诈发行股票、债券时的刑事责任。第3款规定了单位犯欺诈发行股票、债券罪时的处罚规定。这里所指的"单位"包括有限责任公司、股份有限公司以及其他企业法人。对单位犯罪,本条规定了双罚制,即对单位判处非法募集资金金额20%以上1倍以下罚金,并对其直接负责的主管人员和其他直接责任人员,依照第1款的规定处罚。

应注意的是,本罪是结果犯而不是行为犯,构成本罪的前提是行为人在发行文件中,通过隐瞒重要事实或者编造重大虚假内容的手段而成功发行股票、公司债券等证券,若行为人只是在发行文件中隐瞒重要事实或者编造重大虚假内容,但是尚未成功发行股票、公司债券等证券的,不构成本罪。

根据《立案追诉标准(二)》第5条的规定,在招股说明书、认股书、公司、企业债券募集办法等发行文件中隐瞒重要事实或者编造重大虚假内容,发行股票或者公司、企业债券、存托凭证或者国务院依法认定的其他证券,涉嫌下列情形之一的,应予立案追诉:(1)非法募集资金金额在100万元以上的;(2)虚增或者虚减资产达到当期资产总额30%以上的;(3)虚增或者虚减营业收入达到当期营业收入总额30%以上的;(4)虚增或者虚减利润达到当期利润总额30%以上的;(5)隐瞒或者编造的重大诉讼、仲裁、担保、关联交易或者其他重大事项所涉及的数额或者连续12个月的累计数额达到最近一期披露的净资产50%以上的;(6)造成投资者直接经济损失数额累计在100万元以上的;(7)为欺诈发行证券而伪造、变造国家机关公文、有效证明文件或者相关凭证、单据的;(8)为欺诈发行证券向负有金融监督管理职责的单位或者人员行贿的;(9)募集的资金全部或者主要用于违法犯罪活动的;(10)其他后果严重或者有其他严重情节的情形。

第一百六十一条 【违规披露、不披露重要信息罪】**依法负有信息披露义务的公司、企业向股东和社会公众提供虚假的或者隐瞒重要事实的财务会计报告,或者对依法应当披露的其他重要信息不按照规定披露,严重损害股东或者其他人利益,或者有其他严重情节的,对其直接负责的主管人员和其他直接责任人员,处五年以下有期徒刑或者拘役,并处或者单处罚金;情节特别严重的,处五年以上十年以下有期徒刑,并处罚金。**

前款规定的公司、企业的控股股东、实际控制人实施或者组织、指使实施前款行为的,或者隐瞒相关事项导致前款规定的情形发生的,依照前款的规定处罚。

犯前款罪的控股股东、实际控制人是单位的，对单位判处罚金，并对其直接负责的主管人员和其他直接责任人员，依照第一款的规定处罚。

【条文对照】

1997年《刑法》	2006年《刑法修正案（六）》	2020年《刑法修正案（十一）》
第一百六十一条　公司向股东和社会公众提供虚假的或者隐瞒重要事实的财务会计报告，严重损害股东或者其他人利益的，对其直接负责的主管人员和其他直接责任人员，处**三**年以下有期徒刑或者拘役，并处或者单处二万元以上二十万元以下罚金。	第一百六十一条　**依法负有信息披露义务的**公司**、企业**向股东和社会公众提供虚假的或者隐瞒重要事实的财务会计报告，**或者对依法应当披露的其他重要信息不按照规定披露**，严重损害股东或者其他人利益，**或者有其他严重情节**的，对其直接负责的主管人员和其他直接责任人员，处三年以下有期徒刑或者拘役，并处或者单处二万元以上二十万元以下罚金。	第一百六十一条　依法负有信息披露义务的公司、企业向股东和社会公众提供虚假的或者隐瞒重要事实的财务会计报告，或者对依法应当披露的其他重要信息不按照规定披露，严重损害股东或者其他人利益，或者有其他严重情节的，对其直接负责的主管人员和其他直接责任人员，处**五**年以下有期徒刑或者拘役，并处或者单处**罚金；情节特别严重的，处五年以上十年以下有期徒刑，并处**罚金。 **前款规定的公司、企业的控股股东、实际控制人实施或者组织、指使实施前款行为的，或者隐瞒相关事项导致前款规定的情形发生的，依照前款的规定处罚。** **犯前款罪的控股股东、实际控制人是单位的，对单位判处罚金，并对其直接负责的主管人员和其他直接责任人员，依照第一款的规定处罚。**

【条文理解】

本条是关于负有信息披露义务的公司、企业违规披露、不披露重要信息，严重损害股东或者其他人利益的规定。

《刑法修正案（十一）》对本条文有如下修改：（1）加重量刑，增加了“情节特别严重的”量刑档次：将“三年以下有期徒刑或者拘役”改为“五年以下有期徒刑或者拘役”；增加了“情节特别严重的，处五年以上十年以下有期徒刑，并处罚金”，加大对相关行为的惩治力度，提高资本市场的违法成本。（2）取消罚金幅度。删除“单处二万元以上二十万元以下罚金”的规定，修改为“并处罚金”，取消了罚金限制。（3）增设“控股股东、实际控制人”作为“实施”“组织”“指使”行为的犯罪主体，单独作为一款予以规定。在资本与经营相分离的普遍情况下，一般不可因为经营人的不法行为而对单位进行处罚，不符合罪责自负的基本逻辑。此次修改明确了如果控股股东、实际控制人实施或者组织、指使实施相关违规行为或者隐瞒相关事项导致规定的情形发生的，应当定罪处罚。（4）新增单位犯前款罪的情形。

《刑法修正案(十一)》之前,本罪虽然是单位犯罪,但在刑罚处罚上,是单罚制,仅对单位的主管人员与直接负责人进行处罚,单位并非受刑罚处罚的主体。《刑法修正案(十一)》规定“犯前款罪的控股股东、实际控制人是单位的”,对单位处以罚金刑。本条所增设的单位犯罪是指“单位”在作为“控股股东、实际控制人”时,实施或者组织、指使前款行为或者隐瞒相关事项导致前款规定的情形发生后,将单位作为犯罪主体进行刑事处罚,实行双罚制。本罪的具体构成要件是:

(1)本罪侵犯的客体是国家对上市公司的监管秩序以及股东、其他人在上市公司中的利益,规制负有信息披露义务的公司、企业违规披露、不披露重要信息,严重损害股东或者其他人利益的行为。

(2)本罪的客观方面表现为:

①“应当披露的重要信息”,是指财务会计报告、招股说明书、上市报告、上市公司中期报告、年度报告、金融机构出具的财务会计报告、董事以及高管人员变动情况等可能影响股东以及其他人利益的文件。

②“披露或不披露其他重要信息”,是指违反《公司法》《证券法》《银行业监督管理法》《证券投资基金法》等法律、法规对信息披露的规定,对除财务会计报告制度以外的其他重要信息不披露或虚假披露。包括:招股说明书、债券募集办法、财务会计报告、上市报告等文件,上市公司年度报告、中期报告、临时报告及其他信息披露资料;金融机构的财务会计报告、风险管理状况、董事和高级管理人员变更以及其他重大事项等信息及基金信息、实际控制人、控股股东应当依法披露的重要信息等。需要注意的是,根据2019年《证券法》第80条的规定,可能对股票交易价格产生较大影响的重大事件,投资者尚未得知时,应当将立即将有关该重大事件的情况向国务院监督管理机构和证券交易场所报送临时报告,并予公告,详细说明起因、现状、后果。重大事件包括但不限于:公司1年内购买、出售超过资产总额30%的重大资产,或主要资产抵押、质押、出售、报废超过该资产的30%;订立重要担保合同、从事关联交易,可能对公司资产、经营产生重大影响;产生重大债务或重大债务违约;发生重大损失;外部经营条件发生重大变化;主要人事变动;公司涉嫌犯罪被依法立案调查,公司的控股股东、实际控制人、董事、监事、高级管理人员涉嫌犯罪被依法采取强制措施等规定。第81条规定,发生可能对上市交易公司债券的交易价格产生较大影响的重大事件,投资者尚未得知时,公司应当立即将有关该重大事件的情况向国务院证券监督管理机构和证券交易场所报送临时报告,并予公告,说明事件的起因、目前的状态和可能产生的法律后果。重大事件包括但不限于:公司股权结构或者生产经营状况发生重大变化;公司债券信用评级发生变化;公司重大资产抵押、质押、出售、转让、报废;公司发生未能

清偿到期债务的情况；公司新增借款或者对外提供担保超过上年末净资产的20%；公司放弃债权或者财产超过上年末净资产的10%；公司发生超过上年末净资产10%的重大损失；公司分配股利，作出减资、合并、分立、解散及申请破产的决定，或者依法进入破产程序、被责令关闭；涉及公司的重大诉讼、仲裁；公司涉嫌犯罪被依法立案调查，公司的控股股东、实际控制人、董事、监事、高级管理人员涉嫌犯罪被依法采取强制措施；国务院证券监督管理机构规定的其他事项等。

③本罪是法定犯、结果犯，要求造成严重损害股东或者其他人利益，或者有其他严重情节。本罪既侵犯市场秩序也侵犯中小投资者的利益，本罪既侵犯市场秩序也侵犯中小投资者的利益，市场秩序主要体现为市场监管规则，具体体现为违反法律、行政法规和国务院证券管理部门等对信息披露的规定。《证券法》规定了公司的信息披露义务，一般分为先期披露与持续披露，前者是指在公司或企业募股时，应当在招股说明书等文件中说明公司的经营状况、财务状况等；后者是指在经营过程中，按照法律规定（主要是证券法），就公司的财务状况、高管变更、涉诉情况等进行披露。披露主要是以定期报告与临时报告的形式进行，从而使投资者直观了解该公司的经营状况，在信息相对对称的情况下，理性作出投资决定。上述信息的披露对于投资人的意思表示有重大影响，对上述信息的公布缺位或隐瞒、虚构，造成投资人信赖利益的损失，构成本罪。

④本罪的信息披露要求是指根据《证券法》第78条规定，信息披露义务人披露的信息，应当真实、准确、完整，简明清晰，通俗易懂，不得有虚假记载、误导性陈述或者重大遗漏。“真实”，是指上市公司及相关信息披露义务人披露的信息应当以客观事实或者具有事实基础的判断和意见为依据，如实反映客观情况，不得有虚假记载和不实陈述。“准确”，是指上市公司及相关信息披露义务人披露的信息应当使用明确、贴切的语言和简明扼要、通俗易懂的文字，内容应易于理解，不得含有任何宣传、广告、恭维或者夸大等性质的词句，不得有误导性陈述。公司披露预测性信息及其他涉及公司未来经营和财务状况等信息时，应当合理、谨慎、客观，并充分披露相关信息所涉及的风险因素，以明确的警示性文字提示投资者可能出现的风险和不确定性。“完整”，是指上市公司及相关信息披露义务人披露的信息应当内容完整、文件齐备，格式符合规定要求，不得有重大遗漏。“及时”，是指上市公司及相关信息披露义务人应当在本规则规定的期限内披露所有对公司股票及其衍生品种交易价格可能产生较大影响的重大信息。“公平”，是指上市公司及相关信息披露义务人应当同时向所有投资者公开披露重大信息，确保所有投资者可以平等地获取同一信息，不得实行差别对待政策，不得提前向特定对象单

独披露、透露或者泄露未公开的重大信息。①

(3)本罪的犯罪主体是依法负有信息披露义务的公司、企业直接负责的主管人员和其他直接责任人员;依法负有信息披露义务的公司、企业的控股股东、实际控制人;控股股东、实际控制人是单位的,该单位及其直接负责的主管人员和其他直接责任人员亦是本罪主体。

(4)本罪主观方面表现为故意形态,本罪罪状中要求"提供""隐瞒",就限定了本罪不存在过失形态。

【司法适用】

1. 本罪的追诉标准

根据《立案追诉标准(二)》第6条的规定,依法负有信息披露义务的公司、企业向股东和社会公众提供虚假的或者隐瞒重要事实的财务会计报告,或者对依法应当披露的其他重要信息不按照规定披露,涉嫌下列情形之一的,应予立案追诉:(1)造成股东、债权人或者其他人直接经济损失数额累计在100万元以上的;(2)虚增或者虚减资产达到当期披露的资产总额30%以上的;(3)虚增或者虚减营业收入达到当期披露的营业收入总额30%以上的;(4)虚增或者虚减利润达到当期披露的利润总额30%以上的;(5)未按照规定披露的重大诉讼、仲裁、担保、关联交易或者其他重大事项所涉及的数额或者连续12个月的累计数额达到最近一期披露的净资产50%以上的;(6)致使不符合发行条件的公司、企业骗取发行核准或者注册并且上市交易的;(7)致使公司、企业发行的股票或者公司、企业债券、存托凭证或者国务院依法认定的其他证券被终止上市交易的;(8)在公司财务会计报告中将亏损披露为盈利,或者将盈利披露为亏损的;(9)多次提供虚假的或者隐瞒重要事实的财务会计报告,或者多次对依法应当披露的其他重要信息不按照规定披露的;(10)其他严重损害股东、债权人或者其他人利益,或者有其他严重情节的情形。

2. 本罪罪与非罪的判断

本罪在客观上与由于工作失误导致的财务会计报告失实行为有共同之处,区分二者的关键在于本罪的主观上表现为行为人故意提供虚假或隐瞒重要事实的财务会计报告或其他依法应当披露的重要信息;而一般的业务过失在客观上出现的错、漏主要是由于行为人的业务能力、工作经验和态度等方面的问题,这种错、漏一般是偶发性的,应着重甄别,如果行为人不是有意提供的,就不构成本罪。另外需要注意本罪系结果犯,即便实施了财务会计报告造假行为,未造成股东或其

① 参见《深圳证券交易所创业板股票上市规则(2020年修订)》。

他人利益受到严重损害的,不构成本罪。

3. 本罪与职务侵占罪的区分

从实行行为来看,实施职务侵占的行为人为隐瞒其侵占行为,往往采取做假账等手段,致使财务会计报告失实。与本罪区分时应注意本罪是公司向股东或社会公众提供虚假的或者隐瞒重要事实的财务会计报告,并且严重损害股东或其他人利益的行为;而职务侵占罪提供的对象不一定是股东与社会公众。从保护的法益来看,职务侵占罪损害的是公司的财产利益,而非直接指向股东或与股东等同的其他人的利益。

【司法案例】

博元投资股份有限公司、余某妮等人违规披露、不披露重要信息案①

[**要旨**]由于上市公司所涉利益群体的多元性,为避免中小股东利益遭受双重损害,刑法规定对违规披露、不披露重要信息罪只追究直接负责的主管人员和其他直接责任人员的刑事责任,不追究单位的刑事责任。需要注意的是,最高人民检察院所称的不追究刑事责任的"单位"与《刑法修正案(十一)》所指的"单位"并非同一层面上的"单位",对此需要进行区分。因此,最高人民检察院的指导性案例仍在司法实践中具有指导意义。

顾某军等虚报注册资本,违规披露、不披露重要信息,挪用资金再审案②

[**裁判要旨**]在案证据足以证实顾雏军等人在缺乏真实交易的基础上制造公司利润增长的假象并编入公司财务会计报告,经董事会讨论后向社会发布,违反了信息披露制度的真实性要求。但构成本罪的重点在于是否有足够的证据证实"严重损害股东或其他人的利益"。即便行为人实施了违规披露、不披露重要信息的行为,也要查实损害后果,如在案证据不足以证实行为造成了严重损害股东或其他人利益的后果,则不能成立本罪。

---

① 参见最高人民检察院检例第66号。

② 参见最高人民法院(2018)最高法刑再4号刑事判决书。

第一百六十二条　【妨害清算罪】公司、企业进行清算时，隐匿财产，对资产负债表或者财产清单作虚伪记载或者在未清偿债务前分配公司、企业财产，严重损害债权人或者其他人利益的，对其直接负责的主管人员和其他直接责任人员，处五年以下有期徒刑或者拘役，并处或者单处二万元以上二十万元以下罚金。

【条文理解】

本罪是关于保护清算活动严格依照法律规定的程序和条件进行，确保清算活动的公正性，维护公司、企业、股东、债权人、债务人等各方面的合法权益的规定。

妨害清算罪的具体构成要件是：

(1)本罪侵犯的客体是国家对公司、企业的管理秩序，以保障公司、企业进行清算时债权人及其他人的利益。

(2)本罪的客观方面要求本罪的行为必须发生在公司、企业清算财产时。“隐匿资产”主要指将公司、企业的财产如资金、设备、产品、货物等各种公司、企业财产进行转移、隐藏以使该隐匿财产不进入清算范围。“对资产负债表作虚伪记载”主要是指在编制资产负债表或财产清单时，不如实记载公司实际情况，进行如夸大负债数额、作虚伪记载等行为，可以是少报、低报甚至隐瞒，也可以是多报、高估高报。“对财产清单作虚伪记载”主要表现为减少公司、企业的收入，降低固定资产的价格等行为。“严重损害债权人的利益”主要指由于公司、企业的上述行为，导致本可得到偿还的巨额债务无法得到偿还，对债权人产生严重损害等；“严重损害其他人的利益”指严重损害实际债权人利益以外的其他人的利益，主要是公司、企业长期拖欠的职工工资和社会保险费用、国家巨额税款得不到清偿等。本罪的损害结果表现为严重损害债权人和其他人的利益。

(3)本罪的主体必须是直接负责的主管人员与其他直接责任人，公司、企业不能成为本罪的主体。清算组成员与破产管理人与公司、企业勾结实施前述行为的，应当按本罪追究责任；人民法院指定的破产管理人与公司、企业勾结实施前述行为亦同。

(4)本罪的主观方面表现为故意形态，过失不构成本罪。

【司法适用】

(1)根据《立案追诉标准(二)》第7条的规定，本罪的追诉标准为，公司、企业进行清算时，隐匿财产，对资产负债表或者财产清单作虚伪记载或者在未清偿债务前分配公司、企业财产，涉嫌下列情形之一的，应予立案追诉：一是隐匿财产价值在50万元以上的;二是对资产负债表或者财产清单作虚伪记载涉及金额在50万元以上的;三是在未清偿债务前分配公司、企业财产价值在50万元以上的;四是造成债权人或者其他人直接经济损失数额累计在10万元以上的;五是虽未达到上述数额标准,但应清偿的职工的工资、社会保险费用和法定补偿金得不到及时清偿,造成恶劣社会影响的;六是其他严重损害债权人或者其他人利益的情形。

(2)本罪与私分国有资产罪进行区分时要注意:行为人触犯本罪"在未清偿债务前分配公司、企业财产"罪状,应考虑是否同时触犯私分国有资产罪,如有,应按照想象竞合犯的原则从一重罪处罚。

(3)本罪与职务侵占罪进行区分时要注意:本罪侵犯的客体是公司、企业清算制度和债权人及其他人的利益,而职务侵占罪侵犯的客体多是公司、企业财产权及股东的利益。本罪在客观上表现为在公司、企业清算期间隐匿财产,在资产负债表上或财产清单上不如实记载,或者在未清偿债务前分配公司、企业财产,严重损害债权人及其他人利益的行为,而职务侵占罪是直接利用职务便利将单位财产非法占为己有。本罪是为了逃避公司、企业的债务,而职务侵占罪则是为了非法占有公司财产。

第一百六十二条之一　【隐匿、故意销毁会计凭证、会计账簿、财务会计报告罪】隐匿或者故意销毁依法应当保存的会计凭证、会计帐簿、财务会计报告,情节严重的,处五年以下有期徒刑或者拘役,并处或者单处二万元以上二十万元以下罚金。

单位犯前款罪的,对单位判处罚金,并对其直接负责的主管人员和其他直接责任人员,依照前款的规定处罚。

【条文对照】

1997年《刑法》	1999年《刑法修正案》
无	**第一百六十二条之一　隐匿或者故意销毁依法应当保存的会计凭证、会计帐簿、财务会计报告,情节严重的,处五年以下有期徒刑或者拘役,并处或者单处二万元以上二十万元以下罚金。** **单位犯前款罪的,对单位判处罚金,并对其直接负责的主管人员和其他直接责任人员,依照前款的规定处罚。**

【条文理解】

本罪的具体构成要件是:

(1)本罪侵犯的客体是国家对公司、企业的管理秩序。

(2)本罪的客观方面主要表现为隐匿与销毁。隐匿是指妨害他人依法寻找、查找、发现会计凭证、会计账簿、财务会计报告的一切行为。销毁是指妨害会计凭证、会计账簿、财务会计报告的本来效用的一切行为,包括物理灭失以及内容灭失。行为对象指向的是依法应当保存的会计凭证、会计账簿、财务会计报告。成立本罪要求情节严重。

本罪的犯罪对象主要是《会计法》第23条规定的会计凭证、会计账簿、财务会计报告和其他会计资料。会计凭证包括原始凭证和记账凭证。会计账簿按其不同用途和《会计法》的规定,可以分为总账(大账)、分类账(总分类账、明细分类账)、日记账(流水账)和其他辅助性账簿。财务会计报告,是指根据会计账簿记录和有关会计核算资料编制的反映单位财务状况和经营成果的报告文书。

(3)本罪主体为一般主体,体现为任何个人及单位。①

(4)本罪的主观方面表现为故意形态。由于本身隐匿行为就表现为故意形态,同时过失造成的实质隐匿无法进行苛责,故而不会被误评价。实践中确实存在过失销毁行为,于是刑法条文在这里作了一个提示性规定,提醒司法机关只处罚故意销毁行为。

【司法适用】

(1)根据《立案追诉标准(二)》第8条的规定,隐匿或者故意销毁依法应当保存的会计凭证、会计账簿、财务会计报告,涉嫌下列情形之一的,应予立案追诉:一是隐匿、故意销毁的会计凭证、会计账簿、财务会计报告涉及金额在50万元以上的;二是依法应当向监察机关、司法机关、行政机关、有关主管部门等提供而隐匿、故意销毁或者拒不交出会计凭证、会计账簿、财务会计报告的;三是其他情节严重的情形。

(2)行为人为掩盖其他罪行实施本罪行为是否数罪并罚?关于司法实践中单位犯罪或个人犯罪之后为掩盖罪证而实施本罪(如非法采矿后实施本罪以掩盖非法采矿的证据)如何处理,有观点认为,实施前罪之后又实施本罪的,属于牵连犯,择一重罪即可。首先,应当明确:由于刑法的目的在于保护客体(法益)不受侵犯,所以应当依据行为所侵犯的客体数量评价其符合几个罪名的构成要件,进而确定构成几个犯罪。故而可以肯定,实施前罪后又实施本罪,应当认定为成立两罪。其次,构成几个犯罪与是否需要数罪并罚是两个问题。我国目前关于牵连犯的主流观点认为:处罚牵连犯的实质理由在于牵连犯事实上存在两个行为,侵犯了两

---

① 参见全国人民代表大会常务委员会法制工作委员会《关于对“隐匿、销毁会计凭证、会计账簿、财务会计报告构成犯罪的主体范围”问题的答复意见》。

个客体,成立两罪,原本应当并罚,但由于手段行为与目的行为、结果行为与原因行为之间具有密切的关联性,行为人实施该目的行为时通常会使用该手段行为,实施该原因行为时通常会实施该结果行为,才不数罪并罚。因此,判断行为人为掩盖其他罪行而实施本罪的顺序是:判断是否成立前罪与本罪;判断前罪与本罪之间是否存在密切的关联性,即是否是"常伴随"状态。如是,可按照牵连犯理论从一重罪处罚或从一重罪从重处罚;如不具有密切的关联性,则应当数罪并罚。从目前的司法实践看,实施前罪后又实施本罪的,基本认定为成立两罪,数罪并罚。

【司法案例】

林某、金某隐匿会计凭证、会计账簿、财务会计报告,非法持有枪支、弹药案①

[**裁判要旨**]由于隐匿会计凭证、会计账簿、财务会计报告罪属于行政犯而非自然犯,刑法规定的该罪中的"隐匿"宜参照有关行政法来理解。评价某一行为是否构成隐匿会计凭证、会计账簿、财务会计报告罪,首先需要判断行为人所实施的隐匿行为是否为了逃避有关监督检查部门依法实施的监督检查。即为了逃避有关监督检查部门依法实施的监督检查而实施的隐匿,才可能构成会计法意义上的"隐匿"。

第一百六十二条之二　【虚假破产罪】公司、企业通过隐匿财产、承担虚构的债务或者以其他方法转移、处分财产,实施虚假破产,严重损害债权人或者其他人利益的,对其直接负责的主管人员和其他直接责任人员,处五年以下有期徒刑或者拘役,并处或者单处二万元以上二十万元以下罚金。

【条文对照】

1997 年《刑法》	2006 年《刑法修正案(六)》
无	**第一百六十二条之二　公司、企业通过隐匿财产、承担虚构的债务或者以其他方法转移、处分财产,实施虚假破产,严重损害债权人或者其他人利益的,对其直接负责的主管人员和其他直接责任人员,处五年以下有期徒刑或者拘役,并处或者单处二万元以上二十万元以下罚金。**

① 参见《刑事审判参考》总第 111 集第 1206 号案例。

【条文理解】

本条旨在保护的是国家对公司、企业的破产管理秩序，以及保障公司、企业进行破产清算时的秩序以及债权人及其他人的利益。

本罪的具体构成要件是：

（1）本罪侵犯的客体是国家对公司、企业的破产管理秩序，以保障公司、企业进行破产清算时的秩序以及债权人及其他人的利益。

（2）本罪的客观方面主要表现为实施了虚假破产的行为。"虚假破产"主要体现为两种情形：一是实体上并没有真实的破产，以假破产的方式严重损害债权人或其他人的利益；二是实体上真实破产，但是在破产前或过程中实施了严重损害债权人或其他人利益的行为。"隐匿财产"，是指将公司、企业的财产，如资金、设备、产品、货物等各种公司、企业财产进行转移、隐藏；或是虚假记载，或者采用少报、低报等手段，故意隐瞒、减少公司、企业财产的实际数额。"承担虚构的债务"，是指将公司、企业的负债情况进行夸大，或是直接对他人自认本不存在的债务，造成公司、企业资不抵债的假象。"以其他方法转移、处分财产"的"处分"不能局限于民法上处分财物的行为，应当认定为广义的"处分财产行为"，包括对债权的处分。"严重损害债权人的利益"主要体现为公司、企业的上述行为，使本应得到偿还的债权人的巨额债务无法得到偿还等。"严重损害其他人利益"主要体现为公司、企业的上述行为造成公司、企业拖欠的职工工资、社会保险费用和国家税款得不到清偿，或者使公司、企业的其他股东的合法权益受到损害等情形。成立本罪要达到"严重损害"的程度。

需要注意的是，故意在破产前通过设立分公司、子公司或者其他新公司的方式，将财产转移或者处分给新公司，然后申请旧公司破产，损害他人利益的，应该以本罪论处。

（3）本罪的主体为直接负责的主管人员和其他直接责任人员。虽然法条表述以"公司、企业"作为主语，但只处罚直接负责的主管人员和其他直接责任人员，且并未像第 162 条之一一样明确单位犯罪的处罚方式，故不宜认定为单位犯罪。

（4）本罪的主观方面表现为故意形态。

【司法适用】

1. 追诉标准

根据《立案追诉标准（二）》第 9 条的规定，公司、企业通过隐匿财产、承担虚构的债务或者以其他方法转移、处分财产，实施虚假破产，涉嫌下列情形之一的，应予立案追诉：（1）隐匿财产价值在 50 万元以上的；（2）承担虚构的债务涉及金额在 50 万元以上的；（3）以其他方法转移、处分财产价值在 50 万元以上的；（4）造成债权人或者其他人直接经济损失数额累计在10万元以上的;(5)虽未达到上述数额标准,但应清偿的职工的工资、社会保险费用和法定补偿金得不到及时清偿,造成恶劣社会影响的;(6)其他严重损害债权人或者其他人利益的情形。

2. 本罪与妨害清算罪的区分

实施虚假破产的时间界限在公司、企业提出破产申请并进入清算程序之前,或者因为公司、企业资不抵债,由债权人提出破产申请并进入清算程序之前。

3. 本罪与诈骗罪的区分

本罪实际上是一种破产欺诈行为,属于诈骗类犯罪,与一般的诈骗罪区别主要有:犯罪主体不同,本罪为特殊主体,只有具有破产能力的公司、企业才能构成本罪;主观故意不同,本罪的主观目的是逃避债务;客观方面不同,本罪发生在破产程序中,而诈骗罪发生在日常的经济生活中。行为人实施隐匿财产、承担虚构的债务或者其他方法转移、处分财产的同时符合诈骗罪的构成要件的,应根据具体情况与法律规定,分别适用特别法优于普通法、重法优于轻法的原则。通常情况下依特别法优于一般法原则处理即可,但根据案件的具体情况,按照虚假破产罪的最高法定刑仍不能做到罪刑相适应的,可以适用诈骗罪的法定刑进行处罚。

第一百六十三条　【非国家工作人员受贿罪】公司、企业或者其他单位的工作人员,利用职务上的便利,索取他人财物或者非法收受他人财物,为他人谋取利益,数额较大的,处三年以下有期徒刑或者拘役,并处罚金;数额巨大或者有其他严重情节的,处三年以上十年以下有期徒刑,并处罚金;数额特别巨大或者有其他特别严重情节的,处十年以上有期徒刑或者无期徒刑,并处罚金。

公司、企业或者其他单位的工作人员在经济往来中,利用职务上的便利,违反国家规定,收受各种名义的回扣、手续费,归个人所有的,依照前款的规定处罚。

国有公司、企业或者其他国有单位中从事公务的人员和国有公司、企业或者其他国有单位委派到非国有公司、企业以及其他单位从事公务的人员有前两款行为的,依照本法第三百八十五条、第三百八十六条的规定定罪处罚。

【条文对照】

1997 年 《刑法》	2006 年 《刑法修正案(六)》	2020 年 《刑法修正案(十一)》
第一百六十三条 公司、企业的工作人员利用职务上的便利,索取他人财物或者非法收受他人财物,为他人谋取利益,数额较大的,处五年以下有期徒刑或者拘役;数额巨大的,处五年以上有期徒刑,可以并处没收财产。 公司、企业的工作人员在经济往来中,违反国家规定,收受各种名义的回扣、手续费,归个人所有的,依照前款的规定处罚。 国有公司、企业中从事公务的人员和国有公司、企业委派到非国有公司、企业从事公务的人员有前两款行为的,依照本法第三百八十五条、第三百八十六条的规定定罪处罚。	第一百六十三条 公司、企业**或者其他单位**的工作人员利用职务上的便利,索取他人财物或者非法收受他人财物,为他人谋取利益,数额较大的,处五年以下有期徒刑或者拘役;数额巨大的,处五年以上有期徒刑,可以并处没收财产。 公司、企业**或者其他单位**的工作人员在经济往来中,**利用职务上的便利,**违反国家规定,收受各种名义的回扣、手续费,归个人所有的,依照前款的规定处罚。 国有公司、企业**或者其他国有单位**中从事公务的人员和国有公司、企业**或者其他国有单位**委派到非国有公司、企业**以及其他单位**从事公务的人员有前两款行为的,依照本法第三百八十五条、第三百八十六条的规定定罪处罚。	第一百六十三条 公司、企业或者其他单位的工作人员**,**利用职务上的便利,索取他人财物或者非法收受他人财物,为他人谋取利益,数额较大的,处**三**年以下有期徒刑或者拘役**,并处罚金;**数额巨大**或者有其他严重情节**的,处**三年**以上**十年以下**有期徒刑**,并处罚金;数额特别巨大或者有其他特别严重情节的,处十年以上有期徒刑或者无期徒刑,并处罚金。** 公司、企业或者其他单位的工作人员在经济往来中,利用职务上的便利,违反国家规定,收受各种名义的回扣、手续费,归个人所有的,依照前款的规定处罚。 国有公司、企业或者其他国有单位中从事公务的人员和国有公司、企业或者其他国有单位委派到非国有公司、企业以及其他单位从事公务的人员有前两款行为的,依照本法第三百八十五条、第三百八十六条的规定定罪处罚。

【条文理解】

《刑法修正案(十一)》对量刑幅度做了较大的调整,其中:(1)将两档法定刑期变更为三档;(2)最高刑从有期徒刑 15 年提高至无期徒刑;(3)量刑分界点由 5 年降至 3 年;(4)虽取消“数额巨大”的附加刑“并处没收财产”,但每档量刑都增加了“并处罚金”。

从量刑标准来看,本罪不再仅以数额为标准,进一步增加了情节要素,即如果犯罪数额未达到标准则可依据情节提升量刑档次进而加重刑罚。

从量刑幅度来看,本罪最高刑提高至无期徒刑,导致本罪整体量刑幅度变大,惩罚力度加强,更有利于实现罪刑相适应。

从刑罚种类来看,本罪将没收财产刑替换成罚金刑,主要是考虑到司法实践中,前者执行难度高于后者,同时也体现了立法者对合法私有财产的进一步保护以及通过调节财产刑以配合主刑实现罪刑相适应的目的,以避免要么没收财产,要么无附加刑导致的罪刑不适应情况。

本罪的具体构成要件是：

(1)本罪侵犯的客体是公司、企业及其他单位工作人员职务行为的廉洁性，规制公司、企业或者其他单位的工作人员收受他人财物，为他人谋取利益的行为。

(2)本罪的客观方面主要表现为：他人有求于行为人的职务行为时，行为人以实施职务行为或不实施职务行为作为条件，实施受贿行为。[①]“利用职务上的便利”是指具有职务上组织、领导、监管、主管、经管、负责某项工作的便利条件，利用这些便利条件以达成条件交易。“为他人谋取利益”不要求行为人实际为他人谋取了利益，只要行为人允诺了为他人谋取利益即可，并且，只要他人明显有请托事项而收受了其财物，便应该认定为允诺为他人谋取利益。[②]“财物”包括金钱和实物以及财产性利益。如提供房屋装修、含有金额的会员卡、代币卡(券)、旅游费用等，具体数额以实际支付的资费为准。根据《关于禁止商业贿赂行为的暂行规定》，“回扣”是指经营者销售商品时在账外暗中以现金、实物或者其他方式退给对方单位或者个人的一定比例的商品价款。但需要注意的是，如果行为人收受的回扣全部上交公司，则不构成本罪，只有收归个人所有的才构成犯罪。“手续费”是指在经济活动中，除了回扣以外，其他违反国家规定支付给公司、企业或者其他单位的工作人员的各种名义的钱，如信息费、顾问费、劳务费、辛苦费、好处费等。

(3)本罪的主体限于公司、企业或者其他单位的工作人员。根据《商业贿赂案件意见》的规定，“其他单位”既包括事业单位、社会团体、村民委员会、居民委员会、村民小组等常设性组织，也包括为组织体育赛事、文艺演出或者其他正当活动而成立的组委会、筹委会、工程承包队等非常设性的组织。“公司、企业或者其他单位的工作人员”，包括国有公司、企业以及其他国有单位中的非国家工作人员。

(4)本罪主观方面表现为故意形态。

【司法适用】

1. 追诉标准

《立案追诉标准(二)》第10条明确数额在3万元以上的，应予立案追诉。但两高尚未发布司法解释明确数额巨大、数额特别巨大的量刑标准，实践中一般仍按《贪污贿赂案件解释》规定的5倍即100万、1500万把握。[③]

---

① 参见张明楷：《刑法学》，法律出版社2016年版，第758页。

② 参见张明楷：《刑法学》，法律出版社2016年版，第758页。

③ 参见《贪污贿赂案件解释》(法释〔2016〕9号)第11条第1款。

2. 追诉时效的确定

《刑法修正案(十一)》对本罪的追诉时效带来的影响有两方面:一是第一个量刑档次的量刑降低,可能导致正在诉讼程序中的案件看似已经超过追诉时效;二是将原最高量刑档次 15 年有期徒刑修改为无期徒刑后,可能导致原来已经超过追诉时效的案件未过追诉时效,对此应当分别处理。首先,《刑法修正案(十一)》之前本条规定的是"数额较大的,处五年以下有期徒刑或者拘役",根据《刑法》第 87 条的规定,"法定最高刑不满五年有期徒刑的,经过五年;法定最高刑为五年以上不满十年有期徒刑的,经过十年"不再追诉。《刑法》第 99 条规定,"以上、以下、以内包括本数"。即按照《刑法修正案(十一)》之前的规定,"数额较大"的追诉时效应该是 10 年;但按照《刑法修正案(十一)》的规定,"数额较大的,处三年以下有期徒刑或者拘役",追诉时效为 5 年,则可能出现当前正在诉讼之中的案件已过追诉时效的问题。对此,应参照最高人民法院《关于被告人林少钦受贿请示一案的答复》,追诉时效是依照法律规定对犯罪分子追究刑事责任的期限,在追诉时效期限内,司法机关应当依法追究犯罪分子的刑事责任。对于法院正在审理的贪污贿赂案件,应当依据司法机关立案侦查时的法律规定认定追诉时效。依据立案侦查时的法律规定未过时效,且已经进入诉讼程序的案件,在新的法律规定生效后应当继续审理。其次,因为《刑法修正案(十一)》将最高刑由有期徒刑 15 年改为无期徒刑,《刑法》第 87 条规定,"法定最高刑为十年以上有期徒刑的,经过十五年;法定最高刑为无期徒刑、死刑的,经过二十年"不再追诉。则可能出现行为人的受贿行为在《刑法修正案(十一)》生效之前已经超过追诉时效但在《刑法修正案(十一)》生效后未超过追诉时效的问题。对此,应当根据"从旧兼从轻"的原则,适用之前的法律更轻已经超过追诉时效的,不得再立案侦查。

3. 如何评价"数额较大和数额巨大"的从旧兼从轻

《刑法》修改之前对本罪的规定是"数额较大的,处五年以下有期徒刑或者拘役"。修正之后是"数额较大的,处三年以下有期徒刑或者拘役,并处罚金",降低了主刑的同时增加了附加刑,此时适用"从旧兼从轻"应参照《刑事审判参考》第 1146 号案例(李明辉受贿案)之要旨:二审期间可以在减轻被告人主刑的同时加重财产刑,因为交叉引用新、旧法应当以"罪—刑"式法条为最基本单位,不能继续进行拆分。在评价修正后的条文是轻法的同时已经包含了并处罚金刑这一情形,因而并处罚金刑是法定刑构成中不可拆分的一部分,不具有独立的溯及力。主刑、附加刑分别适用新旧刑法是对刑法条文完整性的侵害,同时也违背了罪刑法定原则。即待《刑法修正案(十一)》施行后,对于本罪"数额较大"的情形,应当整体认为新法为轻,整体适用"处三年以下有期徒刑或者拘役,并处罚金",不应拆分理解,认为主刑应适用新法处 3 年以下有期徒刑或者拘役,又依据旧法认为不应附加适用罚金刑。

4. 非国家工作人员与国家工作人员通谋,共同收受他人财物,构成共同犯罪的罪名确定问题

原则上按照主犯的犯罪性质追究刑事责任。身份犯与非身份犯在共同犯罪中主要需要解决的问题是:在真正身份犯犯罪中,有身份者与无身份者共同犯罪如何处理? 不同身份者共同犯罪如何处理?

(1)有身份者与无身份者:有身份者与无身份者共同实施了真正身份犯犯罪时,构成共同犯罪,无身份者构成真正身份犯的共犯。

(2)不同身份者共同犯罪:《商业贿赂案件意见》第 11 条提供了原则性规定。即根据利用的职务便利并为他人谋取利益的主体是国家工作人员还是非国家工作人员,分别认定为受贿罪或是非国家工作人员受贿罪。如果分别利用各自的职务便利为他人谋取利益,按照主犯的犯罪性质追究刑事责任,不能分清主从犯的,可以以受贿罪追究刑事责任。在我国目前的司法实践中,面对具有不同身份的人共同犯罪时,主要以主犯身份进行把握。例如,最高人民法院《关于审理贪污、职务侵占案件如何认定共同犯罪几个问题的解释》第 3 条指出:"公司、企业或者其他单位中,不具有国家工作人员身份的人与国家工作人员勾结,分别利用各自的职务便利,共同将本单位财物非法占为己有的,按照主犯的犯罪性质定罪。"《全国法院审理经济犯罪案件工作座谈会纪要》指出:"对于在公司、企业或者其他单位中,非国家工作人员与国家工作人员勾结,分别利用各自的职务便利,共同将本单位财物非法占有的,应当尽量区分主从犯,按照主犯的犯罪性质定罪。司法实践中,如果根据案件的实际情况,各共同犯罪人在共同犯罪中的地位、作用相当,难以区分主从犯的,可以贪污罪定罪处罚。"可见,我国目前的司法实践在面对身份犯与非身份犯构成真正身份犯犯罪时,原则上应当以主犯的犯罪性质定罪。

5. 双重身份涉及的职务与业务之区别

学校及教育机构中的从业人员、医疗机构中的从业人员有时具有双重身份,其业务行为同时涉及职务行为与劳务行为。最典型的是医院院领导及科室主任,其行政职务决定了对医院的药物、器械采购、工程建设等具有决策权,但其在履行医生诊疗业务的时候所行使的处方权也可以直接决定或影响相关药物及器材的采购,应准确界分其行为究竟是利用职务便利还是利用从事医疗的业务便利。尽管开处方的技术工作也是对药品管理的权力延伸,但其处方权主要是源于医生资格的专业资质而非行政职务的任免,其收受贿赂所依托的基础性资源具有本质差异,故不能视为是职务便利,对医院领导、科室主任在基于医生身份开展的诊疗活

动中凭借处方权而获得的药品回扣等利益，只能以非国家工作人员受贿罪论处。

6. 职务行为与公务行为的界定

区分职务行为与公务行为是确定本罪行为主体身份的关键。对国家工作人员身份的认定，在形式上必须具有国家出资企业中负有管理、监督国有资产职责的组织批准或者研究决定任命的形式要件；在实质上行为人所从事的工作必须代表对其任命的负有管理、监督国有资产职责的合法组织，体现其公务性。未经国有出资企业中负有管理、监督国有资产职责的组织批准或者研究决定任命的程序，不具有公务属性的行为人即便利用职务上的便利，收受贿赂，但从事的仅仅是该企业的经营性工作，应认定其构成非国家工作人员受贿罪。

7. 关于“国有公司”“非国有公司”的认定

(1)刑法意义上的国有公司仅指国家出资的国有独资公司，不包含国有资本控股公司、国有资本参股公司等其他类型的国家出资企业。《刑法》条文中含有“国有公司”“非国有公司”的表述，但《刑法》条文没有对“国有公司”“非国有公司”的内涵和外延作出明确规定，对其界定只能依据最高司法机关出台的规范性文件。从最高人民法院《关于在国有资本控股、参股的股份有限公司中从事管理工作的人员利用职务便利非法占有本公司财物如何定罪问题的批复》《全国法院审理经济犯罪案件工作座谈会纪要》《关于如何认定国有控股、参股股份有限公司中的国有公司、企业人员的解释》等规定来看，刑法意义上的国有公司仅限于国有独资公司，这也是长期刑事司法实践中一贯掌握的标准。最高人民法院、最高人民检察院《关于办理国家出资企业中职务犯罪案件具体应用法律若干问题的意见》与上述规定一脉相承，在坚持国有公司、企业既定外延的基础上，仅对国家出资企业中“以国家工作人员论”的范围有所突破和扩大。(2)对于国家出资企业中的工作人员是否属于“国家工作人员”，应当从以下两个方面进行认定：一是形式要件，即经国家出资企业中负有管理、监督国有资产职责的组织批准或者研究决定。这里的“组织”主要是指上级或者本级国家出资企业内部的党委、党政联席会。二是实质要件，即代表负有管理、监督国有资产职责的组织在国有控股、参股公司及其分支机构中从事组织、领导、监督、经营、管理工作，实质要件具有“代表性”和“公务性”两个特征。在判断层次上，对于形式要件、实质要件的判断分别属于形式判断和实质判断，首先要进行形式判断，形式判断是进行实质判断的重要前提和依据。

值得注意的是 2022 年 2 月 14 日中央纪委国家监委官网发布头条《国家监委印发首个职务犯罪实体认定监察执法指导性文件，规范国企管理人员渎职犯罪案件法律适用》，并说明国家监察委员会在会同最高人民法院、最高人民检察院开展深入调研的基础上,研究起草了《关于办理国有企业管理人员渎职犯罪案件适用法律若干问题的意见》,并正式印发施行。从笔者承办案件来看,该意见已经实际指导监委、检察院工作,并且对《监察法》第15条第3项规定的“国有企业管理人员”和《刑法》第93条第2款规定的“国家工作人员”出台了认定意见,但该意见未公开发布。

【司法案例】

宋某非国家工作人员受贿案[①]

[**裁判要旨**](1)“负有管理、监督国有资产职责的组织”一般是指上级或者本级国家出资企业领导部门和联席会议。根据有关组织原则,改制后的国家出资企业一般仍设有领导部门,并由本级或者上级领导部门决定人事任免。由其任命并代表其从事公务的人员,应当认定为国家工作人员。而国家出资公司的股东会、董事会、监事会,包括公司的人事组织部门,均不是适格的任命主体。(2)将国家出资企业中的“代表人员”认定为国家工作人员,还要求其所从事的工作同时具备代表性和公务性两大特征:①代表性。作为授权方的负有管理、监督国有资产职责的组织,与作为被授权方的国家工作人员,通过批准、研究决定等方式,产生一种委托法律关系。换言之,在国家出资企业中,国家工作人员系代表国有资产的监督、管理组织从事工作,这种代表性是认定国家工作人员身份的首要特征。②公务性。在实践认定中,要注意考察公务与职权的关联性。公务首先是管理性的事务,而不是一般的技术性、业务性的活动,与劳务相比其具有明显的管理属性。值得注意的是,在国家出资企业中,公务有公司性的公务和国家性的公务之分,前者是代表公司整体利益的行为,而后者仅是代表国有资产的监督、管理组织进行管理的行为。

尹某、李某颐非国家工作人员受贿罪[②]

[**裁判要旨**]在缓刑期内与行贿人达成贿赂合意,在缓刑执行期满后收取财物的,可以认定为“在缓刑考验期内犯新罪”。非国家工作人员受贿罪侵犯的法益为公司、企业工作人员职务的廉洁性。对于受贿犯罪,因利用职务便利为他人谋取利益行为和收受贿赂之间具有因果关系,所以不论事前受贿抑或事后受贿,凡是达成了明确的受贿合意,并就此合意实施了行为,包括为行贿人实施了为他人谋取利益的行为和收受财物行为之一的,其职务廉洁性就受到了侵害,就应认定为

---

① 参见《刑事审判参考》总第97集第957号案例。

② 参见《刑事审判参考》总第114集第1266号案例。

构成受贿类犯罪,这也是受贿类犯罪构成要件的核心。至于是否现实地收到了贿赂款物只影响评价犯罪是否既遂,并不影响犯罪构成要件的齐备。

第一百六十四条 【对非国家工作人员行贿罪】**为谋取不正当利益,给予公司、企业或者其他单位的工作人员以财物,数额较大的,处三年以下有期徒刑或者拘役,并处罚金;数额巨大的,处三年以上十年以下有期徒刑,并处罚金。**

【对外国公职人员、国际公共组织官员行贿罪】**为谋取不正当商业利益,给予外国公职人员或者国际公共组织官员以财物的,依照前款的规定处罚。**

单位犯前两款罪的,对单位判处罚金,并对其直接负责的主管人员和其他直接责任人员,依照第一款的规定处罚。

行贿人在被追诉前主动交待行贿行为的,可以减轻处罚或者免除处罚。

【条文对照】

1997 年《刑法》	2006 年《刑法修正案(六)》	2011 年《刑法修正案(八)》	2015 年《刑法修正案(九)》
第一百六十四条 为谋取不正当利益,给予公司、企业的工作人员以财物,数额较大的,处三年以下有期徒刑或者拘役;数额巨大的,处三年以上十年以下有期徒刑,并处罚金。 单位犯前款罪的,对单位判处罚金,并对其直接负责的主管人员和其他直接责任人员,依照前款的规定处罚。 行贿人在被追诉前主动交待行贿行为的,可以减轻处罚或者免除处罚。	第一百六十四条 为谋取不正当利益,给予公司、企业**或者其他单位**的工作人员以财物,数额较大的,处三年以下有期徒刑或者拘役;数额巨大的,处三年以上十年以下有期徒刑,并处罚金。 单位犯前款罪的,对单位判处罚金,并对其直接负责的主管人员和其他直接责任人员,依照前款的规定处罚。 行贿人在被追诉前主动交待行贿行为的,可以减轻处罚或者免除处罚。	第一百六十四条 为谋取不正当利益,给予公司、企业或者其他单位的工作人员以财物,数额较大的,处三年以下有期徒刑或者拘役;数额巨大的,处三年以上十年以下有期徒刑,并处罚金。 **为谋取不正当商业利益,给予外国公职人员或者国际公共组织官员以财物的,依照前款的规定处罚。** 单位犯前**两**款罪的,对单位判处罚金,并对其直接负责的主管人员和其他直接责任人员,依照**第一**款的规定处罚。 行贿人在被追诉前主动交待行贿行为的,可以减轻处罚或者免除处罚。	第一百六十四条 为谋取不正当利益,给予公司、企业或者其他单位的工作人员以财物,数额较大的,处三年以下有期徒刑或者拘役,**并处罚金**;数额巨大的,处三年以上十年以下有期徒刑,并处罚金。 为谋取不正当商业利益,给予外国公职人员或者国际公共组织官员以财物的,依照前款的规定处罚。 单位犯前两款罪的,对单位判处罚金,并对其直接负责的主管人员和其他直接责任人员,依照第一款的规定处罚。 行贿人在被追诉前主动交待行贿行为的,可以减轻处罚或者免除处罚。

【条文理解】

本罪是关于对非国家工作人员行贿罪、对外国公职人员、国际公共组织官员行贿罪的规定。

本罪的具体构成要件是：

(1)本罪侵犯的客体是非国家机关工作人员、外国公职人员、国际公共组织官员职务行为的廉洁性，以维护正常的商业秩序以及我国的国际经济交往。

(2)本罪的客观方面表现为：给予数额较大或数额巨大的财物。根据《贪污贿赂案件解释》第2条、《商业贿赂案件意见》第7条、第8条的规定，“财物”包括货币、物品和财产性利益，财产性利益包括可以折算为货币的物质利益以及需要支付货币的其他利益，后者的犯罪数额，以实际支付或者应当支付的数额计算。如果收受的是银行卡，不论受贿人是否实际取出或者消费，卡内的存款数额一般应全额认定为受贿数额。使用银行卡透支的，如果由给予银行卡的一方承担还款责任，透支数额也应当认定为受贿数额。[①] 行为对象一是公司、企业或者其他单位的工作人员。“其他单位”是指事业单位、社会团体、村民委员会、居民委员会、村民小组等常设性组织，也包括为组织体育赛事、文艺演出或者其他政党活动而成立的组委会、筹委会、工程承包队等非常设性组织。工作人员既包括非国有性质单位的工作人员，也包括国有性质单位中不具有国家工作人员身份的工作人员；二是外国公职人员或者国际公共组织官员。外国公职人员是指外国无论是经任命还是经选举而担任立法、行政、行政管理或者司法职务的任何人员；以及为外国、包括为公共机构或者公营企业行使公共职能的任何人员。[②] 国际公共组织官员是指国际公务员或者经此种组织授权代表该组织行事的任何人员。

(3)本罪的主体包括自然人或者单位。不同于向国家工作人员行贿，单位行贿的构成单位行贿罪，本罪中单位犯罪未单独成罪。

(4)本罪主观上除故意外，还要求“为谋取不正当利益”的目的。根据《商业贿赂案件意见》第9条、《行贿案件解释》第12条的规定，“谋取不正当利益”是指行贿人谋取违反法律、法规、规章或者政策规定的利益，或者要求对方违反法律、法规、规章、政策、行业规范的规定提供帮助或者便利条件；在招标投标、政府采购等商业活动中，违背公平原则，给予相关人员财物以谋取竞争优势；也可表现为违背公平、公正原则，在经济、组织人事管理等活动中，谋取竞争优势的；且除本不能

---

① 参见《商业贿赂案件意见》第7条、第8条和最高人民法院、最高人民检察院《贪污贿赂案件解释》第12条。

② 参见《联合国反腐败公约》。

得而得到的利益外还包括获得更为便利的程序利益。

本罪还规定了减免条款,即如果行贿人在立案追诉前主动交待行贿行为的,可减轻或免除处罚。

值得注意的是,如果行贿对象是外国公职人员或者国际公共组织官员,则要求行为人主观上是为谋取不正当商业利益,其范围要小于“不正当利益”。①

【司法适用】

1. 追诉标准

根据《立案追诉标准(二)》第 11 条的规定,为谋取不正当利益,给予公司、企业或者其他单位的工作人员以财物,个人行贿数额在 3 万元以上的,单位行贿数额在 20 万元以上的,应予立案追诉。根据《立案追诉标准(二)》第 12 条的规定,为谋取不正当商业利益,给予外国公职人员或者国际公共组织官员以财物,个人行贿数额在 3 万元以上的,单位行贿数额在 20 万元以上的,应予立案追诉。

2. 构罪标准

根据《贪污贿赂案件解释》第 11 条第 3 款的规定,行贿 6 万元以上或者具有特定情节、行贿 2 万元以上,可认定为“数额较大”;行贿 200 万元以上或者具有特定情节、行贿 100 万元以上,可认定为“数额巨大”。

3. 准确区分贿赂与往来馈赠

向公司、企业或者其他单位的工作人员给付财物的行为并不必然就是“贿赂”也可能是“馈赠”。根据《商业贿赂案件意见》第 10 条的规定,主要应当结合以下因素全面分析、综合判断:(1)发生财物往来的背景,如双方是否存在亲友关系及历史上交往的情形和程度;(2)往来财物的价值;(3)财物往来的缘由、时机和方式,提供财物方对于接受方有无职务上的请托;(4)接受方是否利用职务上的便利为提供方谋取利益。

4. 本罪与单位行贿罪

本罪的单位犯罪同单位行贿罪之间可能存在刑罚设置失衡。本罪单位犯罪最高刑是 10 年有期徒刑,而单位行贿罪是 5 年。单位行贿罪损害的法益是国家工作人员职务行为的廉洁性,而本罪是公司、企业管理秩序。只能通过法院的自由裁量权均衡两者失衡的情况。

5. 对“被追诉前”的理解

本罪属于监察机关与公安机关共同管辖的罪名,按照“人+事”的标准,属于公

---

① 参见《常见职务犯罪解读|对非国家工作人员行贿罪》,载中央纪委国家监委网:http://www.ccdi.gov.cn/toutiao/201905/t20190510_193636.html,最后访问时间:2021 年 1 月 24 日。

职人员在行使公权力过程中实施的犯罪,由监察机关管辖;反之,则由公安机关管辖。对于“被追诉前”的理解,如果是公安机关管辖的,参照《行贿案件解释》第13条的规定:“刑法第三百九十条第二款规定的‘被追诉前’是指检察机关对行贿人的行贿行为刑事立案前。”即只要公安机关没有对其涉嫌向非国家工作人员行贿进行刑事立案,行贿人在公安机关调查时主动交待的,都应当属于“被追诉前”。如果是监察机关管辖,鉴于监察机关不是司法机关,其进行的是调查程序而非侦查程序,其立案也并非刑事立案,立案也并不意味着启动刑事诉讼程序,如果遵循追诉指刑事立案之说,则行贿人在监察委立案调查后主动交待的应属于“被追诉前主动交待”。但监察委的立案调查对人和物的强制性本质上与侦查无异,行贿人此时主动交待,与在公安机关“刑事立案”后交待相当,故实务中对监察机关立案调查后的主动交待并未因其不是刑事立案就认定行贿人属于“被追诉前主动交待”。

【司法案例】

张某军、刘某伟对非国家工作人员行贿案[①]

[**裁判要旨**]《刑法》没有对挂牌竞买人相互串通,情节严重,追究刑事责任的规定,也无相关司法解释。因此,在国有建设用地使用权挂牌出让过程中,通过贿赂指使参与竞买的其他人放弃竞买、串通报价,最终使请托人竞买成功的,不属于串通投标罪的行为。

第一百六十五条 【非法经营同类营业罪】国有公司、企业的董事、监事、高级管理人员,利用职务便利,自己经营或者为他人经营与其所任职公司、企业同类的营业,获取非法利益,数额巨大的,处三年以下有期徒刑或者拘役,并处或者单处罚金;数额特别巨大的,处三年以上七年以下有期徒刑,并处罚金。

其他公司、企业的董事、监事、高级管理人员违反法律、行政法规规定,实施前款行为,致使公司、企业利益遭受重大损失的,依照前款的规定处罚。

---

① 参见《刑事审判参考》总第106集第1136号案例。

【条文对照】

1997年《刑法》	2023年《刑法修正案(十二)》
第一百六十五条　国有公司、企业的董事、**经理**利用职务便利,自己经营或者为他人经营与其所任职公司、企业同类的营业,获取非法利益,数额巨大的,处三年以下有期徒刑或者拘役,并处或者单处罚金;数额特别巨大的,处三年以上七年以下有期徒刑,并处罚金。	第一百六十五条　国有公司、企业的董事、**监事、高级管理人员**,利用职务便利,自己经营或者为他人经营与其所任职公司、企业同类的营业,获取非法利益,数额巨大的,处三年以下有期徒刑或者拘役,并处或者单处罚金;数额特别巨大的,处三年以上七年以下有期徒刑,并处罚金。 **其他公司、企业的董事、监事、高级管理人员违反法律、行政法规规定,实施前款行为,致使公司、企业利益遭受重大损失的,依照前款的规定处罚。**

【条文理解】

本罪的具体构成要件是:

(1)本罪侵犯的客体包含两类,一类是国家对国有公司、企业的利益,以规制国有公司、企业的董事、监事、高级管理人员利用职权、损害国家利益的行为;另一类是其他公司、企业的利益,以规制其他公司、企业的董事、监事、高级管理人员违反法律、行政法规规定,实施上述同类行为。

(2)本罪的客观方面主要表现为以下几个方面:第一,利用职务便利,即利用自己经营管理的职权或者职务有关的便利条件;自己经营包括以个人名义注册公司、以亲友名义注册公司、企业、在他人经办的公司、企业中入股进行经营;经营与其所任职公司、企业同类的营业是指从事与其所任职国有公司、企业相同或者相近似的业务。行为人利用其在国有公司任职所获得的生产、供销、市场、物资、信息等方面的优势,利用其所任职公司、企业的人力、资金、物资、信息资源、客户渠道等,在市场竞争中占据有利地位,排挤所任职的公司企业,损害公司、企业的利益。第二,本罪系结果犯,且未规定其他情节要素,该情况要区分不同的单位性质进行考察。首先,对于国有公司、企业而言,构成本罪必须是行为人非法获利达到数额巨大标准;而对于其他非国有的公司、企业而言,致使公司、企业遭受重大损失是先决条件,且该条件先于对个人非法获利的考察。其次,对于其他非国有的公司、企业,行为人的同类行为必须具有违反法律、行政法规规定这一大前提,对国有的公司、企业无该要求。值得关注的是,在违反法律、行政法规这一基本前提中,规范的效力等级值得关注,对于违反了其他规范,如行业规范、单位内部规范的,则不符合本罪要求。由此,对于其他公司、企业,并非只要经营同类营业即构成本罪,"非法性"的预设考察成为重点。第三,不论对于国有或非国有的公司、企业,均不以“情节严重”入罪。

(3)本罪主体系特殊主体,即公司、企业的董事、监事、高级管理人员。董事,是指由公司股东会或职工民主选举产生的具有实际权力的管理公司事务的人员,是公司内部治理的主要力量,对内管理公司事务,对外代表公司进行经济活动。监事,是指公司中常设的监察机关的成员,又称“监察人”,负责监察公司的财务情况,公司高级管理人员的职务执行情况,以及其他由公司章程规定的监察职责。高级管理人员,是指在公司管理层中担任重要职务、负责公司经营管理、掌握公司重要信息的人员,主要包括经理、副经理、财务负责人、上市公司董事会秘书和公司章程规定的其他人员。

(4)本罪在主观方面必须出于故意,无论是对于国有公司、企业而言还是对于其他公司、企业,均要求行为人具有获取非法利益的目的。换言之,要求行为人明知自己或为他人所经营的业务与自己所任职公司、企业经营的业务属于同类,为了非法谋取利益,仍然进行经营。对于其他非国有公司、企业而言,除以上要求外,还要求行为人对于通过违反法律、行政法规规定为手段,致使本公司、企业遭受重大损失具有主观认识,追求或者放任该重大损失结果出现。

【司法适用】

1. 追诉标准

根据《立案追诉标准(二)》第 12 条的规定,国有公司、企业的董事、经理利用职务便利,自己经营或者为他人经营与其所任职公司、企业同类的营业,获取非法利益,数额在 10 万元以上的,应予立案追诉。《刑法修正案(十二)》扩张了本罪的适用范围,对于其他公司、企业,追诉的立法初衷与追诉国有公司、企业的情况存在差异。换言之,对国有公司、企业的考察标准是行为人的获利金额,而对其他公司、企业的考察标准,是公司、企业利益的重大损失。

2. “国有公司、企业”的界定

对于“国有公司、企业”的界定,根据国家投资比例的不同,存在“参股说”“控股说”“独资说”三种观点。目前通说采纳“独资说”,即刑法上的国有公司、企业仅指国有独资公司而不包括国有控股和参股公司。理由是:最高人民法院《关于在国有资本控股、参股的股份有限公司中从事管理工作的人员利用职务便利非法占有本公司财物如何定罪问题的批复》中明确规定,在国有资本控股、参股的股份有限公司中从事管理工作的人员,除受国家机关、国有公司、企业、事业单位委派从事公务的以外,不属于国家工作人员。对其利用职务上的便利,将本单位财物非法占为己有,数额较大的,应当依照《刑法》第 271 条第 1 款的规定,以职务侵占罪定罪处罚。最高人民法院《关于如何认定国有控股、参股股份有限公司中的国有公司、企业人员的解释》规定,为准确认定《刑法》分则第3章第3节中的国有公司、企业人员,现对国有控股、参股的股份有限公司中的国有公司、企业人员解释如下:国有公司、企业委派到国有控股、参股公司从事公务的人员,以国有公司、企业人员论。最高人民法院、最高人民检察院《关于办理国家出资企业中职务犯罪案件具体应用法律若干问题的意见》也指出,经国家机关、国有公司、企业、事业单位提名、推荐、任命、批准等,在国有控股、参股公司及其分支机构中从事公务的人员,应当认定为国家工作人员。可见,上述规定完全没有将国有控股、参股公司等国家出资企业等同于国有单位。否则,国有控股、参股公司等国家出资企业中从事管理活动的人员将一概被认定为国家工作人员。"国有公司"一词在刑法中出现了27次,不仅涉及剥夺政治权利、公共财产、国家工作人员的范围界定,还涉及《刑法》分则第三章第三节"妨害对公司、企业的管理秩序罪"中,如非法经营同类营业罪、为亲友非法牟利罪、签订履行合同失职被骗罪、国有公司人员失职罪、国有公司人员滥用职权罪、徇私舞弊低价折股、出售国有资产罪(以下简称非法经营同类营业罪等六罪),该六罪名将保护范围限定在国有全资公司,暴露出刑法对国有公司与非国有公司的保护不均衡的问题。其实,非法经营同类营业罪等六罪的犯罪行为对非国有公司也同样具有法益侵害性,非国有公司的法益也值得保护。法益保护不均衡的深层次矛盾导致个别司法机关在实践中将"国有公司"作扩大解释。《刑事审判参考》第112集"工商银行神木支行、童某等国有公司人员滥用职权案"中,被告人童某等3人均为国有控股公司工商银行股份有限公司的工作人员,虽然该案例认为国有控股公司不属于私分国有资产罪中的"国有公司、企业",进而认为三被告不构成私分国有资产罪,但三被告也以国有公司人员滥用职权罪定罪(免予刑事处罚)。主体要件相同的罪名在司法实践中理解、适用不统一是亟待解决的问题。

3."同类营业"的界定

非法经营同类营业罪中的"同类营业"的常规含义是指与公司、企业的董事、监事、高级管理人员所任职公司、企业具有横向竞争关系的营业,但实践中常见的争议是公司、企业的董事、监事、高级管理人员自己经营或为他人经营与本企业对口的上下游产业链,即以本公司为交易对手的营业,与本公司对口进行的买卖经营活动是否应当视为"同类营业"?《公司法》中列举了董事、高级经理不得有违反对公司忠实义务的8种行为,其中明确包括"违反公司章程的规定或者未经股东会、股东大会同意,与本公司订立合同或者进行交易""未经股东会或者股东大会同意,利用职务便利为自己或者他人谋取属于公司的商业机会,自营或者为他人经营与所任职公司同类的业务”。即“与本公司订立合同或者交易”与“经营与所任职公司同类的业务”是两种不同的行为,故自己经营或为他人经营与本公司具有“上下游”关系的营业,若与本公司的业务不存在竞争或利害冲突关系,不宜认定为“同类营业”。

【司法案例】

吴某军非法经营同类营业、对非国家工作人员行贿案①

[**裁判要旨**]《国民经济行业分类》不能作为判断是否属于“同类营业”的标准,在私法领域,法无明文禁止即可为,且“同类营业”并非“同样营业”,应根据行为人是否剥夺了公司的交易机会,以及业务范围和公司经营范围有无本质区别进行判断。另外,认定某一行为是否构成犯罪,不仅要看该行为是否符合犯罪构成要件,还要审查该行为是否具有社会危害性。竞业禁止规则是市场经济的基本规则,非法经营同类营业罪是竞业禁止规则在刑法中的体现,其所保护的法益并非交易各方的利益,而是正常的市场秩序以及国有公司、企业的利益。

第一百六十六条　【为亲友非法牟利罪】国有公司、企业、事业单位的工作人员,利用职务便利,有下列情形之一,致使国家利益遭受重大损失的,处三年以下有期徒刑或者拘役,并处或者单处罚金;致使国家利益遭受特别重大损失的,处三年以上七年以下有期徒刑,并处罚金:

(一)将本单位的盈利业务交由自己的亲友进行经营的;

(二)以明显高于市场的价格从自己的亲友经营管理的单位采购商品、接受服务或者以明显低于市场的价格向自己的亲友经营管理的单位销售商品、提供服务的;

(三)从自己的亲友经营管理的单位采购、接受不合格商品、服务的。

其他公司、企业的工作人员违反法律、行政法规规定,实施前款行为,致使公司、企业利益遭受重大损失的,依照前款的规定处罚。

---

① 参见《刑事审判参考》总第120集第1298号案例。

【条文对照】

1997 年《刑法》	2023 年《刑法修正案(十二)》
第一百六十六条　国有公司、企业、事业单位的工作人员,利用职务便利,有下列情形之一,使国家利益遭受重大损失的,处三年以下有期徒刑或者拘役,并处或者单处罚金;致使国家利益遭受特别重大损失的,处三年以上七年以下有期徒刑,并处罚金: (一)将本单位的盈利业务交由自己的亲友进行经营的; (二)以明显高于市场的价格**向**自己的亲友经营管理的单位采购商品或者以明显低于市场的价格向自己的亲友经营管理的单位销售商品的; (三)**向**自己的亲友经营管理的单位采购不合格商品的。	第一百六十六条　国有公司、企业、事业单位的工作人员,利用职务便利,有下列情形之一,**致**使国家利益遭受重大损失的,处三年以下有期徒刑或者拘役,并处或者单处罚金;致使国家利益遭受特别重大损失的,处三年以上七年以下有期徒刑,并处罚金: (一)将本单位的盈利业务交由自己的亲友进行经营的; (二)以明显高于市场的价格**从**自己的亲友经营管理的单位采购商品**、接受服务**或者以明显低于市场的价格向自己的亲友经营管理的单位销售商品**、提供服务**的; (三)**从**自己的亲友经营管理的单位采购**、接受**不合格商品**、服务**的。 **其他公司、企业的工作人员违反法律、行政法规规定,实施前款行为,致使公司、企业利益遭受重大损失的,依照前款的规定处罚。**

【条文理解】①

本罪的具体构成要件是:

(1)本罪侵犯的客体有两种,第一种是国有公司、企业、事业单位的利益,即国家利益受遭受重大损失,第二种是非国有公司、企业的利益遭受重大损失。

(2)本罪的客观方面主要从以下几个方面把握:利用职务便利,主要是指利用在国有公司、企业、事业单位工作的便利条件,既可以是利用自己的职务直接为自己的亲友经营提供非法便利,又可以是利用自己掌握的职权、地位形成的便利条件指使他人为自己的亲友经营提供非法便利。本单位的盈利业务既要求其是"盈利业务",又要求其是"本单位的业务",两者缺一不可。所谓"盈利业务",是指行为人在交由其亲友经营之时,根据当时的市场环境,在本单位正常的经营管理条件下可能会盈利的业务。自己亲友管理经营的单位应包括以亲友名义注册或其亲友出资、入股而直接参与利润分配的单位,也包括其亲友负责管理或担任一定职务的单位。这里的"单位"包括公司、企业、国家机关、人民团体、社会团体及其他组织等。明显高于(低于)市场价格即明显高于(低于)这种商品在市场上的价格变动幅度的上限(下限)。多少差额应视为是"明显高于或低于"没有明确规

① 参见《为亲友非法牟利罪解读》,载中央纪委国家监委网:http://www.ccdi.gov.cn/toutiao/201907/t20190726_197820.html,最后访问日期:2021 年 1 月 24 日。

定,应结合具体情形确定。可以参考《受贿案件意见》中“关于以交易形式收受贿赂问题”的规定,数额按照交易时当地市场价格与实际支付价格的差额计算。市场价格包括商品经营者事先设定的不针对特定人的最低优惠价格。《刑法修正案(十二)》除增加其他公司、企业的情形外,还对本罪的构成要件进行了调整,即将“商品”扩展为“商品、服务”,周延了规制对象。另外,表述更精准,用“从”与“向”区分“购进”与“售出”。此外,对于其他公司、企业的工作人员而言,需要满足违反前置法律、行政法规规定作为前提条件,旨在将家族企业、一人公司或控股股东、实际控制人为一人的公司或企业中,控制人主动将某些事务交由亲友打理的情况排除出犯罪圈,也将经由公司、企业表决同意而交由亲友打理业务的情况排除出犯罪圈,以非法性作为行为性质判断的前提标准,做到在保护民营企业利益同时,防止不当扩大打击面。

(3)本罪的主体为特殊主体,即国有公司、企业、事业单位的工作人员,以及其他公司、企业的工作人员。

(4)本罪的主观方面只能由故意构成,并具有非法牟利的目的。即行为人明知自己利用职务便利为亲友的经营活动提供便利的行为违法,仍故意为之。

【司法适用】

1. 追诉标准

2022年的《立案追诉标准(二)》中未明确为亲友非法牟利罪的立案追诉标准,但废止了《关于公安机关管辖的刑事案件立案追诉标准的规定(二)》(公通字〔2010〕23号),导致本罪暂无有效生效司法解释明确追诉标准。[①]《刑法修正案(十二)》将指控的主体范围扩大至其他公司、企业的工作人员,且法定刑与国有公司、企业、事业单位的情况一致。

2. “亲友”的界定

刑法上并无对“亲友”的具体规定,民法中亦只有近亲属的表述,本罪中的“亲友”应基于常识常理常情从人情社会之观念理解,包括“亲属”和“朋友”,“亲属”不限于近亲属,“朋友”不应扩展为“他人”,也不应仅仅限制在有密切交往的人。可以界定为由一定渊源引起(如同学、战友、老乡、邻居等),存在一定的交往与联系,形成相对稳定、固定的社会关系的人。

---

① 《关于公安机关管辖的刑事案件立案追诉标准的规定(二)》(已废止,公通字〔2010〕23号)第13条规定,国有公司、企业、事业单位的工作人员,利用职务便利,为亲友非法牟利,涉嫌下列情形之一的,应予立案追诉:(1)造成国家直接经济损失数额在10万元以上的;(2)使其亲友非法获利数额在20万元以上的;(3)造成有关单位破产,停业、停产6个月以上,或者被吊销许可证和营业执照、责令关闭、撤销、解散的;(4)其他致使国家利益遭受重大损失的情形。

3. 本罪和贪污罪、职务侵占罪的区别

首先,应当考察非法获利者(即亲友)是否实施了一定的经营行为。对于在单位购销活动中通过实施一定的经营行为牟取非法利润的行为,一般可以依法认定为为亲友非法牟利罪。其次,对于"一定经营行为"的判断,应着重审查是否是交易之必要环节。实务中行为人虚增一个本不必要的交易环节营造亲友是通过经营行为获利的假象,实则"羊毛出在羊身上",属于借从事经营活动之名、行侵占公共财物之实,应认定为贪污罪或者职务侵占罪。最后,还应注意利润与佣金、介绍费的区分。行为人利用职务便利让亲友的经营行为获得明显不合理的"利润"是本罪规制的对象之一,但在司法实践中,有的非法获利者的获利主要是通过介绍货源或商品买家等行为,其获利并非从事经营行为之"利润",更接近于从事中介活动之"报酬",若其所得与市场正常的报酬水平明显背离,不应评价为本罪,认定为贪污罪或者职务侵占罪为宜。

4. 与非法经营同类营业罪的区别

首先,犯罪主体不同。非法经营同类营业罪的主体是公司、企业的董事、监事和高级管理人员,本罪主体满足一般工作人员的条件即可。其次,客观方面不同。非法经营同类营业罪必须有为自己或为他人经营同类营业的行为,而为亲友非法牟利罪不要求有亲自经营行为,也没有同类营业的要求。再次,两罪虽均为结果犯,但对危害结果的要求有所不同,本罪的危害结果要求包括两种,一是国家利益遭受重大损失,二是其他非国有公司、企业利益遭受重大损失;而非法经营同类营业罪中,对于国有公司、企业的情况,要求行为人获取非法利益数额巨大,不但不要求出现损失,更不要求损失巨大;只不过,在非法经营同类营业罪中,对于非国有公司、企业的情况,结果的要求与本罪的非国有公司、企业的情况要求一致,均是公司、企业利益遭受重大损失。行为人的行为同时符合为亲友非法牟利罪和非法经营同类营业罪的,属于想象竞合犯,应择一重罪处罚。

【司法案例】

杨某康非法经营同类营业案①

[**裁判要旨**]在区分非法经营同类营业罪和为亲友非法牟利罪中"为他人经营"与"将本单位的盈利业务交由自己的亲友进行经营"时应把握两点:其一,为亲友非法牟利罪表现为行为人在本单位的经营管理活动中,利用职务便利经营或者参与亲友的经营行为,其二,将本单位的盈利业务交由自己的亲友进行经营,其目

---

① 参见《刑事审判参考》总第27集第187号案例。

的在于为自己的亲友谋取非法利益，行为人虽然也可能从中得到一定的“报酬”或者“好处费”，但是该报酬并非直接源于行为人在本单位的具体经营行为。

第一百六十七条 【签订、履行合同失职被骗罪】国有公司、企业、事业单位直接负责的主管人员，在签订、履行合同过程中，因严重不负责任被诈骗，致使国家利益遭受重大损失的，处三年以下有期徒刑或者拘役；致使国家利益遭受特别重大损失的，处三年以上七年以下有期徒刑。

【条文理解】

本罪的具体构成要件是：

(1)本罪侵犯的客体是国有公司、企业、事业单位直接负责的主管人员履行职务的严肃性，保护的是国有资产的利益，规制特殊主体在签订、履行合同中，因严重失职被骗，致使国家利益遭受重大损失的行为。

(2)本罪的客观方面表现为在签订、履行合同过程中，因严重不负责任被诈骗，主要从以下几个方面把握：本罪发生在签订、履行合同的过程中，即合同已经生效，正在履行尚未履行完毕这一时间内。严重不负责任被诈骗是指行为人不履行或者不正确履行自己主管、分管合同签订、履行合同的义务，致使他人利用合同形式骗取国有公司、企业、事业单位的财物。本罪所称的“诈骗”不限于对方的行为构成刑法上的普通诈骗、金融诈骗、合同诈骗。根据《立案追诉标准(二)》第14条第3款的规定，这里的“诈骗”不以对方当事人已经被人民法院判决构成诈骗犯罪作为立案追诉的前提，只需对方当事人的行为已经涉嫌诈骗犯罪。本罪只有因为“严重不负责任被诈骗”致使国家利益遭受重大损失时才构成犯罪。①

(3)本罪的主体系特殊主体，即国有公司、企业、事业单位直接负责的主管人员。

(4)本罪是过失犯罪，主观形态仅能表现为过失形态，即行为人应当预见自己的行为可能造成国家利益遭受重大损失的结果，因为疏忽大意没有预见，或者已经预见而轻信能够避免，以致结果发生。

【司法适用】

1. 金融机构、对外贸易失职造成外汇损失的认定

金融机构、从事对外贸易经营活动的公司、企业的工作人员严重不负责任，造成大量外汇被骗购或者逃汇，致使国家利益遭受重大损失的，依照《刑法》第167

---

① 参见张明楷：《刑法学》，法律出版社2016年版，第764页。

条的规定,以签订、履行合同失职被骗罪定罪处罚。

2. 追诉标准

2020 年《立案追诉标准(二)》规定中未明确本罪的立案追诉标准,且废止了《关于公安机关管辖的刑事案件立案追诉标准的规定(二)》(公通字〔2010〕23号),导致本罪暂无有效生效司法解释明确追诉标准。①

3. "直接负责的主管人员"的界定

如何界定"直接负责的主管人员",理论界和司法实践中的主要分歧在于直接负责的主管人员是否包括单位管理人员之外的其他责任人员。《刑法》中关于"直接负责的主管人员"的规定分为两类,绝大部分是涉及单位犯罪时,规定追究"直接负责的主管人员和其他直接责任人员"的刑事责任。《全国法院审理金融犯罪案件工作座谈会纪要》规定,单位犯罪直接负责的主管人员和其他直接责任人员的认定:直接负责的主管人员,是在单位实施的犯罪中起决定、批准、授意、纵容、指挥等作用的人员,一般是单位的主管负责人,包括法定代表人。其他直接责任人员,是在单位犯罪中具体实施犯罪并起较大作用的人员,既可以是单位的经营管理人员,也可以是单位的职工,包括聘任、雇佣的人员。本罪未规定单位可以成为犯罪主体,直接追究"国有公司、企业、事业单位直接负责的主管人员"的责任,因此,本罪中的"直接负责的主管人员"的范围应有别于一般的工作人员,虽然直接负责的主管人员不限于单位的法定代表人,单位的分管副职领导、部门、分支机构的负责人等均属管理人员,但不应扩大到具体实施合同签订等行为的其他责任人员。判断是否属于"直接负责的主管人员"除了行为人具有管理人员的身份并且实际行使管理职权外,还需对合同的签订与履行有法律及职务上的责任,无须具体参与到合同的签订与履行中。

4. 与国家机关工作人员签订、履行合同失职被骗罪的区别

首先,两罪主体不同。后罪的主体是国家机关工作人员,并不限定为"直接负责的主管人员",即经办人员只要是国家机关工作人员便可能构成该罪;本罪的主

---

① 《关于公安机关管辖的刑事案件立案追诉标准的规定(二)》(公通字〔2010〕23 号)第 14 条规定,国有公司、企业、事业单位直接负责的主管人员,在签订、履行合同过程中,因严重不负责任被诈骗,涉嫌下列情形之一的,应予立案追诉:(1)造成国家直接经济损失数额在 50 万元以上的;(2)造成有关单位破产,停业、停产 6 个月以上,或者被吊销许可证和营业执照、责令关闭、撤销、解散的;(3)其他致使国家利益遭受重大损失的情形。金融机构、从事对外贸易经营活动的公司、企业的工作人员严重不负责任,造成 100 万美元以上外汇被骗购或者逃汇 1000 万美元以上的,应予立案追诉。本条规定的"诈骗",是指对方当事人的行为已经涉嫌诈骗犯罪,不以对方当事人已经被人民法院判决构成诈骗犯罪作为立案追诉的前提。

体是“国有公司、企业、事业单位直接负责的主管人员”。其次,虽然量刑档次一致,但立案标准不同。后罪共有3个标准,分别是:(1)造成直接经济损失30万元以上;(2)造成直接经济损失不满30万元,但间接经济损失150万元以上的;(3)其他致使国家利益遭受重大损失的情形。① 相比之下,本罪的直接经济损失立案标准更高,要求造成直接经济损失50万元以上,但没有对间接经济损失的要求。

【司法案例】

高某、梁某钊信用证诈骗,签订、履行合同失职被骗案②

[**裁判要旨**](1)对签订、履行合同失职被骗罪中直接负责的主管人员应把握其是否有管理人员的身份,并行使实际管理职权,并且对合同的签订、履行负有直接责任。即对合同的签订与履行有无法律及职务上的责任。(2)签订、履行合同失职被骗罪的客观要件应该满足:首先是本体要件,严重不负责任,即通常所谓的失职行为。具有法定或者职务上的避免国家利益遭受损失的义务,正常履行职务本可避免损失,仍不履行或者不正确履行义务。其次是后果要件,失职行为给国家利益造成重大损失的现实后果。损失后果指的是现实的、具体的经济损失。不得将属于合同对方的诈骗行为直接造成的损失,或者直接的损失对象是第三方,但最终责任将落到该国有单位的损失理解为间接损失。最后是中介要件,造成重大损失后果的直接原因是合同对方的诈骗行为。不能将一般的民事欺诈行为理解为这里的诈骗行为,仅需认定对方当事人的行为已经涉嫌构成诈骗犯罪即可。

王某筠等国家机关工作人员签订、履行合同失职被骗案③

[**裁判要旨**]玩忽职守类犯罪罪名竞合时,应遵循特别法优于普通法的原则。国家机关工作人员签订、履行合同失职被骗罪属于玩忽职守类犯罪的特别规定,客观方面需同时具备行为人在签订、履行合同中严重不负责任的失职行为、合同对方的诈骗行为以及由于失职和诈骗双重行为导致的严重损害后果。区分国家机关工作人员签订、履行合同失职被骗罪与玩忽职守罪的关键点在于:(1)前者的失职行为必须发生在合同的签订、履行过程中;后者的失职行为可以发生在国家

---

① 参见《最高人民检察院关于渎职侵权犯罪案件立案标准的规定》(高检发释字〔2006〕2号)第一部分第17条。

② 参见《刑事审判参考》总第35辑第270号案例。

③ 参见《刑事审判参考》总第122集第1353号案例。

机关工作人员履行工作职责的任何过程中，并无具体行为时空范围的限制。(2)前者损害后果的发生是行为人的失职行为和合同对方的诈骗行为共同导致的。失职行为与诈骗行为的关系既可能是因行为人的失职行为使合同对方有机可乘、起意诈骗；也可能是行为人审查不严，未恪尽职守，轻信对方谎言而被骗；或者在被骗后未积极采取补救措施导致利益受损。且该罪名所要求的诈骗行为必须以构成犯罪为充足条件，而非一般的民事欺诈行为。而玩忽职守罪仅要求行为人的失职行为与损害后果存在刑法上的因果关系，即行为人的失职行为直接导致危害后果，不需要结合第三人的行为加以认定。因此，如果行为人的行为既符合玩忽职守罪的犯罪构成要件，又符合《刑法》第406条的特别规定，应当遵循特别法优于普通法的基本原则，依照法律及司法解释的规定，以国家机关工作人员签订、履行合同失职被骗罪定罪处罚。

未在合同上签字署名，不影响国家机关工作人员签订、履行合同失职被骗罪的认定。合同的签订、履行是由多个环节共同组成的动态运行过程，在合同文本上签字署名仅是其中完成形式要件的阶段，而为签订合同所做的准备工作包括调查、协商、谈判等相关工作均属于合同签订、履行的重要环节。因此，判定是否属于签订、履行合同的行为不以是否在合同文本上签字署名为标准，而应当判断具体行为是否属于合同形成的必要阶段。当国家机关作为合同相对方时，一般安排具体的责任人员负责合同签订、履行中的相关工作。作为国家机关利益的代表，相关责任人员在此过程中应当尽到足够谨慎的注意义务，严格审查合同签订的真伪，例如，认真调查了解对方的资信、经营状况，认真审查对方提供的有关证件、证明，认真检查对方的实际履约能力、供货的质量、来源等。这些工作都属于为签订、履行合同所做的必要的准备，对合同签订、履约内容起到决定性作用。因此，国家机关工作人员虽未在合同上签字署名，但接受委派，在负责签订、履行合同的调查、核实、商谈等工作过程中，严重不负责任被骗的，依法构成国家机关工作人员签订、履行合同失职被骗罪。

第一百六十八条　【国有公司、企业、事业单位人员失职罪；国有公司、企业、事业单位人员滥用职权罪】**国有公司、企业的工作人员，由于严重不负责任或者滥用职权，造成国有公司、企业破产或者严重损失，致使国家利益遭受重大损失的，处三年以下有期徒刑或者拘役；致使国家利益遭受特别重大损失的，处三年以上七年以下有期徒刑。**

国有事业单位的工作人员有前款行为，致使国家利益遭受重大损失的，依照前款的规定处罚。

国有公司、企业、事业单位的工作人员，徇私舞弊，犯前两款罪的，依照第一款的规定从重处罚。

【条文对照】

1997年《刑法》	1999年《刑法修正案》
第一百六十八条 国有公司、企业**直接负责的主管人员，徇私舞弊**，造成国有公司、企业破产或者严重**亏损**，致使国家利益遭受重大损失的，处三年以下有期徒刑或者拘役。	第一百六十八条 国有公司、企业的**工作人员，由于严重不负责任或者滥用职权**，造成国有公司、企业破产或者严重**损失**，致使国家利益遭受重大损失的，处三年以下有期徒刑或者拘役；**致使国家利益遭受特别重大损失的，处三年以上七年以下有期徒刑。** **国有事业单位的工作人员有前款行为，致使国家利益遭受重大损失的，依照前款的规定处罚。** **国有公司、企业、事业单位的工作人员，徇私舞弊，犯前两款罪的，依照第一款的规定从重处罚。**

【条文理解】

本罪的具体构成要件是：

(1)本罪侵犯的客体是国有公司、企业、国家资产的财产性利益，以及正确履行职务行为的严肃性。

(2)本罪的客观方面主要体现为严重不负责任或者滥用职权，造成国有公司、企业破产或严重损失，致使国家利益遭受重大损失的，具体表现如下：

严重不负责任，主要是指行为人不履行或不正确履行职责的行为。严重不负责任的判断一般需要遵循：是否有作为义务——实质履职情况——行为结果是否达到“严重”的程度。首先，判断是否具有作为义务，即是否负有职责，这是不负责任的前提条件。其次，是否不负责任一般表现为行为人在履职过程中是否不履行或不正确履行职责，一般表现为放弃职守，即能履行却不履行；搪塞糊弄、敷衍应付，即虽然履行了一定职责，但是不遵照法律法规、上级单位或者本单位内部的规章制度对其职责的要求去做，不正确履行职责。行为人在履职过程中轻微过失、一般过失，一般不宜评价为“严重不负责任”，应当理解为一般的业务过失。需要强调的是，如果行为人认真履行职责义务，严格遵守职责要求和程序，即使出现了严重后果，也不能认定其是不负责任，可以理解为工作失误。

行为人不履行或不正确履行职责的行为是否达到了“严重”程度。目前，法律没有明确规定“严重”程度的具体行为表现，只是由司法部门在实践中根据具体情况加以认定，司法实践中一般把握为：行为人放弃履行职责或不正确履行职责，导致重大隐患未被及时发现，或发现隐患未予纠正、未采取有效措施；对应当预见的情况未能预见，或者虽已预见但轻信能够避免而未采取有效措施，引发了重大损害结果的发生等，应认定为“严重不负责任”。①

在概念上，滥用职权是指不依法、依规行使职务权限的行为，只要具有行使职权的外观，实施实质的、具体的违法、不当的行为即为滥用职权。② 从司法实践上来看，滥用职权主要表现为以下几种形式：一是超越职权，擅自决定或处理没有具体决定、处理权限的事项；二是玩弄职权，随心所欲地对事项作出决定或者处理；三是故意不履行应当履行的职责，或者说任意放弃职责；四是以权谋私、假公济私，不正确地履行职责。③

本罪的损害结果及计算方式：从条文保护的客体来看，本罪的损失应当限制在财产，经济方面的损失，而不包括其他方面的损失。④

(3)本罪的主体仅有国有公司、企业、事业单位的工作人员，其他主体不能构成本罪，是真正身份犯。

(4)本罪的主观方面为过失，严重不负责任(失职)的主观方面表现为过失形态。滥用职权的主观方面可以表现为故意，包括直接故意与间接故意，但不能体现为过失形态。只要行为人对自己的行为违背执行职务行为的正当性、合法性与严肃性具有认识与意志，对造成国有公司、企业、事业单位破产及严重损失仅要求具有认识可能性，不要求具有希望或放任态度，对国家利益遭受重大损失不要求有认识。⑤

本罪的免责事由一般是指：行为人已经严格按照履职要求，认真履行程序，但仍然出现了严重后果的，由于行为人已严格履职但仍无法避免，可以定性为不存在结果回避可能性，进而排除犯罪。

【司法适用】

1. 追诉标准

根据最高人民法院刑事审判第二庭《关于国有公司人员滥用职权犯罪追溯期

---

① 详见《国有公司、企业人员失职案件中“严重不负责任”的认定》，载《中国纪检监察报》2018年11月15日，第8版。

② 参见[日]山口厚：《刑法各论》，有斐阁2010年版，第607页。转引自张明楷：《刑法学》，法律出版社2016年版，第1245页。

③ 张明楷：《刑法学》，法律出版社2016年版，第1245页。

④ 张明楷：《刑法学》，法律出版社2016年版，第1245页。

⑤ 张明楷：《刑法学》，法律出版社2016年版，第1247页。

限等问题的答复》，国有公司人员滥用职权或失职罪的追诉期限应从损失结果发生之日起计算。就本案而言，追诉期限应以法律意义上的损失发生为标准，即以人民法院民事终审判决之日起计算。

国有企业人员失职案的追诉标准，应按失职行为造成的直接经济损失计算，案发后司法机关追回的赃款和犯罪嫌疑人主动退回的赃款数额，只是量刑情节，不影响定罪。① 需要注意的是，本处司法机关追回的赃款仅指侦查机关、检察院、法院在刑事诉讼程序中追回的赃款，不应包括受害单位通过民事救济程序挽回的款项。

需要注意的是，由于徇私舞弊已经存在徇私或徇情两种情节，故徇私舞弊犯本罪的主观上仅能表现为故意形态。在此基础之上犯前两款罪，只能触犯国有公司、企业、事业单位人员滥用职权罪。

2. 因果关系判断

在本罪中应当注意，需要判断两段因果关系，第一段为失职或滥用职权行为与国有公司、企业、事业单位遭受的严重损失或破产结果之间的因果关系，至少应表现为具有相当的因果关系，也即，失职、滥用职权行为是导致严重损失或破产结果的直接原因或至少是主要原因。第二段因果关系为，在本条文中，对有关单位的损失与国家利益受损之间使用的表述是：造成有关单位破产或严重损失，致使国家利益遭受重大损失，国家利益遭受重大损失的前置条件必须是造成有关单位破产或严重损失，如国家利益遭受重大损失不是国有公司、企业、事业单位的严重损失或破产结果造成的，则不能评价为本罪。

3. 对“一定条件”的理解

国有控股或参股的公司、企业，不属于《刑法》规定中的国有公司、企业，但在国有控股、参股公司、企业的工作人员在一定条件下可以适用《刑法》第 168 条的规定。② 此处的“一定条件”应理解为国有控股、参股公司、企业中具有国企员工身份的人，如上级国有公司派到国有控股、参股公司、企业中的人。但必须明确的是，如果不能明确公司是国有企业则应当慎重判断人员的国有公司、企业人员身份。“国家出资企业中的国家工作人员在公司、企业改制或者国有资产处置过程中严重不负责任或者滥用职权，致使国家利益遭受重大损失的，依照刑法第一百六十八条的规定，以国有公司、企业人员失职罪或者国有公司、企业人员滥用职权

---

① 参见《公安部经济犯罪侦查局关于能否对章××进行立案侦查的批复》。

② 参见公安部经济犯罪侦查局《关于国有控股、参股的金融部门及其分支机构有关人员失职或者滥用职权可否适用刑法第 168 条的批复》。

罪定罪处罚。"[①]但是需要注意,"国家出资企业"并不一定等同于"国有公司、企业",国家出资企业尚包括全额出资,部分出资,应当结合法条原文进行体系解释,此处国家出资企业应缩小解释为"国家全额出资企业";且"国家出资企业中的国家工作人员"并不一定属于"国有公司、企业工作人员",但结合国家出资企业缩小解释为"国家全额出资企业",此处的"国家出资企业中的国家工作人员"具有公职人员身份的,应当评价为渎职罪、滥用职权罪,国家全额出资企业中的具有正式劳动关系的员工,应评价为"国有公司、企业工作人员"。

【司法案例】

工商银行神木支行、童某等国有公司工作人员滥用职权罪[②]

[**裁判要旨**]对私分国有资产罪与单位受贿罪中的"国有公司、企业"均应作限制解释,即仅指国有独资公司、企业。国家控股、参股公司、企业工作人员私分本公司、企业国有资产的行为可以构成国有公司人员滥用职权罪。

需要注意的是,根据最高人民法院、最高人民检察院《关于办理国家出资企业中职务犯罪案件具体应用法律若干问题的意见》第4条第1款的规定,"国家出资企业中的国家工作人员在公司、企业改制或者国有资产处理过程中严重不负责任或者滥用职权,致使国家利益遭受重大损失的,依照刑法第一百六十八条的规定,以国有公司、企业人员失职罪或者国有公司、企业人员滥用职权罪定罪处罚。"由此推导出国有控股、参股公司、企业工作人员在符合一定前提的情况下可以成为国有公司、企业滥用职权罪的适格主体。在该司法解释中,明确强调的是"在公司、企业改制或者国有资产处理过程中",也即该解释的适用有严格的条件,为的是保护国家出资企业在改制及国有资产处置过程中的利益,也即该解释的适用存在一个前提:该企业在改制或国有资产处置之前,应当是国有独资企业。也即该解释实质上无法支撑该参考案例得出的"国有控股、参股公司、企业工作人员属于国有公司、企业滥用职权罪的适格主体"这一结论。

本罪构成要件中的"国有公司、企业"是一个记述性构成要件要素,而非是一个规范性构成要件要素。因此,国有公司的判断仅有一个当然的结论:客观上是就是,客观上不是就不是,不需要主观判断,不存在限制解释、扩大解释的空间。根据最高人民法院《关于如何认定国有控股、参股股份有限公司中的国有公司、企

---

① 最高人民法院、最高人民检察院《关于办理国家出资企业中职务犯罪案件具体应用法律若干问题的意见》。

② 参见《刑事审判参考》总第112集第1234号案例。

业人员的解释》:国有公司、企业委派到国有控股、参股公司从事公务的人员,以国有公司、企业人员论。再结合《〈关于如何认定国有控股、参股股份有限公司中的国有公司、企业人员的解释〉适用精解》①可知,国有公司、企业人员是国有公司、企业中工作的人员,只有确定了国有公司、企业的范围,才能确定国有公司、企业人员的范围;且国有公司、企业应当是依照公司法成立,财产完全属于国家所有的公司、企业,国有资本控股或参股的公司不属于国有公司或企业。

根据出资占比判断是否为国有公司、企业是不科学的。根据《〈关于在国有资本控股、参股的股份有限公司中从事管理工作的人员利用职务便利非法占有本公司财物如何定罪问题的批复〉适用精解》②,该解释认为:国有资产在其出资后,都将丧失对其出资的控制权,所有出资都将成为公司的法人财产,国有资产的所有权转变为对股份有限公司的股权,也即公司的法人财产不同于任何出资者的财产,公司法人财产性质不由任何出资的性质所决定,属于独立的公司法人财产。该解释同样批驳了国有资本控股公司是国有公司的说法,根据财政部的函,似乎国有资本控股50%以上就应当认定为国有资本绝对控股,进而认定为国有公司,但实际上大量公司一旦上市可能只需要30%甚至10%的股份即可实现控股,并且即便实现国有资产绝对控股,也还有大量的非国有公司股份,以国有资产的控股来决定股份有限公司的国有性质以及公司财产的国有性质是不科学的。③

另外,将国有控股、参股公司、企业理解为国有公司,进而将国有控股、参股公司、企业的工作人员私分本公司、企业国有资产的行为评价为国有公司人员滥用职权罪,还存在刑法条文上、刑法体系上的逻辑障碍。根据《刑法》第93条的规定,"国有公司、企业、事业单位、人民团体中从事公务的人员和国家机关、国有公司、企业、事业单位委派到非国有公司、企业、事业单位、社会团体从事公务的人员,以及其他依照法律从事公务的人员,以国家工作人员论"。由于只有存在国有资本参股、控股,才需要委派工作人员去从事管理、监督国有资产等公务工作,故而此处的非国有公司、企业当然属于国有资本控股、参股公司。④ 诚如前述,本参

---

① 参见最高人民检察院法律政策研究室编、陈国庆主编:《刑法司法解释及规范性文件适用精解》,中国人民公安大学出版社2012年版,第514页。

② 参见最高人民检察院法律政策研究室编、陈国庆主编:《刑法司法解释及规范性文件适用精解》,中国人民公安大学出版社2012年版,第674页。

③ 参见最高人民检察院法律政策研究室编、陈国庆主编:《刑法司法解释及规范性文件适用精解》,中国人民公安大学出版社2012年版,第674页。

④ 参见最高人民检察院法律政策研究室编、陈国庆主编:《刑法司法解释及规范性文件适用精解》,中国人民公安大学出版社2012年版,第919页。

考案例在犯罪主体上,将国有资本控股、参股公司、企业的员工理解为国有公司、企业人员并不符合其所援引的司法解释的适用前提。对于记述性构成要件要素,其一致评价应该贯穿整部刑法,在含有“国有公司、企业”这一构成要件要素的刑法条文中,基于刑法内部秩序统一性要求,国有公司、企业的判断应当统一。

第一百六十九条　【徇私舞弊低价折股、出售公司、企业资产罪】国有公司、企业或者其上级主管部门直接负责的主管人员,徇私舞弊,将国有资产低价折股或者低价出售,致使国家利益遭受重大损失的,处三年以下有期徒刑或者拘役;致使国家利益遭受特别重大损失的,处三年以上七年以下有期徒刑。

其他公司、企业直接负责的主管人员,徇私舞弊,将公司、企业资产低价折股或者低价出售,致使公司、企业利益遭受重大损失的,依照前款的规定处罚。

【条文对照】

1997年《刑法》	2023年《刑法修正案(十二)》
第一百六十九条　国有公司、企业或者其上级主管部门直接负责的主管人员,徇私舞弊,将国有资产低价折股或者低价出售,致使国家利益遭受重大损失的,处三年以下有期徒刑或者拘役;致使国家利益遭受特别重大损失的,处三年以上七年以下有期徒刑。	第一百六十九条　国有公司、企业或者其上级主管部门直接负责的主管人员,徇私舞弊,将国有资产低价折股或者低价出售,致使国家利益遭受重大损失的,处三年以下有期徒刑或者拘役;致使国家利益遭受特别重大损失的,处三年以上七年以下有期徒刑。 **其他公司、企业直接负责的主管人员,徇私舞弊,将公司、企业资产低价折股或者低价出售,致使公司、企业利益遭受重大损失的,依照前款的规定处罚。**

【条文理解】

本罪的具体构成要件是:

(1)本罪侵犯的客体包含两种,一种是国有公司、企业的财产性利益;另一种是非国有公司、企业的财产性利益。

(2)本罪的客观方面表现为徇私舞弊,将公司、企业资产低价折股或低价出售,具体表现如下:徇私舞弊,主要体现为行为人或为私利,或徇私情①;舞弊主要体现为无视或故意绕开相关法律法规、规章制度的行为。“将资产低价折股或者

① 参见《全国法院审理经济犯罪案件工作座谈会纪要》中关于“徇私”的理解。

低价出售”，意为不正确地计算、换算资产的实际交易价值，以各种形式的手段降低、隐藏资产的交易价值，主要体现为：在需要计算、折算资产价值时，不进行资产评估，低价折股、出售；或是不遵照资产评估结果，低价折股、出售；或是只计算实物资产，不计算公司企业的商标、商誉等无形资产，造成低价折股、出售；或是跳过上级部门或主管部门审批，不组织评估，擅自将公司、企业的资产，如厂房、土地等低价出售。本罪为结果犯，一方面，对于国有公司、企业而言，只有导致国家利益遭受重大损失的才能构成本罪；另一方面，对于其他公司、企业而言，只有造成公司、企业利益遭受重大损失的才能构成本罪。如行为人在实施低价折股、出售资产过程中自行停止、意外停止或被发现制止，客观上未发生国家利益或者公司、企业利益遭受重大损失的实害结果的，不宜认定为本罪。

(3)本罪的主体有两种，一是针对国有资产的情况，由国有公司、企业或者其上级主管部门直接负责的主管人员构成本罪，其他身份不构成本罪。二是针对其他公司、企业资产的情况，由该公司、企业直接负责的主管人员构成本罪，其他身份不构成本罪。

(4)本罪的主观方面必须为故意，且应当考察其徇私、徇情的动机。

【司法适用】

1. 追诉标准

《立案追诉标准(二)》中未明确规定本罪的立案追诉标准，且废止了《关于公安机关管辖的刑事案件立案追诉标准的规定(二)》(公通字〔2010〕23号)，本罪暂无有效生效司法解释明确追诉标准。[①]

2. 本罪与受贿罪、非国家机关工作人员受贿罪的关系

例如，本罪的主体存在收取、索取好处费、回扣等，而将公司、企业的资产低价折股或低价出售的，由于本罪的保护客体、客观行为均与受贿类犯罪所保护的客体、行为存在重大差异，故应根据其主体情况，分别成立受贿罪或非国家机关工作人员受贿罪，且与本罪实行数罪并罚；换言之，本罪与受贿罪、非国家工作人员受贿罪之间彼此独立。

3. 本罪与贪污罪、职务侵占罪的关系

例如，本罪的主体私自将公司、企业的资产低价折股或者低价出售给自己或

---

① 《关于公安机关管辖的刑事案件立案追诉标准的规定(二)》(已废止，公通字〔2010〕23号)第17条规定，国有公司、企业或者其上级主管部门直接负责的主管人员，徇私舞弊，将国有资产低价折股或者低价出售，涉嫌下列情形之一的，应予立案追诉：(1)造成国家直接经济损失数额在30万元以上的；(2)造成有关单位破产，停业、停产六个月以上，或者被吊销许可证和营业执照、责令关闭、撤销、解散的；(3)其他致使国家利益遭受重大损失的情形。

自己的关联关系人的，如配偶、子女或其他关系人；或是形式上低价出售给他人而实际自己获利的，以及其他符合贪污罪的犯罪构成的行为，应当认定为想象竞合，按贪污罪处理；如果该情况因主体因素不构成贪污罪而构成职务侵占罪，依照想象竞合处理，按照职务侵占罪处理。

第一百六十九条之一　【背信损害上市公司利益罪】上市公司的董事、监事、高级管理人员违背对公司的忠实义务，利用职务便利，操纵上市公司从事下列行为之一，致使上市公司利益遭受重大损失的，处三年以下有期徒刑或者拘役，并处或者单处罚金；致使上市公司利益遭受特别重大损失的，处三年以上七年以下有期徒刑，并处罚金：

（一）无偿向其他单位或者个人提供资金、商品、服务或者其他资产的；

（二）以明显不公平的条件，提供或者接受资金、商品、服务或者其他资产的；

（三）向明显不具有清偿能力的单位或者个人提供资金、商品、服务或者其他资产的；

（四）为明显不具有清偿能力的单位或者个人提供担保，或者无正当理由为其他单位或者个人提供担保的；

（五）无正当理由放弃债权、承担债务的；

（六）采用其他方式损害上市公司利益的。

上市公司的控股股东或者实际控制人，指使上市公司董事、监事、高级管理人员实施前款行为的，依照前款的规定处罚。

犯前款罪的上市公司的控股股东或者实际控制人是单位的，对单位判处罚金，并对其直接负责的主管人员和其他直接责任人员，依照第一款的规定处罚。

【条文对照】

1997年《刑法》	2006年《刑法修正案（六）》
无	第一百六十九条之一　上市公司的董事、监事、高级管理人员违背对公司的忠实义务，利用职务便利，操纵上市公司从事下列行为之一，致使上市公司利益遭受重大损失的，处三年以下有期徒刑或者拘役，并处或者单处罚金；致使上市公司利益遭受特别重大损失的，处三年以上七年以下有期徒刑，并处罚金： （一）无偿向其他单位或者个人提供资金、商品、服务或者其他资产的；

续表

1997 年《刑法》	2006 年《刑法修正案(六)》
	(二)以明显不公平的条件,提供或者接受资金、商品、服务或者其他资产的; **(三)向明显不具有清偿能力的单位或者个人提供资金、商品、服务或者其他资产的;** **(四)为明显不具有清偿能力的单位或者个人提供担保,或者无正当理由为其他单位或者个人提供担保的;** **(五)无正当理由放弃债权、承担债务的;** **(六)采用其他方式损害上市公司利益的。** **上市公司的控股股东或者实际控制人,指使上市公司董事、监事、高级管理人员实施前款行为的,依照前款的规定处罚。** **犯前款罪的上市公司的控股股东或者实际控制人是单位的,对单位判处罚金,并对其直接负责的主管人员和其他直接责任人员,依照第一款的规定处罚。**

【条文理解】

本罪的具体构成要件是:

(1)本罪侵犯的客体是上市公司董事、监事、高级管理人员等人损害其所在上市公司利益,进而损害股东利益甚至损害国家经济,保护的是上市公司、股东的利益以及经济秩序。

(2)本罪的客观方面表现为违背对公司的忠实义务,利用职务便利,操纵上市公司从事损害上市公司利益的活动,致使上市公司的利益遭受重大损失。利用职务便利:一种观点认为,利用职务便利,是指行为人利用自己在管理本单位经营、生产过程中所拥有的领导、指挥以及监督职权,职务的范围限定于管理事务,即领导、指挥、监督等管理性质的活动。另一种观点认为,利用职务便利,是指利用自己主管、管理、经手单位财物的便利条件,职务活动既包括管理性质的活动也包括劳务活动,即单位职工利用从事劳务活动的便利而实施侵占行为,也属于"利用职务便利"。从本罪的条文来看,由于限定了本罪的主体是董事、监事、高级管理人员,对本罪"利用职务便利"的理解应倾向于第一种观点,即执行在上市公司从事管理性职务的便利。操纵上市公司:操纵上市公司意味着行为在外观上要具有"公司意志",体现为利用公司自己的行为对公司利益造成损害,区别于个人直接实施的破坏行为,行为必须体现出"公司意志""公司形象"。本罪为结果犯,只有导致上市公司利益遭受重大损失的才能构成本罪。例如,行为人在操纵公司进行损害公司利益的活动过程中自行停止、意外停止或被发现制止,客观上未发生上市公司利益遭受重大损失的实害结果的,不宜认定为本罪。

(3)本罪的犯罪主体有两种类型:第一种类型是上市公司的董事、监事、高级管理人员;第二种类型是上市公司的控股股东或者实际控制人。本罪是真正身份犯,仅有以上两类主体可构成本罪。

(4)本罪的主观方面必须为故意形态。从犯罪动机而言,在实践中行为人之所以会处心积虑地损害本公司利益,无外乎出于私愤或被收买、控制,甚至有可能本身就是他人利用股东地位或实际控制关系安排到上市公司中,代表股东或实际控制人利益对上市公司利益进行损害。但本罪的主观方面不需要审查动机与目的,只要行为人有损害上市公司利益的故意即可,行为人的动机与目的对区分此罪与彼罪有重要作用,但不影响本罪的成立。

【司法适用】

1. 追诉标准

《立案追诉标准(二)》(公通字〔2022〕12 号)中未明确规定本罪的立案追诉标准,且废止了《关于公安机关管辖的刑事案件立案追诉标准的规定(二)》(公通字〔2010〕23 号),本罪暂无有效生效司法解释明确追诉标准。①

2. 对于行为主体是控股股东或单位的处理

实施本罪行为的主体是上市公司控股股东或实际控制人是单位的,对单位判处罚金,并对负有直接责任的主管人员和其他直接责任人员依照本罪处罚。

3. 本罪与职务侵占罪、贪污罪的关系

实施本罪行为同时构成职务侵占罪或贪污罪的,按照想象竞合处理,择一重罪处罚。

---

① 《关于公安机关管辖的刑事案件立案追诉标准的规定(二)》(已废止,公通字〔2010〕23 号)第 18 条规定,上市公司的董事、监事、高级管理人员违背对公司的忠实义务,利用职务便利,操纵上市公司从事损害上市公司利益的行为,以及上市公司的控股股东或者实际控制人,指使上市公司董事、监事、高级管理人员实施损害上市公司利益的行为,涉嫌下列情形之一的,应予立案追诉:(1)无偿向其他单位或者个人提供资金、商品、服务或者其他资产,致使上市公司直接经济损失数额在 150 万元以上的;(2)以明显不公平的条件,提供或者接受资金、商品、服务或者其他资产,致使上市公司直接经济损失数额在 150 万元以上的;(3)向明显不具有清偿能力的单位或者个人提供资金、商品、服务或者其他资产,致使上市公司直接经济损失数额在 150 万元以上的;(4)为明显不具有清偿能力的单位或者个人提供担保,或者无正当理由为其他单位或者个人提供担保,致使上市公司直接经济损失数额在 150 万元以上的;(5)无正当理由放弃债权、承担债务,致使上市公司直接经济损失数额在 150 万元以上的;(6)致使公司发行的股票、公司债券或者国务院依法认定的其他证券被终止上市交易或者多次被暂停上市交易的;(7)其他致使上市公司利益遭受重大损失的情形。

【司法案例】

于某青违规不披露重要信息案①

[**裁判要旨**]上市公司直接负责的主管人员违规向不具有清偿能力的控股股东提供担保,未造成实际损失的,不构成背信损害上市公司利益罪。从客观行为上来看,本案的被告人于在青利用其担任江苏琼花法定代表人的职务便利,为明显不具有清偿能力的控股股东等关联企业提供担保,符合背信损害上市公司利益罪的行为要件要求。但本罪的结果要件要求行为要"致使上市公司利益遭受重大损失",本案中于在青虽然操纵上市公司向明显不具有清偿能力的关联企业提供担保,但是在公安机关立案前,琼花集团、于在青均通过以股抵债或者用减持股票款方式向债权人清偿了全部债务,积极解除了江苏琼花的担保责任,从而未给江苏琼花造成直接经济损失,不符合本罪的结果要件要求,不构成背信损害上市公司利益罪。

第四节　破坏金融管理秩序罪

第一百七十条　【伪造货币罪】伪造货币的,处三年以上十年以下有期徒刑,并处罚金;有下列情形之一的,处十年以上有期徒刑或者无期徒刑,并处罚金或者没收财产:

(一)伪造货币集团的首要分子;

(二)伪造货币数额特别巨大的;

(三)有其他特别严重情节的。

【条文对照】

1997年《刑法》	2015年《刑法修正案(九)》
第一百七十条　伪造货币的,处三年以上十年以下有期徒刑,并处**五万元以上五十万元以下**罚金;有下列情形之一的,处十年以上有期徒刑、无期徒刑或者**死刑**,并处**五万元以上五十万元以下**罚金或者没收财产: (一)伪造货币集团的首要分子; (二)伪造货币数额特别巨大的; (三)有其他特别严重情节的。	第一百七十条　伪造货币的,处三年以上十年以下有期徒刑,并处罚金;有下列情形之一的,处十年以上有期徒刑或者无期徒刑,并处罚金或者没收财产: (一)伪造货币集团的首要分子; (二)伪造货币数额特别巨大的; (三)有其他特别严重情节的。

---

① 参见《刑事审判参考》总第90集第824号案例。

【条文理解】

伪造货币中的伪造，是指仿造真货币的形状、图案、色彩、防伪技术等，非法制造假货币，以假币冒充真币的行为，真币包括人民币和外币。本罪的具体构成要件如下：

（1）本罪犯罪对象为货币，侵犯的客体是国家的货币金融管理制度。本罪中的"货币"，是指可在国内市场流通或者兑换的人民币和境外国家和地区的法定、流通货币。根据《中国人民银行法》和《人民币管理条例》的规定，人民币由中国人民银行统一印制、发行，包括纸币、硬币。此外，中国人民银行还可以根据需要发行纪念币，具体分为普通纪念币和贵金属纪念币（俗称金币、银币）。境外国家和地区的法定、流通货币，又称外币，是指境外正在流通使用的所有法定货币，既包括可在我国兑换使用的外国法定货币，也包括在我国尚不能随意兑换的外国国家或者地区的货币。①

（2）本罪客观方面表现为行为人仿造人民币或者外币的图案、形状、色彩、防伪技术等特征，盗用或者以非货币所用纸张、油墨等材料，采用机制、手工等各种制造方法，非法制造假货币的行为。行为人不论采用何种方法，伪造上述任何一种或者几种货币，或者同时采用伪造和变造手段，制造真伪拼凑货币，冒充真币，即构成本罪。需要指出的是，伪造中国人民银行发行的普通纪念币和贵金属纪念币，也构成本罪。

（3）本罪的犯罪主体为一般主体，中国人、外国人和无国籍人均可构成本罪。这既是为保障我国的货币稳定和安全，也是我国履行相关国际义务的体现。

（4）本罪的主观方面应以意图流通为目的要件，主观上是故意，即不论行为人是为了获利还是其他目的以及目的是否实现，均不影响本罪的成立。但因宣传目的、民间习俗或者作为艺术图案，而模仿货币的样式、色彩等制作出的仿真币制品，其大小、材料、质地等均与真货币有明显不同，不可能被作为真币流通、使用，此种不属于伪造货币的犯罪行为。

根据《立案追诉标准（二）》的规定，伪造货币总面额在 2000 元以上或者币量在 200 张（枚）以上的，或者总面额在 1000 元以上或者币量在 100 张（枚）以上，2 年内因伪造货币受过行政处罚，又伪造货币的；或者制造货币版样或者为他人伪造货币提供版样的；以及其他伪造货币应予追究刑事责任的情形。

【司法适用】

首先，伪造货币与变造货币不同，伪造货币应以仿照法定、流通货币为前提，

① 郎胜主编：《〈关于惩治破坏金融秩序犯罪的决定〉释义》，中国计划出版社 1995 年版，第 10 页。

只要具备了真币的基本要素,如图案、形状、大小、色彩等方面,即属于伪造货币。至于行为人因技术等原因,致使假币做工粗糙,其实际的逼真程度和外观效果与真币尚有一定的差距的,不应成为伪造货币的定罪障碍,也不能因为伪造货币尚未制成成品,而否认行为人正在实施或已实施伪造货币的行为,前述问题属于犯罪既遂和未遂之分。其次,伪造货币以冒充真币为要件,换言之,本罪需要有流通或者意图流通之主观目的,冒充真币是仿照真币这一前提条件的逻辑延伸,冒充真币与仿照真币共同构成伪造货币行为的两个方面。明确这一点,有助于进一步严格区分本罪中伪造货币与非法制造臆造币的界限,冒充真币与伪造货币的主观目的特征直接相关。① 同时在司法适用中需要注意以下几个问题:

(1)伪造境外货币的犯罪数额应当统一折算成人民币。统一计算标准是为了方便司法界定而作出的技术性规定。国内有外汇价格的,以国内价格为准。国内没有相应外汇价格的境外货币,以美元为中介通过国际外汇市场进行套算。目前,司法机关采取了案发当日的汇率作为计算基准。

(2)中国人民银行发行的纪念币也属于本罪的货币。《人民币管理条例》第18条对此作出了明确规定:"中国人民银行可以根据需要发行纪念币。纪念币是具有特定主题的限量发行的人民币,包括普通纪念币和贵金属纪念币。"在数额认定标准上,目前司法实践中,假贵金属纪念币和假普通纪念币采用区别对待的方式,涉及前者的犯罪数额计算采用初始发行价作为认定数额的基础,涉及后者的犯罪数额以面额计算。

(3)以实际是否具有流通功能作为标准,具体界定伪造或者使用伪造停止或者即将停止流通的货币的性质认定。①有权机构已经公告决定停止流通但尚未至停止流通之日,因货币仍具流通功能,故其间实施的伪造货币犯罪应以伪造货币犯罪论处;②针对已停止流通的货币,仿照现行流通货币进行加工处理,改变其形态并冒充现行流通货币的,因其材质不再属于法律意义上的货币,故应认定为伪造行为而非变造行为;③伪造已届停止流通但仍可由金融机构兑换回收的货币的犯罪,因货币不再具有流通功能,故应以诈骗罪论处。

【司法案例】

杨某茂伪造货币案②

[**裁判要旨**]"伪造货币",是指依照人民币或者外币的图案、形状、色彩等,使

---

① 参见刘为波:《〈关于审理伪造货币等案件具体应用法律若干问题的解释(二)〉的理解与适用》,载《人民司法·应用》2010年第23期。

② 参见《刑事审判参考》总第3辑第23号案例。

用印刷、复印、描绘、拓印等各种制作方法，制造假货币，冒充真货币的行为。本罪的对象是“货币”，不仅包括我国的国家货币即人民币，也包括外币在内。这里所说的“外币”是广义的，是指境外正在流通使用的货币。既包括可在中国兑换的外国货币，如美元、英镑、马克等，也包括港、澳、台地区的货币，还包括不可在中国兑换的外国货币。

郭某记、徐某伦等人伪造货币案①

［**要旨**］行为人为直接实施伪造货币人员提供专门用于伪造货币的技术或者物资的，应当认定其具有伪造货币的共同犯罪故意。通过网络积极宣传、主动为直接实施伪造货币人员提供伪造货币的关键技术、物资，或者明知他人有伪造货币意图，仍积极提供专门从事伪造货币相关技术、物资等，应当认定其在共同伪造货币犯罪中起主要作用，系主犯，对其实际参与的伪造货币犯罪总额负责。对于通过网络联络、分工负责、共同实施伪造货币犯罪案件，检察机关应当注重对伪造货币犯罪全链条依法追诉。

第一百七十一条　【出售、购买、运输假币罪】出售、购买伪造的货币或者明知是伪造的货币而运输，数额较大的，处三年以下有期徒刑或者拘役，并处二万元以上二十万元以下罚金；数额巨大的，处三年以上十年以下有期徒刑，并处五万元以上五十万元以下罚金；数额特别巨大的，处十年以上有期徒刑或者无期徒刑，并处五万元以上五十万元以下罚金或者没收财产。

【金融工作人员购买假币、以假币换取货币罪】银行或者其他金融机构的工作人员购买伪造的货币或者利用职务上的便利，以伪造的货币换取货币的，处三年以上十年以下有期徒刑，并处二万元以上二十万元以下罚金；数额巨大或者有其他严重情节的，处十年以上有期徒刑或者无期徒刑，并处二万元以上二十万元以下罚金或者没收财产；情节较轻的，处三年以下有期徒刑或者拘役，并处或者单处一万元以上十万元以下罚金。

伪造货币并出售或者运输伪造的货币的，依照本法第一百七十条的规定定罪从重处罚。

---

① 参见最高人民检察院第四十四批指导性案例，检例第176号。

【条文理解】

1. 出售、购买、运输假币罪

出售、购买、运输假币罪,是指明知是伪造的货币而运输以及出售、购买伪造的货币,犯罪数额较大的行为。

出售假币,通常是指以低于票面额的价格转售伪造的货币的行为。

货币是衡量商品价格的依据,其本身不是商品,出售正在流通使用的货币(纪念币除外),依照等价交换的原则,换取与其面值相等或者高于其面值的货币是不可能的,只有假币才会以低于票面额的价格出售。同理,购买假币,是指以低于票面额的价格将已伪造的货币买进的行为。当然,出售、购买的对价均不一定以法定流通货币,也可能是商品,如以高于市场同类商品的价格或以较高面额假币换取较少商品的行为,也属于出售或者购买假币的行为。运输假币,是指明知是伪造的假币,随身携带、邮寄、托运、借助运输工具自行运输等方法,将假币从甲地运往乙地的行为。但需要结合生活常识判断,通过物理距离来界分是运输行为还是持有行为,比如驾车从甲地一个酒店到甲地的另外一个酒店,此时不宜认定为运输行为,而应认定为持有行为。但如果驾车从甲地运输假币到乙地,一般不影响运输假币行为的构成。最后,本罪的犯罪主体为一般主体,侵犯的客体是国家货币金融管理制度,客观方面表现为出售、购买、运输伪造的货币的行为,主观故意方面,行为人明知是伪造的货币而予以出售、购买或者运输。

依照《立案追诉标准(二)》第 15 条的规定,出售、购买伪造的货币或者明知是伪造的货币而运输,总面额在 4000 元以上或者币量在 400 张(枚)以上的;或总面额在 2000 元以上或者币量在 200 张(枚)以上,2 年内因出售、购买、运输假币受过行政处罚,又出售、购买、运输假币的;其他出售、购买、运输假币应予追究刑事责任的情形,应予立案追诉。

2. 金融工作人员购买假币、以假币换取货币罪

金融工作人员购买假币、以假币换取货币罪,是指银行或者其他金融机构的工作人员购买假币,或者利用职务上的便利,以假币换取真币的行为。本罪的客观方面具体包括两种类型:其一,银行、证券、信托或者其他金融机构的工作人员购买假币,只要具有上述身份的人员有明知是假币而予以购买的行为即符合本罪;其二,银行、证券、信托或者其他金融机构的工作人员利用职务上的便利,以假币换取真币的行为。所谓利用职务上的便利,是指金融工作人员利用本人的职务、职权或者与职务有关的特殊身份,利用主管、经手等能够接触金融机构的经营款的便利条件,利用职务上的便利是金融工作人员以假币换取货币的必要条件。所谓换取真币,是指金融工作人员如银行信贷员、保险公司理赔付款人员,以假币

换取其经手或者管理的真币的行为。本罪犯罪主体是特殊主体,只能由金融工作人员构成,不属于银行或者其他金融机构的工作人员,如公司、企业的会计、出纳,不能成为本罪的主体,其有相应的假币行为依照其他假币罪名或者盗窃等侵财类罪名处理。本罪的主观方面是故意,包括间接故意。如银行柜台人员,在生活中收有疑为假币的货币,为避免个人损失,利用其吸收存款的职务便利,在经手、管理的银行业务款中换取了同数量的真币,如果相应的货币被鉴定为假币,数额较大时,其行为即构成本罪。

依照《立案追诉标准(二)》第 16 条的规定,银行或者其他金融机构的工作人员购买伪造的货币或者利用职务上的便利,以伪造的货币换取货币,总面额在 2000 元以上或者币量在 200 张(枚)以上的,应予立案追诉。

【司法适用】

出售、购买、运输假币罪是选择性罪名,不实行并罚,司法实践中,此类犯罪行为通常由行为人在实施犯罪行为时同时完成"出售""购买""运输"假币的其中两项或者全部犯罪行为,对此,无论行为人实际实施的是任意一种或者两种行为,抑或以上全部三种行为,均不实行数罪并罚,而只以其实际实施的行为确定罪名。

此外,购买、持有、使用假币三种行为虽互为独立,我国《刑法》也分别规定了独立的罪名,但是该三种行为在客观上存在内在的联系,抑或逻辑顺延,如购买假币后,通常会有持有行为,为了牟取不法利益,也会有使用假币的行为,故上述行为构成牵连关系。根据《刑法》第 171 条第 3 款的规定,伪造货币并出售或者运输伪造的货币的,应以伪造货币罪从重处罚。《伪造货币案件解释》第 2 条规定,行为人购买假币后使用,构成犯罪的,依照《刑法》第 171 条规定,以购买假币罪定罪,从重处罚。依照刑法理论通说,在刑法及司法解释没有特别规定的情况下,对牵连犯应从一重罪从重处罚,如购买假币后持有假币的行为,应以购买假币罪定罪,从重处罚。当然,以假币的同一性而言,如果行为人使用的假币与其购买的假币属于不同宗的,即购买的假币与使用的假币不是同一犯罪对象,则购买、使用假币的行为属于不同种行为,不属于牵连关系,应以购买假币罪和使用假币罪并罚。此外,出售、运输假币构成犯罪,同时有使用假币行为的,应以出售、运输假币罪和使用假币罪数罪并罚。

在金融工作人员假币犯罪中,行为人同时实施购买假币、换取真币两种行为的,应以金融工作人员购买假币、以假币换取货币罪追究刑事责任,不实行数罪并罚。同理,如果金融工作人员购买的假币和利用职务便利换取货币所使用的假币不是同一宗假币,属于同种类不同行为,则应当依法分别定罪,实行数罪并罚。

在购买假币并使用假币的情况下,以购买假币罪从重处罚。但在司法实践中存在一个需要明确的问题，即行为人购买假币并使用的，从重处罚对应的使用行为，是刑法意义上使用还是客观事实上的使用，换言之，前者需要使用的数额达到使用假币的数额较大的入罪标准，后者只是要求其有使用的客观行为即可。从重处罚而非数罪并罚是牵连犯原理的处理规则，但牵连犯的一个前提条件就是要求存在两个以上独立的犯罪行为，是否意味着使用假币达到“数额较大”方能适用？司法适用过程中不能这样机械地理解和处理，这种区分仅仅具有理论上的依据。如前文所述，购买、持有、使用通常是一个连贯、必然的行为，具有逻辑延伸性的行为，如果行为人使用已购买的假币，从犯罪目的来看，行为人购买假币就是为了使用假币，那么通常已购买假币数额应理解为使用假币的数额，仅是使用假币行为既遂和未遂的区分问题，即购买假币后使用的假币数额，应当包括已经使用和准备使用的数额。购买假币后使用的，不能将使用的“数额”仅仅理解为业已使用的假币数额，还应包括准备使用但因各种原因未使用出去的假币数额。①

关于犯罪数额认定问题。司法实践中，行为人常常购买一批假币后，然后以邮寄、自驾等方式运输假币，抑或实施相应的出售行为，此时犯罪数额认定应以相应假币是否属于同一犯罪对象进行区分。如果行为人假币犯罪均属于同一批或者同宗假币，则其购买的假币数额作为其出售、运输犯罪行为的犯罪总额，不因其购买后又实施运输、出售同一批假币而重复计算犯罪数额。当然，如果购买假币后，又针对不同批次的假币进行了出售、运输的犯罪行为，则依照假币累计总额认定。

【司法案例】

谢某康、龙某慈出售、购买、运输假币案②

［**裁判要旨**］购买假币并使用的，以购买假币罪从重处罚，运输假币并使用的，应当以运输假币罪和使用假币罪数罪并罚。

第一百七十二条　【持有、使用假币罪】明知是伪造的货币而持有、使用，数额较大的，处三年以下有期徒刑或者拘役，并处或者单处一万元以上十万元以下罚金；数额巨大的，处三年以上十年以下有期徒刑，并处二万元以上二十万元以下罚金；数额特别巨大的，处十年以上有期徒刑，并处五万元以上五十万元以下罚金或者没收财产。

---

① 参见高憬宏、杨万明主编：《基层人民法院法官培训教材（实务卷·刑事审判篇）》，人民法院出版社2005年版，第161页。

② 参见广东省高级人民法院（2018）粤刑终191号二审刑事裁定书。

【条文理解】

使用假币,通常表现为利用假币冒充真币换取相应的商品,包括用假币到银行存款,用伪造的外币在境内兑换人民币及以假币清偿债务等,使用假币犯罪行为不仅侵犯公私财产的所有权,也损害了国家的货币金融管理制度。本罪的客观方面表现为使用伪造的货币,且数额较大的行为。持有假币,是指将假币随身携带或者存放在特定处保管的行为,不论假币在何处,只要有证据证明该假币是行为人所有,即可认定行为人持有。此外,行为人对于自己持有、使用的假币性质必须明知,这也是该罪构成要件在主观方面的要求。对于明知的主观要素的认定,不能客观定罪,也不能仅仅凭行为人的口供,而是结合案件所有证据材料主客观相结合综合加以判断。例如,行为人拒绝临检,遇到公安就逃跑等,当被抓获后鉴定为假币时,可以结合其他证据判断行为人对假币的"明知"。

依照《立案追诉标准(二)》第 17 条的规定,明知是伪造的货币而持有、使用,总面额在 4000 元以上或者币量在 400 张(枚)以上的;或者总面额在 2000 元以上或者币量在 200 张(枚)以上,2 年内因持有、使用假币受过行政处罚,又持有、使用假币的;以及其他持有、使用假币应予追究刑事责任的情形应予立案追诉。

【司法适用】

本罪名系选择性罪名,持有、使用假币罪,是行为人所持有或使用的假币数额已达到数额较大所涉罪名,具体而言,如果持有的假币数额较大,使用的数量未达数额较大标准,应以持有假币罪定罪,对使用假币的情况可以作客观表述,并作为以持有假币行为的量刑情节予以考虑;如果使用假币的数额达到较大数额标准,行为人仅剩少量假币,且未达到数额较大标准,则应以使用假币罪定罪,对持有假币的情况也应作客观表述,并作为处罚使用假币罪量刑的情节予以考虑;如果行为人将持有的假币拿出一部分使用,导致案发时客观持有的和已使用的假币数量均未达到数额较大,则应以持有假币罪以案发时持有量和已使用的假币数额总额来认定犯罪数额,对使用假币的行为仍然作客观表述,并作为持有假币罪的量刑情节予以考虑。上述几种情形均不能以持有数额并累计计算已使用的假币数额。

此外,对于假币的来源,司法机关必须尽可能查清,这直接影响假币行为涉及罪名的最终确认。因为持有行为既包括积极的随身携带,也包括消极的特定地点控制,持有行为与运输、出售、使用行为存在关联关系或者互相交集包容的关系,如行为人提着装有假币的包裹在出售过程中被抓获,持有行为与出售的预备行为相似。故有必要查清假币的来源和真实用途,以便准确确定罪名。

刑法设立持有假币罪的立法本意是针对那些没有证据证实行为人持有假币的来源或者用途的情形,只有在没有证据证实行为人实施其他假币犯罪的情况下，才能以持有假币罪定罪处罚。[①] 在持有、使用、出售等行为交织过程中，相应行为的性质需要注意以下几点：

其一，在盗窃假币案件中，行为人不知或者没有证据证明行为人知道是假币而盗窃的，且假币数额较大的，应以盗窃罪（未遂）追究刑事责任，如果行为人明知是假币而盗窃的，因假币不是商品，不能以依照真币的方式核算假币票面金额，也无法核算具体金额，应根据案件具体情况，以持有、使用、走私、出售、运输假币罪追究其刑事责任。

其二，行为人在出售假币时被抓获的，如果在现场之外的行为人住所或者其他地点查获了其藏匿的假币，亦应认定为出售假币的犯罪数额。但有证据证明藏匿的假币是行为人实施其他假币犯罪的除外。只要有证据证实行为人实施了某一具体的假币犯罪，就不应以持有假币罪定罪处刑，持有假币罪一般是无法查实假币的具体来源和具体用途时，为防止行为人逃避刑事处罚而规定的犯罪。对于在行为人实施其他假币犯罪过程中被查获的假币，和在其住所或者其他藏匿地所查获的假币，也理应认定为同一假币犯罪行为的数额。[②]

【司法案例】

张某发持有、使用假币案[③]

［**裁判要旨**］（1）行为人购买假币后使用，构成犯罪的，以购买假币罪定罪，从重处罚。（2）购买假币后使用的，不能将使用的“数额”仅仅理解为业已使用的假币数额，还应包括准备使用但因各种原因未使用出去的假币数额。（3）证据不能认定行为人参与实施了购买假币行为，但可以证明行为人与假币购买人共同实施了持有、使用假币行为的，应以持有、使用假币定性；对其中既购买假币又持有、使用假币的行为人按购买假币罪定罪，并不意味着其不构成持有、使用假币罪，只是在具体处理上按一罪处理而已。

第一百七十三条　【变造货币罪】变造货币，数额较大的，处三年以下有期徒刑或者拘役，并处或者单处一万元以上十万元以下罚金；数额巨大的，处三年以上十年以下有期徒刑，并处二万元以上二十万元以下罚金。

---

① 参见高憬宏、杨万明主编：《基层人民法院法官培训教材（实务卷·刑事审判篇）》，人民法院出版社2005年版，第159页。

② 参见清国：《审理金融犯罪案件适用法律的若干问题》，载《人民司法》2001年第8期。

③ 参见《刑事审判参考》总第27辑第188号案例。

【条文理解】

变造货币和前文的伪造货币有本质区别，变造货币是以真币作为基础来进行的，《伪造货币案件解释（二）》对变造货币的行为作出明确规定。变造货币，是指以真货币为基础，采用剪贴、挖补、揭层、涂改、移位、重印等手段，改变货币的真实形态、价值，且数额较大的行为。

第一，变造货币行为方式。前述司法解释列举了剪贴、挖补、揭层、涂改、移位、重印6种变造货币的行为方式。剪贴变造，俗称拼凑变造，形成该行为方式的主要原因在于金融机构残币的兑换规则，真币的实物存在3/4以上的残币可以全额兑换票面面值的货币，1/2以上不足3/4的残币实物可以兑换一半票面面值的货币。通常情况下，行为人为了保障原货币价值不变，裁剪真币不超过其1/4，通过4张或者5张真币的裁剪和粘贴，增加货币张数实现增值的行为。挖补变造，是指对货币票面数字、部分图案或者材料提取后并用一定方式进行补全的变造行为。涂改变造，主要是指对相同颜色、相同票副、相同图案但不同面额的真币涂改其票面金额的变造行为。揭层变造，主要是指将货币一拆为二，再用其他材料进行粘贴的变造行为。此外，实践中还存在涂改年号或者冠字号等的变造行为。

第二，变造货币的行为特征在于改变货币的形态，多数变造货币行为固然是为了非法牟利，但不排除存在牟利之外的其他动机如报复社会等，但变造货币的危害实质在于侵害货币的公共信用。对于变造货币的数额认定，以往采用升值部分来计算，目前采用改变价值部分来计算认定。比如，将4张100元的真币裁剪后重新组合粘贴成5张100元的变造币，前者认定标准结果是100元，而后者认定标准为500元。主张用升值部分数额来认定的一个重要考虑是变造货币犯罪数额的准确计算问题。但主张用改变价值部分数额来认定同样不会对仅仅剪开但未粘贴拼凑形成完整货币的残损部分计入变造货币的数额；至于粘贴拼凑形成完整货币的，理应按其实际形成的变造货币总数计算。综上，升值不仅没有必要，反而容易引起误解，故《伪造货币案件解释（二）》规定的是"改变真币形态、价值的行为，应当认定为刑法第一百七十三条规定的'变造货币'"。①

依照《立案追诉标准（二）》第18条的规定，变造货币总面额在2000元以上或者币量在200张（枚）以上的；或者总面额在1000元以上或者币量在100张（枚）以上，2年内因变造货币受过行政处罚，又变造货币的；以及其他变造货币应予追究刑事责任的情形应予立案追诉。

---

① 刘为波：《〈关于审理伪造货币等案件具体应用法律若干问题的解释（二）〉的理解与适用》，载《人民司法·应用》2010年第23期。

【司法适用】

前文所述的变造货币实际上是通过裁剪的方式将真币拼接而成，相应材质仍然取自真币，但也存在用其他材料拼接、填补等行为，属于真假相结合。有观点将真假相结合的行为界定为伪变造货币，认为其是独立于伪造货币和变造货币之外的第三种形态。对于此种形态究竟以伪造货币还是以变造货币处理，在以往的司法实践中，司法机关通常将制造真伪拼凑货币的行为认定为变造货币，《伪造货币案件解释（二）》规定此种行为以伪造货币罪定罪处罚。主要原因在于伪变造货币虽然存在局部变造，但并非完全取材于真币，在材料上与真币不具有同质性，既有真币的成分，也有非真币的成分，总体上属于伪造货币。故对制作伪变造货币的行为，按伪造货币处理符合立法本意。

从国际司法来看，各国对于伪造和变造货币的行为均纳入一个罪名予以处理，适用相同的定罪标准，但变造行为是借助真币，故变造货币数量小和投入真币后变造的获利相对较小，因此，我国从变造货币数量和非法利益大小两个方面，对伪造货币和变造货币进行区分界定，并且对变造货币罪的刑罚规定要轻于伪造货币罪。对于伪变造货币，其借助于伪造币，使真伪拼凑货币批量制作成为可能，除了验钞机器识别所需的少数关键部位之外，绝大部分部位系伪造的货币，且难以识别，危害后果较大，上述原因均不符合立法区分伪造货币和变造货币的现实要求，结合社会危害性，对此类真伪相结合的伪变造行为应以伪造货币罪从严打击，符合立法本意。此外，即便认为真伪拼凑货币中确实存在变造行为，但因单一的变造行为明显不能全面评价真伪拼凑货币这种特殊犯罪，其中伪造行为须另行评价，故真伪拼凑货币犯罪同时触犯了伪造货币和变造货币两个罪名。根据想象竞合犯择一重罪处断的司法原则，制造真伪拼凑货币的行为也应当以伪造货币罪定罪处罚。[①] 因而司法解释认定，同时采用伪造和变造手段，制造真伪拼凑货币的行为，依照《刑法》第 170 条的规定，以伪造货币罪定罪处罚。

第一百七十四条　【擅自设立金融机构罪】未经国家有关主管部门批准，擅自设立商业银行、证券交易所、期货交易所、证券公司、期货经纪公司、保险公司或者其他金融机构的，处三年以下有期徒刑或者拘役，并处或者单处二万元以上二十万元以下罚金；情节严重的，处三年以上十年以下有期徒刑，并

---

① 参见刘为波：《〈关于审理伪造货币等案件具体应用法律若干问题的解释（二）〉的理解与适用》，载《人民司法·应用》2010 年第 23 期。

处五万元以上五十万元以下罚金。

【伪造、变造、转让金融机构经营许可证、批准文件罪】**伪造、变造、转让商业银行、证券交易所、期货交易所、证券公司、期货经纪公司、保险公司或者其他金融机构的经营许可证或者批准文件的,依照前款的规定处罚。**

单位犯前两款罪的,对单位判处罚金,并对其直接负责的主管人员和其他直接责任人员,依照第一款的规定处罚。

【条文对照】

1997年《刑法》	1999年《刑法修正案》
第一百七十四条　未经**中国人民银行**批准,擅自设立商业银行或者其他金融机构的,处三年以下有期徒刑或者拘役,并处或者单处二万元以上二十万元以下罚金;情节严重的,处三年以上十年以下有期徒刑,并处五万元以上五十万元以下罚金。 伪造、变造、转让商业银行或者其他金融机构经营许可证的,依照前款的规定处罚。 单位犯前两款罪的,对单位判处罚金,并对其直接负责的主管人员和其他直接责任人员,依照第一款的规定处罚。	第一百七十四条　未经**国家有关主管部门**批准,擅自设立商业银行、**证券交易所、期货交易所、证券公司、期货经纪公司、保险公司**或者其他金融机构的,处三年以下有期徒刑或者拘役,并处或者单处二万元以上二十万元以下罚金;情节严重的,处三年以上十年以下有期徒刑,并处五万元以上五十万元以下罚金。 伪造、变造、转让商业银行、**证券交易所、期货交易所、证券公司、期货经纪公司、保险公司**或者其他金融机构**的**经营许可证**或者批准文件**的,依照前款的规定处罚。 单位犯前两款罪的,对单位判处罚金,并对其直接负责的主管人员和其他直接责任人员,依照第一款的规定处罚。

【条文理解】

本条涉及两个罪名,分别是擅自设立金融机构罪和伪造、变造、转让金融机构的经营许可证或者批准文件罪。

1. 擅自设立金融机构罪

从本罪的犯罪对象来看,任何机构由非法定的单位和个人批准、同意,均属擅自设立,都属于非法金融机构,都将对国家金融秩序造成危害,给国家经济造成损失。从我国目前情况看,银行以外的其他金融机构,主要包括保险公司、证券公司、融资租赁公司、担保公司以及侨资、外资在我国境内设立的金融机构等。其他金融机构的认定标准包括两点:其一,设立的目的或者其所从事的行为,是否为金融活动或金融相关业务;其二,是充分考虑到本罪的规范属性。根据《立案追诉标准(二)》第19条的规定,未经国家有关主管部门批准,擅自设立商业银行、证券交易所、期货交易所、证券公司、期货公司、保险公司或者其他金融机构的;或擅自设立金融机构筹备组织的,应予立案追诉。因此,作为本罪犯罪对象的金融机构,还包括金融机构的筹备组织。

从本罪客观行为方面来看,未经批准主要包括根本不具有申请条件而设立和经申请未批准而设立的两种情况,前者主要体现为行为人或者单位根本没有向有权机构提交申请,就设立相应金融公司,这类情况多见于根本不具备设立金融机构条件的单位和个人;后者主要体现为虽然提交了申请书等必要资料,但主管部门经审查判定不符合有关设立条件或者规定,没有颁发经营金融业务许可证,未予批准的情况。在民营银行出现并发展的情况下,部分企业具有设立民营银行的基础,但因某些条件尚不具备等原因,虽申请而未获批准。当然,还包括没有批准权的单位同意设立金融公司等,如市、县政府从地方利益出发,违法"批准"成立金融结算公司。

最后,本罪主观目的一般都具有营利的目的,属于故意犯罪。当然对于某些金融机构依法提交申请,在相应证照获批前,认为获批仅是时间问题,先经营等审批的情况,一般以行政处罚为主,不宜纳入犯罪考虑,相反在明确未获批的情况,依旧进行金融业务,则应当追究刑事责任。

2. 伪造、变造、转让金融机构的经营许可证或者批准文件罪

本罪客观方面表现为伪造、变造、转让银行、证券公司、担保公司等金融机构经营许可证或者批准文件的行为。"伪造",是指以私刻印章私自印制、签署金融机构经营许可证或者批准文件的行为;"变造",是指在合法的许可证或者批准文件上,采用修改、涂抹、挖补等手段,改变许可证或者批准文件的原有信息,如颁发时间、经营项目等;"转让",是指将自己合法持有的许可证或者批准文件,以牟利等目的,交给他人使用。本罪侵犯的客体是国家金融和金融机构管理制度。

本罪犯罪主体属于一般主体,包括自然人和单位,司法实践中,伪造、变造金融机构经营许可证或者批准文件的行为,通常犯罪主体为自然人,而转让金融机构经营许可证或者批准文件的行为,犯罪主体通常为单位。

本罪主观方面由故意构成,过失不构成本罪。依照《立案追诉标准(二)》第19条、第20条规定,擅自设立商业银行、证券交易所、期货交易所、证券公司、期货公司、保险公司或者其他金融机构的;或者擅自设立金融机构筹备组织的;以及只要实施了伪造、变造、转让商业银行、证券交易所、期货交易所、证券公司、期货公司、保险公司或者其他金融机构的经营许可证或者批准文件的行为,就应予立案追诉。

根据本条第3款规定,单位犯本罪的,对单位判处罚金,并对其直接负责的主管人员和其他直接责任人员,依照第1款的规定处罚。

【司法适用】

对本罪是否构成需要审查相应的设立行为是否对金融安全具有一种潜在的严重危险。换言之,构成擅自设立金融机构罪本质上必须是对金融安全产生潜在严重危险的行为,如果行为不可能对金融产生严重危险,则不能构成该罪。申言之,必须具备开展金融活动的条件,而不必已经开展相关金融活动,其罪名的成立不要求有特定的危害结果的发生,即行为人是否实施了吸收公众存款、证券等金融业务的行为为前提和必要要件,具体而言:

首先,在形式上,非法设立的机构应当具备合法金融机构的一些必要形式特征,包括营业场所、机构名称、组织部门等,擅自设立的金融机构只有与合法的金融机构相似,才会使社会大众陷入错误判断,普通民众才会进一步与其发生金融业务来往,仅是没有合法手续和审批文件,如果除审批文件外,普通民众根本不会相信其是金融机构,也不会与其发生金融业务。

其次,在实质上,行为人非法设立的机构应当具备开展相应金融业务所应包含的资金实力、专业人员等实质能力,如果不具备开展相应金融业务的实际能力,就不可能与社会大众开展有关金融业务,更谈不上有严重危害金融秩序和金融安全的危险,对于那种纯粹利用金融机构之名去实施侵犯财产犯罪的,应以其他罪名定罪处罚。详言之,如果行为人擅自设立的金融机构,后又进行了非法吸收公众存款或者进行集资诈骗的,属于牵连犯罪,应择一重罪定罪处罚。综上,衡量擅自设立金融机构的行为是否既遂,应当从以下几个方面综合考虑:其一,行为人的擅自设立行为,是否齐备了特定的金融机构所需的实质性要件,如资金、人员、场所等;其二,行为人所设立的非法金融机构,是否具备了非法从事金融业务的功能和条件。

最后,行为人伪造或者变造金融机构经营许可证、批准文件后,以该伪造或者变造的许可证、批准文件又擅自设立金融机构的,虽然两个犯罪行为属于牵连关系,只有一个目的即擅自设立金融机构,伪造或者变造金融机构经营许可证、批准文件的行为只是犯罪手段,由于伪造、变造、转让金融机构的经营许可证或者批准文件罪与擅自设立金融机构罪的法定刑完全相同,可以以目的行为定罪处罚。

【司法案例】

张某、张某琴非法经营案①

[**裁判要旨**]在形式上,行为人非法设立的机构应当具备合法金融机构的一些

① 参见《刑事审判参考》总第62集第828号案例。

必要形式特征,包括机构名称、组织部门、公司章程、营业地点等。在实质上,行为人非法设立的机构应当具备开展相应金融业务的实质能力,包括资金实力、专业人员等。构成擅自设立金融机构罪,本质上必须是对金融安全产生潜在严重危险的行为,如果行为不可能对金融产生严重危险,则不能构成该罪。

第一百七十五条 【高利转贷罪】以转贷牟利为目的,套取金融机构信贷资金高利转贷他人,违法所得数额较大的,处三年以下有期徒刑或者拘役,并处违法所得一倍以上五倍以下罚金;数额巨大的,处三年以上七年以下有期徒刑,并处违法所得一倍以上五倍以下罚金。

单位犯前款罪的,对单位判处罚金,并对其直接负责的主管人员和其他直接责任人员,处三年以下有期徒刑或者拘役。

【条文理解】

高利转贷罪,是指行为人利用银行利率低或者其他与银行贷款方面特殊的条件,以较低利率从银行贷出资金,然后以较高利率转贷给其他主体的行为。高利转贷行为的危害在于,银行贷款具有较强的审贷能力和完善的程序,而高利转贷行为只是追求高的利差,而且越高越好,此时必然忽略审核对方还贷能力,导致资金安全性差,也不利于银行贷款资金走向公司、企业等实体经济,损害了资金走向、利率管控等宏观政策,在一定意义上,此种行为会导致类银行的职业放贷人的出现,严重破坏了社会主义市场经济运行中的金融秩序。

首先,本罪的犯罪对象是"金融机构的信贷资金",包括信用贷款、担保贷款等,信用贷款是信贷资金的子概念。行为人只要套取了银行的相应贷款,即成为本罪的犯罪对象。其次,高利转贷中的转贷表现为将从银行套取的资金出借给他人。对于"高利"的理解应以银行贷款的利率作为判断标准,行为人转贷他人的利率高于行为人从银行套取信贷资金的利率,即属于"高利"的标准,至于高出多少不影响认定高利的标准。最后,高利转贷的行为必须达到数额较大的标准,这个数额较大的标准并非指贷款金额,而是行为人通过套取贷款的利益与转贷利率之间的利差所获取的非法利益的数额。

依照《立案追诉标准(二)》第 21 条的规定,以转贷牟利为目的,套取金融机构信贷资金高利转贷他人,违法所得数额在 50 万元以上的,应予立案追诉。

【司法适用】

高利转贷罪的客观方面表现为套取金融机构信贷资金,高利转贷他人,违法所得数额较大的行为。对于所谓的金融机构信贷资金,应从实质角度综合去把握,不宜局限于信贷资金的形式。司法实践中,如果行为人以转贷他人来谋取不法利益,通过编造虚假交易等材料如购销合同、付款证明等,套取了银行承兑汇票的,属于“套取金融机构信贷资金”的行为。具体而言,根据中国人民银行发布的《贷款通则》有关借款人“不得套取贷款用于借贷牟取非法收入”的规定,只要将金融机构贷款用于借贷牟取非法收入的行为,均属于套取金融机构信贷资金。银行承兑汇票与银行贷款虽然在表现形式上有所不同,但银行承兑汇票贴现时使用的资金属于银行的信贷资金,票据贴现也是银行借出信贷资金的一种表现形式,从银行内部管理来看,银行承兑汇票也是纳入信贷科目管理的,银行承兑汇票与贷款在银行内部的管理模式和性质上是相同的,虽然银行承兑汇票的各方之间属于票据关系,但本质上也属于债权关系。行为人通常编造交易关系,并出具没有真实交易的购销合同,套取银行承兑汇票,然后将银行承兑汇票以较高费用交给第三人,以实现非法获取高额利益,第三人用银行承兑汇票向银行贴现,获取银行资金,可见,这仅是套取信贷资金的方式和手段不同,其本质是一种利用银行承兑汇票贴现套取银行信贷资金的行为。因此,套取银行承兑汇票然后转让给他人进行贴现的实质上属于套取了银行的信贷资金。综上,不能机械地理解《刑法》第175条的规定,而应把握高利转贷行为的本质并结合立法精神加以判定。

对于套取行为的理解,其在贷款目的和款项用途上是一种骗取行为,即行为人以虚假的贷款理由,隐瞒其将贷款用于转贷他人牟利的真实用途,行为人在获取信贷资金后,将信贷资金以高于银行贷款利率的利率非法转贷他人,并非用于贷款合同等材料中约定的贷款用途。

此外,就高利转贷中“高利”的认定和理解。如前文所述,“高利”不需要一定高于银行贷款利率达到一定的倍数,从谋取非法利益角度而言,只要转贷的利率高于从银行套取信贷资金的利率即可。详言之,因《刑法》和司法解释中均未对“高利”作规定,有观点认为应参照民事诉讼中就民间借贷保护性利率为标准即4倍LPR,超过该标准的属于“高利”,不超过就不应纳入高利转贷罪处罚。实际上,该观点不能成立,首先,就法律关系而言,4倍LPR是针对民间借贷而言的,为了保障民间资本的流通,设置民事合法利率上限,既有利于将社会闲散资金正常流通,又不致社会融资成本过高,损害经济秩序,而高利转贷的行为其实质是让金融资金脱离宏观政策方向,脱离资金监管,损害金融秩序和安全。二者具有本质区别。其次,司法解释中对于高利转贷罪的入罪标准是从违法所得数额进行界定的,换言之,其并未要求“高利”一定是很高的利率,而是要求有较高额违法所得,这也是符合高利转贷罪的立法意图的。因为利率高低虽然一定意义上显示危害后果,但最终都体现在利差形成的违法所得上。利率高,但贷款数额小的,违法所得未达到数额较大的,不属于犯罪,利率较低但高于贷款利率的,且贷款数额大,违法所得达到数额较大标准的,应以本罪定罪处罚。申言之,违法所得数额才是评价高利转贷具体行为社会危害性的主要标准,符合高利转贷罪的立法意图的。因此,对于高利转贷罪的定罪数额,《刑法》关注的是违法所得,这是能够真正反映其社会危害性的要件。对于利率标准的掌握不应过于严苛,只要高于银行贷款利率即可。认定高利转贷罪时,应将重点放在违法所得上。也就是说,只要违法所得较大,且转贷利率高于银行贷款利率,就应认定为高利转贷罪。①

【司法案例】

姚某高利转贷案②

[**裁判要旨**](1)凡是将金融机构贷款用于借贷牟取非法收入的行为,均属于"套取金融机构信贷资金",这里的套取实际是一种骗取,即行为人以虚假的贷款理由或者贷款条件,隐瞒将贷款用于转贷牟利的真实用途,向金融机构申请贷款,然后将贷款并非用于从金融机构贷款时约定的用途,而是以高利非法转贷他人。银行承兑汇票是纳入信贷科目管理的,银行承兑汇票贴现时使用的资金属于银行的信贷资金,票据贴现也是银行借出信贷资金的一种表现形式。套取银行承兑汇票然后转让他人进行贴现的实质属于套取银行的信贷资金。(2)高利转贷行为涉及的利率倍数,仅仅是高利转贷行为社会危害性的表征之一,并不是反映该行为的真实社会危害性的唯一因素,违法所得是能够真正反映其社会危害性的要件。认定高利转贷罪时,应将重点放在违法所得上,只要违法所得较大,且转贷利率高于银行贷款利率,就应认定为高利转贷罪。

第一百七十五条之一　【骗取贷款、票据承兑、金融票证罪】以欺骗手段取得银行或者其他金融机构贷款、票据承兑、信用证、保函等,给银行或者其他金融机构造成重大损失的,处三年以下有期徒刑或者拘役,并处或者单处罚金;给银行或者其他金融机构造成特别重大损失或者有其他特别严重情节的,处三年以上七年以下有期徒刑,并处罚金。

① 参见最高人民法院刑事审判第一、二、三、四、五庭主办:《刑事审判参考》2008 年第 3 集(总第 62 集),法律出版社 2008 年版。

② 参见《刑事审判参考》总第 62 集第 487 号案例。

单位犯前款罪的，对单位判处罚金，并对其直接负责的主管人员和其他直接责任人员，依照前款的规定处罚。

【条文对照】

1997年 《刑法》	2006年 《刑法修正案(六)》	2020年 《刑法修正案(十一)》
无	第一百七十五条之一 以欺骗手段取得银行或者其他金融机构贷款、票据承兑、信用证、保函等，给银行或者其他金融机构造成重大损失**或者有其他严重情节**的，处三年以下有期徒刑或者拘役，并处或者单处罚金；给银行或者其他金融机构造成特别重大损失或者有其他特别严重情节的，处三年以上七年以下有期徒刑，并处罚金。 单位犯前款罪的，对单位判处罚金，并对其直接负责的主管人员和其他直接责任人员，依照前款的规定处罚。	第一百七十五条之一 以欺骗手段取得银行或者其他金融机构贷款、票据承兑、信用证、保函等，给银行或者其他金融机构造成重大损失的，处三年以下有期徒刑或者拘役，并处或者单处罚金；给银行或者其他金融机构造成特别重大损失或者有其他特别严重情节的，处三年以上七年以下有期徒刑，并处罚金。 单位犯前款罪的，对单位判处罚金，并对其直接负责的主管人员和其他直接责任人员，依照前款的规定处罚。

【条文理解】

骗取贷款、票据承兑、金融票证罪，是指行为人以欺骗手段获取贷款、票据承兑、金融票证的行为。所谓欺骗手段，通常是指行为人采用虚构事实、隐瞒真相等手段，如提供虚假的财务报表、购销合同等，司法实践中最为典型的三种方式包括虚构投资项目、虚构担保单位，虚设抵押物等三种虚假手段，行为人通过欺骗手段夸大了自身偿付能力，骗取了银行等金融机构的信任。一定程度上使金融信贷资金无法受到正常监管，且存在无法收回的重大风险，给金融秩序造成了损害，危及了金融安全。

需要明确一点，骗取贷款、票据承兑、金融票证罪的立法用意在于对适用贷款诈骗罪难以证明"非法占有目的"之缺陷进行补救性立法。如果行为人在贷款过程中具有欺诈的行为，且能够认定行为人具有非法占有目的的，应根据具体案情以贷款诈骗罪、合同诈骗罪等定罪处罚，但如果没有证据能够充分证明行为人具有非法占有的主观目的，则应以本罪处罚。对于本罪的入罪的标准，《立案追诉标准(二)》第22条规定："以欺骗手段取得银行或者其他金融机构贷款、票据承兑、信用证、保函等，给银行或者其他金融机构造成直接经济损失数额在五十万元以上的，应予立案追诉。"

在司法实践中,骗取贷款、票据承兑、金融票证罪越来越受到关注,主要存在以下几点问题:骗取贷款、票据承兑、信用证、保函的行为,本身不存在非法占有金融机构信贷资金的目的,其本身的社会危害性就相对较低,对于没有产生具体危害后果的骗贷行为是否可以不认定犯罪?如何界定行为人的违法程度和社会危害程度?是否行为人实施了相应"骗取"行为,侵害法益的具体风险是否必然发生?等等。此外,在宏观层面,由于骗取贷款、票据承兑、金融票证罪的司法扩大化,一定意义上直接影响了民营企业正常融资。目前,司法实践中,对于骗取贷款、票据承兑、金融票证罪不予刑事处罚情形形成了几点共识:其一,有足额担保的行为不应构成犯罪;其二,案发前已归还本息的行为不构成犯罪;其三,企业融资过程中,"以新贷还旧贷"的一般也不宜以犯罪处理。2020 年 7 月最高人民检察院《关于充分发挥检察职能服务保障"六稳""六保"的意见》指出,"在办理骗取贷款等犯罪案件时,充分考虑企业'融资难''融资贵'的实际情况,注意从借款人采取的欺骗手段是否属于明显虚构事实或者隐瞒真相,是否与银行工作人员合谋、受其指使,是否非法影响银行放贷决策、危及信贷资金安全,是否造成重大损失等方面,合理判断其行为危害性,不苛求企业等借款人。对于借款人因生产经营需要,在贷款过程中虽有违规行为,但未造成实际损失的,一般不作为犯罪处理。对于借款人采取欺骗手段获取贷款,虽给银行造成损失,但证据不足以认定借款人有非法占有目的的,不能以贷款诈骗罪定性处理。"

《刑法修正法(十一)》就本罪删除了"有其他严重情节的"入罪标准,对应的司法解释规定为"虽未达到上述数额标准,但多次以欺骗手段取得贷款、票据承兑、信用证、保函等的;其他给银行或者其他金融机构造成重大损失或者有其他严重情节的情形"。本罪的入罪标准仅限定为造成了银行等金融机构的实际损失,这种修改方式一定程度上回应了司法实践中对于民事欺诈和刑事欺诈的争议,扭转了本罪名适用范围宽导致刑法与民法的边界不清的局面。综上,骗取的行为必须具有足以破坏金融管理秩序的手段,如果仅仅是手段有瑕疵,那就不宜以刑事犯罪处理,确保刑事手段的谦抑性。

【司法适用】

骗取贷款、票据承兑、金融票证罪,是指行为人以欺骗手段取得银行或者其他金融机构贷款等,给银行或者其他金融机构造成重大损失的行为。在司法实践中,需要严格区分骗取贷款罪和贷款诈骗罪,同时需明确小贷公司属于"其他金融机构"。

第一,小额贷款公司属于刑法意义上的"其他金融机构",骗取小额贷款公司的贷款,导致贷款损失,达到入罪标准的应以骗取贷款罪定罪处罚。主要理由在于:(1)小额贷款公司是依法经营小额贷款金融业务的公司。小额贷款公司的主营业务是发放贷款。根据《关于小额贷款公司试点的指导意见》第1条规定,小额贷款公司是由自然人、企业法人与其他社会组织投资设立,不吸收公众存款,经营小额贷款业务的有限责任公司或股份有限公司。可见,我国已经明确允许小额贷款公司经营小额贷款业务。(2)小额贷款公司经营小额放贷等金融业务是经法定部门审批的。小额贷款公司的设立需要经过中国银行业监督管理委员会和中国人民银行这两个部门依法批准,当然对于不跨省经营的,由被授权的省级有关部门予以审批。中国银行业监督管理委员会、中国人民银行作为金融机构的相关主管部门授权省级政府主管部门(金融办或者相关机构)对小额贷款公司的经营活动进行监督管理。非银行金融机构的批准设立可以由中国银行业监督管理委员会负责。《银行业监督管理法》第2条第3款规定:"对在中华人民共和国境内设立的金融资产管理公司、信托投资公司、财务公司、金融租赁公司以及经国务院银行业监督管理机构批准设立的其他金融机构的监督管理,适用本法对银行业金融机构监督管理的规定。"根据这一规定,非银行金融机构的设立可以由中国银行业监督管理委员会批准。(3)中国人民银行的相关规定已经明确认可小额贷款公司为金融机构。例如,小额贷款公司依法从事金融业务,依法取得中国人民银行赋予的金融机构编码。同时,《关于2010年中资金融机构金融统计制度有关事项的通知》还明确要求小额贷款公司适用金融机构的金融统计制度。

第二,本罪与贷款诈骗罪同属破坏社会主义经济秩序罪,均以贷款为对象,且在罪名设置上,骗取贷款罪是贷款诈骗罪的补救性立法,因而司法实践中容易混淆。尤其在《刑法修正案(十一)》之后,本罪将造成重大损失界定为唯一入罪标准,二罪在客观结果上都是贷款没有及时归还,更有必要梳理二罪之间的区别。

《刑法》第193条规定的贷款诈骗罪,是指以非法占有为目的,诈骗银行或者其他金融机构的贷款,数额较大的行为。从罪状来看,本罪与贷款诈骗罪最根本区别在于主观要件不同,即行为人主观上是否以非法占有为目的。后者的目的不仅包括骗取贷款,而且还具有非法占有贷款的目的,而前者采用欺骗手段的目的仅是不符合贷款条件下取得贷款的使用权,不包括非法占有贷款的目的。由于骗取贷款罪和贷款诈骗罪在具体案件中客观后果均是表现为贷款没有归还,造成金融机构的重大损失,二罪也都具有骗取的行为,故如何避免客观归罪,进一步主客观相结合界定非法占有主观目的显得尤为重要。

非法占有目的,是指行为人实施犯罪行为的目的在于使财物改变公私财产的所有权而将其据为己有。这是行为人的一种主观心理状态,司法实践中就主观心理的认定一般依靠行为人供述等言辞证据以及相应客观行为体现主观目的的实物证据加以判断。

《刑法》第193条贷款诈骗规定了五项情形:(1)编造引进资金、项目等虚假理由的;(2)使用虚假的经济合同的;(3)使用虚假的证明文件的;(4)使用虚假的产权证明作担保或者超出抵押物价值重复担保的;(5)以其他方法诈骗贷款的。上述5项情形仅是欺诈的主要情形,对于非法占有的主观目的仍需要进行证明,还须借助相关的客观证据加以分析认定。鉴于非法占有目的认定对集资诈骗案件审理的重要性和复杂性,最高人民法院一直完善并细化相关认定标准。2000年《全国法院审理金融犯罪案件工作座谈会纪要》规定,行为人通过诈骗的方式非法获取资金,对于造成较大数额资金不能返还的,不得仅以造成财产不能归还就直接认定行为人具有非法占有的主观目的进而以金融诈骗罪定罪处罚。具体包括:(1)明知没有归还能力而大量骗取资金的;(2)非法获取资金后逃跑的;(3)肆意挥霍骗取资金的;(4)使用骗取的资金进行违法犯罪活动的;(5)抽逃、转移资金、隐匿财产,以逃避返还资金的;(6)隐匿、销毁账目,或者搞假破产、假倒闭,以逃避返还资金的;(7)其他非法占有资金、拒不返还的行为。《非法集资案件解释》第4条就"以非法占有为目的"司法认定情形作进一步扩大,采用列举式和兜底条款相结合的方式规定使用诈骗方法非法集资,依法可以认定行为人具有非法占有目的的情形。具体包括:(1)集资后不用于生产经营活动或者用于生产经营活动与筹集资金规模明显不成比例,致使集资款不能返还的;(2)肆意挥霍集资款,致使集资款不能返还的;(3)携带集资款逃匿的;(4)将集资款用于违法犯罪活动的;(5)抽逃、转移资金、隐匿财产,逃避返还资金的;(6)隐匿、销毁账目,或者搞假破产、假倒闭,逃避返还资金的;(7)拒不交代资金去向,逃避返还资金的;(8)其他可以认定非法占有目的的情形。在司法实践中,要将上述所有具体规则运用到骗取贷款案件中,就非法占有的主观目的必须强化予以认定,严格区分骗取贷款罪和贷款诈骗罪,不能将骗取贷款行为以贷款诈骗罪处理。

【司法案例】

陈某国骗取贷款案①

[**裁判要旨**]骗取贷款罪与贷款诈骗罪最主要的区别在于行为人主观上是否以非法占有为目的。贷款诈骗罪的目的不仅是骗取贷款,而且是非法占有贷款。而骗取贷款罪采用欺骗手段的目的是在不符合贷款条件的情况下取得贷款,不以非法占有为目的。认定行为人主观上具有占有贷款为目的,必须具备以下条件:

---

① 参见《刑事审判参考》总第97集第961号案例。

(1)行为人通过欺诈手段获取贷款,即行为人实施了《刑法》第193条规定的5项情形之一;(2)行为人到期没有归还贷款;(3)行为人贷款时即明知不具有归还能力或者贷款后实施了某种特定行为。本案被告人多次冒用他人名义贷款,冒用他人名义担保贷款,其骗取贷款后,确有开发房产、林场、水电站等投资项目;案发前,被告人与经办的信贷员签订了转贷协议,并将其资产证件交付信贷员,证明其确有还款的意愿。其对取得的贷款并没有非法占有的意图,其以欺骗手段取得银行或者其他金融机构贷款,给银行或者其他金融机构造成重大损失的行为应认定为骗取贷款罪。

第一百七十六条 【非法吸收公众存款罪】非法吸收公众存款或者变相吸收公众存款,扰乱金融秩序的,处三年以下有期徒刑或者拘役,并处或者单处罚金;数额巨大或者有其他严重情节的,处三年以上十年以下有期徒刑,并处罚金;数额特别巨大或者有其他特别严重情节的,处十年以上有期徒刑,并处罚金。

单位犯前款罪的,对单位判处罚金,并对其直接负责的主管人员和其他直接责任人员,依照前款的规定处罚。

有前两款行为,在提起公诉前积极退赃退赔,减少损害结果发生的,可以从轻或者减轻处罚。

【条文对照】

1997年《刑法》	2020年《刑法修正案(十一)》
第一百七十六条 非法吸收公众存款或者变相吸收公众存款,扰乱金融秩序的,处三年以下有期徒刑或者拘役,并处或者单处**二万元以上二十万元以下**罚金;数额巨大或者有其他严重情节的,处三年以上十年以下有期徒刑,并处**五万元以上五十万元以下**罚金。 单位犯前款罪的,对单位判处罚金,并对其直接负责的主管人员和其他直接责任人员,依照前款的规定处罚。	第一百七十六条 非法吸收公众存款或者变相吸收公众存款,扰乱金融秩序的,处三年以下有期徒刑或者拘役,并处或者单处罚金;数额巨大或者有其他严重情节的,处三年以上十年以下有期徒刑,并处罚金;**数额特别巨大或者有其他特别严重情节的,处十年以上有期徒刑,并处罚金。** 单位犯前款罪的,对单位判处罚金,并对其直接负责的主管人员和其他直接责任人员,依照前款的规定处罚。 **有前两款行为,在提起公诉前积极退赃退赔,减少损害结果发生的,可以从轻或者减轻处罚。**

【条文理解】

非法吸收公众存款罪，是指违反国家有关规定，非法吸收公众存款或者变相吸收公众存款，扰乱金融秩序的行为。吸收公众存款是法律赋予法定金融机构的业务。《商业银行法》规定的银行所有各项业务中的第 1 项就是“吸收公众存款”。同时，有关部门也对吸收公众存款的主体、规模、利率均作出规定予以限制。

非法吸收公众存款的行为主要包括非法吸收公众存款和变相吸收公众存款两种，前者是指参照传统金融机构吸收存款的做法，以确定的期限、利率，面向社会公众宣传并吸纳资金，通常情况下，由于其提供高于银行存款利率的利率优惠，故能够吸引很多闲散资金。后者是指行为人利用特定金融或者类金融形式，在未取得相关机构批准的情况下，向社会公众宣传，以项目或其他名义吸收不特定对象的资金。比如，以私募基金为名，采用公募方式吸收资金，并形成资金池。又如，以扩大企业再生产为名，采用固定年底分红等方式吸引不特定对象的资金。这类行为的实质同样扰乱了国家金融管理秩序，只要行为人实施了非法吸收公众存款的行为，无论采取何种非法吸收公众存款的手段、方式，均不影响非法吸收公众存款罪的成立。

为依法惩治非法吸收公众存款等非法集资犯罪活动，《非法集资案件解释》认定“非法吸收公众存款或者变相吸收公众存款”须同时具备 4 个条件：(1)未经有关部门依法批准或者借用合法经营的形式吸收资金；(2)通过网络、媒体、推介会、传单、手机短信等途径向社会公开宣传；(3)承诺在一定期限内以货币、实物、股权等方式还本付息或者给付回报；(4)向社会公众即社会不特定对象吸收资金。概言之，就是非法性、公开性、利诱性以及社会性。非法性，主要表现为“未经有关部门依法批准”或者未取得相关资质文件。公开性，主要表现为向社会公开宣传，包括口口相传、召开宣讲会、投放广告等。利诱性，主要表现为以货币、实物、股权等方式还本付息或者给付回报，主要包括利息、分红、佣金、奖金、返点费、股权等形式。社会性，主要是指向社会不特定对象吸收资金，主要包括对象的广泛性和不特定性。《非法集资案件解释》列举了 12 种非法吸收公众存款或者变相吸收公众存款的情形：(1)不具有房产销售的真实内容或者不以房产销售为主要目的，以返本销售、售后包租、约定回购、销售房产份额等方式非法吸收资金的；(2)以转让林权并代为管护等方式非法吸收资金的；(3)以代种植(养殖)、租种植(养殖)、联合种植(养殖)等方式非法吸收资金的；(4)不具有销售商品、提供服务的真实内容或者不以销售商品、提供服务为主要目的，以商品回购、寄存代售等方式非法吸收资金的；(5)不具有发行股票、债券的真实内容，以虚假转让股权、发售虚构债券等方式非法吸收资金的;(6)不具有募集基金的真实内容,以假借境外基金、发售虚构基金等方式非法吸收资金的;(7)不具有销售保险的真实内容,以假冒保险公司、伪造保险单据等方式非法吸收资金的;(8)以网络借贷、投资入股、虚拟币交易等方式非法吸收资金的;(9)以委托理财、融资租赁等方式非法吸收资金的;(10)以提供"养老服务"、投资"养老项目"、销售"老年产品"等方式非法吸收资金的;(11)利用民间"会""社"等组织非法吸收资金的;(12)其他非法吸收资金的行为。当然近几年,以私募基金名义非法吸收公众存款的方式也被司法界定为非法吸收公众存款的行为。

当然,不满足上述4个特征的,不能界定为非法吸收公众存款的行为。比如,未向社会公开宣传,在亲友或者单位内部针对特定对象吸收资金的,不属于非法吸收或者变相吸收公众存款的行为。

近年来,非法集资的案件激增,尤其是以互联网金融名义的非法集资现象较为严重,侵害了普通民众的财产安全,严重扰乱了金融市场秩序。对此,《关于〈刑法修正案(十一)(草案)〉的说明》明确表示,为进一步防范化解金融风险,保障金融改革,维护金融秩序,保护人民群众利益,从严惩处非法集资犯罪。针对实践中不法分子借互联网金融名义从事网络非法集资,严重扰乱经济金融秩序和极大侵害人民群众财产的情况,将非法吸收公众存款罪的法定最高刑由10年有期徒刑提高到15年,调整集资诈骗罪的刑罚结构,加大对非法集资犯罪的惩处力度。《刑法修正案(十一)》进一步完善了《刑法》的有关规定,具体包括三个方面:(1)增加"数额特别巨大或者有其他特别严重情节的,处10年以上有期徒刑,并处罚金"条款,换言之,将非法吸收公众存款罪的最高刑从有期徒刑10年提升到有期徒刑15年;(2)取消罚金限额,加大对犯罪行为人经济处罚;(3)为了能够最大限度挽回人民群众的损失,对于能够及时退还集资款项的,可以宽宥处罚。增加了"有前两款行为,在提起公诉前积极退赃退赔,减少损害结果发生的,可以从轻或者减轻处罚"的规定。

依照《立案追诉标准(二)》第23条规定,非法吸收公众存款或者变相吸收公众存款,扰乱金融秩序,涉嫌下列情形之一的,应予立案追诉:(1)非法吸收或者变相吸收公众存款数额在100万元以上的;(2)非法吸收或者变相吸收公众存款对象150人以上的;(3)非法吸收或者变相吸收公众存款,给集资参与人造成直接经济损失数额在50万元以上的;或者非法吸收或者变相吸收公众存款数额在50万元以上或者给集资参与人造成直接经济损失数额在25万元以上,同时涉嫌下列情形之一的,应予立案追诉:(1)因非法集资受过刑事追究的;(2)2年内因非法集资受过行政处罚的;(3)造成恶劣社会影响或者其他严重后果的。

【司法适用】

从法律规定来看,非法集资一直以来是司法惩治的重点,近几年来非法集资的案件比比皆是,对非法集资的界定也不断更新,表现出了逐步从严的趋势。1995年的《商业银行法》首次明确规定非法以及变相吸收公众存款的行为,情节严重的可以追究刑事责任。同年全国人民代表大会常务委员会《关于惩治破坏金融秩序犯罪的决定》进一步规范和细化了非法吸收公众存款罪的主要构成要件,同时首次规定了以非法占有为目的的非法集资应以集资诈骗罪定罪处罚。在1997年《刑法》第192条和第176条分别设立集资诈骗罪和非法吸收公众存款罪,继承上述法律法规关于非法集资的立法目的和罪名设置,为了促进上述罪名的司法可操作性,《立案追诉标准(一)》、《立案追诉标准(二)》以及《非法集资案件解释》,上述文件对非法吸收公众存款、集资诈骗罪名量刑档次都规定了明确的标准。2014年《非法集资案件意见》出台,该意见再一次对非法集资的问题进行规定,进一步扩大了非法集资的外延。2014年《非法集资案件意见》第3条规定,下列情形应认定为向社会公众吸收资金:(1)在向亲友或者单位内部人员吸收资金的过程中,明知亲友或者单位内部人员向不特定对象吸收资金而予以放任的;(2)以吸收资金为目的,将社会人员吸收为单位内部人员,并向其吸收资金的。此外,最高人民法院等多次发出通知要求严惩非法集资类犯罪案件,如最高人民法院《关于依法严厉打击集资诈骗和非法吸收公众存款犯罪活动的通知》等。2019年《非法集资案件若干意见》就非法集资的相关刑事政策和追诉规则作了进一步的细化和明确。

根据司法解释的相关规定,非法集资同时具备公开性、非法性、利诱性、社会性4个法律特征。非法性,即未经相关部门依法批准,从事相关集资业务,2019年《非法集资案件若干意见》中规定,认定非法集资的“非法性”,应当以国家金融管理法律法规作为依据。对于国家金融管理法律法规仅作原则性规定的,可以根据法律规定的精神并参考中国人民银行、中国银行保险监督管理委员会、中国证券监督管理委员会等行政主管部门依照国家金融管理法律法规制定的部门规章或者国家有关金融管理的规定、办法、实施细则等规范性文件的规定予以认定。利诱性,通常表现为通过货币、实物等方式向投资者予以回报。关于公开性和社会性,依据2014年《非法集资案件意见》以及《非法集资案件解释》的相关规定,以手机短信、报纸、广告、推介会等各种方式向社会发布融资信息,均属于向社会公开宣传,且明知是为吸收资金而发布的信息,采取直接帮助或间接放任的方式予以扩散的,也属于向社会公开宣传。根据司法解释关于“社会公众”的认定,主要包括向不特定对象以及特定对象吸收资金达到一定人数标准的。

在非法性判断上,对于未取得市场准入资格即没有获取相应金融许可证件的主体,非法吸收公众存款或者变相吸收公众存款的定罪处罚没有争议,包括没有吸收存款资格的金融机构,如小额贷款公司,其贷款金融如果是通过吸收存款的方式获取,也属于非法吸收公众存款。但对于有吸收存款资格的金融机构,如果其吸收存款的方法是违法的,是否纳入非法吸收公众存款罪处罚?对于商业银行为了获取更高存款额度擅自提高存款利率向公共吸收存款的,我国《商业银行法》等相关法律、法规不同于其他违法类条款,仅规定给予其罚款等行政处罚,并没有“构成犯罪的,依法追究刑事责任”之类的规定,这是否意味着不能对其定罪处罚?显然不能,首先,此类行为一定程度上破坏了金融秩序,最终会导致融资成本的提高,损害国家经济宏观调控政策的作用和功能,对此行为定罪处罚符合本条的立法精神;其次,本条的单位犯罪并没有对金融机构做除外规定,行政法规也认可了该行为的行政违法性,即在刑事评价上应当严格依照《刑法》的相关规定处理,从规范金融市场的角度来看,不能人为地将金融机构排除在本罪的犯罪主体之外。当然,因为金融机构本身在抗风险能力、专业人员配备上均有别于其他主体,也不能绝对一律纳入刑事考量,对于数额不大,情节不严重的,交由行政主管部门处罚即可,对于数额、规模、利率均特别高的情形,可以认定情节严重以本罪处理。

对于共犯的范围问题,公司员工往往数十上百人是否全部作为共犯追究刑事责任在不同地区做法有所不同,非法吸收公众存款案件中嫌疑人一般包括公司高层、中层管理人员、一线业务员以及辅助人员。从共犯原理来看,公司高层系公司实际控制人员,中层管理人员系接受高层指令统筹、落实具体要求,并下派具体业务指标,一线业务员接触不特定对象,吸纳资金,辅助人员是公司后台的服务人员,前三种属于积极参与者,明知他人实施非法吸收公众存款的行为而放任犯罪结果的发生的辅助人员,也属于共犯处理的范围。但是否所有人员都需要予以刑事定罪?一线业务人员和辅助人员很多都是刚从大学毕业踏入社会的学生,也有一部分学历不高,社会经验不足的年轻人,他们对所谓的金融创新认识不足,往往也是以打工的心态挣取工资,对此类人群全面打击有失刑法谦抑性,同时也会为社会留下不稳定因素,尤其是在网络借贷案件爆发的背景下,涉案人员动辄数百、数千人,刚踏入社会的年轻人定罪后,他们很难在社会上再努力工作,为社会稳定埋下隐患。为此,2019年《非法集资案件若干意见》规定,重点惩处非法集资犯罪活动的组织者、领导者和管理人员,包括单位犯罪中的上级单位(总公司、母公司)的核心层、管理层和骨干人员,下属单位(分公司、子公司)的管理层和骨干人员,以及其他发挥主要作用的人员。对于涉案人员积极配合调查、主动退赃退赔、真诚认罪悔罪的,可以依法从轻处罚;其中情节轻微的,可以免除处罚;情节显著轻微、危害不大的,不作为犯罪处理。这也是《刑法修正案(十一)》新增的关于公诉前退赃可以从轻、减轻处罚的内在要求。

【司法案例】

渭南市尤湖塔园有限责任公司、惠某祥、陈某、冯某达非法吸收公众存款,惠庆祥挪用资金案①

[**裁判要旨**]未经有权机关批准,采用还本付息的方式,向不特定公众募集资金,本质上就是非法吸收公众存款或者变相吸收公众存款。

张某强等人非法集资案②

[**要旨**]违反私募基金管理有关规定,以发行销售私募基金形式公开宣传,向社会公众吸收资金,并承诺还本付息的,属于变相非法集资。向私募基金投资者隐瞒未将募集资金用于约定项目的事实,虚构投资项目经营情况,应当认定为使用诈骗方法。非法集资人虽然将部分集资款投入生产经营活动,但投资随意,明知经营活动盈利能力不具有支付本息的现实可能性,仍然向社会公众大规模吸收资金,还本付息主要通过募新还旧实现,致使集资款不能返还的,应当认定其具有非法占有目的。在共同犯罪或者单位犯罪中,应当根据非法集资人是否具有非法占有目的,认定其构成集资诈骗罪还是非法吸收公众存款罪。检察机关应当围绕私募基金宣传推介方式、收益分配规则、投资人信息、资金实际去向等重点判断非法集资人是否具有非法占有目的,针对性开展指控证明工作。

第一百七十七条　【伪造、变造金融票证罪】有下列情形之一,伪造、变造金融票证的,处五年以下有期徒刑或者拘役,并处或者单处二万元以上二十万元以下罚金;情节严重的,处五年以上十年以下有期徒刑,并处五万元以上五十万元以下罚金;情节特别严重的,处十年以上有期徒刑或者无期徒刑,并处五万元以上五十万元以下罚金或者没收财产:

(一)伪造、变造汇票、本票、支票的;

(二)伪造、变造委托收款凭证、汇款凭证、银行存单等其他银行结算凭证的;

---

① 参见《最高人民法院公报》2008年第6期。

② 参见最高人民检察院检例第175号。

（三）伪造、变造信用证或者附随的单据、文件的；

（四）伪造信用卡的。

单位犯前款罪的，对单位判处罚金，并对其直接负责的主管人员和其他直接责任人员，依照前款的规定处罚。

【条文理解】

伪造、变造金融票证罪，是指行为人以各种手段和方法，以冒充真金融凭证为目的，非法制造假本票、支票、汇票、信用证、信用证附随的单据、信用卡，以及委托收款、汇款凭证、银行存单等其他银行结算凭证，或者以真金融凭证为基础，以拼接、涂改、挖补等方法，改变其内容、形态，冒充合法、有效金融凭证的行为。本罪侵犯的客体是国家金融票证管理制度。从犯罪对象来看，伪造、变造的对象主要包括：支票、汇票和本票；信用证及附属单据、文件；委托收款、汇款凭证等银行结算凭证以及信用卡。本罪犯罪主体为一般主体，单位和个人只要实施了上述行为遂构成本罪。当然，因上述行为属于并列，如果实施了两种以上行为，不实行数罪并罚，仅是数额累计相加。主观方面属于故意犯罪，行为人主观上通常具有谋取非法利益的目的，当然行为人也可以有其他目的，但只要损害金融票证管理秩序的行为都构成该罪。

针对伪造、变造行为的形式或者内容，宜将其作广义理解，即伪造、变造金融票证既包括形式上的伪造、变造行为，也包括内容上的伪造、变造行为。金融票证是一种文义权证，其权利的确定主要在于外观形式的法定化，又体现在其中的记载内容确定权利的大小、有无，即金融票证是形式和记载信息的统一体，不具备外在形式要素也不能构成金融票证。以支票为例，票据凭证的格式和印刷办法，由中国人民银行规定。伪造、变造支票，首先是仿制法定支票的形式、支票法定要素等，其特征是违反票据印制管理规定，未经中国人民银行授权或者许可而擅自模仿制作票据的行为。其次是对票据非法填制，这包括两种：第一种是以真实票据为基础，在票据的内容上进行伪造、变造，包括出票、背书等，此类行为通常体现为伪造权利人的真实签章；第二种是指在仿制的票据上进一步伪造、变造相应票据行为，填制相应的票据要素。这两种行为的行为性质均表现为虚假的票据行为，均需要结合犯罪构成要件以及审查法益侵害等情况下，具体判断构罪与否。只有将形式和内容的伪造变造结合起来，才能对金融票证的伪造变造行为进行全面准确的认定。

依照《立案追诉标准（二）》第 24 条的规定，伪造、变造汇票、本票、支票，或者伪造、变造委托收款凭证、汇款凭证、银行存单等其他银行结算凭证，或者伪造、变造信用证或者附随的单据、文件，总面额在1万元以上或者数量在10张以上的；伪造信用卡1张以上，或者伪造空白信用卡10张以上的，应当立案追诉。

【司法适用】

在行为人通过伪造、变造金融票证实施金融诈骗的案件中，为了准备工具、创造条件，行为人通常伪造、变造金融票证在先，实施诈骗行为在后，当行为人尚未进入实施诈骗或者因意志因素以外的原因而未进一步实施诈骗的实行行为时，究竟以金融诈骗未遂还是依照伪造、变造金融票证罪定罪处罚？对此，应依照行为人是否着手实施相应金融诈骗的行为作为区分标准，如果行为人尚未着手实施，此时证明行为人实施诈骗的证据难以固定，同时，如果仅有行为人为了诈骗的目的口供即认定其诈骗未遂，恐在一定意义上架空伪造、变造金融票证罪的适用范围，此种情况下宜以伪造、变造金融票证罪定罪处罚，如果行为人已经着手实施诈骗行为，不管其是已控制了相应财物还是因意志以外原因未能得逞，应以相应诈骗罪名定罪处罚，仅是需要区分既遂和未遂的状态。依照我国牵连犯的规则，《刑法》分则有特别规定的，应当适用特别规定定罪处罚；《刑法》分则没有规定的，按照择一重罪从重处罚。此种情形是《刑法》分则中没有特别规定的牵连犯，属于目的行为与手段行为的牵连，以目的行为定罪处罚，如使用伪造、变造的委托收款凭证、汇款凭证、银行存单等其他银行结算凭证的，根据《刑法》第194条第2款的规定，以金融凭证诈骗罪定罪处刑。此外，明知是伪造、变造的金融票证而贩卖，或者明知他人用于金融票证诈骗而向其出售伪造、变造的金融票证的，以伪造、变造金融票证罪或者票据诈骗罪等金融诈骗犯罪的共犯论处。

就伪造信用卡的认定问题，《妨害信用卡案件解释》对“伪造信用卡”的罪状、情节均进行了规定。复制他人信用卡、将他人信用卡信息资料写入磁条介质、芯片或者以其他方法伪造信用卡1张以上，或者伪造空白信用卡10张以上的，应当认定为《刑法》第177条第1款第4项规定的“伪造信用卡”，以伪造金融票证罪定罪处罚。此外，“信用卡内存款余额、透支额度”，以信用卡被伪造后发卡行记录的最高存款余额、可透支额度计算。

对于“其他银行结算凭证”范围的认定问题，只要在经济活动中具有货币给付和资金清算作用，并表明银行与客户之间已受理或已办结相关支付结算业务的凭据，均应认定为银行结算凭证，属于金融票证的范畴。2000年中国人民银行《关于单位定期存款开户证实书性质认定的批复》认为，“支付结算是指单位、个人在社会经济活动中使用票据信用卡和汇兑、托收承付、委托收款等结算方式进行货币给付及其资金清算的行为。中国人民银行为上述结算活动统一制定的书面凭证为结算凭证。单位定期存款开户证实书不是在银行结算活动中使用的凭证，不属于结算凭证”。2003 年中国人民银行办公厅对公安部《关于银行现金解款单、对账单、银行询证函性质认定事宜的复函》中认为，现金解款单是客户到银行办理现金缴存业务的专用凭证，也是银行和客户凭以记账的依据，它证明银行与客户之间发生了资金收付关系，代表相互间债权债务关系的建立。因此，现金解款单属于金融票证。对账单是银行与客户之间账目往来记录的事后辅助核查证明，询证函是银行向询证部门证实资金状况和信誉的证明文件，对账单和询证函都不属于金融票证。此外，2003 年中国人民银行办公厅《关于其他银行结算凭证有关问题的复函》进一步明确，单位定期存款开户证实书、对账单、银行询证函等，只具有证明或事后检查作用，不具有货币给付和资金清算作用，不属于结算凭证。因此，只要在经济活动中具有货币给付和资金清算作用，并表明银行与客户之间已受理或已办结相关支付结算业务的凭据，均应认定与客户之间已受理或已办结相关支付结算业务的凭据，均应认定为银行结算凭证，属于金融票证的范畴。2013 年公安部经济犯罪侦查局《关于网上银行电子回单是否属于金融票证的批复》明确，电子支付指令与纸质支付凭证具有同等效力，而网上银行电子回单（包括纸质形式）可理解为银行对电子支付指定进行确认后，向客户提供的用以证明银行受理的相关业务的单证，并非办理支付结算业务和资金划转的依据，也不能证明有关的货币给付或资金清算已经完成。综上，网上银行电子回单（包括纸质形式）不属于结算凭证，也不属于金融票证。

【司法案例】

王某和变造金融票证案①

［**裁判要旨**］对牵连犯，《刑法》分则有特别规定的，应当适用特别规定定罪处罚；《刑法》分则没有规定的，按照择一重罪从重处罚的原则处理。此外，在《刑法》规定的法定刑种及其幅度都相同的情况下，可以通过法定刑适用方式的不同来比较法定刑的轻重。应当指出，在《刑法》规定的法定刑种及其幅度都相同的情况下，法定刑适用方式上的不同，也是比较法定刑的轻重的重要标准。应当特别注意的是，这里所说的法定刑，不仅仅是指主刑，还包括附加刑。对于主刑的法定高刑和低刑都完全相同的情况下，法律规定了有附加刑的比没有规定附加刑的重；法律规定应当并处附加刑的比“可以”并处附加刑的重；法律规定“并处”附加刑的比“并处或者单处”附加刑的重。

---

① 参见《刑事审判参考》总第 10 辑第 71 号案例。

第一百七十七条之一 【妨害信用卡管理罪】有下列情形之一，妨害信用卡管理的，处三年以下有期徒刑或者拘役，并处或者单处一万元以上十万元以下罚金；数量巨大或者有其他严重情节的，处三年以上十年以下有期徒刑，并处二万元以上二十万元以下罚金：

（一）明知是伪造的信用卡而持有、运输的，或者明知是伪造的空白信用卡而持有、运输，数量较大的；

（二）非法持有他人信用卡，数量较大的；

（三）使用虚假的身份证明骗领信用卡的；

（四）出售、购买、为他人提供伪造的信用卡或者以虚假的身份证明骗领的信用卡的。

【窃取、收买、非法提供信用卡信息罪】窃取、收买或者非法提供他人信用卡信息资料的，依照前款规定处罚。

银行或者其他金融机构的工作人员利用职务上的便利，犯第二款罪的，从重处罚。

【条文对照】

1997年《刑法》	2005年《刑法修正案（五）》
无	第一百七十七条之一 有下列情形之一，妨害信用卡管理的，处三年以下有期徒刑或者拘役，并处或者单处一万元以上十万元以下罚金；数量巨大或者有其他严重情节的，处三年以上十年以下有期徒刑，并处二万元以上二十万元以下罚金： （一）明知是伪造的信用卡而持有、运输的，或者明知是伪造的空白信用卡而持有、运输，数量较大的； （二）非法持有他人信用卡，数量较大的； （三）使用虚假的身份证明骗领信用卡的； （四）出售、购买、为他人提供伪造的信用卡或者以虚假的身份证明骗领的信用卡的。 窃取、收买或者非法提供他人信用卡信息资料的，依照前款规定处罚。 银行或者其他金融机构的工作人员利用职务上的便利，犯第二款罪的，从重处罚。

【条文理解】

本条包含两个罪名，妨害信用卡管理罪和窃取、收买、非法提供信用卡信息罪。对于信用卡的外延和内涵，2004年全国人民代表大会常务委员会《关于〈中华人民共和国刑法〉有关信用卡规定的解释》作出了立法解释，《刑法》规定的“信用卡”，是指由商业银行或者其他金融机构发行的具有消费支付、信用贷款、转账结算、存取现金等全部功能或者部分功能的电子支付卡。

1. 妨害信用卡管理罪

妨害信用卡管理罪，具体是指持有、运输伪造的信用卡或者数量较大的伪造的空白信用卡，非法持有数量较大的他人的信用卡，使用虚假的身份证明骗领信用卡，或者出售、购买、为他人提供伪造的信用卡或者以虚假的身份证明骗领信用卡的行为，如前文所述信用卡的界定，不仅包括国际通行意义上的具有透支功能的信用卡，也包括不具有透支功能的借记卡。伪造的信用卡不仅包括利用相应材料和技术手段仿造真信用卡制作的假信用卡，也包括在过期的、作废的、盗来的、捡来的等各种信息完整的真实信用卡上修改关键要素，如重新压印卡号、有效期和姓名，甚至对信用卡磁条重新写磁；或者是对非法获取的发卡银行的空白信用卡进行凸印、写磁，制成的假信用卡。① 故伪造信用卡的方式主要包括三种：复制他人信用卡，即"克隆卡"以及将窃取、收买或者非法获取的他人信用卡信息资料植入伪造信用卡中的磁条介质、芯片以及其他伪造方法。本罪的客观行为方面主要表现为《刑法》列举的四种行为：(1)持有、运输型，既包括持有、运输伪造的信用卡，依照《刑法》条文，该情形不需要数量要求，需要行为人明知是伪造的信用卡，也包括持有、运输伪造的空白信用卡，此种情形需要数量较大的标准；(2)非法持有他人信用卡数量较大的行为，此处的数额较大并非指信用卡额度；(3)违背他人意愿，以他人身份证、港澳通行证、护照等申领信用卡的，或者以伪造、变造的他人身份证明申领信用卡的，当然如果行为人为了提高自己的授信额度，就收入等情况提供了虚假证明的，一般不构成此罪，此处违背他人意愿的限制性条件主要是针对授权他人代为办理借记卡、贷记卡的情况，如学校、单位等，虽然形式上获取了他人的"同意"，但后续的相应行为违背了他人的初衷，这样限制可以防止不合理地扩大打击面，又更符合实际情况，便于操作；(4)出售、购买、为他人提供伪造的信用卡或者以虚假的身份证明骗领的信用卡的。行为人实施的犯罪行为构成上述四种情形之一的，即可构成本罪，实施数种情形的，依法仍以本罪处罚。本罪属于故意犯罪，同时对于持有、运输伪造的信用卡(包括空白信用卡)必须以行为人明知为前提，对于其他几种行为立法虽未特别强调"明知"，但仍应以行为人"明知"为构成犯罪的条件，仅是明知的内容有所区别。本罪犯罪主体为一般主体。

依照《立案追诉标准(二)》第25条的规定，妨害信用卡管理，涉嫌以下情形之一的，应予立案追诉：(1)明知是伪造的信用卡而持有、运输的；(2)明知是伪造的空白信用卡而持有、运输，数量累计在10张以上的；(3)非法持有他人信用卡，数

---

① 参见黄太云：《立法解读：刑法修正案及刑法立法解释》，人民法院出版社2006年版，第87页。

量累计在5张以上的;(4)使用虚假的身份证明骗领信用卡的;(5)出售、购买、为他人提供伪造的信用卡或者以虚假的身份证明骗领的信用卡的。

2. 窃取、收买、非法提供信用卡信息罪

窃取、收买、非法提供信用卡信息罪,是指窃取、收买或者非法提供他人信用卡信息资料的行为。通过窃取、收买等不法行为获取他人信用卡信息资料均是为了伪造信用卡等信用卡犯罪行为,这种不法获取、提供信用卡信息的行为同样具有社会危害性,是信用卡犯罪系列犯罪中的重要一环,故《刑法修正案(五)》增设了该罪名。

本罪侵害的客体是信用卡管理秩序。本条所谓的信用卡信息资料,是指发卡银行在发卡时使用专用设备写入信用卡磁条中的,作为POS机、ATM机等终端机识别合法用户的数据,是一组有关发卡行代码、持卡人账户、账号、密码等内容的加密电子数据。① 行为人客观上实施了窃取、收买、非法提供的行为,其中窃取不仅包括秘密窃取,也包括蒙蔽情况下的所谓“自愿”交付,前者如在ATM机上安装读卡器读取相应资料,后者如电信诈骗中,诱骗被害人自愿提交卡号、密码等信息。本罪为一般主体的故意犯罪。

依照《立案追诉标准(二)》第26条的规定,窃取、收买或者非法提供他人信用卡信息资料,足以伪造可进行交易的信用卡,或者足以使他人以信用卡持卡人名义进行交易,涉及信用卡1张以上的,应以窃取、收买、非法提供信用卡信息罪立案追诉。

【司法适用】

本罪与伪造、变造金融票证罪、信用卡诈骗罪之间呈现出较为复杂的关系,从行为内容和犯罪行为阶段而言,本罪实质是伪造、变造金融票证罪、信用卡诈骗犯罪的前面环节,如果行为人是在窃取、收买、非法提供信用卡信息资料过程中或之后,并利用这些信息资料伪造信用卡之前被抓获的,则应以窃取、收买、非法提供信用卡信息罪定罪处罚;如果能够证实行为人所持有、运输、出售、为他人提供的伪造的信用卡是行为人自行或者伙同他人伪造的,且已经着手伪造的相关实行行为,则其行为属于伪造金融票证罪和妨害信用卡管理罪的牵连犯或者吸收犯,应以伪造金融票证罪论处;如果信用卡是利用窃取来的他人信用卡信息资料伪造的,行为人利用该伪造的信用卡实施诈骗,不管是在行为人实施诈骗之时或者之后案发,则其行为属于窃取、收买、非法提供信用卡信息罪、伪造金融票证罪和信用卡诈骗罪三罪的牵连犯,根据从一重处断原则,应以信用卡诈骗罪一罪论处。

---

① 参见黄太云:《立法解读:刑法修正案及刑法立法解释》,人民法院出版社2006年版,第91页。

就信用卡信息的数量如何计算的问题，如前文所述，信用卡信息资料是一组有关发卡行代码、持卡人账号、密码、校验码等内容的加密电子数据，通常由发卡行在发卡时使用专用设备写入信用卡的磁条或芯片中，作为POS机、ATM机等终端机具识别合法用户的依据。就此类犯罪行为量刑标准问题，要结合实践中信用卡使用方式的变化和发展，随着银行卡产业的发展与信息技术的进步，信用卡使用的方式从在传统的自动柜员机上使用发展为在销售点终端机具、网上支付、电话支付渠道上使用，前者属于有磁交易，后者属于无磁交易。对于此类犯罪行为主要是从伪造信用卡的角度处罚，司法解释从足以伪造可进行交易的信用卡和足以使他人以信用卡持卡人名义进行交易两个角度来界定窃取、收买、非法提供信用卡信息资料行为的危害程度。具体而言，足以伪造可进行交易的信用卡的信息资料，是指进行有磁交易（如在ATM机和POS终端机具上进行交易）时所需要的信用卡信息资料；足以使他人以信用卡持卡人名义进行交易的信息资料，是指进行无磁交易（如网上银行和电话支付等）时所需要的信用卡信息资料。

此外，收购、出售的借记卡“四件套”无法用于信用卡诈骗或者利用该信息伪造信用卡，而是用于非法接收、转移诈骗资金及其他不明资金，借记卡并非信用卡，故该行为不构成妨害信用卡管理罪或者收买、非法提供信用卡信息罪。根据《非法利用信息网络案件解释》第12条的规定，相关行为可以按照帮助信息网络犯罪活动罪定罪处罚。

【司法案例】

张某、李某骏妨害信用卡管理案①

［**裁判要旨**］（1）无论是被告人收集信用卡磁条信息的行为，还是明知是伪造的空白信用卡而予以运输的行为，都是伪造信用卡犯罪中不可或缺的环节。法院只能适用行为时法或者审判时法处理案件，而不能同时适用行为时法和审判时法。在援引法律条文时，只需引用处理案件所适用的法条，不能同时引用行为时法和审判时法。（2）当刑法修正案采取“刑法第×××条后增加一条，作为第×××条之一”的方式对刑法进行修正时，增加的法条与其前面的法条相互独立，两条文不能共用同一罪名。罪名应由司法解释确定，审判时司法解释未确定的，应当根据准确、简明的原则确定罪名。

---

① 参见《刑事审判参考》总第49集第386号案例。

第一百七十八条 【伪造、变造国家有价证券罪】伪造、变造国库券或者国家发行的其他有价证券，数额较大的，处三年以下有期徒刑或者拘役，并处或者单处二万元以上二十万元以下罚金；数额巨大的，处三年以上十年以下有期徒刑，并处五万元以上五十万元以下罚金；数额特别巨大的，处十年以上有期徒刑或者无期徒刑，并处五万元以上五十万元以下罚金或者没收财产。

【伪造、变造股票、公司、企业债券罪】伪造、变造股票或者公司、企业债券，数额较大的，处三年以下有期徒刑或者拘役，并处或者单处一万元以上十万元以下罚金；数额巨大的，处三年以上十年以下有期徒刑，并处二万元以上二十万元以下罚金。

单位犯前两款罪的，对单位判处罚金，并对其直接负责的主管人员和其他直接责任人员，依照前两款的规定处罚。

【条文理解】

1. 伪造、变造国家有价证券罪

本罪的犯罪对象是国库券等国家发行的有价证券，如财政债券、国家建设债券、国家重点建设债券等。本罪的客观方面表现为伪造、变造国库券或者国家发行的其他有价证券，数额较大的行为。伪造，主要是指通过私刻印章等方式仿制国家有价证券的行为；变造，主要是指在合法有效的有价证券上，采用修改、涂抹、挖补等手段，改变有价证券的原有信息等，此种方式当然也包括行为人将作废、失效的有价证券变造成“有效”的有价证券。本罪侵犯的客体是国家对国家发行的有价证券的管理制度。本罪的犯罪主体可以由自然人和单位构成。本罪的主观方面为故意，行为人通常具有非法牟利的目的。依照《立案追诉标准(二)》第32条的规定，伪造、变造国库券或者国家发行的其他有价证券，总面额在2000元以上的，应予立案追诉。

2. 伪造、变造股票、公司、企业债券罪

本罪的犯罪对象是股票和公司、企业债券，客观方面表现为伪造、变造的相应行为。股票，是指股份有限公司为筹集资金而向股东发放的股权凭证，股东以股票作为依据取得公司股息的有价证券。公司、企业债券，是指公司、企业为募集资金而依法发行的并按券面约定在一定期限还本付息的有价证券。本罪侵犯的客体是国家对股票、公司、企业债券的管理制度。本罪的犯罪主体是一般主体。本罪的主观方面由故意构成，过失不构成本罪，行为人通常具有非法牟利的目的。依照《立案追诉标准(二)》第28条的规定，伪造、变造股票或者公司、企业债券，总面额在3万元以上的，应予立案追诉。

【司法适用】

有价证券,是指国家机关、企事业单位、公司依法印制的具有一定票面金额的凭证。主要具有如下特点:(1)有价性。有价证券通常是向社会公众发放、出售,持票人需要支付一定数额的财务或者提供相应等价服务等法律义务的凭证。(2)权利性。有价证券通常具有一定的流通性,有价证券本质上是一种权利凭证,可以获得股息、分红等权利,申言之,有价证券在二级市场上可以流通、销售。(3)公共性。有价证券是针对大多数或者不特定对象,系在一定的公开市场进行,因为单位内部的凭证不属于本罪的有价证券,如门票等。(4)债权债务的本质法律关系,有价证券代表持票人享有一定的权利或者已经履行相应法律义务的凭证。综上,有价证券必须与《刑法》第227条规定的有价票证严格区分开来。

【司法案例】

章某盗窃案①

[**裁判要旨**](1)盖有"付讫"章的国库券已经失去了有价证券可以转让、兑付的基本特征,不再是有价证券。已付讫的国库券丢失、被盗,国家、银行的财产实际没有丢失、被盗。(2)将银行盖有"付讫"章的国库券从银行金库内盗出后,用化学药剂清洗掉券面上的"付讫"二字,再持已经变造的国库券在市场内数家储蓄所、信用社共兑取现金的行为,实质是将盗得的已失效(作废)有价证券进行变造,使其与尚未兑付的国库券在形式上完全相同,以此隐瞒事实真相,欺骗兑付银行,诈骗银行兑付款,完全符合诈骗罪的特征。行为人诈骗犯罪的手段,又触犯《刑法》关于伪造有价证券犯罪的规定,按照处理牵连犯的原则,应以诈骗罪定罪处刑。

第一百七十九条 【擅自发行股票、公司、企业债券罪】未经国家有关主管部门批准,擅自发行股票或者公司、企业债券,数额巨大、后果严重或者有其他严重情节的,处五年以下有期徒刑或者拘役,并处或者单处非法募集资金金额百分之一以上百分之五以下罚金。

单位犯前款罪的,对单位判处罚金,并对其直接负责的主管人员和其他直接责任人员,处五年以下有期徒刑或者拘役。

【条文理解】

擅自发行股票、公司、企业债券罪,是指未经国家有关主管部门批准,擅自发

① 参见《刑事审判参考》总第6辑第45号案例。

行股票或者公司、企业债券，数额巨大、后果严重或者有其他严重情节的行为。

本罪中擅自发行亦即非法发行，根据我国《公司法》《证券法》等相关规定，证券发行方式主要包括公开发行和非公开发行。公开发行包括向不特定对象发行证券，向特定对象发行证券累计超过200人的，法律、行政法规规定的其他发行行为。非公开发行证券，不得采用广告、公开劝诱和变相公开方式。此外，非法集资案件解释对变相擅自发行的行为作了规定，即未经国家有关主管部门批准，向社会不特定对象发行、以转让股权等方式变相发行股票或者公司、企业债券，或者向特定对象发行、变相发行股票或者公司、企业债券累计超过200人的，应当认定为《刑法》第179条规定的‘擅自发行股票、公司、企业债券。从擅自发行行为本身来看，其主要的类型包括不具有发行资格和虽具有发行主体资格，但未经法定程序。后者未经法定程序包括没有经过公司股东大会决议等程序、未经有权机关批准或者虽申报但未获批的，擅自发行股票、公司企业债券，数额达到入罪标准的行为，至于发行的主体资格条件、发行程序、审批流程，根据发行对象的不同而有所不同，可以参照相应的行政法规。本罪侵犯的客体是国家对股票和公司、企业债券的发行管理制度，违反相应法律、法规，未经有权机关审批的发行股票、债券的行为，均属于违法。犯罪主体为一般主体，可由自然人和单位构成。本罪的主观方面只能由故意构成，且一般具有非法募集资金的目的。

对于“数额巨大”“后果严重”和“其他严重情节”的理解，根据《立案追诉标准（二）》第29条规定，擅自发行股票、公司、企业债券数额达到100万以上的，才属于数额巨大。此处，“非法募集资金金额”应当是指擅自发行股票、公司、企业债券所募集的资金数额。一般不考虑行为人是溢价发行还是低于票面金额发行，依照所募集的金额罚当其罪。此外，罪状中的“后果严重”，是指擅自发行股票、公司、企业债券给投资者造成重大经济损失的情形，即造成投资者直接经济损失数额累计在50万元以上的。至于“其他严重情节”，是指造成社会恶劣影响，危及社会安定的情形，如将募集的资金全部或主要用于违法犯罪活动的，通常是指存在投资人自杀、伤残事件，抑或出现群体性事件。

【司法适用】

依据《公司法》和《证券法》的规定，股份公司的股权表现形式就是股票，也包括未上市股份公司的股权。因此，这里的“发行股票”包括未上市公司转让股权。结合互联网金融中有关股权众筹的相应制度，互联网金融中的股权类众筹本质上属于发行证券的行为。众筹，顾名思义，即众人筹资，从这个名称可以关联到刑事法律中的非法集资问题，实践中尚未有股权众筹入刑的案件。股权众筹属于证券发行已是不争的事实。首先，虽然《证券法》仅将股票、公司债券、上市交易的政府债券以及证券投资基金纳入证券范围，并未将股权纳入其中，目前也尚无明确的规定。但从管理办法来看,其依据的上位法之一便是《证券法》,股权众筹的自律组织是证券业协会,受证监会监管。其次,我国《证券法》等法律法规对“证券发行”虽未明确界定,但就证券发行的构成要件有了一定共识,主要包括要约、要约邀请和证券交付。[①] 以此来看,股权众筹融资过程中,融资人将众筹项目推向众筹平台,这属于向潜在投资者发出要约,投资人完成投资时,即已完成承诺,故股权众筹具备证券发行的两个基本特征,应该属于证券发行行为。管理办法也明确界定了股权众筹属于非公开发行证券,即属于证券发行。为了避免与上位法《证券法》关于公开发行的规定相左,管理办法将股权众筹定位于非公开发行,禁止向超过200人以上或者不特定对象发行证券。目前我国股权众筹平台通过自行限制投资人数、投资金额和投资条件来规避上述法律障碍,可见,股权众筹属于一种半公开融资行为或者私募融资。[②] 此外,我国《刑法》和相关司法解释的规定,未经主管部门批准,向社会不特定对象30人以上或者向200人以上特定对象发行股票、公司企业债券等,达到追诉标准的,依法应当追究刑事责任。

股权众筹融资在证券发行中容易触犯刑法的地方主要在于公开发行,公开发行有两个条件:第一,经国家有关主管部门批准。我国《证券法》对于股票、公司、企业债券公开发行均明确了批准机关,如《证券法》规定股票公开发行及上市公司非公开发行新股需报国务院证券监督管理机构核准。从管理办法来看,目前监管办法对于众筹平台的设立采用备案制,即实际控制人应当在平台设立之日起5个工作日内向证券业协会申请备案。众筹平台并未备案不一定意味着未经主管部门批准。首先,审批制度是针对公开发行的方式,股权众筹定位于非公开发行,其不需要取得监管机构的批准,备案制凸显了适度监管的态度。其次,如果股权众筹需要相关机关批准,但证券业协会也并未获得授权。以企业债券为例,《证券法》和《企业债券管理条例》规定,经国务院授权的主管部门负责企业债券公开发行事宜,央企发行债券的由国家发改委审核。证券业协会是一种半官方的行业自律组织,其并未取得法定授权。最后,从管理办法来看,对股权众筹平台的备案机制不属于对平台合规性以及风控水平等方面的认证,更不意味着保证投资资金安全,换言之,备案仅是一种形式审查,是适度监管的一种方式,不备案不能等同于“未经批准”。第二,向社会不特定的公众宣传。根据2014年《非法集资案件意见》的规定,向社会公开宣传的形式具有开放性,即只要实现向社会传播融资信息的手段均可纳入,此外,向社会公开宣传的主观故意除了直接故意外,明知而放任的间接故意也包括在内。同时结合《非法集资案件解释》,该司法解释以网络、媒

---

① 参见彭冰:《中国证券法学》(第2版),高等教育出版社2007年版,第45页。

② 参见杨东:《股权众筹是多层次资本市场的一部分》,载《中国证券报》2014年3月31日,第5版。

体、推介会、传单、手机信息等列举式的规定诠释了向社会公开宣传的内涵。股权众筹作为互联网金融的主要制度之一，其主要精神在于"互联网+"，互联网本身就是公共媒体，不管是微信、微博等均属于公共媒体，众筹平台利用互联网进行宣传，必然属于向社会公开宣传的范畴，管理办法明确禁止任何形式的公开方式发行证券，包括变相公开发行，同时对于宣传方面进一步明确不得向非实名注册用户宣传或推介融资项目；第三，向特定对象不得超过 200 人，超过 200 人的也视为公开发行，不特定人员 30 人以上参与的，也属于公开发行。

当然，本罪的主观目的不包括非法占有，擅自发行股票、公司、企业债券罪本身属于广义的非法集资的子概念，其违法性主要体现在募集资金的行为、手段、程序等方面的违法性，如果行为人在非法发行股票、债券后，有属于抽逃资金、携款逃跑、挥霍滥用、抽逃转移资金、隐匿销毁账目等认定非法占有的情形，则应以集资诈骗罪定罪处罚。

【司法案例】

上海安基生物科技股份有限公司、郑某擅自发行股票案①

[**裁判要旨**]非上市股份有限公司为筹集经营资金，在未经证券监管部门批准的情况下，委托中介机构向不特定社会公众转让公司股东的股权，其行为属于未经批准擅自发行股票的行为，数额巨大、后果严重或者有其他严重情节的，应当以擅自发行股票罪定罪处罚。

第一百八十条　【内幕交易、泄露内幕信息罪】证券、期货交易内幕信息的知情人员或者非法获取证券、期货交易内幕信息的人员，在涉及证券的发行，证券、期货交易或者其他对证券、期货交易价格有重大影响的信息尚未公开前，买入或者卖出该证券，或者从事与该内幕信息有关的期货交易，或者泄露该信息，或者明示、暗示他人从事上述交易活动，情节严重的，处五年以下有期徒刑或者拘役，并处或者单处违法所得一倍以上五倍以下罚金；情节特别严重的，处五年以上十年以下有期徒刑，并处违法所得一倍以上五倍以下罚金。

单位犯前款罪的，对单位判处罚金，并对其直接负责的主管人员和其他直接责任人员，处五年以下有期徒刑或者拘役。

---

① 参见《最高人民法院公报》2010 年第 9 期。

【利用未公开信息交易罪】**内幕信息、知情人员的范围，依照法律、行政法规的规定确定。**

证券交易所、期货交易所、证券公司、期货经纪公司、基金管理公司、商业银行、保险公司等金融机构的从业人员以及有关监管部门或者行业协会的工作人员，利用因职务便利获取的内幕信息以外的其他未公开的信息，违反规定，从事与该信息相关的证券、期货交易活动，或者明示、暗示他人从事相关交易活动，情节严重的，依照第一款的规定处罚。

【条文对照】

1997年 《刑法》	1999年 《刑法修正案》	2009年 《刑法修正案(七)》
第一百八十条　证券交易内幕信息的知情人员或者非法获取证券交易内幕信息的人员，在涉及证券的发行、交易或者其他对证券**的**价格有重大影响的信息尚未公开前，买入或者卖出该证券，或者泄露该信息，情节严重的，处五年以下有期徒刑或者拘役，并处或者单处违法所得一倍以上五倍以下罚金；情节特别严重的，处五年以上十年以下有期徒刑，并处违法所得一倍以上五倍以下罚金。 单位犯前款罪的，对单位判处罚金，并对其直接负责的主管人员和其他直接责任人员，处五年以下有期徒刑或者拘役。 内幕信息的范围，依照法律、行政法规的规定确定。 知情人员的范围，依照法律、行政法规的规定确定。	第一百八十条　证券、**期货**交易内幕信息的知情人员或者非法获取证券、**期货**交易内幕信息的人员，在涉及证券的发行，**证券、期货**交易或者其他对证券、**期货交易**价格有重大影响的信息尚未公开前，买入或者卖出该证券，**或者从事与该内幕信息有关的期货交易**，或者泄露该信息，情节严重的，处五年以下有期徒刑或者拘役，并处或者单处违法所得一倍以上五倍以下罚金；情节特别严重的，处五年以上十年以下有期徒刑，并处违法所得一倍以上五倍以下罚金。 单位犯前款罪的，对单位判处罚金，并对其直接负责的主管人员和其他直接责任人员，处五年以下有期徒刑或者拘役。 内幕信息、知情人员的范围，依照法律、行政法规的规定确定。	第一百八十条　证券、期货交易内幕信息的知情人员或者非法获取证券、期货交易内幕信息的人员，在涉及证券的发行，证券、期货交易或者其他对证券、期货交易价格有重大影响的信息尚未公开前，买入或者卖出该证券，或者从事与该内幕信息有关的期货交易，或者泄露该信息，**或者明示、暗示他人从事上述交易活动**，情节严重的，处五年以下有期徒刑或者拘役，并处或者单处违法所得一倍以上五倍以下罚金；情节特别严重的，处五年以上十年以下有期徒刑，并处违法所得一倍以上五倍以下罚金。 单位犯前款罪的，对单位判处罚金，并对其直接负责的主管人员和其他直接责任人员，处五年以下有期徒刑或者拘役。 内幕信息、知情人员的范围，依照法律、行政法规的规定确定。 **证券交易所、期货交易所、证券公司、期货经纪公司、基金管理公司、商业银行、保险公司等金融机构的从业人员以及有关监管部门或者行业协会的工作人员，利用因职务便利获取的内幕信息以外的其他未公开的信息，违反规定，从事与该信息相关的证券、期货交易活动，或者明示、暗示他人从事相关交易活动，情节严重的，依照第一款的规定处罚。**

【条文理解】

(一)内幕交易、泄露内幕信息罪

内幕交易、泄露内幕信息罪,是指证券、期货交易内幕信息的知情人员或者非法获取证券、期货交易内幕信息的人员,在涉及证券发行,证券、期货交易或者其他对证券、期货交易价格有重大影响的信息尚未公开前,买入或者卖出该证券,或者从事与该内幕信息有关的期货交易,或者泄露该信息,或者明示、暗示他人从事上述交易活动,情节严重的行为。

本罪犯罪主体为特殊主体,主要由内幕信息的知情人员或者非法获取证券、期货交易内幕信息的人员构成,主要包括三种:(1)非法手段获取型,即通过窃取等不当手段获取;(2)特定身份获取型,即内幕信息知情人员的近亲属或者其他与内幕信息知情人员关系密切的人员;(3)积极联系获取型,即与内幕信息知情人员有过联络、接触的人员。对于犯罪主体的类型,可通过通话记录、微信往来等证据进行综合判断,自然人和单位均可构成本罪的主体。本罪侵犯的客体是国家对证券、期货交易的管理秩序和投资者的合法权益。本罪属于故意犯罪。

所谓内幕信息,主要是指涉及上市公司内部的经营、财务、重大诉讼等对证券市场价格有重大影响的未公开信息,《证券法》第 80 条第 2 款、第 81 条第 2 款所列重大事件属于内幕信息。《证券法》第 80 条第 2 款所列的重大事件具体包括:(1)公司的经营方针和经营范围的重大变化;(2)公司的重大投资行为,公司在一年内购买、出售重大资产超过公司资产总额 30%,或者公司营业用主要资产的抵押、质押、出售或者报废一次超过该资产的 30%;(3)公司订立重要合同、提供重大担保或者从事关联交易,可能对公司的资产、负债、权益和经营成果产生重要影响;(4)公司发生重大债务和未能清偿到期重大债务的违约情况;(5)公司发生重大亏损或者重大损失;(6)公司生产经营的外部条件发生的重大变化;(7)公司的董事、1/3 以上监事或者经理发生变动,董事长或者经理无法履行职责;(8)持有公司 5%以上股份的股东或者实际控制人持有股份或者控制公司的情况发生较大变化,公司的实际控制人及其控制的其他企业从事与公司相同或者相似业务的情况发生较大变化;(9)公司分配股利、增资的计划,公司股权结构的重要变化,公司减资、合并、分立、解散及申请破产的决定,或者依法进入破产程序、被责令关闭;(10)涉及公司的重大诉讼、仲裁,股东大会、董事会决议被依法撤销或者宣告无效;(11)公司涉嫌犯罪被依法立案调查,公司的控股股东、实际控制人、董事、监事、高级管理人员涉嫌犯罪被依法采取强制措施;(12)国务院证券监督管理机构规定的其他事项。公司的控股股东或者实际控制人对重大事件的发生、进展产生较大影响的,应当及时将其知悉的有关情况书面告知公司,并配合公司履行信息披露义务。《证券法》第81条第2款所列的重大事件包括:(1)公司股权结构或者生产经营状况发生重大变化;(2)公司债券信用评级发生变化;(3)公司重大资产抵押、质押、出售、转让、报废;(4)公司发生未能清偿到期债务的情况;(5)公司新增借款或者对外提供担保超过上年末净资产的20%;(6)公司放弃债权或者财产超过上年末净资产的10%;(7)公司发生超过上年末净资产10%的重大损失;(8)公司分配股利,作出减资、合并、分立、解散及申请破产的决定,或者依法进入破产程序、被责令关闭;(9)涉及公司的重大诉讼、仲裁;(10)公司涉嫌犯罪被依法立案调查,公司的控股股东、实际控制人、董事、监事、高级管理人员涉嫌犯罪被依法采取强制措施;(11)国务院证券监督管理机构规定的其他事项。

所谓的知情人员,是指基于管理地位、职业地位、监督地位或者通过职务行为能够接触或者获得内幕信息的人员,包括但不限于公司的董、监、高等高级管理人员、雇员以及专业第三方服务中介机构人员等。关于内幕信息的知情人员范围,根据我国《证券法》第51条规定,证券交易内幕信息的知情人包括:(1)发行人及其董事、监事、高级管理人员;(2)持有公司5%以上股份的股东及其董事、监事、高级管理人员,公司的实际控制人及其董事、监事、高级管理人员;(3)发行人控股或者实际控制的公司及其董事、监事、高级管理人员;(4)由于所任公司职务或者因与公司业务往来可以获取公司有关内幕信息的人员;(5)上市公司收购人或者重大资产交易方及其控股股东、实际控制人、董事、监事和高级管理人员;(6)因职务、工作可以获取内幕信息的证券交易场所、证券公司、证券登记结算机构、证券服务机构的有关人员;(7)因职责、工作可以获取内幕信息的证券监督管理机构工作人员;(8)因法定职责对证券的发行、交易或者对上市公司及其收购、重大资产交易进行管理可以获取内幕信息的有关主管部门、监管机构的工作人员;(9)国务院证券监督管理机构规定的可以获取内幕信息的其他人员。

所谓的"非法获取证券、期货交易内幕信息的人员",主要是指:(1)利用窃取、骗取、套取、窃听、利诱、刺探或者私下交易等手段获取内幕信息的;(2)内幕信息知情人员的近亲属或者其他与内幕信息知情人员关系密切的人员,在内幕信息敏感期内,从事或者明示、暗示他人从事,或者泄露内幕信息导致他人从事与该内幕信息有关的证券、期货交易,相关交易行为明显异常,且无正当理由或者正当信息来源的;(3)在内幕信息敏感期内,与内幕信息知情人员联络、接触,从事或者明示、暗示他人从事,或者泄露内幕信息导致他人从事与该内幕信息有关的证券、期货交易,相关交易行为明显异常,且无正当理由或者正当信息来源的。

对于利用内幕信息交易的认定,《内幕交易案件解释》对"相关交易行为明显异常"的认定作出了指引界定,具体从时间吻合程度、交易背离程度和利益关联程度等方面综合予以认定,包括但不限于开户时间、资金变化与利益关联、交易行为等与内幕信息形成、变化时间是否相似,交易行为是否与其以往交易习惯不同等。此外,在非法获取内幕信息的人员从事内幕交易案件中,如果行为人系通过利诱、刺探职务便利或者私下交易等手段获取内幕信息,则相对方可能存在泄露内幕信息行为,如果行为人系通过窃取、骗取、套取、窃听等手段获取信息,因本罪系故意犯罪,则向对方不宜认定存在泄露内幕信息的行为。

当然根据《内幕交易案件解释》第 4 条的规定,具有下列情形之一的,不属于《刑法》第 180 条第 1 款规定的从事与内幕信息有关的证券、期货交易:(1)持有或者通过协议、其他安排与他人共同持有上市公司 5%以上股份的自然人、法人或者其他组织收购该上市公司股份的;(2)按照事先订立的书面合同、指令、计划从事相关证券、期货交易的;(3)依据已被他人披露的信息而交易的;(4)交易具有其他正当理由或者正当信息来源的。

根据《立案追诉标准(二)》第 30 条规定,证券、期货交易内幕信息的知情人员、单位或者非法获取证券、期货交易内幕信息的人员、单位,在涉及证券的发行,证券、期货交易或者其他对证券、期货交易价格有重大影响的信息尚未公开前,买入或者卖出该证券,或者从事与该内幕信息有关的期货交易,或者泄露该信息,或者明示、暗示他人从事上述交易活动,涉嫌下列情形之一的,应予立案追诉:(1)获利或者避免损失数额在 50 万元以上的;(2)证券交易成交额在 200 万元以上的;(3)期货交易占用保证金数额在 100 万元以上的;(4)2 年内 3 次以上实施内幕交易、泄露内幕信息行为的;(5)明示、暗示 3 人以上从事与内幕信息相关的证券、期货交易活动的;(6)具有其他严重情节的。内幕交易获利或者避免损失数额在 25 万元以上,或者证券交易成交额在 100 万元以上,或者期货交易占用保证金数额在 50 万元以上,同时涉嫌下列情形之一的,应予立案追诉:(1)《证券法》规定的证券交易内幕信息的知情人实施或者与他人共同实施内幕交易行为的;(2)以出售或者变相出售内幕信息等方式,明示、暗示他人从事与该内幕信息相关的交易活动的;(3)因证券、期货犯罪行为受过刑事追究的;(4)2 年内因证券、期货违法行为受过行政处罚的;(5)造成其他严重后果的。应当立案追诉。

(二)利用未公开信息交易罪

利用未公开信息交易罪,是指证券交易所、期货交易所、证券公司、期货经纪公司、基金管理公司、商业银行、保险公司等金融机构的从业人员以及有关监管部门或者行业协会的工作人员,利用因职务便利获取的内幕信息以外的其他未公开的信息,违反规定,从事与该信息相关的证券、期货交易活动,或者明示、暗示他人从事相关交易活动,情节严重的行为。本罪的犯罪主体是特殊主体,证券交易所、期货交易所、证券公司、等金融机构的从业人员以及有关监管部门或者行业协会的工作人员才能构成，但没有单位犯罪。本罪的主观方面要求故意，主观目的具有非法牟利的目的。

实施利用未公开信息进行交易的违法犯罪行为（俗称“老鼠仓”）的多为金融机构从业人员，其以金融机构的巨额资金作为支撑，在金融机构买入前，借用他人的账户先行买入，然后通过金融机构的客户资金拉升证券、期货价格，并从中获取非法利益，损害投资者的利益，严重破坏了公开、公平、公正的证券、期货市场交易秩序。

1. 对“未公开信息”的认定

根据《刑法》相关规定，未公开信息，又称内幕信息以外的未公开信息。其与内幕信息的区别主要是信息的内容、性质不同。前者是指对证券、期货交易价格有重大影响，应当及时向社会公开但尚未公开的信息，通常是公司内部的涉及经营、财务或者监管等相关政策等信息。未公开信息，主要是指单位内部的商业秘密，法律并未要求此类信息应当公开，不属于内幕信息的范围，而属于“内幕信息以外的其他未公开的信息”。内幕信息，是指对证券、期货交易价格有重大影响，应当及时向社会公开但尚未公开的信息。“未公开信息”主要包括三种类型：（1）证券、期货的投资决策、交易执行信息。（2）证券持仓数量及变化、资金数量及变化、交易动向信息，通常是指证券交易所、证券结算中心等金融机构工作人员利用职务便利能够获取，并且应当予以保密的重要信息。需要注意的是，《期货交易管理条例》明确规定此类信息属于“内幕信息”，不属于“未公开信息”，如果在期货领域，利用此类信息进行非法交易的，应当以内幕交易、泄露内幕信息罪论处。（3）其他可能影响证券、期货交易活动的未公开信息。对于“未公开信息”难以认定的，司法机关可以在有关行政主管、监管部门认定意见的基础上，根据案件事实和法律规定作出认定。

2. 对“明示、暗示他人从事相关交易活动”的认定

司法实践中，实施“明示、暗示他人从事相关交易活动”的行为的双方一般均否认存在相应的信息沟通与交流，因此，需要综合全案证据，判定行为人是否存在明示、暗示他人从事相关交易活动的情形，可以参考内幕交易罪有关“交易行为明显异常”的认定方法。具体而言，包括如下几点：（1）行为人应属于特殊主体，换言之，行为人必须具备获取未公开信息的职务便利，相应的信息是否属于保密范畴或者行为人是否属于禁止交易的人员。（2）行为人获取未公开信息的初始时间与他人从事相关交易活动的初始时间具有关联性。要根据他人从事相关交易的初始时间，与未公开信息的生成时间、行为人获取信息的初始时间进行关联判断，一般需要符合“先买”的时间特征。（3）行为人与他人之间具有亲友关系、利益关联

等关联关系。(4)他人从事的相关交易活动明显不具有符合其交易习惯等正当理由,如资金额度突然增加、突然满仓交易等。《利用未公开信息交易案件解释》明确要求应当综合认定“明示、暗示他人从事相关交易活动”,主要包括以下方面(1)行为人具有获取未公开信息的职务便利;(2)行为人获取未公开信息的初始时间与他人从事相关交易活动的初始时间具有关联性;(3)行为人与他人之间具有亲友关系、利益关联、交易终端关联等关联关系;(4)他人从事相关交易的证券、期货品种、交易时间与未公开信息所涉证券、期货品种、交易时间等方面基本一致;(5)他人从事的相关交易活动明显不具有符合交易习惯、专业判断等正当理由;(6)行为人对明示、暗示他人从事相关交易活动没有合理解释。当然,在大数据分析的当下,还可以从交易证券、期货的品种、建仓、减仓时间方面等,通过一定的技术安排,来判断是否存在“高度趋同交易”,“高度趋同”一般是以趋同度达到60%以上为标准。当然,行为人能够给出合理解释的除外。

3.“违反规定”的认定

在司法实践中,“违反规定”和“违反国家规定”存在混淆的情况,个别案件中辩护人就“违反规定”的界定套用“违反国家规定”的理解。本罪的“违反规定”,是指违反法律、行政法规、部门规章、全国性行业规范有关证券、期货未公开信息保护的规定,以及行为人所在的金融机构有关信息保密、禁止交易、禁止利益输送等规定。换言之,“违反规定”也包括部门规章、证监会的行业规定以及行为人所在单位的禁止性规定等,在《利用未公开信息交易案件解释》中对以上内容作了进一步的确认。

根据《立案追诉标准(二)》第31条规定,证券交易所、期货交易所、证券公司、期货公司、基金管理公司、商业银行、保险公司等金融机构的从业人员以及有关监管部门或者行业协会的工作人员,利用因职务便利获取的内幕信息以外的其他未公开的信息,违反规定,从事与该信息相关的证券、期货交易活动,或者明示、暗示他人从事相关交易活动,涉嫌下列情形之一的,应予立案追诉:(1)获利或者避免损失数额在100万元以上的;(2)2年内3次以上利用未公开信息交易的;(3)明示、暗示3人以上从事相关交易活动的;(4)具有其他严重情节的。利用未公开信息交易,获利或者避免损失数额在50万元以上,或者证券交易成交额在500万元以上,或者期货交易占用保证金数额在100万元以上,同时涉嫌下列情形之一的,应予立案追诉:(1)以出售或者变相出售未公开信息等方式,明示、暗示他人从事相关交易活动的;(2)因证券、期货犯罪行为受过刑事追究的;(3)2年内因证券、期货违法行为受过行政处罚的;(4)造成其他严重后果的。

【司法适用】

内幕信息敏感期,是指内幕信息自形成至公开的期间。该时间界定一直是一个重要问题,依照《证券法》等相关法律规定,内幕信息的发生时间,换言之,就是相应的增资、并购等重大事项的"政策""决定""沟通"等的形成时间,应当认定为内幕信息的形成之时,特殊主体就重大事件的动议、筹划、决策或者执行初始时间,也应当认定为内幕信息的形成之时。内幕信息的公开,是指内幕信息在国务院证券、期货监督管理机构指定的报刊、网站等媒体披露,对于在其他自媒体或者微信朋友圈等公开的信息不能认定内幕信息的公开,但可以成为从自媒体、朋友圈等获取信息后交易行为的抗辩理由。

对于本罪,违法所得既是定罪标准也是量刑标准,就违法所得的认定一直以来都是司法实践中的重要问题。内幕交易中,违法所得,是指通过内幕交易行为所获利益或者避免的损失,具体包括:获利型内幕交易违法所得和避损型内幕交易违法所得。获利型内幕交易违法所得包括获利平仓和获利未平仓两种。获利平仓的,以实际收益认定违法所得。虽然平仓时间与证券期货市场对内幕信息披露后消化时间不一定同步,但实际收益与内幕信息存在直接关联性,此种认定方式比较直观、便捷,也符合公众认知。获利未平仓的,以账面收益认定违法所得,计算公式为:[复牌日(若复牌即涨停的,则以首个涨停板打开日)的收盘价-买入价]×未平仓股票股数-交易费用。以收盘价作为计算依据,是因为其系当日市场的最终结果,相比开盘价、平均价、最高价、最低价或者平均价等其他价格更能准确反映内幕信息对股价的影响程度。对于连续涨停的,表明内幕信息对于价格的影响仍然巨大且持续,因封盘抢筹受限不能证明内幕信息已被市场消化,应以打开涨停板首日的收盘价。此外,《刑法》中对于犯罪成本不予扣除已成通说,但内幕交易中交易费用属于必需费用,且费用较低,行政处罚及其数额认定中均予以扣除,司法实践中可以参照予以扣除。避损型内幕交易违法所得仅存在已平仓一种,未平仓的不存在规避损失这一说。违法所得的计算方法为:[卖出价-股票复牌日(复牌后即跌停的,则以首个跌停板的打开日)的收盘价]×平仓股票股数-交易费用。

在违法所得中,股票分红属于法定孳息,一般不纳入相应的犯罪数额,在内幕交易中,应以其是否直接源于内幕交易的内容与价值进行区分,如果该分红与内幕信息的内容和价值无关,则不计入违法所得,而应作为犯罪孳息予以追缴,如果是则应计入违法所得进行刑事评价。

【司法案例】

马某利用未公开信息交易案①

[**裁判要旨**]《刑法》第180条第4款规定的利用未公开信息交易罪援引法定刑的情形，应当是对第1款内幕交易、泄露内幕信息罪全部法定刑的引用，即利用未公开信息交易罪应有“情节严重”“情节特别严重”两种情形和两个量刑档次。

王某等人利用未公开信息交易案②

[**要旨**]具有获取未公开信息职务便利条件的金融机构从业人员及其近亲属从事相关证券交易行为明显异常，且与未公开信息相关交易高度趋同，即使其拒不供述未公开信息传递过程等犯罪事实，但其他证据之间相互印证，能够形成证明利用未公开信息犯罪的完整证明体系，足以排除其他可能的，可以依法认定犯罪事实。

第一百八十一条 【编造并传播证券、期货交易虚假信息罪】**编造并且传播影响证券、期货交易的虚假信息，扰乱证券、期货交易市场，造成严重后果的，处五年以下有期徒刑或者拘役，并处或者单处一万元以上十万元以下罚金。**

【诱骗投资者买卖证券、期货合约罪】**证券交易所、期货交易所、证券公司、期货经纪公司的从业人员，证券业协会、期货业协会或者证券期货监督管理部门的工作人员，故意提供虚假信息或者伪造、变造、销毁交易记录，诱骗投资者买卖证券、期货合约，造成严重后果的，处五年以下有期徒刑或者拘役，并处或者单处一万元以上十万元以下罚金；情节特别恶劣的，处五年以上十年以下有期徒刑，并处二万元以上二十万元以下罚金。**

单位犯前两款罪的，对单位判处罚金，并对其直接负责的主管人员和其他直接责任人员，处五年以下有期徒刑或者拘役。

---

① 参见最高人民法院第61号指导案例。

② 参见最高人民检察院检例第65号。

【条文对照】

1997 年《刑法》	1999 年《刑法修正案》
第一百八十一条　编造并且传播影响证券交易的虚假信息，扰乱证券交易市场，造成严重后果的，处五年以下有期徒刑或者拘役，并处或者单处一万元以上十万元以下罚金。 证券交易所、证券公司的从业人员，证券业协会或者证券管理部门的工作人员，故意提供虚假信息或者伪造、变造、销毁交易记录，诱骗投资者买卖证券，造成严重后果的，处五年以下有期徒刑或者拘役，并处或者单处一万元以上十万元以下罚金；情节特别恶劣的，处五年以上十年以下有期徒刑，并处二万元以上二十万元以下罚金。 单位犯前两款罪的，对单位判处罚金，并对其直接负责的主管人员和其他直接责任人员，处五年以下有期徒刑或者拘役。	第一百八十一条　编造并且传播影响证券、**期货**交易的虚假信息，扰乱证券、**期货**交易市场，造成严重后果的，处五年以下有期徒刑或者拘役，并处或者单处一万元以上十万元以下罚金。 证券交易所、**期货交易所**、证券公司、**期货经纪公司**的从业人员，证券业协会、**期货业协会**或者证券**期货监督**管理部门的工作人员，故意提供虚假信息或者伪造、变造、销毁交易记录，诱骗投资者买卖证券、**期货合约**，造成严重后果的，处五年以下有期徒刑或者拘役，并处或者单处一万元以上十万元以下罚金；情节特别恶劣的，处五年以上十年以下有期徒刑，并处二万元以上二十万元以下罚金。 单位犯前两款罪的，对单位判处罚金，并对其直接负责的主管人员和其他直接责任人员，处五年以下有期徒刑或者拘役。

【条文理解】

本条包括两个罪名，编造并传播证券、期货交易虚假信息罪和诱骗投资者买卖证券、期货合约罪。

1. 编造并传播证券、期货交易虚假信息罪

编造并传播证券、期货交易虚假信息罪，是指行为人故意编造，且传播虚假的或者没有发生的，影响证券、期货交易的虚假信息，扰乱证券、期货交易市场正常秩序，造成严重后果的行为。本罪的具体构成要件是：

（1）本罪侵犯的客体是证券、期货交易的正常秩序和投资者的合法权益。证券、期货的价格受到市场多方面因素的影响，包括经济、社会、政治、国际环境等，这些因素直接或者间接影响市场对于特定证券、期货供求关系，最终反映在以供求关系为基础的证券、期货价格上，行为人利用这种机制，故意编造并散布虚假信息，引起特定证券、期货价格，扰乱了市场的秩序，损害了投资者的利益。

（2）从客观方面而言，行为人编造影响证券、期货交易价格的信息，既包括针对整体市场的虚假信息，如与特定期货关联的国家发生战争、自然灾害或者国际石油价格将发生变化的虚假信息，也包括针对具体公司的虚假信息，如特定公司的重大经营变化、定向增发、重大财务数据亏损等。这种虚假信息既可以是国内的信息，也可以是国际的重大事件，后者主要是针对期货等虚假信息。上述虚假信息均是影响某一特定证券、期货的正常交易价格，属于扰乱了证券、期货市场的

正常交易秩序。从“编造并传播”这一罪状表述来看,行为人必须是既有编造虚假信息的行为,又有散布、传播虚假信息的行为,当然在共同犯罪中,依照“部分行为、全部责任”的处罚原则,行为人仅是实施编造的行为,还是仅实施了散布、传播的行为,并不妨碍对其认定为“编造并传播”。

(3)本罪的犯罪主体为一般主体,自然人和单位均可构成本罪的主体。

(4)本罪的主观方面由故意构成,通常犯罪目的是牟利或者规避损失,但行为人如果已经着手实施谋取利益的行为,则其应是本罪与操纵证券、期货相关的罪名的牵连犯,择一重罪处罚。

依照《立案追诉标准(二)》第 32 条的规定,编造并且传播影响证券、期货交易的虚假信息,扰乱证券、期货交易市场,有以下五种情形之一的;应当立案追诉,具体为:(1)获利或者避免损失数额累计在 5 万元以上的;(2)造成投资者直接经济损失数额在 50 万元以上的;(3)致使交易价格和交易量异常波动的;(4)虽未达到上述数额标准,但多次编造并且传播影响证券、期货交易的虚假信息的;(5)其他造成严重后果的情形。

2. 诱骗投资者买卖证券、期货合约罪

诱骗投资者买卖证券、期货合约罪,是指证券交易所、期货交易所、证券公司、期货经纪公司的从业人员,证券业协会、期货业协会或者证券期货监督管理部门的工作人员,故意提供虚假信息或者伪造、变造、销毁交易记录,诱骗投资者买卖证券、期货合约,造成严重后果的行为。本罪的具体构成要件是:

(1)本罪的客观方面表现为伪造、变造、销毁交易记录,或者编造虚假信息,且故意提供虚假信息,利用相应虚假信息虚构特定证券、期货市场预期,如价格上涨、下跌等,从而诱骗不明真相的投资者从事相应的证券、期货合约交易。

(2)本罪的犯罪主体是特殊主体,即证券交易所、证券公司、期货交易所、期货经纪公司的从业人员,证券业协会、期货业协会或者证券期货监督管理部门的工作人员及其所在单位。这是本罪与编造并传播证券、期货交易虚假信息罪的主要区别。

(3)本罪主观方面为故意犯罪,行为人不管是为了增加投资者的交易次数从而获取更多的交易手续费还是通过反向炒作从中牟取不法利益以及获利大小均不影响本罪的定罪处罚。诱骗投资者买卖证券、期货合约的行为是在一定程度上利用投资者对金融机构工作人员的信赖损害投资人的利益,也直接损害了证券、期货交易市场的秩序。

依照《立案追诉标准(二)》第 33 条的规定,诱骗投资者买卖证券、期货合约,有以下情形之一的,应予以立案追诉:(1)获利或者避免损失数额累计在 5 万元以上的;(2)造成投资者直接经济损失数额在50万元以上的;(3)虽未达到上述数额标准,但多次诱骗投资者买卖证券、期货合约的;(4)致使交易价格和交易量异常波动的;(5)其他造成严重后果的情形。

【司法适用】

编造并传播的认定,是编造并传播证券、期货交易虚假信息罪定罪处罚的重要一环,本罪与证券、期货市场信息披露制度息息相关,信息披露的准确性是保障投资者利益的重要保障,一旦出现人为散布虚假信息,必然造成市场价格的剧烈波动,为此,本罪系对编造、散布的行为进行处罚。本罪中的“编造”的含义应作广义理解,既包括“无中生有”式的杜撰,也包括对相应素材的篡改和删减。此处需要重点对金融机构、尤其是证券公司就个股的研报进行识别,金融机构研究院出具的研报属于基于已公开的材料,是结合公司实际调研,依照专业知识和从业经验,对未来市场和具体证券、期货的价格作出的预测性分析,这不属于编造和散布的行为,即使后来市场的走向与预测结果发生偏差,也不能以本罪处罚。但如果金融机构或者其工作人员以故意隐瞒、歪曲、虚构等方式得出相应预测的分析,不管行为人是否与目标公司进行勾结,该行为可以认定为编造。“传播”,主要是指在具有一定影响的媒介上,向广大投资者扩散虚假信息的行为,如在上市公司咨询板块、证券网站、金融机构网站以及微信、微博等自媒体上散布虚假信息。本罪的传播行为应理解为具有一定“社会性”的散播行为,即向不特定的投资者散布虚假信息,对于仅是向少数、特定人员散布信息的,因该行为难以扰乱市场秩序,不宜以本罪定罪处罚。当然,行为人既实施了编造行为,又实施了散布行为的,才构成本罪。

从行为方式来看,本条涉及的两罪均包含了提供证券、期货交易的虚假信息,且在罪状表述中均存在行为人“合成”相应信息的行为。那么编造并传播证券、期货交易虚假信息罪的主体是否包括诱骗投资者买卖证券、期货合约罪的主体,换言之,证券交易所、期货交易所、证券公司、期货经纪公司的从业人员,证券业协会、期货业协会或者证券期货监督管理部门的工作人员,编造并传播证券、期货交易虚假信息的行为如何处罚?对此行为应区分具体情况而定,具体而言,编造并传播证券、期货交易虚假信息罪的主体是一般主体,诱骗投资者买卖证券、期货合约罪主体是特殊主体,两罪之间一定意义上属于一般规定与特殊规定之分,特殊主体实施的行为一般以特殊规定处理,在行为人不具有诱骗投资者交易主观目的的情况下,可以依照一般罪名定罪处罚。鉴于两罪法定刑一致、且量刑标准相当,无法从想象竞合、牵连犯等“择一重罪”处罚的方法进行选择,在具体案件中,综合犯罪事实、情节、危害程度等进行界定,确保罪责刑相适应以及法律认定的严密性。如前文所述,金融机构或者其工作人员以故意隐瞒、歪曲、虚构等方式得出相应预测的分析,不管行为人是否与目标公司进行勾结,该行为可以认定为编造,其在相应研报中最终结论为“推荐买入”等结论,就证明其有相应的诱骗交易的主观目的,如果没有注明“推荐买入”等能够证明主观目的的,也应结合其他证据综合判断行为人是否具有诱骗买入的动机和目的,如相关研报发布在投资者必然关注的交易软件上,也应认定其具有诱骗的主观目的。如果无法证明或者判定上述目的,则应以编造并传播证券、期货交易虚假信息罪定罪处罚。

此外,《刑法》多个罪名与证券交易信息存在关联,应严格区分各罪的构成要件,从行为内容出发,具体认定所涉嫌的罪名。例如,本罪和蛊惑交易型操纵市场罪在客观上均实施了编造、传播虚假信息的行为,但后者还要求行为人利用证券交易价格波动进行相应交易或谋取相关利益,从本质上而言,本罪更像是后罪的手段行为,依照处罚较重的后罪定罪处罚。

第一百八十二条 【操纵证券、期货市场罪】有下列情形之一,操纵证券、期货市场,影响证券、期货交易价格或者证券、期货交易量,情节严重的,处五年以下有期徒刑或者拘役,并处或者单处罚金;情节特别严重的,处五年以上十年以下有期徒刑,并处罚金:

(一)单独或者合谋,集中资金优势、持股或者持仓优势或者利用信息优势联合或者连续买卖的;

(二)与他人串通,以事先约定的时间、价格和方式相互进行证券、期货交易的;

(三)在自己实际控制的帐户之间进行证券交易,或者以自己为交易对象,自买自卖期货合约的;

(四)不以成交为目的,频繁或者大量申报买入、卖出证券、期货合约并撤销申报的;

(五)利用虚假或者不确定的重大信息,诱导投资者进行证券、期货交易的;

(六)对证券、证券发行人、期货交易标的公开作出评价、预测或者投资建议,同时进行反向证券交易或者相关期货交易的;

(七)以其他方法操纵证券、期货市场的。

单位犯前款罪的,对单位判处罚金,并对其直接负责的主管人员和其他直接责任人员,依照前款的规定处罚。

【条文对照】

1997 年 《刑法》	1999 年 《刑法修正案》	2006 年 《刑法修正案(六)》	2020 年 《刑法修正案(十一)》
第一百八十二条 有下列情形之一,操纵证券交易价格,获取不正当利益或者转嫁风险,情节严重的,处五年以下有期徒刑或者拘役,并处或者单处违法所得一倍以上五倍以下罚金: (一)单独或者合谋,集中资金优势、持股优势或者利用信息优势联合或者连续买卖,操纵证券交易价格的; (二)与他人串通,以事先约定的时间、价格和方式相互进行证券交易或者相互买卖并不持有的证券,影响证券交易价格或者证券交易量的; (三)以自己为交易对象,进行不转移证券所有权的自买自卖,影响证券交易价格或者证券交易量的; (四)以其他方法操纵证券交易价格的。 单位犯前款罪的,对单位判处罚金,并对其直接负责的主管人员和其他直接责任人员,处五年以下有期徒刑或者拘役。	第一百八十二条 有下列情形之一,操纵证券**、期货**交易价格,获取不正当利益或者转嫁风险,情节严重的,处五年以下有期徒刑或者拘役,并处或者单处违法所得一倍以上五倍以下罚金: (一)单独或者合谋,集中资金优势、持股**或者持仓**优势或者利用信息优势联合或者连续买卖,操纵证券**、期货**交易价格的; (二)与他人串通,以事先约定的时间、价格和方式相互进行证券**、期货**交易,或者相互买卖并不持有的证券,影响证券**、期货**交易价格或者证券**、期货**交易量的; (三)以自己为交易对象,进行不转移证券所有权的自买自卖,**或者以自己为交易对象,自买自卖期货合约**,影响证券**、期货**交易价格或者证券**、期货**交易量的; (四)以其他方法操纵证券**、期货**交易价格的。 单位犯前款罪的,对单位判处罚金,并对其直接负责的主管人员和其他直接责任人员,处五年以下有期徒刑或者拘役。	第一百八十二条 有下列情形之一,操纵证券、期货**市场**,情节严重的,处五年以下有期徒刑或者拘役,并处或者单处**罚金;情节特别严重的,处五年以上十年以下有期徒刑,并处罚金**: (一)单独或者合谋,集中资金优势、持股或者持仓优势或者利用信息优势联合或者连续买卖,操纵证券、期货交易价格**或者证券、期货交易量**的; (二)与他人串通,以事先约定的时间、价格和方式相互进行证券、期货交易,影响证券、期货交易价格或者证券、期货交易量的; (三)**在自己实际控制的帐户之间进行证券交易,或者**以自己为交易对象,自买自卖期货合约,影响证券、期货交易价格或者证券、期货交易量的; (四)以其他方法操纵证券、期货**市场**的。 单位犯前款罪的,对单位判处罚金,并对其直接负责的主管人员和其他直接责任人员,**依照前款的规定处罚**。	第一百八十二条 有下列情形之一,操纵证券、期货市场,**影响证券、期货交易价格或者证券、期货交易量**,情节严重的,处五年以下有期徒刑或者拘役,并处或者单处罚金;情节特别严重的,处五年以上十年以下有期徒刑,并处罚金: (一)单独或者合谋,集中资金优势、持股或者持仓优势或者利用信息优势联合或者连续买卖的; (二)与他人串通,以事先约定的时间、价格和方式相互进行证券、期货交易的; (三)在自己实际控制的帐户之间进行证券交易,或者以自己为交易对象,自买自卖期货合约的; **(四)不以成交为目的,频繁或者大量申报买入、卖出证券、期货合约并撤销申报的;** **(五)利用虚假或者不确定的重大信息,诱导投资者进行证券、期货交易的;** **(六)对证券、证券发行人、期货交易标的公开作出评价、预测或者投资建议,同时进行反向证券交易或者相关期货交易的;** **(七)**以其他方法操纵证券、期货市场的。 单位犯前款罪的,对单位判处罚金,并对其直接负责的主管人员和其他直接责任人员,依照前款的规定处罚。

【条文理解】

操纵证券、期货市场罪，是指以法律明令禁止的各种方法，操纵证券、期货市场，情节严重的行为。

本罪的犯罪主体为一般主体，自然人和单位均可构成本罪的主体，主观方面由故意构成。本罪侵犯的客体是证券、期货市场的金融秩序以及投资者的合法权利。证券、期货交易遵循供求关系、市场环境等因素影响交易价格和交易量，只有在公开、公平、公正的市场环境下，证券、期货市场才能良性发展，人为地操纵证券、期货交易价格或者交易量，必然导致证券、期货市场的失真，直接损害投资者的利益，危害金融安全稳定。对于证券、期货市场中操纵行为的认定，也随着客观案件实际情况而不断完善，比如1997年《刑法》仅界定操纵证券交易价格，忽略了操纵期货市场，此后将操纵期货市场纳入其中，但仅限于“获取不正当利益或者转嫁风险”，而忽略了操纵行为影响交易量也严重扰乱证券、期货市场秩序的相应犯罪行为。《刑法修正案（十一）》立足于证券、期货市场的客观情况和操纵证券、期货市场行为的特点，在罪状中归纳总结了“影响证券、期货交易价格或者证券、期货交易量”，同时在原有条文基础上增加列举了操纵行为的具体类型。

本罪的客观方面表现为操纵证券、期货市场的行为，具体包括以下七种类型：

（1）单独或者合谋，集中资金优势、持股或者持仓优势或者利用信息优势联合或者连续买卖，操纵证券、期货市场或者证券、期货交易量的行为，俗称连续交易型操纵，通常指资金、持仓、持股大户利用大量资金或者某一股票、期货合约的大量持仓，对该股票、期货合约连续买进或者卖出，通过连续交易行为推高证券、期货价格然后卖出，或者压低证券、期货价格然后再买进，行为人通常利用多个账户对特定证券、期货品种进行连续交易，影响交易价格和交易量，同时进行反向操作，在高位套现，在低位买进，从而导致价格剧烈波动，套牢散户，并获取非法巨额利益。

（2）与他人串通，以事先约定的时间、价格和方式相互进行证券、期货交易，影响证券、期货交易价格或者证券、期货交易量的行为，俗称约定交易型操纵。通常行为人之间事先通谋约定交易时间和价格，反复买卖特定证券、期货品种，一定时间内影响市场价格和交易量，造成交易活跃的假象，使其他投资者陷入错误判断而交易相应证券、期货合约品种。

（3）在自己实际控制的账户之间进行证券交易，或者以自己为交易对象，自买自卖期货合约，影响证券、期货交易价格或者证券、期货交易量的行为，俗称洗售型操纵。通常是行为人实际控制的多个账户之间，针对特定股票、期货合约自卖自买，影响市场价格和交易量，致使投资者错误判断而交易，行为人则从中牟取非法利益。

(4)不以成交为目的,频繁或者大量申报买入、卖出证券、期货合约并撤销申报,影响证券、期货交易价格或者证券、期货交易量的行为,俗称恍骗交易型操纵,也称虚假申报型操纵。通常是指行为人不以成交为目的,频繁申报(或者大额申报)、撤单,一定时期内影响特定证券、期货交易价格或者证券、期货交易量,致使投资者作出错误投资决策,并进行与申报相反的交易或者谋取相关利益。恍骗交易型操纵与正常申报、撤单的区别在于是否频繁申报、撤单的金额是否巨大以及是否反向操作等。

(5)利用虚假或者不确定的重大信息,诱导投资者进行证券、期货交易,影响证券、期货交易价格或者证券、期货交易量的行为,俗称蛊惑交易型操纵。通常是指行为人故意编造虚假信息或者散布明知是虚假或不确定的信息,诱导投资者作出错误投资决策,一定时期影响特定证券、期货品种的市场价格和交易量,并针对特定证券、期货品种进行包括但不限于集合竞价交易、连续竞价交易、大宗交易等或者谋取前述交易之外的包括但不限于影响定向增发价格、股权质押价格、公司收购价格等利益。

(6)对证券、证券发行人、期货交易标的公开作出评价、预测或者投资建议,同时进行反向证券交易或者相关期货交易的行为,俗称"抢帽子型操纵",又称黑嘴荐股操纵,通常是指公开作出评价、预测或者投资建议,误导投资者作出投资决策,影响证券、期货交易价格或者证券、期货交易量,并进行与其评价、预测、投资建议方向相反的证券交易或者相关期货交易。尤其是在自媒体等快速发展的当下,大V、博主通过自媒体平台进行荐股,误导投资者做出错误决策,有的自己反向操作,有的帮助庄家出货获取报酬。

(7)以其他方法操纵证券、期货市场的行为。操纵证券、期货市场的行为主要是前述6种,但实践中绝不止于此。《操纵证券、期货市场案件解释》还规定了以下几种典型的操纵类型:①"重大事件操纵",即通过策划、实施资产收购或者重组、投资新业务、股权转让、上市公司收购等虚假重大事项,误导投资者作出投资决策,影响证券交易价格或者证券交易量,并进行相关交易或者谋取相关利益。俗称"编故事、画大饼"的操纵行为,通常是为了高价减持获利。②"控制信息操纵",即通过控制发行人、上市公司信息的生成或者控制信息披露的内容、时点、节奏,误导投资者作出投资决策,影响证券交易价格或者证券交易量,并进行相关交易或者谋取相关利益。该类型操纵不同于利用信息优势操纵(连续交易型操纵),前者是指行为人控制信息生成和控制信息内容以及控制信息发布的时点、节奏等诱导投资者交易,后者是利用已有的信息,加上联合或者连续交易进行操纵。

③“跨期、现货市场操纵”,即通过囤积现货,影响特定期货品种市场行情,并进行相关期货交易。例如,在小品种期货交易中,多头持仓者凭借资金优势拉高期货价格,同时大量囤积现货拉高现货价格,逼迫空头持仓者要么高价买回期货合约平仓出局,要么高价买入现货或者赔偿违约金,从逼仓中获取不法高额利益。当然,随着证券、期货的发展,新型操纵行为可能会出现,所以本条规定了兜底条款,实现法网的严密性,保障证券、期货市场有序发展。

依照《立案追诉标准(二)》第 34 条中的规定:“操纵证券、期货市场,影响证券、期货交易价格或者证券、期货交易量,涉嫌下列情形之一的,应予立案追诉:(一)持有或者实际控制证券的流通股份数量达到该证券的实际流通股份总量百分之十以上,实施刑法第一百八十二条第一款第一项操纵证券市场行为,连续十个交易日的累计成交量达到同期该证券总成交量百分之二十以上的;(二)实施刑法第一百八十二条第一款第二项、第三项操纵证券市场行为,连续十个交易日的累计成交量达到同期该证券总成交量百分之二十以上的;(三)利用虚假或者不确定的重大信息,诱导投资者进行证券交易,行为人进行相关证券交易的成交额在一千万元以上的;(四)对证券、证券发行人公开作出评价、预测或者投资建议,同时进行反向证券交易,证券交易成交额在一千万元以上的;(五)通过策划、实施资产收购或者重组、投资新业务、股权转让、上市公司收购等虚假重大事项,误导投资者作出投资决策,并进行相关交易或者谋取相关利益,证券交易成交额在一千万元以上的;(六)通过控制发行人、上市公司信息的生成或者控制信息披露的内容、时点、节奏,误导投资者作出投资决策,并进行相关交易或者谋取相关利益,证券交易成交额在一千万元以上的;(七)实施刑法第一百八十二条第一款第一项操纵期货市场行为,实际控制的账户合并持仓连续十个交易日的最高值超过期货交易所限仓标准的二倍,累计成交量达到同期该期货合约总成交量百分之二十以上,且期货交易占用保证金数额在五百万元以上的;(八)通过囤积现货,影响特定期货品种市场行情,并进行相关期货交易,实际控制的账户合并持仓连续十个交易日的最高值超过期货交易所限仓标准的二倍,累计成交量达到同期该期货合约总成交量百分之二十以上,且期货交易占用保证金数额在五百万元以上的;(九)实施刑法第一百八十二条第一款第二项、第三项操纵期货市场行为,实际控制的账户连续十个交易日的累计成交量达到同期该期货合约总成交量百分之二十以上,且期货交易占用保证金数额在五百万元以上的;(十)利用虚假或者不确定的重大信息,诱导投资者进行期货交易,行为人进行相关期货交易,实际控制的账户连续十个交易日的累计成交量达到同期该期货合约总成交量百分之二十以上,且期货交易占用保证金数额在五百万元以上的;(十一)对期货交易标的公开作出评价、预测或者投资建议，同时进行相关期货交易，实际控制的账户连续十个交易日的累计成交量达到同期该期货合约总成交量的百分之二十以上，且期货交易占用保证金数额在五百万元以上的；（十二）不以成交为目的，频繁或者大量申报买入、卖出证券、期货合约并撤销申报，当日累计撤回申报量达到同期该证券、期货合约总申报量百分之五十以上，且证券撤回申报额在一千万元以上、撤回申报的期货合约占用保证金数额在五百万元以上的；（十三）实施操纵证券、期货市场行为，获利或者避免损失数额在一百万元以上的。操纵证券、期货市场，影响证券、期货交易价格或者证券、期货交易量，获利或者避免损失数额在五十万元以上，同时涉嫌下列情形之一的，应予立案追诉：（一）发行人、上市公司及其董事、监事、高级管理人员、控股股东或者实际控制人实施操纵证券、期货市场行为的；（二）收购人、重大资产重组的交易对方及其董事、监事、高级管理人员、控股股东或者实际控制人实施操纵证券、期货市场行为的；（三）行为人明知操纵证券、期货市场行为被有关部门调查，仍继续实施的；（四）因操纵证券、期货市场行为受过刑事追究的；（五）二年内因操纵证券、期货市场行为受过行政处罚的；（六）在市场出现重大异常波动等特定时段操纵证券、期货市场的；（七）造成其他严重后果的。对于在全国中小企业股份转让系统中实施操纵证券市场行为，社会危害性大，严重破坏公平公正的市场秩序的，比照本条的规定执行，但本条第一款第一项和第二项除外。”

【司法适用】

从司法实践看，操纵证券、期货市场罪专业性强，操纵方法多样化，行为人通常具有较强的专业能力，熟悉资本市场运行规则和信息技术，利用资金优势、规则优势、信息优势等多种手段操纵证券、期货市场，犯罪手段更加网络化、智能化，司法适用难度大。

关于“自己实际控制的账户”的认定问题。行为人通常具有上市公司高管、金融机构工作人员等身份，为了“安全”作业，往往通过他人账户进行操纵行为，案发后如何认定系行为人自己实际控制的账户就成为一个重点问题。结合《操纵证券、期货市场案件解释》第5条的规定，认定标准包括：(1)行为人以自己名义开户并使用的实名账户，此种情况在司法实践中很少出现。(2)行为人向账户转入或者从账户转出资金，并承担实际损益的他人账户。(3)行为人通过第1项、第2项以外的方式管理、支配或者使用的他人账户。(4)行为人通过投资关系、协议等方式对账户内资产行使交易决策权的他人账户。同时还规定了“自己实际控制的账户”的例外情形，即有证据证明行为人对第1～3项账户内资产没有交易决策权的除外。从上述四种情形及例外情形来看，实际控制的判断标准在于有交易决策权,对于交易决策权可以从资金走向、权益和风险归属、交易指令、交易品种的认知等方面综合判断。

关于操纵“新三板”市场的认定问题。目前我国证券市场包括主板、中小板、科创板、创业板和“新三板”(全国中小企业股份转让系统),所有证券、期货交易均需要诚实信用原则、公开公正公平交易原则、稳定有序的市场秩序,但“新三板”具有不同于其他市场的特点,如市场流动性不高、合格投资者要求较高等,针对新三板以外的操纵行为情节严重、情节特别严重的标准与新三板的市场客观情况不符,如在部分交易不活跃的证券中,一定量的交易行为就可能比较容易达到操纵的定罪标准,所以在行为类型、违法所得、交易金额等标准上,相关交易行为所占比例的标准在适用时应当排除适用,据此,《操纵证券、期货市场案件解释》规定在全国中小企业股份转让系统中实施操纵证券市场行为,不适用该解释第 2 条第 1 项、第 2 项和第 4 条第 1 项、第 2 项有关比例标准,其他行为比照本解释的规定执行,确保惩治操纵“新三板”证券市场犯罪与客观市场相一致,做到罚当其罪。

就利用其他方法实施操纵的行为,结合现有案例,就篡改证券公司计算机系统数据操纵的问题,利用计算机系统进行犯罪要么是以计算机系统作为犯罪对象进行硬件、软件破坏,要么就是以计算机系统作为犯罪工具实施其他犯罪。对于行为人利用技术侵入证券公司、交易系统等,进行交易数据更改等行为,从而使自己的股票套现获利或者低价购入,虽然行为人的行为客观上侵入了计算机系统,符合破坏计算机信息系统罪的构成要件,但根据《刑法》第 287 条“利用计算机实施金融诈骗、盗窃、贪污、挪用公款、窃取国家秘密或者其他犯罪的,依照本法有关规定定罪处罚”的规定,应以行为人的目的行为定罪。行为人实施上述行为的目的是操纵证券价格,从其追求的犯罪目的、采用的手段以及行为所侵犯的客体和对象考虑,其行为符合《刑法》第 182 条规定。

【司法案例】

唐某博等操纵证券市场案①

[**裁判要旨**]“恍骗交易操纵”(也称“虚假申报操纵”)是指不以成交为目的,频繁申报、撤单或者大额申报、撤单,误导投资者作出投资决策,影响证券交易价格或者证券交易量,并进行与申报相反的交易或者谋取相关利益的行为。

① 上海市第一中级人民法院(2019)沪 01 刑初 19 号刑事判决书。

第一百八十三条 【职务侵占罪】保险公司的工作人员利用职务上的便利，故意编造未曾发生的保险事故进行虚假理赔，骗取保险金归自己所有的，依照本法第二百七十一条的规定定罪处罚。

【贪污罪】国有保险公司工作人员和国有保险公司委派到非国有保险公司从事公务的人员有前款行为的，依照本法第三百八十二条、第三百八十三条的规定定罪处罚。

【条文理解】

职务侵占罪，主要是指公司、企业等单位的人员利用职务上的便利，将本单位财物占为己有，数额较大的行为。规定职务侵占罪的目的是保障公私财产的所有权，也是保障公司、企业等单位工作人员的职务廉洁性。本罪的客观方面表现为行为人利用“职务便利”，将本单位的财产占为己有，数额较大的行为。所谓的职务便利，是指依据在所在单位的职务所形成的便利，如管理、经手、主管等便利，此处需要严格区分利用职务便利和利用工作便利，工作便利，是指行为人利用在所在单位形成的便利条件，包括对环境熟悉、对流程熟悉等，但并非是基于行为人在单位中的职务所形成的便利。比如，单位安保人员利用对单位环境熟悉去财务部窃取资金，这是利用了工作便利，而非职务便利，应以盗窃罪定罪处罚。所谓占有己有，通常是指盗窃、骗取、侵吞等方式。所谓本单位财产，通常是指单位具有所有权的合法财物，如单位账户内的资金等单位合法财产，也包括单位经手、保管、运输等临时占有、使用等的财物。本罪的主体是特殊主体，即单位的工作人员，如果属于“受委派”“受托管理国有资产”等人员的，依照《刑法》第 93 条第 2 款规定，国家机关、国有公司、企业、事业单位委派到非国有公司、企业、事业单位、社会团体从事公务的人员，以国家工作人员论。依法应认定为国家工作人员，则应以贪污罪定罪处罚。本罪属于故意犯罪，要求行为人在主观上要具有非法占有的目的。

本条是针对保险公司单独设定的条款，就保险公司的工作人员虚假理赔进行了明确规定，保险公司的工作人员，利用自己的职务便利，虚构保险事故、擅自虚高受损财产数额等方式，将从保险公司理赔的金额占有己有的，是职务侵占的行为。当然对于受委派从国有保险公司到非国有保险公司从事公务的人，实施前述行为的，应以贪污罪定罪处罚。

《立案追诉标准(二)》规定，将本单位财物非法占为己有，数额在 3 万元以上的，应予立案追诉。根据《贪污贿赂案件解释》的规定，对于受委派从事公务的人员，贪污本单位 3 万元以上或者贪污数额在 1 万元以上不满 3 万元，且属于：

(1)贪污救灾、抢险、防汛、优抚、扶贫、移民、救济、防疫、社会捐助等特定款物的;(2)曾因贪污、受贿、挪用公款受过党纪、行政处分的;(3)曾因故意犯罪受过刑事追究的;(4)赃款赃物用于非法活动的;(5)拒不交待赃款赃物去向或者拒不配合追缴工作,致使无法追缴的;(6)造成恶劣影响或者其他严重后果的,达到上述标准的应当立案追诉。

【司法适用】

"受委派从事公务"的认定,涉及职务犯罪的范围,如果认定不当,势必会扩大国家工作人员的认定范围,加重了行为人的刑责。此外,国家工作人员的本质特征系"从事公务",主要包括两方面;一方面是对国有资产的监督、经营、管理及保值、增值工作;另一方面是对于国家、社会事务的组织、领导、监督、管理等活动。在委派形式中,认定国家工作人员必须同时兼备从事公务和受委派两个要件,缺一不可。具体而言:

1. 委派的界定

通常情况下,委派应具备以下几点:(1)需要以国家机关、国有单位等单位名义作出;(2)委派通常需要以书面委派;(3)有权委派;(4)委派的内容是委派主体对被委派人员形成了监督与被监督、管理与被管理、服从与被服从等不平等的关系,且被委派的人员是组织、领导、监督、管理以及国有资产保值增值的活动。依照2010年最高人民法院、最高人民检察院《关于办理国家出资企业中职务犯罪案件具体应用法律若干问题的意见》就"关于国家出资企业中国家工作人员的认定"规定,经国家出资企业中负有管理、监督国有资产职责的组织批准或者研究决定,代表其在国有控股、参股公司及其分支机构中从事组织、领导、监督、经营、管理工作的人员,应当认定为国家工作人员。除纯国有单位以外,之前不具有委派资格的国有资本控股、参股公司及其分支机构也可以成为委派的主体。"国家出资企业中负有管理、监督国有资产职责的组织",一般应理解为"这里的组织,除国有资产监督管理机构、国有公司、企业、事业单位之外,主要是指上级或者本级国有出资企业内部的党委、党政联席会等领导班子。"①

2. 从事公务的认定

通常情况下,对于从事公务,可以从主体身份和相应的职能来进行界定。从主体身份本身来看,国有资本控股、参股公司中的领导层以及中层管理人员,一般

① 参见刘为波:《〈关于办理国家出资企业中职务犯罪案件具体应用法律若干问题的意见〉的理解与适用》,载最高人民法院刑事审判第一、二、三、四、五庭主办:《刑事审判参考》2010年第6集(总第77集),法律出版社2011年版。

可以认定为国家出资企业中的国家工作人员。对于一些大型国有控股、参股的公司的各个部门下设层层细支，并设立岗位，如果这些岗位上的人经由本级国家出资企业内部的党委、党政联席会等领导班子讨论决定，此时符合委派的，并从事国有资产保值、增值的活动，也应认定为从事公务；从相应的职能来看，从事公务主要是指从事国有资产保值、增值以及管理的工作，也包括对国家、社会公共事务的组织、管理、监督等公务。

【司法案例】

孙某志职务侵占案①

[**裁判要旨**]行为人伪造公家公文，作为职务侵占的手段行为，应被其职务侵占本单位财产的行为所吸收，以职务侵占罪定罪处罚。

第一百八十四条　【非国家工作人员受贿罪】银行或者其他金融机构的工作人员在金融业务活动中索取他人财物或者非法收受他人财物，为他人谋取利益的，或者违反国家规定，收受各种名义的回扣、手续费，归个人所有的，依照本法第一百六十三条的规定定罪处罚。

【受贿罪】国有金融机构工作人员和国有金融机构委派到非国有金融机构从事公务的人员有前款行为的，依照本法第三百八十五条、第三百八十六条的规定定罪处罚。

【条文理解】

非国家工作人员受贿罪，是指公司、企业等单位的工作人员利用职务上的便利，索取他人财物或者非法收受他人财物，为他人谋取利益，数额较大的行为。

本罪侵犯的客体是企事业单位的正常管理以及社会经济活动公平竞争的正常交易秩序。利用职务便利是指利用自己在公司中主管、经手等便利条件。索取或者非法收受他人财物是指工作人员利用职务上的便利，向他人主动索要或者被动接受他人主动给予的财物。财物包括具有经济价值的物品，也包括现金、贵重金属等，当然这种财物的形式可以是多样的，一般是可以用金钱衡量的利益，如提供房屋装修、会员卡等。收取财物的名义也是多样的，包括回扣、辛苦费、好处费等。为他人谋取利益既包括不正当的利益，也包括正当的利益，同时对于谋取利

① 参见吉林省四平市中级人民法院(2019)吉03刑终235号刑事判决书。

益并不要求已经实现,承诺谋取利益亦可。本罪的犯罪主体是公司、企业的工作人员,本条仅是银行等金融机构的工作人员。本罪的主观方面是故意犯罪。

在国有银行等金融机构委派到非国有金融机构从事国有资产保值、增值或者组织、管理工作等从事公务的,应以国家工作人员予以认定,其在利用职务便利,索取或者非法收受他人给予的财物,为他人谋取利益的,应以受贿罪定罪处罚。

依照《贪污贿赂案件解释》的规定,非国家工作人员收受财物金额达到6万元以上的应当立案追诉。受委派从事公务的人员收受3万元以上的或者收受数额在1万元以上不满3万元,且属于(1)贪污救灾、抢险、防汛、优抚、扶贫、移民、救济、防疫、社会捐助等特定款物的;(2)曾因贪污、受贿、挪用公款受过党纪、行政处分的;(3)曾因故意犯罪受过刑事追究的;(4)赃款赃物用于非法活动的;(5)拒不交待赃款赃物去向或者拒不配合追缴工作,致使无法追缴的;(6)造成恶劣影响或者其他严重后果的,达到上述标准的应当立案追诉。

【司法适用】

在受贿类犯罪中,存在近亲属、朋友或者上下级请托的情形,也存在国家工作人员和非国家工作人员共同收取好处费的情况。具体而言,如果银行等金融机构工作人员的近亲属在具体金融业务中,为请托人转达请托事项,并将收受他人财物的情况告知金融机构的工作人员或者金融机构工作人员明知其近亲属收受好处费等并同意为他人谋取利益的,应认定双方存在收受贿赂的犯意联络,认定为共同犯罪,以非国家工作人员受贿罪定罪处罚。对于金融机构监管部门的工作人员向金融机构的工作人员请托,并收取好处费的,此种情形不同于非国家工作人员利用国家工作人员职务便利收取贿赂的情况,后者只要双方存在共谋并共同占有贿赂财物的,即可以受贿罪共犯定罪处罚,但前者需要区分两种情况:(1)监管部门的工作人员与金融机构的工作人员仅是在为他人谋取利益上形成共谋,并各自收受给予的财物的,双方在受贿的故意上并没有形成典型的共谋,应根据各自的身份,分别以受贿罪和非国家工作人员受贿罪定罪处罚。(2)监管部门工作人员与金融机构的工作人员共同分取相应利益的,则双方在收取利益和请托事项上均已形成合意,属于共同犯罪,需要说明的是监管机构的工作人员利用其职务便利向金融机构工作人员请托并收取好处费的,构成受贿罪。

【司法案例】

朱某容、代某杰非国家工作人员受贿、违法发放贷款、挪用资金案①

[**裁判要旨**]被告人身为银行工作人员,违反国家规定发放贷款,数额特别巨

① 参见湖北省荆州市中级人民法院(2020)鄂10刑终108号刑事判决书。

大,其行为均已构成违法发放贷款罪。被告人身为银行工作人员,利用职务上的便利,在金融活动中非法收受他人财物,为他人谋取利益,数额巨大,其行为均已构成非国家工作人员受贿罪。应当数罪并罚。

第一百八十五条 【挪用资金罪】商业银行、证券交易所、期货交易所、证券公司、期货经纪公司、保险公司或者其他金融机构的工作人员利用职务上的便利,挪用本单位或者客户资金的,依照本法第二百七十二条的规定定罪处罚。

【挪用公款罪】国有商业银行、证券交易所、期货交易所、证券公司、期货经纪公司、保险公司或者其他国有金融机构的工作人员和国有商业银行、证券交易所、期货交易所、证券公司、期货经纪公司、保险公司或者其他国有金融机构委派到前款规定中的非国有机构从事公务的人员有前款行为的,依照本法第三百八十四条的规定定罪处罚。

【条文对照】

1997 年《刑法》	1999 年《刑法修正案》
第一百八十五条 银行或者其他金融机构的工作人员利用职务上的便利,挪用本单位或者客户资金的,依照本法第二百七十二条的规定定罪处罚。 国有金融机构工作人员和国有金融机构委派到非国有金融机构从事公务的人员有前款行为的,依照本法第三百八十四条的规定定罪处罚。	第一百八十五条 **商业**银行、**证券交易所、期货交易所、证券公司、期货经纪公司、保险公司**或者其他金融机构的工作人员利用职务上的便利,挪用本单位或者客户资金的,依照本法第二百七十二条的规定定罪处罚。 **国有商业银行、证券交易所、期货交易所、证券公司、期货经纪公司、保险公司或者其他**国有金融机构**的**工作人员和**国有商业银行、证券交易所、期货交易所、证券公司、期货经纪公司、保险公司或者其他**国有金融机构委派到**前款规定中的**非国有机构从事公务的人员有前款行为的,依照本法第三百八十四条的规定定罪处罚。

【条文理解】

挪用资金罪,是指非国有的公司、企业或者其他单位中的非国家工作人员,利用职务上的便利,挪用本单位资金归个人使用或者借贷给他人,数额较大,超过3个月未还的,或者虽然未超过3个月,但数额较大,进行营利活动的,或者进行非法活动的行为。

挪用本单位资金或者客户资金主要包括三种情形:(1)挪用资金归个人使用或者借贷给他人,数额较大,超过3个月未还的;(2)挪用资金,进行营利活动的,此种情形中没有挪用时间限制。所谓“进行营利活动”,一般是指进行合法的营利活动,不包括非法的营利活动。金融机构工作人员将本单位或者客户资金挪用,通常表现为将相应资金投入到其认为的收益更高的项目中,从中赚取相应差价,司法实践中,金融机构工作人员挪用本单位或者客户资金用于项目投资的,往往表现为金融机构的主要领导直接参与,且单位内部多人参与共同犯罪的情况。(3)挪用资金用于进行非法活动的。非法活动包括行政违法行为和刑事犯罪行为。此外,本罪还需要行为人利用了职务便利来挪用资金,即主要表现为经手、管理或者主管的便利。本罪要求行为人的主观方面为故意。

对于国有金融机构和受委派到非国有金融机构从事公务的人员应以国家工作人员的身份定罪处罚,上述人员挪用本单位或者客户资金的,应以挪用公款罪定罪处罚。除委派外,2000 年最高人民法院《关于对受委托管理、经营国有财产人员挪用国有资金行为如何定罪问题的批复》中规定,“受国家机关、国有公司、企业、事业单位、人民团体委托,管理、经营国有财产的非国家工作人员”也可以成为本罪的主体。非本单位的工作人员不能构成本罪的主体。国家工作人员以及依法以国家工作人员论的人员,如果实施了挪用本单位资金的行为,则应依照《刑法》第 384 条规定的“挪用公款罪”定罪处罚。

依照《立案追诉标准(二)》第 77 条的规定,公司、企业或者其他单位的工作人员,利用职务上的便利,挪用本单位资金归个人使用或者借贷给他人,涉嫌下列情形之一的,应予立案追诉:(1)挪用本单位资金数额在 5 万元以上,超过 3 个月未还的;(2)挪用本单位资金数额在 5 万元以上,进行营利活动的;(3)挪用本单位资金数额在 3 万元以上,进行非法活动的。具有下列情形之一的,属于本条规定的“归个人使用”:(1)将本单位资金供本人、亲友或者其他自然人使用的;(2)以个人名义将本单位资金供其他单位使用的;(3)个人决定以单位名义将本单位资金供其他单位使用,谋取个人利益的。

【司法适用】

挪用资金罪和职务侵占罪的主要区别在以下几点:(1)客体不同,前者是针对单位财产的所有权,后者针对的是占有、使用、收益权,但不包括所有权中的处分权;(2)在主观目的上,前者表现为永久占有,后者表现为临时借用;(3)在行为方式上,前者表现为做假账等方式将账目填平,后者通常变现为虚构名义将钱款暂时腾挪,账目上能够显示存在应收款项。但司法实践中就行为人是否发生非法占有目的存在争议,如即使在账目未做平的情况下,行为人也可能具有非法占有的故意。结合《全国法院审理经济犯罪工作座谈会纪要》中“挪用公款转化为贪污的认定”规定,主要包括以下几种情形:(1)行为人挪用资金后,携款潜逃的;(2)行为人挪用或者截取本单位应收款后，采用假发票、假账目等方式将账本作平或者将应收账款抹平的；(3)挪用资金后，有能力归还而拒不归还的。有上述三种情形一般可以认定，行为人的主观故意发生变化，具有了非法占有的主观目的。

【司法案例】

冯某华、张某祥挪用公款案①

［**裁判要旨**］与银行等金融机构中的国家工作人员相勾结，利用国家工作人员的职务之便，违规进行信用卡透支的行为，究竟构成信用卡诈骗罪、贪污罪还是挪用公款罪，主要取决于行为人对银行资金的主观心态是“非法占有”还是“非法占用”。如果行为人以非法占有为目的，以信用卡透支获取银行资金的，应构成贪污罪的共犯，而不是构成信用卡诈骗罪的共犯。如果行为人通过信用卡透支只是为了暂时使用银行公款，并无非法占有银行公款的目的，则其行为符合挪用公款罪的犯罪构成，应以挪用公款罪定罪处罚。挪用公款的时间以挪用公款达到构成犯罪的标准那天开始计算。“案发时未还的实际数额”实际上是指案发时行为人挪用公款的总额扣除了已归还的数额，不能简单理解为如果案发时行为人全还了就不定罪。

第一百八十五条之一 【背信运用受托财产罪】商业银行、证券交易所、期货交易所、证券公司、期货经纪公司、保险公司或者其他金融机构，违背受托义务，擅自运用客户资金或者其他委托、信托的财产，情节严重的，对单位判处罚金，并对其直接负责的主管人员和其他直接责任人员，处三年以下有期徒刑或者拘役，并处三万元以上三十万元以下罚金；情节特别严重的，处三年以上十年以下有期徒刑，并处五万元以上五十万元以下罚金。

【违法运用资金罪】社会保障基金管理机构、住房公积金管理机构等公众资金管理机构，以及保险公司、保险资产管理公司、证券投资基金管理公司，违反国家规定运用资金的，对其直接负责的主管人员和其他直接责任人员，依照前款的规定处罚。

---

① 参见《刑事审判参考》总第45集第356号案例。

【条文对照】

1997 年《刑法》	2006 年《刑法修正案(六)》
无	**第一百八十五条之一　商业银行、证券交易所、期货交易所、证券公司、期货经纪公司、保险公司或者其他金融机构,违背受托义务,擅自运用客户资金或者其他委托、信托的财产,情节严重的,对单位判处罚金,并对其直接负责的主管人员和其他直接责任人员,处三年以下有期徒刑或者拘役,并处三万元以上三十万元以下罚金;情节特别严重的,处三年以上十年以下有期徒刑,并处五万元以上五十万元以下罚金。** **社会保障基金管理机构、住房公积金管理机构等公众资金管理机构,以及保险公司、保险资产管理公司、证券投资基金管理公司,违反国家规定运用资金的,对其直接负责的主管人员和其他直接责任人员,依照前款的规定处罚。**

【条文理解】

1. 背信运用受托财产罪

背信运用受托财产罪,是指商业银行、证券交易所、期货交易所、证券公司、期货经纪公司、保险公司或者其他金融机构,违背受托义务,擅自运用客户资金或者其他委托、信托的财产,情节严重的行为。本条系《刑法修正案(六)》增设的罪名。随着市场经济的不断发展,理财投资渠道不断拓宽,金融机构工作人员挪用客户资金或者单位资金的行为由挪用资金罪或者挪用公款罪予以处罚,但司法实践中存在单位集体决策挪用客户资金的行为,包括信托资金、定向理财资金等,此类行为也极大损害了投资者利益,扰乱了金融市场秩序。从客观方面而言,金融机构违背受托义务主要是指,违背法律、行政法规以及监管部门出具部门规章规定的法定义务,也包括金融机构与投资者之间有关合同约定的金融机构承担的义务,如证券公司发行私募产品的合同中约定募集资金仅用于投资不动产,如果证券公司将相应资金用于股票二级市场,则属于违反了合同义务。擅自运用不同于擅自使用,擅自使用是针对资金的使用权,且《刑法》也规定了职务侵占、贪污等非法占有的情形,如将挪用的资金用于高风险投资,如果最终失败导致无法归还资金,则会被认定为有非法占有的目的。在金融机构擅自运用客户资金的情形下,"运用"的外延宜作扩大解释,对于违反义务将资金运用到其他投资项目等经营活动的,宜纳入其中,当然对于本身存在严重财务危机,将投资者的委托资金用于偿还债务后因破产而不能返还的,则属于合同诈骗的范畴。客户资金或者其他委托、信托的财产,主要是指证券、期货交易保证金、交易资金,证券公司、基金管理公司、信托公司发行的特定理财产品、理财计划募集的投资者资金等。本罪的主体是金融机构,包括但不限于商业银行、证券交易所、期货交易所、证券公司、期货经纪公司、保险公司、信托投资公司、投资咨询公司、投资管理公司等金融机构,本罪的金融机构的特征在于经国家有关主管部门批准的、有资格开展委托理财等特定业务,个人不能成为本罪主体。本罪的主观方面是故意,通常是为了追求更高利差获取非法利益。

按照《立案追诉标准(二)》第35条的规定,违背受托义务,擅自运用客户资金或者其他委托、信托的财产,存在下列情形的,应予立案追诉:(1)财产数额在30万元以上的;(2)虽未达到上述数额标准,但多次擅自运用客户资金或者其他委托、信托的财产,或者擅自运用多个客户资金或者其他委托、信托的财产的;(3)其他情节严重的情形。

2. 违法运用资金罪

违法运用资金罪,是指社会保障基金管理机构、住房公积金管理机构等公众资金管理机构,以及保险公司、保险资产管理公司、证券投资基金管理公司,违反国家规定运用资金的行为。

本罪名系《刑法修正案(六)》新增罪名。设立本罪是为了保障社保资金、公积金等公众资金在管理、投资等方面的安全。我国法律、行政法规对公众资金的安全有着严格的规定,如严禁社会保障基金投资管理人挪用社会保障基金的委托资产,从事可能使社会保障基金委托资产承担无限责任的投资,或者用社会保障基金委托资产从事信用交易等。社会保障基金是用于养老、医疗、生育、工伤等社会保障事业的专项基金,是向用人单位以及相应职工征缴的社会保险费和国家财政拨款的汇集资金。住房公积金是职工及其单位缴存的住房储蓄金。本罪的主体系特殊主体,主要指社会保障基金管理机构、住房公积金管理机构、保险公司、保险资产管理公司、证券投资基金管理公司,上述公司的共同特征在于依法或者依约管理公众资金。本罪的主观方面是故意,通常具有赚取差价等不法利益的目的。

依照《立案追诉标准(二)》第36条的规定,违反国家规定运用资金,具有以下情形的,应予以立案追诉:(1)资金数额在30万元以上的;(2)虽未达到上述数额标准,但多次违反国家规定运用资金的;(3)其他情节严重的情形。

【司法适用】

在受托管理资金的金融市场业务中,受托人作为金融机构具有优势地位,极其容易滥用手中的权利,为了赚取交易费等目的,违规或者违反约定运用客户资金,损害了金融机构的声誉和委托人的权利,同时也严重扰乱了金融市场秩序。

对于违法运用受托财产罪中“擅自运用”的理解。因本罪的主体是单位,系纯正的单位犯罪,换言之,本罪必须是为了单位利益,以单位名义实施,违法所得归单位所有的情形,申言之,本罪中的“擅自运用”是指在单位的集体意志下违反法定义务、约定义务的运用行为。在单位主管人员决定的情况下需要严格区分单位意志和个人意志、单位利益和个人利益等,在认定是单位犯罪的情况下方可适用本罪,如果系个人犯罪,则应考虑挪用资金罪、挪用公款罪等罪名。

对于违法运用资金罪中是否存在情节特别严重情形的问题,因为违法运用资金罪的刑责是“依照前款的规定处罚”,参照“马乐利用未公开信息交易案”中最高人民法院就此类问题的理解和判定,本罪的量刑情节和法定刑标准应采用背信运用受托财产罪的处罚规定,换言之,违法运用资金罪是存在情节特别严重的情形的。对于情节特别严重的构成标准,法律及司法解释尚无明确规定。目前司法实践中存在少数高级人民法院就“情节特别严重”出台过当地的构成标准,如河南省、天津市高级人民法院规定数额 150 万元以上、陕西省高级人民法院规定数额 100 万元以上,上述金额为情节特别严重。依照本罪法条规定的“情节严重”的认定标准系从数额加情节的方式予以认定,故“情节特别严重”应结合金额、资金规模、次数等综合判定犯罪行为的社会危害性。

因本罪在司法实践中系不常见罪名,因而相应司法解释的数额标准已经不符合行业的特征,众所周知,银行、保险等机构运营资金数额一般特别巨大,中小银行通常在千亿级人民币,大型银行均是万亿级人民币以上,但追诉标准仍然是 30 万元,显然不符合客观情况,一定程度上扩大了打击范围,也加重了个案中的刑事责任。本罪系我国《刑法》第三章“破坏社会主义市场经济秩序罪”章节的罪名,即本罪侵犯的法益既包括特定公众资金的安全也包括保险金融管理秩序。基于此,在考虑情节特别严重的标准时除了资金数额,还应考虑金融市场秩序,如实施同种行为的次数、造成的社会影响等。鉴于目前尚无司法解释予以明确规定,情节严重的处罚难以实现罪责刑相适应原则,在考虑适用情节特别严重情节时,应考虑如下几点:(1)客观方面是否存在加重情节,如相应资金是否存在损失风险或者已经造成相应损失。此外,结合审批流程来判断相应行为危害性的大小,如果相应行为需要层层审批,且审批级别高则违法运用的行为危害性相应较大,反则同理。(2)主观方面是否存在加重情节。换言之,结合行为人违法运用资金的主观动机、目的加以评判,如果存在滥用、视规则如无物的情况则属于社会危害性巨大,反则同理。当然,对于“情节特别严重”的范围宜由最高人民法院及时完善相应司法解释。

【司法案例】

孟某伟背信运用受托财产案①

［**裁判要旨**］期货公司及其工作人员应当遵循诚实信用原则，执行客户的委托，维护客户的合法权益，不得向客户做获利保证，亦不得未经客户委托或者不按照客户委托内容，擅自进行期货交易。在未告知客户也未征得客户同意的情形下，利用掌握的交易密码自行操作客户的期货账户，属于擅自运用客户资金的行为。

第一百八十六条　【违法发放贷款罪】银行或者其他金融机构的工作人员违反国家规定发放贷款，数额巨大或者造成重大损失的，处五年以下有期徒刑或者拘役，并处一万元以上十万元以下罚金；数额特别巨大或者造成特别重大损失的，处五年以上有期徒刑，并处二万元以上二十万元以下罚金。

银行或者其他金融机构的工作人员违反国家规定，向关系人发放贷款的，依照前款的规定从重处罚。

单位犯前两款罪的，对单位判处罚金，并对其直接负责的主管人员和其他直接责任人员，依照前两款的规定处罚。

关系人的范围，依照《中华人民共和国商业银行法》和有关金融法规确定。

【条文对照】

1997年《刑法》	2006年《刑法修正案(六)》
第一百八十六条　银行或者其他金融机构的工作人员违反**法律、行政法规**规定，**向关系人发放信用贷款或者发放担保贷款的条件优于其他借款人同类贷款的条件**，造成**较大**损失的，处五年以下有期徒刑或者拘役，并处一万元以上十万元以下罚金；造成重大损失的，处五年以上有期徒刑，并处二万元以上二十万元以下罚金。 银行或者其他金融机构的工作人员违反**法律、行政法规**规定，向关系人**以外的其他人**发放贷款，**造成重大损失的，处五年以下有期徒刑或者拘役，并处一万元以上十万元以下罚金；造成**	第一百八十六条　银行或者其他金融机构的工作人员违反**国家规定发放贷款，数额巨大或者**造成**重大**损失的，处五年以下有期徒刑或者拘役，并处一万元以上十万元以下罚金；**数额特别巨大或者**造成**特别**重大损失的，处五年以上有期徒刑，并处二万元以上二十万元以下罚金。 银行或者其他金融机构的工作人员违反**国家**规定，向关系人发放贷款**的，依照前款的规定从重处罚**。

① 参见辽宁省高级人民法院(2016)辽刑终494号刑事裁定书。

续表

1997 年《刑法》	2006 年《刑法修正案(六)》
特别重大损失的,处五年以上有期徒刑,并处二万元以上二十万元以下罚金。 单位犯前两款罪的,对单位判处罚金,并对其直接负责的主管人员和其他直接责任人员,依照前两款的规定处罚。 关系人的范围,依照《中华人民共和国商业银行法》和有关金融法规确定。	单位犯前两款罪的,对单位判处罚金,并对其直接负责的主管人员和其他直接责任人员,依照前两款的规定处罚。 关系人的范围,依照《中华人民共和国商业银行法》和有关金融法规确定。

【条文理解】

违法发放贷款罪,是指银行等金融机构或其工作人员违反国家规定发放贷款,数额巨大或者造成重大损失的行为。本罪从全国人民代表大会常务委员会《关于惩治破坏金融秩序犯罪的决定》第 9 条的规定演变而来,确立了"违法向关系人发放贷款罪"和"违法发放贷款罪"两个罪名,《刑法修正案(六)》将两罪合并为违法发放贷款罪,并将向关系人违法发放贷款的行为从重处罚,同时,增设放贷"数额"与造成"损失"标准并列作为惩治该罪的标准,不再局限于造成损失的案件,惩治范围更全面。

从本罪的客观方面来看,"违反国家规定",是指违反法律、行政法规,在贷款条件、资格、期限等方面违法向他人(包括关系人)发放贷款,实质上就是应该严格执行而未执行贷款的整套流程,违法向不合格申请人或者不合程序的贷款进行放贷,如贷款申请人是失信人员向其发放信用贷款,又如对所谓的抵押资产不做任何背景调查等。依照《商业银行法》第 40 条关于关系人的界定的规定,关系人包括商业银行的董事、监事、管理人员、信贷业务人员及其近亲属,以及前述人员投资或者担任高级管理人员的公司、企业或其他经济组织。造成重大损失,是指立案时尚未归还的贷款数额达到入罪标准。案后发主动弥补损失或者司法机关追缴的数额不能予以扣减,不影响定罪,但量刑可以予以考虑。当然,对于申请人有足额抵押的,仅是因抵押程序等而无法及时还款的,不能以立案时的未归还金额认定为损失金额。本罪犯罪主体为特殊主体,即银行等金融机构及其工作人员。本罪的主观方面为故意,行为人对所谓违法放贷的行为是直接故意而为之,但通常情况下对于造成的损失属于间接故意或者过失。

按照《立案追诉标准(二)》第 37 条的规定,银行或者其他金融机构及其工作人员违反国家规定发放贷款,违法发放贷款数额在 200 万元以上的或者违法发放贷款造成直接经济损失数额在 50 万元以上的,应当予以立案追诉。

【司法适用】

融资是经济发展中的重要一环,公司、企业向银行等具有放贷业务的金融机构进行申请贷款是融资业务中重要一环。为保障贷款业务的安全和金融系统有序发展,我国《商业银行法》《贷款通则》等法律、行政法规对于银行等金融机构放贷在主体资格审查、贷款条件、程序等方面均确立了一系列的原则和规则,如禁止向关系人发放信用贷款等。违反前述法律、行政法规发放贷款的行为本身就扰乱了金融市场秩序,同时,违法发放的贷款通常会造成贷款的不良,最终造成损失,也直接损害了贷款资金的安全性。对违法放贷金融犯罪行为的危害性和违法性,要综合考察,准确判定。

此外,对于入罪标准方面,放贷数额作为定罪依据之一,该标准系客观体现在合同和放款记录上,实践中不存在异议。至于重大损失的认定,犯罪所造成的"损失",是指犯罪行为作用或者影响公私财物后所造成的财物的减少或者灭失的数量。对犯罪所造成的损失的认定,应当以侦查机关立案时为界点。侦查机关立案后,行为人的退赔行为对定罪不构成影响,也对损失数额的认定不构成影响。司法实践中通常就相应数额客观表述为本金的未偿还金额。在有抵押、质押、有偿付能力的第三人担保等情况下,通常需要扣减抵押、质押、担保的权利数额,不能因申请人破产、抵押物的市场价值下降等外在因素直接认定贷款不能偿还部分,从而认定损失,相应损失数额应当扣除相应抵押、质押等法定权利的数额。如果银行等金融机构工作人员确实存在违法放贷的行为,可以依照相应放贷数额定罪处罚。

挪用资金与违法放贷的区别。根据《刑法》第 272 条的规定,挪用资金罪,是指公司、企业或者其他单位的工作人员,利用职务上的便利,挪用本单位资金归个人使用或者借贷给他人,数额较大,超过 3 个月未还,或者虽未超过 3 个月,但数额较大、进行营利活动,或者进行非法活动的行为。最高人民法院《关于如何理解刑法第二百七十二条规定的"挪用本单位资金归个人使用或者借贷给他人"问题的批复》规定,公司、企业或者其他单位的非国家工作人员,利用职务上的便利,挪用本单位资金归本人或者其他自然人使用,或者挪用人以个人名义将所挪用的资金借给其他自然人和单位,构成犯罪的,应当依照《刑法》第 272 条第 1 款的规定定罪处罚。由此可见,如果行为人挪用的单位资金没有归自然人使用,或者行为人没有以个人名义将资金挪用给其他单位使用,就不构成挪用资金罪。如果行为人利用职务便利,在发放贷款过程中存在隐瞒贷款用途及抵押物不足的情况、超越贷款审批权限等违反法律、行政法规的行为,且发放贷款数额特别巨大,造成重大损失的,可以以违法发放贷款罪定罪处罚。

【司法案例】

刘某新等违法发放贷款案[①]

[**裁判要旨**]作为金融机构工作人员,在明知质押物不足,贷款资金用于炒股的情况下,利用其担任信托公司总经理的职务便利,违反相关法律法规,采取化整为零及操控贷款审查等方法,将贷款进行发放,数额特别巨大,且造成特别重大损失,其行为符合违法发放贷款罪的构成要件。

第一百八十七条 【吸收客户资金不入账罪】银行或者其他金融机构的工作人员吸收客户资金不入帐,数额巨大或者造成重大损失的,处五年以下有期徒刑或者拘役,并处二万元以上二十万元以下罚金;数额特别巨大或者造成特别重大损失的,处五年以上有期徒刑,并处五万元以上五十万元以下罚金。

单位犯前款罪的,对单位判处罚金,并对其直接负责的主管人员和其他直接责任人员,依照前款的规定处罚。

【条文对照】

1997 年《刑法》	2006 年《刑法修正案(六)》
第一百八十七条　银行或者其他金融机构的工作人员**以牟利为目的,采取**吸收客户资金不入帐**的方式,将资金用于非法拆借、发放贷款**,造成重大损失的,处五年以下有期徒刑或者拘役,并处二万元以上二十万元以下罚金;造成特别重大损失的,处五年以上有期徒刑,并处五万元以上五十万元以下罚金。 单位犯前款罪的,对单位判处罚金,并对其直接负责的主管人员和其他直接责任人员,依照前款的规定处罚。	第一百八十七条　银行或者其他金融机构的工作人员吸收客户资金不入帐,**数额巨大或者**造成重大损失的,处五年以下有期徒刑或者拘役,并处二万元以上二十万元以下罚金;**数额特别巨大或者**造成特别重大损失的,处五年以上有期徒刑,并处五万元以上五十万元以下罚金。 单位犯前款罪的,对单位判处罚金,并对其直接负责的主管人员和其他直接责任人员,依照前款的规定处罚。

【条文理解】

吸收客户资金不入账罪,是指银行等金融机构的工作人员吸收客户资金不入账,数额巨大或者造成重大损失的行为。《刑法修正案(六)》对本罪作出了修改,将罪名从"用账外客户资金非法拆借、发放贷款罪"修改为"吸收客户资金不入账罪",删除了该罪中"以牟利为目的"的主观构成要件,同时对于吸收资金不入账的

① 参见《刑事审判参考》总第 90 集第 825 号案例。

后续行为“将资金用于非法拆借、发放贷款”均予以删除。同时,将不入账资金数额与重大损失并列作为定罪依据。一定意义上扩大了刑法打击的范围,并将该罪行的典型行为仅仅界定为“吸收客户资金不入账”的行为。从客观方面来看,“吸收客户资金不入账”是为了逃避监管,将客户资金不纳入金融机构的法定存款账目,至于是否记入法定账目以外设立的账目,不影响本罪的成立。本罪犯罪主体为特殊主体,是银行或者其他具有吸储能力的金融机构及其工作人员构成。本罪主观方面为故意。

根据《立案追诉标准(二)》第38条的规定,吸收客户资金不入账,具有以下情形之一的,应予立案追诉:(1)吸收客户资金不入账,数额在200万元以上的;(2)吸收客户资金不入账,造成直接经济损失数额在50万元以上的。

【司法适用】

首先,根据《商业银行法》《金融违法行为处罚办法》《贷款通则》等相关规定,就本罪的相关行为的界定进行说明,不入账本身就违反了金融法规,《商业银行法》第55条规定,“商业银行应当按照国家有关规定,真实记录并全面反映其业务活动和财务状况,编制年度财务会计报告,及时向国务院银行业监督管理机构、中国人民银行和国务院财政部门报送。商业银行不得在法定的会计账册外另立会计账册”。由此可见,银行等金融机构不得在法定账目以外另设外账,且不得在会计账目中虚假记载与实际收储资金数额不符的金额,不依照规定将新增存款数额、放贷资金等记入法定账目,均属于不入账。其次,《刑法》第187条规定的“损失”,应当仅指物质性损失,即金融机构资金未能收回的部分及利息,不应将银行等金融机构为收回相应资金而支出的相应费用计算为“损失”,对于多次、连续不入账的行为,可以就所有不入账的金额累计计算作为量刑标准,但在损失数额上,应以实际损失作为量刑依据,不应累计计算。

此外,本罪的罪状发生修正,删除了非法拆借等要件,换言之,银行等金融机构的工作人员只要吸收客户资金不入账,数额巨大或者造成重大损失,即可构成本罪。如果后续过程中还存在拆借等不法行为,应结合案件具体材料,就不法拆借等行为以挪用资金罪(挪用公款罪)、违法发放贷款罪等处罚,并与不入账的行为实行数罪并罚。

第一百八十八条　【违规出具金融票证罪】银行或者其他金融机构的工作人员违反规定,为他人出具信用证或者其他保函、票据、存单、资信证明,情节严重的,处五年以下有期徒刑或者拘役;情节特别严重的,处五年以上有期徒刑。

单位犯前款罪的，对单位判处罚金，并对其直接负责的主管人员和其他直接责任人员，依照前款的规定处罚。

【条文对照】

1997年《刑法》	2006年《刑法修正案(六)》
第一百八十八条　银行或者其他金融机构的工作人员违反规定，为他人出具信用证或者其他保函、票据、存单、资信证明，**造成较大损失**的，处五年以下有期徒刑或者拘役；**造成重大损失的**，处五年以上有期徒刑。 单位犯前款罪的，对单位判处罚金，并对其直接负责的主管人员和其他直接责任人员，依照前款的规定处罚。	第一百八十八条　银行或者其他金融机构的工作人员违反规定，为他人出具信用证或者其他保函、票据、存单、资信证明，**情节严重**的，处五年以下有期徒刑或者拘役；**情节特别严重**的，处五年以上有期徒刑。 单位犯前款罪的，对单位判处罚金，并对其直接负责的主管人员和其他直接责任人员，依照前款的规定处罚。

【条文理解】

违规出具金融票证罪，是指银行或者其他金融机构的工作人员，违反规定，为他人出具信用证或者其他保函、票据、存单、资信证明，情节严重的行为。本罪是由全国人民代表大会常务委员会《关于惩治破坏金融秩序犯罪的决定》第15条的规定演变为《刑法》罪名，由原罪名“非法出具金融票证罪”演变为《刑法修正案(六)》“违规出具金融票证罪”，将入罪标准由“造成较大损失”改变为“情节严重”，如果仅对造成较大损失的行为追究刑事责任，范围过窄，不利于充分保障金融资金的安全。本罪保护的是国家对金融票证的管理制度。本罪的客观方面表现为行为人违反相应法律、行政法规、部门规章、金融机构内部规定等，为第三人、单位出具包括信用证、保函、票据、存单、资信证明等文件。“资信证明”，主要是指能够证明资金实力和信誉的产权证明文件。本罪的主体为金融机构及其工作人员，主观方面表现为故意。

依照《立案追诉标准(二)》第39条的规定，银行或者其他金融机构及其工作人员违反规定，为他人出具信用证或者其他保函、票据、存单、资信证明，涉嫌下列情形之一的，应予立案追诉：(1)违反规定为他人出具信用证或者其他保函、票据、存单、资信证明，数额在200万元以上的；(2)违反规定为他人出具信用证或者其他保函、票据、存单、资信证明，造成直接经济损失数额在50万元以上的；(3)多次违规出具信用证或者其他保函、票据、存单、资信证明的；(4)接受贿赂违规出具信用证或者其他保函、票据、存单、资信证明的；(5)其他情节严重的情形。上述情形，依法应当立案追诉。

【司法适用】

本罪罪状表现为违规出具了信用证或者其他保函、票据、存单、资信证明。对于“出具”,一般理解为对票据的签发,存单、资信证明的开立等。但票据承兑行为是否属于本罪的“出具”,依照我国法律和罪名设定,对票据承兑的行为不属于本罪的“出具”行为。违规出具金融票证罪中的“出具”应指票据的出票行为,而不是承兑行为。汇票是出票人签发的,委托付款人在见票时或者在到期日无条件支付票面金额给收款人或者持票人的票据,主要分为银行承兑汇票和商业承兑汇票。根据《支付结算办法》的规定,二者的承兑人不同,前者是银行,后者系企业主体。在银行承兑汇票中,出票人向银行申请办理汇票承兑的必须满足法定条件。换言之,银行承兑汇票中出票人是商业主体。当然,因为我国的银行承兑汇票业务需要经商业主体申请后由银行批准,且银行承兑汇票也是由银行统一管理,实践中,经开票人申请获批银行加盖承兑印章后,银行承兑汇票方才完成,这些情况均系我国对金融票据严格管控,控制资金安全和金融风险的结果。银行承兑汇票业务中银行在一定程度上处于主导地位,但这些不能否认银行的行为仅是承兑行为,不是出票行为,银行承兑汇票中的开票人是商业主体。结合法律规定,支票、银行汇票申请书、银行本票申请书、商业汇票、贷记凭证等,虽由银行保管,商业主体须向银行申请领取,但均系客户签发,银行并非签发主体。此外,对于银行工作人员违规承兑的问题,可以依照我国对违法票据承兑、付款、保证罪定罪处罚。从两罪的构成要件来看,在票据金融犯罪中,对违法票据承兑、付款、保证罪是对除出票行为之外的附属票据犯罪行为的惩处,违规出具金融票证罪是对出票的主票据犯罪行为的惩处,因此两罪的入罪标准界定不同,前者要求造成重大损失,后者要求达到一定的数额和次数等入罪标准。

第一百八十九条 【对违法票据承兑、付款、保证罪】**银行或者其他金融机构的工作人员在票据业务中,对违反票据法规定的票据予以承兑、付款或者保证,造成重大损失的,处五年以下有期徒刑或者拘役;造成特别重大损失的,处五年以上有期徒刑。**

单位犯前款罪的,对单位判处罚金,并对其直接负责的主管人员和其他直接责任人员,依照前款的规定处罚。

【条文理解】

对违法票据承兑、付款、保证罪,是指银行或者其他金融机构及其工作人员,在办理票据业务中,对违反票据法规定的票据予以承兑、付款或者保证,造成重大损失的行为。本罪名是1997年《刑法》首次增设的罪名,1979年《刑法》没有相关规定。本罪的具体构成要件是:

(1)本罪侵害的客体是国家对金融票据的管理制度。

(2)本罪的客观方面表现为,违反《票据法》等相关规定,对相应支票、汇票和本票违规作出承兑、付款和保证的行为,最终造成了重大损失。承兑,是指汇票付款人依法承诺在到期日支付汇票票面金额的票据行为。付款,是指票据的付款人或者代理人支付票据票面金额从而获得票据权利或者终结该票据的票据权利义务关系。保证,是指票据关系以外的人,因承担票据债务的保证责任,在到期后持票人无法获得票据金额的,须直接向持票人足额偿付的票据行为。

(3)本罪犯罪主体是特殊主体,是银行等金融机构及其工作人员。

(4)本罪的主观方面是过失,一般是过于自信的过失。如果行为人采用故意的态度,明知票据有问题,甚至与开票人、持票人等沟通,则可能构成票据类诈骗、侵犯财产犯罪。

按照《立案追诉标准(二)》第40条的规定,造成直接经济损失数额在50万元以上的,应予立案追诉。当然对于没有造成重大损失的,可由所在单位或有关主管部门给予行政处罚或者行政纪律处分。

【司法适用】

对票据的违法贴现行为是否可以纳入对违法票据承兑、付款、保证罪处罚范围?结合违规出具金融票证罪的相关规定,对违法票据承兑、付款、保证罪中,相应行为均是出票人实施出票行为后所实施的附属票据行为中的犯罪行为。依照刑罚法定原则,本罪仅处罚承兑、付款、保证的票据行为,除此之外其他的票据行为不应纳入本罪处理,票据贴现行为不属于本罪处罚的行为方式。在实践中,如果银行等金融机构的工作人员未对相应票据进行审核、未能发现相应票据中存在伪造、变造的行为,而对相应票据进行贴现造成金融机构的损失,因银行等金融机构工作人员主观方面通常表现为疏忽大意的过失,对相应的损失不具有刑法意义上的因果关系,就票据贴现等形成的损失,应该依照票据伪造、变造、票据诈骗等金融犯罪罪名追究刑事责任,如果银行等金融机构工作人员主观方面是故意、甚至是事先共谋的方式,则应以相应实行行为的共谋定罪处罚,但不能以本罪处理。

【司法案例】

毛某甲对违法票据承兑、付款、保证案

[**裁判要旨**]明知客户借用平台公司申请承兑汇票,该公司既无实际经营业务,也无能力提供汇票承兑保证金,所申请承兑汇票的贸易背景虚假,在没有核实财务报表的真实性,没有进行贷前贷后调查,没有要求担保人面签以及没有核实增值税发票的真伪等情况下违规办理该承兑汇票业务,造成重大损失的,构成对违法票据承兑罪。

第一百九十条 【逃汇罪】公司、企业或者其他单位,违反国家规定,擅自将外汇存放境外,或者将境内的外汇非法转移到境外,数额较大的,对单位判处逃汇数额百分之五以上百分之三十以下罚金,并对其直接负责的主管人员和其他直接责任人员处五年以下有期徒刑或者拘役;数额巨大或者有其他严重情节的,对单位判处逃汇数额百分之五以上百分之三十以下罚金,并对其直接负责的主管人员和其他直接责任人员处五年以上有期徒刑。

【条文对照】

1997 年《刑法》	1998 年全国人民代表大会常务委员会《关于惩治骗购外汇、逃汇和非法买卖外汇犯罪的决定》
第一百九十条 **国有**公司、企业或者其他**国有**单位,违反国家规定,擅自将外汇存放境外,或者将境内的外汇非法转移到境外,**情节严重**的,对单位判处罚金,并对其直接负责的主管人员和其他直接责任人员,处五年以下有期徒刑或者拘役。	第一百九十条 公司、企业或者其他单位,违反国家规定,擅自将外汇存放境外,或者将境内的外汇非法转移到境外,**数额较大**的,对单位判处**逃汇数额百分之五以上百分之三十以下**罚金,并对其直接负责的主管人员和其他直接责任人员处五年以下有期徒刑或者拘役;**数额巨大或者有其他严重情节的,对单位判处逃汇数额百分之五以上百分之三十以下罚金,并对其直接负责的主管人员和其他直接责任人员处五年以上有期徒刑。**

【条文理解】

逃汇罪是从全国人民代表大会常务委员会《关于惩治走私罪的补充规定》吸收成为《刑法》的具体规定。1997 年《刑法》修订后,1998 年全国人民代表大会常务委员会《关于惩治骗购外汇、逃汇和非法买卖外汇犯罪的决定》对《刑法》第 190 条规定的逃汇罪作了重要修改:首先,将该罪的主体由“国有公司、企业或者其他

国有单位”改为“公司、企业或者其他单位”,成为一般主体,有利于全面惩治逃汇行为;其次,将“情节严重”改为“数额较大”,同时对罚金作了相应修正。本条包含两个罪名,骗购外汇罪和逃汇罪。具体而言:

第一,骗购外汇罪,主要是指使用伪造、变造的海关签发的报关单、进口证明、外汇管理部门核准件等凭证和单据,或者重复使用海关签发的报关单、进口证明、外汇管理部门核准件和单据,或者以其他方式骗购国家外汇,数额较大的行为。本罪侵犯的客体是国家对于外汇的管理制度,我国一直以来秉持从严的政策和方针加强外汇管理,增加外汇收入,维护人民币汇率稳定等。众所周知,外汇是指以外国货币表示的,可以用作国际清算的支付手段的资产,包括外国货币、外币支付凭证或者支付工具以及外币有价证券等资产。该罪的客观方面通常表现为行为人以对外贸易支付相应的有效凭证和有效商业单证,可以从外汇账户中支付或者到指定银行兑付,相应单证通常系伪造、变造的报关单、进口证明、外汇管理部门核准件等凭证文件,如已使用购汇后的原有效核准件等凭证和单据,通过涂改、扣减等变造方式将单证上“付讫”等显示已使用的相应痕迹、记录等予以消除,然后以未使用的单证用于骗购外汇。本罪犯罪主体是一般主体,主观方面为故意。按照《立案追诉标准(二)》第42条的规定,骗购外汇,数额在50万美元以上的,应予立案追诉。没有达到定罪标准的,可依外汇管理法规给以行政或者经济处罚。

第二,逃汇罪,是指公司、企业或者其他单位,违反国家规定,擅自将外汇存放境外,或者将境内的外汇非法转移到境外,数额较大的行为。本罪侵犯的客体也是国家对外汇的管理制度。依照2008年《外汇管理条例》第13条规定,对于经常项目外汇收入,如出口或者先支后收转口货物及其他交易行为收入的外汇、境外贷款项下国际招标中标收入的外汇、海关监管下境内经营免税商品收入的外汇等,可按有关规定保留或者卖给经营结汇、售汇业务的金融机构。此外,第17条规定,境内机构、境内个人直接向境外投资或者从事境外有价证券、衍生产品发行、交易,应当按照国务院外汇管理部门的规定办理登记,对于国家规定需要事先经批准或备案的,应当在外汇登记前办理相应审批手续。本罪犯罪主体是一般主体,主观方面只能由故意构成。按照《立案追诉标准(二)》第41条的规定,单笔在200万美元以上或者累计数额在500万美元以上的,应予立案追诉。

【司法适用】

从典型罪质而言,行为人将自有外汇转移境外或者应当转回境内而不转回的属于逃汇罪处罚范围,以虚假单证从银行骗购外汇的属于骗购外汇罪的处罚范围。但骗购外汇罪与逃汇罪在司法实践中因涉及外汇行为方式关联、交叉、融合等,常常在罪名选择上存在困惑。在罪名选择上,首先需要区分行为人的真实目的,结合手段行为和目的行为的牵连关系进行选择罪名;其次需要在逃汇行为上界定案发时是否在实质意义上造成了国家外汇的流失。以虚假交易单证骗取银行外汇后又非法转移至境外的行为为例,首先需要区分其行为目的,在内保外贷业务中,行为人提供虚假单证,但此类犯罪行为中,并不存在向银行骗购外汇的情形,故不能以骗购外汇处理,而应定逃汇罪;其次行为人骗购外汇后将相应外汇转移至境外去使用的,应结合行为人的主观目的,通常情况下行为人骗购外汇是为了使用外汇,骗购外汇是使用外汇的手段行为,两者间存在牵连关系,应择一重罪处罚。比如,行为人骗购外汇是为了赚取汇率变动的利差,则骗购外汇就是逃汇的手段行为,应择一重罪处罚。

此外,逃汇罪的司法认定过程中,对于尚未将外汇移出境外的情形,不能仅因行为人尚未将外汇移至境外而不作刑事处罚,忽略了伪造合同、单证等行为,应结合实际情况,如无案发,外汇是否必然汇至境外以及是否存在第三方(如银行等)是否具有将外汇汇至境外的义务等,综合判断,如果依照合约确实需要汇至境外,则应以逃汇罪定罪处罚。

第一百九十一条　【洗钱罪】为掩饰、隐瞒毒品犯罪、黑社会性质的组织犯罪、恐怖活动犯罪、走私犯罪、贪污贿赂犯罪、破坏金融管理秩序犯罪、金融诈骗犯罪的所得及其产生的收益的来源和性质,有下列行为之一的,没收实施以上犯罪的所得及其产生的收益,处五年以下有期徒刑或者拘役,并处或者单处罚金;情节严重的,处五年以上十年以下有期徒刑,并处罚金:

(一)提供资金帐户的;

(二)将财产转换为现金、金融票据、有价证券的;

(三)通过转帐或者其他支付结算方式转移资金的;

(四)跨境转移资产的;

(五)以其他方法掩饰、隐瞒犯罪所得及其收益的来源和性质的。

单位犯前款罪的,对单位判处罚金,并对其直接负责的主管人员和其他直接责任人员,依照前款的规定处罚。

【条文对照】

1997 年《刑法》	2001 年《刑法修正案(三)》	2006 年《刑法修正案(六)》	2020 年《刑法修正案(十一)》
第一百九十一条　明知是毒品犯罪、黑社会性质的组织犯罪、走私犯罪的违法所得及其产生的收益,为掩饰、隐瞒其来源和性质,有下列行为之一的,没收实施以上犯罪的违法所得及其产生的收益,处五年以下有期徒刑或者拘役,并处或者单处洗钱数额百分之五以上百分之二十以下罚金;情节严重的,处五年以上十年以下有期徒刑,并处洗钱数额百分之五以上百分之二十以下罚金: (一)提供资金帐户的; (二)协助将财产转换为现金或者金融票据的; (三)通过转帐或者其他结算方式协助资金转移的; (四)协助将资金汇往境外的; (五)以其他方法掩饰、隐瞒犯罪的违法所得及其收益的**性质和来源**的。 单位犯前款罪的,对单位判处罚金,并对其直接负责的主管人员和其他直接责任人员,处五年以下有期徒刑或者拘役。	第一百九十一条　明知是毒品犯罪、黑社会性质的组织犯罪、**恐怖活动犯罪**、走私犯罪的违法所得及其产生的收益,为掩饰、隐瞒其来源和性质,有下列行为之一的,没收实施以上犯罪的违法所得及其产生的收益,处五年以下有期徒刑或者拘役,并处或者单处洗钱数额百分之五以上百分之二十以下罚金;情节严重的,处五年以上十年以下有期徒刑,并处洗钱数额百分之五以上百分之二十以下罚金: (一)提供资金帐户的; (二)协助将财产转换为现金或者金融票据的; (三)通过转帐或者其他结算方式协助资金转移的; (四)协助将资金汇往境外的; (五)以其他方法掩饰、隐瞒犯罪的违法所得及其收益的**来源和性质**的。 单位犯前款罪的,对单位判处罚金,并对其直接负责的主管人员和其他直接责任人员,处五年以下有期徒刑或者拘役;**情节严重的,处五年以上十年以下有期徒刑**。	第一百九十一条　明知是毒品犯罪、黑社会性质的组织犯罪、恐怖活动犯罪、走私犯罪、**贪污贿赂犯罪、破坏金融管理秩序犯罪、金融诈骗犯罪的所得**及其产生的收益,为掩饰、隐瞒其来源和性质,有下列行为之一的,没收实施以上犯罪的所得及其产生的收益,处五年以下有期徒刑或者拘役,并处或者单处洗钱数额百分之五以上百分之二十以下罚金;情节严重的,处五年以上十年以下有期徒刑,并处洗钱数额百分之五以上百分之二十以下罚金: (一)提供资金帐户的; (二)协助将财产转换为现金、金融票据**、有价证券的**; (三)通过转帐或者其他结算方式协助资金转移的; (四)协助将资金汇往境外的; (五)以其他方法掩饰、隐瞒犯罪所得及其收益的来源和性质的。 单位犯前款罪的,对单位判处罚金,并对其直接负责的主管人员和其他直接责任人员,处五年以下有期徒刑或者拘役;情节严重的,处五年以上十年以下有期徒刑。	第一百九十一条　**为掩饰、隐瞒**毒品犯罪、黑社会性质的组织犯罪、恐怖活动犯罪、走私犯罪、贪污贿赂犯罪、破坏金融管理秩序犯罪、金融诈骗犯罪的所得及其产生的收益**的来源和性质**,有下列行为之一的,没收实施以上犯罪的所得及其产生的收益,处五年以下有期徒刑或者拘役,并处或者单处罚金;情节严重的,处五年以上十年以下有期徒刑,并处罚金: (一)提供资金帐户的; (二)将财产转换为现金、金融票据、有价证券的; (三)通过转帐或者其他支付结算方式转移资金的; **(四)跨境转移资产的;** (五)以其他方法掩饰、隐瞒犯罪所得及其收益的来源和性质的。 单位犯前款罪的,对单位判处罚金,并对其直接负责的主管人员和其他直接责任人员,**依照前款的规定处罚**。

【条文理解】

洗钱罪,是指为毒品犯罪、黑社会性质的组织犯罪、恐怖活动犯罪、走私犯罪、贪污贿赂犯罪、破坏金融管理秩序犯罪或者金融诈骗犯罪的所得及其产生的收益掩饰、隐瞒其来源和性质的行为。本罪首先规定于全国人民代表大会常务委员会《关于禁毒的决定》,罪名为掩饰、隐瞒毒赃性质、来源罪,1997年《刑法》修订为洗钱罪并扩大了其上游犯罪的范围。《刑法修正案(三)》《刑法修正案(六)》两次修改了本罪的罪状,先后将"恐怖活动犯罪"和"贪污贿赂犯罪、破坏金融管理秩序犯罪、金融诈骗犯罪"增加规定为本罪的上游犯罪,《刑法修正案(十一)》就本罪罪状作了第三次修正,删除了"明知"的罪状表述,同时取消了罚金数额的限制,同时在具体行为方式表述上,删除了"协助"的表述。

洗钱的本质在于将违法所得通过一定方式将其演变为合法所得。洗钱犯罪一直以来都是各国重点打击的对象,尤其是毒品犯罪、恐怖活动犯罪、黑社会等有组织犯罪,将该类型犯罪的违法所得"漂白"行为纳入洗钱罪全面打击,有利于对该类型犯罪的预防和惩治。为了更好地履行《联合国打击跨国有组织犯罪公约》《联合国反腐败公约》等国际公约所规定的加大反腐、破坏金融秩序等犯罪的义务,《刑法修正案(六)》将本罪的上游犯罪增加了"贪污贿赂犯罪、破坏金融管理秩序犯罪、金融诈骗犯罪"。目前我国洗钱罪的上游犯罪共计有七类,即毒品犯罪、黑社会性质的组织犯罪、恐怖活动犯罪、走私犯罪、贪污贿赂犯罪、破坏金融管理秩序犯罪、金融诈骗犯罪。

本罪的客观方面表现为针对上述七类犯罪行为的违法所得及其收益进行所谓的"漂白"行为,主要表现为提供资金账户、将财产转换为现金等方式、通过转账等支付方式转移资金、跨境转移资产以及其他方式。依照《洗钱案件解释》第2条就其他方式作了规定,主要表现为:(1)通过典当、租赁、买卖、投资等方式,协助转移、转换犯罪所得及其收益的;(2)通过与商场、饭店、娱乐场所等现金密集型场所的经营收入相混合的方式,协助转移、转换犯罪所得及其收益的;(3)通过虚构交易、虚设债权债务、虚假担保、虚报收入等方式,协助将犯罪所得及其收益转换为"合法"财物的;(4)通过买卖彩票、奖券等方式,协助转换犯罪所得及其收益的;(5)通过赌博方式,协助将犯罪所得及其收益转换为赌博收益的;(6)协助将犯罪所得及其收益携带、运输或者邮寄出入境的;(7)通过前述规定以外的方式协助转移、转换犯罪所得及其收益的。

本罪的犯罪对象为七类犯罪的犯罪所得及其收益,犯罪所得即通过上述七类犯罪行为直接获取的不法利益,产生的收益即将犯罪所得用于合法或者非法经营活动、储蓄等获得利益,包括但不限于法定孳息、经营收入等。

本罪的主体是一般主体,包括单位和个人,但洗钱罪的犯罪主体应限定在上游犯罪以外的自然人或者单位,对于那些既从事上游毒品等犯罪又参与从事下游洗钱行为的自然人或者单位,按照吸收犯的处理原则,一般情况下仅追究其上游犯罪(重罪)刑事责任即可,不宜再行追究洗钱罪的刑事责任。

本罪的主观方面为故意犯罪,本罪罪状中删除了主观故意“明知”的表述,我国刑法理论中存在“明知”和“应知”的区别,前者的要求高于后者,司法实践中对“明知”在本罪适用的理解存在较大争议,实践中公诉机关也很难证明。根据最高人民法院的意见,“明知”不意味着确实知道,确定性认识和可能性认识均应纳入明知范畴。该规定虽然一定程度上缓解了司法认定中的难题,在一定意义上将“应知”纳入“明知”的范围,但本身并不符合刑法的基本内涵,因此《刑法修正案(十一)》删除了本罪主观方面的“明知”表述。当然,删除“明知”的表述,并不意味着行为人不需要知道是违法所得及其收益,仍然需要证明行为人知道或者应当知道是七类上游犯罪的违法所得及其产生的收益而进行洗白的行为,同时,行为人在七类上游犯罪的范围内将此类犯罪所得及其收益误认为彼类犯罪所得及其收益,因两者在法律性质上是一致的,不属于对犯罪构成要件对象的认识错误,故不应影响案件的定性。虽然洗钱罪的罪状中删除了“明知”的表述,但在司法实践中仍然需要证明行为人“知道或者应当知道”违法所得及其收益来源于七类上游犯罪。结合《洗钱案件解释》的内容,应当结合被告人的认知能力,接触他人犯罪所得及其收益的情况,犯罪所得及其收益的种类、数额,犯罪所得及其收益的转换、转移方式以及被告人的供述等主、客观因素进行认定,包括没有正当理由通过非法途径协助转换或者转移财物的、以明显低于市场的价格收购财物的、协助近亲属或者其他关系密切的人转换或者转移与其职业或者财产状况明显不符的财物的等。

依照《立案追诉标准(二)》的规定,行为人只要为掩饰、隐瞒毒品犯罪、黑社会性质的组织犯罪、恐怖活动犯罪、走私犯罪、贪污贿赂犯罪、破坏金融管理秩序犯罪、金融诈骗犯罪的所得及其产生的收益的来源和性质,涉嫌下列情形之一的,应予立案追诉:(1)提供资金账户的;(2)将财产转换为现金、金融票据、有价证券的;(3)通过转账或者其他支付结算方式转移资金的;(4)跨境转移资产的;(5)以其他方法掩饰、隐瞒犯罪所得及其收益的来源和性质的。

【司法适用】

我国《刑法》对洗钱犯罪采用“多条文规定、多罪名规范”的立法模式,就洗钱罪与其他相似罪名的区分问题,具体阐述如下:

其一,洗钱罪与掩饰、隐瞒犯罪所得、犯罪所得收益罪均是洗钱类犯罪罪名,二者是特别法与一般法的关系,前者是针对七类上游犯罪的“漂白”行为,且造成国家金融管理秩序的损害,后者一般是针对洗钱罪七类上游犯罪之外的犯罪所得及其收益,主要损害司法秩序。从客观行为来看,洗钱罪的行为立足于掩饰、隐瞒犯罪所得及其收益的来源和性质,后者的行为方式的外延大于洗钱罪,包括不具有掩饰、隐瞒犯罪所得的来源和性质的其他行为方式,如获取、占有和使用行为等。

其二,在毒品犯罪中,洗钱罪与窝藏、转移、隐瞒毒赃罪的区分,《刑法》第349条中有一罪名为窝藏、转移、隐瞒毒赃罪,主要是指行为人窝藏、转移、隐瞒毒品犯罪所得财物的行为。洗钱罪与窝藏、转移、隐瞒毒赃罪区别主要在于:(1)前者指向的是七类犯罪所得及其收益的来源和性质,不一定对犯罪所得和收益有物理上的控制,但后者主要是针对毒赃财物的本身,必须处于行为人的控制之下。(2)前者在行为方式上主要表现为通过提供账户、转账、跨境转移等方式,洗白资金来源和性质,后者通常是将毒赃通过藏匿、转移等方式阻止被他人或司法机关发现,一般是物理性改变空间的方式。(3)从行为人主观目的来看,前者是意图将违法所得及其收益的性质合法化,后者仅是隐匿毒赃,防止被发现和查扣,通常这种行为方式不被其他人知悉。

对于上游犯罪尚未定罪处罚时,如何认定洗钱罪这一问题,主要注意以下两点:(1)洗钱行为的证据确实、充分的,可以先于上游犯罪案件认定洗钱罪,上游犯罪案件和洗钱案件在司法实践中往往不同步,原因在于案件复杂程度、涉案人员归案情况等不同,洗钱犯罪案件往往先于上游犯罪案件公诉至法院,依照法律规定,只要有证据证明确实发生了《刑法》第191条明文规定的上游犯罪,行为人为掩饰、隐瞒上游犯罪的所得及其产生的收益,实施提供资金账户、协助将财产转换为现金等行为的,就可以认定洗钱罪成立。如果等到上游犯罪查实再就洗钱犯罪进行定罪处罚,必然浪费司法资源,也不利于打击洗钱犯罪。(2)在审理洗钱犯罪时必须查明行为人不属于上游犯罪的共犯。虽然在《刑法修正案(十一)》的制定过程中,有观点认为自洗钱应单独定罪,但如前文所述,洗钱罪的主体不包括上游犯罪的行为人,主要原因在于掩饰、隐瞒行为是前一个犯罪行为的自然延续,被前一个犯罪行为所吸收,属于“不可罚的事后行为”,应以前罪定罪处罚即可。因此,在审理洗钱犯罪的同时,需要从共谋、共同实行行为、共同分赃等方面严格查明行为人是否属于上游犯罪的共犯,如果属于共犯,依照证据确实、充分等证明标准亦可先行判决,但需要区分行为人与其他犯罪行为人的责任大小。如果不属于共犯,仅仅是事后实施了洗钱行为,没有参与事先共谋,或者现有证据无法证明共犯,可以先行以洗钱罪定罪处罚。

【司法案例】

刘某、杨某敏洗钱案[①]

［**裁判要旨**］首先涉及与上游犯罪构成共犯还是单独构成其他下游犯罪的问题。以毒品犯罪为例，我们认为区分两者的关键在于洗钱行为人事前与上游犯罪行为人是否存在毒品犯罪的主观犯意通谋。如洗钱行为人事前与上游犯罪的犯罪分子就上游犯罪有通谋，事后又实施了洗钱或掩饰、隐瞒毒赃及其收益，或窝藏、转移、隐瞒毒赃等犯罪行为，则应构成上游犯罪的共同犯罪，而不再单独构成掩饰、隐瞒犯罪所得、犯罪所得收益罪，或是窝藏、转移、隐瞒毒赃罪等下游犯罪。

第五节　金融诈骗罪

第一百九十二条　【集资诈骗罪】以非法占有为目的，使用诈骗方法非法集资，数额较大的，处三年以上七年以下有期徒刑，并处罚金；数额巨大或者有其他严重情节的，处七年以上有期徒刑或者无期徒刑，并处罚金或者没收财产。

单位犯前款罪的，对单位判处罚金，并对其直接负责的主管人员和其他直接责任人员，依照前款的规定处罚。

【条文对照】

1997 年《刑法》	2020 年《刑法修正案（十一）》
第一百九十二条　以非法占有为目的，使用诈骗方法非法集资，数额较大的，处**五**年以下有期徒刑**或者拘役**，并处**二万元以上二十万元以下**罚金；数额巨大或者有其他严重情节的，处**五年以上十年以下有期徒刑，并处五万元以上五十万元以下罚金；数额特别巨大或者有其他特别严重情节的**，处**十**年以上有期徒刑或者无期徒刑，并处**五万元以上五十万元以下**罚金或者没收财产。	第一百九十二条　以非法占有为目的，使用诈骗方法非法集资，数额较大的，处**三年以上七年**以下有期徒刑，并处罚金；数额巨大或者有其他严重情节的，处**七**年以上有期徒刑或者无期徒刑，并处罚金或者没收财产。 **单位犯前款罪的，对单位判处罚金，并对其直接负责的主管人员和其他直接责任人员，依照前款的规定处罚。**

① 参见《刑事审判参考》总第132辑第1477号案例。

【条文理解】

集资诈骗罪,是指以非法占有为目的,使用诈骗方法非法集资,数额较大的行为。本罪的构成要件如下:

本罪的客观方面表现为行为人使用诈骗方法非法集资,数额较大的行为。所谓“集资”,是指在社会上募集资金。集资诈骗,就是使用诈骗的方法募集资金,例如,行为人虚构资金用途,采用“拆东墙补西墙”的方式进行集资诈骗的“庞氏骗局”。

本罪的主观方面表现为故意的罪过形式,并且具有非法占有的目的。《非法集资案件解释》规定具有下列情形之一的,可以认定为“以非法占有为目的”:(1)集资后不用于生产经营活动或者用于生产经营活动与筹集资金规模明显不成比例,致使集资款不能返还的;(2)肆意挥霍集资款,致使集资款不能返还的;(3)携带集资款逃匿的;(4)将集资款用于违法犯罪活动的;(5)抽逃、转移资金、隐匿财产,逃避返还资金的;(6)隐匿、销毁账目,或者搞假破产、假倒闭,逃避返还资金的;(7)拒不交代资金去向,逃避返还资金的;(8)其他可以认定非法占有目的的情形。

《刑法修正案(十一)》主要是对本罪的法定刑进行了修改,将原三档法定刑修改为两档法定刑,提高了第一档法定刑,整体上加重了本罪的法定刑,主要目的在于通过提升本罪的刑罚力度,规制目前我国市场经济运行中层出不穷的特别重大集资诈骗犯罪行为,以维护国家金融秩序和保障自然人、法人和其他组织的财产权利;修正案同时取消了罚金幅度的限制,这一修改将更有利于法官根据具体的犯罪情节进行自由裁量。《非法集资案件解释》规定,集资诈骗数额在10万元以上的,应当认定为“数额较大”;数额在100万元以上的,应当认定为“数额巨大”。

【司法适用】

1. 罪与非罪的界限

在司法实践中,集资诈骗行为与一般正常合法的集资行为(尤其是与集资经济合同纠纷)之间的界限有时容易混淆。民事欺诈与刑事诈骗的区分可以从以下三个角度入手:(1)欺骗内容;(2)欺骗程度;(3)非法占有目的。二者的区分主要在于行为人主观上是否具有非法占有的目的。“非法占有的目的”,是指行为人非法占有他人财物的目的,这一目的与民事纠纷中“欺诈”一词的语义不同。前者主要是指行为人通过欺骗方法无对价的取得他人财物;而后者主要是指行为人故意将不真实的情况当作真实的情况加以表示,以使他人产生误解,进而作出意思表示。[①] 实践中,往往需要司法实务人员从以下几个方面进行综合考察:

---

① 参见陈兴良:《民事欺诈和刑事欺诈的界分》,载《法治现代化研究》2019年第5期。

(1)考察行为人的目的,即考察行为人是否具有非法占有的目的。正常合法的集资行为,无论是否发生集资纠纷,双方当事人在签订集资合同时,主观上均不存在无偿占有他人财物的故意或目的;而集资诈骗罪的行为人则在主观上有占有他人集资款或物的故意,其与他人签订集资合同并不是为了履行合同,而只是作为一种诈骗的手段,因为在签订集资合同时,行为人已经具有了非法占有他人财物的目的。

(2)考察行为人集资的方法,即考察行为人是否采用了欺骗的方法。一般来说,正常合法的集资行为,并不需要采用欺骗的方法,也不会用欺骗的方式来达到自己的集资目的;而集资诈骗罪的行为人则必须使用欺骗的方法,使人上当,从而达到占有他人财物的目的。

(3)考察行为人履行集资合同的能力和诚意。一般而言,正常合法的集资行为当事人,对集资合同中约定的义务在客观上有完全履行能力或部分履行能力,且在主观上有履行的诚意并做了一定的努力;而集资诈骗罪的行为人则一般无履行合同的诚意,也不会为合同的履行做一定的努力。

(4)考察行为人违约后的态度。正常合法的集资行为的当事人,在违约后不会故意逃避责任;而集资诈骗罪的行为人则一般会采取潜逃抵赖等方法进行逃避,使投资者无法追回集资款。

2. 本罪与非法吸收公众存款罪的界限

在司法实践中,对于集资诈骗罪的认定往往涉及本罪与非法吸收公众存款罪的区分。本罪与非法吸收公众存款罪在客观行为模式上具有高度的相似性,均表现为向社会公众非法募集资金。而两个罪名最重要的区别,即在于对行为人非法占有目的的判断。

以非法占有为目的,使用诈骗方法非法集资,是集资诈骗罪的本质特征。集资诈骗罪中的非法占有目的,应当区分情形进行具体认定。行为人部分非法集资行为具有非法占有目的的,对该部分非法集资行为所涉集资款以集资诈骗罪定罪处罚;非法集资共同犯罪中部分行为人具有非法占有目的,其他行为人没有非法占有集资款的共同故意和行为的,对具有非法占有目的的行为人以集资诈骗罪定罪处罚。

3. 公司、企业集资行为合法性审查重点

对于公司、企业而言,为保证集资行为的合法性,应当符合以下几个条件:

(1)集资的主体应当是符合公司法规定的有限责任公司或者股份有限公司条件的公司或者其他依法设立的具有法人资格的企业。

(2)公司、企业聚集资金的目的,是用于公司、企业的设立或者公司、企业的生产和经营,不得用于弥补公司、企业的亏损和其他非经营性开支。

(3)公司、企业募集资金主要通过发行股票、债券或者融资租赁、联营、合资等方式进行,其中发行股票和债券是一种主要的集资方式。

(4)公司、企业在资金市场上募集资金的行为必须符合法律的规定。公司、企业在资金市场上募集资金的行为必须按照公司法及其他有关募集资金的法律、法规的规定,严格按照法定的方式、程序、条件、期限、募集的对象等进行,违反法律规定募集资金的行为是不允许的。

【司法案例】

周某集资诈骗案①

[**要旨**]对非法占有目的的认定,应当围绕融资项目真实性、资金去向、归还能力等事实、证据进行综合判断。行为人将所吸收资金大部分未用于生产经营活动,或者名义上投入生产经营,但又通过各种方式抽逃转移资金,或者供其个人肆意挥霍,归还本息主要通过借新还旧来实现,造成数额巨大的募集资金无法归还的,可以认定具有非法占有的目的。

袁某、欧某湘、李某集资诈骗案②

[**裁判要旨**]被告人在传销过程中,与他人携带营业款潜逃,可以充分反映出其主观上具有非法占有他人财物的目的,系利用非法传销,骗取他人财物,且数额特别巨大,其行为构成诈骗罪。

巨如集团、胡某勇集资诈骗案③

[**裁判要旨**]第一,使用诈骗方法进行非法集资,如假借P2P等名义集资、提供虚假担保、隐瞒资金去向及用途、营造公司良好运营的假象等;第二,对所募资金的使用决策具有随意性,其投资项目大多不具备盈利能力;第三,用于项目投资的资金与募集资金的规模明显不成比例;第四,归还本息主要通过借新还旧来实现。巨如集团融资、经营成本高企,所投项目又基本未能盈利,其维持运营的主要手段就是借新还旧,如此必然不可持续,成为"庞氏骗局",故可以认定具有非法占有目的,假借私募基金之名,使用诈骗方法非法集资的行为构成集资诈骗罪。

---

① 参见最高人民检察院检例第40号。

② 参见《刑事审判参考》总第25辑第167号案例。

③ 参见《刑事审判参考》总第132辑第1478号案例。

第一百九十三条 【贷款诈骗罪】有下列情形之一，以非法占有为目的，诈骗银行或者其他金融机构的贷款，数额较大的，处五年以下有期徒刑或者拘役，并处二万元以上二十万元以下罚金；数额巨大或者有其他严重情节的，处五年以上十年以下有期徒刑，并处五万元以上五十万元以下罚金；数额特别巨大或者有其他特别严重情节的，处十年以上有期徒刑或者无期徒刑，并处五万元以上五十万元以下罚金或者没收财产：

（一）编造引进资金、项目等虚假理由的；

（二）使用虚假的经济合同的；

（三）使用虚假的证明文件的；

（四）使用虚假的产权证明作担保或者超出抵押物价值重复担保的；

（五）以其他方法诈骗贷款的。

【条文理解】

贷款诈骗罪，是指以非法占有为目的，编造引进资金、项目等虚假理由，使用虚假的经济合同，使用虚假的证明文件，使用虚假的产权证明作担保或者超出抵押物价值重复担保，或者以其他方法诈骗银行或者其他金融机构的贷款，数额较大的行为。本罪的具体构成要件是：

（1）本罪侵犯的客体是双重客体，既侵犯了银行或者其他金融机构对贷款的所有权，还侵犯了国家金融管理制度。贷款，是指作为贷款人的银行或者其他金融机构对借款人提供的并按约定的利率和期限还本付息的货币资金。诈骗贷款的行为不仅侵犯了银行等金融机构的财产所有权，而且必然影响银行等金融机构贷款业务和其他金融业务的正常进行，破坏我国金融秩序的稳定。

（2）本罪的客观方面表现为采用虚构事实、隐瞒真相的方法诈骗银行或者其他金融机构的贷款，数额较大的行为。“虚构事实”，是指编造客观上不存在的事实，以骗取银行或者其他金融机构的信任；“隐瞒真相”，是指有意掩盖某些存在的客观事实，使银行或者其他金融机构陷入错误认识。根据本条的规定，行为人诈骗贷款所使用的方法主要有以下几种表现形式：

①编造引进资金、项目等虚假理由骗取银行或者其他金融机构的贷款。行为人一般是伪造国外某财团的巨额资金或者其他名义的巨额私人存款要以优惠条件存入某银行，以骗取银行的贷款和手续费。此外，还有许多犯罪分子编造效益好的投资项目，以骗取银行等金融机构的贷款。

②使用虚假的经济合同诈骗银行或者其他金融机构的贷款。为支持生产，鼓

励出口,使有限的资金增值,银行或其他金融机构有时也要根据经济合同发放贷款,有些犯罪分子伪造或使用虚假的出口合同或者其他短期内能产生很好效益的经济合同,诈骗银行或其他金融机构的贷款。

③使用虚假的证明文件诈骗银行或其他金融机构的贷款。所谓"证明文件"是指担保函、存款证明等向银行或其他金融机构申请贷款时所需要的文件。

④使用虚假的产权证明作担保或者超出抵押物价值重复担保,骗取银行或其他金融机构贷款的。这里的"产权证明",是指能够证明行为人对房屋等不动产或者汽车、货币、可随时兑付的票据等动产具有所有权的一切文件。

⑤以其他方法诈骗银行或其他金融机构贷款的。这里的"其他方法"是指伪造单位公章、印鉴骗贷的;以假货币为抵押骗贷的;先借贷后采用欺诈手段拒不还贷等情况。本项规定的精神是无论行为人以何种方法诈骗贷款,都要与前几项所列的行为模式具有相当性,方可依照本条规定追究刑事责任。

(3)本罪的主体是一般主体,任何达到刑事责任年龄、具有刑事责任能力的自然人均可构成本罪,单位不能成为本罪的主体。

(4)本罪的主观方面是故意,且以非法占有为目的。至于行为人非法占有贷款的动机是为了挥霍享受,还是为了转移隐匿,都不影响本罪的构成。反之,如果行为人不具有非法占有的目的,虽然其在申请贷款时使用了欺骗手段,也不能按本罪处理,可由银行根据有关规定给予停止发放贷款、提前收回贷款或者加收贷款利息等办法处理;符合骗取贷款罪构成要件的,应当按照骗取贷款罪追究刑事责任。

【司法适用】

1. 行为人与金融机构内部人员共谋实行犯罪的定性

银行或其他金融机构的工作人员与诈骗贷款的犯罪分子串通并为之提供诈骗贷款帮助的,应以贷款诈骗罪的共犯论处。"串通",在本罪是指银行或者其他金融机构的工作人员与诈骗贷款的犯罪分子在实施诈骗前或在诈骗的过程中,相互暗中勾结,共同商量或进行策划,与诈骗犯罪分子相配合,充当内应而为之提供帮助的行为。对于银行及其他金融机构的工作人员与其他犯罪分子相互勾结骗取银行等金融机构钱财的行为,应当注意分清两种人员在共同犯罪中采用行为的性质,如果是以银行等金融机构工作人员为主,而采用的行为主要是利用职务之便进行,社会上的其他人员仅是提供帮助的,这时就应以银行等金融机构的工作人员所犯的罪行来定性处理;如果是贪污,就应以贪污罪处罚,社会上的其他人员则以贪污罪的共犯论处;如果是侵占,就应以职务侵占罪定罪处罚,其他人员则以职务侵占罪的共犯处之。如果采用的行为以虚构事实、隐瞒真相的欺骗方法为主,银行等金融机构的工作人员仅是为之提供帮助的,这时就以本罪定性处罚。

2. 区分贷款诈骗罪与民事借贷纠纷的审查重点

实践中须将贷款诈骗罪与一般的借贷纠纷区别开来。部分借贷人在获得贷款后长期拖欠不还,甚至在申请贷款时就有夸大履约能力、编造谎言等情节,而到期又未能偿还。这就使司法机关在对其行为进行定性时存在一定的疑难之处。区分二者的界限应当把握以下四点:

(1)不能仅根据行为人到期不归还欠款的情形认定其存在贷款诈骗的故意,还要看行为人在申请贷款时,履行能力不足的事实是否已经存在,行为人对此是否明知。如果行为人在申请贷款时履约状况良好,不存在可能严重影响到期履约风险的情形,而是由于正常的市场经营波动导致到期无法归还贷款,则应当将其认定为一般的贷款纠纷,而非贷款诈骗的刑事犯罪。

(2)需要审查行为人获得贷款后,是否积极将贷款用于借贷合同所规定的用途。实践中,尽管到期后行为人无法偿还贷款,但如果贷款确实被用于所规定的项目,一般也说明行为人主观上没有诈骗贷款的故意,不应按照本罪处理。

(3)要审查行为人于贷款到期后是否以积极的行为履行偿还义务。如果行为人仅仅在口头上承诺还款,而实际上没有积极筹款准备归还的行为,就不能证明行为人没有诈骗的故意。

(4)将上述因素综合起来考察,通过多方位客观行为全面考察行为人主观心态,从而得出是否有非法占有贷款的目的,这对于正确区分贷款诈骗与借贷纠纷的界限具有重要意义。

3. 依法保护企业正常生产经营活动的审查重点

根据2020年7月22日最高人民检察院《关于充分发挥检察职能服务保障"六稳""六保"的意见》,要依法慎重处理贷款类犯罪案件。在办理骗取贷款等犯罪案件时,充分考虑企业"融资难""融资贵"的实际情况,注意从借款人采取的欺骗手段是否属于明显虚构事实或者隐瞒真相,是否与银行工作人员合谋、受其指使,是否非法影响银行放贷决策、危及信贷资金安全,是否造成重大损失等方面,合理判断其行为危害性,不苛求企业等借款人。对于借款人因生产经营需要,在贷款过程中虽有违规行为,但未造成实际损失的,一般不作为犯罪处理。对于借款人采取欺骗手段获取贷款,虽给银行造成损失,但证据不足以认定借款人有非法占有目的的,不能以贷款诈骗罪定性处理。

【司法案例】

郭某升被控贷款诈骗案[①]

[**裁判要旨**]企业法定代表人在确实符合贷款条件的情况下取得贷款的,客观上不具有虚构事实或者隐藏真相,骗取银行贷款的行为;贷款用于企业生产经营的,说明其在贷款时没有非法占有的故意;且该法定代表人以企业名义申请贷款,应当认定为职务行为,而非个人行为,因此不应当认定为贷款诈骗罪。

陈某国骗取贷款案[②]

[**裁判要旨**]行为人为进行投资,冒用他人名义向银行贷款,客观上采用了虚构事实,隐瞒真相的方法,但并不具备非法占有贷款的主观目的。行为人如未能按期偿还贷款,不应构成贷款诈骗罪,而应当构成骗取贷款罪。

秦某虚报注册资本、合同诈骗案[③]

[**裁判要旨**]骗取他人担保并向银行贷款后,使担保人代为清偿的,银行的贷款所有权并未受到侵害,银行的权益已经通过担保人的清偿行为得到保障。行为人在获取他人担保过程中,采取虚构事实或者隐瞒真相等欺骗手段获取担保人担保并使担保人代为清偿,从而达到非法占有贷款的目的,该行为实际侵害的是担保人的财产所有权。该行为符合《刑法》第224条规定的合同诈骗罪的构成要件,构成合同诈骗罪,而不是贷款诈骗罪。

张某军等诈骗案[④]

[**裁判要旨**]行为人故意隐瞒存入贷记卡中的资金已被消费的真相,要求银行营业员办理冲正业务,系被害人在不知情的情况下,自愿将存款转入他人账号,属于认识错误后而发生的行为,因此该行为应属诈骗罪。

第一百九十四条 【票据诈骗罪】有下列情形之一,进行金融票据诈骗活动,数额较大的,处五年以下有期徒刑或者拘役,并处二万元以上二十万元以

---

① 参见《刑事审判参考》总第14辑第88号案例。
② 参见《刑事审判参考》总第97集第961号案例。
③ 参见《刑事审判参考》总第45集第352号案例。
④ 参见《刑事审判参考》总第76集第650号案例。

下罚金;数额巨大或者有其他严重情节的,处五年以上十年以下有期徒刑,并处五万元以上五十万元以下罚金;数额特别巨大或者有其他特别严重情节的,处十年以上有期徒刑或者无期徒刑,并处五万元以上五十万元以下罚金或者没收财产:

(一)明知是伪造、变造的汇票、本票、支票而使用的;

(二)明知是作废的汇票、本票、支票而使用的;

(三)冒用他人的汇票、本票、支票的;

(四)签发空头支票或者与其预留印鉴不符的支票,骗取财物的;

(五)汇票、本票的出票人签发无资金保证的汇票、本票或者在出票时作虚假记载,骗取财物的。

【金融凭证诈骗罪】**使用伪造、变造的委托收款凭证、汇款凭证、银行存单等其他银行结算凭证的,依照前款的规定处罚。**

【条文理解】

票据诈骗罪,是指以非法占有为目的,利用金融票据进行诈骗活动,骗取财物数额较大的行为。本罪的具体构成要件是:

(1)金融票据是可流通转让的信用支付工具。作为一种可流通转让的有价证券,金融票据具有有价性、物权性、无因性、要式性等特点。由于金融票据具有上述特点,使用金融票据可以使资金使用效益大大提高,加速资金周转,及时清结债权债务,规范商业信用,还可以减少现金使用,节省流通费用。这类犯罪往往是在金融票据的流通和使用过程中进行的,因而它不仅侵犯了他人财产权利,更影响了金融票据的信誉,妨害了金融票据的正常流通和使用,破坏了国家对金融票据业务的管理制度。

(2)本罪的客观方面表现为利用金融票据进行诈骗活动,骗取财物数额较大的行为。一般表现为以下五种行为方式:

①明知是伪造、变造的汇票、本票、支票而使用的。这种情形是指行为人以伪造、变造的金融票据冒充真票据进而骗取他人财物的行为。构成这种形式的犯罪要求行为人在使用票据时,"明知"是伪造、变造的。

②明知是作废的汇票、本票、支票而使用的。这种情形是指利用已经作废的汇票、本票、支票进行诈骗行为。这里所说的"作废"的票据,是指根据法律和有关规定不能使用的票据,它包括票据法中所说的过期的票据,也包括无效的以及被依法宣布作废的票据,还包括银行根据国家有关规定予以作废的票据。

③冒用他人的汇票、本票、支票的。这种情形是指行为人擅自以合法持票人的名义，支配、使用、转让自己不具备支配权利的他人的汇票、本票、支票，进行诈骗的行为。这里所说的“冒用”通常表现为以下几种情况：一是指行为人以非法手段获取的票据，例如，以欺诈、偷盗或者胁迫等手段取得的票据，或者明知是以上述手段取得的票据，而使用进行诈骗活动；二是指没有代理权而以代理人名义或者超越代理权限的行为；三是指用他人委托代为保管的或者捡拾他人遗失的票据进行使用，骗取财物的行为。

④签发空头支票或者与其预留印鉴不符的支票，骗取财物的。这里所说的“空头支票”，是指出票人所签发的支票金额超过其付款时在付款人处实有的存款金额的支票。“签发与其预留印鉴不符的支票”，是指票据签发人在其签发的支票上加盖的与其预留于银行或者其他金融机构处的印鉴不一致的财务公章或者支票签发人的名章。“与其预留印鉴不符”，可以是与其预留的某一个印鉴不符，也可以是与所有预留印鉴不符。

⑤汇票、本票的出票人签发无资金保证的汇票、本票或者在出票时作虚假记载，骗取财物的。汇票、本票的出票人是票据的当事人之一，是依法定方式制作汇票、本票并在这些票据上签章，将汇票、本票交付给收款人的人。出票人签发汇票、本票时，必须具有可靠的资金保证。这里的“资金保证”，是指票据的出票人在承兑票据时，具有按票据支付的能力，它既包括有可靠的资金来源，又包括出票人从出票时起就具有支付能力。

(3)本罪的主体是一般主体，凡达到刑事责任年龄并具有刑事责任能力的自然人均可构成。

(4)本罪的主观方面须由故意构成，且以非法占有为目的。如果行为人出于过失而使用金融票据，则不构成本罪。

【司法适用】

1. 罪与非罪的界限

行为人主观上是否“明知”，是否以骗取他人财物为目的，是区别罪与非罪的重要标准。本条为避免混淆罪与非罪的界限，对行为人主观方面的一些状况进行了特别规定。如使用伪造、变造或者作废的汇票、本票、支票，行为人在主观上必须是“明知”的。如果行为人在使用汇票、本票、支票时，在主观上确实不知道该票据是伪造、变造或者作废的，则不构成本罪。应当注意的是，在司法实践中判断行为人主观上是否“明知”，不仅是依据行为人自己的供述，而是要在全面了解整个案件的基础上进行综合分析后得出结论。对于冒用他人的票据、签发空头支票或者与其预留印鉴不符的支票、签发无资金保证的汇票、本票或者在出票时作虚伪记载以及使用伪造、变造的其他银行结算凭证的行为人必须具有诈骗他人财物的故意和目的,没有这种故意和目的,就不能构成本罪。

一般来说,具有以下情形的行为不构成犯罪:(1)不知是伪造、变造、作废的金融票据而使用的;(2)将他人的金融票据误认为是自己的金融票据而使用的;(3)不知存款已不足而误签空头支票或者误签与其预留印鉴不符的支票的;(4)签发汇票、本票时因过失而作错误记载的;(5)不知是伪造、变造的委托收款凭证、汇款凭证、银行存单而使用的;等等。

2. 区分票据诈骗罪与伪造、变造金融票证罪的界限

两罪的根本区别在于,伪造、变造金融票证罪惩治的是伪造、变造行为本身,而金融票据诈骗罪惩治的是使用这些金融票据进行诈骗的行为。行为人仅仅是伪造、变造金融票证,而没有使用的,则这种行为触犯了本法第 177 条的规定,构成伪造、变造金融票证罪。但司法实践中这两种犯罪往往是联系在一起的,表现为行为人先伪造、变造汇票、本票、支票或者其他银行结算凭证,然后使用该伪造、变造的票证进行诈骗活动,这种情形实际上属于刑法理论中的牵连犯的情形,应当从一重罪论处,即按票据诈骗罪定罪处罚,而不实行数罪并罚。

3. 本罪的共同犯罪

银行或其他金融机构的工作人员与票据诈骗的犯罪分子串通,即在实施票据诈骗的前后过程中,相互暗中勾结、共同策划、商量对策、充当内应,为诈骗犯罪分子提供诈骗帮助的,应以票据诈骗共犯论处。进行票据诈骗活动实现其非法骗取他人财物的意图,往往离不开银行或其他金融机构的内部工作人员利用职务上的便利为犯罪分子提供企业账号、联行行号及密押等信息。还应注意的是,对于银行等金融机构的工作人员的上述行为不能一概以票据诈骗共犯而论。只有因其帮助行为在造成了除自己所在金融机构以外的其他金融机构的经济损失的,以及不是金融机构工作人员为主利用职务之便而侵吞、诈骗的,才以本罪共犯处罚。但无论以何罪处罚,都应从重处罚。如果在进行此种犯罪的过程中还有其他犯罪行为(如受贿),则按牵连犯从重处罚。

【司法案例】

李某香票据诈骗案①

[**裁判要旨**]利用受他人委托办理工商注册登记和税务登记的便利,冒用他人公司财务专用章和法定代表人印章开出支票的,受托人并没有直接占有委托人的

① 参见《刑事审判参考》总第 39 集第 307 号案例。

财产,因此不具有侵占罪的客观方面构成要件,不应当认定为侵占罪。利用支票提现或转账的方式非法占有他人财产的行为,根据《刑法》第194第1款第3项的规定,是利用金融票据进行的诈骗活动,数额较大的构成票据诈骗罪。

曹某合同诈骗案①

[**裁判要旨**]伪造购销合同,通过与金融机构签订承兑合同,将获取的银行资金用于偿还其他个人债务,后因合同到期无力偿还银行债务而逃匿,致使反担保人遭受巨额财产损失的行为属于合同诈骗行为,应以合同诈骗罪论处。

李某军金融凭证诈骗案②

[**裁判要旨**]行为人利用窃取的他人存款信息资料伪造银行存折的行为,构成伪造金融票证罪,其后使用该伪造的存折到信用社取款的行为构成金融凭证诈骗罪。两行为之间具有手段与目的的牵连关系,成立牵连犯,应从一重处。

第一百九十五条　【信用证诈骗罪】有下列情形之一,进行信用证诈骗活动的,处五年以下有期徒刑或者拘役,并处二万元以上二十万元以下罚金;数额巨大或者有其他严重情节的,处五年以上十年以下有期徒刑,并处五万元以上五十万元以下罚金;数额特别巨大或者有其他特别严重情节的,处十年以上有期徒刑或者无期徒刑,并处五万元以上五十万元以下罚金或者没收财产:

(一)使用伪造、变造的信用证或者附随的单据、文件的;

(二)使用作废的信用证的;

(三)骗取信用证的;

(四)以其他方法进行信用证诈骗活动的。

【条文理解】

信用证诈骗罪,是指以非法占有为目的,采用虚构事实或隐瞒真相的方法,利用信用证诈骗财物,数额较大的行为。本罪的具体构成要件是:

(1)本罪侵犯的客体是复杂客体,即国家的信用证管理制度和公私财产所有权。信用证是一种银行的付款保证,属于银行信用,其一旦遭到破坏,必然造成国

---

① 参见《刑事审判参考》总第76集第645号案例。

② 参见《刑事审判参考》总第54集第425号案例。

家贸易秩序紊乱,破坏国家金融秩序,动摇信用证制度的根基。

(2)本罪的客观方面表现为使用伪造、变造的信用证或者附随的单据、文件、使用作废的信用证,骗取信用证以及以其他方法进行信用证诈骗活动的行为。信用证诈骗罪与一般诈骗罪主要不同之处是行为人利用信用证这一特殊的犯罪工具,整个诈骗活动紧紧围绕信用证这个中心而展开。根据《立案追诉标准(二)》第48条规定,具体包括以下几种行为方式:①使用伪造、变造的信用证或者附随的单据、文件的;②使用作废的信用证的;③骗取信用证的;④以其他方法进行信用证诈骗活动的。

(3)本罪的主体是一般主体,凡达到刑事责任年龄、具有刑事责任能力的自然人均可构成。单位亦能成为本罪的主体。

(4)本罪的主观方面只能由故意构成,并且必须具有非法占有公私财物的目的。如果行为人确无诈骗故意,即使违反有关信用证管理规定获取了财物,也不能以犯罪论处。

【司法适用】

根据信用证诈骗罪客观方面的认定,本罪的行为方式之一是行为人使用伪造、变造的信用证或者附随的单据、文件进行诈骗,而伪造、变造信用证或者附随单据、文件的行为,根据法律的规定可以构成伪造、变造金融票证罪。

行为人先伪造、变造的信用证或者附随的单据、文件后加以使用的,或者采取伪造、变造公文、证件、印章的手段,或者以其骗取的信用证作抵押骗取银行贷款的行为,应如何处理?理论界与实务界有不同的观点。

第一种观点认为,行为人在实施信用证诈骗时,采取伪造、变造公文、证件、印章的手段,方法行为或者结果行为又触犯《刑法》第280条的规定,构成伪造、变造国家机关公文、证件、印章罪或伪造公司、企业、事业单位、人民团体印章罪,此种行为属于刑法理论中的牵连犯,按照对牵连犯择一重罪处断的原则,应按信用证诈骗罪定罪处罚。

第二种观点认为,行为人的行为既构成信用证诈骗罪,又触犯贷款诈骗罪或伪造、变造金融票证罪。这种情况不属于牵连犯,而是应当数罪并罚。

上述两种观点对信用证诈骗一罪与数罪的论述,显然第一种观点更符合刑法的基本理论,也更能适应司法实践的需要。伪造、变造国家机关公文、证件、印章或者伪造公司、企业、事业单位、人民团体印章的行为与信用证诈骗行为之间具有手段行为与目的行为的牵连关系,应按照牵连犯择一重罪处断的原则进行处理。

司法实践中,行为人采取伪造、变造信用证等手段,实施信用证诈骗的,应按照牵连犯的情形，择一重罪从重处罚。其理由如下：伪造、变造信用证或者附随单据、文件中伪造、变造的行为当然构成伪造、变造金融票证罪，而加以使用的行为不是伪造、变造金融票证罪的内容，但却是信用证诈骗罪的构成要件。行为人在实施信用证诈骗时，实质上实施了两个不同的行为，即伪造、变造行为和使用的行为。二者具有目的行为与手段行为的牵连关系，应按照牵连犯的适用原则及司法实践来处理。

【司法案例】

高某、梁某钊信用证诈骗，签订、履行合同失职被骗案①

［**裁判要旨**］被告人以公司非法占有为目的，采用与他人签订虚假的货物进口合同，利用伪造的信用证附随单据将信用证项下资金贴现的手段，骗取巨额资金，用于公司的经营活动，其行为已构成信用证诈骗罪，且犯罪数额特别巨大，造成国有资产巨额损失，属情节特别严重。

第一百九十六条　【信用卡诈骗罪】有下列情形之一，进行信用卡诈骗活动，数额较大的，处五年以下有期徒刑或者拘役，并处二万元以上二十万元以下罚金；数额巨大或者有其他严重情节的，处五年以上十年以下有期徒刑，并处五万元以上五十万元以下罚金；数额特别巨大或者有其他特别严重情节的，处十年以上有期徒刑或者无期徒刑，并处五万元以上五十万元以下罚金或者没收财产：

（一）使用伪造的信用卡，或者使用以虚假的身份证明骗领的信用卡的；

（二）使用作废的信用卡的；

（三）冒用他人信用卡的；

（四）恶意透支的。

前款所称恶意透支，是指持卡人以非法占有为目的，超过规定限额或者规定期限透支，并且经发卡银行催收后仍不归还的行为。

【盗窃罪】盗窃信用卡并使用的，依照本法第二百六十四条的规定定罪处罚。

① 参见《刑事审判参考》总第35集第270号案例。

【条文对照】

1997 年《刑法》	2005 年《刑法修正案(五)》
第一百九十六条　有下列情形之一,进行信用卡诈骗活动,数额较大的,处五年以下有期徒刑或者拘役,并处二万元以上二十万元以下罚金;数额巨大或者有其他严重情节的,处五年以上十年以下有期徒刑,并处五万元以上五十万元以下罚金;数额特别巨大或者有其他特别严重情节的,处十年以上有期徒刑或者无期徒刑,并处五万元以上五十万元以下罚金或者没收财产: (一)使用伪造的信用卡的; (二)使用作废的信用卡的; (三)冒用他人信用卡的; (四)恶意透支的。 前款所称恶意透支,是指持卡人以非法占有为目的,超过规定限额或者规定期限透支,并且经发卡银行催收后仍不归还的行为。 盗窃信用卡并使用的,依照本法第二百六十四条的规定定罪处罚。	第一百九十六条　有下列情形之一,进行信用卡诈骗活动,数额较大的,处五年以下有期徒刑或者拘役,并处二万元以上二十万元以下罚金;数额巨大或者有其他严重情节的,处五年以上十年以下有期徒刑,并处五万元以上五十万元以下罚金;数额特别巨大或者有其他特别严重情节的,处十年以上有期徒刑或者无期徒刑,并处五万元以上五十万元以下罚金或者没收财产: (一)使用伪造的信用卡,**或者使用以虚假的身份证明骗领的信用卡**的; (二)使用作废的信用卡的; (三)冒用他人信用卡的; (四)恶意透支的。 前款所称恶意透支,是指持卡人以非法占有为目的,超过规定限额或者规定期限透支,并且经发卡银行催收后仍不归还的行为。 盗窃信用卡并使用的,依照本法第二百六十四条的规定定罪处罚。

【条文理解】

信用卡诈骗罪,是指利用虚假的信用卡或者其他与信用卡有关的方法,进行诈骗活动,数额较大的行为。

(1)本罪在客观方面表现为利用虚假的信用卡或者其他与信用卡有关的方法,进行诈骗活动,数额较大的行为。信用卡,是指由商业银行或者其他金融机构发行的具有消费支付、信用贷款、转账结算、存取现金等全部功能或者部分功能的电子支付卡。本罪的具体行为形式有:①使用伪造的信用卡,或者使用以虚假的身份证明骗领的信用卡的;②使用作废的信用卡的;③冒用他人信用卡的;④恶意透支的。

冒用他人信用卡,包括以下情形:(1)拾得他人信用卡并使用的;(2)骗取他人信用卡并使用的;(3)窃取、收买、骗取或者以其他非法方式获取他人信用卡信息资料,并通过互联网、通讯终端等使用的;(4)其他冒用他人信用卡的情形。

恶意透支,是指持卡人以非法占有为目的,超过规定限额或者规定期限透支,并且经发卡银行两次有效催收后超过 3 个月仍不归还的行为。恶意透支应当追究刑事责任,但在公安机关立案后人民法院判决宣告前已偿还全部透支款息的,可以从轻处罚,情节轻微的,可以免除处罚。恶意透支数额较大,在公安机关立案前已偿还全部透支款息,情节显著轻微的,可以依法不追究刑事责任。恶意透支,数额在5万元以上不满50万元的,在提起公诉前全部归还或者具有其他情节轻微情形的,可以不起诉,但是,因信用卡诈骗受过2次以上处罚的除外。

(2)本罪的主观方面表现为故意,并且具有非法占有的目的。有以下情形之一的,应当认定为《刑法》第196条第2款规定的"以非法占有为目的":①明知没有还款能力而大量透支,无法归还的;②肆意挥霍透支的资金,无法归还的;③透支后逃匿、改变联系方式,逃避银行催收的;④抽逃、转移资金,隐匿财产,逃避还款的;⑤使用透支的资金进行违法犯罪活动的;⑥其他非法占有资金,拒不还款的行为。

【司法适用】

1. 罪与非罪的界限

根据《刑法》的规定,构成本罪,行为人必须利用信用卡诈骗了数额较大的财物。因而,利用信用卡诈骗财物是否达到了数额较大的标准是区别信用卡诈骗罪与非罪的界限。对于数额不是较大的信用卡诈骗行为,不能以犯罪论处。根据《立案追诉标准(二)》第49条规定,进行信用卡诈骗活动,涉嫌下列情形之一的,应予立案追诉:(1)使用伪造的信用卡、以虚假的身份证明骗领的信用卡、作废的信用卡或者冒用他人信用卡,进行诈骗活动,数额在5000元以上的;(2)恶意透支,数额在5万元以上的。区别信用卡诈骗罪与非罪的另一标志是行为人主观上是否有非法占有的目的。例如,借用他人的信用卡进行购物消费,也是一种冒用信用卡的欺诈行为,但由于行为人主观上不具有非法占有他人财物的目的,因而只能在有关当事人之间形成民事法律关系,而不能构成犯罪。

在司法实践中,对于信用卡恶意透支的诈骗犯罪与信用卡善意透支的欠款纠纷容易混淆。两者都表现为行为人透支后没有及时向发卡银行归还本息的行为,区别的基本标准就是行为人主观上是否具有非法占有他人财物的目的。具体可以从以下几方面进行判断:

(1)行为人是否虚构或隐瞒了自己的真实身份。凡是行为人虚构身份进行透支的,就可以说明其主观上具有非法占有他人财物的目的,是恶意透支,而不是善意透支。

(2)行为人是否具有还款的能力。行为人在透支后有能力偿还透支的本息却拒不偿还,可以说明其主观上具有非法占有他人财物的目的;如果持卡人因信用程度差,透支后确实一时无力偿还透支的本息,应属于善意透支。

(3)行为人透支的行为方式。行为人谎称自己的信用卡丢失,向银行办理挂失手续后,又进行多次或大量透支消费的,说明其主观上具有非法占有他人财物的目的,属于恶意透支。

(4)透支的原因。在善意透支中行为人往往是急需用钱而按规定进行透支;而在恶意透支中,行为人并非出于急需或迫不得已才进行透支。

(5)透支后的表现。恶意透支的行为人在透支后往往大肆消费,或进行其他违法犯罪活动,或者透支得手后逃之夭夭。而善意透支的行为人在透支后往往能及时向发卡银行增添存款,补足透支款,并按规定交付利息。

2. 本罪与伪造金融票证罪的界限

根据《刑法》第 177 条的规定,对于“伪造信用卡”的行为,应当以伪造金融票证罪定罪处罚。而使用伪造的信用卡进行诈骗活动的,则应当依本罪定罪处罚。对于行为人伪造信用卡后又自己使用的,其伪造行为和使用行为同时触犯了伪造金融票证罪和信用卡诈骗罪两个罪名。这种情形实际上属于一种牵连犯的情形,这里伪造行为是手段行为,而使用行为则是目的行为。因此,根据对牵连犯“择一重罪从重处罚”的原则,应当按行为人的犯罪情节、数额大小等情况分别确定其在各个罪中相适应的法定刑幅度,然后比较这两个法定刑的轻重,择其重者从重处罚,而不能进行数罪并罚。如果行为人伪造信用卡的目的不仅是使用信用卡进行诈骗,还为了出售或者牟取其他利益,则应当以信用卡诈骗罪和伪造金融票证罪,实行数罪并罚。

3. 盗窃信用卡并使用的定性问题

所谓“盗窃信用卡并使用的”,包括行为人盗窃信用卡后自己使用该信用卡的,也包括行为人盗窃信用卡后交给同伙或朋友使用该信用卡的。对于前一种情况的定性,在过去的司法实践中存在分歧意见。第一种意见认为,信用卡是有价值意义的支付凭证,凭此卡可以获取财物或消费服务,盗窃信用卡就构成盗窃罪。行为人假冒持卡人的签名使用信用卡的行为是盗窃行为的继续,是实现盗窃犯罪目的所采取的手段,因此只能认定为盗窃罪。第二种意见认为,盗窃信用卡并不意味着占有了财物,财物所有权的转移主要是通过行为人用假冒方式来实现的,因而应该定诈骗罪。第三种意见认为,盗窃信用卡的行为是本罪行为,而非法使用行为是为盗窃目的服务的,是结果行为,因此是盗窃罪和诈骗罪的牵连,按照从一重处断的原则,一般以盗窃罪论处。针对上述情形,“最高人民法院就王平盗窃信用卡骗取物品如何定性问题的请示的答复”中指出,被告人盗窃信用卡后,又仿冒卡主签名进行购物、消费的行为,是将信用卡本身包含的不确定价值转化为具体财物的过程,是盗窃犯罪的继续,因此不另定诈骗罪,应以盗窃一罪定性。修订后的刑法采纳了最高人民法院的意见,在《刑法》第 196 条第 3 款对这一情况的定性作了明确规定,即盗窃信用卡并使用的,依照《刑法》第 264 条关于盗窃罪的规定定罪处刑。关于数额的计算,不应该根据窃得的信用卡上的存款数额和信用数额来认定,应该以行为人实际的消费数额或者获利数额为依据。因为信用卡上标明的是合法持卡人的存款数额和信用数额,行为人在窃得信用卡后,没有非法使用之前,只是获得了非法获利的机会,而未实际获得上述款项。所以,信用卡上标明的、而行为人实际未得到的存款数额和信用数额,不能计算为盗窃数额。对于后一种情况,如果使用者与盗窃者之间有通谋,应以盗窃罪的共犯论处;如果使用者与盗窃者之间没有通谋,使用者不知道所使用的信用卡是盗窃来的而予以使用的,对使用者则不应以盗窃罪的共犯论处,而应根据使用的具体情况和情节,依法处理。关于盗窃无效信用卡问题。无效信用卡,是指伪造的、废弃的、止付的信用卡等。单纯盗窃无效信用卡的,不构成犯罪。但是,盗窃这种信用卡后又使用或出售的,不能构成盗窃罪,而应以信用卡诈骗罪论处。

但对于盗窃他人的信用卡后而冒用的,有人认为也属于"冒用他人的信用卡"的情形。这一观点存在不合理之处。在盗窃信用卡并使用的场合,虽然存在冒用信用卡的行为,但基于信用卡代表象征意义的财产权利,行为人盗窃了信用卡并不意味着直接占有了财产,而只有通过使用才能使象征意义的财产权利转化为现实的财产所有权。因此,行为人盗窃后的冒用行为是将信用卡本身所含有的不确定价值转化为具体财物的过程,是盗窃罪的继续,在这种情况下,其中的盗窃行为的法律评价能够包含对冒用行为的法律评价,仅以盗窃罪一罪论处即可,而不宜将冒用行为评价为构成信用卡诈骗罪的行为。

【司法案例】

梁某权、梁某艺信用卡诈骗案①

[**裁判要旨**]行为人将透支款项用于合法经营,因客观原因导致无法归还透支款项的,不能认定"以非法占有为目的"。恶意透支被停卡后至催收后未满3个月期间所偿还款项应视为偿还本金,且应从犯罪数额中予以扣除。

陈某渝信用卡诈骗案②

[**裁判要旨**]恶意透支型信用卡诈骗罪是一种数额犯,只有恶意透支到一定数额时才对恶意透支的行为追究刑事责任。在恶意透支型信用卡诈骗罪中,行为人犯罪时所指向的对象只是透支的本金部分,至于后来透支本金所产生的各种费用

---

① 参见《刑事审判参考》总第105集第1120号案例。

② 参见《刑事审判参考》总第91集第841号案例。

并不是其犯罪时意图占有的部分。

王某军等信用卡诈骗案①

[**裁判要旨**]采用秘密手段窃取他人信用卡,但该卡并未激活,尚不具备信用卡具有的消费、提取现金等支付功能,实际上等同于作废、无效的卡片。被告人真正取得财物是通过激活信用卡并冒用的行为,故应当以信用卡诈骗罪论处。

第一百九十七条　【*有价证券诈骗罪*】使用伪造、变造的国库券或者国家发行的其他有价证券,进行诈骗活动,数额较大的,处五年以下有期徒刑或者拘役,并处二万元以上二十万元以下罚金;数额巨大或者有其他严重情节的,处五年以上十年以下有期徒刑,并处五万元以上五十万元以下罚金;数额特别巨大或者有其他特别严重情节的,处十年以上有期徒刑或者无期徒刑,并处五万元以上五十万元以下罚金或者没收财产。

【条文理解】

有价证券诈骗罪,是指使用伪造、变造的国库券或者国家发行的其他有价证券,进行诈骗活动,数额较大的行为。本罪的具体构成要件是:

(1)本罪侵犯的客体是双重客体,既侵犯了他人财产所有权,又侵犯了国家有价证券管理制度。所谓"有价证券",是指以票面货币价值表示的财产权利凭证,并被作为替代货币使用的信用工具或代表持有者资本所有权和资本收益要求权,在特定范围和条件下,进行支付、汇兑、信贷、清算等融资活动的凭证。它具有以下三个特征:一是有价证券必须以财产权利为内容,表明一定的财产价值。二是有价证券必须以一定的票面货币价值加以表示。三是有价证券是支付、汇兑、信贷、清算等融资活动的工具。发行有价证券的目的就在于,以有价证券为手段进行支付、汇兑、信贷、清算等金融活动,方便经济往来,提高结算效率,加速货币流通,这是有价证券最重要和最本质的特征。与本罪有关的有价证券是国库券或者国家发行的其他有价证券,亦即公债券。公债券由国家发行,由国库(国家财政)作为还款保证,它对国家金融市场的稳定起着不可低估的作用。国家发行的有价证券,包括国库券和国家发行的其他有价证券。国库券,是指为解决急需预算支出而由财政部发行的一种国家债券,其以面值发行,过一段时间后可以依法转让,

---

① 参见《刑事审判参考》总第93集第874号案例。

到期则由国家还本付息;国家发行的其他有价证券,是指国家发行的除国库券之外的载明一定财产权利的有价证券,如保值公债、国家重点建设债券、财政债券等,但不包括非国家发行的本票、汇票、支票、存单、委托付款凭证、股票、公司或企业债券等有价证券。使用伪造、变造的国库券或者国家发行的其他有价证券进行诈骗活动,不仅侵犯了国家有价证券管理制度,而且侵犯了他人的财产所有权。

(2)本罪的客观方面表现为使用伪造、变造的国库券或者国家发行的其他有价证券,进行诈骗活动,数额较大的行为。

所谓“伪造的国家发行的有价证券”,是指仿照真实的国家发行的有价证券的格式、式样、颜色、形状、面值等特征,采用印刷、复印、拓印等各种方法制作的冒充真国家有价证券的假证券。所谓“变造的国家有价证券”,是指在真实的国家有价证券上,采用涂改、掩盖、挖补、拼凑等方法加以处理以改变其内容,如增大证券的面值、张数等后的有价证券。前者是以完全的假冒充真,后者则是将真变成为不完全的真,即有部分的假。无论是伪造的国家有价证券还是变造的国家有价证券,只要行为人使用了其中之一就构成本罪;使用了两者的,也只构成本罪一罪,不能数罪并罚。所谓“使用伪造、变造的国家有价证券”,是指将之用于兑换现金、抵销债务等财产性的利益活动。所使用的既可以是自己伪造、变造的国家有价证券,也可以是他人伪造、变造的国家有价证券。无论是自己还是他人伪造、变造的国家有价证券,只要属于明知而仍加以使用,就可构成本罪。

使用伪造、变造的国家有价证券进行诈骗,达到了数额较大,才可构成本罪。根据《立案追诉标准(二)》第50条规定,使用伪造、变造的国库券或者国家发行的其他有价证券进行诈骗活动,数额在5万元以上的,应予立案追诉。如果没有达到数额较大,即使有使用伪造、变造的国家有价证券的行为,亦不能以本罪论处。数额较大,是指使用行为所骗取的财物数额较大,而不是国家证券面值的数额较大。两者可以相同,即以伪造、变造的国家有价证券获取了证券面值相同的财物;也可以相互不同,即以伪造、变造的国家有价证券获取了与之面值不相符,如多于或少于的财物。数额较大,并不是指实际所得、实际获得数额较大的财物,构成本罪且为既遂。实施了使用伪造、变造国家有价证券的行为,但由于意志以外的原因还未实际诈骗到数额巨大的财物,只要能查明行为人完全有可能获取数额巨大的财物,情节严重的,亦可构成本罪,但这时应为未遂。

(3)本罪的主体是一般主体,凡达到刑事责任年龄并具备刑事责任能力的自然人均可构成。单位亦可以成为本罪的主体。

(4)本罪的主观方面只能由故意构成,且须以非法占有为目的,如果行为人出于过失而使用有价证券,如不知是伪造、变造有价证券而使用的不构成犯罪。

【司法适用】

对于银行等金融机构工作人员使用伪造、变造的国库券等国家有价证券兑换现金的,应当如何处理的问题。

第一种观点认为,对这种行为应以有价证券诈骗罪论处。理由是,该行为完全符合有价证券诈骗罪的构成要件,而且考虑到主体的特殊性,在量刑时应当酌情从重处罚。

第二种观点认为,对这种行为应以贪污罪或者职务侵占罪论处。因为有价证券诈骗罪中的"使用"行为是一种具体的手段行为,其行为性质在于"骗",而上述情形的行为人主要不是"骗";由于这种行为具有相对隐蔽性,也并非存在于有价证券的交易活动中,也没有破坏国家有价证券管理秩序;行为人利用了职务上的便利,不仅侵犯了财产,而且侵犯了职务行为的廉洁性。

第三种观点认为,如果行为人利用了职务上的便利,则以贪污罪或者职务侵占罪论处;如果没有利用职务上的便利,则应以有价证券诈骗罪论处。

上述观点各有理由,但都存在一定缺陷。决定该行为是成立贪污罪(或职务侵占罪)还是有价证券诈骗罪,不仅取决于行为人是否利用了职务上的便利(也可能存在没有利用职务之便的情形),而且还取决于行为是否符合有价证券诈骗罪的构成要件;此外,还要考虑行为人所骗财物的性质。具体而言,可以分为以下几种情况:(1)金融机构工作人员利用职务上的便利,自己直接将伪造、变造的国库券等国家有价证券兑换为现金的,由于行为人没有对任何人实施欺骗行为,也没有任何受骗者实施财产处分行为,故完全不符合有价证券诈骗罪的构成要件。既然行为人利用了职务上的便利非法占有了金融机构资金,当然成立贪污罪或者职务侵占罪。(2)金融机构工作人员,将伪造、变造的国库券等国家有价证券作为真实有效的国库券等国家有价证券,通过本金融机构的其他工作人员或者其他金融机构的工作人员兑换现金的,由于行为人实施了欺骗行为,而且使其他工作人员陷入了认识错误并处分财产,成立有价证券诈骗罪。在这种情况下,行为人并没有利用职务上的便利,不符合贪污罪与职务侵占罪的要件。(3)金融机构工作人员利用熟悉环境的便利条件,没有经过其他工作人员的"同意"(违反其他工作人员的意志),通过在他人电脑上做兑换假账,擅自将他人管理、经手的现金据为己有,以伪造、变造的国库券等国家有价证券掩盖事实的,与直接窃取他人管理、经手的现金的行为没有本质区别,应认定为盗窃罪。

【司法案例】

章某盗窃案[①]

［**裁判要旨**］对于诈骗行为是否构成犯罪，一般通过诈骗财物的价值金额确定。而国库券作为一种国家债券的凭证，是一种有价证券，是享有债权的证明，持有国库券的，即能够享受兑付，对于被诈骗国库券的价值，应当认定为犯罪金额。但是对于已经兑付的国库券，其已经因为兑付而失去了债权凭证的作用，不再是可以兑付现金的有价证券，因此，已经兑付的国库券的票面金额，不应当认定为犯罪金额。

第一百九十八条　【保险诈骗罪】有下列情形之一，进行保险诈骗活动，数额较大的，处五年以下有期徒刑或者拘役，并处一万元以上十万元以下罚金；数额巨大或者有其他严重情节的，处五年以上十年以下有期徒刑，并处二万元以上二十万元以下罚金；数额特别巨大或者有其他特别严重情节的，处十年以上有期徒刑，并处二万元以上二十万元以下罚金或者没收财产：

（一）投保人故意虚构保险标的，骗取保险金的；

（二）投保人、被保险人或者受益人对发生的保险事故编造虚假的原因或者夸大损失的程度，骗取保险金的；

（三）投保人、被保险人或者受益人编造未曾发生的保险事故，骗取保险金的；

（四）投保人、被保险人故意造成财产损失的保险事故，骗取保险金的；

（五）投保人、受益人故意造成被保险人死亡、伤残或者疾病，骗取保险金的。

有前款第四项、第五项所列行为，同时构成其他犯罪的，依照数罪并罚的规定处罚。

单位犯第一款罪的，对单位判处罚金，并对其直接负责的主管人员和其他直接责任人员，处五年以下有期徒刑或者拘役；数额巨大或者有其他严重情节的，处五年以上十年以下有期徒刑；数额特别巨大或者有其他特别严重情节的，处十年以上有期徒刑。

保险事故的鉴定人、证明人、财产评估人故意提供虚假的证明文件，为他人诈骗提供条件的，以保险诈骗的共犯论处。

---

① 参见《刑事审判参考》总第6辑第45号案例。

【条文理解】

保险诈骗罪,是指以非法获取保险金为目的,违反保险法规,采用虚构保险标的、保险事故或者制造保险事故等方法,向保险公司骗取保险金,数额较大的行为。“虚构保险标的”,是指投保人违背保险法规定的如实告知义务,虚构一个根本不存在的保险标的或者将不合格的标的伪称为合格的标的,与保险人订立保险合同的行为。本罪的具体构成要件是:

(1)本罪侵犯的客体是国家的保险制度和保险人的财产所有权。

(2)本罪客观方面表现为违反保险法规,采取虚构保险标的、保险事故或者制造保险事故等方法,骗取较大数额保险金的行为。保险金,是指按照保险法规,投保人根据合同约定,向保险人支付保险费,待发生合同约定内的事故后获得的一定赔偿。

保险诈骗的行为方式有以下五种:

①投保人故意虚构保险标的,骗取保险金的。保险标的是指作为保险对象的物质财富及其有关利益,人的生命、健康或有关利益。故意虚构保险标的是指在与保险人订立保险合同时,故意捏造根本不存在的保险对象,以为日后编造保险事故,骗取保险金。

②投保人、被保险人或者受益人对发生的保险事故编造虚假的原因或者夸大损失的程度,骗取保险金的。保险合同约定保险人只对因保险责任范围内的原因引起的保险事故承担赔偿责任,投保人、被保险人或受益人隐瞒发生保险事故的真实原因或者将非保险责任范围内的原因谎称为保险责任范围内的原因以便骗取保险金,对确已发生保险事故造成损失的,则属于以故意夸大损失的程度来骗取额外的保险金。

③投保人、被保险人或者受益人编造未曾发生的保险事故,骗取保险金的。

④投保人、被保险人故意造成财产损失的保险事故,骗取保险金的。指在保险合同期内,人为地制造保险事故,造成财产损失,以便骗取保险金。

⑤投保人、受益人故意造成被保险人死亡、伤残或者疾病,骗取保险金的。指在人身保险中,为骗取保险金,制造赔偿条件,故意采用不法手段,造成被保险人的伤亡或疾病。

行为人具备上述五种行为方式之一,骗取保险金数额较大的,构成保险诈骗罪。

(3)个人和单位均可以成为本罪的犯罪主体,具体指投保人、被保险人、受益人。投保人是指与保险人订立保险合同,并按照保险合同负有支付保险费义务的人。被保险人是指其财产或者人身受保险合同保障,享有保险金请求权的人,投保人本人或者投保人指定的享有保险金请求权的人,可以是被保险人。受益人是指人身保险合同中由被保险人或者投保人指定的享有保险金请求权的人,投保人、被保险人可以是受益人。保险事故的鉴定人、证明人、财产评估人故意提供虚假证明文件,为他人诈骗提供条件的,以保险诈骗的共犯论处。

(4)本罪的主观方面表现为故意,并具有非法占有保险金之目的。过失不构成本罪。

【司法适用】

1. 罪与非罪的界限

关键在于骗取保险金的数额是否达到了"较大",未达较大数额,可按一般的违反保险法的行为处理,达到较大数额构成保险诈骗罪。根据《立案追诉标准(二)》第51条规定,进行保险诈骗活动,数额在5万元以上的,应予立案追诉。

2. 认定保险诈骗罪中涉及有关犯罪的问题

实施保险诈骗活动,故意以纵火、杀人、伤害、传播传染病、虐待、遗弃等行为方式制造财产损失、被保险人死亡、伤残、疾病的结果,骗取保险金的,依照《刑法》第198条第2款规定,按数罪并罚处罚。例如,放火罪与保险诈骗罪并罚,故意杀人罪与保险诈骗罪并罚,故意伤害罪与保险诈骗罪并罚,等等。

【司法案例】

王某峰、王某生故意杀人、保险诈骗案①

[**裁判要旨**]为获取实施保险诈骗所需费用而杀人取财的,属于抢劫罪与保险诈骗罪(预备)的想象竞合犯,应从一重处断,以抢劫罪论处。将他人杀死制造被保险人死亡假象以骗取保险金的,属于故意杀人罪与保险诈骗罪的想象竞合,应从一重处断,以故意杀人罪论处。制造已发生保险事故的假象,但尚未向保险公司申请赔付时案发的,属于保险诈骗罪的预备。

曾某青、黄某新保险诈骗、故意伤害案②

[**裁判要旨**]以骗取保险金为目的,帮助投保人实施自伤行为,致投保人重伤的,同时成立保险诈骗罪的帮助犯和故意伤害罪的实行犯,应从一重处断,以故意伤害罪论处,并应承担相应的民事赔偿责任,但因存在被害人同意的情况,应当予以减轻处罚。以骗取数额巨大的保险金为目的,实施保险诈骗行为,因意志以外

---

① 参见《刑事审判参考》总第28辑第198号案例。

② 参见《刑事审判参考》总第38集第296号案例。

的原因未得逞的，亦应以保险诈骗罪论处。与他人共谋伤害自己致重伤的，对本人不应以故意伤害罪论处。

徐某雷保险诈骗案①

[**裁判要旨**]挂靠车辆的实际所有者作为实际投保人和被保险人，对于保险标的具有直接的保险利益关系，完全可以成为保险诈骗罪的主体。被告人利用挂靠单位从保险公司骗得盗窃险保险金的行为，属于隐名被保险人（实际投保人）利用显名被保险人（名义投保人）名义实施的保险诈骗行为，构成保险诈骗罪的间接正犯。

第一百九十九条　【金融诈骗罪适用死刑的规定】~~犯本节第一百九十二条规定之罪，数额特别巨大并且给国家和人民利益造成特别重大损失的，处无期徒刑或者死刑，并处没收财产。~~②

【条文对照】

1997年《刑法》	2011年《刑法修正案（八）》	2015年《刑法修正案（九）》
第一百九十九条　犯本节第一百九十二条、**第一百九十四条、第一百九十五条**规定之罪，数额特别巨大并且给国家和人民利益造成特别重大损失的，处无期徒刑或者死刑，并处没收财产。	第一百九十九条　犯本节第一百九十二条规定之罪，数额特别巨大并且给国家和人民利益造成特别重大损失的，处无期徒刑或者死刑，并处没收财产。	删除

第二百条　【单位犯金融诈骗罪的处罚规定】单位犯本节第一百九十四条、第一百九十五条规定之罪的，对单位判处罚金，并对其直接负责的主管人员和其他直接责任人员，处五年以下有期徒刑或者拘役，可以并处罚金；数额巨大或者有其他严重情节的，处五年以上十年以下有期徒刑，并处罚金；数额特别巨大或者有其他特别严重情节的，处十年以上有期徒刑或者无期徒刑，并处罚金。

---

① 参见《刑事审判参考》总第61集第479号案例。

② 根据《刑法修正案（九）》删去本条内容。

【条文对照】

1997 年《刑法》	2011 年《刑法修正案(八)》	2020 年《刑法修正案(十一)》
第二百条　单位犯本节第一百九十二条、第一百九十四条、第一百九十五条规定之罪的,对单位判处罚金,并对其直接负责的主管人员和其他直接责任人员,处五年以下有期徒刑或者拘役;数额巨大或者有其他严重情节的,处五年以上十年以下有期徒刑;数额特别巨大或者有其他特别严重情节的,处十年以上有期徒刑或者无期徒刑。	第二百条　单位犯本节**第一百九十二条**、第一百九十四条、第一百九十五条规定之罪的,对单位判处罚金,并对其直接负责的主管人员和其他直接责任人员,处五年以下有期徒刑或者拘役,**可以并处罚金**;数额巨大或者有其他严重情节的,处五年以上十年以下有期徒刑,**并处罚金**;数额特别巨大或者有其他特别严重情节的,处十年以上有期徒刑或者无期徒刑,**并处罚金**。	第二百条　单位犯本节第一百九十四条、第一百九十五条规定之罪的,对单位判处罚金,并对其直接负责的主管人员和其他直接责任人员,处五年以下有期徒刑或者拘役,可以并处罚金;数额巨大或者有其他严重情节的,处五年以上十年以下有期徒刑,并处罚金;数额特别巨大或者有其他特别严重情节的,处十年以上有期徒刑或者无期徒刑,并处罚金。

【条文理解】

根据《刑法》第 30 条的规定,单位犯罪的构成要件之一是存在《刑法》分则的明文规定。否则,不得将单位作为犯罪人进行处罚。《刑法》第 192 条、第 198 条、第 200 条规定了集资诈骗罪、保险诈骗罪、票据诈骗罪和信用证诈骗罪的单位犯罪,根据反向解释,本节金融诈骗犯罪中,贷款诈骗罪、信用卡诈骗罪和有价证券诈骗罪不存在单位犯罪。

【司法适用】

以贷款诈骗罪为例,《全国法院审理金融犯罪案件工作座谈会纪要》规定:“对于单位实施的贷款诈骗行为,不能以贷款诈骗罪定罪处罚,也不能以贷款诈骗罪追究直接负责的主管人员和其他直接责任人员的刑事责任。但是,在司法实践中,对于单位十分明显地以非法占有为目的,利用签订、履行借款合同诈骗银行或其他金融机构贷款,符合刑法第二百二十四条规定的合同诈骗罪构成要件的,应当以合同诈骗罪定罪处罚。”但是 2014 年 4 月,全国人民代表大会常务委员会《关于〈中华人民共和国刑法〉第三十条的解释》中规定:“公司、企业、事业单位、机关、团体等单位实施刑法规定的危害社会的行为,刑法分则和其他法律未规定追究单位的刑事责任的,对组织、策划、实施该危害社会行为的人依法追究刑事责任。”据此,针对单位实施的贷款诈骗行为,可以对其直接负责的主管人员和其他直接责任人员追究贷款诈骗罪的刑事责任,对单位,符合合同诈骗罪构成要件的,仍应以合同诈骗罪处罚。

第六节　危害税收征管罪

第二百零一条　【逃税罪】纳税人采取欺骗、隐瞒手段进行虚假纳税申报或者不申报，逃避缴纳税款数额较大并且占应纳税额百分之十以上的，处三年以下有期徒刑或者拘役，并处罚金；数额巨大并且占应纳税额百分之三十以上的，处三年以上七年以下有期徒刑，并处罚金。

扣缴义务人采取前款所列手段，不缴或者少缴已扣、已收税款，数额较大的，依照前款的规定处罚。

对多次实施前两款行为，未经处理的，按照累计数额计算。

有第一款行为，经税务机关依法下达追缴通知后，补缴应纳税款，缴纳滞纳金，已受行政处罚的，不予追究刑事责任；但是，五年内因逃避缴纳税款受过刑事处罚或者被税务机关给予二次以上行政处罚的除外。

【条文对照】

1997年《刑法》	2009年《刑法修正案(七)》
第二百零一条　纳税人采取**伪造、变造、隐匿、擅自销毁帐簿、记帐凭证，在帐簿上多列支出或者不列、少列收入，经税务机关通知申报而拒不申报或者进行虚假的纳税申报的**手段，**不缴或者少缴应纳税款，偷税数额占应纳税额的百分之十以上不满百分之三十并且偷税数额在一万元以上不满十万元的，或者因偷税被税务机关给予二次行政处罚又偷税**的，处三年以下有期徒刑或者拘役，并处**偷税数额一倍以上五倍以下**罚金；**偷税数额占应纳税额的百分之三十以上并且偷税数额在十万元以上**的，处三年以上七年以下有期徒刑，并处**偷税数额一倍以上五倍以下**罚金。 扣缴义务人采取前款所列手段，不缴或者少缴已扣、已收税款，数额**占应缴税额的百分之十以上并且数额在一万元以上**的，依照前款的规定处罚。 对多次犯有前两款行为，未经处理的，按照累计数额计算。	第二百零一条　纳税人采取**欺骗、隐瞒**手段**进行虚假纳税申报或者不申报，逃避缴纳税款数额较大并且占应纳税额百分之十以上**的，处三年以下有期徒刑或者拘役，并处罚金；**数额巨大并且占应纳税额百分之三十以上**的，处三年以上七年以下有期徒刑，并处罚金。 扣缴义务人采取前款所列手段，不缴或者少缴已扣、已收税款，数额**较大**的，依照前款的规定处罚。 对多次实施前两款行为，未经处理的，按照累计数额计算。 **有第一款行为，经税务机关依法下达追缴通知后，补缴应纳税款，缴纳滞纳金，已受行政处罚的，不予追究刑事责任；但是，五年内因逃避缴纳税款受过刑事处罚或者被税务机关给予二次以上行政处罚的除外。**

【条文理解】

法律、行政法规规定负有纳税义务的单位和个人为纳税人,法律、行政法规规定负有代扣代缴、代收代缴税款义务的单位和个人为扣缴义务人。“应纳税额”是指某一法定纳税期限或者税务机关依法核定的纳税期间内应纳税款的总和。本条经过《刑法修正案(七)》的修改,逃税罪的行为方式由先前的列举式改为概括式。理由在于,司法实践中逃避缴纳税款行为的具体方式是各式各样的,列举逃税行为不能涵盖所有的行为模式。为了适应实践需要,立法者对此作出了修改。只要行为人采取欺骗、隐瞒手段进行虚假纳税申报或者不申报,就可能构成犯罪。扣缴义务人采取上述手段,不缴或者少缴已扣、已收税款,构成犯罪的,也可以作为犯罪主体对其处罚。

逃税罪作为一种数额犯,采用的是数额加比例的双重计算标准。逃税数额必须达到“数额较大并且占应纳税额百分之十以上”,才构成犯罪。对于“数额较大”,人民法院参照适用的标准是“十万元以上”。《立案追诉标准(二)》第52条规定:“逃避缴纳税款,涉嫌下列情形之一的,应予立案追诉:(一)纳税人采取欺骗、隐瞒手段进行虚假纳税申报或者不申报,逃避缴纳税款,数额在十万元以上并且占各税种应纳税总额百分之十以上,经税务机关依法下达追缴通知后,不补缴应纳税款、不缴纳滞纳金或者不接受行政处罚的;(二)纳税人五年内因逃避缴纳税款受过刑事处罚或者被税务机关给予二次以上行政处罚,又逃避缴纳税款,数额在十万元以上并且占各税种应纳税总额百分之十以上的;(三)扣缴义务人采取欺骗、隐瞒手段,不缴或者少缴已扣、已收税款,数额在十万元以上的。纳税人在公安机关立案后再补缴应纳税款、缴纳滞纳金或者接受行政处罚的,不影响刑事责任的追究。”

【司法适用】

1. 漏税与逃税的界限

漏税,是指纳税人因过失或无意识而漏缴或少缴税款的行为。从客观上看,逃税是采取一定手段,进行虚假纳税申报或不申报,逃避缴纳税款的行为。漏税是行为人不熟悉税法法规和财务制度,致使账簿、记账凭证等记录不符合要求,从而错误地进行了纳税申报。从主观上看,逃税是直接故意指导下的行为,行为人具有逃避缴纳税款的义务,非法占有应缴纳税款的主观目的。漏税则是过失或无意识行为,行为人在主观上不具有逃避缴纳税款义务的目的。

2. 附条件不追究行为人刑事责任

本条第4款是逃税罪中附条件不追究行为人刑事责任及但书规定。行为人逃避缴纳税款构成犯罪的,如果行为人经税务机关依法下达追缴通知后,及时补缴应纳税款，缴纳滞纳金，接受行政处罚，不构成犯罪。但如果 5 年内因逃避缴纳税款受过刑事处罚或者被税务机关给予 2 次以上行政处罚，仍可以认定构成犯罪。“受过刑事处罚”，是指行为人受到人民法院的有罪宣告。但逃税行为被人民检察院作出相对不起诉处理的，不应认定为受到刑事处罚。“二次以上行政处罚”中的“二次”，应是指因逃税受到行政处罚后又逃税而再次被给予行政处罚，即行为人受到 2 次行政处罚，第三次再逃税的，才认定犯罪的成立。

【司法案例】

邵阳市一品商品混凝土搅拌站等逃税案①

［**裁判要旨**］逃税案在适用程序上一般应遵循行政处罚前置于刑事处罚的原则。当纳税人符合 5 年内因逃避缴纳税款受过刑事处罚或者被税务机关给予 2 次以上行政处罚又逃税情形，只要达到了立案追诉标准，公安机关可直接立案。同时，该情形仅系对适用逃税罪处罚阻却事由作出限定，并不能得出对纳税人逃税的数额计算只能从第三次计算，对以前刑事处罚或行政处罚节点前的所有逃税行为及数额不予追究的结论，否则就是将逃税罪处罚阻却事由的限制规定与逃税罪的构成要件相混淆，也与逃税行为的行政、刑事处罚时效规定不符。

芦某兴虚开抵扣税款发票案②

［**裁判要旨**］主观无使用虚开发票抵扣税款的目的，客观无抵扣行为，不构成虚开用于抵扣税款发票罪，造成国家税款流失的，构成逃税罪。

第二百零二条　【抗税罪】以暴力、威胁方法拒不缴纳税款的，处三年以下有期徒刑或者拘役，并处拒缴税款一倍以上五倍以下罚金；情节严重的，处三年以上七年以下有期徒刑，并处拒缴税款一倍以上五倍以下罚金。

【条文理解】

构成本罪的行为方式是以暴力、威胁方法拒不缴纳税款。抗税行为由两部分组成：一是对税务机关和税务人员使用暴力、威胁的方法；二是拒不缴纳税款的行为。“暴力”，是指对税务机关进行冲击、打砸等，对税务人员采取殴打、推搡、人身

① 参见湖南省双牌县人民法院（2015）双刑初字第 86 号刑事判决书；湖南省邵阳市中级人民法院（2015）邵中刑二终字第 91 号刑事裁定书。本案例收录于《人民司法·案例》2019 年第 17 期。

② 参见《刑事审判参考》总第 17 集第 110 号案例。

强制、伤害等方式直接侵害其人身安全的行为。“威胁”,是指行为人以杀害、伤害或者毁坏名誉、破坏其财产等方式要挟税务人员,企图使税务人员不能或不敢正常履行税收征管职责,从而达到不缴或少缴税款的目的。

情节严重是本罪的法定刑升格的条件。《偷税抗税案件解释》第5条规定:“实施抗税行为具有下列情形之一的,属于刑法第二百零二条规定的‘情节严重’:(一)聚众抗税的首要分子;(二)抗税数额在十万元以上的;(三)多次抗税的;(四)故意伤害致人轻伤的;(五)具有其他严重情节。”

【司法适用】

1. 罪与非罪的界限

区分抗税罪与一般抗税行为关键在于情节是否轻微。对于“情节”的认定,可考虑两方面内容:一是暴力的程度、造成的后果及威胁的内容;二是抗缴税款数额和抗税次数。抗税数额较小,并且没有使用明显暴力、威胁方法,未造成严重后果或只有一般威胁语言的,则属于情节轻微,不构成犯罪。《立案追诉标准(二)》第53条规定:“以暴力、威胁方法拒不缴纳税款,涉嫌下列情形之一的,应予立案追诉:(一)造成税务工作人员轻微伤以上的;(二)以给税务工作人员及其亲友的生命、健康、财产等造成损害为威胁,抗拒缴纳税款的;(三)聚众抗拒缴纳税款的;(四)以其他暴力、威胁方法拒不缴纳税款的。”

2. 对于抗税过程中致人重伤、死亡如何处理的问题

根据《偷税抗税案件解释》第6条规定:“实施抗税行为致人重伤、死亡,构成故意伤害罪、故意杀人罪的,分别依照刑法第二百三十四条第二款、第二百三十二条的规定定罪处罚。与纳税人或者扣缴义务人共同实施抗税行为的,以抗税罪的共犯依法处罚。”此处的“致人重伤、死亡”不包括过失致人重伤、死亡。如果行为人实施了抗税罪规定的“以暴力、威胁方法拒不缴纳税款”的行为,但在抗税过程中,没有故意伤害或故意杀人的主观目的,而是出于过失造成他人重伤、死亡后果,属于刑法理论上的想象竞合犯,应择一重罪处断,以抗税罪从重处罚。

第二百零三条 【逃避追缴欠税罪】纳税人欠缴应纳税款,采取转移或者隐匿财产的手段,致使税务机关无法追缴欠缴的税款,数额在一万元以上不满十万元的,处三年以下有期徒刑或者拘役,并处或者单处欠缴税款一倍以上五倍以下罚金;数额在十万元以上的,处三年以上七年以下有期徒刑,并处欠缴税款一倍以上五倍以下罚金。

【条文理解】

本罪的客观要件表现为行为人具有逃避欠缴税款的行为,并且该行为直接导致了税务机关无法追缴欠缴税款的结果。

构成本罪的前提条件是存在欠税事实。《税收征收管理法》第31条规定:“纳税人、扣缴义务人按照法律、行政法规规定或者税务机关依照法律、行政法规的规定确定的期限,缴纳或者解缴税款。纳税人因有特殊困难,不能按期缴纳税款的,经省、自治区、直辖市国家税务局、地方税务局批准,可以延期缴纳税款,但是最长不得超过三个月。”欠税是指纳税人没有在税务机关规定的纳税期限之内按时缴纳税款,或者故意拖欠税款的行为。考察是否存在欠税事实需要判断纳税人、扣缴义务人欠税是否经过法定的纳税期限。如果没有超过法定的纳税期限,则不存在逃避追缴欠税罪所要求的“欠税”事实。

本罪名规定的逃避欠缴税款的行为主要有两种:一是转移财产;二是隐匿财产。转移财产是指行为人将属于其所有的财产转移到其经营场所和法定居所以外的地方的行为。隐匿财产则是指行为人将属于自己的财产隐蔽起来的行为。如果行为人不对转移的财产享有所有权,则不能认为行为人具有转移、隐匿财产的行为。同时,对于行为人未转移或者隐匿财产,而是其本人逃匿或者躲藏起来,致使税务机关无法找到行为人的,不构成逃避追缴欠税罪。

【司法适用】

1. 罪与非罪的界限

逃避追缴欠税罪属于结果犯,需要达到一定的危害后果才能构成本罪,即逃避追缴欠税需要达到一定的数额,如果未达到相应的数额则不构成犯罪。《立案追诉标准(二)》第54条规定:“纳税人欠缴应纳税款,采取转移或者隐匿财产的手段,致使税务机关无法追缴欠缴的税款,数额在一万元以上的,应予立案追诉。”这里所说的“数额”是税务机关运用行政强制手段,例如税收保全、税收强制执行等手段都无法追回的欠税数额,而非行为人转移或隐匿的财产数额,也不是行为人的实际欠税数额。这三个数额有时是相同的,但有时是不相同的,必须严格解释为“无法追回的欠税数额”,否则有违罪刑法定原则。无法追缴的欠税达不到法定数额的,由税务部门依法作行政处罚。

2. 本罪与逃税罪的界限

两罪侵犯的客体都是国家的税收管理制度,犯罪主体都是负有纳税义务的人,即纳税人及扣缴义务人。逃避追缴欠税罪与逃税罪在征纳税款的环节上有所不同,前者是欠税缴纳环节,后者是申报缴纳环节。在行为方式上,逃避追缴欠税罪是通过转移、隐匿财产的方式，躲避税务机关追缴税款；逃税罪是通过伪造账簿、记账凭证等欺骗、隐瞒手段，在申报缴纳环节进行虚假纳税申报或者不申报。行为人逃税后，又采取转移、隐匿财产的方式，致使税务机关无法追缴欠缴税款，构成犯罪的，应以逃税罪和逃避追缴欠税罪数罪并罚。

【司法案例】

北京世纪陈氏红菜坊餐饮有限公司等逃避追缴欠税案①

[**裁判要旨**]逃避追缴欠税案中确定被告单位是否存在应纳税款，需对被告单位的实际支出情况及留存的凭证进行审查，不能将发票视为唯一合法有效的税前扣除凭证。

第二百零四条　【骗取出口退税罪】以假报出口或者其他欺骗手段，骗取国家出口退税款，数额较大的，处五年以下有期徒刑或者拘役，并处骗取税款一倍以上五倍以下罚金；数额巨大或者有其他严重情节的，处五年以上十年以下有期徒刑，并处骗取税款一倍以上五倍以下罚金；数额特别巨大或者有其他特别严重情节的，处十年以上有期徒刑或者无期徒刑，并处骗取税款一倍以上五倍以下罚金或者没收财产。

【逃税罪】纳税人缴纳税款后，采取前款规定的欺骗方法，骗取所缴纳的税款的，依照本法第二百零一条的规定定罪处罚；骗取税款超过所缴纳的税款部分，依照前款的规定处罚。

【条文理解】

根据我国税法及相关实施细则等有关规定，国家为了鼓励出口，实行出口退税的优惠政策，即通过退还出口商品已缴纳的国内税，使我国商品以不含税的成本进入国际市场进行流通，提高我国商品的国际竞争力。但实践中，有不法分子通过采取假报出口等欺骗手段，骗取出口退税，破坏国家的税收秩序，因此有必要对此类行为进行刑法规制。

骗取出口退税的手段行为有两种：一是假报出口，二是其他欺骗手段。《骗取出口退税案件解释》规定，“假报出口”，是指以虚构已税货物出口事实为目的，具

---

① 参见北京市顺义区人民法院(2017)京0113刑初1246号刑事判决书；北京市第三中级人民法院(2018)京03刑终698号刑事裁定书。

有下列情形之一的行为:(1)伪造或者签订虚假的买卖合同;(2)以伪造、变造或者其他非法手段取得出口货物报关单、出口收汇核销单、出口货物专用缴款书等有关出口退税单据、凭证;(3)虚开、伪造、非法购买增值税专用发票或者其他可以用于出口退税的发票;(4)其他虚构已税货物出口事实的行为。“其他欺骗手段”是指具有下列情形之一的行为:(1)骗取出口货物退税资格的;(2)将未纳税或者免税货物作为已税货物出口的;(3)虽有货物出口,但虚构该出口货物的品名、数量、单价等要素,骗取未实际纳税部分出口退税款的;(4)以其他手段骗取出口退税款的。

行为人以假报出口或者其他欺骗手段,骗取国家出口退税款,款项需要达到一定数额才能认定构成本罪。《立案追诉标准(二)》第55条规定:“以假报出口或者其他欺骗手段,骗取国家出口退税款,数额在十万元以上的,应予立案追诉。”

【司法适用】

1. 本罪与逃税罪的界限

逃税罪骗取的税款是行为人应当缴纳,但未缴纳的税款,而骗取出口退税罪骗取的税款却是国家已经掌控的税款,二者有本质的区别,主要表现在三个方面:(1)客观方面不同。逃税罪表现为通过伪造、变造、隐匿、擅自销毁账簿、记账凭证,在账簿上多列支出或者不列、少列收入,拒不申报纳税或者进行虚假纳税申报等手段,逃避应缴纳的税款;骗取出口退税罪则是行为人采取假报出口或者其他欺骗手段骗取出口退税款的。(2)主观方面不同。逃税罪的目的是行为人在有纳税义务的情况下,不缴或少缴税款、逃避纳税义务;骗取出口退税的目的,则是行为人在未实际履行纳税义务的情况下,从国家的出口退税款中获取非法利益。(3)犯罪主体不同。逃税罪是特殊主体,即纳税人,包括扣缴义务人;而骗取出口退税罪是一般主体,既可由纳税人构成,也可由非纳税人构成。

2. 构成骗取出口退税罪的情形

行为人在没有缴纳税款的情况下,采取假报出口等欺骗方法,骗取所缴纳的税款的,可能成立骗取出口退税罪。本条第2款规定,纳税人在缴纳税款后,采取假报出口等欺骗方法,骗取所缴纳的税款的,成立逃税罪。对于骗取税款超过所缴纳的税款部分,则应认定为骗取出口退税罪,与逃税罪实行并罚。换言之,在纳税后,行为人骗取所缴纳的税款数额的多少,可以决定行为人是单独构成逃税罪还是以逃税罪和骗取出口退税罪数罪并罚。

【司法案例】

中国包装进出口陕西公司、侯某万骗取出口退税案[①]

[**裁判要旨**]对于“明知他人意欲骗取出口退税款”的认定，不能只听被告人的辩解，必须根据“主客观相一致”的原则，结合具体行为加以认定。

杨某林、曹某强等骗取出口退税案[②]

[**裁判要旨**]有进出口经营权的公司将代理出口业务伪造成自营出口业务，致使国家税款被骗的，可以认定具有骗取国家出口退税款的主观故意。

第二百零五条　【*虚开增值税专用发票、用于骗取出口退税、抵扣税款发票罪*】虚开增值税专用发票或者虚开用于骗取出口退税、抵扣税款的其他发票的，处三年以下有期徒刑或者拘役，并处二万元以上二十万元以下罚金；虚开的税款数额较大或者有其他严重情节的，处三年以上十年以下有期徒刑，并处五万元以上五十万元以下罚金；虚开的税款数额巨大或者有其他特别严重情节的，处十年以上有期徒刑或者无期徒刑，并处五万元以上五十万元以下罚金或者没收财产。

单位犯本条规定之罪的，对单位判处罚金，并对其直接负责的主管人员和其他直接责任人员，处三年以下有期徒刑或者拘役；虚开的税款数额较大或者有其他严重情节的，处三年以上十年以下有期徒刑；虚开的税款数额巨大或者有其他特别严重情节的，处十年以上有期徒刑或者无期徒刑。

虚开增值税专用发票或者虚开用于骗取出口退税、抵扣税款的其他发票，是指有为他人虚开、为自己虚开、让他人为自己虚开、介绍他人虚开行为之一的。

---

① 参见《刑事审判参考》总第37集第287号案例。

② 参见《刑事审判参考》总第42集第329号案例。

【条文对照】

1997 年《刑法》	2011 年《刑法修正案(八)》
第二百零五条　虚开增值税专用发票或者虚开用于骗取出口退税、抵扣税款的其他发票的,处三年以下有期徒刑或者拘役,并处二万元以上二十万元以下罚金;虚开的税款数额较大或者有其他严重情节的,处三年以上十年以下有期徒刑,并处五万元以上五十万元以下罚金;虚开的税款数额巨大或者有其他特别严重情节的,处十年以上有期徒刑或者无期徒刑,并处五万元以上五十万元以下罚金或者没收财产。 **有前款行为骗取国家税款,数额特别巨大,情节特别严重,给国家利益造成特别重大损失的,处无期徒刑或者死刑,并处没收财产。** 单位犯本条规定之罪的,对单位判处罚金,并对其直接负责的主管人员和其他直接责任人员,处三年以下有期徒刑或者拘役;虚开的税款数额较大或者有其他严重情节的,处三年以上十年以下有期徒刑;虚开的税款数额巨大或者有其他特别严重情节的,处十年以上有期徒刑或者无期徒刑。 虚开增值税专用发票或者虚开用于骗取出口退税、抵扣税款的其他发票,是指有为他人虚开、为自己虚开、让他人为自己虚开、介绍他人虚开行为之一的。	第二百零五条　虚开增值税专用发票或者虚开用于骗取出口退税、抵扣税款的其他发票的,处三年以下有期徒刑或者拘役,并处二万元以上二十万元以下罚金;虚开的税款数额较大或者有其他严重情节的,处三年以上十年以下有期徒刑,并处五万元以上五十万元以下罚金;虚开的税款数额巨大或者有其他特别严重情节的,处十年以上有期徒刑或者无期徒刑,并处五万元以上五十万元以下罚金或者没收财产。 单位犯本条规定之罪的,对单位判处罚金,并对其直接负责的主管人员和其他直接责任人员,处三年以下有期徒刑或者拘役;虚开的税款数额较大或者有其他严重情节的,处三年以上十年以下有期徒刑;虚开的税款数额巨大或者有其他特别严重情节的,处十年以上有期徒刑或者无期徒刑。 虚开增值税专用发票或者虚开用于骗取出口退税、抵扣税款的其他发票,是指有为他人虚开、为自己虚开、让他人为自己虚开、介绍他人虚开行为之一的。

【条文理解】

本条所指的"虚开",是指有为他人虚开、为自己虚开、让他人为自己虚开、介绍他人虚开增值税专用发票或者用于骗取出口退税、抵扣税款的其他发票其中之一的行为。虚开行为有为骗取税款而"虚开",还有其他非以骗取税款为目的的"虚开",但构成本罪必须是以骗取国家税款为目的,行为人主观上不具有偷骗税款的目的,客观上亦未实际造成国家税收损失的虚开行为,不构成本罪。

增值税专用发票是增值税发票的一种。除此之外,增值税发票还包括增值税普通发票。本罪所指的增值税专用发票不包括增值税普通发票,如虚开增值税普通发票,符合《刑法》第 205 条之一的情形,可以认定构成虚开发票罪。立法解释也对出口退税、抵扣税款的其他发票作出了明确的规定。全国人民代表大会常务委员会《关于〈中华人民共和国刑法〉有关出口退税、抵扣税款的其他发票规定的解释》规定:"刑法规定的'出口退税、抵扣税款的其他发票',是指除增值税专用发票以外的,具有出口退税、抵扣税款功能的收付款凭证或者完税凭证。”

【司法适用】

对于虚开增值税专用发票、用于骗取出口退税、抵扣税款发票罪,刑法没有规定起刑点。虚开增值税专用发票、用于骗取出口退税、抵扣税款发票要求行为人虚开的税款数额达到一定的标准,否则属于情节显著轻微、危害不大的行为,不作为犯罪处理。《立案追诉标准(二)》第56条规定,虚开增值税专用发票或者虚开用于骗取出口退税、抵扣税款的其他发票,虚开的税款数额在10万元以上或者造成国家税款损失数额在5万元以上的,应予立案追诉。

根据2020年7月22日最高人民检察院《关于充分发挥检察职能服务保障“六稳”“六保”的意见》,依法慎重处理企业涉税案件。注意把握一般涉税违法行为与以骗取国家税款为目的的涉税犯罪的界限,对于有实际生产经营活动的企业为虚增业绩、融资、贷款等非骗税目的且没有造成税款损失的虚开增值税专用发票行为,不以虚开增值税专用发票罪定性处理,依法作出不起诉决定的,移送税务机关给予行政处罚。

【司法案例】

普宁市流沙经济发展公司等单位虚开增值税专用发票案①

[**裁判要旨**]明知他人正在从事虚开增值税专用发票、骗取国家出口退税犯罪活动的,仍以单位名义向其提供资金或贷款的,符合共同犯罪中帮助犯的构成要件。该单位构成虚开增值税专用发票罪,单位主管人员或直接责任人仍应以虚开增值税专用发票罪定罪处罚。

王某梅、王某斌、陈某平走私普通货物、虚开增值税专用发票案②

[**裁判要旨**]行为人以走私的货物委托他人虚开增值税专用发票用以抵缴税款,是行为人在走私行为完成之后,另起犯意实施了以走私的货物委托他人虚开增值税专用发票的行为。行为人实施了两个独立的犯罪行为,且并不是出于一个犯罪目的,彼此不存在牵连关系,应当数罪并罚。

---

① 参见《刑事审判参考》总第31辑第232号案例。

② 参见《刑事审判参考》总第43集第336号案例。

第二百零五条之一 【虚开发票罪】虚开本法第二百零五条规定以外的其他发票,情节严重的,处二年以下有期徒刑、拘役或者管制,并处罚金;情节特别严重的,处二年以上七年以下有期徒刑,并处罚金。

单位犯前款罪的,对单位判处罚金,并对其直接负责的主管人员和其他直接责任人员,依照前款的规定处罚。

【条文对照】

1997 年《刑法》	2011 年《刑法修正案(八)》
无	**第二百零五条之一 虚开本法第二百零五条规定以外的其他发票,情节严重的,处二年以下有期徒刑、拘役或者管制,并处罚金;情节特别严重的,处二年以上七年以下有期徒刑,并处罚金。** **单位犯前款罪的,对单位判处罚金,并对其直接负责的主管人员和其他直接责任人员,依照前款的规定处罚。**

【条文理解】

发票,是指在购销商品、提供或者接受服务以及从事其他经营活动中,开具、收取的收付款凭证。发票包括但不限于增值税普通发票、增值税专用发票、行业发票、专用发票。行业发票,是指用于某个行业和经营业务,如商业零售统一发票、商业批发统一发票、工业企业产品销售统一发票等。专用发票适用于某一经营项目,如广告费用结算发票、商品房销售发票等。本条所指的发票是除增值税专用发票、用于骗取出口退税、抵扣税款发票以外的发票。虚开上述发票,构成犯罪的,以虚开发票罪定罪处刑。

虚开普通发票,是指没有商品购销或者没有提供、接受劳务、服务而开具普通发票,或者虽有商品购销或者提供、接受了劳务、服务,但开具数量或金额不实的普通发票的行为。虚开发票罪中"虚开"的方式,应当与《刑法》第 205 条是一致的,即为他人虚开、为自己虚开、让他人为自己虚开、介绍他人虚开四种。行为人实施的行为符合上述方式之一的,都属于本罪规定的虚开发票行为。

【司法适用】

1. 罪与非罪的界限

行为人实施了虚开本条所指的发票的行为,还应达到"情节严重",才能认定构成本罪。"情节严重"可以从以下几方面进行认定:虚开普通发票的数量或者虚开金额数额;是否因虚开普通发票受到过行政处罚或刑事处罚;有无其他恶劣情节等。《立案追诉标准(二)》第 57 条规定:"虚开刑法第二百零五条规定以外的其他发票,涉嫌下列情形之一的,应予立案追诉:(一)虚开发票金额累计在五十万元以上的;(二)虚开发票一百份以上且票面金额在三十万元以上的;(三)五年内因虚开发票受过刑事处罚或者二次以上行政处罚,又虚开发票,数额达到第一、二项标准百分之六十以上的。"

2. 本罪与虚开增值税专用发票罪的界限

区分二者的界限,关键需要判断行为人虚开的发票类型。二者的主要区别就是犯罪对象不同,虚开增值税专用发票罪的犯罪对象是增值税专用发票,虚开发票罪的犯罪对象是《刑法》第205条规定以外的其他发票。

【司法案例】

崔某兵虚开发票案①

[**裁判要旨**]具有从税务机关领取发票的主体资格,但在涉案发票显示的两单位没有货物购销或服务交易的前提下,仍为他人虚假开具发票,无论是否从中赚取佣金,都可以构成虚开发票罪。

第二百零六条　【伪造、出售伪造的增值税专用发票罪】伪造或者出售伪造的增值税专用发票的,处三年以下有期徒刑、拘役或者管制,并处二万元以上二十万元以下罚金;数量较大或者有其他严重情节的,处三年以上十年以下有期徒刑,并处五万元以上五十万元以下罚金;数量巨大或者有其他特别严重情节的,处十年以上有期徒刑或者无期徒刑,并处五万元以上五十万元以下罚金或者没收财产。

单位犯本条规定之罪的,对单位判处罚金,并对其直接负责的主管人员和其他直接责任人员,处三年以下有期徒刑、拘役或者管制;数量较大或者有其他严重情节的,处三年以上十年以下有期徒刑;数量巨大或者有其他特别严重情节的,处十年以上有期徒刑或者无期徒刑。

---

① 参见北京市朝阳区人民法院(2012)朝刑初字第1764号刑事判决书。本案例收录于《人民司法·案例》2013年第12期。

【条文对照】

1997 年《刑法》	2011 年《刑法修正案(八)》
第二百零六条　伪造或者出售伪造的增值税专用发票的,处三年以下有期徒刑、拘役或者管制,并处二万元以上二十万元以下罚金;数量较大或者有其他严重情节的,处三年以上十年以下有期徒刑,并处五万元以上五十万元以下罚金;数量巨大或者有其他特别严重情节的,处十年以上有期徒刑或者无期徒刑,并处五万元以上五十万元以下罚金或者没收财产。 **伪造并出售伪造的增值税专用发票,数量特别巨大,情节特别严重,严重破坏经济秩序的,处无期徒刑或者死刑,并处没收财产。** 单位犯本条规定之罪的,对单位判处罚金,并对其直接负责的主管人员和其他直接责任人员,处三年以下有期徒刑、拘役或者管制;数量较大或者有其他严重情节的,处三年以上十年以下有期徒刑;数量巨大或者有其他特别严重情节的,处十年以上有期徒刑或者无期徒刑。	第二百零六条　伪造或者出售伪造的增值税专用发票的,处三年以下有期徒刑、拘役或者管制,并处二万元以上二十万元以下罚金;数量较大或者有其他严重情节的,处三年以上十年以下有期徒刑,并处五万元以上五十万元以下罚金;数量巨大或者有其他特别严重情节的,处十年以上有期徒刑或者无期徒刑,并处五万元以上五十万元以下罚金或者没收财产。 单位犯本条规定之罪的,对单位判处罚金,并对其直接负责的主管人员和其他直接责任人员,处三年以下有期徒刑、拘役或者管制;数量较大或者有其他严重情节的,处三年以上十年以下有期徒刑;数量巨大或者有其他特别严重情节的,处十年以上有期徒刑或者无期徒刑。

【条文理解】

伪造增值税专用发票,是指仿照增值税专用发票的形状、样式、色彩、图案等,使用各种仿制方法制造假增值税专用发票的行为。出售伪造的增值税专用发票,是指将伪造的增值税发票出售、进行牟利的行为。行为人只要实施了上述其中的一种行为就构成本罪。伪造或出售伪造的增值税专用发票的行为违反了国家税收征管法律法规、国家发票管理法规。《发票管理办法》第 7 条规定:“增值税专用发票由国务院税务主管部门确定的企业印制……禁止私自印制、伪造、变造发票。”伪造,是指仿照增值税专用发票的内容、专用纸、荧光油墨、形状、图案、色彩等,使用印制、复印、描绘等手段制造假增值税发票的行为。出售,是指以营利为目的,以各种方式,通过各种途径以一定的价格卖出伪造的增值税专用发票的行为。出售既包括出售本人伪造的增值税专用发票,也包括出售他人伪造的增值税专用发票。

【司法适用】

《刑法》并未对本罪名设置起刑点。因此,只要实施了伪造、出售伪造的增值税专用发票的行为,就构成犯罪。但对于情节显著轻微,危害不大的,可以不认为是犯罪。判断是否构成本罪的依据是行为人伪造或者出售伪造的增值税专用发票的数量多少及票面额大小。《立案追诉标准(二)》第58条规定:“伪造或者出售伪造的增值税专用发票,涉嫌下列情形之一的,应予立案追诉:(一)票面税额累计在十万元以上的;(二)伪造或者出售伪造的增值税专用发票十份以上且票面税额在六万元以上的;(三)非法获利数额在一万元以上的。”

最高人民法院《关于适用〈全国人民代表大会常务委员会关于惩治虚开、伪造和非法出售增值税专用发票犯罪的决定〉的若干问题的解释》明确,伪造并出售同一宗增值税专用发票的,数量或者票面额不重复计算。变造增值税专用发票的,按照伪造增值税专用发票行为处理。

伪造、出售伪造的增值税专用发票罪的犯罪对象是增值税专用发票,如果伪造、出售伪造的增值税专用发票以外的其他发票,则不构成本罪。若构成非法制造、出售非法制造的发票罪,则以该罪论处。

第二百零七条　【非法出售增值税专用发票罪】非法出售增值税专用发票的,处三年以下有期徒刑、拘役或者管制,并处二万元以上二十万元以下罚金;数量较大的,处三年以上十年以下有期徒刑,并处五万元以上五十万元以下罚金;数量巨大的,处十年以上有期徒刑或者无期徒刑,并处五万元以上五十万元以下罚金或者没收财产。

【条文理解】

非法出售增值税专用发票罪,是指拥有增值税专用发票的个人或单位,非法向他人或单位售卖的行为。所谓“非法出售”,是指行为人将增值税专用发票提供给他人并收取一定价款的行为,对于租用、转让、赠与等无所有权转让的行为不应认定为“非法出售”。本罪所指的“增值税专用发票”须是真实的发票,而非假发票,否则应当构成出售伪造的增值税专用发票罪。本罪为一般犯罪主体,包括单位和个人,既可以是发票的合法拥有者,如印刷企业、税务机关、一般纳税人等,也包括通过各种非法渠道获得发票的个人或单位,如非法购买、盗窃、诈骗而拥有者。

【司法适用】

1. 非法出售增值税专用发票罪与徇私舞弊发售发票、抵扣税款、出口退税罪之间属于交叉的法条竞合关系

徇私舞弊发售发票、抵扣税款、出口退税罪,是指税务机关工作人员违反法律、行政法规的规定,在办理发售发票工作中,徇私舞弊,致使国家利益遭受重大

损失的行为。当税务机关工作人员在发售发票中违反法律法规规定向不合格的纳税人或其他人发售发票,同时构成非法出售增值税专用发票罪与徇私舞弊发售发票、抵扣税款、出口退税罪时,应当按照特殊法条优于一般法条的处理规则,认定构成徇私舞弊发售发票、抵扣税款、出口退税罪。

从非法出售增值税专用发票罪所保护的法益看,认定该罪无须具有其他目的。该罪侵犯的是我国对增值税专用发票严格的领购制度,增值税专用发票只能由增值税一般纳税人到指定的税务机关凭相应凭证采取以旧换新方式进行领购,其他任何单位和个人都不得实施买卖增值税专用发票的行为。虚开增值税专用发票罪和非法出售增值税专用发票罪可能构成想象竞合关系。开票方如果明知受票方购买的目的是骗取税款,依旧进行非法出售,则同时构成虚开和非法出售增值税专用发票罪,应择一重罪处罚;如果开票方不知道是为骗取税款,则其出售行为只构成非法出售增值税专用发票罪,此时受票方抵扣税款造成的税款流失可以作为开票方的量刑情节。

2. 罪与非罪的界限

本罪是行为犯,只要实施了非法出售增值税专用发票的行为,就构成犯罪。但对于情节显著轻微,危害不大的,可以不认为是犯罪。判断情节是否属于“显著轻微”,主要依据是行为人非法出售增值税专用发票的数量多少及票面额大小。判断是否构成本罪的主要依据行为人是非法出售增值税专用发票的数量多少及票面额大小。《立案追诉标准(二)》第59条规定:“非法出售增值税专用发票,涉嫌下列情形之一的,应予立案追诉:(一)票面税额累计在十万元以上的;(二)非法出售增值税专用发票十份以上且票面税额在六万元以上的;(三)非法获利数额在一万元以上的。”

【司法案例】

黄某波非法出售增值税专用发票案①

[**裁判要旨**]基于司法解释先天滞后于社会经济发展,当适用既有司法解释判罚非法出售增值税专用发票罪案件量刑畸重而显失公平时,可以参照犯罪性质、社会危害性相当的虚开增值税专用发票罪的量刑标准予以处罚。

① 参见四川省成都市金牛区人民法院(2017)川0106刑初1094号刑事判决书。本案例收录于《人民司法·案例》2019年第5期。

第二百零八条　【非法购买增值税专用发票、购买伪造的增值税专用发票罪】**非法购买增值税专用发票或者购买伪造的增值税专用发票的，处五年以下有期徒刑或者拘役，并处或者单处二万元以上二十万元以下罚金。**

【虚开增值税专用发票、用于骗取出口退税、抵扣税款发票罪；伪造、出售伪造的增值税专用发票罪；非法出售增值税专用发票罪】**非法购买增值税专用发票或者购买伪造的增值税专用发票又虚开或者出售的，分别依照本法第二百零五条、第二百零六条、第二百零七条的规定定罪处罚。**

【条文理解】

非法购买增值税专用发票或者购买伪造的增值税专用发票罪是针对增值税发票类犯罪中受票环节设置的罪名。该罪属于选择罪名，在客观上包括两个方面，一是非法购买增值税专用发票，其犯罪对象为真实的增值税专用发票，行为方式为非法购买，也即违反《发票管理办法》等其他关于购买增值税专用发票管理法规；二是购买伪造的增值税专用发票，其犯罪对象为伪造的增值税专用发票，行为方式为购买，购买伪造的发票本身便具有违法性。

本条第 2 款是关于罪数方面的规定，对于非法购买增值税专用发票或者购买伪造的增值税专用发票同时还具有虚开或出售的行为的，属于两个牵连行为触犯不同的罪名，法定为一罪，应认定构成虚开发票罪，伪造、出售伪造的增值税专用发票罪或非法出售增值税专用发票罪等目的行为的相关犯罪。

【司法适用】

非法购买增值税专用发票罪与购买伪造的增值税专用发票罪处于同一条文中，因而误把伪造的增值税发票当真实的增值税发票，或者误把真实的当伪造的而购买，均属于同一构成要件内的错误，这种认识错误不影响认定犯罪成立与否。根据最高人民法院《关于适用〈全国人民代表大会常务委员会关于惩治虚开、伪造和非法出售增值税专用发票犯罪的决定〉的若干问题的解释》第 4 条规定，非法购买真、伪两种增值税专用发票的，数量累计计算，不实行数罪并罚。

从刑法解释的统一性来看，购买增值税专用发票属于行为犯，只要行为人主观上对购买的对象明知，客观上实施了非法买卖的行为，就可以构成该类犯罪。因此，只要行为人明知买卖的是增值税专用发票而仍予以买卖，就可以构成非法购买增值税专用发票、购买伪造的增值税专用发票罪。行为人有其他特定目的，还可能构成其他犯罪。介绍他人开具、让他人为自己开具无真实货物购销的增值税专用发票的行为不构成虚开增值税专用发票罪与非法出售增值税专用发票罪或者非法购买增值税专用发票罪的想象竞合,而属于虚开增值税专用发票罪与非法出售增值税专用发票罪或者非法购买增值税专用发票罪的牵连犯,根据《刑法》第208条第2款,以虚开增值税专用发票罪定罪。

在本罪的入罪标准上,《立案追诉标准(二)》第60条的规定:“非法购买增值税专用发票或者购买伪造的增值税专用发票,涉嫌下列情形之一的,应予立案追诉:(一)非法购买增值税专用发票或者购买伪造的增值税专用发票二十份以上且票面税额在十万元以上的;(二)票面税额累计在二十万元以上的。”

【司法案例】

赵某等虚开增值税专用发票案①

[**裁判要旨**]为抵扣之前为他人虚开增值税专用发票而产生的销项发票,让他人为自己虚开增值税专用进项发票的,不构成虚开增值税专用发票罪。如果在此过程中,受票方支付开票方一定费用,则受票方可构成非法购买增值税专用发票罪,开票方可构成非法出售增值税专用发票罪。

第二百零九条 【非法制造、出售非法制造的用于骗取出口退税、抵扣税款发票罪】**伪造、擅自制造或者出售伪造、擅自制造的可以用于骗取出口退税、抵扣税款的其他发票的,处三年以下有期徒刑、拘役或者管制,并处二万元以上二十万元以下罚金;数量巨大的,处三年以上七年以下有期徒刑,并处五万元以上五十万元以下罚金;数量特别巨大的,处七年以上有期徒刑,并处五万元以上五十万元以下罚金或者没收财产。**

【非法制造、出售非法制造的发票罪】**伪造、擅自制造或者出售伪造、擅自制造的前款规定以外的其他发票的,处二年以下有期徒刑、拘役或者管制,并处或者单处一万元以上五万元以下罚金;情节严重的,处二年以上七年以下有期徒刑,并处五万元以上五十万元以下罚金。**

【非法出售用于骗取出口退税、抵扣税款发票罪】**非法出售可以用于骗取出口退税、抵扣税款的其他发票的,依照第一款的规定处罚。**

【非法出售发票罪】**非法出售第三款规定以外的其他发票的,依照第二款的规定处罚。**

---

① 参见北京市西城区人民法院(2018)京0102刑初153号刑事判决书;北京市第二中级人民法院(2019)京02刑终113号刑事判决书。本案例收录于《人民司法·案例》2019年第26期。

【条文理解】

本条包含多个罪名,第1款规定的是非法制造、出售非法制造的用于骗取出口退税、抵扣税款发票罪。第2款规定的是非法制造、出售非法制造的发票罪。第3款规定的是非法出售用于骗取出口退税、抵扣税款发票罪。第4款规定的是非法出售发票罪。其中第1款和第3款规定罪名的犯罪对象均是用于骗取出口退税、抵扣税款发票。第2款和第4款规定罪名的犯罪对象是除增值税专用发票、可以用于骗取出口退税、抵扣税款发票以外的其他所有发票。本条所指的"伪造",是指其他单位和个人非法印制发票的行为。"擅自制造",是指税务机关指定的印刷企业超过批准的范围私自加印发票的行为。根据全国人民代表大会常务委员会法制工作委员会刑法室《关于对变造、出售变造普通发票行为的定性问题的意见》的规定,《刑法》第209条第2款规定的"伪造、擅自制造,或者出售伪造、擅自制造的前款规定以外的其他发票"的行为,包括变造、出售变造的普通发票的行为。第3款和第4款所指的"出售"分别是指非法销售从各种途径得到的可以用于骗取出口退税、抵扣税款的其他发票和第3款规定以外的其他发票的行为。

【司法适用】

1. 罪与非罪的界限

《刑法》并没有规定本条多个罪名的起刑点。但行为人实施本条规定之一的行为,情节显著轻微、危害不大的,不应作为犯罪处理。根据《立案追诉标准(二)》第61条的规定:"伪造、擅自制造或者出售伪造、擅自制造的用于骗取出口退税、抵扣税款的其他发票,涉嫌下列情形之一的,应予立案追诉:(一)票面可以退税、抵扣税额累计在十万元以上的;(二)伪造、擅自制造或者出售伪造、擅自制造的发票十份以上且票面可以退税、抵扣税额在六万元以上的;(三)非法获利数额在一万元以上的。"

根据《立案追诉标准(二)》第62条规定:"伪造、擅自制造或者出售伪造、擅自制造的不具有骗取出口退税、抵扣税款功能的其他发票,涉嫌下列情形之一的,应予立案追诉:(一)伪造、擅自制造或者出售伪造、擅自制造的不具有骗取出口退税、抵扣税款功能的其他发票一百份以上且票面金额累计在三十万元以上的;(二)票面金额累计在五十万元以上的;(三)非法获利数额在一万元以上的。"

根据《立案追诉标准(二)》第63条规定:"非法出售可以用于骗取出口退税、抵扣税款的其他发票,涉嫌下列情形之一的,应予立案追诉:(一)票面可以退税、抵扣税额累计在十万元以上的;(二)非法出售用于骗取出口退税、抵扣税款的其他发票十份以上且票面可以退税、抵扣税额在六万元以上的;(三)非法获利数额在一万元以上的。"

根据《立案追诉标准(二)》第 64 条规定:“非法出售增值税专用发票、用于骗取出口退税、抵扣税款的其他发票以外的发票,涉嫌下列情形之一的,应予立案追诉:(一)非法出售增值税专用发票、用于骗取出口退说、抵扣税款的其他发票以外的发票一百份以上且票面金额累计在三十万元以上的;(二)票面金额累计在五十万元以上的;(三)非法获利数额在一万元以上的。”

2. 非法制造、出售非法制造的用于骗取出口退税、抵扣税款发票罪与非法制造、出售非法制造的发票罪的界限

二者的犯罪对象不同,前者的犯罪对象是用于骗取出口退税、抵扣税款发票,后者的犯罪对象是普通发票。两者的社会危害性是不同的,因此在处刑上也不相同。在入罪门槛上,非法制造、出售非法制造的用于骗取出口退税、抵扣税款发票罪的入罪门槛也明显低于非法制造、出售非法制造的发票罪的入罪门槛。

【司法案例】

管某霞、高某祥出售非法制造的发票案①

[**裁判要旨**]出售非法制造的发票是否构成“情节严重”不能仅仅以出售非法制造的发票的份数作为标准,还应当结合票面的累计金额进行判断。出售非法制造的发票份数远超过出售非法制造的发票罪的立案追诉标准,仅能说明可以进行立案追诉,如果同时票面累计金额远低于立案追诉标准,则不能认定为构成“情节严重”。

第二百一十条　【盗窃罪】盗窃增值税专用发票或者可以用于骗取出口退税、抵扣税款的其他发票的,依照本法第二百六十四条的规定定罪处罚。

【诈骗罪】使用欺骗手段骗取增值税专用发票或者可以用于骗取出口退税、抵扣税款的其他发票的,依照本法第二百六十六条的规定定罪处罚。

【条文理解】

本条规定的犯罪对象是增值税专用发票或者可以用于骗取出口退税、抵扣税款的其他发票。构成本条犯罪之一所要求的行为需要符合盗窃罪和诈骗罪的一般要件。本条规定的盗窃罪,是指行为人通过窃取的方式将他人占有的增值税专用发票或者可以用于骗取出口退税、抵扣税款的其他发票转移为自己占有的行为。本条第 2 款规定的诈骗罪要求行为人具有非法占有的目的,并在此主观目的

① 参见《刑事审判参考》总第 90 集第 826 号案例。

支配下,使用欺骗手段,意图骗取他人的增值税专用发票或者可以用于骗取出口退税、抵扣税款的其他发票。

【司法适用】

行为人实施本条规定之一的行为,情节显著轻微、危害不大的,不应作为犯罪处理。最高人民法院《关于适用〈全国人民代表大会常务委员会关于惩治虚开、伪造和非法出售增值税专用发票犯罪的决定〉的若干问题的解释》第 7 条规定:“盗窃增值税专用发票或者可以用于骗取出口退税、抵扣税款的其他发票 25 份以上,或者其他发票 50 份以上的;诈骗增值税专用发票或者可以用于骗取出口退税、抵扣税款的其他发票 50 份以上,或者其他发票 100 份以上的,依照刑法第一百五十一条的规定处罚。”即按照 1997 年《刑法》盗窃罪或者诈骗罪“数额较大”的规定处罚。

第二百一十条之一　【持有伪造的发票罪】明知是伪造的发票而持有,数量较大的,处二年以下有期徒刑、拘役或者管制,并处罚金;数量巨大的,处二年以上七年以下有期徒刑,并处罚金。

单位犯前款罪的,对单位判处罚金,并对其直接负责的主管人员和其他直接责任人员,依照前款的规定处罚。

【条文对照】

1997 年《刑法》	2011 年《刑法修正案(八)》
无	**第二百一十条之一　明知是伪造的发票而持有,数量较大的,处二年以下有期徒刑、拘役或者管制,并处罚金;数量巨大的,处二年以上七年以下有期徒刑,并处罚金。** **单位犯前款罪的,对单位判处罚金,并对其直接负责的主管人员和其他直接责任人员,依照前款的规定处罚。**

【条文理解】

持有伪造的发票罪,是指明知是伪造的发票而持有,数量较大的行为。本罪的犯罪对象是伪造的各种发票。本条所指的“伪造的发票”既包括伪造的增值税专用发票、伪造的可以用于骗取出口退税、抵扣税款的其他发票,也包括伪造除上述发票以外的其他发票。“持有”是指对伪造的发票实际占有、携有、藏有或者以其他方式持有伪造的发票的行为。

本罪的主观方面由故意构成,即明知是伪造的发票而持有。过失持有伪造的发票的行为人不构成本罪。

【司法适用】

一是看行为人在主观上是否明知其持有的是伪造的发票。构成本罪的行为人在主观上必须是“明知”其持有的是伪造的发票。“明知”包括明知必然和明知可能。如果行为人不知道其持有的是伪造的发票,同时根据具体情况也不可能知道是伪造的发票而持有的,不构成本罪。二是持有伪造发票的数量大小。行为人持有伪造的发票只有达到“数量较大”才可能构成本罪。《立案追诉标准(二)》第65条规定:“明知是伪造的发票而持有,涉嫌下列情形之一的,应予立案追诉:(一)持有伪造的增值税专用发票或者可以用于骗取出口退税、抵扣税款的其他发票五十份以上且票面税额累计在二十五万元以上的;(二)持有伪造的增值税专用发票或者可以用于骗取出口退税、抵扣税款的其他发票票面税额累计在五十万元以上的;(三)持有伪造的第一项规定以外的其他发票一百份以上且票面金额在五十万元以上的;(四)持有伪造的第一项规定以外的其他发票票面金额累计在一百万元以上的。”

本罪是“持有型”犯罪。持有伪造的发票的,行为人应当对发票的来源和用途进行说明。如构成其他犯罪,应以构成的其他犯罪处理,如伪造增值税发票罪。行为人实施伪造增值税发票罪等犯罪后又持有伪造的发票,持有伪造的发票行为被吸收到其他较重的罪名之中,不再单独定持有伪造的发票罪。

【司法案例】

周某某持有伪造的发票案①

[**裁判要旨**]介绍他人虚开增值税专用发票,又明知是伪造的发票而持有,数量巨大,同时构成虚开增值税专用发票罪和持有伪造的发票罪,应当数罪并罚。

第二百一十一条　【单位犯危害税收征管罪的处罚规定】单位犯本节第二百零一条、第二百零三条、第二百零四条、第二百零七条、第二百零八条、第二百零九条规定之罪的,对单位判处罚金,并对其直接负责的主管人员和其他直接责任人员,依照各该条的规定处罚。

【条文理解】

本条规定了单位犯逃税罪,逃避追缴欠税罪,骗取出口退税罪,非法出售增值

① 参见上海市徐汇区人民法院(2012)徐刑初字第1038号刑事判决书;上海市第一中级人民法院(2012)沪一中刑终字第1148号刑事裁定书。

税专用发票罪,非法购买增值税专用发票、购买伪造的增值税专用发票罪,非法制造、出售非法制造的用于骗取出口退税、抵扣税款发票罪,非法制造、出售非法制造的发票罪,非法出售用于骗取出口退税、抵扣税款发票罪,非法出售发票罪的处罚规定。

单位实施以下犯罪的,按照犯罪各自所在刑法条款进行处罚,不按照本条处罚。单位犯《刑法》第205条第1款虚开增值税专用发票、用于骗取出口退税、抵扣税款发票罪的,按照《刑法》第205条第2款规定对单位进行处罚;单位犯第205条之一虚开发票罪的,按照第205条之一第2款规定对单位进行处罚;单位犯第206条伪造、出售伪造的增值税专用发票罪的,按照第206条第2款规定对单位进行处罚。

《刑法》未规定单位可以构成抗税罪,抗税罪只能由个人和单位的直接人员构成。

【司法适用】

单位犯危害税收征管罪的,在处罚上是双罚制,即对单位处罚金,对单位的直接负责的主管人员和其他直接责任人员按照自然人犯罪判处刑罚。"直接负责的主管人员",是在单位实施的犯罪中起决定、批准、授意、纵容、指挥等作用的人员,一般是单位的主管负责人,包括法定代表人。"其他直接责任人员",是在单位犯罪中具体实施犯罪并起较大作用的人员,既可以是单位的经营管理人员,也可以是单位的职工,包括聘任、雇佣的人员。对于单位人员是否属于直接负责的主管人员和其他直接责任人员,需要结合单位人员在单位实施危害税收征管罪中的地位和作用进行综合认定。

【司法案例】

广州德览贸易有限公司、徐某伟骗取出口退税案①

[**裁判要旨**]单位和个人主观上具有骗取出口退税的故意,才能认定构成骗取出口退税罪。单位作为进出口公司,在不见客户、不见货物、不见外商的情况下,允许挂靠人自带客户、自带货源、自行报关从事出口业务,并帮助挂靠人申请出口退税,虽然属于违法违规行为,但该行为本身不足以推断单位主观上具有骗取出口退税的故意。在没有其他证据证实单位主观上明知挂靠人具有骗取出口退税故意的情况下,应依法认定单位无罪。

---

① 参见广东省广州市中级人民法院(2016)粤01刑初472号刑事判决书;广东省高级人民法院(2017)粤刑终1795号刑事裁定书。

第二百一十二条 【税务机关征缴优先原则】犯本节第二百零一条至第二百零五条规定之罪,被判处罚金、没收财产的,在执行前,应当先由税务机关追缴税款和所骗取的出口退税款。

【条文理解】

本条规定的是对刑事涉案财物的追缴的规定。行为人犯逃税罪,抗税罪,逃避追缴欠税罪,骗取出口退税罪,虚开增值税专用发票、用于骗取出口退税、抵扣税款发票罪,被判处罚金、没收财产的,在执行前,应当先由税务机关追缴税款和所骗取的出口退税款。本条所指的“追缴”是对税款和行为人所骗取的出口退税款的强制性划拨、缴纳行为。

【司法适用】

本条仅针对《刑法》第201~205条规定之罪,并不包含本节其他犯罪。因此,对于本节中《刑法》第201~205条以外的犯罪,不要求遵循税收征缴优先原则。关于税务机关追缴的对象也仅限于税款和所骗取的出口退税款,不包含除此之外的其他财产。

第七节　侵犯知识产权罪

第二百一十三条 【假冒注册商标罪】未经注册商标所有人许可,在同一种商品、服务上使用与其注册商标相同的商标,情节严重的,处三年以下有期徒刑,并处或者单处罚金;情节特别严重的,处三年以上十年以下有期徒刑,并处罚金。

【条文对照】

1997年《刑法》	2020年《刑法修正案(十一)》
第二百一十三条　未经注册商标所有人许可,在同一种商品上使用与其注册商标相同的商标,情节严重的,处三年以下有期徒刑**或者拘役**,并处或者单处罚金;情节特别严重的,处三年以上**七**年以下有期徒刑,并处罚金。	第二百一十三条　未经注册商标所有人许可,在同一种商品、**服务**上使用与其注册商标相同的商标,情节严重的,处三年以下有期徒刑,并处或者单处罚金;情节特别严重的,处三年以上**十**年以下有期徒刑,并处罚金。

【条文理解】

本条规制的是假冒注册商标的犯罪行为。

根据是否经商标局核准注册商标可以分为注册商标和非注册商标。本罪的犯罪对象是他人的注册商标,因此假冒他人未注册商标的行为人不能构成本罪。《商标法》第3条中规定:"经商标局核准注册的商标为注册商标,包括商品商标、服务商标和集体商标、证明商标……"《刑法修正案(十一)》修正后,注册服务商标也可以作为本罪的犯罪对象。

未经商标注册人许可既包括根本没有许可,也包括超出许可范围等情形。商标法规定,商标注册人可以通过签订商标使用许可合同,许可他人使用其注册商标。未经商标注册人的许可,不得在相同或相似的商品上使用与他人注册商标相同或类似的商标。这是注册商标专用权的内容之一。关于行为人违反合同约定使用注册商标所有人的商标是否构成犯罪的问题。从体系解释的角度上看,假冒注册商标罪与侵犯商业秘密罪都从属于侵犯知识产权罪之中,侵犯商业秘密罪中行为人对商业秘密的侵犯,既包括了未经权利人许可获取,也包括了获取商业秘密后滥用。因此,行为人曾经获得过注册商标所有人的使用许可,在使用期限后,继续使用他人的注册商标,具有情节严重或情节特别严重情形的,仍可能构成本罪。

【司法适用】

同一种商品既包括名称相同的商品,也包括名称不同但指同一事物的商品。《侵犯知识产权案件意见》第5条中规定:"关于刑法第二百一十三条规定的'同一种商品'的认定问题:名称相同的商品以及名称不同但指同一事物的商品,可以认定为'同一种商品'。'名称'是指国家工商行政管理总局商标局在商标注册工作中对商品使用的名称……"

名称相同的商品,人民法院通常是以《商标注册用商品和服务国际分类》作为参考、查询的依据,在司法实践中较少产生争议。名称不同但指同一种商品在司法认定上,可能会产生更多争议。"名称不同但指同一事物的商品"是指在功能、用途、主要原料、消费对象、销售渠道等方面相同或者基本相同,相关公众一般认为是同一种事物的商品。认定"同一种商品"时,应当在权利人注册商标核定使用的商品和行为人实际生产销售的商品之间进行比较。在客观上,应当以两种商品在功能、用途、主要原料、消费对象、销售渠道等方面是否全部相同或者全部基本相同作为判断依据,在主观上,结合相关公众的一般认识进行判断。在相关公众的一般认识方面,必要时需要引入中立的第三方调查机构进行调查,对系争商品是否会造成相关公众的混淆出具调查结果,司法机关依据调查结果作出判断。上述客观方面和主观方面需要同时具备,否则难以体现刑事犯罪的认定标准应当高于认定民事侵权、行政违法的要求。

关于“与其注册商标相同的商标”的认定，根据2020年《侵犯知识产权案件解释(三)》，具体包括下列情形之一：(1)改变注册商标的字体、字母大小写或者文字横竖排列，与注册商标之间基本无差别的；(2)改变注册商标的文字、字母、数字等之间的间距，与注册商标之间基本无差别的；(3)改变注册商标颜色，不影响体现注册商标显著特征的；(4)在注册商标上仅增加商品通用名称、型号等缺乏显著特征要素，不影响体现注册商标显著特征的；(5)与立体注册商标的三维标志及平面要素基本无差别的；(6)其他与注册商标基本无差别、足以对公众产生误导的商标。

【司法案例】

郭某升、郭某锋、孙某标假冒注册商标案[①]

[**裁判要旨**]假冒注册商标犯罪的非法经营数额、违法所得数额，应当综合被告人供述、证人证言、被害人陈述、网络销售电子数据、被告人银行账户往来记录、送货单、快递公司电脑系统记录、被告人等所作记账等证据认定。被告人辩解称网络销售记录存在刷信誉的不真实交易，但无证据证实的，对其辩解不予采纳。

孙某强等假冒注册商标案[②]

[**裁判要旨**]行为人未经食品注册商标人许可，在同一种食品上使用与该食品注册商标相同的商标且情节严重的行为已构成假冒注册商标罪。同时，行为人所假冒的是食品类的注册商标，该类产品一进入销售环节就涉及食品安全问题，关联到广大人民群众的身体健康和切身利益，因而，在司法实践中，行为人假冒他人食品注册商标并对外销售的行为，应当作为假冒注册商标罪量刑的从重处罚情节。

第二百一十四条　【销售假冒注册商标的商品罪】销售明知是假冒注册商标的商品，违法所得数额较大或者有其他严重情节的，处三年以下有期徒刑，并处或者单处罚金；违法所得数额巨大或者有其他特别严重情节的，处三年以上十年以下有期徒刑，并处罚金。

---

① 参见最高人民法院第87号指导案例。

② 参见《刑事审判参考》总第78集第674号案例。

【条文对照】

1997年《刑法》	2020年《刑法修正案(十一)》
第二百一十四条　销售明知是假冒注册商标的商品,**销售金额**数额较大的,处三年以下有期徒刑**或者拘役**,并处或者单处罚金;销售金额数额巨大的,处三年以上**七**年以下有期徒刑,并处罚金。	第二百一十四条　销售明知是假冒注册商标的商品,**违法所得**数额较大**或者有其他严重情节**的,处三年以下有期徒刑,并处或者单处罚金;违法所得数额巨大**或者有其他特别严重情节**的,处三年以上**十**年以下有期徒刑,并处罚金。

【条文理解】

销售,是指以采购、推销、出售或兜售等方法将商品出卖给他人的行为,包括批发和零售、请人代销、委托销售等多种形式。《刑法修正案(十一)》之后,无论行为人采取哪一种形式,违法所得数额较大或者有其他严重情节的,即可构成本罪,不再按照销售金额数额作为认定是否构成犯罪的标准。这里所指的销售的商品不应是自己生产、制造或加工的商品。倘若销售的不是假冒他人注册商标的商品,如果是没有商标的商品,或者虽有商标但不是注册商标的商品,或者虽有注册商标但不是他人而是自己的注册商标的商品,或者虽有他人注册商标但不是使用在与该商品相同的商品上的注册商标的商品等,不构成本罪。

"明知"不仅包括行为人确知自己销售的是假冒注册商标的商品,还包括应当知道上述事实。2004年《侵犯知识产权案件解释》第9条规定:"具有下列情形之一的,应当认定为属于刑法第二百一十四条规定的'明知':(一)知道自己销售的商品上的注册商标被涂改、调换或者覆盖的;(二)因销售假冒注册商标的商品受到过行政处罚或者承担过民事责任、又销售同一种假冒注册商标的商品的;(三)伪造、涂改商标注册人授权文件或者知道该文件被伪造、涂改的;(四)其他知道或者应当知道是假冒注册商标的商品的情形。"

【司法适用】

对"明知"的范围不能要求过于狭窄,"明知"并不等于"确知",只要行为人应该知道所销售商品是假货即可。司法实践中认定"明知"的标准主要是:(1)有证据证明行为人曾被告知销售的是假冒注册商标的商品的;(2)销售商品的进价和质量明显低于市场上被假冒的注册商标商品的进价和质量;(3)根据行为人本人的经验和知识,能够知道自己销售的是假冒注册商标的商品。

本罪与假冒注册商标罪的界限。一是犯罪对象不同。本罪的犯罪对象是假冒注册商标的商品,假冒注册商标罪的犯罪对象是他人注册的商标。二是犯罪客观方面不同。本罪在客观方面主要表现为行为人销售明知是假冒注册商标的商品,假冒注册商标罪表现为行为人未经注册商标所有人许可,在同种商品上使用与他人已注册商标相同的商标。在实践中,有两种情况难以认定:一种情况是行为人未经注册所有人许可,在同种商品上使用与他人已注册商标相同的商标后,又将该种商品出售,获取非法利益的行为定性问题。此类型属于吸收犯,前行为是吸收行为,后行为是被吸收行为,前后两种行为构成假冒注册商标罪整个犯罪过程,彼此间存在着密切的联系,后行为是前行为的必然结果。这种情况只按假冒注册商标罪一罪认定,而不再认定为两罪实行并罚。另一种情况是数个行为人出于假冒注册商标的共同故意,分工协作,有的制造假冒注册商标的商品,有的销售这类商品,此种情况下各行为人的行为定性问题。销售假冒注册商标的商品的行为是假冒注册商标共同犯罪的一个组成部分,只能以假冒注册商标罪一罪认定,销售这类商品的人实际上是假冒注册商标罪的共犯。

【司法案例】

杨某胜销售假冒注册商标的商品案①

[**裁判要旨**]行为人无论以什么方式购得假冒注册商标的商品,目的都是销售,行为的社会危害性存在,一旦销售成功,货物的流动性会给犯罪证据收集、固定带来不便,虽未标价,但以市场价格计算货值金额达到一定标准的,更有必要依法严惩。因此,行为人购得假冒注册商标的商品,未标价也未销售,但货值金额已达到一定标准,仍构成生产、销售伪劣产品罪(未遂)。

田某泉、胡某慧销售假冒注册商标的商品案②

[**裁判要旨**]"未销售的侵权产品的价值,按照已经查清的侵权产品的实际销售平均价格计算"应作如下理解:(1)已销售的侵权产品实际销售价格客观上存在难以查清的情况;(2)已查清的侵权产品实际销售价格存在一定幅度的浮动(否则,就不宜用实际销售平均价格来表述);(3)实际销售平均价格可以用来计算未销售的侵权产品的价值;(4)计算实际销售平均价格,即存在两次或两次以上销售价格的,取其平均值,以此作为实际销售平均价格。

杨某君销售假冒注册商标的商品案③

[**裁判要旨**]在以假卖假案件中,通过销售者销售的场所、方式等因素,消费者

---

① 参见《刑事审判参考》总第58集第456号案例。

② 参见《刑事审判参考》总第78集第675号案例。

③ 参见《刑事审判参考》总第78集第677号案例。

一般明知是假品牌,属于知假买假,不会按照正品的价格支付。销售价格与正品价格会有很大差距,只有按照假冒的商品本身的价格计算,才符合实际情况。如果按照正品即被假冒的商品的价格计算,则严重背离了客观实际。

陈某明等销售伪劣产品案①

[**裁判要旨**]销售假冒注册商标的产品的行为具体构成何罪,关键在于所销售商品的质量是否合格:销售质量合格的假冒注册商标的商品,应当以销售假冒注册商标的商品罪定罪处罚;销售质量不合格的假冒注册商标的商品,则应按法条竞合情况下"择一重处"的处罚原则选择销售假冒注册商标的商品罪或者销售伪劣产品罪定罪处罚。受雇运输伪劣产品的行为,构成销售伪劣产品罪的共犯。伪劣产品尚未销售,货值金额达到15万元以上的,应以生产、销售伪劣产品罪(未遂)论处。

第二百一十五条　【非法制造、销售非法制造的注册商标标识罪】伪造、擅自制造他人注册商标标识或者销售伪造、擅自制造的注册商标标识,情节严重的,处三年以下有期徒刑,并处或者单处罚金;情节特别严重的,处三年以上十年以下有期徒刑,并处罚金。

【条文对照】

1997年《刑法》	2020年《刑法修正案(十一)》
第二百一十五条　伪造、擅自制造他人注册商标标识或者销售伪造、擅自制造的注册商标标识,情节严重的,处三年以下有期徒刑、**拘役或者管制**,并处或者单处罚金;情节特别严重的,处三年以上**七**年以下有期徒刑,并处罚金。	第二百一十五条　伪造、擅自制造他人注册商标标识或者销售伪造、擅自制造的注册商标标识,情节严重的,处三年以下有期徒刑,并处或者单处罚金;情节特别严重的,处三年以上**十**年以下有期徒刑,并处罚金。

【条文理解】

非法制造注册商标标识罪在客观方面表现为两种方式,即伪造和擅自制造。"伪造",是指未经注册商标权利人许可,通过临摹、绘制、复印、翻拍、扫描及上述手段的结合等方法伪造他人注册商标标识的行为。"擅自制造"则通常表现为与注册商标所有人委托加工合同期满后继续加工,或在合同期限内超越授权委托数

---

①　参见《刑事审判参考》总第19辑第118号案例。

量额外加工,或以不正当手段获取商标标识原版而私自进行印制他人注册商标标识的行为。

对于销售行为,只有销售属于伪造或擅自制造的注册商标标识的,才可能构成本罪。如果销售的不是伪造的或擅自制造的,就不构成本罪。

伪造、擅自制造、销售的行为必须是违反商标管理法规的行为,才能构成本罪。如果没有违反商标管理法规,即使有伪造、擅自制造销售的行为,也不能以本罪论处。例如,伪造、擅自制造的是未经注册的商标标识或虽经注册但已超过有效期限的商标标识,就不构成本罪。

【司法适用】

2004 年《侵犯知识产权案件解释》第 3 条明确规定了以"件"数认定构成本罪的情形:(1)伪造、擅自制造或者销售伪造、擅自制造的注册商标标识数量在 2 万件以上,或者非法经营数额在 5 万元以上,或者违法所得数额在 3 万元以上的;(2)伪造、擅自制造或者销售伪造、擅自制造两种以上注册商标标识数量在 1 万件以上,或者非法经营数额在 3 万元以上,或者违法所得数额在 2 万元以上的;(3)其他情节严重的情形。即符合《刑法》第 215 条规定的"情节特别严重"的情形。

在司法实践中,对非法制造、销售非法制造的注册商标标识罪中"件"数认定存在不同认识。一种观点(实际数量说)认为根据 2004 年《侵犯知识产权案件解释》第 12 条第 3 款中规定:"'件',是指标有完整商标图样的一份标识。"故应当以一个完整的经国家商标主管机关核准的注册商标图样为标准来计算件数。另一种观点(折算说)认为行为人非法制造的注册商标标识件数应当以一个完整的商品物体或包装为标准来计算,至于每个商品物体或包装上印制的相同的注册商标标识不应进行重复评价。还有一种观点(区分说)认为应区分行为人对其非法制造注册商标标识被使用的方式、范围等情况是否明知进行判断,若行为人明知被使用情况的,注册商标标识的件数应按"折算说"计算;若其不明知被使用范围的,则注册商标标识的件数应按"实际数量说"计算。

"区分说"更加能适应司法实践的需要。一是在行为人对其非法制造注册商标标识被使用的方式、范围等明知情况下,行为人主观上对非法制造的注册商标标识适用范围和违法性认识与制假者实际生产的假冒产品的数量是一致的,以"折算说"为计算商标标识件数的认定标准,更具有理论上的优越性,亦符合普通民众的预期,有利于保护被告人权益。二是在行为人对其非法制造注册商标标识被使用的方式、范围等不明知情况下,无论其行为造成的后果有多严重、范围有多大,均未超出其"概括故意"的认识范围,此时,以"实际数量说"为计算商标标识件数的认定标准，并不违反2004年《侵犯知识产权案件解释》第12条第3款的规定。①

非法制造注册商标标识罪与假冒注册商标罪的界限。非法制造注册商标标识罪和假冒注册商标罪都是针对他人享有专用权的注册商标实施的犯罪，二者侵犯的客体和刑法规定的法定刑也完全相同。二者的根本区别在于犯罪行为特征不同，前者是制造注册商标及其物质载体，后者是制造带有注册商标的商品。当行为人非法制造注册商标标识，并将其用于与该注册商标核定使用的商品属于同一种的商品上，其行为触犯了《刑法》中的两个罪名，即非法制造注册商标标识罪和假冒注册商标罪。这种情形属于刑法理论上的牵连犯，应当按照"择一重罪从重处罚"的法律适用原则，选择处罚较重的罪名定罪处罚。

【司法案例】

王某保非法制造注册商标标识案②

［**裁判要旨**］针对酒类商品商标和酒、酒瓶、包装盒等物而言，它们只有作为一个整体进入流通环节成为一种商品时，才能体现其价值。当酒瓶中的酒消耗后，酒瓶、包装盒等物均报废，就是应待处理的废品，不能再进入正常的流通环节，从而酒瓶、包装盒等商标标识也丧失了其存在的意义，变得无价值。但是，若将本应作为废品的酒瓶包装盒等物回收，在未经商标权人同意的情形下，使其重新进入流通环节，再次赋予其商标标识功能的行为应属非法制造，且属既遂。

第二百一十六条 【假冒专利罪】假冒他人专利，情节严重的，处三年以下有期徒刑或者拘役，并处或者单处罚金。

【条文理解】

假冒他人专利罪，是指以获取非法利益为目的，违反国家专利管理法规，在法律规定的专利有效期限内，假冒他人或者单位被授予的专利，侵犯他人或者单位的专利权益，情节严重的行为。2004年《侵犯知识产权案件解释》第10条规定："实施下列行为之一的，属于刑法第二百一十六条规定的'假冒他人专利'的行为：（一）未经许可，在其制造或者销售的产品、产品的包装上标注他人专利号的；

① 参见林前枢、陈静岚：《非法制造注册商标标识罪中"件"的认定》，载《人民法院报》2019年3月21日，第6版。

② 参见《刑事审判参考》总第78集第678号案例。

(二)未经许可,在广告或者其他宣传材料中使用他人的专利号,使人将所涉及的技术误认为是他人专利技术的;(三)未经许可,在合同中使用他人的专利号,使人将合同涉及的技术误认为是他人专利技术的;(四)伪造或者变造他人的专利证书、专利文件或者专利申请文件的。”

假冒专利罪是情节犯,实施假冒他人专利行为不一定构成犯罪。只有假冒他人专利需要达到“情节严重”,才能构成本罪。2004 年《侵犯知识产权案件解释》第 4 条规定:“假冒他人专利,具有下列情形之一的,属于刑法第二百一十六条规定的‘情节严重’,应当以假冒专利罪判处三年以下有期徒刑或者拘役,并处或者单处罚金:(一)非法经营数额在二十万元以上或者违法所得数额在十万元以上的;(二)给专利权人造成直接经济损失五十万元以上的;(三)假冒两项以上他人专利,非法经营数额在十万元以上或者违法所得数额在五万元以上的;(四)其他情节严重的情形。”

【司法适用】

如何界定假冒他人专利的行为是理解和适用假冒专利罪的关键。从法条上看,我国《刑法》对假冒专利罪采用的是空白罪状,即并未对假冒他人专利的具体行为特征作出具体描述。因此,有必要借助《专利法》及其实施细则的规定理解假冒他人专利的含义。

1992 年《专利法》所规定的涉及专利的不法行为有三种类型:一般的专利侵权行为、假冒他人专利行为和冒充专利行为。假冒他人专利的行为与一般的专利侵权行为有重合或者交叉。在刑事审判实践中,对一般专利侵权行为不以犯罪论处是明确的,但对假冒他人专利和冒充专利的行为的定性就容易产生混淆。

冒充专利的行为还未被纳入刑法调整范围,因此不能对冒充专利的行为科处刑罚。冒充专利,是指以非专利产品冒充专利产品、以非专利方法冒充专利方法。这一概念从 1992 年《专利法》开始使用。2008 年《专利法》取消了“冒充专利”这一概念。通过立法者对冒充专利以往的界定可以看出,冒充专利行为最根本的特征在于行为人所冒充的专利根本不存在。从侵犯对象上看,假冒行为的对象是实际存在的他人的专利,而冒充行为的对象则为实际并不存在的“专利”。换言之,假冒他人专利是“以假乱真”,而冒充专利是“无中生有”。假冒他人专利和以非专利产品或方法冒充专利产品或方法是两种完全不同的行为。即便《专利法》取消了“冒充专利”这一概念,也不能认为假冒他人专利与冒充专利是同一类型的行为。由于目前刑法只规定假冒他人专利,情节严重的,才构成犯罪。因此,根据现有法律,还不能对冒充专利的行为定罪处罚,对《刑法》上的“假冒他人专利”应当按照《专利法实施细则》(2023 年修订)第 101 条对“假冒专利”行为的规定来解释。由于刑事司法实践中发生过把冒充专利当作假冒他人专利处理的情况，因此2004年《侵犯知识产权案件解释》第10条也对假冒他人专利的行为予以了明确，即规定了四种假冒他人专利的行为。

第二百一十七条　【侵犯著作权罪】以营利为目的，有下列侵犯著作权或者与著作权有关的权利的情形之一，违法所得数额较大或者有其他严重情节的，处三年以下有期徒刑，并处或者单处罚金；违法所得数额巨大或者有其他特别严重情节的，处三年以上十年以下有期徒刑，并处罚金：

（一）未经著作权人许可，复制发行、通过信息网络向公众传播其文字作品、音乐、美术、视听作品、计算机软件及法律、行政法规规定的其他作品的；

（二）出版他人享有专有出版权的图书的；

（三）未经录音录像制作者许可，复制发行、通过信息网络向公众传播其制作的录音录像的；

（四）未经表演者许可，复制发行录有其表演的录音录像制品，或者通过信息网络向公众传播其表演的；

（五）制作、出售假冒他人署名的美术作品的；

（六）未经著作权人或者与著作权有关的权利人许可，故意避开或者破坏权利人为其作品、录音录像制品等采取的保护著作权或者与著作权有关的权利的技术措施的。

【条文对照】

1997年《刑法》	2020年《刑法修正案（十一）》
第二百一十七条　以营利为目的，有下列侵犯著作权情形之一，违法所得数额较大或者有其他严重情节的，处三年以下有期徒刑**或者拘役**，并处或者单处罚金；违法所得数额巨大或者有其他特别严重情节的，处三年以上**七**年以下有期徒刑，并处罚金： （一）未经著作权人许可，复制发行其文字作品、音乐、**电影、电视、录像**作品、计算机软件及其他作品的；	第二百一十七条　以营利为目的，有下列侵犯著作权**或者与著作权有关的权利的**情形之一，违法所得数额较大或者有其他严重情节的，处三年以下有期徒刑，并处或者单处罚金；违法所得数额巨大或者有其他特别严重情节的，处三年以上**十**年以下有期徒刑，并处罚金： （一）未经著作权人许可，复制发行、**通过信息网络向公众传播**其文字作品、音乐、**美术、视听**作品、计算机软件及**法律、行政法规规定的**其他作品的； （二）出版他人享有专有出版权的图书的； （三）未经录音录像制作者许可，复制发行、**通过信息网络向公众传播**其制作的录音录像的；

续表

1997 年《刑法》	2020 年《刑法修正案(十一)》
(二)出版他人享有专有出版权的图书的; (三)未经录音录像制作者许可,复制发行其制作的录音录像的; (四)制作、出售假冒他人署名的美术作品的。	(四)**未经表演者许可,复制发行录有其表演的录音录像制品,或者通过信息网络向公众传播其表演的;** (**五**)制作、出售假冒他人署名的美术作品的; **(六)未经著作权人或者与著作权有关的权利人许可,故意避开或者破坏权利人为其作品、录音录像制品等采取的保护著作权或者与著作权有关的权利的技术措施的。**

【条文理解】

侵犯著作权罪要求行为人在主观上以营利为目的。对于侵犯著作权犯罪案件中“以营利为目的”,《侵犯知识产权案件意见》规定,除销售外,具有下列情形之一的,可以认定为“以营利为目的”:(1)以在他人作品中刊登收费广告、捆绑第三方作品等方式直接或者间接收取费用的;(2)通过信息网络传播他人作品,或者利用他人上传的侵权作品,在网站或者网页上提供刊登收费广告服务,直接或者间接收取费用的;(3)以会员制方式通过信息网络传播他人作品,收取会员注册费或者其他费用的;(4)其他利用他人作品牟利的情形。

【司法适用】

“未经著作权人许可”即指未经过著作权人的同意。“未经著作权人许可”一般应当依据著作权人或者其授权的代理人、著作权集体管理组织、国家著作权行政管理部门指定的著作权认证机构出具的涉案作品版权认证文书,或者证明出版者、复制发行者伪造、涂改授权许可文件或者超出授权许可范围的证据,结合其他证据综合予以认定。根据 2020 年《侵犯知识产权案件解释(三)》第 2 条的规定,在涉案作品、录音制品种类众多且权利人分散的案件中,有证据证明涉案复制品系非法出版、复制发行,且出版者、复制发行者不能提供获得著作权人、录音制作者许可的相关证据材料的,可以认定为《刑法》第 217 条规定的“未经著作权人许可”“未经录音制作者许可”。但是,有证据证明权利人放弃权利、涉案作品的著作权或者录音制品的有关权利不受我国著作权法保护、权利保护期限已经届满的除外。

正确适用侵犯著作权罪需要把握以下三个方面:一是考察行为人复制、出版或制作行为有无合法根据。合法的复制、出版或制作行为不属于侵犯著作权的行为,包括:(1)经著作权人许可的行为。根据《著作权法》第 26 条中的规定:“使用他人作品应当同著作权人订立许可使用合同。”(2)未经著作权人许可,但在法律规定的合理范围内使用其作品的行为。相反,行为人复制、出版或制作行为没有合法根据的,可能构成本罪。二是判断行为人在主观上是否具有“以营利为目的"。行为人不以营利为目的,如出于破坏他人名誉为目的等,即使实施了侵犯他人著作权的行为,也不构成本罪。三是注意违法所得数额和其他情节在区分罪与非罪中的作用。根据2004年《侵犯知识产权案件解释》第5条规定,违法所得数额在3万元以上的,属于"违法所得数额较大";根据2007年《侵犯知识产权案件解释(二)》第1条规定,以营利为目的,未经著作权人许可,复制发行其文字作品、音乐、电影、电视、录像作品、计算机软件及其他作品,复制品数量合计在500张(份)以上的,属于"有其他严重情节"。行为人即使实施了侵犯著作权的行为,只有达到"违法所得数额较大"或"有其他严重情节"时,才可能构成本罪。

【司法案例】

鞠某明、徐某路、华某侵犯著作权案①

[**裁判要旨**]行为人通过非法手段获取他人享有著作权的计算机软件中的目标程序并与特定硬件产品相结合,用于生产同类侵权产品,在某些程序、代码方面虽有不同,但只要实现硬件产品功能的目标程序或功能性代码与他人享有著作权的计算机软件"实质相同",即属于非法复制发行计算机软件的行为,应以侵犯著作权罪定罪处罚。如果涉案侵权产品的价值主要在于实现其产品功能的软件程序,即软件著作权价值为其主要价值构成,应以产品整体销售价格作为非法经营数额的认定依据。

陈某等八人侵犯著作权案②

[**要旨**]办理网络侵犯视听作品著作权犯罪案件,应注意及时提取、固定和保全相关电子数据,并围绕客观性、合法性、关联性要求对电子数据进行全面审查。对涉及众多作品的案件,在认定"未经著作权人许可"时,应围绕涉案复制品是否系非法出版、复制发行且被告人能否提供获得著作权人许可的相关证明材料进行审查。

第二百一十八条 【销售侵权复制品罪】以营利为目的,销售明知是本法第二百一十七条规定的侵权复制品,违法所得数额巨大或者有其他严重情节的,处五年以下有期徒刑,并处或者单处罚金。

---

① 参见《最高人民法院公报》2012年第1期。

② 参见最高人民检察院检例第100号。

【条文对照】

1997 年《刑法》	2020 年《刑法修正案(十一)》
第二百一十八条　以营利为目的,销售明知是本法第二百一十七条规定的侵权复制品,违法所得数额巨大的,处**三**年以下有期徒刑**或者拘役**,并处或者单处罚金。	第二百一十八条　以营利为目的,销售明知是本法第二百一十七条规定的侵权复制品,违法所得数额巨大**或者有其他严重情节**的,处**五**年以下有期徒刑,并处或者单处罚金。

【条文理解】

本条侵犯的客体是国家的著作权管理制度以及他人的著作权及与著作权有关的权益,与侵犯著作权罪相比,本罪的侵权即对他人著作权和与著作权有关权益的侵犯是由非法复制、出版或者其他制作行为直接造成的,行为人的销售行为只不过是前述直接侵权行为的延续,或者说是对直接侵权行为的一种帮助。因此,其危害性比侵犯著作权罪相对要小些。

销售是本罪客观行为的具体内容,销售仅指将侵权复制品向消费者出卖,非销售营利行为不能构成销售侵权复制品罪。如果行为人不是销售而是赠与、出借或收买自用等,均不符合本罪行为特征。

“明知”包括“明知必然是”和“明知可能是”两种情况,只要行为人有其中之一情形的,就可认为其属于“明知”,不能把“明知”局限于“确知”,以免放纵犯罪分子。

【司法适用】

1. 罪与非罪的界限

判断销售侵权复制品是否构成犯罪,主要可从三个方面进行考察:一是行为人是否明知其销售的属于侵权复制品。如行为人不知其销售的属于侵权复制品,即使存在严重过失,也不构成本罪。二是销售对象是否属于《刑法》第 217 条规定的侵权复制品。如行为人销售的不是上述对象,则不构成本罪。三是行为人销售违法所得数额大小。如违法所得数额没有达到数额巨大的标准,则不构成本罪。《侵犯知识产权案件解释》第 6 条规定:“以营利为目的,实施刑法第二百一十八条规定的行为,违法所得数额在十万元以上的,属于‘违法所得数额巨大’。”

2. 本罪与侵犯著作权罪的界限

二者的主要区别表现在两个方面:一是犯罪主体不同,销售侵权复制品罪的主体只能是侵权复制品制作者以外的其他自然人或单位;而侵犯著作权罪的主体是侵权复制品制作者本人,或与制作者事前通谋的发行者或销售者。二是犯罪客观方面不同。销售侵权复制品罪在客观方面表现为销售侵权复制品且违法所得数额巨大的行为;侵犯著作权罪的行为方式可以是复制发行或出版,也可以是制作、出售,且违法所得数额较大或有其他严重情节的就构成犯罪。从犯罪对象上看,销售侵权复制品罪中的犯罪对象是侵权的复制品,是不合法的作品;而侵犯著作权罪中的犯罪对象是著作权人享有著作权的作品,该作品本身是合法的。

3. 一罪与数罪的认定

如果行为人实施《刑法》第 217 条规定的侵犯著作权行为构成犯罪,又销售其制作的侵权复制品而且违法所得数额巨大,后一行为属于刑法理论上的不可罚之事后行为,对其只以侵犯著作权罪论处;如果行为人销售的侵权复制品并非其本人制作的侵权复制品,其两个行为又符合构成犯罪的数额或情节要求,则应对其定两个罪实行数罪并罚;如果销售侵权复制品的行为人事先与侵犯著作权罪的行为人通谋,对其应以侵犯著作权罪论处,此时属于共同犯罪问题。

【司法案例】

顾某地等人销售侵权复制品案①

[**裁判要旨**]被告人以营利为目的,在未取得音像制品经营许可证的情况下,低价购进明知是侵权的音像复制品后高价向境外售出,违法所得数额巨大,以销售侵权复制品罪论处,而不是非法经营罪。

第二百一十九条 【侵犯商业秘密罪】有下列侵犯商业秘密行为之一,情节严重的,处三年以下有期徒刑,并处或者单处罚金;情节特别严重的,处三年以上十年以下有期徒刑,并处罚金:

(一)以盗窃、贿赂、欺诈、胁迫、电子侵入或者其他不正当手段获取权利人的商业秘密的;

(二)披露、使用或者允许他人使用以前项手段获取的权利人的商业秘密的;

(三)违反保密义务或者违反权利人有关保守商业秘密的要求,披露、使用或者允许他人使用其所掌握的商业秘密的。

明知前款所列行为,获取、披露、使用或者允许他人使用该商业秘密的,以侵犯商业秘密论。

本条所称权利人,是指商业秘密的所有人和经商业秘密所有人许可的商业秘密使用人。

① 参见《最高人民法院公报》2005 年第 9 期。

【条文对照】

1997 年《刑法》	2020 年《刑法修正案(十一)》
第二百一十九条　有下列侵犯商业秘密行为之一,**给商业秘密的权利人造成重大损失的**,处三年以下有期徒刑**或者拘役**,并处或者单处罚金;**造成特别严重后果**的,处三年以上**七**年以下有期徒刑,并处罚金: (一)以盗窃、**利诱**、胁迫或者其他不正当手段获取权利人的商业秘密的; (二)披露、使用或者允许他人使用以前项手段获取的权利人的商业秘密的; (三)违反**约定**或者违反权利人有关保守商业秘密的要求,披露、使用或者允许他人使用其所掌握的商业秘密的。 明知**或者应知**前款所列行为,获取、**使用或者披露**他人的商业秘密的,以侵犯商业秘密论。 **本条所称商业秘密,是指不为公众所知悉,能为权利人带来经济利益,具有实用性并经权利人采取保密措施的技术信息和经营信息。** 本条所称权利人,是指商业秘密的所有人和经商业秘密所有人许可的商业秘密使用人。	第二百一十九条　有下列侵犯商业秘密行为之一,**情节严重的**,处三年以下有期徒刑,并处或者单处罚金;**情节特别严重**的,处三年以上**十**年以下有期徒刑,并处罚金: (一)以盗窃、**贿赂、欺诈**、胁迫、**电子侵入**或者其他不正当手段获取权利人的商业秘密的; (二)披露、使用或者允许他人使用以前项手段获取的权利人的商业秘密的; (三)违反**保密义务**或者违反权利人有关保守商业秘密的要求,披露、使用或者允许他人使用其所掌握的商业秘密的。 明知前款所列行为,获取、**披露、使用或者允许**他人**使用该**商业秘密的,以侵犯商业秘密论。 本条所称权利人,是指商业秘密的所有人和经商业秘密所有人许可的商业秘密使用人。

【条文理解】

《刑法修正案(十一)》对《刑法》第 219 条进行修改,主要表现在以下四点:

一是将"给商业秘密的权利人造成重大损失的"改为"情节严重"的,这是基于对侵犯商业秘密罪法益的罪量表征的修正。侵犯商业秘密罪为复合法益,既包括对公正、诚信的商业秩序,还包括商业秘密权利人的合法权利。原法条的罪量表征仅体现了对个人法益侵害,而没有体现对公共法益的侵害。2020 年《侵犯知识产权案件解释(三)》第 4 条规定:"实施刑法第二百一十九条规定的行为,具有下列情形之一的,应当认定为'给商业秘密的权利人造成重大损失':(一)给商业秘密的权利人造成损失数额或者因侵犯商业秘密违法所得数额在三十万元以上的;(二)直接导致商业秘密的权利人因重大经营困难而破产、倒闭的;(三)造成商业秘密的权利人其他重大损失的。给商业秘密的权利人造成损失数额或者因侵犯商业秘密违法所得数额在二百五十万元以上的,应当认定为刑法第二百一十九条规定的'造成特别严重后果'。"2020 年《侵犯知识产权案件解释(三)》对侵犯商业秘密罪情节的描述仍然是"给商业秘密的权利人造成重大损失"。随着《刑法修正案(十一)》的出台,“给商业秘密的权利人造成重大损失”这一表述已经被修改。

二是新增列举了“电子侵犯”的行为方式。电子侵犯在反不正当竞争法已有规定,是如今互联网时代越发多见的侵犯商业秘密的方式之一。《刑法修正案(十一)》将“电子侵入”进行具体列举不仅是为法秩序统一的形式要求,也是明确该类行为方式的刑事违法性。同时,将本罪行为方式之一的“利诱”修改为“贿赂”。

三是删除了商业秘密定义的表述。原条文规定“本条所称商业秘密,是指不为公众所知悉,能为权利人带来经济利益,具有实用性并经权利人采取保密措施的技术信息和经营信息”。

四是法定刑的变化。《刑法修正案(十一)》删除本罪的拘役刑的同时,将法定最高刑由7年有期徒刑提高至10年有期徒刑。

【司法适用】

区分侵犯商业秘密罪与《反不正当竞争法》第9条规定的侵犯商业秘密的行为,应当考察侵犯商业秘密的行为是否属于“情节严重”或“情节特别严重”的行为。如行为人侵犯商业秘密造成的后果未达到2020年《侵犯知识产权案件解释(三)》第4条规定的情形,则不能行为人认定构成犯罪。此时侵权人应按照《反不正当竞争法》第17条的规定承担民事责任:权利人因被侵权所受到的实际损失、侵权人因侵权所获得的利益难以确定的,由人民法院根据侵权行为的情节判决给予权利人500万元以下的赔偿。

对于以盗窃、贿赂、欺诈、胁迫、电子侵入或者其他不正当手段获取他人商业秘密,然后使用该商业秘密制造产品并假冒他人注册商标的,原则上应以数罪论处。对于单纯非法使用他人商业秘密制造产品并假冒他人注册商标的,应认定为一行为触犯了数罪名,以一个重罪论处。

【司法案例】

裴某良侵犯商业秘密案①

[**裁判要旨**]行为人窃取他人技术秘密供自己所在的公司使用,从而给技术秘密权利人造成特别严重后果的,在追究行为人侵犯商业秘密罪的刑事责任时,可以根据附带民事诉讼原告人的请求,将行为人所在公司列为附带民事诉讼被告人一并追究侵权的民事赔偿责任。权利人因技术秘密被窃取而遭受的物质损失,包括已经遭受的实际损失和必然遭受的市场份额被削减、竞争力减弱等损失。侵权

---

① 参见《最高人民法院公报》2006年第12期。

人利用窃取的技术秘密履行与他人签订的技术合同，从而谋取巨额利润的，应当将侵权人在侵权期间因侵权所获得的利润额确定为给技术秘密权利人的赔偿额。只能认定侵权人签订的合同总金额，无法确定侵权人在侵权期间因侵权所获得的利润的，可以按照该行业平均利润标准计算侵权人所获得的利润。

杨某杰、周某平侵犯商业秘密案①

［**裁判要旨**］在认定技术信息的秘密性时，不应一律区分为告知技术和非告知技术，应根据该技术信息是否为关键信息决定是否应将其作为一个整体认定为商业秘密。权利人采取了合理的措施，使负有保密义务以外的其他人不能轻易获得有关商业秘密的，应当认定权利人已经对商业秘密采取了保密措施。违反约定或者违反权利人有关保守商业秘密的要求，将通过工作、职责掌握的商业秘密予以披露、使用，或者允许他人使用的，应当认定为侵犯商业秘密，但通过反向工程获得有关商业秘密的除外。对于侵犯商业秘密造成的损失程度，可以参照《反不正当竞争法》第 20 条的规定加以认定。

伊特克斯公司、郭某周等侵犯商业秘密案②

［**裁判要旨**］侵犯商业秘密刑事案件中"重大损失"的计算，应当优先计算权利人的实际损失，若存在障碍，可结合证据状况以及有无商业秘密许可使用、有无商业秘密对外泄露的事实，最终确定侵权人获利的计算方法。

第二百一十九条之一　【为境外窃取、刺探、收买、非法提供商业秘密罪】为境外的机构、组织、人员窃取、刺探、收买、非法提供商业秘密的，处五年以下有期徒刑，并处或者单处罚金；情节严重的，处五年以上有期徒刑，并处罚金。

【条文对照】

1997 年《刑法》	2020 年《刑法修正案（十一）》
无	**第二百一十九条之一　为境外的机构、组织、人员窃取、刺探、收买、非法提供商业秘密的，处五年以下有期徒刑，并处或者单处罚金；情节严重的，处五年以上有期徒刑，并处罚金。**

① 参见《刑事审判参考》总第 73 集第 609 号案例。

② 参见《刑事审判参考》总第 99 集第 1003 号案例。

【条文理解】

为境外窃取、刺探、收买、非法提供商业秘密罪是选择性罪名。实施了为境外窃取、刺探、收买、非法提供商业秘密行为之一的，可构成本罪。本条未规定为境外的机构、组织、人员窃取、刺探、收买、非法提供商业秘密是否需要以营利为目的，因此不以营利为目的，实施上述行为之一的，可构成本罪。

【司法适用】

本罪与为境外窃取、刺探、收买、非法提供国家秘密、情报罪的界限。本罪的犯罪对象是商业秘密，而为境外窃取、刺探、收买、非法提供国家秘密、情报罪的犯罪对象是国家秘密、情报。关于"国家秘密"和"情报"的界定，根据最高人民法院《关于审理为境外窃取、刺探、收买、非法提供国家秘密、情报案件具体应用法律若干问题的解释》第 1 条规定："刑法第一百一十一条规定的'国家秘密'，是指《中华人民共和国保守国家秘密法》第二条、第八条以及《中华人民共和国保守国家秘密法实施办法》第四条确定的事项[①]。刑法第一百一十一条规定的'情报'，是指关系国家安全和利益、尚未公开或者依照有关规定不应公开的事项。"鉴于《刑法》第 219 条侵犯商业秘密罪删除了对"商业秘密"的定义，因此需要结合《反不正当竞争法》等法律法规对"商业秘密"的界定，以此作为判断行为人为境外的机构、组织、人员窃取、刺探、收买、非法提供的秘密是否属于本罪所指的"商业秘密"。

第二百二十条　【单位犯侵犯知识产权罪的处罚规定】单位犯本节第二百一十三条至第二百一十九条之一规定之罪的，对单位判处罚金，并对其直接负责的主管人员和其他直接责任人员，依照本节各该条的规定处罚。

【条文对照】

1997 年《刑法》	2020 年《刑法修正案(十一)》
第二百二十条　单位犯本节第二百一十三条至第二百一十九条规定之罪的，对单位判处罚金，并对其直接负责的主管人员和其他直接责任人员，依照本节各该条的规定处罚。	第二百二十条　单位犯本节第二百一十三条至第二百一十九条**之一**规定之罪的，对单位判处罚金，并对其直接负责的主管人员和其他直接责任人员，依照本节各该条的规定处罚。

---

① 现为 2024 年修订后的《保守国家秘密法》第 13 条以及《保守国家秘密法实施办法》(已废止)第 4 条确定的事项。

【条文理解】

知识产权犯罪,又被称为侵犯知识产权罪,是指违反知识产权法的有关规定,侵犯他人商标权、专利权、著作权等知识产权,情节严重,依法应当受到刑罚处罚的行为。我国《刑法》分则明确规定了假冒注册商标罪,销售假冒注册商标的商品罪,非法制造、销售非法制造的注册商标标识罪,假冒专利罪,侵犯著作权罪,销售侵权复制品罪,侵犯商业秘密罪,为境外窃取、刺探、收买、非法提供商业秘密罪八个罪名。本条规定的是单位犯以上八个罪名的处罚规定。

罚金刑是单位侵犯知识产权犯罪承担刑事责任的方式。本条规定单位犯侵犯知识产权犯罪,对单位采取的是限额罚金制。2020 年《侵犯知识产权案件解释(三)》第 10 条规定:"对于侵犯知识产权犯罪的,应当综合考虑犯罪违法所得数额、非法经营数额、给权利人造成的损失数额、侵权假冒物品数量及社会危害性等情节,依法判处罚金。罚金数额一般在违法所得数额的一倍以上五倍以下确定。违法所得数额无法查清的,罚金数额一般按照非法经营数额的百分之五十以上一倍以下确定。违法所得数额和非法经营数额均无法查清,判处三年以下有期徒刑、拘役、管制或者单处罚金的,一般在三万元以上一百万元以下确定罚金数额;判处三年以上有期徒刑的,一般在十五万元以上五百万元以下确定罚金数额。"

【司法适用】

关于单位犯罪与个人犯罪的定罪量刑标准是否统一的问题。根据 2007 年《侵犯知识产权案件解释(二)》第 6 条规定,单位的定罪量刑标准与相应的个人犯罪的定罪量刑标准是相同的。而根据 2004 年《侵犯知识产权案件解释》第 15 条规定:"单位实施刑法第二百一十三条至第二百一十九条规定的行为,按照本解释规定的相应个人犯罪的定罪量刑标准的三倍定罪量刑。"即 2007 年《侵犯知识产权案件解释(二)》第 6 条对 2004 年《侵犯知识产权案件解释》第 15 条进行了修改:"单位实施刑法第二百一十三条至第二百一十九条规定的行为,按照《最高人民法院、最高人民检察院关于办理侵犯知识产权刑事案件具体应用法律若干问题的解释》和本解释规定的相应个人犯罪的定罪量刑标准定罪处罚。"《侵犯知识产权案件解释(二)》将单位犯罪按照相应个人犯罪的定罪量刑标准定罪处罚,原因在于我国正在建设创新型国家,需要进一步加大对知识产权的保护力度,考虑到知识产权犯罪中单位犯罪现象比较普遍的实际情况,《侵犯知识产权案件解释(二)》第 6 条规定统一了单位犯罪与个人犯罪的定罪量刑标准,实际上大幅降低了单位犯罪的定罪门槛,进一步加大了对单位侵犯知识产权犯罪的打击力度。

【司法案例】

邱某特等销售假冒注册商标的商品案①

[**裁判要旨**]实践中,有些单位设立后以实施犯罪为主要活动,偶尔也经营部分正当业务,然而该单位所实施的犯罪活动所反映的仍然是设立该公司的自然人的单独意志,因此此种情况只认定为自然人犯罪,而不是单位犯罪。

第八节 扰乱市场秩序罪

第二百二十一条 【损害商业信誉、商品声誉罪】捏造并散布虚伪事实,损害他人的商业信誉、商品声誉,给他人造成重大损失或者有其他严重情节的,处二年以下有期徒刑或者拘役,并处或者单处罚金。

【条文理解】

损害商业信誉、商品声誉罪属于商业诽谤行为。本罪的犯罪对象是他人的商业信誉和商品声誉。捏造并散布虚假事实、损害他人的商业信誉、商品声誉的行为,不仅损害了他人的商业信誉、商品声誉,给他人造成了经济损失,而且严重扰乱了市场秩序。

本罪的罪状描述,是"捏造并散布虚伪事实",这里所称的"捏造",既包括完全虚构,也包括在真实情况的基础上进行的部分虚构,歪曲事实真相。"散布",既包括口头散布,也包括以书面方式散布。

关于捏造与散布的关系问题,本罪明确规定,捏造并散布虚伪事实的,才构成本罪。其中"并"字表示既捏造又散布。根据《现代汉语词典》对"并"的解释,作为连词,"并"表示"并且",这里应理解为"更进一层"。例如,《民法典》第 447 条第 1 款规定,债务人不履行到期债务,债权人可以留置已经合法占有的债务人的动产,并有权就该动产优先受偿。留置权的效力有两重,首先是留置,然后才是行使优先受偿权,故该条中的"并"字是进一步的意思。而抵押权和质权可以直接实现,故相关规定(《民法典》第 394 条、第 425 条)中此处无"并"字。

由此可见,"并"字的存在是有其特殊含义的。就本罪而言,先有捏造事实的

---

① 参见《刑事审判参考》总第 78 集第 676 号案例。

行为,后有散布行为,只有这两个行为同时具备才构成本罪。如果只是实施了捏造虚伪事实的行为,而并未对其捏造的“事实”实施进一步的散布行为,则不构成本罪,例如,只是捏造事实与个别亲友私下议论而没有散播的;或者只是将从别处得来的虚伪事实加以散布的,又或者散播的是有损他人的商业信誉和商品声誉的客观事实而不是捏造的虚假事实的,均不构成本罪。在司法实践中,部分法官亦作如此之理解。[①] 例如,在王宗达损害商业信誉、商品声誉案中,裁判理由部分指出,只有同时具备“捏造”和“散布”虚伪事实的行为,才能构成损害商业信誉、商品声誉罪。

当然,有学者对此有不同的认识。有论者认为:捏造不是本罪的实行行为,散布捏造的事实才是本罪的实行行为。[②] (1)实行行为只能是发生了危险结果(或者紧迫的危险)的行为,而单纯捏造虚伪事实的行为本身并不具有法益侵害的紧迫危险。(2)具有侵害法益危险或者能够造成法益侵害的是散布损害他人的商业信誉、商品声誉的虚伪事实的行为。(3)将“捏造”解释为修饰“虚伪事实”的形容词。要准确评价这一解释,需要结合具体的场合,考察用语的语境与目的,以揭示用语的真实含义。一方面,某个事实是否属于“捏造”,是需要对方或第三者判断的,如果没有向对方或第三者传达的事实,其行为就难以被判断为捏造,即捏造本身就包含了向外部传达的意思。另一方面,本条中的“捏造并散布虚伪事实”是重复的表述,只是防止将误认为真实事实而散布的行为认定为犯罪(为了防止处罚没有犯罪故意的行为)。(4)若坚持认为本罪的实行行为是复数行为(捏造虚伪事实并散布),则会产生两种结果:一是认为捏造行为是实行行为的一部分,开始实施捏造行为时就是着手;二是认为行为人以散布为目的的开始实施捏造行为是本罪的预备行为。第一种结果因单纯的捏造虚伪事实的行为不具有法益侵害性,因此难以为人所接受,而第二种结果又存在两个问题:一方面,既然认为捏造行为是实行行为,就不能认为为了散布而捏造是预备行为;另一方面,即使将捏造行为认定为犯罪预备行为,也不利于保障国民自由。

“他人的商业信誉”,主要是指他人在从事商业活动中的信用程度和名誉等;“他人的商品声誉”,主要是指他人特定的具体商品在质量等方面的可信赖程度和经过长期良好的生产、经营所形成的知名度等。造成损害他人的商业信誉、商品声誉的后果,既可以是直接的,也可以是潜在的。

---

① 参见最高人民法院刑事审判第一、二、三、四、五庭主办:《中国刑事审判指导案例》,法律出版社2017年版,第417页。

② 参见张明楷:《刑法学》,法律出版社2021年版,第1079页。

本条中关于损害商业信誉、商品声誉罪的处刑规定是，“给他人造成重大损失或者有其他严重情节的，处二年以下有期徒刑或者拘役，并处或者单处罚金”。其中，“给他人造成重大损失”，主要是指给他人造成重大的经济损失，这种损失有的可以估算，有的则是潜在的、无法估算。“其他严重情节”，是指行为人在捏造并散布虚假事实、损害他人的商业信誉、商品声誉的过程中，采取的手段特别恶劣等。与此同时，鉴于这类犯罪往往具有贪利性，本条在规定对行为人判自由刑的同时，还规定“并处或者单处罚金”。

【司法适用】

本罪与诽谤罪的行为方式基本相同，均是捏造虚假事实并加以散布。二者的区别在于，诽谤罪的犯罪对象是自然人，而本罪的犯罪对象则是他人的商业信誉和商品声誉。本罪的犯罪构成中并不包括“以非法占有为目的”这一要件，若行为人收受他人财物，则该行为仅可用于证明行为人的犯罪动机，是否构成本罪，仍需结合本罪的犯罪构成要件，视其是否捏造并散布虚假信息，实际损害了他人的商业信誉、商品声誉而定。

在地域管辖方面，随着互联网的大量普及和应用，利用计算机网络散布虚假事实的行为逐渐增多。犯罪行为发生地不再仅局限于物理意义上的发生地，而是随之扩展到网站服务器所在地，网络接入地，网站建立者、管理者所在地以及被害人财产遭受损失地。

损害商业信誉、商品声誉罪中的“他人”，应当具备一定的特定性。侵犯了一个市场主体的商业信誉、商品声誉可以构成犯罪，如果侵害了一类市场主体的商业信誉、商品声誉，作为危害更大的行为，举轻以明重，自然也应当构成犯罪，这是逻辑解释的当然结论。结合实践中此类犯罪的实际情况，这类特定性可以从以下两个方面进行解释和界定：一方面，损害商业信誉、商品声誉罪侵害的对象应具有一定归属性，即损害的商业信誉、商品声誉必须是他人拥有的，损害自己所有的商业信誉、商品声誉不构成本罪。这里的他人包括所有的市场主体，即从事市场活动的个人、个体工商户、个人合伙、公司、企业在内的生产者、经营者，既包括某个具体的生产者、经营者，也包括某一类商品的生产者和经营者。另一方面，损害商业信誉、商品声誉罪侵害的对象必须具备一定的指向性。这是从侵害行为的证据角度而言的，即侵害行为必须有明确的指向，或是某个具体的生产者、经营者，或是某类商品的生产者、经营者。如果行为人没有针对特定生产者、经营者的商业信誉、商品声誉，或者社会公众无法确定行为人所指向的具体对象，则因不能认定被侵害方而不能构成本罪。司法实践中，对于行为人明确指名进行的损害商业信誉、商品声誉行为，判断侵害对象的特定性比较容易；对于那些并未明确指名而实施的侵害行为,则应当根据社会一般公众的普遍认识标准来判断侵害对象的特定性。对于行为人捏造并散布虚假事实,虽然并没有明确指出所损害的对象,没有提及某个生产者、经营者的名称或者其商品的名称,但是相关生产经营者和消费者从其捏造并散布的事实的内容上完全能够推测出其指向某一个或数个生产者、经营者的,也应认定为损害了"特定的他人"的商业信誉和商品声誉。反之,如果社会公众无法确认行为人的行为所指向的具体"他人",则不符合本罪中特定他人的构成要件。

关于"重大损失",在具体认定损害行为造成的经济损失时,应特别注意损害行为与经济损失之间的因果关系,即不能将与捏造并散布虚假事实的行为无因果关系和不是行为必然造成的损失计算在内。

本罪名是选择性罪名,在实践中处理该类案件时,应根据案件事实来具体认定被告人的行为侵犯的是商业信誉,还是商品声誉,抑或商业信誉和商品声誉,从而确定相应的罪名。

【司法案例】

訾某佳损害商品声誉案①

[**裁判要旨**]第一,如果行为人捏造并散布的虚伪事实是关于他人信守合约或者履行合同的信誉度或者他人资信状况、履约能力的,只侵害了他人的商业信誉,则罪名应确定为损害商业信誉罪;如果行为人捏造并散布的虚伪事实是关于他人产品的质量、等级、效果、价格等的,只侵害了他人的商品声誉,则罪名应确定为损害商品声誉罪。如果行为人捏造并散布的虚伪事实既有针对他人商业信誉的内容,又有针对他人商品声誉的内容;既损害了他人的商业信誉,也损害了其商品声誉,则罪名应当确定为损害商业信誉、商品声誉罪。第二,损害商业信誉、商品声誉罪的主观要件既包括直接故意也包括间接故意,其中直接故意最为常见。本案被告人有多年从事新闻工作的经历,在炮制纸馅包子虚假电视节目时应预见到其行为会造成损害相关行业商品声誉的后果,但却有意地放纵了该危害后果的发生,具有犯罪故意。该虚假节目自播出后,引发了社会公众对于肉馅包子质量的严重质疑,导致北京市肉馅包子的销售量急剧下降,使行业受到严重的影响。被告人的行为损害了北京市肉馅包子的质量声誉,即损害了他人的商品声誉,应认定为构成损害商品声誉罪。

① 参见《刑事审判参考》总第72集第597号案例。

第二百二十二条　【虚假广告罪】广告主、广告经营者、广告发布者违反国家规定，利用广告对商品或者服务作虚假宣传，情节严重的，处二年以下有期徒刑或者拘役，并处或者单处罚金。

【条文理解】

本罪所指的“广告”，是在中华人民共和国境内，商品经营者或者服务提供者通过一定媒介和形式直接或者间接地介绍自己所推销的商品或者服务的商业广告活动。[①]“可识别性”和“能够让广大消费者辨明”是广告的典型特征。在互联网时代，互联网广告取代了传统的广播电台、电视台广告，成为广告的主流形式。《互联网广告管理办法》第2条规定，互联网广告是指利用网站、网页、互联网应用程序等互联网媒介，以文字、图片、音频、视频或者其他形式，直接或者间接地推销商品或者服务的商业活动。

广告是广告主为宣传自己的产品或者服务而采取的一种促销手段。实践中，部分广告主为了赚快钱，采取虚假广告的形式来推销自己的产品或者服务，这应成为法律规制的重点对象。《广告法》第28条对“虚假广告”作了明确规定，即以虚假或者引人误解的内容欺骗、误导消费者的广告。《消费者权益保护法》第20条第1款规定：“经营者向消费者提供有关商品或者服务的质量、性能、用途、有效期限等信息，应当真实、全面，不得作虚假或者引人误解的宣传。”

根据《广告法》第28条的规定，虚假广告包括以下情形：(1)商品或者服务不存在的；(2)商品的性能、功能、产地、用途、质量、规格、成分、价格、生产者、有效期限、销售状况、曾获荣誉等信息，或者服务的内容、提供者、形式、质量、价格、销售状况、曾获荣誉等信息，以及与商品或者服务有关的允诺等信息与实际情况不符，对购买行为有实质性影响的；(3)使用虚构、伪造或者无法验证的科研成果、统计资料、调查结果、文摘、引用语等信息作证明材料的；(4)虚构使用商品或者接受服务的效果的；(5)以虚假或者引人误解的内容欺骗、误导消费者的其他情形。上述规定重点规定的是虚构事实的情形，而隐瞒真相的情形因无法描述而未作明确规定。

本罪的犯罪主体是特殊主体，即广告主、广告经营者和广告发布者。广告主，是指为推销商品或者服务，自行或者委托他人设计、制作、发布广告的自然人、法人或者其他组织；广告经营者，是指接受委托提供广告设计、制作、代理服务的自

---

① 参见《广告法》第2条第1款。

然人、法人或者其他组织;广告发布者,是指为广告主或者广告主委托的广告经营者发布广告的自然人、法人或者其他组织。

虚假广告行为,“情节严重的”才构成犯罪。《立案追诉标准(二)》第67条规定:“广告主、广告经营者、广告发布者违反国家规定,利用广告对商品或者服务作虚假宣传,涉嫌下列情形之一的,应予立案追诉:(一)违法所得数额在十万元以上的;(二)假借预防、控制突发事件、传染病防治的名义,利用广告作虚假宣传,致使多人上当受骗,违法所得数额在三万元以上的;(三)利用广告对食品、药品作虚假宣传,违法所得数额在三万元以上的;(四)虽未达到上述数额标准,但二年内因利用广告作虚假宣传受过二次以上行政处罚,又利用广告作虚假宣传的;(五)造成严重危害后果或者恶劣社会影响的;(六)其他情节严重的情形。”

另外,相关司法解释也对本罪有明确规定,具体内容如下:

《传染病案件解释》第5条、《非法集资案件解释》第12条第1款、《危害食品安全案件解释》第19条和《危害药品安全案件解释》第12条对虚假广告罪均作了明确规定。

【司法适用】

在司法实践中,特别需要注意以下三个问题:一是明确虚假广告罪与非罪的界限;二是明确本罪“共犯”认定问题;三是区分本罪与其他犯罪。以下针对这三个问题分别加以阐述:

1. 明确虚假广告罪与非罪的界限

在竞争激烈的商业活动中,商品或者服务的广告大多带有夸张的成分,故不能将所有具有夸大性质的广告均认定为虚假广告,只有当其夸大的程度超出了社会容忍的界限,足以使一般人陷入认识错误时,才能将其认定为虚假广告。是否足以使一般人陷入认识错误,要根据行为当时的具体情况考察,最基础的判断依据就是对广告内容的考察。当广告内容极为抽象时,通常不易使一般人陷入认识错误;当广告内容比较具体时,就有可能使一般人陷入认识错误。例如,某广告声称某种产品“性能优良、经久耐用”的,即使并不符合客观事实,一般也不能被认定为虚假广告;但如果某广告声称某野山椒“可以抗癌”,就属于虚假广告①。又如,某广告声称某商品“销量第一”,就属于虚假广告;但若称某商品“销量领先”,就不属于虚假广告。

2. 防止轻罪转化为重罪

从刑法理论上讲,共犯,从来是一个轻罪成为一个重罪的共犯,而不是相反。

---

① 参见张明楷:《刑法学》,法律出版社2021年版,第1081页。

虚假广告罪本是轻罪，但其极易因为明知他人从事犯罪活动而为其提供虚假广告服务，而成为一个重罪的共犯，以下几种具体情形值得高度重视：

《非法集资案件解释》第 12 条第 2 款规定："明知他人从事欺诈发行证券，非法吸收公众存款，擅自发行股票、公司、企业债券，集资诈骗或者组织、领导传销活动等集资犯罪活动，为其提供广告等宣传的，以相关犯罪的共犯论处。"

《危害食品安全案件解释》第 14 条中规定："明知他人生产、销售不符合食品安全标准的食品，有毒、有害食品，具有下列情形之一的，以生产、销售不符合安全标准的食品罪或者生产、销售有毒、有害食品罪的共犯论处：……（四）提供广告宣传的……"

《危害药品安全案件解释》第 9 条规定："明知他人实施危害药品安全犯罪，而有下列情形之一的，以共同犯罪论处：……（五）提供广告宣传的……"

3. 区分虚假广告罪与其他犯罪①

第一，损害他人商业信誉、商品声誉的行为，也可能通过广告的形式实施，虚假广告也可能通过诋毁他人的商品声誉来为自己的商品或者服务作虚假宣传。不排除一个行为同时触犯上述两个罪名的情况，在这种情况下，只能以想象竞合犯从一重罪处罚。但两者的法定刑相同，故"重罪"的确定只能以行为的基本性质与危害程度为依据。

第二，行为人可能利用广告为自己生产、销售的伪劣商品作虚假宣传，或者说利用广告来销售伪劣商品。在这种情况下，可以认为是行为人的手段触犯了其他的罪名，属于牵连犯，从一重罪处罚，即适用生产、销售伪劣商品罪的法定刑。

第三，虚假广告行为不要求达到诈骗财产的程度。因此，如果行为人利用虚假广告骗取他人财物，则构成虚假广告罪与诈骗罪的想象竞合，应从一重罪处罚②。

第二百二十三条　【串通投标罪】投标人相互串通投标报价，损害招标人或者其他投标人利益，情节严重的，处三年以下有期徒刑或者拘役，并处或者单处罚金。

投标人与招标人串通投标，损害国家、集体、公民的合法利益的，依照前款的规定处罚。

---

① 参见张明楷：《刑法学》，法律出版社 2016 年版，第 832 页。

② 参见张明楷：《刑法学》，法律出版社 2021 年版，第 1081 页。

【条文理解】

招标、投标活动是由招标人就某特定事项向特定相对人或社会发出招标邀请,由多家投标人进行投标,由招标人通过对投标人进行综合考察,最终确定投标人。当前,在招投标活动中存在围标、串标甚至权钱交易等违法犯罪行为,为了规范招标、投标市场行为,确保社会主义市场经济的健康发展,1997 年《刑法》增设了串通投标罪。目前我国已经形成了以《招标投标法》《招标投标法实施条例》为主体的一整套招投标法律体系。

本条第 1 款是关于投标人相互串通投标报价,损害招标人或者其他投标人利益的犯罪及处刑的规定。《招标投标法》第 5 条规定,招标投标活动应当遵循公开、公平、公正和诚实信用的原则。该法第 32 条第 1 款规定,投标人不得相互串通投标报价,不得排挤其他投标人,损害招标人或者其他投标人的合法权益。根据《招标投标法》第 25 条第 1 款的规定,"投标人",是指响应招标、参加投标竞争的法人或者其他组织;"相互串通投标报价",是指投标人在投标过程中,包括投标前和投标过程中,串通一气,商量好采取抬高标价或者压低标价等行为,既包括多方相互串通,也包括多方串通。根据《招标投标法实施条例》[①]第 39 条中的规定,有下列情形之一的,属于投标人相互串通投标:(1)投标人之间协商投标报价等投标文件的实质性内容;(2)投标人之间约定中标人;(3)投标人之间约定部分投标人放弃投标或者中标;(4)属于同一集团、协会、商会等组织成员的投标人按照该组织要求协同投标;(5)投标人之间为谋取中标或者排斥特定投标人而采取的其他联合行动。第 40 条规定,有下列情形之一的,视为投标人相互串通投标:(1)不同投标人的投标文件由同一单位或者个人编制;(2)不同投标人委托同一单位或者个人办理投标事宜;(3)不同投标人的投标文件载明的项目管理成员为同一人;(4)不同投标人的投标文件异常一致或者投标报价呈规律性差异;(5)不同投标人的投标文件相互混装;(6)不同投标人的投标保证金从同一单位或者个人的账户转出。根据《招标投标法》第 8 条的规定,"招标人",是指提出招标项目、进行招标的法人或者其他组织。"损害招标人或者其他投标人利益",是指由于投标人相互串通投标报价而使招标人无法达到最佳的竞标结果或者其他投标人无法在公平竞争的条件下参与投标竞争而受到损害,包括已经造成损害和造成潜在的损害

---

① 2011 年 12 月 20 日国务院令第 613 号公布,根据 2017 年 3 月 1 日国务院令第 676 号《关于修改和废止部分行政法规的决定》第一次修订,根据 2018 年 3 月 19 日国务院令第 698 号《关于修改和废止部分行政法规的决定》第二次修订,根据 2019 年 3 月 2 日国务院令第 709 号《关于修改部分行政法规的决定》第三次修订。

两种情况。

本条第2款是关于投标人与招标人串通投标，损害国家、集体、公民合法利益的犯罪及处罚的规定。《招标投标法》第32条第2款规定，投标人不得与招标人串通投标，损害国家利益、社会公共利益或者他人的合法权益。这里的“串通投标”是指投标人与招标人私下串通，事先根据招标底价确定投标报价、中标价格，而不是在公平竞争的条件下确定中标价格，从而破坏招标公正的行为。① 根据《招标投标法实施条例》第41条的规定，有下列情形之一的，属于招标人与投标人串通投标：(1)招标人在开标前开启投标文件并将有关信息泄露给其他投标人；(2)招标人直接或者间接向投标人泄露标底、评标委员会成员等信息；(3)招标人明示或者暗示投标人压低或者抬高投标报价；(4)招标人授意投标人撤换、修改投标文件；(5)招标人明示或者暗示投标人为特定投标人中标提供方便；(6)招标人与投标人为谋求特定投标人中标而采取的其他串通行为。

“情节严重”是串通投标罪的必备要件，否则只能按照一般的违法行为处理。《立案追诉标准(二)》第68条规定，投标人相互串通投标报价，或者投标人与招标人串通投标，涉嫌下列情形之一的，应予立案追诉：(1)损害招标人、投标人或者国家、集体、公民的合法利益，造成直接经济损失数额在50万元以上的；(2)违法所得数额在20万元以上的；(3)中标项目金额在400万元以上的；(4)采取威胁、欺骗或者贿赂等非法手段的；(5)虽未达到上述数额标准，但2年内因串通投标受过2次以上行政处罚，又串通投标的；(6)其他情节严重的情形。

【司法适用】

1. 串通投标罪犯罪主体的范围问题

本条将串通投标罪的主体规定为招标人与投标人，《招标投标法》第8条规定：“招标人是依照本法规定提出招标项目、进行招标的法人或者其他组织。”第25条规定：“投标人是响应招标、参加投标竞争的法人或者其他组织。依法招标的科研项目允许个人参加投标的，投标的个人适用本法有关投标人的规定。”由以上法条可知，无论是招标人还是投标人都要求必须是法人或者其他组织，唯有科研的工程项目招标活动，投标人能够是自然人个体。但也有学者认为，不能完全按照《招标投标法》的规定解释《刑法》第223条所规定的招标人和投标人，而应在《刑法》自身体系内作实质性解释，串通投标罪的主体应理解为参与投标程序、实施串通投标行为的自然人和单位，即将招标人和投标人解释为主管、负责、参与招

---

① 参见郎胜主编：《中华人民共和国刑法释义》，法律出版社2015年版，第362页。

标投标事项的人。①

实践当中,串通投标罪的犯罪主体还应包括:

(1)招标代理机构。《招标投标法》第50条明确规定,招标代理机构违反招标投标法规定,泄露应当保密的与招标投标活动有关的情况和资料的,或者与招标人、投标人串通损害国家利益、社会公共利益或者他人合法权益,构成犯罪的,依法追究刑事责任。《招标投标法实施条例》第13条第2款规定,招标代理机构代理招标业务,应当遵守招标投标法和该条例关于招标人的规定。招标代理机构不得在所代理的招标项目中投标或者代理投标,也不得为所代理的招标项目的投标人提供咨询。该规定明确将招标代理机构纳入招标人的范畴,关于招标人的法律责任同样适用于招标代理机构。

在司法实践中存在大量的投标人与招标代理机构彼此勾结、联合,损害其余的投标人或招标人合法利益的作为。如沈阳欧盟经济开发区二期道路排水基础设施工程串通投标案、赵海庚利用职权违规干预工程建设项目招标进而受贿案、冯大刚利用职权违法违规干涉工程建筑招投标受贿案,这些案件均是投标人与招标代理机构相互串通进行招投标,严重地破坏了招投标正常的竞争秩序,损害国家、集体、公民的合法利益,涉案金额巨大,造成严重损失,具有严重的社会危害性。

招标代理机构成为本罪主体主要有以下几类形式:①招标代理机构和招标人、投标人三方实施勾结串通投标行为;②数个投标人彼此勾结、联络串通投标,招标代理机构通过泄露标底等关键信息的方式给予帮助;③招标代理机构与内定投标人勾结串通投标。

(2)借用资质挂靠后以被挂靠人名义进行投标的挂靠人。挂靠是指企业允许其他单位或者个人在一段期间内可以使用自身的名义对外承包工程、服务或者项目的行为。挂靠人是在被挂靠人的名义下进行活动,活动的真正展开方是挂靠人自身。首先,利用被挂靠人的名义牟取非法利益,破坏招投标领域市场正当的竞争秩序,应由挂靠人承担责任。其次,挂靠人将自身意志作用于控制的几家被挂靠单位,已形成了刑法意义上的"串通",使招投标失去了竞争性,只是行为手段与承担刑事责任的范围不同。在其他投标人被欺骗的情况下利用手中控制的数家公司或者单位进行围标活动,举轻以明重理所应当成为本罪的主体。最后,《福建省高级人民法院、检察院、公安厅办理串通投标犯罪案件有关问题座谈会纪要》规定:"采取挂靠、盗用等非法手段,以多个投标人名义进行围标的,按刑法第二百二

---

① 钱斌、马作彪:《串通投标罪之主体认定》,载《人民司法·案例》2014年第10期。

十三条第一款的规定处罚。”因此，挂靠人在被挂靠人不知情的情况下也可成为串通投标罪的主体。

(3)评标委员会的成员。《招标投标法》第56条规定：“评标委员会成员收受投标人的财物或者其他好处的，评标委员会成员或者参加评标的有关工作人员向他人透露对投标文件的评审和比较、中标候选人的推荐以及与评标有关的其他情况的……构成犯罪的，依法追究刑事责任。”评标委员会成员应承担刑事责任于法有据。评标委员会成员参与了串通行为，通过暗中勾结、联络的方式，给予贿赂者更高的评分，对于其他竞争对手则给予更低的打分，或者通过泄露其他评委的打分，使贿赂者获得更多的信息优势或者资源优势，这种行为方式实际上已经破坏了贿赂者与其他竞争者在招投标过程中公平竞争的条件，而且损害招标人的利益。《中央工程治理领导小组办公室公布20起工程建设领域招标投标环节典型案件》中牵涉投标人与评标委员会成员相互勾结、联络和串通行为的案件有5起，司法实践中不容忽视的是评标委员会成员与投标人或招标人串通投标的违法犯罪行为已经对工程建设领域的招投标公平、公正的展开造成了严重的影响，为投标人彼此或投标人与招标人之间实施串通行为给予了极大方便。

此外，评标委员会的成员在招投标过程中收受他人财物，还可能成立受贿型犯罪。根据《商业贿赂案件意见》第6条的规定，依法组建的评标委员会、竞争性谈判采购中谈判小组、询价采购中询价小组的组成人员，在招标、政府采购等事项的评标或者采购活动中，索取他人财物或者非法收受他人财物，为他人谋取利益，数额较大的，以非国家工作人员受贿罪定罪处罚。依法组建的评标委员会、竞争性谈判采购中谈判小组、询价采购中询价小组中国家机关或者其他国有单位的代表有前款行为的，以受贿罪定罪处罚。

2. 串通投标罪与其他罪的区别

(1)与合同诈骗罪的区别。串通投标罪与合同诈骗罪区别在于：串通投标罪侵犯的是招标人、投标人的利益，或者损害国家、集体和个人的合法权益；合同诈骗罪是对国家的经济合同管理秩序和公私财产所有权造成损害。串通投标罪是招标人与投标人或者投标人之间采取勾结、联通、串通等手段，损害招标人或者其他投标人合法利益的行为；合同诈骗罪是在围绕合同活动过程中，采取虚构事实、隐瞒真相的方式，骗取被害人的财物的行为。串通投标罪是为了获取竞争优势或者追求不法利益，其损害的是招标人或者其他投标人的利益；合同诈骗罪是以非法占有对方财物为目的，损害的是对方财物的所有权。串通投标罪的主体不仅包括名义上的招标人或者投标人，还包括实质上参与串通的非招标人或者非投标人，主体个数必须是两个以上，否则不构成串通投标；合同诈骗罪的主体个数可为一个,且多人实施共同犯罪之时为任意的共同犯罪形式。串通投标罪行为的关键点在于勾结、联通,损害他人利益;合同诈骗罪行为的关键在于被害人基于犯罪者的欺骗处分了自身或者他人的财物,进而造成损失。

(2)与非法经营罪的区别。非法经营罪指违反国家规定,故意从事非法经营活动,扰乱市场秩序,情节严重的行为。非法经营罪保护的法益是市场经营的管理制度,即专卖、专营与经营许可制度。在投标的活动过程中,被挂靠人出让或者出租资格、文凭证书为他人参与投标提供便利,此种行为可能涉嫌非法经营罪。因为投标人将经政府批准的专属于自身的资格证书出租给他人,破坏了国家的经营许可制度。串通投标罪是招标人与投标人或者投标人之间,为了取得不法利润,进而通过勾结、串通,损害招标人或者其他投标人的利益,破坏社会主义市场经济正常的竞争秩序。行为人若只是单纯地出租资格证书未进行其他违法活动,则构成非法经营罪;若不仅仅出租资格证书,并与租赁人串通投标,则定串通投标罪。

【司法案例】

许某某、包某某串通投标案①

[**要旨**]投标与拍卖行为性质不同,分别受《招标投标法》和《拍卖法》规范,对于串通投标行为,法律规定了刑事责任,而对于串通拍卖行为,法律仅规定了行政责任和民事赔偿责任,串通拍卖行为不能类推为串通投标行为。并且本案的串通拍卖行为,目的在于防止项目流拍,该行为实际上盘活了国有不良资产,消除了长期存在的重大安全隐患,不具有刑法规定的社会危害性。

第二百二十四条 【合同诈骗罪】有下列情形之一,以非法占有为目的,在签订、履行合同过程中,骗取对方当事人财物,数额较大的,处三年以下有期徒刑或者拘役,并处或者单处罚金;数额巨大或者有其他严重情节的,处三年以上十年以下有期徒刑,并处罚金;数额特别巨大或者有其他特别严重情节的,处十年以上有期徒刑或者无期徒刑,并处罚金或者没收财产:

(一)以虚构的单位或者冒用他人名义签订合同的;

(二)以伪造、变造、作废的票据或者其他虚假的产权证明作担保的;

① 参见最高人民检察院检例第90号。

（三）没有实际履行能力，以先履行小额合同或者部分履行合同的方法，诱骗对方当事人继续签订和履行合同的；

（四）收受对方当事人给付的货物、货款、预付款或者担保财产后逃匿的；

（五）以其他方法骗取对方当事人财物的。

【条文理解】

本罪是诈骗罪的一种特殊形式，发生在签订或者履行合同的过程中。行为人在主观上“以非法占有为目的”，利用经济合同，使用欺骗手段，从而骗取对方当事人数额较大财物。

本条所指的“合同”，主要是指各类经济合同（如供销合同、借贷合同等），其内容是关于通过市场行为获取利润，其形式不限于书面合同，也包括口头合同。

本条明确规定了五种合同诈骗的方法：

第一种情形是假冒主体的合同诈骗，即以虚构的单位或者冒用他人名义签订合同，以此骗取他人财物的。如果行为人只是冒用其他单位名义签订合同，但还是履行了合同，那么此种情况只能算作合同主体的民事欺诈，而不应认定为合同诈骗罪。

第二种情形是虚假担保的合同诈骗，即以伪造、变造、作废的票据或者其他虚假的产权证明作担保，以此骗取他人财物的。如果行为人只是提供虚假担保，但还是履行了合同，则只构成合同担保的民事欺诈，不应认定为合同诈骗罪。

第三种情形是合同履行能力的欺骗，即没有实际履行能力，以先履行小额合同或者部分履行合同的方法，诱骗对方当事人继续签订和履行合同的。这种没有履行能力或者不打算履行合同，却诱骗对方当事人继续签订和履行合同的行为，属于钓鱼式的合同诈骗。

合同履行能力的欺骗，并不必然构成合同诈骗，而是应具体问题具体分析。如果在签订合同之时尚不具备履行合同的全部条件，但合同仍有履行的现实基础，行为人自认为经过努力可以创造条件履行合同，也有履行合同的意愿和行动，最终因客观原因而无法履行合同，则该行为仅属于民事欺诈而不是合同诈骗。此种情形，迥异于行为人隐瞒完全没有合同履行能力或者只有部分合同履行能力的事实，以签订、履行合同为幌子，骗取他人财物的行为。两种情形中，行为人虽然在签订合同的时候均虚称能够履行合同，但在履行合同的现实基础、实际履约的意愿和行动、履约失败的真正原因等方面存在本质区别，故前者性质为民事欺诈，而后者性质为合同诈骗。

第四种情形是收受对方当事人给付的货物、货款、预付款或者担保财产后逃匿。诈骗罪是一种占有转移的财产犯罪,即行为人骗取他人财物。在合同诈骗罪中,行为人采用欺骗手段签订合同以骗取他人合同项下的款项,符合占有转移的特征。如果行为人在签订合同时具有履行合同的主观意愿,只是在收受对方当事人的货物、货款、预付款或者担保财产后才产生非法占有的意思,则应定性为侵占行为。这种合同诈骗罪的认定难点在于如何证明行为人在签订合同之时隐瞒了其没有履行合同的意愿这一情况,对其可以根据事后隐匿的客观行为来加以推论。但事后隐匿只是一种客观表现,不能直接证明行为人在签订合同之时就没有履行合同的意愿。尤其是在某些案件中,因不可抗力而导致合同不能履行的,属于违约行为,应当按照合同纠纷处理,不属于合同欺诈,更不构成合同诈骗罪。

第五种情形是以其他方法骗取对方当事人财物。这是指采取上述四种情形以外的其他方法骗取对方当事人财物的行为,是为了适应这类犯罪的多样性、复杂性而规定的。

根据《立案追诉标准(二)》第 69 条的规定,以非法占有为目的,在签订、履行合同过程中,骗取对方当事人财物,数额在 2 万元以上的,应予立案追诉。这里的“2 万元”,一方面,统一了单位犯罪和自然人犯罪的立案标准;另一方面,适当提高了立案标准,取 2001 年立案标准①的上限,以抵消近年来通货膨胀的影响。

【司法适用】

在司法实践中,本罪需要注意以下五个问题:

1. 诈骗罪与民事欺诈的关系

一种观点认为,民事欺诈完全包括合同诈骗行为,二者是包含与被包含的关系。合同诈骗只是民事欺诈中的特殊情形,重要的并非明确二者之间的界限,而是判断行为是否符合合同诈骗的犯罪构成。如果得出肯定结论,行为就构成合同诈骗罪,此时不得以行为属于民事欺诈为由,否认合同诈骗罪的成立②。

另一种观点认为,合同诈骗罪与民事欺诈是非此即彼的关系,区分二者的关键在于:(1)行为人主观方面是否有非法占有的目的。我国民法并没有将非法占有这一目的排除在民事欺诈之外,但可以肯定的是,如果行为人利用合同欺骗他人并使之处分财产,且具有非法占有的目的,就成立合同诈骗罪。(2)欺诈的手段不同。前者的行为人通常假冒合法身份;后者的行为人无须假冒合法身份。

---

① 即最高人民检察院、公安部《关于经济犯罪案件追诉标准的规定》(公发〔2001〕11 号),于 2010 年 5 月 7 日被《立案追诉标准(二)》废止。

② 参见张明楷:《刑法学》,法律出版社 2021 年版,第 1088 页。

(3)欺诈的内容不同。前者的行为人根本没有履行合同的能力和实际行动;而后者的行为人则具有一定的履约能力。(4)欺骗的程度不同。前者是在整体事实方面虚构事实、隐瞒真相;后者则在个别事实上弄虚作假。

2. 合同诈骗罪与普通诈骗罪的关系

通说认为,只要符合诈骗罪的犯罪构成,且利用了合同的,就当然成立合同诈骗罪。然而,区分两者不能简单以合同的有无为标准。虽然在诈骗过程中存在合同,但使对方产生认识错误的并非合同而是合同之外的欺骗行为的,应认定为普通诈骗罪。所以,并非只要有合同就成立合同诈骗罪。此外,利用合同骗取他人财物,没有达到相关司法解释所规定的合同诈骗罪数额较大标准,但达到普通诈骗罪数额较大标准的,应认定为普通诈骗罪。此时,因为行为并不符合合同诈骗罪的客观要件,故不存在合同诈骗罪与普通诈骗罪的法条竞合问题[①]。

3. 合同诈骗罪与贷款诈骗罪的关系

其一,《刑法》规定的金融诈骗犯罪大多采取了经济合同形式,如保险诈骗利用保险合同,贷款诈骗利用贷款合同。由于《刑法》对金融诈骗罪作了单独的规定,所以凡是符合金融诈骗罪犯罪构成的,原则上应该以金融诈骗罪论处。

其二,依《刑法》规定,单位不构成贷款诈骗罪,但是单位实施贷款诈骗行为并非不负任何刑事责任。根据《全国法院审理金融犯罪案件工作座谈会纪要》的规定,对于单位十分明显地以非法占有为目的,利用签订、履行借款合同诈骗银行或其他金融机构贷款,符合《刑法》第 224 条规定的合同诈骗罪构成要件的,应当以合同诈骗罪定罪处罚。

4. 认定本罪应坚决避免客观归罪

违法是客观的,责任是主观的。定罪应当坚持主客观相一致原则。客观归罪,是指只要查明存在犯罪后果,而不再从主观上考察行为人是否有责。《全国法院审理金融犯罪案件工作座谈会纪要》(法〔2001〕8 号)中明确规定:“金融诈骗犯罪都是以非法占有为目的的犯罪。在司法实践中,认定是否具有非法占有为目的,应当坚持主客观相一致的原则,既要避免单纯根据损失结果客观归罪,也不能仅凭被告人自己的供述,而应当根据案件具体情况具体分析。”这一司法解释虽然直接针对金融诈骗犯罪,但是对于合同诈骗罪来说,也有着极其重要的借鉴意义。

5. 虚构事实与隐瞒真相的关系

合同诈骗罪的诈骗手段,无非是积极地虚构事实,或者消极地隐瞒真相。通常理解,要么有虚构事实行为,要么有隐瞒真相的行为,只要两者居其一,即可认

---

① 参见张明楷:《刑法学》,法律出版社 2021 年版,第 1086 页。

定为合同诈骗罪，少有人再去深究两者之间的内部关系。其实，无论是虚构事实，还是隐瞒真相，均围绕着同一客观事实，因而两者是紧密联系、相辅相成的一体两面。为了准确认定本罪，有必要进一步深入分析虚构事实与隐瞒真相之间的相互关系。如果存在虚构事实的行为，但并未隐瞒真相，而且真相是不可能被隐瞒的公开信息，那么即使虚构事实，也不足以让被害人产生错误认识，进而错误地处分自己的财产。正因如此，准确认定合同诈骗罪，不仅要考察行为人的主观心态，也非常有必要考察被害人的主观心态。如果确有真实信息，且真实信息是面向所有人的公开信息，而被害人称其不知情，则这种不知可以视为知道真相。①

【司法案例】

温某某合同诈骗案②

[**要旨**]检察机关办理涉企业合同诈骗犯罪案件，应当严格区分合同诈骗与民事违约行为的界限。要注意审查涉案企业在签订、履行合同过程中是否具有非法占有目的和虚构事实、隐瞒真相的行为，准确认定是否具有诈骗故意。

严格区分合同诈骗与民事违约行为的界限。注意审查涉案企业在签订、履行合同过程中是否具有虚构事实、隐瞒真相的行为，是否有《刑法》第224条规定的五种情形之一。注重从合同项目真实性、标的物用途、有无实际履约行为、是否有逃匿和转移资产的行为、资金去向、违约原因等方面，综合认定是否具有诈骗的故意，避免片面关注行为结果而忽略主观上是否具有非法占有的目的。对于签订合同时具有部分履约能力，其后完善履约能力并积极履约的，不应以合同诈骗罪追究刑事责任。

第二百二十四条之一　【组织、领导传销活动罪】组织、领导以推销商品、提供服务等经营活动为名，要求参加者以缴纳费用或者购买商品、服务等方式获得加入资格，并按照一定顺序组成层级，直接或者间接以发展人员的数量作为计酬或者返利依据，引诱、胁迫参加者继续发展他人参加，骗取财物，扰乱经济社会秩序的传销活动的，处五年以下有期徒刑或者拘役，并处罚金；情节严重的，处五年以上有期徒刑，并处罚金。

---

① 北京市朝阳区人民法院(2013)朝刑初字第2584号刑事判决书秦某晖(秦某火)诽谤案：秦志晖的转发行为被认定为犯罪是因为有足够的证据证明其主观上“明知”。第一，在秦某晖涉案事件中，相关真实信息是存在的；第二，秦某晖拥有在网上核实信息真伪的能力和基本技能；第三，秦某晖无主观意愿去核实信息。故意不知和积极主动的认识具有同等的应受谴责性。

② 参见最高人民检察院检例第91号。

【条文对照】

1997年《刑法》	2009年《刑法修正案(七)》
无	**第二百二十四条之一　组织、领导以推销商品、提供服务等经营活动为名,要求参加者以缴纳费用或者购买商品、服务等方式获得加入资格,并按照一定顺序组成层级,直接或者间接以发展人员的数量作为计酬或者返利依据,引诱、胁迫参加者继续发展他人参加,骗取财物,扰乱经济社会秩序的传销活动的,处五年以下有期徒刑或者拘役,并处罚金;情节严重的,处五年以上有期徒刑,并处罚金。**

【条文理解】

传销活动可分为两种类型:一类是原始型传销,该种传销类型以销售商品的数量作为计酬或者返利依据;另一类是诈骗型传销,其真实意图并不是销售商品,而是以发展人员的数量作为计酬或者返利依据①。《刑法》中的"传销"概念,其外延较之行政法规中的"传销"概念更窄,应仅限于诈骗型传销,而不包括原始型传销。

本罪的主要特征:

(一)要求参加者以缴纳费用或者购买商品、服务等方式获得加入资格

传销活动的目的是诱骗尽可能多的参加者加入传销组织,骗取后参加者交纳的钱财。参加传销组织的条件,就是按照传销组织的要求,缴纳"入门费"或者通过购买传销组织"经营"的"商品"或者"服务"等方式获得"入门"资格。

判断某个组织是否从事传销活动,其步骤为:首先,判断是否存在商品(包括服务),如果没有商品,符合其他条件,可以认定为从事传销活动。其次,倘若存在商品,则需要进一步判断商品是不是道具(如商品存放在何处、有没有人消费该商品)。如果商品只是道具(如事实上不转移占有,或者名义上转移占有与所有),符合其他条件,则应认定为从事传销活动。再次,商品发生占有转移时,是仅转移给参与传销的人员,还是会转移给真正的消费者。如果仅仅在传销活动参与者之间转移,参与者并不以实际使用商品为目的,而是为了获得入门资格,并符合其他条件,也应认定为从事传销活动。最后,倘若有部分真正的消费者时,则要进一步判断该真正的消费者与传销人员的比例,如果大多数商品都是传销人员的道具,只有少数商品转移给真正的消费者,符合其他条件,也属于传销活动;行为人是主要通过销售商品获利,还是主要通过收取"入门费"获利。倘若主要通过收取"入门

---

① 参见张明楷:《刑法学》,法律出版社2021年版,第1089页。

费”获利,符合其他条件,也应认定为从事传销活动[①]。无论何种表现形式,传销活动的本质,都是以缴纳入门费或者购买一定数量或者金额的“商品”或者“服务”为条件,诱导新人加入传销组织,并按照一定比例获得计酬的资格。

(二)按照一定的顺序组成层级,直接或者间接以发展人员的数量作为计酬或者返利的依据

1. 关于传销组织层级的认定

《组织领导传销活动案件意见》第 1 条第 1 款的规定,认定传销组织有两个必须同时具备的条件:一是组织内部参与传销活动的人员在 30 人以上;二是传销组织的层级在 3 级以上的。在司法实践中,传销组织的人数往往远超过 30 人,真正的司法难题是如何准确认定传销组织的层级:

(1)传销组织的“层级”和“级”,是指组织者、领导者与参与传销活动人员之间的上下线关系层次,而非组织者、领导者在传销组织中的身份等级。

(2)刑法意义上的传销组织,其内部至少存在 3 个层级。对传销组织内部人数和层级数的计算,以及对组织者、领导者直接或者间接发展参与传销活动人员人数和层级数的计算,都需要将组织者、领导者本人及其本层级包括在内。

(3)组织、领导多个传销组织,单个或者多个组织中的层级已达 3 级以上的,可将在各个组织中发展的人数合并计算。

(4)组织者、领导者形式上脱离原传销组织后,继续从原传销组织获取报酬或者返利的,原传销组织在其脱离后发展人员的层级数和人数,应当计算为其发展的层级数和人数。

(5)认定层级的证据。办理组织、领导传销活动刑事案件时,确因客观条件的限制无法逐一收集参与传销活动人员的言词证据的,可以结合依法收集并查证属实的缴纳、支付费用及计酬、返利记录,视听资料,传销人员关系图,银行账户交易记录,互联网电子数据,鉴定意见等证据,综合认定参与传销的人数、层级数等犯罪事实。

2. 关于“团队计酬”行为的处理问题

“团队计酬”式传销活动是否构成本罪,不可一概而论。单纯以销售商品为目的、以销售业绩为计酬依据的“团队计酬”式传销活动,不应按犯罪论处。形式上采取“团队计酬”方式,但实质上属于“以发展人员的数量作为计酬或者返利依据”的传销活动,应当依照《刑法》第 224 条之一的规定,以组织、领导传销活动罪

---

① 参见张明楷:《刑法学》,法律出版社 2021 年版,第 1089~1090 页。

定罪处罚。

(三)传销活动的本质特征是其诈骗性

《组织领导传销活动案件意见》第 3 条规定,传销活动的组织者、领导者采取编造、歪曲国家政策,虚构、夸大经营、投资、服务项目及盈利前景,掩饰计酬、返利真实来源或者其他欺诈手段,实施《刑法》第 224 条之一规定的行为,从参与传销活动人员缴纳的费用或者购买商品、服务的费用中非法获利的,应当认定为骗取财物。参与传销活动人员是否认为被骗,不影响骗取财物的认定。"骗取钱财"是对诈骗型传销组织(或者活动)的描述,只有当行为人组织、领导的传销活动具有"骗取钱财"的性质或者危险时,才能成立组织、领导传销活动罪。

传销活动实际上是一种特殊的诈骗活动,传销组织是一种诈骗组织。传销活动的参加者既是使这种诈骗机制发挥作用的违法者,也是诈骗活动的受害者,故不作为犯罪处理。

本罪的犯罪主体限于传销活动的组织者和领导者。根据《立案追诉标准(二)》第 70 条第 2 款、《组织领导传销活动案件意见》第 2 条的规定,传销活动的组织者、领导者主要有:(1)在传销活动中起发起、策划、操纵作用的人员;(2)在传销活动中承担管理、协调等职责的人员;(3)在传销活动中承担宣传、培训等职责的人员;(4)曾因组织、领导传销活动受过刑事处罚,或者 1 年以内因组织、领导传销活动受过行政处罚,又直接或者间接发展参与传销活动人员在 15 人以上且层级在 3 级以上的人员;(5)其他对传销活动的实施、传销组织的建立、扩大等起关键作用的人员。

【司法适用】

本罪的适用与认定值得关注以下几个方面:

1. 传销组织层级的准确认定

在司法实践中,如何准确认定传销组织的"层级"是一个司法难题。本罪的罪状描述中规定,传销组织"按照一定顺序组成层级,直接或者间接以发展人员的数量作为计酬或者返利依据"。传销组织内部存在纵向的利益关系,即先参加者从发展的下级成员所交纳费用中获取收益,且收益数额由其加入的先后顺序决定。故"层级"与"计酬"互为表里,纵向"层级"的数量,取决于纵向的"计酬"层级。反之,先参加者能够从多少层的下级处获得收益,也就存在多少个层级。为逃避打击,传销组织往往会采取各种变相方式来故意掩盖其真实的层级数量,故司法人员应当善于透过现象看本质,不是依据传销组织的身份等级、行政架构认定层级,而是结合计酬、返利方式综合,实质地确定传销组织的层级。

2. 本罪的追诉标准

《立案追诉标准(二)》第 70 条第 1 款规定,组织、领导以推销商品、提供服务等经营活动为名,要求参加者以缴纳费用或者购买商品、服务等方式获得加入资格,并按照一定顺序组成层级,直接或者间接以发展人员的数量作为计酬或者返利依据,引诱、胁迫参加者继续发展他人参加,骗取财物,扰乱经济社会秩序的传销活动,涉嫌组织、领导的传销活动人员在 30 人以上且层级在 3 级以上的,对组织者、领导者,应予立案追诉。

3. 关于本罪"情节严重"的认定问题

《组织领导传销活动案件意见》第 4 条规定,对传销组织的组织者、领导者,具有下列情形之一的,应当认定为《刑法》第 224 条之一规定的"情节严重":(1)组织、领导的参与传销活动人员累计达 120 人以上的;(2)直接或者间接收取参与传销活动人员缴纳的传销资金数额累计达 250 万元以上的;(3)曾因组织、领导传销活动受过刑事处罚,或者 1 年以内因组织、领导传销活动受过行政处罚,又直接或者间接发展参与传销活动人员累计达 60 人以上的;(4)造成参与传销活动人员精神失常、自杀等严重后果的;(5)造成其他严重后果或者恶劣社会影响的。

4. 此罪与彼罪的区分

组织、领导传销活动罪是作为《刑法》第 224 条之一而规定的,而《刑法》第 224 条规定的是合同诈骗罪,说明两罪的本质相同,均为诈骗犯罪。然而,在《刑法修正案(七)》之前,司法机关打击传销犯罪活动主要适用的是非法经营罪,也有根据情况分别适用集资诈骗罪,诈骗罪,生产、销售伪劣商品罪等规定处理,执法上不统一。①

根据《组织领导传销活动案件意见》第 6 条中的规定,以非法占有为目的,组织、领导传销活动,同时构成组织、领导传销活动罪和集资诈骗罪的,依照处罚较重的规定定罪处罚。

随着互联网技术的广泛应用,微信、语音视频聊天室等社交平台作为新的营销方式被广泛运用。不管其手段如何翻新,只要符合传销组织骗取财物、扰乱市场经济秩序本质特征的,就应当以组织、领导传销活动罪论处。

① 参见郎胜主编:《中华人民共和国刑法释义》,法律出版社 2015 年版,第 365 页。

【司法案例】

叶某生等组织、领导传销活动案①

[**要旨**]组织者或者经营者利用网络发展会员,要求被发展人员以缴纳或者变相缴纳“入门费”为条件,获得提成和发展下线的资格,通过发展人员组成层级关系,并以直接或者间接发展的人员数量作为计酬或者返利的依据,引诱被发展人员继续发展他人参加,骗取财物,扰乱经济社会秩序的,以组织、领导传销活动罪追究刑事责任。

危某才组织、领导传销活动案②

[**裁判要旨**]客观上以经营活动为幌子,直接或间接以发展人员的数量作为计酬或返利依据,并具有等级性的组织结构,骗取财物,扰乱经济和社会秩序的,应以组织、领导传销活动罪论处。在传销活动中,起组织领导作用的发起人、决策人、操纵者,以及在传销活动中担任策划、指挥、布置、协调等重要职责,或者在传销活动实施中起到关键作用的人员是传销活动的组织者、领导者,符合组织、领导传销活动罪的主体特征。

第二百二十五条 【非法经营罪】违反国家规定,有下列非法经营行为之一,扰乱市场秩序,情节严重的,处五年以下有期徒刑或者拘役,并处或者单处违法所得一倍以上五倍以下罚金;情节特别严重的,处五年以上有期徒刑,并处违法所得一倍以上五倍以下罚金或者没收财产:

(一)未经许可经营法律、行政法规规定的专营、专卖物品或者其他限制买卖的物品的;

(二)买卖进出口许可证、进出口原产地证明以及其他法律、行政法规规定的经营许可证或者批准文件的;

(三)未经国家有关主管部门批准非法经营证券、期货、保险业务的,或者非法从事资金支付结算业务的;

(四)其他严重扰乱市场秩序的非法经营行为。

---

① 参见最高人民检察院检例第 41 号。

② 参见《刑事审判参考》总第 81 集第 717 号案例。

【条文对照】

1997 年 《刑法》	1999 年 《刑法修正案》	2009 年 《刑法修正案(七)》
第二百二十五条　违反国家规定,有下列非法经营行为之一,扰乱市场秩序,情节严重的,处五年以下有期徒刑或者拘役,并处或者单处违法所得一倍以上五倍以下罚金;情节特别严重的,处五年以上有期徒刑,并处违法所得一倍以上五倍以下罚金或者没收财产: (一)未经许可经营法律、行政法规规定的专营、专卖物品或者其他限制买卖的物品的; (二)买卖进出口许可证、进出口原产地证明以及其他法律、行政法规规定的经营许可证或者批准文件的; (三)其他严重扰乱市场秩序的非法经营行为。	第二百二十五条　违反国家规定,有下列非法经营行为之一,扰乱市场秩序,情节严重的,处五年以下有期徒刑或者拘役,并处或者单处违法所得一倍以上五倍以下罚金;情节特别严重的,处五年以上有期徒刑,并处违法所得一倍以上五倍以下罚金或者没收财产: (一)未经许可经营法律、行政法规规定的专营、专卖物品或者其他限制买卖的物品的; (二)买卖进出口许可证、进出口原产地证明以及其他法律、行政法规规定的经营许可证或者批准文件的; **(三)未经国家有关主管部门批准,非法经营证券、期货或者保险业务的;** **(四)**其他严重扰乱市场秩序的非法经营行为。	第二百二十五条　违反国家规定,有下列非法经营行为之一,扰乱市场秩序,情节严重的,处五年以下有期徒刑或者拘役,并处或者单处违法所得一倍以上五倍以下罚金;情节特别严重的,处五年以上有期徒刑,并处违法所得一倍以上五倍以下罚金或者没收财产: (一)未经许可经营法律、行政法规规定的专营、专卖物品或者其他限制买卖的物品的; (二)买卖进出口许可证、进出口原产地证明以及其他法律、行政法规规定的经营许可证或者批准文件的; (三)未经国家有关主管部门批准非法经营证券、期货、保险业务的,**或者非法从事资金支付结算业务的;** (四)其他严重扰乱市场秩序的非法经营行为。

【条文理解】

依据《刑法》第 96 条的规定,《刑法》中的"国家规定",特指全国人民代表大会及其常务委员会制定的法律和决定,国务院制定的行政法规、规定的行政措施、发布的决定和命令。简言之,只有全国人大及其常委会和国务院发布的文件,才可以称得上"国家规定",部门规章和地方性法规均不属于《刑法》中的"国家规定"。

本罪主要分为四种行为模式,以下分别进行阐述:

(一)未经许可经营法律、行政法规规定的专营、专卖物品或者其他限制买卖的物品

1. 专营、专卖物品和其他限制买卖的物品

(1)本情形中"专营、专卖物品",是指由法律、行政法规明确规定的由专门机构经营的专营、专卖的物品,如根据烟草专卖法实施专卖管理的烟草等。但"专

营、专卖物品”的外延并非一成不变的。随着社会主义市场经济的不断发展，一些曾长期实行专营、专卖的物品也会被解除原有的专营、专卖限制。例如，食盐专营制度实施已久，但2016年以来，国务院印发《盐业体制改革方案》，修订《食盐专营办法》，在坚持食盐专营制度的基础上推进供给侧结构性改革。改革后，储运食盐不再被法律法规限制。故对非法生产、销售食盐适用非法经营罪也已不能准确评价其行为性质，仅可以根据修订后的《食盐专营办法》给予行政处罚。[①] 基于此，最高人民检察院于2020年4月1日废止了《最高人民检察院关于办理非法经营食盐刑事案件具体应用法律若干问题的解释》，对非法经营食盐业务的，不再适用非法经营罪。

(2)本情形中的“其他限制买卖的物品”，是指国家根据经济发展和维护国家、社会和人民群众利益的需要，规定在一定时期实行限制性经营的物品，如化肥、种子、农药等。限制买卖的物品的范围随着形势不断调整，故对于此类犯罪的认定要随时查阅相关法律法规。

2. 本情形的立案标准

根据《立案追诉标准(二)》第71条第1款第1项的规定[②]，违反国家规定，进行非法经营活动，扰乱市场秩序，涉嫌下列情形之一的，应予立案追诉：违反国家烟草专卖管理法律法规，未经烟草专卖行政主管部门许可，无烟草专卖生产企业许可证、烟草专卖批发企业许可证、特种烟草专卖经营企业许可证、烟草专卖零售许可证等许可证明，非法经营烟草专卖品，具有下列情形之一的：①非法经营数额在5万元以上，或者违法所得数额在2万元以上的；②非法经营卷烟20万支以上的；③3年内因非法经营烟草专卖品受过2次以上行政处罚，又非法经营烟草专卖品且数额在3万元以上的。

3. 非法经营“其他限制买卖的物品”的具体情形

非法经营瘦肉精业务[③]、非法经营兴奋剂业务[④]属于《刑法》第225条第1项

---

① 《食盐专营办法》的修订，只意味着食盐专营的管理主体由中央政府下放至地方各级政府，我国食盐国家专营制度依然存在。根据《食盐专营办法》第6章的规定，对于非食盐定点生产企业生产食盐、超出国家规定的范围销售食盐等行为，可以处以罚款、吊销营业许可等行政处罚。

② 最高人民法院、最高人民检察院《关于办理非法生产、销售烟草专卖品等刑事案件具体应用法律若干问题的解释》(法释〔2010〕7号)第3条也对此作出了相同的规定。

③ 参见最高人民法院、最高人民检察院《关于办理非法生产、销售、使用禁止在饲料和动物饮用水中使用的药品等刑事案件具体应用法律若干问题的解释》(法释〔2002〕26号)第1条。

④ 参见最高人民法院《关于审理走私、非法经营、非法使用兴奋剂刑事案件适用法律若干问题的解释》(法释〔2019〕16号)第2条。

规定的非法经营“其他限制买卖的物品”。

(二)买卖进出口许可证、进出口原产地证明以及其他法律、行政法规规定的经营许可证或者批准文件

在本项中,“进出口许可证”是国家外贸主管部门对企业颁发的可以从事进出口业务的确认资格的文件。“进出口原产地证明”是在从事进出口经营活动中,由法律规定的,进出口产品时必须附带的由原产地有关主营机关出具的证明文件。为维护市场经济有序和规范发展,国家对某些生产经营活动实行许可证管理制度或审批管理制度,“其他法律、行政法规规定的经营许可证或者批准文件”,是指法律、行政法规规定的所有的经营许可证或者批准文件,如林木开采、矿产开采、野生动物狩猎许可证等。①

(三)未经国家有关主管部门批准非法经营证券、期货、保险业务,或者非法从事资金支付结算业务

本情形是 1999 年《刑法修正案》特别增加的一项,其中“非法从事资金支付结算业务的”这半段是《刑法修正案(七)》增加的内容,意在打击“地下钱庄”。

1. 非法经营证券、期货、保险业务

本情形中的“非法经营证券、期货、保险业务”主要是指:未经有关主管部门批准擅自开展证券、期货经纪业务,从事证券、期货咨询性业务;未经授权进行保险代理业务等。根据《立案追诉标准(二)》第 71 条中的规定,未经国家有关主管部门批准,非法经营证券、期货、保险业务,数额在 100 万元以上,或者违法所得数额在 10 万元以上的,应予立案追诉。

2. 非法从事资金支付结算业务

2009 年《刑法修正案(七)》将“非法从事支付结算业务”认定为非法经营罪。“支付结算业务”是指商业银行或者支付机构在收付款人之间提供的货币资金转移服务。以非法经营罪认定非法从事资金支付结算业务,旨在打击“地下钱庄”。最高人民法院、最高人民检察院《关于办理非法从事资金支付结算业务、非法买卖外汇刑事案件适用法律若干问题的解释》进一步明确了以非法经营罪打击“地下钱庄”的司法态度。根据《立案追诉标准(二)》第 71 条中的规定,未经国家有关主管部门批准,非法从事资金支付结算业务,数额在 500 万元以上的,或者违法所得数额在 10 万元以上的,应予立案追诉;数额在 250 万元以上不满 500 万元,或者违法所得数额在 5 万元以上不满 10 万元,且具有下列情形之一的,应予立案追诉:(1)因非法从事资金支付结算业务犯罪行为受过刑事追究的;(2)2 年内因非

---

① 参见朗胜主编:《中华人民共和国刑法释义》,法律出版社 2015 年版,第 369 页。

法从事资金支付结算业务违法行为受过行政处罚的；(3)拒不交代涉案资金去向或者拒不配合追缴工作，致使赃款无法追缴的；(4)造成其他严重后果的。

此外，非法倒卖银行承兑汇票①、非法使用信用卡②也属于非法从事资金支付结算业务。

(四)其他严重扰乱市场秩序的非法经营行为

该类是本罪在司法实践中最为复杂的情形，相关非法经营的情形繁多。根据相关司法解释，非法经营外汇业务③、非法经营电信业务④、灾害期间非法哄抬物价、⑤非法经营互联网上网业务、⑥非法经营赌彩业务⑦、非法经营国际电信业务、非法经营无线电通讯业务⑧、非法经营生猪屠宰业务⑨、非法经营非食品原料⑩、非法经营麻黄草⑪、非法经营信息网络业务⑫、非法经营麻醉药品⑬、非法经营放贷业务⑭等行为均应按非法经营罪定罪处罚。

需要特别注意的是，非法经营出版物业务也构成非法经营罪。根据《出版管理条例》(2020年修订)，政府对出版单位的设立、出版物的出版、复制、发行和进出口进行监督管理。为了保障《出版管理条例》的实施，《立案追诉标准(二)》第71条中规定，出版、印刷、复制、发行严重危害社会秩序和扰乱市场秩序的非法出版物，或者非法从事出版物的出版、印刷、复制、发行业务，严重扰乱市场秩序的，以非法经营罪论处。

---

① 参见公安部经济犯罪侦查局《关于对倒卖银行承兑汇票行为性质认定意见的批复》(公经金融〔2009〕253号)。

② 参见《妨害信用卡案件解释》第12条第1款。

③ 参见最高人民法院《关于审理骗购外汇、非法买卖外汇刑事案件具体应用法律若干问题的解释》(法释〔1998〕20号)第4条。

④ 参见《扰乱电信市场管理秩序案件解释》第1条。

⑤ 参见《传染病案件解释》第6条。

⑥ 参见最高人民法院、最高人民检察院、公安部《关于依法开展打击淫秽色情网站专项行动有关工作的通知》(公通字〔2004〕53号)。

⑦ 参见《赌博案件解释》第6条。

⑧ 参见《扰乱无线电通讯管理秩序案件解释》第4条。

⑨ 参见《危害食品安全案件解释》第7条第1款。

⑩ 参见《危害食品安全案件解释》第16条。

⑪ 参见最高人民法院、最高人民检察院、公安部、农业部、国家食品药品监督管理总局《关于进一步加强麻黄草管理严厉打击非法买卖麻黄草等违法犯罪活动的通知》。

⑫ 参见《网络诽谤案件解释》第7条。

⑬ 参见《武汉会议纪要》。

⑭ 参见最高人民法院、最高人民检察院、公安部、司法部《关于办理非法放贷刑事案件若干问题的意见》(法发〔2019〕24号)。

【司法适用】

1. 关于非法经营罪第4项的适用

非法经营罪是典型的法定犯,其凭借空白罪状和兜底条款的结合,一度被认为是三大口袋罪之一。本罪所谓的“空白罪状”是指“违反国家规定”,而“兜底条款”正是指本罪第4项规定的“其他严重扰乱市场秩序的非法经营行为”。笔者认为,对于本罪第4项,应采取严格限缩解释的法律态度。根据最高人民法院《关于准确理解和适用刑法中“国家规定”的有关问题的通知》(法发〔2011〕155号)第3条的规定:“各级人民法院审理非法经营犯罪案件,要依法严格把握刑法第二百二十五第(四)的适用范围。对被告人的行为是否属于刑法第二百二十五第(四)规定的‘其他严重扰乱市场秩序的非法经营行为’,有关司解释未作明确规定的,应当作为法律适用问题,逐级向最高人民法院请示。”此外,最高人民法院《关于被告人何伟光、张勇泉等非法经营案的批复》(〔2012〕刑他字第136号)进一步提出,行为人发放高利贷的行为具有一定的社会危害性,但此类行为是否属于《刑法》第225条规定的“其他严重扰乱市场秩序的非法经营行为”,相关立法解释和司法解释尚无明确规定,故对行为人的行为不宜以非法经营罪定罪处罚。这充分体现了最高人民法院限制本罪第4项适用的司法立场。

2. 非法经营罪中“违法所得”认定问题

非法经营罪中的“违法所得”,应是指获利数额,即以行为人违法生产、销售商品或者提供服务所获得的全部收入(非法经营数额),扣除其直接用于经营活动的合理支出部分后剩余的数额。①

【司法案例】

王某军非法经营案②

[**裁判要旨**]对于《刑法》第225条第4项规定的“其他严重扰乱市场秩序的非法经营行为”的适用,应当根据相关行为是否具有与《刑法》第225条前3项规定的非法经营行为相当的社会危害性、刑事违法性和刑事处罚必要性进行判断。

判断违反行政管理有关规定的经营行为是否构成非法经营罪,应当考虑该经营行为是否属于严重扰乱市场秩序。对于虽然违反行政管理有关规定,但尚未严重扰乱市场秩序的经营行为,不应当认定为非法经营罪。

---

① 参见黄祥青:《最高人民法院司法观点集成》,人民法院出版社2014年版,748页。

② 参见最高人民法院第97号指导案例。

张某飚等非法经营案[①]

[**裁判要旨**]利用POS机非法套取行为中,行为人为自己或实际控制的信用卡套取现金的,成立非法经营罪,套取数额应计入非法经营数额。用后次套取的现金归还前次套取现金的,数额应当累计计算。明知他人为非法套现而借用POS机的,借用期间的套现数额应当计入非法经营的数额。POS机的租用者为出租者套取现金的,套取金额应计入非法经营数额。

第二百二十六条 【强迫交易罪】以暴力、威胁手段,实施下列行为之一,情节严重的,处三年以下有期徒刑或者拘役,并处或者单处罚金;情节特别严重的,处三年以上七年以下有期徒刑,并处罚金:

(一)强买强卖商品的;

(二)强迫他人提供或者接受服务的;

(三)强迫他人参与或者退出投标、拍卖的;

(四)强迫他人转让或者收购公司、企业的股份、债券或者其他资产的;

(五)强迫他人参与或者退出特定的经营活动的。

【条文对照】

1997年《刑法》	2011年《刑法修正案(八)》
第二百二十六条 以暴力、威胁手段强买强卖商品、强迫他人提供服务或者强迫他人接受服务,情节严重的,处三年以下有期徒刑或者拘役,并处或者单处罚金。	第二百二十六条 以暴力、威胁手段,**实施下列行为之一**,情节严重的,处三年以下有期徒刑或者拘役,并处或者单处罚金;**情节特别严重的,处三年以上七年以下有期徒刑,并处罚金**: **(一)**强买强卖商品的; **(二)**强迫他人提供或者接受服务的; **(三)强迫他人参与或者退出投标、拍卖的;** **(四)强迫他人转让或者收购公司、企业的股份、债券或者其他资产的;** **(五)强迫他人参与或者退出特定的经营活动的。**

【条文理解】

强迫交易罪侵犯的客体主要是社会主义市场管理秩序,强迫交易行为直接破坏了市场经济条件下的买卖双方公平、自由、平等的交易原则,违背了等价有偿的商品经济交易规则。2018年至2020年开展的为期3年的扫黑除恶斗争中,强迫

① 参见《刑事审判参考》总第92集第863号案例。

交易罪成为重点打击对象,涉及的各种问题值得我们高度关注。

强迫交易的主要手段是暴力和威胁,其中暴力手段比较好认定,而何为强迫交易中的“威胁”,则有待进一步明确。《黑恶势力案件指导意见》第 17 条明确规定,黑恶势力为谋取不法利益或形成非法影响,有组织地采用滋扰、纠缠、哄闹、聚众造势等手段侵犯人身权利、财产权利,破坏经济秩序、社会秩序,构成犯罪的,应当分别依照《刑法》相关规定处理:有组织地采用滋扰,纠缠,哄闹、聚众造势等手段扰乱正常的工作、生活秩序,使他人产生心理恐惧或者形成心理强制,分别属于《刑法》第 293 条第 1 款第 2 项规定的“恐吓”、《刑法》第 226 条规定的“威胁”,同时符合其他犯罪构成条件的,应分别以寻衅滋事罪、强迫交易罪定罪处罚。

《“软暴力”案件意见》第 5 条第 1 款规定,采用“软暴力”手段,使他人产生心理恐惧或者形成心理强制,分别属于《刑法》第 226 条规定的“威胁”、《刑法》第 293 条第 1 款第 2 项规定的“恐吓”,同时符合其他犯罪构成要件的,应当分别以强迫交易罪、寻衅滋事罪定罪处罚。

本条规定了五种类型的强迫交易行为。

第一种行为是以暴力、威胁手段强买强卖商品的犯罪行为,是指在商品交易中不是以公平自愿的方式,而是对交易对方采取殴打等暴力方法或者以人多力强等威胁方式,迫使交易相对方接受不公平的交易的行为。

第二种行为是以暴力、威胁手段强迫他人提供或者接受服务的行为。“强迫他人提供服务”,主要是指行为人在享受服务消费时,不遵守公平自愿的原则,不顾服务提供方是否同意,以暴力、威胁手段,强迫对方提供某种服务的行为;“强迫他人接受服务”,主要是指餐饮业、旅游业、娱乐业、美容服务业、维修业等服务性质的行业在营业中,违反法律、法规和商业道德及公平自愿的原则,无论消费者是否同意,以暴力、威胁手段强迫消费者接受其服务的行为。根据最高人民检察院《关于强迫借贷行为适用法律问题的批复》,以暴力、胁迫手段强迫他人借贷,属于《刑法》第 226 条第 2 项规定的“强迫他人提供或者接受服务”,情节严重的,以强迫交易罪追究刑事责任。

第三种行为是以暴力、威胁手段强迫他人参与或者退出投标、拍卖的行为。按照正常的市场运作情况,竞标市场或者拍卖市场应当是在公平竞争的原则下,投标人、拍卖人以平等的身份参与竞标或竞拍活动。以暴力、威胁手段强迫他人参与或者退出投标、拍卖的行为,不但破坏正常的竞标和竞拍的市场秩序,在不公平的情况下获得竞标结果、拍卖品,而且使没有资质和实力的施工队伍或者经营者混入了市场,使他人不能合法地参与竞争。

第四种行为是以暴力、威胁手段强迫他人转让或者收购公司、企业的股份、债券或者其他资产的行为。公司、企业的资产转让,应当按照正常的市场法则进行。以暴力、威胁手段强迫他人转让或者收购公司、企业的股份、债券或者其他资产的行为,就是为了获得不正当的利益,以暴力、威胁手段,强迫他人在不符合市场价值规律和不利于出让人的情况下转让公司、企业的股份、债券或者其他资产,自己从中获取不法利益,而使他人利益受损。

第五种行为是以暴力、威胁手段强迫他人参与或者退出特定的经营活动的行为。在不法分子指定的经营活动范围内,被害人屈从于暴力、威胁手段,在没有选择的情况下不得不从事或者退出特定的经营活动。

《立案追诉标准(一)》第28条规定:“以暴力、威胁手段强买强卖商品、强迫他人提供服务或者强迫他人接受服务,涉嫌下列情形之一的,应予立案追诉:(一)造成被害人轻微伤或者其他严重后果的;(二)造成直接经济损失二千元以上的;(三)强迫交易三次以上或者强迫三人以上交易的;(四)强迫交易数额一万元以上,或者违法所得数额二千元以上的;(五)强迫他人购买伪劣商品数额五千元以上,或者违法所得数额一千元以上的;(六)其他情节严重的情形。”

犯本条规定的犯罪,有2个量刑档次,分别为:“情节严重的”,处3年以下有期徒刑或者拘役,并处或者单处罚金;“情节特别严重的”,处3年以上7年以下有期徒刑,并处罚金。目前对于“情节特别严重”的标准,尚未有相关法律法规或司法解释作出具体的规定,在司法实践中,主要从使用的暴力和威胁手段的程度以及造成的危害后果、强迫他人交易的数额和违法所得数额以及强迫他人从事交易的次数和人数以及给他人造成的直接经济损失数额3个方面①,比照“情节严重”的规定,在其倍数的基础上确定数额或情节标准②。应当注意的是,故意伤害罪致人重伤的法定最高刑为10年有期徒刑,而本罪的法定最高刑为7年有期徒刑,若

---

① 参见杨欢:《强迫交易罪“情节特别严重”的司法认定》,载《人民法院报》2023年6月22日,第6版。

② 浙江省高级人民法院《关于部分罪名定罪量刑情节及数额标准的意见》(浙高发〔2012〕325号)第60条第2款规定,具有下列情形之一的,属于“情节特别严重”,处3年以上7年以下有期徒刑,并处罚金:(1)造成直接经济损失1万元以上的;(2)强迫交易10次以上,或者强迫10人以上交易的;(3)强迫交易数额在10万元以上,或者违法所得数额在2万元以上的;(4)强迫他人购买伪劣商品,数额在5万元以上,或者违法所得数额在1万元以上的;(5)情节特别严重的其他情形。

河南省高级人民法院、河南省人民检察院、河南省公安厅《关于刑法有关条款中犯罪数额、情节规定的座谈纪要》(豫高法〔2013〕336号)规定,第226条强迫交易罪,有下列情形之一的,属于“情节特别严重”:(1)造成被害人重伤或者其他特别严重后果的;(2)造成直接经济损失2万元以上的;(3)强迫交易30次以上或者强迫30人以上交易的;(4)强迫交易数额10万元以上,或者违法所得数额2万元以上的;(5)强迫他人购买伪劣商品数额5万元以上,或者违法所得数额1万元以上的;(6)其他情节特别严重的情形。

在强迫交易过程中,行为人使用暴力致人重伤,其行为就超过了强迫交易罪使用暴力的程度,应以故意伤害罪定罪处刑。

【司法适用】

1. 关于强迫交易发生的时间的认定

《刑法修正案(八)》将“交易”作扩大理解,且对强迫交易行为的发生阶段也作了扩大解释,强迫交易行为不仅可以发生在交易的形成阶段、履行阶段,甚至在交易完成时都可能成立本罪。

2. 强迫交易罪与抢劫罪的区别

强迫交易罪的罪状描述中有“暴力、威胁手段”,而抢劫罪的罪状描述中则有“以暴力、胁迫或者其他方法”。故从犯罪手段来看,两罪有一定的共同点。通常而言,犯罪的前提条件不同,犯罪侵犯的客体不同,犯罪目的不同,犯罪的客观方面也有所不同。抢劫罪无须任何前提条件,而强迫交易罪则必须在行为人与被害人之间存在一笔交易;抢劫罪侵犯的客体是公私财物所有权和公民人身权利,强迫交易罪侵犯的客体是交易相对方的合法权益和商品交易市场秩序;抢劫罪的目的是将公私财物非法占有,强迫交易罪的目的是在不合理的价格或不正当的方式下进行交易;两罪的客观方面虽然都有暴力、胁迫内容,但由于犯罪侵犯的客体不同,决定了抢劫罪使用的暴力、胁迫手段,一般都足以危及被害人的身体健康或生命安全,其强度明显大于强迫交易罪所使用的暴力、威胁手段。

《抢劫、抢夺案件意见》第 9 条第 2 款规定,对于以暴力、胁迫手段索取超出正常交易价钱、费用的钱财的行为定性:从事正常商品买卖、交易或者劳动服务的人,以暴力、胁迫手段迫使他人交出与合理价钱、费用相差不大的钱物,情节严重的,以强迫交易罪定罪处罚;以非法占有为目的,以买卖、交易、服务为幌子采用暴力、胁迫手段迫使他人交出与合理价钱、费用相差悬殊的钱物的,以抢劫罪定罪处刑。在具体认定时,既要考虑超出合理价钱、费用的绝对数额,还要考虑超出合理价钱、费用的比例,加以综合判断。但也有论者提出,上述司法解释试图通过价格、费用是否悬殊来区分强迫交易罪与抢劫罪,这种思路并不可取。因为强迫交易罪与抢劫罪、敲诈勒索罪之间并非对立关系,符合强迫交易罪的犯罪构成的同时,并不当然排除抢劫罪、敲诈勒索罪的成立。也不能因为刑法规定了强迫交易罪,就认定凡是有交易的行为都不成立抢劫罪或敲诈勒索罪,换言之,强迫交易罪完全可能同时触犯抢劫罪、敲诈勒索罪,因而属于想象竞合犯,应从一重罪论处。[①]

---

① 参见张明楷:《刑法学》,法律出版社 2021 年版,第 1102 页。

【司法案例】

朱某伟、雷某平抢劫案①

［**裁判要旨**］出租车驾驶员在正常营运过程中，为牟取非法利益，采用暴力、胁迫手段，强行向乘客索取与合理价格相差悬殊的高额出租车服务费，情节严重的，其行为构成强迫交易罪，不应以抢劫罪定罪处罚。

宋某亮、陈某永强迫交易、故意伤害案②

［**裁判要旨**］在共同实施强迫交易的犯罪过程中，一人突发持刀重伤他人，超出了实施强迫交易犯罪活动中所形成的共同犯罪故意，被害人被刺而受重伤的后果只能由实施重伤行为的人承担。对其他参与共同强迫交易的被告人应以强迫交易罪定罪处罚。

第二百二十七条　【伪造、倒卖伪造的有价票证罪】伪造或者倒卖伪造的车票、船票、邮票或者其他有价票证，数额较大的，处二年以下有期徒刑、拘役或者管制，并处或者单处票证价额一倍以上五倍以下罚金；数额巨大的，处二年以上七年以下有期徒刑，并处票证价额一倍以上五倍以下罚金。

【倒卖车票、船票罪】倒卖车票、船票，情节严重的，处三年以下有期徒刑、拘役或者管制，并处或者单处票证价额一倍以上五倍以下罚金。

【条文理解】

1. 伪造、倒卖伪造的有价票证罪

本条第 1 款是关于“伪造或者倒卖伪造的车票、船票、邮票或者其他有价票证的犯罪”的规定。本款的犯罪主体是一般主体，即自然人或者单位。本条的责任形式是故意，如果行为人不明知是伪造的有价票证而出卖，则不应成立本罪。

本罪的犯罪对象是有价票证。根据刑法和相关司法解释，有价票证包括车票、船票、邮票、IC 电话卡等。“车票”，主要是指客运火车票、长途客运汽车票。“船票”，主要是指客船票。“邮票”，是指由邮电部发行的各类邮票。“其他有价票证”，是指除车票、船票、邮票以外的，由有关主管部门统一发行和管理的有价票证。随着时代的发展，会出现新的有价票证，如 IC 电话卡等。

---

① 参见《最高人民法院公报》2006 年第 4 期。

② 参见《刑事审判参考》总第 36 集第 278 号案例。

本罪的犯罪手段是伪造和变造。这里的“伪造”,是指广义的伪造,除通常的伪造行为外,还包括变造行为①。具体而言,伪造是指仿照车票、船票、邮票或者其他有价票证的样式、图案、规格,用印刷、描绘等手段,制作假车票、假船票、假邮票或者其他假有价票证的行为。

关于本罪的立案标准依据,《立案追诉标准(一)》第 29 条规定:“伪造或者倒卖伪造的车票、船票、邮票或者其他有价票证,涉嫌下列情形之一的,应予立案追诉:(一)车票、船票票面数额累计二千元以上,或者数量累计五十张以上的;(二)邮票票面数额累计五千元以上,或者数量累计一千枚以上的;(三)其他有价票证价额累计五千元以上,或者数量累计一百张以上的;(四)非法获利累计一千元以上的;(五)其他数额较大的情形。”最高人民法院《关于审理倒卖车票刑事案件有关问题的解释》(法释〔1999〕17 号)第 1 条规定:“高价、变价、变相加价倒卖车票或者倒卖坐席、卧铺签字号及订购车票凭证,票面数额在五千元以上,或者非法获利数额在二千元以上的,构成刑法第二百二十七条第二款规定的‘倒卖车票情节严重’。”第 2 条规定:“对于铁路职工倒卖车票或者与其他人员勾结倒卖车票;组织倒卖车票的首要分子;曾因倒卖车票受过治安处罚两次以上或者被劳动教养一次以上,两年内又倒卖车票,构成倒卖车票罪的,依法从重处罚。”

2. 倒卖车票、船票罪

本条第 2 款规定了倒卖车票、船票罪。按照罪刑法定原则,本款中的倒卖对象仅限车票、船票,或者车票坐席、卧铺签字号以及订购车票、船票凭证。如果倒卖的是其他交通运输乘用证,则不成立本罪。另外,本款中的倒卖对象,必须是真实的车票、船票。如果不是真实有效的车票和船票,则可能涉嫌诈骗罪。“倒卖”,是指出售、贩卖,不要求先购入后出售但也有论者指出,本罪的倒卖应是先购入(或以其他方式获得)后出售的行为。② 本罪的设立,是为了解决紧缺经济年代的困难。随着我国的交通条件日益改善,这一罪名的适用将会日渐减少。因此,对于何为“倒卖”,有必要作限缩解释。2013 年春运时,曾经发生过一场讨论,车票代办机构在原有票价基础上收取 5 元的劳务费,这一加价行为是否可以认定为“倒卖”。最后的结论是,这种幅度的加价行为不属于“倒卖”行为,其实质是收取合法劳动费的行为。

《立案追诉标准(一)》第 30 条规定:“倒卖车票、船票或者倒卖车票坐席、卧

---

① 最高人民法院《关于对变造、倒卖变造邮票行为如何适用法律问题的解释》中规定:“对变造或者倒卖变造的邮票数额较大的,应当依照刑法第二百二十七条第一款的规定定罪处罚。”

② 参见张明楷:《刑法学》,法律出版社 2021 年版,第 1103 页。

铺签字号以及订购车票、船票凭证,涉嫌下列情形之一的,应予立案追诉:(一)票面数额累计五千元以上的;(二)非法获利累计二千元以上的;(三)其他情节严重的情形。"

【司法适用】

司法实践中,应注意以下两个问题:

第一,关于"其他有价票证"的认定。本罪的犯罪对象是车票、船票、邮票或者其他有价票证。其中,"其他有价票证"是司法认定的难点。司法权威观点认为,"其他有价票证"应当是与"车票、船票、邮票"具有同一属性的有价票证,与"车票、船票、邮票"一样,是由有关部门统一发行和管理、能够证明持票人已付出票面表明金额的货币,从而有权持票要求相应的部门提供一定服务的票证,如飞机票,各类欣赏表演、参观景点的门票等。

认定"其他有价票证"时,应当注意有价票证的以下四个特点:(1)票证上有一定的面额,即有价性。(2)代表一定的经济上的权利,即具有权利性。只有纪念性、观赏性的票证,如火花、作废的邮票等,不属于刑法意义上的"其他有价票证"。(3)票证的使用、发放范围在相当的空间进行,对大多数或不特定的人有效,即具有公共性。诸如仓库、提货单等只对特定人有效的权利凭证,以及只在一个单位内有效的内部凭证等,均因不具有公共性而不属于有价票证。(4)票证体现一定的债权债务关系,其内容为提供或接受一定的服务。

第二,关于本罪的既遂和未遂标准。车票是否已经售出,不是区分既遂与未遂的标准,但应对二者在量刑上有所区别。为了出卖而买入的行为就已经属于倒卖行为,成立犯罪既遂。

【司法案例】

刘某场、李某华倒卖车票案①

[**裁判要旨**]以出售牟利为目的购买大量车票尚未售出的,应以倒卖车票罪(既遂)论处。以出售牟利为目的购买车票的行为符合倒卖车票罪的客观特征,情节严重的,应认定具备倒卖车票罪的犯罪构成要件,以犯罪既遂处理,但在量刑上应当有所区别。

---

① 参见《刑事审判参考》总第48集第379号案例。

第二百二十八条 【非法转让、倒卖土地使用权罪】以牟利为目的，违反土地管理法规，非法转让、倒卖土地使用权，情节严重的，处三年以下有期徒刑或者拘役，并处或者单处非法转让、倒卖土地使用权价额百分之五以上百分之二十以下罚金；情节特别严重的，处三年以上七年以下有期徒刑，并处非法转让、倒卖土地使用权价额百分之五以上百分之二十以下罚金。

【条文理解】

《宪法》第10条规定："城市的土地属于国家所有。农村和城市郊区的土地，除由法律规定属于国家所有的以外，属于集体所有；宅基地和自留地、自留山，也属于集体所有。国家为了公共利益的需要，可以依照法律规定对土地实行征收或者征用并给予补偿。任何组织或者个人不得侵占、买卖或者以其他形式非法转让土地。土地的使用权可以依照法律的规定转让。一切使用土地的组织和个人必须合理地利用土地。"《土地管理法》《城市房地产管理法》等部门法根据宪法对我国的土地转让制度作了具体而严格的规定。《刑法》作为整个法律体系的保障法，专门规定了非法转让、倒卖土地使用权罪。

1. 关于"违反土地管理法规"的认定

本条罪状中存在"违反土地管理法规"这一描述。依据全国人民代表大会常务委员会《关于〈中华人民共和国刑法〉第二百二十八条、第三百四十二条、第四百一十条的解释》，"违反土地管理法规"并不仅限于违反《土地管理法》，还包括违反《森林法》《草原法》《矿产资源法》等法律中关于土地管理的规定以及国务院根据上述法律制定的实施细则等行政法规以及其他行政法规中有关土地管理的规定。

相关土地管理法规对于土地的转让程序有严格的规定，未经相关法定程序，擅自将划拨或者受让取得的土地使用权转让给他人的，擅自改变城市土地用途予以出售的，属于非法转让、倒卖土地使用权。① 在司法实践上，非法转让、倒卖土地使用权的情况如下：

(1)将农村集体土地直接出租、出售的。该种情形包括：①将农村土地作为宅基地出售的；②把农村集体土地非法直接变卖的；③农民将本人承包经营的责任田转让给他人用于房地产开发的；④将集体土地租赁给他人投资办厂的，均构成本罪。《土地管理法》第2条规定，任何单位和个人不得侵占、买卖或者以其他形

① 参见张明楷：《刑法学》，法律出版社2021年版，第1103页。

式非法转让土地。该法第74条还明确规定，买卖或者以其他形式非法转让土地的，由县级以上人民政府自然资源主管部门没收违法所得；构成犯罪的，依法追究刑事责任。因此，符合法律规定的用地者在取得集体土地使用权后非法转让、倒卖给他人的，行为显而易见具有违法性。对于获得或购买农村集体土地开发别墅或其他小产权房出售的一方，实践中有以非法经营罪定罪的先例。①

（2）擅自改变城市土地用途出售的。《城市房地产管理法》第18条明确规定，土地使用者需要改变土地使用权出让合同约定的土地用途的，必须取得出让方和市、县人民政府城市规划行政主管部门的同意。因此，擅自改变城市土地用途的，属于违反土地管理法规的情形，应以本罪论处。例如，以修建教学科研配套设施、教职工宿舍、老年大学等名义获得土地使用权，但擅自改变土地用途，修建住房后出售牟利的，构成本罪。②

（3）合法获批土地后直接出售的。例如，为投资办厂获批土地，后因为无力继续建厂而将土地使用权转让的，应以本罪论处。③

（4）直接转手倒卖城市土地的。④ 有论者认为，对于以股权转让方式转让土地使用权的行为，不应认定为非法转让倒卖土地使用权罪。因为民事审判上的通行观念是公司股权转让与作为公司资产的土地使用权转让系两个独立的法律关系，现行法律并无强制性规定禁止房地产项目公司以股权转让形式实现土地使用权或房地产项目转让的目的。基于法秩序统一性原理，在刑事司法上就不能无视民法立场和公司法律制度，对于以股权转让方式转让土地使用权的行为，不应认定为非法转让、倒卖土地使用权罪。本罪的适用范围必须严格限定为股权转让之外的、行政法规上严格禁止的非法转让、倒卖土地使用权的行为⑤，从而对本罪的客观构成要件要素进行限制解释。

2. 关于“情节严重”和“情节特别严重”的具体界定问题

本罪必须达到“情节严重”的程度，才构成犯罪。《破坏土地资源案件解释》第1条规定，下列情形属于非法转让、倒卖土地使用权“情节严重”：

（1）非法转让、倒卖基本农田5亩以上的。根据《土地管理法》第33条规定，下列耕地属于永久基本农田：①经国务院农业农村主管部门或者县级以上地方人民政府批准确定的粮、棉、油、糖等重要农产品生产基地内的耕地；②有良好的水

---

① 参见周光权：《非法倒卖转让土地使用权罪研究》，载《法学论坛》2014年第5期。

② 参见福建省福鼎市人民法院（2013）福刑初字第28号刑事判决书。

③ 参见浙江省东阳市人民法院（2013）东刑初字第609号刑事判决书。

④ 参见江西省赣州市中级人民法院（2009）赣中刑二初字第10号刑事判决书。

⑤ 参见周光权：《非法倒卖转让土地使用权罪研究》，载《法学论坛》2014年第5期。

利与水土保持设施的耕地,正在实施改造计划以及可以改造的中、低产田和已建成的高标准农田;③蔬菜生产基地;④农业科研、教学试验田;五是国务院规定应当划入永久基本农田的其他耕地。这里所说的非法转让、倒卖基本农田 5 亩以上的,就是指非法转让、倒卖上述 5 种耕地的基本农田 5 亩以上。

(2)非法转让倒卖基本农田以外的耕地 10 亩以上的。这里的"基本农田以外的耕地",是指非法转让、倒卖《土地管理法》第 34 条规定的 5 种情形以外的其他耕地。

(3)非法转让、倒卖其他土地 20 亩以上的,这里的"其他土地",是指除基本农田和其他耕地以外的土地,如荒山、荒地、荒滩等。

(4)非法获利 50 万元以上的。如果说前三项是从不同的土地和不同的数量上来确定"情节严重"的话,本项则是指不论何种土地,也不论非法转让、倒卖多少亩,只要非法获利达到 50 万元以上的,即为"情节严重"。

(5)非法转让、倒卖土地接近上述数量标准并具有其他恶劣情节的。如曾因非法转让、倒卖土地使用权受过行政处罚或者造成严重后果等。

《破坏土地资源案件解释》第 2 条规定,具有下列情形之一的,属于非法转让、倒卖土地使用权"情节特别严重":①非法转让、倒卖基本农田 10 亩以上的;②非法转让、倒卖基本农田以外的耕地 20 亩以上的;③非法转让、倒卖其他土地 40 亩以上的;④非法获利 100 万元以上的;⑤非法转让、倒卖土地接近上述数量标准并具有其他恶劣情节,如造成严重后果等。

【司法适用】

在司法实践中,非法转让、倒卖土地使用权罪与涉及土地管理的非法占用农用地罪,非法批准征收、征用、占用土地罪,非法低价出让国有土地使用权罪等三个罪名的区分,值得研究。

1. 本罪与非法占用农用地罪的区别

(1)侵犯的客体不同。前者侵犯的是国家对土地使用权的正常管理制度,属于破坏社会主义市场经济秩序犯罪;后者侵犯的是土地资源保护制度,属于妨碍社会管理秩序犯罪。

(2)犯罪对象不同。前者的犯罪对象是土地使用权;后者是耕地、林地等农用地本身。

(3)行为方式不同。前者是非法转让、倒卖;后者是非法占用,改变被占土地用途,造成农用地的毁坏。

(4)主观目的不同。前者以牟利为法定目的,构成本罪必须以牟利为目的;后者没有法定的犯罪目的。

(5)定罪标准不同。前者以情节严重为定罪情节;后者以占用农用地数量较大,造成耕地、林地等农用地大量毁坏为定罪标准。

(6)处罚不同。前者有两个量刑档次;后者只有一个。

2. 本罪与非法批准征收、征用、占用土地罪,非法低价出让国有土地使用权罪的区别

(1)侵犯的客体不同。前者侵犯的是国家对土地使用权的正常管理制度,属于破坏社会主义市场经济秩序犯罪;后者侵犯的是土地管理制度和国家机关正常的管理活动、职务行为的廉洁性,属于渎职犯罪。

(2)犯罪主体不同。前者是一般主体,即任何单位或个人都可成为本罪的主体;后者只能是国家机关工作人员,不包括非国家机关工作人员。

(3)主观目的不同。前者以牟利为目的,具有单一性;后者有徇私情和私利的动机,具多样性。在司法实践中,国有公司、企业故意低价出让土地使用权的行为,是变相侵占国有资产的行为,侵犯的主要客体是国有财产权,因此不能认定为非法转让、倒卖土地使用权罪。

(4)客观方面不同。前者是非法转让、倒卖土地使用权,情节严重或特别严重;后者是非法批准征收、征用、占用土地,非法低价出让国有土地使用权,情节严重或致使国家、集体利益遭受特别重大损失。

(5)犯罪对象不同。前者的犯罪对象是土地使用权,不涉及所有权问题;后者的犯罪对象就非法批准征收、征用、占用土地罪而言是土地,既包括国有土地,也包括集体土地,就非法低价出让国有土地使用权罪而言,只能是国有土地使用权,不涉及集体土地使用权。

第二百二十九条 【提供虚假证明文件罪】承担资产评估、验资、验证、会计、审计、法律服务、保荐、安全评价、环境影响评价、环境监测等职责的中介组织的人员故意提供虚假证明文件,情节严重的,处五年以下有期徒刑或者拘役,并处罚金;有下列情形之一的,处五年以上十年以下有期徒刑,并处罚金:

(一)提供与证券发行相关的虚假的资产评估、会计、审计、法律服务、保荐等证明文件,情节特别严重的;

(二)提供与重大资产交易相关的虚假的资产评估、会计、审计等证明文件,情节特别严重的;

(三)在涉及公共安全的重大工程、项目中提供虚假的安全评价、环境影响评价等证明文件,致使公共财产、国家和人民利益遭受特别重大损失的。

有前款行为，同时索取他人财物或者非法收受他人财物构成犯罪的，依照处罚较重的规定定罪处罚。

【出具证明文件重大失实罪】**第一款规定的人员，严重不负责任，出具的证明文件有重大失实，造成严重后果的，处三年以下有期徒刑或者拘役，并处或者单处罚金。**

【条文对照】

1997 年《刑法》	2020 年《刑法修正案(十一)》
第二百二十九条　承担资产评估、验资、验证、会计、审计、法律服务等职责的中介组织的人员故意提供虚假证明文件，情节严重的，处五年以下有期徒刑或者拘役，并处罚金。 前款规定的人员，索取他人财物或者非法收受他人财物，犯前款罪的，处五年以上十年以下有期徒刑，并处罚金。 第一款规定的人员，严重不负责任，出具的证明文件有重大失实，造成严重后果的，处三年以下有期徒刑或者拘役，并处或者单处罚金。	第二百二十九条　承担资产评估、验资、验证、会计、审计、法律服务**、保荐、安全评价、环境影响评价、环境监测**等职责的中介组织的人员故意提供虚假证明文件，情节严重的，处五年以下有期徒刑或者拘役，并处罚金；**有下列情形之一的，处五年以上十年以下有期徒刑，并处罚金：** **（一）提供与证券发行相关的虚假的资产评估、会计、审计、法律服务、保荐等证明文件，情节特别严重的；** **（二）提供与重大资产交易相关的虚假的资产评估、会计、审计等证明文件，情节特别严重的；** **（三）在涉及公共安全的重大工程、项目中提供虚假的安全评价、环境影响评价等证明文件，致使公共财产、国家和人民利益遭受特别重大损失的。** **有前款行为，同时**索取他人财物或者非法收受他人财物**构成犯罪的，依照处罚较重的规定定罪处罚。** 第一款规定的人员，严重不负责任，出具的证明文件有重大失实，造成严重后果的，处三年以下有期徒刑或者拘役，并处或者单处罚金。

【条文理解】

1. 提供虚假证明文件罪

本条第 1 款是关于承担资产评估、验资、验证、会计、审计、法律服务等职责的中介组织人员故意提供虚假证明文件及处刑的规定。理解本款规定应从以下三个方面着手：(1)本款犯罪主体是特殊主体，具体指的是依法成立的资产评估事务所、审计师事务所、会计师事务所、律师事务所、公证处等中介组织，以及其中具有国家认可的专业资格、负有职责的专业从业人员。(2)本款要求行为人主观上必须是故意，即明知是虚假的证明文件而实施了提供虚假证明文件的行为，过失不构成本罪。(3)本款所指的“虚假证明文件”，既包括伪造的证明文件，也包括内容虚假的文件，主要是指应顾客要求，在资产评估、验资、验证、会计、审计、法律服务等方面出具的虚假的有关证明文件，包括有关资料、报表、数据、各种结果和结论方面的报告和材料等。[①]

关于提供虚假证明文件罪的立案标准,根据《立案追诉标准(二)》第 73 条规定,承担资产评估、验资、验证、会计、审计、法律服务、保荐、安全评价、环境影响评价、环境监测等职责的中介组织的人员故意提供虚假证明文件,涉嫌下列情形之一的,应予立案追诉:(1)给国家、公众或者其他投资者造成直接经济损失数额在 50 万元以上的;(2)违法所得数额在 10 万元以上的;(3)虚假证明文件虚构数额在 100 万元以上且占实际数额 30%以上的;(4)虽未达到上述数额标准,但 2 年内因提供虚假证明文件受过 2 次以上行政处罚,又提供虚假证明文件的;(5)其他情节严重的情形。

本条第 2 款是关于有前款行为的人员同时索取他人财物或者非法收受他人财物构成犯罪,其定罪及处罚的规定。本款规定的犯罪,从行为特征上与第 1 款的规定基本一致,不同的是增加了“索取他人财物或者非法收受他人财物”这一客观要件。

2. 出具证明文件重大失实罪

本条第 3 款是关于第 1 款规定的人员严重不负责任,出具的证明文件有重大失实并造成严重后果的处刑的规定。理解本款规定,要注意以下三个问题:(1)本款规定的“严重不负责”,是指承担资产评估、验资、验证、会计、审计、法律服务、保荐、安全评价、环境影响评价、环境监测等职责的中介组织的人员严重违反《公司法》《会计法》《审计法》《律师法》等有关法律的规定,不履行应尽职责,应当审查检验有关文件却不审查检验或者审查检验不认真。“出具的证明文件有重大失实”,是指承担资产评估、验资、验证、会计、审计、法律服务等职责的中介组织或者中介组织的人员,严重不负责任,出具的证明文件在内容上存在重大失实(证明文件的外在瑕疵不等于重大失实,必须是内容上与客观事实存在重大出入,才能认定为重大失实),造成严重后果的行为。(2)本款中行为人主观上是过失犯罪,故“造成严重后果”的才需承担刑事责任。所谓“造成严重后果”,主要是指给国家、集体或公民个人造成严重损失以及在社会上产生特别恶劣影响。但他人明知证明文件存在重大失实仍依照该证明文件实施行为的,不得将其严重后果归属于出具证明文件的行为。[②] (3)因为本款是一种过失犯罪,较前款提供虚假证明文件罪在主观恶性上要轻,所以本款在处刑上也较前款规定要轻,最高刑期为 3 年有期徒刑,并处或者单处罚金。

---

① 参见朗胜主编:《中华人民共和国刑法释义》,法律出版社 2015 年版,第 378 页。

② 参见张明楷:《刑法学》,法律出版社 2021 年版,第 1105 页。

关于“出具证明文件重大失实罪”的立案标准，根据《立案追诉标准（二）》第74条规定，承担资产评估、验资、验证、会计、审计、法律服务、保荐、安全评价、环境影响评价、环境监测等职责的中介组织的人员严重不负责任，出具的证明文件有重大失实，涉嫌下列情形之一的，应予立案追诉：(1)给国家、公众或者其他投资者造成直接经济损失数额在100万元以上的；(2)其他造成严重后果的情形。

《刑法修正案（十一）》主要是扩大了本罪犯罪主体的范围，增加了承担“保荐、安全评价、环境影响评价、环境监测”等职责的中介组织的人员。此处修改的主要目的，是通过扩大本罪的主体范围，规制目前我国市场经济运行中存在的提供虚假证明文件的犯罪行为，以更好地维护市场秩序。《刑法修正案（十一）》对于何为“情节特别严重”作了明确规定，即“（一）提供与证券发行相关的虚假的资产评估、会计、审计、法律服务、保荐等证明文件，情节特别严重的；（二）提供与重大资产交易相关的虚假的资产评估、会计、审计等证明文件，情节特别严重的；（三）在涉及公共安全的重大工程、项目中提供虚假的安全评价、环境影响评价证明文件，致使公共财产、国家和人民利益遭受特别重大损失的”。此外，《刑法修正案（十一）》还明确规定：“有前款行为，同时索取他人财物或者非法收受他人财物构成犯罪的，依照处罚较重的规定定罪处罚。”这一新规解决了本罪与其他罪名的想象竞合问题。

【司法适用】

在司法实践中，本罪需要注意以下两个方面的问题：

1. 相关领域中提供虚假证明文件罪和出具证明文件重大失实罪的认定

(1)地质勘测领域。地质工程勘测院和其他履行勘测职责的单位及其工作人员在履行勘察、勘查、测绘职责过程中，故意提供虚假工程地质勘察报告等证明文书，情节严重的，以提供虚假证明文件罪论处；上述单位及其工作人员在履行勘察、勘查、测绘职责过程中，严重不负责任，出具的工程地质勘察报告等证明文件有重大失实，造成严重后果的，以出具证明文件重大失实罪论处。①

(2)环境影响评价领域。承担环境影响评价、环境监测、温室气体排放检验检测、排放报告编制或者核查等职责的中介组织的人员故意提供虚假证明文件，具有下列情形之一的，应当认定为《刑法》第229条第1款规定的“情节严重”：①违法所得30万元以上的；②2年内曾因提供虚假证明文件受过2次以上行政处罚，又提供虚假证明文件的；③其他情节严重的情形。实施前款规定的行为，在涉及

① 参见最高人民检察院《关于地质工程勘测院和其他履行勘测职责的单位及其工作人员能否成为刑法第二百二十九条规定的有关犯罪主体的批复》(高检发释字〔2015〕4号)。

公共安全的重大工程、项目中提供虚假的环境影响评价等证明文件,致使公共财产、国家和人民利益遭受特别重大损失的,应当依照《刑法》第 229 条第 1 款的规定,处 5 年以上 10 年以下有期徒刑,并处罚金。实施前两款规定的行为,同时索取他人财物或者非法收受他人财物构成犯罪的,依照处罚较重的规定定罪处罚。①

(3)公证业务领域。公证员在履行公证职责过程中,严重不负责任,出具的公证书重大失实,造成严重后果的,分别以提供虚假证明文件罪、出具证明文件重大失实罪论处。②

(4)信用卡申领领域。承担资产评估、验资、验证、会计、审计、法律服务等职责的中介组织或其人员,为信用卡申请人提供虚假的财产状况、收入、职务等资信证明材料,应当追究刑事责任的,分别以提供虚假证明文件罪和出具证明文件重大失实罪定罪处罚。③

2. 提供虚假证明文件罪与伪证罪的界限

伪证罪,是指在刑事诉讼中,证人、鉴定人、记录人、翻译人对与案件有重要关系的情节,故意作虚假证明、鉴定、记录、翻译,意图陷害他人或者隐匿罪证的行为。提供虚假证明文件罪与伪证罪的区别在于:(1)侵害对象不同。前罪侵犯了国家对中介组织及其中介活动的监督管理制度,侵害了国家工商行政管理部门对公司的有效管理,同时也侵犯了国家、公众以及其他投资者的合法利益,严重扰乱了市场秩序;后罪侵犯的客体是司法机关的正常活动。(2)犯罪主体不同。前罪的犯罪主体是承担资产评估、验资、验证、会计、审计、法律服务等职责的中介组织的人员,具体是指具有国家认可的专业资格、负有职责的专业从业人员,即资产评估师、注册会计师、审计师、律师、公证员等特定人员;而后罪的犯罪主体,是指证人、鉴定人、记录人、翻译人等特定人员。④

---

① 参见《环境污染案件解释》第 10 条。

② 参见最高人民检察院《关于公证员出具公证书有重大失实行为如何适用法律问题的批复》仅规定了公证员在履行公证职责过程中,严重不负责任,出具的公证书有重大失实,造成严重后果的,以出具证明文件重大失实罪追究刑事责任。但这并不意味着公证员故意提供虚假公证书的行为不成立提供虚假证明文件罪。参见张明楷:《刑法学》,法律出版社 2021 年版,第 1104 页。

③ 参见《妨害信用卡案件解释》第 4 条。

④ 参见孟庆丰、陈国庆、孙茂利主编,最高人民检察院法律政策研究室、公安部经济犯罪侦查局、公安部法制局编:《经济犯罪案件立案追诉标准适用指南》,中国人民公安大学出版社 2010 年版,第 473 页。

【司法案例】

董某等提供虚假财会报告案①

［**裁判要旨**］单位工作人员受主管人员指使编制虚假财会报表的，属于提供虚假财会报告罪中的直接责任人员。提供虚假财会报告的客观行为不仅仅是提供行为，同时还内含着一个弄虚作假、制作虚假财会报告的行为，这也是提供虚假财会报告行为的应有之义。没有制假行为，提供虚假财会报告的问题自然也无从谈起。所以，在认定提供虚假财会报告罪处罚主体时，须将虚假财会报告的制作和提供两方面的行为主体同时纳入分析、评价的范畴。具体而言，须对提供虚假财会报告罪承担刑事责任的"直接负责的主管人员和其他直接责任人员"，既包括对公司财务会计报告的真实性、可靠性负有直接责任的公司董事长、董事、总经理、经理、监事，也包括直接参与虚假财务会计报告制作的工作人员。前者一般表现为签署、审核财务会计报告的人员，以及授意、指使编制虚假的或者隐瞒重要事实的财务会计报告的公司负责人；但对制假报假不知情、因工作过失致使虚假财会报告提供出去的公司管理人员，因无主观故意，不应视为直接负责的主管人员。后者一般表现为具体编制或者参与编制虚假的或者隐瞒重要事实的财务会计报告的公司人员，公司的财会报告通常是由财会人员制作完成的，但不以财会人员为限。就后者而言：首先，凡是参与制作虚假报告以及为直接编制虚假报告的人员提供虚假凭证资料的人员，均应视为相关责任人员；其次，是否属于需要追究刑事责任的直接责任人员，取决于该人员在犯罪中的地位和作用，而非是否具有财会人员的身份。基于此，本案被告人阎某岱在被告人董某的指使下，明知相关的会计凭证、资料将用于编制虚假的财会报告并向社会公众公布，仍然组织他人制作1999年度虚假的原料入库单、班产记录、产品出库单，为天津广夏公司谎报萃取产品出口收入提供了重要的帮助，对银广夏公司虚假财会报告的最终完成并公之于众起到了关键性的作用，因而将之认定为本案直接责任人员是正确的。

第二百三十条　【逃避商检罪】违反进出口商品检验法的规定，逃避商品检验，将必须经商检机构检验的进口商品未报经检验而擅自销售、使用，或者将必须经商检机构检验的出口商品未报经检验合格而擅自出口，情节严重的，处三年以下有期徒刑或者拘役，并处或者单处罚金。

---

① 参见《刑事审判参考》总第37集第285号案例。

【条文理解】

本条所指的违反《进出口商品检验法》的进出口商品,仅限于《出入境检验检疫机构实施检验检疫的进出境商品目录》中的商品和其他法律、法规规定必须经商检机构检验的进出口商品。擅自销售、使用不在这一范围内的商品的,不构成本罪。

本罪的犯罪主体为一般主体,即从事商品进出口业务的自然人和单位,具体是指应当向商检机构报检的进出口商品的发货人和出货人。

本罪的主要特征为:(1)行为人主观上有逃避商检的故意。“逃避商品检验”,是指行为人通过自己的作为或者故意的不作为,使应当经过进出口商品检验部门检验的商品避开检验的行为。“必须经商检机构检验的进出口商品”,是指列入国家《商检机构实施检验的进出口商品种类表》中的商品。根据《进出口商品检验法》第4条规定,海关总署应当征求国务院对外贸易主管部门等有关方面的意见,制定、调整必须实施检验的进出口商品目录并公布实施。根据《进出口商品检验法》第5条规定,列入目录的进出口商品,由商检机构实施检验。相关进口商品未经检验的,不准销售、使用;相关出口商品未经检验合格的,不准出口。(2)行为人实施了将必须经商检机构检验的进口商品未报经检验而擅自销售、使用,或者将必须经商检机构检验的出口商品未报经检验合格而擅自出口行为。

本罪的客观行为表现主要有:(1)“未报经检验而擅自销售、使用”,即行为人将进口商品未报经商检机构检验,就自行将商品在境内销售、使用的行为。(2)“未报经检验合格而擅自出口”,即未经商检机构检验合格就自行出口的行为。任何出口商品在未报经商检机构检验前,均可视为未报经检验合格。“商检机构”,是指海关总署在各省、自治区、直辖市以及进出口商品的口岸、集散地设立的进出口商品检验局及其分支机构。

逃避商检的行为必须具备“情节严重”这一要件。根据《立案追诉标准(二)》第75条规定,以下几种情节属于“情节严重”:

(1)给国家、单位或者个人造成直接经济损失数额在50万元以上的。本情形中的“直接经济损失”是指因行为人的行为造成进出口商品的合同、订单被取消后,导致我方无法索赔的数额或者外商向我方索赔的数额。(2)逃避商检的进出口货物货值金额在300万元以上的。(3)导致病疫流行、灾害事故的。本情形主要针对在出口环节中使用未取得适载合格证书或者检验不合格的船舱、集装箱装运易腐烂变质食品、冷冻食品,或者提供、使用未经商检机构鉴定的危险货物出口包装容器,导致严重影响人们身体健康或者环境污染等严重后果等情况。(4)多次逃避商检的。这里的“多次”,指3次以上,包括3次。(5)引起国际经济贸易纠纷,严重影响国家对外贸易关系,或者严重损害国家声誉的。(6)其他情节严重的情形。本情形为兜底性规定。

【司法适用】

在司法实践中,本罪需要注意以下两个问题:(1)必须满足“情节严重”才构成本罪。逃避商检的行为情节未达严重的,属于一般违法行为,应当由商检机关给予行政处罚。(2)逃避商检的行为主体可以是单位,也可以是自然人,但都必须具备主观故意。

第二百三十一条 【单位犯扰乱市场秩序罪的处罚规定】单位犯本节第二百二十一条至第二百三十条规定之罪的,对单位判处罚金,并对其直接负责的主管人员和其他直接责任人员,依照本节各该条的规定处罚。

【条文理解】

按照《刑法》第30条的规定,单位实施的危害社会的行为,法律规定为单位犯罪的,应当负刑事责任,这就是单位犯罪领域的罪刑法定原则。根据本条规定,本节第221~230条规定之罪均可成立单位犯罪。

单位与自然人相比,可能存在分立、合并甚至注销等不同情况,故在追究犯罪单位的刑事责任时,必须查明涉案单位的现状。

第一,犯罪单位出现分立、合并等情况时,如何追究犯罪单位的刑事责任。根据最高人民法院研究室《关于企业犯罪后被合并应当如何追究刑事责任问题的答复》,人民检察院起诉时该犯罪企业已被合并到一个新企业的,仍应依法追究原犯罪企业及其直接负责的主管人员和其他直接人员的刑事责任。人民法院审判时,对被告单位应列原犯罪企业名称,但注明已被并入新的企业,对被告单位所判处的罚金数额以其并入新的企业的财产及收益为限。此外,《走私案件意见》也规定:(1)单位走私犯罪后,单位发生分立、合并或者其他资产重组等情况的,只要承受该单位权利义务的单位存在,应当追究单位走私犯罪的刑事责任。走私单位发生分立、合并或者其他资产重组后,原单位名称发生更改的,仍以原单位(名称)作为被告单位。承受原单位权利义务的单位法定代表人或者负责人为诉讼代表人。(2)单位走私犯罪后,发生分立、合并或者其他资产重组情形,以及被依法注销、宣告破产等情况的,无论承受该单位权利义务的单位是否存在,均应追究原单位直接负责的主管人员和其他直接责任人员的刑事责任。(3)人民法院对原走私单位判处罚金的,应当将承受原单位权利义务的单位作为被执行人。罚金超出新单位所承受的财产的，可在执行中予以减除。

第二，本条采取的"双罚制"可能有违罪刑自负原则。罪刑自负原则是刑法的一大基本原则，即由犯罪者本人承担责任，而不株及他人的原则。其在单位犯罪领域的具体体现，就体现在罚金刑上。首先，单位犯罪是基于单位意志、为了单位利益而实施的一种犯罪，其刑事责任具有整体性的特点。所以，在单位犯罪中，犯罪主体应是单位这一整体，单位犯罪的刑事责任应由单位这一组织体和单位内部的责任人员分担。无论单位本身还是其责任人员，应承担的刑事责任都应是有一定的范围和界限的。根据刑法学基本原理，对一项犯罪事实不可重复适用同种刑罚，故对单位犯罪中单位和自然人同时适用罚金的做法是不符合刑法学原理的。其次，对单位犯罪中责任人员判处自由刑同时处以罚金有失刑法的公正性。一方面，单位犯罪的违法利益是归单位所有，理应由单位本身而非单位成员承担经济惩罚的法律后果；另一方面，单位犯罪中相关责任人员的主观动机毕竟是为单位谋取利益，在犯罪行为造成的社会危害同单纯自然人犯罪造成的社会危害大致相当的情况下，其主观上的人身危险性显然要小于后者。因此，如果对单位犯罪中的责任人员在判处自由刑的同时判处罚金，就会比单纯自然人犯罪的处罚要重，这不符合刑法的公正性要求，也不利于实现立法者设定罚金刑的目的。①

【司法适用】

我国刑事立法和司法解释对单位犯罪和自然人犯罪的处罚存在三种不同的情况。通常而言，有的是对于单位犯罪和自然人犯罪采取完全一致的定罪量刑标准，即 1∶1 的标准。有的则采取差异化的定罪量刑标准，自然人犯罪和单位犯罪的定罪量刑标准有 1∶3 和 1∶5 的区别。就本节全部罪名而言，其处罚标准和自然人犯罪是一致的，即对单位判处罚金，对单位犯罪的责任人员依照本节各该条规定的对自然人处罚的标准处罚。但其量刑标准却并非完全一致。而本条的重点，也正是单位犯罪和自然人犯罪的量刑标准之差异。

1. 同一量刑标准

同一量刑标准，即对于同一个罪名，司法解释规定自然人犯罪和单位犯罪采取同一量刑标准。由于《刑法》第 221~225、228~229 条的量刑标准，规定于《立案追诉标准(二)》当中，因此本条关于单位犯罪量刑标准的主要依据是《立案追诉标准(二)》。《立案追诉标准(二)》第 83 条规定："本规定中的立案追诉标准，除法律、司法解释、本规定中另有规定的以外，适用于相应的单位犯罪。"这说明同一

---

① 参见冯卫国、刘莉花：《关于单位犯罪罚金刑适用的几点思考》，载《山东警察学院学报》2007 年第 3 期。

追诉标准是本节单位犯罪的追诉标准,即如无特别规定,则《刑法》第 220~230 条也均属于同一追诉标准。此外,还有部分司法解释对个罪也明确了同一量刑标准。如《破坏土地资源案件解释》第 8 条规定:“单位犯非法转让、倒卖土地使用权罪、非法占有耕地罪的定罪量刑标准,依照本解释第一条、第二条、第三条的规定执行。”据此,对非法转让、倒卖土地使用权罪的单位犯罪,按照自然人犯罪的量刑标准。

2. 差异化量刑标准

差异化量刑标准,即对于同一个罪名,司法解释对自然人犯罪和单位犯罪规定了不同的量刑标准,且对单位犯罪的量刑标准明显高于对自然人犯罪的量刑标准。

《立案追诉标准(二)》将单位犯罪和自然人犯罪的量刑标准统一后,《刑法》第 221~230 条已经没有了不同量刑标准的罪名。但在《立案追诉标准(二)》之前,依据最高人民检察院、公安部《关于经济犯罪案件追诉标准的规定》(2010 年 5 月 7 日,已废止)①,合同诈骗罪存在不同追诉标准的问题,该司法解释第 69 条规定:“以非法占有为目的,在签订、履行合同过程中,骗取对方当事人财物,涉嫌下列情形之一的,应予追诉:1. 个人诈骗公私财物,数额在五千元至二万元以上的;2. 单位直接负责的主管人员和其他直接责任人员以单位名义实施诈骗,诈骗所得归单位所有的,数额在五万至二十万元以上的。”这表明,单位犯罪的量刑标准是自然人犯罪的 10 倍。但在《立案追诉标准(二)》生效之后,该司法解释对合同诈骗罪的单位犯罪和自然人犯罪,采取了同一量刑标准。

3. 混合标准

由于非法经营罪涉及的具体非法经营行为复杂多样,有关司法解释对自然人犯罪和单位犯罪的定罪量刑标准也不一致,存在差异化标准。有的司法解释对自然人和单位犯非法经营罪规定了相同的量刑标准,如《扰乱电信市场管理秩序案件解释》第 4 条规定:“单位实施本解释第一条规定的行为构成犯罪的,对单位判处罚金,并对其直接负责的主管人员和其他直接责任人员,依照本解释第二条、第三条的规定处罚。”该解释第 2 条、第 3 条是关于自然人非法经营国际电信业务或者涉港澳台电信业务的量刑标准。有的司法解释却对自然人和单位则规定了差异化的量刑标准,如《非法出版物案件解释》第 12 条规定,个人实施本解释第 11

① 《立案追诉标准(二)》第 92 条规定,本规定自印发之日起施行。2001 年 4 月 18 日最高人民检察院、公安部印发的《关于经济犯罪案件追诉标准的规定》(公发〔2001〕11 号)和 2008 年 3 月 5 日最高人民检察院、公安部印发的《关于经济犯罪案件追诉标准的补充规定》(高检会〔2008〕2 号)同时废止。

条规定的行为,具有下列情形之一的,属于非法经营行为“情节严重”:(1)经营数额在5万元至10万元以上的;(2)违法所得数额在2万元至3万元以上的;(3)经营报纸5000份或者期刊5000本或者图书2000册或者音像制品、电子出版物500张(盒)以上的。具有下列情形之一的,属于非法经营行为“情节特别严重”:(1)经营数额在15万元至30万元以上的;(2)违法所得数额在5万元至10万元以上的;(3)经营报纸15000份或者期刊15000本或者图书5000册或者音像制品、电子出版物1500张(盒)以上的。第13条规定,单位实施本解释第11条规定的行为,具有下列情形之一的,属于非法经营行为“情节严重”:(1)经营数额在15万元至30万元以上的;(2)违法所得数额在5万元至10万元以上的;(3)经营报纸15000份或者期刊15000本或者图书5000册或者音像制品、电子出版物1500张(盒)以上的。具有下列情形之一的,属于非法经营行为“情节特别严重”:(1)经营数额在50万元至100万元以上的;(2)违法所得数额在15万元至30万元以上的;(3)经营报纸5万份或者期刊5万本或者图书15000册或者音像制品、电子出版物5000张(盒)以上的。又如,最高人民法院、最高人民检察院、公安部、国家烟草专卖局《关于办理假冒伪劣烟草制品等刑事案件适用法律问题座谈会纪要》(高检会〔2003〕4号)第3条“关于非法经营烟草制品行为适用法律问题”规定,未经烟草专卖行政主管部门许可,无生产许可证、批发许可证、零售许可证,而生产、批发、零售烟草制品,个人非法经营数额在5万元以上的,或者违法所得数额在1万元以上的,单位非法经营数额在50万元以上的,或者违法所得数额在10万元以上的,依照《刑法》第225条的规定定罪处罚。

刑法

条文理解与司法适用

·第二版·

下册

刘静坤◎主编

法律出版社 LAW PRESS · CHINA

北京

分目录·下册

附 则

第四章　侵犯公民人身权利、民主权利罪

第二百三十二条　【故意杀人罪】故意杀人的，处死刑、无期徒刑或者十年以上有期徒刑；情节较轻的，处三年以上十年以下有期徒刑。

【条文理解】

故意杀人罪，是指故意非法剥夺他人生命的行为。本罪是最严重侵犯公民人身权利的犯罪。本罪的具体构成要件是：

(1)本罪侵犯的客体是他人的生命权利，对象是他人，即行为人以外的其他自然人。自杀通常并不构成本罪，因为自杀剥夺的是行为人自己生命。人的生命，始于出生，终于死亡。在此阶段的人，才能成为故意杀人罪的对象，而对于尸体、尚未出生的胎儿实施所谓的“杀害”行为，并不能构成本罪。

(2)本罪的客观方面表现为非法剥夺他人生命的行为。首先，这要求行为人必须有剥夺他人生命的行为，此种行为在实践中可以通过作为和不作为方式实施。前者如枪杀、毒杀等方法，后者比如特定人员的见死不救行为。在实践中，非法剥夺他人生命的办法多种多样，行为人具体采取何种方法，并不影响本罪的成立。其次，本罪属于结果犯，其要求行为人的故意杀人行为必须造成被害人死亡的后果，此时才构成故意杀人罪既遂。最后，本罪要求剥夺他人生命的行为必须是非法的，合法剥夺他人生命不构成本罪。

(3)本罪主体是一般主体。已满12周岁不满14周岁的人，犯故意杀人，致人死亡或者以特别残忍手段致人重伤造成严重残疾，情节恶劣，经最高人民检察院核准追诉的，应当负刑事责任。

(4)本罪属于故意犯罪，在主观方面既可以是直接故意，也可以是间接故意，即行为人明知自己的行为会造成他人死亡的结果，并且希望或者放任这种结果发生的心理态度。在实践中，故意杀人的动机多种多样，不同杀人动机并不影响本罪的成立。

【司法适用】

在司法实践中，间接故意杀人和过于自信的过失致人死亡之间较难区分，两

者在客观上都造成了被害人死亡的后果，其区别主要在于两个方面：第一，在认识因素上，两者对他人死亡的主观认识存在差异。两者都预见到自己的行为可能导致他人死亡，但是在前者中，行为人对导致他人死亡的可能性转化为现实性并未发生错误认识；而在后者中，行为人则基于自己的能力、技术、经验等因素相信能够避免死亡结果。第二，在意识因素上，两者对他人死亡结果的态度存在差异。间接故意杀人虽然并不追求他人死亡，但对他人死亡持放任态度，也能够容忍他人死亡结果的发生；而过于自信的过失致人死亡，则并不希望他人死亡，对死亡结果持排斥态度。

在不作为的故意杀人罪情况下，通常需要考虑以下两个主要问题：第一，行为人是否有防止或者阻止被害人死亡的义务，此种义务通常来源于法定义务、职务义务和先行行为所产生的义务。第二，行为人的不作为与被害人死亡结果之间是否具有因果关系。

【司法案例】

乐某故意杀人案①

[**裁判要旨**]遗弃罪与故意杀人罪的区别主要在于：在特定的时空条件下，被害人的生命安危是否依赖于对其负有特定抚养义务的行为人。如果存在这种支配依赖关系，而行为人不仅自己不履行抚养义务，还切断、排除其他人对被害人进行救助的可能，主观上对被害人死亡结果持放任态度，则成立故意杀人罪；如果抚养义务的不履行不会给被害人生命带来必然的、紧迫的现实危险，客观上仍存在其他人介入履行抚养义务的可能，行为人主观上既不希望也不放任死亡结果的发生，则属于遗弃罪。相较而言，虐待罪不会侵犯被害人的生命权利，一般表现为经常或者连续折磨、摧残家庭成员身心的行为。对不作为犯罪案件中被告人的量刑，应当结合被告人的动机、手段、侵害的对象、危害后果、被告人一贯表现及犯罪后的态度等因素综合考量。

第二百三十三条 【过失致人死亡罪】过失致人死亡的，处三年以上七年以下有期徒刑；情节较轻的，处三年以下有期徒刑。本法另有规定的，依照规定。

① 参见《刑事审判参考》总第98集第990号案例。

【条文理解】

过失致人死亡罪,是指因自己的过失而导致他人死亡的行为。本罪的具体构成要件是:

(1)本罪侵犯的客体是他人的生命权利。

(2)本罪的客观方面表现为过失致人死亡的行为。首先,本罪属于结果犯,需要发生他人死亡的实际后果。其次,需有行为人的过失行为,这里的过失行为,既包括作为的过失行为,也包括不作为的过失行为。最后,行为人过失行为与被害人的死亡之间具有因果关系,即被害人死亡是行为人的过失行为所造成。这里的死亡既包括当场死亡,也包括因伤势过重或者缺乏救治条件经抢救无效而死亡。若行为人的过失行为仅仅导致被害人重伤,但由于其他因素介入比如医生过失,最终被害人死亡,则行为人不成立本罪,而仅成立过失致人重伤罪。

(3)本罪主体是一般主体,即年满 16 周岁、具备刑事责任能力的人。

(4)本罪的主观方面表现为过失,即行为人对其行为的结果持过失心态,既包括疏忽大意的过失,也包括过于自信的过失。

【司法适用】

在司法实践中,由于行为人过失导致他人死亡的犯罪很多,但并非都认定为过失致人死亡罪。该条规定了“本法另有规定的,依照规定”。因此,若《刑法》分则中对过失致人死亡的行为另有特别规定,则需要依照该规定来定罪量刑。这些法条与本条就形成了特别法条和普通法条的关系,此时应当适用特别法条的规定,而不应认定为过失致人死亡罪。

过失致人死亡罪和故意伤害致人死亡,在客观上都造成了被害人死亡的后果。但是,在过失致人死亡中,行为人既没有杀人故意,也没有伤害故意。若行为人仅有殴打的意图,而并没有伤害的故意,但由于某种原因或者条件而引起了被害人死亡,则此时不能认定为故意伤害致人死亡;若行为人对被害人死亡具有过失,则应认定为过失致人死亡罪。

【司法案例】

季某兵过失致人死亡案①

[**裁判要旨**]区分意外事件与疏忽大意的过失的关键在于,行为人是否具有预见危害结果发生的义务。判断是否具有预见义务,要综合考虑案发时行为人的心态、年龄、心智、工作经验以及案发时的环境等多种因素。对被告人认知因素的考

① 参见《刑事审判参考》总第 89 集第 812 号案例。

量,不能仅凭被告人一人的供述,既要考虑到被告人的个体因素,也要考虑到社会一般人的认知因素。

第二百三十四条 【故意伤害罪】故意伤害他人身体的,处三年以下有期徒刑、拘役或者管制。

犯前款罪,致人重伤的,处三年以上十年以下有期徒刑;致人死亡或者以特别残忍手段致人重伤造成严重残疾的,处十年以上有期徒刑、无期徒刑或者死刑。本法另有规定的,依照规定。

【条文理解】

故意伤害罪,是指故意非法损害他人身体健康的行为。本罪的具体构成要件是:

(1)本罪侵犯的客体是他人的身体健康权,对象是他人身体。自伤、自残等伤害自己身体的行为,不成立本罪。

(2)本罪的客观方面表现为非法损害他人身体健康的行为。本罪是结果犯,要求对他人身体造成一定程度的伤害结果,这里的结果包括轻伤、重伤、伤害致死,但不包括轻微伤。这里的"身体伤害",既包括对人身体组织完整性的破坏,也包括对人体器官正常机能的损坏。伤害行为,既可以是作为行为,如暴力殴打,也可以是不作为行为,如负有保护他人身体健康义务的人故意不作为。让特定的他人感染病毒,也属于伤害手段,如让特定人员感染艾滋病毒,就属于重伤害行为。另外,伤害行为应当具有非法性,合法的伤害行为并不构成本罪,如因正当防卫、紧急避险而伤害他人,医疗中经患者同意的截肢等行为。

(3)本罪主体是一般主体。已满 12 周岁不满 14 周岁的人,犯故意伤害罪,致人死亡或者以特别残忍手段致人重伤造成严重残疾,情节恶劣,经最高人民检察院核准追诉的,应当负刑事责任。

(4)本罪的主观方面表现为故意,即行为人明知自己的行为会造成伤害他人身体的结果,并且希望或者放任此种伤害结果发生。在故意伤害致人死亡中,行为人对伤害结果持故意心态,但对死亡结果持过失心态。

【司法适用】

在司法实践中,故意杀人罪和故意伤害罪的区分比较困难,特别是故意伤害致死与故意杀人、故意伤害与故意杀人未遂之间的区别。区分的关键在于行为人的主观心态。一般来说,只有伤害的故意,无论是否导致死亡结果,都应当认定为故意伤害罪;而具有杀人故意的,也无论是否导致死亡结果,都应认定为故意杀人罪。而对于行为人主观心态的认定,则需要结合案件起因、犯罪手段、打击部位和强度、犯罪后表现等因素综合判断。

其他犯罪中也会存在故意伤害他人的行为,比如放火、爆炸等犯罪中致人伤害的。本条第2款中规定了“本法另有规定的,依照规定”,因此,若《刑法》分则中对故意伤害他人的行为,另有特别规定,则应依照该规定来定罪量刑。

【司法案例】

肖某过失致人死亡案①

[**裁判要旨**]第一,虐待罪的暴力可以包括直接的暴力行为,但这些行为单独来看一般都不构成犯罪,而是在一定时期内具有多发性、持续性,虐待致人死伤的结果一般是长期累积的暴力行为逐渐导致的。偶尔的殴打行为、体罚行为以及因为家庭纠纷而动辄打骂等行为,不能认定为虐待行为。第二,对于家长体罚致子女死亡的案件,应以犯罪客观行为为基准,结合动机和案发后行为综合判断行为人主观罪过。考察客观行为特征,应通过审查行为的打击强度、持续时间、是否使用工具、所使用工具致人伤亡的危险程度、打击方式、击打部位等方面,着重考察行为本身的危险性和强度是否足以造成致人伤亡的后果,考量行为是否超出了社会大众理解的管教子女体罚行为应有的限度。对出于恶意动机而以较大强度暴力殴打子女,导致子女伤亡的,应认定为故意伤害罪甚至故意杀人罪。在行为人无恶意动机、造成伤亡后果后悔罪救助的前提下,若体罚手段毫无节制,大大超出年幼子女所能承受的程度,足以造成子女重伤或死亡,则不排除认定行为人主观上对伤害结果具有间接故意。在无恶意动机且案后悔罪救助的前提下,若体罚子女只是一般的轻微殴打行为,本不足以导致轻伤以上后果,但由于被害人自身隐性体质问题或者其他偶然因素介入导致被害人重伤或死亡,则因行为人对此并不明知,一般应认定为过失致人死亡。

第二百三十四条之一　【组织出卖人体器官罪】组织他人出卖人体器官的,处五年以下有期徒刑,并处罚金;情节严重的,处五年以上有期徒刑,并处罚金或者没收财产。

① 参见《刑事审判参考》总第98集第994号案例。

【故意伤害罪；故意杀人罪】未经本人同意摘取其器官，或者摘取不满十八周岁的人的器官，或者强迫、欺骗他人捐献器官的，依照本法第二百三十四条、第二百三十二条的规定定罪处罚。

【盗窃、侮辱、故意毁坏尸体、尸骨、骨灰罪】违背本人生前意愿摘取其尸体器官，或者本人生前未表示同意，违反国家规定，违背其近亲属意愿摘取其尸体器官的，依照本法第三百零二条的规定定罪处罚。

【条文对照】

1997 年《刑法》	2011 年《刑法修正案（八）》
无	第二百三十四条之一　组织他人出卖人体器官的，处五年以下有期徒刑，并处罚金；情节严重的，处五年以上有期徒刑，并处罚金或者没收财产。 未经本人同意摘取其器官，或者摘取不满十八周岁的人的器官，或者强迫、欺骗他人捐献器官的，依照本法第二百三十四条、第二百三十二条的规定定罪处罚。 违背本人生前意愿摘取其尸体器官，或者本人生前未表示同意，违反国家规定，违背其近亲属意愿摘取其尸体器官的，依照本法第三百零二条的规定定罪处罚。

【条文理解】

本罪名是 2011 年《刑法修正案（八）》中增设的罪名。组织出卖人体器官罪，是指组织他人出卖人体器官的行为。本罪的具体构成要件是：

（1）本罪侵犯的客体是复杂客体，既包括器官出卖者的身体健康权，也包括国家有关器官移植的医疗管理秩序。本罪的犯罪对象是人体器官。作为本罪犯罪对象的人体器官，仅限于活体的器官，而不包括尸体的器官；既包括某个器官的整体，也包括某个器官的一部分。

（2）本罪的客观方面表现为组织他人出卖人体器官，即经营、谋划、决策、协调人体器官的出卖或者招募、雇佣、介绍、引诱他人出卖人体器官等。本罪的本质是组织出卖行为，而不是出卖行为，故单纯将自己的器官卖给他人或者单纯购买器官并不成立本罪。

（3）本罪主体为一般主体。

（4）本罪的主观方面系出于故意，至于是否追求盈利目的并不影响本罪成立。

【司法适用】

在司法实践中，组织出卖人体器官的行为，有些是经器官出卖人自愿同意，有些则未取得器官出卖人的自愿同意。由于本罪在本质上处罚的是行为人的组织出卖行为,是否取得器官出卖人同意,并不影响本罪的成立。但是,在未经器官出卖人自愿同意的情况下,根据本条第 2 款的规定,未经本人同意摘取其器官,或者摘取不满 18 周岁的人的器官,或者强迫、欺骗他人捐献器官的,应当按照故意伤害罪、故意杀人罪的规定来定罪处罚。违背本人生前意愿摘取其尸体器官,或者本人生前未表示同意,违反国家规定,违背其近亲属意愿摘取其尸体器官的行为,并不侵犯人的身体健康权,而是损害了死者尸体完整性,也会给死者亲属带来巨大痛苦。此种情况下,需要依据本条第 3 款的规定,按照盗窃、侮辱、故意毁坏尸体罪予以定罪处罚。

【司法案例】

王某涛等组织出卖人体器官案①

［**裁判要旨**］(1)组织出卖人体器官罪是行为犯,行为人只要实施了组织他人出卖人体器官的行为,即可构成本罪,不应以损害结果的发生作为认定既遂的标准。本罪既侵犯了公民的人身权利,也侵犯了国家医疗秩序。以实际摘取器官与否作为本罪的既遂、未遂认定标准,与预防和惩治犯罪的立法意图相悖。(2)组织出卖人体器官是否属于“情节严重”,不仅要综合犯罪动机、目的、行为、手段、客观损害等进行判断,而且要根据本罪侵害复杂客体的实际,结合针对侵犯公民人身权利罪、危害公共卫生罪等犯罪的法律以及相关司法解释的规定和精神进行判断。

第二百三十五条　【过失致人重伤罪】过失伤害他人致人重伤的,处三年以下有期徒刑或者拘役。本法另有规定的,依照规定。

【条文理解】

过失致人重伤罪,是指过失伤害他人身体致人重伤的行为。本罪的具体构成要件是:

(1)本罪侵犯的客体是他人的身体健康权。

(2)本罪的客观方面表现为,行为人的过失行为造成他人重伤的结果。本罪属于结果犯,要求过失行为造成他人重伤的结果。本罪行为的表现形式既可以是作为,也可以是不作为。

---

① 参见《刑事审判参考》总第 95 集第 929 号案例。

(3)本罪的主体为一般主体。

(4)本罪在主观方面表现为过失,即对他人造成重伤的结果只能是出于过失心态,既包括疏忽大意的过失,也包括过于自信的过失。

【司法适用】

在司法实践中,疏忽大意的过失致人重伤和意外事件致人重伤,在客观上都造成了被害人重伤的后果,但是两者在主观方面存在本质区别。在意外事件致人重伤中,是由于不可预见的原因导致被害人遭受重伤,对此行为人不负刑事责任。而疏忽大意的过失致人重伤,则是行为人在当时的情况下,应当预见自己的行为可能导致他人重伤,但由于疏忽大意而没有预见,此时应当认定行为人构成过失致人重伤罪。当然,因过失致人重伤的行为,并非一律都被认定为过失致人重伤罪。本条中规定了"本法另有规定的,依照规定",因此,若《刑法》分则中对过失致人重伤行为,另有特别规定,则需要依照该规定来定罪量刑。

第二百三十六条　【强奸罪】以暴力、胁迫或者其他手段强奸妇女的,处三年以上十年以下有期徒刑。

奸淫不满十四周岁的幼女的,以强奸论,从重处罚。

强奸妇女、奸淫幼女,有下列情形之一的,处十年以上有期徒刑、无期徒刑或者死刑:

(一)强奸妇女、奸淫幼女情节恶劣的;

(二)强奸妇女、奸淫幼女多人的;

(三)在公共场所当众强奸妇女、奸淫幼女的;

(四)二人以上轮奸的;

(五)奸淫不满十周岁的幼女或者造成幼女伤害的;

(六)致使被害人重伤、死亡或者造成其他严重后果的。

【条文对照】

1997 年《刑法》	2020 年《刑法修正案(十一)》
第二百三十六条　以暴力、胁迫或者其他手段强奸妇女的,处三年以上十年以下有期徒刑。 奸淫不满十四周岁的幼女的,以强奸论,从重处罚。	第二百三十六条　以暴力、胁迫或者其他手段强奸妇女的,处三年以上十年以下有期徒刑。 奸淫不满十四周岁的幼女的,以强奸论,从重处罚。

续表

1997年《刑法》	2020年《刑法修正案(十一)》
强奸妇女、奸淫幼女,有下列情形之一的,处十年以上有期徒刑、无期徒刑或者死刑: (一)强奸妇女、奸淫幼女情节恶劣的; (二)强奸妇女、奸淫幼女多人的; (三)在公共场所当众强奸妇女的; (四)二人以上轮奸的; (五)致使被害人重伤、死亡或者造成其他严重后果的。	强奸妇女、奸淫幼女,有下列情形之一的,处十年以上有期徒刑、无期徒刑或者死刑: (一)强奸妇女、奸淫幼女情节恶劣的; (二)强奸妇女、奸淫幼女多人的; (三)在公共场所当众强奸妇女**、奸淫幼女**的; (四)二人以上轮奸的; (五)**奸淫不满十周岁的幼女或者造成幼女伤害的;** **(六)**致使被害人重伤、死亡或者造成其他严重后果的。

【条文理解】

2020年《刑法修正案(十一)》将本条第3款第3项修改为"在公共场所当众强奸妇女、奸淫幼女的",增加第3款第5项"奸淫不满十周岁的幼女或者造成幼女伤害的"。

强奸罪,是指以暴力、胁迫或者其他方法,违背妇女意志,强行与妇女发生性关系的行为,或者与不满14周岁的幼女发生性关系的行为。本罪的具体构成要件是:

(1)本罪侵犯的客体是妇女的性交自由权和幼女的身心健康权。对于已满14周岁的妇女而言,本条保护的是其性交自由权,即妇女按照自己的意志决定正当性行为的权利。对于不满14周岁的幼女而言,其通常不具有正确认识并自由决定自己性行为的能力,在被害人为幼女时,本条保护的是幼女的身心健康权。

(2)关于本罪的客观方面,对于已满14周岁的妇女而言,本罪的客观方面表现为以暴力、胁迫或者其他方法,违背妇女意志、与妇女发生性交的行为。首先,这要求行为人采取了暴力、胁迫或者其他非法方法。这些方法的共同特征是让妇女处于不能反抗、不敢反抗、不知反抗的境地,或者利用了妇女处于不能反抗、不知反抗的状态。其次,这要求违背妇女意志、强行与其发生性行为。这是强奸罪的本质特征。违背妇女意志通常包括两种情形:其一,在妇女有辨认和控制能力、能自主决定是否与行为人发生性交的情况下,未经妇女同意而强行与其发生性关系;其二,在妇女丧失辨认和控制能力的情况下,比如妇女是精神病人的情况下,无论是否征得该妇女同意而与其发生性关系。对于不满14周岁的幼女而言,行为人无论是否征得被害人同意,只要与幼女发生性关系都构成本罪。本罪的犯罪对象仅限于女性,男性不能成为本罪的犯罪对象。

(3)本罪的主体是已满14周岁、具有刑事责任能力的男性,女性并不能单独构成本罪。妇女使用暴力、胁迫等手段与男性强行发生性关系,不能成立强奸罪,但在采取拘禁方式、发生伤害后果等情形下,可能构成非法拘禁罪、故意伤害罪。

(4)本罪的主观方面是故意,主要是直接故意,在特定情况下也可能是间接故意。强奸以男女之间发生性交为目的,在奸淫幼女的情况下,要求行为人明知被害人是不满14周岁的幼女。

【司法适用】

在司法实践中,所谓的"婚内强奸"行为是否构成强奸罪在理论界和实务界都存在较大争议。目前的主流观点认为,"婚内强奸"行为并不构成强奸罪,因为合法的婚姻关系意味着妻子已经概括性同意与丈夫发生性关系,这就不存在丈夫违背妻子意志与其发生性关系的问题。但是,在婚姻关系处于非常存续期间,如离婚诉讼期间时,夫妻感情是否破裂尚处于确认期间,夫妻双方的权利义务受到一定限制,丈夫若采取暴力等手段强行与妻子发生性关系,则仍然构成强奸罪。

对于奸淫患精神病或存在智能减退症状的妇女的行为,若该妇女缺乏对性行为的认识能力或者控制能力,且行为人明知对方患精神病或存在智能减退症状而与其发生性关系,则无论行为人采取何种手段,该妇女是否"同意",均应当认定为强奸罪。轮奸是本罪的法定加重处罚情节之一。所谓"轮奸",是指二人或者二人以上基于共同强奸的故意,在同一时间段内对同一妇女轮流实施强奸行为。构成轮奸,在主观上要求行为人具有共同的强奸故意,在客观上要求二人或者二人以上在连续时间内轮流对同一被害人实施了强奸行为。"致使被害人重伤、死亡"也是本罪的法定加重处罚情节之一。这里的"致使被害人重伤、死亡",是指强奸妇女、奸淫幼女行为本身导致被害人的性器官严重损害,或者使被害人受到其他严重伤害,甚至当场死亡或者经治疗无效死亡。

【司法案例】

李某明强奸案①

[**裁判要旨**]第一,轮奸指二人或者二人以上在同一时间段内,基于共同强奸同一妇女或者幼女的故意而轮流实施奸淫的行为。同案犯未经共谋在不同地点先后强奸同一被害人的不构成轮奸。第二,公然暴力劫持二名未成年少女,且对二名未成年少女先后实施强奸,符合认定强奸罪"情节恶劣"的标准。认定"情节

① 参见《刑事审判参考》总第98集第981号案例。

恶劣”的标准，应当与《刑法》第236条第3款第2项至第5项所列情形的严重性相当，可从以下几方面来把握：(1)选择特定犯罪对象实施强奸，被害人不具有一般人的反抗能力或者反抗能力极弱；(2)在公共场所公然劫持被害人后实施强奸，对抗社会意图明显；(3)采用残忍的暴力手段或者在强奸过程中以十分下流的手段肆意蹂躏等损害被害人身心健康的方式实施强奸；(4)长期多次对同一被害人进行强奸；(5)其他具有相当危害程度的情形；等等。

第二百三十六条之一　【负有照护职责人员性侵罪】对已满十四周岁不满十六周岁的未成年女性负有监护、收养、看护、教育、医疗等特殊职责的人员，与该未成年女性发生性关系的，处三年以下有期徒刑；情节恶劣的，处三年以上十年以下有期徒刑。

有前款行为，同时又构成本法第二百三十六条规定之罪的，依照处罚较重的规定定罪处罚。

【条文对照】

1997年《刑法》	2020年《刑法修正案(十一)》
无	**第二百三十六条之一　对已满十四周岁不满十六周岁的未成年女性负有监护、收养、看护、教育、医疗等特殊职责的人员，与该未成年女性发生性关系的，处三年以下有期徒刑；情节恶劣的，处三年以上十年以下有期徒刑。** **有前款行为，同时又构成本法第二百三十六条规定之罪的，依照处罚较重的规定定罪处罚。**

【条文理解】

负有照护职责人员性侵罪是2020年《刑法修正案(十一)》中增设的罪名，是指对已满14周岁不满16周岁的未成年女性负有监护、收养、看护、教育、医疗等特殊职责的人员，与该未成年女性发生性关系的行为。本罪的具体构成要件是：

(1)本罪侵犯的客体是特定职责伦理关系和少女身心健康权。已满14周岁不满16周岁的未成年女性，虽然对性行为的性质和后果具有一定认识能力，但并不能充分认识其性行为的性质和后果，故本罪侵犯了少女身心健康权。

(2)本罪的客观方面表现为与处于被监护、收养、看护、教育、医疗状态的未成年女性发生性关系的行为，此种行为需要建立在少女同意基础之上；若采取暴力、胁迫或者其他手段，违背少女意愿、强行与其发生性关系，则构成强奸罪。

(3)本罪的主体是特殊主体，即对已满14周岁不满16周岁的未成年女性负有监护、收养、看护、教育、医疗等特殊职责的人员。

(4)本罪的主观方面表现为故意。

【司法适用】

在司法实践中，需要注意本罪与奸淫幼女类强奸罪的区别。奸淫幼女类强奸罪的被害人是不满14周岁的幼女，犯罪主体是已满14周岁、具有刑事责任能力的男性，其中就包含对不满14周岁幼女负有监护、收养、看护、教育、医疗等特殊职责的人员。本罪的被害人是已满14周岁不满16周岁的未成年女性，犯罪主体是对已满14周岁不满16周岁的未成年女性负有监护、收养、看护、教育、医疗等特殊职责的人员。

在司法实践中，需要注意本罪与普通强奸罪的区别。从逻辑上分析，"与该未成年女性发生性关系"包括两类：第一，已满14周岁不满16周岁的未成年女性自愿与这些负有特殊职责的人发生性关系；第二，这些负有特殊职责的人以暴力、胁迫或者其他手段，违背未成年女性意志，强行与未成年女性发生性关系。前一种情况仅能构成本罪，后一种情况则产生本罪与强奸罪的竞合。此时应当按照本条第2款的规定，择一重罪定罪处罚。

第二百三十七条 【强制猥亵、侮辱罪】以暴力、胁迫或者其他方法强制猥亵他人或者侮辱妇女的，处五年以下有期徒刑或者拘役。

聚众或者在公共场所当众犯前款罪的，或者有其他恶劣情节的，处五年以上有期徒刑。

【猥亵儿童罪】猥亵儿童的，处五年以下有期徒刑；有下列情形之一的，处五年以上有期徒刑：

(一)猥亵儿童多人或者多次的；

(二)聚众猥亵儿童的，或者在公共场所当众猥亵儿童，情节恶劣的；

(三)造成儿童伤害或者其他严重后果的；

(四)猥亵手段恶劣或者有其他恶劣情节的。

【条文对照】

1997 年《刑法》	2015 年 《刑法修正案(九)》	2020 年 《刑法修正案(十一)》
第二百三十七条 以暴力、胁迫或者其他方法强制猥亵妇女或者侮辱妇女的,处五年以下有期徒刑或者拘役。 聚众或者在公共场所当众犯前款罪的,处五年以上有期徒刑。 猥亵儿童的,依照前两款的规定从重处罚。	第二百三十七条 以暴力、胁迫或者其他方法强制猥亵**他人**或者侮辱妇女的,处五年以下有期徒刑或者拘役。 聚众或者在公共场所当众犯前款罪的,**或者有其他恶劣情节的**,处五年以上有期徒刑。 猥亵儿童的,依照前两款的规定从重处罚。	第二百三十七条 以暴力、胁迫或者其他方法强制猥亵他人或者侮辱妇女的,处五年以下有期徒刑或者拘役。 聚众或者在公共场所当众犯前款罪的,或者有其他恶劣情节的,处五年以上有期徒刑。 猥亵儿童的,**处五年以下有期徒刑;有下列情形之一的,处五年以上有期徒刑:** **(一)猥亵儿童多人或者多次的;** **(二)聚众猥亵儿童的,或者在公共场所当众猥亵儿童,情节恶劣的;** **(三)造成儿童伤害或者其他严重后果的;** **(四)猥亵手段恶劣或者有其他恶劣情节的。**

【条文理解】

2015 年《刑法修正案(九)》将本条中强制猥亵的对象由"妇女"修改为"他人",并在本条第 2 款中增加了"或者有其他恶劣情节的"这一表述。2020 年《刑法修正案(十一)》对本条第 3 款进行了修改。

1. 强制猥亵、侮辱罪

强制猥亵、侮辱罪,是指以暴力、胁迫或者其他方法强制猥亵他人的行为。本罪的具体构成要件是:

(1)本罪侵犯的客体是他人的身心健康权,犯罪对象既包括女性,也包括男性,这里要求是已满 14 周岁的女性或者男性。若对象是不满 14 周岁的儿童,则成立猥亵儿童罪,而不成立本罪。

(2)本罪的客观方面表现为采取暴力、胁迫或者其他方法实施了强制猥亵、侮辱他人行为。这里的"其他方法",是指暴力、胁迫以外的,使被害人不知抗拒、无法抗拒的强制方法,比如醉酒、麻醉等方法。这里的"猥亵",是指针对他人实施的,能够刺激、满足行为人或者第三人性欲,违反良好性道德观念且不属于奸淫的行为。侮辱和猥亵的区别在于,猥亵是身体特别是私密部位(如女性的胸部、臀部、下体等)的接触;侮辱一般是非身体性的接触或者是非秘密部位的接触。

(3)本罪的主体是一般主体,即年满 16 周岁、具有刑事责任能力的人,既有可能是男性,也有可能是女性。

(4)本罪的主观方面是故意,行为人在动机上通常表现出刺激或者满足行为人或者第三人性欲的倾向。

2. 猥亵儿童罪

猥亵儿童罪,是指猥亵不满14周岁儿童的行为。本罪的具体构成要件是:

(1)本罪侵犯的客体是儿童的身心健康权,犯罪对象是不满14周岁的男女儿童。

(2)本罪的客观方面表现为以强制或者非强制方法猥亵不满14周岁儿童的行为。因为儿童对事物的认识能力较差,性认识能力也较为欠缺,故本罪并不限于暴力、胁迫等强制性的猥亵行为,只要对儿童实施了猥亵行为,就构成本罪。

(3)本罪的犯罪主体是一般主体,即年满16周岁、具有刑事责任能力的人,既有可能是男性,也有可能是女性。

(4)本罪的主观方面表现为故意,通常是直接故意。当儿童为幼女时,行为人不具有奸淫的目的和行为;若儿童为男童、行为人为女性,则可能存在发生性关系的目的和行为。

【司法适用】

在司法实践中,强制猥亵罪与强奸罪未遂之间往往难以区分,二者在客观上可能都表现为使用了暴力、胁迫或者其他方法,没有和被害人发生性关系。但是,二者在主观方面却存在本质性区别。猥亵是为了满足本人或者第三人性欲而实施的性交以外的行为,这就决定了强制猥亵并不具有强行性交的目的。当然,强制猥亵在主观上具有寻求感官刺激的目的的同时,也可能具有进一步奸淫的目的,但并不会违背妇女意志强行与之性交。而强奸罪则具有强行与被害人性交的故意,其可能在强制猥亵行为之后有进一步强行奸淫妇女的目的和行为。

【司法案例】

吴某东猥亵儿童案①

[**裁判要旨**]第一,猥亵通常是指以刺激或者满足性欲为动机,用性交以外的方式对被害人实施的冒犯普通公民性的羞耻心或者引起其厌恶感的行为。判断是否系"猥亵",应当考虑行为所侵害的身体部位是否具有性象征意义。行为侵害具有性象征意义以外的身体部位,比如脸部、背部、胳臂等,认定是否属于猥亵应当慎重。区分一般猥亵违法与猥亵犯罪时,需要着重考虑以下因素:(1)猥亵行为侵害的身体部位所代表的性象征意义明显与否;(2)猥亵行为是否伴随暴力、胁迫等强制手段;(3)猥亵行为持续时间的长短;(4)其他能反映猥亵行为对被害人身

---

① 参见《刑事审判参考》总第98集第987号案例。

心伤害大小、对普通公民性的羞耻心冒犯程度大小的情节;(5)行为人是否具有前科劣迹以及其他反映行为人主观恶性、人身危险性大小的情节;等等。针对儿童实施的,入罪标准的门槛可适当降低一些。第二,学校教室并非私人场所,而且是供多数学生使用,具有相对的涉众性。将教室解释为“公共场所”并未超出“公共场所”概念所能包含的最广含义,也符合一般公民的理解和认知,属于合理的扩大解释。

第二百三十八条　【非法拘禁罪】非法拘禁他人或者以其他方法非法剥夺他人人身自由的,处三年以下有期徒刑、拘役、管制或者剥夺政治权利。具有殴打、侮辱情节的,从重处罚。

犯前款罪,致人重伤的,处三年以上十年以下有期徒刑;致人死亡的,处十年以上有期徒刑。使用暴力致人伤残、死亡的,依照本法第二百三十四条、第二百三十二条的规定定罪处罚。

为索取债务非法扣押、拘禁他人的,依照前两款的规定处罚。

国家机关工作人员利用职权犯前三款罪的,依照前三款的规定从重处罚。

【条文理解】

非法拘禁罪,是指故意非法剥夺他人人身自由的行为。本罪的具体构成要件是:

(1)本罪侵犯的客体是他人的人身自由。人身自由,通常是公民按照自己意志停留于或者离开某个空间的自由。

(2)本罪的客观方面表现为以非法拘禁或者其他非法方法剥夺他人人身自由的行为。拘禁就是将被害人关押、扣押从而剥夺其行动自由。拘禁并不限于有形的、物理性的强制方法,采取胁迫等无形的方法,利用被害人的恐惧、羞耻等心态,使其不敢逃、不能逃的行为,也构成拘禁行为。本罪的本质是非法将他人限制在一定空间以内,使其不能自行离开该空间,该行为既可以是暴力性的,如捆绑,也可以是非暴力性的,如乘人不备拿走衣物;既可以是作为,也可以是不作为。另外,非法剥夺他人人身自由,需要在时间上具有一定的持续性。

(3)本罪的犯罪主体是一般主体,即年满16周岁、具有刑事责任能力的人。

(4)本罪在主观方面表现为故意,即行为人明知自己的行为会使他人丧失人身自由而希望此种结果发生。

【司法适用】

在司法实践中,其他犯罪中也会出现非法拘禁行为,比如绑架罪,拐卖妇女、儿童罪等。在此种情况下,非法拘禁行为是实现其他犯罪的手段或者方式,非法拘禁与其他犯罪之间存在牵连关系,故原则上应当择一重罪处断,而不实行数罪并罚,但法律另有规定的除外。例如,对于绑架罪中的非法拘禁行为,应当认定为绑架罪。而在收买被拐卖的妇女、儿童罪中,非法剥夺被收买人人身自由的,根据《刑法》第 241 条第 3 款、第 4 款的规定,实行数罪并罚。

本条第 2 款中"致人重伤""致人死亡"的规定,属于结果加重犯的规定。这里的"致人重伤""致人死亡",是指因非法拘禁行为本身而过失性地导致被害人重伤或者死亡。若行为人在非法拘禁过程中,故意使用暴力损害被害人身体健康或者杀害被害人,致使被害人重伤或者死亡,则应当依照故意伤害罪、故意杀人罪的规定来定罪处罚。

【司法案例】

贾某非法拘禁案①

[**裁判要旨**]第一,从法律角度以及社会习俗来看,分居后对未成年子女尤其是幼女的监护权理所当然应归其生母行使。被告人出于要挟其妻的目的,私自带走继女,同时索要离婚纠纷所涉财物的行为已经明显超出其待定监护权的应有的合理限度,侵犯了继女的人身自由权利和儿童的合法权益,具有严重的违法性。第二,本案被告人索要的财产是夫妻双方在离婚纠纷中存有争议、尚未达成一致意见的财产,数额并未超过合理限度,主观上不具备"索财型"绑架罪中的恶意勒索他人财物的目的;被告人在挟持继女期间,并没有以继女的生命安全威胁其妻,也没有以继女的生命相要挟提出其他非法要求,不属于"绑架他人作为人质",其行为不构成绑架罪。第三,被告人带走继女,并非出于自己收养或者奴役、使唤的目的,仅是通过暂时限制继女的人身自由,来迫使其妻在离婚纠纷中妥协,不具备使继女长期脱离家庭的意图,其行为不符合拐骗儿童犯罪的主观要件,不构成拐骗儿童罪。第四,根据相关司法解释,对索债型非法拘禁的行为,无论其债务是否合法,只要有债权债务关系存在,即以非法拘禁罪定罪处罚。被告人为解决离婚财产纠纷,向其妻索要婚姻存续期间对其继女的抚养费、二人结婚时的彩礼等费用,而将继女擅自带至外地并以此胁迫其妻支付上述费用的行为,属于为索要债务而非法扣押他人的情形,构成非法拘禁罪。

---

① 参见《刑事审判参考》总第 98 集第 995 号案例。

第二百三十九条　【绑架罪】以勒索财物为目的绑架他人的，或者绑架他人作为人质的，处十年以上有期徒刑或者无期徒刑，并处罚金或者没收财产；情节较轻的，处五年以上十年以下有期徒刑，并处罚金。

犯前款罪，杀害被绑架人的，或者故意伤害被绑架人，致人重伤、死亡的，处无期徒刑或者死刑，并处没收财产。

以勒索财物为目的偷盗婴幼儿的，依照前两款的规定处罚。

【条文对照】

1997 年 《刑法》	2009 年 《刑法修正案(七)》	2015 年 《刑法修正案(九)》
第二百三十九条　以勒索财物为目的绑架他人的，或者绑架他人作为人质的，处十年以上有期徒刑或者无期徒刑，并处罚金或者没收财产；致使被绑架人死亡或者杀害被绑架人的，处死刑，并处没收财产。 以勒索财物为目的偷盗婴幼儿的，依照前款的规定处罚。	第二百三十九条　以勒索财物为目的绑架他人的，或者绑架他人作为人质的，处十年以上有期徒刑或者无期徒刑，并处罚金或者没收财产；**情节较轻的，处五年以上十年以下有期徒刑，并处罚金。** **犯前款罪，致使被绑架人死亡或者杀害被绑架人的，处死刑，并处没收财产。** 以勒索财物为目的偷盗婴幼儿的，依照前两款的规定处罚。	第二百三十九条　以勒索财物为目的绑架他人的，或者绑架他人作为人质的，处十年以上有期徒刑或者无期徒刑，并处罚金或者没收财产；情节较轻的，处五年以上十年以下有期徒刑，并处罚金。 犯前款罪，杀害被绑架人的，**或者故意伤害被绑架人，致人重伤**、死亡的，处**无期徒刑或者**死刑，并处没收财产。 以勒索财物为目的偷盗婴幼儿的，依照前两款的规定处罚。

【条文理解】

绑架罪，是指以勒索财物为目的绑架他人或者绑架他人作为人质的行为。本罪的具体构成要件是：

(1)本罪侵犯的客体是复杂客体，包括他人的人身权利，以及他人的财产权或者其他权益。与他人合谋，对自己进行所谓的“绑架”，进而让自己的父母或者其他亲属交付“赎金”的行为，并不能构成本罪。

(2)本罪的客观方面表现为绑架他人。这里的“绑架”，是指以暴力、威胁、麻醉或者其他方法非法剥夺他人的人身自由，使他人处于自己的支配之下。绑架行为的本质是将被害人置于行为人的非法控制之下，至于行为人采取何种手段、将被害人挟持到何地，则并不影响本罪的成立。另外，为了对没有认识能力及反抗能力的婴幼儿予以特别保护，本条也特别规定，以勒索财物为目的偷盗婴幼儿的，也构成本罪。绑架罪中的“勒索财物”，是指向被绑架人以外的其他为被绑架人人身安危担忧的人索要赎金。若直接向被控制人勒索财物，则不属于绑架罪中的勒索财物行为。

(3)本罪的犯罪主体是一般主体，即年满 16 周岁、具有刑事责任能力的人。

(4)本罪在主观方面表现为直接故意，且行为人具有向被害人的亲友或者其他人勒索财物或者其他不法利益的目的。

【司法适用】

在司法实践中，绑架罪和非法拘禁罪在客观上都会非法剥夺他人人身自由，而且在非法拘禁中可能都伴随着实现索要财物或者其他目的的行为。但是，非法拘禁罪中的索要财物通常以存在债务关系为前提，这里的“债务”，既包括法律保护的债务关系，也包括法律不予以保护的债务。而绑架罪中的索要财物则并不以存在债务关系为基础，而是凭空地向被绑架人以外第三人索要财物。绑架罪与抢劫罪在客观上都可能有限制被害人人身自由的行为，二者的主要区别在于绑架罪主要是向被绑架人以外的第三人索要财物，而抢劫罪则主要是向被劫人本人劫取财物，或者是基于被劫人本人的财产处分行为而取得财物。

在司法实践中，对于在绑架中杀害被绑架人、故意伤害被绑架人的行为，不应按绑架罪和故意杀人罪、故意伤害罪来数罪并罚，而是应当依据本条第 2 款中“杀害被绑架人的，或者故意伤害被绑架人，致人重伤、死亡的”规定，将其作为加重情节来定罪量刑。

【司法案例】

孙某洪、濮某鸣等绑架、抢劫、故意杀人案①

[**裁判要旨**]第一，在绑架案件中，不能仅依据行为人对被害人实施了人身控制行为就认定其“以勒索财物为目的”，还应要求行为人向被害人之外的第三人提出了勒索财物的意思表示或者具有证明行为人该目的存在的其他证据。第二，《刑法》分则罪状的立法模式以单独犯的完成形态为基准，任何罪质轻重的评价都是建立在对犯罪完成形态的考察基础上，犯罪的未完成形态对罪质的轻重不能产生实质影响。犯罪未遂等未完成形态是《刑法》总则规定的法定量刑情节，不能成为影响罪质轻重的因素，如果将其作为“情节较轻”的判断基础，再作为量刑情节适用，显然违反了禁止重复评价的原则。《刑法》总则规定的犯罪未遂等情节，不应适用绑架罪“情节较轻”条款。

---

① 参见《刑事审判参考》总第 96 集第 945 号案例。

第二百四十条　【拐卖妇女、儿童罪】拐卖妇女、儿童的,处五年以上十年以下有期徒刑,并处罚金;有下列情形之一的,处十年以上有期徒刑或者无期徒刑,并处罚金或者没收财产;情节特别严重的,处死刑,并处没收财产:

(一)拐卖妇女、儿童集团的首要分子;

(二)拐卖妇女、儿童三人以上的;

(三)奸淫被拐卖的妇女的;

(四)诱骗、强迫被拐卖的妇女卖淫或者将被拐卖的妇女卖给他人迫使其卖淫的;

(五)以出卖为目的,使用暴力、胁迫或者麻醉方法绑架妇女、儿童的;

(六)以出卖为目的,偷盗婴幼儿的;

(七)造成被拐卖的妇女、儿童或者其亲属重伤、死亡或者其他严重后果的;

(八)将妇女、儿童卖往境外的。

拐卖妇女、儿童是指以出卖为目的,有拐骗、绑架、收买、贩卖、接送、中转妇女、儿童的行为之一的。

【条文理解】

拐卖妇女、儿童罪,是指以出卖为目的,拐骗、绑架、收买、贩卖、接送、中转妇女、儿童的行为。本罪的具体构成要件是:

(1)本罪侵犯的客体是妇女、儿童的人身自由和人格尊严权,犯罪对象是妇女、儿童。

(2)本罪的客观方面表现为拐骗、绑架、收买、贩卖、接送、中转妇女、儿童,或者偷盗婴儿的行为。

(3)本罪的犯罪主体是一般主体,即年满16周岁、具有刑事责任能力的人。

(4)本罪在主观方面表现为直接故意,即行为人明知是妇女、儿童而故意拐卖,具有出卖妇女、儿童的目的。至于行为人出卖妇女、儿童后是否获利,并不影响本罪的成立。

【司法适用】

在司法实践中,拐卖妇女和居间介绍婚姻具有相似性,它们都存在收取一定财物的行为,但是二者在行为性质及构成上存在本质区别。居间介绍婚姻中收取的费用,是促成婚姻关系所获得的劳务费用和酬金;而拐卖妇女中所收取的费用,是将妇女作为商品出售而获得的价款。在居间介绍婚姻中,居间人通常会尊重妇女的婚姻意愿和行为自由；而在拐卖妇女中，拐卖人通常并不会考虑妇女的意愿和自由，其拐卖行为会侵犯妇女的人身自由和人格尊严权。因此，借为男女介绍婚姻的机会，向男女双方或者其中一方索取财物的行为，并不能成立拐卖妇女罪。在实践中，也存在“挂介绍对象之名，行拐卖妇女之实”的情况。此时，需要分析该行为在本质上是否将妇女作为商品进行出售，行为人是否考虑了妇女自身婚姻意愿及自由。

在拐卖儿童罪的认定上，拐卖人与被拐卖人之间存在父子、母子关系等特定亲属关系的，并不影响该罪的成立。拐卖儿童罪在本质上是将儿童作为商品出售，这既包括拐卖他人孩子，也包括出售自己的亲生子女或者所收养子女。在民间私下送养行为中，送养人也可能会收取部分费用。但是，收取费用的送养行为与拐卖儿童之间存在本质区别。在送养行为中，送养人通常着眼于被送养儿童的利益和幸福，其通常会考察收养人是否有能力抚养儿童、是否有利于儿童的成长和幸福，其所收取的费用仅仅是少量“营养费”“感谢费”等费用。而拐卖儿童罪在本质上是将儿童作为商品出售，出卖人主要关注的通常不是儿童的利益和幸福，而是能否在出售儿童中获得利益及能获得多大利益，其收取的所有费用都是将儿童作为商品出售后获得的价款。在实践中，也存在“借送养子女之名，行拐卖儿童之实”的现象。此种情况下出售自己亲生子女或者所收养子女的，也应当认定为拐卖儿童罪。

【司法案例】

王某光、刘某贵拐卖儿童案①

［**裁判要旨**］第一，对私自送养子女行为的定性，应重点考察两方面的因素：(1)出卖人是否具有非法获利的目的；(2)收养人的实际能力及出卖人对此的认知情况。如果具备第一个因素，就可能构成拐卖儿童罪，基本排除遗弃罪的适用。如不具备第一个因素，就应对第二个因素进行分析，明知对方不具有收养能力而草率送养的，或者送养后得知对方无收养能力而放任损害结果发生的，均可能构成遗弃罪。第二，对于仅提供被拐卖妇女、儿童信息或者相关证明文件，或者进行居间介绍，起辅助或者次要作用，没有获利或者获利较少的，一般可认定为从犯。第三，拐卖儿童罪的既遂标准应根据不同情况具体分析，通常只要被害人转移至行为人或者第三人的实力支配范围内就成立既遂，但出卖捡拾儿童、出卖亲生子女、收买被拐卖儿童后才产生出卖犯意进而出卖儿童的，应当以出卖了被害人为既遂。

---

① 参见《刑事审判参考》总第 90 集第 835 号案例。

第二百四十一条　【收买被拐卖的妇女、儿童罪】收买被拐卖的妇女、儿童的，处三年以下有期徒刑、拘役或者管制。

【强奸罪】收买被拐卖的妇女，强行与其发生性关系的，依照本法第二百三十六条的规定定罪处罚。

收买被拐卖的妇女、儿童，非法剥夺、限制其人身自由或者有伤害、侮辱等犯罪行为的，依照本法的有关规定定罪处罚。

收买被拐卖的妇女、儿童，并有第二款、第三款规定的犯罪行为的，依照数罪并罚的规定处罚。

【拐卖妇女、儿童罪】收买被拐卖的妇女、儿童又出卖的，依照本法第二百四十条的规定定罪处罚。

收买被拐卖的妇女、儿童，对被买儿童没有虐待行为，不阻碍对其进行解救的，可以从轻处罚；按照被买妇女的意愿，不阻碍其返回原居住地的，可以从轻或者减轻处罚。

【条文对照】

1997 年《刑法》	2015 年《刑法修正案(九)》
第二百四十一条　收买被拐卖的妇女、儿童的，处三年以下有期徒刑、拘役或者管制。 收买被拐卖的妇女，强行与其发生性关系的，依照本法第二百三十六条的规定定罪处罚。 收买被拐卖的妇女、儿童，非法剥夺、限制其人身自由或者有伤害、侮辱等犯罪行为的，依照本法的有关规定定罪处罚。 收买被拐卖的妇女、儿童，并有第二款、第三款规定的犯罪行为的，依照数罪并罚的规定处罚。 收买被拐卖的妇女、儿童又出卖的，依照本法第二百四十条的规定定罪处罚。 收买被拐卖的妇女、儿童，按照被买妇女的意愿，不阻碍其返回原居住地的，对被买儿童没有虐待行为，不阻碍对其进行解救的，可以不追究刑事责任。	第二百四十一条　收买被拐卖的妇女、儿童的，处三年以下有期徒刑、拘役或者管制。 收买被拐卖的妇女，强行与其发生性关系的，依照本法第二百三十六条的规定定罪处罚。 收买被拐卖的妇女、儿童，非法剥夺、限制其人身自由或者有伤害、侮辱等犯罪行为的，依照本法的有关规定定罪处罚。 收买被拐卖的妇女、儿童，并有第二款、第三款规定的犯罪行为的，依照数罪并罚的规定处罚。 收买被拐卖的妇女、儿童又出卖的，依照本法第二百四十条的规定定罪处罚。 收买被拐卖的妇女、儿童，对被买儿童没有虐待行为，不阻碍对其进行解救的，**可以从轻处罚**；按照被买妇女的意愿，不阻碍其返回原居住地的，**可以从轻或者减轻处罚**。

【条文理解】

《刑法修正案(九)》对本条第 6 款的规定予以修改，删除了原文中“可以不追究刑事责任”的规定,并相应加重了收买行为的刑事责任。收买被拐卖的妇女、儿童罪,是指不以出卖为目的,收买被拐卖的妇女、儿童的行为。本罪的具体构成要件是:

(1)本罪侵犯的客体是被收买的妇女、儿童的人身权利。本罪的对象具有特定性,即被收买的妇女、儿童。

(2)本罪的客观方面表现为收买被拐卖的妇女、儿童的行为。收买,是指行为人以金钱或者其他财物为交换对价,从拐卖者处将被拐卖的妇女、儿童占为己有的行为。

(3)本罪的主体是一般主体,即年满16周岁、具有刑事责任能力的人。

(4)本罪的主观方面是故意,即明知要收买的是被他人拐卖的妇女、儿童而仍然予以收买。

【司法适用】

拐卖妇女罪在客观上包括拐骗、绑架、收买、贩卖、接送、中转妇女的行为,这需要区分拐卖妇女罪中的收买行为与收买被拐卖的妇女罪。拐卖妇女罪在本质上是将妇女作为商品予以出售,其中虽然也可能存在收买被拐卖妇女的行为,但此种收买行为仅仅是一种阶段性行为,其最终目的是要将被收买的妇女出售来获利。因此,若查明行为人是以出售为目的而收买被拐卖的妇女,则应当认定为拐卖妇女罪。而在收买被拐卖的妇女罪中,行为人只实施了收买行为,而不具有出售目的。在实践中,有些行为人在收买被拐卖妇女时,并不具有出卖目的,过了一段时间之后才产生出卖意图,此种情况仍然应当按照本条第5款之规定认定为拐卖妇女罪。

在收买被拐卖的妇女之后,强行与其发生性关系的;收买被拐卖的妇女、儿童,非法剥夺、限制其人身自由或者有伤害、侮辱等犯罪行为的,应当分别依据本条第2~4款之规定,按照收买被拐卖的妇女、儿童罪与非法拘禁罪、强奸罪、故意伤害罪、侮辱罪等实行数罪并罚。

【司法案例】

李某祥拐卖妇女案[①]

[**裁判要旨**]收买被拐卖的妇女又出卖的,应以拐卖妇女罪一罪论处,行为人先行收买被拐卖妇女的行为,应当为其之后出卖自己收买的被拐卖妇女的行为所吸收。基于权利人自愿的损害行为而成立的排除社会危害性的行为,必须具备以

---

① 参见《刑事审判参考》总第30辑第229号案例。

下要件：一是被害人必须对行为人损害的权益具有处分权；二是被害人的自愿同意必须是其真实意图的反映；三是经被害人同意的损害行为必须合乎法律规定和社会公序良俗。我国立法和司法实践对公民个人的人身自由权、生命健康权的自我处分权基本持否定态度。被害妇女自愿同意被告人将其转卖的，尽管在某种程度上可将被转卖视为被害人真实意图的反映，但是被害人的自主选择权受到主客观的限制，且被告人对被害人的再卖行为有违社会公序良俗，具有社会危害性，同样为法律所禁止，对被告人应以拐卖妇女罪定罪，但在具体量刑上应当考虑到被害人自愿等因素，对被告人从宽处罚。

第二百四十二条　【妨害公务罪】以暴力、威胁方法阻碍国家机关工作人员解救被收买的妇女、儿童的，依照本法第二百七十七条的规定定罪处罚。

【聚众阻碍解救被收买的妇女、儿童罪】聚众阻碍国家机关工作人员解救被收买的妇女、儿童的首要分子，处五年以下有期徒刑或者拘役；其他参与者使用暴力、威胁方法的，依照前款的规定处罚。

【条文理解】

本条第1款是对以暴力、威胁方法阻碍国家机关工作人员解救被收买的妇女、儿童犯罪及其刑罚的规定，此时应当以妨害公务罪定罪处罚。该款规定的犯罪须具有以下两个条件：第一，行为人实施了以暴力、威胁方法阻碍解救被收买妇女、儿童的行为。这里的“暴力”，主要是指对实施解救行为的国家机关工作人员的人身进行打击或者强制，比如殴打、捆绑等。这里的“威胁”，主要是指以杀害、伤害、毁坏财产、破坏名誉等手段进行要挟，迫使国家机关工作人员放弃解救。第二，阻碍的对象是依法执行解救职责的国家机关工作人员。

本条第2款是对聚众阻碍解救被收买的妇女、儿童罪及其刑罚的规定。聚众阻碍解救被收买的妇女、儿童罪，是指聚集多人阻碍国家机关工作人员解救被收买的妇女、儿童的行为。本罪侵犯的客体是复杂客体，既包括国家机关工作人员依法解救被收买的妇女、儿童的职务行为，也包括妇女、儿童的人身自由权利。本罪的客观方面表现为聚众阻碍国家机关工作人员解救被收买的妇女、儿童的行为。聚众，是指组织、纠结3人以上。阻碍，则是阻止和妨碍，其方式既可以是殴打、捆绑等暴力方法，也可以是无理纠缠、谩骂等非暴力方法。本罪的犯罪主体是一般主体，即年满16周岁、具有刑事责任能力的人。本罪的主观方面是故意，即明知阻碍对象是正在实施解救行为的国家机关工作人员，而故意聚众、实施阻碍行为。

【司法适用】

在司法实践中,需要注意聚众阻碍解救被拐卖的妇女、儿童罪与妨碍公务罪的区别。一般来说,妨碍公务罪的适用范围较广,其并不限于对解救被收买妇女、儿童职责类公务行为的妨碍。从行为方式来看,行为人采取聚众方式阻碍国家机关工作人员解救被收买的妇女、儿童,才构成聚众阻碍解救被拐卖的妇女、儿童罪。若仅有一人或者二人采取暴力、威胁等方法,阻碍国家机关工作人员解救被收买的妇女、儿童,则因缺乏聚众行为,而不能成立聚众阻碍解救被拐卖的妇女、儿童罪,此时可以构成妨碍公务罪。需要注意的是,聚众阻碍解救被拐卖的妇女、儿童罪,仅处罚该犯罪行为的首要分子。对于其他非首要分子的行为人,若采取了暴力、威胁方法来阻碍解救,则可以构成妨害公务罪,而并不能成立聚众阻碍解救被拐卖的妇女、儿童罪。

第二百四十三条　【诬告陷害罪】捏造事实诬告陷害他人,意图使他人受刑事追究,情节严重的,处三年以下有期徒刑、拘役或者管制;造成严重后果的,处三年以上十年以下有期徒刑。

国家机关工作人员犯前款罪的,从重处罚。

不是有意诬陷,而是错告,或者检举失实的,不适用前两款的规定。

【条文理解】

诬告陷害罪,是指捏造犯罪事实,向国家机关或者有关单位虚假告发,意图使他人受到刑事追究,情节严重的行为。本罪的具体构成要件是:

(1)本罪侵犯的客体是复杂客体,既包括他人的人身权利、民主权利,也包括司法机关的正常活动。

(2)本罪的客观方面表现为捏造他人犯罪事实,向有关机关、单位告发的行为。它既要求有捏造他人犯罪事实的行为,也要求有就捏造的事实向司法机关或者有关单位告发的行为,还要求告发有明确、特定的对象。对于诬告对象,无须行为人指名道姓,只要根据诬告内容和形象描述,足以认定被诬告陷害人的身份即可。

(3)本罪的犯罪主体是一般主体,即年满 16 周岁、具有刑事责任能力的人。

(4)本罪的主观方面是直接故意,其行为人具有使他人受到刑事追究的目的。

【司法适用】

从司法实践来看,诬告陷害和错告都存在告发内容不符合事实的情况,都存在向国家机关或者有关单位检举、揭发他人的行为,但二者之间存在本质区别。诬告陷害是行为人故意捏造犯罪事实并加以告发的行为,在主观上行为人通常具有诬陷他人、使他人受到刑事追诉的目的。但是,错告或者检举不实,则通常是行为人由于对客观事实的了解、知悉不全面,或者对相关事实的认识存在偏差,错误地认为存在犯罪事实并举报或者告发他人。

第二百四十四条　【强迫劳动罪】以暴力、威胁或者限制人身自由的方法强迫他人劳动的,处三年以下有期徒刑或者拘役,并处罚金;情节严重的,处三年以上十年以下有期徒刑,并处罚金。

明知他人实施前款行为,为其招募、运送人员或者有其他协助强迫他人劳动行为的,依照前款的规定处罚。

单位犯前两款罪的,对单位判处罚金,并对其直接负责的主管人员和其他直接责任人员,依照第一款的规定处罚。

【条文对照】

1997年《刑法》	2011年《刑法修正案(八)》
第二百四十四条　**用人单位违反劳动管理法规**,以限制人身自由方法强迫**职工**劳动,情节严重的,**对直接责任人员**,处三年以下有期徒刑或者拘役,并处或者单处罚金。	第二百四十四条　以**暴力、威胁或者**限制人身自由**的**方法强迫**他人**劳动的,处三年以下有期徒刑或者拘役,并处罚金;情节严重的,**处三年以上十年以下有期徒刑,并处罚金。** **明知他人实施前款行为,为其招募、运送人员或者有其他协助强迫他人劳动行为的,依照前款的规定处罚。** **单位犯前两款罪的,对单位判处罚金,并对其直接负责的主管人员和其他直接责任人员,依照第一款的规定处罚。**

【条文理解】

2011年《刑法修正案(八)》将本条由"强迫职工劳动罪"改为"强迫劳动罪"。这主要是因为原先的强迫职工劳动罪规范的主要是用人单位的行为,侧重于保护劳动关系中劳动者的权益,但诸如"黑砖窑""黑煤窑"之类未办理合法手续的企业,其中非法雇主与劳动者之间的关系并非劳动法律规定的劳动关系,非法雇主以暴力、威胁等手段强迫他人劳动,主要是侵犯了公民的人身自由和人格尊严,而并非违反劳动法规。

强迫劳动罪,是指以暴力、威胁或者限制人身自由的方法强迫他人劳动的行为,或者明知他人实施上述行为,而为其招募、运送人员或者实施其他协助强迫他人劳动的行为。强迫劳动的本质是违背被害人意愿迫使其从事劳动,这既包括迫使不愿从事某种劳动的被害人从事该种劳动,也包括迫使被害人从事超强度、超时间、超体力的劳动。本罪的具体构成要件是:

(1)本罪侵犯的客体是公民的劳动权和人身自由权。

(2)本罪的客观方面表现为直接强迫劳动或者协助强迫劳动。直接强迫劳动是以暴力、威胁或者限制人身自由的方法强迫他人劳动。这里的"暴力",主要是指对被害人实施殴打、伤害等危及人身安全的行为,使其不能反抗、逃跑。这里的"威胁",主要是指以殴打、伤害等为由对被害人进行恐吓或者精神强制,使其不敢反抗、逃跑。这里的"限制人身自由的方法",主要是指以限制离厂、不让回家等方法非法限制被害人的人身自由,强迫其进行劳动。这里的"他人",既包括与用人单位签订劳动合同的职工,也包括非法招募的人员。协助强迫劳动,则是指明知他人有前述行为,而为其招募、运送人员或者实施其他协助强迫他人劳动的行为。

(3)本罪的犯罪主体为一般主体,既可以是自然人,也可以是单位。

(4)本罪的主观方面表现为故意。

【司法适用】

在司法实践中,强迫劳动中通常会使用暴力、限制人身自由等非法手段来迫使他人劳动,这就会产生强迫劳动罪与故意伤害罪、非法拘禁罪如何认定的问题。暴力型强迫劳动罪中的暴力,仅限于尚未达到致使被害人伤残、死亡的程度;强迫劳动中使用暴力致使被害人伤残或者死亡的,应当以强迫劳动罪和故意伤害罪或者故意杀人罪予以数罪并罚。限制自由型强迫劳动罪中"限制人身自由的方法",主要是指将他人的人身自由控制在一定范围、一定限度内的方法。但是,若超出此种限度而以剥夺人身自由的方法来迫使他人劳动,则应当以强迫劳动罪和非法拘禁罪予以数罪并罚。

【司法案例】

朱某等强迫劳动案①

[**裁判要旨**]第一,对《刑法》分则中强迫劳动罪的认定,不能脱离罪量的考察。区分强迫劳动犯罪行为与一般行政违法行为的关键在于,行为人实施的强迫行为是否足以使他人陷入无法或者难以抗拒和自由选择,而不得不进行劳动的境

① 参见《刑事审判参考》总第92集第867号案例。

地。这具体可以从“强迫手段与社会一般观念相背离的程度”和“劳动者非自愿性的程度”两个角度来判断。对具有以下情形之一的强迫劳动行为,一般应当予以刑罚处罚:(1)强迫3人以上劳动的,或者虽未达到3人,但强迫劳动持续时间长的;(2)强迫未成年人、严重残疾人、精神智力障碍达到限制民事行为能力程度的人或者其他处于特别脆弱状况的人劳动的;(3)采取殴打、多次体罚虐待、严重威胁、非法限制人身自由等正常人通常无法抗拒、难以抗拒的方式强迫劳动的;(4)从强迫他人劳动中获利数额较大的,数额较大的标准可参考盗窃罪数额较大的标准确定。对于那些偶尔强迫他人劳动、持续时间短、被强迫的人数较少、强迫程度较轻、被强迫者虽然不情愿但尚有选择自由的行为,可以不予刑事追究,而通过民事或者行政手段予以处理。对于用工单位在正常日常管理工作中,因管理方式简单粗暴,偶尔以克扣津贴、奖金,扣发、延发工资甚至开除等方式威胁职工加班,从事长时间、高强度劳动的,是否认定构成强迫劳动罪应当严格把握。第二,根据强迫劳动罪的罪状及实践中此类案件的审理情况,可以结合以下一项或者几项情形,对强迫劳动罪的“情节严重”进行认定:(1)被强迫劳动者人数在10人以上的;(2)被强迫劳动者属于未成年人、严重残疾人、精神智力障碍达到限制民事行为能力程度的人或者其他处于特别脆弱状况的人,且人数在3人以上的;(3)以非人道的恶劣手段对他人进行摧残、精神折磨,强迫其劳动的;(4)强迫他人在爆炸性、易燃性、放射性、毒害性等危险环境下从事劳动或从事常人难以忍受的超强度体力劳动的;(5)因强迫劳动造成被害人自残、自杀、精神失常等严重后果,但尚不构成故意杀人罪、故意伤害罪等其他严重犯罪的;(6)强迫劳动持续时间较长的;(7)因强迫劳动被劳动行政部门、公安机关处理、处罚过,又实施强迫劳动构成犯罪的;(8)强迫他人无偿劳动,或所支付的报酬与他人劳动付出明显不成比例,行为人从中获利数额巨大的,数额巨大的标准可参考盗窃罪数额巨大的标准确定;(9)其他能够反映行为人主观恶性深、动机卑劣以及强迫程度高、对被害人身心伤害大的情节。

第二百四十四条之一 【*雇用童工从事危重劳动罪*】**违反劳动管理法规,雇用未满十六周岁的未成年人从事超强度体力劳动的,或者从事高空、井下作业的,或者在爆炸性、易燃性、放射性、毒害性等危险环境下从事劳动,情节严重的,对直接责任人员,处三年以下有期徒刑或者拘役,并处罚金;情节特别严重的,处三年以上七年以下有期徒刑,并处罚金。**

有前款行为,造成事故,又构成其他犯罪的,依照数罪并罚的规定处罚。

【条文对照】

1997 年《刑法》	2002 年《刑法修正案(四)》
无	**第二百四十四条之一　违反劳动管理法规,雇用未满十六周岁的未成年人从事超强度体力劳动的,或者从事高空、井下作业的,或者在爆炸性、易燃性、放射性、毒害性等危险环境下从事劳动,情节严重的,对直接责任人员,处三年以下有期徒刑或者拘役,并处罚金;情节特别严重的,处三年以上七年以下有期徒刑,并处罚金。** **有前款行为,造成事故,又构成其他犯罪的,依照数罪并罚的规定处罚。**

【条文理解】

本条是 2002 年《刑法修正案(四)》增设的罪名。雇用童工从事危重劳动罪,是指用人单位违反劳动管理法规,雇用未满 16 周岁的未成年人从事超强度体力劳动,或者从事高空、井下作业,或者在爆炸性、易燃性、放射性、毒害性等危险环境下从事劳动,情节严重的行为。其中,超强度体力劳动是指超过劳动者正常体能所能合理承受的强度的劳动。雇用童工属于违法行为,但并非所有的雇用童工行为都属于犯罪行为,本罪仅适用于非法雇用童工从事《刑法》明确规定的对未成年人身心健康危害较大的特定劳动的行为。虽然雇用童工从事体力劳动本身属于违法行为,但其违法程度与童工所具体从事劳动的强度大小、从事岗位对技能的要求和工作环境是密切相关的。在此基础上,情节严重的,构成雇用童工从事危重劳动罪。

【司法适用】

在司法实践中,在雇用童工从事危重劳动的过程中采取了暴力、威胁或者限制人身自由等非法方法,构成其他犯罪的,应当实行数罪并罚。在雇用童工从事危重劳动的过程中造成事故,又构成其他犯罪如重大安全事故罪的,应当按照本条第 2 款之规定予以数罪并罚。这里的“造成事故”,仅限于过失造成被雇用童工伤亡的后果,而并不包括使用暴力强迫童工劳动。

第二百四十五条　【非法搜查罪;非法侵入住宅罪】非法搜查他人身体、住宅,或者非法侵入他人住宅的,处三年以下有期徒刑或者拘役。

司法工作人员滥用职权,犯前款罪的,从重处罚。

【条文理解】

1. 非法搜查罪

非法搜查罪,是指非法对他人人身、住宅进行搜查的行为。本罪侵犯的客体是公民的人身权和住宅权。本罪的客观方面表现为对他人的身体或者住宅进行非法搜查的行为。这里的"非法搜查"主要包括两种情形:第一,无搜查权的人非法对他人的人身、住宅进行搜查;第二,有搜查权的国家机关工作人员,比如公安机关、检察院的工作人员,滥用职权非法对他人的人身、住宅进行搜查。本罪的犯罪主体是一般主体,其既可以是有搜查权的国家工作人员,也可以是没有搜查权的一般人员。本罪的主观方面表现为直接故意,非法搜查的动机可能多种多样,比如实现债务等,动机本身并不影响本罪的认定。

2. 非法侵入住宅罪

非法侵入住宅罪,是指未经住宅主人同意,非法强行侵入他人住宅,或者经住宅主人要求退出而拒不退出,妨害他人正常生活和居住安全的行为。本罪侵犯的客体是他人的居住安全权。本罪的客观方面表现为行为人实施了非法侵入他人住宅的行为。这里的"非法",主要是指不经住宅权人同意且没有法律根据,或者不按照法定程序强行侵入。这里的"侵入",主要是指不经住宅权人同意而强行进入,或者经住宅权人要求退出而拒不退出。本罪的犯罪主体是一般主体。本罪的主观方面表现为直接故意。

【司法适用】

在司法实践中,住宅型非法搜查通常包含了非法侵入住宅,比如,在非法搜查时,未经住宅主人同意而强行闯入住宅,或者经住宅主人要求退出而拒不退出。此时,非法侵入住宅仅是非法搜查的手段行为,对其不宜单独评价,而应当仅以非法搜查罪来定罪处罚。在非法搜查过程中,行为人为了保障搜查过程的顺利进行,可能采取故意伤害、非法拘禁等其他行为,这些行为并不在非法搜查罪的评价范围之内,此时若构成故意伤害罪、非法拘禁罪等其他犯罪,则应当以非法搜查罪和其他犯罪予以数罪并罚。在司法实践中,为了实施其他犯罪而非法侵入他人住宅,比如非法进入他人住宅后实施盗窃、强奸等犯罪行为,此时非法侵入他人住宅仅是手段行为,仅需要以行为人意图实施的犯罪来定罪处罚,而不实行数罪并罚。

【司法案例】

毛某、徐某非法侵入住宅案①

[**裁判要旨**]对于入户盗窃未达到定罪数额标准以非法侵入住宅罪论处的要予以适当的限制,只有其非法入户行为对于居住者的正常居住与生活安宁造成严重影响的才可以非法侵入住宅罪论处。具有下列情形之一的,可以非法侵入住宅

① 参见《刑事审判参考》总第66集第526号案例。

罪追究刑事责任:(1)携带凶器入户或者入户后准备凶器的;(2)对户内财物进行破坏并造成较为严重后果的;(3)对户内人员造成严重精神损害的;(4)数额接近较大标准或两次入户盗窃的;(5)其他严重影响他人正常生活和居住安宁的。

第二百四十六条 【侮辱罪;诽谤罪】以暴力或者其他方法公然侮辱他人或者捏造事实诽谤他人,情节严重的,处三年以下有期徒刑、拘役、管制或者剥夺政治权利。

前款罪,告诉的才处理,但是严重危害社会秩序和国家利益的除外。

通过信息网络实施第一款规定的行为,被害人向人民法院告诉,但提供证据确有困难的,人民法院可以要求公安机关提供协助。

【条文对照】

1997 年《刑法》	2015 年《刑法修正案(九)》
第二百四十六条 以暴力或者其他方法公然侮辱他人或者捏造事实诽谤他人,情节严重的,处三年以下有期徒刑、拘役、管制或者剥夺政治权利。 前款罪,告诉的才处理,但是严重危害社会秩序和国家利益的除外。	第二百四十六条 以暴力或者其他方法公然侮辱他人或者捏造事实诽谤他人,情节严重的,处三年以下有期徒刑、拘役、管制或者剥夺政治权利。 前款罪,告诉的才处理,但是严重危害社会秩序和国家利益的除外。 **通过信息网络实施第一款规定的行为,被害人向人民法院告诉,但提供证据确有困难的,人民法院可以要求公安机关提供协助。**

【条文理解】

1. 侮辱罪

侮辱罪,是指以暴力或者其他方法,公然贬低他人人格,破坏他人名誉,情节严重的行为。本罪侵犯的客体是他人的人格尊严权和名誉权。犯罪对象是特定的自然人,不包括国家机关、人民团体、企事业单位等组织。本罪的客观方面表现为以暴力或者其他方法公然贬低他人人格、破坏他人名誉的行为。侮辱行为必须是行为人公然实施的。“公然”,是指在第三者能看到或者听到的场合,或者使用能够使第三人听到或者看到的方式进行侮辱。被害人是否在场,并不影响本罪的成立。本罪的犯罪主体是一般主体。本罪的主观方面表现为直接故意,即行为人明知自己的侮辱行为会造成贬低他人人格、破坏名誉的危害结果,并且希望这种结果发生。

2. 诽谤罪

诽谤罪,是指捏造并散布某种虚构事实,足以败坏他人名誉,情节严重的行为。本罪侵犯的客体是他人的人格尊严权和名誉权。犯罪对象是特定的自然人。本罪的客观方面表现为捏造事实诽谤他人,情节严重的行为。首先,须有捏造事实的行为,捏造即无中生有、凭空杜撰。若不是编造虚假事实,而是将有损他人人格、名誉的真实情况公之于众,则并不成立诽谤罪。其次,须有散布虚假事实的行为,即让相当范围的人了解和知道,并产生了一定的社会影响。散布的方式,既可以是口头扩散,也可以是书面扩散,还可以通过出版物或者网络来扩散,只要能够让不特定人员知悉。最后,诽谤必须针对特定的人进行,特定的人既可以是一人,也可以是数人。构成本罪须达到"情节严重"的程度。这里的"情节严重",主要是指诽谤手段恶劣、造成严重后果或者恶劣影响等。本罪的犯罪主体是一般主体。本罪的主观方面表现为直接故意,即行为人明知自己散布的是足以损害他人名誉的虚假事实,明知自己的行为会发生损害他人名誉的危害结果,并希望这种结果发生。

【司法适用】

在司法实践中,认定暴力型侮辱行为时,此处的"暴力"仅限于使他人人格尊严及名誉受到损害的强制性手段,如强行扒光他人衣服、强行给他人灌粪,而不包括暴力的杀伤行为。若行为人在侮辱的过程中,故意伤害或者杀害被害人,则应当以故意伤害罪或者故意杀人罪来定罪处罚。本罪与强制猥亵、侮辱罪的区别在于,本罪主要是通过侮辱行为来贬低他人人格、破坏他人名誉,其并不具有通过侮辱行为来寻求精神刺激或者满足性欲的目的;而侮辱罪中,行为人主要是通过侮辱行为来寻求精神刺激或者满足性欲。

在司法实践中,侮辱罪与诽谤罪都具有贬低他人人格或破坏他人名誉的目的,但二者实现上述目的的具体行为并不相同。侮辱罪也可能通过散播某种事实来实现,但其并不存在捏造事实的行为,这就决定了侮辱罪中散播的通常是真实事实,比如公然散布他人婚外性行为的事实。而诽谤罪中散播的事实,通常是行为人自己捏造的虚假事实,而不是真实事实。对事实的散播行为,既可以在现实社会中完成,也可以在网络空间中散播。诽谤罪与诬告陷害罪中虽然都有捏造事实的行为,但是,诽谤主要是要通过散布捏造事实来损害他人名誉,其并不具有向公安、司法等机关告发的行为,而诬告陷害则存在就捏造的内容向公安、司法等机关告发的行为,从而意图让被害人受到刑事追诉。最高人民法院、最高人民检察院、公安部《关于依法惩治网络暴力违法犯罪的指导意见》(法发〔2023〕14 号),对网络诽谤侮辱犯罪的认定条件、公诉条件和范围、公安机关协助取证义务等内容予以规定。

【司法案例】

秦某晖诽谤、寻衅滋事案①

［**裁判要旨**］第一，利用信息网络实施的诽谤罪的对象是特定的自然人，而寻衅滋事罪一般针对的是单位、不特定的多人或者公共事件。如果将利用信息网络诽谤特定自然人的事实，也以破坏网络秩序等为由纳入寻衅滋事罪，则易使寻衅滋事罪演变为“口袋罪”，与罪刑法定基本原则相悖。行为人利用信息网络实施不同性质的犯罪事实，分别构成诽谤罪和寻衅滋事罪的，应实行并罚。第二，利用信息网络实施的诽谤罪符合《刑法》与《网络诽谤案件解释》规定的公诉案件情形的，应当依法适用公诉程序。被害人对网络诽谤事实往往难以取证，提起自诉较为困难。认为只有在实施多次诽谤且每一起诽谤事实都构成诽谤罪的情况下才能提起公诉的观点，与《网络诽谤案件解释》原意不符，也使网络诽谤公诉程序失去了意义。第三，诽谤罪可能涉及个人隐私，即使是诽谤公诉案件，也要充分研判是否可以公开审理，必要时应征求被害人意见。第四，明知包括“知道”和“应当知道”。“应当知道”即根据证据推定行为人知道。认定“应当知道”必须依据各方面的证据材料，综合行为人的身份、职业、生活经历、一贯表现等因素，进行综合分析判断。认定“明知”应当特别慎重，严格把握，不能过高要求普通网民对所转发信息真实性的审查义务。

第二百四十七条 【刑讯逼供罪；暴力取证罪】**司法工作人员对犯罪嫌疑人、被告人实行刑讯逼供或者使用暴力逼取证人证言的，处三年以下有期徒刑或者拘役。致人伤残、死亡的，依照本法第二百三十四条、第二百三十二条的规定定罪从重处罚。**

【条文理解】

1. 刑讯逼供罪

刑讯逼供罪，是指司法工作人员对犯罪嫌疑人、被告人使用肉刑或者变相肉刑逼取口供的行为。本罪的具体构成要件是：

（1）本罪侵犯的客体是公民人身权和国家司法机关的正常活动。犯罪对象是犯罪嫌疑人和被告人。

---

① 参见《刑事审判参考》总第97集第964号案例。

(2)本罪的客观方面表现为对犯罪嫌疑人、被告人使用肉刑或者变相肉刑,逼取口供的行为。肉刑主要是指对被害人采取暴力打击方式给其造成肉体痛苦。变相肉刑主要是指采取暴力打击以外的其他方法给被害人造成难以忍受的肉体痛苦,比如烤饿冻晒、不让睡觉、不让吃饭或者喝水等方式。

(3)本罪犯罪主体是特殊主体,即司法工作人员,主要是负有侦查、检察、审判、监管职责的工作人员。

(4)本罪的主观方面表现为直接故意,且行为人具有逼取口供的目的。若行为人出于其他目的对犯罪嫌疑人、被告人使用肉刑或者变相肉刑,则不成立本罪。

2. 暴力取证罪

暴力取证罪,是指司法工作人员使用暴力逼取证人证言的行为。本罪的具体构成要件是:

(1)本罪侵犯的客体是证人的人身权和司法机关的正常活动。

(2)本罪的客观方面表现为使用暴力逼取证人证言的行为。

(3)本罪的犯罪主体是特定主体,即司法工作人员。

(4)本罪的主观方面表现为直接故意,其以逼取证人证言为目的。

【司法适用】

在司法实践中,可能存在个别司法工作人员为了刑讯逼供而非法剥夺犯罪嫌疑人、被告人人身自由的情形,这就涉及刑讯逼供罪和非法拘禁罪的区别。刑讯逼供的本质是通过使用肉刑或者变相肉刑逼取口供,其中就可能包括对犯罪嫌疑人、被告人人身自由的非法限制。此种情况下,应当认定为刑讯逼供罪,而不是非法拘禁罪。司法工作人员对犯罪嫌疑人、被告人以外的其他人,通过剥夺自由的方式来逼取其对案件事实的陈述,则不能认定为刑讯逼供罪,而应当认定为非法拘禁罪。刑讯逼供罪的犯罪主体系特定主体,即司法工作人员。若司法工作人员以外的人为了获得口供,而剥夺他人人身自由甚至实施肉刑或者变相肉刑,则应当认定为非法拘禁罪、故意伤害罪或者故意杀人罪。

第二百四十八条　【虐待被监管人罪】监狱、拘留所、看守所等监管机构的监管人员对被监管人进行殴打或者体罚虐待,情节严重的,处三年以下有期徒刑或者拘役;情节特别严重的,处三年以上十年以下有期徒刑。致人伤残、死亡的,依照本法第二百三十四条、第二百三十二条的规定定罪从重处罚。

监管人员指使被监管人殴打或者体罚虐待其他被监管人的，依照前款的规定处罚。

【条文理解】

虐待被监管人罪，是指监狱、拘留所、看守所等监管机构的监管人员对被监管人进行殴打或者体罚虐待，或者指使被监管人殴打或体罚虐待其他被监管人，情节严重的行为。本罪的具体构成要件是：

(1)本罪侵犯的客体是复杂客体，既包括被监管人的人身权，也包括国家监管机关的正常活动。

(2)本罪的客观方面表现为行为人实施了直接对被监管人的殴打或者体罚虐待，或者指使被监管人殴打或者体罚虐待其他被监管人。这里的“体罚虐待”，主要是指监管人员违反监管法规，对被监管人实施任意殴打、捆绑、冻饿、强迫过度劳动、侮辱人格、滥用械具等行为。这里的“被监管人”，主要是指在监狱等刑罚执行场所服刑的罪犯、在看守所被羁押的犯罪嫌疑人和被告人、在看守所被执行拘留处罚的人等。构成本罪要求达到“情节严重”的程度。这里的“情节严重”，主要是指经常殴打或者体罚被监管人员，殴打或者体罚虐待被监管人员手段恶劣，殴打或者体罚虐待被监管人员造成恶劣影响，殴打或者体罚虐待被监管人员造成严重后果等。

(3)本罪的犯罪主体是监狱、拘留所、看守所等监管机构的监管人员，即在监管机构中行使监管职责的工作人员。

(4)本罪的主观方面表现为故意。

【司法适用】

在司法实践中，需要正确区分虐待被监管人罪与故意伤害罪、故意杀人罪。由于虐待被监管人罪在客观方面主要表现为殴打或者体罚虐待，这些行为本身有可能会导致被监管人伤残或者死亡。若出现此种情形，则应当依据本条之规定认定为故意伤害罪或者故意杀人罪，并从重处罚。

第二百四十九条　【煽动民族仇恨、民族歧视罪】煽动民族仇恨、民族歧视，情节严重的，处三年以下有期徒刑、拘役、管制或者剥夺政治权利；情节特别严重的，处三年以上十年以下有期徒刑。

【条文理解】

煽动民族仇恨、民族歧视罪,是指故意使用语言、文字或者其他方式煽动民族仇恨、民族歧视,情节严重的行为。本罪的具体构成要件是:

(1)本罪侵犯的客体是民族尊严和民族平等权利,以及民族之间的平等、团结、互助关系。

(2)本罪的客观方面表现为使用语言、文字或者其他方式煽动民族仇恨、民族歧视,情节严重的行为。这里的"煽动",主要是指以激发民族仇恨、民族歧视为目的,以语言、文字等方式诱惑、鼓动群众的行为。构成本罪需要达到"情节严重"的程度。所谓"情节严重",主要是指煽动手段恶劣,比如使用侮辱、造谣等手段,多次进行煽动,造成严重后果或者恶劣影响等。

(3)本罪的主体是一般主体。

(4)本罪的主观方面表现为故意,即行为人明知自己的行为会在不同民族之间制造民族仇恨、民族歧视,破坏民族之间的平等、团结、互助关系,而希望或者放任民族之间相互仇恨、歧视的结果发生。

【司法适用】

在司法实践中,正确认定本罪需要注意其与正常言论表达之间的区别。煽动民族仇恨、民族歧视,主要是通过其所表达的言论内容,来达到激发民族仇恨、民族歧视的目的。而正常言论表达则并不具备此种目的,通常是较为客观地描述各民族的生产、生活和文化,而不会作挑唆性、鼓动性的内容表述。

第二百五十条　【出版歧视、侮辱少数民族作品罪】在出版物中刊载歧视、侮辱少数民族的内容,情节恶劣,造成严重后果的,对直接责任人员,处三年以下有期徒刑、拘役或者管制。

【条文理解】

出版歧视、侮辱少数民族作品罪,是指在出版物中刊载歧视、侮辱少数民族的内容,情节恶劣,造成严重后果的行为。本罪的具体构成要件是:

(1)本罪侵犯的客体是我国少数民族的民族尊严和民族情感,以及平等、团结、互助的民族关系。

(2)本罪的客观方面表现为在出版物中刊载歧视、侮辱少数民族的内容,情节恶劣,造成严重后果的行为。这里的"出版物",主要是指报纸、期刊、图书、音像制品和电子出版物等。若不是在出版物中刊载,而仅仅是口头表达,则不构成本罪。

这里的“刊载”,主要包括发表、制作、转载等。本罪属于结果犯,需要具有严重后果,即造成恶劣政治影响,引发民族纠纷、冲突、矛盾甚至骚乱等。

(3)本罪的犯罪主体是特殊主体,即在出版物中刊载歧视、侮辱少数民族内容的直接责任人员,主要包括作者、责任编辑以及其他对出版物中刊载歧视、侮辱少数民族内容负有直接责任的人员。

(4)本罪的主观方面表现为故意,一般主要是出于民族偏见、取笑、猎奇等目的;若是为激起民族仇恨、民族歧视而在出版物中刊载前述内容实施煽动行为,则不构成本罪,而应当构成煽动民族仇恨、民族歧视罪。

【司法适用】

在司法实践中,需要注意区分本罪与侮辱罪、诽谤罪。本罪所侵犯的是作为群体的少数民族尊严和民族情感,而侮辱罪、诽谤罪则侵犯的是公民个人人格权和名誉权,其犯罪对象指向特定的个人。

第二百五十一条　【非法剥夺公民宗教信仰自由罪;侵犯少数民族风俗习惯罪】国家机关工作人员非法剥夺公民的宗教信仰自由和侵犯少数民族风俗习惯,情节严重的,处二年以下有期徒刑或者拘役。

【条文理解】

1. 非法剥夺公民宗教信仰自由罪

非法剥夺公民宗教信仰自由罪,是指国家机关工作人员非法剥夺公民的宗教信仰自由,情节严重的行为。本罪的具体构成要件是:

(1)本罪侵犯的客体是公民的宗教信仰自由权。

(2)本罪的客观方面表现为非法剥夺公民的宗教信仰自由,且情节严重的行为。这里的“非法剥夺公民宗教信仰自由”,主要是指违反法律规定,采取暴力、威胁或者其他方法,制止某人信仰宗教、加入宗教团体,或者强迫其放弃宗教、退出宗教团体,或者强制不信仰宗教的人信仰宗教,等等。

(3)本罪的犯罪主体是特殊主体,即国家机关工作人员。非国家机关工作人员非法剥夺公民宗教信仰自由的,不构成本罪,其行为触犯其他罪名的,应按照有关规定定罪处罚。构成本罪需要达到“情节严重”的程度。这里的“情节严重”,主要是指引发民族冲突和民族纠纷、导致少数民族家庭破裂、产生恶劣政治影响等。

(4)本罪的主观方面表现为直接故意,即明知他人具有宗教信仰自由权、自己的剥夺行为是非法的,而仍然实施非法剥夺他人宗教信仰的行为。

2. 侵犯少数民族风俗习惯罪

侵犯少数民族风俗习惯罪,是指国家机关工作人员侵犯少数民族风俗习惯,情节严重的行为。本罪的具体构成要件是:

(1)本罪侵犯的客体是少数民族保持本民族风俗习惯的权利。本罪的犯罪对象是少数民族的风俗习惯。

(2)本罪的客观方面表现为侵犯少数民族风俗习惯,情节严重的行为。对少数民族风俗习惯的侵犯,是指以暴力、胁迫或者其他方法破坏少数民族风俗习惯或者强迫改变以及阻止改变少数民族风俗习惯。

(3)本罪的主体是特殊主体,即只有国家机关工作人员才能构成本罪。

(4)本罪的主观方面表现为故意。

【司法适用】

在司法实践中,需要注意非法剥夺公民宗教信仰自由罪与非法拘禁罪的区别。非法剥夺公民宗教信仰自由罪,是指国家机关工作人员非法剥夺公民的宗教信仰自由,情节严重的行为。而非法拘禁罪是故意非法剥夺他人人身自由的行为。若国家机关工作人员通过非法拘禁方式来剥夺公民宗教信仰自由,则构成非法剥夺公民宗教信仰自由罪与非法拘禁罪的牵连犯,此时应择一重罪处罚。

第二百五十二条 【侵犯通信自由罪】隐匿、毁弃或者非法开拆他人信件,侵犯公民通信自由权利,情节严重的,处一年以下有期徒刑或者拘役。

【条文理解】

侵犯通信自由罪,是指故意隐匿、毁弃或者非法开拆他人信件,侵犯公民通信自由权利,情节严重的行为。本罪的具体构成要件是:

(1)本罪侵犯的客体是公民的通信自由权。犯罪对象是他人信件,这里的"他人"不仅包括自然人,也包括法人和非法人组织。"信件"是指封缄的书信、明信片、贺年卡等。根据全国人大常委会《关于维护互联网安全的决定》,权利人视为隐私的电子邮件或者其他数据资料也属于此处的"信件"。快递物品也是本罪的犯罪对象。也就是说,"信件"的可以表现为文书、语音与物品等形式。

(2)本罪的客观方面表现为实施隐匿、毁弃或者非法开拆他人信件的行为。隐匿是指妨碍权利人发现信件的一切行为。毁弃是指将他人的信件撕毁、烧毁或者丢弃,妨碍信件本来的效用。非法开拆,是指未经收信人许可且没有法律依据,擅自开拆他人缄封的信件,不要求发件人及收件人以外的第三人已经知晓信件的内容。构成本罪要求达到“情节严重”的程度。这里的“情节严重”,主要是指多次隐匿、毁弃或者非法开拆他人信件,或者隐匿、毁弃或者非法开拆他人信件数量较大,致使他人工作、生活受到严重影响,或者导致他人身体、精神受到严重损害,或者导致夫妻离异、家庭分裂等严重后果的;非法开拆他人信件、涂改信件内容,侮辱他人人格等。

(3)本罪的主体是一般主体。

(4)本罪的主观方面表现为故意,若行为人因过失而遗失、损毁、误拆他人信件,则不构成本罪。

【司法适用】

1. 罪与非罪的界限

对于行为人无意中遗失、积压、毁弃他人信件,或者误把他人信件当作自己的信件开拆的,不构成犯罪。

2. 本罪与私自开拆、隐匿、毁弃邮件、电报罪的界限

这两种犯罪行为在犯罪方法和侵害对象上是基本相同的,在主观方面都由故意构成。二者的主要区别在于犯罪的主体不同,后者是特殊主体,必须由邮电工作人员构成,而本罪是一般主体;犯罪的客体不同,后者侵犯的客体是国家邮电部门的正常活动,而本罪侵犯的客体是公民通信自由和通讯秘密的权利;构成犯罪的情节要求不同,后者行为构成犯罪不要求“情节严重”。

3. 一罪与数罪的界限

侵犯公民通信自由,非法开拆或者隐匿、毁弃他人信件,并从中窃取财物的,有可能同时触犯其他罪名。比如,非邮电工作人员非法开拆他人信件,侵犯公民通信自由权利,情节严重的,并从中窃取财物,或者窃取汇票、汇款支票,骗取汇兑,在构成本罪的同时,可能同时构成盗窃罪或者诈骗罪。

在司法实践中,行为人非法开拆他人信件并且从中窃取财物或者窃取汇票、汇款支票的,应当区分不同情况予以处理。对于非法开拆他人信件,侵犯公民通信自由权利,情节严重,并从中窃取少量财物,或者窃取汇票、汇款支票,骗取汇兑款数额不大的,应当认定为侵犯通信自由罪,视具体情况从重处罚。非法开拆他人信件,侵犯公民通信自由权利,情节严重,并从中窃取财物数额较大的,应当认定为盗窃罪并予以处罚与盗窃罪构成想象竞合,择一重罪处罚。非法开拆他人信件,侵犯公民通信自由权利,情节严重,并从中窃取汇票或汇款支票,冒名骗取汇兑款数额较大的,应认定为侵犯通信自由罪和诈骗罪,实行数罪并罚。

第二百五十三条　【私自开拆、隐匿、毁弃邮件、电报罪】邮政工作人员私自开拆或者隐匿、毁弃邮件、电报的，处二年以下有期徒刑或者拘役。

【盗窃罪】犯前款罪而窃取财物的，依照本法第二百六十四条的规定定罪从重处罚。

【条文理解】

私自开拆、隐匿、毁弃邮件、电报罪，是指邮政工作人员利用职务或者工作便利，私自开拆或者隐匿、毁弃邮件、电报的行为。本罪的具体构成要件是：

(1)本罪侵犯的客体是复杂客体，邮政工作人员利用工作之便，私自开拆、隐匿或者毁弃邮件、电报的行为，不仅侵害了公民的通信自由和通信秘密权，也侵害了国家邮电部门的正常工作秩序及信誉。

本罪侵犯的对象是邮件和电报。根据邮政法的规定，邮件，是指邮政企业寄递的信件、包裹、汇款通知、报刊和其他印刷品等。邮件又分平常邮件和给据邮件。平常邮件，是指邮政企业及其分支机构在收寄时不出具收据，投递时不要求收件人签收的邮件；给据邮件，是指挂号信件、邮包、保价邮件等由邮政企业及其分支机构在收寄时出具收据，投递时要求收件人签收的邮件。信件，是指信函和明信片，是用以向特定的人传达意思的一种文书；电报，是指由电信网络传递的符号、文字等。邮电工作人员利用职务之便，私自开拆或者隐匿、毁弃邮件、电报，严重侵犯了国家邮电事业单位的正常活动，直接破坏了邮电部门的工作秩序和信誉，同时还侵犯了公民的通信自由和通信秘密的权利。

(2)本罪的客观方面表现为邮政工作人员利用职务上的便利，私自开拆、隐匿、毁弃邮件、电报的行为。①必须有私自开拆、隐匿、毁弃邮件、电报的行为。私自开拆，是指未经合法批准，使邮件、电报内容处于第三者(指发件人与收件人以外的人，包括行为人)可能知悉的状态的一切行为，但不要求第三者已经知悉信件的内容。[①] 隐匿，是指将邮件、电报予以截留或收藏而不送交收件人的行为。毁弃，是指将邮件、电报予以撕毁、湮灭或抛弃，致使他人无法查收的行为。构成本罪并不要求行为人同时具备私拆、隐匿、毁弃三种形式，只要实施其中之一者，即可构成。如果实施两种或三种行为，仍以本罪一罪论处，不实行数罪并罚。②必须有利用职务之便的行为，才能构成本罪。邮电工作人员是否利用职务之便私拆、隐匿、毁弃邮件、电报，是能否构成本罪的重要标志，如果没有利用职务之便则

① 参见张明楷：《刑法学》，法律出版社 2016 年版，第 924~925 页。

不以本罪论。所谓利用职务之便，是指邮电工作人员利用营业、分拣、接发、押运、投递等职务所赋予的职责条件，进行违背职责的犯罪活动。利用职务之便，不仅包括邮电部门的领导者利用职务之便，而且包括一般邮电工作人员利用职务活动的便利。

(3)本罪的主体为特殊主体，即邮政工作人员，也就是国家邮电部门的管理人员、营业人员、分拣员、接发员、押运员等。

监管国际邮件的海关人员视为邮政工作人员。依据相关法律，海关人员监管国际邮件的出入境、开拆、封发，因此，监管国际邮件的海关人员私自私拆、隐匿或者毁弃他人信件的，以本罪论处。

(4)本罪的主观方面是故意，过失不构成本罪。本罪的行为人，在主观上不仅明知私自开拆、隐匿、毁弃他人邮件、电报是违反自己的职责义务和规章制度的行为，而且明知这种行为会给他人的利益和通信自由、通信秘密权利造成损害，甚至引起其他严重危害后果，破坏国家邮电事业的声誉，妨害邮电部门的正常活动，却希望或者放任这种危害结果的发生。

【司法适用】

根据《刑事诉讼法》第143条第1款的规定，侦查人员认为需要扣押犯罪嫌疑人的邮件、电报的时候，经公安机关或者人民检察院批准，即可通知邮电机关将有关的邮件、电报检交扣押。

没有犯罪的故意，而是由于疏忽大意的过失所发生的误拆、遗失邮件、包裹的，不构成本罪。由于工作不负责任，玩忽职守，丢失邮件、电报，延误投递，情节轻微，危害不大的，可由主管部门给予行政处分；情节严重，给国家和人民的利益造成重大损失的，则涉嫌玩忽职守罪。

在司法实践中，在适用本条第2款的规定时，需要注意正确区分私自开拆邮件罪与盗窃罪。该款中的“犯前款罪而窃取财物的”，应当理解为将私自开拆邮件作为盗窃的手段，即行为人是以盗窃财物为目的，而实施了私自开拆或者隐匿、毁弃邮件、电报的行为，进而从邮件或电报中获得财物。若行为人在私自开拆邮件时，本身并不具有从中盗窃财物的意图或者目的，则不应适用本条第2款而将其认定为盗窃罪。

第二百五十三条之一　【侵犯公民个人信息罪】违反国家有关规定，向他人出售或者提供公民个人信息，情节严重的，处三年以下有期徒刑或者拘役，并处或者单处罚金；情节特别严重的，处三年以上七年以下有期徒刑，并处罚金。

违反国家有关规定,将在履行职责或者提供服务过程中获得的公民个人信息,出售或者提供给他人的,依照前款的规定从重处罚。

窃取或者以其他方法非法获取公民个人信息的,依照第一款的规定处罚。

单位犯前三款罪的,对单位判处罚金,并对其直接负责的主管人员和其他直接责任人员,依照各该款的规定处罚。

【条文对照】

1997 年《刑法》	2009 年《刑法修正案(七)》	2015 年《刑法修正案(九)》
无	**第二百五十三条之一　国家机关或者金融、电信、交通、教育、医疗等单位的工作人员,违反国家规定,将本单位在履行职责或者提供服务过程中获得的公民个人信息,出售或者非法提供给他人,情节严重的,处三年以下有期徒刑或者拘役,并处或者单处罚金。** **窃取或者以其他方法非法获取上述信息,情节严重的,依照前款的规定处罚。** **单位犯前两款罪的,对单位判处罚金,并对其直接负责的主管人员和其他直接责任人员,依照各该款的规定处罚。**	第二百五十三条之一　**违反国家有关规定,向他人出售或者提供公民个人信息**,情节严重的,处三年以下有期徒刑或者拘役,并处或者单处罚金;**情节特别严重的,处三年以上七年以下有期徒刑,并处罚金。** 违反国家**有关**规定,将在履行职责或者提供服务过程中获得的公民个人信息,出售或者提供给他人**的,依照前款的规定从重处罚**。 窃取或者以其他方法非法获取公民个人信息的,依照**第一**款的规定处罚。 单位犯前**三**款罪的,对单位判处罚金,并对其直接负责的主管人员和其他直接责任人员,依照各该款的规定处罚。

【条文理解】

侵犯公民个人信息罪,是指违反国家有关规定,非法获取、出售或者提供公民个人信息,情节严重的行为。本罪的具体构成要件是:

(1)本罪侵犯的客体是公民个人信息权和隐私权。

(2)本罪的客观方面表现为违反国家有关规定,向他人出售或者提供公民个人信息,情节严重的行为。这里的“公民个人信息”,主要是指公民的姓名、住址、身份证号、电话号、银行账户、财产状况、行踪轨迹等能够识别公民个人身份等情况的信息。行为人向他人出售或者提供的公民个人信息,既可能是依法获得的,也可能是通过非法方法获取的。这里的“非法获取”,是指通过盗窃或者其他非法方法获取。“出售”公民个人信息,是指将自己掌握的公民个人信息卖给他人,自己从中获取利益。“提供”公民个人信息,是指将自己掌握的公民个人信息提供给他人。构成本罪要求达到"情节严重"的程度,否则仅构成违法。这里的"情节严重",主要是指出售公民个人信息获利较大,出售多人信息,多次出售公民信息,出售或者提供个人信息给公民个人生活、学习、工作等带来严重影响等。

(3)本罪的主体是一般主体,通常是掌握公民个人信息的个人或者单位。

(4)本罪的主观方面表现为故意。

【司法适用】

1.单位犯本罪的,依照相应的自然人犯罪的定罪量刑标准,对直接负责的主管人员和其他直接责任人员定罪处罚,并对单位判处罚金。

2.设立用于实施非法获取、出售或者提供公民个人信息违法犯罪活动的网站、通讯群组,情节严重的,应当依照《刑法》第287条之一的规定,以非法利用信息网络罪定罪处罚;同时构成侵犯公民个人信息罪的,依照侵犯公民个人信息罪定罪处罚。

3.网络服务提供者拒不履行法律、行政法规规定的信息网络安全管理义务,经监管部门责令采取改正措施而拒不改正,致使用户的公民个人信息泄露,造成严重后果的,应当依照《刑法》第286条之一的规定,以拒不履行信息网络安全管理义务罪定罪处罚。

4.实施侵犯公民个人信息犯罪,不属于"情节特别严重",行为人系初犯,全部退赃,并确有悔罪表现的,可以认定为情节轻微,不起诉或者免予刑事处罚;确有必要判处刑罚的,应当从宽处罚。

5.非法获取公民个人信息后又出售或者提供的,公民个人信息的条数不重复计算。向不同单位或者个人分别出售、提供同一公民个人信息的,公民个人信息的条数累计计算。对批量公民个人信息的条数,根据查获的数量直接认定,但是有证据证明信息不真实或者重复的除外。

在司法实践中,以窃取方式来获得公民个人信息,情节严重的,不应当认定为盗窃罪,而应当根据本条第3款的规定认定为侵犯公民个人信息罪。通过设立网站、通讯群组来非法获取、出售或者提供公民个人信息,情节严重的,同时构成非法利用信息网络罪和侵犯公民个人信息罪,构成牵连犯,应当择一重罪处罚。

【司法案例】

谢某冲出售公民个人信息案①

[**裁判要旨**](1)手机定位是通过特定的定位技术来获取移动手机或终端用

① 参见《刑事审判参考》总第83集第741号案例。

户的位置信息(经纬度坐标),在电子地图上标出被定位对象的位置。当公民从事某些活动而不希望被他人获悉时,因其所处具体方位与其所从事的活动之间具有直接联系,一旦被他人获悉,其所从事的活动也就在相当程度上被暴露,进而损害其利益。在这种情况下,公民所处具体位置具有明显的隐私性和权益性,属于刑法所保护的公民个人信息。手机定位信息的数量计算,要根据具体情况进行分析,不能一概而论。如果基于同一个人的申请,在相对固定的时间内(如一周、一个月或者一年)对同一部手机进行连续多次定位,可以计算为一条信息,但量刑时不应仅以一条信息而论,还必须考虑这种连续定位行为的危害性,体现该行为与仅定位一次的行为的区别。如果对手机定位后,经过一段时间再次对同一部手机进行定位,特别是申请定位人不是同一人,则不宜计算为一条信息,可根据实际定位次数计算信息数量。(2)本案被告人作为经营电信业务的公司运维部经理,能够实施手机定位工作,属于电信单位的工作人员,具备出售公民个人信息罪①的主体条件。被告人出售公民个人信息的行为违反了国家的相关规定。

第二百五十四条 【报复陷害罪】国家机关工作人员滥用职权、假公济私,对控告人、申诉人、批评人、举报人实行报复陷害的,处二年以下有期徒刑或者拘役;情节严重的,处二年以上七年以下有期徒刑。

【条文理解】

本罪的具体构成要件是:

(1)本罪侵犯的客体是复杂客体,包括公民的民主权利和国家机关的正常活动。这里的民主权利是指公民的批评权、申诉权、控告权和举报权。这些权利是我国公民享有的重要的民主权利,是公民行使管理国家权利的一个重要方面,受到国家法律的严格保护,本罪打击的是侵犯公民民主权利的行为。报复陷害是同国家工作人员滥用职权、假公济私联系在一起的,因此,不仅侵犯了公民的民主权利,而且还严重损害了国家机关的声誉,破坏了国家机关的正常活动。

本罪侵害的对象,只限于控告人、申诉人、批评人、举报人这四种人。控告人,是指向司法机关或其他有关国家机关告发国家工作人员违法失职的人。申诉人,是指对于自己所受的处分不服,向原处理机关或其上级机关提出申诉意见,要求改变原来处分的人,也包括不服法院已经发生法律效力的判决或裁定,向原审法

① 现为侵犯公民个人信息罪。

院或上级法院提出再审请求的人。申诉人并不限于受处分的公民本人,还包括为他人申诉的其他公民。批评人,是指对国家机关和国家机关工作人员工作上的缺点、错误或思想作风,提出批评意见的人。举报人,是指揭发、检举国家机关或其工作人员违法、犯罪事实的人。这里的控告人、申诉人、批评人与举报人,并不限于对实施本罪的国家机关工作人员进行控告、申诉、批评与举报的人。

根据《宪法》第 41 条的规定,上述控告人、申诉人、批评人、举报人在提出控告、申诉和批评意见时,不得捏造事实进行诬告陷害,否则,不仅不属于本条的保护对象,如果情节严重,还应当依照《刑法》第 243 条以诬告陷害罪论处。

(2)本罪的客观方面表现为滥用职权、假公济私,对控告人、申诉人或批评人、举报人实行打击报复陷害的行为。行为人必须是滥用职权、假公济私,即违反有关规定,超出职权范围,假借公事名义,陷害他人。报复陷害的方式多种多样,如制造种种理由或借口,非法克扣工资、奖金,或开除公职、党籍,或降职、降薪,或压制学术、技术职称的评定等。

(3)本罪的主体是特殊主体,即国家机关工作人员。

(4)本罪的主观方面表现为直接故意,并且具有报复陷害他人的目的。

【司法适用】

1. 本罪与一般打击报复行为的界限

国家工作人员滥用职权,实行打击报复,但情节显著轻微,危害不大的,一般不以犯罪论处,可予批评教育,或者给予相应的行政纪律处分。但报复陷害,致使被害人的人身权利、民主权利或者其他权利受到严重损害的,手段恶劣的,致人精神失常或自杀的以及造成其他严重后果的,应当以报复陷害罪论处。

2. 本罪与诬告陷害罪的界限

这两种犯罪都侵犯了公民的人身权利、民主权利和国家机关的正常活动,都有陷害他人的故意。其主要区别在于:(1)主体要件不同。报复陷害罪的主体只能是国家机关工作人员;而诬告陷害罪的主体则可以是任何公民。(2)犯罪目的不同。报复陷害罪的目的是打击报复陷害他人;诬告陷害罪的目的则是意图使他人枉受刑事追究。(3)犯罪手段不同。报复陷害罪必须是基于职务,滥用职权或假公济私;诬告陷害罪则不要求必须利用职权。(4)陷害的对象不同。报复陷害罪只限于控告人、申诉人、批评人、举报人这四种人;诬告陷害罪的犯罪对象则不受限于此。

3. 本罪和打击报复证人罪的界限

(1)犯罪客体不同。打击报复证人罪侵犯的客体是复杂客体,即国家司法机关的正常活动和公民依法作证的民主权利。报复陷害罪侵犯的客体是公民依法享有的控告、申诉、批评、检举等民主权利,同时也妨害了国家机关的正常管理活动。

(2)犯罪的客观方面不同。打击报复证人罪的客观表现为对证人进行打击报复的行为,既可以是行为人利用手中职权,假公济私,对证人进行打击报复,也可以是行为人对证人采用恐吓、伤害等手段进行报复。报复陷害罪的客观方面表现为行为人利用手中的职权,假公济私,对他人进行报复陷害的行为。其侵害的对象只限于控告人、申诉人、批评人、举报人。

(3)主观方面不同。两罪的主观特征都表现为直接故意,打击报复证人罪的行为人出于报复证人的目的,明知自己的行为必然会妨害国家司法机关的正常活动和侵害证人的合法权益,却希望这种结果的发生;报复陷害罪的行为人则出于报复陷害控告人、申诉人、批评人、举报人的目的,明知自己的行为会侵害上述人等的民主权利,妨害国家机关的管理活动,却希望其结果的发生。

(4)两者的主体要件不同。打击报复证人罪的主体为一般主体,凡年满16周岁具有刑事责任能力的人都可构成本罪,行为人既可以是国家工作人员,也可以是一般的公民;而报复陷害罪的主体则为特殊主体,即只有国家机关工作人员才能构成本罪。

4. 本罪与滥用职权罪的界限

本罪与滥用职权罪的主要区别表现在以下几个方面:

(1)侵犯的客体不同。本罪侵犯的客体主要是我国公民依法享有的控告权、申诉权、批评权、检举权等民主权利,同时也妨害了国家机关的正常管理活动;滥用职权罪侵犯的客体是国家机关的正常管理活动。

(2)客观方面不同。本罪的客观方面要求行为人必须滥用职权,假公济私,对他人进行报复陷害,其滥用职权的表现形式可能与滥用职权罪相同,但并不以造成重大损失为要件;滥用职权罪的客观方面表现为行为人滥用职权,并导致了公共财产、国家和人民利益遭受重大损失的行为。

(3)主观方面不同。报复陷害罪的行为人,主观上具有报复陷害控告人、申诉人、批评人、举报人的目的,明知自己的行为会侵犯上述人等的民主权利和妨害国家机关的正常管理活动,却希望这种结果的发生,只有直接故意才能构成此罪;滥用职权罪的主观方面是故意,既可以是直接故意,也可以是间接故意。其故意的具体内容是行为人明知自己滥用职权的行为会造成公共财产、国家和人民的利益遭受重大损失的结果,而希望或放任该结果的发生。

第二百五十五条 【打击报复会计、统计人员罪】**公司、企业、事业单位、机关、团体的领导人,对依法履行职责、抵制违反会计法、统计法行为的会计、统计人员实行打击报复,情节恶劣的,处三年以下有期徒刑或者拘役。**

【条文理解】

打击报复会计、统计人员罪，是指公司、企业、事业单位、机关、团体的领导人员，对依法履行职责、抵制违反会计法、统计法行为的会计、统计人员实施打击报复，情节恶劣的行为。本罪的具体构成要件是：

（1）本罪侵犯的客体是公民的人身权利和国家的会计、统计制度。本罪的犯罪对象是依法履行职责、抵制违反《会计法》《统计法》行为的会计、统计人员。

（2）本罪的客观方面表现为对依法履行职责，抵制违反会计法、统计法行为的会计、统计人员实施打击报复，情节恶劣的行为。这里的“违反会计法”行为，主要是指伪造、变造、隐匿、故意毁灭会计账簿、报表和其他会计资料行为，利用虚假的会计凭证、账簿、报表或者会计资料来偷税或者损害国家利益、社会公共利益等行为。这里的“违反统计法”行为，主要是指虚报、瞒报统计数据资料，伪造、篡改统计数据，编造虚假统计数据资料等行为。构成本罪需要达到“情节恶劣”的程度。这里的“情节恶劣”，主要包括多次或者对多人进行打击报复、打击报复手段恶劣、打击报复造成严重后果、打击报复影响恶劣等。

（3）本罪的犯罪主体是特定主体，即公司、企业、事业单位、机关、团体的领导人员。

（4）本罪的主观方面表现为直接故意，且要求具有打击报复的目的。

【司法适用】

在司法实践中，应当注意区分本罪与报复陷害罪。本罪是公司、企业、事业单位、机关、团体的领导人员，对依法履行职责、抵制违反会计法、统计法行为的会计、统计人员实施打击报复，情节恶劣的行为。报复陷害罪是国家机关工作人员滥用职权、假公济私，对控告人、申诉人、批评人、举报人实行报复陷害的行为。本罪的犯罪主体是公司、企业、事业单位、机关、团体的领导人员；而报复陷害罪的犯罪主体是国家机关工作人员。本罪的犯罪对象是对依法履行职责、抵制违反会计法、统计法行为的会计、统计人员；而报复陷害罪的犯罪对象是控告人、申诉人、批评人、举报人。在客观方面，本罪的打击报复行为，既可以是利用职权所为，又可以是不用职权所为；而报复陷害罪则必须是借助于行为人职权来实施。

第二百五十六条　【破坏选举罪】在选举各级人民代表大会代表和国家机关领导人员时，以暴力、威胁、欺骗、贿赂、伪造选举文件、虚报选举票数等手段破坏选举或者妨害选民和代表自由行使选举权和被选举权，情节严重的，处三年以下有期徒刑、拘役或者剥夺政治权利。

【条文理解】

本罪的具体构成要件是：

(1)本罪侵犯的客体是公民的选举权利和国家的选举制度。

(2)本罪的客观方面表现为在选举各级人民代表大会和国家机关领导人员时，采用各种手段破坏选举或者妨害选民和代表自由行使选举权和被选举权，情节严重的行为。要注意以下几个问题：

其一，破坏选举或者妨害选民和代表自由行使选举权和被选举权的行为。破坏选举是指以各种方法扰乱、妨害整个选举活动，包括选民登记、提出候选人、投票选举、补选、罢免等正常的进行。妨害选民和代表自由行使选举权和被选举权，是指利用各种手段使得选民和代表不能按自己的意志自由地行使自己的选举和被选举的权利。破坏选举或妨害选民和代表自由行使选举权和被选举权的方式多种多样，既可以表现为积极的作为如以暴力妨害，又可以表现为消极的不作为如故意漏登选民名单。归纳起来，主要是：①暴力手段，即对选民、代表及其工作人员采取殴打、捆绑等人身伤害的手段或者捣乱选举场所，砸毁选举设施进行破坏；②威胁手段，即以暴力伤害、毁坏财产、揭露隐私、破坏名誉等相要挟，对选民、代表及有关工作人员实施精神强制进行破坏；③欺骗手段，即虚构事实，散布、扩散各种谣言或隐瞒事情真相，以混淆视听进行干扰破坏；④贿赂手段，即利用金钱、财物或者其他物质利益或者女色勾引、收买选民、代表或有关工作人员以进行破坏；⑤伪造选举文件，即伪造选民证、选票、候选人的情况资料、选举文件进行破坏；⑥虚报选举票数，即对选民、代表的投票总数、赞成票数、反对票数、弃权票数等进行以少报多或以多报少的虚假报告进行破坏；⑦其他手段，如撕毁选民名单、候选人情况，在选民名单、候选人名单、选票上涂写侮辱性词句，对与自己不同意见的选民、代表进行打击报复；等等。

其二，破坏选举的行为发生在选举各级人民代表大会和国家机关领导人员的活动中，即破坏的是各级权力机关的选举活动。如果破坏的是在选举开始以前或者结束以后以及是在选举权力机关代表和国家机关领导人员以外的选举，如工会、共青团、妇联等社会团体的选举，各级党组织及其他民主党派的选举，企业、事业单位的领导人员的选举等，就不属于本罪的破坏选举。至于选举活动，则包括选民登记、提出候选人、投票选举、补选、罢免以及人民代表大会换届选举、补选的一切活动过程。

其三，破坏选举的行为达到情节严重的程度。仅有破坏行为，尚未达到情节严重，也不能以本罪论处。情节严重主要是指破坏选举手段恶劣、后果严重或者造成恶劣影响的等情况。破坏选举，具有下列情形之一的，应予立案：①以暴力、威胁、欺骗、贿赂等手段,妨害选民、各级人民代表大会代表自由行使选举权和被选举权,致使选举无法正常进行,或者选举无效,或者选举结果不真实的;②以暴力破坏选举场所或者选举设备,致使选举无法正常进行的;③伪造选民证、选票等选举文件,虚报选举票数,产生不真实的选举结果或者强行宣布合法选举无效、非法选举有效的;④聚众冲击选举场所或者故意扰乱选举场所秩序,使选举工作无法进行的;⑤其他情节严重的情形。

(3)本罪的主体是一般主体,可以是普通公民,也可以是国家工作人员。

(4)本罪的主观方面表现为故意。

【司法适用】

《全国人民代表大会和地方各级人民代表大会选举法》第58条规定,为保障选民和代表自由行使选举权和被选举权,对有下列行为之一的,应当依法给予行政处分或者刑事处分:(1)以金钱或者其他财物贿赂选民或者代表,妨害选民和代表自由行使选举权和被选举权的;(2)以暴力、威胁、欺骗或者其他非法手段妨害选民和代表自由行使选举权和被选举权的;(3)伪造选举文件、虚报选举票数或者有其他违法行为的;(4)对于控告、检举选举中违法行为的人,或者对于提出要求罢免代表的人进行压制、报复的。上述违法行为,每一种都可以是犯罪行为。因此,应当根据事实、情节、后果、危害及行为人的主观恶性程度,区分罪与非罪的界限。对情节恶劣、严重的,以破坏选举罪论处。

实施破坏选举的行为,其手段又触犯其他罪名的,通常应从一重罪处罚。例如,以暴力手段破坏选举致人重伤的,应按故意伤害罪的法定刑处罚。

第二百五十七条　【暴力干涉婚姻自由罪】以暴力干涉他人婚姻自由的,处二年以下有期徒刑或者拘役。

犯前款罪,致使被害人死亡的,处二年以上七年以下有期徒刑。

第一款罪,告诉的才处理。

【条文理解】

暴力干涉婚姻自由罪,是指以暴力方法干涉他人婚姻自由的行为。本罪的具体构成要件是:

(1)本罪侵犯的客体是公民的婚姻自由权、人身权。婚姻自由,包括结婚自由和离婚自由。

(2)本罪的客观方面表现为使用暴力手段干涉他人婚姻自由的行为。这里的

“暴力”,主要是指捆绑、殴打、强抢、禁闭等对人身实行强制或者打击的方法,使被害人不能行使婚姻自由权。“暴力干涉”是本罪的主要特征,若行为人仅有干涉婚姻自由的行为而并没有采取暴力行为,则并不构成本罪。

(3)本罪的主体为一般主体,实践中多数是被害人家长或者其他亲属。

(4)本罪的主观方面为直接故意。

【司法适用】

1. 本罪与一般干涉婚姻自由行为的界限

如果仅以暴力相威胁,或者以非暴力方式干涉婚姻自由(非法拘禁除外),属于一般干涉婚姻自由的行为,不构成暴力干涉婚姻自由罪。

2. 本罪与故意杀人罪、故意伤害罪的界限

区别主要在以下几个方面:(1)侵害的客体不同,本罪侵害的客体是复杂客体,但主要是公民的婚姻自由权利,而故意杀人罪、故意伤害罪侵害的客体是他人的健康权和生命权。(2)在客观方面,使用暴力程度不同。本罪虽然也会使被害人遭受身体上的伤害和精神上的痛苦,但伤害程度一般不会很严重,而对于那种因干涉婚姻自由的目的不能实现,故意伤害或杀害被害人的,由于犯罪故意的内容和行为的性质都已发生了变化,应按故意伤害罪或故意杀人罪论处。(3)主观方面虽然都是直接故意,但故意的内容不同,本罪出于干涉他人婚姻自由的目的,不具有损害他人身体健康的直接故意,而故意伤害罪、故意杀人罪则具有损害他人身体健康或剥夺他人生命的意图。

3. 暴力干涉婚姻自由罪与抢亲行为的界限

对某些地区延续的抢亲习俗,不能视为犯罪,不以暴力干涉婚姻自由罪论处;如果强行与被害人发生性关系的,按强奸罪论处。

4. 以非法拘禁的手段干涉他人婚姻自由的处理原则

以非法拘禁的手段干涉他人婚姻自由的,应按下列原则处理:(1)如果以非法拘禁干涉他人婚姻自由,尚未造成严重后果,且被害人未向司法机关告发的,不宜追究被告人的刑事责任。由于刑法规定了告诉才处理的原则,在处理暴力干涉婚姻自由罪与非法拘禁罪的想象竞合时,如果当事人未告诉,就不宜按通常的处理原则适用非法拘禁罪;如果当事人已告诉,则应按想象竞合犯处理,以非法拘禁罪论处。(2)如果以非法拘禁方法干涉他人婚姻自由,引起被害人死亡的,构成想象竞合犯。暴力干涉他人婚姻自由引起被害人死亡的,不在“告诉的才处理”之列。(3)以非法拘禁方法干涉他人婚姻自由,致人重伤的,应视当事人是否告诉而分别处理:第一,当事人向司法机关告诉的,应以非法拘禁罪追究被告人的刑事责任。第二,如果当事人未告诉的,就不应追究行为人的刑事责任。

【司法案例】

郑某暴力干涉婚姻自由案①

［**裁判要旨**］暴力干涉婚姻自由罪在客观方面的一个显著特征是使用暴力，构成本罪要求行为人实施暴力行为，且实施暴力行为是为了干涉他人婚姻自由，此处的暴力行为指实施捆绑、殴打、禁闭、抢掠等对人身行使有形力的行为，极为轻微的暴力，不能视为本罪的暴力行为。

第二百五十八条　【重婚罪】有配偶而重婚的，或者明知他人有配偶而与之结婚的，处二年以下有期徒刑或者拘役。

【条文理解】

重婚罪，是指有配偶而与他人结婚，或者明知他人有配偶而与之结婚的行为。本罪的具体构成要件是：

（1）本罪侵犯的客体是我国一夫一妻的法律制度。

（2）本罪的客观方面表现为有配偶而重婚，或者明知他人有配偶而与之结婚的行为。重婚罪的成立以存在合法婚姻关系为前提，但因重婚行为所结成的新婚姻关系，既可以是法律婚姻关系，也可以是事实婚姻关系。

（3）本罪的犯罪主体有两类：一是有配偶而又与他人缔结婚姻关系的人；二是本人并无配偶，但明知他人有配偶而与之结婚的人。后一种情况下，行为人须明知他人有配偶。

（4）本罪的主观方面表现为直接故意，即行为人有配偶而又故意与他人结婚，或者明知他人有配偶而与之结婚。

【司法适用】

犯罪情形包括以下四种：（1）与配偶登记结婚，与他人又登记结婚而重婚，即两个法律婚的重婚。有配偶的人又与他人登记结婚，有重婚者欺骗婚姻登记机关而领取结婚证的，也有重婚者和登记机关工作人员互相串通作弊领取结婚证的。（2）与原配偶登记结婚，与他人没有登记却以夫妻关系同居生活而重婚，此即为先法律婚后事实婚型；但不能扩大事实婚姻的认定范围，一般的同居关系、包养关系等不被民众认为是夫妻关系的情形，不能认定为事实婚姻。（3）没有配偶，但明知

① 参见宁夏回族自治区彭阳县人民法院（2019）宁0425刑初4号刑事判决书。

对方有配偶而与其登记结婚或以夫妻关系同居而重婚。(4)前婚不合法,后婚"合法",即前婚没有进行婚姻登记而成立事实婚姻,后又与他人进行了婚姻登记,亦构成重婚罪。

有的妇女已经结婚,但被犯罪分子拐骗、贩卖后被迫与他人结婚,在这种情况下,被拐卖的妇女在客观上尽管有重婚行为,但其主观上并无重婚的故意,与他人重婚是违背其意愿的,不构成重婚罪。

有配偶而与他人临时姘居的,以及明知他人有配偶而与之临时姘居的,不构成重婚罪。

已经登记结婚但未同居,或者在提出离婚、提起离婚诉讼的期间,由于已经存在合法的婚姻关系,此时双方或一方与第三者登记结婚或者形成事实婚姻的,构成重婚罪。即使先前的婚姻关系并不合法(如采取欺骗手段与未满法定婚龄的人结婚),但在没有解除该婚姻关系期间又与他人结婚的,仍然构成重婚罪。

在实践中,重婚行为的情节和危害有轻重大小之分,有重婚行为,并不一定就构成重婚罪。只有情节较为严重,危害较大的重婚行为,才构成犯罪。根据立法精神和实践经验,下面两种重婚行为不构成重婚罪:(1)夫妻一方因不堪虐待外逃而重婚的。如果一方,尤其是妇女,因不堪虐待而外逃后,在外地又与他人结婚,由于这种重婚行为的动机是为了摆脱虐待,社会危害性明显较小,所以不宜以重婚罪论处。(2)因遭受灾害外逃而与他人重婚的。因遭受灾害在原籍无法生活而外流谋生的,迫于生计,不得不在原夫妻关系存在的情况下又与他人结婚。这种重婚行为尽管有重婚故意,但其社会危害性不大,也不宜以重婚罪论处。

【司法案例】

法兰克·巴沙勒·某伦等重婚案[①]

[**裁判要旨**](1)外国人在我国境内与他人以夫妻名义同居的行为是否构成重婚罪,应当适用我国的法律规定。(2)只要是有配偶而又结婚,或者是明知他人有配偶而与之结婚的,无论是通过欺骗手段登记结婚,还是未登记结婚但以夫妻名义共同生活,都属于重婚。外籍被告人与外籍配偶在境外结婚后,在我国境内与他人以夫妻名义同居的,符合重婚罪的构成特征。

---

① 参见《刑事审判参考》总第97集第965号案例。

第二百五十九条 【破坏军婚罪】明知是现役军人的配偶而与之同居或者结婚的，处三年以下有期徒刑或者拘役。

【强奸罪】利用职权、从属关系，以胁迫手段奸淫现役军人的妻子的，依照本法第二百三十六条的规定定罪处罚。

【条文理解】

破坏军婚罪，是指明知是现役军人的配偶而与之同居或者结婚的行为。本罪的具体构成要件是：

(1)本罪侵犯的客体是现役军人的婚姻关系。

(2)本罪的客观方面表现为与现役军人的配偶同居或者结婚。这里的“同居”，是一定时期内与现役军人配偶姘居且共同生活。这里的“结婚”，是指登记结婚或者存在事实婚姻。现役军人的配偶，仅限于与现役军人进行登记结婚的人，而不包括与现役军人仅有事实婚姻关系或者仅有婚约的人。

(3)本罪的主体是一般主体，既可以是男性，也可以是女性；既可以是现役军人，也可以是非现役军人。

(4)本罪的主观方面表现为直接故意，即明知对方是现役军人的配偶而与之结婚或者同居。

【司法适用】

若是利用职权、从属关系，以胁迫手段奸淫现役军人的妻子的，以强奸罪论处。行为人虽然利用了职权或者从属关系，而没有进行胁迫的，不能认定为强奸罪。

如果现役军人的配偶与现役军人的配偶同居或者结婚，双方都明知的，双方均构成破坏军婚罪；一方明知对方是现役军人的配偶，另一方不明知的，则明知的一方构成破坏军婚罪，不明知的一方构成重婚罪或者不构成犯罪；如果双方均不明知对方是现役军人的配偶的，则根据情况构成重婚罪或者不构成犯罪。

对破坏军婚情节一般的，军人本人不愿声张的，为避免扩大不良影响，可不作处理。对于破坏军人婚姻，造成军人家庭破裂或者其他严重后果的，则应当依法追究责任。

在司法实践中，结婚类破坏军婚的行为，在本质上也属于重婚行为。但是，为了实现对现役军人婚姻关系的特殊保护，法律将此类重婚行为规定为破坏军婚罪，并予以更重的处罚。另外，重婚罪的主体既包括有配偶而与他人结婚的人，也包括明知他人有配偶而与之结婚的人；而结婚类破坏军婚罪的犯罪主体，并不包括现役军人的配偶。但是,现役军人的配偶与他人结婚,仍然会构成重婚罪。在同居类破坏军婚行为的认定中,需要争取区分“同居”与“通奸”。“同居”是指虽然没有办理结婚登记,但以夫妻名义共同生活,或者在较长时间内共同生活。而“通奸”则仅有不正当的男女性关系,并没有以夫妻名义共同生活或者长期共同生活。仅与现役军人配偶有通奸行为的,不认定为破坏军婚罪。

第二百六十条　【虐待罪】虐待家庭成员,情节恶劣的,处二年以下有期徒刑、拘役或者管制。

犯前款罪,致使被害人重伤、死亡的,处二年以上七年以下有期徒刑。

第一款罪,告诉的才处理,但被害人没有能力告诉,或者因受到强制、威吓无法告诉的除外。

【条文对照】

1997 年《刑法》	2015 年《刑法修正案(九)》
第二百六十条　虐待家庭成员,情节恶劣的,处二年以下有期徒刑、拘役或者管制。 犯前款罪,致使被害人重伤、死亡的,处二年以上七年以下有期徒刑。 第一款罪,告诉的才处理。	第二百六十条　虐待家庭成员,情节恶劣的,处二年以下有期徒刑、拘役或者管制。 犯前款罪,致使被害人重伤、死亡的,处二年以上七年以下有期徒刑。 第一款罪,告诉的才处理,**但被害人没有能力告诉,或者因受到强制、威吓无法告诉的除外**。

【条文理解】

虐待罪,是指对共同生活的家庭成员,经常以打骂、饿冻等方法从肉体和精神上进行摧残迫害,情节恶劣的行为。本罪的具体构成要件是:

(1)本罪侵犯的客体是复杂客体,既包括共同生活的家庭成员在家庭生活中享有的合法权益,也包括其人身权利。

(2)本罪的客观方面表现为经常以打骂、饿冻、谩骂、捆绑、有病不医治等方法,对共同生活的家庭成员从肉体、精神上进行折磨和摧残,情节恶劣的行为。本罪的客观行为具有一定的持续性、一贯性。

(3)本罪的主体是特殊主体,即和被害人具有亲属关系且在家庭中共同生活的成员,非家庭成员不能成为本罪的犯罪主体。这里的“家庭成员”,是指在同一家庭共同生活的成员。

(4)本罪的主观方面表现为直接故意,即行为人已经预见到其行为会造成共同生活的家庭成员肉体或者精神上的痛苦,但仍然希望该结果发生。

【司法适用】

1. 罪与非罪的界限

根据立法规定和实践经验,可以从以下几个方面区分罪与非罪的界限:(1)情节是否恶劣。情节是否恶劣是区分罪与非罪的主要标志。《关于依法办理家庭暴力犯罪案件的意见》规定,采取殴打、冻饿、强迫过度劳动、限制人身自由、恐吓、侮辱、谩骂等手段,对家庭成员的身体和精神进行摧残、折磨,是实践中较为多发的虐待性质的家庭暴力。根据司法实践,具有虐待持续时间较长、次数较多;虐待手段残忍;虐待造成被害人轻微伤或者患较严重疾病;对未成年人、老年人、残疾人、孕妇、哺乳期妇女、重病患者实施较为严重的虐待行为等情形,属于《刑法》第260条第1款规定的虐待"情节恶劣",应当依法以虐待罪定罪处罚。(2)犯罪的对象。虐待罪是发生在家庭成员间的犯罪,行为人与被害人之间存在一定的亲属关系和扶养关系,如夫妻、父子、兄弟姐妹等。虐待非家庭成员的,不构成虐待罪,但如果因虐待行为直接给被害人造成严重后果,社会危害严重,构成其他犯罪的,可以按其他犯罪论处。

2. 本罪与故意杀人罪、故意伤害罪的界限

虐待行为的手段存在与故意杀人、故意伤害的手段十分相似的情况,并且虐待行为有时在客观上也可能造成被害人死亡或者伤害的后果。所以,虐待罪与故意杀人罪、故意伤害罪的界限较容易混淆。司法实践中应当从主观故意上区分虐待罪与故意杀人罪、故意伤害罪的界限,虐待罪的主观方面是故意对被害人进行肉体上和精神上的摧残和折磨;故意杀人罪、故意伤害罪的主观方面是故意剥夺他人的生命或者伤害他人身体健康。

3. 本罪与遗弃罪的界限

(1)主观方面的区别:虐待罪的故意是行为人有意识地对被害人进行肉体摧残和精神折磨;遗弃罪的故意是行为人明知自己应当履行扶养义务,也有实际履行扶养义务能力而拒绝扶养。

(2)客观方面的区别:虐待罪的客观方面,表现为经常或连续折磨、摧残家庭成员身心健康的行为;遗弃罪的客观方面,表现为对没有独立生活能力的家庭成员,具有扶养义务而拒绝扶养的行为。

(3)主体要件的区别:虐待罪的主体,必须是在一个家庭内部共同生活的成员;遗弃罪的主体,必须是对被遗弃者负有法律扶养义务而且具有履行义务能力的人。

(4)客体要件的区别:虐待罪侵犯的客体是复杂客体,既侵犯共同生活的家庭成员在家庭生活中享有合法权益,也侵犯了被害人的身体健康;遗弃罪侵犯的客

体,是家庭成员之间相互扶养的权利义务关系。

第二百六十条之一 【虐待被监护、看护人罪】对未成年人、老年人、患病的人、残疾人等负有监护、看护职责的人虐待被监护、看护的人,情节恶劣的,处三年以下有期徒刑或者拘役。

单位犯前款罪的,对单位判处罚金,并对其直接负责的主管人员和其他直接责任人员,依照前款的规定处罚。

有第一款行为,同时构成其他犯罪的,依照处罚较重的规定定罪处罚。

【条文对照】

1997年《刑法》	2015年《刑法修正案(九)》
无	**第二百六十条之一 对未成年人、老年人、患病的人、残疾人等负有监护、看护职责的人虐待被监护、看护的人,情节恶劣的,处三年以下有期徒刑或者拘役。** **单位犯前款罪的,对单位判处罚金,并对其直接负责的主管人员和其他直接责任人员,依照前款的规定处罚。** **有第一款行为,同时构成其他犯罪的,依照处罚较重的规定定罪处罚。**

【条文理解】

虐待被监护、看护人罪,是指对未成年人、老年人、患病的人、残疾人等负有监护、看护职责的人,虐待被监护、看护的人,情节恶劣的行为。本罪的具体构成要件是:

(1)本罪侵犯的客体是被监护人、被看护人的人身权利。

(2)本罪的客观方面表现为行为人违反监护或者看护义务,实施了虐待未成年人、老年人、患病的人、残疾人等且情节恶劣的行为。这里的"虐待",主要是指行为人对被监护、看护人以打骂、捆绑、冻饿、限制自由、凌辱人格等方法,从肉体上和精神上进行折磨和摧残。构成本罪需要达到"情节恶劣"的程度。情节是否恶劣,需要从虐待手段、持续时间、行为后果等方面综合评价。

(3)本罪的主体为特殊主体,即对未成年人、老年人、患病的人、残疾人等负有监护、看护职责的人。这里"负有监护、看护职责的人"并不包括基于家庭成员关系负有监护、看护职责的人。

(4)本罪的主观方面表现为故意,即行为人明知自己的虐待行为会侵犯被监护、看护人的人身权利,而希望或者放任此种后果发生。

【司法适用】

在司法实践中,虐待被监护、看护人的行为,有可能同时构成其他犯罪,比如故意伤害罪。此时,构成虐待被监护、看护人罪与其他犯罪的想象竞合,应当按照本条第 3 款的规定,择一重罪予以定罪处罚。

第二百六十一条　【遗弃罪】对于年老、年幼、患病或者其他没有独立生活能力的人,负有扶养义务而拒绝扶养,情节恶劣的,处五年以下有期徒刑、拘役或者管制。

【条文理解】

遗弃罪,是指对于年老、年幼、患病或者其他没有独立生活能力的人,负有扶养义务而拒绝扶养,情节恶劣的行为。本罪的具体构成要件是:

(1)本罪侵犯的客体是被遗弃人受扶养的权利,犯罪对象是年老、年幼、患病或者其他没有独立生活能力的家庭成员。

(2)本罪的客观方面表现为对于年老、年幼、患病或者其他没有独立生活能力的人,负有扶养义务而拒绝扶养,情节恶劣的行为。首先,遗弃行为针对的对象必须是年老、年幼、患病或者其他没有独立生活能力的人。这里的"没有独立生活能力",是指不具备或者丧失劳动能力,没有生活来源而需要在经济上予以帮助,或者虽然有经济来源,但生活不能自理而需要他人照顾等情形。其次,行为人必须是能够履行扶养义务而拒绝履行。若对于没有独立生活来源的人不负有扶养义务,则不存在拒绝扶养的问题,也就不可能构成本罪。这里的"扶养义务",是指依法对被扶养人在经济、生活等方面予以供给、照顾,以维持其正常生活的义务。这种扶养义务,通常源于家庭亲属关系。最后,遗弃行为必须情节恶劣。情节恶劣通常是指遗弃动机卑劣、遗弃手段恶劣、造成严重后果,比如遗弃行为导致被害人死亡或者重伤、有遗弃行为而且屡教不改等。

(3)本罪的主体是特殊主体,即对被遗弃者负有扶养义务且有履行能力的人。

(4)本罪的主观方面表现为故意,即明知自己对于年老、年幼、患病或者其他没有独立生活能力的人负有扶养义务,且有能力履行该义务,而拒绝扶养。

【司法适用】

负有扶养义务且有扶养能力的人,拒绝扶养年幼、年老、患病或者其他没有独立生活能力的家庭成员,是危害严重的遗弃性质的家庭暴力。根据司法实践,具有对被害人长期不予照顾、不提供生活来源;驱赶、逼迫被害人离家,致使被害人流离失所或者生存困难；遗弃患严重疾病或者生活不能自理的被害人；遗弃致使被害人身体严重损害或者造成其他严重后果等情形，属于遗弃“情节恶劣”，应当依法以遗弃罪定罪处罚。

准确区分遗弃罪与故意杀人罪的界限，要根据被告人的主观故意、所实施行为的时间与地点、是否立即造成被害人死亡，以及被害人对被告人的依赖程度等进行综合判断。对于只是为了逃避扶养义务，并不希望或者放任被害人死亡，将生活不能自理的被害人弃置在福利院、医院、派出所等单位或者广场、车站等行人较多的场所，希望被害人得到他人救助的，一般以遗弃罪定罪处罚。对于希望或者放任被害人死亡，不履行必要的扶养义务，致使被害人因缺乏生活照料而死亡，或者将生活不能自理的被害人带至荒山野岭等人迹罕至的场所扔弃，使被害人难以得到他人救助的，应当以故意杀人罪定罪处罚。

第二百六十二条　【拐骗儿童罪】拐骗不满十四周岁的未成年人，脱离家庭或者监护人的，处五年以下有期徒刑或者拘役。

【条文理解】

拐骗儿童罪，是指拐骗不满14周岁的未成年人脱离家庭或者监护人的行为。本罪的具体构成要件是：

（1）本罪侵犯的客体是复杂客体，既包括他人的家庭关系，也包括儿童的合法权益。本罪的犯罪对象是不满14周岁的未成年人。

（2）本罪的客观方面表现为拐骗不满14周岁的未成年人脱离家庭或者监护人的行为。这里的“拐骗”，是指采取威胁、欺骗或者利诱等方法使儿童脱离家庭或者监护人。这里的“脱离家庭或者监护人”，是指使不满14周岁的未成年人脱离家庭、离开其父母或者其他监护人，致使未成年人的父母或者其他监护人无法对其行使监护权。在实践中，拐骗行为存在多种表现形式，其包括直接针对未成年人本人实施拐骗，比如利用物质诱骗未成年人，也包括针对未成年人的监护人来实施拐骗，比如获得监护人信任后伺机带走未成年人。

（3）本罪的主体是一般主体。

（4）本罪的主观方面表现为故意，即行为人具有拐骗不满14周岁的未成年人、使之脱离其家庭或者监护人的故意。

【司法适用】

在司法实践中，需要正确区分拐骗儿童罪、拐卖儿童罪和绑架罪，它们三者在客观上可能都具有使儿童脱离家庭或者监护人的状况。但是,拐骗儿童罪仅具有使儿童脱离家庭或者监护人的行为,而并不要求具有其他特定目的。在实践中,拐骗儿童多数出于供自己收养、供自己奴役、组织乞讨等目的。此时,其后续的供自己奴役、组织乞讨等行为,若同时符合强迫劳动罪、组织儿童乞讨罪等其他犯罪的构成要件,则应当按拐骗儿童罪和其他犯罪实行数罪并罚。拐卖儿童罪则具有出卖被拐儿童获利的目的,以出卖为目的的拐骗儿童,应当认定为拐卖儿童罪。对于以暴力、威胁、欺骗等方法使儿童脱离家庭或者监护人,并将其作为人质向其家人勒索财物的,应当认定为绑架罪。

第二百六十二条之一　【组织残疾人、儿童乞讨罪】以暴力、胁迫手段组织残疾人或者不满十四周岁的未成年人乞讨的,处三年以下有期徒刑或者拘役,并处罚金;情节严重的,处三年以上七年以下有期徒刑,并处罚金。

【条文对照】

1997 年《刑法》	2006 年《刑法修正案(六)》
无	**第二百六十二条之一　以暴力、胁迫手段组织残疾人或者不满十四周岁的未成年人乞讨的,处三年以下有期徒刑或者拘役,并处罚金;情节严重的,处三年以上七年以下有期徒刑,并处罚金。**

【条文理解】

组织残疾人、儿童乞讨罪,是指以暴力、胁迫手段组织残疾人或者不满 14 周岁的未成年人乞讨的行为。本罪的具体构成要件是:

(1)本罪侵犯的客体是复杂客体,既包括残疾人或者儿童的人身自由、人格尊严权,也包括社会秩序。本罪的犯罪对象是残疾人或者不满 14 周岁的未成年人。

(2)本罪的客观方面表现为以暴力、胁迫等手段组织残疾人或者不满 14 周岁的未成年人乞讨的行为。这里的“暴力”,是指可能给被害人带来肉体痛苦、伤害或者行为限制的强制力,比如殴打、体罚等,由此导致行为人不敢反抗、不能反抗。这里的“胁迫”,是指行为人以当场实施暴力或其他有损身心健康的行为相威胁,使其产生恐惧心理从而不敢反抗、不能反抗,比如以殴打相威胁、以揭露隐私相威胁等。胁迫的内容,既可以是针对被害人本人,也可以是针对其亲属或者其他人,只要能对被害人造成心理强制即可。这里的“组织”,是指行为人通过身体强制或者精神强制,控制、支配、指挥 3 名以上残疾人或者不满 14 周岁的未成年人进行乞讨。组织乞讨的手段行为是暴力和胁迫。

(3)本罪的主体是一般主体。

(4)本罪的主观方面表现为直接故意,行为人往往具有牟利的目的。

【司法适用】

组织乞讨行为过程中,往往伴随关联犯罪,应当准确定性并处断:(1)组织乞讨中,对残疾人、儿童实施暴力造成被害人轻伤以上后果的,应当以故意伤害罪或故意杀人罪,与组织残疾人、儿童乞讨罪予以并罚。(2)在组织乞讨的过程中往往伴随组织者对被组织对象的非法限制或剥夺人身自由。拘禁行为是组织行为的一部分,非法的组织行为往往都包含对被组织者的非法拘禁。因此,不发生罪数的认定问题,依照组织残疾人、儿童乞讨罪单独定罪处罚。(3)在实践中,组织乞讨者往往通过拐骗的方式使儿童脱离家庭庇护,从而实现其组织乞讨人员的目的。此时,组织儿童乞讨罪的行为人的行为便符合了组织儿童乞讨罪与拐骗儿童罪两个犯罪构成,应当进行数罪并罚。

对组织儿童乞讨情节严重的,往往有以下几种表现:(1)组织不满6周岁的儿童1人以上或者已满6周岁的儿童3人以上乞讨的;(2)组织儿童采取有伤风化、严重损害儿童身心健康的方式进行乞讨的;(3)采取药物麻醉等严重损害儿童身心健康的方式迫使其乞讨的;(4)暴力迫使儿童乞讨致使乞讨儿童受轻微伤的;(5)组织儿童乞讨达1个月以上的;(6)被组织乞讨的儿童经查证系被偷盗、拐卖、拐骗的;(7)遗弃所组织的儿童或者致使被组织乞讨的儿童下落不明的;(8)组织儿童乞讨期间,因疏于照料看护,致儿童营养不良达中度以上,罹患严重疾病,伤残或者死亡的;(9)具有其他严重情节的。

【司法案例】

翟某峰、魏某英组织儿童乞讨案①

[**裁判要旨**]第一,组织儿童乞讨罪中的"暴力、胁迫"不以压制儿童反抗为必要,只要足以让儿童产生恐惧心理即可。对儿童实施抽耳光、踢打等轻微暴力,或者采取冻饿、凌辱、言语恐吓、精神折磨、有病不给治疗、限制人身自由、灌服精神镇定麻醉类药物等方式,组织儿童乞讨的,均符合组织儿童乞讨罪的入罪条件。对"暴力、胁迫"事实,应以对儿童进行特殊保护政策为导向,依据证据材料,结合常识、常理、常情,合理认定。对于乞讨儿童被发现、解救时,经身体检查存在外伤,被灌服精神类、麻醉类药物,或者身体畸形状况经鉴定系人为外力、灌服药物等导致,而组织者拒不或者不能作出合理解释、提供相应依据的,可以结合具体案

① 参见《刑事审判参考》总第98集第999号案例。

情认定系组织者“暴力、胁迫”所致。第二,组织儿童乞讨罪中的“组织”不以被组织乞讨的人员达3人为入罪条件。组织残疾人、儿童乞讨罪的行为对象是特定的“弱者”,即使组织1名残疾人、儿童乞讨也有严重的社会危害性,也有必要予以刑事制裁。与对组织卖淫等犯罪中的“组织”概念进行限制解释不同,对组织残疾人、儿童乞讨罪的“组织”作适度的扩大解释,避免因该罪门槛过高而放纵部分犯罪分子,合乎该罪最大限度保护社会弱势群体权益的立法宗旨,亦未超出“组织”概念文义的涵摄范围和正常公民的预测可能性。第三,乞讨是指某一社会成员远离社会主流生活以苦难遭遇的叙述或者表演等为手段而换取施舍的行为。根据是否以牟利为目的,乞讨可以分为以解决生活困境为目的的生存性乞讨和将乞讨作为主要生活来源乃至发财致富手段的职业性乞讨。

第二百六十二条之二　【组织未成年人进行违反治安管理活动罪】组织未成年人进行盗窃、诈骗、抢夺、敲诈勒索等违反治安管理活动的,处三年以下有期徒刑或者拘役,并处罚金;情节严重的,处三年以上七年以下有期徒刑,并处罚金。

【条文对照】

1997年《刑法》	2009年《刑法修正案(七)》
无	**第二百六十二条之二　组织未成年人进行盗窃、诈骗、抢夺、敲诈勒索等违反治安管理活动的,处三年以下有期徒刑或者拘役,并处罚金;情节严重的,处三年以上七年以下有期徒刑,并处罚金。**

【条文理解】

本条是2009年《刑法修正案(七)》增设的条文。组织未成年人进行违反治安管理活动罪,是指组织未成年人进行盗窃、诈骗、抢夺、敲诈勒索等违反治安管理活动的行为。本罪的具体构成要件是:

(1)本罪侵犯的客体是复杂客体,既包括未成年人的身心健康和正常生活权,也包括社会治安秩序。

(2)本罪的客观方面表现为组织未成年人进行盗窃、诈骗、抢夺、敲诈勒索等违反治安管理活动的行为。这里的“组织”,既可以是通过暴力、胁迫等强制性手段实施,也可以是通过利益引诱、欺骗等非强制性方式实施。构成本罪仅限于组织实施违反治安管理活动,而并不包括组织实施犯罪行为。这里的“未成年人”,是指未满18周岁的自然人,既包括身体健康的未成年人,也包括身心残疾的未成年人。本罪属于行为犯,即只要实施了组织未成年人进行盗窃、诈骗、抢夺、敲诈勒索等违反治安管理活动的行为,就构成本罪。至于被组织的未成年人是否实施了盗窃等违反治安管理活动的行为,并不影响本罪的成立。

(3)本罪的主体是一般主体,凡达到刑事责任年龄、具有刑事责任能力的人,都可以成为本罪的犯罪主体。

(4)本罪的主观方面表现为直接故意。

【司法适用】

在司法实践中,若被组织的未成年人所实施的盗窃、诈骗、抢夺、敲诈勒索等行为,尚不构成犯罪,而仅属于违反治安管理活动,则其组织人才构成本罪;若被组织的未成年人所实施的盗窃、诈骗、抢夺、敲诈勒索等行为,已经构成盗窃罪、诈骗罪、抢夺罪、敲诈勒索罪等犯罪,则其组织人构成上述犯罪的共犯,而不构成本罪。

第五章　侵犯财产罪

第二百六十三条　【抢劫罪】以暴力、胁迫或者其他方法抢劫公私财物的，处三年以上十年以下有期徒刑，并处罚金；有下列情形之一的，处十年以上有期徒刑、无期徒刑或者死刑，并处罚金或者没收财产：

（一）入户抢劫的；

（二）在公共交通工具上抢劫的；

（三）抢劫银行或者其他金融机构的；

（四）多次抢劫或者抢劫数额巨大的；

（五）抢劫致人重伤、死亡的；

（六）冒充军警人员抢劫的；

（七）持枪抢劫的；

（八）抢劫军用物资或者抢险、救灾、救济物资的。

【条文理解】

抢劫罪，是指以非法占有为目的，使用暴力、胁迫或者其他方法，强行当场夺取公私财物的行为。本罪的具体构成要件是：

（1）本罪侵犯的客体为双重客体，既包括公私财产的所有权，也包括被害人的人身权利。

（2）本罪的客观方面表现为对公私财物的所有者、保管者或者守护者使用暴力、胁迫或者其他对人身实行强制的方法，当场抢走财物或者迫使被害人交出财物的行为。

“暴力”，是指行为人以殴打、伤害、捆绑、禁闭等强暴手段，足以压制被害人反抗，但不要求必须达到危及被害人身体健康或者生命安全的程度。这种暴力必须是针对人而故意实施的，直接作用于人的身体，一般是针对被害人本人，特殊情况下也可以针对在场的被害人亲属或者其他有关人员。

“胁迫”，是指行为人以立即实施暴力相威胁，实行精神强制。这种胁迫同样需要达到压制被害人反抗的程度，使其产生恐惧心理而不敢抗拒，胁迫通常是以明确的语言、示意或者动作进行威胁。

"其他方法",是指行为人除了暴力或者胁迫方法之外,对被害人采取麻醉、麻痹等方法,使被害人不知反抗或者丧失反抗能力。单纯利用被害人不能反抗的状态取走财物的,不认定为本罪。

(3)本罪的主体为一般主体。凡年满14周岁并具有刑事责任能力的自然人,均可构成本罪的主体。

(4)本罪的主观方面为直接故意,必须以非法占有公私财物为目的。

【司法适用】

1. 罪与非罪的界限

抢劫罪的成立,不受犯罪数额的限制,但其对强制手段具有程度上的要求,即达到"压制反抗"的程度。根据《刑法》第13条的规定,情节显著轻微危害不大的行为,不认为构成抢劫罪。

2. 本罪与其他犯罪的界限

(1)本罪与绑架罪的界限。两罪的区别在于:①主观方面不尽相同。抢劫罪中,行为人一般出于非法占有他人财物的故意实施抢劫行为,绑架罪中,行为人既可能为勒索他人财物而实施绑架行为,也可能出于其他非经济目的实施绑架行为;②行为手段不尽相同。抢劫罪表现为行为人劫取财物,一般应在同一时间、同一地点,具有"当场性";绑架罪表现为行为人以杀害、伤害等方式向被绑架人的亲属或其他人或单位发出威胁,索取赎金或提出其他非法要求,劫取财物一般不具有"当场性"。

(2)本罪与抢劫枪支、弹药、爆炸物、危险物质罪的界限。两罪的区别在于:①犯罪对象不同。前者的犯罪对象是除枪支、弹药、爆炸物以外的其他公私财物;后者的犯罪对象是枪支、弹药、爆炸物、危险物质。②侵犯的客体不同。前者侵犯的客体是公私财产所有权,后者侵犯的客体是社会的公共安全。

(3)本罪与强迫交易罪的界限。从事正常商品买卖、交易或者劳动服务的人,以暴力、胁迫手段迫使他人交出与合理价钱、费用相差不大的钱物,情节严重的,以强迫交易罪定罪处罚;以非法占有为目的,以买卖、交易、服务为幌子采用暴力、胁迫手段迫使他人交出与合理价钱、费用相差悬殊的钱物的,以抢劫罪定罪处刑。区分两罪时,既要考虑超出合理价格、费用的绝对数额,还要考虑超出合理价钱、费用的比例。

(4)本罪与寻衅滋事罪的界限。寻衅滋事罪是严重扰乱社会秩序的犯罪,行为人实施寻衅滋事的行为时,客观上也可能表现为强拿硬要公私财物的特征。抢劫罪与强拿硬要型寻衅滋事罪的区别在于:前者行为人一般只具有非法占有他人财物的目的,后者行为人主观上还具有逞强好胜和通过强拿硬要来填补其精神空虚等目的;前者行为人以暴力、胁迫等方式作为劫取他人财物的手段,而后者行为人客观上则一般不以严重侵犯他人人身权利的方法强拿硬要财物。司法实践中,对于未成年人使用或威胁使用轻微暴力强抢少量财物的行为,一般不宜以抢劫罪定罪处罚。其行为符合寻衅滋事罪特征的,可以寻衅滋事罪定罪处罚。

3. 准确理解《刑法》第 263 条规定的 8 种法定情形

(1)入户抢劫的。认定"入户抢劫"时,应当注意以下三个问题:一是"户"的范围。"户"是指住所,供他人家庭生活并与外界相对隔离。除具备上述特征外,集体宿舍、旅店宾馆、临时搭建工棚等一般不应认定为"户"。二是"入户"目的的非法性。抢劫行为虽然发生在户内,但行为人不以实施抢劫等犯罪为目的进入他人住所,而是在户内临时起意实施抢劫的,不属于"入户抢劫"。三是暴力或者暴力胁迫行为必须发生在户内。

(2)在公共交通工具上抢劫的。"在公共交通工具上抢劫"主要是指在从事旅客运输的各种公共汽车、大、中型出租车、火车、船只、飞机等正在运营中的机动公共交通工具上对旅客、司售、乘务人员实施的抢劫。在未运营中的大、中型公共交通工具上针对司售、乘务人员抢劫的,或者在小型出租车上抢劫的,不属于"在公共交通工具上抢劫"。

(3)抢劫银行或者其他金融机构的。"其他金融机构"指银行以外的依法从事货币资金的融通和信用的机构,例如证券公司、保险公司等。抢劫对象为银行或者其他金融机构的经营资金、有价证券和客户的资金等。抢劫银行或者其他金融机构正在使用的运钞车,视为"抢劫银行或者其他金融机构"。

(4)多次抢劫或者抢劫数额巨大的。"多次",是指 3 次及以上。对于行为人基于一个犯意实施犯罪的,例如在同一地点、时间对在场的多人实施抢劫的;或者基于同一犯意在同一地点实施连续抢劫犯罪的,例如在同一地点连续地对途经此地的多人进行抢劫的;或者在一次犯罪中对一栋居民楼房中的几户居民连续实施入户抢劫的,一般应认定为一次犯罪。"抢劫数额巨大"标准应参照各地认定盗窃罪数额巨大的标准执行。

(5)抢劫致人重伤、死亡的。根据最高人民法院《关于抢劫过程中故意杀人案件如何定罪问题的批复》的规定,行为人为劫取财物而预谋故意杀人,或者在劫取财物过程中,为制服被害人反抗而故意杀人的,以抢劫罪定罪处罚。对于在实施抢劫后,为逃避罪责杀人灭口,又将被害人杀害的,则应当分别定故意杀人和抢劫两个罪,实行并罚。

(6)冒充军警人员抢劫的。认定"冒充军警人员抢劫",要注重对行为人是否穿着军警制服、携带枪支、是否出示军警证件等情节进行综合审查，判断是否足以使他人误以为是军警人员。

(7)持枪抢劫的。“持枪抢劫”，是指行为人使用枪支或者向被害人显示持有、佩带的枪支进行抢劫的行为。

(8)抢劫军用物资或者抢险、救灾、救济物资的。“军用物资”，是指除武器装备以外的，供军事上正在使用或储存备用的其他物品，例如军用被服、粮食等。“抢险、救灾、救济物资”，是指抢险、救灾、救济用途已经明确的正在使用或储存备用的物资。

4. 正确认定抢劫罪的既遂与未遂

抢劫罪侵犯的是复杂客体，既侵犯财产权利又侵犯人身权利，具备劫取到财物或者造成他人轻伤以上后果两者之一的，均属抢劫既遂；既未劫取到财物，又未造成他人人身伤害后果的，属抢劫未遂。据此，《刑法》第 263 条规定的八种处罚情节中除“抢劫致人重伤、死亡的”这一结果加重情节之外，其余七种情节同样存在既遂、未遂问题，其中属抢劫未遂的，应当根据刑法关于加重情节的法定刑规定，结合未遂犯的处理原则量刑。

【司法案例】

王某国、肖某美抢劫案①

［**裁判要旨**］抢劫罪中“冒充军警人员抢劫”的认定，应当满足以下条件：(1)冒充军警的行为应具有一定的表现形式。表现形式主要包括行为人主动亮明自己的军警人员身份、出示军警证件、身着军警制式服装、携带警械、驾驶军警车辆等。当然在具体认定过程中，还有结合行为人的主观方面进行判断。(2)冒充军警人员的行为应达到使一般人能够相信其身份的程度。冒充军警人员的行为不可简单依据结果来认定，换言之，此处使用的并非“被害人标准”，而是“常人标准”。

第二百六十四条　【盗窃罪】盗窃公私财物，数额较大的，或者多次盗窃、入户盗窃、携带凶器盗窃、扒窃的，处三年以下有期徒刑、拘役或者管制，并处或者单处罚金；数额巨大或者有其他严重情节的，处三年以上十年以下有期徒刑，并处罚金；数额特别巨大或者有其他特别严重情节的，处十年以上有期徒刑或者无期徒刑，并处罚金或者没收财产。

---

① 参见《刑事审判参考》总第 109 集第 1184 号案例。

第二百六十五条　【盗窃罪】以牟利为目的，盗接他人通信线路、复制他人电信码号或者明知是盗接、复制的电信设备、设施而使用的，依照本法第二百六十四条的规定定罪处罚。

【条文对照】

1997 年《刑法》	2011 年《刑法修正案(八)》
第二百六十四条　盗窃公私财物，数额较大或者多次盗窃的，处三年以下有期徒刑、拘役或者管制，并处或者单处罚金；数额巨大或者有其他严重情节的，处三年以上十年以下有期徒刑，并处罚金；数额特别巨大或者有其他特别严重情节的，处十年以上有期徒刑或者无期徒刑，并处罚金或者没收财产；**有下列情形之一的，处无期徒刑或者死刑，并处没收财产：** **(一)盗窃金融机构，数额特别巨大的；** **(二)盗窃珍贵文物，情节严重的。**	第二百六十四条　盗窃公私财物，数额较大**的**，或者多次盗窃**、入户盗窃、携带凶器盗窃、扒窃**的，处三年以下有期徒刑、拘役或者管制，并处或者单处罚金；数额巨大或者有其他严重情节的，处三年以上十年以下有期徒刑，并处罚金；数额特别巨大或者有其他特别严重情节的，处十年以上有期徒刑或者无期徒刑，并处罚金或者没收财产。

【条文理解】

盗窃罪，是指以非法占有为目的，窃取他人占有的财物，数额较大或者多次盗窃、入户盗窃、携带凶器盗窃、扒窃的行为。本罪的具体构成要件是：

(1)本罪侵犯的客体是公私财产的所有权。财物既包括有形财产，也包括如煤气、电力等具有经济价值的无形财产，还包括存单、债券等有价证券和网络空间中的虚拟财产。根据《刑法》第 265 条的规定，通信线路、电信码号也可以成为本罪的犯罪对象。

(2)本罪的客观方面表现为窃取他人占有的财物，数额较大或者多次盗窃、入户盗窃、携带凶器盗窃、扒窃。“窃取”是排除他人对财物的支配，实现转移占有。在手段上，既可以本人实施，也可以利用他人实施，还可以利用机器、动物实施；在方式上，通常表现为秘密窃取，但并不限定于秘密窃取。例如，被害人住在高层公寓，不慎将钱包掉落，行为人不顾被害人呼喊将钱包公开拿走，应成立盗窃罪。但“窃取”行为必须要违背被害人的意志，如果被害人自愿交付财物，则不构成本罪。“多次盗窃”，指行为人两年内实施盗窃行为 3 次以上；“入户盗窃”，指行为人非法进入他人日常居住的场所实施盗窃行为；“携带凶器盗窃”，指行为人随身携带国家禁止个人非法携带的器械或者其他足以危害他人人身安全的器械进行盗窃；“扒窃”，指在公共场所里盗窃他人随身携带的财物。一般而言，在非公共场所内盗窃他人随身携带物品不宜认定为扒窃。

(3)本罪的主体为一般主体,即凡年满16周岁并具有刑事责任能力的自然人,都可以构成盗窃罪的主体。

(4)本罪的主观方面只能由直接故意构成,并且具有非法占有他人财物的目的。

【司法适用】

1. 罪与非罪的界限

(1)不受"数额较大"限制的情况。全国人民代表大会常务委员会法制工作委员会作出的《关于对最高人民法院办公厅〈关于被告人何珍才盗窃案征求意见的函〉的意见》载明:《刑法修正案(八)》增加入户盗窃、携带凶器盗窃、扒窃等三类特定的盗窃犯罪,是考虑到这三类盗窃行为本身的社会危害性较大,构成犯罪不受"数额较大"的限制。

(2)"数额较大""数额巨大""数额特别巨大"的数额标准。根据《盗窃案件解释》第1条的规定,盗窃公私财物价值1000~3000元以上、3万~10万元以上、30万~50万元以上的,应当分别认定为《刑法》第264条规定的"数额较大""数额巨大""数额特别巨大"。各省、自治区、直辖市确定本地区执行的具体数额标准。

该解释第2条规定,以下情况下盗窃公私财物的,"数额较大"的标准可以按照第1条规定标准的50%确定:①曾因盗窃受过刑事处罚的;②1年内曾因盗窃受过行政处罚的;③组织、控制未成年人盗窃的;④自然灾害、事故灾害、社会安全事件等突发事件期间,在事件发生地盗窃的;⑤盗窃残疾人、孤寡老人、丧失劳动能力人的财物的;⑥在医院盗窃病人或者其亲友财物的;⑦盗窃救灾、抢险、防汛、优抚、扶贫、移民、救济款物的;⑧因盗窃造成严重后果的。

(3)不作为盗窃犯罪处理的情况。根据《盗窃案件解释》第8条的规定,偷拿家庭成员或者近亲属的财物,获得谅解的,一般可不认为是犯罪;追究刑事责任的,应当酌情从宽。根据《未成年人案件解释》第9条第1款的规定,已满16周岁不满18周岁的人实施盗窃行为未超过三次,盗窃数额虽已达到"数额较大"标准,但案发后能如实供述全部盗窃事实并积极退赃,且具有下列情形之一的,可以认定为"情节显著轻微危害不大",不认为是犯罪:①系又聋又哑的人或者盲人;②在共同盗窃中起次要或者辅助作用,或者被胁迫;③具有其他轻微情节的。并且该解释第9条第2款还规定,已满16周岁不满18周岁的人盗窃未遂或者中止的,可不认为是犯罪。

2. 本罪与他罪的界限

(1)盗窃罪与危害公共安全罪的界限。

①盗窃正在使用中的电力设备、易燃易爆设备、广播电视设施、公用电信设施,价值数额不大的,但是危害公共安全已构成破坏电力设备罪、破坏易燃易爆设

备罪、破坏广播电视设施罪、破坏公用电信设施罪的，应当依照《刑法》第118条、第124条的规定定罪处罚，同时构成盗窃罪和上述犯罪的，择一重罪处罚。

②以盗窃的方式破坏交通工具、交通设施，足以使火车、汽车、电车、船只、航空器发生倾覆、毁坏危险，但尚未造成严重后果的，如果同时构成盗窃罪和破坏交通工具罪、破坏交通设施罪，择一重罪处罚。如果盗窃的是不影响交通工具正常使用的零部件或尚未投入使用的交通设施，不足以危害交通运输安全的，以盗窃罪定罪处罚。

③根据《盗窃油气、破坏油气设备案件解释》第3条的规定，盗窃油气或者正在使用的油气设备，构成犯罪，但未危害公共安全的，依照《刑法》第264条的规定，以盗窃罪定罪处罚；盗窃油气，数额巨大但尚未运离现场的，以盗窃未遂定罪处罚；为他人盗窃油气而偷开油气井、油气管道等油气设备阀门排放油气或者提供其他帮助的，以盗窃罪的共犯定罪处罚。该解释第4条规定，盗窃油气同时构成盗窃罪和破坏易燃易爆设备罪的，依照刑法处罚较重的规定定罪处罚。

(2)盗窃罪与故意毁坏财物罪的界限。

根据《盗窃案件解释》第11条的规定，盗窃公私财物并造成财物损毁的，按照下列规定处理：①采用破坏性手段盗窃公私财物，造成其他财物损毁的，以盗窃罪从重处罚；同时构成盗窃罪和其他犯罪的，择一重罪从重处罚；②实施盗窃犯罪后，为掩盖罪行或者报复等，故意毁坏其他财物构成犯罪的，以盗窃罪和构成的其他犯罪数罪并罚；③盗窃行为未构成犯罪，但损毁财物构成其他犯罪的，以其他犯罪定罪处罚。

3. 以盗窃罪论处的情况

(1)根据《刑法》第196条第3款的规定，盗窃信用卡并使用的，应当以盗窃罪论处。

(2)根据《刑法》第210条第1款的规定，盗窃增值税专用发票或者可以用于骗取出口退税、抵扣税款的其他发票的，应当以盗窃罪论处。

(3)根据《刑法》第265条的规定，以牟利为目的，盗接他人通信线路、复制他人电信码号或者明知是盗接、复制的电信设备、设施而使用的，依照本法第264条的规定定罪处罚。

4. 准确认定“其他严重情节”“其他特别严重情节”

根据《盗窃案件解释》第6条的规定，盗窃公私财物，具有本解释第2条第3~8项规定情形之一（组织、控制未成年人盗窃的；自然灾害、事故灾害、社会安全事件等突发事件期间，在事件发生地盗窃的；盗窃残疾人、孤寡老人、丧失劳动能力人的财物的；在医院盗窃病人或者其亲友财物的；盗窃救灾、抢险、防汛、优抚、扶贫、移民、救济款物的;因盗窃造成严重后果的),或者入户盗窃、携带凶器盗窃,数额达到本解释第 1 条规定的“数额巨大”“数额特别巨大”50%的,可以分别认定为《刑法》第 264 条规定的“其他严重情节”或者“其他特别严重情节”。

5. 单位盗窃如何适用法律问题

《盗窃案件解释》第 13 条规定,单位组织、指使盗窃,符合《刑法》第 264 条及本解释有关规定的,以盗窃罪追究组织者、指使者、直接实施者的刑事责任。最高人民检察院《关于单位有关人员组织实施盗窃行为如何适用法律问题的批复》也明确了,单位有关人员为谋取单位利益组织实施盗窃行为,情节严重的,应当依照《刑法》第 264 条的规定以盗窃罪追究直接责任人员的刑事责任。也就是说,单位实施盗窃行为并不构成单位犯罪,但追究直接责任人员的刑事责任。

6. 盗窃罪的既遂和未遂

(1)犯罪未遂应当追究刑事责任的情况。根据《盗窃案件解释》第 12 条的规定,盗窃未遂,具有下列情形之一的,应当依法追究刑事责任:①以数额巨大的财物为盗窃目标的;②以珍贵文物为盗窃目标的;③其他情节严重的情形。

(2)盗窃罪既有既遂,又有未遂,分别达到不同量刑幅度的,依照处罚较重的规定处罚;达到统一量刑幅度的,以盗窃罪既遂处罚。

【司法案例】

何某、汪某太非法处置扣押的财产案①

[**裁判要旨**]盗窃罪的犯罪构成要求行为人主观上必须具有非法占有的目的,是否构成盗窃罪,还要结合行为人的主观目的而定。如果行为人具有非法占有的目的,在司法机关合法占有、控制期间秘密取回车辆并索赔的,其行为构成盗窃罪。行为人采取非法手段取回自己被公安机关依法扣押的车辆,但其没有向司法机关索赔的目的,也未获得司法机关的赔偿,其主观上没有非法占有的目的,不构成盗窃罪。

第二百六十六条　【诈骗罪】诈骗公私财物,数额较大的,处三年以下有期徒刑、拘役或者管制,并处或者单处罚金;数额巨大或者有其他严重情节的,处三年以上十年以下有期徒刑,并处罚金;数额特别巨大或者有其他特别严重情节的,处十年以上有期徒刑或者无期徒刑,并处罚金或者没收财产。本法另有规定的,依照规定。

---

① 参见《刑事审判参考》总第 108 集第 1177 号案例。

【条文理解】

诈骗罪,是指以非法占有为目的,采用虚构事实或者隐瞒真相的方法骗取公私财物,数额较大的行为。本罪的具体构成要件是:

(1)本罪侵犯的客体是公私财物的所有权。本罪的犯罪对象既包括狭义财物也包括财产性利益。但是采用欺骗的手段骗取他人非法服务或者使他人免除非法债务的,不成立本罪。

(2)本罪的客观方面表现为采用虚构事实或者隐瞒真相的方法,使财物所有人、管理人陷入认识错误,并基于认识错误"自愿地"交出财物的行为。

"虚构事实",是指捏造不存在的事实,既可以是全部虚构,也可以是部分虚构;"隐瞒真相",是指掩盖某一事实或者部分事实的真实情况。不论是"虚构事实"还是"隐瞒真相",都向被害人传达了不真实的信息,使被害人陷入认识错误,进而导致被害人"自愿地"交出财物,该认识错误和交付财物之间具有紧密而直接的因果关系。

关于被害人交出财物是否应当具有处分的意识,目前存在争议,本书赞同"处分意识必要说"的观点,即认识到自己正在将某种财产交由他人占有,但并不要求被害人对财产的价格、数量具有完全的认识。例如,行为人在超市中将贵重红酒藏于袋装大米中,在结账时仅结清大米的费用,应当认为收银员不具有处分该贵重红酒的意识,故行为人的行为不构成诈骗罪,而构成盗窃罪。但如果行为人在超市中用便宜红酒的条形码替换贵重红酒的条形码,后向收银员付款的,应当认为收银员具有处分意识,行为人构成诈骗罪。之所以要坚持意识必要说的观点,主要是基于主客观相一致原则。从行为人角度,其通过行为隐瞒了真实的情况,使得被害人发生错误的认识自愿交付财物的,符合诈骗罪的构成要件;反之,行为人的行为没有隐瞒真实情况,但其手段方法足以使被害人不知情,行为所具有的秘密性相比其隐瞒真相本身更能体现行为特征及其社会危害性,则应当按盗窃罪处理。

(3)本罪的主体为一般主体。凡年满16周岁且具有刑事责任能力的自然人,都可以成为本罪的主体,单位不能成为诈骗罪的主体。

(4)本罪的主观方面只能由直接故意构成,并且要求行为人具有非法占有公私财物的目的。

非法占有目的的认定是实务中的难点,在现有证据存疑时,《全国法院审理金融犯罪案件工作座谈会纪要》规定了7种"可以认定为具有非法占有目的"的情形,包括:①明知没有归还能力而大量骗取资金的;②非法获取资金后逃跑的;③肆意挥霍骗取资金的;④使用骗取的资金进行违法犯罪活动的;⑤抽逃、转移资金、隐匿财产,以逃避返还资金的;⑥隐匿、销毁账目,或者搞假破产、假倒闭,以逃避返还资金的;⑦其他非法占有资金、拒不返还的行为。该纪要还特别强调,“应当坚持主客观相一致的原则……在处理具体案件的时候,对于有证据证明行为人不具有非法占有目的的,不能单纯以财产不能归还就按金融诈骗罪处罚”。

【司法适用】

1. 罪与非罪的界限

根据《刑法》第266条的规定,诈骗“数额较大的”才构成犯罪;根据《诈骗案件解释》第1条的规定,诈骗公私财物价值3000~1万元以上、3万~10万元以上、50万元以上的,应当分别认定为《刑法》第266条规定的“数额较大”“数额巨大”“数额特别巨大”。实践中,各省、自治区、直辖市均确定了本地区执行的具体数额标准。

根据《诈骗案件解释》第4条的规定,诈骗近亲属的财物,近亲属谅解的,一般可不按犯罪处理。诈骗近亲属的财物,确有追究刑事责任必要的,具体处理也应酌情从宽。

即便在行为人诈骗数额已经达到较大标准,应作为犯罪处理的情况下,如果行为人认罪、悔罪,根据《诈骗案件解释》第3条的规定,有下列情形之一的,可以不起诉或者免予刑事处罚:(1)具有法定从宽处罚情节的;(2)一审宣判前全部退赃、退赔的;(3)没有参与分赃或者获赃较少且不是主犯的;(4)被害人谅解的;(5)其他情节轻微、危害不大的。

2. 本罪与其他犯罪的界限

(1)本罪与盗窃罪的界限。区分本罪与盗窃罪的关键在于行为人是否基于认识错误而处分了财产。例如,在“借打手机找人将手机顺走”的情形中,被害人并没有处分手机,故行为人不构成诈骗罪,而构成盗窃罪。在“行为人在窃取得有价票证、证券后,又凭借窃得的票证冒领财物”的情形中,如果被盗票证在形式上完备、齐全,行为人在有效期内凭票证就可以顺利提货提款,那么票证实际上就等同于对应财物的价值,盗窃票证的行为就应当认定为盗窃罪,窃取后的冒领行为是实现已窃取到手财物价值的手段;如果被盗票证因过期、作废等原因导致行为人无法顺利提货提款,那么该票证还无法代表对应财物的价值,此时无法认定为盗窃罪。行为人窃取票证后,如果通过伪造签名、变造信息的方式顺利申领到了对应货物或款项,其伪造有价证券、票证、印章的犯罪,属于诈骗罪的牵连行为,应当以本罪处罚。

(2)本罪与销售伪劣产品罪的界限。两罪都具有欺骗行为,其主要的区别是:①侵犯的客体不同。前者侵犯的客体是公私财产所有权,而后者主要侵犯的是市场经济秩序。②欺骗手段并不相同。本罪通常没有真实货物，或所谓“货物”与交易中约定的货物价值相差巨大。行为人是以买卖的形式无偿(或近乎无偿)非法占有他人财物，而生产、销售伪劣产品罪是为了获取非法利润，用掺杂、掺假、以假充真、以次充好的商品进行交易，但并不是无偿占有他人财物。

(3)本罪与组织、领导传销活动罪的界限。“拉人头”、收取“入门费”式的传销活动也具有诈骗的性质，组织、领导传销活动罪本质上也是诈骗犯罪，但是《刑法》第224条之一已有单独规定，根据“特别法优先于一般法”的原则，对于传销犯罪应以组织、领导传销活动罪定罪处罚。

(4)本罪与骗取贷款、票据承兑、金融票证罪的界限。两罪都使用了欺骗手段，区别在于：①前者侵犯的客体是公私财物所有权，而后者侵犯的客体是我国金融秩序和安全。②前者要求以非法占有为目的，而后者不要求具有非法占有金融资金的目的。③前者在客观方面表现为骗取他人财物，而后者的欺骗对象仅限于金融机构，骗取的不仅是财物，还包括金融机构的背书、担保等。

3. 对本罪未遂的处理

根据《诈骗案件解释》第5条的规定，诈骗未遂，以数额巨大的财物为诈骗目标的，或者具有其他严重情节的，应当定罪处罚。利用发送短信、拨打电话、互联网等电信技术手段对不特定多数人实施诈骗，诈骗数额难以查证，但具有下列情形之一的，应当认定为《刑法》第266条规定的“其他严重情节”，以诈骗罪(未遂)定罪处罚：(1)发送诈骗信息5000条以上的；(2)拨打诈骗电话500人次以上的；(3)诈骗手段恶劣、危害严重的。实施前款规定行为，数量达到前款(1)、(2)项规定标准10倍以上的，或者诈骗手段特别恶劣、危害特别严重的，应当认定为《刑法》第266条规定的“其他特别严重情节”，以诈骗罪(未遂)定罪处罚。根据《诈骗案件解释》第6条的规定，诈骗既有既遂，又有未遂，分别达到不同量刑幅度的，依照处罚较重的规定处罚；达到同一量刑幅度的，以诈骗罪既遂处罚。

【司法案例】

黄某诈骗案[①]

[**裁判要旨**]不具有非法占有目的，以欺骗的方法取得他人财物的，不构成诈骗罪。判断一个行为是民事欺诈还是诈骗犯罪，关键看其是否具有非法占有的目的。认定诈骗罪，行为人主观上就必须具有非法占有的目的。反之，即使行为人在取得财物时有欺诈行为，只要没有非法占有的目的，不赖账，确实打算偿还的，

① 参见《刑事审判参考》总第122集第1342号案例。

就仍属于民事纠纷,不应认定为诈骗罪。

第二百六十七条　【抢夺罪】抢夺公私财物,数额较大的,或者多次抢夺的,处三年以下有期徒刑、拘役或者管制,并处或者单处罚金;数额巨大或者有其他严重情节的,处三年以上十年以下有期徒刑,并处罚金;数额特别巨大或者有其他特别严重情节的,处十年以上有期徒刑或者无期徒刑,并处罚金或者没收财产。

【抢劫罪】携带凶器抢夺的,依照本法第二百六十三条的规定定罪处罚。

【条文对照】

1997 年《刑法》	2015 年《刑法修正案(九)》
第二百六十七条　抢夺公私财物,数额较大的,处三年以下有期徒刑、拘役或者管制,并处或者单处罚金;数额巨大或者有其他严重情节的,处三年以上十年以下有期徒刑,并处罚金;数额特别巨大或者有其他特别严重情节的,处十年以上有期徒刑或者无期徒刑,并处罚金或者没收财产。 携带凶器抢夺的,依照本法第二百六十三条的规定定罪处罚。	第二百六十七条　抢夺公私财物,数额较大的,**或者多次抢夺的**,处三年以下有期徒刑、拘役或者管制,并处或者单处罚金;数额巨大或者有其他严重情节的,处三年以上十年以下有期徒刑,并处罚金;数额特别巨大或者有其他特别严重情节的,处十年以上有期徒刑或者无期徒刑,并处罚金或者没收财产。 携带凶器抢夺的,依照本法第二百六十三条的规定定罪处罚。

【条文理解】

抢夺罪,是指以非法占有为目的,当场直接夺取他人占有的,数额较大的公私财物,或者多次抢夺的行为。本罪的具体构成要件是:

(1)本罪侵犯的客体是公私财产的所有权。犯罪对象只能是动产,且不包括刑法规定的特定物品,如枪支、弹药、爆炸物、国家机关公文、证件、印章等。抢夺上述物品属于特定罪名,不能以抢夺罪论处。

(2)本罪的客观方面表现为乘人不备,当场直接夺取他人占有的、数额较大的公私财物,或者多次抢夺。所谓"直接夺取",是指行为人趁被害人不备,将财物夺下立即跑开;或在他人来不及夺回时而夺取;或故意制造他人来不及夺回的机会而夺取。虽然行为人抢走财物时会被察觉,但被害人通常来不及抗拒。

(3)本罪的主体是一般主体,即年满 16 周岁并具有刑事责任能力的自然人,都可以构成本罪。

(4)本罪的主观方面由直接故意构成,且具有非法占有公私财物的目的。

【司法适用】

1. 罪与非罪的界限

抢夺罪以数额较大或多次抢夺为前提。因此,未达数额较大标准或多次抢夺标准,情节显著轻微的,不能以抢夺罪论处。根据《抢夺案件解释》第 1 条的规定,抢夺公私财物价值 1000~3000 元以上应当认定为《刑法》第 267 条规定的"数额较大"。根据该解释第 2 条规定,抢夺公私财物,具有下列情形之一的,"数额较大"的标准按照前条规定标准的 50%确定:(1)曾因抢劫、抢夺或者聚众哄抢受过刑事处罚的;(2)1 年内曾因抢夺或者哄抢受过行政处罚的;(3)1 年内抢夺 3 次以上的;(4)驾驶机动车、非机动车抢夺的;(5)组织、控制未成年人抢夺的;(6)抢夺老年人、未成年人、孕妇、携带婴幼儿的人、残疾人、丧失劳动能力人的财物的;(7)在医院抢夺病人或者其亲友财物的;(8)抢夺救灾、抢险、防汛、优抚、扶贫、移民、救济款物的;(9)自然灾害、事故灾害、社会安全事件等突发事件期间,在事件发生地抢夺的;(10)导致他人轻伤或者精神失常等严重后果的。"多次抢夺的"标准,可以参照《盗窃案件解释》中对"多次盗窃"的认定标准,即 2 年内抢夺 3 次以上。即使抢夺财物达到数额较大标准,应当认定为抢夺罪,但根据《盗窃案件解释》第 7 条的规定,行为人系初犯,未造成他人轻伤以上伤害,认罪、悔罪,退赃、退赔,且具有下列情形之一,情节轻微的,可以不起诉或者免予刑事处罚;必要时,由有关部门予以行政处罚:(1)具有法定从宽处罚情节的;(2)没有参与分赃或者获赃较少且不是主犯的;(3)被害人谅解的;(4)其他情节轻微、危害不大的。

2. 本罪与其他犯罪的界限

(1)本罪与盗窃罪的界限。本罪与盗窃罪侵犯的客体都是公私财物所有权。两罪的区别在于:①行为方式不同。抢夺罪是公然夺取,而盗窃罪以秘密窃取为主。②暴力要素不同。抢夺罪对物使用暴力,具有"致人伤亡"的一般危险性,而盗窃罪缺乏前述要素。③犯罪对象不同。抢夺罪的犯罪对象限于被害人紧密占有的财物,而盗窃罪的犯罪对象还包括脱离被害人紧密占有的财物。

(2)本罪与抢劫罪的界限。本罪与抢劫罪都存在"抢"的行为,犯罪目的也都是非法占有他人财物,但两罪具有以下主要区别:①侵犯的客体不同。抢夺罪侵犯的客体仅为公私财产的所有权,而抢劫罪侵犯的客体既包括公私财产的所有权,又包括被害人的人身权利。②客观方面不同。抢夺罪中的暴力行为主要作用于被抢夺的财物,如果存在对人使用暴力的情况,则要求其暴力程度不足以压制反抗;而抢劫罪则是以暴力、胁迫的手段压制被害人的抵抗。③入罪标准不同。抢夺罪以"数额较大"或"多次抢夺"为构成要件,而认定抢劫罪不以数额和次数为入罪标准。④犯罪主体的范围不一致。抢夺罪的主体只能是年满 16 周岁以上的人,而抢劫罪的主体包括已满 14 周岁但未满 16 周岁的人。

在驾驶机动车抢夺的情形中,判断行为人是否构成抢劫罪的关键,在于其是否通过暴力或精神强制的手段,实施了足以压制被害人反抗的行为。根据《抢劫、抢夺案件意见》第 11 条的规定,对于驾驶机动车、非机动车夺取他人财物的,一般以抢夺罪从重处罚。但具有下列情形之一,应当以抢劫罪定罪处罚:①驾驶车辆,逼挤、撞击或强行逼倒他人以排除他人反抗,乘机夺取财物的;②驾驶车辆强抢财物时,因被害人不放手而采取强拉硬拽方法劫取财物的;③行为人明知其驾驶车辆强行夺取他人财物的手段会造成他人伤亡的后果,仍然强行夺取并放任造成财物持有人轻伤以上后果的。

3. 准确认定"数额巨大""数额特别巨大"和"其他严重情节""其他特别严重情节"

《抢夺案件解释》第 1 条规定,抢夺公私财物价值 3 万~8 万元以上、20 万~40 万元以上的,应当分别认定为《刑法》第 267 条规定的"数额巨大"和"数额特别巨大"。各省、自治区、直辖市分别确定本地区执行的具体数额标准。该解释第 3 条规定,下列情形应当认定为"其他严重情节":(1)导致他人重伤的;(2)导致他人自杀的;(3)具有本解释第 2 条第 3~10 项规定的情形之一,即 1 年内抢夺 3 次以上的;驾驶机动车、非机动车抢夺的;组织、控制未成年人抢夺的;抢夺老年人、未成年人、孕妇、携带婴幼儿的人、残疾人、丧失劳动能力人的财物的;在医院抢夺病人或者其亲友财物的;抢夺救灾、抢险、防汛、优抚、扶贫、移民、救济款物的;自然灾害、事故灾害、社会安全事件等突发事件期间,在事件发生地抢夺的;导致他人轻伤或者精神失常等严重后果的,数额达到本解释第 1 条规定的"数额巨大"50%的。该解释第 4 条规定,下列情形应当认定为"其他特别严重情节":(1)导致他人死亡的;(2)具有本解释第 2 条第 3~10 项规定的情形之一,数额达到本解释第 1 条规定的"数额特别巨大"50%的。

【司法案例】

郭某周故意伤害、抢夺案[①]

[**裁判要旨**]持器械实施故意伤害行为后又临时起意抢夺被害人财物的,不属于"携带凶器抢夺",不能认定为抢劫罪。

---

① 参见《刑事审判参考》总第 79 集第 683 号案例。

第二百六十八条 【聚众哄抢罪】聚众哄抢公私财物,数额较大或者有其他严重情节的,对首要分子和积极参加的,处三年以下有期徒刑、拘役或者管制,并处罚金;数额巨大或者有其他特别严重情节的,处三年以上十年以下有期徒刑,并处罚金。

【条文理解】

聚众哄抢罪,是指以非法占有为目的,聚集多人,采用哄闹、滋扰等方法,公然抢走公私财物,数额较大或者有其他严重情节的行为。本罪的具体构成要件是:

(1)本罪侵犯的客体是复杂客体,既包括公私财物的所有权,也包括正常的社会管理秩序,犯罪对象仅限于动产。

(2)本罪的客观方面表现为聚集多人,采用哄闹、滋扰等方法,一哄而上地抢走公私财物,数额较大或者有其他严重情节的行为。所谓"聚众",是指聚集 3 人以上,一般要求实际参与哄抢的人要达到人数众多,参与哄抢的人员处于随时可能增加或减少的状态。所谓"哄抢",是指一哄而上地公然抢走公私财物,哄抢人不必使用暴力、胁迫等强制手段,所以聚众哄抢并不是多人聚众抢劫。"公然性"是聚众哄抢罪在客观方面的突出特征,"公然性"要求行为人抢走公私财物时,财物的合法所有者、保管者或者守护者在场且知情,但因哄抢人人多势众而无法阻拦哄抢行为。聚众哄抢是一种行为方式,认定此罪并不要求行为人先"聚众"后"哄抢",在众人自发哄抢财物的情况下,即使没有首要分子也不影响对积极参加者追究刑事责任。

(3)本罪的主体为哄抢公私财物的首要分子和积极参加者。"首要分子"一般是指在聚众哄抢犯罪中起组织、策划、指挥等主要作用的犯罪分子。"积极参加者"一般是指在聚众哄抢犯罪中表现积极,对形成众人一哄而上抢走公私财物的局面起骨干和带头作用,且抢走财物较多的犯罪分子。

(4)本罪的主观方面由直接故意构成,并且以非法占有公私财物为主要目的。

【司法适用】

1. 罪与非罪的界限

本罪的犯罪主体为首要分子和积极参加者,对于实施了聚众哄抢犯罪行为的一般参与者,或者哄抢行为情节轻微,抢走财物数额不大的,不能以聚众哄抢罪论处。目前,尚无司法解释具体规定聚众哄抢罪的"数额较大或者有其他严重情节"标准,对于"林木"这一特定种类的财物来说,2000 年的最高人民法院《关于审理破坏森林资源刑事案件具体应用法律若干问题的解释》(已失效)第 14 条规定,聚众哄抢林木5立方米以上的,属于聚众哄抢"数额较大";聚众哄抢林木20立方米以上的,属于聚众哄抢"数额巨大",对首要分子和积极参加的,依照《刑法》第268条的规定,以聚众哄抢罪定罪处罚,但2023年新发布的《破坏森林资源案件解释》取消了这一规定。

2. 本罪与其他犯罪的界限

(1)本罪与抢夺罪的界限。本罪与抢夺罪有如下主要区别:①侵犯的客体不同。本罪侵犯的是复杂客体,既包括公私财物的所有权,又包括正常的社会管理秩序,而抢夺罪侵犯的客体是单一客体,即公私财产所有权。②客观方面不同。本罪是必要共犯,至少需要3人以上才能实施,而抢夺罪是由1人、2人或多人进行,且行为人不会采取哄闹、滋扰等方法,而是公然夺取,拿了就跑。

(2)本罪与抢劫罪的界限。本罪与抢劫罪在行为方式上都表现为将财物抢走,但两罪有以下主要区别:①客观方面表现不同。本罪是必要共犯,至少需要3人以上才能实施本罪,本罪在实施过程中不存在暴力、胁迫等手段压制财物的合法所有者、保管者或者守护者的反抗,而抢劫罪可由一个人进行,足以压制被害人的反抗是其构成要件。②犯罪主体的范围不一致。本罪的主体只能是年满16周岁以上的人,而抢劫罪的主体则包括已满14周岁但未满16周岁的人。

(3)本罪与寻衅滋事罪的界限。本罪与强拿硬要、任意占用类型的寻衅滋事罪有诸多共通之处,但两罪主要区别在于:①客观方面不完全相同。前罪是必要共犯,而后罪则可以由个人实施。②犯罪主体不同。前罪的主体限于实施聚众哄抢行为的首要分子和其他积极参加者,而后罪的主体为一般主体。③故意内容不同。成立前罪要求行为人具有非法占有公私财物的目的,而成立后罪则无此要求。

【司法案例】

江某田等妨害公务案①

[**裁判要旨**]聚众哄抢自己已被国家机关工作人员依法查扣的犯罪工具,因缺乏非法占有目的,不构成聚众哄抢罪。

第二百六十九条 【转化型抢劫罪】犯盗窃、诈骗、抢夺罪,为窝藏赃物、抗拒抓捕或者毁灭罪证而当场使用暴力或者以暴力相威胁的,依照本法第二百六十三条的规定定罪处罚。

① 参见《刑事审判参考》总第28辑第205号案例。

【条文理解】

转化型抢劫罪,是指犯盗窃、诈骗、抢夺罪,为窝藏赃物、抗拒抓捕或者毁灭罪证而当场使用暴力或者以暴力相威胁的行为。本罪的具体构成要件是:

(1)本罪侵犯的客体为双重客体,既包括公私财产的所有权,也包括被害人的人身权利。

(2)本罪的客观方面表现为对犯盗窃、诈骗、抢夺罪后,当场使用暴力或者以暴力相威胁,压制他人起赃、抓捕或取证。“当场”是指在盗窃、诈骗、抢夺的现场以及行为人刚离开现场即被他人发现并抓捕的情形。“使用暴力或者以暴力相威胁”是指使用或者威胁使用殴打、伤害、捆绑、禁闭等强暴手段压制被害人反抗。

(3)本罪的主体为一般主体。凡年满14周岁并具有刑事责任能力的自然人,均可构成本罪的主体。

(4)本罪的主观方面为直接故意,故意的内容限定于以窝藏赃物、抗拒抓捕或毁灭罪证为目的。“窝藏赃物”,是指保护已经到手的赃物不被追回;“抗拒抓捕”,是指抗拒公安机关、失主或者其他公民对他的抓捕、扭送;“毁灭罪证”,是指毁灭作案过程中遗留的痕迹、物品等以免成为罪证。

【司法适用】

1. 本罪对于暴力程度的要求

本条中的“暴力”“以暴力相威胁”同《刑法》第263条的“暴力”“胁迫”一样,必须要达到足以压制被害人反抗的程度。对于以摆脱的方式逃脱抓捕,暴力强度较小,可不认定为“使用暴力”,不以抢劫罪论处。

2. 准确理解“犯盗窃、诈骗、抢夺罪”

首先,本条中“盗窃、诈骗、抢夺罪”是主要是指《刑法》第264条、第266条和第267条中规定的罪名。但对于特殊盗窃、诈骗、抢夺行为而言,如果可以被评价为盗窃、诈骗、抢夺罪,例如盗伐林木、进行合同诈骗的,就有可能成立转化型抢劫;如果不能被评价为盗窃、诈骗、抢夺罪,例如盗窃国家机关公文、证件、印章的,就不可能成立转化型抢劫。

其次,成立转化型抢劫并不要求行为人先前的盗窃、诈骗、抢夺行为达到“数额较大”标准或既遂的犯罪状态。根据《抢劫、抢夺案件意见》第5条的规定,行为人实施盗窃、诈骗、抢夺行为,未达到“数额较大”,为窝藏赃物、抗拒抓捕或者毁灭罪证当场使用暴力或者以暴力相威胁,情节较轻、危害不大的,一般不以犯罪论处;但具有下列情节之一的,可依照《刑法》第269条的规定,以抢劫罪定罪处罚:(1)盗窃、诈骗、抢夺接近“数额较大”标准的;(2)入户或在公共交通工具上盗窃、诈骗、抢夺后在户外或交通工具外实施上述行为的;(3)使用暴力致人轻微伤以上后果的;(4)使用凶器或以凶器相威胁的;(5)具有其他严重情节的。最高人民法院《关于审理抢劫刑事案件适用法律若干问题的指导意见》认为,“犯盗窃、诈骗、抢夺罪”,主要是指行为人已经着手实施盗窃、诈骗、抢夺行为,一般不考察盗窃、诈骗、抢夺行为是否既遂。但是所涉财物数额明显低于“数额较大”的标准,又不具有《抢劫、抢夺案件意见》第5条所列5种情节之一的,不构成抢劫罪。

第二百七十条　【侵占罪】将代为保管的他人财物非法占为己有,数额较大,拒不退还的,处二年以下有期徒刑、拘役或者罚金;数额巨大或者有其他严重情节的,处二年以上五年以下有期徒刑,并处罚金。

将他人的遗忘物或者埋藏物非法占为己有,数额较大,拒不交出的,依照前款的规定处罚。

本条罪,告诉的才处理。

【条文理解】

侵占罪,是指以非法占有为目的,将代为保管的他人所有的财物或者他人所有的遗忘物、埋藏物占为己有,数额较大且拒不退还或者拒不交出的行为。本罪的具体构成要件是:

(1)本罪侵犯的客体是公私财产所有权。侵占罪以他人委托占有或丧失对财物的占有为前提,侵犯的对象只能是行为人代为保管的他人财物或者是行为人拾得的他人的遗忘物、埋藏物。

“代为保管的他人财物”,既包括他人交付给行为人代管的财物,也包括诸如代购物品、代转财物或者代收财物等不属于所有权人亲自委托代管的财物。在侵占委托物的情形中,“代为保管”是指受委托而占有,这种占有既包括事实上的占有,也包括法律上的占有:事实上的占有仅要求行为人对财物具有事实上的支配即可,并不要求物理上的控制,但这种支配不包括辅助他人占有,例如秘书随身替领导拎包、搬运工帮乘客搬运随身携带的行李,前述情形均不属于“代为保管”,而仅仅属于替他人辅助占有财物;法律上的占有是指行为人虽然没有事实上占有财物,但在法律上对财物具有支配力,例如借名买房中的被借名人。法律上的占有人具有处分财产的能力,可以支配财产不法地转变为其个人所有,所以也属于占有的情形。成立“代为保管”的前提是所有权人与行为人之间存在委托关系,但成立委托关系不一定要有书面合同,只要根据日常生活规则,事实上存在委托关系即可。

“遗忘物”,是指本应带走而忘记带走的财物,遗忘物与失主在时间和空间上一般仍具有一定联系,遗忘人通常是刚刚遗忘,随即能想起来遗忘时间与地点。对于遗忘物的拾得者而言,他通常也能了解到遗忘人是谁。而遗失物则不同于遗忘物,遗失物是指失主丢失的财物,一般情况下失主不知道财物丢失的具体时间与地点,拾得者一般也不知道失主具体是谁。本罪只规定侵占遗忘物构成犯罪,而侵占遗失物则由民事法律关系来调整。一般而言,国家或单位不可能成为遗忘的主体,虽然遗忘物的所有权可能是国家或者单位,但遗忘者的遗忘行为却属于个人行为,遗忘者应当承担赔偿遗忘物的责任。

"埋藏物",是指为不被他人发现而埋于地下的财物。同遗忘物一样,埋藏物也是暂时脱离了所有权人的占有,但所有权明确的物品。如果埋藏在地下的物品并没有脱离所有权人的占有,行为人不法取得他人财物的,成立盗窃罪。此外"埋"的目的在于隐藏,基于现实用途而埋于地下的物品不属于埋藏物,例如埋设于地下的自建自来水管道等。国家或者单位不存在埋藏行为,虽然有些公共财物、设施可能埋于地下,但并不是为了隐藏其所有权归属,所以,这类财物不属于埋藏物。地下文物也不是埋藏物,文物一般属于国家所有,文物不属于本罪侵犯的对象。

(2)本罪的客观方面表现为将他人委托自己代为保管的财物、他人的遗忘物或他人的埋藏物非法占为己有,数额较大且拒不退还或者拒不交出的行为。从法条中"占为己有""拒不退还"的文字表述可以看出,我国刑法对侵占行为性质的认识遵循了"取得行为说",即认为侵占是指非法占有自己持有的他人财物。这里的"占为己有"既包括行为人所有,也包括"第三者"所有。侵占行为一般可以外化表现为赠与、出卖、隐藏、损耗等,但单纯损坏财物的不构成侵占,而应认定为故意毁坏财物罪。为了所有权人的利益而针对财物实施的行为,也不成立侵占。无论是在侵占委托占有物的情形中,还是在侵占脱离占有物的情形中,侵占行为都是取得行为,即据为己有的行为。此外,"拒不退还或者拒不交出"是指经合法占有人、所有人要求后,行为人拒绝退还或交出。"拒不退还""拒不交出"并不是对"占为已有"的强调,而属于本罪的犯罪构成要素。

(3)本罪的主体为一般主体,即年满16周岁且具有刑事责任能力的自然人。

(4)本罪的主观方面由直接故意构成,即明知他人对自己占有的财物具有合法所有权,自己应当将财物交还他人,但以非法占有为目的,故意拒绝退还或者交出。

【司法适用】

1. 罪与非罪的界限

数额较大是本罪的构成要件之一,如果行为人侵占的数额较小,即使拒不退还或者拒不交出,也不构成犯罪。此外,"拒不退还或者拒不交出"也是本罪的构成要件之一。"拒不退还或者拒不交出"是指行为人面对合法所有人或其继承人、代理人的交还要求时,明确拒绝,或表面答应却擅自处理财物导致无法交还。如果行为人先前试图非法占有,但最终还是退还或者交出了其侵占的财物,则不能认定为侵占罪。认定本罪时还应当考察行为人是否具有非法占有目的,如果行为人在合法所有人或其继承人、代理人明确提出交还主张之前就已经处理了该财物,事后答应赔偿的,也不能以犯罪论处。

2. 本罪与其他犯罪的界限

(1)本罪与盗窃罪的界限。两罪都是非法占有他人财物,但是,仍具有如下主要区别:本罪的行为人在实施侵占行为时,该财物就在其实际控制之下,行为人企图变合法持有为非法占有;而盗窃罪的行为人在实施盗窃行为时,该财物并不在其实际控制之下,盗窃行为人并不存在合法持有这一构成要素。

盗窃罪的法定刑设置之所以重于侵占罪,主要是基于以下两个理由:①盗窃罪侵害了他人对财物的占有,而侵占罪则没有,所以侵占罪的不法程度轻于盗窃罪;②在侵占罪的场景下,行为人实际上有能力自由处分财物,而盗窃罪则没有,所以侵占罪的非难可能性低于盗窃罪。以上两点也为区分两罪提供了依据。

(2)本罪与职务侵占罪的界限。首先,主体身份不同。职务侵占罪的主体要求是公司、企业或者其他单位的人员,行为人的身份使其有条件、有可能对公司、企业或者其他单位的财物占为己有。因此,职务侵占罪是特殊主体。相比而言,侵占罪多发生在普通主体之间,主体是一般主体,并无身份和职务要求。其次,取得财物的方式不同。本罪取得财物的方式不作为违法性评价的基础,因此重心不在于其取财环节;而职务侵占罪,行为方式是骗得、侵吞等,取财得手之后即已既遂。最后,追究方式不同。侵占罪是亲告罪,即必须由被害人向人民法院直接提起刑事自诉;而职务侵占罪是由被害单位或举报人向公安机关、人民检察院报案而予以追究的公诉罪名。

3. 侵占罪的程序性特点

本罪属于自诉案件范围。根据《刑法》第 270 条第 3 款的规定,本条罪,告诉的才处理。依据《刑法》第 98 条的规定,“告诉才处理”,是指犯罪行为须由被害人向法院告诉,法院才会追究被告人的刑事责任。如果被害人因受强制、威吓无法告诉的,人民检察院和被害人的近亲属也可以告诉。

【司法案例】

罗某兰盗窃案①

[**裁判要旨**]所有权人暂时离开封闭性、独占性娱乐场所后,其遗留在该场所

---

① 参见《刑事审判参考》总第 24 辑第 160 号案例。

内的财物不属于遗忘物。在消费者独占使用歌舞厅的包厢期间,即便消费者因故临时离开,其对放在包厢内的随身携带的物品仍具有实际的控制权,遗留在包厢内的物品并非遗忘物。期间任何人进入该独占空间以非法占有为目的取走消费者存放在此的财物的行为,均属盗窃行为。当消费者正式结账离开包厢后,包厢内的一切物品包括消费者遗留的物品,又复归经营者的控制之下,经营者对消费者的遗留物拒不退还,则属侵占行为。但经营者之外的其他人如果以非法占有为目的擅自进入该包厢取走消费者遗留财物的,则仍属盗窃行为,而非侵占行为。

第二百七十一条　【职务侵占罪】公司、企业或者其他单位的工作人员,利用职务上的便利,将本单位财物非法占为己有,数额较大的,处三年以下有期徒刑或者拘役,并处罚金;数额巨大的,处三年以上十年以下有期徒刑,并处罚金;数额特别巨大的,处十年以上有期徒刑或者无期徒刑,并处罚金。

【贪污罪】国有公司、企业或者其他国有单位中从事公务的人员和国有公司、企业或者其他国有单位委派到非国有公司、企业以及其他单位从事公务的人员有前款行为的,依照本法第三百八十二条、第三百八十三条的规定定罪处罚。

【条文对照】

1997 年《刑法》	2020 年《刑法修正案(十一)》
第二百七十一条　公司、企业或者其他单位的人员,利用职务上的便利,将本单位财物非法占为己有,数额较大的,处**五**年以下有期徒刑或者拘役;数额巨大的,处**五**年以上有期徒刑,**可以并处没收财产**。 国有公司、企业或者其他国有单位中从事公务的人员和国有公司、企业或者其他国有单位委派到非国有公司、企业以及其他单位从事公务的人员有前款行为的,依照本法第三百八十二条、第三百八十三条的规定定罪处罚。	第二百七十一条　公司、企业或者其他单位的**工作**人员,利用职务上的便利,将本单位财物非法占为己有,数额较大的,处**三**年以下有期徒刑或者拘役,**并处罚金**;数额巨大的,处**三**年以上**十年以下**有期徒刑,**并处罚金;数额特别巨大的,处十年以上有期徒刑或者无期徒刑,并处罚金**。 国有公司、企业或者其他国有单位中从事公务的人员和国有公司、企业或者其他国有单位委派到非国有公司、企业以及其他单位从事公务的人员有前款行为的,依照本法第三百八十二条、第三百八十三条的规定定罪处罚。

【条文理解】

职务侵占罪,是指公司、企业或者其他单位的人员,利用职务上的便利,将本单位财物非法占为己有,数额较大的行为。

《刑法修正案(十一)》对职务侵占罪进行修改,重点对法定刑的配置进行了重大调整,以适应新形势下公司企业犯罪高发的趋势,并充分体现罪责刑相适应原则。本次修正案将法定刑的幅度调整为 3 个,其变化在于:

(1)降低了基本法定刑的上限,变更为 3 年以下有期徒刑,这为符合一定条件,有可能申请取保候审、判处缓刑留出了余地。在原犯罪数额幅度内,法定刑从 5 年有期徒刑减至 3 年,说明对于轻微的职务侵占犯罪通过短期自由刑和缓刑的适用,减少刑罚量的投入,而非一味注重惩罚。

(2)将升格法定刑拆分为两个,并在数额的幅度上进行了调整。原来的法定刑幅度跨越刑期幅度过大,使司法裁判中的尺度差异较大,容易形成量刑不均衡的情形。现在进行不同档次的区分,有利于保障法律适用的统一性。

(3)对于数额特别巨大的,提高了法定刑配置,直至无期徒刑,凸显了从严打击的司法理念。司法实践中,职务侵占罪是常见罪名,最高法定刑的升格,有利于预防犯罪,维护公司企业的合法权益。

职务侵占罪的具体构成要件是:

(1)本罪侵犯的客体是公司、企业或者其他单位的财产所有权。"公司",是指我国公司法规定的有限责任公司和股份有限公司;"企业",是指依法设立的、没有采取有限责任公司或者股份有限公司形式的一切经济组织,具体包括全民所有制企业,集体所有制企业,私营企业,中外合资、合作企业,外商独资企业,外国公司在我国境内设立的分支机构,等等;"其他单位",是指除公司、企业以外的所有依法成立的国家机关、事业单位和社会团体。"本单位财物"既包括现存的财物也包括确定的收益,还包括财产性利益。例如,公司会计将本单位应收账款收回后据为己有,成立职务侵占罪;某高管将自己管理下的公司的股权变更为个人名下,也成立职务侵占罪。关于侵占股权行为的界定,应当注意区分公司的股权与公司股东的股权,只有在行为人侵占公司持有的其他单位股权,或公司管理中的股东股权的情况下才可能认定为职务侵占罪。股东自己持有的股权不属于"本单位财物",不可能成为本罪的犯罪对象。

(2)本罪的客观方面表现为利用职务上的便利,将本单位财物非法占为己有,数额较大的行为。"利用职务上的便利"是指行为人利用自己主管、分管、经营、经手单位财物的方便条件,这里的经营、经手并不是普通意义上的经手,而是指对单位财物的支配与控制。职务上的便利不同于工作上的便利,对于不主管、分管、经营、经手财物,没有权力决定处理财物的行为人,即便其利用工作上的便利机会,非法占有了本单位财物,也不能认定构成本罪。"非法占为己有"一般表现为侵吞、盗窃、骗取等非法手段。数额较大也是构成本罪的要件之一。

(3)本罪的主体为特殊主体,即公司、企业或者其他单位的工作人员才能构成本罪。但是在认定“单位的工作人员”时不能采取身份说,只要行为人事实上在从事公司、企业或者其他单位的员工所从事的事务,原则上就可以认定为“单位的工作人员”。比如,某单位的法定代表人突然失踪,其妻子代行法定代表人职责,如果其妻子利用代行职责的便利侵吞公司财物,即构成职务侵占罪。一般认为,由于个体工商户不是企业或者其他单位,所以其雇员不能成为本罪主体。但是一人公司也属于单位,其中的工作人员能够成为本罪的主体。此外,根据《刑法》第271 条第 2 款的规定,依法从事公务的国家工作人员也不能成为本罪的主体。“国有公司、企业或者其他国有单位中从事公务的人员和国有公司、企业或者其他国有单位委派到非国有公司、企业以及其他单位从事公务的人员有本罪行为的,依照贪污罪的规定定罪处罚。”

(4)本罪的主观方面由故意构成,即以非法占有本单位财物为目的。

【司法适用】

1. 罪与非罪的界限

数额较大是本罪的构成要件之一,如果行为人职务侵占的数额较小,则不能构成本罪。本次修正案将本罪原以“五年”为分界线的两个量刑幅度调整为以“三年”“十年”为分界线的 3 个量刑幅度,职务侵占罪“数额巨大”与“数额特别巨大”的标准也应随之调整,但是“数额较大”的标准仍可参照《贪污贿赂案件解释》第11 条第 1 款的规定,即以受贿罪、贪污罪相对应的数额标准的 2 倍执行。

2. 本罪与盗窃罪的界限

两罪都是非法占有他人财物,但是仍具有如下主要区别:(1)是否利用职务便利不同。本罪必须是利用职务上的便利;而后者则不是利用职务上的便利,这是两罪之间的最大区别。(2)侵犯对象的范围不同。本罪侵占的财物必须是本单位的合法财物;而盗窃罪窃取的财物既可以是本单位的,也可以是其他人的。(3)主体范围不同。本罪的主体必须是公司、企业或者其他单位的人员;而盗窃罪的主体是一般主体。(4)本罪以数额较大为构成要件,而多次盗窃也可以作为盗窃罪的入罪条件。

3. 如何认定共同犯罪

根据最高人民法院《关于审理贪污、职务侵占案件如何认定共同犯罪几个问题的解释》第 2 条、第 3 条的规定,行为人与公司、企业或者其他单位的人员勾结,利用公司、企业或者其他单位人员的职务便利,共同将该单位财物非法占为已有,数额较大的,以职务侵占罪共犯论处;公司、企业或者其他单位中,不具有国家工作人员身份的人与国家工作人员勾结,分别利用各自的职务便利,共同将本单位财物非法占为己有的，按照主犯的犯罪性质定罪。

4. 罪名的准确认定

根据最高人民法院《关于村民小组组长利用职务便利非法占有公共财物行为如何定性问题的批复》的规定，对村民小组组长利用职务上的便利，将村民小组集体财产非法占为己有，数额较大的行为，应当依照《刑法》第271条第1款的规定，以职务侵占罪定罪处罚。根据最高人民法院《关于在国有资本控股、参股的股份有限公司中从事管理工作的人员利用职务便利非法占有本公司财物如何定罪问题的批复》的规定，在国有资本控股、参股的股份有限公司中从事管理工作的人员，除受国家机关、国有公司、企业、事业单位委派从事公务的以外，不属于国家工作人员。对其利用职务上的便利，将本单位财物非法占为己有，数额较大的，应当依照《刑法》第271条第1款的规定，以职务侵占罪定罪处罚。

【司法案例】

黄某诈骗案①

[**裁判要旨**]不主管、分管、经手、决定处理、经办所在单位财务工作，利用工作上的便利而非职务上的便利非法占有本单位合法财物的，不构成职务侵占罪。

第二百七十二条　【挪用资金罪】公司、企业或者其他单位的工作人员，利用职务上的便利，挪用本单位资金归个人使用或者借贷给他人，数额较大、超过三个月未还的，或者虽未超过三个月，但数额较大、进行营利活动的，或者进行非法活动的，处三年以下有期徒刑或者拘役；挪用本单位资金数额巨大的，处三年以上七年以下有期徒刑；数额特别巨大的，处七年以上有期徒刑。

【挪用公款罪】国有公司、企业或者其他国有单位中从事公务的人员和国有公司、企业或者其他国有单位委派到非国有公司、企业以及其他单位从事公务的人员有前款行为的，依照本法第三百八十四条的规定定罪处罚。

有第一款行为，在提起公诉前将挪用的资金退还的，可以从轻或者减轻处罚。其中，犯罪较轻的，可以减轻或者免除处罚。

① 参见《刑事审判参考》总第89集第820号案例。

【条文对照】

1997 年《刑法》	2020 年《刑法修正案(十一)》
第二百七十二条　公司、企业或者其他单位的工作人员,利用职务上的便利,挪用本单位资金归个人使用或者借贷给他人,数额较大、超过三个月未还的,或者虽未超过三个月,但数额较大、进行营利活动的,或者进行非法活动的,处三年以下有期徒刑或者拘役;挪用本单位资金数额巨大的,**或者数额较大不退还的**,处三年以上十年以下有期徒刑。 国有公司、企业或者其他国有单位中从事公务的人员和国有公司、企业或者其他国有单位委派到非国有公司、企业以及其他单位从事公务的人员有前款行为的,依照本法第三百八十四条的规定定罪处罚。	第二百七十二条　公司、企业或者其他单位的工作人员,利用职务上的便利,挪用本单位资金归个人使用或者借贷给他人,数额较大、超过三个月未还的,或者虽未超过三个月,但数额较大、进行营利活动的,或者进行非法活动的,处三年以下有期徒刑或者拘役;挪用本单位资金数额巨大的,处三年以上**七**年以下有期徒刑;**数额特别巨大的,处七年以上有期徒刑**。 国有公司、企业或者其他国有单位中从事公务的人员和国有公司、企业或者其他国有单位委派到非国有公司、企业以及其他单位从事公务的人员有前款行为的,依照本法第三百八十四条的规定定罪处罚。 **有第一款行为,在提起公诉前将挪用的资金退还的,可以从轻或者减轻处罚。其中,犯罪较轻的,可以减轻或者免除处罚。**

【条文理解】

挪用资金罪,是指非国有公司、企业或者其他单位中的非国家工作人员,利用职务上的便利,挪用本单位资金归个人使用或者借贷给他人,数额较大,超过 3 个月未还的,或者虽然未超过 3 个月,但数额较大,进行营利活动的,或者进行非法活动的行为。本罪的具体构成要件是:

(1)本罪侵犯的客体是本单位资金的使用收益权。本单位的资金形式既包括现金、账户上的资金等货币形态,也包括股票、国库券、债券等有价证券。根据最高人民检察院《关于挪用尚未注册成立公司资金的行为适用法律问题的批复》,"准备设立的公司在银行开设的临时账户上的资金",属于本单位的资金。根据最高人民检察院《关于挪用国库券如何定性问题的批复》的规定,国库券也属于本单位的资金,可以成为本罪的侵犯对象。

(2)本罪的客观方面表现为利用职务上的便利,挪用本单位资金归个人使用或者借贷给他人。"利用职务上的便利",是指行为人利用其职务所产生的方便条件。对于不主管、分管、经手资金,也没有权力决定资金用途的行为人,即便其利用工作上的便利机会,挪用了本单位资金,也不能认定构成本罪。"挪用",是指擅自动用,挪用是单一行为,而非"挪"与"用"组成的复合行为。所谓"挪用"是指"挪"的行为造成了本单位无法"用"的后果,这种因果关系是必然的、不可拆分的。只要行为人具备了本罪的其他构成要件,即便是挪而未用的,也应当认定为本罪(既遂)。根据最高人民法院《关于如何理解刑法第二百七十二条规定的"挪用本单位资金归个人使用或者借贷给他人"问题的批复》的规定,"挪用本单位资金归个人使用或者借贷给他人",是指"挪用本单位资金归本人或者其他自然人使用,或者挪用人以个人名义将所挪用的资金借给其他自然人和单位"。依据《立案追诉标准(二)》的规定,"归个人使用"有三种情形:①将本单位资金供本人、亲友或者其他自然人使用的;②以个人名义将本单位资金供其他单位使用的;③个人决定以单位名义将本单位资金供其他单位使用,谋取个人利益的。

(3)本罪的主体为特殊主体,即非国有公司、企业或者其他单位中的非国家工作人员。根据最高人民法院《关于对受委托管理、经营国有财产人员挪用国有资金行为如何定罪问题的批复》的规定,对于受国家机关、国有公司、企业、事业单位、人民团体委托,管理、经营国有财产的非国家工作人员,利用职务上的便利,挪用国有资金归个人使用构成犯罪的,应当依照《刑法》第 272 条第 1 款的规定,以挪用资金罪定罪处罚。非本单位的工作人员不是本罪主体,国家工作人员和依法以国家工作人员论的人员也不能构成本罪的主体。

(4)本罪的主观方面只能由直接故意构成,即明知是本单位资金而挪用,"挪用"意味着行为人只是非法暂时取得本单位资金的使用权,而不是非法占有的目的下的据为己有,后者成立职务侵占罪。

【司法适用】

1. 罪与非罪的界限

基于挪用资金的用途存在差异,挪用资金罪设置了三类不同的犯罪构成要件,以此区分罪与非罪:

(1)挪用资金但未进行营利活动或非法活动。在这种情况下,构成本罪还需要两个条件:一是挪用资金数额较大。根据《贪污贿赂案件解释》的规定,数额在 10 万元以上的,应当认定为"情节严重"。二是挪用时间超过 3 个月未归还。超过 3 个月未还,是指从挪用之日起经过了 3 个月还没有归还,挪用时间超过 3 个月即构成本罪。事后归还不影响是否成立犯罪,只作为退赃和量刑考量。根据《刑法》第 272 条第 3 款的规定,在提起公诉前将挪用的资金退还的,可以从轻或者减轻处罚。其中,犯罪较轻的,可以减轻或者免除处罚。

(2)挪用资金进行营利活动。在这种情况下,鉴于挪用资金用途具有营利性质,例如挪用资金"数额较大",行为人即可构成本罪,而对于挪用时间的长短不作要求,"数额较大"标准与上述一致。所谓"营利活动",是指以单位资金作为资本谋取利润的活动,例如将单位资金借给他人收取利息。此外,"营利活动"仅包括合法的营利活动,例如投资理财,但不包括非法活动。

(3)挪用资金进行非法活动。挪用资金进行非法活动的,从罪状上看,既不要求挪用时长,也不要求数额较大,但是,根据《贪污贿赂案件解释》的规定,挪用资金进行非法活动,数额在6万元以上的,才以挪用资金罪追究刑事责任。

2. 本罪与其他犯罪的界限

(1)本罪与挪用公款罪的界限。两罪最主要的区别在于主体不同:根据《刑法》第272条第2款的规定,国有公司、企业或者其他国有单位中从事公务的人员和国有公司、企业或者其他国有单位委派到非国有公司、企业以及其他单位从事公务的人员有前款行为的,依照《刑法》第384条的规定定罪处罚。可见,同样是挪用本单位资金,如果是国家工作人员,则构成挪用公款罪;如果是非国家工作人员,则构成挪用资金罪。

(2)本罪与挪用特定款物罪的界限。主要区别在于以下两点:①犯罪对象不同。本罪犯罪对象为本单位的资金;而挪用特定款物罪的犯罪对象是救灾、抢险、防汛、优抚、扶贫、移民、救济等刑法规定的特定款物。②挪用后用途不同。本罪挪用资金后是归个人使用或者借贷给他人,本质上是挪作私用;而挪用特定款物罪是挪动特定款物作其他公用。若是将特定款物挪作私用,则应按照挪用公款罪从重处罚。

(3)本罪与职务侵占罪的界限。主要在于以下两点:①主观方面的目的不同。本罪的目的只是暂时使用资金,准备以后归还;而职务侵占罪的目的是将财物非法占为己有,不准备归还。②侵犯的客体不完全相同。虽然两罪都侵犯了公私财产的所有权,但本罪只侵犯资金的占有权、使用收益权,未侵犯处分权;而职务侵占罪则具有非法占有的目的,侵犯了财产所有权的全部权能。

3. "数额巨大"标准的认定

根据《贪污贿赂案件解释》第11条第2款中的规定,挪用资金数额中的"数额巨大"的数额起点,按照该解释关于挪用公款罪"情节严重"的数额标准规定的2倍执行。该解释第6条规定,挪用公款归个人使用,进行营利活动或者超过3个月未还的,数额巨大起点是500万元;第5条规定,挪用公款归个人使用,进行非法活动的,数额巨大起点是300万元。

【司法案例】

王某东挪用资金案①

[**裁判要旨**]"挪"是前提,"用"是目的,对于挪用犯罪而言,并不是以行为人

① 参见罗开卷:《王宣东挪用资金案——挪而未用的司法认定》,载《人民司法 · 案例》2009年第18期。

实行了用的目的才构成既遂，对于挪而未用的情况应该认定为挪用资金罪的既遂形态。挪是挪用资金罪的实行行为，用只是挪的后续行为，挪才是刑法打击本罪的根本所在。虽然行为人只是挪出单位资金而没有投入实际使用，但这种挪而未用的行为仍然可以构成挪用资金罪的既遂形态。至于是否投入实际使用，使用时间长短，只是量刑时应考虑的情节。

第二百七十三条　【挪用特定款物罪】挪用用于救灾、抢险、防汛、优抚、扶贫、移民、救济款物，情节严重，致使国家和人民群众利益遭受重大损害的，对直接责任人员，处三年以下有期徒刑或者拘役；情节特别严重的，处三年以上七年以下有期徒刑。

【条文理解】

挪用特定款物罪，是指违反国家规定的关于特定款物专用的管理制度，挪用用于救灾、抢险、防汛、优抚、扶贫、移民、救济的款物，情节严重，致使国家和人民群众利益遭受重大损害的行为。本罪的具体构成要件是：

(1)本罪侵犯的客体是复杂客体。本罪既侵犯了国家规定的关于特定款物专用的管理制度，又侵犯了公共财产的使用权，犯罪对象只能是专门用于救灾、抢险、防汛、优抚、扶贫、移民、救济的特定款物。“特定款物”既可以是专款，也可以是专物；既包括国家预算安排的专项经费，也包括临时调拨的专项款物，还包括其他来源于群众捐赠的特定款物，但不论如何，本罪中的“特定款物”仅指确定用于前述用途的款物。挪用其他款物的，即使国家确定了其专项用途，例如教育经费、科研经费等，也不构成本罪。

(2)本罪的客观方面表现为擅自将特定用于有关救灾、抢险、防汛、优抚、扶贫、移民、救济等专项款物挪作他用，致使国家和人民群众的利益遭受重大损害的行为。“挪用”代表行为人未经批准擅自决定改变特定款物的公务用途，例如修建办公大楼，装配公务用车等。“情节严重”和“致使国家和人民群众利益遭受重大损害”均是本罪的构成要件，“情节严重”一般是指挪用数额大、次数多或挪用后用于公务活动上的享受，“致使国家和人民群众利益遭受重大损害”一般指行为人的挪用行为给抢险、救灾、扶贫等工作带来重大困难，使人民群众利益遭受重大损失，使专项工作陷入停滞、无法开展等情形。

(3)本罪的主体为特殊主体，即对特定款物负有保管义务，具有分配和使用职责的直接责任人员。

(4)本罪的主观方面只能是故意,即明知是专用于救灾、抢险、防汛、优抚、扶贫、移民、救济的专项款物,故意挪作他用。

【司法适用】

1. 罪与非罪的界限

挪用特定款物,只有达到情节严重,致使国家和人民群众利益遭受重大损害的,才构成犯罪。实践中,对于需要长期使用的物资,例如救灾过程中所使用的发电机、水管、救援设备等,在灾情结束后,因需要长期使用而不必拆除的,或者留作救灾备用物资予以储备的,因后期不再具有专物专用的属性,则不按照本罪处理。

2. 本罪与其他犯罪的界限

(1)本罪与挪用资金罪。主要区别在于以下两点:①侵犯的对象不同。本罪犯罪对象只能是救灾、抢险、防汛、优抚、扶贫、移民、救济等刑法规定的特定款物;而挪用资金罪的犯罪对象则为本单位的资金。②挪用后的用途不同。本罪挪用特定款物后只能作其他公用;而挪用资金罪挪用后是归个人使用或者借贷给他人,本质上是挪作私用。

(2)本罪与挪用公款罪。主要区别在于以下三点:①犯罪主体不完全一致。前罪的主体是经手、管理特定款物的直接责任人员;后罪的主体则是国家工作人员。②侵犯的对象不同。前罪侵犯的对象是有关用于救灾、抢险、防汛、优抚、扶贫、移民、救济的特定款物;后罪侵犯的对象既包括用于上述特定用途的公款,也包括用于其他用途的公款,还包括用于救灾、抢险、防汛、优抚、扶贫、移民、救济的特定公物,但不包括非特定用途的公物。根据最高人民检察院《关于国家工作人员挪用非特定公物能否定罪的请示的批复》中的规定,《刑法》第 384 条规定的挪用公款罪中未包括挪用非特定公物归个人使用的行为,对该行为不以挪用公款罪论处。③客观方面表现不同。前罪是将特定款物挪作其他公用,不改变特定款物的公共属性;而后罪是挪用公款归个人使用,改变了公款的公共属性。挪用用于救灾、抢险、防汛、优抚、扶贫、移民、救济款物归个人使用的,从重处罚。

第二百七十四条 【敲诈勒索罪】敲诈勒索公私财物,数额较大或者多次敲诈勒索的,处三年以下有期徒刑、拘役或者管制,并处或者单处罚金;数额巨大或者有其他严重情节的,处三年以上十年以下有期徒刑,并处罚金;数额特别巨大或者有其他特别严重情节的,处十年以上有期徒刑,并处罚金。

【条文对照】

1997 年《刑法》	2011 年《刑法修正案(八)》
第二百七十四条　敲诈勒索公私财物,数额较大的,处三年以下有期徒刑、拘役或者管制;数额巨大或者有其他严重情节的,处三年以上十年以下有期徒刑。	第二百七十四条　敲诈勒索公私财物,数额较大**或者多次敲诈勒索**的,处三年以下有期徒刑、拘役或者管制,**并处或者单处罚金**;数额巨大或者有其他严重情节的,处三年以上十年以下有期徒刑,**并处罚金;数额特别巨大或者有其他特别严重情节的,处十年以上有期徒刑,并处罚金**。

【条文理解】

敲诈勒索罪,是指以非法占有为目的,以威胁、要挟手段使被害人产生恐惧心理,并利用被害人恐惧心理强行索取公私财物的行为。本罪的具体构成要件是:

(1)本罪侵犯的客体是公私财产的所有权。犯罪对象可以是货币、有价票证、物品、房产等,也可以是财产性利益。虽然行为人犯本罪也会侵害到被害人的人身权利或者其他权益,但这是行为人使用威胁、要挟手段的结果。

(2)本罪的客观方面表现为对被害人采取威胁或者要挟的方法,迫使其交出较大数额的公私财物,或者多次敲诈勒索的行为。"威胁或者要挟"的方式是多种多样的,既包括口头的也包括书面的,还可以是行为、动作,既可以是明示的也可以是暗示的。"威胁"的内容一般是暴力加害被害人及其亲属,"要挟"的内容一般是揭发被害人的隐私、毁坏其财产、揭发其违法犯罪,等等。威胁或者要挟的共同点在于前述行为都会对被害人进行心理强制,使其产生恐惧、害怕心理,进而不得已交出财物。从取得他人财物的时间上看,既可以是当时,也可以是日后的某个时间节点。

(3)犯罪的主体为一般主体,即年满 16 周岁并具有刑事责任能力的人,都可以成为本罪的主体。

(4)本罪的主观方面由直接故意构成,并且要求以非法占有为目的。以威胁、要挟的方式逼迫他人借款给自己,如果行为人并没有归还的意思,则成立本罪;如果仅有归还本金的意思,则在利息范围内构成本罪;如果具有还本付息的意思,则不构成本罪,但可能涉嫌强迫交易罪。以威胁、要挟的方式逼迫他人交还不法占有的本人的财物,或逼迫债务人实现债权人的合法到期债权,均因缺乏非法占有目的而不构成本罪。在"上访赔偿"的情况中,如果行为人得到财物的原因是有关部门主动赔偿或补偿,则不构成任何犯罪;如果行为人的权利确实受到了侵害,即便声称得不到赔偿或补偿就继续上访,也因缺乏非法占有目的而不成立本罪。

【司法适用】

1. 罪与非罪的界限

除具有非法占有的目的外,“数额较大或者多次敲诈勒索的”是本罪的构成要件之一,勒索财物数额较小且没有多次勒索的,不构成犯罪。根据《敲诈勒索案件解释》第1条的规定,敲诈勒索公私财物价值2000元至5000元以上的,应当认定为《刑法》第274条规定的“数额较大”。该解释第2条规定,具有下列情形之一的,“数额较大”的标准可以按照本解释第1条规定标准的50%确定:(1)曾因敲诈勒索受过刑事处罚的;(2)1年内曾因敲诈勒索受过行政处罚的;(3)对未成年人、残疾人、老年人或者丧失劳动能力人敲诈勒索的;(4)以将要实施放火、爆炸等危害公共安全犯罪或者故意杀人、绑架等严重侵犯公民人身权利犯罪相威胁敲诈勒索的;(5)以黑恶势力名义敲诈勒索的;(6)利用或者冒充国家机关工作人员、军人、新闻工作者等特殊身份敲诈勒索的;(7)造成其他严重后果的。所谓“多次敲诈勒索”,该解释第3条规定,是指“二年内敲诈勒索三次以上”。同时,该解释第6条规定,敲诈勒索近亲属的财物,获得谅解的,一般不认为是犯罪;认定为犯罪的,应当酌情从宽处理。被害人对敲诈勒索的发生存在过错的,根据被害人过错程度和案件其他情况,可以对行为人酌情从宽处理;情节显著轻微危害不大的,不认为是犯罪。

2. 本罪与其他犯罪的界限

(1)本罪与抢劫罪的界限。两罪虽然都可能使用暴力、威胁手段,也可能都是当场取得财物,但两罪在以下方面存在一定差异:①敲诈勒索罪除了使用威胁手段,还包括要挟手段,例如揭发隐私、毁坏财产,而抢劫罪的手段中则不包括非暴力的要挟;②敲诈勒索罪中的暴力、威胁手段只要达到足以使被害人产生恐惧心理即可,而抢劫罪中的暴力、威胁手段则必须达到足以压制被害人反抗的程度;③敲诈勒索罪中威胁的内容一般是“暴力加害被害人及其亲属”,而抢劫罪中威胁的内容一般是“如遇抵抗则立即当面使用暴力”;④敲诈勒索罪中行为人既可以是当场取财,也可以是日后取财,而抢劫罪中行为人只能是当场取得财物。敲诈勒索罪与抢劫罪相比,威胁的内容更广泛,暴力程度较轻,取财时限稍缓,通常给被害人留有准备时间。但两罪并不是对立关系,符合抢劫罪犯罪构成的行为同时也构成敲诈勒索罪,但符合敲诈勒索罪犯罪构成的行为不一定构成抢劫罪。

(2)本罪与诈骗罪的界限。行为人仅实施欺骗性质的行为,使被害人陷入认识错误并产生恐惧心理,进而交付财产的,成立诈骗罪。行为人仅实施威胁、要挟性质的行为,被害人虽然陷入一定程度认识错误,但主要是因为恐惧、害怕心理而交付财物的,成立敲诈勒索罪。行为人实施的行为既具有欺骗性质,又具有威胁、要挟性质,应考察被害人交付财产时的心理状态,如果其没有陷入认识错误而仅仅是基于恐惧交付财产,行为人构成敲诈勒索罪;如果其既陷入认识错误又产生了恐惧、害怕的心理,进而处分财产的,行为人则在诈骗罪与敲诈勒索罪之间形成想象竞合,从一重罪处罚。

(3)本罪与强迫交易罪的界限。两罪行为方式十分相似,但本罪中不存在任何交易关系,行为人是以非法占有的目的敲诈勒索他人财物,而在强迫交易罪中,“存在交易”是前提,行为人通过不公平的交易来谋取不法利益。此外,本罪只能由自然人构成,而单位则可以成为强迫交易罪的适格主体。

(4)本罪与绑架罪的界限。两罪在客观方面差异较大,敲诈勒索罪没有绑架他人的行为,而是以暴力手段相威胁进行精神强制。绑架罪则实施具体的绑架行为,其对于被绑架者造成的人身控制是客观存在的。行为人以宣称将要对某人进行绑架而对被害人实施恐吓,从而得到实际经济利益的,因没有实际的绑架行为,只能认定其构成敲诈勒索罪而非绑架罪。

3. 关于“数额巨大”“数额特别巨大”和“其他严重情节”“其他特别严重情节”的认定

根据《敲诈勒索案件解释》第 1 条的规定,敲诈勒索公私财物价值 3 万元至 10 万元以上、30 万元至 50 万元以上的,应当分别认定为《刑法》第 274 条规定的“数额巨大”“数额特别巨大”。各省、自治区、直辖市高级人民法院、人民检察院可以根据本地区经济发展状况和社会治安状况,在前款规定的数额幅度内,共同研究确定本地区执行的具体数额标准,报最高人民法院、最高人民检察院批准。

根据《敲诈勒索案件解释》第 4 条的规定,敲诈勒索公私财物,具有本解释第 2 条第 3~7 项规定的情形(对未成年人、残疾人、老年人或者丧失劳动能力人敲诈勒索的;以将要实施放火、爆炸等危害公共安全犯罪或者故意杀人、绑架等严重侵犯公民人身权利犯罪相威胁敲诈勒索的;以黑恶势力名义敲诈勒索的;利用或者冒充国家机关工作人员、军人、新闻工作者等特殊身份敲诈勒索的;造成其他严重后果的)之一,数额达到本解释第 1 条规定的“数额巨大”“数额特别巨大”百分之八十的,可以分别认定为《刑法》第 274 条规定的“其他严重情节”“其他特别严重情节”。

【司法案例】

夏某理等人敲诈勒索案①

[**裁判要旨**]行为人索要争议利益,不能一概而论地认定为其具有非法占有目

① 参见《刑事审判参考》总第 64 集第 509 号案例。

的。只有行为人明知财物不属于自己,而故意以刑法禁止的方式将该财物据为己有,才具有非法占有目的。

第二百七十五条 【故意毁坏财物罪】故意毁坏公私财物,数额较大或者有其他严重情节的,处三年以下有期徒刑、拘役或者罚金;数额巨大或者有其他特别严重情节的,处三年以上七年以下有期徒刑。

【条文理解】

故意毁坏财物罪,是指故意毁灭或者损坏公私财物,数额较大或者情节严重的行为。本罪的具体构成要件是:

(1)本罪侵犯的客体是公私财产所有权。侵犯的对象是公私财物,既包括动产也包括不动产,财物的所有权人既可以是国家、集体,也可以是其他个人,但不包括行为人自己所有的财物。本罪中的财物指一般财物,如果行为人故意毁坏的是刑法另有规定的特定财物,则按其规定论处。

(2)本罪的客观方面表现为毁坏公私财物,数额较大或者有其他严重情节的行为。"毁坏"的方式是多种多样的,并不限于以有形力变更或破坏财物的物理形态,一般而言,只要行为人减损或破坏了财物的效用,其行为就属于毁坏;而遵从财物的一般用途进行消费或者利用的行为,应认定为盗窃、侵占,而非毁坏。

关于犯罪对象是否能够恢复的问题,被毁财物能否修复本身不影响本罪的成立,不能因为被毁坏的财物可以修复,就否认财物被毁坏的状态。但是,如果花费极小成本即可修复的,则没有必要认定为毁坏财物罪。

(3)本罪的犯罪主体为一般主体,即年满16周岁且有刑事责任能力的人都可以成为本罪的主体。

(4)本罪的主观方面为故意,并且以毁坏公私财物为目的,不能存在非法占有的目的。

【司法适用】

1. 罪与非罪的界限

"数额较大或者有其他严重情节"是本罪的构成要件,如果既未达到"数额较大"标准,又不存在"其他严重情节",则不构成本罪。根据《立案追诉标准(一)》第33条的规定,故意毁坏公私财物,涉嫌下列情形之一的,应予立案追诉:(1)造成公私财物损失5000元以上的;(2)毁坏公私财物3次以上的;(3)纠集3人以上公然毁坏公私财物的;(4)其他情节严重的情形。根据《盗窃案件解释》第11条第

2 项的规定，实施盗窃犯罪后，为掩盖罪行或者报复等，故意毁坏其他财物构成犯罪的，以盗窃罪和构成的其他犯罪数罪并罚。

2. 本罪与其他犯罪的界限

（1）本罪与破坏广播电视设施、公用电信设施罪的界限。区分故意毁坏财物罪与破坏广播电视设施、公用电信设施罪，主要在于审查是否危及了公共安全。根据《破坏广播电视设施案件解释》第 6 条的规定，破坏正在使用的广播电视设施未危及公共安全，或者故意毁坏尚未投入使用的广播电视设施，造成财物损失数额较大或者有其他严重情节的，以故意毁坏财物罪定罪处罚。根据《破坏公用电信设施案件解释》第 3 条的规定，故意破坏正在使用的公用电信设施尚未危害公共安全，或者故意毁坏尚未投入使用的公用电信设施，造成财物损失，构成犯罪的，依照《刑法》第 275 条规定，以故意毁坏财物罪定罪处罚。

（2）本罪与破坏生产经营罪的界限。区分故意毁坏财物罪与破坏生产经营罪，主要在于犯罪对象和犯罪目的两个方面。本罪的实行行为是行为人故意破坏具有经济价值、使用价值的财物，例如贵重家具、电脑、车辆等，目的是毁灭、损毁财物本身，让财物失去使用价值、降低市场价值。而破坏生产经营罪的实行行为是破坏用于生产经营的机器、设备、车床、流水线，以及农业生产中的养殖围栏、饲料加工设备等，目的在于让正常的生产经营无法开展、无法进行。

（3）本罪与寻衅滋事罪的界限。主要的区别在于：①两罪侵犯的客体不同。故意毁坏财物罪侵犯的客体是公私财产的所有权；寻衅滋事罪侵犯的客体是社会管理秩序。②犯罪的主观方面不同。故意毁坏财物罪就是针对财物本身，不存在扰乱社会秩序的行为；寻衅滋事罪的行为人是出于争抢逞能、寻求刺激、恣意妄为而“任意损毁”财物，使财物的效用降低或者彻底毁损并不是其犯罪目的，只是其实现前述动机的手段，财物扮演了“牺牲品”的角色。

第二百七十六条　【破坏生产经营罪】由于泄愤报复或者其他个人目的，毁坏机器设备、残害耕畜或者以其他方法破坏生产经营的，处三年以下有期徒刑、拘役或者管制；情节严重的，处三年以上七年以下有期徒刑。

【条文理解】

破坏生产经营罪，是指以泄愤报复为目的或者其他个人目的，毁坏机器设备、残害耕畜或者以其他方法破坏生产经营的行为。本罪的具体构成要件是：

（1）本罪侵犯的客体是正常的生产经营活动和公私财产利益。“生产经营活动"是指生产或经营中的各个环节,例如生产、流通、交换、分配等。侵犯对象只能是正在用于生产经营活动的设备、工具,且上述对象的损毁必须导致对生产经营活动的妨害,如果是毁坏闲置不用的生产经营设备,或者是破坏非生产经营中所用的工具,均不构成本罪。

(2)本罪的客观方面表现为毁坏机器设备、残害耕畜或者以其他方法破坏生产经营的行为。"其他方法",是指与毁坏机器设备、残害耕畜类似的行为,而不是泛指任何行为,司法实务中主要表现为破坏电源、水源,破坏种子、秧苗,制造质量事故或责任事故等,上述方法同毁坏机器设备、残害耕畜一样,都是物理性地对生产资料的破坏、毁坏。本罪属于行为犯,破坏生产经营的行为一旦完成,即构成本罪的既遂。

(3)本罪的主体为一般主体,即已满 16 周岁,具有刑事责任能力的自然人均可成为本罪的主体。

(4)本罪的主观方面为故意,并且具有泄愤报复或者其他个人的目的。"泄愤报复",是指由于种种原因产生愤怒,寻求报复,但本罪并不要求行为人必须以泄愤报复为目的,只要无正当理由就可以认定为"其他个人目的"。如果行为人因为过失破坏了生产经营设备,导致重大事故的发生并造成严重后果的,应当依照《刑法》第 134 条关于重大责任事故罪的规定定罪处罚。如果是由于不能归咎于行为人的原因造成生产经营设备被破坏,行为人既无故意也无过失,则应当认定为意外事件或技术事故,不以本罪论。

【司法适用】

1. 罪与非罪的界限

根据《立案追诉标准(一)》第 34 条的规定,由于泄愤报复或者其他个人目的,毁坏机器设备、残害耕畜或者以其他方法破坏生产经营,涉嫌下列情形之一的,应予立案追诉:(1)造成公私财物损失 5000 元以上的;(2)破坏生产经营 3 次以上的;(3)纠集 3 人以上公然破坏生产经营的;(4)其他破坏生产经营应予追究刑事责任的情形。

2. 本罪与其他犯罪的界限

(1)本罪与生产、销售伪劣农药、兽药、化肥、种子罪的界限。两罪都有可能侵害农业生产,但存在以下区别:①犯罪客体不完全相同。前罪侵犯的客体中包括公私财产利益;后罪则侵犯了国家对农用生产资料质量的监督管理制度。②客观方面不完全相同。前者采取的是毁坏机器设备、残害牲畜或者其他方法,破坏生产经营;后者则是采取生产、销售伪劣农药、兽药、化肥、种子的方式,虽然也会破坏生产经营,但其破坏的手段只能是生产、销售上述特定物品。③犯罪目的不同。

前罪是出于泄愤报复或者其他个人目的;后罪则是为了出售盈利。

(2)本罪与重大责任事故罪的界限。两罪都有可能导致生产经营无法进行,但存在以下区别:①犯罪客体不同。破坏生产经营罪侵犯的客体是国家、集体或个人生产经营的正常活动,重大责任事故罪侵犯的客体是厂矿、企业、事业单位的生产安全。②主观方面不同。破坏生产经营罪的主观方面是故意,重大责任事故罪的主观方面是过失。

(3)本罪与放火罪、爆炸罪、决水罪等危害公共安全犯罪的界限。两罪存在较大差别,但是,在实践中存在牵连。如果行为人以放火、爆炸、决水、投放危险物质的手段,或者其他以危险方法危害公共安全的手段破坏生产经营的,属于互为手段与目的的牵连犯,其行为触犯了多个罪名。根据择一重罪处断的原则,应以危害公共安全犯罪定罪处罚。

【司法案例】

刘某破坏生产经营案①

[**裁判要旨**]若行为人的行为不是对生产经营条件的破坏,而是对生产经营对象的处理,属于生产经营行为的一种方式,没有对生产经营、生产资料、生产工具、机器设备及其他生产经营条件产生破坏,不属于“其他方法破坏生产经营”。

第二百七十六条之一 【拒不支付劳动报酬罪】以转移财产、逃匿等方法逃避支付劳动者的劳动报酬或者有能力支付而不支付劳动者的劳动报酬,数额较大,经政府有关部门责令支付仍不支付的,处三年以下有期徒刑或者拘役,并处或者单处罚金;造成严重后果的,处三年以上七年以下有期徒刑,并处罚金。

单位犯前款罪的,对单位判处罚金,并对其直接负责的主管人员和其他直接责任人员,依照前款的规定处罚。

有前两款行为,尚未造成严重后果,在提起公诉前支付劳动者的劳动报酬,并依法承担相应赔偿责任的,可以减轻或者免除处罚。

---

① 参见《刑事审判参考》总第83集第736号案例。

【条文对照】

1997 年《刑法》	2011 年《刑法修正案(八)》
无	**第二百七十六条之一　以转移财产、逃匿等方法逃避支付劳动者的劳动报酬或者有能力支付而不支付劳动者的劳动报酬,数额较大,经政府有关部门责令支付仍不支付的,处三年以下有期徒刑或者拘役,并处或者单处罚金;造成严重后果的,处三年以上七年以下有期徒刑,并处罚金。** **单位犯前款罪的,对单位判处罚金,并对其直接负责的主管人员和其他直接责任人员,依照前款的规定处罚。** **有前两款行为,尚未造成严重后果,在提起公诉前支付劳动者的劳动报酬,并依法承担相应赔偿责任的,可以减轻或者免除处罚。**

【条文理解】

拒不支付劳动报酬罪,是指以转移财产、逃匿等方法,有能力支付而不支付劳动者的劳动报酬,数额较大,且经政府有关部门责令支付仍不支付的行为。本罪的具体构成要件是:

(1)本罪侵犯的客体是劳动者的财产所有权。犯罪对象是"劳动者的劳动报酬"。根据《拒不支付劳动报酬案件解释》第 1 条的规定,"劳动者的劳动报酬"是指劳动者依照《劳动法》和《劳动合同法》等法律的规定应得的劳动报酬,包括工资、奖金、津贴、补贴、延长工作时间的工资报酬及特殊情况下支付的工资等。劳务报酬不是本罪的犯罪对象,劳务报酬基于平等民事主体的委托关系产生,而非由劳动关系产生,劳务报酬争议由民事法律调整。

(2)本罪的客观方面表现为行为人以转移财产、逃匿等方法,逃避支付劳动者的劳动报酬,或者有能力支付而不支付劳动者的劳动报酬,数额较大,并经政府有关部门责令支付仍不支付的行为。

所谓"转移财产",是指雇主将财产转移至不为劳动者所知晓的地方,从而构建无力支付的假象,转移财产的手段通常有隐匿财产、恶意清偿、虚构债务、虚假破产、虚假倒闭等。所谓"逃匿",是指雇主为了躲避劳动者而逃跑、藏匿,不与劳动者见面或联系,使劳动者无法向其讨要劳动报酬。除了"转移财产"和"逃匿",雇主还有可能采取其他方法逃避支付劳动者报酬,例如隐匿、销毁或者篡改账目、职工名册、工资支付记录、考勤记录等与劳动报酬相关的材料等。所谓"有能力支付而不支付",是指雇主本有经济能力而故意长期拖欠劳动者的劳动报酬。"以转移财产、逃匿等方法逃避支付"和"有能力支付而不支付"是择一的构成要件,行为人满足二者之一即可。

(3)本罪的主体为一般主体,即任何实施了拒不支付劳动者劳动报酬行为的自然人或者单位。《拒不支付劳动报酬案件解释》第 7 条规定,不具备用工主体资格的单位或者个人,违法用工且拒不支付劳动者的劳动报酬,数额较大,经政府有关部门责令支付仍不支付的,应当依照《刑法》第 276 条之一的规定,以拒不支付劳动报酬罪追究刑事责任。

(4)本罪的主观方面只能由直接故意构成。本罪要求行为人在主观上有恶意拖欠劳动报酬的故意,如果行为人只是一时周转不开,或者确实经营困难、企业濒临倒闭造成支付困难或者无法支付,不存在有能力支付而不支付的情形,只要行为人没有逃匿,就不能以本罪论处。

【司法适用】

1. 罪与非罪的界限

欠薪“数额较大”和“经政府有关部门责令支付仍不支付”两个必备构成要件,不符合其中任何一个,均不能以本罪论处。根据《拒不支付劳动报酬案件解释》第 3 条规定,“数额较大”是指以下两种情况:(1)拒不支付 1 名劳动者 3 个月以上的劳动报酬且数额在 5000 元至 2 万元以上的;(2)拒不支付 10 名以上劳动者的劳动报酬且数额累计在 3 万元至 10 万元以上的。各省、自治区、直辖市分别确定本地区执行的具体数额标准。根据《拒不支付劳动报酬案件解释》第 4 条的规定,“经政府有关部门责令支付仍不支付”是指经人力资源社会保障部门或者政府其他有关部门依法以限期整改指令书、行政处理决定书等文书责令支付劳动者的劳动报酬后,在指定的期限内仍不支付的,但有证据证明行为人有正当理由未知悉责令支付或者未及时支付劳动报酬的除外。

2. “造成严重后果”的认定

根据《拒不支付劳动报酬案件解释》第 5 条的规定,拒不支付劳动者的劳动报酬,符合本解释第 3 条的规定,并具有下列情形之一的,应当认定为《刑法》第 276 条之一第 1 款规定的“造成严重后果”:(1)造成劳动者或者其被赡养人、被扶养人、被抚养人的基本生活受到严重影响、重大疾病无法及时医治或者失学的;(2)对要求支付劳动报酬的劳动者使用暴力或者进行暴力威胁的;(3)造成其他严重后果的。

3. 从宽处罚的情形

(1)拒不支付劳动者的劳动报酬,尚未造成严重后果,在刑事立案前支付劳动者的劳动报酬,并依法承担相应赔偿责任的,可以认定为情节显著轻微危害不大,不认为是犯罪。

(2)在提起公诉前支付劳动者的劳动报酬,并依法承担相应赔偿责任的,可以减轻或者免除刑事处罚。

(3)在一审宣判前支付劳动者的劳动报酬,并依法承担相应赔偿责任的,可以从轻处罚。

(4)拒不支付劳动者的劳动报酬,造成严重后果,但在宣判前支付劳动者的劳动报酬,并依法承担相应赔偿责任的,可以酌情从宽处罚。

【司法案例】

胡某金拒不支付劳动报酬案①

[**裁判要旨**]不具备用工主体资格的单位或者个人(包工头),违法用工且拒不支付劳动者报酬,数额较大,经政府有关部门责令支付仍不支付的,应当以拒不支付劳动报酬罪追究刑事责任。即使其他单位或者个人在刑事立案前为其垫付了劳动报酬的,也不影响追究该用工单位或者个人(包工头)拒不支付劳动报酬罪的刑事责任。

---

① 参见四川省双流县人民检察院诉胡克金拒不支付劳动报酬案,载《最高人民法院公报》2015年第6期。

第六章　妨害社会管理秩序罪

第一节　扰乱公共秩序罪

第二百七十七条　【妨害公务罪】以暴力、威胁方法阻碍国家机关工作人员依法执行职务的，处三年以下有期徒刑、拘役、管制或者罚金。

以暴力、威胁方法阻碍全国人民代表大会和地方各级人民代表大会代表依法执行代表职务的，依照前款的规定处罚。

在自然灾害和突发事件中，以暴力、威胁方法阻碍红十字会工作人员依法履行职责的，依照第一款的规定处罚。

故意阻碍国家安全机关、公安机关依法执行国家安全工作任务，未使用暴力、威胁方法，造成严重后果的，依照第一款的规定处罚。

【袭警罪】暴力袭击正在依法执行职务的人民警察的，处三年以下有期徒刑、拘役或者管制；使用枪支、管制刀具，或者以驾驶机动车撞击等手段，严重危及其人身安全的，处三年以上七年以下有期徒刑。

【条文对照】

1997 年《刑法》	2015 年《刑法修正案(九)》	2020 年《刑法修正案(十一)》
第二百七十七条　以暴力、威胁方法阻碍国家机关工作人员依法执行职务的，处三年以下有期徒刑、拘役、管制或者罚金。 以暴力、威胁方法阻碍全国人民代表大会和地方各级人民代表大会代表依法执行代表职务的，依照前款的规定处罚。	第二百七十七条　以暴力、威胁方法阻碍国家机关工作人员依法执行职务的，处三年以下有期徒刑、拘役、管制或者罚金。 以暴力、威胁方法阻碍全国人民代表大会和地方各级人民代表大会代表依法执行代表职务的，依照前款的规定处罚。	第二百七十七条　以暴力、威胁方法阻碍国家机关工作人员依法执行职务的，处三年以下有期徒刑、拘役、管制或者罚金。 以暴力、威胁方法阻碍全国人民代表大会和地方各级人民代表大会代表依法执行代表职务的，依照前款的规定处罚。 在自然灾害和突发事件中，

续表

1997 年 《刑法》	2015 年 《刑法修正案(九)》	2020 年 《刑法修正案(十一)》
在自然灾害和突发事件中,以暴力、威胁方法阻碍红十字会工作人员依法履行职责的,依照第一款的规定处罚。 故意阻碍国家安全机关、公安机关依法执行国家安全工作任务,未使用暴力、威胁方法,造成严重后果的,依照第一款的规定处罚。	在自然灾害和突发事件中,以暴力、威胁方法阻碍红十字会工作人员依法履行职责的,依照第一款的规定处罚。 故意阻碍国家安全机关、公安机关依法执行国家安全工作任务,未使用暴力、威胁方法,造成严重后果的,依照第一款的规定处罚。 **暴力袭击正在依法执行职务的人民警察的,依照第一款的规定从重处罚。**	以暴力、威胁方法阻碍红十字会工作人员依法履行职责的,依照第一款的规定处罚。 故意阻碍国家安全机关、公安机关依法执行国家安全工作任务,未使用暴力、威胁方法,造成严重后果的,依照第一款的规定处罚。 暴力袭击正在依法执行职务的人民警察的,**处三年以下有期徒刑、拘役或者管制;使用枪支、管制刀具,或者以驾驶机动车撞击等手段,严重危及其人身安全的,处三年以上七年以下有期徒刑。**

【条文理解】

1. 妨害公务罪

妨害公务罪,是指以暴力、威胁的方法,阻碍依法执行职务、履行职责的行为,或者故意阻碍国家安全机关、公安机关依法执行国家安全工作任务,造成严重后果的行为。本罪的具体构成要件是:

(1)本罪侵犯的客体是公务活动。这里所指的“公务活动”,是指国家机关工作人员、人民代表大会代表、红十字会工作人员依照法律、法规的规定所正在进行的职务活动。以暴力、威胁方法阻碍事业编制人员依法执行行政执法职务的行为,以妨害公务罪论处。

(2)本罪的客观方面主要表现为以暴力或者威胁的方法阻碍国家机关工作人员、人民代表大会代表、红十字会工作人员依法执行职务或者履行职责的行为,或者故意阻碍国家安全机关、公安机关依法执行国家安全工作任务,未使用暴力、威胁方法,造成严重后果的行为。被阻碍的职务的执行或者职责的履行必须具有合法性。“实体上合法”,是指上述人员执行的职务或履行的职责在其权限范围内;“程序上合法”,是指职务行为必须符合正当方式与程序。“暴力”,是指对正在依法执行职务的国家机关工作人员的身体实行打击或者强制,例如捆绑、伤害等;“威胁”,主要是指以杀害、伤害、毁坏财产、损坏名誉等进行精神上的恐吓。本罪中的“暴力、威胁方法”需要达到使国家机关工作人员不能或者难以继续执行职务的程度,如果行为人仅以一般的争吵、纠缠阻碍国家机关工作人员执行职务的,一般不以妨害公务罪论处。

(3)本罪的主体为一般主体,即已满16周岁,具有刑事责任能力的自然人均可成为本罪的主体。

(4)本罪的主观方面只能由故意构成,即国家机关工作人员、人民代表大会代表、红十字会工作人员正在依法履行职责,为了阻碍其执行职务而故意对其实施暴力或者威胁,或者明知国家安全机关、公安机关正在依法执行国家安全工作任务,而故意妨害其执行职务。

2. 袭警罪

本条第5款规定的是袭警罪,是《刑法修正案(九)》增加的条款,《刑法修正案(十一)》进行了修改。此款规定暴力袭击的对象必须是正在依法执行职务的人民警察,如果行为人袭击的对象不是人民警察而是其他国家机关工作人员,或者袭击的人民警察不是正在依法执行职务,都不构成本款规定的犯罪,对于袭击其他依法执行职务的国家机关工作人员,构成妨害公务罪的,依照第1款规定处罚。

【司法适用】

1. 罪与非罪的界限

《刑法》第277条前3款规定的行为,是行为犯,不要求后果,有无直接暴力、威胁性,是罪与非罪的判断标准;《刑法》第277条第4款规定的行为,要求“造成严重后果”才构成犯罪,“造成严重后果”主要是指依法执行国家安全工作任务受到严重妨害,例如嫌疑人逃跑、线索中断、证据灭失等。

2. 对于袭警罪的司法适用

构成袭警罪的前提是人民警察依照法律规定执行职务,如果非执行职务或执行职务未依法进行,则行为人不构成本罪。谩骂、争吵、拉扯等行为不属于本罪规定的暴力袭击行为,构成违反治安管理行为的,应当依法给予治安管理处罚。

袭警罪的基本犯和情节加重犯均是行为犯,只要行为人实施了“使用枪支、管制刀具,或者以驾驶机动车撞击等手段,严重危及其人身安全的”行为即构成加重情节。所谓“严重危及人身安全”,是指由于行为人的暴力袭击行为,人民警察发生伤亡的结果具有高度的盖然性,如果行为人暴力袭击的手段明显不能达到“严重危及人身安全”的程度,那么一般不能认定为本罪的加重情形。

行为人暴力袭击正在执行职务的人民警察,造成人民警察重伤、死亡或者其他严重后果,构成故意伤害罪、故意杀人罪等犯罪的,依照处罚较重的规定定罪处罚。《刑法》第157条第2款规定,行为人如果以暴力、威胁方法抗拒缉私的,以走私罪和本条规定的阻碍国家机关依法执行职务罪,依照数罪并罚的规定处罚。也就是说,如果行为人以暴力方法抗拒人民警察缉私的,应当依照走私罪和袭警罪数罪并罚;如果行为人以暴力方法抗拒其他国家机关工作人员缉私的,应当依照走私罪和妨害公务罪数罪并罚。

【司法案例】

江某田等妨害公务案①

[**裁判要旨**]国家机关依法进行的管理活动,主要是通过国家机关工作人员的执行职务行为来实现,执行职务时,包括从开始实际执行职务时至职务执行完毕的全过程。国家机关工作人员将查扣的制假设备运送回单位时,其执行职务行为尚未结束,途中行为人暴力夺回制假设备的,符合妨害公务罪的构成要件。

第二百七十八条 【煽动暴力抗拒法律实施罪】煽动群众暴力抗拒国家法律、行政法规实施的,处三年以下有期徒刑、拘役、管制或者剥夺政治权利;造成严重后果的,处三年以上七年以下有期徒刑。

【条文理解】

煽动暴力抗拒法律实施罪,是指煽动群众以暴力方式抗拒国家法律、行政法规实施的行为。本罪的具体构成要件是:

(1)本罪侵犯的客体是国家的法律秩序。依法治国是我国的基本治国方略,实施国家法律、行政法规是依法治国的实质内容之一。如果煽动群众以暴力方式抗拒国家法律、行政法规的实施,势必破坏国家的法律秩序,威胁社会的稳定。

(2)本罪的客观方面表现为煽动群众以暴力方式抗拒国家法律、行政法规实施的行为。“煽动”,是指故意用语言、文字等方式公然鼓动、怂恿群众的行为,例如拉横幅、发传单、发表演讲、在多人参加的即时通讯群组里发表煽动性言论等,但煽动的内容必须是以暴力方式抗拒国家法律、行政法规实施,如果没有煽动群众使用暴力抗拒,则不构成本罪。“暴力抗拒”,是指以杀害、伤害法律实施人员或者暴力破坏财物、设施等手段,抗拒国家法律、行政法规的执行。“国家法律”,是指全国人民代表大会及其常务委员会通过的法律和法律性文件;“行政法规”,是指国务院制定的行政法规。

(3)本罪的主体为一般主体。凡是年满16周岁且具有刑事责任能力的自然人均可构成本罪主体。

---

① 参见《刑事审判参考》总第28辑第205号案例。

(4)本罪的主观方面由故意构成,即故意煽动群众以暴力方式抗拒法律、行政法规实施,过失不构成本罪。

【司法适用】

1. 罪与非罪的界限

本罪是行为犯,行为人只要实施了煽动暴力抗拒法律、行政法规实施的行为,就构成本罪。至于被煽动者是否听从了其煽动,以及其煽动行为是否实际造成了危害后果,均不影响本罪的成立。如果煽动以非暴力方式抗拒法律、行政法规实施,则不构成本罪;如果煽动以暴力方式抗拒法律、行政法规以外的规范性法律文件实施,同样不构成本罪。

2. 本罪与其他犯罪的界限

(1)本罪与煽动分裂国家罪、煽动颠覆国家政权罪的界限。本罪是以阻碍某项国家法律、行政法规的实施为目的,煽动群众以暴力方式抗拒该项法律、法规的实施;煽动分裂国家罪和煽动颠覆国家政权罪则是以分裂国家和颠覆国家政权为目的,煽动的内容是鼓励、号召民族分裂、地方割据或者推翻人民民主专政的政权和社会主义制度。

(2)本罪与利用极端主义破坏法律实施罪的界限。本罪不要求利用极端主义实施煽动行为,而利用极端主义破坏法律实施罪则要求行为人必须利用了极端主义,所谓极端主义,是指通过歪曲宗教教义或者其他方法煽动仇恨、煽动歧视、崇尚暴力的思想和主张,经常表现为对其他文化、宗教、观念、族群等的歧视和完全排斥;本罪的煽动内容是以暴力方式破坏国家法律、行政法规的实施,而利用极端主义破坏法律实施罪则不要求煽动内容中存在暴力手段,但是要求其煽动破坏的是国家法律所确立的婚姻、司法、教育、社会管理等制度的实施,这里的"国家法律"是指全国人大及其常委会制定的法律,不包括行政法规。

第二百七十九条 【招摇撞骗罪】冒充国家机关工作人员招摇撞骗的,处三年以下有期徒刑、拘役、管制或者剥夺政治权利;情节严重的,处三年以上十年以下有期徒刑。

冒充人民警察招摇撞骗的,依照前款的规定从重处罚。

【条文理解】

招摇撞骗罪,是指冒充国家机关工作人员进行招摇撞骗活动,损害国家机关的威信,扰乱社会公共秩序的行为。本罪的具体构成要件是:

（1）本罪侵犯的客体是国家机关的威信和正常活动。国家机关工作人员代表国家机关依法对社会进行管理，冒充国家机关工作人员招摇撞骗，势必损害国家机关的形象和公信力，也必然会扰乱国家对社会的正常管理活动。

（2）本罪的客观方面表现为冒充国家机关工作人员进行招摇撞骗活动。“冒充国家机关工作人员”，是指非国家机关工作人员假冒国家机关工作人员，或者此种国家机关工作人员冒充彼种国家机关工作人员。冒充行为所指向的不仅仅是被冒充对象的个人特征、信息等自然情况，更重要的是其职务身份，即国家机关工作人员所代表的国家公职。被冒充的对象只能是国家机关工作人员，如果被冒充的对象是非国家机关工作人员，如冒充高干子弟、烈士子女等进行招摇撞骗的，不构成本罪。也就是说，从“冒充”方式上可以分为两类，第一类是非国家机关工作人员冒充国家机关工作人员的身份、职位。例如，工人、农民在该国家机关从事工勤工作，冒充该国家机关工作人员。又如，曾在该机关工作后离职或退休，现冒充该国家机关工作人员。第二类是某一国家机关工作人员冒用其他国家机关工作人员的身份、职位。例如，卫生行政系统的国家机关工作人员冒充税务系统国家机关工作人员。“招摇撞骗”，是指假借国家机关工作人员身份进行炫耀，意图使受害人相信其是国家机关工作人员（或特定的国家机关工作人员），并凭借虚假身份骗取非法利益。“非法利益”，既包括财产性非法利益，也包括非财产性非法利益，例如金钱、地位、荣誉等，但一般不包括婚姻、爱情等需要依靠道德调整的利益。

（3）本罪的主体为一般主体。

（4）本罪的主观方面由故意构成，一般具有谋取非法利益的目的，例如骗取钱财、荣誉、政治待遇、经济待遇等。

【司法适用】

1. 罪与非罪的界限

（1）行为人冒充的对象只能是国家机关工作人员，如果冒充的并不是国家机关工作人员，而是诸如高干子弟等，从而谋取非法利益的，不构成本罪。（2）行为人在主观上要具有谋取非法利益的目的，如果单纯假借国家工作人员的名义见义勇为、做好事，行为人因没有实施损害国家机关的威信、扰乱社会公共秩序的行为，所以不构成本罪。（3）招摇撞骗情节显著轻微危害不大的，不以犯罪论处。例如，为了购买车票、船票等而冒充国家机关工作人员，或者为了达到与他人恋爱、结婚的目的，谎称自己是国家机关工作人员等，即使行为人也实施了招摇撞骗的行为，但不应以犯罪论处。

2. 本罪与诈骗罪的界限

两罪在客观方面都采用欺骗手段，而且谋取的非法利益都包括财物，但是两罪在如下方面存在主要区别:(1)犯罪客体不同。诈骗罪侵犯的客体仅限于公私财物所有权;本罪侵犯的客体主要是国家机关的威信和正常活动,谋取的非法利益不限于公私财物,还包括荣誉、政治地位、待遇等。(2)行为手段不同。招摇撞骗罪的手段只限于冒充国家机关工作人员的身份或职称进行诈骗;诈骗罪的手段并无此限制,可以利用任何虚构事实、隐瞒真相的手段和方式进行。(3)构成犯罪有无数额限制不同。只有诈骗数额较大以上的公私财物的,才可构成诈骗罪;而法律对冒充国家机关工作人员招摇撞骗罪的构成并无数额较大的要求,这是因为,这种犯罪未必一定表现为诈骗财物,而有可能是骗取其他非法利益,其严重的社会危害性在于对国家机关的威信和正常活动的破坏。根据《诈骗案件解释》第8条的规定,冒充国家机关工作人员进行诈骗,同时构成诈骗罪和招摇撞骗罪的,依照处罚较重的规定定罪处罚。

3.“情节严重”的认定

关于“情节严重”,实践中一般是指:(1)多次冒充国家机关工作人员招摇撞骗的;(2)造成恶劣社会影响,严重损害国家机关威信的;(3)造成被骗人精神失常、自杀等严重后果的;等等。

4.从重处罚的情形

《刑法》第279条第2款规定,冒充人民警察招摇撞骗的,依照前款规定从重处罚。《抢劫、抢夺案件意见》中规定,行为人冒充正在执行公务的人民警察“抓赌”“抓嫖”,没收赌资或者罚款的行为,构成犯罪的,以招摇撞骗罪从重处罚。

【司法案例】

李某远招摇撞骗、诈骗案①

[**裁判要旨**]基于一个概括的故意,频频冒充国家机关工作人员连续对多人进行多次行骗,属于刑法理论上所讲的连续犯的情形,应当以一罪论处。

第二百八十条　【伪造、变造、买卖国家机关公文、证件、印章罪;盗窃、抢夺、毁灭国家机关公文、证件、印章罪】伪造、变造、买卖或者盗窃、抢夺、毁灭国家机关的公文、证件、印章的,处三年以下有期徒刑、拘役、管制或者剥夺政治权利,并处罚金;情节严重的,处三年以上十年以下有期徒刑,并处罚金。

① 参见《刑事审判参考》总第24辑第162号案例。

【伪造公司、企业、事业单位、人民团体印章罪】**伪造公司、企业、事业单位、人民团体的印章的，处三年以下有期徒刑、拘役、管制或者剥夺政治权利，并处罚金。**

【伪造、变造、买卖身份证件罪】**伪造、变造、买卖居民身份证、护照、社会保障卡、驾驶证等依法可以用于证明身份的证件的，处三年以下有期徒刑、拘役、管制或者剥夺政治权利，并处罚金；情节严重的，处三年以上七年以下有期徒刑，并处罚金。**

【条文对照】

1997 年《刑法》	2015 年《刑法修正案（九）》
第二百八十条　伪造、变造、买卖或者盗窃、抢夺、毁灭国家机关的公文、证件、印章的，处三年以下有期徒刑、拘役、管制或者剥夺政治权利；情节严重的，处三年以上十年以下有期徒刑。 伪造公司、企业、事业单位、人民团体的印章的，处三年以下有期徒刑、拘役、管制或者剥夺政治权利。 伪造、变造居民身份证的，处三年以下有期徒刑、拘役、管制或者剥夺政治权利；情节严重的，处三年以上七年以下有期徒刑。	第二百八十条　伪造、变造、买卖或者盗窃、抢夺、毁灭国家机关的公文、证件、印章的，处三年以下有期徒刑、拘役、管制或者剥夺政治权利，**并处罚金**；情节严重的，处三年以上十年以下有期徒刑，**并处罚金**。 伪造公司、企业、事业单位、人民团体的印章的，处三年以下有期徒刑、拘役、管制或者剥夺政治权利，**并处罚金**。 伪造、变造、**买卖**居民身份证、**护照、社会保障卡、驾驶证等依法可以用于证明身份的证件**的，处三年以下有期徒刑、拘役、管制或者剥夺政治权利，**并处罚金**；情节严重的，处三年以上七年以下有期徒刑，**并处罚金**。

【条文理解】

1. 伪造、变造、买卖国家机关公文、证件、印章罪

伪造、变造、买卖国家机关公文、证件、印章罪，是指非法制造、变造、买卖国家机关公文、证件、印章的行为。本罪的具体构成要件是：

（1）本罪侵犯的客体是国家机关的正常管理活动和信誉。国家机关制作的公文、使用的印章和证件，是其行使职权、管理社会的重要凭证和手段。任何伪造、变造、买卖国家机关的公文、证件、印章的行为，都会影响其正常管理活动，损害其声誉，从而破坏社会管理秩序。

本罪侵犯的对象仅限于国家机关的公文、证件和印章。“公文”，是指国家机关制作的，用以联系事务、指导工作、处理问题的书面文件，例如命令、指示、决定、通知、函电等；“证件”，是指国家机关制作、颁发的，用以证明身份、职务、权利义务关系或其他有关事实的凭证，例如结婚证、工作证、学生证、护照、营业执照、驾驶

证等,不包括出入境证件和居民身份证等证件;“印章”,是指国家机关刻制的以文字与图记表明主体同一性的公章或专用章,公文在加盖公章后生效。用于国家机关事务的私人印鉴、图章也应视为本款所称的印章。

(2)本罪的客观方面表现为伪造、变造、买卖国家机关公文、证件、印章的行为。“伪造”,是指制作假的公文、证件或印章,既包括根本不存在某一公文、证件或印章而凭空制作出的假的公文、证件或印章,又包括在存在某一公文、证件或印章的情况下而模仿其特征复印、伪造另一假的公文、证件或印章,模仿有权签发公文、证件的负责人的手迹签发公文、证件的,应以伪造论处;“变造”,是指对真实的公文、证件或印章利用涂改、擦消、拼接等方法进行加工、改制,以改变其真实内容;“买卖”,是指对国家机关公文、证件或者印章实行有偿转让,包括购买和销售两种行为,买卖的公文、证件或印章,既可以是真实的,也可以是伪造或者变造的。

(3)本罪的主体是一般主体,即已满 16 周岁,具有刑事责任能力的自然人均可成为本罪的主体。

(4)本罪的主观方面为直接故意,间接故意和过失不构成本罪。行为人的动机不影响本罪的成立。

2. 盗窃、抢夺、毁灭国家机关公文、证件、印章罪

盗窃、抢夺、毁灭国家机关公文、证件、印章罪,是指盗窃、抢夺、毁灭国家机关公文、证件、印章的行为。本罪的具体构成要件是:

(1)本罪侵犯的客体、犯罪主体、主观方面与伪造、变造、买卖国家机关公文、证件、印章罪相同。

(2)本罪的客观方面表现为盗窃、抢夺、毁灭国家机关公文、证件、印章的行为。“盗窃”,是指窃取国家机关公文、证件、印章的行为;“抢夺”,是指趁保管或者经手人员不备,公然非法夺取国家机关公文、证件、印章的行为;“毁灭”,是指以烧毁、撕烂、砸碎等方式,故意损毁国家机关公文、证件、印章,使其失去效用或者不能正常使用的行为。

3. 伪造公司、企业、事业单位、人民团体印章罪

伪造公司、企业、事业单位、人民团体印章罪,是指伪造公司、企业、事业单位、人民团体印章的行为。本罪的具体构成要件是:

(1)本罪侵犯的客体是公司、企业、事业单位、人民团体的正常活动和声誉。本罪的犯罪对象是公司、企业、事业单位、人民团体的印章。

(2)本罪的客观方面表现为行为人实施了伪造公司、企业、事业单位、人民团体印章的行为。

(3)本罪的主体属一般主体,即已满 16 周岁,具有刑事责任能力的自然人均

可成为本罪的主体。

(4)本罪的主观方面是直接故意,间接故意和过失不构成本罪。

4. 伪造、变造、买卖身份证件罪

伪造、变造、买卖身份证件罪,是指伪造、变造、买卖居民身份证件的行为。本罪的具体构成要件是:

(1)本罪侵犯的客体是国家居民身份证件管理制度。居民身份证件能起到证明身份的作用。"居民身份"表明个人与国家、一定的地域和行政管辖范围存在的确定的联系。伪造、变造、买卖居民身份证件的行为,会在很大程度上影响国家对居民身份证件的制造、使用、监督的正常管理活动。

(2)本罪的客观方面表现为伪造、变造、买卖居民身份证、护照、社会保障卡、驾驶证等依法可以用于证明身份的证件的行为。"伪造",是指无身份证件制作权的人制作虚假的身份证件。"变造",是指用涂改、擦消、拼接等方法,在真的身份证件上进行变更,改变姓名、年龄等事项内容。"买卖",是指对上述身份证件实行有偿转让,包括购买和销售两种行为。

(3)本罪的主体为一般主体,即已满 16 周岁,具有刑事责任能力的自然人均可成为本罪的主体。

(4)本罪的主观方面是直接故意,即明知是伪造、变造、买卖居民身份证件的行为而实施。

【司法适用】

1. 罪与非罪的界限

对于情节轻微、社会危害性不大的,不认为是犯罪。例如出于个人癖好,模仿真证件或者印章制造摹本,并未使之流入社会而仅是个人收藏的;行为人认为自己的身份证字迹不清,擅自开启证件聚脂薄膜密封加以深涂的,或认为证件所记载信息有误,擅自涂改的,不应认为是犯罪。

2. "情节严重"的适用

伪造、变造、买卖国家机关公文、证件、印章罪,盗窃、抢夺、毁灭国家机关公文、证件、印章罪,伪造、变造、买卖身份证件罪,三罪中何为"情节严重",目前尚未有司法解释进行明确规定。最高人民法院、最高人民检察院《关于办理与盗窃、抢劫、诈骗、抢夺机动车相关刑事案件具体应用法律若干问题的解释》可以作为参考。其第 2 条规定,伪造、变造、买卖机动车行驶证、登记证书,累计 3 本以上的,依照《刑法》第 280 条第 1 款的规定,以伪造、变造、买卖国家机关证件罪定罪,处 3 年以下有期徒刑、拘役、管制或者剥夺政治权利。伪造、变造、买卖机动车行驶证、登记证书,累计达到第 1 款规定数量标准 5 倍以上的,属于《刑法》第 280 条第 1

款规定中的“情节严重”,处3年以上10年以下有期徒刑。司法实践中,下列情形可视为“情节严重”:(1)多次或者大量实施上述行为的;(2)造成恶劣社会影响或者重大经济损失的;(3)犯罪对象为国家机关重要的公文、证件、印章的;(4)动机、目的十分恶劣,例如出于打击报复或者诬陷他人的。

【司法案例】

杨某慧、马某明盗窃机动车号牌案①

［**裁判要旨**］(1)机动车号牌不属于盗窃国家机关证件罪中的国家机关证件,盗窃机动车号牌不构成盗窃国家机关证件罪,以盗窃罪定罪处罚。(2)以勒索钱财为目的多次盗窃他人机动车号牌,未来得及向有关号牌所有人勒索钱财即被抓,虽未实现勒索钱财的目的,但其盗窃行为既遂,因此以盗窃罪定罪处罚。

第二百八十条之一　【使用虚假身份证件、盗用身份证件罪】在依照国家规定应当提供身份证明的活动中,使用伪造、变造的或者盗用他人的居民身份证、护照、社会保障卡、驾驶证等依法可以用于证明身份的证件,情节严重的,处拘役或者管制,并处或者单处罚金。

有前款行为,同时构成其他犯罪的,依照处罚较重的规定定罪处罚。

【条文对照】

1997年《刑法》	2015年《刑法修正案(九)》
无	**第二百八十条之一　在依照国家规定应当提供身份证明的活动中,使用伪造、变造的或者盗用他人的居民身份证、护照、社会保障卡、驾驶证等依法可以用于证明身份的证件,情节严重的,处拘役或者管制,并处或者单处罚金。** **有前款行为,同时构成其他犯罪的,依照处罚较重的规定定罪处罚。**

【条文理解】

使用虚假身份证件、盗用身份证件罪,是指行为人在依照国家规定应当提供真实身份的活动中,使用伪造、变造的或者盗用他人的居民身份证、护照、社会保障卡、驾驶证等虚假身份证件的行为。本罪的具体构成要件是:

(1)本罪侵犯的客体是社会公共信用与社会诚实信用秩序,侵犯的对象是居

① 参见《刑事审判参考》总第70集第582号案例。

民身份证件,尽管本条使用了"等依法可以用于证明身份的证件"的兜底表述,但是,对此应当做限制解释,即仅限于记载的个人信息量和社会公信力与居民身份证、护照、社会保障卡、驾驶证相当的证件,否则,可能存在刑法打击范围不当扩大的问题。

(2)本罪的客观方面表现为在依照国家规定应当提供身份证明的活动中,使用伪造、变造的或者盗用他人的居民身份证、护照、社会保障卡、驾驶证等虚假身份证件的行为。"依照国家规定",是指依照全国人民代表大会及其常务委员会制定的法律和作出的决定,国务院制定的行政法规、规定的行政措施、发布的决定和命令;"应当提供身份证明的活动",是指具有重要社会意义或者直接与行为人的权利义务密切相关的活动,行为人在这些活动中需要提供相应的证件以证明其身份具有参加该活动或者享有某权利的资格。例如,在国家组织的公务员考试中,考生需要携带身份证以证明其具有参加公务员考试的资格;驾驶员在驾驶机动车时要随身携带驾驶证以证明其具有驾驶机动车的资格。

(3)本罪的主体为一般主体,即年满 16 周岁且具有刑事责任能力的自然人,都可以成为本罪的主体。

(4)本罪的主观方面表现为直接故意。

【司法适用】

1. 罪与非罪的界限

本罪是行为犯,只要在明知的情况下,在依照国家规定应当提供真实身份证明的活动中,有使用伪造、变造的或者盗用他人的身份证件的行为,原则上就成立本罪。但是,根据《刑法》第 13 条的规定,情节显著轻微,危害不大的,不认为是犯罪。

2. 本罪与伪造、变造、买卖身份证件罪的界限

本罪属于伪造、变造、买卖身份证件罪的下游犯罪。两罪的关键区别在于客观方面不同,本罪在客观方面表现为使用伪造、变造的或者盗用他人的居民身份证件的行为;而伪造、变造、买卖身份证件罪在客观方面表现为伪造、变造、买卖居民身份证件的行为。如果行为人为了使用而伪造、变造、买卖居民身份证件的,既构成本罪,又构成伪造、变造、买卖身份证件罪,属于牵连犯,择一重罪论处。行为人使用虚假身份证件,往往具有其他非法目的,构成其他犯罪的,均应当按照牵连犯的原则,择一重罪论处。

3. "情节严重"的认定

目前没有相关司法解释对该规定中"情节严重"的标准作出明确解释,从而导致在司法实践中出现"认定难"的问题。结合相关研究,笔者认为以下三点可以作

为参考[①]:(1)存在多次或大量使用、盗用虚假身份证件的情形;(2)存在造成行为相对人财产严重损失或者信誉、名誉严重受损的情形;(3)存在为隐瞒违法犯罪行为目的而实施相关行为的情形。

第二百八十条之二　【冒名顶替罪】盗用、冒用他人身份,顶替他人取得的高等学历教育入学资格、公务员录用资格、就业安置待遇的,处三年以下有期徒刑、拘役或者管制,并处罚金。

组织、指使他人实施前款行为的,依照前款的规定从重处罚。

国家工作人员有前两款行为,又构成其他犯罪的,依照数罪并罚的规定处罚。

【条文对照】

1997 年《刑法》	2020 年《刑法修正案(十一)》
无	**第二百八十条之二　盗用、冒用他人身份,顶替他人取得的高等学历教育入学资格、公务员录用资格、就业安置待遇的,处三年以下有期徒刑、拘役或者管制,并处罚金。** **组织、指使他人实施前款行为的,依照前款的规定从重处罚。** **国家工作人员有前两款行为,又构成其他犯罪的,依照数罪并罚的规定处罚。**

【条文理解】

冒名顶替罪是指以盗用、冒用他人身份为手段,在高等学历教育入学、公务员录用、就业安置等环节,顶替他人取得相应资格、获得相应待遇的行为。本罪的具体构成要件是:

(1)本罪侵犯的客体是国家在高等学历教育入学、公务员招录、就业安置方面对公民身份管理的正常秩序。本罪不仅侵害了被盗用、冒用身份人员的切身利益,而且对国家规定的高等学历教育入学、公务员招录、就业安置工作秩序造成严重侵害,依法应予惩治。

(2)本罪的客观方面表现为盗用、冒用他人身份,顶替他人取得高等学历教育入学资格、公务员录用资格或就业安置待遇。所谓"盗用",是指行为人在被害人不知情的情况下,擅自使用被害人的身份信息来为自己取得相应的资格和待遇,

① 参见《在"使用虚假身份证件罪"中"情节严重"的情形应如何认定》,载中国法院网:https://www.chinacourt.org/article/detail/2019/11/id/4619888.shtml,最后访问时间:2021 年 1 月 14 日。

行为人并不直接以受侵害人的身份进行有关的民事活动。例如,甲以乙的姓名和身份办理了就业安置待遇,但是其平时仍以甲的真实身份来生活。所谓“冒用”,是指行为人冒充被害人的身份、名义,假冒该人取得相应的资格和待遇。其往往改名换姓,以假冒之人的名义来生活和工作。盗用、冒用的目的都是实现以虚假的身份取得高等学历教育入学资格、公务员录用资格或就业安置待遇,并享受由此带来的各种便利。所谓“组织、指使”,是指行为人决策、指挥、协调、管理他人实施本罪所规定的犯罪行为;对于组织者、指使者,不要求从中获利;只要实施组织、指使他人实施本罪规定的行为的,对组织、指使者应追究刑事责任,并从重处罚。

(3)本罪的主体为一般主体,即年满16周岁且具有刑事责任能力的自然人,都可以成为本罪的主体。

(4)本罪的主观方面表现为故意,即明知自己盗用、冒用他人的身份,顶替他人以取得高等学历教育入学资格、公务员录用资格、就业安置待遇的资格和待遇,希望或者放任该结果发生。

【司法适用】

1. 罪与非罪的界限

本罪是行为犯,只要行为人实施了本罪的行为,不论是否实际已取得相应的资格、利益,均应以本罪处理。但是,对行为人非为顶替他人,在填报信息时出错,或因他人行为介入,如招录人员失误、他人出于报复而恶意修改信息等,致使所填报身份信息不符的,不成立本罪。如果行为人实施了盗用、冒用他人身份的行为,但旨在顶替他人取得本罪规定以外的其他资格、待遇,如“三好学生”选拔、公司企业人员招录等,不构成本罪。

2. 本罪与其他犯罪的界限

(1)本罪与组织考试作弊罪的界限。两罪的主要区别在于:一是客体不同。本罪侵犯的客体是国家在高等学历教育入学、公务员招录、就业安置方面对公民身份管理的正常秩序。组织考试作弊罪侵犯的客体是国家对考试组织的管理秩序,以及他人公平参与考试的权利。二是行为手段不同。本罪是盗用、冒用他人身份,实现顶替他人的结果,是否通过考试方式,以及是否有考试作弊,均不是本罪成立的条件。组织考试作弊罪是倡导、发起、策划、安排他人进行作弊,违反公平、公正原则,组织他人通过不正当途径参加考试。三是适用范围不同。本罪仅针对高等学历教育入学、公务员录用、就业安置三种事项。组织考试作弊罪所针对的是“法律规定的国家考试”,既包括普通高等学校招生考试、研究生招生考试、中央和地方公务员录用考试,也包括国家统一法律职业资格考试、国家教师资格考试、注册会计师全国统一考试等。

(2)本罪与代替考试罪的界限。两罪的主要区别在于:一是客体不同。本罪侵犯的客体是国家在高等学历教育入学、公务员招录、就业安置方面对公民身份管理的正常秩序。代替考试罪所侵犯的客体是国家对考试组织的管理秩序,以及他人公平参与考试的权利。二是行为方式不同。本罪是盗用、冒用他人身份,顶替他人取得相关利益,不要求通过考试方式。代替考试罪既包括替考者“代替他人”考试,又包括应试者“让他人代替自己”考试,对于实际参考人与应参考人不一致是明知的。三是行为动机不同。本罪的行为人是希望通过实施本罪的行为,顶替他人取得高等学历教育入学、公务员招录资格、就业安置待遇等方面的利益,其诉求和被顶替者之间一般是矛盾关系;代替考试罪的行为人,其希望通过实施犯罪行为完成考试或取得其希望达到的成绩,替考者和被替考者之间多是彼此配合关系。对于行为人通过代替考试的行为,冒用了他人的身份取得高等学历教育入学、公务员招录资格、就业安置待遇的,因同一行为同时触犯本罪和代替考试罪,应根据牵连犯的处断原则,择一重罪定罪处罚。

(3)本罪与伪造、变造、买卖身份证件罪的界限。两罪的关键区别在于客观方面不同,本罪的行为方式是盗用、冒用他人的真实身份取得某种资格;伪造、变造、买卖身份证件罪在客观方面表现为伪造、变造、买卖居民身份证件行为。对于为了实施本罪而伪造、变造、买卖身份证件的,应根据牵连犯的处断原则,择一重罪定罪处罚;对于伪造、变造、买卖身份证件后又实施了本罪规定以外其他行为的,则应数罪并罚。

(4)本罪与使用虚假身份证件、盗用身份证件罪的界限。两罪的关键区别在于:本罪的行为方式是盗用、冒用他人的真实身份以实现顶替他人获得某种资格的结果,对于被顶替者的身份与资格不需要伪造;使用虚假身份证件罪、盗用身份证件罪,则表现为在依照国家规定应当提供身份证明的活动中,使用了伪造、变造的或者盗用他人的居民身份证、护照、社会保障卡、驾驶证等依法可以用于证明身份的证件,情节严重的行为。在盗用、冒用他人的真实身份顶替高等学历教育入学、公务员招录、就业安置的行为中,使用虚假身份证件、盗用身份证件属于手段行为,应根据牵连犯的处断原则,择一重罪定罪处罚。

3. 数罪并罚的问题

本罪第 3 款规定,国家工作人员有前两款行为,又构成其他犯罪的,依照数罪并罚的规定处罚。对于国家工作人员而言,第一种行为方式是盗用、冒用他人身份,第二种行为方式是组织实施上述行为。对于第一种行为方式,如果国家工作人员实施了比如受贿行为,帮助请托人实施本罪所规定的行为,则其行为既危害了国家工作人员的职务廉洁性,又危害了公民身份管理的秩序,应实行数罪并罚。

对于第二种行为方式,如果国家工作人员是本罪的组织者、指使者,则不仅要根据本条从重处罚,也同样要实行数罪并罚。

第二百八十一条 【非法生产、买卖警用装备罪】非法生产、买卖人民警察制式服装、车辆号牌等专用标志、警械,情节严重的,处三年以下有期徒刑、拘役或者管制,并处或者单处罚金。

单位犯前款罪的,对单位判处罚金,并对其直接负责的主管人员和其他直接责任人员,依照前款的规定处罚。

【条文理解】

非法生产、买卖警用装备罪,是指非法生产、买卖人民警察制式服装、车辆号牌等专用标志、警械,情节严重的行为。本罪的具体构成要件是:

(1)本罪侵犯的客体是人民警察制式服装、车辆号牌等专用标志、警械的管理秩序。本罪的犯罪对象是人民警察制式服装、专用标志、警械。“人民警察制式服装”,是指人民警察按照规定穿着的统一式样服装,包括常服、值勤服、作训服、多功能服、制式衬衣及警帽、领带、腰带、纽扣等。“专用标志”,一是指人民警察按照规定穿着制式服装时佩带的专用标志,包括帽徽、警衔标志、领花、胸徽、警号、臂章等;二是指车辆号牌、警灯、警用警报器等专用标志。“警械”,是指人民警察按照规定装备的警棍、催泪弹、高压水枪、特种防暴枪、手铐、脚镣、警绳等警用器械。

(2)本罪的客观方面表现为非法生产、买卖人民警察制式服装、车辆号牌等专用标志、警械,情节严重的行为。“非法”,指违反国家关于生产、买卖警用装备的管理法律法规,未取得生产、买卖警用装备的合法授权。“非法生产”,具体可表现为 3 种情形:①非指定和委托生产警用装备的单位、个人生产警用装备的;②虽是定点生产的企业,不遵守公安部下达的指标生产,擅自计划外生产的;③曾经被指定或委托的生产企业,原指定被取消,或者委托事项已完成,或未颁发年度生产许可证,而生产警用装备的。“非法买卖”,即指没有经法定许可或者合法授权购买、出卖警用装备的行为。

(3)本罪的主体为一般主体,个人和单位均可构成。

(4)本罪的主观方面表现为故意,即行为人明知是警用装备而非法生产、买卖。

【司法适用】

1. 追诉标准

根据《立案追诉标准(一)》第 35 条的规定,非法生产、买卖人民警察制式服装、车辆号牌等专用标志、警械,涉嫌下列情形之一的,应予立案追诉:(1)成套制式服装 30 套以上,或者非成套制式服装 100 件以上的;(2)手铐、脚镣、警用抓捕网、警用催泪喷射器、警灯、警报器单种或者合计 10 件以上的;(3)警棍 50 根以上的;(4)警衔、警号、胸章、臂章、帽徽等警用标志单种或者合计 100 件以上的;(5)警用号牌、省级以上公安机关专段民用车辆号牌 1 副以上,或者其他公安机关专段民用车辆号牌 3 副以上的;(6)非法经营数额 5000 元以上,或者非法获利 1000 元以上的;(7)被他人利用进行违法犯罪活动的;(8)其他情节严重的情形。

2. 不构成犯罪的情形

生产和买卖制式服装原材料的,不构成本罪;生产和买卖日用且不带有警用标识的鞋袜、棉衣、手套等一般日用品的,因其不能体现人民警察身份和标志,故不构成本罪。

第二百八十二条　【非法获取国家秘密罪】以窃取、刺探、收买方法,非法获取国家秘密的,处三年以下有期徒刑、拘役、管制或者剥夺政治权利;情节严重的,处三年以上七年以下有期徒刑。

【非法持有国家绝密、机密文件、资料、物品罪】非法持有属于国家绝密、机密的文件、资料或者其他物品,拒不说明来源与用途的,处三年以下有期徒刑、拘役或者管制。

【条文理解】

1. 非法获取国家秘密罪

非法获取国家秘密罪,是指以窃取、刺探、收买方法,非法获取国家秘密的行为。本罪的具体构成要件是:

(1)本罪侵犯的客体是复杂客体,一是国家安全和发展,二是国家保密制度。本罪的犯罪对象是国家秘密。《保守国家秘密法》第 2 条规定,国家秘密是关系国家安全和利益,依照法定程序确定,在一定时间内只限一定范围的人员知悉的事项。该法第 13 条规定,下列涉及国家安全和利益的事项,泄露后可能损害国家在政治、经济、国防、外交等领域的安全和利益的,应当确定为国家秘密:①国家事务重大决策中的秘密事项;②国防建设和武装力量活动中的秘密事项;③外交和外事活动中的秘密事项以及对外承担保密义务的秘密事项;④国民经济和社会发展中的秘密事项;⑤科学技术中的秘密事项;⑥维护国家安全活动和追查刑事犯罪中的秘密事项;⑦经国家保密行政管理部门确定的其他秘密事项。政党的秘密事项中符合前款规定的,属于国家秘密。

(2)本罪客观方面表现为以窃取、刺探、收买方法,非法获取国家秘密的行为。“窃取”,是指采取秘密的方式,偷取属于国家秘密的文件、资料和其他物品的行为;“刺探”,是指行为人暗中对掌握国家秘密的人,采取各种手段探听、侦察、了解国家秘密的行为;“收买”,是指用金钱、物质、色情以及其他方法,向掌握国家秘密的人交换国家秘密的行为;“非法获取”,是指依法不应知悉、取得某项国家秘密的人从知悉、取得某项国家秘密的人那里知悉、取得该项国家秘密,或者可以知悉某项国家秘密的人未经合法程序取得该项国家秘密。只要行为人采用窃取、刺探、收买三种方法其中之一“非法获取”国家秘密,即可成立本罪。

(3)本罪的主体要件为一般主体,即已满16周岁,具有刑事责任能力的自然人均可成为本罪的主体。

(4)本罪在主观方面表现为故意,即行为人明知是国家秘密,仍故意以窃取、刺探、收买方法非法获取,但不包括为境外的机构、组织、个人窃取、刺探、收买国家秘密的故意。

2. 非法持有国家绝密、机密文件、资料、物品罪

非法持有国家绝密、机密文件、资料、物品罪,是指非法持有属于国家绝密、机密的文件、资料或者其他物品,拒不说明来源与用途的行为。本罪的构成要件是:

(1)本罪侵犯的客体是国家的保密制度。本罪的犯罪对象仅限于国家绝密级和机密级的文件、资料、物品。《保守国家秘密法》第14条规定,国家秘密的密级分为绝密、机密、秘密三级。绝密级国家秘密是最重要的国家秘密,泄露会使国家安全和利益遭受特别严重的损害;机密级国家秘密是重要的国家秘密,泄露会使国家安全和利益遭受严重的损害;秘密级国家秘密是一般的国家秘密,泄露会使国家安全和利益遭受损害。非法持有秘密级国家秘密的行为也具有一定的社会危害性,应当予以制裁,但其社会危害性尚未达到犯罪的程度,不应以犯罪论。

(2)本罪的客观方面表现为非法持有属于国家绝密、机密的文件、资料或者其他物品,拒不说明来源与用途的行为。“非法”,是指不属于接触、保管国家秘密文件的人员而持有属于国家绝密、机密文件、资料、其他物品,或者虽属于保密工作人员,但其持有该绝密、机密文件、资料、物品没有合法根据;不论是行为人随身携带,或者隐藏、存放于其住处、工作场所,寄存在他人之处等,只要行为人明知是国家绝密、机密文件、资料、物品而置于自己控制之中即为持有;“拒不说明来源与用途”,是指行为人在非法持有的既定事实下,有关机关调查时,行为人对于持有物来源不作或者未能说明,或编造来源经查不实或无法查证的。

(3)本罪的主体为一般主体,即已满16周岁,具有刑事责任能力的自然人均

可成为本罪的主体。

（4）本罪的主观方面表现为直接故意。从其主观方面的认识因素来看，行为人只需认识到自己无权持有国家秘密文件、资料、其他物品，认识到自己持有的文件、资料、物品属于国家秘密即可，无须确切地认识该国家秘密属于什么密级，从其主观方面的意志因素来看，行为人持有本身就意味着其希望该国家秘密处于自己的支配之下，因而不存在间接故意。

【司法适用】

1. 非法获取国家秘密罪的司法适用

（1）罪与非罪的界限。本罪属于行为犯，凡是采用窃取、刺探、收买方法非法获取国家秘密的行为，即构成本罪。如果国家秘密的保密期已满、自行解封，则不符合犯罪对象条件，即便采取窃取、刺探、收买方法取得该信息，也不成立本罪，即属于不可罚的不能犯。本罪的行为必须是采取窃取、刺探、收买这三种方式，其他方法或通过公开途径获取，均不构成本罪。如果行为人实施盗窃犯罪，在缺乏窃取国家秘密故意的情况下客观上获得了国家秘密，亦不能认定为本罪。

（2）本罪与泄露国家秘密罪的界限。二者犯罪对象都是国家秘密，客观上都违反了保密法律规定，区别在于：①主体不同，泄露国家秘密罪是职务犯罪，其主体主要是国家机关工作人员；而本罪的主体是一般主体，主体身份不影响本罪的成立。②客观方面不同，泄露国家秘密罪表现为"泄露"，而非法获取国家秘密罪表现为"获取"。③主观方面不同，泄露国家秘密罪可以是故意或者过失，本罪则必须是故意。

2. 非法持有国家绝密、机密文件、资料、物品罪的司法适用

（1）犯间谍罪，非法提供国家秘密、情报罪，非法获取国家秘密罪的，也可能非法持有国家绝密、机密文件、资料、物品，对其非法持有国家绝密、机密文件、资料、物品的行为不单独定罪。

（2）如果行为人能够说明自己占有国家秘密的来源与用途，且能够证明自己确实不知其为国家秘密，那么，其实际占有行为不是本罪的"非法持有"，可以根据其实际来源与用途依法处理。

第二百八十三条　【非法生产、销售专用间谍器材、窃听、窃照专用器材罪】**非法生产、销售专用间谍器材或者窃听、窃照专用器材的，处三年以下有期徒刑、拘役或者管制，并处或者单处罚金；情节严重的，处三年以上七年以下有期徒刑，并处罚金。**

单位犯前款罪的,对单位判处罚金,并对其直接负责的主管人员和其他直接责任人员,依照前款的规定处罚。

【条文对照】

1997 年《刑法》	2015 年《刑法修正案(九)》
第二百八十三条　非法生产、销售窃听、窃照等专用间谍器材的,处三年以下有期徒刑、拘役或者管制。	第二百八十三条　非法生产、销售**专用间谍器材或者**窃听、窃照专用器材的,处三年以下有期徒刑、拘役或者管制,**并处或者单处罚金;情节严重的,处三年以上七年以下有期徒刑,并处罚金。** **单位犯前款罪的,对单位判处罚金,并对其直接负责的主管人员和其他直接责任人员,依照前款的规定处罚。**

【条文理解】

非法生产、销售专用间谍器材、窃听、窃照专用器材罪,是指非法生产、销售专用间谍器材,或非法生产、销售窃听、窃照专用器材的行为。本罪的具体构成要件是:

(1)本罪侵犯的客体是国家对间谍专用器材和对窃听、窃照专用器材的管理制度。本罪的犯罪对象是专用间谍器材及窃听、窃照专用器材。“专用间谍器材”,是指专门用于实施间谍活动的工具。《反间谍法实施细则》第 18 条规定,《反间谍法》所称“专用间谍器材”,是指进行间谍活动特殊需要的下列器材:①暗藏式窃听、窃照器材;②突发式收发报机、一次性密码本、密写工具;③用于获取情报的电子监听、截收器材;④其他专用间谍器材。专用间谍器材的确认,由国务院国家安全主管部门负责。“窃听、窃照专用器材”,是指具有窃听、窃照功能,并专门用于窃听、窃照的器材,例如窃听器、微型录音机、微型照相机等。

(2)本罪的客观方面表现为非法生产、销售专用间谍器材和非法生产、销售窃听、窃照专用器材的行为。“非法生产、销售”是指:①无权生产、销售专用间谍器材或者窃听、窃照专用器材的单位和个人,违反国家规定,以营利为目的,擅自制造和销售上述器材的行为;②有权生产和销售专用间谍器材或者窃听、窃照专用器材的单位和个人,违反主管部门的规定和下达的指标而超范围、超指标生产和违反规定进行销售的行为。

(3)本罪的主体为一般主体,单位可以构成本罪。

(4)本罪的主观方面表现为故意,犯罪动机不影响本罪成立。

【司法适用】

本罪是行为犯,只要实施了生产、销售专用间谍器材或者窃听、窃照专用器材的行为,就构成本罪。生产、销售的数量不影响定罪,只影响量刑。

关于"情节严重"的标准,目前没有明确的规定,可以从生产、销售的数量,谋取非法利益的数额,器材流入社会的数量,对国家安全利益、社会公共利益、公民合法权益造成的实际损害等情节进行综合考量。

第二百八十四条　【非法使用窃听、窃照专用器材罪】**非法使用窃听、窃照专用器材,造成严重后果的,处二年以下有期徒刑、拘役或者管制。**

【条文理解】

非法使用窃听、窃照专用器材罪是指违反国家有关法律规定,使用窃听、窃照专用器材,造成严重后果的行为。本罪的具体构成要件是:

(1)本罪侵犯的客体是国家对窃听、窃照专用器材的管理秩序。

(2)本罪的客观方面表现为非法使用窃听、窃照专用器材,造成严重后果的行为。非法使用窃听、窃照专用器材的行为包括:①有权使用窃听、窃照专用器材,未经批准擅自使用的行为;②无权使用窃听、窃照专用器材而擅自使用的行为。"非法窃听",是指非法使用窃听专用器材,秘密监听、窃听对象的言谈、动静。监听对象既可以是我国公民,也可以是外国人、无国籍人、企事业单位。监听内容包括私人谈话、电话、日常生活起居、会议等。"非法窃照",是指行为人非法使用窃照专用器材偷拍、偷录他人活动或其他目标的行为,窃照的对象包括日常生活起居、个人交往活动、企事业单位经营活动等。若行为人利用窃听、窃照专用器材窃取他人商业秘密、窃取国家秘密,同时构成本罪与侵犯商业秘密罪、非法获取国家秘密罪的,属于想象竞合犯,从一重罪论处。此外,非法使用窃听、窃照专用器材的行为要求"造成严重后果"方可作为犯罪处理。

(3)本罪的主体要件为一般主体。

(4)本罪的主观方面表现为故意。

【司法适用】

1. 罪与非罪的界限

本罪属结果犯,非法使用窃听、窃照专用器材,造成严重后果的,才构成本罪。"严重后果",是指由于行为人非法窃听、窃照行为而致使被窃听、窃照的对象伤亡或遭受重大财产损失,严重损害国家政治利益等情形。反之,如果未造成严重后果、危害不大的,不构成本罪,但应承担相应的行政责任或民事责任。"非法使用"是指违反国家规定使用窃听、窃照专用器材进行窃听、窃照。如果行为人使用普通录音录像和摄影工具取得信息，或者使用窃听、窃照以外的方法取得信息，不构成本罪。

2. 本罪与间谍罪的界限

间谍罪的犯罪主体是参加了间谍组织或者接受了间谍组织及其代理人任务的人，或者为敌人指示轰击目标的人，其犯罪目的是完成间谍任务，而本罪不需要具备这些条件。若行为人是为了完成上述间谍任务而使用窃听、窃照专用器材，应以间谍罪定罪量刑。若行为人非法使用窃听、窃照专用器材，而此与从事间谍活动之间没有关联，则分别构成非法使用窃听、窃照专用器材罪和间谍罪，实行数罪并罚。

第二百八十四条之一　【组织考试作弊罪】在法律规定的国家考试中，组织作弊的，处三年以下有期徒刑或者拘役，并处或者单处罚金；情节严重的，处三年以上七年以下有期徒刑，并处罚金。

为他人实施前款犯罪提供作弊器材或者其他帮助的，依照前款的规定处罚。

【非法出售、提供试题、答案罪】为实施考试作弊行为，向他人非法出售或者提供第一款规定的考试的试题、答案的，依照第一款的规定处罚。

【代替考试罪】代替他人或者让他人代替自己参加第一款规定的考试的，处拘役或者管制，并处或者单处罚金。

【条文对照】

1997 年《刑法》	2015 年《刑法修正案（九）》
无	**第二百八十四条之一　在法律规定的国家考试中，组织作弊的，处三年以下有期徒刑或者拘役，并处或者单处罚金；情节严重的，处三年以上七年以下有期徒刑，并处罚金。** **为他人实施前款犯罪提供作弊器材或者其他帮助的，依照前款的规定处罚。** **为实施考试作弊行为，向他人非法出售或者提供第一款规定的考试的试题、答案的，依照第一款的规定处罚。** **代替他人或者让他人代替自己参加第一款规定的考试的，处拘役或者管制，并处或者单处罚金。**

【条文理解】

（一）组织考试作弊罪

组织考试作弊罪，是指在法律规定的国家考试中组织作弊，以及为他人提供作弊器材或者其他帮助的行为。本罪的具体构成要件是：

（1）本罪侵犯的客体是复杂客体，包括国家对考试组织的管理秩序和他人公平参与考试的权利。所谓"法律规定的国家考试"，仅限于全国人民代表大会及其常务委员会制定的法律所规定的考试。根据有关法律规定，"法律规定的国家考试"包括：普通高等学校招生考试、研究生招生考试、高等教育自学考试、成人高等学校招生考试等国家教育考试；中央和地方公务员录用考试；国家统一法律职业资格考试、国家教师资格考试、注册会计师全国统一考试、会计专业技术资格考试、资产评估师资格考试、医师资格考试、执业药师职业资格考试、注册建筑师考试、建造师执业资格考试等专业技术资格考试；其他依照法律由中央或者地方主管部门以及行业组织的国家考试。上述规定的考试涉及的特殊类型招生、特殊技能测试、面试等考试，属于"法律规定的国家考试"。

（2）本罪的客观方面表现为在法律规定的国家考试中组织作弊的行为。所谓"组织"，是指倡导、发起、策划、安排他人进行作弊的行为，组织的对象不限于考生，还可以包括考生家长、教师等，组织结构是否紧密、人数是一人或多人、组织是长期性或临时性均不影响组织行为的性质。所谓"作弊"，是指违反公平、公正原则，通过不正当途径参加考试，或在考试过程中在考试不允许的范围内寻求或者试图寻求答案的行为。根据《国家教育考试违规处理办法》第6条的规定，考生违背考试公平、公正原则，在考试过程中有下列行为之一的，应当认定为考试作弊：①携带与考试内容相关的材料或者存储有与考试内容相关资料的电子设备参加考试的；②抄袭或者协助他人抄袭试题答案或者与考试内容相关的资料的；③抢夺、窃取他人试卷、答卷或者胁迫他人为自己抄袭提供方便的；④携带具有发送或者接收信息功能的设备的；⑤由他人冒名代替参加考试的；⑥故意销毁试卷、答卷或者考试材料的；⑦在答卷上填写与本人身份不符的姓名、考号等信息的；⑧传、接物品或者交换试卷、答卷、草稿纸的；⑨其他以不正当手段获得或者试图获得试题答案、考试成绩的行为。

（3）本罪的主体为一般主体，但在实践中通常只处罚组织考试作弊的组织者。

（4）本罪的主观方面是故意，即明知自己组织他人在考试中作弊损害国家考试管理秩序、侵害他人公平参加考试的权利，希望或放任该危害结果发生。

（二）非法出售、提供试题、答案罪

非法出售、提供试题、答案罪，是指向他人非法出售或者提供法律规定的国家考试的试题、答案的行为。本罪的具体构成要件是：

（1）本罪侵犯的客体和组织考试作弊罪相同。

（2）本罪的客观方面表现为在法律规定的国家考试中非法出售、提供试题、答

案。“非法出售”以谋利为目的并以金钱交易为表现方式。“非法提供”是非法出售以外的其他给予他人试题、答案的行为。

(3)本罪的主体为一般主体。

(4)本罪的主观方面是故意,即明知自己出售或提供的是法律规定的国家考试的试题、答案。

(三)代替考试罪

代替考试罪,是指代替他人或者让他人代替自己参加法律规定的国家考试等破坏考试秩序的行为。本罪的具体构成要件是:

(1)本罪侵犯的客体同组织考试作弊罪。

(2)本罪的客观方面表现为“代替他人”考试,或“让他人代替自己”考试。所谓“代替他人”,是指冒名顶替应当参加考试的人去参加考试。“让他人代替自己”,是指指使他人冒名顶替自己去参加自己应当参加的考试。

(3)本罪的主体为一般主体,具体包括应试者、替考者两种。

(4)本罪的主观方面表现为故意。

【司法适用】

1. 罪与非罪的界限

构成上述3个罪名所涉及的考试都必须是法律所规定的国家考试,在其他考试中组织作弊,帮助他人组织作弊,非法出售、提供试题、答案和替考的行为均不构成本罪。为实施考试作弊行为,向他人非法出售或者提供法律规定的国家考试的试题、答案,试题不完整或者答案与标准答案不完全一致的,不影响非法出售、提供试题、答案罪的认定。

2. 本罪与其他犯罪的界限

在法律规定的国家考试以外的其他考试中,组织作弊,为他人组织作弊提供作弊器材或者其他帮助,或者非法出售、提供试题、答案,符合非法获取国家秘密罪,非法生产、销售窃听、窃照专用器材罪,非法使用窃听、窃照专用器材罪,非法利用信息网络罪,扰乱无线电通讯管理秩序罪等犯罪构成要件的,依法追究刑事责任。

3.“情节严重”的认定

(1)组织作弊罪。《组织考试作弊案件解释》第2条规定,在法律规定的国家考试中,组织作弊,具有下列情形之一的,应当认定为《刑法》第284条之一第1款规定的“情节严重”:①在普通高等学校招生考试、研究生招生考试、公务员录用考试中组织考试作弊的;②导致考试推迟、取消或者启用备用试题的;③考试工作人员组织考试作弊的;④组织考生跨省、自治区、直辖市作弊的;⑤多次组织考试作弊的;⑥组织 30 人次以上作弊的;⑦提供作弊器材 50 件以上的;⑧违法所得 30 万元以上的;⑨其他情节严重的情形。

(2)非法出售、提供试题、答案罪。《组织考试作弊案件解释》第 5 条规定,为实施考试作弊行为,非法出售或者提供法律规定的国家考试的试题、答案,具有下列情形之一的,应当认定为《刑法》第 284 条之一第 3 款规定的“情节严重”:①非法出售或者提供普通高等学校招生考试、研究生招生考试、公务员录用考试的试题、答案的;②导致考试推迟、取消或者启用备用试题的;③考试工作人员非法出售或者提供试题、答案的;④多次非法出售或者提供试题、答案的;⑤向 30 人次以上非法出售或者提供试题、答案的;⑥违法所得 30 万元以上的;⑦其他情节严重的情形。

4. 数罪并罚

以窃取、刺探、收买方法非法获取法律规定的国家考试的试题、答案,又组织考试作弊或者非法出售、提供试题、答案,分别符合《刑法》第 282 条和《刑法》第 284 条之一第 1~3 款规定的,以非法获取国家秘密罪和组织考试作弊罪或者非法出售、提供试题、答案罪数罪并罚。

第二百八十五条　【非法侵入计算机信息系统罪】违反国家规定,侵入国家事务、国防建设、尖端科学技术领域的计算机信息系统的,处三年以下有期徒刑或者拘役。

【非法获取计算机信息系统数据、非法控制计算机信息系统罪】违反国家规定,侵入前款规定以外的计算机信息系统或者采用其他技术手段,获取该计算机信息系统中存储、处理或者传输的数据,或者对该计算机信息系统实施非法控制,情节严重的,处三年以下有期徒刑或者拘役,并处或者单处罚金;情节特别严重的,处三年以上七年以下有期徒刑,并处罚金。

【提供侵入、非法控制计算机信息系统程序、工具罪】提供专门用于侵入、非法控制计算机信息系统的程序、工具,或者明知他人实施侵入、非法控制计算机信息系统的违法犯罪行为而为其提供程序、工具,情节严重的,依照前款的规定处罚。

单位犯前三款罪的,对单位判处罚金,并对其直接负责的主管人员和其他直接责任人员,依照各该款的规定处罚。

【条文对照】

1997 年 《刑法》	2009 年 《刑法修正案(七)》	2015 年 《刑法修正案(九)》
第二百八十五条　违反国家规定,侵入国家事务、国防建设、尖端科学技术领域的计算机信息系统的,处三年以下有期徒刑或者拘役。	第二百八十五条　违反国家规定,侵入国家事务、国防建设、尖端科学技术领域的计算机信息系统的,处三年以下有期徒刑或者拘役。 **违反国家规定,侵入前款规定以外的计算机信息系统或者采用其他技术手段,获取该计算机信息系统中存储、处理或者传输的数据,或者对该计算机信息系统实施非法控制,情节严重的,处三年以下有期徒刑或者拘役,并处或者单处罚金;情节特别严重的,处三年以上七年以下有期徒刑,并处罚金。** **提供专门用于侵入、非法控制计算机信息系统的程序、工具,或者明知他人实施侵入、非法控制计算机信息系统的违法犯罪行为而为其提供程序、工具,情节严重的,依照前款的规定处罚。**	第二百八十五条　违反国家规定,侵入国家事务、国防建设、尖端科学技术领域的计算机信息系统的,处三年以下有期徒刑或者拘役。 违反国家规定,侵入前款规定以外的计算机信息系统或者采用其他技术手段,获取该计算机信息系统中存储、处理或者传输的数据,或者对该计算机信息系统实施非法控制,情节严重的,处三年以下有期徒刑或者拘役,并处或者单处罚金;情节特别严重的,处三年以上七年以下有期徒刑,并处罚金。 提供专门用于侵入、非法控制计算机信息系统的程序、工具,或者明知他人实施侵入、非法控制计算机信息系统的违法犯罪行为而为其提供程序、工具,情节严重的,依照前款的规定处罚。 **单位犯前三款罪的,对单位判处罚金,并对其直接负责的主管人员和其他直接责任人员,依照各该款的规定处罚。**

【条文理解】

(一)非法侵入计算机信息系统罪

非法侵入计算机信息系统罪是指违反国家规定,侵入国家事务、国防建设、尖端科学技术领域的计算机信息系统的行为。本罪的具体构成要件是:

(1)本罪侵犯的客体是国家重要领域和要害部门的计算机信息系统安全。本罪的犯罪对象是国家事务、国防建设、尖端科学技术领域的计算机信息系统。对于国家事务领域的计算机信息系统应当从严理解,仅限于处理全国层面的国家内部治理事务和外交事务的计算机信息系统,对于地方国家权力机关的政务公开或网络办公系统,不应当认定为国家事务的计算机信息系统。根据《危害计算机信息系统安全案件解释》中的规定,"计算机信息系统"和"计算机系统",是指具备自动处理数据功能的系统,包括计算机、网络设备、通信设备、自动化控制设备等。

(2)本罪的客观方面表现为行为人实施了违反国家规定侵入国家重要计算机信息系统的行为。所谓"侵入",是指未取得国家有关主管部门依法授权或批准,通过计算机终端侵入国家重要计算机信息系统或者进行数据截收的行为。

(3)本罪的主体要件为一般主体。

(4)本罪的主观方面表现为故意。

(二)非法获取计算机信息系统数据、非法控制计算机信息系统罪

非法获取计算机信息系统数据、非法控制计算机信息系统罪是指违反国家规定,侵入国家事务、国防建设、尖端科学技术领域以外的计算机信息系统或者采用其他技术手段,获取该计算机信息系统中存储、处理或者传输的数据,或者实施非法控制,情节严重的行为。本罪的具体构成要件是:

(1)本罪侵犯的客体是计算机信息系统的安全,犯罪对象仅限于使用中的计算机信息系统中存储、处理、传输的数据和计算机信息系统的控制权,脱离计算机信息系统存放的计算机数据,例如光盘、U 盘中的计算机数据不是本罪的保护对象。

(2)本罪的客观方面表现为行为人违反国家规定,实施侵入国家事务、国防建设、尖端科学技术领域以外的普通计算机信息系统,或者采用其他技术手段,从而获取这些计算机信息系统中存储、处理或者传输的数据,或者对该计算机信息系统实施非法控制的行为,并且情节严重。“侵入”,是指行为人采用破解密码、盗取密码、强行突破安全工具等方法,在没有得到许可时违背计算机信息系统控制人或所有人的意愿,进入其无权进入的计算机信息系统中;“获取”,是指占有或拥有特定数据,表现为把数据复制出来,存于个人电脑、移动硬盘或私人电子邮箱中;“计算机信息系统中存储、处理或者传输的数据”,是指存放在信息系统中的数据,包括图片、文字、影音资料、专有的程序或者软件等,它们的状态或是处于存储状态下,或是正被有关人员编辑,或正被传输;“控制”,是指非法侵入他人计算机信息系统者能够使用被侵入系统的功能和资源,不论是否妨碍、限制、排除合法用户的使用,例如对目标计算机终端或者服务器植入木马程序而实施控制。

(3)本罪的主体为一般主体。

(4)本罪的主观方面表现为故意。

(三)提供侵入、非法控制计算机信息系统程序、工具罪

提供侵入、非法控制计算机信息系统程序、工具罪是指提供专门用于侵入、非法控制计算机信息系统的程序、工具,或者明知他人实施侵入、非法控制计算机信息系统的违法犯罪行为而为其提供程序、工具,情节严重的行为。本罪的具体构成要件是:

(1)本罪侵犯的客体是国家信息网络的安全。

(2)本罪的客观方面表现为提供专门用于侵入、非法控制计算机信息系统的程序、工具,或者明知他人实施侵入、非法控制计算机信息系统的违法犯罪行为而

为其提供程序、工具,情节严重的行为。根据《危害计算机信息系统安全案件解释》第2条规定,具有下列情形之一的程序、工具,应当认定为《刑法》第285条第3款规定的“专门用于侵入、非法控制计算机信息系统的程序、工具”:①具有避开或者突破计算机信息系统安全保护措施,未经授权或者超越授权获取计算机信息系统数据的功能的;②具有避开或者突破计算机信息系统安全保护措施,未经授权或者超越授权对计算机信息系统实施控制的功能的;③其他专门设计用于侵入、非法控制计算机信息系统、非法获取计算机信息系统数据的程序、工具。

(3)本罪的主体为一般主体。

(4)本罪的主观方面表现为故意,行为人是否以营利为目的不影响本罪的成立。

【司法适用】

1.非法侵入计算机信息系统罪的司法适用

(1)罪与非罪的界限。本罪的设立是出于对国家事务、国防建设、尖端科学技术领域的计算机信息系统安全的特殊保护。只有侵入这些领域的计算机信息系统,才构成犯罪。对侵入其他领域的计算机信息系统的,不以本罪论。

(2)根据《危害计算机信息系统安全案件解释》第10条规定,对于是否属于《刑法》第285条、第286条规定的“国家事务、国防建设、尖端科学技术领域的计算机信息系统”“专门用于侵入、非法控制计算机信息系统的程序、工具”“计算机病毒等破坏性程序”难以确定的,应当委托省级以上负责计算机信息系统安全保护管理工作的部门检验。司法机关根据检验结论,并结合案件具体情况认定。

2.非法获取计算机信息系统数据、非法控制计算机信息系统罪的司法适用

(1)罪与非罪的界限。根据《危害计算机信息系统安全案件解释》第1条的规定,非法获取计算机信息系统数据或者非法控制计算机信息系统,具有下列情形之一的,应当认定为《刑法》第285条第2款规定的“情节严重”:①获取支付结算、证券交易、期货交易等网络金融服务的身份认证信息10组以上的;②获取第①项以外的身份认证信息500组以上的;③非法控制计算机信息系统20台以上的;④违法所得5000元以上或者造成经济损失1万元以上的;⑤其他情节严重的情形。

(2)“情节特别严重”的认定。具有下列情形之一的,应当认定为《刑法》第285条第2款规定的“情节特别严重”:①数量或者数额达到前款第1项至第4项规定标准5倍以上的;②其他情节特别严重的情形。明知是他人非法控制的计算机信息系统,而对该计算机信息系统的控制权加以利用的,依照前两款的规定定罪处罚。

(3)本罪与破坏计算机信息系统罪的界限。破坏计算机信息系统罪是指违反国家规定,对计算机信息系统中存储、处理或者传输的数据和应用程序进行删除、修改、增加,后果严重的行为。两罪的区别主要有:①犯罪行为不同,本罪犯罪行为为非法获取数据,后罪犯罪行为为删除、修改、增加数据;②犯罪对象不同,本罪犯罪对象为普通计算机信息系统中的数据,后罪包括所有计算机信息系统中的数据和程序;③犯罪成立要求不同,本罪要求"情节严重",后罪要求"后果严重"。

3. 提供侵入、非法控制计算机信息系统程序、工具罪的司法适用

(1)罪与非罪的界限。根据《危害计算机信息系统安全案件解释》第3条的规定,提供侵入、非法控制计算机信息系统的程序、工具,具有下列情形之一的,应当认定为《刑法》第285条第3款规定的"情节严重":①提供能够用于非法获取支付结算、证券交易、期货交易等网络金融服务身份认证信息的专门性程序、工具5人次以上的;②提供第①项以外的专门用于侵入、非法控制计算机信息系统的程序、工具20人次以上的;③明知他人实施非法获取支付结算、证券交易、期货交易等网络金融服务身份认证信息的违法犯罪行为而为其提供程序、工具5人次以上的;④明知他人实施第③项以外的侵入、非法控制计算机信息系统的违法犯罪行为而为其提供程序、工具20人次以上的;⑤违法所得5000元以上或者造成经济损失1万元以上的;⑥其他情节严重的情形。

(2)"情节特别严重"的认定。根据《危害计算机信息系统安全案件解释》第3条的规定,具有下列情形之一的,应当认定为提供侵入、非法控制计算机信息系统的程序、工具"情节特别严重":①数量或者数额达到前款第①项至第⑤项规定标准5倍以上的;②其他情节特别严重的情形。

第二百八十六条 【破坏计算机信息系统罪】违反国家规定,对计算机信息系统功能进行删除、修改、增加、干扰,造成计算机信息系统不能正常运行,后果严重的,处五年以下有期徒刑或者拘役;后果特别严重的,处五年以上有期徒刑。

违反国家规定,对计算机信息系统中存储、处理或者传输的数据和应用程序进行删除、修改、增加的操作,后果严重的,依照前款的规定处罚。

故意制作、传播计算机病毒等破坏性程序,影响计算机系统正常运行,后果严重的,依照第一款的规定处罚。

单位犯前三款罪的,对单位判处罚金,并对其直接负责的主管人员和其他直接责任人员,依照第一款的规定处罚。

【条文对照】

1997年《刑法》	2015年《刑法修正案(九)》
第二百八十六条　违反国家规定,对计算机信息系统功能进行删除、修改、增加、干扰,造成计算机信息系统不能正常运行,后果严重的,处五年以下有期徒刑或者拘役;后果特别严重的,处五年以上有期徒刑。 违反国家规定,对计算机信息系统中存储、处理或者传输的数据和应用程序进行删除、修改、增加的操作,后果严重的,依照前款的规定处罚。 故意制作、传播计算机病毒等破坏性程序,影响计算机系统正常运行,后果严重的,依照第一款的规定处罚。	第二百八十六条　违反国家规定,对计算机信息系统功能进行删除、修改、增加、干扰,造成计算机信息系统不能正常运行,后果严重的,处五年以下有期徒刑或者拘役;后果特别严重的,处五年以上有期徒刑。 违反国家规定,对计算机信息系统中存储、处理或者传输的数据和应用程序进行删除、修改、增加的操作,后果严重的,依照前款的规定处罚。 故意制作、传播计算机病毒等破坏性程序,影响计算机系统正常运行,后果严重的,依照第一款的规定处罚。 **单位犯前三款罪的,对单位判处罚金,并对其直接负责的主管人员和其他直接责任人员,依照第一款的规定处罚。**

【条文理解】

破坏计算机信息系统罪,是指违反国家规定,对计算机信息系统功能或计算机信息系统中存储、处理或者传输的数据和应用程序进行破坏,或者故意制作、传播计算机病毒等破坏性程序,影响计算机系统正常运行,后果严重的行为。本罪的具体构成要件是:

(1)本罪侵犯的客体是计算机信息系统的安全。犯罪对象为各种计算机信息系统功能及计算机信息系统中存储、处理或者传输的数据和应用程序。根据《危害计算机信息系统安全案件解释》第5条的规定,具有下列情形之一的程序,应当认定为《刑法》第286条第3款规定的“计算机病毒等破坏性程序”:①能够通过网络、存储介质、文件等媒介,将自身的部分、全部或者变种进行复制、传播,并破坏计算机系统功能、数据或者应用程序的;②能够在预先设定条件下自动触发,并破坏计算机系统功能、数据或者应用程序的;③其他专门设计用于破坏计算机系统功能、数据或者应用程序的程序。

(2)本罪的客观方面表现为违反国家规定,破坏计算机信息系统功能、数据和应用程序,故意制作、传播计算机病毒等破坏性程序,后果严重的行为。①破坏计算机信息系统功能。“删除”,是指将计算机信息系统应有的功能加以取消;“修改”,是指将计算机信息系统的功能部分或者全部地进行改变,或者将原程序用另一种程序加以替代,改变其功能;“增加”,是指通过增加磁记录等手段为计算机信息系统添加其原本没有的功能;“干扰”,是指通过一定手段,例如输入一个新的程序干扰原程序,以影响计算机系统正常运转,阻碍其功能。②破坏计算机信息系统数据和应用程序。“计算机信息系统中存储、处理或者传输的数据”,是指固定存储在计算机内部随时可供提取、查阅、使用,或者已经进入计算机正在进行加工、处理以及通过线路而由其他计算机信息系统传递过来的文字、符号、数字、图形等组合的数据;“应用程序”,是指用户使用数据的一种方式,是用户按数据库授予的子模式的逻辑结构,对数据进行操作和运算的程序。③故意制作、传播计算机病毒等破坏性程序。“破坏性程序”,是指隐藏于计算机信息系统中的数据文件、执行程序里的能够在计算机内部运行,对其功能进行干扰、影响的一种程序;“计算机病毒”,作为破坏性程序的典型,是指编制或者在计算机程序中插入的破坏计算机功能或者毁坏数据,影响计算机使用,并能自我复制的一组计算机指令或者程序代码;“制作”,是指创制、发明、设计、编造破坏性程序或者获悉技术制作破坏性程序的行为;“传播”,是指通过计算机信息系统(含网络)输入、输出计算机病毒等破坏性程序,以及将已输入的破坏性程序软件加以派送、散发的行为。

(3)本罪的主体为一般主体,个人与单位均可构成。

(4)本罪的主观方面表现为故意。

【司法适用】

1.“后果严重”的认定

(1)破坏计算机信息系统功能、数据或者应用程序“后果严重”的认定。根据《危害计算机信息系统安全案件解释》第 4 条的规定,破坏计算机信息系统功能、数据或者应用程序,具有下列情形之一的,应当认定为《刑法》第 286 条第 1 款和第 2 款规定的“后果严重”:①造成 10 台以上计算机信息系统的主要软件或者硬件不能正常运行的;②对 20 台以上计算机信息系统中存储、处理或者传输的数据进行删除、修改、增加操作的;③违法所得 5000 元以上或者造成经济损失 1 万元以上的;④造成为 100 台以上计算机信息系统提供域名解析、身份认证、计费等基础服务或者为 1 万以上用户提供服务的计算机信息系统不能正常运行累计 1 小时以上的;⑤造成其他严重后果的。

(2)故意制作、传播计算机病毒等破坏性程序“后果严重”的认定。根据《危害计算机信息系统安全案件解释》第 6 条的规定,故意制作、传播计算机病毒等破坏性程序,影响计算机系统正常运行,具有下列情形之一的,应当认定为《刑法》第 286 条第 3 款规定的“后果严重”:①制作、提供、传输第 5 条第①项规定的程序,导致该程序通过网络、存储介质、文件等媒介传播的;②造成 20 台以上计算机系统被植入第 5 条第②项、第③项规定的程序的;③提供计算机病毒等破坏性程序 10

人次以上的;④违法所得5000元以上或者造成经济损失1万元以上的;⑤造成其他严重后果的。

2."后果特别严重"的认定

(1)破坏计算机信息系统功能、数据或者应用程序"后果特别严重"的认定。具有下列情形之一的,应当认定为破坏计算机信息系统"后果特别严重":①数量或者数额达到"后果严重"标准5倍以上的;②造成为500台以上计算机信息系统提供域名解析、身份认证、计费等基础服务或者为5万以上用户提供服务的计算机信息系统不能正常运行累计1小时以上的;③破坏国家机关或者金融、电信、交通、教育、医疗、能源等领域提供公共服务的计算机信息系统的功能、数据或者应用程序,致使生产、生活受到严重影响或者造成恶劣社会影响的;④造成其他特别严重后果的。

(2)故意制作、传播计算机病毒等破坏性程序"后果特别严重"的认定。具有下列情形之一的,应当认定为破坏计算机信息系统"后果特别严重":①制作、提供、传输计算机病毒等破坏性程序,导致该程序通过网络、存储介质、文件等媒介传播,致使生产、生活受到严重影响或者造成恶劣社会影响的;②数量或者数额达到"后果严重"标准5倍以上的;③造成其他特别严重后果的。

3.关于"共犯"的认定

根据《危害计算机信息系统安全案件解释》第9条的规定,明知他人实施《刑法》第285条、第286条规定的行为,具有下列情形之一的,应当认定为共同犯罪,依照《刑法》第285条、第286条的规定处罚:(1)为其提供用于破坏计算机信息系统功能、数据或者应用程序的程序、工具,违法所得5000元以上或者提供10人次以上的;(2)为其提供互联网接入、服务器托管、网络存储空间、通讯传输通道、费用结算、交易服务、广告服务、技术培训、技术支持等帮助,违法所得5000元以上的;(3)通过委托推广软件、投放广告等方式向其提供资金5000元以上的。实施前款规定行为,数量或者数额达到前款规定标准5倍以上的,应当认定为《刑法》第285条、第286条规定的"情节特别严重"或者"后果特别严重"。

第二百八十六条之一 【拒不履行信息网络安全管理义务罪】网络服务提供者不履行法律、行政法规规定的信息网络安全管理义务,经监管部门责令采取改正措施而拒不改正,有下列情形之一的,处三年以下有期徒刑、拘役或者管制,并处或者单处罚金:

(一)致使违法信息大量传播的;

（二）致使用户信息泄露，造成严重后果的；

（三）致使刑事案件证据灭失，情节严重的；

（四）有其他严重情节的。

单位犯前款罪的，对单位判处罚金，并对其直接负责的主管人员和其他直接责任人员，依照前款的规定处罚。

有前两款行为，同时构成其他犯罪的，依照处罚较重的规定定罪处罚。

【条文对照】

1997 年《刑法》	2015 年《刑法修正案（九）》
无	第二百八十六条之一　网络服务提供者不履行法律、行政法规规定的信息网络安全管理义务，经监管部门责令采取改正措施而拒不改正，有下列情形之一的，处三年以下有期徒刑、拘役或者管制，并处或者单处罚金： （一）致使违法信息大量传播的； （二）致使用户信息泄露，造成严重后果的； （三）致使刑事案件证据灭失，情节严重的； （四）有其他严重情节的。 单位犯前款罪的，对单位判处罚金，并对其直接负责的主管人员和其他直接责任人员，依照前款的规定处罚。 有前两款行为，同时构成其他犯罪的，依照处罚较重的规定定罪处罚。

【条文理解】

拒不履行信息网络安全管理义务罪，是指网络服务提供者不履行法律、行政法规规定的信息网络安全管理义务，经监管部门责令采取改正措施而拒不改正的行为。本罪的具体构成要件是：

（1）本罪侵犯的客体是国家对网络信息的监管制度。

（2）本罪的客观方面表现为不履行法律、行政法规规定的信息网络安全管理义务，经监管部门责令采取改正措施而拒不改正的行为。根据《非法利用信息网络案件解释》第 2 条的规定，《刑法》第 286 条之一第 1 款规定的“监管部门责令采取改正措施”，是指网信、电信、公安等依照法律、行政法规的规定承担信息网络安全监管职责的部门，以责令整改通知书或者其他文书形式，责令网络服务提供者采取改正措施。实践中，认定“经监管部门责令采取改正措施而拒不改正”，应当综合考虑监管部门责令改正是否具有法律、行政法规依据，改正措施及期限要求是否明确、合理，网络服务提供者是否具有按照要求采取改正措施的能力等因素进行判断。

(3)本罪的主体为一般主体,单位和个人都可构成本罪,具体为“网络服务提供者”。根据《非法利用信息网络案件解释》第1条的规定,提供下列服务的单位和个人,应当认定为《刑法》第286条之一第1款规定的“网络服务提供者”:①网络接入、域名注册解析等信息网络接入、计算、存储、传输服务;②信息发布、搜索引擎、即时通讯、网络支付、网络预约、网络购物、网络游戏、网络直播、网站建设、安全防护、广告推广、应用商店等信息网络应用服务;③利用信息网络提供的电子政务、通信、能源、交通、水利、金融、教育、医疗等公共服务。

(4)本罪的主观方面表现为故意。

【司法适用】

1.罪与非罪的界限

(1)关于“致使违法信息大量传播”的认定。根据《非法利用信息网络案件解释》第3条的规定,拒不履行信息网络安全管理义务,具有下列情形之一的,应当认定为《刑法》第286条之一第1款第1项规定的“致使违法信息大量传播”:①致使传播违法视频文件200个以上的;②致使传播违法视频文件以外的其他违法信息2000个以上的;③致使传播违法信息,数量虽未达到第①项、第②项规定标准,但是按相应比例折算合计达到有关数量标准的;④致使向2000个以上用户账号传播违法信息的;⑤致使利用群组成员账号数累计3000以上的通讯群组或者关注人员账号数累计3万以上的社交网络传播违法信息的;⑥致使违法信息实际被点击数达到5万以上的;⑦其他致使违法信息大量传播的情形。

(2)关于“致使用户信息泄露,造成严重后果”的认定。根据《非法利用信息网络案件解释》第4条的规定,拒不履行信息网络安全管理义务,致使用户信息泄露,具有下列情形之一的,应当认定为《刑法》第286条之一第1款第2项规定的“造成严重后果”:①致使泄露行踪轨迹信息、通信内容、征信信息、财产信息500条以上的;②致使泄露住宿信息、通信记录、健康生理信息、交易信息等其他可能影响人身、财产安全的用户信息5000条以上的;③致使泄露第①项、第②项规定以外的用户信息5万条以上的;④数量虽未达到第①~③项规定标准,但是按相应比例折算合计达到有关数量标准的;⑤造成他人死亡、重伤、精神失常或者被绑架等严重后果的;⑥造成重大经济损失的;⑦严重扰乱社会秩序的;⑧造成其他严重后果的。

(3)关于“致使刑事案件证据灭失,情节严重”的认定。根据《非法利用信息网络案件解释》第5条的规定,拒不履行信息网络安全管理义务,致使影响定罪量刑的刑事案件证据灭失,具有下列情形之一的,应当认定为《刑法》第286条之一第1款第3项规定的“情节严重”:①造成危害国家安全犯罪、恐怖活动犯罪、黑社会性质组织犯罪、贪污贿赂犯罪案件的证据灭失的；②造成可能判处5年有期徒刑以上刑罚犯罪案件的证据灭失的；③多次造成刑事案件证据灭失的；④致使刑事诉讼程序受到严重影响的；⑤其他情节严重的情形。

（4）关于"有其他严重情节"的认定。根据《非法利用信息网络案件解释》第6条的规定，拒不履行信息网络安全管理义务，具有下列情形之一的，应当认定为《刑法》第286条之一第1款第4项规定的"有其他严重情节"：①对绝大多数用户日志未留存或者未落实真实身份信息认证义务的；②两年内经多次责令改正拒不改正的；③致使信息网络服务被主要用于违法犯罪的；④致使信息网络服务、网络设施被用于实施网络攻击，严重影响生产、生活的；⑤致使信息网络服务被用于实施危害国家安全犯罪、恐怖活动犯罪、黑社会性质组织犯罪、贪污贿赂犯罪或者其他重大犯罪的；⑥致使国家机关或者通信、能源、交通、水利、金融、教育、医疗等领域提供公共服务的信息网络受到破坏，严重影响生产、生活的；⑦其他严重违反信息网络安全管理义务的情形。

2. 本罪与其他犯罪的关联

（1）本罪与侵犯公民个人信息罪的关联。根据《侵犯公民个人信息案件解释》第9条的规定，网络服务提供者拒不履行法律、行政法规规定的信息网络安全管理义务，经监管部门责令采取改正措施而拒不改正，致使用户的公民个人信息泄露，造成严重后果的，应当依照《刑法》第286条之一的规定，以拒不履行信息网络安全管理义务罪定罪处罚。

（2）本罪与电信诈骗犯罪的关联。根据《电信网络诈骗案件意见》第3条中的规定，网络服务提供者不履行法律、行政法规规定的信息网络安全管理义务，经监管部门责令采取改正措施而拒不改正，致使诈骗信息大量传播，或者用户信息泄露造成严重后果的，依照《刑法》第286条之一的规定，以拒不履行信息网络安全管理义务罪追究刑事责任。同时构成诈骗罪的，依照处罚较重的规定定罪处罚。

第二百八十七条　【利用计算机实施犯罪的提示性规定】利用计算机实施金融诈骗、盗窃、贪污、挪用公款、窃取国家秘密或者其他犯罪的，依照本法有关规定定罪处罚。

【条文理解】

本条规定的"利用计算机实施金融诈骗、盗窃、贪污、挪用公款、窃取国家秘密或者其他犯罪"，是指行为人以计算机为犯罪工具和手段，直接或者通过他人向计算机输入非法指令，进行金融诈骗、盗窃、贪污、挪用公款、窃取国家秘密等犯罪活动。

“其他犯罪”包括但不限于制作、贩卖、传播淫秽物品，侵占、挪用资金，间谍，侮辱，诽谤，侵犯商业秘密等犯罪。随着社会生活的网络化，把计算机作为犯罪工具、手段或方法的犯罪会不断增加。

“依照本法有关规定定罪处罚”，是指对于利用计算机实施金融诈骗、盗窃、贪污、挪用公款、窃取国家秘密或者其他犯罪的，应当依照本法有关金融诈骗犯罪、盗窃罪、贪污罪、挪用公款罪、非法获取国家秘密罪的规定以及其他犯罪的规定处罚，具体实施什么犯罪行为，就以该罪定罪处罚。例如，行为人利用计算机进行盗窃犯罪的，应当依照《刑法》第264条的规定，以盗窃罪定罪处刑。

【司法案例】

杨某涛诈骗案①

[**裁判要旨**]侵入红十字会网站，篡改网页内容发布虚假募捐消息的行为构成破坏计算机信息系统罪；以非法占有为目的，诈骗未遂，情节严重的，构成诈骗罪；侵入红十字会计算机信息系统，篡改网页内容发布虚假募捐消息骗取他人财物行为应当按照“从一重罪处罚”原则处断。

第二百八十七条之一　【非法利用信息网络罪】利用信息网络实施下列行为之一，情节严重的，处三年以下有期徒刑或者拘役，并处或者单处罚金：

（一）设立用于实施诈骗、传授犯罪方法、制作或者销售违禁物品、管制物品等违法犯罪活动的网站、通讯群组的；

（二）发布有关制作或者销售毒品、枪支、淫秽物品等违禁物品、管制物品或者其他违法犯罪信息的；

（三）为实施诈骗等违法犯罪活动发布信息的。

单位犯前款罪的，对单位判处罚金，并对其直接负责的主管人员和其他直接责任人员，依照第一款的规定处罚。

有前两款行为，同时构成其他犯罪的，依照处罚较重的规定定罪处罚。

---

① 参见《刑事审判参考》总第101集第1049号案例。

【条文对照】

1997年《刑法》	2015年《刑法修正案(九)》
无	第二百八十七条之一　利用信息网络实施下列行为之一,情节严重的,处三年以下有期徒刑或者拘役,并处或者单处罚金: (一)设立用于实施诈骗、传授犯罪方法、制作或者销售违禁物品、管制物品等违法犯罪活动的网站、通讯群组的; (二)发布有关制作或者销售毒品、枪支、淫秽物品等违禁物品、管制物品或者其他违法犯罪信息的; (三)为实施诈骗等违法犯罪活动发布信息的。 单位犯前款罪的,对单位判处罚金,并对其直接负责的主管人员和其他直接责任人员,依照第一款的规定处罚。 有前两款行为,同时构成其他犯罪的,依照处罚较重的规定定罪处罚。

【条文理解】

非法利用信息网络罪,是指利用信息网络设立用于实施诈骗、传授犯罪方法、制作或者销售违禁物品、管制物品等违法犯罪活动的网站、通讯群组,发布有关制作或者销售毒品、枪支、淫秽物品等违禁物品、管制物品或者其他违法犯罪信息,为实施诈骗等违法犯罪活动发布信息的行为。本罪的具体构成要件是:

(1)本罪侵犯的客体是复杂客体,包括有关国家网络安全的管理制度、社会管理秩序、公民人身财产权益等。

(2)本罪的客观方面表现为利用信息网络实施违法犯罪活动,情节严重的行为。根据《非法利用信息网络案件解释》第7~9条的规定,《刑法》第287条之一规定的"违法犯罪",包括犯罪行为和属于《刑法》分则规定的行为类型但尚未构成犯罪的违法行为。以实施违法犯罪活动为目的而设立或者设立后主要用于实施违法犯罪活动的网站、通讯群组,应当认定为《刑法》第287条之一第1款第1项规定的"用于实施诈骗、传授犯罪方法、制作或者销售违禁物品、管制物品等违法犯罪活动的网站、通讯群组"。利用信息网络提供信息的链接、截屏、二维码、访问账号密码及其他指引访问服务的,应当认定为《刑法》第287条之一第1款第2项、第3项规定的"发布信息"。

(3)本罪的主体为一般主体,单位和个人都可构成。

(4)本罪的主观方面表现为故意。

【司法适用】

1. 罪与非罪的界限

根据《非法利用信息网络案件解释》第10条的规定,非法利用信息网络,具有下列情形之一的,应当认定为《刑法》第287条之一第1款规定的"情节严重":

(1)假冒国家机关、金融机构名义,设立用于实施违法犯罪活动的网站的。(2)设立用于实施违法犯罪活动的网站,数量达到3个以上或者注册账号数累计达到2000以上的。(3)设立用于实施违法犯罪活动的通讯群组,数量达到5个以上或者群组成员账号数累计达到1000以上的。(4)发布有关违法犯罪的信息或者为实施违法犯罪活动发布信息,具有下列情形之一的:①在网站上发布有关信息100条以上的;②向2000个以上用户账号发送有关信息的;③向群组成员数累计达到3000以上的通讯群组发送有关信息的;④利用关注人员账号数累计达到3万以上的社交网络传播有关信息的。(5)违法所得1万元以上的。(6)两年内曾因非法利用信息网络、帮助信息网络犯罪活动、危害计算机信息系统安全受过行政处罚,又非法利用信息网络的。(7)其他情节严重的情形。

2. 本罪与其他犯罪的关联

(1)本罪与介绍卖淫罪的关联。根据《涉卖淫案件解释》第8条第2款的规定,利用信息网络发布招嫖违法信息,情节严重的,依照《刑法》第287条之一的规定,以非法利用信息网络罪定罪处罚。同时构成介绍卖淫罪的,依照处罚较重的规定定罪处罚。

(2)本罪与侵犯公民个人信息罪的关联。根据《侵犯公民个人信息案件解释》第8条的规定,设立用于实施非法获取、出售或者提供公民个人信息违法犯罪活动的网站、通讯群组,情节严重的,应当依照《刑法》第287条之一的规定,以非法利用信息网络罪定罪处罚;同时构成侵犯公民个人信息罪的,依照侵犯公民个人信息罪定罪处罚。

(3)本罪与毒品犯罪的关联。根据《毒品案件解释》第14条的规定,利用信息网络,设立用于实施传授制造毒品、非法生产制毒物品的方法,贩卖毒品,非法买卖制毒物品或者组织他人吸食、注射毒品等违法犯罪活动的网站、通讯群组,或者发布实施前述违法犯罪活动的信息,情节严重的,应当依照《刑法》第287条之一的规定,以非法利用信息网络罪定罪处罚。实施《刑法》第287条之一、第287条之二规定的行为,同时构成贩卖毒品罪、非法买卖制毒物品罪、传授犯罪方法罪等犯罪的,依照处罚较重的规定定罪处罚。

(4)本罪与诈骗罪的关联。根据《电信网络诈骗案件意见》中的规定,实施《刑法》第287条之一、第287条之二规定的行为,构成非法利用信息网络罪、帮助信息网络犯罪活动罪,同时构成诈骗罪的,依照处罚较重的规定定罪处罚。

(5)本罪与组织考试作弊罪,非法出售、提供试题、答案罪,代替考试罪的关联。根据《组织考试作弊案件解释》第11条的规定,设立用于实施考试作弊的网站、通讯群组或者发布有关考试作弊的信息,情节严重的,应当依照《刑法》第287

条之一的规定,以非法利用信息网络罪定罪处罚;同时构成组织考试作弊罪,非法出售、提供试题、答案罪,非法获取国家秘密罪等其他犯罪的,依照处罚较重的规定定罪处罚。

第二百八十七条之二　【帮助信息网络犯罪活动罪】明知他人利用信息网络实施犯罪,为其犯罪提供互联网接入、服务器托管、网络存储、通讯传输等技术支持,或者提供广告推广、支付结算等帮助,情节严重的,处三年以下有期徒刑或者拘役,并处或者单处罚金。

单位犯前款罪的,对单位判处罚金,并对其直接负责的主管人员和其他直接责任人员,依照第一款的规定处罚。

有前两款行为,同时构成其他犯罪的,依照处罚较重的规定定罪处罚。

【条文对照】

1997 年《刑法》	2015 年《刑法修正案(九)》
无	**第二百八十七条之二　明知他人利用信息网络实施犯罪,为其犯罪提供互联网接入、服务器托管、网络存储、通讯传输等技术支持,或者提供广告推广、支付结算等帮助,情节严重的,处三年以下有期徒刑或者拘役,并处或者单处罚金。** **单位犯前款罪的,对单位判处罚金,并对其直接负责的主管人员和其他直接责任人员,依照第一款的规定处罚。** **有前两款行为,同时构成其他犯罪的,依照处罚较重的规定定罪处罚。**

【条文理解】

帮助信息网络犯罪活动罪是指自然人或者单位明知他人利用信息网络实施犯罪,为其犯罪提供互联网接入、服务器托管、网络存储、通讯传输等技术支持,或者提供广告推广、支付结算等帮助,达到情节严重的程度。本罪的具体构成要件是:

(1)本罪侵犯的客体是国家网络安全管理制度。本罪的客体具有独立意义,不是共同犯罪中对于帮助犯的正犯化,这与信息网络犯罪的特点相关,具体原因有以下四点:①信息网络犯罪的主体可能不在同一地点,甚至不认识;②各主体的行为具有隐蔽性和相对独立性;③各主体之间的意思联络不明晰、不确定;④帮助信息网络犯罪具有独立价值。

(2)本罪的客观方面表现为两类行为:第一类是技术帮助行为,技术支持是信息网络犯罪必不可少的硬件、软件条件,也是信息网络内容的载体和通道。"互联网接入",是指为他人提供访问互联网的渠道、通路。"服务器托管",是指将服务器及相关设备放到专门的数据中心或提供云计算,实现信息数据处理。"网络存储”，是指帮助进行数据和信息的保管，解决信息的载体问题。“通讯传输”是指用户之间传输信息的通路，实现远程意思联络。第二类是非技术帮助行为，包括为信息网络犯罪赚取收益、扩大影响、占领市场等，例如为互联网犯罪做网络广告推广、帮助完成支付结算或者寻找潜在资源和犯罪目标。

(3)本罪的主体为一般主体，单位、自然人都可以构成本罪。

(4)本罪的主观方面表现为故意，过失不构成本罪。

【司法适用】

1. 罪与非罪的界限

《非法利用信息网络案件解释》第 12 条规定，明知他人利用信息网络实施犯罪，为其犯罪提供帮助，具有下列情形之一的，应当认定为《刑法》第 287 条之二第 1 款规定的“情节严重”：(1)为 3 个以上对象提供帮助的；(2)支付结算金额 20 万元以上的；(3)以投放广告等方式提供资金 5 万元以上的；(4)违法所得 1 万元以上的；(5)两年内曾因非法利用信息网络、帮助信息网络犯罪活动、危害计算机信息系统安全受过行政处罚，又帮助信息网络犯罪活动的；(6)被帮助对象实施的犯罪造成严重后果的；(7)其他情节严重的情形。实施前款规定的行为，确因客观条件限制无法查证被帮助对象是否达到犯罪的程度，但相关数额总计达到前款第 2~4 项规定标准 5 倍以上，或者造成特别严重后果的，应当以帮助信息网络犯罪活动罪追究行为人的刑事责任。

2. 如何处理构成本罪同时又构成其他犯罪的情况

第一，共犯优先。如果行为在客观方面完全符合其他信息网络犯罪中的共同正犯，则可以直接将其认定成立该犯罪，而不适用本罪。例如，有证据能够证明该行为人与他人在信息网络犯罪上有过共谋，已经形成符合共犯理论的配合关系，则应直接认定其为共同犯罪。第二，如果没有证据证明该行为人与他人在信息网络犯罪过程中有过共谋，但是根据行为人帮助发布的广告内容或者提供的技术性质，能够明显推断出行为人明知他人在实施网络犯罪的，不成立共同犯罪，应当以本罪追究刑事责任。可能构成其他犯罪的，择一重罪处断。例如，某行为同时符合《刑法》第 285 条第 3 款提供侵入、非法控制计算机信息系统程序、工具罪的规定，则要分析该行为在该罪名下处于哪个量刑幅度，择一重罪处断。

第二百八十八条　【扰乱无线电通讯管理秩序罪】违反国家规定，擅自设置、使用无线电台(站)，或者擅自使用无线电频率，干扰无线电通讯秩序，情节严重的，处三年以下有期徒刑、拘役或者管制，并处或者单处罚金；情节特别

严重的,处三年以上七年以下有期徒刑,并处罚金。

单位犯前款罪的,对单位判处罚金,并对其直接负责的主管人员和其他直接责任人员,依照前款的规定处罚。

【条文对照】

1997年《刑法》	2015年《刑法修正案(九)》
第二百八十八条 违反国家规定,擅自设置、使用无线电台(站),或者擅自**占用**频率,**经责令停止使用后拒不停止使用,**干扰无线电通讯**正常进行,造成严重后果**的,处三年以下有期徒刑、拘役或者管制,并处或者单处罚金。 单位犯前款罪的,对单位判处罚金,并对其直接负责的主管人员和其他直接责任人员,依照前款的规定处罚。	第二百八十八条 违反国家规定,擅自设置、使用无线电台(站),或者擅自**使用无线电**频率,干扰无线电通讯**秩序,情节严重**的,处三年以下有期徒刑、拘役或者管制,并处或者单处罚金;**情节特别严重的,处三年以上七年以下有期徒刑,并处罚金**。 单位犯前款罪的,对单位判处罚金,并对其直接负责的主管人员和其他直接责任人员,依照前款的规定处罚。

【条文理解】

本罪的具体构成要件是:

(1)本罪侵犯的客体是国家无线电管理制度。《无线电管理条例》第6条规定,任何单位或者个人不得擅自使用无线电频率,不得对依法开展的无线电业务造成有害干扰,不得利用无线电台(站)进行违法犯罪活动。

(2)本罪的客观方面表现为违反国家规定,擅自设置、使用无线电台(站),或者擅自使用无线电频率,干扰无线电通讯秩序,情节严重的行为。《扰乱无线电通讯管理秩序案件解释》第1条规定,具有下列情形之一的,应当认定为《刑法》第288条第1款规定的"擅自设置、使用无线电台(站),或者擅自使用无线电频率,干扰无线电通讯秩序":①未经批准设置无线电广播电台(以下简称"黑广播"),非法使用广播电视专用频段的频率的;②未经批准设置通信基站(以下简称"伪基站"),强行向不特定用户发送信息,非法使用公众移动通信频率的;③未经批准使用卫星无线电频率的;④非法设置、使用无线电干扰器的;⑤其他擅自设置、使用无线电台(站),或者擅自使用无线电频率,干扰无线电通讯秩序的情形。

(3)本罪的主体为一般主体,单位可成为本罪的主体。

(4)本罪的主观方面表现为直接故意,即明知其擅自设置、使用无线电站(台),或者擅自使用频率的行为会干扰无线电通讯的正常进行。

【司法适用】

1. 罪与非罪的界限

根据《扰乱无线电通讯管理秩序案件解释》第2条的规定,违反国家规定,擅自设置、使用无线电台(站),或者擅自使用无线电频率,干扰无线电通讯秩序,具有下列情形之一的,应当认定为《刑法》第 288 条第 1 款规定的"情节严重":(1)影响航天器、航空器、铁路机车、船舶专用无线电导航、遇险救助和安全通信等涉及公共安全的无线电频率正常使用的;(2)自然灾害、事故灾难、公共卫生事件、社会安全事件等突发事件期间,在事件发生地使用"黑广播""伪基站"的;(3)举办国家或者省级重大活动期间,在活动场所及周边使用"黑广播""伪基站"的;(4)同时使用 3 个以上"黑广播""伪基站"的;(5)"黑广播"的实测发射功率 500 瓦以上,或者覆盖范围 10 公里以上的;(6)使用"伪基站"发送诈骗、赌博、招嫖、木马病毒、钓鱼网站链接等违法犯罪信息,数量在 5000 条以上,或者销毁发送数量等记录的;(7)雇佣、指使未成年人、残疾人等特定人员使用"伪基站"的;(8)违法所得 3 万元以上的;(9)曾因扰乱无线电通讯管理秩序受过刑事处罚,或者 2 年内曾因扰乱无线电通讯管理秩序受过行政处罚,又实施《刑法》第 288 条规定的行为的;(10)其他情节严重的情形。

根据《扰乱无线电通讯管理秩序案件解释》第 8 条的规定,为合法经营活动,使用"黑广播""伪基站"或者实施其他扰乱无线电通讯管理秩序的行为,构成扰乱无线电通讯管理秩序罪,但不属于"情节特别严重",行为人是初犯,并确有悔罪表现的,可以认定为情节轻微,不起诉或者免予刑事处罚;确有必要判处刑罚的,应当从宽处罚。

2."情节特别严重"的认定

根据《扰乱无线电通讯管理秩序案件解释》第 3 条的规定,违反国家规定,擅自设置、使用无线电台(站),或者擅自使用无线电频率,干扰无线电通讯秩序,具有下列情形之一的,应当认定为《刑法》第 288 条第 1 款规定的"情节特别严重":(1)影响航天器、航空器、铁路机车、船舶专用无线电导航、遇险救助和安全通信等涉及公共安全的无线电频率正常使用,危及公共安全的;(2)造成公共秩序混乱等严重后果的;(3)自然灾害、事故灾难、公共卫生事件和社会安全事件等突发事件期间,在事件发生地使用"黑广播""伪基站",造成严重影响的;(4)对国家或者省级重大活动造成严重影响的;(5)同时使用 10 个以上"黑广播""伪基站"的;(6)"黑广播"的实测发射功率 3000 瓦以上,或者覆盖范围 20 公里以上的;(7)违法所得 15 万元以上的;(8)其他情节特别严重的情形。

3.本罪与其他犯罪的关联

根据《扰乱电信市场管理秩序案件解释》第 5 条的规定,违反国家规定,擅自设置、使用无线电台(站),或者擅自占用频率,非法经营国际电信业务或者涉港澳台电信业务进行营利活动,同时构成非法经营罪和《刑法》第 288 条规定的扰乱无线电通讯管理秩序罪的,依照处罚较重的规定定罪处罚。

根据《电信网络诈骗案件意见》第3条的规定,在实施电信网络诈骗活动中,非法使用"伪基站""黑广播",干扰无线电通讯秩序,符合《刑法》第288条规定的,以扰乱无线电通讯管理秩序罪追究刑事责任。同时构成诈骗罪的,依照处罚较重的规定定罪处罚。

【司法案例】

李某剑等扰乱无线电通讯管理秩序案①

[**裁判要旨**](1)对利用"伪基站"群发短信的行为,在《刑法修正案(九)》实施前,以破坏公用电信设施罪定罪处罚,是符合法律规定的。但是,《刑法修正案(九)》实施后,对此类行为,应当适用《刑法》第288条第1款的规定,以扰乱无线电通讯管理秩序罪定罪处罚。(2)被告的行为本质上是对无线电通讯管理秩序的破坏,而不是对公共安全的危害。

第二百八十九条　【故意伤害罪;故意杀人罪;抢劫罪】聚众"打砸抢",致人伤残、死亡的,依照本法第二百三十四条、第二百三十二条的规定定罪处罚。毁坏或者抢走公私财物的,除判令退赔外,对首要分子,依照本法第二百六十三条的规定定罪处罚。

【条文理解】

聚众"打砸抢",是指聚集多人或者利用已经聚集起来的多人,以打、砸、抢等手段侵犯他人人身权利、民主权利,或者侵犯公私财物所有权的行为。"打、砸",是指随意殴打他人、任意损毁他人的财物;"抢",是指强拿硬要、在暴力之下劫得并占用公私财物。"毁坏或者抢走公私财物的",是指实施聚众"打砸抢"过程中,发生公私财物损失的危害结果。"毁坏",是指物理性地消灭、破坏该财物的形体,或者使其丧失原有的效用价值;"抢走",是指实施聚众"打砸抢"行为时,夺走、掠走该财物,使其脱离原所有人或原持有的状态,对于该类行为,要对首要分子拟定构成"抢劫罪"。

【司法适用】

聚众"打砸抢"本身不是一个独立罪名,聚众"打砸抢"行为是否构成犯罪以

---

① 参见《刑事审判参考》总第112集第1227号案例。

及构成何罪,要看具体符合哪一犯罪的构成要件。

第二百九十条 【聚众扰乱社会秩序罪】**聚众扰乱社会秩序,情节严重,致使工作、生产、营业和教学、科研、医疗无法进行,造成严重损失的,对首要分子,处三年以上七年以下有期徒刑;对其他积极参加的,处三年以下有期徒刑、拘役、管制或者剥夺政治权利。**

【聚众冲击国家机关罪】**聚众冲击国家机关,致使国家机关工作无法进行,造成严重损失的,对首要分子,处五年以上十年以下有期徒刑;对其他积极参加的,处五年以下有期徒刑、拘役、管制或者剥夺政治权利。**

【扰乱国家机关工作秩序罪】**多次扰乱国家机关工作秩序,经行政处罚后仍不改正,造成严重后果的,处三年以下有期徒刑、拘役或者管制。**

【组织、资助非法聚集罪】**多次组织、资助他人非法聚集,扰乱社会秩序,情节严重的,依照前款的规定处罚。**

【条文对照】

1997 年《刑法》	2015 年《刑法修正案(九)》
第二百九十条 聚众扰乱社会秩序,情节严重,致使工作、生产、营业和教学、科研无法进行,造成严重损失的,对首要分子,处三年以上七年以下有期徒刑;对其他积极参加的,处三年以下有期徒刑、拘役、管制或者剥夺政治权利。 聚众冲击国家机关,致使国家机关工作无法进行,造成严重损失的,对首要分子,处五年以上十年以下有期徒刑;对其他积极参加的,处五年以下有期徒刑、拘役、管制或者剥夺政治权利。	第二百九十条 聚众扰乱社会秩序,情节严重,致使工作、生产、营业和教学、科研、**医疗**无法进行,造成严重损失的,对首要分子,处三年以上七年以下有期徒刑;对其他积极参加的,处三年以下有期徒刑、拘役、管制或者剥夺政治权利。 聚众冲击国家机关,致使国家机关工作无法进行,造成严重损失的,对首要分子,处五年以上十年以下有期徒刑;对其他积极参加的,处五年以下有期徒刑、拘役、管制或者剥夺政治权利。 **多次扰乱国家机关工作秩序,经行政处罚后仍不改正,造成严重后果的,处三年以下有期徒刑、拘役或者管制。** **多次组织、资助他人非法聚集,扰乱社会秩序,情节严重的,依照前款的规定处罚。**

【条文理解】

1. 聚众扰乱社会秩序罪

聚众扰乱社会秩序罪,是指聚众扰乱社会秩序,情节严重,致使工作、生产、营业和教学、科研、医疗无法进行,造成严重损失的行为。本罪的具体构成要件是:

(1)本罪侵犯的客体是工作、生产、营业和教学、科研、医疗领域内的社会正常秩序。

(2)本罪的客观方面表现为聚众扰乱社会秩序，情节严重，致使工作、生产、营业和教学、科研、医疗无法进行，并造成严重损失的行为。“聚众”可以是首要分子积极地将多人聚集起来后共同扰乱秩序，也可以是首要分子利用已经聚集起来的多人共同扰乱秩序。参与扰乱秩序的人员处于随时可能增加或减少的状态；“扰乱”是指造成社会秩序上的混乱，使其从有序变为无序、从稳定变为动乱、从连续变为间断，例如聚众侵入、占领工作场所，封闭出入通道等；“情节严重”主要是指聚集的人数多，扰乱的时间长，被扰乱的社会秩序相对来说较为重要等；“造成严重损失”是指因为工作、生产、营业和教学、科研、医疗无法进行而产生的严重损失。扰乱秩序过程中发生的财物损毁、人身伤害等，因为不是上述活动停摆而导致的损失，所以不属于本罪的损失。

如果行为人在扰乱社会秩序犯罪过程中，其犯罪手段或者犯罪结果又构成其他犯罪的，应按照牵连犯的处理原则，择一重罪论处；如果行为人单独构成故意毁坏财物、故意伤害等犯罪的，应与聚众扰乱社会秩序罪并罚。

(3)本罪的主体为扰乱社会秩序的首要分子和其他积极参加者。“首要分子”一般是指在扰乱社会秩序犯罪中起组织、策划、指挥等主要作用的犯罪分子；“积极参加者”一般是指主动参加扰乱社会秩序犯罪，且表现积极的犯罪分子。

(4)本罪的主观方面表现为故意。由于是聚众犯罪，所以对于首要分子而言，其故意的内容中需要具有形成聚众或利用已聚集人群的意思；对于积极参加者而言，其故意的内容中需要包含倚仗人群从事扰乱活动的意思。

2. 聚众冲击国家机关罪

聚众冲击国家机关罪，是指聚众冲击国家机关，使其正常工作无法进行，造成严重损失的行为。本罪的具体构成要件是：

(1)本罪侵犯的客体是国家机关的正常工作秩序。犯罪对象是国家机关，即各级党政机关、权力机关、司法机关、行政机关、军事机关等，但是不包括属于军事禁区或军事管理区的军事机关，行为人聚众冲击前述机关，应按《刑法》第371条的规定定罪处罚。

(2)本罪的客观方面表现为聚众冲击国家机关，致使国家机关工作无法进行，造成严重损失的行为。聚众冲击国家机关是聚众扰乱社会秩序的一种特殊形式，但由于其法益侵害程度更高，便将其规定为独立犯罪。本罪中“聚众”的含义同聚众扰乱社会秩序罪中的“聚众”含义一致，同样可以表现为“形成聚众”或“利用已聚集人群”；“冲击”是指不顾阻拦强行冲闯，这就意味着一般人可以自由出入的国家机关不能成为本罪的犯罪对象，但是如果某国家机关在一般情况下可以任意出入，而因门前群众聚集等原因而暂时封闭，就转变成不可自由出入的状态，此时该国家机关就可以成为本罪的犯罪对象；“造成严重损失”是指因为国家机关工作无法进行而产生的严重损失，例如妨害国家机关重要公务活动、造成严重外交事故等。

(3)本罪的主体为聚众冲击国家机关的首要分子和其他积极参加者。

(4)本罪的主观方面由故意构成，过失不构成本罪。

3. 扰乱国家机关工作秩序罪

扰乱国家机关工作秩序罪，是指多次扰乱国家机关工作秩序，经行政处罚后仍不改正，造成严重后果的行为。本罪的具体构成要件是：

(1)本罪侵犯的客体是国家机关的正常工作秩序。

(2)本罪的客观方面表现为多次扰乱国家机关工作秩序，经行政处罚后仍不改正，造成严重后果的行为。“多次”是指3次及以上；本罪不要求行为人“聚众”实施扰乱行为，个人可以独自实施本罪；“经行政处罚后仍不改正”和“造成严重后果”均是本罪的构成要件，缺一不可。

(3)本罪的主体为一般主体，但是由于本罪设置了行政处罚前置程序，所以未经行政处罚的行为人不能成为本罪的主体。

(4)本罪的主观方面由故意构成。

4. 组织、资助非法聚集罪

组织、资助非法聚集罪是指多次组织、资助他人非法聚集，扰乱社会秩序，情节严重的行为。本罪的具体构成要件是：

(1)本罪侵犯的客体是正常社会秩序。

(2)本罪的客观方面表现为多次组织、资助他人非法聚集，扰乱社会秩序，并且达到了情节严重的程度。“多次”指3次及以上；“组织”是指策划、指挥、劝说、动员、串联、拉拢或利诱他人非法聚集；“资助”是指为他人非法聚集提供资金支持；“扰乱社会秩序”是指扰乱工作、生产、营业和教学、科研、医疗秩序，或者扰乱车站、码头、民用航空站、商场、公园、影剧院、展览会、运动场等公共场所秩序或交通秩序；“情节严重”一般是指行为人组织人数多、时间长、影响恶劣的非法聚集活动，或明知他人的非法聚集活动具有前述特点而仍予以资助。

(3)本罪的主体为一般主体。

(4)本罪的主观方面由故意构成。

【司法适用】

1. 罪与非罪的界限

(1)成立聚众扰乱社会秩序罪，需要“情节严重”、“致使工作、生产、营业和教学、科研、医疗无法进行”和“造成严重损失”三个要件同时符合。刑法之所以设置如此严格的构成要件，目的是防止将群众表达诉求的行为任意地作犯罪化处理。如果群众存在合理的诉求但未被回应，那么即便其以集体抗争的形式来表达诉求，也不能认定为本罪。就算行为人无正当理由聚众闹事，也应考察其行为是否“情节严重”，是否“致使工作、生产、营业和教学、科研、医疗无法进行”以及是否“造成严重损失”，任一条件不成就都使其行为不构成本罪。

(2)成立聚众冲击国家机关罪，需要行为人的聚众冲击行为“致使国家机关工作无法进行”并导致严重损失。如果行为人没有聚众冲击行为，而仅是在国家机关门外静坐示威，则不构成本罪，但如果行为人在门外聚众堵塞了国家机关出入通道，或正常进入国家机关后聚众占据了其办公场所，导致国家机关工作无法正常进行并造成严重损失，对首要分子和其他积极参加者以扰乱社会秩序罪定罪处罚。

(3)成立扰乱国家机关工作秩序罪，不仅要求行为人“多次”扰乱国家机关工作秩序且曾被行政处罚过，还要求扰乱行为“造成严重后果”。如果情节一般，没有造成严重后果，是一般违反治安管理的行为，可给予批评教育或者治安处罚。

(4)成立组织、资助非法聚集罪不要求行为人实际参与了非法聚集，但是要求行为人组织、资助的聚集活动必须是非法的，如果聚集活动是合法的则不构成本罪。

(5)“扰乱社会秩序”和“情节严重”均是本罪的构成要件之一，缺一不可。如果非法聚集活动没有扰乱社会秩序，或组织、资助行为未达“情节严重”的程度，均不成立本罪。

2. 认定本条四项罪名时应当注意的问题

(1)本条前两项罪名，即聚众扰乱社会秩序罪和聚众冲击国家机关罪，均为聚众类犯罪，是必要的共犯，但在认定过程中要严格、谨慎地区分参与者与围观者，围观不是前述两罪在客观方面的表现形式，围观者不构成前述两罪。此外，还要严格区分参与者中的首要分子、其他积极参与者和一般参与者，只有首要分子与积极参与者的行为成立犯罪。后两项罪名，即扰乱国家机关工作秩序罪与组织、资助非法聚集罪，没有要求聚众实施，但要注意“多次”和“造成严重后果”或“情节严重”等规定。

(2)行为人在实施本条四项罪名所规定的行为时，可能造成致人伤亡、毁坏公私财物等结果，对此一般应当以想象竞合犯择一重罪处理。

第二百九十一条 【聚众扰乱公共场所秩序、交通秩序罪】聚众扰乱车站、码头、民用航空站、商场、公园、影剧院、展览会、运动场或者其他公共场所秩序，聚众堵塞交通或者破坏交通秩序，抗拒、阻碍国家治安管理工作人员依法执行职务，情节严重的，对首要分子，处五年以下有期徒刑、拘役或者管制。

【条文理解】

聚众扰乱公共场所秩序、交通秩序罪，是指聚众扰乱车站、码头、民用航空站、商场、公园、影剧院、展览会、运动场或者其他公共场所秩序，聚众堵塞交通或者破坏交通秩序，抗拒、阻碍国家治安管理工作人员依法执行职务，情节严重的行为。本罪的具体构成要件是：

(1)本罪侵犯的客体是公共场所秩序或者交通秩序。“公共场所”是指为不特定的多数人所使用的场所，一般公众可以出入公共场所或停留在公共场所内；“公共场所秩序”是指保证公众顺利出入、使用公共场所的公共行为规则；“其他公共场所”是指与车站、码头、民用航空站、商场、公园、影剧院、展览会、运动场具有相同性质的场所，包括饭店、泳池、集市等；“交通秩序”是指交通工具与行人在交通线路上安全顺利通行的规则。

(2)本罪的客观方面表现为聚众扰乱公共场所秩序或者交通秩序，抗拒、阻碍国家治安管理工作人员依法执行职务的行为。“聚众扰乱公共场所秩序或者交通秩序”，是指聚集多人或者利用已经聚集起来的多人，以各种方法在公共场所或交通线路上起哄闹事，扰乱秩序；“抗拒、阻碍国家治安管理工作人员依法执行职务”并不是独立的第三种行为，而是对于前两种行为，即“聚众扰乱公共场所秩序”或“聚众扰乱交通秩序”构成犯罪的进一步要求。

(3)本罪的主体只能是聚众扰乱公共场所秩序、交通秩序的首要分子，即在聚众扰乱公共场所秩序、交通秩序犯罪活动中起组织、策划、指挥作用的人。在本罪中被聚集的多人应当是实施扰乱行为的行为人，而不能只是凑热闹的围观群众。如果人群仅是因好奇而聚集，那么即便围观人群在客观上扰乱了公共场所秩序或者交通秩序，也不能认为引起围观的行为人符合“聚众”犯罪的特征，更不能将其认定为本罪的首要分子。

(4)本罪的主观方面由故意构成，过失不构成本罪。

【司法适用】

1. 罪与非罪的界限

行为人在已经聚众扰乱公共场所秩序、交通秩序的情况下，又抗拒、阻碍国家治安管理工作人员依法执行职务,且情节严重的,才构成犯罪。质言之,在国家治安管理工作人员并未到场,或者到场后未开展工作的情况下,行为人不能成立本罪;同样,未达到聚众扰乱公共场所秩序、交通秩序的人数多、时间长,或是未造成人员伤亡、公私财物重大损失等"情节严重"标准的,也不能成立本罪。如果情节较轻或者属于一般参与者,可依据治安管理处罚法给予批评教育或者治安处罚。

2. 本罪与聚众扰乱社会秩序罪的界限

两罪都是聚众类、妨害社会管理秩序类的犯罪,行为人的动机往往都是制造影响,施加压力,以满足个人无理要求或者借机发泄不满情绪。两罪的主要区别在于:(1)侵犯客体与犯罪地点不同。本罪侵犯的是公共场所秩序或者交通秩序,行为人只能在公共场所或者交通线路上实施扰乱行为,而聚众扰乱社会秩序罪侵犯的是正常的工作、生产、营业和教学、科研、医疗秩序,行为人一般是在单位内实施扰乱行为。(2)犯罪主体不同。本罪中只有首要分子才构成犯罪,而在聚众扰乱社会秩序罪中,首要分子和其他积极参与者均构成犯罪。

【司法案例】

余某利、尤某波聚众扰乱交通秩序案①

[**裁判要旨**]在聚众扰乱交通秩序的行为符合"情节严重"的情况下,即使"抗拒、阻碍国家治安管理工作人员依法执行职务"行为未达"情节严重"标准,也不影响追究其聚众扰乱交通秩序罪的刑事责任。(1)"抗拒、阻碍国家治安管理工作人员依法执行职务"在本罪中不是选择性行为,故不要求单行为达到情节严重的程度。从"抗拒、阻碍"的对象来看,"国家治安管理工作人员"就是指代表国家机关履行治安管理职责的人民警察以及治安队员、联防队员等,从身份性质角度而言,均属于国家机关工作人员。对于阻碍包括国家治安管理工作人员在内的国家机关工作人员履行职务的行为,《刑法》第277条规定的妨害公务罪已作了相关规定,行为人使用暴力、威胁方法阻碍国家机关工作人员依法执行职务,情节严重的,可以适用妨害公务罪的罪名。因此,对于"聚众堵塞交通或者破坏交通秩序"的情形,不必要求"抗拒、阻碍国家治安管理工作人员依法执行职务"的行为也达到情节严重。(2)"抗拒、阻碍国家治安管理工作人员依法执行职务"不是复合实行行为,"聚众堵塞交通或者破坏交通秩序"与"抗拒、阻碍国家治安管理工作人员依法执行职务"之间显然不具有手段与目的、原因与结果的牵连关系,也不属于当然的递进关系,故不要求单行为达到情节严重的程度。

---

① 参见《刑事审判参考》总第95集第932号案例。

第二百九十一条之一 【投放虚假危险物质罪;编造、故意传播虚假恐怖信息罪】**投放虚假的爆炸性、毒害性、放射性、传染病病原体等物质,或者编造爆炸威胁、生化威胁、放射威胁等恐怖信息,或者明知是编造的恐怖信息而故意传播,严重扰乱社会秩序的,处五年以下有期徒刑、拘役或者管制;造成严重后果的,处五年以上有期徒刑。**

【编造、故意传播虚假信息罪】**编造虚假的险情、疫情、灾情、警情,在信息网络或者其他媒体上传播,或者明知是上述虚假信息,故意在信息网络或者其他媒体上传播,严重扰乱社会秩序的,处三年以下有期徒刑、拘役或者管制;造成严重后果的,处三年以上七年以下有期徒刑。**

【条文对照】

1997 年《刑法》	2001 年《刑法修正案(三)》	2015 年《刑法修正案(九)》
无	**第二百九十一条之一　投放虚假的爆炸性、毒害性、放射性、传染病病原体等物质,或者编造爆炸威胁、生化威胁、放射威胁等恐怖信息,或者明知是编造的恐怖信息而故意传播,严重扰乱社会秩序的,处五年以下有期徒刑、拘役或者管制;造成严重后果的,处五年以上有期徒刑。**	第二百九十一条之一　投放虚假的爆炸性、毒害性、放射性、传染病病原体等物质,或者编造爆炸威胁、生化威胁、放射威胁等恐怖信息,或者明知是编造的恐怖信息而故意传播,严重扰乱社会秩序的,处五年以下有期徒刑、拘役或者管制;造成严重后果的,处五年以上有期徒刑。 **编造虚假的险情、疫情、灾情、警情,在信息网络或者其他媒体上传播,或者明知是上述虚假信息,故意在信息网络或者其他媒体上传播,严重扰乱社会秩序的,处三年以下有期徒刑、拘役或者管制;造成严重后果的,处三年以上七年以下有期徒刑。**

【条文理解】

1. 投放虚假危险物质罪

投放虚假危险物质罪,是指投放虚假的爆炸性、毒害性、放射性、传染病病原体等物质,严重扰乱社会秩序的行为。本罪的具体构成要件是:

(1)本罪侵犯的客体是社会管理秩序。

(2)本罪的客观方面表现为投放虚假的爆炸性、毒害性、放射性、传染病病原体等物质,严重扰乱社会秩序的行为。首先,行为人投放的必须是虚假的危险物质,如果是真实的危险物质,则危害了公共安全,应以投放危险物质罪定罪处罚。其次,投放的虚假危险物质应使人信以为真,并引起社会性恐慌、骚乱,严重扰乱社会秩序。

(3)本罪的犯罪主体为一般主体。

(4)本罪的主观方面由故意构成,动机不影响犯罪成立。

2. 编造、故意传播虚假恐怖信息罪

编造、故意传播虚假恐怖信息罪,是指编造爆炸威胁、生化威胁、放射威胁等恐怖信息,或者明知是编造的恐怖信息而故意传播,严重扰乱社会秩序的行为。本罪的具体构成要件是:

(1)本罪侵犯的客体是社会管理秩序,其社会危害性主要表现为在社会上造成恐怖气氛,引起社会秩序的混乱。

(2)本罪的客观方面包括两种情形:①故意编造爆炸威胁、生化威胁、放射威胁等恐怖信息;②明知是编造的恐怖信息而故意传播。“编造”不仅指凭空捏造,还包括对某些信息进行歪曲、修改、加工等,即实质性地更改其原有内容;“传播”是指将编造的信息向不特定多数人传达,或者向特定人传达但是怂恿或放任其对外传播;“恐怖信息”并非能泛指一切令人恐怖的信息,只限定于爆炸威胁、生化威胁、放射威胁等恐怖信息。行为人编造、故意传播疫情失控、洪水爆发等信息的,不构成本罪。

(3)本罪的主体是一般主体。

(4)本罪的主观方面由故意构成,过失不构成本罪。

3. 编造、故意传播虚假信息罪

编造、故意传播虚假信息罪,是指编造虚假的险情、疫情、灾情、警情,在信息网络或者其他媒体上传播,或者明知是上述虚假信息,故意在信息网络或者其他媒体上传播,严重扰乱社会秩序的行为。本罪的具体构成要件是:

(1)本罪侵犯的客体是社会管理秩序。

(2)本罪的客观方面包括两种情形:①编造虚假的险情、疫情、灾情、警情,在信息网络或者其他媒体上传播;②明知是虚假的险情、疫情、灾情、警情,故意在信息网络或者其他媒体上传播。“险情”是指威胁不特定人群生命财产安全的危险情况;“疫情”是指传染病快速蔓延的情况;“灾情”是指重大自然灾害发生的情况;“警情”是指引起警务部门采取重大措施的情况。“在信息网络或者其他媒体上传播”和“严重扰乱社会秩序”均是本罪的构成要件之一,二者缺一不可。

(3)本罪的主体为一般主体。

(4)本罪的主观方面由故意构成。本条规定的“造成严重后果的”,是本罪的加重处罚情节。

【司法适用】

1. 罪与非罪的界限

实践中，认定编造、故意传播虚假信息类犯罪时，应当注意犯罪行为与谎报行为的界限。一般公民听到某个恐怖或险情、疫情、灾情、警情信息后，可能一时间难辨真伪，即使事后查明信息是虚假的，只要行为人没有传播虚假信息的故意，其传播行为就不构成犯罪。

2. "严重扰乱社会秩序"的认定

根据《编造传播虚假恐怖信息案件解释》第 2 条的规定，编造、故意传播虚假恐怖信息，具有下列情形之一的，应当认定为《刑法》第 291 条之一的"严重扰乱社会秩序"：(1)致使机场、车站、码头、商场、影剧院、运动场馆等人员密集场所秩序混乱，或者采取紧急疏散措施的；(2)影响航空器、列车、船舶等大型客运交通工具正常运行的；(3)致使国家机关、学校、医院、厂矿企业等单位的工作、生产、经营、教学、科研等活动中断的；(4)造成行政村或者社区居民生活秩序严重混乱的；(5)致使公安、武警、消防、卫生检疫等职能部门采取紧急应对措施的；(6)其他严重扰乱社会秩序的。投放虚假危险物质罪与编造、故意传播虚假信息罪的"严重扰乱社会秩序"情形尚无具体司法解释规定，除参照上述标准外，还可以从社会心理恐慌程度、社会秩序混乱程度等方面进行判断。

3. "从重处罚"的情形

根据《编造传播虚假恐怖信息案件解释》第 3 条的规定，编造、故意传播虚假恐怖信息，严重扰乱社会秩序，具有下列情形之一的，应当依照《刑法》第 291 条之一的规定，在 5 年以下有期徒刑范围内酌情从重处罚：(1)致使航班备降或返航；或者致使列车、船舶等大型客运交通工具中断运行的；(2)多次编造、故意传播虚假恐怖信息的；(3)造成直接经济损失 20 万元以上的；(4)造成乡镇、街道区域范围居民生活秩序严重混乱的；(5)具有其他酌情从重处罚情节的。

4. "造成严重后果"的认定

根据《编造传播虚假恐怖信息案件解释》第 4 条的规定，编造、故意传播虚假恐怖信息，严重扰乱社会秩序，具有下列情形之一的，应当认定为《刑法》第 291 条之一的"造成严重后果"，处 5 年以上有期徒刑：(1)造成 3 人以上轻伤或者 1 人以上重伤的；(2)造成直接经济损失 50 万元以上的；(3)造成县级以上区域范围居民生活秩序严重混乱的；(4)妨碍国家重大活动进行的；(5)造成其他严重后果的。投放虚假危险物质罪与编造、故意传播虚假信息罪的"造成严重后果"情形尚无具体司法解释规定，除参照上述标准外，还可以从社会心理恐慌程度、社会秩序混乱程度等方面进行判断。

【司法案例】

杨某栋投放虚假危险物质案①

[**裁判要旨**]在不了解社会关于“扎针”传播艾滋传闻的情况下,行为人做出用实心锥子扎人的类似行为不能认定为主观上具有“投放虚假危险物质”的故意。

第二百九十一条之二 【高空抛物罪】从建筑物或者其他高空抛掷物品,情节严重的,处一年以下有期徒刑、拘役或者管制,并处或者单处罚金。

有前款行为,同时构成其他犯罪的,依照处罚较重的规定定罪处罚。

【条文对照】

1997年《刑法》	2020年《刑法修正案(十一)》
无	**第二百九十一条之二 从建筑物或者其他高空抛掷物品,情节严重的,处一年以下有期徒刑、拘役或者管制,并处或者单处罚金。** **有前款行为,同时构成其他犯罪的,依照处罚较重的规定定罪处罚。**

【条文理解】

高空抛物罪是《刑法修正案(十一)》新增的条文。本罪的具体构成要件是:

(1)本罪侵犯的客体是社会管理秩序,即对建筑物或高空环境的管理秩序。

(2)本罪的客观方面表现为从建筑物或者高空环境抛掷物品,情节严重的行为。“建筑物”,是指人们为满足社会生活需要,利用所掌握的物质技术手段,并运用一定的科学、理念和美学创造的人工环境,既包括房屋又包括构筑物。本罪中指“建筑物”与“其他高空”应具有物理空间关于高度概念的相当性,即本罪中的“建筑物”或者“其他高空”要达到一定高度、能够客观上实现从其上坠落的物品,经重力加速的效果,足以对建筑物和高空环境之下的他人,构成生命、健康、公私财产安全上的侵害风险;如果建筑物相对高度较低,或者物体坠落的相对位移较短,客观上不能造成破坏公共安全效果,则不能被认定为本罪中的“建筑物”或者“其他高空”,如地窖、地下停车场、常见的办公楼一层等。

(3)本罪的主体为一般主体,即年满16周岁且具有刑事责任能力的自然人。

(4)本罪的主观方面由故意构成,即行为人明知从自己所在建筑物或高空的

① 参见《刑事审判参考》总第28辑第206号案例。

物理位置,抛弃所持物品,产生坠下结果,可能产生人身、财产权益被侵害的危害后果,仍希望或放任该结果发生。

【司法适用】

1. 罪与非罪的界限

本罪是故意犯罪,对于在建筑物或其他高空环境下,因过失或意外原因导致物品坠落的,不以本罪追究刑事责任。《高空抛物案件意见》第5条规定,对于高空抛物行为,应当根据行为人的动机、抛物场所、抛掷物的情况以及造成的后果等因素,全面考量行为的社会危害程度,准确判断行为性质,正确适用罪名,准确裁量刑罚。第6条规定,高空抛物具有下列情形之一的,应当从重处罚,一般不得适用缓刑:(1)多次实施的;(2)经劝阻仍继续实施的;(3)受过刑事处罚或者行政处罚后又实施的;(4)在人员密集场所实施的;(5)其他情节严重的情形。由此,所谓"情节严重",应结合行为人实施抛物行为的频度、原因、后果、是否存在前科等综合进行判断。

2. 本罪与其他犯罪的界限

本罪第2款规定,"有前款行为,同时构成其他犯罪的,依照处罚较重的规定定罪处罚"。这意味着,对高空抛物行为刑事责任的认定,要依据主客观相一致的原则,结合罪名体系予以判断。对于"高空抛物"且情节严重的行为,以本罪定罪处罚。如果故意实施"高空抛物"行为,足以使不特定多数人的生命、健康和重大公私财产的安全遭受危险,符合《刑法》分则第二章的规定,则应以以危险方法危害公共安全罪定罪处罚。如果行为人通过"高空抛物"实施故意杀人、故意伤害行为,则应以故意杀人罪、故意伤害罪定罪处罚。

第二百九十二条 【聚众斗殴罪】**聚众斗殴的,对首要分子和其他积极参加的,处三年以下有期徒刑、拘役或者管制;有下列情形之一的,对首要分子和其他积极参加的,处三年以上十年以下有期徒刑:**

(一)多次聚众斗殴的;

(二)聚众斗殴人数多,规模大,社会影响恶劣的;

(三)在公共场所或者交通要道聚众斗殴,造成社会秩序严重混乱的;

(四)持械聚众斗殴的。

【故意伤害罪;故意杀人罪】**聚众斗殴,致人重伤、死亡的,依照本法第二百三十四条、第二百三十二条的规定定罪处罚。**

【条文理解】

本罪的具体构成要件是：

(1)本罪侵犯的客体是社会管理秩序尤其是公共秩序，其中，“公共秩序”是指全体公民在社会生活中应当遵循的共同准则。

(2)本罪的客观方面表现为纠集多人与他人打架斗殴的行为，通常是违法犯罪组织之间大规模地打群架，往往带有匕首、棍棒等凶器，极易造成一方或者双方人身伤亡，甚至造成周围无辜群众的伤亡或者财产损失。聚众斗殴的双方或者一方均可构成本罪。《立案追诉标准(一)》第36条规定，组织、策划、指挥或者积极参加聚众斗殴的，应予立案追诉。

(3)本罪的主体是聚众斗殴中的首要分子和积极参加者。其中，“首要分子”是指聚众斗殴的组织者、策划者、指挥者。“积极参加者”是指除首要分子外其他明知是聚众斗殴行为而主动参与并起重要作用的行为人，直接造成人员伤亡的，以及虽未动手，但是主动提供犯罪工具，或者在场站脚助威、起哄闹事、激化矛盾的行为人，可以认定为“积极参加者”。对于一般参加者，可根据治安管理处罚法以“结伙斗殴”惩戒。

(4)本罪的主观方面表现为故意，一般是指因争霸一方、逞强斗狠、报复他人、寻求刺激等动机，公然藐视国家法纪、社会公德，参与实施聚众斗殴行为。过失不构成本罪。

本罪分为两个量刑档。(1)构成犯罪的，对首要分子和其他积极参加的，处3年以下有期徒刑、拘役或者管制。根据《量刑指导意见》的规定，犯罪情节一般的，可以在2年以下有期徒刑、拘役幅度内确定量刑起点。(2)具备四种法定情形之一的，对首要分子和其他积极参加的，应当加重处罚，处3年以上10年以下有期徒刑。其中，“多次”一般指聚众斗殴3次以上；认定“在公共场所或者交通要道聚众斗殴，造成社会秩序严重混乱的”，一般是指在人群聚集的场所中或者车辆、行人频繁通行的道路上聚众斗殴，造成公共场所秩序和交通秩序严重混乱，实践中应当综合聚众斗殴行为的地点、时间、造成的社会影响等因素准确认定“造成社会秩序严重混乱”这一实质要件；“持械聚众斗殴”，一般是指参加聚众斗殴的人员使用棍棒、刀具以及各种枪支武器进行斗殴，其中，“械”包括所有足以造成他人人身、财产权利严重损害的外物，聚众斗殴中驾车撞击对方人员的，可以认定为“持械聚众斗殴”。根据《量刑指导意见》的规定，有下列情形之一的，可以在3~5年有期徒刑幅度内确定量刑起点：聚众斗殴3次的；聚众斗殴人数多，规模大，社会影响恶劣的；在公共场所或者交通要道聚众斗殴，造成社会秩序严重混乱的；持械聚众斗殴的。(3)在量刑起点的基础上，可以根据聚众斗殴人数、次数、手段严重程度等其他影响犯罪构成的犯罪事实增加刑罚量,确定基准刑。

【司法适用】

1. 行为发生在公共场所并非构成聚众斗殴的必要条件

实践中,聚众斗殴行为一般发生在公共场所,刑法也将"在公共场所或者交通要道聚众斗殴,造成社会秩序严重混乱的"规定为聚众斗殴罪加重处罚的情形,但是,"公共场所"并非构成聚众斗殴罪的必要条件。对于违法犯罪组织尤其是黑恶势力出于争抢地盘、争夺利益、称霸一方等非法目的,在无外人场所聚众斗殴的,即使未对斗殴场所附近的生产、生活秩序造成直接影响,甚至当时未被外人知悉,但是,如果该行为符合聚众斗殴罪的其他入罪标准,即已破坏公共秩序,社会危害性大,也应当作为聚众斗殴处理。

2. 附带民事诉讼赔偿

最高人民法院研究室《关于对参加聚众斗殴受重伤或者死亡的人及其家属提出的民事赔偿请求能否予以支持问题的答复》认为:"聚众斗殴中受重伤或者死亡的人,既是故意伤害罪或者故意杀人罪的受害人,又是聚众斗殴犯罪的行为人。对于参加聚众斗殴受重伤或者死亡的人或其家属提出的民事赔偿请求,依法应予支持,并适用混合过错责任原则。"上述规定适用于双方聚众斗殴案件。在单方聚众斗殴中,没有斗殴故意的一方在反抗中造成对方重伤或者死亡,构成正当防卫的,不承担民事赔偿责任;构成防卫过当的,可减免民事赔偿责任。

【司法案例】

王某刚等故意伤害案[①]

[**裁判要旨**]聚众斗殴罪的认定,除要求客观上双方或多方以暴力互相攻击外,还要求双方都有非法侵犯对方的意图,均是积极参与斗殴。如果行为人并没有争霸、报复等动机,则不宜认定为聚众斗殴罪。

王某坤故意杀人案[②]

[**裁判要旨**]聚众斗殴既致人死亡,又致人轻伤的,以故意杀人一罪定罪处罚,而不以故意杀人、故意伤害两罪定罪处罚。确定转化的主体范围时,应根据主客观相一致的原则,结合行为人在聚众斗殴中的作用、地位判断。

---

① 参见《刑事审判参考》总第 64 集第 507 号案例。

② 参见《刑事审判参考》总第 66 集第 521 号案例。

侯某秋正当防卫案①

［**要旨**］单方聚众斗殴的，属于不法侵害，没有斗殴故意的一方可以进行正当防卫。单方持械聚众斗殴，对他人的人身安全造成严重危险的，应当认定为《刑法》第20条第3款规定的“其他严重危及人身安全的暴力犯罪”，造成不法侵害人死亡的，依法不属于防卫过当，不负刑事责任。

第二百九十三条　【寻衅滋事罪】有下列寻衅滋事行为之一，破坏社会秩序的，处五年以下有期徒刑、拘役或者管制：

（一）随意殴打他人，情节恶劣的；

（二）追逐、拦截、辱骂、恐吓他人，情节恶劣的；

（三）强拿硬要或者任意损毁、占用公私财物，情节严重的；

（四）在公共场所起哄闹事，造成公共场所秩序严重混乱的。

纠集他人多次实施前款行为，严重破坏社会秩序的，处五年以上十年以下有期徒刑，可以并处罚金。

【条文对照】

1997年《刑法》	2011年《刑法修正案（八）》
第二百九十三条　有下列寻衅滋事行为之一，破坏社会秩序的，处五年以下有期徒刑、拘役或者管制： （一）随意殴打他人，情节恶劣的； （二）追逐、拦截、辱骂他人，情节恶劣的； （三）强拿硬要或者任意损毁、占用公私财物，情节严重的； （四）在公共场所起哄闹事，造成公共场所秩序严重混乱的。	第二百九十三条　有下列寻衅滋事行为之一，破坏社会秩序的，处五年以下有期徒刑、拘役或者管制： （一）随意殴打他人，情节恶劣的； （二）追逐、拦截、辱骂、**恐吓**他人，情节恶劣的； （三）强拿硬要或者任意损毁、占用公私财物，情节严重的； （四）在公共场所起哄闹事，造成公共场所秩序严重混乱的。 **纠集他人多次实施前款行为，严重破坏社会秩序的，处五年以上十年以下有期徒刑，可以并处罚金。**

【条文理解】

本罪的具体构成要件是：

（1）本罪侵犯的客体是社会管理秩序，尤其是公共秩序。

① 参见最高人民检察院检例第48号。

(2)本罪的客观方面表现为寻衅滋事,情节恶劣或者后果严重的行为。“寻衅滋事”,是指行为人在公共场所肆意挑衅、起哄闹事、进行骚扰破坏的行为。主要表现为以下四种行为:随意殴打他人,情节恶劣的;追逐、拦截、辱骂、恐吓他人,情节恶劣的;强拿硬要或者任意损毁、占用公私财物,情节严重的;在公共场所起哄闹事,造成公共场所秩序严重混乱的。需要注意的是,行为人因婚恋、家庭、邻里、债务等纠纷,实施殴打、辱骂、恐吓他人或者损毁、占用他人财物等行为的,一般不认定为“寻衅滋事”,但经有关部门批评制止或者处理处罚后,继续实施前列行为,破坏社会秩序的除外。

(3)本罪的主体是一般主体。

(4)本罪的主观方面表现为直接故意,一般是为寻求刺激、发泄情绪、逞强耍横等,无事生非,或者因日常生活中的偶发矛盾纠纷,借故生非,实施本条规定的严重扰乱社会公共秩序的行为。过失不构成本罪。根据主客观一致原则,如果被害人对引发案件负全部责任或者主要责任,认定行为人有“无事生非”或者“借故生非”的动机依据不足,一般不认定为“寻衅滋事”。

【司法适用】

1. 本罪的立案追诉标准

根据《立案追诉标准(一)》第 37 条规定,寻衅滋事,破坏社会秩序,涉嫌下列情形之一的,应予立案追诉:(1)随意殴打他人造成他人身体伤害、持械随意殴打他人或者具有其他恶劣情节的;(2)追逐、拦截、辱骂他人,严重影响他人正常工作、生产、生活,或者造成他人精神失常、自杀或者具有其他恶劣情节的;(3)强拿硬要或者任意损毁、占用公私财物价值 2000 元以上,强拿硬要或者任意损毁、占用公私财物 3 次以上或者具有其他严重情节的;(4)在公共场所起哄闹事,造成公共场所秩序严重混乱的。

2. 对于多次实施寻衅滋事违法行为未被处理的,可以依法累加后作为本罪处罚

实践中,有的犯罪分子或者犯罪组织“大罪不犯,小错不断”,在一定时期内反复实施寻衅滋事违法行为,但每次寻衅滋事行为均未达到入罪标准,造成恶劣的社会影响,其社会危害性甚至要大于偶尔实施的寻衅滋事犯罪,依法应当作为犯罪处罚。根据《寻衅滋事案件解释》的规定,多次随意殴打他人;多次追逐、拦截、辱骂、恐吓他人,造成恶劣社会影响的;多次强拿硬要或者任意损毁、占用公私财物,造成恶劣社会影响的,应当认定为《刑法》第 293 条第 1 款规定的“情节恶劣”“情节严重”。其中,“多次”一般指 3 次以上。

3. 对于利用信息网络辱骂恐吓他人、造谣传谣，情节恶劣或者造成公共秩序严重混乱的，依照寻衅滋事罪定罪处罚

网络空间是公共空间，网络活动应当遵循公共秩序。对于造成网络公共秩序严重混乱的行为，应当依法惩处。《网络诽谤案件解释》规定，利用信息网络辱骂、恐吓他人，情节恶劣，破坏社会秩序的，依照《刑法》第 293 条第 1 款第 2 项的规定，以寻衅滋事罪定罪处罚；编造虚假信息，或者明知是编造的虚假信息，在信息网络上散布，或者组织、指使人员在信息网络上散布，起哄闹事，造成公共秩序严重混乱的，依照《刑法》第 293 条第 1 款第 4 项的规定，以寻衅滋事罪定罪处罚。需要注意的是，明知他人利用信息网络实施诽谤、寻衅滋事、敲诈勒索、非法经营等犯罪，为其提供资金、场所、技术支持等帮助的行为，同时又构成《刑法》第 287 条之二帮助信息网络犯罪活动罪，依照处罚较重的规定定罪处罚；利用信息网络实施寻衅滋事犯罪，同时又构成《刑法》第 221 条规定的损害商业信誉、商品声誉罪，第 278 条规定的煽动暴力抗拒法律实施罪，第 291 条之一规定的编造、故意传播虚假恐怖信息罪等犯罪的，依照处罚较重的规定定罪处罚。

4. 抢劫罪与寻衅滋事罪的界限

寻衅滋事行为包括强拿硬要或者任意占用公私财物。这种寻衅滋事行为与抢劫罪的区别在于：抢劫罪主观上只要求具有非法占有他人财物的目的，寻衅滋事罪主观上还具有逞强好胜等目的；抢劫罪以暴力、胁迫等方式作为劫取他人财物的手段，寻衅滋事罪强拿硬要或者任意占用公私财物一般不采取严重侵犯他人人身权利的方法。

5. 对校园霸凌行为的认定

司法实践中，已满 16 周岁的未成年人使用或威胁使用轻微暴力强抢少量财物的，一般不以抢劫罪定罪处罚。符合寻衅滋事罪特征的，可以寻衅滋事罪定罪处罚。《未成年人案件解释》规定，已满 16 周岁不满 18 周岁的人出于以大欺小、以强凌弱或者寻求精神刺激，随意殴打其他未成年人、多次对其他未成年人强拿硬要或者任意损毁公私财物，扰乱学校及其他公共场所秩序，情节严重的，以寻衅滋事罪定罪处罚。

6. 寻衅滋事罪的量刑指导意见

根据《量刑指导意见》规定，构成寻衅滋事罪的，可以根据下列不同情形在相应的幅度内确定量刑起点：(1) 寻衅滋事 1 次的，可以在 3 年以下有期徒刑、拘役幅度内确定量刑起点。(2) 纠集他人 3 次寻衅滋事（每次都构成犯罪），严重破坏社会秩序的，可以在 5~7 年有期徒刑幅度内确定量刑起点。在量刑起点的基础上，可以根据寻衅滋事次数，伤害后果，强拿硬要他人财物或任意损毁、占用公私财物数额等其他影响犯罪构成的犯罪事实增加刑罚量，确定基准刑。

【司法案例】

王某刚等故意伤害案[①]

［**裁判要旨**］准确认定寻衅滋事罪要从其实质特征进行把握，从该罪的概念及客观方面看，无论“寻衅”还是“滋事”，都是单方的积极行为，例如“随意殴打他人”，可能是因为生活琐事，也可能是无缘由地肆意挑衅，无事生非。寻衅滋事的单方积极性，是相对于受害对象的被动性而言的，双方所处的状态是一方积极主动，另一方消极被动。如果行为人与受害人之间的关系不符合这种特征，则不宜认定为寻衅滋事罪。

杨某等故意伤害案[②]

［**裁判要旨**］数行为人在寻衅滋事的共同故意支配下共同实施了随意殴打他人的行为，因此致人重伤或死亡的，在能够查明确是其中一人或几人的行为直接造成被害人重伤或死亡的情况下，对这些人应当以故意伤害罪或故意杀人罪来论处。但对其他参与殴打的人，必须依据具体案情具体考察、分析。关键看各行为人之间在共同殴打过程中所形成的临时共同故意中是否包含伤害的内容以及他们各自的行为与被害人的重伤、死亡是否具有相当的因果关系。

张某等寻衅滋事案[③]

［**裁判要旨**］在抢劫罪与寻衅滋事罪量刑存在巨大差异的情况下，出于保护未成年人的目的，已满 16 周岁不满 18 周岁的人出于以大欺小、以强凌弱或者寻求精神刺激，随意殴打其他未成年人、多次对其他未成年人强拿硬要或者任意毁损公私财物，扰乱学校及其他公共场所秩序，只有达到“情节严重”的程度，才以寻衅滋事罪定罪处罚。司法实践中，对于未成年人使用或威胁使用轻微暴力强抢少量财物的行为，一般不以抢劫罪定罪处罚。

第二百九十三条之一　【催收非法债务罪】有下列情形之一，催收高利放贷等产生的非法债务，情节严重的，处三年以下有期徒刑、拘役或者管制，并处或者单处罚金：

---

① 参见《刑事审判参考》总第 64 集第 507 号案例。

② 参见《刑事审判参考》总第 30 辑第 225 号案例。

③ 参见《刑事审判参考》总第 65 集第 517 号案例。

（一）使用暴力、胁迫方法的；
（二）限制他人人身自由或者侵入他人住宅的；
（三）恐吓、跟踪、骚扰他人的。

【条文对照】

1997年《刑法》	2020年《刑法修正案（十一）》
无	**第二百九十三条之一　有下列情形之一，催收高利放贷等产生的非法债务，情节严重的，处三年以下有期徒刑、拘役或者管制，并处或者单处罚金：** **（一）使用暴力、胁迫方法的；** **（二）限制他人人身自由或者侵入他人住宅的；** **（三）恐吓、跟踪、骚扰他人的。**

【条文理解】

催收非法债务罪是《刑法修正案（十一）》新增的罪名。本罪的具体构成要件是：

（1）本罪侵犯的是复杂客体。主要客体是公共秩序，非法讨债行为严重扰乱了被害人及其亲友、邻居等人员的正常生活、工作秩序，对社会秩序造成严重侵扰；同时，可能伴随对他人人身权利、财产权利等的侵害。

（2）本罪的客观方面表现为采取暴力、胁迫或者"软暴力"手段催收法律不予保护的债务，情节严重的行为。其中，非法手段包括：①使用暴力、胁迫方法；②限制他人人身自由或者侵入他人住宅；③恐吓、跟踪、骚扰他人。这些手段一般具有暴力性，或者暴力危险性，且多公开或者半公开实施，既直接侵害被催收对象的人身权利、财产权利，也对公共秩序造成破坏，严重影响群众的安全感。"法律不予保护的债务"既包括民事法律禁止或者不予支持的债务，例如高利贷债务，也包括因违法犯罪行为产生的债务，例如赌债、嫖资、毒资等。需要特别说明的是，本罪中的"情节严重"是对行为人催收非法债务行为的整体评价，不需要每个具体的催收行为都达到引发严重后果或者造成恶劣影响的程度。

（3）本罪的主体是一般主体，既包括直接实施催收法律不予保护的债务的行为人，也包括雇佣、指使他人实施上述行为的人。对雇佣者、指使者，一般应当以共同犯罪的主犯论处。

（4）本罪的主观方面表现为故意，即明知是非法债务，仍然采用本罪所规定的非法手段催收。其犯罪动机是为了实现非法债权，大部分还具有牟利目的。对于不知是法律不予保护的债务而采取本条规定的行为手段催收债务，构成犯罪的，依照相关规定定罪处罚。

【司法适用】

1. 采取“软暴力”手段催收非法债务,可以构成本罪

根据《“软暴力”案件意见》规定,“软暴力”是指行为人为谋取不法利益或形成非法影响,对他人或者在有关场所进行滋扰、纠缠、哄闹、聚众造势等,足以形成心理强制,或者足以影响、限制人身自由、危及人身财产安全,影响正常生活、工作、生产、经营的违法犯罪手段;“软暴力”违法犯罪手段通常的表现形式有:(1)侵犯人身权利、民主权利、财产权利的手段,包括但不限于跟踪贴靠、扬言传播疾病、揭发隐私、恶意举报、诬告陷害、破坏、霸占财物等;(2)扰乱正常生活、工作、生产、经营秩序的手段,包括但不限于非法侵入他人住宅、破坏生活设施、设置生活障碍、贴报喷字、拉挂横幅、燃放鞭炮、播放哀乐、摆放花圈、泼洒污物、断水断电、堵门阻工,以及通过驱赶从业人员、派驻人员据守等方式直接或间接地控制厂房、办公区、经营场所等;(3)扰乱社会秩序的手段,包括但不限于摆场架势示威、聚众哄闹滋扰、拦路闹事等;(4)其他符合该意见第1条规定的“软暴力”手段。通过信息网络或者通讯工具实施,具备“软暴力”实质的违法犯罪手段,应当认定为“软暴力”。

2. 竞合犯的处断

行为人的行为同时符合本罪与非法拘禁罪、非法侵入住宅罪、寻衅滋事罪规定的,应当依照处罚较重的规定定罪处罚。实施多种不同行为多次非法讨债的,如果各行为分别构成犯罪,应当数罪并罚;如果各行为单独均不构成犯罪,但是共同造成被害人或其特定关系人自杀、死亡、精神失常、为偿还“债务”而实施犯罪活动等严重后果,属于情节严重,应当按本罪定罪处罚。最高人民法院《关于对为索取法律不予保护的债务非法拘禁他人行为如何定罪问题的解释》规定,行为人为索取高利贷、赌债等法律不予保护的债务,非法扣押、拘禁他人的,依照《刑法》第238条的规定,以非法拘禁罪定罪处罚。《“套路贷”案件意见》规定,“套路贷”常见的犯罪手法和步骤包括采用暴力、威胁以及其他手段向被害人或者被害人的特定关系人索取“债务”;对于在实施“套路贷”过程中多种手段并用,构成诈骗、敲诈勒索、非法拘禁、虚假诉讼、寻衅滋事、强迫交易、抢劫、绑架等多种犯罪的,应当根据具体案件事实,区分不同情况,依照《刑法》及有关司法解释的规定数罪并罚或者择一重处;因实施“套路贷”造成被害人或其特定关系人自杀、死亡、精神失常、为偿还“债务”而实施犯罪活动的,除《刑法》、司法解释另有规定的以外,应当酌情从重处罚。最高人民法院、最高人民检察院、公安部、司法部《关于办理非法放贷刑事案件若干问题的意见》规定,为强行索要因非法放贷而产生的债务,实施

故意杀人、故意伤害、非法拘禁、故意毁坏财物、寻衅滋事等行为,构成犯罪的,应当数罪并罚。

第二百九十四条　【组织、领导、参加黑社会性质组织罪】**组织、领导黑社会性质的组织的,处七年以上有期徒刑,并处没收财产;积极参加的,处三年以上七年以下有期徒刑,可以并处罚金或者没收财产;其他参加的,处三年以下有期徒刑、拘役、管制或者剥夺政治权利,可以并处罚金。**

【入境发展黑社会组织罪】**境外的黑社会组织的人员到中华人民共和国境内发展组织成员的,处三年以上十年以下有期徒刑。**

【包庇、纵容黑社会性质组织罪】**国家机关工作人员包庇黑社会性质的组织,或者纵容黑社会性质的组织进行违法犯罪活动的,处五年以下有期徒刑;情节严重的,处五年以上有期徒刑。**

犯前三款罪又有其他犯罪行为的,依照数罪并罚的规定处罚。

黑社会性质的组织应当同时具备以下特征:

(一)形成较稳定的犯罪组织,人数较多,有明确的组织者、领导者,骨干成员基本固定;

(二)有组织地通过违法犯罪活动或者其他手段获取经济利益,具有一定的经济实力,以支持该组织的活动;

(三)以暴力、威胁或者其他手段,有组织地多次进行违法犯罪活动,为非作恶,欺压、残害群众;

(四)通过实施违法犯罪活动,或者利用国家工作人员的包庇或者纵容,称霸一方,在一定区域或者行业内,形成非法控制或者重大影响,严重破坏经济、社会生活秩序。

【条文对照】

1997 年《刑法》	2011 年《刑法修正案(八)》
第二百九十四条　组织、领导**和积极参加以暴力、威胁或者其他手段,有组织地进行违法犯罪活动,称霸一方,为非作恶,欺压、残害群众,严重破坏经济、社会生活秩序的黑社**	第二百九十四条　组织、领导**黑社会性质的组织的,处七年以上有期徒刑,并处没收财产;积极参加的,处三年以上七年以下有期徒刑,可以并处罚金或者没收财产;**其他参加的,处三年以下有期徒刑、拘役、管制或者剥夺政治权利,**可以并处罚金。** 境外的黑社会组织的人员到中华人民共和国境内发

续表

1997 年《刑法》	2011 年《刑法修正案(八)》
会性质的组织的,处三年以上十年以下有期徒刑;其他参加的,处三年以下有期徒刑、拘役、管制或者剥夺政治权利。 境外的黑社会组织的人员到中华人民共和国境内发展组织成员的,处三年以上十年以下有期徒刑。 犯前两款罪又有其他犯罪行为的,依照数罪并罚的规定处罚。 国家机关工作人员包庇黑社会性质的组织,或者纵容黑社会性质的组织进行违法犯罪活动的,处三年以下有期徒刑**、拘役或者剥夺政治权利**;情节严重的,处三年以上**十年以下**有期徒刑。	展组织成员的,处三年以上十年以下有期徒刑。 国家机关工作人员包庇黑社会性质的组织,或者纵容黑社会性质的组织进行违法犯罪活动的,处**五**年以下有期徒刑;情节严重的,**处五年以上有期徒刑**。 犯前**三**款罪又有其他犯罪行为的,依照数罪并罚的规定处罚。 **黑社会性质的组织应当同时具备以下特征:** **(一)形成较稳定的犯罪组织,人数较多,有明确的组织者、领导者,骨干成员基本固定;** **(二)有组织地通过违法犯罪活动或者其他手段获取经济利益,具有一定的经济实力,以支持该组织的活动;** **(三)以暴力、威胁或者其他手段,有组织地多次进行违法犯罪活动,为非作恶,欺压、残害群众;** **(四)通过实施违法犯罪活动,或者利用国家工作人员的包庇或者纵容,称霸一方,在一定区域或者行业内,形成非法控制或者重大影响,严重破坏经济、社会生活秩序。**

【条文理解】

1. 组织、领导、参加黑社会性质组织罪

本罪的具体构成要件是:

(1)本罪侵犯的是复杂客体,包括经济、社会生活秩序,也包括被害人的人身、财产权利。黑社会性质组织通过暴力、威胁以及其他手段,有组织地实施违法犯罪行为,在一定区域或者行业内形成能非法控制或者重大影响该区域或行业的地位,严重破坏经济、社会生活秩序,有的还寻求国家工作人员的非法保护,逐渐向政治领域渗透,把持基层政权,操纵破坏基层换届选举,威胁政治安全特别是政权安全、制度安全,社会危害性很大。

(2)本罪的客观方面表现为组织、领导、参加黑社会性质组织的行为。“黑社会性质的组织”,是指同时具备本条第 5 款规定的“组织特征”“经济特征”“行为特征”“危害性特征”的违法犯罪组织。其中,发起、创建黑社会性质组织,或者对黑社会性质组织进行合并、分立、重组的行为,应当认定为“组织”;实际对整个组织的发展、运行、活动进行决策、指挥、协调、管理的行为,应当认定为“领导”;明知是以实施违法犯罪活动为主要内容的组织,仍愿意加入并服从该组织管理的,应当认定为“参加”。

(3)本罪的主体是一般主体。其中,“组织者、领导者”,是指黑社会性质组织的发起者、创建者,或者在组织中实际处于领导地位,对整个组织及其运行、活动起着决策、指挥、协调、管理作用的犯罪分子,既包括通过一定形式产生的有明确职务、称谓的组织者、领导者,也包括在黑社会性质组织中被公认的事实上的组织者、领导者。"积极参加者",是指接受黑社会性质组织的领导和管理,多次积极参与黑社会性质组织的违法犯罪活动,或者积极参与较严重的黑社会性质组织的犯罪活动且作用突出,以及其他在组织中起重要作用的犯罪分子,如具体主管黑社会性质组织的财务、人员管理等事项的犯罪分子。"骨干成员",是积极参加者中直接听命于组织者、领导者,并多次指挥或积极参与实施有组织的违法犯罪活动或者其他长时间在犯罪组织中起重要作用的犯罪分子。"其他参加者",是指除上述组织成员之外,其他接受黑社会性质组织的领导和管理的犯罪分子。需要注意的是,对于参加黑社会性质的组织,没有参与其他违法犯罪活动的,或者受蒙蔽、威胁参加黑社会性质的组织,情节轻微的,可以不作为犯罪处理。

(4)本罪的主观方面表现为故意,即知道或者应当知道其组织、领导、参加的是以实施违法犯罪为主要活动的组织,仍积极实施组织、领导、参加行为。实践中,只要行为人知道或者应当知道该组织具有一定规模,且是以实施违法犯罪为主要活动的,即可认定其明知。受雇到黑社会性质组织开办的公司、企业、社团工作,没有加入黑社会性质组织的意愿,未参与黑社会性质组织的违法犯罪活动的,不应认定为"参加黑社会性质组织"。

对于本罪的量刑,需要注意以下几点:①财产刑。对于组织者、领导者,一般应当并处没收个人全部财产;对于确属骨干成员或者为该组织转移、隐匿资产的积极参加者,可以并处没收个人全部财产;对于其他组织成员,应当根据所参与实施违法犯罪活动的次数、性质、地位、作用、违法所得数额以及造成损失的数额等情节,依法决定财产刑的适用。②剥夺政治权利。对于组织者、领导者和因犯参加黑社会性质组织罪被判处 5 年以上有期徒刑的积极参加者,可以附加剥夺政治权利。③从业禁止。对于符合《刑法》第 37 条之一规定的组织成员,应当依法禁止其从事相关职业。④特殊累犯。对有黑社会性质组织犯罪前科的组织成员,应当认定为累犯,依法从重处罚。⑤限制减刑。对于因有组织的暴力性犯罪被判处死刑缓期执行的黑社会性质组织犯罪分子,可以同时决定对其限制减刑。⑥限制假释。对于因有组织的暴力性犯罪被判处 10 年以上有期徒刑、无期徒刑的黑社会性质组织犯罪分子,不得假释。

2. 入境发展黑社会组织罪

本罪的具体构成要件是:

(1)本罪侵犯的客体是境内社会管理秩序,尤其是公共秩序。境外的黑社会组织入境发展组织成员,不仅容易引发、滋生违法犯罪活动,直接破坏我国的经济、社会生活秩序,而且容易滋生、壮大境内的黑恶势力,社会危害性很大,必须严厉打击。

(2)本罪的客观方面表现为境外的黑社会组织的成员到境内发展组织成员的行为。其中,“境外的黑社会组织”是指被境外国家和地区确定为黑社会的组织,既包括外国的黑社会组织,也包括港澳台的黑社会组织;“发展组织成员”是指将境内、外人员吸收为该黑社会组织成员的行为,以及对黑社会组织成员进行内部调整等行为。需要注意的是,本罪的犯罪行为地在我国(边)境内,在我国(边)境外实施上述行为的,不适用本罪。

(3)本罪的主体是特殊主体,即只能是境外的黑社会组织的成员。至于行为人在该黑社会组织中的地位以及行为人的国籍,不影响本罪成立。

(4)本罪的主观方面表现为故意,即行为人意图为其所在的境外黑社会组织发展成员。

3. 包庇、纵容黑社会性质组织罪

本罪的具体构成要件是:

(1)本罪侵犯的客体是公共秩序和司法秩序。国家机关工作人员包庇、纵容黑社会性质组织及其违法犯罪活动,充当黑社会性质组织的“保护伞”,严重破坏了公共秩序、司法秩序,社会危害性极大,应当依法从严惩处。

(2)本罪的客观方面表现为包庇黑社会性质的组织,或者纵容黑社会性质的组织进行违法犯罪活动的行为。根据《黑社会性质组织案件解释》规定,“包庇”,是指国家机关工作人员为使黑社会性质组织及其成员逃避查禁,而通风报信,隐匿、毁灭、伪造证据,阻止他人作证、检举揭发,指使他人作伪证,帮助逃匿,或者阻挠其他国家机关工作人员依法查禁等行为;“纵容”,是指国家机关工作人员不依法履行职责,放纵黑社会性质组织进行违法犯罪活动的行为。有下列情形之一的,属于“情节严重”:①包庇、纵容黑社会性质组织跨境实施违法犯罪活动的;②包庇、纵容境外黑社会组织在境内实施违法犯罪活动的;③多次实施包庇、纵容行为的;④致使某一区域或者行业的经济、社会生活秩序遭受黑社会性质组织特别严重破坏的;⑤致使黑社会性质组织的组织者、领导者逃匿,或者致使对黑社会性质组织的查禁工作严重受阻的;⑥具有其他严重情节的。

(3)本罪的主体是特殊主体,即在国家各级各类机关中依法从事公务的工作人员。需要注意的是,非国家机关工作人员明知是黑社会性质的组织或者是黑社会性质的组织进行的违法犯罪活动,仍与国家机关工作人员共同实施包庇、纵容行为的,可以构成本罪的共犯。

(4)本罪的主观方面表现为故意。鉴于黑社会性质组织的司法认定过程复杂,本罪不要求行为人明确知道该组织是黑社会性质的组织。只要行为人知道或者应当知道其包庇、纵容的是具有一定规模,且是以实施违法犯罪为主要活动的组织,或者是该类组织实施的违法犯罪活动,仍故意实施包庇、纵容行为,即符合本罪主观要件要求。过失不构成本罪。

【司法适用】

1. 确定不同地位的黑社会性质组织成员刑事责任时应当坚持罪责刑相适应原则

对于黑社会性质组织的组织者、领导者,应当对该组织所犯的全部罪行承担刑事责任,同时根据其在具体犯罪中的地位、作用确定个罪罪责。对于积极参加者和其他参加者,应当根据其所参与的具体犯罪及在其中的地位和作用确定刑事责任。

2. 认定黑社会性质组织时,应当坚持整体评价的方法

黑社会性质组织必须同时具备本条第5款规定的“组织特征”、“经济特征”、“行为特征”和“危害性特征”。由于实践中许多黑社会性质组织这“四个特征”并非都很明显,因此,在具体认定时,应当坚持整体评价,抓住“危害性特征”这个核心,系统考察黑社会性质组织四个特征的内在联系,准确评价涉案犯罪组织所造成的社会危害,避免简单地对号入座。

3. 对组织形式松散的黑社会性质组织,应当重点审查违法犯罪行为以及行为人之间是否具有内在关联

当前,一些黑社会性质组织为了增强隐蔽性,往往采取各种手段制造“人员频繁更替、组织结构松散”的假象。因此,要特别注意审查组织者、领导者以及对组织运行、活动起着突出作用的骨干成员是否基本固定、日常联系是否紧密,违法犯罪活动的动机、目的、利益归属以及行为人之间是否具有内在关联等因素综合进行评价。

4. 黑社会性质组织的形成时间认定

黑社会性质组织存续时间的起点,可以以涉案犯罪组织举行成立仪式或者进行类似活动的时间为准。没有前述活动的,可以以足以反映其初步形成核心利益或强势地位的标志性事件发生时间为准。没有明显标志性事件的,也可以以涉案犯罪组织为维护、扩大组织势力、实力、影响、经济基础或按照组织惯例、纪律、活动规约而首次实施有组织的犯罪活动的时间为准。存在、发展时间明显过短,犯罪活动尚不突出的,一般不应认定为黑社会性质组织。

5. 应当依法追缴、没收的涉案财产

应当依法追缴、没收的财产可以归为四类:(1)违法所得及其孳息、收益。主

要包括黑社会性质组织及其成员通过违法犯罪活动获取的,以及其他单位、组织、个人利用黑社会性质组织及其成员违法犯罪活动获取的。需要注意的是,《反有组织犯罪法》第45条第3款规定了认定黑社会性质组织的违法所得及其孳息、收益的证明标准,即“高度可能”。如果黑社会性质组织的定罪量刑事实已经查清,又有证据证明其在犯罪期间获得的财产高度可能是该组织犯罪的违法所得或其孳息、收益,被告人还不能说明该财产合法来源,应当依法予以追缴、没收。(2)用于支持或者资助该组织的犯罪活动而提供给该组织及其成员的财产。(3)实际用于支持组织活动的合法财产。包括黑社会性质组织及其成员获取的,和其他单位、组织、个人资助或者主动提供的。其中,“组织活动”应作广义理解,是指一切有利于该组织的稳固、发展、壮大,有利于增强该组织的违法犯罪能力,有利于扩大该组织的非法影响及其势力范围的活动,比如,豢养组织成员,寻求非法保护,掩盖非法身份等;“实际用于”,是指涉案合法财产已经被实际使用,对于不能认定已被用于支持该组织活动的合法财产,不作为组织财产处置。(4)违禁品和犯罪工具。《反有组织犯罪法》第45条第1款规定:“有组织犯罪组织及其成员违法所得的一切财物及其孳息、收益,违禁品和供犯罪所用的本人财物,应当依法予以追缴、没收或者责令退赔。”第46条规定:“涉案财产符合下列情形之一的,应当依法予以追缴、没收:(一)为支持或者资助有组织犯罪活动而提供给有组织犯罪组织及其成员的财产;(二)有组织犯罪组织成员的家庭财产中实际用于支持有组织犯罪活动的部分;(三)利用有组织犯罪组织及其成员的违法犯罪活动获得的财产及其孳息、收益。”

6. 关于非法控制或者重大影响的认定

“危害性特征”是黑社会性质组织的核心特征,也是黑社会性质组织区别于一般犯罪集团的关键所在。其中,具有“称霸一方”的组织意图,是黑社会性质组织作为黑恶势力成熟形态的重要表现。实践中,大多数黑社会性质组织都会有组织、有意识地强占地盘,圈占势力范围,故,其必然外化为“在一定区域或者行业内,形成非法控制或者重大影响”,其表现形式也多种多样。《办理黑社会性质组织犯罪案件座谈会纪要》以及《黑恶势力案件指导意见》均规定,通过实施违法犯罪活动,或者利用国家工作人员的包庇或者不依法履行职责,放纵黑社会性质组织进行违法犯罪活动的行为,称霸一方,并具有以下情形之一的,可认定为“在一定区域或者行业内,形成非法控制或者重大影响,严重破坏经济、社会生活秩序”,我们可以将其称为“7+X”情形:(1)致使在一定区域内生活或者在一定行业内从事生产、经营的多名群众,合法利益遭受犯罪或严重违法活动侵害后,不敢通过正当途径举报、控告的;(2)对一定行业的生产、经营形成垄断,或者对涉及一定行业的准入、经营、竞争等经济活动形成重要影响的;(3)插手民间纠纷、经济纠纷,在相关区域或者行业内造成严重影响的;(4)干扰、破坏他人正常生产、经营、生活,并在相关区域或者行业内造成严重影响的;(5)干扰、破坏公司、企业、事业单位及社会团体的正常生产、经营、工作秩序,在相关区域、行业内造成严重影响,或者致使其不能正常生产、经营、工作的;(6)多次干扰、破坏党和国家机关、行业管理部门以及村委会、居委会等基层群众自治组织的工作秩序,或者致使上述单位、组织的职能不能正常行使的;(7)利用组织的势力、影响,帮助组织成员或他人获取政治地位,或者在党政机关、基层群众自治组织中担任一定职务的;(8)其他形成非法控制或者重大影响,严重破坏经济、社会生活秩序的情形。需要注意的是,根据以往的经验,一个黑社会性质组织从无到有、坐大成势,一般需要在较长的时间内采取各种手段,才能形成在一定区域或者行业内的非法控制或者重大影响。故实践中的黑社会性质组织一般具备上述情形中的多种。如果只具备单一情形,在认定危害性特征时,应当从严把握。

【司法案例】

刘某等人组织、领导、参加黑社会性质组织案①

[**裁判要旨**]组织者、领导者并非对所有组织成员实施违法犯罪承担责任,纯粹由组织成员个人实施的犯罪,不能视为组织犯罪。如果与组织利益无任何关联,即使有组织者、领导者的认可和默许,也不能视为组织犯罪。

组织者、领导者应对黑社会性质组织所犯的全部罪行承担刑事责任,即组织者、领导者与犯罪行为的组织者、策划者、指挥者、实施者构成共犯,应根据其在共同犯罪中的地位和作用对具体犯罪承担刑事责任,但并不意味着组织者、领导者在具体犯罪中承担最重罪责。

邓某文等人组织、领导、参加黑社会性质组织案②

[**裁判要旨**]对于非因民间纠纷而引发,危害对象不特定的严重危害社会治安的暴力犯罪案件,原则上不能因被害人谅解而从轻处罚;对于被告人未能真诚认罪、悔罪,再犯可能性较大,又无法定从轻情节的,也不能因被害方谅解便予以从宽处理。审判时应从以下几方面来理解和把握:一是被害人谅解必须基于真实意思表示;二是被告人的赔偿款项应当与黑社会性质组织的违法犯罪所得无关;三

---

① 参见《刑事审判参考》总第107集第1158号案例。

② 参见《刑事审判参考》总第107集第1161号案例。

是在谅解意思真实、赔偿款项与违法犯罪所得无关的情况下,量刑仍应从严把握。

王某娜等人故意伤害、寻衅滋事、非法拘禁、敲诈勒索案①

[**裁判要旨**]在对涉案犯罪组织是否形成非法控制与重大影响进行司法判断时,除了要对照两个“纪要”②的相关规定,还应着重审查涉案犯罪组织是否是基于争抢势力范围、树立非法权威、攫取不法利益等非法控制目的而实施违法犯罪行为;是否在一段较长的时期内连续、多次通过实施违法犯罪行为对他人的自主性造成干扰或破坏;被侵害对象的数量以及所造成的后果是否已达到形成非法控制或重大影响的严重程度。如果以上几点都已齐备,危害性特征一般能够成立。

林某彬等人组织、领导、参加黑社会性质组织案③

[**要旨**]认罪认罚从宽制度可以适用于所有案件,但“可以”适用不是一律适用,被告人认罪认罚后是否从宽,要根据案件性质、情节和对社会造成的危害后果等具体情况,坚持罪责刑相适应原则,区分情况、区别对待,做到该宽则宽,当严则严,宽严相济,罚当其罪。对犯罪性质恶劣、犯罪手段残忍、危害后果严重的犯罪分子,即使认罪认罚也不足以从宽处罚的,依法可不予以从宽处罚。

第二百九十五条 【传授犯罪方法罪】传授犯罪方法的,处五年以下有期徒刑、拘役或者管制;情节严重的,处五年以上十年以下有期徒刑;情节特别严重的,处十年以上有期徒刑或者无期徒刑。

【条文对照】

1997 年《刑法》	2011 年《刑法修正案(八)》
第二百九十五条　传授犯罪方法的,处五年以下有期徒刑、拘役或者管制;情节严重的,处五年以上有期徒刑;情节特别严重的,处无期徒刑**或者死刑**。	第二百九十五条　传授犯罪方法的,处五年以下有期徒刑、拘役或者管制;情节严重的,处五年以上**十年以下**有期徒刑;情节特别严重的,处**十年以上有期徒刑或者**无期徒刑。

① 参见《刑事审判参考》总第 107 集第 1159 号案例。

② 2009 年最高人民法院、最高人民检察院、公安部《办理黑社会性质组织犯罪案件座谈会纪要》,2015 年最高人民法院《全国部分法院审理黑社会性质组织犯罪案件工作座谈会纪要》。

③ 参见最高人民检察院检例第 84 号。

【条文理解】

本罪的具体构成要件是：

(1)本罪侵犯的客体是社会管理秩序，尤其是社会治安环境。传授犯罪方法的行为滋生和催化了违法犯罪行为，对社会治安环境造成了现实和潜在的威胁，应当依法处罚。

(2)本罪的客观方面表现为传授犯罪方法的行为。本罪是行为犯，行为人只要故意实施了传授犯罪方法的行为，就构成本罪。其中，“犯罪方法”，主要是指实施具体犯罪的经验与技能，包括实施犯罪的手段、步骤以及逃避法律惩处的手段、方法等；“传授犯罪方法”，是指以语言、文字、动作、图像或者其他方法，故意将实施某种犯罪的具体方法、技能、经验传授给他人的行为。传授的方式、犯罪方法是否被实际用于犯罪、是否造成实际损害后果等，均不影响本罪的成立，但是可以作为认定情节严重、情节特别严重的因素。

(3)本罪的主体是一般主体。对曾因传授犯罪方法受过行政处罚或者刑罚以及职业犯、惯犯、累犯等，可以酌情从重处罚。

(4)本罪的主观方面表现为故意，即行为人明知是犯罪方法而主动向他人传授。行为人应当明知其传授的是能够被用于具体犯罪的方法。对于日常生产、生活中使用的能够通过合法途径获取的一般方法，如制造部分犯罪工具的方法，如果不能认定行为人在传授上述方法时明知该方法将被用于实施犯罪，不应认定本罪。对明知是可能被用于具体犯罪的特定方法仍积极研制、改进并扩散的行为人，应当酌情从重处罚。过失不构成本罪。

本条规定了三个不同的处刑档次：(1)只要实施了传授犯罪方法的行为，且不属于犯罪情节轻微不需要判处刑罚的，就构成本罪，适用第一档刑罚，判处 5 年以下有期徒刑、拘役或者管制。(2)第二档适用于“情节严重”的情形，一般是指传授的是较为严重犯罪的方法；传授犯罪方法的行为可能对国家和公共安全、社会治安、公共财产和公民合法财产的安全，以及他人的人身权利、民主权利和其他合法权利等造成严重威胁；传授对象人数较多；传授的持续时间较长、次数较多、频度较高；向未成年人传授犯罪方法；被传授人实施了其所传授的犯罪方法，对社会造成危害；等等。情节严重的，处 5 年以上 10 年以下有期徒刑。(3)第三档适用于“情节特别严重”的情形，主要是指所传授的犯罪方法已经造成现实的严重后果；长期、频繁地向不特定对象传授犯罪方法；明知他人准备犯罪而有针对性地传授犯罪方法，次数较多或者人数较多的；向多名未成年人传授犯罪方法；等等。情节特别严重的，处 10 年以上有期徒刑或者无期徒刑。(4)需要注意的是，通过信息网络手段传授犯罪方法的，传授对象较传统方式可能呈几何级增长，在认定是否属于“情节严重”“情节特别严重”时,不能仅考虑点击、下载的人数、次数,还应当考虑传授的有效性。对具有因传授犯罪方法被行政处罚或者判处刑罚后再次实施传授犯罪方法及其具体犯罪用途、以高危人群为传授对象等情形的行为人,社会危害性更大,可以酌情从重处罚。

【司法适用】

1. 传授犯罪方法与教唆他人犯罪的区别与处断方法

传授犯罪方法是独立的犯罪行为,仅限于传授犯罪方法,行为人与被传授人没有共同犯意,其刑罚与所传授的犯罪方法、传授过程、传授对象相关。而教唆他人犯罪是共同犯罪的一种类型,行为人引诱他人产生特定犯意、实施特定犯罪行为,与被教唆人在所教唆的犯罪上具有共同故意,其刑罚与其在共同犯罪中所起的作用、所教唆之罪、教唆对象相关。教唆他人实施具体犯罪行为,其方式、手段包括了传授犯罪方法。如果不能认定行为人与行为对象具有共同犯意,而传授犯罪方法的手段行为已构成犯罪,应当依照有利于被告人的原则,按照手段行为定罪处罚。如果能够认定行为人与行为对象具有共同犯意,则应当依照处罚较重的定罪处罚。

2. 向未成年人传授犯罪方法的,应当从重处罚

我国对未成年人实行特殊保护。向未成年人传授犯罪方法的应当依法从重处罚。最高人民法院《关于学习宣传贯彻〈中华人民共和国未成年人保护法〉的通知》规定,对于那些以未成年人为犯罪对象,传授犯罪方法……的犯罪分子,必须依法严厉打击,从重判处。最高人民检察院《未成年人刑事检察工作指引(试行)》第 157 条规定,审查逮捕未成年犯罪嫌疑人,应当注意查明是否有被胁迫、引诱的情节,是否存在他人教唆犯罪、传授犯罪方法或者利用未成年人实施犯罪等情况。

【司法案例】

李某英传授犯罪方法案①

[**裁判要旨**]强迫被害人学习犯罪方法,并胁迫其去实施抢劫犯罪,是手段行为与目的行为的牵连犯,择一重罪处断,即使抢夺行为未得逞,也不影响罪名的成立,也不会影响到量刑。另外,被胁迫参与犯罪并不一定构成胁从犯,被胁迫者如果受外界强制而完全丧失意志自由,可以认定为不可抗力或者紧急避险而不负刑事责任,胁迫者成为间接正犯。

---

① 参见《刑事审判参考》总第 76 集第 651 号案例。

第二百九十六条　【非法集会、游行、示威罪】举行集会、游行、示威，未依照法律规定申请或者申请未获许可，或者未按照主管机关许可的起止时间、地点、路线进行，又拒不服从解散命令，严重破坏社会秩序的，对集会、游行、示威的负责人和直接责任人员，处五年以下有期徒刑、拘役、管制或者剥夺政治权利。

【条文理解】

本罪的具体构成要件是：

(1)本罪侵犯的客体是国家对集会、游行、示威的管理制度。

(2)本罪的客观方面表现为举行集会、游行、示威，未依照法律规定申请或者申请未获许可，或者未按照主管机关许可的起止时间、地点、路线进行，又拒不服从解散命令，严重破坏社会秩序的行为。《集会游行示威法》规定，举行集会、游行、示威，必须依照本法规定向主管机关提出申请并获得许可；集会、游行、示威必须严格按照主管机关许可的起止时间、地点、路线进行，不得违反。需要注意的是，文娱、体育活动，正常的宗教活动，传统的民间习俗活动，不适用该法。国家举行或者根据国家决定举行的庆祝、纪念等活动，以及国家机关、政党、社会团体、企业事业组织依照法律、组织章程举行的集会，不需要申请。其中：

"集会"，是指聚众于露天公共场所，发表意见、表达意愿的活动；"游行"，是指在公共道路、露天公共场所列队行进、表达共同意愿的活动；"示威"，是指在露天公共场所或者公共道路上以集会、游行、静坐等方式，表达共同意愿的活动。

"主管机关"，是指集会、游行、示威举行地的市、县公安局、城市公安分局；游行、示威路线经过两个以上区、县的，主管机关为所经过区、县的公安机关的共同上一级公安机关。

"未按照主管机关许可的起止时间、地点、路线进行"。主管机关认为按照申请的时间、地点、路线举行集会、游行、示威将对交通秩序和社会秩序造成严重影响的，在决定许可时或者决定许可后，可以变更举行集会、游行、示威的时间、地点、路线，并及时通知其负责人。行为人不遵守上述规定的，不依照人民警察临时改变后的行进路线进行游行活动的，视为"未按照主管机关许可的起止时间、地点、路线进行"。其中，关于"起止时间"，除经过当地人民政府决定或者批准的以外，举行集会、游行、示威的起止时间限于早 6 时至晚 10 时。关于"地点"，在国家机关、军事机关、广播电台、电视台、外国驻华使馆领馆等单位所在地举行的集会、游行、示威，未经人民警察许可，不得进入主管机关为维持秩序临时设置的警戒线以内;未经国务院或省、自治区、直辖市的人民政府批准,全国人大常委会、国务院、中央军事委员会、最高人民法院、最高人民检察院所在地,国宾下榻处,重要军事设施,航空港、火车站和港口等场所周边距离10~300米内,不得举行集会、游行、示威。关于"路线",如果游行队伍行进中遇有前面路段临时发生自然灾害事故、交通事故及其他治安灾害事故,或者游行队伍之间、游行队伍与围观群众间发生严重冲突和混乱,以及突然发生其他不能预料的情况,致使游行队伍不能按照许可路线进行,人民警察现场负责人有权临时决定改变游行队伍进行路线。

"拒不服从解散命令",是指违反以上规定进行集会、游行、示威,在主管机关依法发出解散命令后,拒不服从命令,仍继续集会、游行、示威活动的情形。作出解散命令的主体应是人民警察现场负责人。其中,"解散命令",是指使参与集会、游行、示威的人离开及分散的命令。既可以是口头形式,也可以是书面形式;既可以有关人员直接传达,也可以通过他人告知。但解散命令应合法,必须对非法集会、游行、示威的人员发出并能为他们所认识、知悉。如果行为人因未接到解散命令的通知没有解散的,不构成拒不解散。行为人虽实施上述违法行为,但在主管机关依法作出解散命令后,行为人听从解散命令,服从管理的,不构成本罪。"不解散",是指不离开、不分散,例如行为人已接到解散命令后,仍聚集众人原地不动,或虽然离开原地点,但仍然不散去。如果非法集会、游行、示威的人群的一部分已经解散,但其余的人未解散,则负责人员和直接责任人员仍应负拒不服从解散命令的罪责。另外,解散须出于行为人的自由意思,意味着主动地脱离集会、游行、示威的状态,如果行为人被强制力驱散或者为避免逮捕而逃跑,不能认为是解散。不服从解散命令的行为方式,多表现为暴力、威胁方式。行为人若以暴力或威胁方式对正在执行解散命令的相关人员进行阻挠,足以表明行为人对待解散命令的对抗性及严重程度,已构成拒不服从解散命令的行为,但并不以此为限。

"严重破坏社会秩序",是指扰乱社会秩序,造成社会秩序混乱,使生产、工作、生活和教学、科研无法正常进行,如致使国家机关、单位和团体的工作无法正常进行的,致使工厂、企业生产停工的,致使教学和科研停顿的,造成交通瘫痪的,或者造成恶劣的政治影响,等等。未发生破坏社会秩序的危害结果的,不以本罪论处。

(3)本罪的主体是特殊主体,即集会、游行、示威的负责人和直接责任人员。其中,"负责人",是指《集会游行示威法》中所规定的提交申请书在申请书中载明的负责人;"直接责任人员",是指负责人以外的策划、组织、指挥集会、游行、示威的人。不服从负责人或者现场组织者的指挥,自行其是,因而直接严重破坏社会秩序的人,不是负责人或者直接责任人员,不能构成本罪。

(4)本罪的主观方面表现为故意,过失不构成本罪。

【司法适用】

1. 注意区分罪与非罪的界限

虽有非法举行集会、游行、示威的行为，但没有拒不服从解散命令或者造成严重破坏社会秩序后果的，不构成犯罪。对于一般参加非法举行的集会、游行、示威的人员，不宜追究刑事责任，可以进行批评教育或者给予必要的行政处分。

2. 注意区分此罪与彼罪的界限

(1)本罪与聚众扰乱公共场所秩序或交通秩序罪、扰乱社会秩序罪的界限。它们虽然都是聚众性犯罪，但在犯罪构成上有明显区别：①本罪的构成要求以违法性为前提，如果行为人不知道自己的行为是违法的，即不构成犯罪。后两罪则不要求以违法性为前提。②本罪虽然也扰乱社会秩序，但严重破坏社会秩序的结果发生在举行集会、游行、示威的过程和情境中，而后两罪则不存在特定的过程和情境；本罪侵犯的客体是国家对集会、游行、示威的管理制度；而后两罪侵犯的客体则是工作、生产、营业、教学、科研秩序或者公共场所秩序、交通秩序。

(2)本罪与聚众冲击国家机关罪的界限。两罪在客观上都扰乱了公共秩序，而在涉及国家机关时，同聚众冲击国家机关罪一样，都扰乱了国家机关的正常工作秩序。两罪的区别主要在于：①犯罪客体不同。本罪侵犯的客体是国家对集会、游行、示威的管理制度；后罪侵犯的客体是国家机关正常的工作秩序。②行为方式不同。本罪行为方式既包括暴力性的，也包括非暴力性的；而后罪采取的则是“冲击”这一暴力性扰乱方式。③两罪实际发生的场合范围不同。本罪发生的地域范围广泛；而后罪只能发生于国家机关的门前、院内，场合单一。

第二百九十七条　【非法携带武器、管制刀具、爆炸物参加集会、游行、示威罪】违反法律规定，携带武器、管制刀具或者爆炸物参加集会、游行、示威的，处三年以下有期徒刑、拘役、管制或者剥夺政治权利。

【条文理解】

本罪的具体构成要件是：

(1)本罪侵犯的客体是国家对集会、游行、示威的管理制度以及武器、管制刀具、爆炸物的管理制度。

(2)本罪的客观方面表现为违反法律规定，携带武器、管制刀具或者爆炸物参加集会、游行、示威的行为。《集会游行示威法》第5条规定，集会、游行、示威应当和平地进行，不得携带武器、管制刀具和爆炸物，不得使用暴力或者煽动使用暴力。其中,“武器”,是指枪支等具有杀伤力和破坏性的发火器械及弹药,既包括军用枪支及弹药,又包括民用枪支及弹药,例如射击运动用的枪支,狩猎用的有膛线枪、霰弹枪、火药枪,麻醉动物用的注射枪以及能发射金属弹丸的气枪及其弹药等。其他武器如化学武器、生物武器、炮弹等一般难以成为此罪的行为对象。“管制刀具”,根据公安部1983年颁布的《对部分刀具实行管制的暂行规定》,是指匕首、三棱刀(包括机械加工用的三棱刮刀)、带有自锁装置的弹簧刀(跳刀)以及其他类似的单刃刀、双刃刀、三棱尖刀等。“爆炸物”,是指具有爆发力和破坏性,瞬间即可造成一定范围内的人员伤亡、物品毁损的物品,例如雷管、雷汞、雷银、炸药、导火索等各种起爆器材,各种自制爆炸装置,军用炸弹、手榴弹、地雷等。“携带”,包括随身佩带、暗藏在其他物品中夹带或手中握持。本条中的“集会、游行、示威”,既可以是合法的集会、游行、示威,也可以是未依法申请或者申请未获许可的非法集会、游行、示威。

(3)本罪的主体是一般主体,即一切达到法定责任年龄、具有刑事责任能力的人。需要注意的是,与非法持有枪支、弹药、爆炸物罪对行为人的合法资质要求不同,行为人是否具有携带武器的合法资格,与是否构成本罪无关。即使是依法规定或者经有关部门批准,准予持有武器的人员在举行集会、游行、示威时,违反规定携带武器、管制刀具或爆炸物的,同样构成本罪。但是,在集会、游行、示威活动中,为维护秩序而依法执行职务的人员除外。

(4)本罪的主观方面表现为故意,过失不构成本罪。

【司法适用】

1. 本罪与私藏枪支、弹药罪的界限

两者主要有以下区别:(1)犯罪对象不同。本罪的对象包括枪支、弹药等武器以及管制刀具、爆炸物,而私藏枪支、弹药罪仅包括枪支、弹药。(2)客观要件不完全相同。本罪是特指在集会、游行、示威活动中有佩带、夹带或持有武器、管制刀具或爆炸物的行为。而私藏枪支、弹药罪是指违反枪支管理规定,私自藏匿枪支、弹药,拒不交出的行为。

2. 本罪与非法携带枪支、弹药、管制刀具、危险物品危及公共安全罪的界限

两罪都是行为犯,均不以造成实际危害后果为构成必要。在集会、游行、示威活动中,只要携带了武器、管制刀具、爆炸物即构成本罪,后者只有情节严重的,才能构成犯罪。

在非法集会、游行、示威时,集会、游行、示威的负责人和直接责任人员,携带上述危险物品参加集会、游行、示威的,原则上属于一行为触犯数罪名,应择一重罪论处,认定为非法集会、游行、示威罪。携带枪支、弹药参加集会、游行、示威的,

如果所携带的是自己事先非法持有、私藏的枪支、弹药，则成立数罪，实行并罚。

第二百九十八条 【破坏集会、游行、示威罪】扰乱、冲击或者以其他方法破坏依法举行的集会、游行、示威，造成公共秩序混乱的，处五年以下有期徒刑、拘役、管制或者剥夺政治权利。

【条文理解】

本罪的具体构成要件是：

(1)本罪侵犯的客体是国家对集会、游行、示威的管理制度。

(2)本罪的客观方面表现为扰乱、冲击或者以其他方法破坏依法举行的集会、游行、示威，造成公共秩序混乱的行为。具体表现为两个方面：一方面是破坏依法举行的集会、游行、示威。“破坏”，是指采用扰乱、冲击或者以其他方法进行捣乱，致依法举行的集会、游行、示威不能正常进行，其中，“扰乱”是指针对集会、游行、示威的秩序起哄、闹事，破坏其正常秩序的行为；“冲击”主要是指冲散、冲入、扰乱依法举行的集会、游行、示威队伍，使集会、游行、示威不能正常进行的行为；“其他方法”是指扰乱、冲击方法以外的其他具有干扰性、阻碍性和破坏性的方法，例如堵塞集会、游行、示威队伍行进、停留的通道、场所等。“依法举行的集会、游行、示威”，是指依照《集会游行示威法》的规定提出申请并获得许可，按照主管机关许可的起止时间、地点、路线进行的集会、游行、示威。本罪破坏的必须是依法举行的集会、游行、示威，如果针对的不是依法举行的集会、游行、示威，不构成本罪。另一方面是造成公共秩序混乱。这里主要是指造成集会、游行、示威行径地或举行地的场所秩序或交通秩序混乱的；使依法举行的集会、游行、示威无法进行的；因之发生骚乱或者打、砸、抢事件的等。造成公共秩序混乱是构成本罪的要件，如果实施了破坏行为，引起一定的危害，但并未引起混乱，不构成本罪。

(3)本罪的主体是一般主体，即一切达到法定责任年龄、具有刑事责任能力的人。

(4)本罪的主观方面表现为故意，过失不构成本罪。

【司法适用】

1. 罪与非罪的界限

对依法举行的集会、游行示威进行扰乱、冲击等行为是否构成犯罪，关键看是否“造成公共秩序混乱”的后果。如果尚未造成上述后果，则不构成犯罪，可按照《集会游行示威法》第 30 条的规定，由公安机关处以警告或者 15 日以下拘留。

2. 此罪与彼罪的界限

行为人使用暴力方法对依法举行的集会、游行、示威进行破坏，致人重伤、死亡，或者乘机抢劫的，构成其他犯罪的，应当根据主客观一致原则，区分具体情况，确定是数罪并罚还是择一重罪处断。如果持有概括故意，或者自始就存有其他犯意，应当依照处罚较重的罪名定罪处罚；如果是在破坏集会、游行、示威过程中或者结束后临时起意实施上述行为，则应当数罪并罚。

第二百九十九条　【侮辱国旗、国徽、国歌罪】在公共场合，故意以焚烧、毁损、涂划、玷污、践踏等方式侮辱中华人民共和国国旗、国徽的，处三年以下有期徒刑、拘役、管制或者剥夺政治权利。

在公共场合，故意篡改中华人民共和国国歌歌词、曲谱，以歪曲、贬损方式奏唱国歌，或者以其他方式侮辱国歌，情节严重的，依照前款的规定处罚。

【条文对照】

1997 年《刑法》	2017 年《刑法修正案（十）》
第二百九十九条　在公众场合故意以焚烧、毁损、涂划、玷污、践踏等方式侮辱中华人民共和国国旗、国徽的，处三年以下有期徒刑、拘役、管制或者剥夺政治权利。	第二百九十九条　在公**共**场合，故意以焚烧、毁损、涂划、玷污、践踏等方式侮辱中华人民共和国国旗、国徽的，处三年以下有期徒刑、拘役、管制或者剥夺政治权利。 **在公共场合，故意篡改中华人民共和国国歌歌词、曲谱，以歪曲、贬损方式奏唱国歌，或者以其他方式侮辱国歌，情节严重的，依照前款的规定处罚。**

【条文理解】

侮辱国旗、国徽、国歌罪是选择性罪名，其中，本条第 2 款的侮辱国歌行为是《刑法修正案（十）》所增加的，故本罪的罪名也作了修改。本罪的具体构成要件是：

（1）本罪侵犯的客体是国家对国旗、国徽、国歌的管理制度。国旗、国徽、国歌是国家的象征和标志，代表了国家的主权和尊严，任何侮辱国旗、国徽、国歌的行为都是对国家主权和尊严的侵犯。国旗、国徽、国歌的管理是通过授权各级人民政府和有关部门进行具体管理来实现的。

（2）本罪的客观方面表现为在公共场合以焚烧、毁损、涂划、玷污、践踏等方式侮辱中华人民共和国国旗、国徽或在公共场合，故意篡改中华人民共和国国歌歌词、曲谱，以歪曲、贬损方式奏唱国歌，或者以其他方式侮辱国歌，情节严重的行为。需要注意的是，侮辱外国的国旗、国徽不构成本罪。其中，“公共场合”，指的是公开悬挂国旗和国徽、播放国歌的场合、国家机关所在地，或者能为不特定多数人听到、看到或者感受到的场合,发生在非公共场合的行为不构成本罪。“焚烧”,是指直接点燃国旗、国徽的行为。“毁损”,是指借助外力或工具,使国旗、国徽遭到物理毁坏、损坏的行为。“涂划”,是指在国旗、国徽上乱涂乱画的行为。“玷污”,是指用污物玷污国旗、国徽的行为。“践踏”,是指采取踩踏、碾压等方式对国旗、国徽进行侮辱的行为。“篡改”,是指将国歌的歌词和曲谱肆意修改,歪曲国歌的本意及表达的情感;“歪曲、贬损”,是指采取不严肃的方式奏唱国歌,以达到侮辱国歌的目的。本条规定为不完全列举,以其他危害性相当的方式侮辱国旗、国徽、国歌的,也构成本罪。本罪属于选择性罪名,行为人只要采取一种方式侮辱了国旗、国徽或者国歌的,即可构成本罪;同时采取上述多种方式侮辱国旗、国徽、国歌,或者同时侮辱国旗、国徽和国歌的,仅成立一罪,不数罪并罚。

(3)本罪的主体属于一般主体,凡是达到法定刑事责任年龄且具有刑事责任能力的自然人均能成为本罪的主体。

(4)本罪的主观方面表现为必须有侮辱国旗、国徽、国歌的故意。如果行为人由于过失造成国旗、国徽被焚烧,或行为人由于过失造成国歌被歪曲奏唱等,不构成本罪。本罪的动机可能多种多样,但动机如何不影响构成本罪。

【司法适用】

1. 公共场合的理解与适用

应注意本罪“公共场合”与《刑法》分则中其他罪名“公共场所”的区分。一方面,“公共场合”的具体认定可以参照司法解释所规定寻衅滋事罪中“公共场所”的相关内涵,即不特定多数人均能进入的场所,例如车站、码头、机场、医院、商场等;此外,参照《网络诽谤案件解释》第 5 条第 2 款的规定,在网络空间内实施上述行为也应解释为“公共场合”。另一方面,由于国旗、国徽、国歌适用场合的特殊性,本罪的“公共场合”还应当结合实际情况理解,悬挂国旗和国徽、播放国歌的公共场合,国家机关所在地均可以解释为“公共场合”,例如,大型仪式升国旗、奏国歌的现场。

2. 其他行为也可构成本罪

由于现实情况的复杂性,本罪还规定了其他方式为兜底性规定,这种形式的立法增强了法律的适应能力。其他行为必须与法条所明确列举的侮辱国旗、国徽、国歌的行为、后果、社会危害具有相当性,其范围不可逾越所列的同类行为。

3. 侮辱国歌“情节严重”的司法认定

相较于侮辱国旗、国徽罪的行为,构成侮辱国歌罪的行为必须达到情节严重的程度,判断是否达到情节严重,应当综合考虑行为人的行为手段、场合、次数、造成的社会影响、主观恶性等方面。

第二百九十九条之一 【侵害英雄烈士名誉、荣誉罪】侮辱、诽谤或者以其他方式侵害英雄烈士的名誉、荣誉,损害社会公共利益,情节严重的,处三年以下有期徒刑、拘役、管制或者剥夺政治权利。

【条文对照】

1997 年《刑法》	2020 年《刑法修正案(十一)》
无	**第二百九十九条之一 侮辱、诽谤或者以其他方式侵害英雄烈士的名誉、荣誉,损害社会公共利益,情节严重的,处三年以下有期徒刑、拘役、管制或者剥夺政治权利。**

【条文理解】

本罪的具体构成要件是:

(1)本罪侵犯的客体主要是社会管理秩序,尤其是公共秩序。根据《英雄烈士保护法》第 2 条第 2 款规定,“英雄烈士”是指近代以来,为了争取民族独立和人民解放,实现国家富强和人民幸福,促进世界和平和人类进步而毕生奋斗、英勇献身的人。全社会都应当崇尚、学习、捍卫英雄烈士。丑化、诋毁、贬损、质疑我党我军英雄烈士,其实质是动摇中国共产党的执政根基和中国特色社会主义制度。如果不加以及时制止,会导致思想混乱,造成公共秩序混乱,严重扰乱社会管理秩序。

(2)本罪的客观方面表现为以侮辱、诽谤或者以其他方式侵害英雄烈士的名誉、荣誉,损害社会公共利益,情节严重的行为。其中,“名誉”是指英雄烈士所获得的社会评价。“荣誉”是指英雄烈士因其突出表现或突出贡献,政府、团体或其他组织所给予的积极的、肯定的正式评价,是名誉的一种特殊情形。实施本罪的场所包括一切公共场所,载体包括广播电视、电影、出版物以及自媒体等。需要注意的是,侵害英雄烈士姓名、肖像的行为,例如,将英雄烈士姓名、肖像用于或者变相用于商标、商业广告,一般通过民事诉讼或者公益诉讼的方式解决。只有侵害英雄烈士的名誉、荣誉,造成公共秩序混乱,情节严重的,才可以按照本罪定罪处罚。

(3)本罪的主体属于一般主体,凡是达到法定刑事责任年龄且具有刑事责任能力的自然人均能成为本罪的主体。

(4)本罪的主观方面表现为故意,即行为人必须明知其行为会侵害英雄烈士的名誉、荣誉而积极追求或者放任其行为发生。过失不构成本罪。本罪的动机可能多种多样,但不影响构成本罪。

【司法适用】

此前因《刑法》对严重侵害英雄烈士的名誉、荣誉的行为没有明确规定,故曾通过民事诉讼的名誉权纠纷公益诉讼方式维护英雄烈士的名誉、荣誉，还有的地方曾以寻衅滋事罪等方式对在互联网上侵害英雄烈士的名誉、荣誉的行为予以惩处。需要注意：

1."情节严重"才能构成本罪

《民法典》第185条规定，侵害英雄烈士等的姓名、肖像、名誉、荣誉，损害社会公共利益的，应当承担民事责任。本条所规定的侵害英雄烈士名誉、荣誉罪和《民法典》第185条对于客观行为的描述基本一致。但是，并非所有侵害英雄烈士名誉、荣誉的行为都应当作为犯罪处罚。本条将"情节严重"作为入罪的必要限定条件，体现了刑法的谦抑性，以及刑法与民法的有序承继、衔接关系。如果某种侵害英雄烈士名誉、荣誉，损害社会公共利益的行为，通过侵权损害赔偿或者公益诉讼等方式能够妥善解决，则认定为"情节严重"的依据就不充分，不宜作为犯罪处理。司法实践中，可以根据侵害英雄烈士名誉、荣誉的次数、人数，造成的社会影响，是否曾因侵害英雄烈士名誉、荣誉承担民事责任、受过行政处罚等因素，综合判断是否属于"情节严重"。

2.侵害英雄烈士的名誉、荣誉的其他方式，应当与侮辱、诽谤具有相同甚至更大的社会危害性

"其他方式"作为兜底条款，实践中应当重点把握其与法律明确列举的方式具有相同的、甚至更大的危害性这个判断标准，即能够"侵害英雄烈士名誉、荣誉，损害社会公共利益"，具有与侮辱、诽谤方式相当甚至更大的社会危害性。如采取歪曲、篡改、诋毁等方式，污名化英烈精神，引起人民群众强烈愤慨的，或者可能引起不了解情况的人对英雄烈士及其代表的英烈精神的反感，进而对我党我军的光荣历史、我国的社会主义制度产生质疑，造成恶劣社会影响的，可以认为是"侵害英雄烈士的名誉、荣誉"。

3.不能机械理解"损害社会公共利益"

英雄烈士事迹和精神所凝聚的民族感情和历史记忆，是社会主义核心价值观的重要体现，是社会公共利益。对英烈事迹的亵渎，不仅侵害了英烈本人的名誉权，给英烈亲属造成精神痛苦，也伤害了社会公众的民族和历史感情，同时也损害了社会公共利益，背离了社会主义核心价值观。

4.对于网络服务提供者的惩处

对通过信息网络发布的侮辱、诽谤或者其他方式侵害英雄烈士的名誉、荣誉的信息，网络运营者没有及时采取有效措施阻止传播扩散，经网信和电信、公安等监管部门责令采取改正措施而拒不改正，致使相关违法信息大量传播的，或者明知他人利用信息网络实施侵害英雄烈士名誉、荣誉的犯罪，为其犯罪提供互联网

接入、服务器托管、网络存储、通讯传输等技术支持，情节严重，同时构成以拒不履行信息网络安全管理义务罪对直接责任人员和涉事单位进行处罚的，应当依照处罚较重的规定定罪处罚。《英雄烈士保护法》第23条规定，网络运营者发现其用户发布以侮辱、诽谤或者其他方式侵害英雄烈士的姓名、肖像、名誉、荣誉的信息的，应当立即停止传输该信息，采取消除等处置措施，防止信息扩散，保存有关记录，并向有关主管部门报告。网络运营者未采取停止传输、消除等处置措施的，依照《网络安全法》的规定处罚。

第三百条　【组织、利用会道门、邪教组织、利用迷信破坏法律实施罪】组织、利用会道门、邪教组织或者利用迷信破坏国家法律、行政法规实施的，处三年以上七年以下有期徒刑，并处罚金；情节特别严重的，处七年以上有期徒刑或者无期徒刑，并处罚金或者没收财产；情节较轻的，处三年以下有期徒刑、拘役、管制或者剥夺政治权利，并处或者单处罚金。

【组织、利用会道门、邪教组织、利用迷信致人重伤、死亡罪】组织、利用会道门、邪教组织或者利用迷信蒙骗他人，致人重伤、死亡的，依照前款的规定处罚。

犯第一款罪又有奸淫妇女、诈骗财物等犯罪行为的，依照数罪并罚的规定处罚。

【条文对照】

1997年《刑法》	2015年《刑法修正案（九）》
第三百条　组织和利用会道门、邪教组织或者利用迷信破坏国家法律、行政法规实施的，处三年以上七年以下有期徒刑；情节特别严重的，处七年以上有期徒刑。 组织**和**利用会道门、邪教组织或者利用迷信蒙骗他人，致人死亡的，依照前款的规定处罚。 **组织和利用会道门、邪教组织或者利用迷信**奸淫妇女、诈骗财物的，**分别**依照**本法第二百三十六条、第二百六十六条**的规定定罪处罚。	第三百条　组织、利用会道门、邪教组织或者利用迷信破坏国家法律、行政法规实施的，处三年以上七年以下有期徒刑，**并处罚金**；情节特别严重的，处七年以上有期徒刑**或者无期徒刑，并处罚金或者没收财产；情节较轻的，处三年以下有期徒刑、拘役、管制或者剥夺政治权利，并处或者单处罚金**。 组织、利用会道门、邪教组织或者利用迷信蒙骗他人，致人**重伤**、死亡的，依照前款的规定处罚。 **犯第一款罪又有**奸淫妇女、诈骗财物**等犯罪行为**的，**依照数罪并罚**的规定处罚。

【条文理解】

1. 组织、利用会道门、邪教组织或者利用迷信破坏法律实施罪

本罪的具体构成要件是：

(1)本罪侵犯的客体是我国宗教活动的正常秩序。会道门、邪教组织或者迷信活动,冒用宗教、气功或者其他名义,宣扬异端邪说、封建迷信,蒙骗群众,采用各种手段扰乱社会秩序,从事违法犯罪活动,危害人民群众生命财产安全和经济发展,严重影响了社会稳定,必须坚决依法惩治。

(2)本罪的客观方面表现为组织和利用会道门、邪教组织或者利用迷信破坏国家法律、行政法规实施的行为。所谓"组织和利用会道门、邪教组织",是指建立或者借助会道门、邪教组织进行违法犯罪活动的行为。其中,"会道门"是指各类会门、道门等封建迷信活动组织的总称。"邪教组织"是指冒用宗教、气功或者以其他名义建立,神化、鼓吹首要分子,利用制造、散布迷信邪说等手段蛊惑、蒙骗他人,发展、控制成员,危害社会的非法组织。所谓"迷信",是在生产力低下、文化落后、群众缺乏知识的情况下,作为科学的对立物出现的一种信奉鬼神的唯心主义思想,其信仰、崇拜和活动形式带有浓厚的封建色彩。需要注意的是,本条规定的"利用迷信"是指通过会道门、邪教组织以外的其他利用迷信的活动,对于组织、利用带有迷信色彩的会道门、邪教组织的,应当用"组织、利用会道门、邪教组织"进行全面评价。

本罪客观方面主要有两种表现方式:一种是组织和利用会道门、邪教组织,蛊惑、煽动、欺骗群众破坏国家法律、行政法规的实施。主要有以下几种情况:发展邪教组织成员、敛取钱财;聚众包围、冲击、强占、哄闹国家机关、企业事业单位或者公共场所、宗教活动场所,扰乱社会秩序的;非法举行集会、游行、示威,扰乱社会秩序的;使用暴力、胁迫或者以其他方法强迫他人加入或者阻止他人退出邪教组织的;组织、煽动、蒙骗成员或者他人不履行法定义务的;制作、传播邪教宣传品或者利用通信信息网络宣扬邪教等。另一种是利用迷信破坏国家法律、行政法规实施,主要是利用占卜、算命、看星象等形式,散布迷信谣言,制造混乱,煽动群众抗拒、破坏国家法律、行政法规的实施。需要注意的是,利用会道门、邪教组织与利用迷信活动进行破坏活动,其主要区别在于是否具有一定的组织形式,会道门、邪教组织具有一定的组织形式,而迷信活动通常是由个体进行,没有固定的组织形式。

(3)本罪的主体是一般主体,多为会道门、邪教组织的组织者、领导者、骨干成员、积极参加者,以及以迷信活动为业或者长期从事迷信活动的人。

(4)本罪的主观方面表现为故意,并且具有煽动他人破坏国家法律、行政法规实施的目的。

本罪分为三个量刑档:(1)处3年以上7年以下有期徒刑,并处罚金;(2)情节特别严重的,处7年以上有期徒刑或者无期徒刑,并处罚金或者没收财产;(3)情节较轻的,处3年以下有期徒刑、拘役、管制或者剥夺政治权利,并处或者单处罚金。《组织、利用邪教组织破坏法律实施案件解释》规定了相关量刑档的具体要求。

2. 组织、利用会道门、邪教组织、利用迷信致人重伤、死亡罪

本罪的具体构成要件是:

(1)本罪侵犯的客体除了国家法律秩序外,还有公民的人身和生命安全。

(2)本罪的客观方面表现为组织、利用会道门、邪教组织或者利用迷信蒙骗他人,致人重伤、死亡的行为。本罪为结果犯,造成他人重伤、死亡后果的,方构成本罪。其中,"组织、利用会道门、邪教组织或者利用迷信蒙骗他人",是指组织和利用会道门、邪教组织或者利用迷信,愚弄、欺骗他人,如散布"世界末日来临""死后可以升天"等;"致人重伤、死亡",是指他人因受到会道门、邪教组织或者迷信的蒙骗,绝食、自虐或者生病却不接受正常治疗,造成重伤、死亡的后果。

(3)本罪的主体是一般主体。

(4)本罪的主观方面表现为间接故意或者过失。

根据《组织、利用邪教组织破坏法律实施案件解释》规定,组织、利用邪教组织,制造、散布迷信邪说,蒙骗成员或者他人绝食、自虐等,或者蒙骗病人不接受正常治疗,致人重伤、死亡的,应当认定为《刑法》第300条第2款规定的组织、利用邪教组织"蒙骗他人,致人重伤、死亡"。组织、利用邪教组织蒙骗他人,致1人以上死亡或者3人以上重伤的,处3年以上7年以下有期徒刑,并处罚金。组织、利用邪教组织蒙骗他人,具有以下情形之一的,处7年以上有期徒刑或者无期徒刑,并处罚金或者没收财产:(1)造成3人以上死亡的;(2)造成9人以上重伤的;(3)其他情节特别严重的情形。组织、利用邪教组织蒙骗他人,致人重伤的,处3年以下有期徒刑、拘役、管制或者剥夺政治权利,并处或者单处罚金。

3. 实施本罪过程中,又实施奸淫妇女、诈骗财物等严重犯罪行为的,数罪并罚

根据本款规定,组织、利用会道门、邪教组织或者利用迷信奸淫妇女、诈骗财物的,分别依照《刑法》第236条、第266条的规定定罪处罚。其中,对组织、利用会道门、邪教组织或者利用迷信奸淫妇女的,无论其是否对妇女使用暴力、威胁手段,都应当以强奸罪定罪处刑;对组织和利用会道门、邪教组织或者利用迷信诈骗财物的,应当以诈骗罪定罪处罚。

【司法适用】

1. 实施本罪过程中,又有煽动分裂国家、煽动颠覆国家政权或者侮辱、诽谤他人等犯罪行为的,应当数罪并罚

《组织、利用邪教组织破坏法律实施案件解释》规定,组织、利用邪教组织破坏

国家法律、行政法规实施过程中,又有煽动分裂国家、煽动颠覆国家政权或者侮辱、诽谤他人等犯罪行为的,依照数罪并罚的规定定罪处罚。

2. 实施本罪过程中,积极追求他人重伤、死亡后果的,应当按照故意伤害罪、故意杀人罪定罪处罚

《组织、利用邪教组织破坏法律实施案件解释》规定,组织、利用邪教组织,制造、散布迷信邪说,组织、策划、煽动、胁迫、教唆、帮助其成员或者他人实施自杀、自伤的,依照《刑法》第232条、第234条的规定,以故意杀人罪或者故意伤害罪定罪处罚。

3. 采取自焚、自爆等危险方法实施本罪,足以危害公共安全的,应当以相应的危害公共安全犯罪定罪处罚

《组织、利用邪教组织破坏法律实施案件解释》规定,邪教组织人员以自焚、自爆或者其他危险方法危害公共安全的,依照《刑法》第114条、第115条的规定,以放火罪、爆炸罪、以危险方法危害公共安全罪等定罪处罚。

4. 本罪共犯的认定

明知他人组织、利用邪教组织实施犯罪,而为其提供经费、场地、技术、工具、食宿、接送等便利条件或者帮助的,以共同犯罪论处。需要注意的是,判断共同犯罪的罪名时,应当坚持主客观一致原则。如果部分共犯存在实行过限情形,或者本罪罪状不足以评价其全部犯罪行为,应当按照其实际实施的较重犯罪定罪处罚。

【司法案例】

王某武非法经营案①

[**裁判要旨**]在处理涉及邪教组织的案件时要注意掌握政策,严格区分罪与非罪的界限,坚持教育与惩罚相结合,对受蒙蔽、胁迫参加邪教组织的人,要同利用邪教组织进行蓄意破坏活动的犯罪分子区别开来,要以团结、教育为主,一般不作为犯罪处理;对组织、利用邪教组织进行犯罪活动的组织、策划、指挥者和屡教不改的积极参加者要依法惩处。如果非法印刷、发行宣扬邪教的书籍、图片及非法经销宣扬邪教的音像制品的行为发生在我国政府明令取缔该邪教组织之前,则不应以组织、利用邪教组织破坏法律实施罪定罪处罚,而应以非法经营罪定罪处罚。如果以宣扬邪教为目的或者将非法所得资助邪教组织印刷、出售宣扬邪教组织书籍、图片及出售宣扬邪教组织音像制品的行为发生在我国政府明令取缔该邪教组

① 参见《刑事审判参考》总第10辑第73号案例。

织之后,应以组织、利用邪教组织破坏法律实施罪定罪处罚。

第三百零一条 【聚众淫乱罪】聚众进行淫乱活动的,对首要分子或者多次参加的,处五年以下有期徒刑、拘役或者管制。

【引诱未成年人聚众淫乱罪】引诱未成年人参加聚众淫乱活动的,依照前款的规定从重处罚。

【条文理解】

1. 聚众淫乱罪

本罪的具体构成要件是:

(1)本罪侵犯的客体是社会公共秩序和社会风俗习尚。

(2)本罪的客观方面表现为聚众进行淫乱活动的行为。其中,"聚众",是指在首要分子的组织、策划下,聚集男女合计3人以上在一起进行淫乱活动。"淫乱活动",主要是指性交行为,即群奸群宿,还应包括其他刺激、兴奋、满足性欲的行为,如手淫、口淫、鸡奸等行为。根据《立案追诉标准(一)》第41条的规定,组织、策划、指挥3人以上进行淫乱活动或者参加聚众淫乱活动3次以上的,应予立案追诉。

(3)本罪的主体是一般主体,但只惩戒首要分子以及多次参加者。其中,"首要分子",是指在聚众淫乱犯罪中起策划、组织、指挥、纠集作用的行为人;"多次参加者",一般是指3次或者3次以上参加聚众淫乱的。

(4)本罪的主观方面表现为故意。行为人应明知是聚众淫乱行为而组织、纠集或者多次自愿参加。需要注意的是,行为人的目的是通过破坏公共秩序的行为来寻求下流无耻的精神刺激,达到某种精神上的满足,其追求的不是政治目的、经济目的或者某种非法利益。

2. 引诱未成年人聚众淫乱罪

本罪的具体构成要件是:

(1)本罪侵犯的客体是社会公共秩序,其犯罪对象为法律重点保护的未满18周岁的未成年男女,较纠集成年男女实施淫乱行为而言,其社会危害性更甚,应当从重打击。

(2)本罪的客观方面表现为引诱未成年人参加聚众淫乱活动的行为。其中,"引诱",是指通过语言、观看录像、表演及作示范等手段,诱惑未成年男女参加淫乱活动的行为。实践中,往往是通过传播淫秽物品、宣讲性体验、性感受甚至直接进行性表演等方法进行拉拢、腐蚀,引诱未成年男女参与淫乱活动。根据《立案追诉标准(一)》第42条的规定,引诱未成年人参加聚众淫乱活动的,应予立案追诉,一次行为即可构成本罪。

(3)本罪的主体为一般主体。只要具有刑事责任能力、达到法定刑事责任年龄的,均可构成本罪。需要注意的是,本罪并不限于首要分子或者多次参加者方能构成。

(4)本罪的主观方面为故意。行为人应当知道被引诱参加聚众淫乱的是未成年人。对于未成年人隐瞒其未成年的事实,自愿参加淫乱活动,或者从一般人角度难以判断其为未成年人的,不构成本罪。构成聚众淫乱罪的,依法定罪处罚。

【司法适用】

1. 罪与非罪的界限

对偶尔参加聚众淫乱活动的,应当进行批评教育或者给予必要的治安处罚,不构成犯罪。对于大多数初次或者偶尔失足的青少年来说,首先应对之进行教育挽救,不宜扩大打击面。对多名妇女同时向一人卖淫的,可依照《治安管理处罚法》予以行政处罚,不作为聚众淫乱罪处理。

2. 已满16周岁的未成年人构成本罪的处理

根据《刑法》第17条规定,已满16周岁的人犯罪,应当负刑事责任;已满14周岁不满18周岁的人犯罪,应当从轻或者减轻处罚。对于已满16周岁的未成年人,为寻求精神刺激,纠集或者多次参与聚众淫乱活动,或者引诱其他未成年人参加聚众淫乱的,应当按照聚众淫乱罪或者引诱未成年人聚众淫乱罪定罪处罚,同时综合考虑全案情节,从轻或者减轻处罚。如果出于牟利的目的实施上述行为,构成组织卖淫罪,引诱、容留、介绍卖淫罪,引诱幼女卖淫罪或者强奸罪的,应当依法处罚。

3. 本罪与引诱幼女卖淫罪的区别

两罪在客观上都表现为引诱行为,都侵犯了社会管理秩序和未成年人的身心健康。两罪的区别在于:(1)在犯罪对象上不同。本罪的犯罪对象为不满18周岁的未成年人,既可以是男性,也可以是女性;而后罪的犯罪对象为不满14周岁的幼女。(2)被引诱者行为的主观目的不同。本罪中未成年人参加聚众淫乱活动只是为了与他人发生性关系,多出于好奇心的驱使;而后罪中幼女则是为了获取财物而与他人发生性关系。(3)主观方面不同。本罪的主观目的是引诱未成年人参加聚众淫乱活动;而后罪行为人的主观目的是引诱幼女进行卖淫活动,主观动机多出于营利,但不以此为限。(4)引诱行为表现方式不一致。本罪常表现为向被引诱者宣讲性体验、性感受或以其他方式来刺激被引诱者的性欲等;而后罪常表现为给被引诱者以金钱、物质上的诱惑等。

第三百零二条 【盗窃、侮辱、故意毁坏尸体、尸骨、骨灰罪】盗窃、侮辱、故意毁坏尸体、尸骨、骨灰的，处三年以下有期徒刑、拘役或者管制。

【条文对照】

1997 年《刑法》	2015 年《刑法修正案(九)》
第三百零二条　盗窃、侮辱尸体的，处三年以下有期徒刑、拘役或者管制。	第三百零二条　盗窃、侮辱**、故意毁坏**尸体**、尸骨、骨灰**的，处三年以下有期徒刑、拘役或者管制。

【条文理解】

本罪的具体构成要件是：

(1)本罪侵犯的客体是社会善良风俗和我国民族传统。在我国的传统中，盗窃、侮辱、故意毁坏尸体、尸骨、骨灰一向被认为是对死者的亵渎以及对死者家人、亲属的侮辱，其社会危害性的实质在于行为人的行为贬损了死者的形象，侵害了死者亲属的情感，容易引发激烈矛盾，扰乱社会公共秩序，具有较大的社会危害性。

(2)本罪的客观方面表现为盗窃、侮辱、故意毁坏尸体、尸骨、骨灰的行为。其中，“尸体”是指人死亡后遗留的躯体，包括躯体的整体和各个组成部分。“尸骨”是指人死后留下的遗骨。“骨灰”是指人的尸体焚烧后化成的灰。由于受传统观念和民族习惯的影响，各种传统的和部分少数民族的丧葬习俗依然延续至今，人们对死者的遗留物，特别是对尸体、尸骨、骨灰予以最大限度的保护，这蕴含着生者对死者的尊重、思念等情感寄托。因此，无论是完整的尸身，还是尸骨或者尸身的局部，抑或骨灰，这三者在人们心中的地位是一样的，需要予以同等保护。“盗窃”，是指行为人秘密窃取尸体、尸骨、骨灰，置于自己实际控制支配之下的行为，例如从墓地、停尸房或其他场所秘密窃取尸体、尸骨、骨灰等。需要注意的是，实践中可能出现的抢劫、抢夺尸体、尸骨、骨灰的行为，这类行为实际上也是一种窃取“尸体、尸骨、骨灰”的行为，可以考虑认定为“盗窃尸体、尸骨、骨灰”。“侮辱”，主要是指直接对死者尸体、尸骨、骨灰进行奸淫、猥亵、鞭打、遗弃等凌辱行为。这里的侮辱行为应当是直接针对尸体、尸骨、骨灰实施的，如果只是以书面、文字或言词等侮辱贬损死者名誉，不应适用本罪。“故意毁坏”，主要是指对尸体、尸骨、骨灰予以物理上或者化学性的损伤或破坏，既包括对整个尸体、尸骨、骨灰的毁损或破坏,也包括对尸体、尸骨、骨灰一部分的损坏,例如肢解、割裂或非法解剖尸体,毁损死者的面容,抛撒骨灰等。需要注意的是,“丢弃”尸体、尸骨、骨灰的行为未被列为该罪的行为方式,但是,对于违背死者亲属意愿,故意丢弃尸体、尸骨、骨灰的行为,可以考虑根据案件具体情况解释为“侮辱、故意毁坏尸体、尸骨、骨灰”的具体情形。

(3)本罪的主体是一般主体。

(4)本罪的主观方面表现为故意,通常具有非法占有的目的,或者侮辱、玷污尸体、尸骨、骨灰的目的。行为人由于过失而损坏或玷污尸体、尸骨、骨灰的,不构成本罪。需要注意的是,犯罪动机不影响本罪的成立。实践中,行为人实施上述行为的动机多种多样,或者基于迷信,或者出于泄愤报复,或者出于出卖牟利,或者出于收藏研究,或者出于变态心理等,上述动机均不影响本罪构成,但是在量刑时可以酌情考虑。

【司法适用】

1. 罪与非罪的界限

实践中需要注意从主观方面界分罪与非罪,有的行为在客观上对尸体、尸骨、骨灰造成了损害,但主观方面并无侮辱、玷污的故意,例如医务人员、司法工作人员履行法定职责对尸体进行解剖,殡葬工作人员依照规定对尸体进行火化,根据死者亲属的意愿和当地的风俗进行抛洒骨灰等,不能认定为本罪。

2. 一罪与数罪

本罪是选择性罪名,只要实施盗窃、侮辱、故意毁坏行为之一的,即构成本罪。同时实施盗窃、侮辱、故意毁坏两种或两种以上行为,例如行为人窃取尸体之后进行奸尸的,或者盗窃骨灰后抛洒的,只能定一罪,不数罪并罚。杀人后为毁灭罪证、掩盖罪迹而毁坏、抛弃尸体的,或者故意侮辱尸体的,只定故意杀人罪一个罪。如果在盗窃尸体、尸骨、骨灰的同时,又盗窃了墓葬里的其他物品,则应以盗窃尸体、尸骨、骨灰罪与盗窃罪实行并罚。

第三百零三条 【赌博罪】以营利为目的,聚众赌博或者以赌博为业的,处三年以下有期徒刑、拘役或者管制,并处罚金。

【开设赌场罪】开设赌场的,处五年以下有期徒刑、拘役或者管制,并处罚金;情节严重的,处五年以上十年以下有期徒刑,并处罚金。

【组织参与国(境)外赌博罪】组织中华人民共和国公民参与国(境)外赌博,款额巨大或者有其他严重情节的,依照前款的规定处罚。

【条文对照】

1997 年 《刑法》	2006 年 《刑法修正案(六)》	2020 年 《刑法修正案(十一)》
第三百零三条　以营利为目的,聚众赌博、**开设赌场**或者以赌博为业的,处三年以下有期徒刑、拘役或者管制,并处罚金。	第三百零三条　以营利为目的,聚众赌博或者以赌博为业的,处三年以下有期徒刑、拘役或者管制,并处罚金。 开设赌场的,处三年以下有期徒刑、拘役或者管制,并处罚金;**情节严重的,处三年以上十年以下有期徒刑,并处罚金。**	第三百零三条　以营利为目的,聚众赌博或者以赌博为业的,处三年以下有期徒刑、拘役或者管制,并处罚金。 开设赌场的,处**五**年以下有期徒刑、拘役或者管制,并处罚金;情节严重的,处**五**年以上十年以下有期徒刑,并处罚金。 **组织中华人民共和国公民参与国(境)外赌博,数额巨大或者有其他严重情节的,依照前款的规定处罚。**

【条文理解】

1. 赌博罪

本罪的具体构成要件是:

(1)本罪侵犯的客体是国家禁止赌博活动的社会管理秩序。赌博活动不仅侵蚀社会财富,容易养成好逸恶劳、投机心理,影响人民群众正常工作、生产、生活秩序,还容易滋生高利放贷、非法拘禁等一系列次生违法犯罪行为,社会危害性大。

(2)本罪的客观方面表现为聚众赌博,或者以赌博为业的行为。赌博活动是一种"碰运气"的射幸行为和博弈行为,没有实质的生产和市场交易活动发生。"聚众赌博"是指组织、招揽他人参加赌博,为赌博提供场所、赌具等便利条件,并从中抽头渔利的行为,"以赌博为业"是指以从事赌博活动的收益为主要经济收入,或者经常性从事赌博活动获益,包括职业赌徒和兼职赌徒。

(3)本罪的主体是一般主体。

(4)本罪的主观方面表现为故意,且一般具有营利目的,即意图通过赌博活动获取数额较大的非法收益,或意图以赌博获利为主要经济收入。其主要方式有抽头渔利和直接参赌获利。所以,以娱乐消遣而非营利为主要目的,进行带有少量财物输赢的娱乐活动,以及提供棋牌室等娱乐场所,只收取正常的场所和服务费用的经营行为等,不以赌博论处。需要注意的是,赌博的实质是一种射幸活动,输赢带有一定的不确定性,故实际是否获利以及获利是否达到行为人的预期,不影响本罪的构成。

2. 开设赌场罪

本罪的具体构成要件是:

(1)本罪侵犯的客体是国家禁止开设赌场的社会管理秩序。与一般聚众赌博相比,赌场的场所更稳定、规模更大,聚集的参赌人员、涉案资金更多,且大多属于团伙作案,分工明确,有较强的反侦察能力,打击难度更大,社会危害性更大。因此,1997 年修订刑法时,把开设赌场行为单独定罪,并规定了更严厉的处罚。

(2)本罪的客观方面表现为开设赌场的行为。"开设赌场",是指开设专门用于进行赌博的场所,并对上述场所以及其中进行的赌博活动进行管理、控制。"情节严重",一般是指多次开设赌场或者开设的赌场规模较大、影响恶劣的等情况。需要注意的是,随着信息技术的发展,网络赌博不再受地域、场所限制,涉案资金更多,侦查取证难度更大,并有技术人员为之提供专业帮助。《赌博案件解释》第 2 条、《立案追诉标准(一)》第 44 条第 2 款明确规定,以营利为目的,在计算机网络上建立赌博网站,或者为赌博网站担任代理,接受投注的,属于《刑法》第 303 条规定的"开设赌场",应予立案追诉。最高人民法院、最高人民检察院、公安部《关于办理网络赌博犯罪案件适用法律若干问题的意见》第 1 条规定,利用互联网、移动通讯终端等传输赌博视频、数据,组织赌博活动,具有下列情形之一的,属于《刑法》第 303 条第 2 款规定的"开设赌场"行为:①建立赌博网站并接受投注的;②建立赌博网站并提供给他人组织赌博的;③为赌博网站担任代理并接受投注的;④参与赌博网站利润分成的。

(3)本罪的主体是一般主体。

(4)本罪的主观方面是故意,行为人对提供赌博场所或者开设赌博网站、担任代理应当是明知的,且一般具有营利目的。

3. 组织参与国(境)外赌博罪

本罪的具体构成要件是:

(1)本罪侵犯的客体是国家禁止赌博活动的社会管理秩序。跨境赌博严重危害我国公民合法权益,严重影响我国经济安全、社会稳定和国际形象。近年来,为谋取暴利,一些犯罪分子利用我国禁止赌博、禁止开设赌场的法律规定,在我国境外周边一些地区内开设以我国公民为主要客源的赌场,以此吸引我国公民出境赌博,不仅变相破坏我国对赌博的禁止性规定,而且容易滋生洗钱、非法讨债、妨害国(边)境管理等次生违法犯罪,严重扰乱我国社会管理秩序。

(2)本罪的客观方面表现为组织中华人民共和国公民参与国(境)外赌博,数额巨大或者有其他严重情节的行为。其中,犯罪对象是"中华人民共和国公民"。"其他严重情节"一般可以综合组织招揽出境赌博的人数、次数,造成的恶劣影响程度,以及犯罪后果的严重程度等因素进一步判断。需要注意的是,组织外国人或者无国籍人出境赌博,不构成本罪。同时组织我国公民和外国人或者无国籍人出境赌博的,外国人或者无国籍人参与国(境)外赌博的数额,不计入定罪的数额,我国缔结或者参加的国际条约有规定的,在我国所承担的条约义务的范围内适用。

(3)本罪的犯罪主体是一般主体。

(4)本罪的主观方面表现为故意。

【司法适用】

1. 认定赌博罪,应当综合考虑营利目的以及参赌人数、抽头渔利数额、赌资数额等因素

《立案追诉标准(一)》第43条规定,以营利为目的,聚众赌博,涉嫌下列情形之一的,应予立案追诉:(1)组织3人以上赌博,抽头渔利数额累计5000元以上的;(2)组织3人以上赌博,赌资数额累计5万元以上;(3)组织3人以上赌博,参赌人数累计20人以上的;(4)组织中华人民共和国公民10人以上赴境外赌博,从中收取回扣、介绍费的;(5)其他聚众赌博应予追究刑事责任的情形。以营利为目的,以赌博为业的,应予立案追诉。

2. 我国公民在境外开设赌场,以吸引我国公民为主要客源的,可以赌博罪追究刑事责任

赌博罪的法定最高刑为3年,《赌博案件解释》第3条规定,中华人民共和国公民在我国领域外周边地区聚众赌博、开设赌场,以吸引中华人民共和国公民为主要客源,构成赌博罪的,可以依照《刑法》规定追究刑事责任。需要注意的是,我国公民在境外开设赌场,并组织我国公民出境赌博的,应当依照本条第3款定罪处罚。

3. 圈套型赌博犯罪与赌博型诈骗犯罪的区别

圈套型赌博犯罪,是指通过采用设置圈套的方式诱骗他人参赌。行为人实施欺诈行为的目的在于诱骗他人参赌,保证赌博的顺利进行,赌博的输赢主要还是靠行为人掌握的娴熟的赌博技巧,并且依靠一定偶然性,行为人并不能完全控制赌博输赢,故应当以赌博罪定罪处罚。在赌博型诈骗犯罪中,行为人主观上以非法占有为目的,客观上采用欺诈的手段,支配、控制赌博的输赢,能够控制赌博的结果,使被害人基于错误认识而"自愿"交付财物,应当以诈骗罪定罪处罚。

【司法案例】

谢某军、高某、高某樵、杨某彬开设赌场案①

[**裁判要旨**]以营利为目的,通过邀请人员加入微信群,利用微信群进行控制管理,以抢红包方式进行赌博活动的行为,在一段时间内持续组织赌博活动的行

---

① 参见最高人民法院第106号指导案例。

为属于《刑法》第303条第2款规定的“开设赌场”。

王某柳、黄某峰诈骗案①

［**裁判要旨**］设置圈套诱骗他人参赌的行为是构成诈骗罪还是赌博罪，关键在于赌博圈套中的欺骗程度。赌博在本质上是一种射幸行为，其结果具有偶然性。如果行为人仅采取了较为轻微的欺骗行为，赌博输赢主要是依靠各自运气、技术，即赌博各方均不能控制、主导赌博输赢结果，则其行为仍然符合赌博特征；如果行为人在赌博过程中采取作弊手段控制赌博输赢，则赌博成了掩盖事实的手段，该行为本质上符合诈骗的特征。

对于此类案件的赃款，应区分不同情况处理。如果被害人是基于行为人的欺骗而产生赌博意愿，并陷入赌博陷阱，从而被骗钱财，对于扣押或者退缴的赃款应当发还被害人，或者责令被告人退赔被害人经济损失。如果被害人具有通过赌博进行营利的目的，本身积极参与赌博行为，则所输钱款属于赌资，可直接追缴没收。

史某其诈骗案②

［**裁判要旨**］圈套型赌博犯罪，是指通过采用设置圈套的方式诱骗他人参赌的犯罪。行为人实施犯罪的目的在于通过赌博进行营利。虽然行为人在赌博过程中采用了一些欺诈的行为，但是该欺诈行为是为了诱骗他人参赌，保证赌博的顺利进行而实施的，赌博的输赢主要还是靠行为人掌握的娴熟的赌博技巧，并且依靠一定偶然性来完成的，行为人并不必然控制赌博输赢。对于此种类型的犯罪行为，应当以赌博罪定罪处罚。在赌博型诈骗犯罪中，行为人在主观上是以非法占有为目的的，客观上采用了欺诈的手段弄虚作假，支配、控制赌局的输赢，单方面确定赌博胜败的结果，使被害人基于错误认识，误认为自己运气不佳而“自愿”交付财物给行为人。此种行为属于以赌博之名，行诈骗之实的行为，实质上符合诈骗罪的构成要件。

第三百零四条 【故意延误投递邮件罪】邮政工作人员严重不负责任，故意延误投递邮件，致使公共财产、国家和人民利益遭受重大损失的，处二年以下有期徒刑或者拘役。

---

① 参见《刑事审判参考》总第90集第836号案例。

② 参见《刑事审判参考》总第90集第837号案例。

【条文理解】

本罪的具体构成要件是:

(1)本罪侵犯的客体是复杂客体,既有邮政管理的正常秩序,也有与被延误投递的邮件相关的国家、集体和个人的合法权利。

(2)本罪的客观方面表现为严重不负责任,故意延误投递邮件,致使公共财产、国家和人民利益遭受重大损失的行为。其中,"邮件",是指邮政企业寄递的信件、包裹、汇款通知、报刊和其他印刷品等;"严重不负责任",是指邮政工作人员违背国家法律赋予的职责和任务,情节严重的行为。根据《邮政法实施细则》的规定,邮政工作人员应当依法履行职责,确保通过邮件传送的信息安全及时送达收件人;"延误投递",是指邮政工作人员故意拖延、耽误邮件的分发、递送,没有按照国务院邮政主管部门规定的时限投交邮件。

(3)本罪的主体是特殊主体,即负有投递邮件职责的邮政企业及其分支机构的营业员、投递员、押运员以及其他从事邮政工作的人员,其他人员如一般单位收发室人员,故意延误邮件收发的,不构成本罪。

(4)本罪的主观方面表现为故意,即严重不负责任,故意延误。过失不构成本罪。

【司法适用】

本罪是结果犯,致使公共财产、国家和人民利益遭受重大损失的,才构成犯罪。《立案追诉标准(一)》第45条规定:"邮政工作人员严重不负责任,故意延误投递邮件,涉嫌下列情形之一的,应予立案追诉:(一)造成直接经济损失二万元以上的;(二)延误高校录取通知书或者其他重要邮件投递,致使他人失去高校录取资格或者造成其他无法挽回的重大损失的;(三)严重损害国家声誉或者造成其他恶劣社会影响的;(四)其他致使公共财产、国家和人民利益遭受重大损失的情形。"

第二节　妨害司法罪

第三百零五条　【伪证罪】在刑事诉讼中,证人、鉴定人、记录人、翻译人对与案件有重要关系的情节,故意作虚假证明、鉴定、记录、翻译,意图陷害他人或者隐匿罪证的,处三年以下有期徒刑或者拘役;情节严重的,处三年以上七年以下有期徒刑。

【条文理解】

伪证罪,是指在刑事诉讼中,证人、鉴定人、记录人、翻译人对与案件有重要关系的情节,故意作虚假证明、鉴定、记录、翻译,意图陷害他人或者隐匿罪证的行为。本罪的具体构成要件是:

(1)本罪侵犯的客体是司法机关的正常活动。

(2)本罪的客观方面表现为证人、鉴定人、记录人、翻译人在刑事诉讼中为陷害他人或者隐匿罪证,故意作虚假证明、鉴定、记录、翻译的行为。需要注意以下3点:①本罪发生在刑事诉讼活动中,即正在进行的刑事案件侦查、起诉、审判活动。②行为对象是与案件有重要关系的情节。"与案件有重要关系的情节",是指对案件结论的作出存在重要影响的情节,关系到行为人是否构成犯罪、此罪与彼罪、量刑轻重等。③行为方式限定于出具虚假的证明、鉴定、记录和翻译。"虚假",是指行为人对所作证明、鉴定、记录和翻译,做了与其真实的体验、经历不相符合的呈现。

(3)本罪的主体是特殊主体,即证人、鉴定人、记录人和翻译人。证人,是指与所涉刑事诉讼相关、知道且能够证明案件有关情况,并向司法机关作相应陈述或者提供证据的人。关于证人的范围,既包括狭义上用以证明案件事实的普通证人,又包括刑事诉讼中作出陈述的被害人,以及证明抓捕、侦查、讯问过程的监管人员、侦查人员、检察人员等。鉴定人,是指根据委托或指定,对案件中的专业问题进行司法鉴定并作出鉴定意见的人,包括价格鉴定、伤情鉴定等。记录人,是指在侦查、起诉、审判环节中,为调查、搜查、讯问、询问等工作担任文字记录的工作人员,该行为与其职务、职责直接相关。翻译人,是指应指派或聘请,在侦查、起诉、审判等刑事诉讼活动中担任外国语、民族地方语言、哑语翻译的人员,其行为与翻译的职责直接相关。

(4)本罪的主观方面由直接故意构成,不包括间接故意和过失。成立本罪,要求行为人明知自己作虚假证明、鉴定、记录、翻译的行为,对与本案存在重要关系的情节具有影响,以使他人被陷害或被包庇,而主观上又希望该结果发生。

【司法适用】

1. 罪与非罪的界限

鉴定人、记录人、翻译人因其技术水平、能力不足等客观原因导致其所作鉴定、记录和翻译与客观事实不符的,不构成本罪。行为人因记忆能力、认识错误等原因所造成的主观认识不明确或认识错误,不能证明存在决定陷害或包庇等意志因素的,不构成本罪。

2. 本罪与其他犯罪的界限

(1)本罪与诬告陷害罪的界限。两罪的区别在于:①主体不同。伪证罪的主体是特殊主体，限于刑事诉讼中的证人、鉴定人、记录人和翻译人，其他主体不符合；诬告陷害罪是一般主体，没有身价限制。②适用场合不同。伪证罪是在刑事诉讼进程当中，行为人实施的意图陷害他人或隐匿罪证的行为；诬告陷害罪是在刑事诉讼启动前，创造、构建能够引起刑事追诉的条件，并意图不当追诉他人刑事责任的行为。③犯罪目的不同。伪证罪既可以意图陷害他人为目的，也可以隐匿罪证、包庇他人为目的；诬告陷害罪则只是以意图陷害他人、使之受到刑事追究为目的。

（2）本罪与窝藏、包庇罪的界限。两罪的区别在于：①主体不同。伪证罪的主体是特殊主体；窝藏、包庇罪的主体是一般主体。②客体不同。伪证罪侵犯的客体是司法机关的正常活动；窝藏、包庇罪侵犯的客体是司法机关对罪犯的正当刑事追诉和刑罚执行。③客观方面不同。伪证罪表现为对相关刑事诉讼证据虚假陈述、鉴定、记录、翻译，进而影响案件结论的认定；窝藏、包庇罪则是通过窝藏、包庇行为，帮助犯罪分子逃脱司法机关的追诉。

第三百零六条　【辩护人、诉讼代理人毁灭证据、伪造证据、妨害作证罪】**在刑事诉讼中，辩护人、诉讼代理人毁灭、伪造证据，帮助当事人毁灭、伪造证据，威胁、引诱证人违背事实改变证言或者作伪证的，处三年以下有期徒刑或者拘役；情节严重的，处三年以上七年以下有期徒刑。**

辩护人、诉讼代理人提供、出示、引用的证人证言或者其他证据失实，不是有意伪造的，不属于伪造证据。

【条文理解】

辩护人、诉讼代理人毁灭证据、伪造证据、妨害作证罪，是指辩护人、诉讼代理人在刑事诉讼活动中，所实施的毁灭、伪造证据，帮助当事人毁灭、伪造证据，威胁、引诱证人违背事实改变证言或作伪证，进而干扰司法机关诉讼活动的行为。本罪的具体构成要件是：

（1）本罪侵犯的客体是国家司法机关的正常刑事诉讼活动。

（2）本罪的客观方面表现为：①辩护人、诉讼代理人毁灭、伪造证据，即辩护人、诉讼代理人决定且实施的毁灭、伪造证据的行为。②辩护人、诉讼代理人帮助当事人毁灭、伪造证据，即辩护人、诉讼代理人应当事人的要求，与其共同实施或单独实施毁灭、伪造证据的行为。③辩护人、诉讼代理人威胁、引诱证人违背事实改变证言或者作伪证。

(3)本罪的主体是特殊主体,即辩护人和诉讼代理人。所谓“辩护人”,是指依据法律的规定在刑事诉讼中为犯罪嫌疑人、被告人提供法律帮助的人,既可以是律师,也可以是犯罪嫌疑人、被告人委托的不具有律师身份的其他公民,如人民团体或被告人、犯罪嫌疑人所在单位推荐的人,以及被告人、犯罪嫌疑人的亲友、监护人等。所谓“诉讼代理人”,包括公诉案件的被害人及其法定代理人或者近亲属、自诉案件的自诉人及其法定代理人以及附带民事诉讼当事人及其法定代理人所委托的代为参与诉讼的人。

(4)本罪的主观方面为直接故意,不包括间接故意和过失。

【司法适用】

1. 罪与非罪的界限

本罪是故意犯罪,辩护人、诉讼代理人没有毁灭、伪造证据,帮助毁灭、伪造证据或者威胁、引诱证人违背事实改变证言或者作伪证的故意,提供、出示、引用或者其他证据失实的,不能认定为本罪。

本罪属于行为犯,辩护人、诉讼代理人在刑事诉讼过程中实施了毁灭、伪造证据,帮助毁灭、伪造证据或者威胁、引诱证人违背事实改变证言或者作伪证的行为,无论是否造成严重后果,都不影响本罪的认定。但是,情节显著轻微的,不以犯罪论处。

2. 本罪与其他犯罪的界限

(1)本罪与窝藏、包庇罪的界限。两罪的区别在于:①主体不同。本罪的主体是特殊主体,限于辩护人、诉讼代理人;窝藏、包庇罪的主体是一般主体。②客观方面不同。本罪的行为方式为毁灭证据、伪造证据、妨害作证,犯罪行为围绕证据进行;窝藏、包庇罪的行为方式是明知其为犯罪的人而为其提供隐蔽住所、财物,帮助其逃匿,或者作假证明,犯罪行为围绕犯罪的人来展开。

(2)本罪与妨害作证罪的界限。两罪的区别在于:①发生的诉讼范围不同。本罪只能发生在刑事诉讼中;妨害作证罪可以发生在刑事诉讼、民事诉讼、行政诉讼三大诉讼中。②行为发生的时间不同。从时间上看,本罪行为只能发生在刑事诉讼活动开始之后;妨害作证罪行为既可以发生在诉讼活动开始之前,也可以发生在诉讼活动开始之后。③行为表现不尽相同。本罪表现为“威胁、引诱证人违背事实改变证言或者作伪证”;妨害作证罪的行为表现为“以暴力、威胁、贿买等方法阻止证人作证”或者“指使他人作伪证”。④主体不同。本罪的主体为特殊主体,限于辩护人、诉讼代理人;妨害作证罪的主体为一般主体。

【司法案例】

肖某泉辩护人妨害作证案①

[**裁判要旨**]如果辩护人在刑事诉讼中,威胁、引诱证人作伪证,既触犯了妨害作证罪,又触犯了辩护人妨害作证罪,由于行为人只实施了一个行为,而触犯的这两个罪名的法条在内容上存在包容与被包容的关系,因而属于法条竞合。妨害作证罪的法条是普通法条,辩护人妨害作证罪的法条是特别法条,因此,按照“特别法优于普通法”的处理原则,应按照辩护人妨害作证罪定罪处罚。

第三百零七条　【妨害作证罪】以暴力、威胁、贿买等方法阻止证人作证或者指使他人作伪证的,处三年以下有期徒刑或者拘役;情节严重的,处三年以上七年以下有期徒刑。

【帮助毁灭、伪造证据罪】帮助当事人毁灭、伪造证据,情节严重的,处三年以下有期徒刑或者拘役。

司法工作人员犯前两款罪的,从重处罚。

【条文理解】

1. 妨害作证罪

妨害作证罪,是指以暴力、威胁、贿买等方法阻止证人作证,或者指使他人作伪证的行为。本罪的具体构成要件是:

(1)本罪侵犯的客体是司法机关正常的诉讼活动。

(2)本罪的客观方面表现为,通过暴力、胁迫、贿买等方法阻止证人作证或者指使他人作伪证,即以非法手段阻止证人依法作证,或者以非法手段使证人作伪证,后者既包括使了解案件情况的证人作虚假证明,也包括使不了解、未亲身经历案件的人假称其了解案件情况并编造虚假证明内容。

(3)本罪的主体为一般主体。实践中,通常表现为与案件有利害关系的人,利害关系应做广义理解,并不限于财产利益或者当下的利益。“司法工作人员”在履行侦查、检察、审判、法律监督等职责中犯本罪,不仅破坏了司法机关正常的诉讼活动,更贬损了司法机关的公信力,其行为的危害性已不仅限于案件自身,应当从重处罚。

---

① 参见《刑事审判参考》总第56集第444号案例。

(4)本罪的主观方面为直接故意。

2. 帮助毁灭、伪造证据罪

帮助毁灭、伪造证据罪,是指帮助当事人毁灭、伪造证据,情节严重的行为。本罪的具体构成要件是:

(1)本罪侵犯的客体是司法机关正常的诉讼活动。

(2)本罪的客观方面表现为帮助当事人毁灭、伪造证据,情节严重的行为。本罪中的帮助行为,一是与当事人共谋,共同毁灭、伪造证据的行为;二是受到当事人的指使,为当事人毁灭、伪造证据提供帮助。所谓"当事人",既包括刑事案件当事人,也包括民事、行政案件当事人。

(3)本罪的主体为一般主体,但在刑事诉讼中不包括辩护人、诉讼代理人。

(4)本罪的主观方面为直接故意。

【司法适用】

1. 罪与非罪的界限

(1)妨害作证罪的罪与非罪。本罪是行为犯,只要以暴力、威胁、贿买等方法阻止证人作证或者指使他人作伪证,即构成本罪,动机不影响本罪成立;情节严重是法定刑升格的条件。但是,犯罪嫌疑人、被告人采取一般的嘱托、请求、劝诱等方法阻止他人作证或者指使他人作伪证的,不宜以本罪论处。

(2)帮助毁灭、伪造证据罪的罪与非罪。本罪在入罪门槛上要求达到"情节严重",即帮助毁灭、伪造的是重要证据、关键证据,而非一般证据;另有观点认为,该罪中被毁灭、伪造的证据应当限于实物证据,我们认为该观点符合文义解释的范围,是正确的,不宜扩大到"证人虚假陈述"。实践中,实施3次以上帮助当事人毁灭、伪造证据的行为被认为是"情节严重"。

2. 本罪与其他犯罪的界限

(1)妨害作证罪与辩护人、诉讼代理人妨害作证罪的界限。两罪的区别在于:①妨害作证罪的主体是一般主体;辩护人、诉讼代理人妨害作证罪则将主体限定于具有辩护、民事和行政代理职能的特殊主体。②具体适用场合不同。辩护人、诉讼代理人在刑事案件的非诉讼阶段,或者在其他民事、行政案件中实施妨害作证的行为,以妨害作证罪定罪处罚;辩护人、诉讼代理人在刑事案件正在进行的诉讼阶段妨害作证的,以辩护人、诉讼代理人妨害作证罪定罪处罚。

(2)妨害作证罪与伪证罪的界限。两罪的区别在于:①妨害作证罪适用于刑事、民事、行政等案件;伪证罪只适用于刑事案件。②妨害作证罪是一般主体;伪证罪是特殊主体,即只能由证人、鉴定人、记录人、翻译人构成。③行为方式不同。妨害作证罪是阻止证人作证或者指使他人作伪证;伪证罪是证人、鉴定人、记录人、翻译人本人作伪证。

(3)帮助毁灭、伪造证据罪与伪证罪的界限。两罪的区别在于:①帮助毁灭、伪造证据罪不仅限于刑事诉讼中,还可适用于民事、行政、执行等案件;伪证罪只适用于刑事案件。②帮助毁灭、伪造证据罪主体是一般主体;伪证罪的主体是特殊主体,即证人、鉴定人、记录人和翻译人。③帮助毁灭、伪造证据罪的行为方式是帮助他人毁灭、伪造证据;伪证罪表现为自己对与案件有重要关系的情节故意作虚假证明。

(4)帮助毁灭、伪造证据罪与妨害作证罪的界限。两罪的区别在于:①帮助毁灭、伪造证据罪的帮助对象是诉讼中的当事人;妨害作证罪的妨害对象是诉讼中依法作证的证人。②帮助毁灭、伪造证据罪的客观表现是为当事人毁灭、伪造证据出谋划策、提供便利条件或者具体实施毁灭、伪造行为;妨害作证罪则表现为以暴力、威胁、贿买等手段阻止证人作证或者指使他人作伪证。

【司法案例】

徐某宝、郑某洋帮助伪造证据案①

[**裁判要旨**]在庭审过程中对关键证据进行虚假陈述,严重扰乱人民法院的正常审判秩序,并严重侵害对方当事人的权益,具有较大的社会危害性,应当认定为“情节严重”。

第三百零七条之一 【虚假诉讼罪】以捏造的事实提起民事诉讼,妨害司法秩序或者严重侵害他人合法权益的,处三年以下有期徒刑、拘役或者管制,并处或者单处罚金;情节严重的,处三年以上七年以下有期徒刑,并处罚金。

单位犯前款罪的,对单位判处罚金,并对其直接负责的主管人员和其他直接责任人员,依照前款的规定处罚。

有第一款行为,非法占有他人财产或者逃避合法债务,又构成其他犯罪的,依照处罚较重的规定定罪从重处罚。

司法工作人员利用职权,与他人共同实施前三款行为的,从重处罚;同时构成其他犯罪的,依照处罚较重的规定定罪从重处罚。

---

① 《刑事审判参考》总第95集第933号案例。

【条文对照】

1997年《刑法》	2015年《刑法修正案(九)》
无	**第三百零七条之一　以捏造的事实提起民事诉讼,妨害司法秩序或者严重侵害他人合法权益的,处三年以下有期徒刑、拘役或者管制,并处或者单处罚金;情节严重的,处三年以上七年以下有期徒刑,并处罚金。** **单位犯前款罪的,对单位判处罚金,并对其直接负责的主管人员和其他直接责任人员,依照前款的规定处罚。** **有第一款行为,非法占有他人财产或者逃避合法债务,又构成其他犯罪的,依照处罚较重的规定定罪从重处罚。** **司法工作人员利用职权,与他人共同实施前三款行为的,从重处罚;同时构成其他犯罪的,依照处罚较重的规定定罪从重处罚。**

【条文理解】

虚假诉讼罪,是指以捏造的事实提起民事诉讼,妨害司法秩序或者严重侵害他人合法权益的行为。本罪的具体构成要件是:

(1)本罪侵犯的客体是国家司法秩序和他人的财产权益。虚假诉讼行为具有严重的社会危害性,本罪的设立是结合近年来司法实践而进行的有针对性的刑事规制。

(2)本罪的客观方面表现为两种情形:第一种情形,已经向司法机关提起了民事诉讼,且该民事诉讼是以捏造的事实为基础的。所谓"捏造的事实"是指凭空编造的不存在的事实,即无中生有,而不是有争议的事实。例如,从来不存在的债权债务关系、合同关系、从未发生过的侵权行为等。而对于存在基础的民事法律纠纷事实,仅仅对法律性质、起诉案由的确定存在错误,不属于"捏造的事实"。《虚假诉讼案件解释》第1条规定,采用伪造证据、虚假陈述等手段,实施下列行为之一,捏造民事法律关系,虚构民事纠纷,向人民法院提起民事诉讼的,应当认定为"以捏造的事实提起民事诉讼":①与夫妻一方恶意串通,捏造夫妻共同债务的;②与他人恶意串通,捏造债权债务关系和以物抵债协议的;③与公司、企业的法定代表人、董事、监事、经理或者其他管理人员恶意串通,捏造公司、企业债务或者担保义务的;④捏造知识产权侵权关系或者不正当竞争关系的;⑤在破产案件审理过程中申报捏造的债权的;⑥与被执行人恶意串通,捏造债权或者对查封、扣押、冻结财产的优先权、担保物权的;⑦单方或者与他人恶意串通,捏造身份、合同、侵权、继承等民事法律关系的其他行为。此外,隐瞒债务已经全部清偿的事实,向人民法院提起民事诉讼,要求他人履行债务的;向人民法院申请执行基于捏造的事实作出的仲裁裁决、公证债权文书,或者在民事执行过程中以捏造的事实对执行标的提出异议、申请参与执行财产分配的,均属于“以捏造的事实提起民事诉讼”。

第二种情形,该诉讼行为已得到司法回应,已产生妨害司法秩序或严重侵害他人合法权益的后果。“妨害司法秩序”,是指对国家司法机关进行审判活动、履行法定职责的正常秩序造成妨害,导致国家司法机关进入错误审理和判决的过程中,造成司法资源的浪费和司法公信力的损失,比如民事案件已经立案即可,无须达到审结的程度。“严重侵害他人合法权益”,是指虚假诉讼活动给被害人的财产权等合法权益造成严重损害。《虚假诉讼案件解释》第 2 条规定,以捏造的事实提起民事诉讼,有下列情形之一的,应当认定为“妨害司法秩序或者严重侵害他人合法权益”:①致使人民法院基于捏造的事实采取财产保全或者行为保全措施的;②致使人民法院开庭审理,干扰正常司法活动的;③致使人民法院基于捏造的事实作出裁判文书、制作财产分配方案,或者立案执行基于捏造的事实作出的仲裁裁决、公证债权文书的;④多次以捏造的事实提起民事诉讼的;⑤曾因以捏造的事实提起民事诉讼被采取民事诉讼强制措施或者受过刑事追究的;⑥其他妨害司法秩序或者严重侵害他人合法权益的情形。

(3)本罪的主体是一般主体,包括个人和单位。

(4)本罪的主观方面是直接故意,虚假诉讼的目的有两类:一是骗取财物;二是通过诉讼行为达到其他策略性的目的,如因涉诉引发企业借贷障碍。

【司法适用】

1. 罪与非罪的界限

本罪是行为人根据捏造的事实向人民法院提起民事诉讼,妨害司法秩序或者严重侵害他人合法权益的犯罪,所以,本罪要求“无中生有”或者“隐瞒债务全部清偿”的要件。在一些证据材料上弄虚作假,欺骗司法机关以获取对己方有利的裁判,则不属于本罪。

2. “情节严重”的认定

根据《虚假诉讼案件解释》第 3 条规定,以捏造的事实提起民事诉讼,有下列情形之一的,应当认定为《刑法》第 307 条之一第 1 款规定的“情节严重”:(1)有本解释第 2 条第 1 项情形,造成他人经济损失 100 万元以上的;(2)有本解释第 2 条第 2 项至第 4 项情形之一,严重干扰正常司法活动或者严重损害司法公信力的;(3)致使义务人自动履行生效裁判文书确定的财产给付义务或者人民法院强制执行财产权益,数额达到 100 万元以上的;(4)致使他人债权无法实现,数额达到 100 万元以上的;(5)非法占有他人财产,数额达到 10 万元以上的;(6)致使他人因为不执行人民法院基于捏造的事实作出的判决、裁定,被采取刑事拘留、逮捕措施或者受到刑事追究的;(7)其他情节严重的情形。

3. 虚假诉讼罪与其他犯罪竞合的处理

根据《虚假诉讼案件解释》第 4 条规定，实施《刑法》第 307 条之一第 1 款行为，非法占有他人财产或者逃避合法债务，又构成诈骗罪，职务侵占罪，拒不执行判决、裁定罪，贪污罪等犯罪的，依照处罚较重的规定定罪从重处罚。

4. 司法工作人员共同实施虚假诉讼行为的处理

根据《虚假诉讼案件解释》第 5 条的规定，司法工作人员利用职权，与他人共同实施《刑法》第 307 条之一前 3 款行为的，从重处罚；同时构成滥用职权罪，民事枉法裁判罪，执行判决、裁定滥用职权罪等犯罪的，依照处罚较重的规定定罪从重处罚。

5. 依法从宽的情形

根据《虚假诉讼案件解释》第 9 条规定，实施本罪行为，未达到情节严重的标准，行为人系初犯，在民事诉讼过程中自愿具结悔过，接受人民法院处理决定，积极退赃、退赔的，可以认定为犯罪情节轻微，不起诉或者免予刑事处罚；确有必要判处刑罚的，可以从宽处罚。但司法工作人员利用职权，与他人共同实施本罪行为的，对司法工作人员不适用上述规定。

【司法案例】

陈某岗等人非法拘禁、敲诈勒索、诈骗案①

[**裁判要旨**]被告人实施虚假诉讼行为，非法占有他人财产，又构成诈骗罪的，应依照处罚较重的规定定罪从重处罚。虚假诉讼严重侵犯了他人的合法权益，妨害正常的司法秩序，损害人民法院的权威，造成司法资源的极大浪费。本案被告人凭空捏造根本不存在的民事法律关系，抑或隐瞒借款人债务已经全部清偿的事实，虚构民事纠纷，向法院提起民事诉讼，致使法院基于捏造的事实采取财产保全措施、开庭审理、作出裁判文书，已经妨害了司法秩序、严重侵害了他人合法权益，构成虚假诉讼罪的既遂。

第三百零八条　【打击报复证人罪】对证人进行打击报复的，处三年以下有期徒刑或者拘役；情节严重的，处三年以上七年以下有期徒刑。

【条文理解】

打击报复证人罪，是指对证人进行打击报复的行为。本罪的具体构成要件是：

---

① 参见《刑事审判参考》总第 123 集第 1362 号案例。

(1)本罪侵犯的客体属于双重客体,既侵犯了司法机关的正常诉讼活动,又侵犯了证人的人身权利和民主权利。

(2)本罪的客观方面表现为对证人进行打击报复。这里的证人,包括刑事、民事、行政等案件类型中的证人,即知道案情并具有辨别是非和正确表达能力的人,而区别于包括被害人、被告人、鉴定人等在内的其他诉讼参与主体。证人应当是自然人而不是能够提供证明的单位。共同犯罪人的供述在事实层面上形成了相互印证,但是,他们彼此之间不是证人关系,而是同案犯关系。对于同案犯的打击报复,不能用本罪进行处罚。

(3)本罪的主体是一般主体。一般情况下,本罪的主体是与案件有关的人,包括当事人及其家属、亲友,以及其他利益相关人。

(4)本罪的主观方面由直接故意构成,犯罪动机是报复。通常是因为证人所作证言对行为人自己,或者对行为人有关的人不利,而对证人的人身安全等方面进行伤害。

【司法适用】

1. 罪与非罪的界限

构成打击报复证人罪,应当达到严重损害证人的合法权益的程度,从而将一般的辱骂、殴打等排除在外。实践中应严格把握入罪门槛,防止入罪标准过低,导致本罪的滥用。

2. 同时构成其他暴力犯罪的处理

如果因报复证人的行为造成其他严重后果构成犯罪,应对比法定刑幅度择一重罪论处。例如,涉嫌打击报复证人罪与涉嫌故意伤害罪,如果采取伤害证人的方法打击报复,造成了轻伤后果,则依然认定构成打击报复证人罪,而如果造成重伤,根据择一重罪处断的原则,应当认定构成故意伤害(致人重伤)罪。

3. 本罪中"情节严重"的认定

本罪中"情节严重",是指打击报复行为造成了严重后果,或手段、方式严重。比如多次打击报复,给证人身心造成严重痛苦;又如打击报复的手段卑劣下流,给证人的声誉和隐私造成严重恶劣影响等。

第三百零八条之一 【泄露不应公开的案件信息罪】司法工作人员、辩护人、诉讼代理人或者其他诉讼参与人,泄露依法不公开审理的案件中不应当公开的信息,造成信息公开传播或者其他严重后果的,处三年以下有期徒刑、拘役或者管制,并处或者单处罚金。

【故意泄露国家秘密罪;过失泄露国家秘密罪】**有前款行为,泄露国家秘密的,依照本法第三百九十八条的规定定罪处罚。**

【披露、报道不应公开的案件信息罪】**公开披露、报道第一款规定的案件信息,情节严重的,依照第一款的规定处罚。**

单位犯前款罪的,对单位判处罚金,并对其直接负责的主管人员和其他直接责任人员,依照第一款的规定处罚。

【条文对照】

1997 年《刑法》	2015 年《刑法修正案(九)》
无	**第三百零八条之一　司法工作人员、辩护人、诉讼代理人或者其他诉讼参与人,泄露依法不公开审理的案件中不应当公开的信息,造成信息公开传播或者其他严重后果的,处三年以下有期徒刑、拘役或者管制,并处或者单处罚金。** **有前款行为,泄露国家秘密的,依照本法第三百九十八条的规定定罪处罚。** **公开披露、报道第一款规定的案件信息,情节严重的,依照第一款的规定处罚。** **单位犯前款罪的,对单位判处罚金,并对其直接负责的主管人员和其他直接责任人员,依照第一款的规定处罚。**

【条文理解】

1. 泄露不应公开的案件信息罪

泄露不应公开的案件信息罪,是指司法工作人员、辩护人、诉讼代理人或者其他诉讼参与人,泄露依法不公开审理的案件中不应公开的信息,造成信息公开传播或者其他严重后果的行为。本罪的具体构成要件是:

(1)本罪侵犯的客体是国家司法秩序和案件相关利益人信息的秘密性。

(2)从行为和结果两个角度看,本罪的客观方面主要表现为:①从行为上看,泄露依法不公开审理的案件中不应当公开的信息。“依法不公开审理的案件”,是指依据法律规定,应当不公开审理或者经过当事人申请,法院已决定不公开审理的案件。“不应当公开的信息”,是指公开以后可能对国家安全利益、当事人受法律保护的隐私、商业秘密等造成损害,以及对涉案的未成年人的身心健康造成不利影响的信息,包括国家秘密、个人隐私、商业秘密本身,以及其他与案件有关不宜为外界所知悉的信息。不论行为人是出于善意还是恶意,造成以上信息被不应当知道的人员知道,就属于泄露信息的行为。②从结果上看,造成信息公开传播或者其他严重后果。本罪的成立要求能够达到衡量的实害结果,而非臆测的危害结果。信息公开传播是指信息在一定数量的公众之中广泛传播,信息的传播使对于不公开审理制度所保护的法益的损害扩大,本身也是危害后果之一。“其他严重后果”,是指信息公开传播以外的其他严重的后果,如被害人因为不堪忍受而自杀、商业秘密被公开后导致公司资产严重缩水等。

(3)本罪的主体是特殊主体。具体包括司法工作人员、辩护人、诉讼代理人或者其他诉讼参与人。司法工作人员,在刑事诉讼中,是指侦查人员、检察人员、审判人员和有监管职责的人;在民事、行政诉讼中,是指审判人员。辩护人,是指接受刑事案件犯罪嫌疑人、被告人的委托或者依法接受法律援助机构的指派,依法履行辩护职责的人。诉讼代理人,是指接受自诉案件自诉人,公诉案件被害人或者其近亲属,民事案件、行政案件当事人的委托,代为参加诉讼的人。其他诉讼参与人,是指除了司法工作人员、辩护人、诉讼代理人之外的其他参加诉讼的人员,包括证人、鉴定人、出庭的有专门知识的人、记录人、翻译人等。

(4)本罪的主观方面是故意,原本属于不应当公开的信息,但行为人误以为是可以公开的信息而泄露的,不成立本罪。

2. 披露、报道不应公开的案件信息罪

披露、报道不应公开的案件信息罪,是指公开披露、报道依法不公开审理的案件中不应当公开的信息,情节严重的行为。本罪的具体构成要件是:

(1)本罪侵犯的客体是国家司法秩序和有关当事人的合法权益。虽然本罪主体本身不是泄露相关信息的主体,但其得到该信息后又予以对外公开披露、报道,起到了传播、炒作的效果,或者具有其他积极扩散的作用,因而造成严重后果,其行为同样对司法秩序和有关当事人的合法权益造成严重损害。

(2)本罪的客观方面表现为将不应公开审理案件中不应公开的信息予以继续公开披露、报道的行为。所谓“公开披露”是指通过各种途径向他人和公众发布有关信息;“报道”是指通过报刊、媒体、广播、互联网向公开的不特定群体传播信息。

(3)本罪的主体是一般主体,单位可以成立本罪。

(4)本罪的主观方面是直接故意,即明知依法不公开审理案件中不应公开的信息不应当予以公开,而故意对其进行披露或者报道,以强化其公开效果。犯罪动机不影响其故意内容。

【司法适用】

1. 罪与非罪的界限

依据《刑事诉讼法》《行政诉讼法》《民事诉讼法》等有关法律规定,案件不公开审理必须有明确的理由和依据,并由人民法院在诉讼过程中决定并宣布。只有泄露了依法不公开审理的案件中不应当公开的信息,才构成本罪,比如对于强制猥亵案件中被害人的工作地址、被强制猥亵的过程。需要注意的是,对于依法公开审理的案件中,不应当公开的信息被泄露的,不构成本罪,比如公开审理案件中卷宗材料的原始内容;对于泄露了依法不公开审理的案件中应当公开的信息,比如宣判时间、开庭时间、合议庭组成人员等,也不构成本罪。同样,披露案件审理过程中的任何司法工作人员、辩护人、诉讼代理人或者其他诉讼参与人的违法行为,都不成立犯罪。例如,法官在不公开审理的案件中枉法裁判,他人对此予以披露的,不成立犯罪。

2. 披露、报道不应公开的案件信息罪的罪与非罪

构成本罪要达到情节严重的程度,而非只要有披露、报道的行为就构成本罪。"情节严重"是指造成了信息的大量公开,公众对于信息的熟悉程度有显著提升,给当事人的合法权益和司法秩序带来了严重损害,甚至引发了严重的后果。

第三百零九条　【扰乱法庭秩序罪】有下列扰乱法庭秩序情形之一的,处三年以下有期徒刑、拘役、管制或者罚金:

(一)聚众哄闹、冲击法庭的;

(二)殴打司法工作人员或者诉讼参与人的;

(三)侮辱、诽谤、威胁司法工作人员或者诉讼参与人,不听法庭制止,严重扰乱法庭秩序的;

(四)有毁坏法庭设施,抢夺、损毁诉讼文书、证据等扰乱法庭秩序行为,情节严重的。

【条文对照】

1997年《刑法》	2015年《刑法修正案(九)》
第三百零九条　聚众哄闹、冲击法庭,或者殴打司法工作人员,严重扰乱法庭秩序的,处三年以下有期徒刑、拘役、管制或者罚金。	第三百零九条　**有下列扰乱法庭秩序情形之一的,**处三年以下有期徒刑、拘役、管制或者罚金: **(一)**聚众哄闹、冲击法庭的; **(二)**殴打司法工作人员**或者诉讼参与人的;** **(三)侮辱、诽谤、威胁司法工作人员或者诉讼参与人,不听法庭制止,**严重扰乱法庭秩序的; **(四)有毁坏法庭设施,抢夺、损毁诉讼文书、证据等**扰乱法庭秩序**行为,情节严重的。**

【条文理解】

扰乱法庭秩序罪,是指聚众哄闹、冲击法庭,或者在法庭上殴打、侮辱、诽谤、威胁司法工作人员或者诉讼参与人,或者毁坏法庭设施,抢夺、损毁诉讼文书、证

据等严重扰乱法庭秩序的行为。本罪的具体构成要件是:

(1)本罪侵犯的客体是人民法院庭审活动的正常秩序。庭审活动是司法活动中的重要内容,是司法权威、司法公信力的重要呈现。扰乱法庭秩序是对庭审活动的破坏,是对司法活动的干扰,具有严重的社会危害性。

(2)本罪的客观方面表现为:①在法庭上聚众哄闹、冲击法庭。"聚众哄闹"是指聚集多人在法庭内外起哄、干扰、喧哗,从而使审判活动的正常进行受到影响;"冲击法庭"是指没有经过法庭允许强行冲入法庭,或者在法庭上进行破坏。②殴打司法工作人员或者诉讼参与人。"司法工作人员"包括正在法庭执行公务的审判人员、公诉人、法官助理、检察官助理、书记员、法警等;"诉讼参与人"主要包括当事人、法定代理人、诉讼代理人、辩护人、证人、鉴定人和翻译人员等。③侮辱、诽谤、威胁司法工作人员或者诉讼参与人,不听从法庭制止,严重扰乱法庭秩序。所谓"侮辱"是指公然贬损他人人格、破坏他人名誉;所谓"诽谤"是指故意捏造事实,损害他人人格和声誉;所谓"威胁"是指以作出对他人的人身、财产、名誉等利益不利的行为作为条件进行精神胁迫;"严重扰乱法庭秩序"是指对法庭的正常审判活动造成了严重妨害,使审判活动被迫中断甚至无法进行。需要注意的是,行为人实施了上述行为以后,不听从法庭的制止,仍恣意妄为不停止上述行为,且达到严重扰乱法庭秩序的程度,才能构成本罪。相反,对于经法庭制止即停止上述行为的,不宜以犯罪论处。④毁坏法庭设施,抢夺、损毁诉讼文书、证据等扰乱法庭秩序且达到情节严重。"法庭设施",包括审判台、公诉人和辩护人的坐席、法官助理和书记员的坐席及办公设备,以及法庭的被告人座椅、证人座椅、音响设备、通讯设备、监控设备等,是法院审判活动赖以进行的重要物质保障;"诉讼文书",是指诉讼活动中重要的文书类文件材料,如起诉书、判决书、裁定书、决定书、起诉意见书等。如果毁坏法庭设施,抢夺、损毁诉讼文书、证据情节严重,妨害法庭正常的审理活动继续进行,则有必要通过刑事处罚手段予以规制和惩戒。

(3)本罪的主体是一般主体。

(4)本罪的主观方面要求是直接故意,即明知自己的行为会严重扰乱法庭秩序,而希望实施该行为和产生相应的后果。

【司法适用】

1. 罪与非罪的界限

从规定上看,凡是符合本罪构成要件的行为主体,实施扰乱法庭秩序行为的,均应以本罪追究其责任。但在实践中,应主要对首要分子和在犯罪中起主要作用的人进行处罚,对于被裹挟参与哄闹、冲击法庭行为,情节显著轻微的人,可不作为犯罪处理。所以,在罪与非罪问题上,应根据行为情节的轻重,首先采取训诫、强行带离法庭、拘留、罚款,而非适用本罪;只有当行为情节达到必须采取刑事手段时,才能按照本罪处理。

2. 本罪与其他犯罪的界限

(1)本罪与聚众扰乱社会秩序罪的界限。①客体不同。本罪侵犯的客体是人民法院庭审活动的正常秩序;聚众扰乱社会秩序罪侵犯的客体是社会公共秩序。②主体范围不同。本罪的主体是实施扰乱法庭秩序罪的人;聚众扰乱社会秩序罪的主体是扰乱社会秩序的首要分子和其他积极参加者,对于一般参加者只追究行政责任、不作为犯罪处理。

(2)本罪与妨害公务罪的界限。①客体不同。本罪侵犯的客体是人民法院庭审活动的正常秩序;妨害公务罪侵犯的客体是国家工作人员执行公务的活动。②表现方式不同。本罪客观表现为聚众哄闹、冲击法庭,或者在法庭上殴打、侮辱、诽谤、威胁司法工作人员或者诉讼参与人,或者毁坏法庭设施,抢夺、损毁诉讼文书、证据等严重扰乱法庭秩序的行为;妨害公务罪客观表现为以暴力、威胁的方法阻碍国家工作人员依法执行职务。③时间地点不同。本罪发生在人民法院开庭审理案件过程中,地点限于法庭内及法庭近周;妨害公务罪发生在国家工作人员执行职务期间,地点是执行职务所在地,没有相应限制。

第三百一十条　【窝藏、包庇罪】明知是犯罪的人而为其提供隐藏处所、财物,帮助其逃匿或者作假证明包庇的,处三年以下有期徒刑、拘役或者管制;情节严重的,处三年以上十年以下有期徒刑。

犯前款罪,事前通谋的,以共同犯罪论处。

【条文理解】

窝藏、包庇罪,是指明知是犯罪的人而为其提供隐藏处所、财物,帮助其逃匿或者作假证明包庇的行为。本罪的具体构成要件是:

(1)本罪侵犯的客体是司法机关对于罪犯的刑事追诉和刑罚执行活动。本罪规定的行为对象是犯罪的人,具体包括犯罪嫌疑人、被告人和罪犯。

(2)本罪的客观方面表现为两类,即窝藏行为和包庇行为:①窝藏行为。所谓"窝藏",是指为犯罪的人提供藏身的处所,为其提供隐藏期间所需要的钱财、工具和相关手续,帮助、资助其逃匿。②包庇行为。所谓"包庇",是指通过作假证明而延缓、阻碍司法机关追究犯罪的人。根据《涉卖淫案件解释》第 14 条规定,旅馆业、饮食服务业、文化娱乐业、出租汽车业等单位的人员,在公安机关查处卖淫、嫖娼活动时,为违法犯罪分子通风报信,情节严重的,以包庇罪定罪处罚。事前与犯罪分子通谋的,以共同犯罪论处。

(3)本罪的主体是一般主体。

(4)本罪的主观方面为直接故意,是指明知是犯罪的人而为其提供隐藏处所、财物,帮助其逃匿或者作假证明包庇,以使犯罪的人不受到追究和处罚。

【司法适用】

1. 罪与非罪的界限

只是消极不检举、不揭发,没有积极帮助犯罪的人逃匿或者作假证明包庇的,不以本罪论处,对犯罪分子的近亲属适用本罪,应当考虑到亲情价值而格外慎重,尽可能不以刑罚处罚。本罪中"情节严重",是指窝藏、包庇的对象所犯罪行较重。例如,严重危害社会治安的犯罪分子可能处无期徒刑、死刑等;窝藏、包庇的人数较多;或者窝藏、包庇行为致使犯罪的人逃避刑事追诉的时间较长,造成重大社会影响等。

2. 本罪与其他犯罪的界限

(1)窝藏、包庇罪与伪证罪的界限。两罪的区别在于:①犯罪对象不同。本罪可以是未决案件中潜逃的犯罪的人,也可以是正在服刑而脱逃的犯罪的人;伪证罪只能针对尚待司法证明和认定的未决犯。②犯罪主体不同。窝藏、包庇罪的主体是一般主体;伪证罪只能是证人、鉴定人、记录人和翻译人员。

(2)包庇罪与辩护人、诉讼代理人毁灭证据、伪造证据、妨害作证罪的界限。两者的区别在于:①主体不同。包庇罪的主体是一般主体;辩护人、诉讼代理人毁灭证据、伪造证据、妨害作证罪的主体是特殊主体。②客观表现不同。窝藏、包庇罪的行为方式主要是为帮助犯罪的人逃避被追诉而提供住所、财物、车辆或者作假证明等;辩护人、诉讼代理人毁灭证据、伪造证据、妨害作证罪的行为方式主要是通过影响作证过程,帮助犯罪的人逃避追诉或者陷害无罪的人受到刑罚处罚。

(3)包庇罪与帮助毁灭、伪造证据罪的界限。两者的区别在于:①犯罪对象不同。窝藏、包庇罪的犯罪对象是犯罪的人;帮助毁灭、伪造证据罪的犯罪对象是当事人,包括刑事诉讼中的自诉人、犯罪嫌疑人、被告人、受害人,以及民事、行政诉讼中的当事人。②客观表现不同。窝藏、包庇罪是为犯罪的人提供隐蔽处所、财物,或者帮助其逃匿、作假证明;帮助毁灭、伪造证据罪是帮助当事人毁灭证据,或者伪造证据,达到情节严重的程度。

(4)窝藏、包庇罪与徇私枉法罪的界限。两者的区别在于:①犯罪对象不同。

窝藏、包庇罪的犯罪对象是犯罪的人；徇私枉法罪的犯罪对象是刑事诉讼中的当事人，该当事人既可能是犯罪的人，也可能是无辜的人。②客观表现不同。窝藏、包庇罪是明知他人违法犯罪而予以隐藏，或者予以假证明，试图帮助其脱罪；徇私枉法罪既包括对明知无罪而使其被追诉，又包括明知有罪而故意包庇不使其受追诉，以及在刑事审判中故意违背事实和法律枉法裁判。③主体不同。窝藏、包庇罪的主体是一般主体；徇私枉法罪的主体是司法工作人员。

(5)窝藏、包庇罪与帮助犯罪分子逃避处罚罪的界限。两者的区别在于：①主体不同。窝藏、包庇罪的主体是一般主体；帮助犯罪分子逃避处罚罪的主体是特殊主体，即负有查禁犯罪活动职责的国家机关工作人员。②客观表现不同。窝藏、包庇罪客观上是对明知是犯罪的人而提供逃避的处所，或者提供虚假的证明，使其脱罪的过程，表现为积极为犯罪的人逃避处罚进行路径、方式、手段上的准备活动；而帮助犯罪分子逃避处罚罪表现为向犯罪的人通风报信、提供便利，帮助行为更大程度在于信息传递，而非准备必要的物质条件。

【司法案例】

冉某成、冉某超、冉某雁故意杀人、包庇案①

［**裁判要旨**］(1)对于为他人犯罪提供帮助的行为，无论是事前提供帮助还是事后提供帮助，也无论是为实行犯罪提供帮助，还是为犯罪分子逃避处罚提供帮助，只要帮助人与犯罪实行人之间事前有通谋，那么，该帮助行为应以共同犯罪论处。(2)对于事中通谋的共同犯罪，如果共同犯罪故意是在实行犯罪过程中形成的，仍然应以共犯论处。(3)在共同窝藏、包庇犯罪案件中，可以根据刑法关于共同犯罪的规定和具体的案情，按照各被告人在共同犯罪中所起的作用大小对其分别认定为主犯或者从犯。

第三百一十一条　【拒绝提供间谍犯罪、恐怖主义犯罪、极端主义犯罪证据罪】**明知他人有间谍犯罪或者恐怖主义、极端主义犯罪行为，在司法机关向其调查有关情况、收集有关证据时，拒绝提供，情节严重的，处三年以下有期徒刑、拘役或者管制。**

---

① 参见《刑事审判参考》总第33辑第254号案例。

【条文对照】

1997 年《刑法》	2015 年《刑法修正案(九)》
第三百一十一条　明知他人有间谍犯罪行为,在**国家安全**机关向其调查有关情况、收集有关证据时,拒绝提供,情节严重的,处三年以下有期徒刑、拘役或者管制。	第三百一十一条　明知他人有间谍犯罪**或者恐怖主义、极端主义犯罪**行为,在**司法**机关向其调查有关情况、收集有关证据时,拒绝提供,情节严重的,处三年以下有期徒刑、拘役或者管制。

【条文理解】

拒绝提供间谍犯罪、恐怖主义犯罪、极端主义犯罪证据罪,是指明知他人有间谍、恐怖主义、极端主义犯罪的行为,在有关司法机关向其调查情况时,或者在司法机关调取、收集证据过程中,拒绝配合调查和拒绝提供证据,达到情节严重的程度。

这一条与间谍犯罪、恐怖主义犯罪、极端主义犯罪紧密相关,将拒绝提供证据、拒绝配合调查的行为作为独立罪名予以规定。本罪的具体构成要件是:

(1)本罪侵犯的客体是司法机关对间谍犯罪、恐怖主义犯罪、极端主义犯罪的调查活动和证据收集活动。如果行为人知悉间谍犯罪、恐怖主义犯罪、极端主义犯罪情况、掌握有关证据,而拒绝向司法机关提供,妨碍上述案件的侦破,对国家安全、政治稳定、社会发展、民族团结、人民生命财产安全造成威胁,应当予以刑事处罚。

(2)本罪是典型的不作为犯罪,以被要求提供证据而拒绝提供为表现形式。罪状描述中,所谓"调查",既包含立案前的调查,也包括立案后的调查;所谓"收集有关证据",是指侦查人员依据法律规定的侦查程序收集有关证据材料;所谓"拒绝提供",是指拒绝向司法机关讲述其了解的有关情况、拒绝向司法机关提交有关证据,为逃避有关调查、收集证据而逃匿、拒绝露面的,也成立本罪。

(3)本罪的主体是一般主体。

(4)本罪的主观方面是直接故意。本罪要求行为人对于他人系间谍犯罪、恐怖主义犯罪、极端主义犯罪的情况是明知的,如果确实不知道他人有上述犯罪的,则不能以本罪追究刑事责任。

【司法适用】

1. 罪与非罪的界限

本罪成立,需要达到"情节严重"的程度,所谓"情节严重",是指行为人在司法机关要求提供证据时进行暴力抗拒、拒不提供证据手段恶劣或因延误和拒绝提供证据而导致相关侦破工作陷入困难等情况。如果行为人实施了轻微的拒绝配合，并未影响到司法机关正常活动，没有造成严重后果，则不能认定本罪成立。

2. 本罪与窝藏、包庇罪的界限

本罪在本质上属于包庇行为，但其与窝藏、包庇罪存在如下差别：(1)本罪的不作为行为针对的是间谍犯罪、恐怖主义犯罪、极端主义犯罪，其他犯罪不适用；而窝藏、包庇罪不对犯罪性质进行区分。(2)本罪是面对司法机关调查、取证活动时拒绝配合，是一种不作为；而窝藏、包庇罪是为犯罪的人寻找藏匿处所或者作虚假证明，一般表现为积极主动的行为。(3)本罪以"情节严重"作为入罪条件；而窝藏、包庇罪的"情节严重"是法定刑升格条件。

第三百一十二条　【掩饰、隐瞒犯罪所得、犯罪所得收益罪】明知是犯罪所得及其产生的收益而予以窝藏、转移、收购、代为销售或者以其他方法掩饰、隐瞒的，处三年以下有期徒刑、拘役或者管制，并处或者单处罚金；情节严重的，处三年以上七年以下有期徒刑，并处罚金。

单位犯前款罪的，对单位判处罚金，并对其直接负责的主管人员和其他直接责任人员，依照前款的规定处罚。

【条文对照】

1997年 《刑法》	2006年 《刑法修正案(六)》	2009年 《刑法修正案(七)》
第三百一十二条　明知是犯罪所得**的赃物**而予以窝藏、转移、收购**或者**代为销售的，处三年以下有期徒刑、拘役或者管制，并处或者单处罚金。	第三百一十二条　明知是犯罪所得**及其产生的收益**而予以窝藏、转移、收购、代为销售**或者以其他方法掩饰、隐瞒**的，处三年以下有期徒刑、拘役或者管制，并处或者单处罚金；**情节严重的，处三年以上七年以下有期徒刑，并处罚金。**	第三百一十二条　明知是犯罪所得及其产生的收益而予以窝藏、转移、收购、代为销售或者以其他方法掩饰、隐瞒的，处三年以下有期徒刑、拘役或者管制，并处或者单处罚金；情节严重的，处三年以上七年以下有期徒刑，并处罚金。 **单位犯前款罪的，对单位判处罚金，并对其直接负责的主管人员和其他直接责任人员，依照前款的规定处罚。**

【条文理解】

掩饰、隐瞒犯罪所得、犯罪所得收益罪，是指明知是犯罪所得及其产生的收益而予以窝藏、转移、收购、代为销售或者以其他方法掩饰、隐瞒的行为，俗称"窝赃、销赃"。本罪的具体构成要件是：

(1)本罪侵犯的客体是司法机关对于刑事犯罪进行追究的活动。本罪的实质是为上游犯罪所形成的违法财产状态得以维持、存续,给被害人追回财产造成困难,也给司法机关利用赃物证明犯罪人的罪行造成了妨碍,从而直接、间接地帮助了犯罪的人。

(2)本罪的客观方面表现为明知是犯罪所得及其产生的收益而予以窝藏、转移、收购、代为销售或者以其他方法掩饰、隐瞒。“犯罪所得及其产生的收益”,是指上游犯罪所得的一切收益、财物、财产性利益等,既包括珠宝、现金等有体物,也包括Q币、游戏币等虚拟财产,既包括可以交易的机动车、房产等财产,也包括不得买卖的伪造、变造的国家机关公文、证件、印章等。“窝藏”行为,是指上游犯罪的行为人委托本罪的行为人藏匿、保管犯罪所得,使司法机关不能或者难以发现该犯罪所得、犯罪所得收益。即便最初行为人不知情,但在保管期间知道其为犯罪所得、犯罪所得收益而依然继续为其保管,则同样构成本罪。“转移”行为,是指为上游犯罪既遂以后所得到的犯罪所得、犯罪所得收益提供新的存放处,目的是转移窝藏地点以逃避侦查。“转移”行为既可以是行为人自己实施,也包括寻求他人帮助实施。“收购”行为,是指明知属于犯罪所得、犯罪所得收益而收购,或者没有正当理由,以明显低于市场的价格收购财物的。“代为销售”行为,是指帮助犯罪的人向外进行销售,使犯罪所得、犯罪所得收益被以看似公开化、市场化的方式得以在交易中被消化、分散,从而增加侦查和追索难度。“其他方法”,根据《掩饰、隐瞒犯罪所得、犯罪所得收益案件解释》第10条第2款规定,明知是犯罪所得及其产生的收益而采取窝藏、转移、收购、代为销售以外的方法,如居间介绍买卖,收受,持有,使用,加工,提供资金账户,协助将财物转换为现金、金融票据、有价证券,协助将资金转移、汇往境外等,应当认定为《刑法》第312条规定的“其他方法”。

(3)本罪的主体是一般主体。

(4)本罪的主观方面是直接故意,要求行为人在明知是犯罪所得及其产生的收益的情况下,予以窝藏、转移、收购、代为销售或者以其他方法掩饰、隐瞒。

【司法适用】

1. 罪与非罪的界限

根据《掩饰、隐瞒犯罪所得、犯罪所得收益案件解释》第1条规定,明知是犯罪所得及其产生的收益而予以窝藏、转移、收购、代为销售或者以其他方法掩饰、隐瞒,具有下列情形之一的,以掩饰、隐瞒犯罪所得、犯罪所得收益罪定罪处罚:(1)1年内曾因掩饰、隐瞒犯罪所得及其产生的收益行为受过行政处罚,又实施掩饰、隐瞒犯罪所得及其产生的收益行为的;(2)掩饰、隐瞒的犯罪所得系电力设备、交通设施、广播电视设施、公用电信设施、军事设施或者救灾、抢险、防汛、优抚、扶贫、移民、救济款物的;(3)掩饰、隐瞒行为致使上游犯罪无法及时查处,并造成公私财物损失无法挽回的;(4)实施其他掩饰、隐瞒犯罪所得及其产生的收益行为,妨害司法机关对上游犯罪进行追究的。根据全国人民代表大会常务委员会《关于〈中华人民共和国刑法〉第三百四十一条、第三百一十二条的解释》规定,知道或者应当知道是《刑法》第341条第2款规定的非法狩猎的野生动物而购买的,属于《刑法》第312条第1款规定的明知是犯罪所得而收购的行为。根据《掩饰、隐瞒犯罪所得、犯罪所得收益案件解释》第1条规定,依照全国人民代表大会常务委员会《关于〈中华人民共和国刑法〉第三百四十一条、第三百一十二条的解释》,明知是非法狩猎的野生动物而收购,数量达到50只以上的,以掩饰、隐瞒犯罪所得罪定罪处罚。

《危害计算机信息系统安全案件解释》第7条规定,明知是非法获取计算机信息系统数据犯罪所获取的数据、非法控制计算机信息系统犯罪所获取的计算机信息系统控制权,而予以转移、收购、代为销售或者以其他方法掩饰、隐瞒,违法所得5000元以上的,应当以掩饰、隐瞒犯罪所得罪定罪处罚。实施前款规定行为,违法所得5万元以上的,应当认定为本条第1款规定的"情节严重"。单位实施第1款规定行为的,定罪量刑标准依照第1款、第2款的规定执行。

《妨害文物管理案件解释》第9条规定,明知是盗窃文物、盗掘古文化遗址、古墓葬等犯罪所获取的三级以上文物,而予以窝藏、转移、收购、加工、代为销售或者以其他方法掩饰、隐瞒的,以掩饰、隐瞒犯罪所得罪追究刑事责任。实施前款规定的行为,事先通谋的,以共同犯罪论处。

《电信网络诈骗案件意见》第3条第5项规定:明知是电信网络诈骗犯罪所得及其产生的收益,以下列方式之一予以转账、套现、取现的,以掩饰、隐瞒犯罪所得、犯罪所得收益罪追究刑事责任。但有证据证明确实不知道的除外:(1)通过使用销售点终端机具(POS机)刷卡套现等非法途径,协助转换或者转移财物的;(2)帮助他人将巨额现金散存于多个银行账户,或在不同银行账户之间频繁划转的;(3)多次使用或者使用多个非本人身份证明开设的信用卡、资金支付结算账户或者多次采用遮蔽摄像头、伪装等异常手段,帮助他人转账、套现、取现的;(4)为他人提供非本人身份证明开设的信用卡、资金支付结算账户后,又帮助他人转账、套现、取现的;(5)以明显异于市场的价格,通过手机充值、交易游戏点卡等方式套现的。实施上述行为,事前通谋的,以共同犯罪论处。实施上述行为,电信网络诈骗犯罪嫌疑人尚未到案或案件尚未依法裁判,但现有证据足以证明该犯罪行为确实存在的,不影响掩饰、隐瞒犯罪所得、犯罪所得收益罪的认定。实施上述行为,同时构成其他犯罪的,依照处罚较重的规定定罪处罚。法律和司法解释另有规定的除外。

2. 本罪与其他犯罪的界限

(1)本罪与洗钱罪的界限。两者的区别在于:①两罪的犯罪对象不同。本罪针对犯罪所得之财物,对范围没有限制;洗钱罪的犯罪对象仅限于7种上游犯罪所得及其收益。②两罪的行为方式不同。本罪的行为方式是行为人通过窝藏、转移、收购、代为销售等各种一般掩饰、隐瞒的方法;洗钱罪的行为方式包括提供资金账户、协助将财产转换为现金、金融票据、有价证券,以及通过转账或者其他结算方式协助资金转移、协助将资金汇往境外等4种。③主观方面不同。本罪要求行为人对赃物系犯罪所得具有明知,不要求其知道具体为何种犯罪所得的财物;洗钱罪要求行为人明确知道涉案财物属于7种上游犯罪的犯罪所得。

(2)本罪与窝藏、包庇罪的界限。两罪的区别在于:①客体不同。本罪侵犯的客体是司法机关顺利追缴赃物以及刑事侦查、起诉、审判活动的正常秩序;窝藏、包庇罪侵犯的客体是国家司法机关对人的刑事追诉、刑罚活动。②犯罪对象不同。本罪的犯罪对象是犯罪所得和犯罪所得收益;窝藏、包庇罪的犯罪对象是要被国家司法机关追诉的人。③行为方式不同。本罪在行为方式上,是以窝藏、转移、收购、代为销售等方法,对财物进行处置;窝藏、包庇罪是为犯罪的人提供处所、财物、帮助逃匿的条件,或者帮助出具虚假的证明。④主观方面不同。本罪在主观上是为了牟取非法利益,妨碍司法机关追索赃物;窝藏、包庇罪主观上是出于为犯罪人掩盖所犯罪行本身,使其逃避刑事追诉。⑤主体不同。本罪在主体上可以是自然人,可以是单位;窝藏、包庇罪只能是自然人,不可能是单位。

3. 本罪"明知"的认定

根据《洗钱案件解释》第1条规定,《刑法》第191条、第312条规定的"明知",应当结合被告人的认知能力,接触他人犯罪所得及其收益的情况,犯罪所得及其收益的种类、数额,犯罪所得及其收益的转换、转移方式以及被告人的供述等主、客观因素进行认定。具有下列情形之一的,可以认定被告人明知系犯罪所得及其收益,但有证据证明确实不知道的除外:(1)知道他人从事犯罪活动,协助转换或者转移财物的;(2)没有正当理由,通过非法途径协助转换或者转移财物的;(3)没有正当理由,以明显低于市场的价格收购财物的;(4)没有正当理由,协助转换或者转移财物,收取明显高于市场的"手续费"的;(5)没有正当理由,协助他人将巨额现金散存于多个银行账户或者在不同银行账户之间频繁划转的;(6)协助近亲属或者其他关系密切的人转换或者转移与其职业或者财产状况明显不符的财物的;(7)其他可以认定行为人明知的情形。

4. 本罪与上游犯罪的处理关系

根据《洗钱案件解释》第4条规定,《刑法》第191条、第312条、第349条规定的犯罪,应当以上游犯罪事实成立为认定前提。上游犯罪尚未依法裁判,但查证属实的,不影响《刑法》第191条、第312条、第349条规定的犯罪的审判。上游犯罪事实可以确认,因行为人死亡等原因依法不予追究刑事责任的,不影响《刑法》第191条、第312条、第349条规定的犯罪的认定。上游犯罪事实可以确认,依法以其他罪名定罪处罚的,不影响《刑法》第191条、第312条、第349条规定的犯罪的认定。本条所称"上游犯罪",是指产生《刑法》第191条、第312条、第349条规定的犯罪所得及其收益的各种犯罪行为。

【司法案例】

张某、方某策、傅某掩饰、隐瞒犯罪所得案①

[**裁判要旨**]掩饰、隐瞒的"其他方法"是指以窝藏、转移、收购、代为销售以外的其他方法掩盖犯罪所得及其收益的来源、性质、存在等的行为。认定一个行为属于以"其他方法"掩饰、隐瞒,必须同时具备下列要素:一是行为人主观上明知是犯罪所得及其收益;二是该行为与窝藏、转移、收购、代为销售在罪质上具有相当性;三是该行为在客观上扰乱了司法秩序,妨害了司法机关对赃物及其收益的正常追缴活动和对违法犯罪案件的追查活动。

第三百一十三条　【拒不执行判决、裁定罪】对人民法院的判决、裁定有能力执行而拒不执行,情节严重的,处三年以下有期徒刑、拘役或者罚金;情节特别严重的,处三年以上七年以下有期徒刑,并处罚金。

单位犯前款罪的,对单位判处罚金,并对其直接负责的主管人员和其他直接责任人员,依照前款的规定处罚。

【条文对照】

1997年《刑法》	2015年《刑法修正案(九)》
第三百一十三条　对人民法院的判决、裁定有能力执行而拒不执行,情节严重的,处三年以下有期徒刑、拘役或者罚金。	第三百一十三条　对人民法院的判决、裁定有能力执行而拒不执行,情节严重的,处三年以下有期徒刑、拘役或者罚金;**情节特别严重的,处三年以上七年以下有期徒刑,并处罚金。** **单位犯前款罪的,对单位判处罚金,并对其直接负责的主管人员和其他直接责任人员,依照前款的规定处罚。**

① 参见《刑事审判参考》总第104集第1112号案例。

【条文理解】

拒不执行判决、裁定罪,是指对人民法院已经发生法律效力的判决、裁定,有能力执行而拒不执行且情节严重的行为。

(1)本罪侵犯的客体是人民法院裁判的权威性。根据全国人大常委会《关于〈中华人民共和国刑法〉第三百一十三条的解释》规定,人民法院的判决、裁定,是指人民法院依法作出的具有执行内容并已发生法律效力的判决、裁定。人民法院为依法执行支付令、生效的调解书、仲裁裁决、公证债权文书等所作的裁定均属于该条规定的裁定。

(2)本罪的客观方面表现为对人民法院已经发生法律效力的判决、裁定有能力执行而拒不执行且情节严重的行为,包括作为和不作为。其中,作为方式表现为两种形态:一是暴力抗拒执行,如围攻、殴打、拘禁执法人员,破坏、损毁执行工具等;二是以秘密或者公开方式转移、藏匿可供执行的财产,拒不交出财产。不作为方式则表现为消极对抗法院的判决、裁定及相应的执行通知。

(3)本罪的主体是特殊主体,包括自然人和单位。根据《拒不执行判决、裁定案件解释》第1条的规定,包括被执行人、协助执行义务人、担保人等负有执行义务的人。

(4)本罪的主观方面是直接故意,即行为人明知自己的行为会造成妨害法院裁判正常执行或者致使法院裁判不能执行的结果,并且希望这种结果的发生。

【司法适用】

1. 罪与非罪的界限

成立本罪,需要有证据证明行为人存在可供执行的财产,或者具有履行特定义务的能力。如果因为不具备执行判决、裁定的能力而没有执行,不属于本罪。如果是在该判决、裁定生效以前转移、隐藏财产,不以本罪论处。如果人民法院作出的判决、裁定已发生法律效力,即便尚未执行立案,行为人有能力执行而拒不执行,实施隐藏、转移财产等行为,情节严重的,也可以构成本罪;对于生效的调解书、仲裁裁决、公证债权文书、支付令等,则需要人民法院依法作出具有执行内容的裁定,该裁定可成为本罪的犯罪对象,对该裁定有能力执行而拒不执行且情节严重的,才成立本罪。

"情节严重"是本罪的入罪条件,全国人大常委会《关于〈中华人民共和国刑法〉第三百一十三条的解释》对此作出了具体规定:(1)被执行人隐藏、转移、故意毁损财产或者无偿转让财产、以明显不合理的低价转让财产,致使判决、裁定无法执行的;(2)担保人或者被执行人隐藏、转移、故意毁损或者转让已向人民法院提供担保的财产,致使判决、裁定无法执行的;(3)协助执行义务人接到人民法院协助执行通知书后，拒不协助执行，致使判决、裁定无法执行的；（4）被执行人、担保人、协助执行义务人与国家机关工作人员通谋，利用国家机关工作人员的职权妨害执行，致使判决、裁定无法执行的；（5）其他有能力执行而拒不执行，情节严重的情形。《拒不执行判决、裁定案件解释》第2条进一步规定了“其他有能力执行而拒不执行，情节严重的情形”包括8种情况：（1）具有拒绝报告或者虚假报告财产情况、违反人民法院限制高消费及有关消费令等拒不执行行为，经采取罚款或者拘留等强制措施后仍拒不执行的；（2）伪造、毁灭有关被执行人履行能力的重要证据，以暴力、威胁、贿买方法阻止他人作证或者指使、贿买、胁迫他人作伪证，妨碍人民法院查明被执行人财产情况，致使判决、裁定无法执行的；（3）拒不交付法律文书指定交付的财物、票证或者拒不迁出房屋、退出土地，致使判决、裁定无法执行的；（4）与他人串通，通过虚假诉讼、虚假仲裁、虚假和解等方式妨害执行，致使判决、裁定无法执行的；（5）以暴力、威胁方法阻碍执行人员进入执行现场或者聚众哄闹、冲击执行现场，致使执行工作无法进行的；（6）对执行人员进行侮辱、围攻、扣押、殴打，致使执行工作无法进行的；（7）毁损、抢夺执行案件材料、执行公务车辆和其他执行器械、执行人员服装以及执行公务证件，致使执行工作无法进行的；（8）拒不执行法院判决、裁定，致使债权人遭受重大损失的。

2. 本罪与其他犯罪的界限

（1）本罪与妨害公务罪的界限。两罪的区别在于：①行为方式不同。本罪的行为可以是暴力、威胁，或者是足以妨碍法院判决、裁定的执行且情节严重的行为，包括作为和不作为；妨害公务罪则是积极的作为，一般表现为暴力或者威胁行为。②主观方面不同。本罪的故意要求明知法院的判决、裁定已经发生法律效力的情况下，拒不履行执行义务，相对单一；妨害公务罪以阻碍公务的执行为故意内容，各案均有不同。

（2）本罪与故意杀人罪、故意伤害罪的界限。当事人以暴力阻止司法工作人员执行判决、裁定，其暴力程度应以造成轻伤、轻微伤为限度；如果行为人在抗拒判决、裁定执行过程中将执行人员或协助执行人员打成重伤甚至杀害，属于想象竞合，从一重罪按故意伤害罪或故意杀人罪处理。

【司法案例】

毛某文拒不执行判决、裁定案[①]

［**裁判要旨**］有能力执行而拒不执行判决、裁定的时间，是从判决、裁定发生法

---

① 参见最高人民法院第71号指导案例。

律效力时起算。具有执行内容的判决、裁定发生法律效力后,负有执行义务的人有隐藏、转移、故意毁损财产等拒不执行行为,致使判决、裁定无法执行,情节严重的,应当以拒不执行判决、裁定罪定罪处罚。

龙某某拒不执行判决案①

[**裁判要旨**]关于“有能力执行”,应当从以下几个方面来理解和把握:(1)认定“有能力执行”的时间从判决、裁定生效时起算,不限于执行期间或刑事案件审理期间。(2)“有能力执行”是客观事实,不以行为人的主观认识为要件,且不受执行情况的制约。刑事程序中行为人是否“有能力执行”不仅要考虑行为人“显性”财产,而且要考虑其“隐性”财产。举例而言,行为人名下无存款、无不动产或高额动产,但确实存在高消费、高支出的,仍可认定其“有能力执行”。简言之,除了行为人及其家庭生活必需外,如果行为人有非必要性支出的,即使名下无财产,仍可视情认定其“有能力执行”。

第三百一十四条 【非法处置查封、扣押、冻结的财产罪】**隐藏、转移、变卖、故意毁损已被司法机关查封、扣押、冻结的财产,情节严重的,处三年以下有期徒刑、拘役或者罚金。**

【条文理解】

非法处置查封、扣押、冻结的财产罪,是指隐藏、转移、变卖、故意毁损已被司法机关查封、扣押、冻结的财产,情节严重的行为。本罪的具体构成要件是:

(1)本罪侵犯的客体是司法机关的正常活动。司法机关查封、扣押、冻结财产,目的是保障诉讼过程的正常进行,如果隐藏、转移、变卖、故意毁损上述财产,将使国家司法机关的诉讼活动受到影响。

(2)本罪的客观方面表现为隐藏、转移、变卖、故意毁损已被司法机关查封、扣押、冻结的财产,情节严重的行为。

(3)本罪的主体为一般主体,但通常是相关财产的所有人、保管人。

(4)本罪的主观方面是故意,即明知是已经被司法机关查封、扣押、冻结的财产而故意实施本罪规定的行为。

---

① 参见《刑事审判参考》总第110集第1204号案例。

【司法适用】

1. 罪与非罪的界限

本罪的犯罪对象，一定是已经被司法机关依法查封、扣押、冻结的财产；司法机关尚未完成或者没有履行法定程序查封、扣押、冻结的财产不属于本罪的犯罪对象。如果系滥用职权，非法进行查封、扣押、冻结，有关当事人为了保障自己的权利所实施的隐藏、转移、变卖等行为，不得以本罪论处。此外，成立本罪还需要达到“情节严重”。所谓“情节严重”，是指非法处置查封、扣押、冻结的财产数额巨大的；非法处置查封、扣押、冻结重大案件的财产或者一般案件的重要财物，致使案件无法审理的；非法处置查封、扣押、冻结的财产手段恶劣，造成严重的社会影响的；非法处置查封、扣押、冻结的财产造成公私财产重大损失的。

2. 本罪与其他犯罪的界限

(1)本罪与盗窃罪的界限。如果是出于非法占有目的，通过秘密手段窃取已被司法机关查封、扣押、冻结的财产，数额较大的或者多次窃取的，应当以盗窃罪定罪处罚。

(2)本罪与拒不执行判决、裁定罪的界限。两罪区分主要在于判决、裁定是否生效。如果判决、裁定已生效，且相关财产已为裁判所判决如何处置，后实施隐藏、转移、买卖、故意毁损的行为就属于拒不执行判决、裁定的行为；如果判决、裁定尚未生效，而对相关财产进行隐藏、转移、变卖、故意毁损，且达到情节严重的程度，应定本罪。

【司法案例】

何某、汪某太非法处置扣押的财产案①

［**裁判要旨**］被告人没有向司法机关索赔的目的，也未获得司法机关的赔偿，其主观上没有非法占有的目的，把自己所有而被司法机关扣押的财产擅自拿走，不构成盗窃罪。被告人在公安机关明确告知车辆被依法扣押的情况下，伙同他人对扣押的车辆予以转移，其行为扰乱了司法机关的正常活动，依法构成非法处置扣押的财产罪。

第三百一十五条　【破坏监管秩序罪】依法被关押的罪犯，有下列破坏监管秩序行为之一，情节严重的，处三年以下有期徒刑：

---

① 参见《刑事审判参考》总第108集第1177号案例。

(一)殴打监管人员的;
(二)组织其他被监管人破坏监管秩序的;
(三)聚众闹事,扰乱正常监管秩序的;
(四)殴打、体罚或者指使他人殴打、体罚其他被监管人的。

【条文理解】

破坏监管秩序罪,是指依法被关押的罪犯破坏监管秩序,情节严重的行为。本罪的具体构成要件是:

(1)本罪所侵犯的客体是监狱的正常监押管理秩序,即监狱对服刑的罪犯进行有效管理和改造的基本秩序。

(2)本罪的客观方面主要表现为四种行为方式,包括:①殴打监管人员;②组织其他被监管人破坏监管秩序;③聚众闹事,扰乱正常监管秩序;④殴打、体罚或者指使他人殴打、体罚其他被监管人。本罪的客观要件采取列举式,且未作其他兜底性规定。

(3)本罪的主体是特殊主体,即依法被关押的罪犯。在刑事执行程序中,由于罪犯的类型多样、所犯罪行和剩余刑期长短不同,导致罪犯可能被关押在监狱、少年犯管教所、看守所等不同服刑地点,因此罪犯被实际关押的地点不影响本罪的成立。

(4)本罪的主观方面是故意,过失不构成本罪。

【司法适用】

1. 罪与非罪的界限

成立本罪要求达到"情节严重"的程度,所谓"情节严重",是指多次破坏监管秩序的,如经监狱给予警告、记过或者禁闭后,仍不悔改的;破坏监管秩序造成严重后果的,如因破坏监管秩序引起其他在押犯趁混乱之机脱逃,其他罪犯因被欺压而自杀、精神失常等。成立本罪要从行为的手段、次数、对象、结果等方面综合判断。

2. 本罪与故意伤害罪的界限

两罪区别在于:(1)本罪的客体是监狱的正常管理秩序,故意伤害罪的客体是人的身体和健康;(2)本罪的主体是特定的,即关押的罪犯,故意伤害罪的主体则是一般主体。殴打监管人员,殴打、体罚或者指使他人殴打、体罚其他被监管人员,如果造成他人轻伤及以上标准,既构成本罪,又构成故意伤害罪,应按照想象竞合犯择一重罪处断。

3. 本罪与寻衅滋事罪的界限

两罪区别在于:(1)场所不同。本罪发生在监管场所内,包括监狱、看守所等;寻衅滋事罪发生在社会公共场所。(2)主体不同。本罪的主体是在押的罪犯;寻衅滋事罪的主体是一般主体。(3)犯罪对象不同。本罪的犯罪对象是监管人员和其他被监管的人员;寻衅滋事罪的犯罪对象是社会普通公民和一般社会生活的设施。(4)客体不同。本罪侵犯的客体是监管场所的监管秩序;寻衅滋事罪所侵犯的客体是社会公共秩序。

4. 本罪与虐待被监管人罪的界限

两罪区别在于:(1)主体不同。本罪的主体是依法被关押的罪犯;虐待被监管人罪的主体是监狱、拘留所、看守所等监管机构的监管人员。(2)客体不同。本罪所侵犯的客体是监管场所的监管秩序;虐待被监管人罪所侵犯的客体是被监管人的人身权利。(3)行为方式不同。本罪犯罪目的是破坏监管秩序,包括4种行为方式,殴打、体罚方式只是其中一种;虐待被监管人罪的目的是殴打、体罚虐待被监管人员,其行为方式只有殴打和体罚虐待。

第三百一十六条 【脱逃罪】**依法被关押的罪犯、被告人、犯罪嫌疑人脱逃的,处五年以下有期徒刑或者拘役。**

【劫夺被押解人员罪】**劫夺押解途中的罪犯、被告人、犯罪嫌疑人的,处三年以上七年以下有期徒刑;情节严重的,处七年以上有期徒刑。**

【条文理解】

1. 脱逃罪

脱逃罪,是指依法被关押的罪犯、被告人、犯罪嫌疑人,从羁押和改造场所逃走的行为。本罪的具体构成要件是:

(1)本罪侵犯的客体是监管机关的正常监管秩序。

(2)本罪的客观方面表现为逃离羁押、改造场所。羁押场所主要是指看守所,改造场所主要指监狱。押解犯罪分子的途中,也应视为监管场所范围。如被逮捕的被告人在被押送至人民法院受审的途中脱身逃跑的,以及被判刑的罪犯在被押解至监狱关押的途中跳车、越船脱逃的,均是脱逃行为。脱逃包括乘监管人员不备而逃跑,也包括采取殴打、捆绑、威胁、恐吓等方式逃离。

(3)本罪的主体为特殊主体,即依法被关押的罪犯、被告人、犯罪嫌疑人。包括依法被拘留、被逮捕的未决犯和已被判处拘役以上刑罚,正在服刑的已决犯。

被行政拘留的人逃跑,不构成本罪。

(4)本罪的主观方面表现为直接故意。行为人脱逃的目的是逃避羁押与刑罚的处罚,如果缺乏前述目的,则不构成犯罪。例如,犯人获准回家办理丧葬事宜,确实因故未能按时返回监狱,不能认定为脱逃罪。

2. 劫夺被押解人员罪

劫夺被押解人员罪,是指劫夺押解途中的罪犯、被告人、犯罪嫌疑人的行为。本罪的具体构成要件是:

(1)本罪侵犯的客体是司法机关押解罪犯、被告人、犯罪嫌疑人的正常活动。

(2)本罪的客观方面表现为劫夺押解途中的罪犯、被告人、犯罪嫌疑人的行为。“劫夺”,是指使用暴力、胁迫或者其他方法夺取被押解人,使其脱离押解人员控制的行为。“押解途中”,是指在看守所、监狱等羁押场所、审判法庭等以外,由司法机关将罪犯、被告人、犯罪嫌疑人从一地方押送至另一地方的途中,比如从羁押场所押至审判场所或回程途中。

(3)本罪的主体为一般主体。

(4)本罪的主观方面必须出于故意,过失不能构成本罪。

【司法适用】

1. 脱逃罪

(1)既遂与未遂的界定。行为人实施脱逃的目的在于逃离羁押或者改造场所,以达到逃避关押的目的。因此,脱逃行为是否得逞,主要应看行为人是否逃出了羁押、改造场所,是否摆脱了看管人员的控制。如果在羁押、改造场所内被发现,或者虽然逃出了羁押、改造场所的范围,但在看守人员直接监视下被抓回,是脱逃未遂。

(2)罪数问题。如果行为人使用暴力手段脱逃,造成监管人员或其他制止其行为的人轻伤以下结果的,仍成立脱逃罪。如果其暴力手段造成监管人员或其他人重伤、死亡,属于本罪与故意伤害罪或故意杀人罪的牵连犯,应依照从一重罪处断的原则对其以故意伤害罪或故意杀人罪论处。

2. 劫夺被押解人员罪

(1)“情节严重”的认定。“情节严重”一般指:①劫夺多名被押解人员或致多名被押解人员逃逸的;②劫夺重大案件被押解人员的;③持械劫夺被押解人员等。

(2)罪数问题。行为人使用暴力方法劫夺被押解人员,造成押解人员伤害或者死亡的,或者杀害押解人员后劫夺被押解人员的,或者劫夺被押解人员后为灭口又杀害押解人员的,应当按照数罪并罚的原则处理。

第三百一十七条　【组织越狱罪】组织越狱的首要分子和积极参加的，处五年以上有期徒刑；其他参加的，处五年以下有期徒刑或者拘役。

【暴动越狱罪；聚众持械劫狱罪】暴动越狱或者聚众持械劫狱的首要分子和积极参加的，处十年以上有期徒刑或者无期徒刑；情节特别严重的，处死刑；其他参加的，处三年以上十年以下有期徒刑。

【条文理解】

1. 组织越狱罪

组织越狱罪，是指狱中的罪犯、被告人、犯罪嫌疑人有组织、有计划地逃往狱外的行为。本罪的具体构成要件是：

(1)本罪侵犯的客体是监管机关的监管秩序。监狱、看守所等监管场所的任务是看管、教育、改造在押人员。组织越狱就是违反监管规定，企图有计划、有组织地逃往狱外，使监管场所的正常监管秩序遭到破坏。

(2)本罪的客观方面表现为依法被关押的罪犯、被告人、犯罪嫌疑人在首要分子的组织和秘密策划下有组织、有计划地逃往狱外的行为。这里所说的“狱”，是指包括监狱、看守所等在内的羁押场所。在押解途中，在押人员有组织、有计划地逃跑的，也属于组织越狱的行为。越狱的方式是多种多样的，如冲闯狱门、翻越狱墙、挖掘地道等。

(3)本罪的主体是特殊主体，即只能由在监狱等关押场所的在押人员构成，其他人员不能构成本罪的主体。对于个别监管人员为越狱的在押人员提供帮助或方便条件的，按组织越狱罪的共犯处理。“首要分子”，是指组织越狱犯罪的组织、策划、指挥者；“积极参加的”，是指主动、积极参加有组织的越狱犯罪或者在犯罪中起重要作用的人；“其他参加的”，是指在有组织的越狱犯罪中，除了首要分子和积极参加者以外的其他参加犯罪的人员。

(4)本罪的主观方面必须出于故意，并且具有通过组织越狱的行为以达到逃避法律制裁的目的。本罪为必要共同犯罪，但其不要求行为人都出于相同的动机，行为人只要认识到自己在与他人一起共同实行有组织、有预谋、有计划的逃跑越狱行为而仍决意实施的，即可构成本罪。

2. 暴动越狱罪

暴动越狱罪，是指依法被关押的罪犯、被告人、犯罪嫌疑人，以有组织或者聚众的形式集体使用暴力手段强行越狱的行为。本罪的具体构成要件是：

(1)本罪侵犯的客体是监管机关的监管秩序。采用暴力手段从监管场所逃跑,使监管场所的正常监管秩序受到破坏。

(2)本罪的客观方面表现为在首要分子的组织、策划、指挥下,有组织、有预谋、有计划地使用暴力而共同越狱的行为。"暴力"通常表现为采取杀伤、杀害监管人员,抢夺枪支、弹药、交通工具,砸毁监舍门窗等方式。在押解中,执行死刑的刑场以及学习、劳动改造等地方进行有组织、有预谋、有计划地采用暴力的方法共同逃跑,也应视为本罪的实行行为。

(3)本罪的主体是特殊主体,即只能由在监狱、看守所等关押场所的在押人员构成,其他人员不能构成本罪的主体。对于个别监管人员为越狱的在押人员提供帮助或方便条件的,应按暴动越狱罪的共犯处理。

(4)本罪的主观方面必须基于故意,具有通过暴动越狱的行为以达到逃避法律制裁的目的。本罪为必要共同犯罪,但其不要求行为人都出于相同的动机,只要行为人认识到自己在与他人一起共同实行有组织、有预谋、有计划的暴动越狱行为而仍决意实施的,即可构成本罪。

3. 聚众持械劫狱罪

聚众持械劫狱罪,是指狱外的人聚众持械劫夺被监禁在狱中的罪犯、被告人、犯罪嫌疑人的行为。本罪的具体构成要件是:

(1)本罪侵犯的客体是监管机关的监管秩序。

(2)本罪的客观方面表现为狱外的人持械以暴力劫夺狱中的在押人员的行为。"聚众",是指聚集、纠合3人以上。"持械",是指携带、持有、使用枪支、管制刀具以及其他具有较大杀伤力、破坏力的器械,包括各种枪支、弹药等。"劫狱",是指采用暴力或者其他方法劫夺狱中的在押人员,如采用聚众持械冲进监狱,杀伤、杀害监管人员,砸毁、破坏监狱设施,抢夺、抢劫枪支、弹药、交通工具,绑架人质进行威胁,药物麻醉监管人员等方法劫夺在押罪犯。劫狱中的"狱",泛指一切关押、羁押、监管场所,也包括押解途中,对被告人进行审判的审判场所,以及对罪犯执行死刑的刑场,罪犯参观、学习、劳动、医治的场所等。

(3)本罪的主体是一般主体。

(4)本罪的主观方面表现为直接故意。

【司法适用】

1. 组织越狱罪

(1)本罪与脱逃罪的界限。本罪与脱逃罪在形式上都表现为在押的犯罪分子逃离监管、羁押场所。两者的区别是:本罪是多数在押犯勾结在一起,在首要分子的指挥、策划下,有组织、有计划地集体逃跑越狱的行为;脱逃罪一般只是个别犯罪分子单独的逃跑行为。

(2)罪数问题。在越狱的过程中可能出现抢劫、抢夺看守人员枪支弹药,绑架、杀害监管人员等其他犯罪行为。对于这种行为一般不按数罪并罚处理,应以本罪从重处罚。

2. 暴动越狱罪

(1)本罪与组织越狱罪的界限。两罪最主要的区别在于行为方式不同,组织越狱罪的行为方式中排斥共同的暴力行为;本罪则必须采取共同的暴力行为。如果在组织越狱的过程中,个别参与者因受到阻碍而使用了暴力,对于没有使用暴力意图的其他参与人,不能以暴动越狱罪定罪处罚。

(2)罪数问题。在暴动越狱的过程中致人重伤、死亡的,仍只以本罪一罪论处。

3. 聚众持械劫狱罪

本罪与组织越狱罪的界限。两罪都是以共同犯罪形式出现,有组织、有计划、有领导地集体实施的行为。最主要的区别在于主体要件不同,本罪是由狱外人员组织实施的行为;组织越狱罪则是狱内的在押人员在首要分子的指挥、策划下集体逃往狱外的行为。

第三节　妨害国(边)境管理罪

第三百一十八条　【组织他人偷越国(边)境罪】组织他人偷越国(边)境的,处二年以上七年以下有期徒刑,并处罚金;有下列情形之一的,处七年以上有期徒刑或者无期徒刑,并处罚金或者没收财产:

(一)组织他人偷越国(边)境集团的首要分子;

(二)多次组织他人偷越国(边)境或者组织他人偷越国(边)境人数众多的;

(三)造成被组织人重伤、死亡的;

(四)剥夺或者限制被组织人人身自由的;

(五)以暴力、威胁方法抗拒检查的;

(六)违法所得数额巨大的;

(七)有其他特别严重情节的。

犯前款罪,对被组织人有杀害、伤害、强奸、拐卖等犯罪行为,或者对检查人员有杀害、伤害等犯罪行为的,依照数罪并罚的规定处罚。

【条文理解】

组织他人偷越国(边)境罪,是指违反出入国(边)境管理法规,非法组织他人偷越国(边)境的行为。本罪的具体构成要件是:

(1)本罪侵犯的客体是国家对国(边)境管理的正常秩序。国家对国(边)境管理的正常秩序,维系着国家主权、领土完整和国(边)境的安全以及社会秩序的稳定。《出境入境管理法》第11条规定:中国公民出境入境,应当向出入境边防检查机关交验本人的护照或者其他旅行证件等出境入境证件,履行规定的手续,经查验准许,方可出境入境。第24条规定:外国人入境,应当向出入境边防检查机关交验本人的护照或者其他国际旅行证件、签证或者其他入境许可证明,履行规定的手续,经查验准许,方可入境。第27条规定:外国人出境,应当向出入境边防检查机关交验本人的护照或者其他国际旅行证件等出境入境证件,履行规定的手续,经查验准许,方可出境。

(2)本罪的客观方面表现为非法组织他人偷越国(边)境的行为。根据《妨害国(边)境管理案件解释》第1条规定,领导、策划、指挥他人偷越国(边)境或者在首要分子指挥下,实施拉拢、引诱、介绍他人偷越国(边)境等行为的,应当认定为"组织他人偷越国(边)境"。组织他人偷越国(边)境人数在10人以上的,应当认定为"人数众多";违法所得数额在20万元以上的,应当认定为"违法所得数额巨大"。

(3)本罪的主体是一般主体。

(4)本罪的主观方面表现为故意,并不要求行为人主观上以营利为目的。

【司法适用】

1. 罪与非罪的界限

本罪是行为犯,组织他人偷越国(边)境的人数、次数以及违法所得数额不是本罪的入罪标准,实施了组织他人偷越国(边)境的行为,即应当立案侦查。但是,情节显著轻微,危害不大的,可不作为犯罪处理。

2. 本罪与其他犯罪的界限

(1)本罪与运送他人偷越国(边)境罪的界限。两者的区别主要在于客观方面不同:组织他人偷越国(边)境罪在客观方面表现为通过拉拢、串连、诱使、煽动等方式,有组织、有计划地安排他人偷越国(边)境的行为;而运送他人偷越国(边)境罪在客观方面则表现为用车辆、船只、航空器等交通运输工具将偷渡者带出或者运送出入国(边)境的行为。因而,如果行为人组织了一批人偷越国(边)境后,又运送另一批人偷越国(边)境,则具备了两种犯罪的构成要件,实行数罪并罚;但如果行为人既组织又运送同一批人偷越国(边)境,则属目的和手段的牵连行为,从一重罪处断,以组织他人偷越国(边)境罪论处。

(2)本罪与偷越国(边)境罪的界限。两者的区别主要在于犯罪主体不同:组织他人偷越国(边)境罪的主体虽然是一般主体,但实际上只有偷越国(边)境犯罪活动的组织者才能构罪;而偷越国(边)境罪的犯罪主体无任何特殊要求。所以,在共同偷越国(边)境的过程中,出于江湖义气或亲友私情,为个别偷越国(边)境的人员提供有关帮助的行为,不构成组织他人偷越国(边)境罪,其中情节严重者,以偷越国(边)境罪的共犯处理。

3. 犯罪未遂的认定

根据《妨害国(边)境管理案件解释》第 1 条规定,以组织他人偷越国(边)境为目的,招募、拉拢、引诱、介绍、培训偷越国(边)境人员,策划、安排偷越国(边)境行为,在他人偷越国(边)境之前或者偷越国(边)境过程中被查获的,应当以组织他人偷越国(边)境罪(未遂)论处。

【司法案例】

凌某勇组织他人偷越边境、韦德其等运送他人偷越边境案①

[**裁判要旨**]区分组织他人偷越国(边)境罪与运送他人偷越国(边)境罪的关键在于判断行为是否具有组织性;只有发生了将偷渡者实际运送出入边境的危害后果才能构成该罪的既遂。只有发生了将被组织的偷渡者实际运送出入边境的危害后果才能构成组织他人偷越国(边)境罪的既遂。而运送他人偷越国(边)境是组织他人偷越国(边)境的环节之一,从刑法规定的量刑幅度也可看出运送他人偷越国(边)境罪的社会危害性低于组织他人偷越国(边)境罪,根据举重以明轻的解释原理,亦应以运送的偷渡人员是否越过边境线作为区分运送他人偷越国(边)境罪既未遂的认定标准。

第三百一十九条　【骗取出境证件罪】以劳务输出、经贸往来或者其他名义,弄虚作假,骗取护照、签证等出境证件,为组织他人偷越国(边)境使用的,处三年以下有期徒刑,并处罚金;情节严重的,处三年以上十年以下有期徒刑,并处罚金。

单位犯前款罪的,对单位判处罚金,并对其直接负责的主管人员和其他直接责任人员,依照前款的规定处罚。

---

① 参见《刑事审判参考》总第 100 集第 1031 号案例。

【条文理解】

骗取出境证件罪,是指行为人以劳务输出、经贸往来或者其他名义,弄虚作假,骗取护照、签证等出境证件,为组织他人偷越国(边)境使用的行为。本罪的具体构成要件是:

(1)本罪侵犯的客体是国家机关对出境证件的正常管理活动和对国(边)境的正常管理秩序。本罪的犯罪对象仅限于护照、签证等出境证件。根据《妨害国(边)境管理案件解释》第2条规定,"出境证件"包括护照或者代替护照使用的国际旅行证件,中华人民共和国海员证,中华人民共和国出入境通行证,中华人民共和国旅行证,中国公民往来香港、澳门、台湾地区证件,边境地区出入境通行证,签证、签注,出国(境)证明、名单,以及其他出境时需要查验的资料。

(2)本罪的客观方面表现为行为人弄虚作假,从国家主管机关骗取护照、签证等出国(边)境所必需的出境证件,用于组织他人偷越国(边)境犯罪活动。根据《妨害国(边)境管理案件解释》第2条规定,为组织他人偷越国(边)境,编造出境事由、身份信息或者相关的境外关系证明的,应当认定为"弄虚作假"。行为人弄虚作假,以欺骗手段使国家出入境管理机关的有关工作人员发生错误认识为其办理出境证件,从而合法地获取出境证件,是骗取出境证件罪的本质特征,只有行为人采用了欺骗手段,才能构成本罪。

(3)本罪的主体要件为一般主体,单位和个人均可构成。

(4)本罪的主观方面表现为故意。骗取出境证件的目的是组织他人偷越国(边)境使用。如果行为人骗取出境证件的目的不是组织他人偷越国(边)境使用,则不构成本罪。

【司法适用】

1. 罪与非罪的界限

本罪是行为犯,骗取出境证件的份数、次数以及违法所得数额不是本罪的入罪标准,实施了以各种名义弄虚作假,骗取护照、通行证、旅行证、海员证、签证(注)等出境证件,为他人偷越国(边)境使用的行为,即应当立案侦查。但是,情节显著轻微,危害不大的,可不作为犯罪处理。

2. "情节严重"的认定

根据《妨害国(边)境管理案件解释》第2条规定,具有下列情形之一的,应当认定为"情节严重":(1)骗取出境证件5份以上的;(2)非法收取费用30万元以上的;(3)明知是国家规定的不准出境的人员而为其骗取出境证件的;(4)其他情节严重的情形。

3. 本罪与组织他人偷越国(边)境罪的关联

本罪规定的行为实质上是组织他人偷越国(边)境行为的一种特殊情况。所以,只要行为人实施了为组织他人偷越国(边)境骗取出境证件的行为,就构成本罪。根据《妨害国(边)境管理案件解释》第8条规定,实施组织他人偷越国(边)境犯罪,同时构成骗取出境证件罪,提供伪造、变造的出入境证件罪,出售出入境证件罪,运送他人偷越国(边)境罪的,依照处罚较重的规定定罪处罚。

第三百二十条 【提供伪造、变造的出入境证件罪;出售出入境证件罪】为他人提供伪造、变造的护照、签证等出入境证件,或者出售护照、签证等出入境证件的,处五年以下有期徒刑,并处罚金;情节严重的,处五年以上有期徒刑,并处罚金。

【条文理解】

1. 提供伪造、变造的出入境证件罪

提供伪造、变造的出入境证件罪,是指为他人提供伪造、变造的护照、签证等出入境证件的行为。本罪的具体构成要件是:

(1)本罪侵犯的客体是国家对出入境证件的管理秩序。犯罪对象是出入境证件,即由公安部、外交部或者其他被授权的有关机关,根据申请人的申请,审查核实后签发的允许其出入国(边)境的证明,如护照、签证或者其他的有效出入境证件。

(2)本罪的客观方面表现为为他人提供伪造、变造的出入境证件的行为。这里的"提供",既可以是有偿的,也可以是无偿的。"伪造"是指无制作出入境证件权限的行为人私自仿造出入境证件,"变造"是指无制作出入境证件权限的行为人,私自采取剪贴、挖补、揭层、涂改、移位等方法加工处理真实的出入境证件,改变证件上的信息。根据《妨害国(边)境管理案件解释》第3条的规定,"情节严重"是指:①为他人提供伪造、变造的出入境证件或者出售出入境证件5份以上的;②非法收取费用30万元以上的;③明知是国家规定的不准出入境的人员而为其提供伪造、变造的出入境证件或者向其出售出入境证件的;④其他情节严重的情形。

(3)本罪的主体为一般主体,只能由个人实施,根据《妨害国(边)境管理案件解释》第7条的规定,以单位名义或者单位形式为他人提供伪造、变造的出入境证件的,追究直接负责的主管人员和其他直接责任人员的刑事责任。

(4)本罪的主观方面由故意构成,即行为人明知是伪造、变造的出入境证件仍向他人提供。是否存在营利目的不影响本罪的成立。

2. 出售出入境证件罪

出售出入境证件罪,是指行为人以营利为目的,出售护照、签证等出入境证件的行为。本罪的具体构成要件是:

(1)本罪侵犯的客体是国家对出入境证件的管理制度。犯罪对象是出入境证件。本罪中的“出入境证件”,仅指真实的证件,不包括伪造、变造的证件。证件是否在有效期内不影响本罪的成立。

(2)本罪的客观方面表现为出售护照、签证等出入境证件。“出售”是指有偿转让,这里既包括有偿转让他人证件,也包括有偿转让自己合法持有的证件。

(3)本罪的主体为一般主体,只能由个人实施。

(4)本罪的主观方面表现为故意,并且具有营利的目的。

【司法适用】

1. 本条两个罪名的适用

区分提供伪造、变造的出入境证件罪和出售出入境证件罪的关键问题在于判断出入境证件的真伪。如果行为人出售的是真实的出入境证件,应以出售出入境证件罪定罪处罚;如果行为人出售的是伪造、变造的出入境证件,由于“出售”行为是“提供”行为的一种表现形式,应当认定为提供伪造、变造的出入境证件罪。

2. 罪数的认定

签证、护照属于国家机关证件。伪造、变造签证、护照后又提供给他人的,成立伪造、变造国家机关证件罪与提供伪造、变造的出入境证件罪的牵连犯;为组织他人偷越国(边)境而实施提供伪造、变造的出入境证件罪或出售出入境证件罪的,同样属于牵连犯;出售护照等用于出入境的国家机关证件的,同时触犯买卖国家机关证件罪,应认定为想象竞合犯;上述情况,均应依据处罚较重的规定定罪处罚。

第三百二十一条 【运送他人偷越国(边)境罪】**运送他人偷越国(边)境的,处五年以下有期徒刑、拘役或者管制,并处罚金;有下列情形之一的,处五年以上十年以下有期徒刑,并处罚金:**

(一)多次实施运送行为或者运送人数众多的;

(二)所使用的船只、车辆等交通工具不具备必要的安全条件,足以造成严重后果的;

(三)违法所得数额巨大的;

(四)有其他特别严重情节的。

在运送他人偷越国(边)境中造成被运送人重伤、死亡,或者以暴力、威胁方法抗拒检查的,处七年以上有期徒刑,并处罚金。

犯前两款罪,对被运送人有杀害、伤害、强奸、拐卖等犯罪行为,或者对检查人员有杀害、伤害等犯罪行为的,依照数罪并罚的规定处罚。

【条文理解】

运送他人偷越国(边)境罪,是指运送他人偷越国(边)境的行为。

本罪在侵犯的客体、主体、主观方面均与组织他人偷越国(边)境罪相同。客观方面表现为运送他人偷越国(边)境的行为。“运送”是指使用车辆、船只等交通工具将他人非法运出、运入国(边)境的行为。

【司法适用】

1. 本罪与组织他人偷越国(边)境罪的关系

本罪与组织他人偷越国(边)境罪具有关联性。如果行为人针对同一批“他人”,组织后又运送,应当认为运送行为是组织行为的组成部分,只能认定行为人构成组织他人偷越国(边)境罪一罪。但如果行为人组织一批人偷越国(边)境后又运送另一批人偷越国(边)境,则应当分别定罪,数罪并罚。

2. 准确理解本罪的升格法定刑情形

根据《刑法》第321条第1款规定,犯运送他人偷越国(边)境罪的,处5年以下有期徒刑、拘役或者管制,并处罚金;有下列情形之一的,处5年以上10年以下有期徒刑,并处罚金:(1)多次实施运送行为或者运送人数众多的。“多次”是指3次及以上。根据《妨害国(边)境管理案件解释》第4条规定,“人数众多”是指运送他人偷越国(边)境人数在10人以上的。(2)所使用的船只、车辆等交通工具不具备必要的安全条件,足以造成严重后果的,是指交通工具不具备基本的安全性,可能发生船只沉没、车辆倾覆事故,导致人员伤亡的情形。(3)违法所得数额巨大的。根据《妨害国(边)境管理案件解释》第4条规定,“违法所得数额巨大”是指违法所得数额在20万元以上的。(4)有其他特别严重情节的,应当与上述三种情形具有相当性。

3. 罪数的认定

依照《刑法》第321条第3款规定,犯运送他人偷越国(边)境罪,又对被运送人有杀害、伤害、强奸、拐卖等犯罪行为,或者对检查人员有杀害、伤害等犯罪行为的，依照数罪并罚的规定定罪处罚。

第三百二十二条 【偷越国（边）境罪】违反国（边）境管理法规，偷越国（边）境，情节严重的，处一年以下有期徒刑、拘役或者管制，并处罚金；为参加恐怖活动组织、接受恐怖活动培训或者实施恐怖活动，偷越国（边）境的，处一年以上三年以下有期徒刑，并处罚金。

【条文对照】

1997 年《刑法》	2015 年《刑法修正案（九）》
第三百二十二条 违反国（边）境管理法规，偷越国（边）境，情节严重的，处一年以下有期徒刑、拘役或者管制，并处罚金。	第三百二十二条 违反国（边）境管理法规，偷越国（边）境，情节严重的，处一年以下有期徒刑、拘役或者管制，并处罚金；**为参加恐怖活动组织、接受恐怖活动培训或者实施恐怖活动，偷越国（边）境的，处一年以上三年以下有期徒刑，并处罚金。**

【条文理解】

偷越国（边）境罪，是指违反国（边）境管理法规，偷越国（边）境，情节严重的行为。在基本法定刑之外，针对为参加恐怖活动组织、接受恐怖活动培训或者实施恐怖活动而偷越国（边）境的，规定了更重的法定刑。本罪的具体构成要件是：

（1）本罪侵犯的客体是国家对国（边）境的正常管理秩序。

（2）本罪的客观方面表现为违反国（边）境管理法规，偷越国（边）境的行为。根据《妨害国（边）境管理案件解释》第 6 条的规定，具有以下 5 种情形之一的，属于“偷越国（边）境”的行为：①没有出入境证件出入国（边）境或者逃避接受边防检查的；②使用伪造、变造、无效的出入境证件出入国（边）境的；③使用他人出入境证件出入国（边）境的；④使用以虚假的出入境事由、隐瞒真实身份、冒用他人身份证件等方式骗取的出入境证件出入国（边）境的；⑤采用其他方式非法出入国（边）境的。

（3）本罪的主体为一般主体，既包括中国人也包括外国人。

（4）本罪的主观方面由故意构成，过失不构成本罪。

【司法适用】

1. 罪与非罪的界限

现实中，偷越国（边）境的情况比较复杂，并不是所有偷越国（边）境的行为都要作为犯罪处理，只有达到了“情节严重”的程度才构成犯罪。根据《妨害国（边）

境管理案件解释》第5条规定,偷越国(边)境,具有下列情形之一的,应当认定为“情节严重”:(1)在境外实施损害国家利益行为的;(2)偷越国(边)境3次以上或者3人以上结伙偷越国(边)境的;(3)拉拢、引诱他人一起偷越国(边)境的;(4)勾结境外组织、人员偷越国(边)境的;(5)因偷越国(边)境被行政处罚后1年内又偷越国(边)境的;(6)其他情节严重的情形。

2. 本罪与其他偷越国(边)境犯罪的界限

走私犯罪的行为人通过偷越国(边)境的方法进行走私犯罪活动的,应当按处理牵连犯的原则,择一重罪处罚。国家机关工作人员在履行公务期间,擅离岗位,叛逃境外或者在境外叛逃,或者掌握国家秘密的国家工作人员叛逃境外或者在境外叛逃,其所侵犯的客体在于国家安全,而非国家对国(边)境的正常管理秩序,不应认定为本罪,而是以叛逃罪定罪处罚。

【司法案例】

胡某平、张某华偷越国境案[①]

[**裁判要旨**]即使偷渡者是在中国注册、悬挂中国国旗的货轮上被抓获,只要货轮已经越出国(边)境,偷渡者即属于偷越国(边)境犯罪既遂。

第三百二十三条 【破坏界碑、界桩罪;破坏永久性测量标志罪】故意破坏国家边境的界碑、界桩或者永久性测量标志的,处三年以下有期徒刑或者拘役。

【条文理解】

1. 破坏界碑、界桩罪

破坏界碑、界桩罪,是指故意破坏国家边境的界碑、界桩的行为。本罪的具体构成要件是:

(1)本罪侵犯的客体是国家边境的正常秩序。犯罪对象是国家边境的界碑、界桩。“界碑、界桩”,是指我国政府为了指示边境分界及其走向而埋设的标志物。界碑与界桩只是形状不同,没有本质区别。

(2)本罪的客观方面表现为破坏国家边境的界碑、界桩的行为。所谓“破坏”,是使界碑、界桩减少、毁坏或丧失其应有功能的一切行为,包括砸毁、拆除、窃

---

① 参见上海市黄浦区人民法院(1992)黄法刑字第335号刑事判决书。

走、移动、掩埋等，造成难以识别。

（3）本罪的主体为一般主体。

（4）本罪的主观方面由故意构成，即明知是国家设立在边境上的界碑、界桩而故意予以破坏。

2. 破坏永久性测量标志罪

破坏永久性测量标志罪，是指故意破坏国家设立的永久性测量标志的行为。本罪的具体构成要件是：

（1）本罪侵犯的客体是国家对永久性测量标志的管理活动。虽然本罪被规定在"妨害国（边）境管理罪"一节中，但是本罪的犯罪对象并不限定于边境处的"永久性测量标志"。"永久性测量标志"，是指国家测绘单位在全国各地进行的测绘工作中，建立起来的各种测量标志物，包括水准点、地形点、导线点、军用控制点、重力点、天文点等。

（2）本罪的客观方面表现为实施了破坏永久性测量标志的行为。"破坏"，是指让永久性测量标志原有功能丧失或减损的一切手段，包括拔除、移动、毁坏等。

（3）本罪的主体为一般主体。

（4）本罪的主观方面由故意构成，即明知是国家永久性测量标志而故意破坏。

【司法适用】

在司法实践中，要准确认定两罪与盗窃罪、故意毁坏财物罪的关系。破坏界碑、界桩罪和破坏永久性测量标志罪的犯罪对象分别是界碑、界桩和永久性测量标志，而界碑、界桩和永久性测量标志也是国家所有的财物。如果行为人以盗窃、毁坏的方式实施本条两个罪名的行为，同时触犯盗窃罪或故意毁坏财物罪，应按想象竞合犯的处理原则，择一重罪论处。

第四节　妨害文物管理罪

第三百二十四条　【故意损毁文物罪】故意损毁国家保护的珍贵文物或者被确定为全国重点文物保护单位、省级文物保护单位的文物的，处三年以下有期徒刑或者拘役，并处或者单处罚金；情节严重的，处三年以上十年以下有期徒刑，并处罚金。

【故意损毁名胜古迹罪】故意损毁国家保护的名胜古迹，情节严重的，处五年以下有期徒刑或者拘役，并处或者单处罚金。

【过失损毁文物罪】过失损毁国家保护的珍贵文物或者被确定为全国重点文物保护单位、省级文物保护单位的文物,造成严重后果的,处三年以下有期徒刑或者拘役。

【条文理解】

1. 故意损毁文物罪

本罪的具体构成要件是:

(1)本罪侵犯的客体是国家对珍贵文物、国家重点文物保护单位对文物的管理秩序和国家对国家所有的文物的所有权利。

(2)本罪的客观方面表现为行为人故意损毁国家保护的珍贵文物或者被确定为全国重点文物保护单位、省级文物保护单位的文物。本条中的"珍贵文物"主要是指可移动文物。根据《文物保护法》和《文物藏品定级标准》的规定,凡属一、二、三级文物均属珍贵文物。珍贵文物主要包括:历史上各时代珍贵的艺术品;工艺美术品;重要的革命文献资料以及具有历史、艺术、科学价值的手稿;古旧图书资料;反映历史上各时代、各民族社会制度、社会生产、社会生活的代表性实物。根据全国人大常委会《关于〈中华人民共和国刑法〉有关文物的规定适用于具有科学价值的古脊椎动物化石、古人类化石的解释》的规定,刑法有关文物的规定,适用于具有科学价值的古脊椎动物化石、古人类化石。"文物保护单位"是指人民政府按照法定程序确定的,具有历史、艺术、科学价值的革命遗址、纪念建筑物、古文化遗址、古墓葬、古建筑、石窟寺、石刻等不可移动的文物。文物保护单位分为全国重点文物保护单位、省级文物保护单位、县(市)级文物保护单位,根据其级别分别由国务院、省级人民政府和县(市)级人民政府核定公布。"故意损毁"是指故意将国家保护的珍贵文物毁坏,将全国重点文物保护单位、省级文物保护单位的文物破坏的行为。其中"损毁"包括打碎、涂抹、拆散、烧毁等使文物失去文物价值的破坏行为。《立案追诉标准(一)》第46条规定:故意损毁国家保护的珍贵文物或者被确定为全国重点文物保护单位、省级文物保护单位的文物的,应予立案追诉。

(3)本罪的主体为一般主体。单位不能构成本罪的主体。

(4)本罪的主观方面是故意。

2. 故意损毁名胜古迹罪

本罪的具体构成要件是:

(1)本罪侵犯的客体是国家对名胜古迹的管理秩序。

(2)本罪的客观方面是行为人故意损毁国家保护的名胜古迹,情节严重。本款中的“名胜古迹”是指可供人游览的著名的风景区以及虽未被人民政府核定公布为文物保护单位但也具有一定历史意义的古建筑、雕塑、石刻等历史陈迹。按照《立案追诉标准(一)》第47条的规定:需要立案追究的“情节严重”的情形包括:①造成国家保护的名胜古迹严重损毁的;②损毁国家保护的名胜古迹3次以上或者3处以上,尚未造成严重损毁后果的;③损毁手段特别恶劣的;④其他情节严重的情形。

(3)本罪的主体为一般主体,凡年满16周岁具有辨认和控制自己能力的自然人,均可成为本罪主体。单位不能构成本罪的主体。

(4)本罪的主观方面是故意,过失不构成本罪。

3. 过失损毁文物罪

本罪的具体构成要件是:

(1)本罪侵犯的客体是国家对珍贵文物、国家重点文物保护单位对文物的管理秩序和国家对国家所有的文物的所有权利。

(2)本罪的客观方面是行为人过失损毁国家保护的珍贵文物或者被确定为全国重点文物保护单位、省级文物保护单位的文物。《立案追诉标准(一)》第48条规定,需要立案追究的“造成严重后果”的情形包括:①造成珍贵文物严重损毁的;②造成被确定为全国重点文物保护单位、省级文物保护单位的文物严重损毁的;③造成珍贵文物损毁3件以上的;④其他造成严重后果的情形。

(3)本罪的主体为一般主体,单位不能构成本罪的主体。

(4)本罪的主观方面是过失。

【司法适用】

1. 故意损毁文物罪和故意损毁名胜古迹罪的界限

二者的犯罪四个构成要件均相同,唯一区别在于犯罪对象不同。故意损毁文物罪的犯罪对象是可以移动的珍贵文物、不可移动的国家与省级重点文物保护单位的文物。故意损毁名胜古迹罪的犯罪对象是国家保护的名胜古迹。文物是很多名胜古迹的有机组成部分,行为人在损毁名胜古迹中的文物时,往往又损毁了名胜古迹,此时属于想象竞合犯,应从一重处。

2. 故意损毁文物罪、故意损毁名胜古迹罪与故意毁坏财物罪的界限

前两个罪名与故意毁坏财物罪的区别首先在于犯罪客体不同,前两罪的犯罪客体是国家的文物管理制度,故意毁坏财物罪侵犯的是公私财产所有权。其次是犯罪对象不同,前两罪的犯罪对象分别是可以移动的珍贵文物、不可移动的国家与省级重点文物保护单位的文物和国家保护的名胜古迹,故意毁坏财物罪侵犯的

对象是公私财物。文物和名胜古迹也是一种财物，故意损毁文物罪、故意损毁名胜古迹罪与故意毁坏财物罪之间是构成包容关系的法条竞合。

3. 故意损毁文物罪、故意损毁名胜古迹罪与盗窃罪的界限

行为人在盗窃过程中损毁了珍贵文物、国家与省级重点文物保护单位的文物或者国家保护的名胜古迹，应认定行为人的犯罪形态属于牵连犯，从一重处。

【司法案例】

张某明、毛某明、张某故意损毁名胜古迹案①

［**裁判要旨**］风景名胜区的核心景区属于《刑法》第324条第2款规定的"国家保护的名胜古迹"。对核心景区内的世界自然遗产实施打岩钉等破坏活动，严重破坏自然遗产的自然性、原始性、完整性和稳定性的，综合考虑有关地质遗迹的特点、损坏程度等，可以认定为故意损毁国家保护的名胜古迹"情节严重"。

第三百二十五条　【非法向外国人出售、赠送珍贵文物罪】**违反文物保护法规，将收藏的国家禁止出口的珍贵文物私自出售或者私自赠送给外国人的，处五年以下有期徒刑或者拘役，可以并处罚金。**

单位犯前款罪的，对单位判处罚金，并对其直接负责的主管人员和其他直接责任人员，依照前款的规定处罚。

【条文理解】

本罪的具体构成要件是：

（1）本罪侵犯的客体是国家对珍贵文物的处置管理制度。

（2）本罪的客观方面表现为行为人违反文物保护法规，将收藏的国家禁止出口的珍贵文物私自出售或者私自赠送给外国人的行为。"禁止出口的珍贵文物"，是指国家有关主管部门规定禁止出口的珍贵文物。为了严格禁止具有重要价值的珍贵文物出口，《文物保护法》规定，文物出境，应当经国务院文物行政部门指定的文物进出境审核机构审核。经审核允许出境的文物，由国务院文物行政部门发给文物出境许可证，从国务院文物行政部门指定的口岸出境。《文物进出境审核管理办法》规定，下列文物出境，应当经过审核：①1949年（含）以前的各类艺术品、工艺美术品；②1949年（含）以前的手稿、文献资料和图书资料；③1949年（含）

---

① 参见最高人民法院第147号指导案例。

以前的与各民族社会制度、社会生产、社会生活有关的实物；④1949 年以后的与重大事件或著名人物有关的代表性实物；⑤1949 年以后的反映各民族生产活动、生活习俗、文化艺术和宗教信仰的代表性实物；⑥国家文物局公布限制出境的已故现代著名书画家、工艺美术家作品；⑦古猿化石、古人类化石，以及与人类活动有关的第四纪古脊椎动物化石。文物出境审核标准，由国家文物局定期修订并公布。将上述文物中的珍贵文物私自出售、赠送外国人的，即可构成本罪。“私自出售或者私自赠送给外国人”，是指文物收藏者违反国家文物保护的有关规定，将收藏的禁止出口的珍贵文物卖给或者赠送给具有外国国籍和无国籍的人。

(3)本罪的主体是一般主体，可以是自然人，也可以是单位。

(4)本罪的主观方面是故意。

【司法适用】

1. 罪与非罪的界限

本罪的犯罪对象为国家禁止出口的文物。如果只是将私人收藏的一般文物私自出售、赠送外国人的，应由国家工商管理机关处以罚款，并可没收其文物和违法所得，而不能作为犯罪处理。

2. 本罪和走私文物罪的界限

两罪的犯罪主体和犯罪对象是相同的，但区别首先是犯罪客体不同：非法向外国人出售、赠送珍贵文物罪的客体是国家对珍贵文物的处置管理制度，走私文物罪的客体是复杂客体，既侵犯了国家对外贸易管制制度，又侵犯了国家对文物的出口管制制度，其主要客体是国家对外贸易管制制度。其次是客观方面不同，非法向外国人出售、赠送珍贵文物罪在客观方面表现为私自出售、赠送珍贵文物，而走私文物罪在客观方面表现为私自携带、邮寄珍贵文物出境。行为人将禁止出口的文物偷运、携带、邮寄出境，然后在境外出售、赠送给外国人，应认定行为人构成走私文物罪，而非构成非法向外国人出售、赠送珍贵文物罪。

第三百二十六条　【倒卖文物罪】以牟利为目的，倒卖国家禁止经营的文物，情节严重的，处五年以下有期徒刑或者拘役，并处罚金；情节特别严重的，处五年以上十年以下有期徒刑，并处罚金。

单位犯前款罪的，对单位判处罚金，并对其直接负责的主管人员和其他直接责任人员，依照前款的规定处罚。

【条文理解】

本罪的具体构成要件是：

(1)本罪侵犯的客体是国家对文物的管理制度。

(2)本罪的客观方面表现为倒卖国家禁止经营的文物,情节严重的行为。“倒卖国家禁止经营的文物”是指倒卖国家不允许自由买卖或者拍卖的文物,从中牟取利益的行为。既包括无权从事文物商业经营的单位或者个人倒卖国家禁止经营的文物,也包括具有从事文物商业经营权的文物商店或者拍卖企业,倒卖国家禁止经营的文物。《文物保护法》允许文物收藏单位以外的公民、法人和其他组织依法收藏,收藏的文物可以依法流通,但是第51条规定,公民、法人和其他组织不得买卖下列文物:①国有文物,但是国家允许的除外;②非国有馆藏珍贵文物;③国有不可移动文物中的壁画、雕塑、建筑构件等,但是依法拆除的国有不可移动文物中的壁画、雕塑、建筑构件等不属于《文物保护法》第20条第4款规定的应由文物收藏单位收藏的除外;④来源不符合《文物保护法》第50条规定的文物。

根据《文物保护法》第5条的规定,国有文物,即国家所有的文物,包括:①中华人民共和国境内地下、内水和领海中遗存的一切文物。②古文化遗址、古墓葬、石窟寺。③国家指定保护的纪念建筑物、古建筑、石刻、壁画、近代现代代表性建筑等不可移动文物,除国家另有规定的除外。④下列可移动文物:中国境内出土的文物,国家另有规定的除外;国有文物收藏单位以及其他国家机关、部队和国有企业、事业组织等收藏、保管的文物;国家征集、购买的文物;公民、法人和其他组织捐赠给国家的文物;法律规定属于国家所有的其他文物。国有不可移动文物的所有权不因其所依附的土地所有权或者使用权的改变而改变,国家所有的可移动文物的所有权不因其保管、收藏单位的终止或者变更而改变。“情节严重”是指以牟利为目的,倒卖国家禁止经营的文物,数量大,造成珍贵文物流失或者获取非法利益数额较大等情形。“情节特别严重”是指以牟利为目的,倒卖国家禁止经营的文物,造成国家特别珍贵的文物流失,造成大量珍贵文物流失或者获取非法利益数额巨大等情形。

(3)本罪的主体为一般主体,包括自然人和单位两类。

(4)本罪的主观方面表现为故意,且主观上有牟利的目的。

【司法适用】

1. 倒卖文物罪罪与非罪的界限

对于有权经营文物的单位在其登记的范围内依法从事经营活动,所经营的文物又不属于国家禁止经营的文物的,不属于犯罪。

2. 倒卖文物罪与非法向外国人出售珍贵文物罪的界限

两罪的主要区别包括:(1)两罪犯罪客体不同。倒卖文物罪侵犯的是国家对珍贵文物的流通管制制度,非法向外国人出售珍贵文物罪侵犯的客体是国家对珍贵文物的处置管理制度。(2)相对方不同。倒卖文物罪的相对方可以是本国人,也可以是外国人。非法向外国人出售珍贵文物罪的相对方是外国人。倒卖文物罪是对合犯,即买卖珍贵文物的双方都可能构成该罪。非法向外国人出售珍贵文物罪不是对合犯,即购买珍贵文物的外国人不构成本罪。(3)犯罪主体不同。倒卖文物罪的犯罪主体是一般主体,包括单位和个人。非法向外国人出售珍贵文物罪是持有或者占有珍贵文物的人。(4)犯罪主观方面不同。非法向外国人出售珍贵文物罪不要求具有牟利目的,倒卖文物罪要求行为人在主观上具有非法牟利目的。

第三百二十七条 【非法出售、私赠文物藏品罪】违反文物保护法规,国有博物馆、图书馆等单位将国家保护的文物藏品出售或者私自送给非国有单位或者个人的,对单位判处罚金,并对其直接负责的主管人员和其他直接责任人员,处三年以下有期徒刑或者拘役。

【条文理解】

本罪的具体构成要件是:

(1)本罪侵犯的客体是复杂客体,即国家对文物藏品的管理制度和国家对国有文物藏品的所有权。

(2)本罪的客观方面表现为国有博物馆、图书馆等单位违反文物保护法规,将国家保护的文物藏品出售或者私自送给非国有单位或者个人。本条所指"违反文物保护法规",是指违反《文物保护法》以及与文物保护有关的行政法规等。"文物藏品"包括珍贵文物和一般文物。"非国有单位"指集体所有制的单位、私营企业、中外合资企业、外资企业以及非国有的社会团体、事业组织。

(3)本罪的主体是"国有博物馆、图书馆等单位",个人不是本罪的主体。"国有博物馆、图书馆等单位",是指国家所有的博物馆、图书馆、纪念馆和文物考古事业机构等单位。

(4)本罪的主观方面是故意,而且是直接故意。

【司法适用】

1. 非法出售、私赠文物藏品罪罪与非罪的界限

确定是否构成非法出售、私赠文物藏品罪,首先要确定文物是否属于已收藏的国家保护文物;其次要看买方或受赠人是否是非国有单位或者个人;最后必须存在非法出售、私自赠予的行为。

2. 本罪与非法向外国人出售、赠送珍贵文物罪的界限

首先是相对方不同，本罪的相对方是非国有单位和个人，不限于外国人；非法向外国人出售、赠送珍贵文物罪相对方仅限于外国人。其次是犯罪对象不同。非法向外国人出售、赠送珍贵文物罪仅限于珍贵文物；本罪既包括珍贵文物，也包括一般文物。最后是犯罪主体不同，本罪是纯正的单位犯罪；而非法向外国人出售、赠送珍贵文物罪可以是单位犯罪，也可以是个人犯罪。

第三百二十八条　【盗掘古文化遗址、古墓葬罪】盗掘具有历史、艺术、科学价值的古文化遗址、古墓葬的，处三年以上十年以下有期徒刑，并处罚金；情节较轻的，处三年以下有期徒刑、拘役或者管制，并处罚金；有下列情形之一的，处十年以上有期徒刑或者无期徒刑，并处罚金或者没收财产：

（一）盗掘确定为全国重点文物保护单位和省级文物保护单位的古文化遗址、古墓葬的；

（二）盗掘古文化遗址、古墓葬集团的首要分子；

（三）多次盗掘古文化遗址、古墓葬的；

（四）盗掘古文化遗址、古墓葬，并盗窃珍贵文物或者造成珍贵文物严重破坏的。

【盗掘古人类化石、古脊椎动物化石罪】盗掘国家保护的具有科学价值的古人类化石和古脊椎动物化石的，依照前款的规定处罚。

【条文对照】

1997年《刑法》	2011年《刑法修正案（八）》
第三百二十八条　盗掘具有历史、艺术、科学价值的古文化遗址、古墓葬的，处三年以上十年以下有期徒刑，并处罚金；情节较轻的，处三年以下有期徒刑、拘役或者管制，并处罚金；有下列情形之一的，处十年以上有期徒刑、无期徒刑或者**死刑**，并处罚金或者没收财产： （一）盗掘确定为全国重点文物保护单位和省级文物保护单位的古文化遗址、古墓葬的； （二）盗掘古文化遗址、古墓葬集团的首要分子；	第三百二十八条　盗掘具有历史、艺术、科学价值的古文化遗址、古墓葬的，处三年以上十年以下有期徒刑，并处罚金；情节较轻的，处三年以下有期徒刑、拘役或者管制，并处罚金；有下列情形之一的，处十年以上有期徒刑或者无期徒刑，并处罚金或者没收财产： （一）盗掘确定为全国重点文物保护单位和省级文物保护单位的古文化遗址、古墓葬的； （二）盗掘古文化遗址、古墓葬集团的首要分子；

续表

1997 年《刑法》	2011 年《刑法修正案(八)》
(三)多次盗掘古文化遗址、古墓葬的; (四)盗掘古文化遗址、古墓葬,并盗窃珍贵文物或者造成珍贵文物严重破坏的。 盗掘国家保护的具有科学价值的古人类化石和古脊椎动物化石的,依照前款的规定处罚。	(三)多次盗掘古文化遗址、古墓葬的; (四)盗掘古文化遗址、古墓葬,并盗窃珍贵文物或者造成珍贵文物严重破坏的。 盗掘国家保护的具有科学价值的古人类化石和古脊椎动物化石的,依照前款的规定处罚。

【条文理解】

1. 盗掘古文化遗址、古墓葬罪

本罪的具体构成要件是:

(1)本罪侵犯的客体是国家对古文化遗址、古墓葬的保护制度和国家对古文化遗址、古墓葬的所有权。

(2)本罪的客观方面表现为盗掘古文化遗址、古墓葬的行为。“盗掘”是指以出卖或者非法占有为目的,私自秘密发掘古文化遗址和古墓葬的行为。

(3)本罪的主体是一般主体,只能由自然人构成,单位不能构成本罪的主体。

(4)本罪的主观方面只能是故意,并且具有盗掘古文化遗址、古墓葬的目的。

根据近年来打击盗掘古文化遗址、古墓葬犯罪的实际情况,本条具体规定了适用 10 年以上有期徒刑或者无期徒刑,并处罚金或者没收财产刑罚的 4 种情形:

(1)盗掘确定为全国重点文物保护单位和省级文物保护单位的古文化遗址、古墓葬的。《文物保护法》规定,一切考古发掘工作,必须履行报批手续;从事考古发掘的单位,应当经国务院文物行政部门批准。地下埋藏的文物,任何单位或者个人都不得私自发掘。从事考古发掘的单位为了科学研究进行考古发掘,应当提出发掘计划,报国务院文物行政部门批准;对全国重点文物保护单位的考古发掘计划,应当经国务院文物行政部门审核后报国务院批准。国务院文物行政部门在批准或者审核前,应当征求社会科学研究机构及其他科研机构和有关专家的意见。上述古文化遗址、古墓葬一旦被盗掘,对国家文化财产造成的损失根本无法弥补,不处以重刑不具有威慑力。

(2)盗掘古文化遗址、古墓葬集团的首要分子。“首要分子”是指在盗掘古文化遗址、古墓葬的集团犯罪活动中起组织、策划、指挥作用的犯罪分子。

(3)多次盗掘古文化遗址、古墓葬的。“多次”一般是指 3 次以上。该项规定主要针对的是盗掘古文化遗址、古墓葬的惯犯。

(4)“盗掘古文化遗址、古墓葬,并盗窃珍贵文物或者造成珍贵文物严重破坏的”。“盗窃珍贵文物”是指在盗掘中将珍贵文物据为己有的行为,这里将盗窃的文物仅限于“珍贵文物”。盗窃一般文物的不属于本项情节。盗掘行为与珍贵文物破坏的情况关系紧密，而且盗掘古文化遗址、古墓葬的目的，往往就是为了盗窃珍贵文物。

2. 盗掘古人类化石、古脊椎动物化石罪

本罪的具体构成要件是：

(1)本罪侵犯的客体是国家对古化石的管理制度。

(2)本罪的客观方面表现为盗掘古人类化石和古脊椎动物化石的行为。古人类化石和古脊椎动物化石对研究人类发展史和自然科学具有重要意义，文物保护法规定对其保护适用文物保护的规定。

(3)本罪的主体为一般主体，单位不能构成本罪的主体。

(4)本罪的主观方面只能是故意，并且具有非法占有古人类化石和古脊椎动物化石的目的。

“依照前款的规定处罚”是指盗掘国家保护的具有科学价值的古人类化石和古脊椎动物化石的，依照本条第 1 款规定的三档刑罚进行处罚。

【司法适用】

根据 2022 年 8 月 16 日发布的最高人民法院、最高人民检察院、公安部、国家文物局《关于办理妨害文物管理等刑事案件若干问题的意见》，应注意以下两点：

1. 准确认定盗掘行为

针对古建筑、石窟寺等不可移动文物中包含的古文化遗址、古墓葬部分实施盗掘，以盗掘古文化遗址、古墓葬罪追究刑事责任。

以盗掘为目的，在古文化遗址、古墓葬表层进行钻探、爆破、挖掘等作业，因意志以外的原因，尚未损害古文化遗址、古墓葬的历史、艺术、科学价值的，属于盗掘古文化遗址、古墓葬未遂，应当区分情况分别处理：(1)以被确定为全国重点文物保护单位、省级文物保护单位的古文化遗址、古墓葬为盗掘目标的，应当追究刑事责任；(2)以被确定为市、县级文物保护单位的古文化遗址、古墓葬为盗掘目标的，对盗掘团伙的纠集者、积极参加者，应当追究刑事责任；(3)以其他古文化遗址、古墓葬为盗掘目标的，对情节严重者，依法追究刑事责任。

2. 准确认定盗窃行为

采用破坏性手段盗窃古建筑、石窟寺、石刻、壁画、近现代重要史迹和代表性建筑等不可移动文物未遂，具有下列情形之一的，应当依法追究刑事责任：(1)针对全国重点文物保护单位、省级文物保护单位中的建筑构件、壁画、雕塑、石刻等实施盗窃，损害文物本体历史、艺术、科学价值，情节严重的；(2)以被确定为市、县级以上文物保护单位整体为盗窃目标的；(3)造成市、县级以上文物保护单位的不可移动文物本体损毁的;(4)针对不可移动文物中的建筑构件、壁画、雕塑、石刻等实施盗窃,所涉部分具有等同于三级以上文物历史、艺术、科学价值的;(5)其他情节严重的情形。

【司法案例】

韩某、胡某俊盗掘古墓葬案①

[**裁判要旨**]石像生是古墓葬的重要组成部分,具有重要的历史、艺术、科学价值;偷挖石像生的行为属于“盗掘”古墓葬行为;对偷挖石像生的行为不宜以盗窃罪处罚,而应以盗掘古墓葬罪定罪处罚。

第三百二十九条 【抢夺、窃取国有档案罪】**抢夺、窃取国家所有的档案的,处五年以下有期徒刑或者拘役。**

【擅自出卖、转让国有档案罪】**违反档案法的规定,擅自出卖、转让国家所有的档案,情节严重的,处三年以下有期徒刑或者拘役。**

有前两款行为,同时又构成本法规定的其他犯罪的,依照处罚较重的规定定罪处罚。

【条文理解】

1. 抢夺、窃取国家档案罪

本罪的具体构成要件是:

(1)本罪侵犯的客体是国家的档案管理制度。

(2)本罪的客观方面表现为抢夺、窃取国家档案的行为。“档案”是指过去和现在的国家机构、社会组织以及个人从事政治、军事、经济、科学、技术、文化、宗教等活动直接形成的对国家和社会有保存价值的多种文字、图表、声像等不同形式的历史记录。“国家所有的档案”是指具有重要保存价值,由国家具有所有权及处置权的档案。“抢夺”国家所有的档案,是指以非法占有为目的,公然夺取国家所有的档案,当然也应包含抢劫档案的行为。“窃取”国家所有的档案,是指以非法占有为目的,秘密取得国家所有的档案。

(3)本罪的主体是一般主体,只能由自然人构成,单位不能成为本罪的主体。

(4)本罪的主观方面由故意构成,一般具有非法占有国家所有的档案的故意。

---

① 参见《刑事审判参考》总第105集第1130号案例。

2. 擅自出卖、转让国有档案罪

本罪的具体构成要件是：

（1）本罪侵犯的客体是国家档案管理制度。

（2）本罪的客观方面表现为擅自出卖、转让国家所有的档案，情节严重的行为。《档案法》规定，禁止买卖属于国家所有的档案。档案复制件的交换、转让和出卖，按照国家规定办理。“擅自出卖、转让国家所有的档案”实际上是改变了档案的所有权，并且也意味着国家所有的档案随时有可能被公布。国家所有的档案，是涉及国家和社会有重要保存价值的历史记录，不适当的公布会造成不良的后果。

（3）本罪的主体是特殊主体，即国有档案的管理人员。

（4）本罪的主观方面是故意。

3. 有前两款行为，同时又构成本法规定的其他犯罪的处理

第3款是关于抢夺、窃取国家所有的档案，或者违反《档案法》的规定，擅自出卖、转让国家所有的档案的同时，又犯本法规定其他罪行如何处罚的规定。这主要是指抢夺、盗窃的档案属于文物或者国家秘密，行为人同时触犯数个罪名，在这种情况下，应当从一重罪处罚。

【司法适用】

1. 擅自出卖、转让国有档案罪的罪与非罪

行为人出卖、转让的档案属于集体和个人所有的，不构成本罪。但行为人将原属于集体和个人的档案在国家档案馆收购后出卖、转让的，也构成本罪。另外行为人将寄存在国家档案馆的集体和个人档案出卖、转让的，由于国家档案馆保管集体和个人所有的档案产生与保管行为一致的法律义务，故也构成本罪。

2. 擅自出卖、转让国有档案罪与倒卖文物罪的界限

首先，客体不同。擅自出卖、转让国有档案罪侵犯的是国家档案管理制度与国有档案的国家所有权，倒卖文物罪侵犯的客体是文物的流通管理制度。其次，犯罪对象不同。擅自出卖、转让国有档案罪侵害的对象是国有档案，而倒卖文物罪侵害的对象是文物。最后，犯罪主体不同。擅自出卖、转让国有档案罪犯罪主体是特殊主体，而倒卖文物罪犯罪主体是一般主体。但也有重合交叉的时候，当行为人擅自出卖、转让的档案具有文物的性质，依照本条第3款的规定，“依照处罚较重的规定定罪处罚”，倒卖文物罪重于擅自出卖、转让国有档案罪法定刑，应当定倒卖文物罪。

第五节　危害公共卫生罪

第三百三十条　【妨害传染病防治罪】违反传染病防治法的规定，有下列情形之一，引起甲类传染病以及依法确定采取甲类传染病预防、控制措施的传染病传播或者有传播严重危险的，处三年以下有期徒刑或者拘役；后果特别严重的，处三年以上七年以下有期徒刑：

（一）供水单位供应的饮用水不符合国家规定的卫生标准的；

（二）拒绝按照疾病预防控制机构提出的卫生要求，对传染病病原体污染的污水、污物、场所和物品进行消毒处理的；

（三）准许或者纵容传染病病人、病原携带者和疑似传染病病人从事国务院卫生行政部门规定禁止从事的易使该传染病扩散的工作的；

（四）出售、运输疫区中被传染病病原体污染或者可能被传染病病原体污染的物品，未进行消毒处理的；

（五）拒绝执行县级以上人民政府、疾病预防控制机构依照传染病防治法提出的预防、控制措施的。

单位犯前款罪的，对单位判处罚金，并对其直接负责的主管人员和其他直接责任人员，依照前款的规定处罚。

甲类传染病的范围，依照《中华人民共和国传染病防治法》和国务院有关规定确定。

【条文对照】

1997 年《刑法》	2020 年《刑法修正案（十一）》
第三百三十条　违反传染病防治法的规定，有下列情形之一，引起甲类传染病传播或者有传播严重危险的，处三年以下有期徒刑或者拘役；后果特别严重的，处三年以上七年以下有期徒刑： （一）供水单位供应的饮用水不符合国家规定的卫生标准的；	第三百三十条　违反传染病防治法的规定，有下列情形之一，引起甲类传染病**以及依法确定采取甲类传染病预防、控制措施的传染病**传播或者有传播严重危险的，处三年以下有期徒刑或者拘役；后果特别严重的，处三年以上七年以下有期徒刑： （一）供水单位供应的饮用水不符合国家规定的卫生标准的；

续表

1997 年《刑法》	2020 年《刑法修正案(十一)》
(二)拒绝按照**卫生防疫**机构提出的卫生要求,对传染病病原体污染的污水、污物、**粪便**进行消毒处理的; (三)准许或者纵容传染病病人、病原携带者和疑似传染病病人从事国务院卫生行政部门规定禁止从事的易使该传染病扩散的工作的; **(四)**拒绝执行**卫生防疫**机构依照传染病防治法提出的预防、控制措施的。 单位犯前款罪的,对单位判处罚金,并对其直接负责的主管人员和其他直接责任人员,依照前款的规定处罚。 甲类传染病的范围,依照《中华人民共和国传染病防治法》和国务院有关规定确定。	(二)拒绝按照**疾病预防控制**机构提出的卫生要求,对传染病病原体污染的污水、污物、**场所和物品**进行消毒处理的; (三)准许或者纵容传染病病人、病原携带者和疑似传染病病人从事国务院卫生行政部门规定禁止从事的易使该传染病扩散的工作的; **(四)出售、运输疫区中被传染病病原体污染或者可能被传染病病原体污染的物品,未进行消毒处理的;** **(五)**拒绝执行**县级以上人民政府、疾病预防控制**机构依照传染病防治法提出的预防、控制措施的。 单位犯前款罪的,对单位判处罚金,并对其直接负责的主管人员和其他直接责任人员,依照前款的规定处罚。 甲类传染病的范围,依照《中华人民共和国传染病防治法》和国务院有关规定确定。

【条文理解】

本罪的具体构成要件是:

(1)本罪侵犯的客体是国家对传染病防治的管理秩序。"传染病"包括"甲类传染病"和"依法确定采取甲类传染病预防、控制措施的传染病"两种。甲类传染病的范围依照《传染病防治法》和国务院有关规定确定,我国的甲类传染病是指鼠疫、霍乱。"采取甲类传染病预防、控制措施的传染病"有乙类传染病中传染性非典型肺炎、炭疽中的肺炭疽和人感染高致病性禽流感;对于其他乙类传染病和突发原因不明的传染病,需要采取甲类传染病的预防、控制措施的,由国务院卫生行政部门及时报经国务院批准后予以公布、实施,需要解除甲类传染病预防、控制措施的,亦由国务院卫生行政部门报经国务院批准后予以公布。

(2)本罪的客观方面表现为造成甲类传染病以及依法确定采取甲类传染病预防、控制措施的传染病传播或者有传播严重危险。具体有五种类型:①供水单位供应的饮用水不符合国家规定的卫生标准;②拒绝按照疾病预防控制机构提出的卫生要求,对传染病病原体污染的污水、污物、场所和物品进行消毒处理;③准许或者纵容传染病病人、病原携带者和疑似传染病病人从事国务院卫生行政部门规定禁止从事的易使该传染病扩散的工作;④出售、运输疫区中被传染病病原体污染或者可能被传染病病原体污染的物品,未进行消毒处理;⑤拒绝执行县级以上人民政府、疾病预防控制机构依照《传染病防治法》提出的预防、控制措施的。

(3)本罪的主体包括单位和自然人。

(4)本罪的主观方面为过失,即行为人对其行为引起甲类传染病以及依法确定采取甲类传染病预防、控制措施的传染病传播或传播严重危险这一结果是不明知的,但对违反《传染病防治法》的规定是明知的。

【司法适用】

1. 关于"传染病"的认定

"甲类传染病"比较容易确定,对于"依法确定采取甲类传染病预防、控制措施的传染病",除传染性非典型肺炎、炭疽中的肺炭疽和人感染高致病性禽流感外,在具体案件中,还要根据国务院的相关规定及时判定是否有新增或删减的采取甲类传染病预防、控制措施的传染病。

2. 本罪与他罪的区别

(1)本罪与以危险方法危害公共安全罪、投放危险物质罪、过失以危险方法危害公共安全罪等危害公共安全犯罪的区分。妨害传染病防治罪是过失犯,以危险方法危害公共安全罪和投放危险物质罪的主观方面均表现为故意犯罪。因此,如果行为人对其行为能引起传染病传播或有传播严重危险不是明知的,构成妨害传染病防治罪;如果明知其行为会引起甲类传染病或依法确定采取甲类传染病预防、控制措施的传染病传播或传播严重危险,仍实施该行为,应以危害公共安全罪或投放危险物质罪论处。对于妨害传染病防治罪与过失以危险方法危害公共安全犯罪的区别,二者都是过失犯罪,如果符合该两个罪的行为特征,根据法条竞合原则,应适用本条定罪处罚。

(2)本罪与偷越国(边)境罪数罪并罚的问题。根据最高人民法院、最高人民检察院、公安部、国家移民管理局《关于依法惩治妨害国(边)境管理违法犯罪的意见》(法发〔2022〕18号)第10条的规定,实施偷越国(边)境犯罪,又实施妨害公务、袭警、妨害传染病防治等行为,并符合有关犯罪构成的,应当数罪并罚。

【司法案例】

张某智妨害传染病防治案①

[**裁判要旨**]在新冠肺炎疫情防控期间,相关部门均发布了疫情防控相应措施,特别是要求主动报告与武汉人员接触情况,但被告人依然抱有侥幸心理,不主动如实报告,拒绝执行卫生防疫机关依照传染病防治法提出的预防和控制措施,

① 参见《刑事审判参考》总第121集第1333号案例。

致新冠病毒肺炎有传播的严重危险。被告人的行为致使与其密切接触的19名医护人员被隔离观察，与其同属一诊疗空间的50人被居家隔离观察，其居住的小区被封闭管控，严重妨害了当地的疫情防控工作，构成了妨害传染病防治罪。

第三百三十一条　【传染病菌种、毒种扩散罪】从事实验、保藏、携带、运输传染病菌种、毒种的人员，违反国务院卫生行政部门的有关规定，造成传染病菌种、毒种扩散，后果严重的，处三年以下有期徒刑或者拘役；后果特别严重的，处三年以上七年以下有期徒刑。

【条文理解】

本罪的具体构成要件是：

（1）本罪侵犯的客体是国家对传染病菌种、毒种的管理制度。国家建立传染病菌种、毒种库。根据《传染病防治法实施办法》第16条的规定，“传染病菌种、毒种”分为三类：一类是鼠疫耶尔森氏菌、霍乱弧菌；天花病毒、艾滋病病毒。二类是布氏菌、炭疽菌、麻风杆菌、肝炎病毒、狂犬病毒、出血热病毒、登革热病毒；斑疹伤寒立克次体。三类是脑膜炎双球菌、链球菌、淋病双球菌、结核杆菌、百日咳嗜血杆菌、白喉棒状杆菌、沙门氏菌、志贺氏菌、破伤风梭状杆菌；钩端螺旋体、梅毒螺旋体；乙型脑炎病毒、脊髓灰质炎病毒、流感病毒、流行性腮腺炎病毒、麻疹病毒、风疹病毒。国务院卫生行政部门可以根据情况增加或者减少菌（毒）种的种类。

（2）本罪的客观方面表现为两个特征：一是具有本条规定身份的人员，在从事实验、保藏、携带、运输传染病菌种、毒种的过程中，违反了国务院卫生行政部门关于传染病菌种、毒种的保藏、携带、运输等有关规定，具体行为的内容需根据国务院卫生行政部门的有关规定确定。卫生行政部门的有关规定，主要是指《传染病防治法实施办法》等对传染病菌种、毒种的保藏、携带、运输等事项作出具体规定的规范性文件。二是造成了传染病菌种、毒种扩散且后果严重，即导致相应传染病流行、暴发，造成人员重伤、死亡，严重影响生产和生活秩序，或造成其他严重后果。

（3）本罪的主体是从事实验、保藏、携带、运输传染病菌种、毒种的人员，即因工作需要而接触传染病菌种、毒种，从而负有特定义务的人员。

（4）本罪的主观方面表现为过失，即应当预见自己的行为可能导致传染病菌种、毒种扩散，造成严重后果，因为疏忽大意而没有预见，或者已经预见而轻信能够避免。

【司法适用】

1. 本罪是结果犯

行为人的行为必须引起传染病病菌、毒种扩散,致使人畜感染,或者造成死亡结果。如果只发生传染病传播的严重危险,没有引发其他严重后果,不宜认定为后果严重。

2. 本罪与他罪的区别

行为人实施本条的行为,同时危害公共安全的,如果行为人对其行为造成传染病菌种、毒种扩散的结果是明知的,则构成以危险方法危害公共安全罪或投放危险物质罪,如果不是明知的,则构成本罪。

3. 立案追诉标准

根据《立案追诉标准(一)》第50条的规定,从事实验、保藏、携带、运输传染病菌种、毒种的人员,违反国务院卫生行政部门的有关规定,造成传染病菌种、毒种扩散,涉嫌下列情形之一的,应予立案追诉:(1)导致甲类和按甲类管理的传染病传播的;(2)导致乙类、丙类传染病流行、暴发的;(3)造成人员重伤或者死亡的;(4)严重影响正常的生产、生活秩序的;(5)其他造成严重后果的情形。

【司法案例】

胡某某传染病菌种、毒种扩散案①

[**裁判要旨**]构成传染病菌种、毒种扩散罪,行为人必须是从事实验、保藏、携带、运输传染病菌种、毒种的人员;行为特征方面,必须是违反了国务院卫生行政部门关于传染病菌种、毒种的保藏、携带、运输的管理规定,造成传染病菌种、毒种扩散且后果严重的,如储存传染病菌种、毒种的容器破损、丢失、被盗,或被传染病菌种、毒种所污染的物品未经消毒、灭菌处理而被带入公共场所,引起甲类传染病、艾滋病、肺炭疽传播或有传播严重危险的;造成艾滋病、肺炭疽之外的乙类、丙类传染病大面积传播的;造成大量传染病菌种、毒种扩散的;因传染病菌种、毒种扩散造成国家关于传染病防治管理秩序严重混乱的;致使公私财产遭受直接、间接的损失巨大的;等等。

第三百三十二条　【妨害国境卫生检疫罪】违反国境卫生检疫规定,引起检疫传染病传播或者有传播严重危险的,处三年以下有期徒刑或者拘役,并

---

① 曹子丹主编:《新刑法罪名量刑及案例通览》,吉林人民出版社2000年版,第1084页。

处或者单处罚金。

单位犯前款罪的，对单位判处罚金，并对其直接负责的主管人员和其他直接责任人员，依照前款的规定处罚。

【条文理解】

本罪的具体构成要件是：

(1)本罪侵犯的客体是国家对国境卫生检疫的管理制度。

(2)本罪的客观方面表现为：一是违反国境卫生检疫规定，“国境卫生检疫规定”，是指《国境卫生检疫法》及其实施细则等国务院卫生行政部门关于国境卫生检疫的相关规定；二是引起了检疫传染病传播或者有传播严重危险，检疫传染病是指鼠疫、霍乱、黄热病以及国务院确定和公布的其他传染病。

最高人民法院、最高人民检察院、公安部、司法部、海关总署《关于进一步加强国境卫生检疫工作　依法惩治妨害国境卫生检疫违法犯罪的意见》第2条规定，违反国境卫生检疫规定，实施下列行为之一，引起鼠疫、霍乱、黄热病以及新冠肺炎等国务院确定和公布的其他检疫传染病传播或者有传播严重危险的，构成妨害国境卫生检疫罪：①检疫传染病染疫人或者染疫嫌疑人拒绝执行海关依照国境卫生检疫法等法律法规提出的健康申报、体温监测、医学巡查、流行病学调查、医学排查、采样等卫生检疫措施，或者隔离、留验、就地诊验、转诊等卫生处理措施的；②检疫传染病染疫人或者染疫嫌疑人采取不如实填报健康申明卡等方式隐瞒疫情，或者伪造、涂改检疫单、证等方式伪造情节的；③知道或者应当知道实施审批管理的微生物、人体组织、生物制品、血液及其制品等特殊物品可能造成检疫传染病传播，未经审批仍逃避检疫，携运、寄递出入境的；④出入境交通工具上发现有检疫传染病染疫人或者染疫嫌疑人，交通工具负责人拒绝接受卫生检疫或者拒不接受卫生处理的；⑤来自检疫传染病流行国家、地区的出入境交通工具上出现非意外伤害死亡且死因不明的人员，交通工具负责人故意隐瞒情况的；⑥其他拒绝执行海关依照《国境卫生检疫法》等法律法规提出的检疫措施的。

(3)本罪的主体为自然人、单位。

(4)本罪的主观方面表现为故意，即行为人明知应当接受国境卫生检疫而有意违反规定逃避或拒绝接受国境卫生检疫，但不要求行为人必须明知自己是染疫人或染疫嫌疑人，行为人对其行为引起检疫传染病传播或者有传播严重危险的主观方面表现为过失。

【司法适用】

行为人实施的行为同时符合本罪和妨害传染病防治罪的构成要件的，根据最高人民法院、最高人民检察院、公安部、司法部、海关总署《关于进一步加强国境卫生检疫工作 依法惩治妨害国境卫生检疫违法犯罪的意见》第 2 条规定，应以妨害国境卫生检疫罪定罪处罚。行为人实施偷越国（边）境犯罪，又实施了妨害国境卫生检疫的行为，均符合有关犯罪构成的，根据最高人民法院、最高人民检察院、公安部、国家移民管理局《关于依法惩治妨害国（边）境管理违法犯罪的意见》第 10 条规定，应当数罪并罚。

【司法案例】

史某斯妨害国境卫生检疫案①

［**裁判要旨**］妨害国境卫生检疫罪的定罪情节主要有：（1）妨害国境卫生检疫的行为，是指入境、出境时采取逃避、蒙混或者其他手段，不接受国境卫生检疫机关对人身或者物品的医学检查、卫生检查和必要的卫生处理，以及其他违反应当接受国境卫生检疫义务的行为。（2）引起检疫传染病传播或者有传播严重危险。其中，“引起检疫传染病传播”，是指实际使他人感染上了检疫传染病的后果，但感染的人数没有要求，也不要求被传播的人发生死亡等严重后果；“有传播严重危险”，是指虽然尚未实际造成检疫传染病的传播，但具有造成检疫传染病传播的极大的现实可能性，一般表现为散播了大量检疫传染病病菌或者病毒，对公共卫生构成严重威胁的情况。

第三百三十三条 【非法组织卖血罪；强迫卖血罪】**非法组织他人出卖血液的，处五年以下有期徒刑，并处罚金；以暴力、威胁方法强迫他人出卖血液的，处五年以上十年以下有期徒刑，并处罚金。**

【故意伤害罪】**有前款行为，对他人造成伤害的，依照本法第二百三十四条的规定定罪处罚。**

【条文理解】

1. 非法组织卖血罪

本罪的具体构成要件是：

---

① 曹子丹主编：《新刑法罪名量刑及案例通览》，吉林人民出版社 2000 年版，第 1086~1087 页。

(1)本罪侵犯的客体是国家对血液采集的管理制度和公共卫生安全。

(2)本罪的客观方面表现为行为人违反法律规定,非法组织他人出卖血液,须同时具备非法性和行为对象不特定性两个特征。行为人诱劝特定个人出卖血液的,不成立本罪。

(3)本罪的主体是自然人。

(4)本罪的主观方面表现为故意。对于行为人是否以牟取非法利益为目的,本条未做出限定,但司法实践中,实施本罪行为通常有获取非法利益的目的。

2. 强迫卖血罪

本罪的具体构成要件是:

(1)本罪侵犯的客体是国家对血液采集的管理制度和他人的人身权利。

(2)本罪的客观方面表现为行为人以暴力、威胁、限制人身自由等方法,强迫不愿意提供血液的人出卖血液。与非法组织他人出卖血液罪不同,本罪对被强迫的人数没有限制,强迫特定个人出卖血液的,也可成立本罪。

(3)本罪的主体为自然人。

(4)本罪的主观方面表现为故意。

【司法适用】

1. 非法组织卖血致人轻伤的构成非法组织卖血罪,造成重伤或死亡的构成故意伤害罪

《刑法》第234条对故意伤害罪规定了三档量刑:致人轻伤,处3年以下有期徒刑、拘役或者管制;致人重伤,处3年以上10年以下有期徒刑;致人死亡或者以特别残忍手段致人重伤造成严重残疾,处10年以上有期徒刑、无期徒刑或者死刑。本条对非法组织卖血罪规定处5年以下有期徒刑,并处罚金。如果这里的"伤害"包括轻伤,即只要造成了轻伤或以上结果均按故意伤害罪定罪处罚,那么对于非法组织卖血致人轻伤的,按照故意伤害罪处3年以下有期徒刑、拘役或者管制,反而比没有伤害结果的量刑要轻,罪责刑显然不统一。故笔者认为,对于非法组织卖血造成他人轻伤的,仍认定为非法组织卖血罪;造成重伤或死亡的,均以故意伤害罪定罪量刑。组织传染病患者出卖血液,将血液提供给他人造成相应传染病传播或人员感染,又构成其他犯罪的,应数罪并罚。

2. 强迫卖血致人轻伤的构成强迫卖血罪,强迫卖血致人重伤、死亡的构成故意伤害罪

本条对强迫卖血罪规定处5年以上10年以下有期徒刑,并处罚金。与非法组织卖血对他人造成伤害的定罪量刑思路相同,强迫卖血对他人造成伤害的定罪量刑作以下区分:(1)致人轻伤的,仍按强迫卖血罪定罪处罚。(2)致人重伤的,

因《刑法》规定因故意伤害致人重伤处3年以上10年以下有期徒刑，强迫卖血处5年以上10年以下有期徒刑并处罚金。笔者认为，在强迫卖血致人重伤时，仍按故意伤害罪定罪，主刑不得低于强迫卖血的法定最低刑，附加刑仍应按照所定之罪判定。强迫卖血致人死亡或者以特别残忍手段致人重伤造成严重残疾的，则按照本条第2款规定，以故意伤害罪判处10年以上有期徒刑、无期徒刑或者死刑。

3. 立案追诉标准

根据《立案追诉标准（一）》第52条规定，非法组织他人出卖血液，涉嫌下列情形之一的，应予立案追诉：（1）组织卖血3人次以上的；（2）组织卖血非法获利2000元以上的；（3）组织未成年人卖血的；（4）被组织卖血的人的血液含有艾滋病病毒、乙型肝炎病毒、丙型肝炎病毒、梅毒螺旋体等病原微生物的；（5）其他非法组织卖血应予追究刑事责任的情形。

第三百三十四条 【非法采集、供应血液、制作、供应血液制品罪】**非法采集、供应血液或者制作、供应血液制品，不符合国家规定的标准，足以危害人体健康的，处五年以下有期徒刑或者拘役，并处罚金；对人体健康造成严重危害的，处五年以上十年以下有期徒刑，并处罚金；造成特别严重后果的，处十年以上有期徒刑或者无期徒刑，并处罚金或者没收财产。**

【采集、供应血液、制作、供应血液制品事故罪】**经国家主管部门批准采集、供应血液或者制作、供应血液制品的部门，不依照规定进行检测或者违背其他操作规定，造成危害他人身体健康后果的，对单位判处罚金，并对其直接负责的主管人员和其他直接责任人员，处五年以下有期徒刑或者拘役。**

【条文理解】

1. 非法采集、供应血液、制作、供应血液制品罪

本罪的具体构成要件是：

（1）本罪侵犯的客体是国家采供血及血液制品的管理制度和公共卫生。在我国，只有经国务院卫生部门特别批准的血站等单位才有采血权、供血权，未经批准的均属非法。

（2）本罪的客观方面表现为未经国家主管部门批准或者超批准范围，采集、供应血液或者制作、供应血液制品，且足以危害人体健康或是造成严重危害。其中，“血液制品”，是指人血（胎盘）球蛋白、白蛋白、丙种球蛋白、浓缩Ⅷ因子、纤维蛋白原等国务院卫生行政部门规定的各种人血浆蛋白制品。《非法采供血液案件解

释》第 2 条、第 3 条和第 4 条规定了本罪“不符合国家规定的标准,足以危害人体健康”、“对人体健康造成严重危害”和“造成特别严重后果”的几种常见情形:

“不符合国家规定的标准,足以危害人体健康”包括:①采集、供应的血液含有艾滋病病毒、乙型肝炎病毒、丙型肝炎病毒、梅毒螺旋体等病原微生物的;②制作、供应的血液制品含有艾滋病病毒、乙型肝炎病毒、丙型肝炎病毒、梅毒螺旋体等病原微生物,或者将含有上述病原微生物的血液用于制作血液制品的;③使用不符合国家规定的药品、诊断试剂、卫生器材,或者重复使用一次性采血器材采集血液,造成传染病传播危险的;④违反规定对献血者、供血浆者超量、频繁采集血液、血浆,足以危害人体健康的;⑤其他不符合国家有关采集、供应血液或者制作、供应血液制品的规定标准,足以危害人体健康的。

“对人体健康造成严重危害”包括:①造成献血者、供血浆者、受血者感染乙型肝炎病毒、丙型肝炎病毒、梅毒螺旋体或者其他经血液传播的病原微生物的;②造成献血者、供血浆者、受血者重度贫血、造血功能障碍或者其他器官组织损伤导致功能障碍等身体严重危害的;③对人体健康造成其他严重危害的。

“造成特别严重后果”包括:①因血液传播疾病导致人员死亡或者感染艾滋病病毒的;②造成 5 人以上感染乙型肝炎病毒、丙型肝炎病毒、梅毒螺旋体或者其他经血液传播的病原微生物的;③造成 5 人以上重度贫血、造血功能障碍或者其他器官组织损伤导致功能障碍等身体严重危害的;④造成其他特别严重后果的。

(3)本罪的主体是自然人。

(4)本罪的主观方面表现为故意,即行为人明知其采集、供应血液、制作、供应血液制品的行为属非法,仍然为之,但不要求行为人对其行为的危害性及危害结果有明确的认知。

2. 采集、供应血液、制作、供应血液制品事故罪

本罪的具体构成要件是:

(1)本罪侵犯的客体是国家对采集、供应血液或者制作、供应血液制品的单位的管理制度。

(2)本罪的客观方面表现为不依照规定进行检测或者违背其他操作规定,并造成了危害他人身体健康的后果。根据《非法采供血液案件解释》第 5 条和第 6 条规定,“不依照规定进行检测或者违背其他操作规定”的情况包括:①血站未用两个企业生产的试剂对艾滋病病毒抗体、乙型肝炎病毒表面抗原、丙型肝炎病毒抗体、梅毒抗体进行两次检测的;②单采血浆站不依照规定对艾滋病病毒抗体、乙型肝炎病毒表面抗原、丙型肝炎病毒抗体、梅毒抗体进行检测的;③血液制品生产企业在投料生产前未用主管部门批准和检定合格的试剂进行复检的;④血站、单

采血浆站和血液制品生产企业使用的诊断试剂没有生产单位名称、生产批准文号或者经检定不合格的；⑤采供血机构在采集检验标本、采集血液和成分血分离时，使用没有生产单位名称、生产批准文号或者超过有效期的一次性注射器等采血器材的；⑥不依照国家规定的标准和要求包装、储存、运输血液、原料血浆的；⑦对国家规定检测项目结果呈阳性的血液未及时按照规定予以清除的；⑧不具备相应资格的医务人员进行采血、检验操作的；⑨对献血者、供血浆者超量、频繁采集血液、血浆的；⑩采供血机构采集血液、血浆前，未对献血者或供血浆者进行身份识别，采集冒名顶替者、健康检查不合格者血液、血浆的；⑪血站擅自采集原料血浆，单采血浆站擅自采集临床用血或者向医疗机构供应原料血浆的；⑫重复使用一次性采血器材的；⑬其他不依照规定进行检测或者违背操作规定的。"造成危害他人身体健康后果"的情形包括：①造成献血者、供血浆者、受血者感染艾滋病病毒、乙型肝炎病毒、丙型肝炎病毒、梅毒螺旋体或者其他经血液传播的病原微生物的；②造成献血者、供血浆者、受血者重度贫血、造血功能障碍或者其他器官组织损伤导致功能障碍等身体严重危害的；③造成其他危害他人身体健康后果的。

(3)本罪的主体是特殊主体，即经国家主管部门批准采集、供应血液或者制作、供应血液制品的单位。

(4)本罪的主观方面表现为过失。即依法从事采集、供应血液或制作、供应血液制品的单位，应当预见其违规行为可能造成危害他人身体健康的后果，因为疏忽大意没有预见，或者已经预见但轻信能够避免，以致发生危害后果。

【司法适用】

非法采集、供应血液、制作、供应血液制品罪的主观方面表现为故意，不要求出于特定目的，同时触犯故意杀人、故意伤害罪等罪的，属于想象竞合，从一重罪处罚。行为人非法组织或者强迫他人出卖血液后，又非法供应血液或者制作、供应血液制品，不符合国家规定的标准，足以危害人体健康的，视具体情形从一重罪处罚或者数罪并罚。

第三百三十四条之一 【非法采集人类遗传资源、走私人类遗传资源材料罪】**违反国家有关规定，非法采集我国人类遗传资源或者非法运送、邮寄、携带我国人类遗传资源材料出境，危害公众健康或者社会公共利益，情节严重的，处三年以下有期徒刑、拘役或者管制，并处或者单处罚金；情节特别严重的，处三年以上七年以下有期徒刑，并处罚金。**

【条文对照】

1997 年《刑法》	2020 年《刑法修正案(十一)》
无	**第三百三十四条之一 违反国家有关规定,非法采集我国人类遗传资源或者非法运送、邮寄、携带我国人类遗传资源材料出境,危害公众健康或者社会公共利益,情节严重的,处三年以下有期徒刑、拘役或者管制,并处或者单处罚金;情节特别严重的,处三年以上七年以下有期徒刑,并处罚金。**

【条文理解】

非法采集人类遗传资源、走私人类遗传资源材料罪为《刑法修正案(十一)》所增加的罪名。本罪的具体构成要件是:

(1)本罪侵犯的客体是国家对人类遗传资源的管理制度。

(2)本罪的客观方面必须同时包含两个要素:①行为的非法性,我国对于人类遗传资源的各项管理规定是指国家对人类遗传资源的各项实体及程序规定,如《生物安全法》《人类遗传资源管理条例》《人类遗传资源管理暂行办法》《人类遗传资源管理条例实施细则》等,根据前述规定判断行为的非法性。②本罪是危险犯,只有当行为人的行为社会影响恶劣,足以对公众健康、社会利益造成危害才入罪;如只是偶尔实施且未产生前述负面效果,不宜定性为本罪。

(3)本罪的主体是自然人。

(4)本罪的主观方面表现为故意,即行为人明知其采集我国人类遗传资源或者运送、邮寄、携带我国人类遗传资源材料出境的行为违法,但不要求对其行为是否危害公众健康或者社会公共利益有明确的认知。

【司法适用】

1. 准确把握行为的社会危害性

本罪要求行为人的行为足以危害公众健康或者社会公共利益,且情节严重。实践中,采集的人数、时间、次数以及所涉及的地域、社会影响、公众舆论、对被采集人的人身伤害等情节均可作为判断情节严重、社会危害性及危害公众健康或者社会公共利益的因素。

2. 行为对象的限定

本条保护的人类遗传资源和人类遗传资源材料均限定于“我国”,这里的“我国”应限定于我国种族的遗传资源,对于在我国境内非法采集非我国种族的遗传资源不宜按本罪处罚。

第三百三十五条 【医疗事故罪】医务人员由于严重不负责任,造成就诊人死亡或者严重损害就诊人身体健康的,处三年以下有期徒刑或者拘役。

【条文理解】

本罪的具体构成要件是：

(1)本罪侵犯的客体是医疗机构正常的工作秩序、管理制度和就诊人的生命健康权。

(2)本罪的客观方面需同时具备以下两个要素：①行为人严重不负责任。主要是指医务人员在诊疗护理等过程中，违反诊疗护理规章制度和技术操作规程，不履行或者不正确履行诊疗护理职责，粗心大意、马虎草率。根据《立案追诉标准(一)》第56条的规定，具有下列情形之一的，属于本条规定的“严重不负责任”：擅离职守的；无正当理由拒绝对危急就诊人实行必要的医疗救治的；未经批准擅自开展试验性医疗的；严重违反查对、复核制度的；使用未经批准使用的药品、消毒药剂、医疗器械的；严重违反国家法律法规及有明确规定的诊疗技术规范、常规的；其他严重不负责任的情形。②造成就诊人死亡或者严重损害就诊人身体健康的后果，且该后果与医务人员严重不负责任的行为有直接因果关系。

(3)本罪的主体是特殊主体，只能是医务人员，主要指在医疗机构从事对病人救治、护理工作的医生和护士等人员，具体包括国家、集体医疗单位的医生、护士、药剂人员，以及经主管部门批准开业的个体行医人员。

(4)本罪的主观方面表现为过失，即行为人应当预见其行为可能造成危害他人身体健康的后果，因疏忽大意没有预见，或者已经预见但轻信能够避免，以致发生本条规定的危害后果。

【司法适用】

构成本罪，必须要有就诊人的死亡或者严重损害就诊人身体健康的后果，这是罪与非罪的界限。只有当医务人员严重不负责任的行为对就诊人的身体健康造成了严重损害的，才构成本罪，实践中，可从就诊人的不良反应程度、人身损伤程度、被害人人数等因素综合考虑损害的严重性。“严重不负责任”也是构成本罪的必要条件之一，对于不是由于严重不负责任，而是由于其他原因(如实施紧急抢救、患者病情异常或是患者体质特殊、无过错输血等)造成医疗事故的，不构成本罪。

【司法案例】

孟某超医疗事故案①

[**裁判要旨**]被告人作为一名医生，在合法诊疗过程中，没有经过国家卫生行

① 参见《刑事审判参考》总第54集第429号案例。

政部门批准私自配制药品用于诊疗，严重违反医疗规章；在用药过程中，因小剂量未对被害人造成不良反应，而轻信该药不会对被害人造成伤害，进而加大剂量给被害人服用最终造成被害人死亡，属于过于自信的过失，其行为构成医疗事故罪。司法实践中对于利用民间验方、偏方实施诊疗致人伤亡的行为，在定性时要严格把握，应对主体资格、主观心态、因果关系和行为发生的客观环境等具体条件进行严格审查。如果主体资格不符，则可以非法行医罪追究刑事责任。如果是利用未经有关机构认可和授权的民间验方、偏方制成药物，大规模生产，或者公开在药店、医疗机构等医药市场上向不特定的患者或公众大范围销售，足以严重危害人体健康的，则应以生产、销售假药罪定罪处罚。

第三百三十六条 【非法行医罪】未取得医生执业资格的人非法行医，情节严重的，处三年以下有期徒刑、拘役或者管制，并处或者单处罚金；严重损害就诊人身体健康的，处三年以上十年以下有期徒刑，并处罚金；造成就诊人死亡的，处十年以上有期徒刑，并处罚金。

【非法进行节育手术罪】未取得医生执业资格的人擅自为他人进行节育复通手术、假节育手术、终止妊娠手术或者摘取宫内节育器，情节严重的，处三年以下有期徒刑、拘役或者管制，并处或者单处罚金；严重损害就诊人身体健康的，处三年以上十年以下有期徒刑，并处罚金；造成就诊人死亡的，处十年以上有期徒刑，并处罚金。

【条文理解】

1. 非法行医罪

本罪的具体构成要件是：

（1）本罪侵犯的客体是国家的医疗管理制度和他人的生命健康权。

（2）本罪的客观方面是指未取得医生执业资格的人非法行医且情节严重：

第一，本罪是职业犯，行为人非法行医的时间不管有多长，均只能成立一罪。“未取得医生执业资格的人非法行医”，是指未取得医师执业资格的人从事诊断、治疗、医务护理等医疗工作。本罪的“行医”，是指从事医疗活动和医疗行为，根据《非法行医案件解释》第6条规定，“医疗活动”和“医疗行为”参照《医疗机构管理条例实施细则》中的“诊疗活动”“医疗美容”认定。“诊疗活动”，是指通过各种检查，使用药物、器械及手术等方法，对疾病作出判断和消除疾病、缓解病情、减轻痛苦、改善功能、延长生命、帮助患者恢复健康的活动；“医疗美容”是指使用药物以及手术、物理和其他损伤性或者侵入性手段进行的美容。《非法行医案件解释》第1条规定,具有下列情形之一的,属于"未取得医生执业资格的人非法行医":①未取得或者以非法手段取得医师资格从事医疗活动的;②被依法吊销医师执业证书期间从事医疗活动的;③未取得乡村医生执业证书,从事乡村医疗活动的;④家庭接生员实施家庭接生以外的医疗行为的。

第二,构成本罪要求情节严重。根据《非法行医案件解释》第2条、第3条规定,具有下列情形之一的,属于本罪的"情节严重":①造成就诊人轻度残疾、器官组织损伤导致一般功能障碍的;②造成甲类传染病传播、流行或者有传播、流行危险的;③使用假药、劣药或不符合国家规定标准的卫生材料、医疗器械,足以严重危害人体健康的;④非法行医被卫生行政部门行政处罚两次以后,再次非法行医的;⑤其他情节严重的情形。具有下列情形之一的,属于"严重损害就诊人身体健康":①造成就诊人中度以上残疾、器官组织损伤导致严重功能障碍的;②造成3名以上就诊人轻度残疾、器官组织损伤导致一般功能障碍的。

(3)本罪的主体是未取得医生执业资格的自然人。

(4)本罪的主观方面表现为故意,行为人对其无证行医的行为有主观上的故意,但不要求其对病人伤亡结果有明确的认知。

2. 非法进行节育手术罪

非法进行节育手术罪是指未取得医生执业资格的人擅自为他人进行节育复通手术、假节育手术、终止妊娠手术或者摘取宫内节育器,情节严重的行为。本罪的具体构成要件是:

(1)本罪侵犯的客体是国家对医疗行为的管理制度和他人的人身权利。

(2)本罪的客观方面为擅自为他人实施节育复通手术、假节育手术、终止妊娠手术、摘取宫内节育器四种之一。"情节严重"主要是严重破坏计划生育,扰乱社会管理秩序或者损害就诊人身体健康等,可参考《立案追诉标准(一)》第58条认定。

(3)本罪的主体是未取得医生执业资格的人。

(4)本罪的主观方面表现为故意。

【司法适用】

1. 非法行医罪的犯罪主体问题

非法行医罪的犯罪主体是指未取得医生执业资格的人。根据《医师法》及相关法律法规规定,医师是指依法取得医师资格,经注册在医疗卫生机构中执业的专业医务人员,包括执业医师和执业助理医师。我国实行医师执业注册制度,取得医师执业资格后,需向所在地县级以上地方人民政府卫生健康主管部门申请注册;医师经注册后,可以在医疗机构中按照注册的执业地点、执业类别、执业范围执业,从事相应的医疗、预防、保健业务。对于取得医师职业资格但未注册或者未按注册的执业地点、执业类别、执业范围执业从事医疗活动的,能否成为本罪的犯罪主体?2016年修正的《非法行医案件解释》删除了"个人未取得《医疗机构执业许可证》开办医疗机构的"属于非法行医的情形。又根据最高人民法院在起草《修改〈审理非法行医刑事案件解释〉的决定》过程中和有关部门达成的共识,"未取得医师资格"指的是未取得职业医师资格和职业助理医师资格,并不包括已获医师资格但未经注册者。[①] 据此,对于已取得医生执业资格未取得医师执业证书的人,已注册执业但未按照注册的执业地点、执业类别、执业范围执业从事医疗活动的,均不宜认定为非法行医罪。

2. 非法行医罪与其他罪的区别

行为人采用封建迷信等方法为他人治病的,应根据行为人是否实施开具药方等具体诊疗活动,认定是否构成非法行医罪。行为人称自己的"药品"能够治好某种疾病,使他人信以为真而购买的,或者以行医为名采取非法手段取得他人财物的,应视情况与情节认定为诈骗、销售假药、销售劣药等犯罪。非法行医行为同时触犯生产、销售假药罪,生产、销售劣药罪以及诈骗罪等罪的,属于想象竞合,依照刑法处罚较重的规定处罚。未取得医生执业资格的人,非法行医情节严重的,构成非法行医罪;但在其非法行医过程中,又实施了非法进行节育手术罪的行为且情节严重的,应数罪并罚。但未取得医生执业资格的人,如果只实施了非法进行节育手术罪的行为且情节严重的,属于法条竞合,按照非法进行节育手术罪定罪处罚。

【司法案例】

于某非法行医案

——利用封建迷信开具含有毒物成分的药方致人死亡[②]

[**裁判要旨**]近年来,一些机构或个人缺乏行医资质,利用封建迷信非法开展诊疗活动,严重危及广大人民群众的身体健康。本案中,被告人于某无证从事诊疗活动,利用封建迷信制造神秘感为他人开具药方,在明知被害人身体亏虚情形下违规指导其服药,造成一人死亡的严重后果,其行为已构成非法行医罪,应依法惩处。

---

① 胡云腾主编:《刑法百罪疑难问题精析》(下册),人民法院出版社2022年版,第1332页。

② 参见2023年12月27日最高人民法院发布的非法行医类犯罪典型案例。

宋某兰非法进行节育手术案

——无证非法进行节育手术致人死亡[1]

［**裁判要旨**］生育权关系到人类的繁衍，也关系到广大人民群众的身体健康。一些不法分子在未取得相关资质的情况下，非法进行节育手术，既扰乱了医疗管理秩序，又严重侵害了公民的身体健康甚至生命安全。本案中，被告人宋某兰明知自己不具有行医资质，仍然在其经营的药店内为多人进行节育手术，导致一人死亡，其行为已构成非法进行节育手术罪。本案也提醒育龄青年要珍爱身体，如有需要，应选择正规医疗机构进行节育手术，确保身体健康和生命安全。

第三百三十六条之一　【非法植入基因编辑、克隆胚胎罪】将基因编辑、克隆的人类胚胎植入人体或者动物体内，或者将基因编辑、克隆的动物胚胎植入人体内，情节严重的，处三年以下有期徒刑或者拘役，并处罚金；情节特别严重的，处三年以上七年以下有期徒刑，并处罚金。

【条文对照】

1997 年《刑法》	2020 年《刑法修正案（十一）》
无	**第三百三十六条之一　将基因编辑、克隆的人类胚胎植入人体或者动物体内，或者将基因编辑、克隆的动物胚胎植入人体内，情节严重的，处三年以下有期徒刑或者拘役，并处罚金；情节特别严重的，处三年以上七年以下有期徒刑，并处罚金。**

【条文理解】

非法植入基因编辑、克隆胚胎罪为《刑法修正案（十一）》所增加的罪名。

（1）本罪侵犯的客体是国家对生物基因及胚胎研究等基因活动的管理制度和社会伦理。

（2）本罪的客观方面包括两个方面，表现为将基因编辑、克隆的人类胚胎植入人体或者植入动物体内，或者将基因编辑、克隆的动物胚胎植入人体内，且情节严重。

（3）本罪的主体是自然人。

（4）本罪的主观方面表现为故意，即行为人对其行为方式及行为的违法性是明知的，但不要求行为人对其行为的后果有明确的认知。

---

① 参见 2023 年 12 月 27 日最高人民法院发布的非法行医类犯罪典型案例。

【司法适用】

本条是新增加的罪名，实践中，要准确把握构成本罪的"情节严重"标准，可以从行为人所实施的行为对公众健康、国家安全和社会公共利益的危害性、社会伦理的挑战、实施本犯罪行为的人数、被害人的人数、犯罪的时间及次数、所涉地域、社会影响、公众舆论等方面考量。

【司法案例】

"基因编辑婴儿"案①

［**裁判要旨**］3名被告人未取得医生执业资格，追名逐利，故意违反国家有关科研和医疗管理规定，逾越科研和医学伦理道德底线，贸然将基因编辑技术应用于人类辅助生殖医疗，扰乱医疗管理秩序，情节严重，其行为已构成非法行医罪。

第三百三十七条　【妨害动植物防疫、检疫罪】违反有关动植物防疫、检疫的国家规定，引起重大动植物疫情的，或者有引起重大动植物疫情危险，情节严重的，处三年以下有期徒刑或者拘役，并处或者单处罚金。

单位犯前款罪的，对单位判处罚金，并对其直接负责的主管人员和其他直接责任人员，依照前款的规定处罚。

【条文对照】

1997年《刑法》	2009年《刑法修正案（七）》
第三百三十七条　违反**进出境动植物检疫法的**规定，**逃避动植物检疫，**引起重大动植物疫情的，处三年以下有期徒刑或者拘役，并处或者单处罚金。 单位犯前款罪的，对单位判处罚金，并对其直接负责的主管人员和其他直接责任人员，依照前款的规定处罚。	第三百三十七条　违反**有关动植物防疫、检疫的国家**规定，引起重大动植物疫情的，**或者有引起重大动植物疫情危险，情节严重的，**处三年以下有期徒刑或者拘役，并处或者单处罚金。 单位犯前款罪的，对单位判处罚金，并对其直接负责的主管人员和其他直接责任人员，依照前款的规定处罚。

【条文理解】

本罪的具体构成要件是：

（1）本罪侵犯的客体是国家对动植物的防疫、检疫制度。

---

① 该案是《刑法修正案（十一）》生效实施之前发生的案例，根据刑法溯及力原则，仍适用《刑法修正案（十一）》生效之前的刑法规定，故以非法行医罪定罪处罚。但在《刑法修正案（十一）》生效后发生的此类犯罪行为，应定性为本罪。

(2)本罪的客观方面有三个特征:一是违反了有关动植物防疫、检疫的国家规定,“有关动植物防疫、检疫的国家规定”包括《动物防疫法》《进出境动植物检疫法》《植物检疫条例》《进出境动植物检疫法实施条例》等有关动植物防疫、检疫规定;二是引起重大动植物疫情,或者有引起重大动植物疫情危险;三是情节严重。

(3)本罪的主体包括自然人和单位。

(4)本罪的主观方面表现为故意,即行为人明知其行为违反了有关动植物防疫、检疫的国家规定,但行为人对其行为引起重大动植物疫情这一结果的主观方面表现为过失。

【司法适用】

本条规定中的“引起重大动植物疫情危险”,是指虽然尚未引起重大动植物疫情的发生,但存在引起此类疫情的紧迫或者现实的危险的情形,需要司法机关在办案过程中加以具体判断。

《立案追诉标准(一)补充规定》第9条规定,违反有关动植物防疫、检疫的国家规定,有引起重大动植物疫情危险,涉嫌下列情形之一的,应予立案追诉:(1)非法处置疫区内易感动物或者其产品,货值金额5万元以上的;(2)非法处置因动植物防疫、检疫需要被依法处理的动植物或者其产品,货值金额2万元以上的;(3)非法调运、生产、经营感染重大植物检疫性有害生物的林木种子、苗木等繁殖材料或者森林植物产品的;(4)输入《进出境动植物检疫法》规定的禁止进境物逃避检疫,或者对特许进境的禁止进境物未有效控制与处置,导致其逃逸、扩散的;(5)进境动植物及其产品检出有引起重大动植物疫情危险的动物疫病或者植物有害生物后,非法处置导致进境动植物及其产品流失的;(6)1年内携带或者寄递《禁止携带、邮寄进境的动植物及其产品名录》所列物品进境逃避检疫2次以上,或者窃取、抢夺、损毁、抛洒动植物检疫机关截留的《禁止携带、邮寄进境的动植物及其产品名录》所列物品的;(7)其他情节严重的情形。

第六节 破坏环境资源保护罪

第三百三十八条 【污染环境罪】违反国家规定,排放、倾倒或者处置有放射性的废物、含传染病病原体的废物、有毒物质或者其他有害物质,严重污染环境的,处三年以下有期徒刑或者拘役,并处或者单处罚金;情节严重的,处三年以上七年以下有期徒刑,并处罚金;有下列情形之一的,处七年以上有

期徒刑，并处罚金：

（一）在饮用水水源保护区、自然保护地核心保护区等依法确定的重点保护区域排放、倾倒、处置有放射性的废物、含传染病病原体的废物、有毒物质，情节特别严重的；

（二）向国家确定的重要江河、湖泊水域排放、倾倒、处置有放射性的废物、含传染病病原体的废物、有毒物质，情节特别严重的；

（三）致使大量永久基本农田基本功能丧失或者遭受永久性破坏的；

（四）致使多人重伤、严重疾病，或者致人严重残疾、死亡的。

有前款行为，同时构成其他犯罪的，依照处罚较重的规定定罪处罚。

【条文对照】

1997年《刑法》	2011年《刑法修正案（八）》	2020年《刑法修正案（十一）》
第三百三十八条　违反国家规定，**向土地、水体、大气**排放、倾倒或者处置有放射性的废物、含传染病病原体的废物、有毒物质或者其他**危险废物，造成重大环境污染事故，致使公私财产遭受重大损失或者人身伤亡的严重后果的**，处三年以下有期徒刑或者拘役，并处或者单处罚金；后果特别严重的，处三年以上七年以下有期徒刑，并处罚金。	第三百三十八条　违反国家规定，排放、倾倒或者处置有放射性的废物、含传染病病原体的废物、有毒物质或者其他**有害物质，严重污染环境的**，处三年以下有期徒刑或者拘役，并处或者单处罚金；后果特别严重的，处三年以上七年以下有期徒刑，并处罚金。	第三百三十八条　违反国家规定，排放、倾倒或者处置有放射性的废物、含传染病病原体的废物、有毒物质或者其他有害物质，严重污染环境的，处三年以下有期徒刑或者拘役，并处或者单处罚金；**情节严重的**，处三年以上七年以下有期徒刑，并处罚金；**有下列情形之一的，处七年以上有期徒刑，并处罚金：** **（一）在饮用水水源保护区、自然保护地核心保护区等依法确定的重点保护区域排放、倾倒、处置有放射性的废物、含传染病病原体的废物、有毒物质，情节特别严重的；** **（二）向国家确定的重要江河、湖泊水域排放、倾倒、处置有放射性的废物、含传染病病原体的废物、有毒物质，情节特别严重的；** **（三）致使大量永久基本农田基本功能丧失或者遭受永久性破坏的；** **（四）致使多人重伤、严重疾病，或者致人严重残疾、死亡的。** **有前款行为，同时构成其他犯罪的，依照处罚较重的规定定罪处罚。**

【条文理解】

本罪的具体构成要件是：

（1）本罪侵犯的客体是国家对环境保护和污染防治的管理制度。

（2）本罪的客观方面表现为行为人实施了违反国家规定，排放、倾倒或者处置有放射性的废物、含传染病病原体的废物、有毒物质或者其他有害物质的行为。“违反国家规定”是指违反国家关于环境保护的法律和法规的规定。“排放”是指将本条所说的危险废物向水体、土地、大气等排入的行为，包括泵出、溢出、泄出、喷出和倒出等行为。“倾倒”是指通过船舶、航空器、平台或者其他运载工具，向水体、土地、滩涂、森林、草原以及大气等处置放射性废物、含传染病病原体的废物、有毒物质或者其他有害物质的行为。“处置”主要是指以焚烧、填埋等方式处理废物的行为。特别需要指出的是，本条所指的排放、倾倒、处置行为本身都是法律允许的行为。为了保证人类对环境的永续利用，必须对人类的行为有所限制，即向环境中排放、倾倒、处置有害物质要符合国家规定的标准。如果超过国家规定的标准向环境中排放、倾倒、处置有害物质，就有可能污染环境，进而造成环境污染事故。所以本条用“违反国家规定”限定了排放、倾倒、处置行为。

行为人排放的废物、有毒、有害物质，严重污染了环境。“严重污染环境”既包括发生了造成财产损失或者人身伤亡的环境事故，也包括虽然还未造成环境污染事故，但是已使环境受到严重污染或者破坏的情形。《环境污染刑事案件适用法律解释》第 1 条、第 2 条分别规定了“严重污染环境”和“情节严重”的具体情形。

(3)本罪的主体是一般主体，既包括自然人也包括单位。

(4)本罪的主观方面是故意。即行为人明知这种行为可能会发生污染环境的结果，希望或者放任这种结果的发生。

《刑法修正案(十一)》增加了一档量刑，将本罪的最高法定刑期提高到有期徒刑 7 年至 15 年，加大了环境保护和污染防治的力度。《环境污染刑事案件适用法律解释》第 3 条规定有下列情形之一的，处 7 年以上有期徒刑，并处罚金：“(一)在饮用水水源保护区、自然保护地核心保护区等依法确定的重点保护区域排放、倾倒、处置有放射性的废物、含传染病病原体的废物、有毒物质，具有下列情形之一的：1. 致使设区的市级城区集中式饮用水水源取水中断十二小时以上的；2. 造成自然保护地主要保护的生态系统严重退化，或者主要保护的自然景观损毁的；3. 造成国家重点保护的野生动植物资源或者国家重点保护物种栖息地、生长环境严重破坏的；4. 其他情节特别严重的情形。(二)向国家确定的重要江河、湖泊水域排放、倾倒、处置有放射性的废物、含传染病病原体的废物、有毒物质，具有下列情形之一的：1. 造成国家确定的重要江河、湖泊水域生态系统严重退化的；2. 造成国家重点保护的野生动植物资源严重破坏的；3. 其他情节特别严重的情形。(三)致使永久基本农田五十亩以上基本功能丧失或者遭受永久性破坏的。(四)致使三人以上重伤、严重疾病，或者一人以上严重残疾、死亡的”。

行为人实施污染环境行为，有可能同时构成以危险方法危害公共安全罪、投放危险物质罪等罪名，属于想象竞合犯，应当依照处罚较重的规定定罪处罚。

【司法适用】

1. 罪与非罪的界限

由于地震、泥石流等非人为原因发生的环境污染事件，即使造成重大财产损失和人员伤亡，严重污染环境，但缺乏本罪的主客观要件，也不能以犯罪论处。

2. 本罪与重大责任事故罪的界限

两罪在客体和客观方面存在明显区别。本罪的客体是国家对环境保护和污染防治的管理制度，重大责任事故罪的客体是生产、作业安全。本罪客观方面表现为排放、倾倒或者处置有放射性的废物、含传染病病原体的废物、有毒物质或者其他有害物质，严重污染环境的行为；重大责任事故罪则是违反规章制度发生重大责任事故的行为。在犯罪主体方面，污染环境罪的主体可以是自然人，也可以是单位，重大责任事故罪的主体只能是自然人，而且必须是厂矿企业、事业单位的职工。

【司法案例】

王某峰、马某勇污染环境案[①]

［**裁判要旨**］污染环境罪所针对的对象包括“有放射性的废物、含传染病病原体的废物、有毒物质或者其他有害物质”。煤焦油分离废液即属于有毒物质。“严重污染环境”的认定标准实现了“结果犯”向“情节犯”甚至是“行为犯”的转变，行为人倾倒煤焦油分离液远超过倾倒危险废物“三吨以上”的入罪标准，造成的后果属于“严重污染环境”。对污染环境犯罪的处罚应当贯彻落实宽严相济刑事政策。

第三百三十九条　【非法处置进口的固体废物罪】违反国家规定，将境外的固体废物进境倾倒、堆放、处置的，处五年以下有期徒刑或者拘役，并处罚金；造成重大环境污染事故，致使公私财产遭受重大损失或者严重危害人体健康的，处五年以上十年以下有期徒刑，并处罚金；后果特别严重的，处十年以上有期徒刑，并处罚金。

【擅自进口固体废物罪】未经国务院有关主管部门许可，擅自进口固体废物用作原料，造成重大环境污染事故，致使公私财产遭受重大损失或者严重

---

① 参见《刑事审判参考》总第97集第968号案例。

危害人体健康的,处五年以下有期徒刑或者拘役,并处罚金;后果特别严重的,处五年以上十年以下有期徒刑,并处罚金。

以原料利用为名,进口不能用作原料的固体废物、液态废物和气态废物的,依照本法第一百五十二条第二款、第三款的规定定罪处罚。

【条文对照】

1997 年《刑法》	2002 年《刑法修正案(四)》
第三百三十九条　违反国家规定,将境外的固体废物进境倾倒、堆放、处置的,处五年以下有期徒刑或者拘役,并处罚金;造成重大环境污染事故,致使公私财产遭受重大损失或者严重危害人体健康的,处五年以上十年以下有期徒刑,并处罚金;后果特别严重的,处十年以上有期徒刑,并处罚金。 未经国务院有关主管部门许可,擅自进口固体废物用作原料,造成重大环境污染事故,致使公私财产遭受重大损失或者严重危害人体健康的,处五年以下有期徒刑或者拘役,并处罚金;后果特别严重的,处五年以上十年以下有期徒刑,并处罚金。 以原料利用为名,进口不能用作原料的固体废物的,依照本法**第一百五十五条**的规定定罪处罚。	第三百三十九条　违反国家规定,将境外的固体废物进境倾倒、堆放、处置的,处五年以下有期徒刑或者拘役,并处罚金;造成重大环境污染事故,致使公私财产遭受重大损失或者严重危害人体健康的,处五年以上十年以下有期徒刑,并处罚金;后果特别严重的,处十年以上有期徒刑,并处罚金。 未经国务院有关主管部门许可,擅自进口固体废物用作原料,造成重大环境污染事故,致使公私财产遭受重大损失或者严重危害人体健康的,处五年以下有期徒刑或者拘役,并处罚金;后果特别严重的,处五年以上十年以下有期徒刑,并处罚金。 以原料利用为名,进口不能用作原料的固体废物**、液态废物和气态废物**的,依照本法**第一百五十二条第二款、第三款**的规定定罪处罚。

【条文理解】

1. 非法处置进口的固体废物罪

本罪的具体构成要件是:

(1)本罪侵犯的客体是国家防治固体废物污染环境的管理秩序。

(2)本罪的客观方面表现为将中国境外的固体废物进境倾倒、堆放、处置的行为。我国《固体废物污染环境防治法》明确规定,禁止中国境外的固体废物进境倾倒、堆放、处置。《环境污染刑事案件适用法律解释》第 4 条规定,具有下列情形之一的,应当认定为"致使公私财产遭受重大损失或者严重危害人体健康":(1)致使公私财产损失 100 万元以上的;(2)具有该解释第 2 条第 5 项至第 10 项规定情形之一的;(3)其他致使公私财产遭受重大损失或者严重危害人体健康的情形。

(3)本罪的主体为一般主体,既包括自然人也包括单位。

(4)本罪的主观方面为故意,过失不构成本罪。

2. 擅自进口固体废物罪

本罪的具体构成要件是：

(1)本罪侵犯的客体是国家防治固体废物污染环境的管理秩序。

(2)本罪的客观方面表现为未经国务院有关主管部门许可，擅自进口固体废物用作原料，造成重大环境污染事故，致使公私财产遭受重大损失或者严重危害人体健康的行为。“未经国务院有关主管部门许可，擅自进口固体废物用作原料”，是指没有经过国务院环境保护行政主管部门和国务院对外经济贸易主管部门审查许可，私自进口《国家限制进口的可用作原料的废物目录》上列入的固体废物用作原料。《固体废物污染环境防治法》规定，国家禁止进口不能用作原料的固体废物；可以用作原料的固体废物，确有必要进口《国家限制进口的可用作原料的废物目录》中的固体废物用作原料的，必须经国务院环境保护行政主管部门和国务院对外经济贸易主管部门审查许可，方可进口。

(3)本罪的主体为一般主体，既包括自然人也包括单位。

(4)本罪的主观方面为过失。过失是对严重危害后果而言，对于未经国务院有关主管部门许可，擅自进口固体废物用作原料是法律禁止的，行为人是明知的。

3. 关于以原料利用为名，进口不能用作原料的固体废物、液态废物和气态废物的行为的处罚

“以原料利用为名，进口不能用作原料的固体废物、液态废物和气态废物”，是指进口《国家限制进口的可用作原料的废物目录》上没有列入的固体废物、液态废物和气态废物的。犯本款规定之罪的，依照《刑法》第 152 条第 2 款、第 3 款的规定定罪处罚，即构成走私废物罪。

【司法适用】

1. 擅自进口固体废物罪的定罪标准

根据《立案追诉标准(一)》第 62 条的规定：(1)致使公私财产损失 30 万元以上的；(2)致使基本农田、防护林地、特种用途林地 5 亩以上，其他农用地 10 亩以上，其他土地 20 亩以上基本功能丧失或者遭受永久性破坏的；(3)致使森林或者其他林木死亡 50 立方米以上，或者幼树死亡 2500 株以上的；(4)致使 1 人以上死亡、3 人以上重伤、10 人以上轻伤，或者 1 人以上重伤并且 5 人以上轻伤的；(5)致使传染病发生、流行或者人员中毒达到《国家突发公共卫生事件应急预案》中突发公共卫生事件分级Ⅲ级以上情形，严重危害人体健康的；(6)其他致使公私财产遭受重大损失或者严重危害人体健康的情形。

2. 污染环境罪和非法处置进口的固体废物罪的界限

污染环境罪的客体是国家对环境保护和污染防治的管理制度，非法处置进口

的固体废物罪的客体是国家防治固体废物污染环境的管理秩序。两者的犯罪客观表现不同,污染环境罪表现为违反国家规定,排放、倾倒或者处置有放射性的废物、含传染病病原体的废物、有毒物质或者其他有害物质,严重污染环境的行为,非法处置进口的固体废物罪客观方面表现为将中国境外的固体废物进境倾倒、堆放、处置的行为。

3. 擅自进口固体废物罪和走私废物罪的界限

首先,犯罪客体不同。擅自进口固体废物罪的客体是国家防治固体废物污染环境的管理秩序,走私废物罪的客体是国家的对外经济贸易管理制度。其次,客观方面不同。擅自进口固体废物罪的客观方面表现为未经国务院有关主管部门许可,擅自进口固体废物用作原料,造成重大环境污染事故的行为。走私废物罪客观上表现为违反海关法规,逃避海关监管、检查,将境外废物运输入境的行为。最后,犯罪主观方面不同。擅自进口固体废物罪主观方面表现为过失,走私废物罪则属于故意犯罪,即明知运输进境的废物是国家禁止进口的,仍逃避海关的监管,将其运输进境。

第三百四十条 【非法捕捞水产品罪】违反保护水产资源法规,在禁渔区、禁渔期或者使用禁用的工具、方法捕捞水产品,情节严重的,处三年以下有期徒刑、拘役、管制或者罚金。

【条文理解】

本罪的具体构成要件是:

(1)本罪侵犯的客体是国家对水产资源的管理制度。

(2)本罪的客观方面表现为违反保护水产资源法规,在禁渔区、禁渔期或者使用禁用的工具、方法捕捞水产品,情节严重的行为。"违反保护水产资源法规"是指违反《渔业法》以及其他保护水产资源的法律、法规。"情节严重"的标准按照《破坏野生动物资源案件解释》第 3 条的规定有以下几种情形:①非法捕捞水产品 500 公斤以上或者价值 1 万元以上的;②非法捕捞有重要经济价值的水生动物苗种、怀卵亲体或者在水产种质资源保护区内捕捞水产品 50 公斤以上或者价值 1000 元以上的;③在禁渔区使用电鱼、毒鱼、炸鱼等严重破坏渔业资源的禁用方法或者禁用工具捕捞的;④在禁渔期使用电鱼、毒鱼、炸鱼等严重破坏渔业资源的禁用方法或者禁用工具捕捞的;⑤其他情节严重的情形。第 3 项和第 4 项沿用"两禁"标准的同时也进行了完善,根据渔获物的数量、价值和捕捞方法、工具等情节,认为对水生生物资源危害明显较轻的,综合考虑行为人自愿接受行政处罚、积极修复生态环境等情节,可以认定为犯罪情节轻微,不起诉或者免予刑事处罚;情节显著轻微危害不大的,不作为犯罪处理,赋予司法实践一定的自由裁量权。此外,第3条专门设置从重处罚情节,明确对暴力抗拒、阻碍国家机关工作人员依法履行职务尚未构成妨害公务罪、袭警罪的,对水产资源或者水域生态造成严重损害的,2年内曾因破坏野生动物资源受过行政处罚的,应当从重处罚。

(3)本罪的主体为一般主体,既包括自然人也包括单位。

(4)本罪的主观方面为故意,包括直接故意和间接故意,过失不构成本罪。

【司法适用】

1. 罪与非罪的界限

《渔业法实施细则》第19条规定,因科学研究等特殊需要,在禁渔区、禁渔期捕捞,或者使用禁用的渔具、捕捞方法,或者捕捞重点保护的渔业资源品种,必须经省级以上人民政府渔业行政主管部门批准。此种情况不构成犯罪。非法捕捞水产品的行为,如果情节不严重的,不构成犯罪。

2. 非法捕捞水产品罪与盗窃罪的界限

第一,客体不同,非法捕捞水产品罪客体是国家对水产资源的管理制度,盗窃罪的客体是公私财物所有权。第二,犯罪对象不同。非法捕捞水产品罪的犯罪对象是除了珍贵水产品之外的水产品资源,属于自然资源,是国有的;而盗窃罪的对象是公私财物,如果是水产品,则是集体和个人所有的水产品。第三,客观方面不同。非法捕捞水产品罪客观方面是违反保护水产资源法规,在禁渔区、禁渔期或者使用禁用的工具、方法捕捞水产品,情节严重的行为。盗窃罪客观方面表现为秘密窃取公私财物。行为人以投毒、爆炸等未危及公共安全、但致使较大数量鱼死亡的方法窃取集体或个人所有的鱼,按盗窃罪定罪处罚。第四,主体不同。非法捕捞水产品罪的主体是自然人和单位,盗窃罪的主体只能是自然人。

第三百四十一条　【*危害珍贵、濒危野生动物罪*】非法猎捕、杀害国家重点保护的珍贵、濒危野生动物的,或者非法收购、运输、出售国家重点保护的珍贵、濒危野生动物及其制品的,处五年以下有期徒刑或者拘役,并处罚金;情节严重的,处五年以上十年以下有期徒刑,并处罚金;情节特别严重的,处十年以上有期徒刑,并处罚金或者没收财产。

【非法狩猎罪】**违反狩猎法规，在禁猎区、禁猎期或者使用禁用的工具、方法进行狩猎，破坏野生动物资源，情节严重的，处三年以下有期徒刑、拘役、管制或者罚金。**

【非法猎捕、收购、运输、出售陆生野生动物罪】**违反野生动物保护管理法规，以食用为目的非法猎捕、收购、运输、出售第一款规定以外的在野外环境自然生长繁殖的陆生野生动物，情节严重的，依照前款的规定处罚。**

【条文对照】

1997 年《刑法》	2020 年《刑法修正案（十一）》
第三百四十一条　非法猎捕、杀害国家重点保护的珍贵、濒危野生动物的，或者非法收购、运输、出售国家重点保护的珍贵、濒危野生动物及其制品的，处五年以下有期徒刑或者拘役，并处罚金；情节严重的，处五年以上十年以下有期徒刑，并处罚金；情节特别严重的，处十年以上有期徒刑，并处罚金或者没收财产。 违反狩猎法规，在禁猎区、禁猎期或者使用禁用的工具、方法进行狩猎，破坏野生动物资源，情节严重的，处三年以下有期徒刑、拘役、管制或者罚金。	第三百四十一条　非法猎捕、杀害国家重点保护的珍贵、濒危野生动物的，或者非法收购、运输、出售国家重点保护的珍贵、濒危野生动物及其制品的，处五年以下有期徒刑或者拘役，并处罚金；情节严重的，处五年以上十年以下有期徒刑，并处罚金；情节特别严重的，处十年以上有期徒刑，并处罚金或者没收财产。 违反狩猎法规，在禁猎区、禁猎期或者使用禁用的工具、方法进行狩猎，破坏野生动物资源，情节严重的，处三年以下有期徒刑、拘役、管制或者罚金。 **违反野生动物保护管理法规，以食用为目的非法猎捕、收购、运输、出售第一款规定以外的在野外环境自然生长繁殖的陆生野生动物，情节严重的，依照前款的规定处罚。**

【条文理解】

1. 危害珍贵、濒危野生动物罪

本罪的具体构成要件是：

（1）本罪侵犯的客体是有关国家重点保护的珍贵、濒危野生动物管理秩序。

（2）本罪的客观方面表现有两种：第一种为非法猎捕、杀害国家重点保护的珍贵、濒危野生动物的行为。包括列入《国家重点保护野生动物名录》的野生动物；经国务院野生动物保护主管部门核准按照国家重点保护的野生动物管理的野生动物。“珍贵”野生动物是指具有较高的科学研究、经济利用或观赏价值的野生动物，如隼、秃鹫、猕猴、黄羊、马鹿等。“濒危”野生动物，是指除珍贵和稀有之外，种群数量处于急剧下降的趋势，面临灭绝的危险的野生动物。另外，凡属于中国特产动物的，都可列为珍贵、濒危野生动物，如大熊猫，既是珍贵的，又是濒危的，又属于中国特产动物。珍贵、濒危的野生动物，都是被列为国家重点保护的野生动物。"非法猎捕、杀害"是指除因科学研究、人工繁育、展览或者其他特殊情况的需要,经过依法批准猎捕以外,对野生动物捕捉或者杀死的行为。

第二种为违反法律规定,收购、运输、出售国家重点保护的珍贵、濒危野生动物及其制品的行为。珍贵、濒危野生动物"制品",是指珍贵、濒危野生动物的肉、皮、毛、骨制成品。全国人民代表大会常务委员会《关于〈中华人民共和国刑法〉第三百四十一条、第三百一十二条的解释》中明确规定,知道或者应当知道是国家重点保护的珍贵、濒危野生动物及其制品,为食用或者其他目的而非法购买的,属于《刑法》第 341 条第 1 款规定的非法收购国家重点保护的珍贵、濒危野生动物及其制品的行为。非法"运输"国家重点保护的珍贵、濒危野生动物及其制品,是指违反《野生动物保护法》的有关规定,未经有关部门批准,利用飞机、火车、汽车、轮船等交通工具,邮寄、利用他人或者随身携带等方式,将国家重点保护的珍贵、濒危野生动物及其制品,从这一地点运往另一地点的行为。

(3)本罪的主体是一般主体,既包括自然人也包括单位。

(4)本罪的主观方面是故意,过失不构成本罪。

《破坏野生动物资源案件解释》第 6 条将入罪和"情节严重""情节特别严重"的标准设置为非法猎捕、杀害国家重点保护的珍贵、濒危野生动物,或者非法收购、运输、出售国家重点保护的珍贵、濒危野生动物及其制品,价值 2 万元、20 万元和 200 万元。同时规定了从重处罚情节和从宽处罚情节。对于不具有从重处罚情节,且未造成动物死亡或者动物、动物制品无法追回,行为人全部退赃退赔,确有悔罪表现的,可降一档处理,其中珍贵、濒危野生动物及其制品价值 2 万元以上不满 20 万元的,可以认定为犯罪情节轻微,不起诉或者免予刑事处罚;情节显著轻微危害不大的,不作为犯罪处理。

2. 非法狩猎罪

本罪的具体构成要件是:

(1)本罪侵犯的客体是国家保护野生动物资源的管理秩序。

(2)本罪的客观方面表现为违反狩猎法规,在禁猎区、禁猎期或者使用禁用的工具、方法进行狩猎,破坏野生动物资源,情节严重的行为。"违反狩猎法规"是指违反国家有关狩猎规范的法律、法规。"禁猎区"是指国家划定一定的范围,禁止在其中进行狩猎活动的地区。这一般是指属于某些珍贵动物的主要栖息、繁殖的地区。此外,城镇、工矿区、革命圣地、名胜古迹地区、风景区,也是禁猎区。"禁猎期"是指国家规定禁止狩猎的期限,主要是为了保护野生动物资源,根据野生动物的繁殖的季节,规定禁止猎捕的期限。"禁用的工具、方法"是指会破坏野生动物资源,危害人畜安全的工具、方法,如地弓、地枪,以及用毒药、炸药、火攻、烟熏等方法。本款并不是绝对禁止猎捕野生动物,而是将猎捕野生动物的行为限定在一定范围内。根据《破坏野生动物资源案件解释》的规定,“情节严重”主要是指非法狩猎野生动物价值1万元以上的;违反狩猎法规,在禁猎区或者禁猎期使用禁用的工具、方法狩猎的;或者具有其他严重情节的。并规定了从重处罚情节。在沿用“两禁”标准的同时,也进行了完善,明确符合“两禁”标准,但根据猎获物的数量、价值和狩猎方法、工具等,认为对野生动物资源危害明显较轻的,综合考虑猎捕的动机、目的、行为人自愿接受行政处罚、积极修复生态环境等情节,可以认定为犯罪情节轻微,不起诉或者免予刑事处罚;情节显著轻微危害不大的,不作为犯罪处理。同时,为打击非法狩猎行为,全国人民代表大会常务委员会《关于〈中华人民共和国刑法〉第三百四十一条、第三百一十二条的解释》还明确规定,知道或者应当知道是《刑法》第341条第2款规定的非法狩猎的野生动物而购买的,属于《刑法》第312条第1款规定的明知是犯罪所得而收购的行为。

(3)本罪的主体是一般主体,既包括自然人也包括单位。

(4)本罪的主观方面是故意。不包括过失。

3. 非法猎捕、收购、运输、出售陆生野生动物罪

本罪的具体构成要件是:

(1)本罪侵犯的客体是国家对保护野生动物资源的管理秩序。

(2)本罪的客观方面表现为以食用为目的非法猎捕、收购、运输、出售珍贵、濒危野生动物以外的陆生野生动物,情节严重的行为。首先要强调“以食用为目的”。对于出于驯养、观赏、皮毛利用等目的非法猎捕、收购、出售、运输其他陆生野生动物的,不构成本罪,可行政处罚,或者构成非法狩猎罪等其他犯罪。其次要强调是珍贵、濒危野生动物以外的其他陆生野生动物。不包括人工繁育的情况,也不包括水生野生动物。根据《关于全面禁止非法野生动物交易、革除滥食野生动物陋习、切实保障人民群众生命健康安全的决定》第3条的规定:“列入畜禽遗传资源目录的动物,属于家畜家禽,适用《中华人民共和国畜牧法》的规定。国务院畜牧兽医行政主管部门依法制定并公布畜禽遗传资源目录。”对可食用野生动物实行“白名单”制度。2020年5月国家畜禽遗传资源委员会办公室公布《国家畜禽遗传资源品种目录》,对此前目录作了修改,首次明确家禽家畜种类33种,除了传统畜禽17种以外,还包括16种特殊畜禽,如梅花鹿、羊驼、火鸡、鹧鸪、绿头鸭、鸵鸟等。食用和为食用而猎捕、交易上述白名单目录中的特殊畜禽的,即使属于野外环境自然生长繁殖的,也不构成本罪。根据《破坏野生动物资源案件解释》第8条的规定,“情节严重”为非法猎捕、收购、运输、出售有重要生态、科学、社会价值的陆生野生动物或者地方重点保护陆生野生动物价值1万元以上,其他陆生

野生动物价值5万元以上，并设置兜底条款。

（3）本罪的主体为一般主体，既包括单位也包括自然人。

（4）本罪的主观方面是故意，不包括过失。

【司法适用】

1. 破坏野生动物资源案件要综合裁量

对于破坏野生动物资源案件应当考虑涉案动物是否系人工繁育、物种的濒危程度、野外存活状况、人工繁育情况、是否列入人工繁育国家重点保护野生动物名录、行为手段、对野生动物资源的损害程度，以及对野生动物及其制品的认知程度等情节，综合评估社会危害性，准确认定是否构成犯罪，妥当裁量刑罚，确保罪责刑相适应；根据司法解释的规定定罪量刑明显过重的，可以根据案件的事实、情节和社会危害程度，依法作出妥当处理。

2. 人工繁育动物案件的处理

涉案动物系人工繁育，具有下列情形之一的，对所涉案件一般不作为犯罪处理；需要追究刑事责任的，应当依法从宽处理：

（1）列入人工繁育国家重点保护野生动物名录的：目前共有3批30种动物被列入人工繁育国家重点保护野生动物名录。具体包括：①原国家林业局于2017年6月公布的《人工繁育国家重点保护陆生野生动物名录（第1批）》，列入梅花鹿、马鹿、尼罗鳄等9种动物；②原农业部于2017年11月公布的《人工繁育国家重点保护水生野生动物名录（第1批）》，列入胭脂鱼、金线鲃等6种动物；③农业农村部于2019年7月公布的《人工繁育国家重点保护水生野生动物名录（第2批）》，列入花龟、黄喉拟水龟、尼罗鳄等18种动物。其中，《人工繁育国家重点保护水生野生动物名录（第2批）》将《人工繁育国家重点保护陆生野生动物名录（第1批）》中的暹罗鳄、尼罗鳄、湾鳄3种动物纳入，作为水生动物管理。

（2）人工繁育技术成熟、已成规模，作为宠物买卖、运输的。如费氏牡丹鹦鹉等人工繁育时间长、技术成熟。

按照上述处理原则，在实践中涉及该类人工繁育动物时，在《破坏野生动物资源案件解释》发布之前在一般法定刑以下减轻处罚，报最高人民法院核准，之后直接不作刑事处理。

第三百四十二条　【非法占用农用地罪】违反土地管理法规，非法占用耕地、林地等农用地，改变被占用土地用途，数量较大，造成耕地、林地等农用地大量毁坏的，处五年以下有期徒刑或者拘役，并处或者单处罚金。

【条文对照】

1997 年《刑法》	2001 年《刑法修正案(二)》
第三百四十二条　违反土地管理法规,非法占用耕地**改作他用**,数量较大,造成耕地大量毁坏的,处五年以下有期徒刑或者拘役,并处或者单处罚金。	第三百四十二条　违反土地管理法规,非法占用耕地**、林地等农用地,改变被占用土地用途**,数量较大,造成耕地**、林地等农用地**大量毁坏的,处五年以下有期徒刑或者拘役,并处或者单处罚金。

【条文理解】

本罪的具体构成要件是:

(1)本罪侵犯的客体是国家的农用地管理秩序。

(2)本罪的客观方面表现为:一是,行为人必须违反土地管理法规。根据全国人民代表大会常务委员会《关于〈中华人民共和国刑法〉第二百二十八条、第三百四十二条、第四百一十条的解释》的规定,“违反土地管理法规”是指违反《土地管理法》《森林法》《草原法》等法律以及有关行政法规中关于土地管理的规定。二是,行为人实施了非法占用耕地、林地等农用地,改变被占用土地用途的行为。根据《土地管理法》的规定,土地按用途分为农用地、建设用地和未利用地。“农用地”是指直接用于农业生产的土地,包括耕地、林地、草地、农田水利用地、养殖水面等。“耕地”是指种植农作物的土地,也包括菜地、园地。其中园地包括苗圃、花圃、茶园、果园、桑园和其他种植经济林木的土地。“林地”主要包括郁闭度 0.2 以上的乔木林地以及竹林地、灌木林地、疏林地、采伐迹地、火烧迹地、未成林造林地、苗圃地和县级以上人民政府规划的宜林地。“非法占用耕地、林地等农用地”是指违反土地利用总体规划或计划,未经批准擅自将耕地改为建设用地或者作其他用途,或者擅自占用林地进行建设或者开垦林地进行种植、养殖以及实施采石、采沙等活动。“改变被占用土地用途”是指未经依法办理农用地转用批准手续、土地征收、征用、占用审批手续,非法占用耕地、林地、草地等农用地,在被占用的农用地上从事建设、采矿、养殖等活动,改变土地利用总体规划规定的农用地的原用途。例如,占用耕地建设度假村,开垦林地、草地种植庄稼,占用林地挖塘养虾等。三是,必须达到数量较大,并且造成耕地、林地等农用地大量毁坏的后果。根据《破坏土地资源案件解释》的规定,非法占用耕地“数量较大”,是指非法占用基本农田 5 亩以上或者非法占用基本农田以外的耕地 10 亩以上。非法占用耕地“造成耕地大量毁坏”,是指行为人非法占用耕地建窑、建坟、建房、挖沙、采石、采矿、取土、堆放固体废弃物或者进行其他非农业建设,造成基本农田 5 亩以上或者基本农田以外的耕地 10 亩以上种植条件严重毁坏或者严重污染。另外,根据《破坏森林资源案件解释》的规定,造成林地“毁坏”是指:①在林地上实施建窑、建坟、建房、修路、硬化等工程建设的;②在林地上实施采石、采砂、采土、采矿等活动的;③在林地上排放污染物、堆放废弃物或者进行非林业生产、建设,造成林地被严重污染或者原有植被、林业生产条件被严重破坏的。具有下列情形之一的,应当认定“数量较大,造成耕地、林地等农用地大量毁坏”:①非法占用并毁坏公益林地5亩以上的;②非法占用并毁坏商品林地10亩以上的;③非法占用并毁坏的公益林地、商品林地数量虽未分别达到第1项、第2项规定标准,但按相应比例折算合计达到有关标准的;④2年内曾因非法占用农用地受过2次以上行政处罚,又非法占用林地,数量达到第1项至第3项规定标准一半以上的。

(3)本罪的主体为一般主体,自然人和单位都可以构成。

(4)本罪的主观方面是故意。

【司法适用】

1. 罪与非罪

如果只是将少量用地改作他用,并未造成耕地、林地等农用地大量毁坏的,不能认定构成本罪,属于违法行为,可予以行政处罚。

2. 本罪与破坏自然保护地罪的区别

首先,犯罪客体不同。非法占有农用地罪客体是国家的农用地管理秩序,破坏自然保护地罪的客体是国家对自然保护地的管理秩序。其次,犯罪对象不同。本罪的犯罪对象是农用地,破坏自然保护地罪的犯罪对象是自然保护地。最后,客观方面不同。非法占有农用地罪表现为违反土地管理法规,非法占用耕地、林地等农用地,改变被占用土地用途,数量较大,造成耕地、林地等农用地大量毁坏的行为。破坏自然保护地罪表现为在国家公园、国家级自然保护区进行开垦、开发活动或者修建建筑物。在国家公园、国家级自然保护区内进行开垦活动,按照想象竞合犯从一重处的原则定罪处罚。

【司法案例】

刘某非法占用农用地案①

[**要旨**]在基本农田上建设“大棚房”予以出租出售,违反《土地管理法》,属于破坏耕地或者非法占地的违法行为。非法占用耕地数量较大或者造成耕地大量毁坏的,应当以非法占用农用地罪追究实际建设者、经营者的刑事责任。

---

① 参见最高人民检察院检例第60号。

第三百四十二条之一 【破坏自然保护地罪】违反自然保护地管理法规，在国家公园、国家级自然保护区进行开垦、开发活动或者修建建筑物，造成严重后果或者有其他恶劣情节的，处五年以下有期徒刑或者拘役，并处或者单处罚金。

有前款行为，同时构成其他犯罪的，依照处罚较重的规定定罪处罚。

【条文对照】

1997 年《刑法》	2020 年《刑法修正案(十一)》
无	**第三百四十二条之一 违反自然保护地管理法规，在国家公园、国家级自然保护区进行开垦、开发活动或者修建建筑物，造成严重后果或者有其他恶劣情节的，处五年以下有期徒刑或者拘役，并处或者单处罚金。** **有前款行为，同时构成其他犯罪的，依照处罚较重的规定定罪处罚。**

【条文理解】

本罪的具体构成要件是：

(1)本罪侵犯的客体是国家对自然保护地的管理秩序。

(2)本罪的客观方面表现为违反自然保护地管理法规，在国家公园、国家级自然保护区进行开垦、开发活动或者修建建筑物，造成严重后果或者有其他恶劣情节的行为。《土壤污染防治法》第 31 条中规定“各级人民政府应当加强对国家公园等自然保护地的保护，维护其生态功能”，主要是有关中央改革文件对此作了规定。根据《关于建立以国家公园为主体的自然保护地体系的指导意见》规定，自然保护地按照生态价值和保护强度高低分为三类：国家公园、自然保护区和自然公园(包括森林公园、地质公园、海洋公园、湿地公园等各类自然公园)，逐步形成以国家公园为主体、自然保护区为基础、各类自然公园为补充的自然保护地分类系统。

《关于建立以国家公园为主体的自然保护地体系的指导意见》第 14 条中规定：“国家公园和自然保护区实行分区管控，原则上核心保护区内禁止人为活动，一般控制区内限制人为活动。自然公园原则上按一般控制区管理，限制人为活动。”《自然保护区条例》第 26～28 条中规定：“禁止在自然保护区内进行砍伐、放牧、狩猎、捕捞、采药、开垦、烧荒、开矿、采石、挖沙等活动；但是，法律、行政法规另有规定的除外。”“禁止任何人进入自然保护区的核心区。因科学研究的需要，必须进入核心区从事科学研究观测、调查活动的，应当事先向自然保护区管理机构提交申请和活动计划,并经自然保护区管理机构批准;其中,进入国家级自然保护区核心区的,应当经省、自治区、直辖市人民政府有关自然保护区行政主管部门批准。”“禁止在自然保护区的缓冲区开展旅游和生产经营活动。因教学科研的目的,需要进入自然保护区的缓冲区从事非破坏性的科学研究、教学实习和标本采集活动的,应当事先向自然保护区管理机构提交申请和活动计划,经自然保护区管理机构批准。”第 32 条规定:“在自然保护区的核心区和缓冲区内,不得建设任何生产设施。在自然保护区的实验区内,不得建设污染环境、破坏资源或者景观的生产设施;建设其他项目,其污染物排放不得超过国家和地方规定的污染物排放标准。在自然保护区的实验区内已经建成的设施,其污染物排放超过国家和地方规定的排放标准的,应当限期治理;造成损害的,必须采取补救措施。”因此,对国家公园、国家级自然保护区,特别是核心保护区是严格禁止从事非法开垦、开发或者修建建筑物活动的。构成本罪要求“造成严重后果或者其他恶劣情节”,应该从行为手段,对生态环境的破坏程度,非法开垦、开发的规模等方面进行综合判断。

(3)本罪的主体为一般主体,既包括自然人也包括单位。

(4)本罪的主观方面为故意。

在国家公园、国家级自然保护区进行开垦、开发活动或者修建建筑物的行为,同时构成其他犯罪的,属于想象竞合犯,根据从一重处的原则,依照处罚较重的规定定罪处罚。

【司法适用】

1. 罪与非罪的问题

本罪的客观方面要求在国家公园、国家级自然保护区进行开垦、开发活动或者修建建筑物,造成严重后果或者有其他恶劣情节。因历史遗留问题或者原住民因必要生产、生活需要而进行的活动除外。另外,出于生产、生活需要,非法开发建设一些设施,未对生态环境造成严重破坏后果的,也不作为犯罪处理。

2. 本罪与非法采矿罪的区别

首先,犯罪客体不同。本罪的客体是国家对自然保护地的管理秩序,非法采矿罪的客体是国家对国家矿产资源和矿业生产的管理秩序。其次,犯罪对象不同。本罪的犯罪对象是自然保护地,非法采矿罪的犯罪对象是国家矿产资源。最后,客观方面不同,本罪表现为违反自然保护地管理法规,在国家公园、国家自然保护区进行开垦、开发活动或者修建建筑物,而非法采矿罪表现为未取得采矿许可证擅自采矿,擅自进入国家规划矿区、对国民经济具有重要价值的矿区和他人矿区范围采矿,或者擅自开采国家规定实行保护性开采的特定矿种。在国家公园、国家级自然保护区内进行开采矿山活动，按照想象竞合犯，从一重处的原则，定非法采矿罪。

第三百四十三条 【非法采矿罪】违反矿产资源法的规定，未取得采矿许可证擅自采矿，擅自进入国家规划矿区、对国民经济具有重要价值的矿区和他人矿区范围采矿，或者擅自开采国家规定实行保护性开采的特定矿种，情节严重的，处三年以下有期徒刑、拘役或者管制，并处或者单处罚金；情节特别严重的，处三年以上七年以下有期徒刑，并处罚金。

【破坏性采矿罪】违反矿产资源法的规定，采取破坏性的开采方法开采矿产资源，造成矿产资源严重破坏的，处五年以下有期徒刑或者拘役，并处罚金。

【条文对照】

1997 年《刑法》	2011 年《刑法修正案（八）》
第三百四十三条　违反矿产资源法的规定，未取得采矿许可证擅自采矿**的**，擅自进入国家规划矿区、对国民经济具有重要价值的矿区和他人矿区范围采矿**的**，擅自开采国家规定实行保护性开采的特定矿种，**经责令停止开采后拒不停止开采，造成矿产资源破坏**的，处三年以下有期徒刑、拘役或者管制，并处或者单处罚金；**造成矿产资源严重破坏**的，处三年以上七年以下有期徒刑，并处罚金。 违反矿产资源法的规定，采取破坏性的开采方法开采矿产资源，造成矿产资源严重破坏的，处五年以下有期徒刑或者拘役，并处罚金。	第三百四十三条　违反矿产资源法的规定，未取得采矿许可证擅自采矿，擅自进入国家规划矿区、对国民经济具有重要价值的矿区和他人矿区范围采矿，**或者**擅自开采国家规定实行保护性开采的特定矿种，**情节严重**的，处三年以下有期徒刑、拘役或者管制，并处或者单处罚金；**情节特别严重**的，处三年以上七年以下有期徒刑，并处罚金。 违反矿产资源法的规定，采取破坏性的开采方法开采矿产资源，造成矿产资源严重破坏的，处五年以下有期徒刑或者拘役，并处罚金。

【条文理解】

1. 非法采矿罪

本罪的具体构成要件是：

（1）本罪侵犯的客体是国家矿产资源和矿业生产的管理秩序。

（2）本罪的客观方面表现为违反矿产资源法的规定，未取得采矿许可证擅自采矿，擅自进入国家规划矿区、对国民经济具有重要价值的矿区和他人矿区范围采矿，或者擅自开采国家规定实行保护性开采的特定矿种，情节严重的行为。“未取得采矿许可证擅自采矿”是指未取得国务院、省、自治区、直辖市人民政府、国务院授权的有关主管部门颁发的采矿许可证而开采矿产资源的行为。采矿许可证是法律规定由国家行政机关颁发的一种特许许可证。没有采矿许可证无权开采矿产资源。“国家规划矿区”是指在一定时期内,根据国民经济建设长期的需要和资源分布情况,经国务院或者国务院有关主管部门依法定程序审查、批准,确定列入国家矿产资源开发长期或中期规划的矿区以及作为老矿区后备资源基地的矿区。“对国民经济具有重要价值的矿区”是指经济价值重大或者经济效益很高,对国家经济建设的全局性、战略性有重要影响的矿区。“国家规定实行保护性开采的特定矿种”是指黄金、钨、锡、锑、离子型稀土矿产。其中,钨、锡、锑、离子型稀土是我国的优质矿产,在世界上有举足轻重的地位。但是,近年来对这些矿产资源乱采滥挖现象很严重,因此,根据《矿产资源法》的规定,国务院决定将钨、锡、锑、离子型稀土矿列为国家实行保护性开采的特定矿种,以加强保护。对违反《矿产资源法》,构成非法采矿罪的行为规定了 5 种情况:①未取得采矿许可证擅自采矿的;②擅自进入国家规划矿区采矿的;③擅自对国民经济具有重要价值的矿区采矿的;④擅自在他人矿区范围采矿的;⑤擅自开采国家规定实行保护性开采的特定矿种的。

(3)本罪的主体为一般主体,既包括自然人也包括单位。

(4)本罪的主观方面为故意。

2. 破坏性采矿罪

本罪的具体构成要件是:

(1)本罪侵犯的客体是国家矿产资源和矿业生产的管理秩序。

(2)本罪的客观方面表现为违反《矿产资源法》的规定,采取破坏性的开采方法开采矿产资源,造成矿产资源严重破坏的行为。“采取破坏性的开采方法开采矿产资源”是指在开采矿产资源过程中,违反《矿产资源法》及有关规定,采易弃难,采富弃贫,严重违反开采回采率、采矿贫化率和选矿回收率的指标进行采矿的行为。矿产资源是不可再生的资源,一旦被破坏,几乎是难以补救的。有些矿种在世界范围内都是稀有矿种,如铌、钽、铍一旦被破坏,对人类的财富会造成重大损失;还有些矿种虽然不是稀有的矿种,如煤、石油,但过度的破坏性的开采也会造成矿产资源的破坏和损耗。依照《非法采矿案件解释》第 6 条的规定,造成矿产资源破坏的价值在 50 万元至 100 万元以上,或者造成国家规划矿区、对国民经济具有重要价值的矿区和国家规定实行保护性开采的特定矿种资源破坏的价值在 25 万元至 50 万元以上的,应当认定为“造成矿产资源严重破坏”。

(3)本罪的主体为一般主体,既包括自然人也包括单位。

(4)本罪的主观方面为故意。

【司法适用】

1. 非法采矿罪的情节严重和情节特别严重的标准

《非法采矿案件解释》第 3 条规定，实施非法采矿行为，具有下列情形之一的，应当认定为“情节严重”：(1)开采的矿产品价值或者造成矿产资源破坏的价值在 10 万元至 30 万元以上的；(2)在国家规划矿区、对国民经济具有重要价值的矿区采矿，开采国家规定实行保护性开采的特定矿种，或者在禁采区、禁采期内采矿，开采的矿产品价值或者造成矿产资源破坏的价值在 5 万元至 15 万元以上的；(3)2 年内曾因非法采矿受过 2 次以上行政处罚，又实施非法采矿行为的；(4)造成生态环境严重损害的；(5)其他情节严重的情形。

实施非法采矿行为，具有下列情形之一的，应当认定为“情节特别严重”：(1)数额达到前款第 1 项、第 2 项规定标准 5 倍以上的；(2)造成生态环境特别严重损害的；(3)其他情节特别严重的情形。

《非法采矿案件解释》第 4 条规定，在河道管理范围内采砂，具有下列情形之一，符合《刑法》第 343 条第 1 款和该解释第 2 条、第 3 条规定的，以非法采矿罪定罪处罚：(1)依据相关规定应当办理河道采砂许可证，未取得河道采砂许可证的；(2)依据相关规定应当办理河道采砂许可证和采矿许可证，既未取得河道采砂许可证，又未取得采矿许可证的。实施前款规定行为，虽不具有该解释第 3 条第 1 款规定的情形，但严重影响河势稳定，危害防洪安全的，应当认定为“情节严重”。

《非法采矿案件解释》第 5 条规定，未取得海砂开采海域使用权证，且未取得采矿许可证，采挖海砂，符合《刑法》第 343 条第 1 款和该解释第 2 条、第 3 条规定的，以非法采矿罪定罪处罚。实施前款规定行为，虽不具有该解释第 3 条第 1 款规定的情形，但造成海岸线严重破坏的，应当认定为“情节严重”。

2. 非法采矿罪和破坏性采矿罪的区别

非法采矿罪的重点在于没有取得采矿许可证进行采矿，要达到情节严重才能入罪。破坏性采矿罪的重点在于取得了采矿许可证，但采矿的方法具有违法性，造成矿产资源严重破坏。没有取得采矿许可证还进行破坏性采矿，属于想象竞合犯，根据从一重处原则，仍然定非法采矿罪。

第三百四十四条　【危害国家重点保护植物罪】违反国家规定，非法采伐、毁坏珍贵树木或者国家重点保护的其他植物的，或者非法收购、运输、加工、出售珍贵树木或者国家重点保护的其他植物及其制品的，处三年以下有期徒刑、拘役或者管制，并处罚金；情节严重的，处三年以上七年以下有期徒刑，并处罚金。

【条文对照】

1997年《刑法》	2002年《刑法修正案(四)》
第三百四十四条　违反**森林法的**规定,非法采伐、毁坏珍贵树木的,处三年以下有期徒刑、拘役或者管制,并处罚金;情节严重的,处三年以上七年以下有期徒刑,并处罚金。	第三百四十四条　违反**国家**规定,非法采伐、毁坏珍贵树木**或者国家重点保护的其他植物的,或者非法收购、运输、加工、出售珍贵树木或者国家重点保护的其他植物及其制品**的,处三年以下有期徒刑、拘役或者管制,并处罚金;情节严重的,处三年以上七年以下有期徒刑,并处罚金。

【条文理解】

本罪的具体构成要件是:

(1)本罪侵犯的客体是国家对林业资源的管理制度。

(2)本罪的客观方面表现有两种:第一种为违反国家规定,非法采伐、毁坏珍贵树木或者国家重点保护的其他植物的行为;第二种为非法收购、运输、加工、出售珍贵树木或者国家重点保护的其他植物及其制品的行为。"珍贵树木",是指由省级以上林业主管部门或者其他部门确定的具有重大历史纪念意义、科学研究价值或者年代久远的古树名木,国家禁止、限制出口的珍贵树木以及列入国家重点保护野生植物名录的树种,也就是具有较高的科学研究、经济利用和观赏价值的树木。根据《国家珍贵树种名录》和《国家重点保护的野生植物名录》的规定,国家一级珍贵树木,主要有银杉、巨柏、银杏(原生种)、水松、南方红豆杉、天目铁木、水杉、香果树等。国家二级珍贵树木,主要有岷江柏木、秦岭冷杉、大别山五针松、红松(原生种)、黄杉、红豆树、山槐(原生种)、厚朴、水青树、香木莲等。"国家重点保护的其他植物"是指除珍贵树木以外的其他国家重点保护的植物,主要是国务院颁布的《国家重点保护野生植物名录》中所规定的植物。根据名录规定,国家一级保护的其他植物,包括光叶蕨、玉龙蕨、长喙毛茛泽泻、膝柄木、瑶山苣苔、单座苣苔、华山新麦草、莼菜、独叶草、异形玉叶金花等。国家二级保护的其他植物,包括冬虫夏草、松茸、发菜、云南肉豆蔻、沙椤、七指蕨、沙芦草、四川狼尾草、驼峰藤、雪白睡莲等。

(3)本罪的主体是一般主体,既包括单位也包括个人。

(4)本罪的主观方面是故意,不包括过失。

根据《破坏森林资源案件解释》第2条的规定,非法采伐、毁坏列入《国家重点保护野生植物名录》的野生植物,或者非法收购、运输、加工、出售明知是非法采伐、毁坏的上述植物及其制品,具有下列情形之一的,以危害国家重点保护植物罪定罪处罚:①危害国家一级保护野生植物1株以上或者立木蓄积1立方米以上的;②危害国家二级保护野生植物2株以上或者立木蓄积2立方米以上的;③危害国家重点保护野生植物，数量虽未分别达到第 1 项、第 2 项规定标准，但按相应比例折算合计达到有关标准的；④涉案国家重点保护野生植物及其制品价值 2 万元以上的。

具有下列情形之一的，应当认定为“情节严重”：①危害国家一级保护野生植物 5 株以上或者立木蓄积 5 立方米以上的；②危害国家二级保护野生植物 10 株以上或者立木蓄积 10 立方米以上的；③危害国家重点保护野生植物，数量虽未分别达到第 1 项、第 2 项规定标准，但按相应比例折算合计达到有关标准的；④涉案国家重点保护野生植物及其制品价值 20 万元以上的；⑤其他情节严重的情形。

违反国家规定，非法采伐、毁坏古树名木，或者非法收购、运输、加工、出售明知是非法采伐、毁坏的古树名木及其制品，涉案树木未列入《国家重点保护野生植物名录》的，根据涉案树木的树种、树龄以及历史、文化价值等因素，综合评估社会危害性，依法定罪处罚。

【司法适用】

1. 人工培育的植物不属于本条规定的“珍贵树木或者国家重点保护的其他植物”

根据最高人民法院、最高人民检察院《关于适用〈中华人民共和国刑法〉第三百四十四条有关问题的批复》中的规定，古树名木以及列入《国家重点保护野生植物名录》的野生植物，属于本条规定的“珍贵树木或者国家重点保护的其他植物”。其中，“野生植物”限于原生地天然生长的植物。人工培育的植物，除古树名木外，不属于本条规定的“珍贵树木或者国家重点保护的其他植物”。

2. 非法移栽珍贵树木或者国家重点保护的其他植物行为的处理

对于上述行为，依法应当追究刑事责任的，应当依照本条的规定，以危害国家重点保护植物罪定罪处罚。同时，鉴于移栽在社会危害程度上与砍伐存在一定差异，对非法移栽珍贵树木或者国家重点保护的其他植物的行为，在认定是否构成犯罪以及裁量刑罚时，应当考虑植物的珍贵程度、移栽目的、移栽手段、移栽数量、对生态环境的损害程度等情节，综合评估社会危害性，确保罪责刑相适应。

第三百四十四条之一　【非法引进、释放、丢弃外来入侵物种罪】违反国家规定，非法引进、释放或者丢弃外来入侵物种，情节严重的，处三年以下有期徒刑或者拘役，并处或者单处罚金。

【条文对照】

1997 年《刑法》	2020 年《刑法修正案(十一)》
无	**第三百四十四条之一　违反国家规定,非法引进、释放或者丢弃外来入侵物种,情节严重的,处三年以下有期徒刑或者拘役,并处或者单处罚金。**

【条文理解】

本罪的具体构成要件是:

(1)本罪侵犯的客体是国家对外来物种入侵的管理制度。

(2)本罪的客观方面表现为违反国家规定,非法引进、释放或者丢弃外来入侵物种,情节严重的行为。"违反国家规定"是指违反全国人民代表大会及其常务委员会制定的法律和决定,国务院制定的行政法规、规定的行政措施、发布的决定和命令中有关外来物种安全和制度的规定。有关部门规章对国家规定有关条款作出进一步细化明确规定的,根据情况,违反该具体规定的也可认定为"违反国家规定"。我国涉及外来物种管理的法律主要有《国境卫生检疫法》《进出境动植物检疫法》《动物防疫法》《野生动物保护法》等法律,对防范外来物种入侵作了原则性规定。2003 年国务院办公厅发布《关于加强防范外来有害生物传入工作的意见》,对外来有害生物入侵的防范、调查、预警和应对机制作了规定,并要求及时调整禁止进境动物、植物危险性有害生物名录和禁止进境物名录。2005 年原国家林业局制定《引进陆生野生动物外来物种种类及数量审批管理办法》,规定了引进陆生野生动物外来物种种类及数量审批许可制度。《野生动物保护法》第 37 条规定:"从境外引进野生动物物种的,应当经国务院野生动物保护主管部门批准。从境外引进列入本法第三十五条第一款名录的野生动物,还应当依法取得允许进出口证明书。海关依法实施进境检疫,凭进口批准文件或者允许进出口证明书以及检疫证明按照规定办理通关手续。从境外引进野生动物物种的,应当采取安全可靠的防范措施,防止其进入野外环境,避免对生态系统造成危害。确需将其放归野外的,按照国家有关规定执行。"2020 年通过的《生物安全法》及其有关配套规定对外来入侵物种的防范和管理以及名录等作了进一步细化和全面的规定。引进、处置外来物种应当依照包括上述法律法规在内的"国家规定"确定的条件、程序和要求进行。关于"外来入侵物种",根据有关法律规定实行名录制管理。2003 年原国家环境保护总局制定发布了《中国第一批外来入侵物种名单》。《生物安全法》第 60 条规定:"国家加强对外来物种入侵的防范和应对,保护生物多样性。国务院农业农村主管部门会同国务院其他有关部门制定外来入侵物种名录和管理办法。"

(3)本罪的主体是一般主体,既包括单位也包括个人。

(4)本罪的主观方面是故意,不包括过失。

【司法适用】

确定是否构成犯罪要注意以下几个方面:(1)行为人要知道或者应当知道引进、释放或者丢弃的是外来入侵物种。(2)应当严格按照目录认定外来入侵物种,而不能将一切外来物种都认定为本罪的对象。(3)要达到情节严重的程度才能入罪。总之要考虑行为人主观方面和客观行为的严重程度,来确定行为人的行为是否构成本罪。

第三百四十五条　【盗伐林木罪】盗伐森林或者其他林木,数量较大的,处三年以下有期徒刑、拘役或者管制,并处或者单处罚金;数量巨大的,处三年以上七年以下有期徒刑,并处罚金;数量特别巨大的,处七年以上有期徒刑,并处罚金。

【滥伐林木罪】违反森林法的规定,滥伐森林或者其他林木,数量较大的,处三年以下有期徒刑、拘役或者管制,并处或者单处罚金;数量巨大的,处三年以上七年以下有期徒刑,并处罚金。

【非法收购、运输盗伐、滥伐的林木罪】非法收购、运输明知是盗伐、滥伐的林木,情节严重的,处三年以下有期徒刑、拘役或者管制,并处或者单处罚金;情节特别严重的,处三年以上七年以下有期徒刑,并处罚金。

盗伐、滥伐国家级自然保护区内的森林或者其他林木的,从重处罚。

【条文对照】

1997年《刑法》	2002年《刑法修正案(四)》
第三百四十五条　盗伐森林或者其他林木,数量较大的,处三年以下有期徒刑、拘役或者管制,并处或者单处罚金;数量巨大的,处三年以上七年以下有期徒刑,并处罚金;数量特别巨大的,处七年以上有期徒刑,并处罚金。 违反森林法的规定,滥伐森林或者其他林木,数量较大的,处三年以下有期徒刑、拘役或者管制,并处或者单处罚金;数量巨大的,处三年以上七年以下有期徒刑,并处罚金。	第三百四十五条　盗伐森林或者其他林木,数量较大的,处三年以下有期徒刑、拘役或者管制,并处或者单处罚金;数量巨大的,处三年以上七年以下有期徒刑,并处罚金;数量特别巨大的,处七年以上有期徒刑,并处罚金。 违反森林法的规定,滥伐森林或者其他林木,数量较大的,处三年以下有期徒刑、拘役或者管制,并处或者单处罚金;数量巨大的,处三年以上七年以下有期徒刑,并处罚金。

续表

1997 年《刑法》	2002 年《刑法修正案(四)》
以牟利为目的,在林区非法收购明知是盗伐、滥伐的林木,情节严重的,处三年以下有期徒刑、拘役或者管制,并处或者单处罚金;情节特别严重的,处三年以上七年以下有期徒刑,并处罚金。 盗伐、滥伐国家级自然保护区内的森林或者其他林木的,从重处罚。	非法收购**、运输**明知是盗伐、滥伐的林木,情节严重的,处三年以下有期徒刑、拘役或者管制,并处或者单处罚金;情节特别严重的,处三年以上七年以下有期徒刑,并处罚金。 盗伐、滥伐国家级自然保护区内的森林或者其他林木的,从重处罚。

【条文理解】

1. 盗伐林木罪

本罪的具体构成要件是:

(1)本罪侵犯的客体是国家保护森林资源的管理制度和国家、集体或者公民个人对林木的所有权。

(2)本罪的客观方面表现为盗伐森林或者其他林木。"盗伐森林或者其他林木"是指以非法占有为目的,具有下列情形之一的行为:①未取得采伐许可证,擅自采伐国家、集体或者他人所有的林木的;②违反《森林法》第 56 条第 3 款的规定,擅自采伐国家、集体或者他人所有的林木的;③在采伐许可证规定的地点以外采伐国家、集体或者他人所有的林木的。"森林"是指具有一定面积的林木的总体,包括树林和竹林,具体可分为防护林、用材林、经济林、薪炭林、特种用途林五类。"其他林木"是指其他的树木和竹子。

(3)本罪的主体是一般主体,既包括单位也包括个人。

(4)本罪的主观方面是故意,不包括过失。

根据《破坏森林资源案件解释》第 4 条的规定,"数量较大"以 5 立方米、幼树 200 株、折合达到上述标准或价值 2 万元为起点;"数量巨大"和"数量特别巨大"以上述标准 10 倍和 50 倍为起点。

2. 滥伐森林罪

本罪的具体构成要件是:

(1)本罪的客体是国家对林木资源的保护制度。

(2)本罪的客观方面表现为违反《森林法》的规定,滥伐森林或者其他林木,数量较大的行为。森林采伐方式和采伐量是否得当,直接关系到合理利用森林资源和森林再生产问题。要确保森林资源永续利用,必须有计划地采伐利用,以保证森林的消耗量不超过生长量。因此,为了防止滥伐林木的情况,《森林法》规定了限额采伐的原则和核发采伐许可证制度。"滥伐森林或者其他林木"是指违反

《森林法》及其他保护森林的法规规定，具有下列情形之一的行为：①未经林业行政主管部门及法律规定的其他主管部门批准并核发林木采伐许可证，或者虽持有林木采伐许可证，但违反林木采伐许可证规定的时间、数量、树种或者方式，任意采伐本单位所有或者本人所有的森林或者其他林木的；②超过林木采伐许可证规定的数量采伐他人所有的森林或者其他林木的；③林木权属争议一方在林木权属确权之前，擅自砍伐森林或者其他林木的。

（3）本罪的主体是一般主体，既包括单位也包括个人。

（4）本罪的主观方面是故意，不包括过失。

《破坏森林资源案件解释》第 6 条规定，“数量较大”以 20 立方米、幼树 1000 株、折合达到上述标准或者价值 5 万元为起点；“数量巨大”以上述标准的 5 倍为起点。

3. 非法收购、运输盗伐、滥伐的林木罪

本罪的具体构成要件是：

（1）本罪侵犯的客体是国家对林业资源的管理制度。

（2）本罪的客观方面表现为非法收购、运输明知是盗伐、滥伐的林木，情节严重的行为。其中“明知”是指知道或者应当知道。具有下列情形之一的，可以视为应当知道，但是有证据证明确属被蒙骗的除外：根据《破坏森林资源案件解释》第 7 条的规定，认定“明知是盗伐、滥伐的林木”，应当根据涉案林木的销售价格、来源以及收购、运输行为违反有关规定等情节，结合行为人的职业要求、经历经验、前科情况等作出综合判断。具有下列情形之一的，可以认定行为人明知是盗伐、滥伐的林木，但有相反证据或者能够作出合理解释的除外：①收购明显低于市场价格出售的林木的；②木材经营加工企业伪造、涂改产品或者原料出入库台账的；③交易方式明显不符合正常习惯的；④逃避、抗拒执法检查的；⑤其他足以认定行为人明知的情形。

（3）本罪的主体为一般主体，既包括自然人也包括单位。

（4）本罪的主观方面是故意，过失不构成本罪。

按照《破坏森林资源案件解释》第 8 条的规定，具有下列情形之一的，应当认定为非法收购、运输明知是盗伐、滥伐的林木规定的“情节严重”：①涉案林木立木蓄积 20 立方米以上的；②涉案幼树 1000 株以上的；③涉案林木数量虽未分别达到第 1 项、第 2 项规定标准，但按相应比例折算合计达到有关标准的；④涉案林木价值 5 万元以上的；⑤其他情节严重的情形。达到第 1 项至第 4 项规定标准 5 倍以上或者具有其他特别严重情节的，应当认定为“情节特别严重”。

4. 盗伐、滥伐国家级自然保护区内的森林或者其他林木的处理

"国家级自然保护区"是指在国内外有典型意义,在科学上有重大国际影响或者有特殊科学研究价值的,由国家主管机关确认的自然保护区。按照本款的规定,盗伐国家级自然保护区内的森林或者其他林木的,依照本条第 1 款的规定构成盗伐林木罪从重处罚;滥伐国家级自然保护区内的森林或者其他林木的,依照本条第 2 款的规定构成滥伐林木罪从重处罚。

【司法适用】

1. 破坏森林资源从重和从宽处罚的情形

从重处罚的情形包括:①造成林地或者其他农用地基本功能丧失或者遭受永久性破坏的;②非法占用自然保护地核心保护区内的林地或者其他农用地的;③非法采伐国家公园、国家级自然保护区内的林木的;④暴力抗拒、阻碍国家机关工作人员依法执行职务,尚不构成妨害公务罪、袭警罪的;⑤经行政主管部门责令停止违法行为后,继续实施相关行为的。

从宽处罚的情形是指,行为人系初犯,认罪认罚,积极通过补种树木、恢复植被和林业生产条件等方式修复生态环境,综合考虑涉案林地的类型、数量、生态区位或者涉案植物的种类、数量、价值,以及行为人获利数额、行为手段等因素,认为犯罪情节轻微的,可以免予刑事处罚;认为情节显著轻微危害不大的,不作为犯罪处理。

2. 盗伐林木罪和盗窃罪的区别

两者的犯罪客体和犯罪对象不同,盗伐林木罪的客体是国家保护森林资源的管理制度和国家、集体或者公民个人对林木的所有权,犯罪对象是正在生长的森林或其他成片林木;盗窃罪犯罪客体是公私财物所有权,犯罪对象广泛得多。两者的犯罪主体也不同,盗伐林木罪的犯罪主体可以是单位和自然人,盗窃罪犯罪主体只能是自然人。但两者犯罪客体不完全相同,属于想象竞合犯,不是法条竞合犯。当盗伐林木数额较小,不构成盗伐林木罪,但达到盗窃罪数额较大时,以盗窃罪定罪;当盗伐林木数额特别巨大时,也要定盗窃罪,因为盗窃罪最高法定刑高于盗伐林木罪。

根据《破坏森林资源案件解释》第 11 条的规定,将国家、集体、他人所有并已经伐倒的树木窃为己有,以及偷砍他人房前屋后、自留地种植的零星树木,数额较大的,以盗窃罪定罪处罚。这是由盗伐林木罪的犯罪对象决定的。根据《破坏森林资源案件解释》第 11 条第 2 款的规定,非法实施采种、采脂、挖笋、掘根、剥树皮等行为,符合《刑法》第 264 条规定的,以盗窃罪论处。在决定应否追究刑事责任和裁量刑罚时,应当综合考虑对涉案林木资源的损害程度以及行为人获利数额、行为动机、前科情况等情节;认为情节显著轻微危害不大的,不作为犯罪处理。

3.滥伐林木罪和盗伐林木罪的区别

两者的区别在于客观方面,滥伐林木罪是未经林业批准并核发林木采伐许可证,或者虽持有林木采伐许可证,但违反林木采伐许可证规定的时间、数量、树种或者方式,任意采伐本单位所有或者本人所有的森林或者其他林木的;盗伐林木是以非法占有为目的,砍伐国家、集体和他人所有的林木。

第三百四十六条 【单位犯破坏环境资源保护罪的处罚规定】单位犯本节第三百三十八条至第三百四十五条规定之罪的,对单位判处罚金,并对其直接负责的主管人员和其他直接责任人员,依照本节各该条的规定处罚。

【条文理解】

本节规定的犯罪,犯罪主体除自然人外还包括单位。对单位犯本节规定之罪的,实行双罚制,对犯罪的单位判处罚金,同时对单位犯罪直接负责的主管人员和其他对犯罪负有直接责任的人员,依照上述各该罪规定的处刑标准处罚。

第七节　走私、贩卖、运输、制造毒品罪

第三百四十七条 【走私、贩卖、运输、制造毒品罪】走私、贩卖、运输、制造毒品,无论数量多少,都应当追究刑事责任,予以刑事处罚。

走私、贩卖、运输、制造毒品,有下列情形之一的,处十五年有期徒刑、无期徒刑或者死刑,并处没收财产:

(一)走私、贩卖、运输、制造鸦片一千克以上、海洛因或者甲基苯丙胺五十克以上或者其他毒品数量大的;

(二)走私、贩卖、运输、制造毒品集团的首要分子;

(三)武装掩护走私、贩卖、运输、制造毒品的;

(四)以暴力抗拒检查、拘留、逮捕,情节严重的;

(五)参与有组织的国际贩毒活动的。

走私、贩卖、运输、制造鸦片二百克以上不满一千克、海洛因或者甲基苯丙胺十克以上不满五十克或者其他毒品数量较大的,处七年以上有期徒刑,并处罚金。

走私、贩卖、运输、制造鸦片不满二百克、海洛因或者甲基苯丙胺不满十克或者其他少量毒品的，处三年以下有期徒刑、拘役或者管制，并处罚金；情节严重的，处三年以上七年以下有期徒刑，并处罚金。

单位犯第二款、第三款、第四款罪的，对单位判处罚金，并对其直接负责的主管人员和其他直接责任人员，依照各该款的规定处罚。

利用、教唆未成年人走私、贩卖、运输、制造毒品，或者向未成年人出售毒品的，从重处罚。

对多次走私、贩卖、运输、制造毒品，未经处理的，毒品数量累计计算。

【条文理解】

本条规定的走私、贩卖、运输、制造毒品罪，是指走私、贩卖、运输、制造鸦片、海洛因、甲基苯丙胺(冰毒)、吗啡、大麻、可卡因和其他毒品的行为。

走私、贩卖、运输、制造毒品罪是选择性罪名。对同一宗毒品实施了两种以上犯罪行为，并有相应确凿证据的，应当按照所实施的犯罪行为的性质并列确定罪名，毒品数量不重复计算，不实行数罪并罚。对同一宗毒品可能实施了两种以上犯罪行为，但相应证据只能认定其中一种或者几种行为，认定其他行为的证据不够确实充分的，则只按照依法能够认定的行为的性质定罪。如涉嫌走私并运输毒品，认定走私的证据不够确实充分的，只定运输毒品罪。对不同宗毒品分别实施了不同种犯罪行为的，应对不同行为并列确定罪名，累计毒品数量，不实行数罪并罚。对被告人一人走私、贩卖、运输、制造两种以上毒品的，不实行数罪并罚，量刑时可综合考虑毒品的种类、数量及危害，依法处理。

本罪的具体构成要件是：

(1)本罪侵犯的客体是国家对毒品的管理制度，走私毒品的行为还侵犯了国家对外贸易管理制度。当前，我国毒品犯罪仍呈现出高发频发态势，如不严加控制，个别地区甚至可能由以往的毒品过境地变为毒品消费地。毒品犯罪极大危害人民的身心健康，毒化社会风气，并经常诱发其他衍生犯罪行为，严重危害社会治安与和谐稳定，因此对毒品犯罪实施严厉打击是党和政府的一贯立场和坚决主张。

(2)本罪的客观方面表现为走私、贩卖、运输、制造毒品的行为。“走私”，是指违反海关法规，非法运输、携带、邮寄国家禁止进出口的鸦片、海洛因、甲基苯丙胺、吗啡、大麻、可卡因等毒品进出国边境，逃避海关监督的行为。直接向走私人非法收购走私进口的毒品或者在内领海、界河、界湖运输、收购、毒品的，也属于走私毒品的行为。“贩卖”,是指在境内非法转手、倒卖或者自行制造、自行销售毒品的行为。“运输”,是指明知是毒品而采用自身携带或者利用他人携带、使用交通工具非法运送,或者伪装后以合法形式交邮政、交通部门或物流单位邮寄、托运毒品的行为。“制造”,是指非法从毒品原植物中提炼毒品,或者用化学合成方法加工配制毒品,或者以改变毒品成分和效用为目的,用混合等物理方法加工配制毒品的行为。如司法实践中常见的将甲基苯丙胺或者其他苯丙胺类毒品与其他毒品混合成麻古(小麻)或者摇头丸。为便于隐蔽运输、销售、使用而欺骗购买者,或者为了增重对毒品掺杂掺假,添加或者去除其他非毒品物质的,不属于制造毒品行为。

(3)主体要件。本罪的犯罪主体为一般主体,自然人和单位均可以成为本罪的犯罪主体,根据《刑法》第 17 条第 2 款的规定,已满 14 周岁不满 16 周岁且具有刑事责任能力的人,犯贩卖毒品罪的,应当负刑事责任。已满 16 周岁且具有刑事责任能力的人,犯贩卖、运输、制造毒品罪,均应当负刑事责任。

(4)主观要件。本罪主观方面由故意构成,既可能是直接故意,也可能是间接故意。司法实践中要求行为人明知必然或明知可能是毒品而进行走私、贩卖、运输、制造,过失不构成本罪。

【司法适用】

1. 毒品犯罪案件主观明知问题

根据《毒品案件意见》的规定,走私、贩卖、运输、非法持有毒品主观故意中的“明知”,是指行为人知道或者应当知道所实施的行为是走私、贩卖、运输、非法持有毒品的行为,并列举了 8 种具体情形。《昆明会议纪要》进一步列举了可以认定被告人主观明知的具体情形,即具有下列情形之一,被告人不能作出合理解释的,可以认定其“明知”,但有证据证明其确实不知情或者确系被蒙骗的除外:(1)执法人员在口岸、机场、车站、港口、邮局、快递站点等场所检查时,要求申报为他人运输、携带、寄递的物品和其他毒品疑似物,并告知法律责任,但被告人未如实申报,在其运输、携带、寄递的物品中查获毒品的;(2)以伪报、藏匿、伪装等蒙蔽手段逃避海关、边防等检查,或者行程路线故意绕开检查站点,在其运输、携带、寄递的物品中查获毒品的;(3)在执法人员检查时有逃跑、藏匿、丢弃、试图销毁其携带的物品、弃车逃离或者其他逃避、抗拒检查行为,在其携带的物品或者遗弃的车辆中查获毒品的;(4)采用高度隐蔽方式运输、携带、交接物品,明显违背合法物品的惯常运输、携带、交接方式,从中查获毒品的;(5)以虚假的身份、地址或者物品名称办理托运、寄递手续,从托运、寄递的物品中查获毒品的;(6)采用隐匿真实身份、支付不等值报酬等不合理方式,指使、雇用他人运输、携带、寄递物品或者代为接收物流寄递的物品,从中查获毒品的;(7)为获取不同寻常的高额、不等值报酬,为他人运输、携带、寄递物品或者接收物流寄递的物品,从中查获毒品的;(8)其他可以认定被告人明知的情形。

最高人民法院、最高人民检察院、公安部《关于办理走私、非法买卖麻黄碱类复方制剂等刑事案件适用法律若干问题的意见》第5条规定,关于犯罪嫌疑人、被告人的主观目的与明知,应当根据物证、书证、证人证言以及犯罪嫌疑人、被告人供述和辩解等在案证据,结合犯罪嫌疑人、被告人的行为表现,重点考虑以下因素予以认定:(1)购买、销售麻黄碱类复方制剂的价格是否明显高于市场交易价格;(2)是否采用虚假信息、隐蔽手段运输、寄递、存储麻黄碱类复方制剂;(3)是否采用伪报、伪装、藏匿或者绕行进出境等手段逃避海关、边防等检查;(4)提供相关帮助行为获得的报酬是否合理;(5)此前是否实施过同类违法犯罪行为;(6)其他相关因素。

2. 毒品吸食行为与毒品犯罪行为的界限

吸毒者实施毒品犯罪是司法实践中常见且比较复杂的问题,处理此案件时,认定犯罪事实和确定罪名应当严格坚持证据裁判原则,秉承慎重态度。《昆明会议纪要》总结了人民法院司法实践经验,为处理此类问题提供了解决思路:吸毒者因购买、存储毒品被查获,没有证据证明其有实施贩卖毒品等其他犯罪的故意,毒品数量达到《刑法》第348条规定的最低数量标准的,以非法持有毒品罪定罪处罚。吸毒者因运输毒品被查获,没有证据证明其有实施贩卖毒品等其他犯罪的故意,毒品数量达到上述最低数量标准的,一般以运输毒品罪定罪处罚。

3. 关于混合型、新类型毒品的处理问题

走私、贩卖、运输、制造、非法持有两种以上毒品的,《刑法》及司法解释明确规定了定罪量刑数量标准的,可以根据现有定罪量刑数量标准,将不同种类毒品分别折算为海洛因的数量,以折算后累加的毒品总量作为定罪量刑的根据,但在裁判文书中,应当客观表述涉案毒品的种类和数量,不表述折算的毒品数量。对于《刑法》及司法解释未规定定罪量刑数量标准的毒品,参考已有折算标准,综合考虑其毒害性、滥用情况、受管制程度、纯度及犯罪形势、交易价格等因素,依法定罪量刑。涉案毒品既无定罪量刑数量标准,亦无折算标准的,应当委托有关专业机构确定涉案毒品的致瘾癖性、毒害性、纯度等,综合考虑其滥用情况、受管制程度及犯罪形势、交易价格等因素,依法定罪量刑。对未查获实物的甲基苯丙胺片剂(俗称"麻古")、MDMA片剂(俗称"摇头丸")等混合型毒品,可以根据在案证据证明的毒品粒数,参考相关案件中查获的同类毒品的一般重量计算毒品数量;在裁判文书中,则只客观表述根据在案证据认定的毒品粒数。

4. 毒品犯罪死刑适用问题

毒品数量是量刑的重要情节,但不是唯一情节。对被告人进行量刑时,特别是在考虑是否适用死刑时,应当坚持“毒品数量+其他情节”的标准,综合考虑毒品数量、犯罪情节、危害后果、被告人的主观恶性、人身危险性以及当地禁毒形势等各种因素,做到区别对待。

毒品数量接近实际掌握的死刑适用数量标准,具有累犯,毒品再犯,利用、教唆未成年人走私、贩卖、运输、制造毒品,或者向未成年人出售毒品等法定从重处罚情节的,可以判处被告人死刑。毒品数量刚超过实际掌握的死刑适用数量标准,具有多次走私、贩卖、运输、制造毒品,向多人贩卖毒品,在戒毒、监管场所贩卖毒品,向在校学生贩卖毒品,组织、利用残疾人等特定人员实施毒品犯罪,或者国家工作人员利用职务便利实施毒品犯罪等情节的,可以判处被告人死刑。

根据宽严相济刑事政策以及少杀慎杀死刑政策的要求,对毒品数量达到实际掌握的死刑适用数量标准,具有下列情形之一的,可以不判处被告人死刑:(1)被告人自首或者立功的;(2)已查明的毒品数量未达到实际掌握的死刑适用数量标准,被告人到案后坦白司法机关尚未掌握的其他毒品犯罪,累计数量达到实际掌握的死刑适用数量标准;(3)经鉴定,毒品纯度明显低于同类毒品正常纯度,掺杂掺假后数量达到实际掌握的死刑适用数量标准,或者有证据表明毒品纯度明显偏低但因客观原因无法鉴定的;(4)原本意图实施的毒品犯罪数量未达到实际掌握的死刑适用数量标准,确系或者不排除因受隐匿身份人员引诱,毒品数量达到实际掌握的死刑适用数量标准的;(5)其他不是必须判处死刑的。

5. 隐匿身份人员实施侦查案件中需要注意的问题

隐匿身份人员实施侦查侦破案件是侦查机关打击毒品犯罪的一种有效手段,但是隐匿身份人员在侦查活动中违反刑事诉讼法等相关规定,诱使本无犯意的人实施毒品犯罪的,属于“犯意引诱”。隐匿身份人员向被引诱人提供毒品或者毒资、购毒渠道的,其所提供的毒品、毒资、被引诱人从其提供的渠道购买的毒品及其证实被引诱人实施毒品犯罪的证据材料,不得认定为被引诱人实施毒品犯罪的证据,排除上述证据后,在案证据达不到认定被引诱人有罪的证明标准的,应当依法作出证据不足,指控的犯罪不能成立的无罪判决。隐匿身份人员诱使他人超出其原本意图实施的毒品犯罪,实施了更大数量的毒品犯罪的,属于“数量引诱”。对于因受“数量引诱”实施毒品犯罪的被告人,一般应当从轻处罚。特别是对于因受“数量引诱”而实施了对应更高量刑幅度或刑种的毒品犯罪的被告人,量刑时更应充分体现从宽。被引诱人又诱使本无犯意的其他人实施毒品犯罪,或者诱使其他人超出原本意图实施了更大数量的毒品犯罪的,属于“间接引诱”。对于受“间接引诱”实施毒品犯罪的被告人,参照前述关于“犯意引诱”或者“数量引诱”的规定处理。

【司法案例】

李某都运输毒品案①

[**裁判要旨**]被告人运输毒品数量大,但不排除是受人雇用的,量刑时特别是在考虑是否适用死刑时,应当综合考虑毒品数量、犯罪情节、危害后果、被告人的主观恶性、人身危险性等各种因素,做到区别对待。对虽然已达到实际掌握的判处死刑的毒品数量标准,但是涉案毒品数量不是特别大,且确属初次犯罪即被查获,未造成严重危害后果的,可以考虑不判处被告人死刑立即执行。

第三百四十八条　【非法持有毒品罪】非法持有鸦片一千克以上、海洛因或者甲基苯丙胺五十克以上或者其他毒品数量大的,处七年以上有期徒刑或者无期徒刑,并处罚金;非法持有鸦片二百克以上不满一千克、海洛因或者甲基苯丙胺十克以上不满五十克或者其他毒品数量较大的,处三年以下有期徒刑、拘役或者管制,并处罚金;情节严重的,处三年以上七年以下有期徒刑,并处罚金。

【条文理解】

非法持有毒品罪,是指明知是鸦片、海洛因、甲基苯丙胺或者其他毒品而非法持有,且数量较大的行为。该罪是在不能证明行为人非法持有较大数量的毒品是为了实施走私、贩卖、运输、制造毒品等犯罪的情况下,起补充兜底作用的罪名。本罪的具体构成要件是:

(1)本罪侵犯的客体是国家对毒品的管理制度和公民的健康权利,犯罪对象是毒品。毒品作为一种违禁品,受到国家严格的管理,任何单位或者个人未经国家主管部门批准,不得持有麻醉药品和精神药品。但在现实生活中,一些行为人非法持有毒品,从而使毒品有可能脱离国家的管控而流入社会,严重危害人民健康。甚至还有一些行为人为了个人吸食、注射而非法持有较大数量的毒品,进而可能“以贩养吸”。因此,国家虽然对一般吸毒者不以犯罪论处,但是对非法持有较大数量毒品的人,以犯罪论处。

---

① 参见《刑事审判参考》总第67集第533号案例。

（2）本罪客观方面表现为行为人非法持有较大数量毒品的行为。“非法”，是指违反国家法律和主管部门的相关规定；“持有”，是指行为人对毒品实际占有、携有、藏有或者以其他方式持有毒品的行为。非法持有毒品罪是数量犯，必须达到数量较大，即鸦片 200 克以上、海洛因或者甲基苯丙胺 10 克以上或者其他毒品数量较大的，才构成犯罪。

（3）本罪的犯罪主体为一般主体。

（4）本罪的主观方面由故意构成，即行为人明知是毒品而非法持有，过失不构成本罪。值得注意的是，认定非法持有毒品罪的前提是，没有在案证据证明行为人是为了实施《刑法》分则第六章第七节规定的其他毒品犯罪或者作为其他犯罪的延续。

【司法适用】

1. 本罪与其他毒品犯罪的界限问题

非法持有毒品罪，是指明知是毒品而非法持有，且数量较大的行为，与其他毒品犯罪在犯罪目的上具有一定相似性。司法机关根据已查获的在案证据，不能认定行为人非法持有较大数量的毒品是为了进行走私、贩卖、运输或者窝藏毒品犯罪的，且非法持有毒品的人拒不说明毒品的来源，才能认定本罪。值得注意的是，构成非法持有毒品罪有法定的数量标准，达不到法定数量标准的只能按违法处理。然而构成走私、贩卖、运输、制造、窝藏、包庇毒品罪，只要有行为即构成犯罪，无须毒品数量达到较大。没有证据证明代购者明知他人实施毒品犯罪而为其代购毒品，代购者亦未从中牟利，代购毒品数量达到《刑法》第 348 条规定的最低数量标准，代购者因购买、存储毒品被查获的，以非法持有毒品罪定罪处罚；因运输毒品被查获的，一般以运输毒品罪定罪处罚。

2. 本罪与窝藏毒品罪的区分问题

仅从犯罪的客观行为来看，因为行为人窝藏毒品就必然要持有毒品，故窝藏毒品本身就是对毒品的持有过程，二者属于法条竞合关系。司法实践中甄别这两个罪名主要在于准确认定行为人的主观目的。如果持有毒品行为人主观目的是自己吸食或者做其他使用而持有，则应当以非法持有毒品罪论处；如果是为了进行毒品犯罪的行为人窝藏毒品而持有，表明行为人持有毒品的行为属于事先明知，应当按照窝藏毒品罪处罚。但是应当注意的是，行为人窝藏的毒品本身是他人非法持有的毒品的情形下，因该宗毒品不是走私、贩卖、运输、制造毒品的犯罪分子所有的毒品，即该毒品不是赃物，行为人对其进行窝藏的行为，不构成掩饰隐瞒犯罪所得、犯罪所得收益罪，只能以非法持有毒品罪论处。此外，非法持有毒品达到“数量较大”标准的才构成犯罪，但《刑法》并未为窝藏毒品罪设定入罪数量标准。

3. 以贩养吸者持有毒品行为认定问题

司法实践中,对于以贩养吸的情形,行为人实施吸食毒品的行为以及贩卖毒品的行为都必须以非法持有毒品为前提,重点是在行为人买进毒品后吸食了一部分、卖掉了一部分、手中还有一部分毒品的情况下,持有的那部分毒品是构成非法持有毒品罪,还是贩卖毒品罪?对于以贩养吸者存储毒品的行为应区别对待。有证据证明行为人实施了贩卖毒品行为的,应以贩卖毒品罪论处;无证据证明行为人实施了贩卖毒品的行为,且查获的毒品数量不大,未达到《刑法》第348条规定的最低数量标准的,不构成犯罪。虽然没有证据证明其实施了贩卖毒品罪,但查获的毒品数量较大,达到《刑法》第348条定罪最低标准的,应以非法持有毒品罪定罪处罚。

【司法案例】

黄某东非法持有毒品案①

[**裁判要旨**]非法持有数量较大的毒品的行为人,如果没有足够证据证明其具有其他毒品犯罪的目的,应认定非法持有毒品罪。如果确有足够证据证明被查获的毒品持有人具有其他毒品犯罪的目的,则应认定构成其他相关毒品罪:(1)如果行为人非法持有毒品是为了本人或帮助他人走私、贩卖、制造、运输毒品的,应认定为构成走私、贩卖、制造、运输毒品罪(包括共犯),而非非法持有毒品罪。(2)如果行为人非法持有毒品是为他人转移、藏匿毒品的,应认定为构成转移、窝藏毒品罪,而不是非法持有毒品罪。(3)如果行为人非法持有毒品是供自己吸食的,由于刑法不认为吸毒行为系犯罪,因此,一般可不定罪处罚。但查获毒品数量大的,应当以非法持有毒品罪论处;如果行为人是以贩养吸的,则应以贩卖毒品罪论处。是否认定非法持有毒品罪,关键看有无足够证据证明毒品持有人是否具有上述主观目的。

第三百四十九条　【包庇毒品犯罪分子罪;窝藏、转移、隐瞒毒品、毒赃罪】**包庇走私、贩卖、运输、制造毒品的犯罪分子的,为犯罪分子窝藏、转移、隐瞒毒品或者犯罪所得的财物的,处三年以下有期徒刑、拘役或者管制;情节严重的,处三年以上十年以下有期徒刑。**

---

① 参见《刑事审判参考》总第36集第284号案例。

【包庇毒品犯罪分子罪】缉毒人员或者其他国家机关工作人员掩护、包庇走私、贩卖、运输、制造毒品的犯罪分子的，依照前款的规定从重处罚。

犯前两款罪，事先通谋的，以走私、贩卖、运输、制造毒品罪的共犯论处。

【条文理解】

1. 包庇毒品犯罪分子罪

包庇毒品犯罪分子罪，是指明知是走私、贩卖、运输、制造毒品的犯罪分子，而向司法机关作假证明，掩盖其罪行，或者帮助其湮灭罪证，以使其逃避法律制裁的行为。本罪的具体构成要件是：

（1）本罪侵犯的客体是国家对毒品的管理制度和国家的司法秩序，包庇的对象是特定的毒品犯罪分子，即实施了《刑法》第 347 条规定的走私、贩卖、运输、制造毒品罪的犯罪分子，既包括尚未被司法机关发觉的犯罪分子和作案后潜逃尚未抓获归案的犯罪分子，也包括脱逃的未决犯和已决犯，但是不要求其中的“犯罪分子”必须达到法定年龄，具有刑事责任能力。此外，毒品犯罪分子具体触犯的是何种罪名以及最终将被判处何种刑罚，不影响本罪的成立。

（2）本罪的客观方面表现为对走私、贩卖、运输、制造毒品的犯罪分子予以庇护的行为。所谓“包庇”，是指作假证明，使毒品犯罪分子的身份不能或者罪行难以被发现的行为，或者帮助其毁灭罪证，以使其逃避法律制裁的行为。

（3）本罪的主体为一般主体。

（4）本罪的主观方面由故意构成，即明知是走私、贩卖、运输、制造毒品的犯罪分子而予以包庇，过失不构成本罪。

2. 窝藏、转移、隐瞒毒品、毒赃罪

窝藏、转移、隐瞒毒品、毒赃罪，是指明知是毒品或者毒品犯罪所得财物而为犯罪分子窝藏、转移、隐瞒毒品、毒赃的行为。本罪的具体构成要件是：

（1）本罪侵犯的客体是国家对毒品的管理制度和国家的司法秩序，犯罪对象是毒品或者毒品犯罪所得的财物。

（2）本罪的客观方面表现为犯罪分子窝藏、转移、隐瞒毒品或者毒品犯罪所得财物的行为。“窝藏”，是指将犯罪分子的毒品、毒赃藏在自己的住所或者其他隐蔽的场所，以逃避司法机关的追查。“转移”，是指行为人将毒品犯罪分子的毒品或者犯罪所得的财物由一处运往另一处，以抗拒司法机关对毒品或者毒品犯罪所得财物的追缴，帮助毒品犯罪分子逃避法律制裁。“隐瞒”，是指在司法机关询问调查有关毒品犯罪的情况时，行为人明知犯罪分子的毒品、毒赃藏在何处，但是为了帮助毒品犯罪分子逃避惩罚而有意隐瞒事实真相的行为。司法实践中,行为人只要有窝藏、转移、隐瞒毒品或者毒品犯罪所得财物其中一种行为就构成本罪,具有两种或两种以上的行为时仍构成一罪,不实行数罪并罚。

(3)本罪的犯罪主体为一般主体。

(4)本罪的主观方面由故意构成,即明知是毒品或者毒品犯罪所得财物而予以窝藏、转移或者隐瞒。犯罪动机可能多种多样,但是动机不影响本罪的成立。过失不构成本罪。如果事前有通谋,以走私、贩卖、运输、制造毒品罪的共犯论处。

【司法适用】

1. 包庇毒品犯罪分子罪与包庇罪的区分问题

这两种犯罪区分的关键在于包庇的对象不同。包庇毒品犯罪分子罪的对象是特定的毒品犯罪分子,即已经实施了走私、贩卖、运输、制造毒品的犯罪分子;而后者的犯罪对象是除走私、贩卖、运输、制造毒品犯罪分子以外的其他刑事犯罪分子,包括非法持有毒品,走私、非法买卖制毒物品,非法种植毒品原植物,引诱教唆、欺骗他人吸毒,强迫、容留他人吸毒等其他涉毒犯罪分子。

2. 包庇毒品犯罪分子罪的罪与非罪界限问题

司法实践中,应结合全案各种情况综合进行考虑罪与非罪的问题。如果被包庇的毒品犯罪分子所进行的毒品犯罪情节轻微,毒品数量很小,受刑罚处罚较轻或者不需要追究刑事责任,而且包庇毒品犯罪分子的主观恶性也较小,那么包庇行为本身的社会危害性较小,可不作为犯罪处罚。如果行为人确实不知道对方是实施走私、贩卖、运输毒品的犯罪分子,即是在对方的欺骗下提供了一定的帮助,在客观上有利于犯罪分子逃避法律制裁,由于该罪主观方面为故意,因此不构成犯罪。此外,根据《毒品案件解释》第 6 条第 3 款的规定,包庇走私、贩卖、运输、制造毒品的近亲属,或者为其窝藏、转移、隐瞒毒品或者毒品犯罪所得的财物,不具有本条前两款规定的"情节严重"情形,归案后认罪、悔罪、积极退赃,且系初犯、偶犯,犯罪情节轻微不需要判处刑罚的,可以免予刑事处罚。

3. 知情不举的性质认定问题

司法实践中,要注意区分包庇毒品犯罪分子罪与知情不举行为的界限。知情不举,是指明知是毒品犯罪分子而不向司法机关检举揭发,但是也没有向司法机关作虚假证明,对犯罪分子也不提供积极帮助,表现为消极不作为的行为。依据《刑法》的规定,仅有两种极为特定的知情不举行为被规定为犯罪:一种是《刑法》第 311 条将明知他人有间谍犯罪行为,在司法机关向其调查有关情况、收集有关证据时,拒绝提供,情节严重的行为,规定为拒绝提供间谍证据罪;另一种是《刑法》第 349 条将为使毒品犯罪分子逃避法律制裁,明知毒品犯罪分子的毒品或者犯罪所得财物的所在去向及其性质，在司法机关向其调查时有意隐瞒的行为规定为隐瞒毒品、毒赃罪。至于其他知情不举的行为，因刑法均未明确规定为犯罪，因此在一般情况下对毒品犯罪知情不举的行为不能认定为犯罪，也不构成包庇毒品犯罪分子罪。

4. 包庇毒品犯罪分子罪与窝藏、转移、隐瞒毒品、毒赃罪的区分问题

窝藏、转移、隐瞒毒品、毒赃罪，是指为犯罪分子窝藏、转移、隐瞒毒品或者实施毒品犯罪所得财物的行为。客观方面表现为行为人实施了窝藏、转移、隐瞒毒品或毒赃的行为。由此可见，窝藏、转移、隐瞒的对象是毒品、毒赃，这是窝藏、转移、隐瞒毒品、毒赃罪与包庇毒品犯罪分子罪最大的区别，包庇毒品犯罪分子罪，包庇的对象是人，而窝藏、转移、隐瞒毒品、毒赃罪包庇的对象是物。

5. 窝藏、转移、隐瞒毒品、毒赃罪与掩饰、隐瞒犯罪所得收益罪的区分问题

两罪在犯罪主体、犯罪主观方面相同，客观方面犯罪手段也有相似之处，区别的关键在于犯罪对象不同。(1)前者为毒品或者毒品犯罪所得的财物，后者为其他犯罪所得的赃物。(2)客观方面表现形式也不完全相同，后者除采取窝藏、转移赃物的手段外，还采取收购或者代为销售赃物的手段，如果行为人窝藏、转移、收购、代为销售或者以其他方法掩饰、隐瞒，明知是毒品犯罪、黑社会性质的组织犯罪、恐怖活动犯罪、走私犯罪、贪污贿赂犯罪、破坏金融管理秩序犯罪、金融诈骗犯罪所得及其产生的收益，则构成《刑法》第 312 条规定的掩饰、隐瞒犯罪所得、犯罪所得收益罪。根据《洗钱案件解释》第 3 条的规定，明知是犯罪所得及其产生的收益而予以掩饰、隐瞒，构成《刑法》第 312 条规定的犯罪，同时又构成《刑法》第 191 条或者第 349 条规定的犯罪的，依照处罚较重的规定定罪处罚。

第三百五十条 【非法生产、买卖、运输制毒物品、走私制毒物品罪】**违反国家规定，非法生产、买卖、运输醋酸酐、乙醚、三氯甲烷或者其他用于制造毒品的原料、配剂，或者携带上述物品进出境，情节较重的，处三年以下有期徒刑、拘役或者管制，并处罚金；情节严重的，处三年以上七年以下有期徒刑，并处罚金；情节特别严重的，处七年以上有期徒刑，并处罚金或者没收财产。**

明知他人制造毒品而为其生产、买卖、运输前款规定的物品的，以制造毒品罪的共犯论处。

单位犯前两款罪的，对单位判处罚金，并对其直接负责的主管人员和其他直接责任人员，依照前两款的规定处罚。

【条文对照】

1997 年《刑法》	2015 年《刑法修正案(九)》
第三百五十条　违反国家规定,非法运输、**携带**醋酸酐、乙醚、三氯甲烷或者其他用于制造毒品的原料**或者**配剂进出境**的,或者违反国家规定,在境内非法买卖上述物品**的,处三年以下有期徒刑、拘役或者管制,并处罚金;**数量大的,处三年以上十年以下有期徒刑,并处罚金**。 明知他人制造毒品而为其**提供**前款规定的物品的,以制造毒品罪的共犯论处。 单位犯前两款罪的,对单位判处罚金,并对其直接负责的主管人员和其他直接责任人员,依照前两款的规定处罚。	第三百五十条　违反国家规定,非法**生产、买卖、**运输醋酸酐、乙醚、三氯甲烷或者其他用于制造毒品的原料、配剂,或者携带上述物品进出境,**情节较重**的,处三年以下有期徒刑、拘役或者管制,并处罚金;**情节严重的,处三年以上七年以下有期徒刑,并处罚金;情节特别严重的,处七年以上有期徒刑,并处罚金或者没收财产**。 明知他人制造毒品而为其**生产、买卖、运输**前款规定的物品的,以制造毒品罪的共犯论处。 单位犯前两款罪的,对单位判处罚金,并对其直接负责的主管人员和其他直接责任人员,依照前两款的规定处罚。

【条文理解】

非法生产、买卖、运输制毒物品、走私制毒物品罪,是指违反国家规定在境内非法生产、买卖、运输醋酸酐、乙醚、三氯甲烷或者其他用于制造毒品的原料配剂或者非法运输携带上述物品进出国边境的行为。本罪是 1997 年《刑法》从全国人民代表大会常务委员会《关于禁毒的决定》第 4 条吸收改为走私制毒物品罪和非法买卖制毒物品罪,后由于《刑法修正案(九)》对本条作出了修改,相应地,本条的罪名也作了调整。本罪的具体构成要件是:

(1)本罪侵犯的客体是国家对制毒物品的管理制度和国家对外贸易管理制度。犯罪对象为制毒物品,即醋酸酐、乙醚、三氯甲烷或者其他用于制造毒品的原料、配剂,具体品种范围应当按照国家关于易制毒化学品管理的规定确定。

(2)本罪的客观方面表现为违反国家规定,在境内非法生产、买卖、运输醋酸酐、乙醚、三氯甲烷或者其他用于制造毒品的原料、配剂,或者非法运输、携带上述物品进出国(边)境的行为。"非法生产",是指违反国家规定,加工、提炼、制造制毒物品的行为。"非法买卖",是指除依照国家规定,经过法定的审批手续准许在境内买卖上述制毒物品用于医药和工农业生产的原料外,都属于非法买卖的行为。其中既包括经国家确定的有权买卖的单位违规超量经营,也包括其他单位和个人未经批准买卖这些制毒物品。根据《制毒物品案件解释》第 1 条第 2 款的规定,违反国家规定,实施下列行为之一的,认定为《刑法》第 350 条规定的非法买卖制毒物品行为:①未经许可或者备案,擅自购买、销售易制毒化学品的;②超出许可证明或者备案证明的品种、数量范围购买、销售易制毒化学品的;③使用他人的或者伪造、变造、失效的许可证明或者备案证明购买、销售易制毒化学品的；④经营单位违反规定，向无购买许可证明、备案证明的单位、个人销售易制毒化学品的，或者明知购买者使用他人的或者伪造、变造、失效的购买许可证明、备案证明，向其销售易制毒化学品的；⑤以其他方式非法买卖易制毒化学品的。“运输”与运输毒品罪中的“运输”含义相同。

(3)本罪的主体为一般主体，个人和单位均可构成本罪的主体。

(4)本罪的主观方面由故意构成，过失不构成本罪。根据《制毒物品案件解释》第2条的规定，对于走私或者非法买卖制毒物品行为，有下列情形之一，且查获了易制毒化学品，结合犯罪嫌疑人、被告人的供述和其他证据，经综合审查判断，可以认定其“明知”是制毒物品而走私或者非法买卖，但有证据证明确属被蒙骗的除外：①改变产品形状、包装或者使用虚假标签、商标等产品标志的；②以藏匿、夹带或者其他隐蔽方式运输、携带易制毒化学品逃避检查的；③抗拒检查或者在检查时丢弃货物逃跑的；④以伪报、藏匿、伪装等蒙蔽手段逃避海关、边防等检查的；⑤选择不设海关或者边防检查站的路段绕行出入境的；⑥以虚假身份、地址办理托运、邮寄手续的；⑦以其他方法隐瞒真相，逃避对易制毒化学品依法监管的。

《毒品案件解释》第7条、第8条对《刑法》第350条第1款规定的“情节较重”“情节严重”“情节特别严重”的情形进行了规定。

【司法适用】

1. 罪与非罪的界限问题

易制毒化学品生产、经营、使用单位或者个人未办理许可证明或者备案证明，购买、销售易制毒化学品，如果有证据证明其确实用于合法生产生活需要，依法能够办理只是未及时办理许可证明或者备案证明，且未造成严重社会危害的，可以不以非法买卖制毒物品罪论处。根据《制毒物品案件解释》第1条第3款的规定，易制毒化学品生产、经营、使用单位或者个人未办理许可证明或者备案证明，购买、销售易制毒化学品，如果有证据证明确实用于合法生产、生活需要，依法能够办理只是未及时办理许可证明或者备案证明，且未造成严重社会危害的，可不以非法买卖制毒物品罪论处。

2. 本罪与相关毒品犯罪的区别

区分本罪与贩卖毒品罪的关键在于犯罪对象不同，前者的犯罪对象是用于制造毒品的原料或者配剂，后者的犯罪对象则为国家管制的毒品。根据《制毒物品案件解释》第1条第4款的规定，为了制造毒品或者走私、非法买卖制毒物品犯罪而采用生产、加工、提炼等方法非法制造易制毒化学品的，根据《刑法》第22条的规定，按照其制造易制毒化学品的不同目的，分别以制造毒品、走私制毒物品、非法买卖制毒物品的预备行为论处。

【司法案例】

房某安、许某财非法买卖制毒物品案[①]

[**裁判要旨**]（1）行为人是否明知制毒物品，应当结合具体案情、综合审查各方面证据后予以认定。涉及买卖制毒物品的犯罪有两类：一类是直接以制造毒品为目的的犯罪，包括自己制造毒品而购买制毒物品，以及明知他人制造毒品而为其提供制毒物品，这两种情况下的行为人对制毒物品的明知比较好认定。另一类是不以制造毒品为目的，纯粹以获取利益为目的，违反国家规定，非法买卖制毒物品的行为，在证明这类犯罪行为人主观明知非法买卖的对象是制毒物品上具有一定复杂性。对行为人主观明知的认定，不能仅凭被告人的口供，而应当结合具体案情、综合审查各方面证据。如果基于一定的客观事实，根据行为人的认知水平、文化程度、社会阅历能够认识到，一般可以推定主观上具有“明知”。（2）非法买卖制毒物品交易中起居间作用的行为人应当认定为非法买卖制毒物品罪的共犯。

第三百五十一条　【非法种植毒品原植物罪】非法种植罂粟、大麻等毒品原植物的，一律强制铲除。有下列情形之一的，处五年以下有期徒刑、拘役或者管制，并处罚金：

（一）种植罂粟五百株以上不满三千株或者其他毒品原植物数量较大的；

（二）经公安机关处理后又种植的；

（三）抗拒铲除的。

非法种植罂粟三千株以上或者其他毒品原植物数量大的，处五年以上有期徒刑，并处罚金或者没收财产。

非法种植罂粟或者其他毒品原植物，在收获前自动铲除的，可以免除处罚。

【条文理解】

非法种植毒品原植物罪，是指明知是罂粟、大麻、古柯树等毒品原植物而非法种植且数量较大，或者经公安机关处理后又种植或者抗拒铲除的行为。本罪的具

---

① 参见《刑事审判参考》总第72集第606号案例。

体构成要件是：

(1)本罪侵犯的客体是国家对毒品原植物的管理制度,犯罪对象是毒品原植物。“毒品原植物”,是指能从中加工提炼出毒品的原植物,如罂粟、大麻、古柯树等,其是毒品的主要来源。

(2)本罪的客观方面表现为违反国家有关规定,非法种植毒品原植物数量较大,或者经公安机关处理后又种植,或者抗拒铲除毒品原植物的行为。构成本罪的种植毒品原植物的行为必须是非法的。根据医疗、教学、科研的需要,经卫生行政主管部门依据法律、行政法规指定种植限定数量的毒品原植物,这种行为因为是合法的,不构成本罪。“种植”,是指播种、插栽、施肥、灌溉、割收植物津液和种子等行为。无论行为人是实施上述种植过程的任何一种行为,还是几种或全部行为;无论是行为人自己实施,还是雇佣他人实施;无论是在自己的地里种植,还是在荒山野地种植,均视为种植。此外,非法种植毒品原植物的行为还必须达到数量较大的程度,才构成犯罪;数量较小的不构成犯罪,可由公安机关给予治安处罚。根据《毒品案件解释》第 9 条的规定,非法种植毒品原植物,具有下列情形之一的,应当认定为《刑法》第 351 条第 1 款第 1 项规定的“数量较大”:①非法种植大麻 5000 株以上不满 3 万株的;②非法种植罂粟 200 平方米以上不满 1200 平方米、大麻 2000 平方米以上不满 12,000 平方米,尚未出苗的;③非法种植其他毒品原植物数量较大的。非法种植毒品原植物,达到前款规定的最高数量标准的,应当认定为《刑法》第 351 条第 2 款规定的“数量大”。“经公安机关处理后又种植”,是指行为人曾经种植毒品原植物,经公安机关发现强制铲除或者予以行政处罚后仍不悔改,又非法种植毒品原植物,即使种植数量不大,也应以非法种植毒品原植物罪定罪处罚。“抗拒铲除”,是指行为人非法种植毒品原植物被公安机关发现后予以铲除或者强制其铲除,而以暴力相对抗,拒绝铲除。该种情形下即使种植数量不大,也应以非法种植毒品原植物罪定罪处罚。至于行为人种植毒品原植物后是否收获到毒品,是自己种植还是雇他人种植,不影响本罪的成立。

(3)本罪的主体为一般主体。

(4)本罪的主观方面由故意构成,即明知是毒品原植物而非法种植,并且一般具有营利的目的。刑法未对本罪是否具有营利的目的作出明确规定,因此不论行为人是否为了营利,都不影响构成本罪。

【司法适用】

1. 关于以暴力方法抗拒铲除毒品原植物罪的罪数认定问题

行为人非法种植毒品原植物被公安机关发现后予以铲除,或者强制其铲除,以暴力相对抗,拒绝铲除而造成他人重伤、死亡时,以暴力方法抗拒铲除毒品原植物罪与故意伤害罪或者故意杀人罪想象竞合,应按重罪吸收轻罪的原则,以故意伤害罪或者故意杀人罪论处。对于没有参与种植,但是参与抗拒铲除毒品原植物活动,且抗拒方法是暴力或者胁迫的,由于行为人缺乏构成非法种植毒品原植物罪的前提要件,即种植毒品原植物的行为,也不具备抗拒铲除必须是种植者本人这一要件,对其不能以非法种植毒品原植物罪论处,而应以妨害公务罪论处。在此情形下,因抗拒铲除而造成他人重伤、死亡的是妨害公务罪与故意伤害罪或者故意杀人罪的想象竞合,应按重罪吸收轻罪的原则,以故意伤害致人重伤罪或者故意杀人罪论处。

如果行为人实施了非法种植毒品原植物行为,为了抗拒铲除而实施暴力行为,致人重伤死亡的,仍按非法种植毒品原植物罪处罚,如果致人重伤、死亡的,种植数量未达到规定标准,或者不具备经公安机关处理后又种植的情形,则应当按照故意伤害罪或者故意杀人罪定罪处罚。

2. 如何理解"经公安机关处理后又种植"的问题

公安机关处理非法种植毒品原植物的行为的措施一般有三种:第一种是批评教育,第二种是行政处罚,第三种是提出刑事诉讼意见。因此司法实践中,"经公安机关处理后又种植"的情形,是指种植毒品原植物,经公安机关的批评教育,治安处罚或提出刑事起诉意见,行为人自行铲除或被强制铲除后,仍不思悔改,又非法种植毒品原植物的。

3. 划清一罪与数罪的界限

非法种植毒品原植物数量较大,又实施其他制造毒品行为的,应当分别以非法种植毒品原植物罪和制造毒品罪,实行并罚。

第三百五十二条　【非法买卖、运输、携带、持有毒品原植物种子、幼苗罪】非法买卖、运输、携带、持有未经灭活的罂粟等毒品原植物种子或者幼苗,数量较大的,处三年以下有期徒刑、拘役或者管制,并处或者单处罚金。

【条文理解】

非法买卖、运输、携带、持有毒品原植物种子、幼苗罪,是指违反国家有关规定,非法买卖、运输、携带、持有未经灭活的罂粟等毒品原植物种子或者幼苗,数量较大的行为。按照法律规定,行为人只要有非法买卖、运输、携带、持有未经灭活的毒品原植物种子或者幼苗其中一种行为就构成本罪,具有两种或者两种以上行为的仍为一罪,不实行数罪并罚。本罪的具体构成要件是:

(1)本罪侵犯的客体是国家对毒品原植物种子及其幼苗的管理制度,犯罪对象是未经灭活的罂粟等毒品原植物种子和幼苗。毒品原植物是用来提炼加工成鸦片、海洛因、甲基苯丙胺、吗啡、可卡因等麻醉药品和精神药品的原植物。未经灭活也就是能存活的,因此买卖、运输、携带持有已经灭活的毒品原植物的种子或者幼苗的,不构成本罪。

(2)本罪的客观方面表现为违反国家有关规定,非法买卖、运输、携带、持有未经灭活的罂粟等毒品原植物种子或者幼苗,数量较大的行为。"非法买卖",是指以金钱或者实物作价非法购买或者出售未经灭活的毒品原植物种子或者幼苗。"非法运输",是指违反法律法规,将未经灭活的毒品原植物种子或者幼苗在国内或者国(边)境运输。"非法携带",是指违反国家有关规定,随身携带未经灭活的毒品原植物种子或者幼苗。"非法持有",是指违反国家有关规定,私藏未经灭活的原植物种子或者幼苗。"未经灭活的罂粟等毒品原植物种子",是指没有经过物理、化学等方法杀灭植物生长细胞,因而还能继续繁殖发芽的罂粟等毒品原植物种子。非法买卖、运输、携带、持有未经灭活的罂粟等毒品原植物种子或者幼苗的行为,只有数量较大的才构成犯罪。根据《毒品案件解释》第 10 条的规定,非法买卖、运输、携带、持有未经灭活的毒品原植物种子或者幼苗,具有下列情形之一的,应当认定为《刑法》第 352 条规定的"数量较大":①罂粟种子 50 克以上、罂粟幼苗 5000 株以上的;②大麻种子 50 千克以上、大麻幼苗 5 万株以上;③其他毒品原植物种子或者幼苗数量较大的。

(3)本罪的主体为一般主体,自然人和单位均可构成本罪的主体。

(4)本罪的主观方面由故意构成,一般具有牟利的目的,但是本罪并非必须以牟利为目的。

【司法适用】

1. 本罪与走私制毒物品罪的区别

(1)两罪的犯罪对象不同。本罪的犯罪对象是毒品的原植物种子或者幼苗,不可直接用于制造毒品。走私制毒物品罪的对象是毒品的原料或者配剂,可直接用于加工毒品。(2)两罪行为实施的区域不完全相同,本罪行为实施的地点,可以是国内或者国(边)境,而走私制毒物品罪只能是在国(边)境或者是本罪之后续行为。

2. 本罪与买卖制毒物品罪的区别

(1)两罪的犯罪对象不同。本罪的犯罪对象是毒品的原植物种子或者幼苗,买卖制毒物品罪的对象是毒品的原料或者配剂。(2)两罪行为的内容不同。买卖制毒物品罪实施的只是买卖行为,而本罪的行为方式不仅包括买卖,还包括运输、携带和持有。

3. 本罪与非法种植毒品原植物罪的区别

两罪最主要的区别是犯罪手段不同。前者采用非法买卖、运输、携带和持有的手段，后者以非法种植为手段。

第三百五十三条　【引诱、教唆、欺骗他人吸毒罪】引诱、教唆、欺骗他人吸食、注射毒品的，处三年以下有期徒刑、拘役或者管制，并处罚金；情节严重的，处三年以上七年以下有期徒刑，并处罚金。

【强迫他人吸毒罪】强迫他人吸食、注射毒品的，处三年以上十年以下有期徒刑，并处罚金。

引诱、教唆、欺骗或者强迫未成年人吸食、注射毒品的，从重处罚。

【条文理解】

1. 引诱、教唆、欺骗他人吸毒罪

引诱、教唆、欺骗他人吸毒罪，是指以引诱、教唆、欺骗的方法，促使他人吸食、注射毒品的行为。在司法实践中，只要实施了引诱、教唆、欺骗其中一种行为，就构成本罪。实施两种以上行为的，可以作为选择性罪名，按一罪处罚，但不实行数罪并罚，至于被引诱、教唆、欺骗他人吸食、注射毒品后是否成瘾，不影响本罪的成立。依照本条第3款的规定，引诱、教唆、欺骗或者强迫未成年人吸食、注射毒品的，从重处罚。本罪的具体构成要件是：

(1)本罪侵犯的客体是国家对毒品的管理制度和公民的健康权利。犯罪对象是从未吸食、注射过毒品的人，或者曾吸食、注射过毒品但是已经戒除的人。

(2)本罪的客观方面表现为引诱、教唆、欺骗他人吸食、注射毒品的行为。“引诱”，是指以金钱、物质或者含有毒品的物品让他人吸食，或者采取其他鼓动手段勾引、诱使、拉拢本无吸毒意愿的人吸食、注射毒品。“教唆”，是指以宣扬吸毒后的快乐体验、示范吸毒方法和劝说、授意、怂恿等其他方法，故意唆使他人产生吸毒的意图后吸食、注射毒品的行为。教唆的方法，既可以是口头的或书面的，也可以是示意性或示范性动作。“欺骗”，是指用隐瞒事实真相或者制造假象等方法，促使他人吸食、注射毒品的行为。行为人只要实施了引诱、教唆、欺骗其中一种行为，就构成本罪。实施两种以上行为的，可以作为选择性罪名，按一罪处罚，不实行并罚。根据《毒品案件解释》第11条的规定，引诱、教唆、欺骗他人吸食、注射毒品，具有下列情形之一的，应当认定为《刑法》第353条第1款规定的“情节严重”：

①引诱、教唆、欺骗多人或者多次引诱、教唆、欺骗他人吸食、注射毒品的；②对他人身体健康造成严重危害的；③导致他人实施故意杀人、故意伤害、交通肇事等犯罪行为的；④国家工作人员引诱、教唆、欺骗他人吸食、注射毒品的；⑤其他情节严重的情形。该条第2项中“对他人身体健康造成严重危害”的认定，可以参照2022年《危害药品安全案件解释》第2条的规定执行，包括导致被害人轻伤、重伤、轻度残疾、中度残疾、功能障碍等后果，也包括引诱、教唆、欺骗他人吸食、注射毒品，导致其实施自伤、自残行为，对身体健康造成严重危害的情形。

(3)本罪的主体为一般主体。

(4)本罪的主观方面由故意构成，即故意使他人吸食和注射毒品。行为人的动机不影响本罪的成立。

2. 强迫他人吸毒罪

强迫他人吸毒罪，是指违背他人意志，以暴力、威胁或者其他方法迫使他人吸食注射毒品的行为。本罪的具体构成要件是：

(1)本罪侵犯的客体是国家对毒品的管理制度和公民的健康权利，犯罪对象是不愿吸食、注射毒品的人。

(2)本罪的客观方面表现为违背他人意志，用暴力、威胁或者其他方法使他人不能或不敢反抗，被迫吸食、注射毒品的行为，这是该罪同其他毒品犯罪的根本区别。“暴力”，是指对不愿意吸毒的人进行禁闭、殴打、捆绑、伤害等足以危及人身健康甚至生命安全的强制性手段，迫使其违背自身意愿吸食、注射毒品。“胁迫”，是指对不愿吸毒的人以实施暴力、施加精神强制等方法，迫使其违背自身意愿吸食、注射毒品。“其他方法”，是指行为人利用暴力、胁迫以外的方式方法让本无吸毒、注射毒品意愿的人吸食、注射毒品。

(3)本罪的主体为一般主体。

(4)本罪的主观方面由故意构成，即明知是毒品而强迫他人予以吸食、注射。如果行为人不知道是毒品，或者不具有强迫他人吸食、注射毒品的故意，则不构成该罪。

【司法适用】

1. 罪与非罪的问题

本罪在主观方面要求行为人必须具有故意，因此对于明显具有过失行为或无意识行为，从而引起他人吸毒行为的，一般不以犯罪论处。如在某种场合对吸食毒品的快感津津乐道、大肆炫耀，只要不是有意识地促使他人吸毒，一般不认为构成犯罪。对于只是自己吸食、注射毒品，并未使他人产生吸毒意愿，仅是在客观上对他人产生了不良影响，结果引起他人吸食、注射毒品的欲望和行动，不能以引诱、教唆、欺骗他人吸食、注射毒品定罪。

在司法实践中,有的行为人见到他人生病之后,为了使病人暂时减轻痛苦,将毒品说成是止痛药,促使他人吸食或注射,而致使他人染上毒瘾,在这样的情况下是否构成该罪,应该具体问题具体分析。如果行为人是借给病人止痛为由,以达到诱使他人吸食毒品的目的,由于其具有引诱、欺骗他人吸食毒品的故意,应当构成引诱、教唆、欺骗他人吸食、注射毒品罪。但是对于行为人在当时的情况下确实找不到给病人止痛的其他可行办法,仅是为了利用毒品减轻病人的痛苦,并没有引诱、欺骗他人吸食毒品的故意,在此情形下给病人吸食了毒品,并导致他人染上毒瘾的,根据刑法上期待可能性原理,一般不宜以引诱、教唆、欺骗他人吸食、注射毒品罪定罪处罚。

2. 犯本罪致人重伤、死亡的处理问题

司法实践中犯引诱、教唆、欺骗他人吸毒罪且致人重伤死亡的案件常有发生。处理此类案件时应当注意具体问题具体分析:如果致人死亡伤残,能够查明没有故意杀人或者故意伤害的心理,而对死亡和重伤仅有过失的,应当构成过失致人死亡罪、过失致人重伤罪与引诱、教唆、欺骗他人吸毒罪的数罪,择一重罪处罚。但是如果行为人具有故意杀人或者故意伤害的故意,那么引诱、教唆、欺骗他人吸食、注射毒品的行为就成为故意杀人和故意伤害的手段,其行为构成故意杀人罪和故意伤害罪。

3. 强迫他人吸食注射毒品罪与贩卖毒品罪的界限问题

(1)两罪侵犯的客体和犯罪对象不同,本罪侵犯的是复杂客体,即国家对毒品的管理制度和公民的身心健康权利,犯罪对象是不愿意吸食、注射毒品的人。贩卖毒品罪侵犯的是单一客体,即国家对毒品的管理制度,犯罪对象是毒品。(2)两罪客观方面表现不同。本罪是以暴力、胁迫等手段迫使他人吸食、注射毒品的行为,而后者表现为非法转手、倒卖毒品或者销售自制的毒品的行为。在司法实践中,如果行为人系强迫他人吸食、注射毒品,同时又向其贩卖毒品的,应当以贩卖毒品罪论处。

4. 强迫他人吸食注射毒品致人死亡的行为与故意杀人罪的界限

在司法实践中,强迫他人吸食、注射超量毒品致人死亡的情形偶有发生。在处理该问题时,应当注意具体问题具体分析。如果行为人能够认识到此行为对被害人来说是危险的,可能致其死亡的,但是为了追求营利或者其他目的,对被害人的死亡采取放任态度,最终造成其死亡结果发生的,由于行为人主观上具有杀害他人的间接故意,应该以故意杀人罪定罪处罚。为达到伤害他人的目的而使用强迫他人吸食、注射毒品的手段,应当以故意杀人罪论处。如行为人强迫他人吸食、注射超量的毒品,意图杀害他人,最终导致他人死亡的结果。此时强迫他人吸食、注射毒品是杀人行为的手段,故意杀人是行为人所追求的目的。暴力强迫他人吸食、注射常量或者少于常量的毒品,却直接引起被害人死亡的,此种情形下行为人的全部行为是故意实施的,但是对行为引起的结果持过失态度,属于结果加重犯,应当以强迫他人吸食、注射毒品罪从重处罚。

第三百五十四条　【容留他人吸毒罪】容留他人吸食、注射毒品的,处三年以下有期徒刑、拘役或者管制,并处罚金。

【条文理解】

容留他人吸毒罪,是指为他人吸食、注射毒品提供场所的行为。为他人吸食、注射毒品提供场所便利,既促成了吸毒人员吸毒,又帮助他们逃避打击。更为严重的是此类行为是导致走私、贩卖、运输、制造毒品等犯罪发生的重要因素之一,对人身和社会的危害性很大,因而刑法将此种行为规定为犯罪并予以惩处。本罪的具体构成要件是:

(1)本罪侵犯的客体是国家对毒品的管理制度和公民的健康权利。

(2)本罪的客观方面表现为容留他人吸食、注射毒品的行为。“容留”,是指行为人利用自己的住房或者其他场所,长期或者短期为他人吸食、注射毒品提供场所。容留他人吸食、注射毒品的人数和次数不是构成本罪的要件,不影响该罪成立,但是应当作为量刑情节予以考虑。

(3)本罪的主体为一般主体。

(4)本罪的主观方面由故意构成,并且一般具有牟取非法利益的目的,但是法律并没有规定以牟取非法利益为目的是构成本罪的必要主观要件。本罪的主观方面也包括间接故意,行为人持放任态度,为他人吸食、注射毒品提供场所的行为,如明知他人在其经营的娱乐场所吸食摇头丸的情况下,没有采取任何措施制止客人吸毒,而是采取放任的态度,对客人在其经营的娱乐场所的吸毒活动视而不见。这种行为实际上就成为开设变相的“地下烟馆”、容留他人吸毒的犯罪行为。

【司法适用】

1. 罪与非罪的区分

依照相关法律规定,旅馆经营者对于入住客人在房间内的吸毒行为有义务予以制止,或者向公安机关报告。如果旅馆经营者发现入住客人在房间内吸毒,既未制止,又未向公安机关报告,放任吸毒行为继续发生,其行为客观上为他人吸食毒品提供了场所,达到入罪标准的应当以容留他人吸毒罪追究刑事责任。需要说明的是,虽然容留他人吸毒罪的主观方面包括间接故意,但并非对所有放任型的容留他人吸毒行为都要追究刑事责任。在司法实践中,应当根据案件的具体情况予以甄别。如行为人放任共同生活的家庭成员在自己家中吸食、注射毒品的,一般不成立本罪。根据《毒品案件解释》第12条第3款的规定,容留近亲属吸食、注射毒品,情节显著轻微危害不大的,不作为犯罪处理;需要追究刑事责任的,可以酌情从宽处罚。此外,如果行为人没有容留他人吸食、注射毒品,只是自己吸食,注射毒品的,则属违法行为。

2. 容留他人吸毒罪等场所认定问题

在司法实践中,容留他人吸毒的场所并不一定要求是比较固定的,或者是具有规模性的。对行为人提供的场所应当理解为相对固定封闭且行为人对其具有一定程度控制管理权的场所,但是不应强调行为人对其提供的场所有完全的控制管理权。如果旅馆、饭店、酒吧、咖啡厅等营业性场所中的经营服务人员利用这些场所的方便,容留他人吸食注射毒品,并以此招揽生意的,也应当依法追究其刑事责任。

3. 贩毒人员容留他人吸毒的处理问题

在司法实践中,毒品购买人向贩毒人员购买毒品时,往往通过吸食、注射毒品样品等方式检验毒品质量。此外吸毒人员购买毒品后也常有当场吸食注射毒品的行为。当上述吸食、注射毒品的行为,发生在贩毒人员家中或其管理的场所内时,如何进行处理应当坚持具体问题分析。当贩毒人员贩卖毒品时允许贩毒人员以吸食、注射方式检验毒品质量时,其目的在于销售毒品。此时容留吸毒行为是贩卖毒品行为的组成部分,不应数罪并罚。但是在当吸毒人员购买毒品后,贩毒人员允许在其管理的场所内吸毒的情形下,贩卖毒品行为与容留吸毒行为之间已无内在联系,对行为人贩卖毒品行为与容留他人吸毒行为,应当分别进行评价,以贩卖毒品罪和容留他人吸毒罪数罪并罚。根据《毒品案件解释》第12条第2款的规定,向他人贩卖毒品后又容留其吸食、注射毒品,或者容留他人吸食、注射毒品并向其贩卖毒品,符合前款规定的容留他人吸毒罪的定罪条件的,以贩卖毒品罪和容留他人吸毒罪数罪并罚。

【司法案例】

聂某凯容留他人吸毒案①

[**裁判要旨**]对于容留他人吸毒罪中的容留,应当理解为允许他人在自己管理

① 参见《刑事审判参考》总第100集第1032号案例。

的场所吸食、注射毒品或者为他人吸食、注射毒品提供场所的行为。容留他人吸毒罪属于行为犯,主观方面只能由故意构成,既包括直接故意,也包括间接故意。对于旅馆经营者发现入住客人在房间内吸食毒品而不予制止的,尽管可以以容留他人吸毒罪追究刑事责任,但此种情形毕竟不同于事先明知他人吸食毒品而提供场所的行为,旅馆经营者也没有从吸毒人员处收取除应收房费外的其他费用,故量刑时可以酌情从轻处罚。

第三百五十五条 【非法提供麻醉药品、精神药品罪】**依法从事生产、运输、管理、使用国家管制的麻醉药品、精神药品的人员,违反国家规定,向吸食、注射毒品的人提供国家规定管制的能够使人形成瘾癖的麻醉药品、精神药品的,处三年以下有期徒刑或者拘役,并处罚金;情节严重的,处三年以上七年以下有期徒刑,并处罚金。向走私、贩卖毒品的犯罪分子或者以牟利为目的,向吸食、注射毒品的人提供国家规定管制的能够使人形成瘾癖的麻醉药品、精神药品的,依照本法第三百四十七条的规定定罪处罚。**

单位犯前款罪的,对单位判处罚金,并对其直接负责的主管人员和其他直接责任人员,依照前款的规定处罚。

【条文理解】

非法提供麻醉药品、精神药品罪,是指依法从事生产、运输、管理、使用国家管制的麻醉药品、精神药品的单位和人员,违反国家规定,向明知是吸食、注射毒品的人提供国家规定管制的,能够使人形成瘾癖的麻醉药品、精神药品的行为。本罪的具体构成要件是:

(1)本罪侵犯的客体是国家对麻醉药品、精神药品的管理制度,犯罪对象是指麻醉药品和精神药品。“麻醉药品”,是指人连续使用后易产生生理依赖性,能成瘾癖的药品。“精神药品”,是指直接作用于中枢神经系统,使之兴奋或者抑制,连续使用能产生依赖性的药品。《麻醉药品和精神药品管理条例》对两种药品的生产、运输、储存、发放、使用均作了具体规定。麻醉药品和精神药品主要用于医疗、教学以及科研使用。国家卫生行政主管部门根据医疗、教学和科研工作的需要,按照法律、行政法规的规定,指定特定的制药厂生产限定数量的麻醉药品、精神药品。但是国家对这些药品实行了严格的管理,以免被移作他用,使人成瘾。

(2)本罪的客观方面表现为违反国家关于麻醉药品、精神药品的管理规定,向吸食、注射毒品的人非法提供国家规定管制的麻醉药品和精神药品的行为。“国家关于麻醉药品、精神药品的管理规定”,是指法律、行政法规关于麻醉药品和精神药品的管理规定。根据《毒品案件解释》第13条的规定,“依法从事生产、运输、管理、使用国家管制的麻醉药品、精神药品的人员,违反国家规定,向吸食、注射毒品的人提供国家规定管制的能够使人形成瘾癖的麻醉药品、精神药品,具有下列情形之一的,应当依照刑法第三百五十五条第一款的规定,以非法提供麻醉药品、精神药品罪定罪处罚:(一)非法提供麻醉药品、精神药品达到刑法第三百四十七条第三款或者本解释第二条规定的‘数量较大’标准最低值的百分之五十,不满‘数量较大’标准的;(二)二年内曾因非法提供麻醉药品、精神药品受过行政处罚的;(三)向多人或者多次非法提供麻醉药品、精神药品的;(四)向吸食、注射毒品的未成年人非法提供麻醉药品、精神药品的;(五)非法提供麻醉药品、精神药品造成严重后果的;(六)其他应当追究刑事责任的情形。具有下列情形之一的,应当认定为刑法第三百五十五条第一款规定的‘情节严重’:(一)非法提供麻醉药品、精神药品达到刑法第三百四十七条第三款或者本解释第二条规定的‘数量较大’标准的;(二)非法提供麻醉药品、精神药品达到前款第一项规定的数量标准,且具有前款第三项至第五项规定的情形之一的;(三)其他情节严重的情形”。

(3)本罪的主体是特殊主体,即依法从事生产、运输、管理、使用国家管制的麻醉药品、精神药品的单位和人员。

(4)本罪的主观方面为故意,且为直接故意,即行为人违反国家规定,非法向明知是吸食、注射毒品的人提供明知属于国家规定管制的麻醉药品和精神药品。间接故意和过失不构成本罪。

【司法适用】

1. 罪与非罪的界限问题

司法实践中区分非法提供麻醉药品、精神药品罪与非罪的界限,主要把握两点:(1)行为人提供的药品是否属于国家管制的麻醉药品、精神药品。如果行为人提供的药品尽管是麻醉药品或精神药品,但并非属于国家管制的麻醉药品、精神药品,不构成本罪。(2)行为人提供管制麻醉药品、精神药品的行为是否违反了国家有关麻醉药品、精神药品的管理规定。

2. 本罪与贩卖毒品罪的界限问题

该罪要求行为人提供毒品的对象只能是吸食、注射毒品的人。如果行为人明知对方是毒品犯罪分子,而向其提供国家规定管制的麻醉药品和精神药品,应当以贩卖毒品罪或者其他有关毒品犯罪的共犯论处。以牟利为目的向吸食、注射毒品的人提供国家规定管制的麻醉药品、精神药品的,鉴于其主观恶性和危害后果都与贩卖毒品的行为相同,应当以贩卖毒品罪定罪处罚。

第三百五十五条之一　【妨害兴奋剂管理罪】引诱、教唆、欺骗运动员使用兴奋剂参加国内、国际重大体育竞赛，或者明知运动员参与上述竞赛而向其提供兴奋剂，情节严重的，处三年以下有期徒刑或者拘役，并处罚金。

组织、强迫运动员使用兴奋剂参加国内、国际重大体育竞赛的，依照前款的规定从重处罚。

【条文对照】

1997年《刑法》	2020年《刑法修正案(十一)》
无	**第三百五十五条之一　引诱、教唆、欺骗运动员使用兴奋剂参加国内、国际重大体育竞赛，或者明知运动员参加上述竞赛而向其提供兴奋剂，情节严重的，处三年以下有期徒刑或者拘役，并处罚金。** **组织、强迫运动员使用兴奋剂参加国内、国际重大体育竞赛的，依照前款的规定从重处罚。**

【条文理解】

妨害兴奋剂管理罪，是指引诱、教唆、欺骗运动员使用兴奋剂参加国内、国际重大体育竞赛，或者明知运动员参加上述竞赛而向其提供兴奋剂，情节严重的行为。本罪的具体构成要件是：

(1)本罪侵犯的客体是国家对兴奋剂使用的管理制度、重大体育竞赛公平公正的管理秩序和运动员的健康权利。至于被引诱、教唆、欺骗的运动员使用兴奋剂参加国内、国际重大体育竞赛后，是否取得预期成绩，不影响本罪的成立。“兴奋剂”，是指兴奋剂目录所列的禁用物质等，具体包括蛋白同化制剂、肽类激素、有关麻醉药品和刺激剂等。兴奋剂目录由国务院体育主管部门会同国务院食品药品监督管理部门、国务院卫生主管部门、国务院商务主管部门和海关总署制定、调整并公布。国务院体育主管部门负责制定兴奋剂检测规则和兴奋剂检测计划并组织实施。“国内、国际重大体育竞赛”，是指《体育法》第26条规定的重大体育竞赛，如奥运会、亚运会、单项世界锦标赛等，具体范围由国务院体育主管部门确定。

(2)本罪的客观方面表现有三种：

第一种是引诱、教唆、欺骗运动员使用兴奋剂参加国内、国际重大体育竞赛，情节严重的行为，具体是指以引诱、教唆、欺骗的方法，促使运动员使用兴奋剂目录所列禁用物质参加国内、国际重大体育竞赛的行为。司法实践中，只要实施了引诱、教唆、欺骗其中一种行为，就构成本罪。实施两种以上行为的，可以作为选择性罪名，按一罪处罚，但不实行并罚。“引诱”，是指以提高比赛成绩、获取物质奖励或者其他利益等条件,诱使运动员使用兴奋剂或者鼓动他人勾引、诱使、拉拢本无使用兴奋剂意图的运动员,促使运动员使用兴奋剂的行为。“教唆”,是指以宣扬使用兴奋剂的好处、示范使用兴奋剂的方法和劝说、授意、怂恿等其他方法,故意唆使运动员产生使用兴奋剂的意图,并进而使用兴奋剂的行为。教授的方法,既可以是口头的或书面的,也可以是示意性或示范性动作。“欺骗”,是指用隐瞒事实真相或者制造假象等欺诈手段,使运动员在不知情的情况下使用兴奋剂的行为,如谎称给运动员服用的是正常药品等。如果不是在国内、国际重大体育竞赛中,而是在低级别比赛中使用兴奋剂,不构成本条规定的犯罪,可依照其他法律法规的规定予以处罚。构成本罪要求“情节严重”,是指引诱、教唆、欺骗运动员使用兴奋剂涉及人数较多、使用兴奋剂数量较大、给国家荣誉和形象造成不良影响、对运动员健康造成不良影响等。对该种犯罪行为,处 3 年以下有期徒刑或者拘役,并处罚金。

第二种是明知运动员参加国内、国际重大体育竞赛而向其提供兴奋剂,情节严重的行为,具体是指知道或应当知道运动员参加国内、国际重大体育竞赛,而向其提供兴奋剂目录所列禁用物质,情节严重的行为。既包括向运动员本人提供,也包括通过运动员的教练员、队医等辅助人员向运动员提供。“情节严重”,是指涉及的运动员人数较多、提供兴奋剂的数量较大、给国家荣誉和形象造成不良影响、对运动员健康造成不良影响等。对该种犯罪行为,处 3 年以下有期徒刑或者拘役,并处罚金。

第三种是组织或者强迫运动员使用兴奋剂参加国内、国际重大体育竞赛的行为,即组织、策划、指挥运动员使用兴奋剂或者迫使运动员违背本人意愿使用兴奋剂参加国内、国际重大体育竞赛的行为。“组织”,是指利用管理、指导运动员的机会等,使多名运动员有组织地使用兴奋剂。因组织性是这种行为的本质特征,因此仅安排一名运动员使用兴奋剂,或者虽然安排多名运动员使用兴奋剂但是缺乏时空上的相对集中性的,不能认定为组织运动员使用兴奋剂的行为。“强迫”,是指迫使运动员违背本人意愿使用兴奋剂参加国内、国际重大体育竞赛的行为。值得注意的是,因为组织、强迫使用兴奋剂的行为比本条第 1 款规定的引诱、教唆、欺骗使用兴奋剂和提供兴奋剂的行为社会危害性更大,因此构成本罪没有“情节严重”的条件,而且要依照本条第 1 款的规定从重处罚,即在“三年以下有期徒刑或者拘役,并处罚金”的量刑幅度内从重处罚。

(3)本罪的主体为一般主体,包括单位和个人。结合司法实践以及《反兴奋剂条例》的规定,主要是组织运动员参加竞赛的体育社会团体、运动员管理单位或者教练、医生、看护等人员。组织运动员使用兴奋剂的情形下,犯罪主体应限于实施策划、召集、指挥、安排等行为,在组织运动员使用兴奋剂过程中起组织作用的人。运动员本人非法使用兴奋剂的,不构成本罪。

(4)本罪的主观方面是故意,且只能是直接故意。

【司法适用】

1. 引诱、教唆、欺骗运动员使用兴奋剂和向运动员提供兴奋剂行为的罪与非罪问题

司法实践中区分罪与非罪的界限,主要把握以下几点:第一,行为人引诱、教唆、欺骗运动员使用的药品或物质,是否属于国家管制的兴奋剂目录所列禁用物质,如果其提供的并不属于兴奋剂目录所列禁用物质的,不构成本罪。第二,运动员被行为人引诱、教唆、欺骗后使用兴奋剂,参加的赛事是否属于国内、国际重大体育竞赛。第三,构成本条第 1 款规定的犯罪还需达到"情节严重"的程度。第四,运动员本人使用兴奋剂参加国内、国际重大体育竞赛的行为,因为社会危害性小于本条规定的引诱、教唆、欺骗使用兴奋剂和提供兴奋剂,组织、强迫使用兴奋剂的行为,因此不作为犯罪处理。但运动员本人使用兴奋剂的行为仍然是违法行为,应当依照有关法律法规和体育组织的规定予以处罚。当然,如果运动员参与本条规定的犯罪行为,应当依法追究刑事责任。

2. 区分本条规定犯罪行为与其他涉兴奋剂犯罪行为的问题

最高人民法院《关于审理走私、非法经营、非法使用兴奋剂刑事案件适用法律若干问题的解释》对与兴奋剂相关的犯罪行为的法律适用作了规定,司法实践中要依法准确认定:(1)运动员、运动员辅助人员走私兴奋剂目录所列物质,或者其他人员以在体育竞赛中非法使用为目的走私兴奋剂目录所列物质,涉案物质属于国家禁止进出口的货物、物品,具有特定情形的,应当依照《刑法》第 151 条第 3 款的规定,以走私国家禁止进出口的货物、物品罪定罪处罚。(2)对未成年人、残疾人负有监护、看护职责的人组织未成年人、残疾人在体育运动中非法使用兴奋剂,具有特定情形的,应当认定为《刑法》第 260 条之一规定的"情节恶劣",以虐待被监护、看护人罪定罪处罚。(3)实施有关兴奋剂犯罪行为,涉案物质属于毒品、制毒物品等,构成涉及毒品、制毒物品有关犯罪的,依照相应犯罪定罪处罚。

第三百五十六条 【毒品犯罪的再犯】因走私、贩卖、运输、制造、非法持有毒品罪被判过刑,又犯本节规定之罪的,从重处罚。

【条文理解】

毒品再犯，是指因犯走私、贩卖、运输、制造、非法持有毒品罪被判过刑，又犯毒品罪的犯罪分子。鉴于毒品犯罪的特殊危害，我国刑法对毒品犯罪始终保持高压态势。在立法上具体体现之一即为《刑法》第356条关于对毒品再犯从重处罚的规定。根据2008年《大连会议纪要》的规定，只要因走私、贩卖、运输、制造、非法持有毒品罪被判过刑，不论是在刑罚执行完毕后，还是在缓刑、假释或者暂予监外执行期间，又犯《刑法》分则第六章第七节规定的犯罪的，都是毒品再犯，应当从重处罚。因走私、贩卖、运输、制造、非法持有毒品罪被判刑的犯罪分子，如果在缓刑、假释或者暂予监外执行期间，又犯《刑法》分则第六章第七节规定的犯罪的，应当在对其所犯新的毒品犯罪适用《刑法》第356条从重处罚的规定确定刑罚后，再依法数罪并罚。

(1)主体方面。16周岁以上的自然人犯走私、贩卖、运输、制造毒品罪，非法持有毒品罪被判过刑，又犯毒品罪的。已满14周岁不满16周岁的自然人，犯贩卖毒品罪后，又犯毒品罪的。单位犯走私、贩卖、运输、制造毒品罪被判过刑后，又犯这些罪或者非法运输、携带制毒物品进出境罪，非法提供麻醉药品、精神药品犯罪的。

(2)主观方面，要求构成毒品再犯的前后罪均是故意犯罪。

(3)客观方面，构成毒品再犯的前罪只包括走私、贩卖、运输、制造毒品罪，非法持有毒品罪，后罪的范围限定在《刑法》分则第六章第七节规定的毒品犯罪种类中。

对毒品再犯的法律规定进行理解时，应当着重注意以下几点：

(1)毒品犯罪再犯所犯前罪必须是走私、贩卖、运输、制造毒品罪或者非法持有毒品罪，如前罪是包庇毒品犯罪分子罪，窝藏转移、隐瞒毒品、毒赃罪，走私制毒物品罪，非法买卖制毒物品罪，非法种植毒品原植物罪，非法买卖、运输、携带、持有毒品原植物种子、幼苗罪，引诱、教唆、欺骗他人吸毒罪，强迫他人吸毒罪，容留他人吸毒罪，非法提供麻醉药品、精神药品罪等其他毒品犯罪罪名，则不构成毒品犯罪的再犯。

(2)毒品犯罪再犯所犯后罪必须是毒品犯罪。换言之，只要是毒品犯罪，又因走私、贩卖、运输、制造、非法持有毒品罪被判过刑的，就可能构成毒品犯罪的再犯。

(3)毒品犯罪再犯，是因走私、贩卖、运输、制造、非法持有毒品罪被判过刑。这里所说的“判过刑”，依据刑法规定，必须是被处以管制、拘役、有期徒刑、无期徒刑、死刑等刑事处罚。如行为人因涉毒事由被处以行政处罚、强制戒毒或者免于刑事处罚，则不构成毒品犯罪的再犯。

【司法适用】

1. 毒品再犯的认定和处理问题

为了严惩毒品犯罪,刑法对毒品犯罪分子再犯作出特别规定。《刑法》第 356 条规定,因走私、贩卖、运输、制造、非法持有毒品罪被判过刑,又犯本节规定之罪的,从重处罚。根据 2008 年《大连会议纪要》规定,只要因走私、贩卖、运输、制造、非法持有毒品罪被判过刑,不论是在刑罚执行完毕后,还是在缓刑、假释或者暂予监外执行期间,又犯《刑法》分则第六章第七节规定的犯罪的,都是毒品再犯,应当从重处罚。因走私、贩卖、运输、制造、非法持有毒品罪被判刑的犯罪分子,在缓刑、假释或者暂予监外执行期间,又犯《刑法》分则第六章第七节规定的犯罪的,应当在对其所犯新的毒品犯罪适用《刑法》第 356 条从重处罚的规定确定刑罚后,再依法数罪并罚。

2. 毒品再犯与一般累犯的区别

(1) 累犯要求前后罪都是有期徒刑以上的刑罚。毒品再犯则无此要求,只要判处刑罚即可。(2) 累犯要求前后罪的间隔不得超过 5 年,毒品再犯则无时间限制。(3) 累犯要求后罪发生的时间必须在前罪执行完毕或者赦免以后,在刑罚未执行完毕前犯罪的实行数罪并罚,而毒品再犯则不要求前罪的刑罚必须执行完毕。

3. 同时成立累犯和毒品再犯的处理问题

根据刑法的"禁止重复评价"原则,同一行为涉及不同量刑情节时,量刑时不得重复适用,即不能重复评价,因此对于毒品犯罪行为人既符合毒品再犯的规定,又系累犯时,只能按照其中一项进行从重处罚,而不能分别进行两次从重处罚。《昆明会议纪要》规定,对于同时构成累犯和毒品再犯的被告人,在裁判文书中应当同时引用《刑法》关于累犯和毒品再犯的条款。对于因同一毒品犯罪前科同时构成累犯和毒品再犯的,量刑时不得重复从重处罚。对于因不同犯罪前科分别构成累犯和毒品再犯的,从重处罚幅度一般应大于上述情形。对于因不同现行犯罪分别构成累犯和毒品再犯的,应当对其所犯各罪分别予以从重处罚。

4. 毒品再犯与毒品惯犯的区别

惯犯,一般是指在审判之前,在一个相对较长的时间段内反复多次实施某一犯罪,这些反复实施的犯罪未经处理。从刑法理论认为,连续犯,是指行为人基于同一的或者概括的犯罪故意,连续实施数个独立的犯罪行为,触犯同一罪名的情况。因此惯犯在司法实践中往往被作为连续犯对待,惯犯是司法实践中的用语,连续犯是刑法理论中的用语,但是连续犯的内涵和外延比惯犯大。《刑法》第 347 条第 7 款规定的对多次走私、贩卖、运输、制造毒品,未经处理的毒品数量累计计算,这是对毒品犯罪惯犯处理的原则性规定。

【司法案例】

李某耀等贩卖、运输毒品案[①]

[**裁判要旨**]被告人虽然在未满18周岁时犯运输毒品罪不能认定为累犯，但是不能由此推论出其也不构成毒品再犯。

第三百五十七条　【毒品的范围及数量的计算原则】本法所称的毒品，是指鸦片、海洛因、甲基苯丙胺（冰毒）、吗啡、大麻、可卡因以及国家规定管制的其他能够使人形成瘾癖的麻醉药品和精神药品。

毒品的数量以查证属实的走私、贩卖、运输、制造、非法持有毒品的数量计算，不以纯度折算。

【条文理解】

本条第1款是关于《刑法》所称毒品的定义范围的规定，是参照联合国公约的规定，并根据我国打击毒品犯罪的实际情况和司法实践来进行的。根据本条规定，毒品是指鸦片、海洛因、甲基苯丙胺（冰毒）、吗啡、大麻、可卡因以及国家规定管制的其他能够使人形成瘾癖的麻醉药品和精神药品。国家规定管制的其他能够使人形成瘾癖的麻醉药品和精神药品，是指除前面列举的几种毒品外，其他由国务院规定管制的麻醉药品和精神药品，这些麻醉药品和精神药品的种类、范围由国务院或者国务院主管部门予以规定。麻醉药品，是指连续使用后易产生身体依赖性，易形成瘾癖的药品，如鸦片、海洛因、吗啡、可卡因、杜冷丁等。精神药品，是指直接作用于中枢神经系统，使之兴奋或抑制，连续使用能使人身体产生依赖性的药品，如甲基苯丙胺、安眠酮等。

本条第2款是关于毒品数量的规定。毒品数量直接反映出毒品犯罪行为的社会危害程度，对定罪量刑具有非常重要的意义。虽然从《刑法》分则的相关规定来看，数量是决定刑罚轻重的重要情节，但是绝不能由此认为毒品数量是量刑的唯一标准。因为司法实践中对任何犯罪的量刑，都要在分则具体规定的幅度内，同时运用《刑法》总则相关规定来综合确定宣告刑。因此对毒品犯罪量刑决不能唯数额论，既要考虑毒品数量，也要考虑被告人的犯罪情节、危害后果、主观恶性等多种因素，特别是自首、立功等法定情节以及犯罪动机、目的、手段、认罪态度等

① 参见《刑事审判参考》总第90集第839号案例。

酌定量刑情节。

【司法适用】

本条明确规定对走私、贩卖、运输、制造、非法持有毒品等五种犯罪行为的毒品数量不以纯度折算，但是司法实践中情况纷繁复杂，毒品大量掺假、毒品成分混杂、新类型毒品泛滥等情况给司法适用带来了新挑战。如果完全不考虑毒品含量，将可能违背罪刑相适应原则，难以实现量刑公正。因此 2015 年《武汉会议纪要》规定，办理毒品犯罪案件，无论毒品纯度高低，一般均应将查证属实的毒品数量认定为毒品犯罪的数量，并据此确定适用的法定刑幅度，但是司法解释另有规定或者为了隐蔽运输而临时改变毒品常规形态的除外。涉案毒品纯度明显低于同类毒品的正常纯度时，量刑时可以酌情考虑。司法实践中对于查获的在案毒品有证据证明被大量掺假，经鉴定查明的毒品含量极少的，在量刑时应当酌情考虑。

【司法案例】

李某元贩卖毒品案①

［**裁判要旨**］对于查获的毒品有证据证明大量掺假，经鉴定查明毒品含量极少，确有大量掺假成分的，在处刑时应酌情考虑。特别是掺假之后毒品数量才达到判处死刑的标准的，对被告人可不判处死刑立即执行。

第八节　组织、强迫、引诱、容留、介绍卖淫罪

第三百五十八条　【组织卖淫罪；强迫卖淫罪】**组织、强迫他人卖淫的，处五年以上十年以下有期徒刑，并处罚金；情节严重的，处十年以上有期徒刑或者无期徒刑，并处罚金或者没收财产。**

组织、强迫未成年人卖淫的，依照前款的规定从重处罚。

犯前两款罪，并有杀害、伤害、强奸、绑架等犯罪行为的，依照数罪并罚的规定处罚。

【协助组织卖淫罪】**为组织卖淫的人招募、运送人员或者有其他协助组织他人卖淫行为的，处五年以下有期徒刑，并处罚金；情节严重的，处五年以上十年以下有期徒刑，并处罚金。**

---

①　参见《刑事审判参考》总第 46 集第 364 号案例。

【条文对照】

1997 年 《刑法》	2011 年 《刑法修正案(八)》	2015 年 《刑法修正案(九)》
第三百五十八条　组织他人卖淫或者强迫他人卖淫的，处五年以上十年以下有期徒刑，并处罚金；有下列情形之一的，处十年以上有期徒刑或者无期徒刑，并处罚金或者没收财产： (一)组织他人卖淫，情节严重的； (二)强迫不满十四周岁的幼女卖淫的； (三)强迫多人卖淫或者多次强迫他人卖淫的； (四)强奸后迫使卖淫的； (五)造成被强迫卖淫的人重伤、死亡或者其他严重后果的。 有前款所列情形之一，情节特别严重的，处无期徒刑或者死刑，并处没收财产。 协助组织他人卖淫的，处五年以下有期徒刑，并处罚金；情节严重的，处五年以上十年以下有期徒刑，并处罚金。	第三百五十八条　组织他人卖淫或者强迫他人卖淫的，处五年以上十年以下有期徒刑，并处罚金；有下列情形之一的，处十年以上有期徒刑或者无期徒刑，并处罚金或者没收财产： (一)组织他人卖淫，情节严重的； (二)强迫不满十四周岁的幼女卖淫的； (三)强迫多人卖淫或者多次强迫他人卖淫的； (四)强奸后迫使卖淫的； (五)造成被强迫卖淫的人重伤、死亡或者其他严重后果的。 有前款所列情形之一，情节特别严重的，处无期徒刑或者死刑，并处没收财产。 **为组织卖淫的人招募、运送人员或者有其他**协助组织他人卖淫**行为**的，处五年以下有期徒刑，并处罚金；情节严重的，处五年以上十年以下有期徒刑，并处罚金。	第三百五十八条　组织、强迫他人卖淫的，处五年以上十年以下有期徒刑，并处罚金；**情节严重**的，处十年以上有期徒刑或者无期徒刑，并处罚金或者没收财产。 组织、强迫**未成年人**卖淫的，**依照前款的规定从重处罚。** **犯前两款罪，并有杀害、伤害、强奸、绑架等犯罪行为的，依照数罪并罚的规定处罚。** 为组织卖淫的人招募、运送人员或者有其他协助组织他人卖淫行为的，处五年以下有期徒刑，并处罚金；情节严重的，处五年以上十年以下有期徒刑，并处罚金。

【条文理解】

1. 组织卖淫罪

组织卖淫罪，是指以招募、雇佣、强迫、引诱、容留等手段管理或者控制多人从事卖淫的行为。本罪的具体构成要件是：

(1)本罪侵犯的客体是社会主义道德风尚和治安管理秩序，具有强迫行为的组织卖淫活动还侵犯了他人的人身权利。犯罪对象多数为女性，也包括男性，但必须是多人，即 3 人以上，而不是 1 个人。根据《涉卖淫案件解释》第 1 条的规定，以招募、雇佣、纠集等手段，管理或者控制他人卖淫，卖淫人员在 3 人以上的，应当认定为《刑法》第 358 条规定的“组织他人卖淫”。

(2)本罪的客观方面表现为组织他人卖淫的行为，组织卖淫者是否设置固定的卖淫场所不影响组织卖淫行为的认定。“组织”，是指以招募、雇佣、强迫、引诱、容留等手段，控制他人从事卖淫活动的行为。现实生活中一般表现为两种情况：

一种是设置卖淫场所或者变相卖淫场所，控制卖淫者，招揽嫖娼者；另一种是虽然没有固定的卖淫场所，但是通过控制卖淫人员有组织地进行卖淫活动。这里的“控制卖淫人员”，是指通过对卖淫人员施加物理的或者心理的影响，让其在一定时期内难以摆脱行为人的影响。根据《涉卖淫案件解释》第 2 条的规定，组织他人卖淫，具有下列情形之一的，应当认定为《刑法》第 358 条第 1 款规定的“情节严重”：①卖淫人员累计达 10 人以上的；②卖淫人员中未成年人、孕妇、智障人员、患有严重性病的人累计达 5 人以上的；③组织境外人员在境内卖淫或者组织境内人员出境卖淫的；④非法获利人民币 100 万元以上的；⑤造成被组织卖淫的人自残、自杀或者其他严重后果的；⑥其他情节严重的情形。另外，上述解释第 7 条第 2 款规定，根据《刑法》第 358 条第 2 款的规定，组织、强迫未成年人卖淫的，应当从重处罚。

（3）本罪的主体为一般主体，但必须是卖淫活动的组织者。“组织者”，有的是组织卖淫犯罪集团的首要分子，有的是临时纠合在一起组织卖淫活动的不法分子，有的是控制几个卖淫人员从事卖淫活动的个人。组织者既可以是 1 个人，也可以是几个人，还可以是团伙。认定的关键是犯罪行为人在卖淫活动中是否起组织作用。协助组织者不能成为本罪的主体。

根据《刑法》第 361 条的规定，旅馆业、饮食服务业、文化娱乐业、出租汽车业等单位的人员，利用本单位的条件，组织他人卖淫的，亦构成组织卖淫罪。且对前款所列单位的主要负责人犯前款罪的从重处罚。

（4）本罪的主观方面表现为直接故意，过失不能成为本罪的主观要件。一般情况下，间接故意不能成为本罪的主观要件，但是在个别情况下，间接故意可以成为组织卖淫的主观要件，如单位主要负责人明知单位人员利用本单位条件实施组织卖淫罪，但却放任不管且配合提供本单位的条件。虽然司法实践中大多数组织卖淫是以营利为目的，但是营利性不是该罪成立的必需的主观要件。

2. 强迫卖淫罪

强迫卖淫罪，是指以暴力胁迫、虐待或者其他手段迫使他人卖淫的行为。本罪的具体构成要件是：

（1）本罪侵犯的客体是社会主义道德风尚和公民的人身权，犯罪对象为并非出于自愿而是在被逼迫下从事卖淫活动的他人，包括男人和女人。

（2）本罪的客观方面表现为违背他人意志，强迫他人卖淫。强迫，是指以殴打、伤害、捆绑等暴力手段，或者以暴力相威胁，以及其他手段迫使对方违背自己的意志进行卖淫。主要包括以下几个方面：第一，行为人采取暴力、胁迫或者其他手段；第二，本质上违背了被强迫卖淫者的意志；第三，被强迫卖淫的人与行为人以外的人发生性关系且属于卖淫性质。《涉卖淫案件解释》第 6 条规定,“强迫他人卖淫,具有下列情形之一的,应当认定为刑法第三百五十八条第一款规定的‘情节严重’:(一)卖淫人员累计达五人以上的;(二)卖淫人员中未成年人、孕妇、智障人员、患有严重性病的人累计达三人以上的;(三)强迫不满十四周岁的幼女卖淫的;(四)造成被强迫卖淫的人自残、自杀或者其他严重后果的;(五)其他情节严重的情形。行为人既有组织卖淫犯罪行为,又有强迫卖淫犯罪行为,且具有下列情形之一的,以组织、强迫卖淫‘情节严重’论处:(一)组织卖淫、强迫卖淫行为中具有本解释第二条、本条前款规定的‘情节严重’情形之一的;(二)卖淫人员累计达到本解释第二条第一、二项规定的组织卖淫‘情节严重’人数标准的;(三)非法获利数额相加达到本解释第二条第四项规定的组织卖淫‘情节严重’数额标准的”。

(3)本罪的主体为一般主体。根据《刑法》第 361 条的规定,旅馆业、饮食服务业、文化娱乐业、出租汽车业等单位的人员,利用本单位的条件组织他人卖淫的,亦构成组织卖淫罪,且对前款所列单位的主要负责人犯前款罪的从重处罚。

(4)本罪的主观要件表现为直接故意。行为人一般是以营利为目的,但营利目的并非构成本罪主观要件的必备要件,只要行为人实施了强迫卖淫的行为,不论其动机目的如何,即构成本罪。

3. 协助组织卖淫罪

协助组织卖淫罪,是指在组织卖淫的共同犯罪中起帮助作用的行为。本罪的具体构成要件是:

(1)本罪侵犯的客体是社会管理秩序以及社会风化。

(2)本罪的客观方面表现为实施协助组织行为。具体来讲,是指实施了为组织卖淫犯罪分子招募、运送人员等行为,或者充当保镖、打手、收账、管账的角色。司法实践中通常表现为以下几种行为方式:第一,招募、运送,以招工为名,通过广告互联网等方式,协助诱骗招募妇女卖淫,但本身不参与组织卖淫活动。第二,提供交通工具,为组织卖淫者接送、转移卖淫人员,只收取相应运输费用。第三,充当保镖、打手、收账人、管账人等。第四,其他方法和行为,主要包括为卖淫者安排住处,对卖淫人员进行所谓的“技能培训”,明知是组织卖淫场所而从事保洁、收银、保安等工作并有协助组织卖淫行为的,为组织卖淫者指示犯罪目标、提供犯罪工具、排除障碍,为组织卖淫者提供反侦查信息等。根据《涉卖淫案件解释》第 4 条的规定,明知他人实施组织卖淫犯罪活动而为其招募、运送人员或者充当保镖、打手、管账人等的,依照《刑法》第 358 条第 4 款的规定,以协助组织卖淫罪定罪处罚,不以组织卖淫罪的从犯论处。在具有营业执照的会所、洗浴中心等经营场所担任保洁员、收银员、保安员等,从事一般服务性、劳务性工作,仅领取正常薪酬,且无前款所列协助组织卖淫行为的,不认定为协助组织卖淫罪。根据《涉卖淫案件解释》第 5 条的规定,协助组织他人卖淫,具有下列情形之一的,应当认定为《刑法》第 358 条第 4 款规定的"情节严重":①招募、运送卖淫人员累计达 10 人以上的;②招募、运送的卖淫人员中未成年人、孕妇、智障人员、患有严重性病的人累计达 5 人以上的;③协助组织境外人员在境内卖淫或者协助组织境内人员出境卖淫的;④非法获利人民币 50 万元以上的;⑤造成被招募、运送或者被组织卖淫的人自残、自杀或者其他严重后果的;⑥其他情节严重的情形。

(3)本罪的主体为一般主体。

(4)本罪的主观方面表现为故意,即行为人具有协助组织卖淫活动的犯罪故意及行为人对自己的行为具有协助组织卖淫的性质在主观上是明知的。

【司法适用】

1. 如何认定卖淫人员在 3 人以上

卖淫人员在 3 人以上,是指组织卖淫者在同一时间段内管理控制 3 人以上卖淫,而非累计达到 3 人以上。(1)组织他人卖淫的组织性,在人数上要求达到多数。《涉卖淫案件解释》第 1 条规定,以招募、雇佣、纠集等手段管理或者控制他人卖淫,卖淫人员在 3 人以上的,应当认定为《刑法》第 358 条规定的组织他人卖淫;(2)组织性在组织结构上要求具有相对稳定性,即组织者与卖淫者通过一定的管理或者控制手段,形成相对稳定的团体,从而让卖淫人员处于有序状态下进行卖淫交易;(3)组织性在时间上要求具有重叠性,即 3 人以上的卖淫人员必须是同时出现在一个时间段内被组织卖淫。

2. 组织卖淫罪与协助组织卖淫罪的区别

协助组织卖淫罪实际上是组织卖淫罪的帮助犯,协助组织卖淫罪的成立也以存在组织卖淫罪为前提,但是因为刑法单独规定了协助组织卖淫罪,表明该类行为有具体的罪状和单独的法定刑,适用单独的法定刑处,而不再适用刑法关于从犯的处罚原则。两罪在犯罪主体客体和主观方面基本一致。两罪的区别主要体现在行为性质上:协助组织卖淫罪的主体,实施的是为组织他人卖淫活动提供方便、创造条件、排除障碍的帮助行为,其行为的本质特征突出了协助性,即在外围协助组织者实施主行为而提供物质上、体力上和精神上的帮助行为。而组织卖淫行为是能够将卖淫人员及卖淫活动集合起来的行为,其行为的本质特征突出了组织性。

3. 组织卖淫等涉卖淫类犯罪的既遂和未遂认定

组织、容留、介绍卖淫罪以其组织、容留、介绍行为的实施为犯罪既遂界限,至于卖淫人员与嫖客是否实际发生了卖淫嫖娼违法活动以及卖淫嫖娼活动是否处于结束状态,都不影响组织、容留、介绍卖淫行为的既遂状态成立。判断协助组织卖淫是否既遂,要看行为人是否实施了协助组织卖淫的行为。强迫卖淫罪的既遂和未遂判断问题,既要看行为的强迫行为是否已经实施,也要看被强迫卖淫人员的卖淫行为是否实施。行为人的强迫行为已经实施,被强迫卖淫人员已经与嫖娼者达成合意并基于该合意着手实施卖淫嫖娼行为的,就可以认定强迫卖淫行为已经既遂。引诱卖淫的既遂和未遂判断问题,应当以卖淫人员是否被引诱并着手实施卖淫作为引诱卖淫行为的既遂标志。

4. 对强迫他人卖淫行为中伤害、故意杀人行为的处理问题

由于在强迫他人卖淫行为中,行为人可能采取暴力手段逼迫被害人卖淫,而暴力手段的实施往往意味着对被害人进行了伤害,从而使被害人受到伤害,甚至重伤或者死亡。这种伤害行为是作为强迫他人卖淫的手段时,就应当按照《刑法》第 358 条第 1 款的规定,属于强迫卖淫的加重情节,不实行数罪并罚。但是如果行为人对被害人的伤害行为,与其对被害人的强迫行为没有关联性,即行为人独立出于伤害故意而对被害人实施上述伤害行为的,就构成故意伤害罪,应当与强迫卖淫罪实行数罪并罚。根据《涉卖淫案件解释》第 7 条第 1 款的规定,根据《刑法》第 358 条第 3 款的规定,犯组织、强迫卖淫罪,并有杀害、伤害、强奸、绑架等犯罪行为的,依照数罪并罚的规定处罚。协助组织卖淫行为人参与实施上述行为的,以共同犯罪论处。

【司法案例】

胡某等协助组织卖淫案①

[**裁判要旨**]区分组织卖淫罪和协助组织卖淫罪的关键点是行为人是否实施了“组织行为”,只要具有管理和控制卖淫人员的职能,即使其在整个犯罪活动中作用较轻,也应当认定为组织卖淫罪。

第三百五十九条　【引诱、容留、介绍卖淫罪】引诱、容留、介绍他人卖淫的,处五年以下有期徒刑、拘役或者管制,并处罚金;情节严重的,处五年以上有期徒刑,并处罚金。

【引诱幼女卖淫罪】引诱不满十四周岁的幼女卖淫的,处五年以上有期徒刑,并处罚金。

① 参见《刑事审判参考》总第 120 集第 1309 号案例。

【条文理解】

1.引诱、容留、介绍卖淫罪

引诱、容留、介绍卖淫罪,是指以金钱、物质或者其他利益手段诱使他人卖淫,或者为他人卖淫提供场所,或者为卖淫的人与嫖客牵线搭桥的行为。本罪为选择性罪名,行为人实施了三种行为方式中的一种即可构成本罪。如果行为人同时实施了引诱、容留、介绍他人卖淫行为,应定为引诱、容留、介绍卖淫罪,并不实行数罪并罚。如果行为人只是实施了其中一种或两种行为,则以其所实施的行为确定罪名。本罪的具体构成要件是:

(1)本罪侵犯的客体是社会治安管理秩序。犯罪对象是他人,既包括女性,也包括男性。

(2)本罪的客观方面表现为引诱、容留、介绍他人卖淫的行为。“引诱”,是指行为人利用金钱物质利益或者非物质利益作诱饵,或者采取其他手段拉拢、勾引、劝导、怂恿、诱惑、唆使他人从事卖淫活动。“容留”,是指提供固定的或者不固定的,短期的或者长期的卖淫场所。这里所说的“容留”既包括在自己所有使用管理经营的固定场所容留卖淫嫖娼人员从事卖淫嫖娼活动,也包括如汽车、轮船等流动场所容留。“介绍”,是指在卖淫者与嫖娼者之间进行引荐、沟通、商议、撮合,包括通过互联网发布卖淫信息促使卖淫嫖娼行为得以实现的行为,即通常所说的“拉皮条”。根据《涉卖淫案件解释》第 8 条第 1 款的规定,引诱、容留、介绍他人卖淫,具有下列情形之一的,应当依照《刑法》第 359 条第 1 款的规定定罪处罚:①引诱他人卖淫的;②容留、介绍 2 人以上卖淫的;③容留、介绍未成年人、孕妇、智障人员、患有严重性病的人卖淫的;④1 年内曾因引诱、容留、介绍卖淫行为被行政处罚,又实施容留、介绍卖淫行为的;⑤非法获利人民币 1 万元以上的。根据《涉卖淫案件解释》第 9 条规定,引诱、容留、介绍他人卖淫,具有下列情形之一的,应当认定为《刑法》第 359 条第 1 款规定的“情节严重”:①引诱 5 人以上或者引诱、容留、介绍 10 人以上卖淫的;②引诱 3 人以上的未成年人、孕妇、智障人员、患有严重性病的人卖淫,或者引诱、容留、介绍 5 人以上该类人员卖淫的;③非法获利人民币 5 万元以上的;④其他情节严重的情形。

(3)本罪的主体为一般主体。根据《刑法》第 361 条的规定,旅馆业、饮食服务业、文化娱乐业、出租汽车业等单位的人员,利用本单位的条件引诱、容留、介绍他人卖淫的,亦构成本罪,且对前款所列单位的主要负责人从重处罚。根据最高人民法院、最高人民检察院、公安部、司法部《关于依法惩治性侵害未成年人犯罪的意见》第 26 条中的规定,对未成年人负有特殊职责的人员、与未成年人有共同家庭生活关系的人员、国家工作人员,实施组织、强迫、引诱、容留、介绍未成年人卖淫等性侵害犯罪的,更要依法从严惩处。

(4)本罪的主观方面为故意,引诱、容留、介绍他人卖淫是否以营利为目的,不影响本罪的成立。

2. 引诱幼女卖淫罪

引诱幼女卖淫罪,是指引诱不满 14 周岁的幼女卖淫的行为。本罪的具体构成要件是:

(1)本罪侵犯的客体为复杂客体,不仅侵犯了社会治安管理秩序,而且侵犯了幼女的身心健康。犯罪对象为不满 14 周岁的幼女。引诱已满 14 周岁不满 18 周岁的未成年少女卖淫,或者引诱不满 14 周岁的男童卖淫的,均应认定引诱他人卖淫罪。根据《涉卖淫案件解释》第 8 条第 5 款的规定,被引诱的人员中既有不满 14 周岁的幼女,又有其他人员的,分别以引诱幼女卖淫罪和引诱卖淫罪定罪,实行并罚。

(2)本罪的客观方面表现为引诱幼女进行卖淫的行为。“引诱”,是指用金钱、物质或者其他方法诱使幼女卖淫的行为。其他方法多为非物质性的,如灌输腐朽思想等。本罪是行为犯,只要行为人主观上有引诱幼女卖淫的故意,客观上实施了引诱幼女卖淫的行为,无须幼女在客观上与嫖客发生性关系或者其他性行为。

(3)本罪的主体为一般主体。

(4)本罪的主观方面包括直接故意和间接故意,即要求行为人主观上明知被引诱的对象是不满 14 周岁的幼女,过失不构成本罪。关于明知的认定,可以参照最高人民法院、最高人民检察院、公安部、司法部《关于依法惩治性侵害未成年人犯罪的意见》第 19 条的规定,知道或者应当知道对方是不满 14 周岁的幼女,而实施奸淫等性侵害行为的,应当认定行为人“明知”对方是幼女。对于不满 12 周岁的被害人实施奸淫等性侵害行为的,应当认定行为人“明知”对方是幼女。对于已满 12 周岁不满 14 周岁的被害人从其身体发育状况、言谈举止、衣着特征、生活作息规律等观察可能是幼女,而实施奸淫等性侵害行为的,应当认定行为人“明知”对方是幼女。

【司法适用】

1. 罪与非罪的区别

引诱、容留、介绍卖淫的犯罪主体是卖淫者与嫖娼者以外的其他人。如果卖淫者自己招揽生意或者相互介绍容留卖淫的,不构成本罪。

2. 本罪与组织卖淫罪、协助组织卖淫罪的界限

本罪在客体客观方面、主观方面与组织卖淫罪、协助组织卖淫罪有相同或者

相似之处，在组织卖淫、协助组织他人卖淫活动中往往有引诱、容留等，但是组织卖淫罪中的引诱、容留行为是以控制多人为基本特征的。协助组织他人卖淫的行为，主要是在组织他人卖淫犯罪中起帮助作用的。而引诱、容留、介绍他人卖淫的行为则表现为纯粹的引诱、容留、介绍他人卖淫的行为。

3. 介绍嫖娼行为定性问题

在司法实践中，有些行为人仅知道卖淫窝点或联系方式。但是与卖淫方面的人员没有关联性和通谋，仅实施了介绍他人去嫖娼的行为，此种行为属于介绍嫖娼。在此情形下，行为人仅是为了嫖娼人的非法需求而提供了卖淫窝点和联系方式，不应当认定为刑法意义上的介绍卖淫。但是如果介绍人主要是为了组织、强迫、引诱、容留卖淫行为人的利益，或者卖淫人员的利益，而介绍他人去嫖娼的，应依法认定为介绍他人卖淫罪。

4. 引诱幼女卖淫罪与强迫卖淫罪的区别

在司法实践中，行为人为了实现促使幼女卖淫的目的，往往采取软硬兼施的手段，强迫和引诱的方法并用，或者先引诱后强迫，或者在强迫过程中实施威逼利诱。区分的关键是看是否违背幼女的意志：引诱幼女卖淫并没有违背幼女意志，是利用物质利益、非物质利益或者其他手段，又或暗示怂恿等方式促使幼女答应从事卖淫活动；而强迫幼女卖淫行为违背了幼女的意志，是采用暴力胁迫或者其他方法，迫使幼女从事卖淫活动。

【司法案例】

杨某、米某容留卖淫案①

［**裁判要旨**］“容留”既包括在自己所有的、管理的、使用的、经营的固定场所（如私人住宅、宾馆、饭店、餐厅、歌厅、理发店等）容留他人卖淫，也包括在流动场所（如汽车、轮船）中容留他人卖淫。至于容留行为是主动实施，还是应卖淫者或嫖客之请实施，不影响行为性质的认定。认定出租者是否构成容留卖淫罪，关键是要严格把握出租者的主观心态，即是否明知承租人从事卖淫活动而为其提供场所。如果出租者明知他人在出租房内从事卖淫活动，为获得房租而出租房屋的，特别是收取的房租偏高时，可以认定为容留卖淫罪。如果出租者并不知道承租者在出租房内从事卖淫活动，或者出租者虽知道承租者从事卖淫活动，但卖淫场所并不在出租房内的，均不能认定出租者构成容留卖淫罪。

---

① 参见《刑事审判参考》总第 79 集第 689 号案例。

第三百六十条　【传播性病罪】明知自己患有梅毒、淋病等严重性病卖淫、嫖娼的，处五年以下有期徒刑、拘役或者管制，并处罚金。

【条文对照】

1997 年《刑法》	2015 年《刑法修正案(九)》
第三百六十条　明知自己患有梅毒、淋病等严重性病卖淫、嫖娼的，处五年以下有期徒刑、拘役或者管制，并处罚金。 **嫖宿不满十四周岁的幼女的，处五年以上有期徒刑，并处罚金。**	第三百六十条　明知自己患有梅毒、淋病等严重性病卖淫、嫖娼的，处五年以下有期徒刑、拘役或者管制，并处罚金。

【条文理解】

传播性病罪，是指明知自己患有梅毒、淋病等严重性病而进行卖淫嫖娼的。本罪的具体构成要件是：

(1)本罪侵犯的客体是复杂客体，既破坏了社会主义道德风尚，又侵犯了公民的人身健康权利。

(2)客观要件。本罪的客观方面表现为行为人在患有严重性病的情况下，实施卖淫或者嫖娼行为。本罪在犯罪形态上属行为犯，即只要行为人在明知自己患有严重性病的情况下，故意实施卖淫嫖娼行为，就构成犯罪，至于实际是否已经造成他人染上性病的结果，不影响本罪的成立。

(3)本罪的主体为特殊主体，即已满 16 周岁具有刑事责任能力且患有严重性病的人，才能构成本罪。"严重性病"包括梅毒、淋病等，其他严重性病的范围，应当根据《传染病防治法》《性病防治管理办法》的规定，在国家卫生健康委员会规定实行性病监测的性病范围内，依照其危害、特点与梅毒、淋病相当的原则，从严掌握。值得注意的是，司法实践中不能将普通性病作为严重性病，防止违反罪刑法定原则，扩大打击面。

(4)本罪的主观方面由故意构成，即明知自己患有严重性病，而仍然进行卖淫或者嫖娼。根据《涉卖淫案件解释》第 11 条第 1 款的规定，具有下列情形之一的，应当认定为《刑法》第 360 条规定的"明知"：①有证据证明曾到医院或者其他医疗机构就医或者检查，被诊断为患有严重性病的；②根据本人的知识和经验，能够知道自己患有严重性病的；③通过其他方法能够证明行为人是"明知"的。如果行为人确实不知道自己患有严重性病而卖淫嫖娼的，不构成本罪。上述解释第 12 条第 1 款规定，明知自己患有艾滋病或者感染艾滋病病毒而卖淫、嫖娼的，依照《刑法》第 360 条的规定，以传播性病罪定罪，从重处罚。

【司法适用】

1. 罪与非罪的界限问题

构成本罪的传播严重性病的行为,必须是通过卖淫嫖娼的途径传播的。如果行为人通过婚姻、恋爱、强奸将性病传染给他人,或者将病菌通过衣裤、毛巾、浴缸等物品传染给他人的,不构成本罪。行为人故意通过卖淫嫖娼以外的其他方式将严重性病传染给他人,符合故意伤害罪的构成要件,可以认定为故意伤害罪。值得注意的是,根据《涉卖淫案件解释》第 12 条第 2 款规定,具有下列情形之一,致使他人感染艾滋病病毒的,认定为《刑法》第 95 条第 3 项“其他对于人身健康有重大伤害”所指的“重伤”,依照《刑法》第 234 条第 2 款的规定,以故意伤害罪定罪处罚:(1)明知自己感染艾滋病病毒而卖淫、嫖娼的;(2)明知自己感染艾滋病病毒,故意不采取防范措施而与他人发生性关系的。

2. 传播性病罪的犯罪既遂问题

传播性病罪是行为犯,并不要求发生性病传染给他人的结果,也不要求具有引起性病传播的具体危险。

【司法案例】

周某武故意伤害案①

[**裁判要旨**]行为人明知自己感染艾滋病病毒,故意不采取保护措施与他人发生性关系,致使他人感染艾滋病病毒的,应定故意伤害罪。

第三百六十一条 【特定单位的人员组织、强迫、引诱、容留、介绍卖淫的处理规定】**旅馆业、饮食服务业、文化娱乐业、出租汽车业等单位的人员,利用本单位的条件,组织、强迫、引诱、容留、介绍他人卖淫的,依照本法第三百五十八条、第三百五十九条的规定定罪处罚。**

前款所列单位的主要负责人,犯前款罪的,从重处罚。

【条文理解】

本条第 1 款是关于旅馆业、饮食服务业、文化娱乐业、出租汽车业等单位的人员,利用本单位的条件,组织、强迫、引诱、容留、介绍他人卖淫的处罚规定。“旅馆业”,是指接待旅客住宿的旅馆、饭店、宾馆、酒店、招待所、路边店、客货栈、车马

① 参见《刑事审判参考》总第 115 集第 1274 号案例。

店、浴池等。根据《旅馆业治安管理办法》的规定,旅馆业包括国营、集体经营、合伙经营、个体经营、外商投资经营;既包括专营的,也包括兼营的;既包括常年经营的,也包括季节性临时经营的。“饮食服务业”包括“饮食业”和“服务业”两个行业。“饮食业”包括餐厅、饭馆、酒吧、咖啡厅等。“服务业”,是指利用一定的设备、工具,提供劳动或物品,为社会生活服务的行业,包括发廊、按摩院、美容院、浴池等。“文化娱乐业”,是指提供场所、设备、服务,以供群众娱乐的行业,如歌厅、舞厅、音乐茶座、康乐宫、夜总会、影剧院等。“出租汽车业”,是指出租汽车服务的行业。“旅馆业、饮食服务业、文化娱乐业、出租汽车业等单位的人员”,是指这些单位的所有职工。“利用本单位的条件”,是指利用本单位的一切设备、设施,如汽车等交通工具、房屋等建筑设施、房内各项设施以及电话等通讯设施。对这些单位的人员,利用本单位的条件,从事组织、强迫、引诱、容留、介绍他人卖淫的,分别依照本法关于组织他人卖淫、强迫他人卖淫罪或者引诱、容留、介绍他人卖淫罪的规定定罪处刑。

本条第 2 款是关于第 1 款规定的单位的主要负责人,利用本单位的条件,组织、强迫、引诱、容留、介绍他人卖淫的从重处罚规定。“主要负责人”,是指经理、副经理等单位的主要领导人员。作为单位的主要负责人,有义务自觉遵守国家法律规定,合法经营。如果对发生在本单位的卖淫、嫖娼活动,不但不采取措施制止,协助有关部门查禁,反而利用本单位的条件实施组织卖淫等犯罪活动,这种行为不仅直接破坏了社会管理秩序,妨害社会治安,而且还严重影响单位的声誉,破坏了单位的正常经营管理活动,甚至使自己主管的单位成为藏污纳垢的色情场所,影响十分恶劣,必须严厉打击。为此,本款将这些单位的主要负责人,利用本单位的条件,组织、强迫、引诱、容留、介绍他人卖淫的,作为法定从重情节,规定依照本法第 358 条、第 359 条的规定从重处罚。

【司法适用】

在司法实践中,旅馆业、饮食服务业、文化娱乐业、出租汽车业等单位的人员,利用本单位的条件,组织、强迫、引诱、容留、介绍他人卖淫时,其组织行为的形态往往是松散型的。如何认定松散型管理的组织卖淫与容留卖淫的问题,需要根据在案证据情况进行综合判断。组织卖淫行为,尤其是以容留卖淫为手段的组织卖淫行为,与单纯的容留卖淫行为,最主要的区别在于行为人对卖淫人员、卖淫活动是否实施了管理控制性行为。组织卖淫行为最主要的行为特征是对卖淫活动实施了管理控制行为,而容留卖淫行为人对卖淫人员的卖淫活动,既不管理更不加以控制,而仅为卖淫者提供固定或者临时租借的场所以及流动场所,收取一定的场所费用,甚至不收取任何费用。此种情形下,卖淫人员的日常活动由卖淫人员自行安排。在司法实践中,因组织卖淫犯罪行为必须具备一定规模要件,如果卖淫人员达不到 3 人的,应当降格认定为容留卖淫罪。

【司法案例】

阳某容留卖淫案①

[**裁判要旨**]行为人在自己开办、经营的按摩店内容留两名卖淫人员卖淫嫖娼,构成容留卖淫罪。容留卖淫罪是行为犯,只要实施了容留他人卖淫的行为,不论卖淫嫖娼行为实际上是否完成,不影响本罪既遂的成立。卖淫者在行为人的容留下,已与嫖娼者达成合意并基于该合意着手实施卖淫嫖娼行为的,无论卖淫嫖娼行为本身是否完成,容留卖淫罪均应认定既遂。

第三百六十二条 【窝藏、包庇罪】旅馆业、饮食服务业、文化娱乐业、出租汽车业等单位的人员,在公安机关查处卖淫、嫖娼活动时,为违法犯罪分子通风报信,情节严重的,依照本法第三百一十条的规定定罪处罚。

【条文理解】

"旅馆业、饮食服务业、文化娱乐业、出租汽车业等单位的人员",是指这些单位的全体工作人员,包括这些单位的负责人和职工。"为违法犯罪分子通风报信",是指在公安机关依法查处卖淫、嫖娼活动时,将行动地点、时间、对象等布置情况以及其他有关的消息告知组织、强迫、引诱、容留、介绍他人卖淫以及卖淫、嫖娼的犯罪分子。"在公安机关依法查处卖淫、嫖娼活动时",是指在公安机关依法查处的全过程中的任何阶段,既包括查处卖淫、嫖娼活动的部署阶段,也包括实施阶段。无论在哪个阶段向违法犯罪分子通风报信,以使他们及时隐藏、逃避查处的行为都应按本条的规定处罚,而不能仅仅理解为具体实施查处行动的时刻。"通风报信"包括各种传递消息的方法和手段,如打电话、发送短信息、传呼信号和事先规定的各种联系暗号等。根据《涉卖淫案件解释》第 14 条的规定,根据《刑法》第 362 条、第 310 条的规定,旅馆业、饮食服务业、文化娱乐业、出租汽车业等单位的人员,在公安机关查处卖淫、嫖娼活动时,为违法犯罪分子通风报信,情节严重的,以包庇罪定罪处罚。事前与犯罪分子通谋的,以共同犯罪论处。具有下列情形之一的,应当认定为《刑法》第 362 条规定的"情节严重":(1)向组织、强迫

① 参见《刑事审判参考》总第 120 集第 1312 号案例。

卖淫犯罪集团通风报信的;(2)2 年内通风报信 3 次以上的;(3)1 年内因通风报信被行政处罚,又实施通风报信行为的;(4)致使犯罪集团的首要分子或者其他共同犯罪的主犯未能及时归案的;(5)造成卖淫嫖娼人员逃跑,致使公安机关查处犯罪行为因取证困难而撤销刑事案件的;(6)非法获利人民币 1 万元以上的;(7)其他情节严重的情形。

【司法适用】

1.“情节严重”是划分罪与非罪的一个重要界限

主要是指严重干扰对卖淫嫖娼活动进行打击或者其他情节恶劣的,本条与包庇罪的规定相比较,有以下两点不同:(1)包庇罪规定的是窝藏犯罪分子和作假证明行为,本条规定的是为违法犯罪分子通风报信行为;(2)包庇罪的对象仅限于犯罪分子,本条除了犯罪分子之外,还补充规定了违法人员。“违法人员”主要指不构成犯罪的卖淫、嫖娼人员和引诱、容留、介绍他人卖淫,情节较轻,不构成犯罪的人员。

2. 协助组织卖淫罪与包庇罪的界限问题

旅游业、饮食服务业、出租汽车业,文化娱乐业等单位的人员在公安机关查处卖淫嫖娼活动时,为违法犯罪分子通风报信的,如情节严重,则依据《刑法》第 362 条的规定,按照《刑法》第 310 条规定的包庇罪定罪处罚。二者的主要区别在于事前是否有通谋。如果事前没有通谋,而纯系在组织卖淫犯罪完成之后的一种帮助行为,则应定为包庇罪。如果事先有通谋,则应以共同犯罪论处。

第九节 制作、贩卖、传播淫秽物品罪

第三百六十三条 【制作、复制、出版、贩卖、传播淫秽物品牟利罪】**以牟利为目的,制作、复制、出版、贩卖、传播淫秽物品的,处三年以下有期徒刑、拘役或者管制,并处罚金;情节严重的,处三年以上十年以下有期徒刑,并处罚金;情节特别严重的,处十年以上有期徒刑或者无期徒刑,并处罚金或者没收财产。**

【为他人提供书号出版淫秽书刊罪】**为他人提供书号,出版淫秽书刊的,处三年以下有期徒刑、拘役或者管制,并处或者单处罚金;明知他人用于出版淫秽书刊而提供书号的,依照前款的规定处罚。**

【条文理解】

1. 制作、复制、出版、贩卖、传播淫秽物品牟利罪

制作、复制、出版、贩卖、传播淫秽物品牟利罪，是指以牟利为目的，制作、复制、出版、贩卖、传播淫秽物品的行为。制作、复制、出版、贩卖、传播淫秽物品五种行为均可独立成罪。行为人实施其中一种行为的，以该行为确定罪名，行为人同时实施其中几种行为的，应将所实施的行为并列为一个罪名，不实行数罪并罚。本罪的具体构成要件是：

(1)本罪侵犯的客体是社会主义道德风尚和国家对文化娱乐制品市场的管理制度。淫秽物品腐蚀人们的思想，破坏社会主义道德风尚，因此国家在通过一系列行政规定加强文化市场管理的同时，需要通过刑罚手段来惩罚此种破坏文化管理制度和社会道德风尚的犯罪行为。本罪的犯罪对象是淫秽物品，根据《刑法》第367条的规定，淫秽物品，是指具体描绘性行为或者露骨宣扬色情的诲淫性的书刊、影片、录像带、录音带、图片及其他淫秽物品，包括具体描绘性行为或者露骨宣扬色情的诲淫性的视频文件、音频文件、电子刊物、图片、文章、短信息等互联网、移动通讯终端、电子信息和声讯台语言信息等。有关人体生理医学知识的科学著作、电子信息和声讯台、语言信息不是淫秽物品，有艺术价值的文学艺术作品中包含有色情内容的，不视为淫秽物品。

(2)本罪的客观方面表现为制作、复制、出版、贩卖、传播淫秽物品的行为。“制作”，是指生产、录制、设置、编写译著、绘画、印刷、刻印、洗印等行为。“复制”，是指复印、拓印、翻拍、复写、复录、抄写等仿造行为。“出版”，是指编辑印刷的行为。“贩卖”，是指发行、盗卖、批发、零售等行为。“传播”，是指播放、放映、出租、出借、承运、邮寄等行为。

(3)本罪的主体是一般主体，包括自然人和单位。

(4)本罪的主观方面是故意，即明知是淫秽物品而进行制作、复制、出版、贩卖、传播，并且本罪要求必须以牟利为目的。至于行为人是否实际取得利益，获利多少并不影响本罪的成立，但是可作为量刑情节予以考虑。

2. 为他人提供书号出版淫秽书刊罪

为他人提供书号出版淫秽书刊罪，是指向他人提供书号，致使淫秽书刊出版的行为。本罪的具体构成要件是：

(1)本罪侵犯的客体是国家对书刊出版的管理活动和社会主义道德风尚。书号(包括期刊号)是国家为了对图书出版进行管理而设置的图书出版许可证，没有书号就不能出版图书。依照国家有关规定，书号只能由出版机关自己使用，只有在协作出版的情形下才允许出版机构将书号提供给他人，而且协作出版的对象也

只限于国家科研教学单位、机关和国有企业事业单位,不能是集体或个人。此外,协作出版的范围也被限于学术著作、自然科学和工程技术方面的著作。并且,协作出版的书稿必须经过出版社终审终校。违反上述关于协作出版的规定,无论是以协助出版的名义还是以其他名义向他人提供书号,都是行为人非法为他人提供书号。如果造成淫秽书刊出版还会毒化社会优良道德风尚,应追究行为人的刑事责任。本罪的犯罪对象是淫秽书刊,与色情出版物不同,按照国家新闻出版署《关于认定淫秽及色情出版物的暂行规定》,淫秽出版物是指在整体上宣扬淫秽行为,挑动人们的性欲,足以导致普通人腐化堕落,又没有艺术价值或者科学价值的出版物。而色情出版物,是指在整体上不是淫秽的,但其中一部分有淫秽内容,对普通人特别是未成年人的身心健康有毒害,缺乏艺术价值或者科学价值的出版物。值得注意的是,提供书号出版色情出版物,只是违法行为,不构成本罪。

(2)本罪的客观方面表现为,违反国家规定,向他人提供书号的行为造成淫秽书刊出版的后果。“他人”主要是指非出版单位或者个人,只要行为人实施了向他人提供书号的行为,并造成淫秽书刊借此书号得以出版的后果,无论其提供的是一个书号,还是多个书号,也不论淫秽出版物实际出版数量的大小,均构成本罪。但是如果行为人向他人提供了书号,但是该书号并未被用于出版淫秽书刊,未造成淫秽书刊得以出版的后果,则行为人不构成犯罪。

(3)本罪的主体可以是单位,也可以是自然人。由于一般人和单位不掌握书号,所以现实生活中能够提供书号给他人的,主要是国家出版单位及其工作人员。非出版单位及个人接受出版单位或者工作人员提供的书号后,又将书号转手提供给他人出版淫秽书刊的,也可以构成本罪。

(4)本罪的主观方面由过失构成,即行为人提供书号后对他人借此出版淫秽书刊的结果,是一种过失的心态,即行为人在提供书号时不知道对方是用于出版淫秽书刊,但是其对购买书号的人可能将书号用于出版淫秽书刊,在主观方面具有过失。如果明知他人使用书号出版淫秽书刊而提供,则应以《刑法》第 363 条第 1 款的出版淫秽物品牟利罪论处。

【司法适用】

1. 制作、复制、出版、贩卖、传播淫秽物品牟利罪与走私淫秽物品罪的区别

本罪与走私淫秽物品罪的主要区别是侵犯的客体不同。前者侵犯的客体是社会的管理制度和社会主义社会风尚,后者侵犯的客体主要是海关监管制度。如果行为人走私淫秽物品后又用同一批淫秽物品贩卖、传播牟利,这种行为属于走私淫秽物品罪的后续行为,不应当再认定构成贩卖、传播淫秽物品牟利罪,而应当只认定走私淫秽物品罪一罪;如果行为人走私的是这一批淫秽物品,但是贩卖、传

播的是另一批淫秽物品并牟利,则应当定为走私淫秽物品罪和贩卖、传播淫秽物品牟利罪,实行数罪并罚。

2. 为他人提供书号出版淫秽书刊罪与出版淫秽物品牟利罪的区别

在司法实践中,要从犯罪行为、犯罪主体犯罪、主观方面对为他人提供书号出版淫秽书刊罪和出版淫秽物品牟利罪进行认真甄别。(1)两罪客观方面犯罪行为不同,为他人提供书号出版淫秽书刊罪客观上要求行为人违规为他人提供书号,而致使淫秽书刊借此书号得以出版。而出版淫秽物品牟利罪客观上表现为行为人实施具体出版行为或者明知他人出版淫秽书刊而为其提供书号的行为。(2)犯罪主体不同,为他人提供书号出版淫秽书刊罪的主体既包括单位,又包括自然人。出版淫秽物品牟利罪的犯罪主体则只能是出版单位。(3)犯罪主观方面不同,为他人提供书号出版淫秽书刊罪是过失犯罪,具体表现为虽然行为人违规向他人提供书号的行为是故意的,但是对他人将其提供的书号用于出版淫秽书刊持否定的态度,仅是因为过失而致使淫秽书刊得以出版。出版淫秽物品牟利罪是故意犯罪,即行为人对淫秽书刊出版抱有积极追求的心理态度,且主观上还必须具有牟利的目的。

3. 利用网络云盘制作、复制、贩卖、传播淫秽电子信息的行为定罪量刑问题

根据最高人民法院、最高人民检察院《关于利用网络云盘制作、复制、贩卖、传播淫秽电子信息牟利行为定罪量刑问题的批复》规定,对于以牟利为目的,利用网络云盘制作、复制、贩卖、传播淫秽电子信息的行为,是否应当追究刑事责任,适用《刑法》《涉淫秽电子信息案件解释(一)》《涉淫秽电子信息案件解释(二)》的有关规定。对此类行为在追究刑事责任时,鉴于网络云盘的特点,不应单纯考虑制作、复制、贩卖、传播淫秽电子信息的数量,还应充分考虑传播范围、违法所得、行为人一贯表现以及淫秽电子信息、传播对象是否涉及未成年人等情节,综合评估社会危害性,恰当裁量刑罚,确保罪责刑相适应。

【司法案例】

何某黄、杨某传播淫秽物品牟利罪①

[**裁判要旨**]传播淫秽物品,是指以公开、半公开的方式在社会上广为散布或者流传的行为。随着计算机技术的发展和网络技术的应用,以网络系统为工具的犯罪出现,如在互联网上建立淫秽网站、网页,提供淫秽色情站点链接服务,在网上提供淫秽色情信息、淫秽色情行业中介服务,发布淫秽色情广告或者在互联网

① 参见《刑事审判参考》总第19辑第123号案例。

上刊载淫秽小说、书刊、影片、音像制品、图片等。就本案而言,对行为人行为的定性,关键在于查明和了解色情网站中的淫秽内容的整个形成过程。

第三百六十四条 【传播淫秽物品罪】传播淫秽的书刊、影片、音像、图片或者其他淫秽物品,情节严重的,处二年以下有期徒刑、拘役或者管制。

【组织播放淫秽音像制品罪】组织播放淫秽的电影、录像等音像制品的,处三年以下有期徒刑、拘役或者管制,并处罚金;情节严重的,处三年以上十年以下有期徒刑,并处罚金。

制作、复制淫秽的电影、录像等音像制品组织播放的,依照第二款的规定从重处罚。

向不满十八周岁的未成年人传播淫秽物品的,从重处罚。

【条文理解】

1. 传播淫秽物品罪

传播淫秽物品罪,是指不以牟利为目的,传播淫秽的书刊、影片、音像、图片或者其他淫秽物品,情节严重的行为。本罪的具体构成要件是:

(1)本罪侵犯的客体是复杂客体,既侵犯了国家对文化娱乐市场的管理秩序,又破坏了社会主义道德风尚。

(2)本罪的客观方面表现为传播淫秽的书刊、影片、音像、图片或者其他淫秽物品的行为。“传播”,主要是指播放、出借、赠送、运输、展览、发表、交换、散发、邮寄、利用计算机网络技术传播等行为,但是上述行为必须是在公众中或者公共场所实施的。传播方式既可以是公开的,也可以是秘密的。

(3)本罪的主体为一般主体,自然人和单位均可构成本罪的主体。

(4)本罪的主观方面出于故意但是不具有牟利的目的。

2. 组织播放淫秽音像制品罪

组织播放淫秽音像制品罪,是指不以牟利为目的,组织播放淫秽的电影、录像等音像制品行为。本罪的具体构成要件是:

(1)本罪侵犯的客体是社会主义道德风尚。组织播放淫秽音像制品,是传播淫秽物品的一种具体形式。这种传播方式,传播的对象往往人多面广,社会危害性也更大,较其他传播方式更有刺激性、腐蚀性。因此刑法将该行为单独予以规定,并规定了比传播淫秽物品罪更重的法定刑。

(2)本罪的客观方面表现为组织播放淫秽的电影、录像、录音等音像制品的行为。“组织播放”，是指召集安排多人播放观看或收听，至于在什么场所播放则在所不论。但是如果只是对个别人播放，不构成本罪。为组织播放淫秽音像制品行为提供播放地点、播放工具、淫秽音像制品等行为，视具体情节可以构成本罪的共犯。淫秽电影、录像等音像制品，包括淫秽影片、录像带、幻灯片、录音带、光盘、唱片、存储有淫秽内容的计算机软件和其他存储介质等。

(3)本罪的主体为一般主体，单位和自然人均可构成本罪。

(4)本罪的主观方面出于故意，但不以牟利为目的，否则构成传播淫秽物品牟利罪。对于因过失而播放了具有淫秽内容的音像制品，不能按本罪定罪处理。

【司法适用】

1. 罪与非罪的界限

传播淫秽物品罪的社会危害性主要体现为淫秽物品在社会上传播，对社会道德风尚造成破坏，且必须达到情节严重的程度。如果只是在家庭成员之间或者亲友之间传看、传抄淫秽音像书刊，或者传播的范围较小，观看的人数较少，不构成犯罪。

2. 通过传播淫秽物品进行淫乱活动的定性问题

在司法实践中，经常发生行为人传播淫秽物品后，又与他人聚众淫乱的情形。在这种情况下，行为人既实施了传播淫秽物品的行为，又实施了聚众淫乱的行为。此时前一行为是后一行为的手段行为，虽然同时触犯两个罪名，但是因两罪之间具有牵连关系，应当按照牵连犯的处理原则，择一重罪处断，一般应当以聚众淫乱罪论处。但是如果行为人向他人传播淫秽物品后，他人使用淫秽物品进行聚众淫乱活动的，在行为人对他人进行聚众淫乱行为缺乏认识的情况下，行为人只触犯传播淫秽物品罪。

3. 本罪与传播淫秽物品牟利罪的界限

两罪在客观方面都表现为实施传播淫秽物品的行为。在犯罪客体和犯罪主体方面也都相同，唯一的区别在于两罪要求的犯罪目的不同，前者要求行为人主观上不具有牟利的目的，而后者要求行为人必须以牟利为目的。

4. 本罪与走私淫秽物品罪的界限

司法实践中要从犯罪客体、犯罪客观方面和犯罪主观方面，对这两个罪名进行甄别判断。(1)两罪犯罪客体不同，传播淫秽物品罪侵犯的是社会管理秩序。走私淫秽物品罪侵犯的是国家对进出口物品的管理秩序和社会风尚。(2)两罪犯罪客观方面不同，传播淫秽物品罪在客观方面表现为传播淫秽的书刊、影片、影像、图片或者其他淫秽物品，情节严重的行为。而走私淫秽物品罪在客观方面表现为违反海关规定，逃避海关监管，非法运输、携带或者邮寄淫秽物品进出国(边)

境的行为。传播淫秽物品罪的传播方式,除了运输、携带、邮寄之外,还包括出借、散发、播放、展览等形式。(3)两罪犯罪主观方面不同。传播淫秽物品罪在主观方面既可以由直接故意构成,也可以由间接故意构成,而且不具有牟利的目的。而走私淫秽物品罪在主观方面表现为直接故意,且具有牟利或传播的目的。

第三百六十五条 【组织淫秽表演罪】组织进行淫秽表演的,处三年以下有期徒刑、拘役或者管制,并处罚金;情节严重的,处三年以上十年以下有期徒刑,并处罚金。

【条文理解】

组织淫秽表演罪,是指组织诲淫性演出的行为。本罪的具体构成要件是:

(1)本罪侵犯的客体是社会主义道德风尚和社会治安管理秩序。

(2)本罪的客观方面表现为组织淫秽表演的行为。“组织”,是指策划表演过程,纠集、招募、雇佣表演者,寻找、租用表演场地,招揽观众等组织演出行为。“淫秽表演”,是指以上演舞蹈、戏剧等形式,通过表演者直接的语言、肢体动作进行淫秽的形体展示,描绘性行为或者宣扬色情淫荡形象,从而刺激观众性欲,但是却伤害普通善良人正常的性道德的有诲淫性效果的演出活动。诲淫性表演具有如下特征:①内容具有淫秽性。淫秽表演之所以妨害社会风化而为法律所禁止,就在于表演内容具有淫秽性,这是淫秽表演的本质特征。②活动具有表演性。既然是表演,就必须通过肢体动作来展示内容,如果不具有这种动态的表演性而只是纯静态的展示,则不能认定为淫秽表演。③形式具有多样性,不仅包括淫秽的形体展示,如裸体舞,而且还包括性交动作甚至非自然的性交行为。行为人所雇佣的演员多少以及观众多少一般不影响本罪的构成,而应当作为犯罪的情节予以考虑。

(3)本罪的主体是一般主体,自然人和单位均可构成,但是必须是淫秽表演的组织者。表演者一般不构成本罪,但是对于既是表演者又是组织者的,应当按照组织者处理。

(4)本罪的主观方面是故意。在司法实践中,行为人犯罪动机多种多样,这些淫秽表演大多以牟利为目的,但是无论行为人主观动机如何,只要实施了组织淫秽表演的行为即可构成本罪。

【司法适用】

1. 罪与非罪的认定问题

司法实践中要甄别判断淫秽表演与夹杂色情内容的表演之间的区别:(1)从

内容上看，淫秽表演无所谓故事情节，表演整体上体现的是淫秽内容。夹杂色情内容的表演一般有表现的主题，有一定的故事情节，只是在某些剧情中有一些色情内容。(2)从表现方式上看，淫秽表演是赤裸裸地表演性行为，而夹杂有淫秽内容的表演在表现性行为时往往较为含蓄，不暴露性器官。(3)从给人的观看感受上来看，淫秽表演只是给人以性欲刺激，而夹杂有色情内容的表演，主要是观众感受全剧的主题，而不仅仅是获得情欲方面的刺激。

2. 本罪与聚众淫乱罪的界限问题

两罪主要区别在于：(1)行为方式有差异，聚众淫乱罪的行为方式比较单一，往往表现为淫乱的性交，而组织淫秽表演罪除了淫乱的性交之外，还包括裸体舞、脱衣舞等多种多样的表演方式。(2)犯罪主体不同，聚众淫乱罪处罚的是首要分子，或者多次参加者。而组织淫秽表演罪则只处罚淫秽表演的组织者，对于淫秽表演者不以犯罪论。(3)主观目的不同，聚众淫乱罪行为人具有满足精神上空虚的目的。而组织淫秽表演罪的行为人的组织淫秽表演目的是让其他人观看收听，而且往往还具有牟利的目的。司法实践中经常出现行为人在聚众淫乱的过程中组织淫秽表演的情形，由于行为人组织淫秽表演的目的是挑逗观看者的性欲，而为随后或者同时进行的聚众淫乱行为营造氛围，这种情形下应认定为牵连犯，从一重罪处。对行为人组织淫乱活动的同时又组织他人进行观看的，行为人虽然有两个犯意，但是只符合组织淫秽表演罪的构成。因为如果将聚众淫乱行为排除在外，则组织淫乱表演罪中仅有组织观众的行为，显然不能成立犯罪，而即使没有组织观看行为，行为人已经单独构成聚众淫乱罪。结合这两个方面考虑，以组织淫秽表演罪定罪为宜。

【司法案例】

董某尧组织淫秽表演案①

[**裁判要旨**]招募模特和摄影者，要求模特裸露生殖器、摆出淫秽姿势供摄影者拍摄的，构成组织淫秽表演罪。一个模特和一个摄影者组成“一对一”私拍活动，应认定为淫秽表演。多次组织淫秽表演，以暴力、胁迫或者其他手段强迫他人进行淫秽表演，组织未成年人参与或者观看淫秽表演，观看淫秽表演人数多、表演时间长，造成恶劣社会影响等情形，可以认定为情节严重。

---

① 参见《刑事审判参考》总第85集第770号案例。

第三百六十六条　【单位犯制作、贩卖、传播淫秽物品罪的处罚】单位犯本节第三百六十三条、第三百六十四条、第三百六十五条规定之罪的，对单位判处罚金，并对其直接负责的主管人员和其他直接责任人员，依照各该条的规定处罚。

【条文理解】

根据本条规定，单位有本法第363~365条所规定的犯罪行为的，依照本条规定，除对单位判处罚金外，对其直接负责的主管人员和其他直接责任人员，还应分别依照各该条的有关规定予以刑事处罚。“直接负责的主管人员”，是指单位对犯罪活动负直接责任的主要领导人。“直接责任人员”，是指具体实施犯罪活动的行为人，即直接参与本单位制作、复制、出版、贩卖、传播淫秽物品，为他人出版淫秽书刊提供书号，传播淫秽的图片、书刊或者其他淫秽物品，组织播放淫秽的电影、录像或者其他音像制品等行为的人员。

【司法适用】

在司法实践中，在认定直接责任人员或者直接负责的主管人员时，应当把握两点：(1)行为人在主观上必须对单位所从事的犯罪活动是明知的；(2)行为人在客观上具有批准、默许、纵容本单位实施或者直接参与实施了本条规定的违法犯罪活动的行为，二者缺一不可。

第三百六十七条　【淫秽物品的范围】本法所称淫秽物品，是指具体描绘性行为或者露骨宣扬色情的诲淫性的书刊、影片、录像带、录音带、图片及其他淫秽物品。

有关人体生理、医学知识的科学著作不是淫秽物品。

包含有色情内容的有艺术价值的文学、艺术作品不视为淫秽物品。

【条文理解】

本条第1款是刑法关于淫秽物品定义的规定。“具体描绘性行为”，是指具体或者较详尽地描写性行为的过程及其心理感受；具体描写通奸、淫乱、卖淫、乱伦、强奸的过程细节；描写少年儿童的性行为、同性恋的性行为或者其他性变态行为及与性变态有关的暴力、虐待、侮辱行为和令普通人不能容忍的对性行为等的淫亵描写。“露骨宣扬色情”，是指公然、不加掩饰地宣扬色情淫荡形象，着力表现人体生殖器官，挑动人们的性欲，足以导致普通人的腐化堕落的具有刺激、挑逗性的文字和画面。

本条第2款是关于有关人体生理、医学知识和科学著作不是淫秽物品的规定。“有关人体生理、医学知识的科学著作”,是指有关人体的解剖生理知识、生育知识、疾病防治和其他有关性知识、性道德、性社会等自然科学和社会科学作品。这类作品不属于淫秽物品。

本条第3款是关于有色情内容的有艺术价值的文学、艺术作品不视为淫秽物品的规定。“有艺术价值”,是指在现实生活中以及文化艺术发展的历史长河中具有较高文学、艺术价值,同时也包含有对性行为、色情等内容的描绘的文学、艺术作品。

【司法适用】

国家新闻出版署《关于认定淫秽及色情出版物的暂行规定》第2条规定,淫秽出版物的具体内容包括以下七个方面:(1)淫亵性地具体描写性行为、性交及其心理感受;(2)公然宣扬色情淫荡形象;(3)淫亵性地描述或传授性技巧;(4)具体描写乱伦、强奸或者其他性犯罪的手段、过程或者细节,足以诱发犯罪的;(5)具体描写少年儿童的性行为;(6)淫亵性地具体描写同性恋的性行为或者其他性变态行为,或者具体描写与性变态有关的暴力、虐待、侮辱行为;(7)其他令普通人不能容忍的对性行为的淫亵性描写。根据这一规定,具体判断和处理关于有色情内容的有艺术价值的文学、艺术作品与淫秽出版物的区分问题时应当坚持三个原则:(1)必须对该作品的全体内容进行整体判断;(2)准确认定性的描写与作品所表现的思想和艺术的关系;(3)准确判断作品的科学性、艺术性、思想性等对性的描写是否能够淡化或缓和。但应当注意的是,对这类作品本身虽不视为淫秽物品,然而对这类作品的复制、贩卖、传播仍应加以必要的管理和限制,不能任其随意传播。

《涉淫秽电子信息案件解释(一)》规定,《刑法》第367条第1款规定的“其他淫秽物品”包括具体描绘性行为或者露骨宣扬色情的诲淫性的视频文件、音频文件、电子刊物、图片、文章、短信息等互联网、移动通讯终端电子信息和声讯台语音信息。

【司法案例】

梁某勋贩卖淫秽物品牟利案①

[**裁判要旨**]贩卖含有淫秽视频的网络云盘,应当按照网络云盘中实际存储的淫秽视频文件数量认定淫秽物品数量。但在办理此类案件时,应当充分考虑案件

① 参见《刑事审判参考》总第122集第1351号案例。

的各种情节，综合评估社会危害性，恰当量刑。网络云盘本身并非文件，而是文件的存储中介和载体，应当以网络云盘中实际存储的淫秽视频文件数量来认定贩卖淫秽物品的数量。贩卖含有淫秽视频的网络云盘，应当按照网络云盘中实际存储的淫秽视频文件数量认定淫秽物品的数量。但是随着网络技术的发展，由于网络云盘存储量大，动辄即有几兆的容量，利用网络云盘制作、复制、贩卖、传播淫秽电子信息往往数量巨大，有的案件单个云盘存储的淫秽视频可达上万部，个别案件涉及云盘账号数万个，但通常而言，此类案件获利数额不大，传播人数不多。因而不能简单地套用相关司法解释关于贩卖淫秽电子信息数量的量刑标准处理利用网络云盘贩卖淫秽电子信息的违法犯罪行为。否则，可能出现量刑畸重现象，有违罪责刑相适应原则的要求。对利用网络云盘制作、复制、贩卖、传播淫秽电子信息牟利案件，量刑时，不应单纯考虑制作、复制、贩卖、传播淫秽电子信息的数量，还应充分考虑传播范围、违法所得、行为人一贯表现以及淫秽电子信息、传播对象是否涉及未成年人等情节，综合评估社会危害性，恰当裁量刑罚，确保罪责刑相适应。如行为人具有利用网络云盘传播淫秽电子信息范围广、获利多或者有前科等严重情节，仍可判处重刑。

第七章　危害国防利益罪

第三百六十八条　【阻碍军人执行职务罪】以暴力、威胁方法阻碍军人依法执行职务的，处三年以下有期徒刑、拘役、管制或者罚金。

【阻碍军事行动罪】故意阻碍武装部队军事行动，造成严重后果的，处五年以下有期徒刑或者拘役。

【条文理解】

1. 阻碍军人执行职务罪

本罪是指以暴力、威胁方法妨碍、阻挠军人依法执行职务。第一，行为人实施了暴力、威胁方法。暴力方法，是指行为人对依法执行职务的军人实施的物理层面压制的一切行为，包括但不限于殴打、伤害、禁锢等行为。威胁方法，是指行为人对依法执行职务的军人实施的心理层面压制的一切行为，包括但不限于以伤害军人本人或者他人身体、毁坏财物、揭穿隐私等恶相向通告，使军人产生恐惧心理而无法正常执行职务。第二，行为人实施暴力、威胁方法的对象是军人。需要注意的是，《刑法》第450条规定，文职人员、执行军事任务的预备役人员和其他人员适用于《刑法》第十章军人违反职责罪，但上述人员不是军人，不属于本罪暴力、威胁方法针对的对象。第三，行为人实施暴力、威胁方法对军人执行职务造成了影响，导致了军人不能或者难以依法执行职务的后果。第四，本罪为故意犯罪，即行为人明知军人正在依法执行职务，但仍故意使用暴力、威胁方法，迫使军人停止、放弃、变更执行职务或者无法正常执行职务。

2. 阻碍军事行动罪

本罪是指故意阻碍武装部队的军事行动，造成严重后果。第一，本罪没有限定阻碍方式，客观上能够达到阻碍军事行动的后果的行为，均属于本罪的阻碍方式，既包括暴力、威胁方法，也包括非暴力、胁迫的其他手段。例如在军事禁区、军事管理区采取围堵、静坐等方式，导致武装部队无法开展军事行动的，即属于本罪行为方式。第二，武装部队包括中国人民解放军军委机关、各战区、各军兵种、中国人民武装警察部队和预备役部队。第三，军事行动，是指武装部队实施的作战、演习、训练等一切有组织的使用武装力量的活动。军人执行演习演训等军事任务及抢险救灾等非战争军事行动受到法律保护。第四,本罪属于结果犯,只有因阻碍行为导致严重后果的,才构成本罪。第五,本罪的责任形式为故意,行为人明知武装部队正在进行军事行动,仍故意实施阻碍行为。

【司法适用】

(一)阻碍军人执行职务罪

1. 关于罪与非罪

在认定该罪时需要注意:(1)关于暴力、威胁的程度。出于对国防利益的重点保护,应当对暴力、威胁方法的程度进行适当放宽。对于暴力、威胁程度虽然相对轻微,但是客观上造成了阻碍军人依法执行职务后果的,可以考虑认定本罪。(2)行为人阻碍军人非法行为的,不构成本罪。(3)关于既遂与未遂。本罪属于结果犯,但并不要求行为人必须达到阻碍执行的实际后果,对于行为人实施了暴力、威胁方法,但是客观上没能阻碍军人执行职务的,应认定为犯罪未遂。

2. 关于此罪与彼罪

(1)本罪与妨碍公务罪的关系。本罪与妨碍公务罪属于法条竞合关系,按照特别法优先于一般法的适用原则,对阻碍军人执行职务的,应当认定为本罪。对于阻碍军队中的文职人员以及执行军队任务的预备役人员和其他人员的,虽不能认定为阻碍军人执行职务罪,但可以认定为妨碍公务罪。如果行为人发生认识错误,将军人误认为是文职人员或者其他国家工作人员,进而实施了阻碍行为,应当根据抽象事实认识错误的处理原则,认定为妨碍公务罪。

(2)本罪与故意伤害罪、故意杀人罪的关系。行为人使用暴力方法阻碍军人执行职务,造成军人轻伤、重伤或者死亡的,属于阻碍军人执行职务罪与故意伤害罪、故意杀人罪的想象竞合,从一重罪处罚。在造成军人重伤或者死亡的情形下,根据主观故意和客观行为,一般认定为故意伤害罪、故意杀人罪。

(3)本罪与阻碍执行军事职务罪的关系。《刑法》第426条规定,以暴力、威胁方法,阻碍指挥人员或者值班、值勤人员执行职务的,构成阻碍执行军事职务罪。在区分二罪时,需要把握以下两点:①本罪是一般主体,可以是地方人员,也可以是军队人员。阻碍执行军事职务罪是特殊主体,只有军人以及文职人员、执行军事任务的预备役人员和其他人员才能构成该罪。②本罪的犯罪对象是正在依法执行军事职务的军人,而阻碍执行军事职务罪针对的对象是指挥人员、值班人员和执勤人员,犯罪对象具有特定性。如果军人以暴力、威胁方法,阻碍军队指挥人员或者值班、值勤的军人,属于法条竞合,适用特别法优于普通法原则,以阻碍执行军事职务罪论处。

(二)阻碍军事行动罪

1. 关于罪与非罪

(1)行为人虽然有阻碍行为,但是其行为并没有严重阻碍军事行动,没有造成严重后果的,不宜以本罪论处。例如,行为人一人或者纠集数人在道路或者军事行动地区采取静坐方式,试图阻碍军事行动,但是经过劝说、警告能够及时消除阻碍影响的,或者仅在附近集结,没有进行围堵、跟踪、纠缠等阻碍行为的,其行为不可能造成严重后果的,也不宜以本罪论处。对于武装部队集体组织的会议、培训、参观等活动,是否可以认定为军事行动存在不同认识。笔者认为,武装力量的集体活动,不论是政治、军事、后勤、装备、文化等各种活动,均应当认定为军事行动,一方面可以加强对国防利益的特殊保护,另一方面有利于巩固和发展国防教育。

(2)本罪属于结果犯,如果行为人实施了阻碍军事行动的行为,并且达到了阻碍军事行动的严重后果的,属于犯罪既遂。行为人虽然实施了阻碍军事行动的行为,但由于意志以外的原因没有造成严重后果的,属于犯罪未遂;行为人主动放弃犯罪或者积极作为,有效阻止造成严重后果的,属于犯罪中止。

2. 关于此罪与彼罪

(1)本罪与阻碍军人执行职务罪之间存在一定交叉关系。在司法实践中,行为人纠集人群,实施阻碍行为,既阻碍军人执行职务,又造成阻碍军事行动的严重后果的,属于想象竞合,从一重罪处罚。对照本罪与阻碍军人执行职务罪的法定刑,一般以阻碍军事行动罪论处。

(2)军人使用暴力、威胁方法,阻碍军队指挥人员或者值班、值勤人员执行职务,导致军事行动无法开展,造成严重后果的,属于法条竞合,适用特别法优先于普通法原则,以阻碍执行军事职务罪定罪处罚。

【司法案例】

朱某某阻碍军人执行职务案①

[**要旨**]军人执行演习演训等军事任务及抢险救灾等非战争军事行动,受到法律保护。检察机关应当加大对阻碍军人执行职务犯罪的惩治力度,切实维护军事利益和国防利益。

---

① 参见2021年7月28日最高人民检察院《关于印发全国检察机关依法惩治侵犯军人军属合法权益、危害国防利益犯罪典型案例的通知》案例二。

第三百六十九条 【破坏武器装备、军事设施、军事通信罪】破坏武器装备、军事设施、军事通信的，处三年以下有期徒刑、拘役或者管制；破坏重要武器装备、军事设施、军事通信的，处三年以上十年以下有期徒刑；情节特别严重的，处十年以上有期徒刑、无期徒刑或者死刑。

【过失损坏武器装备、军事设施、军事通信罪】过失犯前款罪，造成严重后果的，处三年以下有期徒刑或者拘役；造成特别严重后果的，处三年以上七年以下有期徒刑。

战时犯前两款罪的，从重处罚。

【条文对照】

1997 年《刑法》	2005 年《刑法修正案(五)》
第三百六十九条 破坏武器装备、军事设施、军事通信的，处三年以下有期徒刑、拘役或者管制；破坏重要武器装备、军事设施、军事通信的，处三年以上十年以下有期徒刑；情节特别严重的，处十年以上有期徒刑、无期徒刑或者死刑。**战时从重处罚。**	第三百六十九条 破坏武器装备、军事设施、军事通信的，处三年以下有期徒刑、拘役或者管制；破坏重要武器装备、军事设施、军事通信的，处三年以上十年以下有期徒刑；情节特别严重的，处十年以上有期徒刑、无期徒刑或者死刑。 **过失犯前款罪，造成严重后果的，处三年以下有期徒刑或者拘役；造成特别严重后果的，处三年以上七年以下有期徒刑。** 战时**犯前两款罪的，**从重处罚。

【条文理解】

1. 破坏武器装备、军事设施、军事通信罪

本罪是故意破坏部队的武器装备、军事设施、军事通信的行为。

(1)本罪客观方面表现为行为人实施了破坏行为。破坏并不限于物理层面的毁损，包括使武器装备、军事设施、军事通信全部或者部分丧失正常功能的一切行为，无须限定具体手段、方式，通常表现为作为，但也可以由不作为构成。例如，干扰、侵占军事通信电磁频谱、侵入国防建设领域、军事通信领域的军事通信计算机信息系统以及直接损毁军事通信线路、设备等行为，均可构成本罪的破坏行为。

(2)本罪中的破坏行为的对象是武器装备、军事设施和军事通信。武器装备，是指实施和保障军事行动的武器、武器系统和军事技术器材的统称。直接用于杀伤敌人有生力量和破坏敌人作战设施的器械，包括各军兵种、武警部队使用的匕首等冷兵器、枪械、火炮、火箭、导弹、坦克、作战飞机、军事舰艇潜艇等，均是武器装备。军事设施，是指直接用于军事目的的建筑、场地和设备，包括：①指挥机关，地面和地下的指挥工程、作战工程；②军用机场、港口、码头；③营区、训练场、试验

场;④军用洞库、仓库;⑤军用通信、侦察、导航、观测台站,测量、导航、助航标志;⑥军用公路、铁路专用线,军用通信、输电线路,军用输油、输水管道;⑦边防、海防管控设施;⑧国务院和中央军事委员会规定的其他军事设施。另外,军队为执行任务必须设置的临时设施也属于军事设施。军事通信,是指军队为实施指挥、武器控制等运用通信工具或者其他方法进行信息传递的行为,军事通信工具包括军事通信线路、设备、军事通信计算机信息系统、军事通信电磁频谱等。重要军事通信,是指军事首脑机关及重要指挥中心的通信,部队作战中的通信,等级战备通信,飞行航行训练、抢险救灾、军事演习或者处置突发性事件中的通信,以及执行试飞试航、武器装备科研试验或者远洋航行等重要军事任务中的通信。

(3)本罪的责任方式为故意,即行为人主观上明知是武器装备、军事设施、军事通信,仍实施破坏行为,对出现的危害国防利益的后果持希望或者放任的态度。

战时犯本罪的,从重处罚。

2. 过失损坏武器装备、军事设施、军事通信罪

本罪是指过失损坏武器装备、军事设施、军事通信,造成严重后果的行为。本罪与破坏武器装备、军事设施、军事通信罪在客观方面基本一致,但需要注意的是,造成严重后果的才构成本罪。

【司法适用】

(一)破坏武器装备、军事设施、军事通信罪

1. 关于罪与非罪

(1)本罪是选择性罪名,在具体认定时应当根据行为人破坏的对象确定具体罪名。(2)本罪是行为犯,只要行为人实施了破坏武器装备、军事设施、军事通信的行为,原则上就构成本罪,但在司法实践中应当注意把握入罪标准,对于情节显著轻微危害不大的,可以根据《治安管理处罚法》的有关规定予以处罚。(3)行为人因为过失而损坏武器装备、军事设施、军事通信的,不构成本罪,造成严重后果的可构成过失损坏武器装备、军事设施、军事通信罪。(4)根据《军事通信案件解释》,建设、施工单位直接负责的主管人员、施工管理人员,明知是军事通信线路、设备而指使、强令、纵容他人予以损毁的,或者不听管护人员劝阻,指使、强令、纵容他人违章作业,造成军事通信线路、设备损毁的,以破坏军事通信罪定罪处罚。其中建设、施工单位直接负责的主管人员、施工管理人员指使、强令他人损毁军事通信线路、设备是作为,纵容他人损毁军事通信线路、设备是不作为。根据共同犯罪原理,行为人指示、强令、纵容他人破坏武器装备、军事设施的,也构成相应犯罪。(5)实施破坏军事通信行为,具有下列情形之一的,属于《刑法》第369条第1款规定的“情节特别严重”:①造成重要军事通信中断或者严重障碍,严重影响部

队完成作战任务或者致使部队在作战中遭受损失的;②造成部队执行抢险救灾、军事演习或者处置突发性事件等任务的通信中断或者严重障碍,并因此贻误部队行动,致使死亡 3 人以上、重伤 10 人以上或者财产损失 100 万元以上的;③破坏重要军事通信 3 次以上的;④其他情节特别严重的情形。

2. 关于此罪与彼罪

(1)本罪与盗窃罪的区分。盗窃武器装备、军事设施有机组成部分,导致武器装备、军事设施全部或者部分丧失功能的,则构成破坏武器装备、军事设施罪;盗窃军事设施内的一般物资,如营区的一般财物,并没有损毁军事设施本身的机能,则构成盗窃罪,其中,盗窃枪支、弹药、爆炸物的,构成盗窃枪支、弹药、爆炸物罪。(2)本罪与故意毁坏财物罪的区分。故意损毁武器装备、军事设施、军事通信,虽然也构成《刑法》第 275 条规定的故意毁坏财物罪,但因该行为同时侵害了国防利益,比一般的故意损坏财物行为的危害性更大,一般应当按照《刑法》第 369 条第 1 款规定的犯罪定罪处罚。

3. 关于罪数

破坏武器装备、军事设施、军事通信的行为,同时触犯其他犯罪的,从一重罪处罚。(1)破坏损坏军事通信,并造成公用电信设施损毁,危害公共安全,同时构成《刑法》第 124 条和第 369 条规定的犯罪的,依照处罚较重的规定定罪处罚。(2)盗窃军事通信线路、设备,不构成盗窃罪,但破坏军事通信的,依照《刑法》第 369 条第 1 款的规定定罪处罚;同时构成《刑法》第 124 条、第 264 条和第 369 条第 1 款规定的犯罪的,依照处罚较重的规定定罪处罚。(3)违反国家规定,侵入国防建设、尖端科学技术领域的军事通信计算机信息系统,尚未对军事通信造成破坏的,依照《刑法》第 285 条的规定定罪处罚;对军事通信造成破坏,同时构成《刑法》第 285 条、第 286 条、第 369 条第 1 款规定的犯罪的,依照处罚较重的规定定罪处罚。(4)违反国家规定,擅自设置、使用无线电台、站,或者擅自占用频率,经责令停止使用后拒不停止使用,干扰无线电通讯正常进行,构成犯罪的,依照《刑法》第 288 条的规定定罪处罚;造成军事通信中断或者严重障碍,同时构成《刑法》第 288 条、第 369 条第 1 款规定的犯罪的,依照处罚较重的规定定罪处罚。(5)故意采用破坏武器装备、军事设施、军事通信的方法阻碍武装部队军事行动的,构成本罪与阻碍军事行动罪的想象竞合犯,依照处罚较重的规定定罪处罚。

(二)过失损坏武器装备、军事设施、军事通信罪

1. 关于罪与非罪

(1)本罪是过失犯罪,必须造成严重后果才定罪处罚。(2)过失损坏军事通信,造成重要军事通信中断或者严重障碍的,属于《刑法》第 369 条第 2 款规定的

“造成严重后果”。(3)过失损坏军事通信,具有下列情形之一的,属于《刑法》第369条第2款规定的“造成特别严重后果”:①造成重要军事通信中断或者严重障碍,严重影响部队完成作战任务或者致使部队在作战中遭受损失的;②造成部队执行抢险救灾、军事演习或者处置突发性事件等任务的通信中断或者严重障碍,并因此贻误部队行动,致使死亡3人以上、重伤10人以上或者财产损失100万元以上的;③其他后果特别严重的情形。(4)建设、施工单位直接负责的主管人员、施工管理人员,忽视军事通信线路、设备保护标志,指使、纵容他人违章作业,致使军事通信线路、设备损毁,构成犯罪的,以过失损坏军事通信罪定罪处罚。

2. 关于此罪与彼罪

(1)本罪与破坏武器装备、军事设施、军事通信的区分。两罪的主要区别有两点:第一,本罪属于过失犯罪,后者属于故意犯罪。司法实践中,认定故意与过失不能仅根据行为人的供述,应当结合行为人的客观行为综合认定。第二,本罪属于结果犯,后者属于行为犯,行为人过失破坏了武器装备、军事设施、军事通信,但没有造成严重后果的,不构成犯罪。行为人故意破坏武器装备、军事设施、军事通信,不论是否造成严重后果,均应以后者定罪处罚。

(2)本罪与过失损坏广播电视设施、公用电信设施罪的区分。过失损坏军事通信,并造成公用电信设施损毁,危害公共安全,同时构成《刑法》第124条和第369条规定的犯罪的,依照处罚较重的规定定罪处罚。

第三百七十条　【故意提供不合格武器装备、军事设施罪】明知是不合格的武器装备、军事设施而提供给武装部队的,处五年以下有期徒刑或者拘役;情节严重的,处五年以上十年以下有期徒刑;情节特别严重的,处十年以上有期徒刑、无期徒刑或者死刑。

【过失提供不合格武器装备、军事设施罪】过失犯前款罪,造成严重后果的,处三年以下有期徒刑或者拘役;造成特别严重后果的,处三年以上七年以下有期徒刑。

单位犯第一款罪的,对单位判处罚金,并对其直接负责的主管人员和其他直接责任人员,依照第一款的规定处罚。

【条文理解】

1. 故意提供不合格武器装备、军事设施罪

本罪是指自然人或者单位明知是不合格的武器装备、军事设施,仍提供给武

装部队的行为。本罪的主体包括自然人和单位。我国有关军事法规对武器装备、军事设施的研制、生产、销售都有专门规定,任何不按照相关规定要求提供不合格的武器装备、军事设施的,都是侵害国防利益法益的行为。本罪中的武器装备和军事设施的内涵和外延与破坏武器装备、军事设施罪中的内涵与外延一致。不合格武器装备、军事设施,是指武器装备、军事设施在质量、性能、功效等方面不符合武装部队使用要求,未能达到设计要求,属于不合格产品,包括使用不合格的原料生产、制造、维修等,也包括提供的武器装备、军事设施的外形、坚固耐用程度、内部结构、软件系统等不符合技术、数量指标的情形。提供,是指研制、制造、维修、建设等,既可以是有偿提供,也可以是无偿提供。必须是向武装部队提供,武装部队包括中国人民解放军现役部队和预备役部队、中国人民武装警察部队、民兵。本罪的责任形式是故意,即自然人或者单位明知是不合格的武器装备、军事设施,仍提供给武装部队。

2. 过失提供不合格武器装备、军事设施罪

本罪的客观方面表现为行为人因为疏忽大意或者过于自信,向武装部队提供了不合格的武器装备、军事设施,造成严重后果的行为。本罪属于过失犯罪,造成严重后果的才构成本罪。与提供不合格武器装备、军事设施罪相比,本罪只能由自然人构成,单位不成立本罪。实践中单位过失提供不合格武器装备、军事设施的,对单位的直接负责的主管人员和其他直接责任人员以本罪定罪处罚,不认定为单位犯罪。

【司法适用】

(一)故意提供不合格武器装备、军事设施罪

1. 关于罪与非罪

(1)本罪是选择性罪名,在具体认定时应当根据行为人故意提供的对象确定具体罪名,同时提供不合格武器装备和军事设施的,依法认定故意提供不合格武器装备、军事设施罪一罪,而不是认定为故意提供不合格武器装备罪和故意提供不合格军事设施罪两罪,也不能数罪并罚。对于在不同时期提供不同武器装备和军事设施的,因为是不同的行为,可以分别定罪处罚。

(2)本罪是行为犯,原则上只要行为人实施了故意提供不合格武器装备或者军事设施的行为即构成本罪,但是情节显著轻微危害不大的,可以按照《治安管理处罚法》予以处理。明知是不合格的武器装备、军事设施而提供给武装部队,涉嫌下列情形之一的,应予立案追诉:①造成人员轻伤以上的;②造成直接经济损失 10 万元以上的;③提供不合格的枪支 3 支以上、子弹 100 发以上、雷管 500 枚以上、炸药 5000 克以上或者其他重要武器装备、军事设施的;④影响作战、演习、抢险救灾

等重大任务完成的;⑤发生在战时的;⑥其他故意提供不合格武器装备、军事设施应予追究刑事责任的情形。

(3)因为过失而提供不合格武器装备、军事设施罪的,不构成本罪。比如,合格武器装备、军事设施本身存在缺陷,但根据现有的技术水平或者检测手段尚无法检测、发现,以及在运输或者管理过程中,由于工作人员不负责任或者自然灾害、意外事件等因素,使武器装备、军事设施遭到破坏的情形。对于因此造成严重后果需要追究刑事责任的,可按照过失提供不合格武器装备、军事设施罪定罪处罚。

2. 关于此罪与彼罪

本罪与生产、销售伪劣商品的区别:(1)虽然二者的主体都是一般主体,但本罪的主体具有一定的限定性,只能是生产武器装备、军事设施的单位和个人,特别是向武装部队提供武器装备的厂家都是经过严格程序审核确定的,而非任何厂家。(2)本罪的对象限于不合格的武器装备和军事设施,如果提供的对象是其他军用物资,如油料、办公用品等,则不构成本罪,但可能构成生产、销售伪劣产品罪。(3)两罪在一定情况下可能出现法条竞合的情形,如果一行为同时触犯两罪,由于本罪属于特殊法条,应认定构成本罪,不再另认定生产、销售伪劣商品的犯罪。

(二)过失提供不合格武器装备、军事设施罪

1. 关于罪与非罪

(1)本罪是选择性罪名,在具体认定时应当根据行为人过失提供的对象确定具体罪名,同时因过失提供不合格武器装备和军事设施的,认定过失提供不合格武器装备、军事设施罪一罪,而不是认定为过失提供不合格武器装备罪和过失提供不合格军事设施罪两罪,也不能数罪并罚。对于在不同时期分别过失提供不同武器装备和军事设施的,因为是不同的行为,可以分别定罪处罚。

(2)本罪是结果犯,只有实际造成严重后果的,才构成本罪。造成严重后果需要一定的标准,具体而言,过失提供不合格武器装备、军事设施给武装部队,涉嫌下列情形之一的,应予立案追诉:①造成死亡 1 人或者重伤 3 人以上的;②造成直接经济损失 30 万元以上的;③严重影响作战、演习、抢险救灾等重大任务完成的;④其他造成严重后果的情形。

(3)本罪是过失犯,即行为人在主观上属于疏忽大意的过失或者过于自信的过失。如果是由于不可抗力等原因导致提供给武装部队不合格的武器装备、军事设施,虽然造成严重后果,也不构成本罪。

2. 关于此罪与彼罪

过失提供不合格军事设施罪与工程重大安全事故罪的区分。《刑法》第 137

条规定，建设单位、设计单位、施工单位、工程监理单位违反国家规定，降低工程质量标准，造成重大安全事故的，对直接责任人员，处5年以下有期徒刑或者拘役，并处罚金；后果特别严重的，处5年以上10年以下有期徒刑，并处罚金。两罪在主客观方面有诸多相似之处，在区分时主要把握两点：第一，两罪主体不同，过失提供不合格军事设施罪是自然人犯罪，包括军事设施的建筑、维修、验收人员以及负有质量监督、检验的人员。工程重大安全事故罪是单位犯罪，且限定为建设单位、设计单位、施工单位、工程监理单位这四类特定的单位。第二，两罪在一定情况下可能出现法条竞合的情形，在单位过失提供不合格军事设施罪时，如果一行为同时触犯两罪，由于本罪属于特殊法条，应认定构成本罪，追究直接责任人员的刑事责任。

第三百七十一条　【聚众冲击军事禁区罪】聚众冲击军事禁区，严重扰乱军事禁区秩序的，对首要分子，处五年以上十年以下有期徒刑；对其他积极参加的，处五年以下有期徒刑、拘役、管制或者剥夺政治权利。

【聚众扰乱军事管理区秩序罪】聚众扰乱军事管理区秩序，情节严重，致使军事管理区工作无法进行，造成严重损失的，对首要分子，处三年以上七年以下有期徒刑；对其他积极参加的，处三年以下有期徒刑、拘役、管制或者剥夺政治权利。

【条文理解】

1. 聚众冲击军事禁区罪

本罪是指聚众冲击军事禁区，严重扰乱军事禁区秩序的行为。第一，聚众冲击，是指组织、策划、指挥3人以上，强行闯入军事禁区，或占据办公地点，或毁坏财物，或殴打人员。聚众的方式有多种，包括煽动、收买、挑唆、教唆等。冲击通常表现为暴力型行为，方式既包括徒步，也包括使用交通工具，司法实践中不需要对冲击的方式进行固化，只要客观上达到了严重扰乱军事禁区管理秩序的结果，即应当认定为冲击行为。第二，军事禁区，是指设有重要军事设施或者军事设施具有重大危险因素，需要国家采取特殊措施加以重点保护，依照法定程序和标准划定的军事区域。第三，扰乱军事禁区秩序，是指聚众冲击行为导致军事机关无法正常工作，包括军事指挥机关无法正常指挥，部队人员、车辆、舰艇无法通行，飞机无法起降，部队作战、训练、戒严、抢险救灾、战备、科研、教学等备战打仗工作无法正常进行。第四，扰乱行为达到了严重程度才构成本罪。严重扰乱，是指军事禁区的公共财物遭受严重损失,军事活动受到严重妨碍,军事禁区遭到严重破坏等。第五,本罪是聚众型犯罪,处罚对象限于首要分子和其他积极参加人员。第六,本罪责任形式是故意,对动机没有特别要求,是否有犯罪动机、犯罪动机为何,均不影响本罪的成立。

2. 聚众扰乱军事管理区秩序罪

本罪是指聚众扰乱军事管理区秩序,情节严重,致使军事管理区工作无法进行,造成严重损失的行为。第一,聚众扰乱是指组织、策划、指挥3人以上进行扰乱行为。第二,扰乱包括对军事管理区进行推拉撕扯、打砸抢等暴力干扰和破坏行为,也包括聚众堵塞道路、封堵军事管理区大门等非暴力的干扰和破坏行为。第三,军事管理区,是指设有较重要军事设施或者军事设施具有较大危险因素,需要国家采取特殊措施加以保护,依照法定程序和标准划定的军事区域。第四,军事管理区工作无法进行,是指军事单位的人员、车辆、舰艇无法通行,飞机无法起降,训练、抢险救灾、战备、科研、教学等军事工作无法进行。第五,本罪是聚众型犯罪,处罚对象限于首要分子和其他积极参加人员。第六,本罪责任形式是故意,对动机没有特别要求,是否有犯罪动机、犯罪动机为何,均不影响本罪的成立。

【司法适用】

(一)聚众冲击军事禁区罪

1. 关于罪与非罪

(1)本罪是行为犯,但以"严重扰乱军事禁区秩序"为犯罪构成要件,对于没有达到"严重扰乱军事禁区秩序"的,聚众冲击军事禁区的行为,可以依照《治安管理处罚法》相关规定处罚。组织、策划、指挥聚众冲击军事禁区或者积极参加聚众冲击军事禁区,严重扰乱军事禁区秩序,涉嫌下列情形之一的,应予立案追诉:①冲击3次以上或者一次冲击持续时间较长的;②持械或者采取暴力手段冲击的;③冲击重要军事禁区的;④发生在战时的;⑤其他严重扰乱军事禁区秩序应予追究刑事责任的情形。(2)本罪处罚的范围仅限于首要分子和积极参加者,一般参加者不构成本罪,对于需要进行行政处罚的,可以依照《治安管理处罚法》相关规定处罚。(3)本罪是故意犯罪,要求首要分子和积极参加者明知聚众冲击的对象是军事禁区,且对造成严重扰乱军事禁区秩序是积极追求或者放任的心理态度。对于严重扰乱军事禁区秩序,但行为人不明知是军事禁区的,可按其他有关犯罪定罪处罚。司法实践中需要注意,行为人是否明知冲击的是军事禁区,需要结合行为人的认知能力、周围环境、行为目的、证人证言及行为人供述等综合判断,特别对于军事禁区、军事管理区不易区分的场合,更应审慎判断。(4)司法实践中,需要将本罪与一般的群体性上访行为区分开,一般不应以本罪论处。只对那些借机煽动群众冲击军事禁区，并严重扰乱了军事禁区秩序的，才以本罪论处。

2. 关于此罪与彼罪

本罪与聚众扰乱社会秩序罪、聚众冲击国家机关罪的区分。司法实践中，符合本罪犯罪构成的，不另认定为《刑法》第 290 条规定的聚众扰乱社会秩序罪或者聚众冲击国家机关罪。但是聚众扰乱未划入军事禁区的武装部队，导致军事指挥、训练、科研、教训无法正常进行的，成立聚众扰乱社会秩序罪、聚众冲击国家机关罪。

3. 关于罪数

（1）以聚众冲击军事禁区的形式实施武装叛乱，严重扰乱军事禁区秩序的，属于一行为触犯两罪名的想象竞合犯，同时触犯聚众冲击军事禁区罪和武装叛乱罪，应按照从一重罪原则定罪处罚。（2）在实行聚众冲击军事禁区的犯罪行为过程中，阻碍军人执行职务、阻碍军事行动或者破坏武器装备、军事设施、军事通信的，分别构成本罪与上述犯罪的想象竞合犯，应按照从一重罪原则定罪处罚。

（二）聚众扰乱军事管理区秩序罪

1. 关于罪与非罪

（1）本罪是行为犯，但以“情节严重，致使军事管理区工作无法进行，造成严重损失的行为”为构成要件。对于没有达到“情节严重，致使军事管理区工作无法进行，造成严重损失的行为”的，可以依照《治安管理处罚法》相关规定处罚。对于组织、策划、指挥聚众扰乱军事管理区秩序或者积极参加聚众扰乱军事管理区秩序，致使军事管理区工作无法进行，造成严重损失，涉嫌下列情形之一的，应予立案追诉：①造成人员轻伤以上的；②扰乱 3 次以上或者一次扰乱持续时间较长的；③造成直接经济损失 5 万元以上的；④持械或者采取暴力手段的；⑤扰乱重要军事管理区秩序的；⑥发生在战时的；⑦其他聚众扰乱军事管理区秩序应予追究刑事责任的情形。（2）本罪的主体是聚众冲击军事管理区的首要分子和其他积极参加者，一般参加人员不构成本罪。（3）本罪是故意犯罪，首要分子或其他积极参加者明知是军事管理区，仍聚众扰乱军事管理区秩序，并且对于造成的“情节严重，致使军事管理区工作无法进行，造成严重损失”的行为是积极追求或者放任的态度。（4）司法实践中，需要将本罪与群体性上访事件严格区分开来。群体性上访事件的起因多样，但一般是因为某些具体利益问题处置不当导致矛盾升级，对于事发原因要进行仔细调查，不可轻易按照刑事犯罪处理。对于部分人员借机故意编造事实、歪曲真相，煽动人民群众扰乱军事管理区，达到立案标准的行为，也应当坚决予以处置，以及时恢复正常的社会秩序。

2. 关于此罪与彼罪

（1）本罪与聚众冲击军事禁区罪的区分。两罪在主客观方面有众多相似之处,在司法实践中可能出现认识错误的问题。第一,行为人对于冲击的是军事禁区还是军事管理区有错误认识的,可以把军事禁区作为军事管理区予以认定。《军事设施保护法》对军事禁区和军事管理区进行了明确界定。军事禁区,是指设有重要军事设施或者军事设施具有重大危险因素,需要国家采取特殊措施加以重点保护,依照法定程序和标准划定的军事区域。军事管理区,是指设有较重要军事设施或者军事设施具有较大危险因素,需要国家采取特殊措施加以保护,依照法定程序和标准划定的军事区域。军事管理区的内涵和外延可以包括军事禁区,但是军事禁区无法包含军事管理区。换言之,可以把军事禁区认定为受到更加严格保护的军事管理区。因此,在行为人把军事禁区错误认为是军事管理区,或者把军事管理区错误认定为军事禁区时,应当按照事实认识错误进行处理。第二,对于两罪的其他犯罪构成要件也应进行严格区分,例如,聚众冲击军事禁区,只要达到严重扰乱军事禁区秩序的,首要分子和其他积极参加者即构成犯罪。但对于聚众扰乱军事管理区秩序,只有达到情节严重,并且同时致使军事管理区工作无法进行,造成严重损失的,首要分子和其他积极参加者才构成该罪。质言之,聚众冲击军事禁区构成犯罪的要求比聚众扰乱军事管理区秩序罪更加严格。

(2)本罪与聚众扰乱社会秩序罪、聚众冲击国家机关罪的区分。司法实践中,符合本罪犯罪构成的,不另认定为《刑法》第290条规定的聚众扰乱社会秩序罪或者聚众冲击国家机关罪。但是聚众扰乱未划入军事管理区的武装部队,导致军事指挥、训练、科研、教训无法正常进行的,构成犯罪的,可以按照聚众扰乱社会秩序罪或者聚众冲击国家机关罪定罪处罚。

3. 关于罪数

(1)以聚众扰乱军事管理区秩序的形式实施武装叛乱,严重扰乱军事管理区秩序的,同时触犯聚众扰乱军事管理区秩序罪和武装叛乱罪,属于想象竞合犯,按照从一重罪原则定罪处罚。

(2)在实行聚众扰乱军事管理区秩序罪过程中,阻碍军人执行职务、阻碍军事行动或者破坏武器装备、军事设施、军事通信的,分别构成本罪与上述犯罪的想象竞合犯,应按照从一重罪原则定罪处罚。

第三百七十二条 【冒充军人招摇撞骗罪】冒充军人招摇撞骗的,处三年以下有期徒刑、拘役、管制或者剥夺政治权利;情节严重的,处三年以上十年以下有期徒刑。

【条文理解】

本罪是指冒充现役军人身份进行招摇撞骗的行为。第一,冒充对象为现役军人,包括中国人民解放军现役军官、文职干部、士兵、具有军籍的学员和中国人民武装警察部队的现役警官、文职干部、士兵、具有军籍的学员,不包括没有军籍的文职人员、军队职工等。如果行为人冒充的不是现役军人的身份,如冒充军人家属子女、烈士子弟等,则不构成本罪。第二,冒充行为多样,常见的是非军人冒充军人身份,也不排除以此类军人冒充其他军人身份,例如假冒不同级别、不同部门或者不同类别的军人等。具体表现多样,比如,身着军装或者携带军官证、士兵证等,自称是某军事机关、部队、院校、医院或者科研单位的军官、士兵、学员等,士兵冒充军官或者一般军官冒充高级军官的,也是本罪的冒充行为。第三,招摇撞骗,是指隐瞒自己的真实身份,而假冒军人身份实施欺骗行为,包括炫耀、蒙骗等。一般具有谋取非法的物质性利益或者非物质性利益的目的。例如,冒充军人,通过与他人开办企业、签订合同、招工等骗取钱财,或者冒充军人骗取组织信任,捞取政治资本、荣誉等,或者冒充军人欺骗感情等。第四,本罪的主体为一般主体,军人也可能构成本罪。

【司法适用】

1. 关于罪与非罪

并非冒充所有军队人员均属于冒充军人行为,行为人冒充没有军籍的军队文职人员、军队职工等,不构成本罪。行为人纯粹为了满足个人虚荣心等心理慰藉而冒充军人,没有谋取非法利益目的,实际也没有谋取非法利益客观行为的,也不构成本罪。本罪虽没有规定招摇撞骗行为的入罪情节,但如果冒充军人招摇撞骗情节显著轻微危害不大的,可以根据《刑法》第 13 条“但书”规定,不以犯罪论处。需要予以治安处罚的,可以根据《治安管理处罚法》予以治安处罚。

2. 关于此罪与彼罪

(1)本罪与招摇撞骗罪的区分。本罪与招摇撞骗罪属于法条竞合,行为人既有冒充军人行为又有冒充其他国家机关工作人员行为的,可以根据主要冒充对象予以认定。实践中如果因取证原因无法区分时,一般认定为招摇撞骗罪;行为人某时期冒充军人招摇撞骗,另一时期又冒充其他国家机关工作人员招摇撞骗的,因行为没有交叉,依法应当数罪并罚。

(2)本罪与诈骗罪的区分。行为人冒充军人骗取数额较大以上财物的,属于冒充军人招摇撞骗罪与诈骗罪的想象竞合,从一重罪处罚。对照两罪的法定刑,一般在骗取财物未达到诈骗罪司法解释规定的数额巨大情形的,冒充军人招摇撞骗罪的法定刑更重,一般以本罪论处;行为人骗取财物达到司法解释规定的数额巨大以上情形的，则诈骗罪的法定刑更重，应当以诈骗罪定罪量刑。

(3)本罪与敲诈勒索罪的区分。行为人冒充军人使用恫吓的方式敲诈他人钱财时，如果行为人主要采取骗的方式，对方出于错误认识自愿将少量钱财或者其他权益交予行为人的，一般以本罪论处。如果行为人主要采取恫吓的方式，主要通过对被害人造成精神上的压力，致使其不得已被动交出钱财或者其他权益的，一般以敲诈勒索罪论处。

3. 关于罪数问题

在冒充军人招摇撞骗过程中骗取大量财物，同时构成诈骗罪的，属于冒充军人招摇撞骗罪与诈骗罪的想象竞合，从一重罪处罚。在冒充军人招摇撞骗过程中使用足以压制被害人反抗的暴力、胁迫等手段，当场获取被害人财物，构成抢劫罪的，属于冒充军人招摇撞骗罪与抢劫罪的想象竞合，从一重罪处罚，且具有冒充军警人员抢劫的加重情节。同理，行为人在冒充军人招摇撞骗过程中抢夺他人财物构成抢夺罪的，属于冒充军人招摇撞骗罪与抢夺罪想象竞合，从一重罪处罚。如果行为人既有一般的冒充军人招摇撞骗的行为，又有骗取、抢夺、抢劫行为，分别构成冒充军人招摇撞骗罪和诈骗罪、抢夺罪、抢劫罪的，属于数个行为触犯数个罪名，应数罪并罚。

【司法案例】

石某某诈骗案①

[**要旨**]本案被告人石某某冒充现役军人身份骗取被害人信任，骗取被害人钱财、感情，谋取不法利益，不仅严重损害了被害人的合法权益，更抹黑了军人形象，影响了军队威信，进而危害国防利益。检察机关办理此类案件，应当全面把握犯罪行为的社会危害性，加强引导侦查取证，准确指控犯罪，加大对冒充军人实施招摇撞骗等犯罪行为的惩治力度，切实维护军队、军人的声誉和国防利益。

第三百七十三条　【煽动军人逃离部队罪；雇用逃离部队军人罪】煽动军人逃离部队或者明知是逃离部队的军人而雇用，情节严重的，处三年以下有期徒刑、拘役或者管制。

① 参见 2023 年 7 月 28 日《最高人民检察院发布 9 起依法惩治危害国防利益、侵犯军人军属合法权益犯罪典型案例》案例五。

【条文理解】

1. 煽动军人逃离部队罪

本罪是指煽动军人逃离部队，情节严重的行为。第一，煽动，是指以口头、书面或者其他形式进行鼓动、教唆、怂恿，从而达到指使不特定军人擅自离开部队的行为。书面形式可以是书信、电报、短信、微信、电子邮件等，也可以是针对不特定对象，通过张贴、散发传单或者张贴大小字报等形式。口头可以是当面发表演讲、进行谈话、呼喊口号、散布谣言等，也可以通过电话、网络视频、语音等方式进行煽动。其他方式属于兜底解释，司法实践中，只要是达到了煽动效果的行为，都可以认定为煽动行为，而不必局限于某种特定方式。第二，行为是煽动军人逃离部队。逃离部队是指未经批准擅自离开正在服役的部队、战时预备役部队和民兵组织，或者虽经批准离队，但拒不归队或者逾期不归的。逃离部队既可以是军人永久性的逃离部队，也可以是暂时性的逃离部队。第三，必须具有情节严重的情形。第四，本罪的主体为一般主体，军人也可能构成本罪。第五，本罪是故意犯罪。

2. 雇用逃离部队军人罪

本罪是指明知他人是逃离部队的军人仍然雇用，情节严重的行为。本罪侵犯了我国的兵役制度和部队的正常管理秩序。第一，雇用，是指使用某种形式的酬劳而使用逃离部队的军人作为劳动力的行为。雇用并不以支付工资为必要条件，只有具有雇用的表面形式即可，例如，为逃离部队的军人提供一定的生活场所和必要的生活物品。至于军人是否提供了相应的劳动，以及提供劳动的实际价值，不是本罪需要考虑的问题。第二，雇用的对象是逃离部队的现役军人。军人，既包括中国人民解放军和中国人民武装警察部队的现役军人，也包括战时预备役部队和民兵组织的军人；既包括已经构成逃离部队罪的军人，也包括逃离部队但尚未构成逃离部队罪的军人。第三，必须具有情节严重的情形。第四，本罪的主体为一般主体，但考虑雇用行为的特殊性，本罪的行为人一般是各类企业、公司的负责任和个体户。第五，本罪是故意犯罪，犯罪动机对成立本罪没有影响。

【司法适用】

（一）煽动军人逃离部队罪

1. 关于罪与非罪

（1）达到情节严重的，才构成本罪。司法实践中，行为人煽动军人逃离部队，涉嫌下列情形之一的，应予立案追诉：①煽动 3 人以上逃离部队的；②煽动指挥人员、值班执勤人员或者其他负有重要职责人员逃离部队的；③影响重要军事任务完成的；④发生在战时的；⑤其他情节严重的情形。对于军人家属因家庭困难而劝说军人早日退役的,不属于情节严重,不构成犯罪。(2)本罪是故意犯罪,行为人明知对方是军人而煽动其逃离部队。如果不知道是军人而煽动其逃离部队的,不构成本罪。

2. 关于此罪与彼罪

(1)本罪与逃离部队罪的教唆犯的区分。理论界有不同观点,一种观点认为,煽动逃离部队罪是逃离部队的教唆犯的正犯化,既把原本属于逃离部队罪的教唆犯单独规定为本罪,而不再以逃离部队罪的教唆犯定罪处罚。另一种观点认为,煽动和教唆是不同的概念,不能等同使用。煽动的对象是不特定的,而教唆的对象是特定的,如果行为人教唆特定的军人逃离部队,且军人达到逃离部队罪的定罪标准时,煽动者构成逃离部队的教唆犯,而不是煽动逃离部队罪。笔者认为,在司法实践中,需要根据相关司法解释的精神予以认定。《军人违反职责罪案件立案标准的规定》第 18 条规定了逃离部队案的立案追诉标准。逃离部队,是指擅自离开部队或者经批准外出逾期拒不归队。涉嫌下列情形之一的,应予立案:①逃离部队持续时间达 3 个月以上或者 3 次以上或者累计时间达 6 个月以上的;②担负重要职责的人员逃离部队的;③策动 3 人以上或者胁迫他人逃离部队的;④在执行重大任务期间逃离部队的;⑤携带武器装备逃离部队的;⑥有其他情节严重行为的。对比煽动军人逃离部队罪的立案追诉标准可以看出,二者关于逃离部队的认定标准并不一致。比如,军人策动 3 人以上逃离部队的,本身即构成逃离部队罪,而不应当再认定为煽动军人逃离部队罪。再比如,行为人煽动 3 人逃离部队,但该 3 人在逃离部队后很快便返回部队,该 3 人不构成逃离部队罪。根据教唆从属性说,行为人并不构成逃离部队罪的教唆犯(当然,理论界有教唆独立性说,但本书采用教唆从属性说),但行为人已经构成煽动军人逃离部队罪。总体而言,笔者认为第二种观点更符合我国的司法实践。

(2)本罪与颠覆国家政权罪的区分。对于行为人以煽动大批军人逃离部队,以达到颠覆国家政权、推翻社会主义制度的目的,属于想象竞合犯,应以颠覆国家政权罪这一重罪定罪处罚。

3. 关于罪数

(1)行为人煽动军人逃离部队后又教唆军人犯其他罪的,应分别认定为本罪与所教唆犯罪的教唆犯,实行数罪并罚。(2)军人自己逃离部队,构成逃离部队罪,同时又煽动其他军人逃离部队,情节严重的,分别构成逃离部队罪和煽动军人逃离部队罪,实行数罪并罚。(3)行为人通过煽动军人逃离部队,达到阻碍军人执行职务或者阻碍军事行动的,属于想象竞合犯,从一重罪处罚。

（二）雇用逃离部队军人罪

1. 关于罪与非罪

（1）达到情节严重的，才构成本罪。司法实践中，行为人明知是逃离部队的军人而雇用，涉嫌下列情形之一的，应予立案追诉：①雇用1人6个月以上的；②雇用3人以上的；③明知是逃离部队的指挥人员、值班执勤人员或者其他负有重要职责人员而雇用的；④阻碍部队将被雇用军人带回的；⑤其他情节严重的情形。（2）行为人主观是故意，即必须明知是逃离部队的现役军人，但仍予以雇用，过失不构成本罪。（3）一般的容留行为不构成本罪。逃离部队军人的亲属、朋友、家人等向逃离部队的军人提供食宿的行为，不属于雇用行为，不构成本罪。

2. 关于此罪与彼罪

本罪是有偿使用逃离部队的军人作为劳动力，而窝藏罪、包庇罪是为犯罪的军人提供隐藏场所、财物，帮助其逃匿或者作假证明对其进行包庇。对于行为人单纯向构成逃离部队罪的军人提供帮助的行为，情节严重的，按照其行为特征，根据《刑法》规定的窝藏罪、包庇罪分别定罪处罚。行为人自己雇用逃离部队的现役军人的，则构成本罪。主要区分在于行为人是否以某种形式的对价换取逃离部队军人的劳动力，如果存在对价交换，则属于雇用行为，构成本罪；如果只是单向的提供食宿等帮助行为，目的是帮助已经构成逃离部队罪或者其他犯罪的军人不被查处，则按照其具体行为，可以分别按照窝藏罪、包庇罪定罪处罚。行为人出于窝藏、包庇的故意而雇用构成逃离部队罪的军人的，属于想象竞合犯，从一重罪处罚。

第三百七十四条　【接送不合格兵员罪】在征兵工作中徇私舞弊，接送不合格兵员，情节严重的，处三年以下有期徒刑或者拘役；造成特别严重后果的，处三年以上七年以下有期徒刑。

【条文理解】

本罪是指在征兵过程中徇私舞弊，接送不合格兵员，情节严重的行为。

（1）本罪主体是在征兵过程中负责或者参与征兵工作的工作人员，如各级人民武装部负责征兵的工作人员、负责兵员政审、体检的工作人员以及部队派出的接收兵员的工作人员等。

（2）本罪客观行为是在征兵工作中徇私舞弊，接送了不合格兵员，情节严重的行为。征兵工作，是指按照《兵役法》有关规定，征集应征公民到军队服现役，包括兵役登记、身体检查、政治条件审查、接收兵员等各项工作。徇私舞弊,是指为了私利弄虚作假,将身体、年龄、政治等各方面不合格的兵员作为合格兵员予以接送。接送不合格兵员既包括工作人员将不合格兵员输送到部队,也包括部队人员接收不合格的兵员。

(3)本罪要求达到情节严重。司法实践中情节严重主要包括接送多名不合格兵员,接送不合格兵员造成了严重后果,接送违法犯罪人员、脱逃犯等政治条件严重不合格兵员,由于接送不合格兵员导致严重影响部队完成重要任务以及其他造成恶劣影响的行为。

(4)本罪的主观方面是故意,并且具有徇私的动机。行为人明知自己的行为违反兵役法等相关规定,将不合格的兵员接送到部队可能会产生严重后果,仍希望或者放任这种结果发生。同时,行为人接送不合格兵员是出于徇私的动机。

【司法适用】

1. 关于罪与非罪

本罪在客观方面的徇私舞弊与接送不合格兵员必须同时存在,且达到情节严重的才成立犯罪。(1)达到情节严重的,才构成本罪。司法实践中,行为人在征兵工作中徇私舞弊,接送不合格兵员,涉嫌下列情形之一的,应予立案追诉:①接送不合格特种条件兵员 1 名以上或者普通兵员 3 名以上的;②发生在战时的;③造成严重后果的;④其他情节严重的情形。(2)行为人虽然有徇私舞弊行为,但接送到部队的是合格兵员的,不构成本罪,如果行为人在征兵工作过程中具有收受财物等行为,构成贿赂类犯罪的,依照规定处理。(3)本罪是故意犯罪,行为人因为疏忽大意或者过于自信将不合格的兵员接送到部队的,不构成本罪。

2. 关于此罪与彼罪

本罪与其他徇私舞弊罪的区分:本罪在徇私舞弊方面,与一般的国家机关工作人员,以及司法工作人员、金融机构工作人员、税务机关工作人员、海关工作人员、商检工作人员、检疫工作人员、招收公务员或学生的工作人员等 7 类特殊的国家机关工作人员的徇私舞弊是一致的。司法实践中,本罪与后种特殊的国家机关工作人员的徇私舞弊类犯罪,通过犯罪主体一般即可区分清楚。本罪与《刑法》第 397 条第 2 款规定的徇私舞弊类的滥用职权罪属于法条竞合,与后者相比,本罪属于特殊法条,在竞合时适用特殊法条优先原则,以本罪论处。

3. 关于罪数

(1)行为人在接送兵员的过程中,徇私舞弊,将不合格兵员作为合格兵员予以接送,情节严重的,构成接送不合格兵员罪,同时又因该行为收受他人数额较大的财物,构成受贿罪的,以受贿罪和接送不合格兵员罪数罪并罚。有观点认为上述行为属于牵连犯,从一重罪处罚。笔者认为,该两行为不具有牵连的惯常性,在刑法理论上不宜认定为牵连犯,而应按照数罪并罚进行处理。同时,接送不合格兵员罪本质上也属于渎职犯罪,司法实践中可以参照《贪污贿赂案件解释》第 17 条"国家工作人员利用职务上的便利,收受他人财物,为他人谋取利益,同时构成受贿罪和《刑法》分则第三章第三节、第九章规定的渎职犯罪的,除刑法另有规定外,以受贿罪和渎职犯罪数罪并罚"的规定办理。(2)行为人在征兵工作过程中,为了接送不合格的兵员而伪造、变造、买卖或者盗窃、抢夺、毁灭国家机关的公文、证件、印章的,伪造公司、企业、事业单位、人民团体的印章的,或者伪造、变造、买卖居民身份证的,由于该行为与实施接送不合格兵员罪之间存在惯常性,可以按照牵连犯原则从一重罪定罪处罚。

【司法案例】

李某宾徇私枉法、接送不合格兵员案[①]

[**裁判要旨**]"在征兵工作中徇私舞弊,接送不合格兵员",是指在征兵工作的兵役登记、体格检查、政治审查、审定新兵、交接兵员等过程中,徇私舞弊,弄虚作假,欺骗组织,将不符合政治、身体、年龄、文化等条件的公民接受或者输送到部队。这里的"徇私",不仅包括谋取私利,还应包括为徇私情。对那些虽没有明显谋取私利,但为了个人、亲属、朋友等私情的,也应算作徇私的范畴。

第三百七十五条 【伪造、变造、买卖武装部队公文、证件、印章罪;盗窃、抢夺武装部队公文、证件、印章罪】**伪造、变造、买卖或者盗窃、抢夺武装部队公文、证件、印章的,处三年以下有期徒刑、拘役、管制或者剥夺政治权利;情节严重的,处三年以上十年以下有期徒刑。**

【非法生产、买卖武装部队制式服装罪】**非法生产、买卖武装部队制式服装,情节严重的,处三年以下有期徒刑、拘役或者管制,并处或者单处罚金。**

【伪造、盗窃、买卖、非法提供、非法使用武装部队专用标志罪】**伪造、盗窃、买卖或者非法提供、使用武装部队车辆号牌等专用标志,情节严重的,处三年以下有期徒刑、拘役或者管制,并处或者单处罚金;情节特别严重的,处三年以上七年以下有期徒刑,并处罚金。**

---

① 参见《刑事审判参考》总第 31 集第 237 号案例。

单位犯第二款、第三款罪的，对单位判处罚金，并对其直接负责的主管人员和其他直接责任人员，依照各该款的规定处罚。

【条文对照】

1997 年《刑法》	2009 年《刑法修正案（七）》
第三百七十五条　伪造、变造、买卖或者盗窃、抢夺武装部队公文、证件、印章的，处三年以下有期徒刑、拘役、管制或者剥夺政治权利；情节严重的，处三年以上十年以下有期徒刑。 非法生产、买卖武装部队制式服装、**车辆号牌等专用标志**，情节严重的，处三年以下有期徒刑、拘役或者管制，并处或者单处罚金。 单位犯第二款罪的，对单位判处罚金，并对其直接负责的主管人员和其他直接责任人员，依照该款的规定处罚。	第三百七十五条　伪造、变造、买卖或者盗窃、抢夺武装部队公文、证件、印章的，处三年以下有期徒刑、拘役、管制或者剥夺政治权利；情节严重的，处三年以上十年以下有期徒刑。 非法生产、买卖武装部队制式服装，情节严重的，处三年以下有期徒刑、拘役或者管制，并处或者单处罚金。 **伪造、盗窃、买卖或者非法提供、使用武装部队车辆号牌等专用标志，情节严重的，处三年以下有期徒刑、拘役或者管制，并处或者单处罚金；情节特别严重的，处三年以上七年以下有期徒刑，并处罚金。** 单位犯第二款、**第三款**罪的，对单位判处罚金，并对其直接负责的主管人员和其他直接责任人员，依照**各**该款的规定处罚。

【条文理解】

1. 伪造、变造、买卖武装部队公文、证件、印章罪

本罪是指伪造、变造、买卖武装部队的公文、证件、印章的行为。第一，本罪是行为犯，行为人实施了伪造、变造、买卖武装部队的公文、证件、印章的行为，就应当立案追究刑事责任。第二，伪造、变造、买卖的含义。伪造，是指无权制作的单位或者个人进行仿造的行为，包括模仿有权制作者的手迹制作假的武装部队的公文、电函的行为。伪造并不需要与真实的公文、证件、印章完全一致，只要在客观上可以使一般人不易辨别真伪即可。认定是否伪造的关键在于制作者的身份是否为有权制作者。变造，是指通过涂改、擦除、填充修改内容等手段，更改有效公文、证件、印章的行为。常见的变造手段有未经许可而使用一定技术手段添加、擦除、涂改生效公文、证件的签发日期、单位、署名等。买卖，是指以牟利为目的，将武装部队公文、证件、印章出让给他人的行为。第三，武装部队公文、证件、印章的含义。武装部队，是指中国人民解放军的现役部队、武装警察部队以及预备役部队。公文一般是指以武装部队或者武装部队部门名义制作书面文件，包括规定、公函、命令、通知、请示、报告、批复、会议纪要等。公文既可以是以单位或者部门名义制发，有些也是以单位主管名义签发，既可以是印刷的，也可以是手写的。证件，一般是指有权制作的武装部队的军事组织机构单位颁发的，用于证明身份或

者其他有关事实的凭证,包括军官证、士兵证、文职干部证、文职人员证、军人出入证、通行证、军人驾驶证、退休干部证、退伍证、军队院校学历学位证、学员证等。印章,一般是指武装部队的军事组织、机构刻制的公章或者专用章,用于证明公文生效,包括单位公章、证件专用章、财务专用章、用于签发公文的单位领导个人印章等。另外,根据《妨害武装部队案件解释》的规定,买卖伪造、变造的武装部队公文、证件、印章的,也属于本罪的武装部队公文、证件、印章。第四,本罪是故意犯罪。

2. 盗窃、抢夺武装部队公文、证件、印章罪

本罪是指盗窃、抢夺武装部队公文、证件、印章的行为。第一,本罪是行为犯,行为人只要实施了盗窃、抢夺武装部队公文、证件、印章行为的,就应当立案追究刑事责任。第二,盗窃、抢夺的含义。盗窃,是指以违法占有为目的,采取平和手段,将公文、证件、印章从公文、证件、印章的保管者、使用者、所有者等人手中非法转移为行为人占有的行为。抢夺,是指以非法占有为目的,当场夺取他人紧密占有的公文、证件、印章的行为,暴力对象是公文、证件和印章,而不能是公文、证件、印章的保管者、使用者或者所有者等人。第三,武装部队公文、证件、印章的含义。与伪造、变造、买卖武装部队公文、证件、印章罪中公文、证件、印章的含义相同,不再赘述。第四,本罪是故意犯罪。

3. 非法生产、买卖武装部队制式服装罪

本罪是指自然人或者单位非法生产、买卖武装部队制式服装,情节严重的行为。第一,本罪的主体包括自然人和单位。第二,非法生产、买卖,是指违反有关法律、法规,没有经过合法批准,擅自生产、买卖武装部队制式服装,或者具有合法生产、买卖资格的单位和个人,超过规定数量生产、买卖武装部队制式服装。买卖仿制的现行装备的武装部队制式服装情节严重的,应当追究刑事责任。第三,武装部队制式服装,是指武装部队依法订购、监制的仅供武装部队官兵使用的专用服装,是武装部队区别于其他组织的重要外部标志,包括解放军和武警部队的军官服、警官服、文职干部服、士兵服等,根据种类可以分为常服、礼服、作业服、作训服、体能训练服、各式军用鞋类等。部队服装分类发生变化的,按照新的分类进行区分,不影响犯罪的认定。第四,本罪是故意犯罪,其中非法买卖武装部队制式服装具有牟利目的。

4. 伪造、盗窃、买卖、非法提供、非法使用武装部队专用标志罪

本罪是指自然人或者单位伪造、盗窃、买卖或者非法提供、非法使用武装部队专用标志,情节严重的行为。第一,本罪的主体包括自然人和单位。第二,伪造、盗窃、买卖、非法提供、非法使用的含义。伪造,是指无权制作者制作假的武装部

队专用标志,但并不要求伪造的与真实的完全一致,只要足以让一般人难以区分即可。盗窃,是指行为人采取平和方式,将武装部队专用标志非法转移为行为人占有的行为,司法实践中按照盗窃罪中的盗窃行为予以认定即可。买卖包括以牟利为目的,将武装部队专用标志转让给他人的行为,也包括购买以及购买后予以出卖的行为。非法提供,是指武装部队专用标志的管理者不应当提供而提供的行为,如将武装部队专用标志擅自提供给普通公民使用,也包括无管理权限的人不应当提供而提供。非法使用,是指行为人没有使用武装部队专用标志的权力而违反法律规定非法使用的行为。第三,武装部队专用标志是武装部队与其他组织进行区分的重要外部标志,具有显示、提醒等作用,包括军用车辆号牌,也包括其他显示部队性质与军人身份的专用标志物品,如军旗、军徽、肩章、领花、资历章等。第四,本罪是故意犯罪,出于何种动机在所不问。

【司法适用】

(一)伪造、变造、买卖武装部队公文、证件、印章罪

1. 关于罪与非罪

(1)伪造、变造、买卖武装部队公文、证件、印章罪是选择性罪名,只要行为人实施了伪造、变造、买卖行为中的一个行为,侵犯了武装部队公文、证件、印章中的一个对象,即构成本罪,且应当按照行为人的实际行为和侵犯的对象确定罪名。包括伪造武装部队公文罪、变造武装部队证件罪、买卖武装部队印章罪,也可能是伪造、变造武装部队公文、证件罪等多种组合。

(2)根据《妨害武装部队案件解释》的规定,伪造、变造、买卖武装部队公文、证件、印章,具有下列情形之一的,应当依照《刑法》第 375 条第 1 款的规定,以伪造、变造、买卖武装部队公文、证件、印章罪定罪处罚:①伪造、变造、买卖武装部队公文 1 件以上的;②伪造、变造、买卖武装部队军官证、士兵证、车辆行驶证、车辆驾驶证或者其他证件 2 本以上的;③伪造、变造、买卖武装部队机关印章、车辆牌证印章或者其他印章 1 枚以上的。实施上述行为,数量达到上述标准 5 倍以上或者造成严重后果的,应当认定为《刑法》第 375 条第 1 款规定的"情节严重"。司法实践中要注意,侵犯武装部队公文 1 件或者印章 1 枚以上的,即达到立案追诉标准,侵犯武装部队证件 2 本以上,即达到立案追诉标准。

(3)本罪是故意犯罪,过失不构成本罪。

2. 关于此罪与彼罪

(1)本罪与伪造、变造、买卖国家机关公文、证件、印章罪的区分。本罪的侵犯对象是武装部队的公文、证件、印章,进而侵犯了国防利益,后者的对象是国家机关的公文、证件、印章,进而侵犯了社会管理秩序,由于武装部队的公文、证件、印

章也属于国家机关的公文、证件、印章,因此本罪与伪造、变造、买卖国家机关公文、证件、印章罪是法条竞合的特别关系。在司法实践中,由于本罪是特别规定,行为人只要是伪造、变造、买卖武装部队的公文、证件、印章的,就构成本罪,而不再认定为伪造、变造、买卖国家机关公文、证件、印章罪。

(2)本罪与伪造公司、企业、事业单位、人民团体印章罪的区分。本罪和伪造公司、企业、事业单位、人民团体印章罪侵犯的对象不同,客观行为也有所区别,在司法实践中一般比较容易区分。需要注意的是,本罪有三种行为方式,而后者只有一种行为方式。

3. 关于罪数

(1)买卖武装部队公文罪与故意泄露国家秘密罪、故意泄露军事秘密罪、非法获取国家秘密罪、为境外收买国家秘密罪、为境外收买军事秘密罪属于想象竞合犯。行为人出售属于军事秘密或者国家秘密的武装部队公文,可能同时触犯本罪与故意泄露国家秘密罪或者故意泄露军事秘密罪,按照想象竞合犯从一重罪处罚。行为人购买属于军事秘密的武装部队公文,可能同时触犯本罪与非法获取国家秘密罪、为境外收买国家秘密罪或者为境外非法获取军事秘密罪,按照想象竞合犯从一重罪处罚。

(2)实施本罪行为,同时又构成逃税、诈骗、冒充军人招摇撞骗等犯罪的,依照处罚较重的规定定罪处罚,即伪造、变造、买卖武装部队公文、证件、印章罪与其他关系密切犯罪一般属于牵连犯。比如,行为人在伪造、变造、买卖武装部队公文、证件、印章后,又利用该公文、证件、印章实施诈骗数额较大财物的,则属于本罪与诈骗罪的牵连犯,按照从一重罪处罚的原则处理。行为人利用伪造的军人证件冒充军人招摇撞骗的,则属于本罪与冒充军人招摇撞骗罪的牵连犯。行为人伪造、变造、买卖武装部队公文后用于逃税的,则构成本罪与逃税罪的牵连犯。

另外,根据《妨害武装部队案件解释》规定,明知他人实施本罪行为,而为其生产、提供专用材料或者提供资金、账号、技术、生产经营场所等帮助的,以共犯论处。

(二)盗窃、抢夺武装部队公文、证件、印章罪

1. 关于罪与非罪

(1)本罪是选择性罪名,犯罪行为方式有 2 种,犯罪对象有 3 种。只要行为人实施了盗窃或者抢夺中的一个或者两个行为,侵犯了武装部队公文、证件、印章中的一个或者多个,即构成本罪,实际认定罪名时要根据具体行为予以认定,但只要在该罪范围之内,只能认定一罪。(2)根据《妨害武装部队案件解释》的规定,盗窃、抢夺武装部队公文、证件、印章,具有下列情形之一的,应当依照《刑法》第 375

条第 1 款的规定,以盗窃、抢夺武装部队公文、证件、印章罪定罪处罚:①盗窃、抢夺武装部队公文 1 件以上的;②盗窃、抢夺武装部队军官证、士兵证、车辆行驶证、车辆驾驶证或者其他证件 2 本以上的;③盗窃、抢夺武装部队机关印章、车辆牌证印章或者其他印章 1 枚以上的。实施上述行为,数量达到上述标准 5 倍以上或者造成严重后果的,应当认定为《刑法》第 375 条第 1 款规定的"情节严重"。(3)本罪没有规定毁灭行为,如果行为人毁灭了武装部队公文、证件、印章,构成犯罪的,应当按照毁灭国家机关公文、证件、印章罪定罪处罚。(4)本罪没有规定抢劫行为,行为人抢劫国家机关公文、证件、印章构成犯罪的,按照抢劫罪定罪处罚。(5)本罪是故意犯罪,过失不构成本罪。

2. 关于此罪与彼罪

(1)本罪与盗窃罪、抢夺罪的区分。本罪与盗窃罪、抢夺罪侵犯的法益不同,本罪的法益是武装部队公文、证件、印章的管理秩序。而盗窃罪、抢夺罪的法益是除了枪支、弹药、爆炸物、军用物资、国家机关公文、证件、印章、国有档案以及武装部队公文、证件、印章以外的其他公私财物。司法实践中,一般根据犯罪对象即可确认犯罪行为。需要注意的是,如果行为人不明知盗窃或者抢夺的是武装部队公文、证件、印章的,则不构成本罪。

(2)本罪与盗窃、抢夺、毁灭国家机关公文、证件、印章罪的区分。两罪在行为方式、侵犯对象方面具有一定相似性,但本罪犯罪对象仅限于武装部队的公文、证件、印章,而后者对象则是武装部队以外的其他国家机关的公文、证件、印章。本罪没有毁灭行为,如上文所述,如果行为人毁灭武装部队公文、证件、印章的,可以按照毁灭国家机关公文、证件、印章罪予以认定。

3. 关于罪数

本罪与非法获取国家秘密罪、为境外窃取国家秘密罪、为境外窃取军事秘密罪属于想象竞合犯。军人为境外盗窃属于军事秘密的武装部队公文,同时触犯盗窃武装部队公文罪和为境外窃取军事秘密罪的,按照想象竞合犯原则从一重罪处罚。非军人为境外窃取属于军事秘密的武装部队公文,同时触犯盗窃武装部队公文罪和为境外窃取国家秘密罪、非法获取国家秘密罪的,按照想象竞合犯原则从一重罪处罚。

(三)非法生产、买卖武装部队制式服装罪

1. 关于罪与非罪

(1)本罪是选择性罪名,行为人只要实施了生产或者买卖武装部队制式服装其中一种行为就构成本罪,同时实施生产和买卖两种行为的,构成一罪,而不能数罪并罚。(2)本罪是情节犯,需要达到情节严重的才构成犯罪。根据《妨害武装部队案件解释》的规定,非法生产、买卖武装部队现行装备的制式服装,具有下列情形之一的,应当认定为《刑法》第 375 条第 2 款规定的"情节严重",以非法生产、买卖武装部队制式服装罪定罪处罚:①非法生产、买卖成套制式服装 30 套以上,或者非成套制式服装 100 件以上的;②非法生产、买卖帽徽、领花、臂章等标志服饰合计 100 件(副)以上的;③非法经营数额 2 万元以上的;④违法所得数额 5000 元以上的;⑤具有其他严重情节的。(3)买卖仿制的现行装备的武装部队制式服装情节严重的,应当追究刑事责任。(4)本罪中的武装部队制式服装必须是现行装备或者已经主管部门确定即将配发的制式服装,生产、买卖已经不再装备的服装,不构成本罪。(5)行为人单纯购买个人使用的,数量一般达不到立案追诉的标准,危害性也不大,一般不宜以犯罪论处。(6)明知他人实施生产、买卖武装部队制式服装的犯罪行为,而为其生产、提供专用材料或者提供资金、账号、技术、生产经营场所等帮助的,以共犯论处。(7)本罪是故意犯罪,过失实施生产、买卖武装部队制式服装行为的,不构成本罪。

2. 关于此罪与彼罪

本罪与非法生产、买卖警用装备罪的区分。两罪的区分比较容易,司法实践中,需要有权部门对制式服装的种类进行说明,以区分武装部队制式服装和警用制式服装。

3. 关于罪数

实施本罪行为,同时又构成逃税、诈骗、冒充军人招摇撞骗等犯罪的,属于牵连犯,依照处罚较重的规定定罪处罚。例如,行为人为了冒充军人招摇撞骗而生产、买卖武装部队制式服装,则属于牵连犯,从一重罪处罚。但行为人非法生产、买卖武装部队制式服装,除了供自己冒充军人招摇撞骗以外,还具有其他严重情节的,应当分别认定本罪与冒充军人招摇撞骗罪,实行数罪并罚。

(四)伪造、盗窃、买卖、非法提供、非法使用武装部队专用标志罪

1. 关于罪与非罪

(1)本罪是选择性罪名,行为方式一共有 5 种,行为人实施其中一种行为即构成本罪。行为人实施数种行为,也只认定一罪,而不是实行数罪并罚。在确定具体罪名时,根据行为人的具体行为方式来确定。(2)本罪是情节犯,需要达成情节严重的才构成本罪。根据《妨害武装部队案件解释》的规定,伪造、盗窃、买卖或者非法提供、使用武装部队车辆号牌等专用标志,具有下列情形之一的,应当认定为《刑法》第 375 条第 3 款规定的"情节严重",以伪造、盗窃、买卖、非法提供、非法使用武装部队专用标志罪定罪处罚:①伪造、盗窃、买卖或者非法提供、使用武装部队军以上领导机关车辆号牌 1 副以上或者其他车辆号牌 3 副以上的;②非法提

供、使用军以上领导机关车辆号牌之外的其他车辆号牌累计6个月以上的;③伪造、盗窃、买卖或者非法提供、使用军徽、军旗、军种符号或者其他军用标志合计100件(副)以上的;④造成严重后果或者恶劣影响的。具有下列情形之一的,应当认定为《刑法》第375条第3款规定的"情节特别严重":①数量达到前款①、③项规定标准5倍以上的;②非法提供、使用军以上领导机关车辆号牌累计6个月以上或者其他车辆号牌累计1年以上的;③造成特别严重后果或者特别恶劣影响的。(3)盗窃、买卖、提供、使用伪造、变造的武装部队车辆号牌等专用标志情节严重的,应当追究刑事责任。(4)明知他人实施伪造、盗窃、买卖、非法提供、非法使用武装部队专用标志的犯罪行为,而为其生产、提供专用材料或者提供资金、账号、技术、生产经营场所等帮助的,以共犯论处。(5)本罪是故意犯罪,行为人必须明知是武装部队的专用标志而实施伪造、盗窃、买卖、非法提供、非法使用的行为。过失实施本罪客观行为的,不以本罪论处。

2. 关于此罪与彼罪

本罪与非法生产、买卖武装部队制式服装罪的区分。两罪的区分主要有两个方面:一是行为方式不同。本罪的行为方式更多,包括伪造、盗窃、买卖、非法提供和非法使用5种行为,而后者只有非法生产、买卖两种行为方式。二是行为对象不同。本罪的行为对象包括武装部队车辆号牌、军徽、军旗、军种符号等其他军用标志,后者侵犯的对象是武装部队制式服装,这两类物品在司法实践中比较容易区分。

3. 关于罪数

实施本罪行为,同时又构成逃税、诈骗、冒充军人招摇撞骗等犯罪的,属于牵连犯,依照处罚较重的规定定罪处罚。例如,为了冒充军人招摇撞骗而实施本罪行为的,原则上应从一重罪处罚。但是行为人如果是出于其他目的与动机实施本罪行为,然后又冒充军人招摇撞骗的,则不符合牵连犯构成原则,一般实行数罪并罚。

【司法案例】

张某非法买卖武装部队制式服装案①

[**要旨**]涉案物品是否属于仿制武装部队制式服装是定案的关键。检察机关依托军地协作机制,协调部队相关部门对该案关键证据出具鉴定意见,依法认定

---

① 参见2021年7月28日最高人民检察院《关于印发全国检察机关依法惩治侵犯军人军属合法权益、危害国防利益犯罪典型案例的通知》案例三。

涉案物品属于现行军服仿制品和仿制军服标志服饰，解决了本案定性中的最大争议问题。

第三百七十六条 【战时拒绝、逃避征召、军事训练罪】预备役人员战时拒绝、逃避征召或者军事训练，情节严重的，处三年以下有期徒刑或者拘役。

【战时拒绝、逃避服役罪】公民战时拒绝、逃避服役，情节严重的，处二年以下有期徒刑或者拘役。

【条文理解】

1. 战时拒绝、逃避征召、军事训练罪

战时拒绝、逃避征召、军事训练罪，是指预备役人员在战时拒绝、逃避征召或者军事训练，情节严重的行为。本罪的具体构成要件是：

(1)本罪侵犯的客体是战时预备役人员的管理秩序。预备役是我国兵役的组成部分。预备役人员是国家武装力量的重要组成部分，有参军参战、抵抗侵略、保卫祖国和维护社会治安的责任和义务，必须按照《国防法》《兵役法》《预备役人员法》《征兵工作条例》等法律、法规的规定进行登记，在战时参加军事训练，接受征召转为现役。预备役人员在战时拒绝、逃避征召或者军事训练，会影响部队兵员的补充和军事人员素质的提高，危害部队建设和国防利益。

(2)本罪的客观方面表现为拒绝、逃避征召或者军事训练，情节严重的行为。包括以下四种情形：拒绝征召；逃避征召；拒绝军事训练；逃避军事训练。拒绝，是指拒不接受征召或军事训练的通知，或者接到通知后拒不报到，既包括拒绝接受通知或者接受通知后拒绝按时到指定地点报到，也包括以暴力、威胁方式抗拒或者以欺骗、消极抵制等方式拒绝。逃避，是指以各种手段有意躲避征召或者军事训练，分为积极的逃避和消极的逃避。积极的逃避，是指通过欺骗的方式使自己的征召或者军事训练义务得以免除，如假装伤病或者自伤、谎报年龄、让别人冒名顶替自己等。消极的逃避，是指消极逃避征召或者军事训练，如隐藏、逃匿。逃避征召或者军事训练，既可能发生在接受征召或军事训练前，也可能发生在征召、军事训练过程中。征召，根据《国防动员法》第 30 条规定，是指国家决定实施国防动员后，县级人民政府兵役机关根据上级的命令，向被征召的预备役人员下达的征召通知。根据《兵役法》第 44 条的规定，预备役人员随时准备应召服现役，经过预备役登记的公民做好预备役被征召的准备。军事训练，是指对预备役人员进行军事力量教育和作战技能训练的活动。

“战时”是构成本罪的时间要件。发生在战时是本罪的必备要件,在平时实施拒绝、逃避征召、军事训练等行为的,不构成本罪。根据《刑法》第451条的规定,战时是指国家宣布进入战争状态、部队受领作战任务或者遭敌突然袭击时;部队执行戒严任务或者处置突发性暴力事件时,以战时论。

构成本罪必须达到情节严重。情节严重,主要是指以下几种情形:①因拒绝、逃避征召或军事训练影响军事任务完成的;②以暴力、威胁方法抗拒征召或军事训练的;③煽动他人共同拒绝、逃避征召或军事训练的;④结伙带头拒绝、逃避征召或军事训练的;⑤以行贿等方法拒绝、逃避征召或军事训练的;⑥经多次教育后仍然拒绝、逃避征召或军事训练的;等等。

(3)本罪的主体是特殊主体,只有预备役人员才能构成本罪。根据《兵役法》第6条的规定,预备役人员是指经过登记,预编到现役部队、编入预备役部队、编入民兵组织服预备役的或者以其他形式服预备役的人员。

(4)本罪的主观要件为故意,即行为人明知自己拒绝、逃避征召和军事训练会危害部队建设和国防利益,却希望或者放任这种危害结果的发生。过失不构成本罪,如果由于客观原因没有收到征召和军事训练通知,或者由于客观原因不能按时报到或无法去报到的,由于行为人主观上不具有拒绝、逃避的故意,不构成本罪。

2. 战时拒绝、逃避服役罪

战时拒绝、逃避服役罪,是指公民战时拒绝逃避服役、情节严重的行为。本罪的具体构成要件是:

(1)本罪侵犯的客体是国家战时兵役管理秩序。战时公民依法服兵役是兵役制度的重要组成部分,拒绝、逃避服兵役直接影响部队兵员的补充,妨害我国兵役制度的贯彻实施,尤其在战时,情节严重的行为,会严重影响部队的扩编和作战行动,危害国防利益。

(2)本罪的客观方面表现为在战时拒绝、逃避服役,情节严重的行为。

其一,“战时”是构成本罪的时间要件。发生在战时是本罪的必备要件,在平时实施拒绝、逃避服役行为的,不构成本罪。根据《刑法》第451条的规定,战时是指国家宣布进入战争状态、部队受领作战任务或者遭敌突然袭击时;部队执行戒严任务或者处置突发性暴力事件时,以战时论。

其二,本罪要求行为人有拒绝、逃避服役的行为。主要包括以下两个方面:一方面,本罪的行为方式是拒绝或逃避。拒绝,是指拒不接受服兵役。根据不同的标准,对拒绝可作进一步分类:①拒绝兵役登记和拒绝征集。所谓拒绝兵役登记,是指拒绝所在机关、团体、企业、事业单位和乡、民族乡、镇人民政府按照县、市兵役机关的安排和要求对本单位和本地区的适龄男性公民进行的兵役登记。拒绝征集,是指行为人在通过兵役登记后拒绝体检、拒绝接受入伍通知书或拒绝按期到部队报到。②暴力、威胁方式的抗拒和其他方式的拒绝。所谓暴力、威胁方式的抗拒,是指行为人对兵役机关工作人员以殴打、捆绑、伤害等方法,或者以对兵役机关工作人员实施上述暴力相威胁,拒不接受兵役登记或征集。其他方式是指欺骗、寻找各种理由和借口、消极抵制等。逃避,是指以某种行为或虚假理由躲避服兵役。按照不同的标准,可以对逃避作进一步分类:①积极方式的逃避和消极方式的逃避。积极方式的逃避,是指行为人通过欺骗的方式使自己不符合服役条件而免除兵役义务,比如,假装伤病或者自伤、谎报年龄、让别人冒名顶替自己等。消极的逃避是指行为人采取各种消极方式躲避服兵役,如听说要进行兵役登记、征集而隐藏、逃匿。②逃避兵役登记和逃避征集。逃避兵役登记,是指行为人通过一定方式使自己得以躲避兵役机关组织的兵役登记。例如,改变自己的年龄使自己不符合兵役登记的年龄条件,从而免于登记。逃避征集,是指行为人通过一定方式有意躲避体检等或使自己不再具备服役条件。例如,由于行为人的行为,使体检人员将自己诊断为体检不合格,使政审人员认定自己为不合格。

另一方面,本罪行为的内容是拒绝、逃避服役。服役,是指服兵役。《兵役法》第6条规定,兵役分为现役和预备役。现役,是指公民自入伍之日起至退伍之日止,在军队中所服的兵役。这是公民服兵役的一种主要形式。其内容包括军官的现役和士兵的现役。预备役,是指公民在军外所服的兵役,它是国家储备后备兵员的一种主要形式。预备役也包括军官的预备役和士兵的预备役。本罪中所谓"服役"主要是指服现役,但也包括预备役中除接受征召、军事训练以外的其他兵役义务,如拒绝、逃避预备役登记、拒绝、逃避执行军事训练以外的其他军事任务。《兵役法》第17条规定,退出现役的士兵,自退出现役之日起40日内,退出现役的军官自确定安置地之日起30日内,到安置地的县、自治县、不设区的市、市辖区人民政府的兵役机关进行兵役登记信息变更;其中,符合预备役条件,经部队确定需要办理预备役登记的,还应当预备役登记。若上述人员在战时,到达安置地以后30日内拒不进行预备役登记的,可构成本罪。

其三,本罪的成立不仅要求行为人实施了战时拒绝、逃避服役的行为,而且要求达到"情节严重"的程度。情节严重主要是指以下几种情形:①以暴力、威胁方法拒绝、逃避服兵役的;②结伙带头以及煽动他人拒绝、逃避服兵役的;③拒绝、逃避服役影响完成作战或其他重要军事任务的;④经多次教育后仍然拒绝、逃避服兵役的;⑤以行贿等方式拒绝、逃避服兵役的;等等。

(3)本罪的主体是具备服兵役条件的中华人民共和国公民。公民,是指具有中华人民共和国国籍的人，不包括外国人和无国籍人。根据《兵役法》第5条规定，中华人民共和国公民，不分民族、种族、职业、家庭出身、宗教信仰和教育程度，都有义务依照本法的规定服兵役。但是，在《兵役法》第5条、第15条、第20条、第23条、第24条等条文的规定中，也对公民服兵役规定了一定的条件：①年龄条件。每年12月31日以前年满18周岁的男性公民，应当被征集服现役。当年未被征集的，在22周岁以前仍可以被征集服现役，普通高等学校毕业生的征集年龄可以放宽至24周岁。根据军队需要和本人自愿，可以征集当年12月31日以前年满17周岁未满18周岁的公民服现役。士兵预备役的年龄，为18~35周岁。战时根据需要，国务院和中央军事委员会可以决定征召36~45周岁的男性公民服现役。②身体条件。有严重生理缺陷或者严重残疾不适合服兵役的人，免服兵役。③政治条件。依照法律被剥夺政治权利的人，不得服兵役。应征公民正在被依法侦查、起诉、审判的或者被判处徒刑、拘役、管制正在服刑的，不征集。④其他条件。应征公民是维持家庭生活唯一劳动力的，可以缓征。要指出的是，这里所谓的“唯一劳动力”，并非指独子。因为有的公民虽然是独子，但其父母或家庭其他成员尚有劳动能力并能维持家庭生活。

从上述分析可知，下列人员不能成为本罪主体：①外国人或无国籍人；②不满18周岁、年满45周岁的；③有严重生理缺陷或严重残疾不适合服兵役的；④是家庭生活的唯一劳动力或正在全日制学校就读的学生，经批准可以缓征的；⑤依法被剥夺政治权利的；⑥正在被依法侦查、起诉、审判的或者被判处徒刑、拘役、管制正在服刑的。

（4）本罪的主观方面表现为故意，即行为人明知自己拒绝、逃避服兵役的行为会发生妨害部队战时兵役管理秩序的后果，却希望或放任这种结果的发生。过失不构成本罪。如果有客观原因没有收到兵役登记、体检、入伍通知，或者虽然接到通知但由于客观原因不能按时到指定地点进行兵役登记、参加体检、到部队报到的，由于行为人主观方面不具有拒绝、逃避服兵役的故意，不构成本罪。

【司法适用】

（一）战时拒绝、逃避征召、军事训练罪

1. 关于罪与非罪

预备役人员战时拒绝、逃避征召或者军事训练，涉嫌下列情形之一的，应予立案追诉：（1）无正当理由经教育仍拒绝、逃避征召或者军事训练的。（2）以暴力、威胁、欺骗等手段，或者采取自伤、自残等方式拒绝、逃避征召或者军事训练的。（3）联络、煽动他人共同拒绝、逃避征召或者军事训练的。（4）其他情节严重的情形。区分战时拒绝、逃避征召、军事训练罪与非罪的界限，应注意以下几个问题：

①发生在战时是构成本罪的时间要件,发生在平时的拒绝、逃避征召、军事训练行为,即使情节严重,也不构成本罪;②构成本罪需要达到情节严重,如果行为人虽然有战时拒绝、逃避征召或者军事训练的行为,但未达到情节严重的程度,也不能构成本罪;③本罪在主观方面是故意,如果因为行为人意志以外的客观原因导致未响应征召或参加军事训练,不构成本罪。

2. 关于此罪与彼罪

(1)本罪与逃离部队罪的界限。逃离部队罪,是指军人违反兵役法规,逃离部队,情节严重的行为。本罪与逃离部队罪,两者共同的表现形式在于:①行为人都违反了兵役法规中关于履行兵役义务的规定;②二者均可以逃离部队的方式实施;③都需要达到情节严重;④犯罪主观方面均为故意。本罪与逃离部队罪的区别在于:①客观方面的行为方式不尽相同。本罪除了可以逃离部队方式外,还可以以拒绝、不在指定时间到指定部队报到等其他方式实施。②战时对二者的意义不同。本罪以发生在战时为犯罪构成之必备要件;逃离部队罪并不以发生在战时为犯罪构成要件,战时只是法定的刑罚加重情节。③犯罪主体不同。本罪的主体是预备役人员,逃离部队罪的主体是现役军人。

(2)本罪与战时临阵脱逃罪的界限。战时临阵脱逃罪,是指战时军人在战场上或在战斗状态、待命出击的情况下,因贪生怕死、畏惧战斗而脱逃的行为。本罪与战时临阵脱逃罪,两者共同的表现形式在于:①行为人都是不履行自己的兵役义务;②二者均可以逃避的方式实施;③二者均以发生在战时为犯罪构成要件;④主观方面均为故意。两罪的区别主要在于:①逃避军事义务的方式不尽相同。本罪除了逃避之外,还可以是拒绝。②情节对于二者的意义不同。本罪以情节严重为犯罪构成要件。战时临阵脱逃罪并不以情节严重为构成要件,情节严重是法定的刑罚加重情形。③犯罪主体不同。本罪主体是预备役人员,战时临阵脱逃罪的主体是现役军人。

(二)战时拒绝、逃避服役罪

1. 关于罪与非罪

公民战时拒绝、逃避服役,涉嫌下列情形之一的,应予立案追诉:(1)无正当理由经教育仍拒绝、逃避服役的;(2)以暴力、威胁、欺骗等手段,或者采取自伤、自残等方式拒绝、逃避服役的;(3)联络、煽动他人共同拒绝、逃避服役的;(4)其他情节严重的情形。区分战时拒绝、逃避服役罪与非罪的界限,应注意以下几个问题:(1)发生在战时是构成本罪必备的时间条件。发生在平时的拒绝、逃避服役行为,即使情节严重,也不构成本罪。(2)构成本罪必须情节严重,如果行为人虽然有战时拒绝、逃避服役的行为,但未达到情节严重的程度,不构成本罪。(3)本罪在主观方面是故意，过失不构成本罪。如果由于行为人意志以外的客观原因导致其不能服兵役的，不构成本罪。

2. 关于此罪与彼罪

(1)本罪与战时拒绝、逃避征召、军事训练罪。两罪在以下几个方面具有相似之处：①侵害的客体相同，二者均侵害了国家战时兵役管理秩序，危害国防利益；②客观方面的行为方式相同，二者均以拒绝、逃避为法定行为方式；③均以发生在战时为必备条件；④主观方面均为故意；⑤均要求情节严重。但二者存在以下主要区别：①客观方面上拒绝、逃避的行为内容不同。本罪的行为内容是拒绝、逃避服兵役，后者的行为内容是拒绝、逃避征召或军事训练。②犯罪主体不同。本罪主体是具备服兵役条件的公民，后者的主体是预备役人员。

(2)本罪与逃离部队罪。两罪的相似之处在于：①行为人都是不履行自己的兵役义务；②二者在客观方面均可以逃避方式实施；③主观方面均为故意；④均要求情节严重。二者的主要区别在于：①犯罪主体不同，本罪主体是具备服兵役条件的公民，后者主体是现役军人；②"战时"对二者的作用不同，战时是构成本罪的必备条件，但只是后者法定刑罚的加重情节。

第三百七十七条　【战时故意提供虚假敌情罪】战时故意向武装部队提供虚假敌情，造成严重后果的，处三年以上十年以下有期徒刑；造成特别严重后果的，处十年以上有期徒刑或者无期徒刑。

【条文理解】

战时故意提供虚假敌情罪，是指战时故意向武装部队提供虚假敌情，造成严重后果的行为。本罪的具体构成要件是：

(1)本罪侵犯的客体是武装部队的作战利益。武装部队的作战利益，是国家利益的重要方面，关系国家主权、领土完整和人民的安危。每场战役、每次战斗的胜败，离不开指挥员在全面掌握敌我双方真实情况基础上的决断。指挥员及时准确地掌握敌方兵力部署、武器装备等情况和有关动态，对于我方全面了解和正确估计敌我力量对比，调整作战部署，制定作战方案，以求克敌制胜，具有重要意义。

根据《国防法》第7条的规定，保卫祖国、抵抗侵略是中华人民共和国每一个公民的神圣职责。向部队提供真实的敌情是公民应尽的国防义务。向武装部队提供虚假敌情的行为，使武装部队难以制定出符合客观实际的战略部署和行动方案，就会给部队招致危险，给作战利益带来损害，甚至导致战斗战役的失利或者作战将士的无辜伤亡。因此,惩治故意向武装部队提供虚假敌情、危害我军作战利益的犯罪行为,是保证我军战斗胜利、维护国防利益的需要。

本罪的犯罪对象是武装部队。战时故意提供虚假敌情罪是行为人针对武装部队实施的。本罪所谓的武装部队,根据《国防法》第22条的规定,包括中国人民解放军现役部队、预备役部队、中国人民武装警察部队和民兵。

(2)本罪的客观方面表现为战时向武装部队提供虚假敌情,造成严重后果的行为。具体包括以下几层含义:

其一,"战时"是构成本罪的必备要件。在平时实施向武装部队提供虚假敌情,由于武装部队有足够的时间和手段进行甄别,一般不容易造成严重后果,虽然也有一定的社会危害性,但比起战时要小得多。因此刑法规定只有战时才能构成本罪。

其二,必须有向武装部队提供虚假敌情的行为。所谓"虚假敌情",就是不真实的敌方情况。根据不同的标准,可对虚假敌情进行不同的分类:①虚假的敌军军情和其他虚假敌情。"军情"与"敌情"相比,范围更加特定,内容更加明确。所谓虚假敌军军情,是指与实际不符的与敌军军事行动直接相关的情况。如虚假的敌军兵力和兵力部署、武器装备、行军动向、防御工事、火力设置、雷区设置等情况。其他虚假敌情,是指与实际不符的军情以外但与军事有关的政治、经济、科技、气象、地理等方面的敌人情况。②凭空捏造的敌情和颠倒歪曲的敌情。凭空捏造的敌情,是指无中生有,凭空编造的根本不存在的敌人情况。颠倒歪曲的敌情,是指行为人已知道真实的敌情,但将之进行颠倒、夸大或缩小,然后向武装部队提供。

"向武装部队提供",根据不同标准,可作以下分类:①根据武装部队的性质可分为:向中国人民解放军现役部队提供;向中国人民解放军预备役部队提供;向中国人民武装警察部队提供;向民兵组织提供。在战时情况下,行为人向我国武装力量四个组成部分中的任何一种武装力量提供虚假敌情,均可构成本罪。②主动提供和被动提供。主动提供,是指行为人主动将虚假敌情报告给我国武装力量指挥人员。被动提供,是指行为人在被询问时故意提供虚假敌情。③直接提供和间接提供。直接提供,是指行为人将虚假的敌情直接提供给武装部队。间接提供,是指行为人通过他人向武装部队提供虚假敌情。④口头提供和书面提供。口头提供,是指行为人以言语方式将虚假敌情提供给武装部队;书面提供,是指行为人以书信、电报等方式向武装部队提供虚假敌情。

其三,必须造成严重后果。本罪属于结果犯,不仅要求行为人实施了战时向武装部队提供虚假敌情的行为,而且要求必须造成了严重后果。对于未造成严重后果的,不构成犯罪。战时故意提供虚假敌情"造成严重后果",一般是指以下几种情形:①贻误了战机的;②扰乱了作战部署的;③致使战斗、战役或者其他重要军事行动遭受损失的;④造成人员重伤死亡的;⑤严重毁损武器装备、军用物资的;⑥造成军事设施毁损、影响部队完成重要任务的;⑦造成其他严重经济损失的。

(3)本罪的主体是非军人,即军人以外的其他人。要正确把握本罪的主体特征,应注意以下两点:第一,外国人或无国籍人不能单独构成本罪。因为构成本罪的立法基础是行为人有向我国武装力量提供真实敌情的国防义务。只有中华人民共和国公民才负有这一义务,外国人和无国籍人不负有这一义务。此外,本罪罪状中的"敌情"二字也暗含作战对方是行为人所属国家敌人之意。外国人或无国籍人往往和我军之敌对方可能并非敌对关系。所以,外国人或无国籍人不能单独构成本罪。但是,如果外国人、无国籍人和我国公民共同实施本罪之行为的,可成为本罪的犯罪主体。第二,军人不能成为本罪的主体。如果军人战时实施故意向武装部队提供虚假敌情行为,对作战造成危害的,不构成本罪,而是按《刑法》第422条即军人违反职责罪中的隐瞒、谎报军情罪定罪处罚。

(4)本罪的主观方面表现为故意,即明知自己提供虚假敌情会影响部队对敌情的正确判断,危害作战和国防利益,却希望或者放任这种危害结果的发生。战时故意提供虚假敌情罪的动机可能是多种多样的,例如,为了邀功请赏、为了发泄对部队的不满、为了蛊惑军心,等等。但动机如何,均不影响本罪的成立。实践中应主要把握以下两点:其一,战时过失向武装部队提供虚假敌情,即使造成严重后果,也不能构成本罪。在实践中应特别注意,有人员对敌情或是部分知晓,或是道听途说,或是由于恐惧等主观心理出现误传、夸大敌情等情况,而不是出于故意提供虚假敌情促使部队产生误判等动机的,不宜认定为是故意向武装部队提供虚假敌情。其二,战时无过错地向武装部队提供虚假敌情的,即使造成严重后果,也不构成犯罪。比如,敌军制造某种假象,行为人信以为真,而将之提供给武装部队的。总之,由于行为人自身的认知能力和客观认知条件不能辨别敌情,信以为真而将虚假敌情提供给武装部队的,由于主观上既无故意,也无过失,不构成犯罪。还需要指出的是,行为人向武装部队所提供的虚假敌情的内容应是明确、断定的,如果指出仅供武装力量指挥人员参考、辨别,本人不能肯定的,如果武装部队指挥人员对该虚假敌情予以确信,从而发生严重后果的,不能对行为人以本罪论处。

【司法适用】

1. 关于罪与非罪

区分战时故意提供虚假敌情罪与非罪的界限,应注意以下几个问题:(1)发生在战时是构成本罪的时间要件,发生在平时的故意向武装部队提供虚假敌情的行为,即使造成严重后果的,也不构成本罪。(2)行为人必须有提供虚假敌情的行为,如果行为人在向武装部队提供真实的敌情后,由于敌情变化,所提供的敌情不符合现时真实情况的,不能视为提供虚假敌情。(3)本罪属于结果犯,即构成本罪,不仅要求行为人有向武装部队提供虚假敌情的行为,而且要求造成严重结果。如果行为人虽然在战时实施了向武装部队提供虚假敌情的行为,但是武装部队对之未予采信,或者武装部队虽然予以采信,但未造成严重后果,均不构成本罪。(4)行为人在战时向武装部队提供虚假敌情的行为和造成严重后果之间必须具有因果关系。如果严重后果不是因为行为人提供虚假敌情行为造成的,不构成本罪。(5)本罪主观方面必须是故意。如果行为人过失或无过错地向武装部队提供虚假敌情,即使造成严重后果,也不构成本罪。

2. 关于此罪与彼罪

(1)本罪与隐瞒、谎报军情罪的界限。两罪具有以下相同之处:①都可能对我军的作战利益造成损害;②犯罪对象都指向武装部队;③客观方面都包括向武装部队提供虚假敌情的行为;④本罪以发生在战时为必备构成要件,后罪罪状虽未明确规定战时为构成要件,但从条文的规定来看,该罪主要还是发生在战时的条件下;⑤二者都是结果犯;⑥主观方面均是故意。二者的主要区别在于:①隐瞒、谎报军情罪之"军情",包括敌我双方的军情情况,即我方之军情和敌方之军情。而本罪提供虚假敌情之"敌情",仅指敌方的情况,但外延又比"敌方军情"广。②犯罪客观表现形式有所不同。本罪完全由积极的作为构成,即以提供方式实施。而隐瞒、谎报军情罪在客观表现上,既可以是由隐瞒的不作为构成,也可以由谎报的作为形式构成。③犯罪主体不同。本罪主体是非军人,而后罪主体仅限于军人。④行为人所违反的义务不同。本罪行为人违反的是向武装部队提供真实敌情的国防义务;而后罪违反的是报告军情的义务,所以,其主体主要是军内各级指挥人员、侦察情报工作人员以及其他负有报告军情责任的军职人员。⑤法定刑不同。本罪最高法定刑为无期徒刑,而隐瞒、谎报军情罪的最高法定刑为死刑。

(2)本罪与战时造谣惑众罪的界限。两罪存在以下相同及相似之处:①都可能危害我军的作战利益;②在客观方面,二者均可以通过编造虚假敌情方式实施;③均以发生在战时为犯罪构成之必备要件;④主观方面均为故意。但二者主要存在以下区别:①犯罪对象不完全相同。前者表现为向武装部队提供虚假敌情,一般是向特定军事机关或进行情报收集的军事人员提供,即虚假情报的影响对象在某种程度上是特定化的;而战时造谣惑众罪客观方面则是编造或散布、宣扬谣言,其谣言或虚假信息的影响对象是不特定的多数人,即不特定的军事人员。②犯罪客观方面不完全相同。战时故意提供虚假敌情罪的敌情是指与敌军有关的情报，而战时造谣惑众罪所编造或者宣扬、扩散的谣言则不一定与敌军有关，如造谣我军指挥人员死亡、部队全军覆没等。③犯罪主体不同。本罪主体是非军人，而战时造谣惑众罪的主体是军人。④本罪属于结果犯，而战时造谣惑众罪属于行为犯。

第三百七十八条 【战时造谣扰乱军心罪】战时造谣惑众，扰乱军心的，处三年以下有期徒刑、拘役或者管制；情节严重的，处三年以上十年以下有期徒刑。

【条文理解】

战时造谣扰乱军心罪，是指战时造谣惑众，扰乱军心的行为。本罪的具体构成要件是：

(1)本罪侵犯的客体是部队的作战利益。战时造谣惑众，扰乱军心的行为，背离公民的国防义务，挫伤军队士气，严重妨害作战，危害国防利益。本罪的犯罪对象是军人。

(2)本罪的客观方面表现为战时造谣惑众，扰乱军心的行为。具体包括以下几层含义：①发生在战时。发生在战时，是构成本罪必备的时间条件。在平时实施造谣惑众、扰乱军心行为的，容易识别，部队有时间采取措施清除消极影响，防止危害结果的发生，因此立法时考虑，平时不能构成本罪。②必须有造谣惑众，扰乱军心的行为。第一，本罪的行为方式是造谣惑众。所谓造谣惑众，是指为达到某种目的而编造谣言，蛊惑群众。造谣惑众实际上包括造谣和惑众两个动作，是一种复合行为，二者缺一不可。否则不构成本罪。造谣和惑众二者联系密切，造谣是手段，惑众是目的，如果行为人虽然制造了谣言，但没有把它向多数人散布，不构成本罪。第二，本罪的结果要件是扰乱军心。所谓扰乱军心，是指行为人通过制造谣言，在部队中散布怯战、厌战或恐怖情绪，造成军心不稳，斗志涣散，战斗力削弱。“扰乱军心”，既指事实上已扰乱了军心，又指可能扰乱军心。需要指出的是，此处的可能扰乱军心，是指具有扰乱军心的现实可能。因此，本罪属于危险犯。所谓危险犯，是指以行为人实施的危害行为造成法律规定的发生某种危害结果的危险状态作为既遂标志的犯罪。具体到本罪，行为人实施造谣惑众行为，只要造成具有扰乱军心现实危险性的危险状态，就构成战时造谣扰乱军心罪的既遂。

造谣惑众和扰乱军心之间联系紧密，造谣惑众是手段，扰乱军心是结果。仅有造谣惑众行为，但不足以造成扰乱军心危险状态的；或者扰乱军心的危险状态不是造谣惑众行为造成、而是由于其他原因造成的，如指挥人员表现出悲观情绪，从而扰乱了军心。以上两种情形下，行为人都不能构成本罪。

（3）本罪的主体是非军人，即军人以外的其他人。具体来说，除军人以外的达到刑事责任年龄（年满16周岁），具备刑事责任能力，实施战时造谣惑众，扰乱军心行为的自然人均可构成本罪。军人不能成为本罪的主体。如果军人在战时造谣惑众、扰乱军心，应按《刑法》第433条，即军人违反职责罪中的战时造谣惑众罪定罪处罚。

（4）本罪的主观方面表现为故意，即行为人明知自己造谣惑众、扰乱军心的行为会影响部队士气、危害作战行动，却希望或者放任这种危害结果的发生。要正确把握本罪的主观特征，应注意以下两点：①战时无过错地传播谣言，扰乱军心的，不构成本罪。②战时过失扰乱军心的，不构成本罪。即行为人在当时条件下，虽然凭借自己的认知能力应该认识到所散布的消息是谣言，因疏忽大意而没有认识到，从而将其向武装部队散布的；或者行为人虽然已认识到其所传播的消息是谣言，但轻信不会造成扰乱军心危害后果，从而向武装部队人员散布的。

【司法适用】

1. 关于罪与非罪

区分战时造谣扰乱军心罪与非罪的界限，应注意以下几点：（1）发生在战时是构成本罪的时间要件。发生在平时的造谣惑众行为，即使足以造成扰乱军心的危险状态，甚至已经扰乱军心的，也不构成本罪。（2）行为人必须有造谣惑众的行为。行为人所散布、传播的消息必须是捏造或颠倒、歪曲的消息，如果行为人将非法获取的真实的军事情报，如我军的伤亡人数，予以宣扬、散布，即使造成扰乱军心后果，也不构成本罪。（3）本罪属于危险犯。行为人实施的造谣惑众的行为，足以造成扰乱军心的危险状态，即构成本罪。如果行为人制造、传播的谣言荒诞不经，显然难以令人相信、不可能造成扰乱军心后果的，不宜按本罪论处。（4）本罪主观方面为故意。如果行为人在战时过失或无过错传播谣言，即使扰乱了军心，也不构成本罪。

2. 关于此罪与彼罪

（1）本罪与战时造谣惑众罪的界限。两罪存在以下相同之处：①侵害的客体相同。二者侵害的客体均是部队的作战利益。②客观方面基本相同。二者在客观方面均表现为造谣惑众、扰乱军心的行为。③二者均以发生在战时为构成犯罪的时间要件。④主观方面为故意。二者的主要区别在于：①犯罪主体不同。本罪主体是非军人,而战时造谣惑众罪的主体为军人。②法定刑有所不同。本罪法定最低刑为管制,法定最高刑为10年有期徒刑。而战时造谣惑众罪的法定最低刑为3年有期徒刑,法定最高刑为死刑。

(2)本罪与战时故意提供虚假敌情罪的界限。两罪存在以下相同之处:①侵害的客体相同:二者侵害的客体均为我军的作战利益。②在客观方面,二者均可通过编造虚假敌情方式实施。③二者均以发生在战时为构成要件。④犯罪主体相同,二者主体均为非军人。⑤主观方面均为故意。但二者存在以下区别:①犯罪对象不尽相同。本罪客观方面是编造或散布、宣扬谣言,其谣言的影响对象是不特定多数人,即不特定的军事人员;而后罪表现为向武装部队提供虚假敌情,一般是向特定军事机关或具有情报收集职责的军事人员提供,虚假情报的影响对象在某种程度上是特定化的。②犯罪客观方面不尽相同。本罪造谣惑众所编造的谣言既可以是与敌方有关的情况,也可以是与我方有关的情况。而战时故意提供虚假敌情罪所提供的只是敌情,即敌方的有关情况。③本罪属于危险犯,而战时故意提供虚假敌情罪属于结果犯。

(3)本罪与间谍罪的界限。如果行为人是以间谍的身份实施战时造谣扰乱军心行为的,则属于牵连犯,应当从一重罪论处,即应当依照间谍罪追究其刑事责任。这两种犯罪虽然在客观行为方式上具有相似或相通之处,但是却存在本质的区别:①犯罪客体不同。本罪侵害的客体是部队的作战利益,而间谍罪所侵害的客体是国家安全。②犯罪客观方面的行为方式不同。本罪的行为方式仅限于造谣惑众行为;而间谍罪的行为方式是多种多样的,既可以是战时造谣惑众的行为,也可以包括其他行为,如为敌人指示轰击目标等。③时间条件不同。本罪以发生在战时为必备条件,平时则无从构成本罪;而间谍罪既可以发生在战时,也可以发生在平时。④犯罪主体不同。本罪的主体是除军人以外的一般主体,而间谍罪的主体则可以是任意一般主体。

(4)本罪与煽动军人逃离部队罪的界限。两罪的相同之处在于:①侵害的同类客体都是国家的国防利益;②都以军人为行为对象;③在客观方面二者均可以通过造谣惑众方式实施;④主观方面均为故意。但二罪主要区别在于:①本罪只能发生在战时,而煽动军人逃离部队罪既可以发生在战时,也可以发生在平时。②本罪在客观方面的行为方式仅限于造谣惑众行为,而煽动军人逃离部队罪的行为方式是多种多样的,既可以是造谣惑众行为,也可以是其他行为,如以物质利益引诱。③本罪的犯罪对象是不特定的多数武装部队人员;而煽动军人逃离部队罪的犯罪对象既可以是不特定多数的军人,也可以是特定的一个或数个军人。④犯罪目的不同。本罪的犯罪目的是扰乱军心,而煽动军人逃离部队罪的目的是促使军人逃离部队。⑤本罪属于危险犯，而煽动军人逃离部队罪为情节犯。

(5)本罪与煽动颠覆国家政权罪的界限。煽动颠覆国家政权罪，是指以造谣、诽谤或者其他方式煽动颠覆国家政权、推翻社会主义制度的行为。本罪与该罪的相同之处在于：①在客观方面，二罪均可以造谣方式实施。②主观方面均为故意。但二罪存在以下区别：①侵害的客体不同。本罪侵害的同类客体是国家的国防利益，直接客体是我军的作战利益；而煽动颠覆国家政权罪侵害的同类客体是国家安全，直接客体是国家政权的安全。②侵犯的对象不同。本罪侵犯的对象是部队官兵的思想，煽动颠覆国家政权罪侵犯的对象是国家政权。③时间条件不同。本罪以发生在战时为犯罪构成要件，只能发生在战时；而煽动颠覆国家政权罪既可以发生在战时，也可以发生在平时。④客观方面的行为方式不尽相同。本罪的行为方式仅限于造谣惑众，而煽动颠覆国家政权罪的行为方式既包括造谣，还包括其他方式，如诽谤。⑤本罪属于危险犯，煽动颠覆国家政权罪属于行为犯。

第三百七十九条 【战时窝藏逃离部队军人罪】战时明知是逃离部队的军人而为其提供隐蔽处所、财物，情节严重的，处三年以下有期徒刑或者拘役。

【条文理解】

战时窝藏逃离部队军人罪，是指战时明知是逃离部队的军人而为其提供隐蔽处所、财物，情节严重的行为。本罪的具体构成要件是：

(1)本罪侵犯的客体是部队的作战秩序及兵役制度。战时窝藏逃离部队军人的行为，违背公民的国防义务，扰乱部队正常的兵员管理秩序，影响部队作战、训练、战备、值勤、抢险救灾等任务的完成，危害作战和国防利益。本罪的犯罪对象是逃离部队的军人。非军人不能成为战时窝藏逃离部队军人罪的犯罪对象。逃离部队军人包括未经领导批准擅自离开部队和虽经领导批准，但逾期不归两种情形。

(2)本罪的客观方面表现为，战时为逃离部队的军人提供隐蔽处所、财物，情节严重的行为。具体来说包括以下几层含义：

其一，战时是构成本罪的时间条件。任何犯罪都是在一定时间实施的，发生在战时是本罪客观方面的必备要件之一，是否发生在战时是区分本罪与非罪的重要标志之一。如果窝藏逃离部队军人的行为不是发生在战时，而是在平时，就不能构成本罪。

其二,必须有窝藏逃离部队军人的行为。本罪的行为方式是窝藏。所谓窝藏,是指明知是违法人员或犯罪分子,而为其提供隐藏处所或者用资助财物方法帮助其隐藏和逃匿,以使其逃避法律制裁的行为。窝藏的具体形式,一般包括:提供隐蔽处所形式的窝藏和提供财物形式的窝藏。"提供隐蔽处所形式的窝藏",是指为逃离部队的军人提供一定的住处或场所而将其隐藏起来。例如,把逃离部队的军人安排在疗养院、医院或某个单位、某乡某村;把逃离部队的军人藏匿在不易为人发觉的僻静处所;为逃离部队的军人指示方向、路线和场所,以帮助其逃匿到其他处所;等等。具体来说,为逃离部队的军人提供隐蔽处所包括以下三种情形:①提供自己享有所有权或处于自己控制下的处所。这是一种典型形式的窝藏。比如,将逃离部队的军人藏在自己家里;将逃离部队的军人藏在自己租用的宾馆客房里;将逃离部队的军人藏在自己负责看管的仓库里。②利用他人管理的处所。比如,将逃离部队的军人藏到尚在建设过程中的楼房中;将逃离部队的军人藏到自己的亲戚、朋友家;让逃离部队的军人从窗户进入他人闲置的屋中躲藏。③利用各种自然环境。比如,将逃离部队的军人藏在山洞中;将逃离部队的军人藏在青纱帐中。②、③两种情形,虽然不是提供自己管理的处所窝藏逃离部队的军人,但与情形①没有实质差别,都是为逃离部队的军人提供隐蔽处所。"提供财物形式的窝藏",是指为逃离部队的军人提供物质帮助,以使其进一步逃跑或隐藏。财物泛指一切财产和物品,是指具有使用价值的资产、货币、生产、生活用品,既包括动产,也包括不动产,既包括自然物,也包括人造物。传统意义上的财物是指有形的财产和物品,但在现代社会中,无形资产,如知识产品、商标,甚至名望都具有价值,因此,财物也应该包括无形资产。但从战时窝藏逃离部队军人罪的犯罪手段来看,行为人为逃离部队军人提供的财物,主要是动产,且主要是有形的财产和物品。至于所提供的财物的所有权是归谁所有,对于本罪来说并不重要。比如,行为人将代为保管的他人财物提供给逃离部队军人供其逃跑,这种行为也可以构成本罪。在实践中,提供隐蔽处所和提供财物这两种方式可能同时被行为人使用。战时窝藏逃离部队军人罪之窝藏的具体形式可以多种多样。但是,窝藏之具体形式并不影响本罪的构成。比如,向逃离部队的军人通报侦查、追捕的动静,向其提供化装用具等,也构成窝藏。

行为人的行为内容是窝藏逃离部队的军人,而且是现役军人,包括不经部队批准擅自逃离部队的和虽经部队批准但逾期不归的军人。例如,窝藏不经请假逃离部队的军人,窝藏在工作调动中离开原单位后不到新单位报到的军人,窝藏军事院校分配后不到接受单位报到的具有军籍的学员,等等。

其三,必须情节严重。构成战时窝藏逃离部队军人罪,不仅要求行为人实施了战时窝藏逃离部队军人的行为,而且要求达到"情节严重"的程度。战时窝藏逃离部队军人罪情节严重是指以下几种情形:①战时窝藏多名逃离部队军人的。多名是指3名以上。②战时多次窝藏逃离部队军人的。多次是指3次以上。③因窝藏逃离部队军人影响部队完成重要军事任务完成的。④因窝藏逃离部队军人造成其他严重后果的。

(3)本罪的主体是一般主体。具体来说,既可以是逃离部队军人的亲属、朋友,也可以是其他人员;既可以是军人,也可以是非军人。军人在战时窝藏了其他部队里逃离部队的人员,可以成为本罪的主体。

(4)本罪的主观方面是故意,即明知战时窝藏逃离部队军人会扰乱部队正常的兵员管理秩序、危害国防利益,却希望或放任这种危害结果的发生。具体来说,应注意以下两点:第一,行为人明知被窝藏者是军人。如果行为人不知被窝藏者是军人而为其提供隐蔽处所、财物,帮助其隐匿的,不构成本罪。即使行为人明知被窝藏者是犯罪分子但不知是军人,也不能构成本罪。第二,行为人明知被窝藏者是逃离部队的军人。明知被窝藏者是未经部队批准而离开部队或者虽经部队批准离队但逾期不归的军人。如果行为人虽然知道对方是军人但被该逃离部队军人欺骗而认为其是因路过、出差等合理理由外出,而提供住处并借与财物的,不构成本罪。

【司法适用】

1. 关于罪与非罪

(1)战时明知是逃离部队的军人而为其提供隐蔽处所、财物,涉嫌下列情形之一的,应予立案追诉:①窝藏3人次以上的;②明知是指挥人员、值班执勤人员或者其他负有重要职责人员而窝藏的;③有关部门查找时拒不交出的;④其他情节严重的情形。

(2)区分战时窝藏逃离部队军人罪与非罪的界限,应注意以下几个问题:①窝藏逃离部队军人的行为只有发生在战时才可构成本罪。如果发生于平时则不构成本罪。②战时窝藏逃离部队军人,需情节严重的才构成本罪。如果情节较轻,例如,仅仅出于亲属关系而送予少量钱物的,一般不以犯罪论处。③本罪主观方面要求行为人必须明知被窝藏者是逃离部队的军人,否则不构成本罪。

2. 关于此罪与彼罪

(1)本罪与窝藏、包庇罪的界限。窝藏、包庇罪,是指明知是犯罪的人而为其提供隐藏处所、财物,帮助其逃匿或者作假证明包庇的行为。战时窝藏逃离部队军人罪与窝藏、包庇罪存在以下相似之处:①客观方面相似。两罪均可表现为为行为对象提供隐蔽处所、财物,帮助其逃匿。②犯罪主体相同。两罪均为一般主体。③犯罪主观方面均为故意。但是,二者存在以下主要区别:①犯罪客体不同。本罪所侵害的客体是部队的作战秩序及兵役制度,指向国家的国防利益;而后者则是通过妨害司法机关的正常活动,进而破坏社会管理秩序。②犯罪对象不同。本罪的犯罪对象是逃离部队的军人,该军人既可仅有逃离部队的行为,也可能还犯有其他罪行,而窝藏、包庇罪的犯罪对象则是已经实施其他类型犯罪的人;同时,本罪的犯罪对象只能是逃离部队的军人,即所帮助的对象必须具有军人身份,而窝藏、包庇罪的对象则是已犯罪的人,其身份既可以是军人,也可以是非军人。③本罪要求发生在战时,在平时不能构成本罪,而窝藏、包庇罪则无此限制。④客观方面行为不完全相同。本罪客观方面表现为提供隐蔽处所、财物的窝藏行为;而窝藏、包庇罪除此之外,还包括包庇行为,作假证明帮助犯罪分子掩盖罪行,使其逃避法律制裁。⑤本罪是情节犯,而窝藏、包庇罪是行为犯。

(2)本罪与雇用逃离部队军人罪的界限。雇用逃离部队军人罪,是指明知是逃离部队的军人而予以雇用,情节严重的行为。两罪存在相似之处:①犯罪客体都是部队正常的兵员管理秩序和国防利益。②犯罪对象都是逃离部队的军人。③行为人可以用雇用方式达到窝藏逃离部队军人之目的。比如,行为人在战时为了窝藏逃离部队的军人而将其雇为家庭保姆藏在家中。④犯罪主体均为一般主体。⑤犯罪主观方面均为故意。⑥二者均属情节犯,以情节严重为构成犯罪要件。两罪的区别,主要在于:①构成犯罪的时间不同。战时窝藏逃离部队军人罪仅限于战时才可构成,雇用逃离部队军人罪平时、战时均可构成。②客观方面的行为方式不同。战时窝藏逃离部队军人罪的行为方式是窝藏,即为逃离部队军人提供隐蔽处所、财物,帮助其隐匿。而雇用逃离部队军人罪的行为方式是雇用,即通过一定形式使逃离部队军人为其有偿劳动。③犯罪动机不同。战时窝藏逃离部队军人罪的动机是帮助逃离部队、逃避作战和艰苦生活等。而雇用逃离部队军人罪的动机是让逃离部队的军人为其有偿提供劳务。

(3)本罪与逃离部队罪之事后帮助犯。帮助犯就是在共同犯罪中起辅助作用的共同犯罪人。所谓辅助,一般是指相对于实行行为而言的,是为实行犯顺利地实行犯罪创造条件的行为。根据帮助行为实施的时间,帮助犯可分为事前帮助犯、事中帮助犯和事后帮助犯。所谓逃离部队罪之事后帮助犯,是指行为人事前和逃离部队军人通谋好由行为人在该军人逃离部队后予以窝藏等帮助。战时窝藏逃离部队军人罪与逃离部队罪之事后帮助犯在犯罪客观方面、主观方面、主体等方面都相似,二者的区别主要在于行为人和被窝藏人是否对窝藏事先有通谋。无通谋的,在战时情况下,可以构成战时窝藏逃离部队军人罪;如果在平时状态下,被窝藏人逃离部队已构成逃离部队罪的,可按窝藏、包庇罪定罪处罚。有通谋的,按逃离部队罪之事后帮助犯论处。

第三百八十条　【战时拒绝、故意延误军事订货罪】战时拒绝或者故意延误军事订货,情节严重的,对单位判处罚金,并对其直接负责的主管人员和其他直接责任人员,处五年以下有期徒刑或者拘役;造成严重后果的,处五年以上有期徒刑。

【条文理解】

战时拒绝、故意延误军事订货罪,是指战时拒绝或者故意延误军事订货,情节严重的行为。本罪的具体构成要件是:

(1)本罪侵犯的客体是国家的军事订货秩序。《国防法》第 37 条规定,国家依法实行军事采购制度,保障武装力量所需武器装备和物资、工程、服务的采购供应。军事采购不同于一般的民事采购,它是军事部门根据国防需要,向军工部门或者其他经济部门采购武器装备和军用物资的活动,服务于国防建设和作战需要。这种特殊性决定了军事采购制度在一定意义上具有强制性。

(2)本罪的客观方面表现为,战时拒绝军事订货或者延误军事订货,情节严重的行为。具体来说,包含以下几层含义:

其一,发生在战时是构成本罪的必备时间条件。只有战时拒绝、故意延误军事订货情节严重的才构成犯罪,平时即使情节严重也不构成本罪。

其二,必须有拒绝军事订货或延误军事订货的行为。《国防法》第 54 条第 1 款规定:"企业事业组织和个人承担国防科研生产任务或者接受军事采购,应当按照要求提供符合质量标准的武器装备或者物资、工程、服务。"本罪客观方面包括两种可供选择的行为,即拒绝军事订货行为和延误军事订货行为。行为人实施其中的一种行为,即可构成本罪。具体来说,本罪的客观行为表现为以下几种行为方式:①拒绝、延误生产(包括制作、加工、组装)各种军用装备、器材、物资等订货;②拒绝、延误组织货源供应、提供军用装备、物资等订货;③拒绝、延误修配、维修保养军用装备、器材、工程建筑物等;④拒绝、延误运输、贮存军用器材、油料、被服、建材等军用订货的;⑤拒绝、延误承建军用机场、三防工程、专用运输、供水、供电、通讯线路、洞库、仓库等工程设施的;⑥拒绝、延误设计军用武器装备、军事设施等军事订货,如设计地下指挥工程、军用计算机程序等;⑦其他拒绝或延误军事订货的行为。

其三,必须情节严重。构成本罪不仅要求实施了战时拒绝或故意延误军事订货的行为,而且要求达到情节严重的程度。战时拒绝、故意延误军事订货情节严重是指以下几种情况:①使用暴力、威胁方法拒绝军事订货的;②多次或拒绝、延误军事订货的;③因拒绝、延误军事订货经批评教育仍不改的;④拒绝、延误重要军事订货的;⑤延误军事订货数量大的;⑥因拒绝、延误军事订货而影响部队完成重要任务的;⑦煽动他人共同拒绝或者故意延误军事订货的;⑧其他情节严重的情形。

(3)本罪的主体是单位,即与军事单位签订军事订货合同的当事人,且当事人是单位。根据《刑法》第30条的规定,单位包括公司、企业、事业单位、机关、团体。在战时情况下,从理论上讲,都有接受国家或军队军事订货的可能。例如,妇联等人民群众团体接受制作棉被等军事订货任务;机关接受修建防御工事订货任务。承担刑事责任的是负有军事订货义务的生产、销售单位及其直接负责的主管人员和其他直接责任人员。

(4)本罪的主观方面表现为故意,即明知是军事订货而仍然故意拒绝或者虽然接受订货,但是却以各种借口拖延生产、拖延供货等。正确把握本罪的主观特征,必须注意以下几个问题:①单位不知是军事订货而拒绝或延误的,不构成本罪。②单位如果根本不具备承担某项军事订货任务的条件而拒绝该军事订货的,不构成本罪。需要指出的是,如果被要求承担军事订货的单位虽有一定的困难,但还不至于影响军事订货任务的完成,此种情况下,单位以此为理由而拒绝军事订货的,可以构成本罪。③单位如果由于意外事件或不可抗力而延误军事订货的,不构成本罪。单位在接受军事订货后,由于自然灾害、人为灾害或技术设备故障等客观原因导致不能按时交付军事订货的。需要指出的是,如果在军事订货合同执行过程中,虽然发生了意外事件或不可抗力,但不至于影响军事订货任务按期完成,在这种情况下,单位仍有履行能力但以此为由延误军事订货的,可以构成本罪。

【司法适用】

1. 关于罪与非罪

(1)战时拒绝或者故意延误军事订货,涉嫌下列情形之一的,应予立案追诉:①拒绝或者故意延误军事订货3次以上的;②联络、煽动他人共同拒绝或者故意延误军事订货的;③拒绝或者故意延误重要军事订货,影响重要军事任务完成的;④其他情节严重的情形。(2)区分战时拒绝、故意延误军事订货罪的罪与非罪的界限,应注意以下几点:①发生在战时是构成本罪必备要件。发生在平时的拒绝、延误军事订货行为,即使情节严重,也不构成本罪。②实施战时拒绝、故意拖延军事订货行为,需达到情节严重程度,才能构成本罪。如果单位虽然有战时拒绝、延误军事订货行为,但情节较轻,不构成本罪。例如,延误交付少量军用物资但立即补足,没造成什么危害的。③本罪主观上是故意。过失不能构成本罪。具有以下几种情形,由于单位不具有拒绝、延误军事订货之故意而不构成本罪:单位不知是军事订货而予以拒绝或延误的;单位根本不具备承担某项军事订货任务的条件而拒绝该项军事订货的;单位由于意外事件或不可抗力而延误军事订货的;单位由于对军事订货合同的理解产生歧义、合同对标的物特性要求规定不明、合同条文错误等原因导致延误交付的。

2. 关于此罪与彼罪

(1)本罪与阻碍军事行动罪的界限。两罪的相似之处在于:①侵害的客体都是国家的国防利益;②主观方面均为故意;③客观方面均可以用拒绝、故意延误军事订货方式实施,比如单位出于阻碍军事行动的目的,故意延误交付该次军事行动所必需的关键武器装备或军用物资,致使该次军事行动被延迟或取消。二罪的区别在于:①客观方面行为表现不同。本罪表现为拒绝、延误军事订货行为;而后罪表现为以暴力、威胁以及其他方法阻碍武装部队军事行动。②时间条件不同。本罪以发生在战时为必备时间条件;而后罪可以发生在战时,也可以发生在平时。③犯罪主体不同。本罪主体是单位,后罪主体仅限于自然人。④犯罪形态不同。本罪以情节严重为构成犯罪的必备条件;后罪以造成严重后果为构成犯罪的必备条件。

(2)本罪与违抗作战命令罪的界限。军事订货在一般情况下是由国家军事部门同有关单位在平等协商基础上达成协议,但毕竟不同于民事订货,在一定的情况下是可采取命令方式要求单位承担军事订货的。本罪与违抗作战命令罪存在以下相似之处:①在客观方面都可能以违抗上级命令的方式实施;②都以发生在战时为构成犯罪必备要件;③主观方面均为故意。两罪存在以下区别:①犯罪主体不同。本罪主体是单位;后罪主体是军人。②法定刑不同。本罪的处罚明显轻于违抗作战命令罪,体现了“军法从严”的原则。③犯罪形态不同。本罪以情节严重为构成犯罪的必备条件;后罪以对作战造成危害为犯罪构成要件。

第三百八十一条 【战时拒绝军事征收、征用罪】战时拒绝军事征收、征用,情节严重的,处三年以下有期徒刑或者拘役。

【条文对照】

1997 年《刑法》	2009 年《全国人民代表大会常务委员会关于修改部分法律的决定》
第三百八十一条　战时拒绝军事征用，情节严重的，处三年以下有期徒刑或者拘役。	第三百八十一条　战时拒绝军事**征收、**征用，情节严重的，处三年以下有期徒刑或者拘役。

【条文理解】

战时拒绝军事征收、征用罪，是指在战时情况下，拒绝政府和武装部队根据军事行动需要，依法征收、征用其设备设施、交通工具和其他物资，情节严重的行为。本罪的具体构成要件是：

(1)本罪侵犯的客体是国家的战时军事征收、征用管理制度。国家根据国防动员需要，可以依法征收、征用组织和个人的设备设施、交通工具、场所和其他财产。

(2)本罪的客观方面表现为，拒绝军事征收、征用，情节严重的行为。具体来说，包括以下几层含义：①"战时"是构成本罪必备的时间条件。②必须有拒绝军事征收、征用行为。③必须情节严重。构成本罪不仅要求实施了战时拒绝军事征收、征用的行为，而且要求达到"情节严重"的程度。战时拒绝军事征收、征用情节严重有以下几种情形：①以暴力、威胁方法抗拒军事征收、征用的；②煽动他人共同拒绝军事征用的；③多次拒绝军事征收、征用，屡教不改的；④因拒绝军事征收、征用影响部队完成重要军事任务的；⑤其他情节严重的情形。

(3)本罪的主体是一般主体。需要注意把握的是：①单位不能成为本罪主体。②处于本国境内的外国人可以成为本罪的犯罪主体。

(4)本罪的主观方面表现为故意，即行为人明知是军事征收、征用而予以拒绝。要正确把握本罪的主观特征，必须注意以下几个问题：①要求行为人在主观上必须明知所拒绝的是军事征收、征用，而不是其他征收、征用。②行为人必须是有条件、有能力接受军事征收、征用，而拒不接受。

【司法适用】

1. 关于罪与非罪

(1)战时拒绝军事征收、征用，涉嫌下列情形之一的，应予立案追诉：①无正当理由拒绝军事征收、征用 3 次以上的；②采取暴力、威胁、欺骗等手段拒绝军事征收、征用的；③联络、煽动他人共同拒绝军事征收、征用的；④拒绝重要军事征收、征用，影响重要军事任务完成的；⑤其他情节严重的情形。

(2)区分战时拒绝军事征收、征用罪之罪与非罪的界限，应注意以下几点：

①发生在战时是构成本罪必备的时间条件。发生在平时条件下的拒绝军事征收、征用行为,即使情节严重,也不构成本罪。②行为人实施战时拒绝军事征收、征用行为,必须达到情节严重的程度,才能构成本罪。如果行为人虽然实施了战时拒绝军事征收、征用行为,但情节较轻的,不构成本罪。③本罪主观方面是故意。具有以下情形的,由于行为人不具有拒绝军事征收、征用的故意,不能认定为犯罪:行为人不知是军事征收、征用而拒绝的;行为人确实不具备接受军事征收、征用的条件、能力而拒绝的。

2. 关于此罪与彼罪

(1)本罪与战时拒绝、故意延误军事订货罪的界限。两罪有以下相似之处:①侵害的同类客体都是国防利益;②二者均要求发生在战时;③客观方面的行为方式均包括拒绝方式;④主观方面均是故意;⑤均要求情节严重。但是两罪存在以下区别:①侵害的直接客体不同。本罪侵害的直接客体是战时军事征收、征用秩序;后罪侵害的直接客体是战时军事订货秩序。②行为违背的法律义务不同。二者都是不作为犯罪,都以行为人违反一定的特定义务为条件,但本罪行为人违反的是接受战时军事征收、征用的法定义务;而后罪行为人违反的是接受战时军事订货的法定义务和根据军事订货合同按时交付订货的约定义务。③犯罪行为方式不尽相同。本罪的行为方式为拒绝,即拒不接受;而后罪行为方式除了拒绝之外,还包括延误,即延期交货或耽误交货。④犯罪主体不同。本罪主体是自然人,而后罪的主体是单位。

(2)本罪与阻碍军事行动罪的界限。两罪存在以下相似之处:①侵害的同类客体都是国家的国防利益;②客观方面均可以表现为行为人负有特定的国防义务而拒不履行;③犯罪主体相同,二罪主体均为一般主体;④犯罪主观方面均是故意。但二者存在以下区别:①犯罪表现形式不同。本罪的具体行为方式可能会表现为暴力、威胁方式,但从根本上讲,本罪还是一种不作为犯罪,即拒绝履行接受军事征收、征用的国防义务。而阻碍军事行动罪既可以是积极的行为,如以暴力、威胁方法阻碍军事行动,也可以由消极的不作为构成。②本罪要求情节严重,而阻碍军事行动罪要求造成严重后果。

第八章　贪污贿赂罪

第三百八十二条　【贪污罪】国家工作人员利用职务上的便利,侵吞、窃取、骗取或者以其他手段非法占有公共财物的,是贪污罪。

受国家机关、国有公司、企业、事业单位、人民团体委托管理、经营国有财产的人员,利用职务上的便利,侵吞、窃取、骗取或者以其他手段非法占有国有财物的,以贪污论。

与前两款所列人员勾结,伙同贪污的,以共犯论处。

【条文理解】

本罪的具体构成要件是:

(1)本罪侵犯的客体是国家工作人员的职务廉洁性,同时还侵犯公共财产的所有权。贪污行为对公共财物的侵害,表现在侵害公共财物的所有权;对职务廉洁性的侵害,表现为致使公务活动效率下降,损害党和政府在人民群众中的形象。

(2)本罪的客观方面表现为利用职务上的便利,采用侵吞、窃取、骗取或者以其他手段非法占有公共财物的行为。"利用职务上的便利",是指利用职务上主管、管理、经手公共财物的权力及方便条件,既包括利用本人职务上主管、管理公共财物的职务便利,也包括利用职务上有隶属关系的其他国家工作人员的职务便利。

(3)本罪的主体包括"国家工作人员",以及"受国家机关、国有公司、企业、事业单位、人民团体委托管理、经营国有财产的人员"。除此之外,即使不具有上述身份,但如果与上述人员相勾结,伙同贪污的,也可以构成贪污罪的共犯。

根据《刑法》第 93 条的规定,"国家工作人员"是指国家机关中从事公务的人员。国有公司、企业、事业单位、人民团体中从事公务的人员和国家机关、国有公司、企业、事业单位委派到非国有公司、企业、事业单位、社会团体从事公务的人员,以及其他依照法律从事公务的人员,以国家工作人员论。刑法中的"国家机关工作人员"是指在国家机关中从事公务的人员,包括在各级国家权力机关、行政机关、司法机关和军事机关中从事公务的人员。"国家机关、国有公司、企业、事业单位委派到非国有公司、企业、事业单位、社会团体从事公务的人员",根据最高人民法院《全国法院审理经济犯罪案件工作座谈会纪要》规定,“不论被委派的人身份如何,只要是接受国家机关、国有公司、企业、事业单位委派,代表国家机关、国有公司、企业、事业单位在非国有公司、企业、事业单位、社会团体中从事组织、领导、监督、管理等工作,都可以认定为国家机关、国有公司、企业、事业单位委派到非国有公司、企业、事业单位、社会团体从事公务的人员。如国家机关、国有公司、企业、事业单位委派在国有控股或者参股的股份有限公司从事组织、领导、监督、管理等工作的人员,应当以国家工作人员论”。

(4)本罪的主观方面是故意,并且只能是直接故意。行为人明知自己的行为侵犯了职务行为的廉洁性,会发生侵害公共财产所有权的结果,并希望这种结果发生。

【司法适用】

1.贪污罪的主体“国家工作人员”的认定

贪污罪的主体是国家工作人员,如何界定“国家工作人员”是认定该罪的关键。“国家工作人员”的本义内涵是指“国家机关工作人员”,是在国家机关中从事公务的人员,包括在各级国家权力机关、行政机关、司法机关和军事机关中从事公务的人员。凡是能够认定为国家机关工作人员的,均可以成为贪污罪的犯罪主体。

“以国家工作人员论”的人员包括三类:一是国有公司、企业、事业单位、人民团体中从事公务的人员;二是国家机关、国有公司、企业、事业单位委派到非国有公司、企业、事业单位、社会团体从事公务的人员;三是其他依照法律从事公务的人员。这三类人员理论上统称为“准国家工作人员”,对这三类人员的认定是司法实践中的疑难点。

(1)需要对“国有公司、企业、事业单位、人民团体”有正确的理解。“国有公司”应当是指公司财产完全属于国家的公司。国家出资、参股,与其他经济成分合资、合作的公司,都不是贪污罪中所说的国有公司。“国有企业”是财产完全属于国家所有的从事生产、经营或者服务活动的经济实体。“国有事业单位”是指受国家机关领导,不实行经济核算,所需经费由国家划拨的部门或单位,是国家投资兴办和管理的,为社会公共利益,向社会提供教育、科研、文化、卫生、体育、新闻、出版、广播电视等公共服务的非营利性组织。“人民团体”是指由若干成员为了共同目的而自愿组成的,经过政府核准登记并由政府划拨经费的各种社会组织。而国有公司、企业等国有单位中的人员,必须是“从事公务”时才能以“国家工作人员论”,对于那些非从事公务的工作人员,不能成为贪污罪的犯罪主体。

(2)需要对“委派”有正确的认识。根据最高人民检察院法律政策研究室《关于国家机关,国有公司、企业委派到非国有公司、企业从事公务但尚未依照规定程序获取该单位职务的人员是否适用刑法第九十三条第二款问题的答复》,明确了对受委派人员认定为准国家工作人员应当坚持实质标准,即使委派、任命程序不完整,只要行为人实质上接受委派、代表国家行使相应的职权,就应当认定为刑法第93条第2款中的受委派从事公务的人员,以国家工作人员论。此外,关于“二次委派”的问题。“二次委派”是指在一些特殊行业的非国有单位中,其高层管理决策人员由行政主管部门委派,而具体执行人员又由管理决策层任命。一般认为,“二次委派”不属于刑法意义上的委派,这种委派的工作人员不属于国家工作人员。

(3)对“其他依照法律从事公务的人员”的理解。“其他依照法律从事公务的人员”具体包括:依法履行职责的各级人民代表大会代表,依法履行审判职责的人民陪审员,协助乡镇人民政府、街道办事处从事行政管理工作的村民委员会、居民委员会等农村和城市基层组织人员,以及其他由法律授权从事公务的人员。

(4)关于“公务”的界定。根据《全国法院审理经济犯罪案件工作座谈会纪要》的规定,“从事公务”,是指代表国家机关、国有公司、企业、事业单位、人民团体等履行组织、领导、监督、管理等职责。公务主要表现为与职权相联系的公共事务以及监督、管理国有财产的职务活动。不具备职权内容的劳务活动、技术服务工作等,一般不认为是公务。

(5)对“受委托管理、经营国有财产”的理解。所谓管理,是指具有监守或者保管公共财物的职权;所谓经营,是指将公共财物投放市场并作为资本使其增值的商业活动,或者利用公共财物从事营利性活动。受委托管理、经营的形式包括因承包、租赁、聘用等而管理、经营国有财产。

2. 贪污罪的客观方面的适用要点

贪污罪的客观方面包括行为条件和行为手段两个方面。行为条件是指利用职务上的便利,行为手段是指以侵吞、窃取、骗取或者其他手段非法占有公共财物。“利用职务上的便利”应当具备四个特点:一是内容的特定性,是指因职务关系产生的主管、经管、经手公共财物的便利条件。二是直接性,直接利用职务上管理公共财物的便利,不包括利用与职务行为无关的情况。三是公务性,是指因合法执行公务而对公共财物的主管、经管和经手。四是现实性,是指职务便利与行为人现实的职务相对应,不包括过去或者将来的职务。对此,司法实践认定中也存在一些争议的问题。比如,利用职务上的便利与因身份而享有的某种权利是存在区别的,因身份而享有某种权利,行使权利时与单位的财物发生关系,利用这种关系而非法占有财物的,不宜认定为利用职务上的便利。

侵吞,是指行为人利用职务上的便利,采取平账、不入账、缩小收入、增加支出、将公共财物擅自变卖、挥霍等方式,将自己管理、经营或者经手的公共财物非法占有。窃取,是指行为人利用职务上的便利,以秘密窃取、监守自盗等方式,将自己管理、经手的公共财物、自己与他人共同管理的公共财物非法占有。骗取,是指行为人利用职权上的便利,使用欺骗的手段,虚构事实、隐瞒真相,将本人或他人主管、管理、经手的公共财物非法占有。

3. 贪污罪的共犯问题

对于贪污罪的共犯问题在适用中也需要注意两点:(1)在有身份者与无身份者内外勾结共同贪污行为中,国家工作人员需具备"利用职务上的便利"要件,如果国家工作人员虽然实施了与职务有一定关联的行为,但这种行为不属于贪污罪的构成要件,在共同犯罪中仅起到次要、辅助作用,则不宜认定为由特殊主体构成的共同犯罪。(2)贪污罪共犯的数额认定,一般应按照个人参与或者组织、指挥共同贪污的数额认定,不能只按照个人实际分得的钱款数额认定。

【司法案例】

胡某玮贪污案①

[**裁判要旨**]贪污罪中的非法占有目的需结合公款的具体去向及行为人的处置意思来加以综合认定,实践中应注意区分形式上的"侵占"行为与贪污罪中以非法占有为目的的侵吞行为,以免客观归罪。

江某生等贪污案②

[**裁判要旨**]受有关组织人事部门委派在公司担任领导职务、行使管理职权,且具有国家干部身份,根据行为时和审理时的相关法律规定,均应认定为国家工作人员,符合贪污罪的主体要件。区分直接委派与"二次委派"的关键不在于行为人管理职位的直接来源,而是在于其管理职位与委派单位的意志行为是否具有关联性和延续性,是否具有委派单位意志和利益的代表性。

第三百八十三条　【贪污罪的处罚规定】对犯贪污罪的,根据情节轻重,分别依照下列规定处罚:

(一)贪污数额较大或者有其他较重情节的,处三年以下有期徒刑或者拘役,并处罚金。

---

① 参见《刑事审判参考》总第37集第292号案例。

② 参见《刑事审判参考》总第39集第311号案例。

（二）贪污数额巨大或者有其他严重情节的，处三年以上十年以下有期徒刑，并处罚金或者没收财产。

（三）贪污数额特别巨大或者有其他特别严重情节的，处十年以上有期徒刑或者无期徒刑，并处罚金或者没收财产；数额特别巨大，并使国家和人民利益遭受特别重大损失的，处无期徒刑或者死刑，并处没收财产。

对多次贪污未经处理的，按照累计贪污数额处罚。

犯第一款罪，在提起公诉前如实供述自己罪行、真诚悔罪、积极退赃，避免、减少损害结果的发生，有第一项规定情形的，可以从轻、减轻或者免除处罚；有第二项、第三项规定情形的，可以从轻处罚。

犯第一款罪，有第三项规定情形被判处死刑缓期执行的，人民法院根据犯罪情节等情况可以同时决定在其死刑缓期执行二年期满依法减为无期徒刑后，终身监禁，不得减刑、假释。

【条文对照】

1997年《刑法》	2015年《刑法修正案（九）》
第三百八十三条　对犯贪污罪的，根据情节轻重，分别依照下列规定处罚： （一）个人贪污数额在十万元以上的，处十年以上有期徒刑或者无期徒刑，可以并处没收财产；情节特别严重的，处死刑，并处没收财产。 （二）个人贪污数额在五万元以上不满十万元的，处五年以上有期徒刑，可以并处没收财产；情节特别严重的，处无期徒刑，并处没收财产。 （三）个人贪污数额在五千元以上不满五万元的，处一年以上七年以下有期徒刑；情节严重的，处七年以上十年以下有期徒刑。个人贪污数额在五千元以上不满一万元，犯罪后有悔改表现、积极退赃的，可以减轻处罚或者免予刑事处罚，由其所在单位或者上级主管机关给予行政处分。 （四）个人贪污数额不满五千元，情节较重的，处二年以下有期徒刑或者拘役；情节较轻的，由其所在单位或者上级主管机关酌情给予行政处分。 对多次贪污未经处理的，按照累计贪污数额处罚。	第三百八十三条　对犯贪污罪的，根据情节轻重，分别依照下列规定处罚： **（一）贪污数额较大或者有其他较重情节的，处三年以下有期徒刑或者拘役，并处罚金。** **（二）贪污数额巨大或者有其他严重情节的，处三年以上十年以下有期徒刑，并处罚金或者没收财产。** **（三）贪污数额特别巨大或者有其他特别严重情节的，处十年以上有期徒刑或者无期徒刑，并处罚金或者没收财产；数额特别巨大，并使国家和人民利益遭受特别重大损失的，处无期徒刑或者死刑，并处没收财产。** 对多次贪污未经处理的，按照累计贪污数额处罚。 **犯第一款罪，在提起公诉前如实供述自己罪行、真诚悔罪、积极退赃，避免、减少损害结果的发生，有第一项规定情形的，可以从轻、减轻或者免除处罚；有第二项、第三项规定情形的，可以从轻处罚。** **犯第一款罪，有第三项规定情形被判处死刑缓期执行的，人民法院根据犯罪情节等情况可以同时决定在其死刑缓期执行二年期满依法减为无期徒刑后，终身监禁，不得减刑、假释。**

【条文理解】

第一,对贪污罪的处罚依据贪污数额和贪污情节分四个量刑档,且该罪是可以适用死刑的。

第二,多次贪污未处理的,再处理时要将所有数额累计计算。

第三,如实供述、真诚悔罪、积极退赃,避免、减少损害结果的发生,是贪污罪可以从轻、减轻、免除处罚的量刑情节。

第四,犯贪污罪被判处死缓的,即使可以减刑也是终身监禁,且不能再减刑和假释。

【司法适用】

根据《贪污贿赂案件解释》的规定,贪污罪中"数额较大"的标准为,贪污数额在 3 万元以上不满 20 万元的;"数额巨大"的标准为,贪污数额在 20 万元以上不满 300 万元的;"数额特别巨大"的标准为,贪污数额在 300 万元以上的。"其他情节"是指存在下列情形之一:(1)贪污救灾、抢险、防汛、优抚、扶贫、移民、救济、防疫、社会捐助等特定款物的;(2)曾因贪污、受贿、挪用公款受过党纪、行政处分的;(3)曾因故意犯罪受过刑事追究的;(4)赃款赃物用于非法活动的;(5)拒不交待赃款赃物去向或者拒不配合追缴工作,致使无法追缴的;造成恶劣影响或者其他严重后果的。具备上述情节之一,且贪污数额在 1 万元以上不满 3 万元,被认定为"其他较重情节";具备上述情节之一,且贪污数额在 10 万元以上不满 20 万元,被认定为"其他严重情节";具备上述情节之一,且贪污数额在 150 万元以上不满 300 万元,被认定为"其他特别严重情节"。

对贪污罪判处 3 年以下有期徒刑或者拘役的,应当并处 10 万元以上 50 万元以下的罚金;判处 3 年以上 10 年以下有期徒刑的,应当并处 20 万元以上犯罪数额 2 倍以下的罚金或者没收财产;判处 10 年以上有期徒刑或者无期徒刑的,应当并处 50 万元以上犯罪数额 2 倍以下的罚金或者没收财产。

【司法案例】

周某武、周某贪污案①

[**裁判要旨**]在办案过程中区分犯罪对象是否属于特定款物直接影响对被告人的定罪量刑。司法实践中认定犯罪对象是否属于特定款物,不仅要看具体款物的表现形式,还要通过贪污方式看其本质特征,只有在公款已经类型化为特定款物且妨害了特定事项办理或者特殊群体权利的情况下,才认定为特定款物。如果

① 参见《刑事审判参考》总第 106 集第 1139 号案例。

旧法未规定附加刑,而新法增设了附加刑,比较法定刑轻重的标准为:首要的标准在于主刑的轻重,而不在于刑种的多少。在两个主刑存在轻重之分的情况下,有无附加刑不影响法定刑轻重的判断。主刑重的,属于处刑较重的;主刑轻的,属于处刑较轻的。当然,如果两个条文对应的主刑相同,而一个有附加刑,另一个没有附加刑,则有附加刑的重于没有附加刑的。此外,从法定刑的性质来看,在同时规定有主刑和附加刑的情况下,二者是一个有机整体。适用某一法律条文,必须做到完整适用,而不能割裂开来。如果主刑用新法,附加刑用旧法,新法旧法同时适用,则违背了从旧兼从轻原则,造成法律适用上的混乱。

第三百八十四条　【挪用公款罪】国家工作人员利用职务上的便利,挪用公款归个人使用,进行非法活动的,或者挪用公款数额较大、进行营利活动的,或者挪用公款数额较大、超过三个月未还的,是挪用公款罪,处五年以下有期徒刑或者拘役;情节严重的,处五年以上有期徒刑。挪用公款数额巨大不退还的,处十年以上有期徒刑或者无期徒刑。

挪用用于救灾、抢险、防汛、优抚、扶贫、移民、救济款物归个人使用的,从重处罚。

【条文理解】

挪用公款罪,是指国家工作人员利用职务上的便利,挪用公款归个人使用,进行非法活动的,或者挪用公款数额较大、进行营利活动的,或者挪用公款数额较大、超过3个月未还的行为。本罪的具体构成要件是:

(1)本罪侵犯的客体是复杂客体,即国家的财经管理制度及公款所有权,也侵犯了国家工作人员的职务廉洁性。

(2)本罪的客观方面表现为以下几种形式:挪用公款归个人使用,进行非法活动;挪用公款数额较大,归个人进行营利活动;挪用公款归个人使用,数额较大、超过3个月未还。以上几种表现形式,均需要具备挪用公款归个人使用的要件。挪用公款行为中的"利用职务上的便利",是指利用主管、管理、经营公款的职权挪用公款。

(3)本罪的主体是国家工作人员。国家工作人员包括:国家机关中从事公务的人员;国有公司、企业、事业单位、人民团体中从事公务的人员;国家机关、国有公司、企业、事业单位委派到非国有公司、企业、事业单位、社会团体从事公务的人员;其他依照法律从事公务的人员。经单位领导集体研究决定将公款给个人使用,或者单位负责人为了单位的利益,决定将公款给个人使用的,不以挪用公款罪定罪处罚。

(4)本罪的主观方面是出于直接故意,即行为人明知是公款而故意挪归个人使用,目的是通过非法取得公款的使用权来获取公款带来的收益或满足个人挥霍等需要。挪用公款的行为人只是想非法使用公款后归还,并不具有非法占有公款的故意。

挪用公款罪的量刑有三档:构成本罪的,处 5 年以下有期徒刑或者拘役;达到情节严重程度的,处 5 年以上有期徒刑;数额巨大不退还的,处 10 年以上有期徒刑或者无期徒刑。此外,挪用救灾、抢险、防汛、优抚、扶贫、移民、救济款物归个人使用的,是挪用公款罪的加重情节。

【司法适用】

1. 挪用公款罪的认定

对挪用公款罪,应区分三种不同情况予以认定:(1)挪用公款归个人使用,数额较大、超过 3 个月未还的,构成挪用公款罪。挪用正在生息或者需要支付利息的公款归个人使用,数额较大,超过 3 个月但在案发前全部归还本金的,可以从轻处罚或者免除处罚。给国家、集体造成的利息损失应予追缴。挪用公款数额巨大,超过 3 个月,案发前全部归还的,可以酌情从轻处罚。(2)挪用公款数额较大,归个人进行营利活动的,即构成挪用公款罪,不受挪用时间和是否归还的限制。在案发前部分或者全部归还本息的,可以从轻处罚;情节轻微的,可以免除处罚。挪用公款存入银行、用于集资、购买股票、国债等,属于挪用公款进行营利活动。所获取的利息、收益等违法所得,应当追缴,但不计入挪用公款的数额。(3)挪用公款归个人使用,进行赌博、走私等非法活动的,构成挪用公款罪,不受"数额较大"和挪用时间的限制。挪用公款给他人使用,不知道使用人用公款进行营利活动或者用于非法活动,数额较大、超过 3 个月未还的,构成挪用公款罪;明知使用人用于营利活动或者非法活动的,应当认定为挪用人挪用公款进行营利活动或者非法活动。

2. 挪用公款"归个人使用"的情形

有下列情形之一的,属于挪用公款"归个人使用":(1)将公款供本人、亲友或者其他自然人使用的。无论本人、亲友还是其他自然人,相对于单位来讲都是个人。这是一种典型的挪用公款归个人使用的表现形式。(2)以个人名义将公款供其他单位使用的"供"是提供的意思,包括借出或者赠与。该种行为的关键是"以个人名义",是指打着个人的旗号。实践中多表现为在单位的出借款条上或者其他提供款项的文件上签的是个人的名字,且无单位的公章。这样虽然把单位的公款借给了其他单位,但手续上反映的却是个人把钱借出。无须再看是否谋取个人利益,即可认定挪用公款“归个人使用”。(3)个人决定以单位名义将公款供其他单位使用,谋取个人利益的。“个人决定”,既包括行为人在其职权范围内决定,也包括超越职权决定。但是,单位集体讨论决定的,不属于“个人决定”。“以单位名义”,是指出借、提供公款的主体清楚地写着单位的名称,而非个人的名字。这里所说“其他单位”中的“单位”,与《刑法》第30条中单位的范围是一致的,即包括公司、企业、事业单位、机关、团体。“谋取个人利益”,既包括合法利益,也包括非法利益;既包括谋取财产性利益,如钱物,也包括谋取非财产性利益,如为子女解决住房等。

3. 挪用公款罪的情节认定

根据《贪污贿赂案件解释》的规定,挪用公款归个人使用,进行非法活动,数额在3万元以上的,应当以挪用公款罪追究刑事责任;数额在300万元以上的,应当认定为“数额巨大”。具有下列情形之一的,应当认定为“情节重要”:(1)挪用公款数额在100万元以上的;(2)挪用救灾、抢险、防汛、优抚、扶贫、移民、救济特定款物,数额在50万元以上不满100万元的;(3)挪用公款不退还,数额在50万元以上不满100万元的;(4)其他严重的情节。挪用公款归个人使用,进行营利活动或者超过3个月未还,数额在5万元以上的,应当认定为“数额较大”;数额在500万元以上的,应当认定为“数额巨大”。具有下列情形之一的,应当认定为“情节严重”:(1)挪用公款数额在200万元以上的;(2)挪用救灾、抢险、防汛、优抚、扶贫、移民、救济特定款物,数额在100万元以上不满200万元的;(3)挪用公款不退还,数额在100万元以上不满200万元的;(4)其他严重的情节。

“挪用公款数额巨大不退还的”,是指挪用公款数额巨大,因客观原因在一审宣判前不能退还的。

4. 挪用公款罪的其他问题

挪用公款给他人使用,使用人与挪用人共谋,指使或者参与策划取得挪用公款的,以挪用公款罪的共犯定罪处罚。

【司法案例】

张某同挪用公款案①

[**裁判要旨**]村委会主任虽然不属于国家工作人员,但其管理征地补偿款的行为属于村基层组织人员协助人民政府从事土地征用补偿费用的管理和发放的行

① 参见《刑事审判参考》总第63集第502号案例。

政管理工作，因此应当认定为“其他依照法律从事公务的人员”，以国家工作人员论。

第三百八十五条　【受贿罪】国家工作人员利用职务上的便利，索取他人财物的，或者非法收受他人财物，为他人谋取利益的，是受贿罪。

国家工作人员在经济往来中，违反国家规定，收受各种名义的回扣、手续费，归个人所有的，以受贿论处。

【条文理解】

受贿罪，是指国家工作人员利用职务上的便利，索取他人财物的，或者非法收受他人财物，为他人谋取利益的行为。本罪的具体构成要件是：

(1)本罪侵犯的客体是国家工作人员职务行为的廉洁性。受贿罪的本质在于“权钱交易”，而公职人员的职务行为具有不可侵犯性、不可收买性和廉洁性。

(2)本罪的客观方面表现利用职务上的便利，索取他人财物，或者非法收受他人财物，为他人谋取利益。此外，国家工作人员在经济往来中，收受回扣、手续费归个人的行为，也以受贿罪论处。

(3)本罪的主体是国家工作人员，包括：国家机关中从事公务的人员；国有公司、企业、事业单位、人民团体中从事公务的人员；国家机关、国有公司、企业、事业单位委派到非国有公司、企业、事业单位、社会团体从事公务的人员；其他依照法律从事公务的人员。

(4)本罪的主观方面表现为直接故意，即行为人明知利用职务上的便利索取财物或者非法收受他人财物，为他人谋取利益的行为损害了国家工作人员职务廉洁性，具有社会危害性，还有意为之。对于受贿罪的主观故意是否包括间接故意，目前司法实践中认识不一，但这种分歧不影响实务中对受贿罪的认定。

【司法适用】

1. 受贿罪的客观方面认定

受贿罪的客观方面表现为利用职务上的便利，索取他人财物，或者非法收受他人财物，为他人谋取利益的行为。受贿罪中“利用职务上的便利”，是指利用本人职权范围内的权力，即自己职务上主管、负责或者承办某项公共事务的职权及其所形成的便利条件；也包括利用职务上有隶属、制约关系的其他国家工作人员的职权。担任单位领导职务的国家工作人员通过不属于自己主管的下级部门的国家工作人员的职务为他人谋取利益的，应当认定为“利用职务上的便利”为他人谋取利益。国家工作人员利用职务上的便利为请托人谋取利益,并与请托人事先约定,在其离职后收受请托人财物,构成犯罪的,以受贿罪定罪处罚。

在受贿犯罪中,索取他人财物的,不论是否为他人谋取利益,均可构成受贿罪。非法收受他人财物的,必须同时具备"为他人谋取利益"的条件,才能构成受贿罪。"为他人谋取利益"包括承诺、实施和实现三个阶段的行为。只要具有其中一个阶段的行为,就具备了为他人谋取利益的要件。明知他人有具体请托事项而收受其财物的,视为承诺为他人谋取利益。

2. 受贿罪的具体情形认定

国家工作人员利用职务上的便利,以借为名向他人索取财物,或者非法收受财物为他人谋取利益的,应当认定为受贿罪。根据《受贿案件意见》的规定,以下情形以受贿论处:(1)国家工作人员利用职务上的便利为请托人谋取利益,以明显低于市场的价格向请托人购买房屋、汽车等物品的,或者以明显高于市场的价格向请托人出售房屋、汽车等物品的,或者以其他交易形式非法收受请托人财物的。国家工作人员利用职务上的便利为请托人谋取利益,收受请托人房屋、汽车等物品,未变更权属登记或者借用他人名义办理权属变更登记的,不影响受贿的认定。(2)国家工作人员利用职务上的便利为请托人谋取利益,收受请托人提供的干股的。(3)国家工作人员利用职务上的便利为请托人谋取利益,由请托人出资,"合作"开办公司或者进行其他"合作"投资的。(4)国家工作人员利用职务上的便利为请托人谋取利益,由请托人出资,以合作开办公司或者其他合作投资的名义获取"利润",没有实际出资和参与管理、经营的。(5)国家工作人员利用职务上的便利为请托人谋取利益,以委托请托人投资证券、期货或者其他委托理财的名义,未实际出资而获取"收益",或者虽然实际出资,但获取的"收益"明显高于出资应得的收益。(6)国家工作人员利用职务上的便利为请托人谋取利益,通过赌博方式收受请托人财物的。(7)国家工作人员利用职务上的便利为请托人谋取利益,要求或者接受请托人以给特定关系人安排工作为名,使特定关系人不实际工作却获取所谓薪酬的。(8)国家工作人员利用职务上的便利为请托人谋取利益,授意请托人以法律所规定的形式,将财物给予特定关系人的。(9)国家工作人员利用职务上的便利为请托人谋取利益之前或者之后,约定在其离职后收受请托人财物,并在离职后收受的。

此外,刑法把在经济往来中收受回扣、手续费的情形认定为受贿,并作出特别规定,主要是考虑商业贿赂的特殊性和复杂性。作为贿赂的"回扣"产生于经济往来中,具有非法性。

【司法案例】

潘某梅、陈某受贿案①

［**裁判要旨**］(1)国家工作人员利用职务上的便利为请托人谋取利益,并与请托人以“合办”公司的名义获取“利润”,没有实际出资和参与经营管理的,以受贿论处。(2)国家工作人员明知他人有请托事项而收受其财物,视为承诺“为他人谋取利益”,是否已实际为他人谋取利益或谋取到利益,不影响受贿的认定。(3)国家工作人员利用职务上的便利为请托人谋取利益,以明显低于市场的价格向请托人购买房屋等物品的,以受贿论处,受贿数额按照交易时当地市场价格与实际支付价格的差额计算。(4)国家工作人员收受财物后,因与其受贿有关联的人、事被查处,为掩饰犯罪而退还的,不影响认定受贿罪。

陈某受贿案②

［**裁判要旨**］(1)事后收受财物行为与主动索取财物、收受财物后违法行使职权等相比,其主观恶性、对公务活动的危害要小,但这种行为同样侵犯了受贿罪的客体——国家机关的廉政建设制度。不论是主动索取钱财、收受贿赂后违法行使职权或者事后收受财物,都是对廉洁制度的危害,构成犯罪的,应依法追究刑事责任。(2)为他人谋取利益,谋取的利益不仅限于非法利益,也包括行为人应当取得的合法利益。刑法中表述的“收受他人财物,为他人谋取利益”,将收受行为置于谋利行为之前,这只是表述问题,也是典型的受贿方式,但并不意味着只有先收受财物,后谋取利益才是受贿,而先谋利后收受财物就不构成受贿。(3)受贿罪是故意犯罪,且通常为直接故意,即明知对方送财物的目的与自己的职务行为有关而予以收受。由于收受财物时双方均明知是基于受贿方此前利用职务便利为行贿方谋取利益的行为,因此,两个阶段的行为与后来表现出来的故意构成了一个有机的整体。

李某、唐某成受贿案③

［**裁判要旨**］记者从事的新闻报道等业务活动属于职务行为,利用采访等实现舆论监督的手段索要财物的,属于“利用职务上的便利”。国有媒体记者对公共事务行使舆论监督权,属于从事公务活动,其利用舆论监督权索取他人财物的,符合

---

① 参见最高人民法院第3号指导案例。

② 参见《刑事审判参考》总第8辑第64号案例。

③ 参见《刑事审判参考》总第72集第608号案例。

受贿罪权钱交易的本质特征。

第三百八十六条 【受贿罪的处罚规定】对犯受贿罪的，根据受贿所得数额及情节，依照本法第三百八十三条的规定处罚。索贿的从重处罚。

【条文理解】

对受贿罪的处罚，依据受贿所得数额和受贿情节分四个量刑档：(1)受贿数额较大或者有其他较重情节的，处3年以下有期徒刑或者拘役，并处罚金；(2)受贿数额巨大或者有其他严重情节的，处3年以上10年以下有期徒刑，并处罚金或者没收财产；(3)受贿数额特别巨大或者有其他特别严重情节的，处10年以上有期徒刑或者无期徒刑，并处罚金或者没收财产；(4)数额特别巨大，并使国家和人民利益遭受特别重大损失的，处无期徒刑或者死刑，并处没收财产。

索贿是受贿犯罪的加重处罚情节。

【司法适用】

根据《贪污贿赂案件解释》的规定，受贿数额在3万元以上不满20万元的，应当认定为"数额较大"；受贿数额在20万元以上不满300万元的，应当认定为"数额巨大"；受贿数额在300万元以上的，应当认定为"数额特别巨大"。

具有"曾因贪污、受贿、挪用公款受过党纪、行政处分的；曾因故意犯罪受过刑事追究的；赃款赃物用于非法活动的；拒不交待赃款赃物去向或者拒不配合追缴工作，致使无法追缴的；造成恶劣影响或者其他严重后果的"情形之一，或者具有"多次索贿；为他人谋取不正当利益，致使公共财产、国家和人民利益遭受损失；为他人谋取职务提拔、调整"的情形之一的，受贿数额在1万元以上不满3万元，应当认定为属于"其他较重情节"；受贿数额在10万元以上不满20万元，应当认定为属于"其他严重情节"；受贿数额在150万元以上不满300万元，应当认定为属于"其他特别严重情节"。

犯受贿罪的，但具有自首、立功、如实供述自己罪行、真诚悔罪、积极退赃，或者避免、减少损害结果的发生等情节，不是必须立即执行死刑的，可以判处死刑缓期2年执行。根据犯罪情节等情况可以判处死刑缓期2年执行，同时裁判决定在其死刑缓期执行2年期满依法减为无期徒刑后，终身监禁，不得减刑、假释。

对受贿罪判处3年以下有期徒刑或者拘役的，应当并处10万元以上50万元以下的罚金；判处3年以上10年以下有期徒刑的，应当并处20万元以上犯罪数额2倍以下的罚金或者没收财产；判处10年以上有期徒刑或者无期徒刑的，应当并处50万元以上犯罪数额2倍以下的罚金或者没收财产。

【司法案例】

凌某敏受贿案①

［**裁判要旨**］(1)明知他人有与自己职务相关的请托事项，仍然将自己房屋以明显高于市场的价格租给请托人的，视为承诺为他人谋取利益。利用职务便利为他人谋取利益是收受型受贿犯罪的构成要件之一，为他人谋取利益包括承诺、实施和实现三个阶段的行为，只要具有其中一个阶段的行为，就应认定为他人谋取利益。受贿人为行贿人谋取的利益必须与其职权有关，也就是利用了职务上的便利，但职务便利不要求必须在自己工作的职责范围内具体主管、负责、承办某项公共事务，也不必是自己的本职工作。(2)以明显高于市场的价格让请托人租赁其房屋，实质上是一种变相收受请托人财物的行为，属于采取交易形式变相收受贿赂，受贿数额为实际收取的租金与市场租金的差额。

第三百八十七条 【单位受贿罪】国家机关、国有公司、企业、事业单位、人民团体，索取、非法收受他人财物，为他人谋取利益，情节严重的，对单位判处罚金，并对其直接负责的主管人员和其他直接责任人员，处三年以下有期徒刑或者拘役；情节特别严重的，处三年以上十年以下有期徒刑。

前款所列单位，在经济往来中，在帐外暗中收受各种名义的回扣、手续费的，以受贿论，依照前款的规定处罚。

【条文对照】

1997年《刑法》	2023年《刑法修正案(十二)》
第三百八十七条 国家机关、国有公司、企业、事业单位、人民团体，索取、非法收受他人财物，为他人谋取利益，情节严重的，对单位判处罚金，并对其直接负责的主管人员和其他直接责任人员，处**五**年以下有期徒刑或者拘役。 前款所列单位，在经济往来中，在帐外暗中收受各种名义的回扣、手续费的，以受贿论，依照前款的规定处罚。	第三百八十七条 国家机关、国有公司、企业、事业单位、人民团体，索取、非法收受他人财物，为他人谋取利益，情节严重的，对单位判处罚金，并对其直接负责的主管人员和其他直接责任人员，处**三**年以下有期徒刑或者拘役**；情节特别严重的，处三年以上十年以下有期徒刑**。 前款所列单位，在经济往来中，在帐外暗中收受各种名义的回扣、手续费的，以受贿论，依照前款的规定处罚。

① 参见《刑事审判参考》总第99集第1017号案例。

【条文理解】

单位受贿罪,是指国家机关、国有公司、企业、事业单位、人民团体,索取、非法收受他人财物,为他人谋取利益,情节严重,或者在经济往来中,在账外暗中收受各种名义的回扣、手续费的行为。

单位受贿罪在行为上主要表现为单位索取、非法收受他人财物,为他人谋取利益,情节严重的行为,如国有商业银行利用发放贷款的职务便利,向申请贷款的单位或个人索要好处费。这里所说的“为他人谋取利益”,既包括谋取非法利益,也包括正当利益。至于是否为他人谋取到利益,不影响本罪的构成。索取他人财物或者非法收受他人财物,必须同时具备为他人谋取利益的条件,且是情节严重的行为,才能构成单位受贿罪。

单位受贿罪是纯正的单位犯罪,其主体仅限于国家机关等国有单位,非国有单位不成立本罪。国有单位的内设机构利用其行使职权的便利,索取、非法收受他人财物并归该内设机构所有或支配,为他人谋取利益,情节严重的,应当以单位受贿罪追究刑事责任。上述内设机构在经济往来中,在账外暗中收受各种名义的回扣、手续费的,以受贿论。

单位受贿罪的主观方面是故意,即国有机关、国有公司、企业、事业单位、人民团体具有索取或者收受贿赂,为他人谋取利益的动机、目的。此种故意,是经单位决策机构的授权或同意,由其直接负责的主管人员和其他责任人员故意收受或索取贿赂的行为表现出来的,是法人意志的体现。

【司法适用】

根据《直接立案侦查案件立案标准》的规定,涉嫌单位受贿,有下列情形之一的,应予以立案:(1)单位受贿数额在10万元以上的;(2)单位受贿数额不满10万元,但具有下列情形之一的:①故意刁难、要挟有关单位、个人,造成恶劣影响的;②强行索取财物的;③致使国家或者社会利益遭受重大损失的。

单位受贿罪实行双罚制,既要对单位判处罚金,也要对直接负责的主管人员和其他直接责任人员判处刑罚。根据《全国法院审理金融犯罪案件工作座谈会纪要》的规定,单位犯罪中的“直接负责的主管人员”,是在单位实施的犯罪中起决定、批准、授意、纵容、指挥等作用的人员,一般是单位的主管负责人,包括法定代表人。“其他直接责任人员”,是指在单位犯罪中具体实施犯罪并起较大作用的人员,既可以是单位的经营管理人员,也可以是单位的职工,包括聘任、雇佣的人员。在单位犯罪中,对于受单位领导指派或者奉命参与实施了一定犯罪行为的人员,一般不宜作为直接责任人追究刑事责任。

此外,应当注意的是,本罪的重要特征是将索取、非法收受的他人财物归单位所有。如果单位直接负责的主管人员和其他直接责任人员借单位名义索取、收受他人财物后私分、中饱私囊的,则不适用本条规定,而应根据对个人犯受贿罪的处刑规定追究刑事责任。

在《刑法修正案(十二)》实施后,单位受贿罪从一档法定刑演变为二档法定刑:情节严重的,对单位判处罚金,并对其直接负责的主管人员和其他直接责任人员,处3年以下有期徒刑或者拘役;情节特别严重的,处3年以上10年以下有期徒刑。关于“情节严重”“情节特别严重”的认定标准应参照最新出台的规范性文件。

【司法案例】

左某等受贿、贪污、挪用公款案①

[**裁判要旨**]虽然存在单位领导集体研究决定收受回扣款的情形,但主观方面不是为了单位利益,而是以单位为名,为单位领导个人谋取私利的行为,不应认定为单位受贿,应对单位具体参与的人员以个人受贿罪定罪处罚。

第三百八十八条 【斡旋受贿罪】国家工作人员利用本人职权或者地位形成的便利条件,通过其他国家工作人员职务上的行为,为请托人谋取不正当利益,索取请托人财物或者收受请托人财物的,以受贿论处。

【条文理解】

本条规定了受贿罪的又一种形式,又称斡旋受贿罪,是指国家工作人员利用本人职权或者地位形成的便利条件,通过其他国家工作人员职务上的行为,为请托人谋取不正当利益,索取请托人财物或者收受请托人财物的行为。如利用上下级之间的隶属关系,同事关系,利用部门、单位之间的工作关系等,让其他国家工作人员为请托人办事。本罪为身份犯,犯罪主体是国家工作人员。本罪的主观方面为故意。

本罪在犯罪客观行为方面主要表现为以下三点:(1)表现为利用本人职权或者地位形成的便利条件。行为人利用的不是直接的隶属、制约关系,而是利用了本人职权或者地位产生的一些影响。(2)表现为行为人接受他人的请托,通过其他国家工作人员实施某种职务行为,从而为请托人谋取不正当利益。这里只要求

① 参见《刑事审判参考》总第27辑第195号案例。

行为人认识到请托事项不正当即可,并不要求该不正当利益已经取得;同时要求行为人向其他国家工作人员提出谋取不正当利益的请求,至于其他国家工作人员是否答应,并不会影响成立斡旋受贿。(3)本罪客观上还要求行为人索取或者收受请托人的财物,事先或者事后索取、收取财物均不影响成立斡旋受贿。

【司法适用】

在斡旋受贿中,需要对"利用本人职权或者地位形成的便利条件"作出正确理解。根据《全国法院审理经济犯罪案件工作座谈会纪要》的规定,"利用本人职权或者地位形成的便利条件",是指行为人与被其利用的国家工作人员之间在职务上虽然没有隶属、制约关系,但是行为人利用了本人职权或者地位产生的影响和一定的工作联系,如单位内不同部门的国家工作人员之间、上下级单位没有职务上隶属、制约关系的国家工作人员之间、有工作联系的不同单位的国家工作人员之间等。

"为请托人谋取不正当利益"是斡旋受贿行为成立受贿罪的必备条件。谋取的利益违反法律、法规、规章、政策规定,违背公平、公正原则,在经济、组织人事管理等活动中,谋取竞争优势的,应当认定为"谋取不正当利益"。

【司法案例】

陆某受贿案[①]

[**裁判要旨**](1)行为人通过上级职务行为,为请托人谋取不正当利益,索取或收受财物,属于利用本人职权或地位形成的便利条件受贿。(2)行为人既是国家工作人员,又与被其利用的其他国家工作人员之间具有不正当男女关系,其利用本人职权或者地位形成的便利条件的行为应适用《刑法》第388条的规定,而不是第388条之一的规定。只要国家工作人员同时具备本人的职权或者地位形成的便利条件和其与其他国家工作人员的密切关系,原则上应当依照《刑法》第388条的规定,以受贿罪论处;但确有证据证实国家工作人员仅利用了其与被其利用的其他国家工作人员的密切关系的,应当依照《刑法》第388条之一的规定,以利用影响力受贿罪论处。

---

① 参见《刑事审判参考》总第84集第754号案例。

第三百八十八条之一　【利用影响力受贿罪】国家工作人员的近亲属或者其他与该国家工作人员关系密切的人，通过该国家工作人员职务上的行为，或者利用该国家工作人员职权或者地位形成的便利条件，通过其他国家工作人员职务上的行为，为请托人谋取不正当利益，索取请托人财物或者收受请托人财物，数额较大或者有其他较重情节的，处三年以下有期徒刑或者拘役，并处罚金；数额巨大或者有其他严重情节的，处三年以上七年以下有期徒刑，并处罚金；数额特别巨大或者有其他特别严重情节的，处七年以上有期徒刑，并处罚金或者没收财产。

离职的国家工作人员或者其近亲属以及其他与其关系密切的人，利用该离职的国家工作人员原职权或者地位形成的便利条件实施前款行为的，依照前款的规定定罪处罚。

【条文对照】

1997 年《刑法》	2009 年《刑法修正案(七)》
无	**第三百八十八条之一　国家工作人员的近亲属或者其他与该国家工作人员关系密切的人，通过该国家工作人员职务上的行为，或者利用该国家工作人员职权或者地位形成的便利条件，通过其他国家工作人员职务上的行为，为请托人谋取不正当利益，索取请托人财物或者收受请托人财物，数额较大或者有其他较重情节的，处三年以下有期徒刑或者拘役，并处罚金；数额巨大或者有其他严重情节的，处三年以上七年以下有期徒刑，并处罚金；数额特别巨大或者有其他特别严重情节的，处七年以上有期徒刑，并处罚金或者没收财产。** **离职的国家工作人员或者其近亲属以及其他与其关系密切的人，利用该离职的国家工作人员原职权或者地位形成的便利条件实施前款行为的，依照前款的规定定罪处罚。**

【条文理解】

利用影响力受贿的犯罪主体包括三类：(1)以国家工作人员的近亲属或者其他与该国家工作人员关系密切的人为犯罪主体；(2)以离职的国家工作人员为犯罪主体；(3)以离职的国家工作人员的近亲属以及其他与其关系密切的人为犯罪主体。这里规定的近亲属，主要是指夫、妻、父、母、子、女、同胞兄弟姐妹、祖父母、外祖父母、孙子女、外孙子女。

利用影响力受贿罪的客观行为表现为，通过该国家工作人员职务上的行为，或者利用该国家工作人员职权或者地位形成的便利条件，通过其他国家工作人员职务上的行为，为请托人谋取不正当利益，索取请托人财物或者收受请托人财物。

这里所说的"谋取不正当利益",是指根据法律及有关政策规定不应得到的利益。

利用影响力受贿罪的处罚根据犯罪数额或者犯罪情节,分为三个量刑档:数额较大或者有其他较重情节的,处3年以下有期徒刑或者拘役,并处罚金;数额巨大或者有其他严重情节的,处3年以上7年以下有期徒刑,并处罚金;数额特别巨大或者有其他特别严重情节的,处7年以上有期徒刑,并处罚金或者没收财产。

【司法适用】

在利用影响力受贿的三类犯罪主体中,"离职的国家工作人员"是相对原有职务而言的,国家工作人员由于离退休、辞职或职务变动等各种原因而离开原来岗位的,都属于"离职的国家工作人员"。

如何理解"其他关系密切的人",也是认定本罪的一个关键问题。"关系密切的人"不同于"特定关系人","特定关系人"是指与国家工作人员有近亲属、情妇(夫)以及其他共同利益关系的人。而"关系密切的人"是一个包括范围更广的概念,它涵盖了全部"特定关系人"在内,但不限于此,"特定关系人"只是"关系密切的人"的一部分。

国家工作人员的近亲属或者其他与该国家工作人员关系密切的人,实施利用影响力受贿的行为时,需要具备三个要素:(1)行为人将请托人的请托事项转达给国家工作人员;(2)行为人要求国家工作人员为请托人谋取利益,即行为人"通过该国家工作人员职务上的行为,或者利用该国家工作人员职权或者地位形成的便利条件,通过其他国家工作人员职务上的行为"为请托人谋利;(3)行为人向请托人索取财物或者收受请托人财物。

离职的国家工作人员实施利用影响力受贿的行为时,需要具备以下要素:(1)行为人将请托人的请托事项告知其他在职的国家工作人员;(2)行为人要求在职的国家工作人员为请托人谋取利益,至于该在职的国家工作人员是利用自己职权范围的权力直接帮助行为人为请托人谋利,还是利用自己职权或者地位形成的便利条件,再通过其他国家工作人员职务上的行为帮助离职国家工作人员为请托人谋利,在所不问;(3)行为人向请托人索取财物或者收受请托人财物。

"离职的国家工作人员近亲属以及其他与其关系密切的人"构成的利用影响力受贿罪应当包括以下因素:(1)行为人将请托事项告知离职的国家工作人员;(2)行为人要求离职的国家工作人员利用原职权或者地位形成的便利条件为请托人谋利;(3)行为人索取、收受请托人财物。

根据《贪污贿赂案件解释》第10条第1款的规定,"刑法第三百八十八条之一规定的利用影响力受贿罪的定罪量刑适用标准,参照本解释关于受贿罪的规定执行"。

此外,应当说明的是,受贿罪与贪污罪不同,受贿的数额可能不大,但给国家和人民的利益造成的损失可能是巨大的,因此,对受贿罪的量刑,除了要考虑数额,还要考虑其他情节。

第三百八十九条　【行贿罪】为谋取不正当利益,给予国家工作人员以财物的,是行贿罪。

在经济往来中,违反国家规定,给予国家工作人员以财物,数额较大的,或者违反国家规定,给予国家工作人员以各种名义的回扣、手续费的,以行贿论处。

因被勒索给予国家工作人员以财物,没有获得不正当利益的,不是行贿。

【条文理解】

行贿罪,是指为谋取不正当利益,给予国家工作人员以财物的行为。本罪的具体构成要件是:

(1)本罪侵犯的客体是国家的正常管理活动和国家工作人员的职务廉洁性。

(2)本罪的客观方面表现为行为人实施了给予国家工作人员以财物的行为。行贿罪的客观方面表现为两种情形:一是为谋取不正当利益,给予国家工作人员或者其他从事公务的人员以财物;二是在经济往来中违反有关规定,给予国家工作人员或者其他从事公务的人员以财物或者各种名义的回扣、手续费。给予财物的方式可以是主动给予,即在国家工作人员没有提出要求的情况下,为了利用国家工作人员职务上的便利谋取不正当利益而主动给予财物;也可以是被动给予,即在国家工作人员主动要求、索取财物的情况下,被动地交付财物。但是,如果是因被国家工作人员勒索而被迫交付财物,本人也没有获取不正当利益的,则不构成行贿罪。

(3)本罪的主体是一般主体,任何达到刑事责任年龄、具有刑事责任能力的自然人均可构成本罪。本罪的主体不包含单位。

(4)本罪的主观方面为故意,并且有"为了谋取不正当利益"的目的。根据《行贿案件解释》第12条的规定,行贿犯罪中的"谋取不正当利益",是指行贿人谋取的利益违反法律、法规、规章、政策规定,或者要求国家工作人员违反法律、法规、规章、政策、行业规范的规定,为自己提供帮助或者方便条件。违背公平、公正原则,在经济、组织人事管理等活动中,谋取竞争优势的,应当认定为"谋取不正当利益"。因在经济往来中,违反国家规定给予国家工作人员以财物,或者违反国家规定给予国家工作人员各种名义的回扣、手续费而构成行贿罪的,也应该以"为谋取不正当利益"为前提。

【司法适用】

"为谋取不正当利益"是行贿犯罪的主观要件,并不必然外化为客观行为,但当行贿人"为谋取不正当利益"外化为客观行为且构成其他犯罪的情况下,行贿人实施了两个行为(一个是行贿行为本身,另一个是"为谋取不正当利益"的客观行为),侵犯了两个犯罪客体,应当对其数罪并罚。如果谋取不正当利益的行为仅构成一般违法,尚未构成犯罪的,则作为量刑情节考虑。

行贿罪的主观方面是故意,并且必须具有"谋取不正当利益"的主观目的。但在司法实践中,如果行为人在"为谋取不正当利益"的故意支配下向国家工作人员送予财物,而事实上获取的是正当利益时,行为人是否构成行贿罪;相反,当行为人以谋取正当利益为目的给予国家工作人员以财物,而实际上谋取到的是不正当利益,那行为人又是否构成行贿罪?在认定主观要件时还是要坚持主客观相统一的原则,但是,当行为人谋取的利益在客观上是不正当的时候,原则上应当推定行为人主观上对利益的不正当性有正确的认识,除非行为人的辩解具有合理性,否则不予采信。

本条第3款规定,"因被勒索给予国家工作人员以财物,没有获得不正当利益的,不是行贿"。这里的"勒索"对应受贿罪中的索取;"没有获取不正当利益",不是指没有获取任何利益,而是没有获得由实施勒索行为的国家工作人员利用职务所谋取的不正当利益,即虽然获得了不正当利益,但不正当利益的获得与实施勒索行为的国家工作人员的职务行为没有关系的,也不构成行贿。

【司法案例】

袁某行贿案①

[**裁判要旨**](1)"谋取不正当利益"既包括谋取各种形式的不正当利益,也包括以不正当手段谋取合法利益;既包括实体违规,也包括程序违规。实体违规是指行贿人企图谋取的利益本身违反有关规定,即利益本身不正当,通常表现为国家禁止性的利益和特定义务的不当免除两种情形。程序违规是指国家工作人员或有关单位为行贿人提供违法、违规或违反国家政策的帮助或者便利条件,即利益取得方式不正当,其可罚性基础并不在于利益本身的违法,而是基于为谋取利

① 参见《刑事审判参考》总第86集第787号案例。

益所提供的“帮助或者方便条件”是违规的。主要包括两种情况：一是本不具备获取某种利益的条件，通过行贿而取得该利益；二是需要经过竞争才可能取得的利益。本案被告人通过给予国家工作人员财物以达到规避竞争而取得特殊利益的目的，属于谋取不正当利益，依法构成行贿罪。(2)立案侦查是司法机关进行刑事追诉活动的开始，“被追诉前”通常是指司法机关立案侦查之前，行贿罪是否“被追诉”应当以检察机关是否立案为准。行贿人在纪检监察部门查处他人受贿案件时，交代(承认)向他人行贿的事实，属于被追诉前主动交代行贿行为的情形。即使检察机关已经对受贿人立案查处，行贿人作为证人接受检察机关调查，只要检察机关对行贿人尚未立案查处，行贿人承认其向受贿人行贿的事实，也应当认定为被追诉前主动交代行贿行为的情形。

第三百九十条　【行贿罪的处罚规定】对犯行贿罪的，处三年以下有期徒刑或者拘役，并处罚金；因行贿谋取不正当利益，情节严重的，或者使国家利益遭受重大损失的，处三年以上十年以下有期徒刑，并处罚金；情节特别严重的，或者使国家利益遭受特别重大损失的，处十年以上有期徒刑或者无期徒刑，并处罚金或者没收财产。

有下列情形之一的，从重处罚：

(一)多次行贿或者向多人行贿的；

(二)国家工作人员行贿的；

(三)在国家重点工程、重大项目中行贿的；

(四)为谋取职务、职级晋升、调整行贿的；

(五)对监察、行政执法、司法工作人员行贿的；

(六)在生态环境、财政金融、安全生产、食品药品、防灾救灾、社会保障、教育、医疗等领域行贿，实施违法犯罪活动的；

(七)将违法所得用于行贿的。

行贿人在被追诉前主动交待行贿行为的，可以从轻或者减轻处罚。其中，犯罪较轻的，对调查突破、侦破重大案件起关键作用的，或者有重大立功表现的，可以减轻或者免除处罚。

【条文对照】

1997年《刑法》	2015年《刑法修正案(九)》	2023年《刑法修正案(十二)》
第三百九十条　对犯行贿罪的,处五年以下有期徒刑或者拘役;因行贿谋取不正当利益,情节严重的,或者使国家利益遭受重大损失的,处五年以上十年以下有期徒刑;情节特别严重的,处十年以上有期徒刑或者无期徒刑,可以并处没收财产。 行贿人在被追诉前主动交待行贿行为的,可以减轻处罚或者免除处罚。	第三百九十条　对犯行贿罪的,处五年以下有期徒刑或者拘役,**并处罚金**;因行贿谋取不正当利益,情节严重的,或者使国家利益遭受重大损失的,处五年以上十年以下有期徒刑,**并处罚金**;情节特别严重的,**或者使国家利益遭受特别重大损失的**,处十年以上有期徒刑或者无期徒刑,并处**罚金或者**没收财产。 行贿人在被追诉前主动交待行贿行为的,可以**从轻或者**减轻处罚。**其中,犯罪较轻的,对侦破重大案件起关键作用的,或者有重大立功表现的,可以减轻**或者免除处罚。	第三百九十条　对犯行贿罪的,处**三**年以下有期徒刑或者拘役,并处罚金;因行贿谋取不正当利益,情节严重的,或者使国家利益遭受重大损失的,处**三**年以上十年以下有期徒刑,并处罚金;情节特别严重的,或者使国家利益遭受特别重大损失的,处十年以上有期徒刑或者无期徒刑,并处罚金或者没收财产。 **有下列情形之一的,从重处罚:** **(一)多次行贿或者向多人行贿的;** **(二)国家工作人员行贿的;** **(三)在国家重点工程、重大项目中行贿的;** **(四)为谋取职务、职级晋升、调整行贿的;** **(五)对监察、行政执法、司法工作人员行贿的;** **(六)在生态环境、财政金融、安全生产、食品药品、防灾救灾、社会保障、教育、医疗等领域行贿,实施违法犯罪活动的;** **(七)将违法所得用于行贿的。** 行贿人在被追诉前主动交待行贿行为的,可以从轻或者减轻处罚。其中,犯罪较轻的,对**调查突破、**侦破重大案件起关键作用的,或者有重大立功表现的,可以减轻或者免除处罚。

【条文理解】

对行贿罪的处罚分三个量刑档:第一档,犯行贿罪的,处3年以下有期徒刑或者拘役,并处罚金;第二档,因行贿谋取不正当利益情节严重的,或者使国家利益遭受重大损失的,处3年以上10年以下有期徒刑,并处罚金;第三档,情节特别严重的,或者使国家利益遭受特别重大损失的,处10年以上有期徒刑或者无期徒刑,并处罚金或者没收财产。

《刑法修正案(十二)》对《刑法》第390条新增了七种从重处罚的情形,包括:(1)多次行贿或者向多人行贿的;(2)国家工作人员行贿的;(3)在国家重点工程、重大项目中行贿的;(4)为谋取职务、职级晋升、调整行贿的;(5)对监察、行政执法、司法工作人员行贿的;(6)在生态环境、财政金融、安全生产、食品药品、防灾救灾、社会保障、教育、医疗等领域行贿,实施违法犯罪活动的;(7)将违法所得用于行贿的。该七种情形分别在不同法定刑幅度内发挥作用,对实际量刑结果起到重要影响。

对于以上情形,第一,“多次行贿或者向多人行贿的”应立足于行贿人进行计算和统计,所谓“多次”是指3次及3次以上,“多人”是指受贿人数达到3人及3人以上。第二,“国家工作人员行贿的”,是指行贿主体具有国家工作人员身份,对国家工作人员考察行贿罪量刑问题时,提出高于社会一般主体的要求,强调对国家工作人员行贿的打击力度。第三,“在国家重点工程、重大项目中行贿的”是指与行贿行为直接有关的事项,属于国家重点工程、重大项目,如设立、设计、招投标、施工、考核验收等有关工作环节,国家重点工程、重大项目的范围应作严格解释,且需要其他规范性文件、评级机制等予以确认其确属于国家重点工程、重大项目。第四,“为谋取职务、职级晋升、调整行贿的”,是指行贿行为所针对的利益诉求,与“谋取职务、职级晋升、调整”有关,该条是对《贪污贿赂案件解释》第1条第3款第3项关于受贿罪相关情节认定标准“为他人谋取职务提拔、调整的”在长期司法实践中运行情况的回应,不过,内容仍有别于后者,即从司法解释的“职务”一个内容,扩展至“职务”“职级”两个方面。第五,“对监察、行政执法、司法工作人员行贿的”,是指行贿对象即受贿主体是监察、行政执法、司法工作人员,区别于其他岗位的国家工作人员。第六,“在生态环境、财政金融、安全生产、食品药品、防灾救灾、社会保障、教育、医疗等领域行贿,实施违法犯罪活动的”,是指在如上涉及国家、社会、人民生命财产利益,更直接、更容易引起社会反响的领域内,不但有行贿行为作为基础,而且同时或之后实施其他违法犯罪活动,更进一步产生重大影响;不过,该情况不包含先在如上领域实施违法犯罪活动、后单纯为避免法律追究而行贿的情况。第七,“将违法所得用于行贿的”是指行贿所使用的财物、资金本身具有非法性,且属于《刑法》意义上的“违法所得”,即与《刑法》第64条所规定的“犯罪分子违法所得的一切财物,应当予以追缴或者责令退赔”中“违法所得”的含义相呼应。

在被追诉前主动交代行贿行为,是可以从轻或者减轻处罚的量刑情节。对于犯罪较轻的,如果对调查突破、侦破重大案件起关键作用的,或者有重大立功表现,可以减轻或者免除处罚。

【司法适用】

根据《贪污贿赂案件解释》第7条的规定,为谋取不正当利益,向国家工作人员行贿,数额在 3 万元以上的,应当以行贿罪追究刑事责任。行贿数额在 1 万元以上不满 3 万元,具有下列情形之一的,应当以行贿罪追究刑事责任:(1)向 3 人以上行贿的;(2)将违法所得用于行贿的;(3)通过行贿谋取职务提拔、调整的;(4)向负有食品、药品、安全生产、环境保护等监督管理职责的国家工作人员行贿,实施非法活动的;(5)向司法工作人员行贿,影响司法公正的;(6)造成经济损失数额在 50 万元以上不满 100 万元的。

《贪污贿赂案件解释》第 8 条规定,具有下列情形之一的,应当认定为"情节严重":(1)行贿数额在 100 万元以上不满 500 万元的。(2)行贿数额在 50 万元以上不满 100 万元,并具有下列 5 种情形之一的:①向 3 人以上行贿的;②将违法所得用于行贿的;③通过行贿谋取职务提拔、调整的;④向负有食品、药品、安全生产环境保护等监督管理职责的国家工作人员行贿,实施非法活动的;⑤向司法工作人员行贿,影响司法公正的。(3)其他严重的情节。为谋取不正当利益,向国家工作人员行贿,造成经济损失数额在 100 万元以上不满 500 万元的,应当认定为"使国家利益遭受重大损失"。

《贪污贿赂案件解释》第 9 条规定,犯行贿罪,具有下列情形之一的,应当认定为"情节特别严重":(1)行贿数额在 500 万元以上的。(2)行贿数额在 250 万元以上不满 500 万元,并具有下列 5 种情形之一的:①向 3 人以上行贿的;②将违法所得用于行贿的;③通过行贿谋取职务提拔、调整的;④向负有食品、药品、安全生产、环境保护等监督管理职责的国家工作人员行贿,实施非法活动的;⑤向司法工作人员行贿,影响司法公正的。(3)其他特别严重的情节。

为谋取不正当利益,向国家工作人员行贿,造成经济损失数额在 500 万元以上的,应当认定为"使国家利益遭受特别重大损失"。

《贪污贿赂案件解释》第 14 条规定,根据行贿犯罪的事实、情节,可能被判处 3 年有期徒刑以下刑罚的,可以认定为"犯罪较轻"。根据犯罪的事实、情节,已经或者可能被判处 10 年有期徒刑以上刑罚的,或者案件在本省、自治区、直辖市或者全国范围内有较大影响的,可以认定为"重大案件"。具有下列情形之一的,可以认定为"对侦破重大案件起关键作用":(1)主动交待办案机关未掌握的重大案件线索的;(2)主动交待的犯罪线索不属于重大案件的线索,但该线索对于重大案件侦破有重要作用的;(3)主动交待行贿事实,对于重大案件的证据收集有重要作用的;(4)主动交待行贿事实,对于重大案件的追逃、追赃有重要作用的。

根据《行贿案件解释》规定,多次行贿未经处理的,按照累计行贿数额处罚。因行贿人在被追诉前主动交待行贿行为而破获相关受贿案件的,对行贿人不适用刑法关于立功的规定,但可以减轻或者免除处罚。

【司法案例】

被告单位成都主导科技有限责任公司、被告人王某单位行贿案①

［**裁判要旨**］(1)在检察机关已经掌握行贿线索并指定管辖的情况下，行贿人接受调查时供述上述事实不属于“在被追诉前主动交待行贿行为”情形。(2)行贿人构成立功，必须是揭发受贿人与其行贿无关的其他犯罪事实。行贿人因行贿犯罪归案后，又主动供述司法机关尚未掌握的本人其他行贿事实，该事实属于与其行贿在法律上、事实上有紧密关联的事实，而非揭发他人其他犯罪，故不应认定为立功，但在量刑时应予考虑。

第三百九十条之一　【对有影响力的人行贿罪】为谋取不正当利益，向国家工作人员的近亲属或者其他与该国家工作人员关系密切的人，或者向离职的国家工作人员或者其近亲属以及其他与其关系密切的人行贿的，处三年以下有期徒刑或者拘役，并处罚金；情节严重的，或者使国家利益遭受重大损失的，处三年以上七年以下有期徒刑，并处罚金；情节特别严重的，或者使国家利益遭受特别重大损失的，处七年以上十年以下有期徒刑，并处罚金。

单位犯前款罪的，对单位判处罚金，并对其直接负责的主管人员和其他直接责任人员，处三年以下有期徒刑或者拘役，并处罚金。

【条文对照】

1997 年《刑法》	2015 年《刑法修正案(九)》
无	**第三百九十条之一　为谋取不正当利益，向国家工作人员的近亲属或者其他与该国家工作人员关系密切的人，或者向离职的国家工作人员或者其近亲属以及其他与其关系密切的人行贿的，处三年以下有期徒刑或者拘役，并处罚金；情节严重的，或者使国家利益遭受重大损失的，处三年以上七年以下有期徒刑，并处罚金；情节特别严重的，或者使国家利益遭受特别重大损失的，处七年以上十年以下有期徒刑，并处罚金。** **单位犯前款罪的，对单位判处罚金，并对其直接负责的主管人员和其他直接责任人员，处三年以下有期徒刑或者拘役，并处罚金。**

① 参见《刑事审判参考》总第 115 集第 1282 号案例。

【条文理解】

本罪的客观方面表现为行为人为谋取不正当利益,向国家工作人员的近亲属行贿;行为人为谋取不正当利益,向其他与该国家工作人员关系密切的人行贿;行为人为谋取不正当利益,向离职的国家工作人员行贿;行为人为谋取不正当利益,向离职的国家工作人员的近亲属行贿;行为人为谋取不正当利益,向其他与离职的国家工作人员关系密切的人行贿。

本罪的犯罪主体是一般主体,行贿的对象有以下几类:(1)国家工作人员的近亲属;(2)与该国家工作人员关系密切的人;(3)离职的国家工作人员;(4)离职的国家工作人员的近亲属;(5)其他与离职的国家工作人员关系密切的人。这里所说的"近亲属",主要是指夫、妻、父、母、子、女、同胞兄弟姐妹、祖父母、外祖父母、孙子女、外孙子女。这里所说的"离职的国家工作人员",是指曾经是国家工作人员,但目前的状态是已离开国家工作人员的岗位,包括离休、退休、辞职、辞退等情况。

本罪的主观方面为故意,并且要求有谋取不正当利益的目的。这里所说的"谋取不正当利益",是指根据法律及有关政策规定不应得到的利益。

单位可以成为本罪的主体。单位犯本罪的,实行双罚制,但对其直接负责的主管人员和其他直接责任人员的处罚只有一个量刑档,即 3 年以下有期徒刑或者拘役,并处罚金。

【司法适用】

本罪与利用影响力受贿罪是一组对合犯,本罪的主体是向国家工作人员的近亲属或其他特定关系人、离职的国家工作人员等有影响力的人行贿的个人或单位。

需要正确理解本罪与行贿罪的界限:当行为人将财物交付给特定关系人,特定关系人没有将财物交给国家工作人员,该国家工作人员不成立受贿罪时,行为人成立对有影响力的人行贿罪;当行为人将财物交付给特定关系人,特定关系人虽然将财物交给国家工作人员,与国家工作人员构成受贿罪的共犯,但此时行为人没有认识到该受贿共犯事实时,行为人仍然成立对有影响力的人行贿罪。相反,如果行为人将财物交付给特定关系人,但特定关系人与国家工作人员构成受贿罪的共犯,行为人也明知该受贿共犯事实时,无论财物最终是否由国家工作人员占有,行为人均成立行贿罪。

根据《贪污贿赂案件解释》第 10 条第 2 款的规定,对有影响力的人行贿罪的定罪量刑适用标准,参照本解释关于行贿罪的规定执行。

第三百九十一条　【对单位行贿罪】为谋取不正当利益,给予国家机关、国有公司、企业、事业单位、人民团体以财物的,或者在经济往来中,违反国家规定,给予各种名义的回扣、手续费的,处三年以下有期徒刑或者拘役,并处罚金;情节严重的,处三年以上七年以下有期徒刑,并处罚金。

单位犯前款罪的,对单位判处罚金,并对其直接负责的主管人员和其他直接责任人员,依照前款的规定处罚。

【条文对照】

1997 年《刑法》	2015 年 《刑法修正案(九)》	2023 年 《刑法修正案(十二)》
第三百九十一条　为谋取不正当利益,给予国家机关、国有公司、企业、事业单位、人民团体以财物的,或者在经济往来中,违反国家规定,给予各种名义的回扣、手续费的,处三年以下有期徒刑或者拘役。 单位犯前款罪的,对单位判处罚金,并对其直接负责的主管人员和其他直接责任人员,依照前款的规定处罚。	第三百九十一条　为谋取不正当利益,给予国家机关、国有公司、企业、事业单位、人民团体以财物的,或者在经济往来中,违反国家规定,给予各种名义的回扣、手续费的,处三年以下有期徒刑或者拘役,**并处罚金**。 单位犯前款罪的,对单位判处罚金,并对其直接负责的主管人员和其他直接责任人员,依照前款的规定处罚。	第三百九十一条　为谋取不正当利益,给予国家机关、国有公司、企业、事业单位、人民团体以财物的,或者在经济往来中,违反国家规定,给予各种名义的回扣、手续费的,处三年以下有期徒刑或者拘役,并处罚金;**情节严重的,处三年以上七年以下有期徒刑**,并处罚金。 单位犯前款罪的,对单位判处罚金,并对其直接负责的主管人员和其他直接责任人员,依照前款的规定处罚。

【条文理解】

对单位行贿罪,是指为谋取不正当利益,给予国家机关、国有公司、企业、事业单位、人民团体以财物,或者在经济往来中,违反国家规定,给予各种名义的回扣、手续费的行为。

本罪的犯罪主体既可以是个人,也可以是单位。单位受贿罪的主体,正是对单位行贿罪的对象——国家机关等国有单位;在财物的送予和接受方面,单位受贿罪中接受财物的只能是单位,但对单位行贿罪的行为人既可以是个人,也可以是单位。

本罪的主观方面是故意,且为法定目的犯,需要行为人明知是对单位行贿而有意实施,且具有谋取不正当利益的目的。

对单位行贿罪的处罚规范了两档法定刑:第一档,为谋取不正当利益,给予国家机关、国有公司、企业、事业单位、人民团体以财物的,或者在经济往来中,违反国家规定,给予各种名义的回扣、手续费的,处3年以下有期徒刑或者拘役,并处罚金;第二档,情节严重的,处3年以上7年以下有期徒刑,并处罚金。关于“情节严重”的含义,需要参照其他规范性文件内容。

【司法适用】

对单位行贿罪与单位受贿罪是一组对合性犯罪。单对单位行贿罪中的“为谋取不正当利益”与行贿罪中的该范畴、含义完全一致。

对单位行贿罪主体的“单位”,没有所有制性质上的限制,只要符合单位犯罪主体要件即可,包括公司、企业、事业单位、机关、团体五种类型,单位的分支机构或者内设机构、部门也可以成立对单位行贿罪。但是,对单位行贿罪的对象“单位”,只能是“国家机关、国有公司、企业、事业单位、人民团体”,并不包括其他非国有单位。

根据《直接立案侦查案件立案标准》的规定,有下列情形之一的,应予立案:(1)个人行贿数额在10万元以上、单位行贿数额在20万元以上的。(2)个人行贿数额不满10万元、单位行贿数额在10万元以上不满20万元,但具有下列情形之一的:①为谋取非法利益而行贿的;②向3个以上单位行贿的;③向党政机关、司法机关、行政执法机关行贿的;④致使国家或者社会利益遭受重大损失的。

第三百九十二条　【介绍贿赂罪】向国家工作人员介绍贿赂,情节严重的,处三年以下有期徒刑或者拘役,并处罚金。

介绍贿赂人在被追诉前主动交待介绍贿赂行为的,可以减轻处罚或者免除处罚。

【条文对照】

1997年《刑法》	2015年《刑法修正案(九)》
第三百九十二条　向国家工作人员介绍贿赂,情节严重的,处三年以下有期徒刑或者拘役。 介绍贿赂人在被追诉前主动交待介绍贿赂行为的,可以减轻处罚或者免除处罚。	第三百九十二条　向国家工作人员介绍贿赂,情节严重的,处三年以下有期徒刑或者拘役,**并处罚金**。 介绍贿赂人在被追诉前主动交待介绍贿赂行为的,可以减轻处罚或者免除处罚。

【条文理解】

介绍贿赂罪,是指介绍个人或者单位向国家工作人员行贿,情节严重的行为。所谓“介绍”,是指在送予财物者与国家工作人员之间进行引见、沟通、撮合,使送予财物行为与受贿行为的内容得以实现的行为。

介绍贿赂罪在客观方面要求行为人在客观上具有介绍行贿人与受贿人沟通关系,促使行贿实现的行为。构成介绍贿赂罪,必须达到“情节严重”的条件。必须达到“情节严重”的程度,才能按照犯罪认定处理。介绍贿赂罪的对象仅限于国家工作人员,不包括非国家机关工作人员,也不包括国家机关单位。

介绍贿赂罪的主体是一般主体,凡是具有刑事责任能力的人员均可构成该罪,既可以是国家工作人员,也可以是一般公民。介绍贿赂罪的主体仅限于自然人,因而单位(包括国有单位)向国家工作人员介绍贿赂的,不成立本罪。

介绍贿赂罪要求行为人主观上应当具有向国家工作人员介绍贿赂的故意。

被追诉前主动交待介绍贿赂行为的,是本罪减轻或者免除处罚的量刑情节。

【司法适用】

介绍贿赂罪的主观方面为直接故意,即行为人明知自己系在行贿人和受贿的国家工作人员之间牵线搭桥,沟通关系,撮合条件,促使行贿和受贿得以实现,仍故意为之。如果行为人主观上没有介绍贿赂的故意,不知道请托人具有给予国家工作人员财物的意图,而从中帮忙联系的,即使请托人给予了国家工作人员以财物的,也不构成本罪。行为人在主观上一般具有从介绍贿赂过程中谋取非法利益的目的,但并不尽然。行为人是否因介绍贿赂行为从行贿方或受贿方得到某种利益并不影响本罪的成立。

介绍贿赂具体包括两种行为方式:一是按照受贿人的意图,寻找可能的行贿人并劝说其行贿,为受贿的国家工作人员介绍行贿人员;二是按照行贿人的委托,寻找受贿人并劝说其收受贿赂,介绍行贿人和受贿人相识,疏通渠道,转交贿赂财物等。

介绍贿赂罪中的“情节严重”,一般是指介绍贿赂行为所促成的贿赂给国家、集体利益造成了重大损失;介绍多人、多次受贿;介绍贿赂人所获得的利益数额巨大等。根据《直接立案侦查案件立案标准》的规定,有下列情形之一的,应予立案:(1)介绍个人向国家工作人员行贿,数额在2万元以上的;介绍单位向国家工作人员行贿,数额在20万元以上的。(2)介绍贿赂数额不满上述标准,但具有下列情形之一的:①为使行贿人获取非法利益而介绍贿赂的;②3次以上或者为3人以上介绍贿赂的;③向党政领导、司法工作人员、行政执法人员介绍贿赂的;④致使国家或者社会利益遭受重大损失的。

司法实践中还需要注意的是,对于介绍贿赂人在被追诉前,主动交待了介绍贿赂的行为,不论其动机如何,都可以减轻处罚或者免除处罚。

第三百九十三条 【单位行贿罪】单位为谋取不正当利益而行贿,或者违反国家规定,给予国家工作人员以回扣、手续费,情节严重的,对单位判处罚金,并对其直接负责的主管人员和其他直接责任人员,处三年以下有期徒刑或者拘役,并处罚金;情节特别严重的,处三年以上十年以下有期徒刑,并处

罚金。因行贿取得的违法所得归个人所有的,依照本法第三百八十九条、第三百九十条的规定定罪处罚。

【条文对照】

1997年《刑法》	2015年《刑法修正案(九)》	2023年《刑法修正案(十二)》
第三百九十三条　单位为谋取不正当利益而行贿,或者违反国家规定,给予国家工作人员以回扣、手续费,情节严重的,对单位判处罚金,并对其直接负责的主管人员和其他直接责任人员,处五年以下有期徒刑或者拘役。因行贿取得的违法所得归个人所有的,依照本法第三百八十九条、第三百九十条的规定定罪处罚。	第三百九十三条　单位为谋取不正当利益而行贿,或者违反国家规定,给予国家工作人员以回扣、手续费,情节严重的,对单位判处罚金,并对其直接负责的主管人员和其他直接责任人员,处五年以下有期徒刑或者拘役,**并处罚金**。因行贿取得的违法所得归个人所有的,依照本法第三百八十九条、第三百九十条的规定定罪处罚。	第三百九十三条　单位为谋取不正当利益而行贿,或者违反国家规定,给予国家工作人员以回扣、手续费,情节严重的,对单位判处罚金,并对其直接负责的主管人员和其他直接责任人员,处**三**年以下有期徒刑或者拘役,并处罚金;**情节特别严重的,处三年以上十年以下有期徒刑,并处罚金**。因行贿取得的违法所得归个人所有的,依照本法第三百八十九条、第三百九十条的规定定罪处罚。

【条文理解】

单位行贿罪,是指单位为谋取不正当利益,给予国家工作人员以财物,或者违反国家规定,给予国家工作人员以回扣、手续费的行为。

单位行贿罪的主体是单位,公司、企业、事业单位、机关、团体均可以构成单位行贿罪的主体。

单位行贿罪的主观方面是故意,是经单位决策机构授权和同意,由单位直接负责的主管人员和其他责任人员以故意行贿行为表现出来的。过失不能构成单位行贿罪。

本罪的处罚是双罚制,对单位判处罚金;对直接负责的主管人员和其他直接责任人员,处3年以下有期徒刑或者拘役,并处罚金;情节特别严重的,处3年以上10年以下有期徒刑,并处罚金。《刑法修正案(十二)》将单位主管人员和其他直接责任人员的刑事责任从原有的一档法定刑调整为两档,并将最高刑期由此前的5年有期徒刑,提高至10年有期徒刑。

鉴于涉及单位的行贿问题较为复杂,集中体现于都是个人实施行贿行为,故在行贿罪和单位行贿罪的取舍上需要进行衡量和评判。两罪名区分的主要依据即违法所得的归属问题。具体而言,违法所得究竟是为单位所得,还是为个人所得,非常重要。对于行贿所取得的违法所得归个人所有的,则不按照单位行贿罪定罪处罚,而按照行贿罪定罪处罚。该规范内容旨在针对那些假借单位之名、行个人行贿之实的情况。

【司法适用】

单位行贿罪的具体行为包括两种情形:一是单位为谋取不正当利益而向国家工作人员行贿;二是违反国家规定,给予国家工作人员以回扣、手续费,情节严重的行为。“情节严重”,一般是指账外、暗中给予国家工作人员回扣、手续费,数额巨大的;或者给国家利益造成巨大损失的;或者多次违反国家规定,给予国家工作人员回扣、手续费的。

单位行贿行为的常见表现形式:(1)经单位集体研究决定的由有关人员实施行贿行为;(2)经单位主管人员批准,由有关人员实施的行贿行为;(3)单位主管人员以法定代表人的身份实施的行贿行为。需要注意的是,是单位行贿还是个人行贿,主要关注的内容是决定行贿的究竟是个人还是单位,还有受益的究竟是个人还是单位,如果单位行贿的直接负责主管人员和其他直接责任人员将单位行贿而获得的违法所得归个人所有的,即以单位名义行贿,实际上个人中饱私囊得到好处的,根据本条规定,应对直接负责的主管人员和其他直接责任人员依照《刑法》第389条、第390条规定的行贿罪定罪处罚。

根据本条规定,单位行贿罪应当追究直接负责的主管人员和其他直接责任人员的责任。需要注意的是,在单位犯罪中,对于受单位领导指派或者奉命而参与实施了一定犯罪行为的人员,一般不宜作为直接责任人员追究刑事责任。对单位犯罪中的直接负责的主管人员和其他直接责任人员,应根据其在单位犯罪中的地位、作用和犯罪情节,分别处以相应的刑罚,主管人员与直接责任人员在个案中不是当然的主从犯关系,有的案件可以不区分主从犯。对于单位负责人在履行其职务时实施的行贿行为,且是出于为单位谋取不正当利益,仍应认定为单位行贿罪。

对于单位行贿罪中的罚金数额,在原有一档法定刑的情况下,系根据《贪污贿赂案件解释》第19条第2款的规定,在10万元以上犯罪数额2倍以下判处罚金。增加一档法定刑后,罚金刑起点需要另行规定。

对于单位行贿罪的立案追诉标准,根据《直接立案侦查案件立案标准》的规定,单位行贿涉嫌下列情形之一的,应予以立案:(1)单位行贿数额在20万元以上的。(2)单位为谋取不正当利益而行贿,数额在10万元以上不满20万元,但具有下列情形之一的:①为谋取非法利益而行贿的;②向3人以上行贿的;③向党政领导、司法工作人员、行政执法人员行贿的;④致使国家或者社会利益遭受重大损失的。

第三百九十四条　【贪污罪】国家工作人员在国内公务活动或者对外交往中接受礼物，依照国家规定应当交公而不交公，数额较大的，依照本法第三百八十二条、第三百八十三条的规定定罪处罚。

【条文理解】

本条规定，国家工作人员在国内公务活动或者对外交往中接受礼物，依照国家规定应当交公而不交公，数额较大的，依照刑法关于贪污罪的规定定罪处罚。这里所说的“国内公务活动”，主要是指在国内参加的各种与本人工作有关的公务活动。“礼物”，包括各种作为赠礼的物品、礼金、礼券等。“依照国家有关规定应当交公而不交公”的，是指违反国家有关法律、行政法规、政策文件中关于国家工作人员在国内外公务活动中接受礼物应当交公的规定。构成本罪，必须达到“数额较大”的标准。

【司法适用】

“依照国家规定应当交公而不交公”的“国家规定”，主要是指《关于在对外活动中不赠礼、不受礼的决定》《国家行政机关及其工作人员在国内公务活动中不得赠送和接受礼品的规定》等规定。

关于本罪中“数额较大”的标准，根据《贪污贿赂案件解释》的规定，贪污罪中“数额较大”的标准为，贪污数额在 3 万元以上不满 20 万元的；“数额巨大”的标准为，贪污数额在 20 万元以上不满 300 万元的；“数额特别巨大”的标准为，贪污数额在 300 万元以上的。

对于本罪中，接受礼物的数额分别达到“数额较大”“数额巨大”“数额特别巨大”的标准时，其判处刑罚的标准应当与《刑法》第 383 条的规定一致。

【司法案例】

侯某贪污案①

[**裁判要旨**]身为国有企业中从事公务的人员，因其公职行为获得房产奖励，违反国家工作人员职务廉洁性的相关规定，应当上交而未予上交，应以贪污罪论处。

---

① 参见上海铁路运输中级法院（2014）沪铁中刑终字第 17 号刑事判决书。

第三百九十五条　【巨额财产来源不明罪】国家工作人员的财产、支出明显超过合法收入，差额巨大的，可以责令该国家工作人员说明来源，不能说明来源的，差额部分以非法所得论，处五年以下有期徒刑或者拘役；差额特别巨大的，处五年以上十年以下有期徒刑。财产的差额部分予以追缴。

【隐瞒境外存款罪】国家工作人员在境外的存款，应当依照国家规定申报。数额较大、隐瞒不报的，处二年以下有期徒刑或者拘役；情节较轻的，由其所在单位或者上级主管机关酌情给予行政处分。

【条文对照】

1997 年《刑法》	2009 年《刑法修正案(七)》
第三百九十五条　国家工作人员的财产或者支出明显超过合法收入，差额巨大的，可以责令说明来源。**本人**不能说明**其**来源**是合法**的，差额部分以非法所得论，处五年以下有期徒刑或者拘役，财产的差额部分予以追缴。 国家工作人员在境外的存款，应当依照国家规定申报。数额较大、隐瞒不报的，处二年以下有期徒刑或者拘役；情节较轻的，由其所在单位或者上级主管机关酌情给予行政处分。	第三百九十五条　国家工作人员的财产、支出明显超过合法收入，差额巨大的，可以责令**该国家工作人员**说明来源，不能说明来源的，差额部分以非法所得论，处五年以下有期徒刑或者拘役；**差额特别巨大的，处五年以上十年以下有期徒刑**。财产的差额部分予以追缴。 国家工作人员在境外的存款，应当依照国家规定申报。数额较大、隐瞒不报的，处二年以下有期徒刑或者拘役；情节较轻的，由其所在单位或者上级主管机关酌情给予行政处分。

【条文理解】

1. 巨额财产来源不明罪

巨额财产来源不明罪，是指国家工作人员的财产、支出明显超过合法收入，差额巨大，经责令说明来源，本人不能说明来源的行为。巨额财产来源不明罪的主体是特殊主体，只有国家工作人员才能构成本罪的主体。“国家工作人员的财产”，是指国家工作人员私人所有的房屋、车辆、存款、现金、股票、生活用品等，而且并不局限于该国家工作人员个人名下的财产，其配偶名下的财产、其他个人或者组织名下的财产经查证如果是由该国家工作人员实际支配的，也可以被认定为“国家工作人员的财产”。“支出”，是指各种消费以及其他开支，也包括以其他人名义支出但是由该国家工作人员实际使用或获利的部分。“超过合法收入”是指国家工作人员的财产或支出数额，明显超过其工资、奖金、津贴以及其他依照国家规定取得的报酬的数额。巨额财产来源不明罪中的“财产、支出明显超过合法收入”，既包括财产明显超过合法收入，也包括支出明显超过合法收入，还包括财产和支出两者合计明显超出合法收入的情况。

2. 隐瞒境外存款罪

隐瞒境外存款罪,是指国家工作人员对在境外的存款,应当依照国家规定申报而隐瞒不报,数额较大的行为。隐瞒境外存款罪的主体是国家工作人员。主观方面是直接故意,即行为人明知根据国家规定,其负有申报境外存款的义务,却故意隐瞒不报。如果不是出于故意隐瞒,而是对国家的申报不明知,或准备申报而暂未申报等,都不能构成此罪。隐瞒不报境外存款的动机多种多样,但无论是何种动机,都不影响隐瞒境外存款罪的成立。

【司法适用】

1. 巨额财产来源不明罪

根据《直接立案侦查案件立案标准》,涉嫌巨额财产来源不明,数额在 30 万元以上的,应予立案。应当注意的是,在清查、核实行为人的财产来源时,司法机关应当尽量查清其财产是通过何种非法方式取得的,如果能够查清其财产是以贪污、受贿或者其他犯罪方法取得的,应当按照贪污、受贿或者其他犯罪追究刑事责任。只有在确实无法查清其巨额财产非法来源的情况下,本人又不能说明差额巨大的来源是合法的,才应按巨额财产来源不明罪进行追究。

根据《全国法院审理经济犯罪案件工作座谈会纪要》的规定,“非法所得”一般是指行为人的全部财产与能够认定的所有支出的总和减去能够证实的有真实来源的所得。在具体计算时,应注意以下问题:(1)应把国家工作人员个人财产和与其共同生活的家庭成员的财产、支出等一并计算,而且一并减去他们所有的合法收入以及确属与其共同生活的家庭成员个人的非法收入;(2)行为人所有的财产包括房产、家具、生活用品、学习用品及股票、债券、存款等动产和不动产;行为人的支出包括合法支出和不合法的支出,包括日常生活、工作、学习费用、罚款及向他人行贿的财物等;行为人的合法收入包括工资、奖金、稿酬、继承等法律和政策允许的各种收入;(3)为了便于计算犯罪数额,对于行为人的财产和合法收入,一般可以从行为人有比较确定的收入和财产时开始计算。“不能说明”,包括以下情况:(1)行为人拒不说明财产来源;(2)行为人无法说明财产的具体来源;(3)行为人所说的财产来源经司法机关查证并不属实;(4)行为人所说的财产来源由于线索不具体等原因,司法机关无法查实,但能排除存在来源合法的可能性和合理性的。

2. 隐瞒境外存款罪

隐瞒境外存款罪的客观方面表现为:(1)违反“国家规定”的申报境外存款的特定义务;(2)不履行申报义务,对在境外的存款隐瞒不报;(3)数额较大。需要注意的是,国家工作人员在境外拥有存款,如果能够依照国家相关规定,如实主动申报,不能构成本罪;只有不履行申报义务的,才构成本罪。所谓“依照国家规定”,是指依照《外汇管理条例》以及《对个人的外汇管理施行细则》等有关规定。隐瞒不报的行为在实践中一般表现有两种形式,一是完全隐瞒不报,二是不如实报告。所谓“数额较大”,根据《直接立案侦查案件立案标准》的规定,涉嫌隐瞒境外存款,折合人民币数额在30万元以上的,应予立案。

第三百九十六条 【私分国有资产罪】国家机关、国有公司、企业、事业单位、人民团体,违反国家规定,以单位名义将国有资产集体私分给个人,数额较大的,对其直接负责的主管人员和其他直接责任人员,处三年以下有期徒刑或者拘役,并处或者单处罚金;数额巨大的,处三年以上七年以下有期徒刑,并处罚金。

【私分罚没财物罪】司法机关、行政执法机关违反国家规定,将应当上缴国家的罚没财物,以单位名义集体私分给个人的,依照前款的规定处罚。

【条文理解】

1. 私分国有资产罪

私分国有资产罪属于单位犯罪,其犯罪主体是特殊主体,即国家机关、国有公司、企业、事业单位、人民团体,其他非国有单位和个人不能构成私分国有资产罪的主体。私分国有资产罪的客观行为表现为,违反国家规定,以单位名义将国有资产集体私分给个人。本罪实行单罚制,构成犯罪的,只对单位中直接负责的主管人员和其他直接责任人员追究刑事责任。

2. 私分罚没财物罪

私分罚没财物罪的主体是司法机关、行政执法机关。本罪客观行为表现为,违法国家规定,将应当上缴国家的罚没财物,以单位名义集体私分给个人的。本罪同样实行单罚制,构成本罪的,只对单位中直接负责的主管人员和其他直接责任人员追究刑事责任。

【司法适用】

1. 私分国有资产罪

私分国有资产罪中“违反国家规定”,根据《刑法》第96条的规定,是指违反国家有关管理、使用、保护国有资产方面的全国人民代表大会及其常务委员会制定的法律和决定,国务院制定的行政法规、规定的行政措施、发布的决定和命令。“以单位名义”是指单位全体成员共同决定,或者单位决策机构集体研究决定,或者是单位中有决策权的领导人、负责人决定但体现了单位意志,以单位的名义组织私分。需要注意的是,私分国有资产罪中的单位意志,不同于一般单位犯罪中的单位意志,私分行为不是为了单位利益,而恰恰是损害单位利益的。“集体私分给个人”是指将国有资产分给单位中的每一个成员或者绝大多数成员。分配时,可能是平均分配,也可能是按一定的标准分配。单位负责人和其他责任人是否分得了财物,不影响其行为的认定。如果不是分给所有职工或者绝大部分职工,而是几个主要负责人员或者主要行为人暗中侵吞,单位内部并不是绝大多数人知情的,则应以贪污罪追究侵吞者的刑事责任。

集体私分国有资产必须达到数额较大,才能构成犯罪。根据《直接立案侦查案件立案标准》的规定,私分国有资产,累计数额在 10 万元以上的,应予立案。虽然本罪的管辖权发生变化,但上述立案标准并没有被废止,仍然继续沿用。

2. 私分罚没财物罪

私分罚没财物罪与私分国有资产罪是特殊罪名与普通罪名之间的关系,行为主体相较之私分国有资产罪而言是特殊主体,只包括具有罚没财物职权的司法机关和行政执法机关。私分罚没财物罪中的“司法机关”,包括公安机关、国家安全机关、检察机关、审判机关、监狱管理机关。“行政执法机关”,是指政府所属的税务、海关、质量监督、卫生检疫、交通管理、环境保护等机关。上述单位的内设、派出和分支机构,同样能够构成私分罚没财物罪的主体。

“罚没财物”应当包括:人民法院对犯罪分子判处的罚金、没收的财产,或者在民事诉讼中依法行使处罚职权过程中收到的财物;行政执法机关对违法行为给予的罚款;司法机关、行政执法机关在执法中没收违法行为人或者罪犯用于违法犯罪行为的金钱、物品及各种违法所得。

私分罚没财物必须违反国家规定,同时要求具有以单位名义集体私分给个人,数额较大的要件。如果应当上缴国家的罚没财物没有上缴,而是用于单位购买办公用品、工作装备,由于没有私分给个人,不构成私分罚没财物罪。对于数额较大的理解,根据《直接立案侦查案件立案标准》的规定,私分罚没财物,累计数额在 10 万元以上的,应予立案。虽然本罪的管辖权发生变化,但上述立案标准并没有被废止,仍然继续沿用。

此外,需要注意的是,私分国有资产罪与私分罚没财物罪都是单位犯罪,但与一般单位犯罪不同,这两个罪均不实行双罚制,也就是不对单位予以刑事处罚,只追究该单位直接负责的主管人员和其他直接责任人员的刑事责任。

【司法案例】

刘某伟私分国有资产案①

[**裁判要旨**](1)共同贪污国有资产通常表现为非法占有国有资产的人共同利用职务上的便利,共同实施,一般是秘密进行的,并且想方设法将有关账目抹平,以掩盖非法占有国有资产的事实;而私分国有资产行为则表现为在单位意志的支配下,集体共同私分,而大多数分得财产的人对是否私分没有决定权,并且在单位内部往往是公开的,有的还做了详细的财务记录。(2)参与共同贪污的人,均应依法承担刑事责任;而私分国有资产罪只能由对私分国有资产直接负责的主管人员和其他直接责任人员构成,被动分得国有资产的人依法不构成犯罪,只承担返还所分得财产的民事责任。

工商银行神木支行、童某等被控私分国有资产案②

[**裁判要旨**]对私分国有资产罪与单位受贿罪中的"国有公司、企业"应作限制解释,即仅指国有独资公司、企业。如果国有控股、参股公司、企业的工作人员违反国家规定,以单位名义将国有资产集体私分给个人,造成公司严重损失,致使国家利益遭受重大损失的,可以构成国有公司、企业人员滥用职权罪。

---

① 参见《刑事审判参考》总第19辑第125号案例。

② 参见《刑事审判参考》总第112集第1234号案例。

第九章　渎　职　罪

第三百九十七条　【滥用职权罪；玩忽职守罪】国家机关工作人员滥用职权或者玩忽职守，致使公共财产、国家和人民利益遭受重大损失的，处三年以下有期徒刑或者拘役；情节特别严重的，处三年以上七年以下有期徒刑。本法另有规定的，依照规定。

国家机关工作人员徇私舞弊，犯前款罪的，处五年以下有期徒刑或者拘役；情节特别严重的，处五年以上十年以下有期徒刑。本法另有规定的，依照规定。

【条文理解】

1. 滥用职权罪

滥用职权罪，是指国家机关工作人员故意逾越职权或者不履行职责，致使公共财产、国家和人民利益遭受重大损失的行为。

本罪的犯罪主体是特殊主体，即国家机关工作人员。全国人民代表大会常务委员会《关于〈中华人民共和国刑法〉第九章渎职罪主体适用问题的解释》规定："在依照法律、法规规定行使国家行政管理职权的组织中从事公务的人员，或者在受国家机关委托代表国家机关行使职权的组织中从事公务的人员，或者虽未列入国家机关人员编制但在国家机关中从事公务的人员，在代表国家机关行使职权时，有渎职行为，构成犯罪的，依照刑法关于渎职罪的规定追究刑事责任。"该立法解释所明确的"国家机关工作人员"认定标准，要甄别三种"公职身份"，但其核心要义行为人在于"行使特定职权"，即是否"代表国家机关履行国家行政管理职权"。

第一种情形是"在依照法律、法规规定行使国家行政管理职权的组织中从事公务的人员"。包括在各级国家权力机关、行政机关、监察机关、司法机关和军事机关从事公务的人员；在依照法律法规规定行使行政管理职权的组织（如在证监会、社会保障基金理事会等）中从事公务的人员；在乡镇以上中国共产党机关、人民政协机关中从事公务的人员。对于"依照法律、法规行使国家行政管理职权的组织”,需要有相关法律、法规及机构编制文件等佐证。

第二种情形是“在受国家机关委托代表国家机关行使职权的组织中从事公务的人员”。包括在经合法授权从事具体管理市场经济和社会生活工作,拥有一定管理公共事务和社会事务职权的国有公司,企业和事业单位即实际行使国家行政管理职权的组织中从事公务的人员。对于受国家机关委托代表国家机关行使职权的组织,还应有委托文件等证明国家行政管理职权来源的合法性。在认定国家机关工作人员主体身份时,应当注意区分其任职单位是“国家机关”还是“受国家机关委托代表国家机关行使职权的组织”。

第三种情形是“虽未列入国家机关人员编制但在国家机关中从事公务的人员”。渎职犯罪主体“国家机关工作人员”,其外延比贪贿犯罪主体“国家工作人员”要窄;“从事公务”的范围也仅限于“国家行政管理职权”。国家机关工作人员,不包括国有公司、企业事业单位或者人民团体中从事公务的人员和国家机关、国有公司、企业事业单位、社会团体从事公务的人员以及其他依照法律规定从事公务的人员。但国家机关工作人员的认定,并不绝对以编制身份论,虽无国家机关人员编制但在国家机关中从事公务的人员,在代表国家机关行使职权时,仍认定为国家机关工作人员。对此类人员的身份及职权范围,应有人事档案、工作规定以及相应国家机关的证明文件等证实。

本罪的主观方面是故意,即行为人明知自己违反有关规定,滥用职权的行为,会使公共财产、国家和人民利益遭受重大损失,而希望或放任这一结果发生,或者应当预见自己滥用职权或者超越职权的行为可能会发生公共财产、国家和人民利益遭受重大损失的结果,因为疏忽大意而没有预见,或者已经预见而轻信能够避免,以致发生这种结果。本罪的主观方面既可能是故意,也可能是过失,但是,无论行为人对危害结果是否预见,其对职权的滥用行为均是明知故犯。

本罪的客观方面表现为滥用职权,是指国家机关工作人员以不当目的或者不法方法,实施违反职务行为宗旨的活动。其通常表现为:超越职权,擅自决定或者处理无权决定、处理的事项;玩弄职权,随心所欲地对事项作出决定或者处理;任意放弃履职,故意不履行应当履行的职责;以权谋私、假公济私,出于不当目的而实施职务行为等。

2. 玩忽职守罪

玩忽职守罪,是指国家机关工作人员严重不负责任,不履行或者不正确履行自身工作职责,致使公共财产、国家和人民利益遭受重大损失的行为。

本罪的犯罪主体同滥用职权罪一样,都是特殊主体,即国家机关工作人员,在此不再赘述。

本罪的主观方面表现为过失,包括疏忽大意的过失和过于轻信的过失。即行为人明知应当履行职责或正确履行职责,且应当预见不履行或者不正确履行职责的行为,可能使公共财产、国家和人民利益遭受重大损失,因为疏忽大意而没有预见,或者虽然预见但轻信能够避免,以至发生危害结果。即行为人对其不履行或者不正确履行职责的行为性质是玩忽职守是明知,对玩忽职守行为可能造成的后果是过失。

本罪的客观行为表现为玩忽职守,是指国家机关工作人员对本职工作严重不负责,不履行、不正确履行或者放弃履行其职责,包括作为与不作为。玩忽职守的作为,是指国家机关工作人员不正确履行职责义务的行为,其通常表现为:工作中马虎草率、敷衍塞责、违令抗命、弄虚作假、欺上瞒下、胡作非为,极端不负责任等。玩忽职守的不作为,是指国家工作人员不尽职责义务的行为,即对自己应当履行且有条件履行的职责,未尽应尽的职责义务,其通常表现为:工作中擅离职守、撒手不管,或虽未离职守,但该管不管、当为不为、听之任之等。要注意将玩忽职守与工作失误相区别,工作失误时行为人系认真履行自己的职责义务,且往往是由于制度不完善、管理有弊端、方案不科学、能力有不足、经验不丰富等原因,导致在积极工作中发生错误,造成国家和人民利益重大损失。

【司法适用】

1. 滥用职权罪与玩忽职守罪的区别

由于滥用职权罪与玩忽职守罪规定在现行刑法同一条文中,犯罪主体都是国家机关工作人员,两罪的成立在客观方面都要求造成公共财产、国家和人民利益的重大损失。因此,两罪容易混淆。两罪的主要区别是:(1)罪过形式不同。本罪的行为人主观方面一般是故意;而玩忽职守罪只能是过失。(2)行为方式不同。形式上,本罪的行为方式一般表现为"作为";而玩忽职守罪的行为方式一般表现为"不作为"。实践中,应注意收集、审查证明行为人罪过形式和行为方式的证据。

2. "致使公共财产、国家和人民利益遭受重大损失"的认定

渎职犯罪造成的重大损失,是指给国家和人民利益造成的重大物质性损失(含人身伤亡和公私财物重大损失)和非物质性损失(严重损害国家机关正常活动和声誉等)。根据《渎职案件解释(一)》第 1 条第 1 款的规定,国家机关工作人员滥用职权或者玩忽职守,具有下列情形之一的,应当认定为《刑法》第 397 条规定的"致使公共财产、国家和人民利益遭受重大损失":(1)造成死亡 1 人以上,或者重伤 3 人以上,或者轻伤 9 人以上,或者重伤 2 人、轻伤 3 人以上,或者重伤 1 人、轻伤 6 人以上的;(2)造成经济损失 30 万元以上的;(3)造成恶劣社会影响的;(4)其他致使公共财产、国家和人民利益遭受重大损失的情形。

(1)经济损失的认定。涉及定损的时间标准、债权的损失判定、止损的法律后果等问题。根据《渎职案件解释(一)》第 8 条规定,本解释规定的"经济损失",是指渎职犯罪或者与渎职犯罪相关联的犯罪立案时已经实际造成的财产损失,包括为挽回渎职犯罪所造成损失而支付的各种开支、费用等。立案后至提起公诉前持续发生的经济损失,应一并计入渎职犯罪造成的经济损失。债务人经法定程序被宣告破产,债务人潜逃、去向不明,或者因行为人的责任超过诉讼时效等,致使债权已经无法实现的,无法实现的债权部分应当认定为渎职犯罪的经济损失。渎职犯罪或者与渎职犯罪相关联的犯罪立案后,犯罪分子及其亲友自行挽回的经济损失,司法机关或者犯罪分子所在单位及其上级主管部门挽回的经济损失,或者因客观原因减少的经济损失,不予扣减,但可以作为酌定从轻处罚的情节。

根据上述规定可见,关于定损的时间标准,以渎职犯罪或者与渎职犯罪相关联的犯罪立案时,为确定财产损失的时间节点,且应以实际造成的财产损失计算。关于债权的损失认定。债权系公共财产的存在形式,其权利的实现具有风险性、或然性,如有债务人破产、潜逃、去向不明、因行为人责任导致超过诉讼时效以及其他有证据证明债权无法实现的情况,应认定已实际造成经济损失。另外,在司法实践中存在"投资入股""债转股"等行为中的"股权"价值认定问题,"股权"虽不同于"债权",但是否造成经济损失的认定可参照上述规定执行。关于止损的法律后果。在渎职犯罪或者与其关联犯罪立案后,因自行挽损、办案挽损、单位挽损以及客观减损等原因而止损的,均不扣减从而影响定罪,但可作为酌定从轻情节。

(2)危害后果与追诉时效。从渎职行为实施到危害结果出现,具有"延时性""间隔性""可变性"等特征,不应以渎职行为实施之日作为计算追诉时效的起点。根据《渎职案件解释(一)》第 6 条规定,以危害结果为条件的渎职犯罪的追诉期限,从危害结果发生之日起计算;有数个危害结果的,从最后一个危害结果发生之日起计算。

根据《刑法》第 89 条第 1 款的规定,追诉期限从犯罪之日起计算;犯罪行为有连续或者继续状态的,从犯罪行为终了之日起计算。关于"犯罪之日"的含义,司法实践中存在"犯罪成立之日""犯罪行为实施之日""犯罪行为发生之日""犯罪行为完成之日""犯罪行为停止之日"等不同的理解。因渎职犯罪的特殊性,才有"危害结果发生之日"一说。关于"危害结果发生之日"的认定,实质对应渎职犯罪构成要件完全具备之日,但因为渎职犯罪之"危害结果"包括物质损失与非物质损失、单个后果与数个后果,对于追诉时效起点计算应当具体问题具体分析。

有观点认为，滥用职权罪系状态犯[①]，而非继续犯[②]（也称持续犯），继续犯与状态犯虽然都有不法状态的继续，但继续犯的不法状态从犯罪行为实施起就已经产生、犯罪行为持续也导致不法状态持续，而状态犯的不法状态产生于犯罪行为终了时、不法状态持续期间并无犯罪行为的持续。如"沈某某滥用职权案"[③]，公安干警沈某某于2007年10月24日违法行使变更户籍信息审批权，致网上追逃案犯张某青的出生时间和身份信息于2007年11月2日被重新录入户政管理系统，使其抢劫的犯罪事实得不到及时的追究。后又于2007年11月18日在张某青的征兵政审工作中不负责任地出具张某青符合征兵政审条件和无违法违纪及不良行为的意见，致张某青于2007年12月1日应征入伍服兵役，至此犯罪结果发生，沈某某的行为符合滥用职权罪的构成要件。2011年9月，某县公安机关在"清网"行动中，经进一步核查张某青的真实身份，将其从服役的部队抓获归案，造成恶劣社会影响。2012年12月26日，检察机关对沈某某立案侦查。对此案是否已过追诉时效，检法两家存在重大分歧。检方认为应以2012年"造成恶劣社会影响"为追诉时效起算点，本案尚在追诉时效内；法院判决以2007年张某青应征入伍服兵役时为追诉时效起算点，本案已过追诉时效。

然而，状态犯与继续犯的区分，不足以解决渎职犯罪的追诉时效问题。如果以犯罪后果和犯罪的实行行为是否存在间隔为标准，还可以将渎职犯罪划分为即成犯和隔隙犯。在即成犯中，追诉时效的起算时间即犯罪成立和犯罪行为实施、完成时间，如阻碍解救被拐卖、绑架妇女、儿童罪，私放在押人犯罪等；但渎职犯罪大多属于隔隙犯（隔地犯、隔时犯），渎职犯罪行为与危害结果一般不是同时发生，如擅自出借公款（状态延续）后导致案发时尚有巨额公款未追回（造成损失）；且渎职行为可能引发多个危害结果，各个结果出现的先后会直接影响追诉时效的认定。危害结果因案件客观情况差异而呈现不同样态，渎职行为有数个危害结果的，从最后一个犯罪结果发生之日起计算追诉时效。

3. 滥用职权、玩忽职守行为与重大损失结果之间的因果关系

渎职犯罪中的因果关系错综复杂，有直接原因也有间接原因，有主要原因也有次要原因，有领导责任也有直接责任者，有多因一果也有一因多果。一般而言，应以本罪论处的，是指滥用职权、玩忽职守行为与造成的严重危害结果之间有必

---

① 状态犯是指犯罪行为已经实施完毕，但犯罪行为所造成的不法状态仍在继续。

② 继续犯是指作用于某一对象的一个犯罪行为，从着手实行到行为终了，犯罪行为与不法状态在一定时间内同时处于不间断的持续状态的犯罪，如非法拘禁罪、窝藏罪等。

③ 参见《刑事审判参考》总第105集第1134号案例。

然因果关系;否则,可按照工作错误或工作失误处理。渎职犯罪的因果关系,根据职务行为导致危害后果发生的原因力大小来评价,可借鉴相关党内法规及行政管理规定,实现渎职行为党纪处分、政务处分与刑事责任追究的系统衔接。

《中国共产党问责条例》第6条第1款规定,问责应当分清责任。党组织领导班子在职责范围内负有全面领导责任,领导班子主要负责人和直接主管的班子成员在职责范围内承担主要领导责任,参与决策和工作的班子成员在职责范围内承担重要领导责任。

《中国共产党纪律处分条例》第39条规定,直接责任者,是指在其职责范围内,不履行或者不正确履行自己的职责,对造成的损失或者后果起决定性作用的党员或者党员领导干部;主要领导责任者,是指在其职责范围内,对直接主管的工作不履行或者不正确履行职责,对造成的损失或者后果负直接领导责任的党员领导干部;重要领导责任者,是指在其职责范围内,对应管的工作或者参与决定的工作不履行或者不正确履行职责,对造成的损失或者后果负次要领导责任的党员领导干部。领导责任者,包括主要领导责任者和重要领导责任者。

《党政主要领导干部和国有企事业单位主要领导人员经济责任审计规定》第40条规定,领导干部对履行经济责任过程中的下列行为应当承担直接责任:(1)直接违反有关党内法规、法律法规、政策规定的;(2)授意、指使、强令、纵容、包庇下属人员违反有关党内法规、法律法规、政策规定的;(3)贯彻党和国家经济方针政策、决策部署不坚决不全面不到位,造成公共资金、国有资产、国有资源损失浪费,生态环境破坏,公共利益损害等后果的;(4)未完成有关法律法规规章、政策措施、目标责任书等规定的领导干部作为第一责任人(负总责)事项,造成公共资金、国有资产、国有资源损失浪费,生态环境破坏,公共利益损害等后果的;(5)未经民主决策程序或者民主决策时在多数人不同意的情况下,直接决定、批准、组织实施重大经济事项,造成公共资金、国有资产、国有资源损失浪费,生态环境破坏,公共利益损害等后果的;(6)不履行或者不正确履行职责,对造成的后果起决定性作用的其他行为。第41条规定,领导干部对履行经济责任过程中的下列行为应当承担领导责任:(1)民主决策时,在多数人同意的情况下,决定、批准、组织实施重大经济事项,由于决策不当或者决策失误造成公共资金、国有资产、国有资源损失浪费,生态环境破坏,公共利益损害等后果的;(2)违反部门、单位内部管理规定造成公共资金、国有资产、国有资源损失浪费,生态环境破坏,公共利益损害等后果的;(3)参与相关决策和工作时,没有发表明确的反对意见,相关决策和工作违反有关党内法规、法律法规、政策规定,或者造成公共资金、国有资产、国有资源损失浪费,生态环境破坏,公共利益损害等后果的;(4)疏于监管,未及时发现和处理所管辖范围内本级或者下一级地区(部门、单位)违反有关党内法规、法律法规、政策规定的问题,造成公共资金、国有资产、国有资源损失浪费,生态环境破坏,公共利益损害等后果的;(5)除直接责任外,不履行或者不正确履行职责,对造成的后果应当承担责任的其他行为。

上述规定所指"直接责任""主要领导责任""重要领导责任",均以渎职失责行为与危害结果的因果关系为判断标准,分别对应"决定性作用""直接领导责任""次要领导责任"。渎职犯罪因果关系认定,应当注意区分三种情形:

(1)区分"个人责任"与"集体责任"。司法实践中,"单打独斗"式的个人渎职行为并不多见且一般无争议,多是以集体名义实施且系多因一果、多人涉责的复杂行为。在此类行为进程中,个人责任与集体责任可能兼而有之。如某领导班子成员利用直接主管国有财产处置的职权收受他人贿赂,提议将某国有资产贱价处置导致重大损失,报经集体研究时其他领导不尽责而未表示异议。这便导致个人贪渎与集体失责交织并存,二者并无排斥背反关系。即使特定领导班子成员应负个人责任,并不意味着其他领导班子成员不负领导责任,只是在评价特定对象责任时两种责任不能并存。《渎职案件解释(一)》第 5 条规定,以"集体研究"形式实施的渎职犯罪,应当依照《刑法》分则第 9 章的规定追究国家机关负有责任的人员的刑事责任。该规定强调防止机械地以"集体研究"作为渎职犯罪的出罪事由,要注意渎职犯罪的表现形式当中,既有"两面人"或"一言堂"者以"集体研究"为名、行"个人意志"之实的直接责任形态,还有做"庸懒散"者在"集体研究"时玩忽职守而承担领导责任等情形。"集体研究"的外观表现形式下,既可能存在"领导责任",也可能存在"直接责任"。

(2)区分"直接责任"与"领导责任"。二者区分的核心要素,在于不履行或者不正确履行职责的行为,对危害结果是否起决定性作用。所谓决定性作用,是指行为人实际控制权力运行、行为进程等,从而对产生危害结果起主导作用。

"直接责任"一般有三种表现形式:一是直接违法违纪,如直接违反或者授意、指使、强令、纵容、包庇下属人员违反有关党内法规、法律法规、政策规定。二是严重渎职失责,如贯彻党和国家方针政策、决策部署不坚决不全面不到位,或者未完成有关法律法规规章、政策措施、目标责任书等规定的领导干部作为第一责任人(负总责)事项,造成重大损害。三是擅自进行决策,如未经民主决策程序或者民主决策时在多数人不同意的情况下,直接决定、批准、组织实施重大事项,造成重大损害。上述三种情形中的危害结果,或出于行为人的非法行为控制,或是由于行为人的严重怠于本职,体现了危害行为是危害结果发生的主要原因力,具有决定性的因果关系。

虽然“领导责任”与“直接责任”均属渎职行为且应承担相应责任,但“领导责任”在行为与结果的原因力上具备非决定性,对于不履行或者不正确履行职责的行为,并无直接决定、指使授意、纵容包庇等行为,但有失察怠惰、偏听偏信、监管缺位等责任,即其渎职行为对于危害后果虽有关联性、次要性影响,但并非导致该结果发生的决定因素。且在目标追求(或危害避免)的责任顺位上具备非首位性,对于其履职尽责的责任排序,尚不属于拟追责事项的第一责任人或者总负责人。

需要注意的是,“直接责任”与“领导责任”的区分仅是对渎职行为与损害后果因果关系大小的判断,并不是滥用职权与玩忽职守的划分标准。

(3)区分“主要领导责任(直接领导责任)”与“重要领导责任(次要领导责任)”。如果说“直接责任”与“领导责任”的区分关键在于行为与结果有无决定性因果关系,那么“主要领导责任”与“重要领导责任”的区分除了因果关系的程度强弱,还要看行为人手中权力所对应的责任大小。对于多因一果的领导责任区分,个人权责大小与因果关系强弱两个基本因素既有区别又紧密结合,是责任认定的“一体两面”。

换言之,“直接责任”系指直接实施决定性危害行为而应负的责任,“主要领导责任(直接领导责任)”与“重要领导责任”系指因其直接领导职责或次要领导职责,而对于本人非决定性危害行为应负的责任。例如,直接领导者组织民主决策时,在多数人同意的情况下,决定、批准、组织实施重大事项,由于决策不当或者决策失误造成重大损失的,应当承担主要领导责任。又如,次要领导者参与相关决策和工作时,没有发表明确的反对意见,相关决策和工作违反有关党内法规、法律法规、政策规定,或者造成重大损失的,应当承担重要领导责任。

综上,应当秉持“权责一致、错责相当”“集体决定、分清责任”的原则,根据个人权责大小以及渎职行为与危害后果的原因力强弱,来区分渎职责任的该当性和层级性。

4. 本条与其他犯罪的竞合处理

(1)本条与特定主体滥用职权、玩忽职守犯罪的区别。《刑法》在规定本条的一般的滥用职权罪、玩忽职守罪的同时,又在第九章规定了具体的滥用职权、玩忽职守犯罪,把滥用职权、玩忽职守行为的主体具体化、行为方式和危害结果特定化。本条与本章具体的滥用职权、玩忽职守犯罪是一般与特殊的关系,在刑法理论上属于法条竞合,有滥用职权、玩忽职守行为同时构成两罪时,适用特别法优于一般法的原则,按照具体的滥用职权、玩忽职守犯罪处理。根据《渎职案件解释(一)》第 2 条第 2 款规定,国家机关工作人员滥用职权或者玩忽职守,因不具备徇私舞弊等情形,不符合《刑法》分则第九章第 398~419 条中具体滥用职权、玩忽职守犯罪的规定,但可以构成第 397 条规定的犯罪的,应以滥用职权罪或者玩忽职守罪定罪处罚。

(2)实施本条两罪并收受贿赂的处理。根据《渎职案件解释(一)》第 3 条规定,国家机关工作人员实施渎职犯罪并收受贿赂,同时构成受贿罪的,除《刑法》另有规定外,以渎职犯罪和受贿罪数罪并罚。该规定解决了司法实践中长期存在分歧的实施渎职犯罪又收受贿赂是作为一罪从重处罚还是数罪并罚的问题。

(3)实施本条两罪并放纵、帮助他人实施犯罪行为的处理。根据《渎职案件解释(一)》第 4 条规定,国家机关工作人员实施渎职行为,放纵他人犯罪或者帮助他人逃避刑事处罚,构成犯罪的,依照渎职罪的规定定罪处罚。国家机关工作人员与他人共谋,利用其职务行为帮助他人实施其他犯罪行为,同时构成渎职犯罪和共谋实施的其他犯罪共犯的,依照处罚较重的规定定罪处罚。国家机关工作人员与他人共谋,既利用其职务行为帮助他人实施其他犯罪,又以非职务行为与他人共同实施该其他犯罪行为,同时构成渎职犯罪和其他犯罪的共犯的,依照数罪并罚的规定定罪处罚。

【司法案例】

杨某林滥用职权、受贿案[①]

[**裁判要旨**]司法实践中对国家机关工作人员渎职犯罪“造成恶劣社会影响”的认定,在正确认识渎职犯罪行为侵犯的是国家机关公务的合法、公正、有效执行以及人民群众对此的信赖这一法益的基础上,一般可以从以下几个方面予以把握:(1)渎职行为严重损害国家机关形象,致使政府公信力下降的;(2)渎职行为引发新闻媒体广泛关注,引起强烈社会反响的;(3)渎职行为造成大规模上访、暴力冲突等事件,影响国家机关正常职能活动的;(4)渎职行为诱发民族矛盾纠纷,严重影响民族团结、社会稳定的;(5)渎职行为造成其他恶劣社会影响的。

沈某某滥用职权案[②]

[**裁判要旨**]滥用职权罪属于状态犯,而非继续犯。滥用职权罪的犯罪行为实行终了后产生不法状态,即侵害结果。此后,侵害结果虽然一直存在,但滥用职权行为本身已经实行终了,没有持续。因此,追诉期限仍应从滥用职权行为造成的侵害结果发生之日起算,而不能以侵害结果终了之日起算。

---

① 参见《刑事审判参考》总第 103 集第 1089 号案例。

② 参见《刑事审判参考》总第 105 集第 1134 号案例。

杨某玩忽职守、徇私枉法、受贿案①

[**要旨**]如果负有监管职责的国家机关工作人员没有认真履行其监管职责,从而未能有效防止危害结果发生,那么,这些对危害结果具有“原因力”的渎职行为,应认定与危害结果之间具有刑法意义上的因果关系。对于国家机关工作人员实施渎职犯罪并收受贿赂,同时构成受贿罪的,除《刑法》第399条有特别规定的外,以渎职犯罪和受贿罪数罪并罚。

第三百九十八条 【故意泄露国家秘密罪;过失泄露国家秘密罪】国家机关工作人员违反保守国家秘密法的规定,故意或者过失泄露国家秘密,情节严重的,处三年以下有期徒刑或者拘役;情节特别严重的,处三年以上七年以下有期徒刑。

非国家机关工作人员犯前款罪的,依照前款的规定酌情处罚。

【条文理解】

1. 故意泄露国家秘密罪

故意泄露国家秘密罪,是指国家机关工作人员违反保守国家秘密法的规定,故意泄露国家秘密,情节严重的行为。本罪的具体构成要件是:

(1)本罪侵犯的客体是国家的保密制度。本罪的犯罪对象是国家秘密。

(2)本罪的客观方面是违反《保守国家秘密法》的规定,故意使国家秘密被不应知悉者知悉,或者故意使国家秘密超出了限定的接触范围,情节严重。本罪在客观上包括三个要素。第一,违反《保守国家秘密法》的规定,主要是指违反我国《保守国家秘密法》和《保守国家秘密法实施条例》等法律法规。第二,泄露国家秘密。泄露,是指把自己掌管或知悉的国家秘密泄露给不该知悉此项秘密的单位或个人。泄露行为的方式可以是多种多样的。可以是口头泄露,也可以是书面泄露;可以是用交实物的方法泄露,也可以是用密写、影印、拍摄、复制等方法泄露。泄露的不同方式不影响泄露国家秘密罪的成立。但是,如果是敌人或者他人以盗、侦察、破译、遥测等方式获取了秘密,因而造成的泄露,而本人没有违反保守国家秘密法规定,不属于泄露国家秘密罪的行为,不能据此而追究主管、经管该项秘密的人员或其他有关人员的泄密责任。本罪所说的国家秘密,包括“绝密”“机

① 参见最高人民检察院检例第8号。

密”“秘密”三个密级的国家秘密。根据2010年4月29日全国人民代表大会常务委员会修订后的《保守国家秘密法》第2条规定,国家秘密是关系国家安全和利益,依照法定程序确定,在一定时间内只限一定范围的人员知悉的事项。第9条规定,下列涉及国家安全和利益的事项,泄露后可能损害国家在政治、经济、国防、外交等领域的安全和利益的,应当确定为国家秘密:①国家事务重大决策中的秘密事项;②国防建设和武装力量活动中的秘密事项;③外交和外事活动中的秘密事项以及对外承担保密义务的秘密事项;④国民经济和社会发展中的秘密事项;⑤科学技术中的秘密事项;⑥维护国家安全活动和追查刑事犯罪中的秘密事项;⑦经国家保密行政管理部门确定的其他秘密事项。政党的秘密事项中符合前款规定的,属于国家秘密。第三,泄露国家秘密情节严重。

(3)本罪的主体一般是特殊主体,即国家机关工作人员。因为通常情况只有国家机关工作人员才能掌握、了解国家机密。非国家机关工作人员也构成本罪,但性质上不属于渎职罪。

(4)本罪的主观方面是故意。故意泄露国家秘密的动机多种多样,有的是为了出卖获利,有的是为了炫耀,以显示自己消息灵通等,但动机如何,不影响本罪的构成。

2. 过失泄露国家秘密罪

过失泄露国家秘密罪,是指违反《保守国家秘密法》的规定,过失泄露国家秘密,情节严重的行为。本罪的具体构成要件是:

(1)本罪侵犯的客体是国家的保密制度。本罪的犯罪对象是国家秘密。

(2)本罪的客观方面是行为人违反《保守国家秘密法》过失泄露国家秘密,或者遗失国家秘密载体,致使国家秘密被不应知悉者知悉或者超出了限定的接触范围,且情节严重。本罪所指的国家秘密同故意泄露国家秘密罪的一样,在此不再赘述。本罪也以行为人违反《保守国家秘密法》的规定为前提要件。本罪的客观行为方式,即过失泄露。所谓过失泄露,是指过失地使国家秘密让不该知道的人知道,既包括使国家秘密被不应知悉的人知悉,又包括使国家秘密超过了限定的接触范围,而不能证明未被不应知悉者知悉。对于后者,如果能够证明接触者并不知国家秘密的内容,则不能以本罪治罪。至于过失泄露的具体方式可多种多样,既可以是口头过失泄露,又可以是书面过失泄露;既可以当众过失泄露,又可以单个过失泄露甚至不当面过失泄露;既可以交付原物的方式过失泄露,又可以采用密写、影印、拍摄、复印等方式过失泄露,等等。不论其方式如何,只要让不该知道的人知道或者接触了国家秘密,即可构成本罪。

(3)本罪的主体一般是特殊主体,即国家机关工作人员。

(4)本罪的主观方面是过失。一般是指疏忽大意的过失,即因为疏忽大意、工作马虎、玩忽职守、违反保守国家秘密的有关规章制度等造成国家秘密泄露,如将保密文件不按规定放置而让他人看见,不认真保管致使丢失等,但也不排除出于过于自信的过失。

【司法适用】

(一)故意泄露国家秘密罪

1. 本罪以行为人违反保守国家秘密法的规定为前提要件

此处所称保守国家秘密法,主要是指《保守国家秘密法》以及《保守国家秘密法实施条例》等法律法规。各个有关的国家机关,依据保守国家秘密法所规定的保密范围、保密制度和职责、要求,结合本部门、本单位的实际情况所作的具体保密规定,都是保守国家秘密法的具体规定,违反了这些具体实施规定的,必然违反保密法规,所以在审判实践中都认为属于违反国家保密法的行为。

2. 本罪与非罪的界限

应从以下两个方面进行区分:一是看行为人主观上有无泄露国家秘密的故意。本罪的成立,要求行为人在主观方面必须是出于故意。如果行为人泄露国家秘密不是出于故意,不能构成本罪。二是看行为的情节是否达到严重的程度。根据《刑法》第398条的规定,只有故意泄露国家秘密的情节严重的,才能构成本罪。如果行为的情节尚未达到严重程度的,只能作为一般的违法违纪行为处理。

3. 本罪与为境外窃取、刺探、收买、非法提供国家秘密、情报罪的界限

两罪主观上都是故意,犯罪对象都包括国家秘密,都是侵犯国家保密制度的犯罪。两者的区别在于:(1)侵犯的客体不同。前者侵犯的客体是国家的保密制度;后者侵犯的客体则是国家安全。(2)犯罪主体不同。前者的主体主要是国家机关工作人员;后者的主体则是一般主体,凡年满16周岁、具有刑事责任能力的人均能成为后罪的主体。(3)犯罪的客观方面不同。前者在客观上表现为违反保守国家秘密法的规定,将自己了解和掌握的国家秘密泄露给他人的行为;后者在客观上表现为为境外的机构、组织、人员窃取、刺探、收买、非法提供国家秘密的行为。(4)情节方面的要求不同。前者的构成要求达到情节严重的程度;后者则只要实施了窃取等行为,就构成犯罪,不以情节严重为犯罪构成的必备要件。

4. 本罪与间谍罪的界限

两罪主观上都是故意,在客观上间谍罪也可以表现为提供国家秘密的形式。两者的区别是:(1)侵犯的客体不同。前者侵犯的是国家的保密制度;后者侵犯的则是国家安全。(2)犯罪主体不同。前者的主体主要是国家机关工作人员;后者

的主体则是一般主体。(3)客观方面不尽相同。后者虽然可以表现为提供国家秘密这种形式,但它必须是行为人在参加间谍组织或者接受间谍组织及其代理人的任务后提供国家秘密;前者则是在没有参加间谍组织或者接受间谍组织及其代理人的任务的情况下泄露国家秘密。这就决定了间谍罪只能是向间谍组织或者其代理人提供国家秘密,而本罪则无这样的限定。

5. 本罪与故意泄露军事秘密罪的界限与竞合

二者的主要区别在于:(1)犯罪主体不同。故意泄露军事秘密罪的主体限于军人,而泄露国家秘密罪的主体包括全部国家机关工作人员。(2)犯罪客体不同。故意泄露军事秘密罪侵害的客体是国家的国防安全和军事利益,这是本罪与故意泄露军事秘密罪的主要区别所在。(3)犯罪客观方面表现不同。故意泄露军事秘密罪的行为发生在战时,法律明文规定了独立的法定刑,提高了量刑幅度。而泄露国家秘密罪中,战时仅可作为衡量情节严重与否的一个因素。故意泄露国家秘密罪和故意泄露军事秘密罪存在完全的法规竞合关系,即本故意泄露国家秘密罪的规定可以完全包括对故意泄露军事秘密罪的规定。对这种情况,当军人故意泄露军事秘密时,应优先适用本法第 432 条的规定,以故意泄露军事秘密罪论处。

6. 本罪与其他犯罪的罪数形态

行为人非法获取国家秘密后又故意加以泄露的,不实行数罪并罚,对之应依照其中的一罪从重处罚。由于非法获取国家秘密属于行为犯,不以情节严重为必要,因此,宜以非法获取国家秘密罪从重论处。

7. 本罪与滥用职权罪的法条竞合关系

本罪是滥用职权的特别规定。行为人同时成立本罪与滥用职权罪的,依特别法条即本罪定罪。

8. 立案标准

根据《渎职侵权案件立案标准》的规定,国家机关工作人员或者非国家机关工作人员违反保守国家秘密法,故意使国家秘密被不应知悉者知悉,或者故意使国家秘密超出了限定的接触范围,涉嫌下列情形之一的,检察机关应予立案:(1)泄露绝密级国家秘密 1 项(件)以上的;(2)泄露机密级国家秘密 2 项(件)以上的;(3)泄露秘密级国家秘密 3 项(件)以上的;(4)向非境外机构、组织、人员泄露国家秘密,造成或者可能造成危害社会稳定、经济发展、国防安全或者其他严重危害后果的;(5)通过口头、书面或者网络等方式向公众散布、传播国家秘密的;(6)利用职权指使或者强迫他人违反国家保守秘密法的规定泄露国家秘密的;(7)以牟取私利为目的泄露国家秘密的;(8)其他情节严重的情形。

(二)过失泄露国家秘密罪

1. 本罪与其他犯罪的罪数形态

行为人非法获取国家秘密后又加以过失泄露的,不实行数罪并罚,对之应依照其中的一罪从重处罚。由于非法获取国家秘密属于行为犯,不以情节严重为必要,因此,宜以非法获取国家秘密罪从重论处。

2. 本罪与玩忽职守罪的法条竞合关系

本罪是玩忽职守的特别规定。行为人同时成立本罪与玩忽职守罪的,依特别法条即本罪定罪。

3. 立案标准

根据《渎职侵权案件立案标准》的规定,国家机关工作人员或者非国家机关工作人员违反保守国家秘密法,过失泄露国家秘密,或者遗失国家秘密载体,致使国家秘密被不应知悉者知悉或者超出了限定的接触范围,涉嫌下列情形之一的,应予立案:(1)泄露绝密级国家秘密1项(件)以上的;(2)泄露机密级国家秘密3项(件)以上的;(3)泄露秘密级国家秘密4项(件)以上的;(4)违反保密规定,将涉及国家秘密的计算机或者计算机信息系统与互联网相连接,泄露国家秘密的;(5)泄露国家秘密或者遗失国家秘密载体,隐瞒不报、不如实提供有关情况或者不采取补救措施的;(6)其他情节严重的情形。

【司法案例】

于某故意泄露国家秘密案①

[**裁判要旨**]于某让马某某亲属查阅的案卷材料,是其履行律师职责时,通过合法手续,在法院从马某某贪污案的案卷中复印的。这些材料,虽然在检察机关的保密规定中被规定为机密级国家秘密,但当案件进入审判阶段后,审判机关没有将检察机关随案移送的证据材料规定为国家秘密。于某不是国家机关工作人员,也不属于检察机关保密规定中所指的国家秘密知悉人员。作为刑事被告人的辩护人,于某没有将法院同意其复印的案件证据材料当作国家秘密加以保守的义务。检察机关在移送的案卷上,没有标明密级;整个诉讼活动过程中,没有人告知于某,马某某贪污案的案卷材料是国家秘密,不得泄露给马某某的亲属,故也无法证实于某明知这些材料是国家秘密而故意泄露。因此,于某在担任辩护人期间,将通过合法手续获取的案卷材料让当事人亲属查阅,不构成故意泄露国家秘密罪。

① 参见《刑事审判参考》总第28辑第210号案例。

第三百九十九条 【徇私枉法罪】**司法工作人员徇私枉法、徇情枉法，对明知是无罪的人而使他受追诉、对明知是有罪的人而故意包庇不使他受追诉，或者在刑事审判活动中故意违背事实和法律作枉法裁判的，处五年以下有期徒刑或者拘役；情节严重的，处五年以上十年以下有期徒刑；情节特别严重的，处十年以上有期徒刑。**

【民事、行政枉法裁判罪】**在民事、行政审判活动中故意违背事实和法律作枉法裁判，情节严重的，处五年以下有期徒刑或者拘役；情节特别严重的，处五年以上十年以下有期徒刑。**

【执行判决、裁定失职罪；执行判决、裁定滥用职权罪】**在执行判决、裁定活动中，严重不负责任或者滥用职权，不依法采取诉讼保全措施、不履行法定执行职责，或者违法采取诉讼保全措施、强制执行措施，致使当事人或者其他人的利益遭受重大损失的，处五年以下有期徒刑或者拘役；致使当事人或者其他人的利益遭受特别重大损失的，处五年以上十年以下有期徒刑。**

司法工作人员收受贿赂，有前三款行为的，同时又构成本法第三百八十五条规定之罪的，依照处罚较重的规定定罪处罚。

【条文对照】

1997年《刑法》	2002年《刑法修正案(四)》
第三百九十九条　司法工作人员徇私枉法、徇情枉法，对明知是无罪的人而使他受追诉、对明知是有罪的人而故意包庇不使他受追诉，或者在刑事审判活动中故意违背事实和法律作枉法裁判的，处五年以下有期徒刑或者拘役；情节严重的，处五年以上十年以下有期徒刑；情节特别严重的，处十年以上有期徒刑。 在民事、行政审判活动中故意违背事实和法律作枉法裁判，情节严重的，处五年以下有期徒刑或者拘役；情节特别严重的，处五年以上十年以下有期徒刑。 司法工作人员贪赃枉法，有前两款行为的，同时又构成本法第三百八十五条规定之罪的，依照处罚较重的规定定罪处罚。	第三百九十九条　司法工作人员徇私枉法、徇情枉法，对明知是无罪的人而使他受追诉、对明知是有罪的人而故意包庇不使他受追诉，或者在刑事审判活动中故意违背事实和法律作枉法裁判的，处五年以下有期徒刑或者拘役；情节严重的，处五年以上十年以下有期徒刑；情节特别严重的，处十年以上有期徒刑。 在民事、行政审判活动中故意违背事实和法律作枉法裁判，情节严重的，处五年以下有期徒刑或者拘役；情节特别严重的，处五年以上十年以下有期徒刑。 **在执行判决、裁定活动中，严重不负责任或者滥用职权，不依法采取诉讼保全措施、不履行法定执行职责，或者违法采取诉讼保全措施、强制执行措施，致使当事人或者其他人的利益遭受重大损失的，处五年以下有期徒刑或者拘役；致使当事人或者其他人的利益遭受特别重大损失的，处五年以上十年以下有期徒刑。** 司法工作人员**收受贿赂**，有前**三**款行为的，同时又构成本法第三百八十五条规定之罪的，依照处罚较重的规定定罪处罚。

【条文理解】

1. 徇私枉法罪

徇私枉法罪,是指司法工作人员徇私枉法、徇情枉法,对明知是无罪的人而使他受追诉,对明知是有罪的人而故意包庇不使他受追诉,或者在刑事审判活动中故意违背事实和法律作枉法裁判的行为。本罪的具体构成要件是:

(1)本罪侵犯的客体是国家司法机关的正常活动及司法机关严格执法的威信,以及因非法追诉无罪之人而侵犯的公民权利。

(2)本罪的客观方面表现为司法工作人员徇私枉法的行为,具体包括三种情形:一是对明知是无罪的人而使他受追诉。"追诉",是指以追究刑事责任为目的进行的立案、侦查、起诉、审判活动。"追诉",不要求法律形式上属于追诉,只要实质上属于追诉即可;不要求程序上合法,只要事实上追诉即可;不限于追诉的全部过程,只要进入追诉阶段即可,即对无罪的人实行立案、侦查、起诉、审判之一,即为追诉;不要求采取法定的强制措施,只要属于通常的追诉行为即可。对于明知是无罪的人,采取不立案、不报捕,但予以关押的手段,待被害人"交代"后再立案、采取强制措施的,应当认定为本罪(如果不符合本罪的构成要件,则应认定为非法拘禁罪)。行为人明知他人无罪,而将其作为"逃犯"在网上通缉的,成立本罪。概言之,"对明知是无罪的人而使他受追诉",主要表现为,对明知是没有犯罪事实或者其他依法不应当追诉的人,采取伪造、隐匿、毁灭证据或者其他隐瞒事实、违反法律的手段,进行立案、侦查、起诉或者审判。二是对明知是有罪的人而故意包庇不使他受追诉。这里的"追诉"包括法定的全部追诉过程与追诉结果。简言之,对有罪的人不立案、不起诉、不审判或者判定无罪的,都属于"不使他受追诉"。不使有罪的人受追诉,是指对明知是有犯罪事实需要进行追诉的人,采取伪造、隐匿、毁灭证据或者其他隐瞒事实、违反法律的手段,故意包庇使其不受立案、侦查、起诉、审判,或者在立案后,采取伪造、隐匿、毁灭证据或者其他隐瞒事实、违反法律的手段,应当采取强制措施而不采取强制措施,或者虽然采取强制措施,但中断侦查或者超过法定期限不采取任何措施,实际放任不管,以及违法撤销、变更强制措施致使犯罪嫌疑人、被告人实际脱离司法机关侦控。对于明知是有罪的人,而故意不收集有罪证据导致有罪证据消失,因"证据不足"不能认定有罪的,应当认定为本罪。本罪中"有罪的人"显然不是指经过人民法院判决有罪的人,而是指有证据证明实施了犯罪行为的人。至于有罪的人是否实际归案,不影响"有罪的人"的认定。三是在刑事审判活动中故意违背事实和法律,作出枉法判决、裁定。刑法理论与司法实践一般认为其中的枉法判决、裁定内容,包括无罪判有罪、有罪判无罪,以及重罪轻判、轻罪重判。其实,将无罪判有罪、将有罪判无罪的,宜分别归入前两种情形。

(3)本罪的主体是特殊主体,即司法工作人员。根据《刑法》第 94 条的规定,司法工作人员,是指有侦查、检察、审判、监管职责的工作人员。司法机关专业技术人员,也可以成为本罪行为主体。但是,只有负有刑事追诉职责的司法工作人员,即具体承办案件和指示、指挥承办案件的司法工作人员,才能成为本罪的正犯。司法机关为了谋取某种利益进行集体研究,共同犯本罪的,应当对组织、策划、实施本罪行为的人以徇私枉法罪论处。根据最高人民检察院法律政策研究室《关于非司法工作人员是否可以构成徇私枉法罪共犯问题的答复》的规定,非司法工作人员与司法工作人员勾结,共同实施徇私枉法行为,构成犯罪的,应当以徇私枉法罪的共犯追究刑事责任。

(4)本罪的主观方面是故意。本条提到了“明知”“故意”各两次,旨在明确将过失排除在外。因此,过失导致追诉无罪的人、包庇有罪的人或者错误判决、裁定的,不成立本罪。“明知是无罪的人”,是指明知是没有实施犯罪行为或者行为依法不成立犯罪的人。“明知是有罪的人”,是指明知是有证据证明有犯罪嫌疑应予刑事追诉的人。只要行为人明知是有罪的人而不追诉,就符合了“故意包庇”的要件,不另要求具备其他责任要素。徇私枉法罪还要求行为人是出于徇私、徇情动机。所谓徇私枉法,是指为了个人利益而枉法,主要是贪图钱财而枉法。所谓徇情枉法,是指为了私情而枉法,主要表现为出于照顾私人关系或感情、袒护亲友或者泄愤报复而枉法。一般地,只要排除了因法律水平不高、事实掌握不全而过失造成错判,便可认定为“徇私枉法、徇情枉法”。行为人明知根据其他司法人员提供的证据等材料进行追诉会出现枉法裁判的危害后果,而不负责任进行错误追诉的,如果不是徇私枉法或徇情枉法,不能构成本罪,但可以构成玩忽职守罪。

2. 民事、行政枉法裁判罪

民事、行政枉法裁判罪,是指司法工作人员在民事、行政审判活动中故意违背事实和法律作枉法裁判,情节严重的行为。本罪的具体构成要件是:

(1)本罪侵犯的客体是司法机关的正常活动。

(2)本罪的客观方面表现是行为人在民事、行政审判活动中违背事实和法律作出枉法裁判,且达到情节严重的程度。“民事审判”,是指适用民事诉讼程序的审判,因此包括经济审判在内。由于客观行为仅限于枉法裁判,故枉法调解的不应包括在内。但是,为执行或者不执行生效的调解书所作的枉法裁定,属于本罪的枉法裁判。“民事、行政审判活动”并不是指狭义的审判活动,而是指民事行政诉讼过程。例如,诉前财产保全的裁定活动,也属于民事审判活动。“民事、行政审判活动”也包括虚假的民事、行政审判活动,例如,虚构民事被告作出有利于某人的判决的,也成立民事枉法裁判罪(也可能同时触犯虚假诉讼罪)。"违背事实和法律作枉法裁判"包括三种情形:第一种情形是违背事实作裁判,如违背事实将原告单位的普通商标宣告为驰名商标。第二种情形是违背法律作裁判,如故意错误适用法律,故意作出与法律规定不同的裁判结论。所违背的法律不仅包括狭义的法律,而且包括应当适用的其他法规等;既包括实体法,也包括程序法。第三种情形是同时违背事实与法律作裁判。

(3)本罪的主体是特殊主体,即司法工作人员。根据《刑法》第94条的规定,司法工作人员,是指有侦查、检察、审判、监管职责的工作人员。

(4)本罪的主观方面是故意。明知自己故意违背事实和法律进行枉法裁判的行为会发生侵害民事、行政审判活动公正性与当事人合法权益的结果,并且希望或者放任这种结果发生。徇私、徇情不是本罪的主观要素。因法律适用能力低下造成枉法裁判后果的,不以本罪论处。

3. 执行判决、裁定失职罪

执行判决、裁定失职罪,是指司法工作人员在执行判决、裁定活动中,严重不负责任,不依法采取诉讼保全措施、不履行法定执行职责,或者违法采取诉讼保全措施、强制执行措施,致使当事人或者其他人的利益遭受重大损失的行为。本罪的具体构成要件是:

(1)本罪侵犯的客体是司法机关的正常活动。

(2)本罪的客观方面表现是行为人在执行判决、裁定活动中,严重不负责任,不依法采取诉讼保全措施、不履行法定执行职责,或者违法采取诉讼保全措施、强制执行措施,并给当事人或者其他人的利益造成重大损失。

(3)本罪的主体是特殊主体,即司法工作人员。根据《刑法》第94条的规定,司法工作人员,是指有侦查、检察、审判、监管职责的工作人员。

(4)本罪的主观方面是过失。即应当预见自己在执行判决、裁定中的不依法采取诉讼保全措施、不依法履行法定职责的严重不负责任的行为,可能发生危害当事人或者其他人利益的后果,但因疏忽大意而没有预见,或者虽然已经预见但却轻信可以避免,因而发生了危害后果,使当事人或者其他人的利益遭受了重大损失。

4. 执行判决、裁定滥用职权罪

执行判决、裁定滥用职权罪,是指司法工作人员在执行判决、裁定活动中,滥用职权,违法采取诉讼保全措施、强制执行措施,致使当事人或者其他人的利益遭受重大损失的行为。本罪的具体构成要件是:

(1)本罪侵犯的客体是司法机关的正常活动。

(2)本罪的客观方面表现为行为人在执行判决、裁定活动中,滥用职权,违法采取诉讼保全措施、强制执行措施,并给当事人或者其他人的利益造成重大损失。所谓滥用职权,是指胡乱地、过度地使用自己的职权。前者即胡乱地使用自己的职权,是指不正当地甚至违法地使用自己的职权,如应该这样做却那样做、应当那样做却又这样做、应当做而却不做等。后者即过度地使用职权,则是指超越自己的职权范围实施不应当实施的行为。

(3)本罪的主体是特殊主体,即司法工作人员。根据《刑法》第94条的规定,司法工作人员,是指有侦查、检察、审判、监管职责的工作人员。

(4)本罪的主观方面是故意。且为间接故意,即行为人明知自己在执行判决、裁定活动中滥用职权的行为,会发生致使当事人或者其他人的利益损失这一危害社会的结果,而仍然置之不顾,放任其发生。

【司法适用】

(一)徇私枉法罪

1. 本罪与非罪的界限

应从两个方面进行区分:第一,看行为人是否出于故意而徇私枉法或徇情枉法。如果行为人因为法律水平低等原因,而造成了应当受追诉的没有受追诉不应受追诉的而被追诉或者造成了案件的错判、误判的,就不能构成本罪。但如果因为行为人严重不负责任而造成这种结果的,符合玩忽职守罪要件的,可按玩忽职守罪处理。第二,看行为是否属于情节显著轻微危害不大的情况。行为人虽然实行了徇私枉法的行为,但情节显著轻微,危害不大的,根据《刑法》第13条但书的规定,不认为是犯罪。

2. 本罪与伪证罪的界限

两罪主观上都是故意,都妨害了司法机关的司法活动,但有以下几点区别:(1)犯罪主体不同。前者的主体只能是司法工作人员;后者的主体除了记录人外,证人、鉴定人和翻译人都不是司法工作人员。(2)客观表现不同。前者表现为直接使有罪者不受追究,或者使无罪者受刑事追究,或者在刑事审判中作枉法裁判;后者表现为对与案件有重要关系的情节作虚假的证明、记录、鉴定或翻译,而不是直接使无罪者受追诉,使有罪者不受追诉。如果记录人仅仅作了虚假的记录,而未进一步利用其职权出入罪,那么,就只能以伪证罪处理。

3. 本罪与民事、行政枉法裁判罪的界限

两罪都属于枉法裁判的行为,行为人主观上都出自故意,都妨害了国家司法机关的正常活动,但有一定的区别:第一,犯罪主体不同。前者的主体是审判机关、公安机关、国家安全机关、检察机关工作人员;后者的主体则是审判机关的工作人员。第二,发生的范围不同。前者发生在刑事案件的诉讼活动中;后者发生在民事、行政审判活动中。第三,构成犯罪情节的要求不同。前者构成犯罪不要求情节达到严重;后者构成犯罪必须达到情节严重的程度。

4. 本罪与受贿罪的界限

如果行为人出于非法获取财物的动机而实施本罪的行为,就同时触犯了两个罪名,即徇私枉法罪和受贿罪。由于两者属于想象竞合犯,应按其中的一个重罪处理。但不是说受贿罪就一定重于徇私枉法罪,而是应根据犯罪的情节按各自应适用的量刑幅度来具体衡量,按其中的一个重罪定罪处罚。

5. 本罪与诬告陷害罪的界限

(1)犯罪的主体不同。本罪的主体一般是司法工作人员;而诬告陷害罪的主体是一般主体。(2)犯罪的客体不同。本罪侵犯的客体是司法机关的正常活动;而诬告陷害罪虽然也妨害司法机关的正常工作,但主要侵犯的是他人的人身权利。(3)犯罪的客观不同。本罪在客观上表现为利用职权使无罪的人受追诉,使有罪的人不受追诉,其行为一定与职务活动有关;而犯诬告陷害罪的行为人在客观上主要表现为捏造他人犯罪的事实加以告发。它与行为人是否担任职务或担任何种职务无关,如果司法工作人员不是利用职务之便,而是捏造犯罪事实,诬告陷害他人,则不能构成徇私枉法罪,而只能以诬告陷害罪论处。

6. 本罪与包庇罪的界限

(1)犯罪主体不同。本罪的主体,只能是司法工作人员,是特殊主体;而包庇罪是一般主体,即只要达到刑事责任年龄、具有刑事责任能力的人,都可以构成。(2)犯罪手段不同。包庇罪通过作假证明、帮助毁灭罪迹、隐藏或毁灭罪证等手段,实现包庇行为,不要求利用职务之便进行包庇;而本罪的包庇手段,必须是利用职务之便,通过办案活动,实现包庇罪犯的目的。(3)犯罪发生的时间不同。犯包庇罪的人实施包庇行为,可以在犯罪分子犯罪后的任何阶段实施,既可能在侦查、预审、起诉、审判阶段实施,也可能在判决之后实施;而犯徇私枉法罪的人的包庇行为,一般发生在判决之前。如果司法工作人员在判决生效之后,实施舞弊行为,放走罪犯,使其逃脱惩罚的,则构成私放在押人员,而不能以本罪论处。

7. 本罪与滥用职权罪的法条竞合关系

本罪是滥用职权的特别规定。行为人同时成立本罪与滥用职权罪的,依特别法条即本罪定罪。

8. 区分本罪的既遂与未遂

本罪属于行为犯,即司法工作人员只要对明知是无罪的人实施了足以使他受到追诉的行为,或者对明知是有罪的人实施了足以使其不受到追诉的行为,或者实施了违背事实和法律的裁判,完成了全部法定行为,无论上述行为是否达到目的,均为本罪既遂。若司法工作人员在实施徇私枉法、徇情枉法行为的过程中,由于意志以外的原因,如被他人发现检举,或犯罪嫌疑人、被告人自首,或行为人工作发生变动而未能继完成法定行为,其已经实施的行为又不足以达到徇私枉法、徇情枉法的目的,为本罪未遂。

9. 立案标准

根据《渎职侵权案件立案标准》的规定,司法工作人员徇私枉法、徇情枉法,对明知是无罪的人而使他受追诉、对明知是有罪的人而故意包庇不使他受追诉,或者在刑事审判活动中故意违背事实和法律作枉法裁判,涉嫌下列情形之一的,应予立案:(1)对明知是没有犯罪事实或者其他依法不应当追究刑事责任的人,采取伪造、隐匿、毁灭证据或者其他隐瞒事实、违反法律的手段,以追究刑事责任为目的立案、侦查、起诉、审判的;(2)对明知是有犯罪事实需要追究刑事责任的人,采取伪造、隐匿、毁灭证据或者其他隐瞒事实、违反法律的手段,故意包庇使其不受立案、侦查、起诉、审判的;(3)采取伪造、隐匿、毁灭证据或者其他隐瞒事实、违反法律的手段,故意使罪重的人受较轻的追诉,或者使罪轻的人受较重的追诉的;(4)在立案后,采取伪造、隐匿、毁灭证据或者其他隐瞒事实、违反法律的手段,应当采取强制措施而不采取强制措施,或者虽然采取强制措施,但中断侦查或者超过法定期限不采取任何措施,实际放任不管,以及违法撤销、变更强制措施,致使犯罪嫌疑人、被告人实际脱离司法机关侦控的;(5)在刑事审判活动中故意违背事实和法律,作出枉法判决、裁定,即有罪判无罪、无罪判有罪,或者重罪轻判、轻罪重判的;(6)其他徇私枉法应予追究刑事责任的情形。

(二)民事、行政枉法裁判罪

1. 本罪与徇私枉法罪的界限

本罪发生在民事、行政审判活动中,而后者发生在刑事审判活动中。

2. 本罪与滥用职权罪、玩忽职守罪的法条竞合关系

本罪是滥用职权、玩忽职守的特别规定。行为人同时成立本罪与滥用职权罪、玩忽职守罪的,依特别法条即本罪定罪。

3. 本罪与其他犯罪的罪数形态

行为人贪赃枉法而实施本罪行为或者为达到枉法裁判的目的进行暴力取证、指使贿买证人提供伪证的,又会触犯他罪,如暴力取证罪、妨害作证罪等,这时属于牵连犯罪,应以构成的重罪从重处罚,不实行并罚。

4. 立案标准

根据《渎职侵权案件立案标准》的规定,司法工作人员在民事、行政审判活动中,故意违背事实和法律作枉法裁判,涉嫌下列情形之一的,应予立案:(1)枉法裁

判,致使当事人或者其近亲属自杀、自残造成重伤、死亡,或者精神失常的;(2)枉法裁判,造成个人财产直接经济损失10万元以上,或者直接经济损失不满10万元,但间接经济损失50万元以上的;(3)枉法裁判,造成法人或者其他组织财产直接经济损失20万元以上,或者直接经济损失不满20万元,但间接经济损失100万元以上的;(4)伪造、变造有关材料、证据,制造假案枉法裁判的;(5)串通当事人制造伪证,毁灭证据或者篡改庭审笔录而枉法裁判的;(6)徇私情、私利,明知是伪造、变造的证据予以采信,或者故意对应当采信的证据不予采信,或者故意违反法定程序,或者故意错误适用法律而枉法裁判的;(7)其他情节严重的情形。

(三)执行判决、裁定失职罪

1. 本罪构成要件行为的内涵

所谓严重不负责任,是指在执行判决、裁定的工作中不履行自己职责的行为。所谓不履行职责,既包括擅离职守的不履行,即违反有关规章制度的规定,在执行职务的过程中,擅自离开自己的工作岗位,因而根本不履行自己的职责,又包括虽在工作岗位但没有实施法定的执行判决、裁定的职责,即有职而不守,如不执行上级的指示、命令或规定,拒绝履行自己的职责,或者应当履行却放任不管,置之不理而放弃职责,或者发现问题,不及时采取措施而不尽职责等,都是不履行职责的表现。其与擅离职守的玩忽职守行为的区别在于后者是离职而不守,而不履行职责行为则是不离职即见职、有职而不守。既包括不履行全部执行职责,又包括不履行部分执行职责。所谓不依法采取诉讼保全措施,是指对于人民法院作出的诉讼保全裁定不依法采取查封、扣押、冻结等措施,以阻却一方当事人的行为或者其他致使判决不能执行或者难以执行的原因的实现。所谓不履行法定的执行职责,是指在执行判决、裁定的活动中,不依法采取法定的执行方法以保证判决、裁定确定的内容得以实现,如应当依法采取查询、冻结、划拨被执行人的存款或者扣留、提取被执行人的收入的而不采取有关措施的,应当依法查封、扣押、冻结、拍卖被执行人的财产而不查封、扣押、冻结、拍卖的,应当搜查债务人隐匿的财产而不采取搜查措施的,应当强制被执行人交付判决、裁定等法律文书指定的财物、票证,或者迁出房屋或退出土地,或完成法律文书指定的行为而不采取措施加以强制的,等等。严重不负法定责任的行为必须对当事人或者其他人的利益造成了重大损失的,才能构成本罪。虽有不依法采取诉讼保全措施、不履行法定执行职责的玩忽职守的行为,但没有因此造成当事人或其他人的利益损失,或者虽然因此造成了当事人或其他人的一定的利益损失但不是重大损失,或者当事人或其他人的利益虽然遭受了重大损失但不是因为行为人的严重不负责任的行为而导致的,都不能构成本罪。

2. 本罪与玩忽职守罪的法条竞合关系

本罪是玩忽职守的特别规定。行为人同时成立本罪与玩忽职守罪的,依特别法条即本罪定罪。

3. 立案标准

根据《渎职侵权案件立案标准》的规定,司法工作人员在执行判决、裁定活动中,严重不负责任,不依法采取诉讼保全措施、不履行法定执行职责,或者违法采取保全措施、强制执行措施,致使当事人或者其他人的利益遭受重大损失,涉嫌下列情形之一的,应予立案:(1)致使当事人或者其近亲属自杀、自残造成重伤、死亡,或者精神失常的;(2)造成个人财产直接经济损失15万元以上,或者直接经济损失不满15万元,但间接经济损失75万元以上的;(3)造成法人或者其他组织财产直接经济损失30万元以上,或者直接经济损失不满30万元,但间接经济损失150万元以上的;(4)造成公司、企业等单位停业、停产1年以上,或者破产的;(5)其他致使当事人或者其他人的利益遭受重大损失的情形。

(四)执行判决、裁定滥用职权罪

1. 本罪与滥用职权罪的法条竞合关系

本罪是滥用职权的特别规定。行为人同时成立本罪与滥用职权罪的,依特别法条即本罪定罪。

2. 立案标准

根据《渎职侵权案件立案标准》的规定,司法工作人员在执行判决、裁定活动中,滥用职权,不依法采取诉讼保全措施、不履行法定执行职责,或者违法采取保全措施、强制执行措施,致使当事人或者其他人的利益遭受重大损失,涉嫌下列情形之一的,应予立案:(1)致使当事人或者其近亲属自杀、自残造成重伤、死亡,或者精神失常的;(2)造成个人财产直接经济损失10万元以上,或者直接经济损失不满10万元,但间接经济损失50万元以上的;(3)造成法人或者其他组织财产直接经济损失20万元以上,或者直接经济损失不满20万元,但间接经济损失100万元以上的;(4)造成公司、企业等单位停业、停产6个月以上,或者破产的;(5)其他致使当事人或者其他人的利益遭受重大损失的情形。

【司法案例】

李某宾徇私枉法、接送不合格兵员案①

[**裁判要旨**]徇私枉法罪的本质特征是司法工作人员刑事诉讼行为的枉法性。

---

① 参见《刑事审判参考》总第31辑第237号案例。

徇私枉法罪是行为犯,一般不以是否发生行为人所追求的后果为条件,只要行为人在刑事诉讼过程中实施了上述其中的一种徇私枉法或者徇情枉法行为,且不属于"情节显著轻微危害不大的"情形,应当认定构成犯罪,"处五年以下有期徒刑或者拘役";对于徇私枉法行为"情节严重的,处五年以上十年以下有期徒刑;情节特别严重的,处十年以上有期徒刑"。由此看出,徇私枉法罪的成立,是不以"情节严重"为必要条件的。"情节严重"和"情节特别严重"只是本罪加重处罚的情节,直接影响对行为人犯徇私枉法罪的量刑。虽然《刑法》和有关司法解释没有规定徇私枉法"情节严重"和"情节特别严重"的具体情形,但参照审判实践经验,对于《刑法》规定的情节犯和情节加重犯,一般应当从行为人的手段是否恶劣、后果是否严重、是否造成恶劣社会影响等方面综合分析认定。就徇私枉法罪而言,对于因行为人的徇私枉法或者徇情枉法行为,致使无辜的人被追究刑事责任,或者使已经构成犯罪的人逃脱了刑事追究,或者重罪轻判、轻罪重判,严重损害社会主义法制尊严的,应当根据具体犯罪事实、性质、情节和对于社会的危害程度认定为徇私枉法"情节严重"或者"情节特别严重"。

第三百九十九条之一　【枉法仲裁罪】依法承担仲裁职责的人员,在仲裁活动中故意违背事实和法律作枉法裁决,情节严重的,处三年以下有期徒刑或者拘役;情节特别严重的,处三年以上七年以下有期徒刑。

【条文对照】

1997 年《刑法》	2006 年《刑法修正案(六)》
无	**第三百九十九条之一　依法承担仲裁职责的人员,在仲裁活动中故意违背事实和法律作枉法裁决,情节严重的,处三年以下有期徒刑或者拘役;情节特别严重的,处三年以上七年以下有期徒刑。**

【条文理解】

枉法仲裁罪,是指依法承担仲裁职责的人员,在仲裁活动中故意违背事实和法律作出枉法裁判,情节严重的行为。本罪的具体构成要件是:

(1)本罪侵犯的客体是仲裁活动的公正性,包括仲裁当事人的合法权益。

(2)本罪的客观方面是在仲裁活动中故意违背事实和法律作枉法裁决,情节严重的行为。

(3)本罪的主体是特殊主体,即依法承担仲裁职责的人员。根据《仲裁法》第13条的规定,仲裁委员会应当从公道正派的人员中聘任仲裁员,仲裁员应当符合下列条件之一:①通过国家统一法律职业资格考试取得法律职业资格,从事仲裁工作满8年的;②从事律师工作满8年的;③曾任法官8年的;④从事法律研究、教学工作并具有高级职称的;⑤具有法律知识、从事经济贸易等专业工作并具有高级职称或者具有同等专业水平的。根据《仲裁法》的规定,除了仲裁员,仲裁委员会主任、秘书长、专家咨询委员会委员在仲裁过程中都不同程度地承担了一定的职责。仲裁委员会主任或秘书长有权就仲裁管辖权、仲裁员回避、延长裁决期限等作出决定,必要时仲裁机构的专家咨询委员会委员可以对案件发表咨询意见等,如果其作出决定时徇私舞弊,明显违反法定程序,从而造成当事人巨大损失,情节严重的,应当可以独立成为枉法仲裁罪的主体。专家咨询委员会委员对案件发表咨询意见对案件的仲裁结果并不会产生实质性的改变,所以不能独立成为枉法仲裁罪的主体。

(4)本罪的主观方面是故意。即明知自己的行为违背了事实和法律,属枉法裁决但仍然决意为之。过失不能构成本罪。如果由于过失致使国家和人民利益及公共财产遭受重大损失,构成犯罪的,应定玩忽职守罪。

【司法适用】

1. 本罪的适用领域

本罪只适用于民商事仲裁,也就是仲裁法意义上的仲裁。这是考虑到在其他的仲裁中,如果发生了枉法仲裁的行为,还会有救济的途径,如可以向人民法院提起诉讼,这些仲裁裁决并不是终决的裁决。但民商事仲裁特有的一裁终局的制度导致其他救济途径的缺失,也容易产生枉法仲裁的现象,而且在其他仲裁如体育仲裁等活动中枉法仲裁所造成的影响和后果都不如在民商事仲裁中那么严重。从刑法谦抑性的角度来考虑,本罪所称的“仲裁”应当仅指民商事仲裁。此外,枉法裁决行为只有在“仲裁活动”进行时才能成立本罪。仲裁员和仲裁机构的关系不同于法官与法院,仲裁员不是仲裁机构的常驻工作人员,仲裁庭独立于仲裁机构,主导仲裁程序的进行,独立作出裁决,不受仲裁机构的干预;同时,根据我国《仲裁法》和仲裁机构的仲裁规则,仲裁机构和仲裁委员会主任或秘书长有权就仲裁管辖权、仲裁员的指定、回避、延长裁决期限等作出决定;另外,在必要时仲裁机构的核稿人员、专家委员会成员可以研讨仲裁案件并向仲裁庭提出修改建议。从《仲裁法》和各仲裁机构的仲裁规则来看,仲裁活动的范围是极为广泛的,且从近些年国际仲裁活动及各国立法来看,仲裁员权力呈现不断扩大的趋势。根据《仲裁法》及一些仲裁机构仲裁规则的规定,仲裁活动主要包括以下几类:(1)确定仲裁庭的管辖权;(2)确定仲裁程序性事项;(3)对实体争议作出终局裁决。综上所述,实践中仲裁活动的范围很广,但是并非所有的仲裁活动都在枉法仲裁罪客观方面规定的“仲裁活动”范围之内的,而是要具体情况具体分析,要求司法人员在司法实践中认真把握。

2. 本罪构成要件行为的内涵

仲裁人员违背事实的行为就是对证据规则的违背,这种违背通常存在以下几种情况:(1)对达到甚至超过“高度盖然性”证明程度的证据所证明的事实不予认定;(2)对证据不充分的事实予以认定;(3)隐匿、毁灭、伪造证据或者妨害证人作证;(4)对依法应当排除的非法证据或者没有证明力或证明力微弱的证据予以认定;(5)对不应适用举证责任倒置规则而适用的,或者应适用而未适用的;(6)对依法应当免除举证责任而未免除,或者不应免除的而免除;(7)对当事人伪造的证据或采取胁迫、欺诈手段获取的证据或提供虚假的证据予以认定。仲裁人员违背法律主要包括以下几种情况:(1)错误认定法律关系的性质;(2)错误认定法律关系的主体;(3)确定权利归属、内容、责任承担或者责任划分发生错误的;(4)遗漏诉讼请求或超出诉讼请求范围作出裁决;(5)其他适用法律错误的情形。

3. 本罪的成立要求情节严重

认定情节是否严重,应当综合考虑以下因素:(1)枉法仲裁的后果。承担仲裁职责的人员的枉法仲裁行为给公民的人身、财产和国家、集体财产造成重大损失和恶劣社会影响的,应认定为情节严重。本罪的立案标准应当高于民事、行政枉法裁判罪,如果枉法仲裁行为造成的财产损失和社会影响均属一般的,则不应认为是情节严重。(2)枉法仲裁的动机和目的。考虑到本罪的主观要件只要求主观故意,动机与目的并不是犯罪构成要件,因此,对仲裁人员出于贪利、贪色以及报复泄愤等个人目的即徇私情、私利而枉法仲裁的行为应认定为情节严重;对于没有明确的个人目的,为牟取单位、小集体利益而枉法仲裁的,为情节一般。(3)枉法仲裁的手段。对于承担仲裁职责的人员有下列行为之一的,应认定为情节严重:伪造、变造有关材料、证据,制造假案枉法仲裁的;通过当事人制造伪证,毁灭证据、故意丢失证据或者篡改仲裁笔录而枉法仲裁的;徇私情、私利,明知是伪造、变造的证据予以采信,或者故意对应当采信的证据不予采信,或者故意违反法定程序,或者故意错误适用法律而枉法仲裁的;具有索取或者收受财物情节的;其他恶劣手段。这些行为严重侵犯对方当事人的人身权利和财产权利的,应构成枉法仲裁罪。对于没有明显的恶劣手段,造成对方当事人损害一般的,不认为构成枉法仲裁罪。(4)枉法仲裁者的主观恶性。仲裁人员如有两次或两次以上枉法仲裁的,也应认定为情节严重。仲裁人员偶尔一次枉法仲裁,手段、后果均一般的,不构成犯罪。

第四百条　【私放在押人员罪】司法工作人员私放在押的犯罪嫌疑人、被告人或者罪犯的，处五年以下有期徒刑或者拘役；情节严重的，处五年以上十年以下有期徒刑；情节特别严重的，处十年以上有期徒刑。

【失职致使在押人员脱逃罪】司法工作人员由于严重不负责任，致使在押的犯罪嫌疑人、被告人或者罪犯脱逃，造成严重后果的，处三年以下有期徒刑或者拘役；造成特别严重后果的，处三年以上十年以下有期徒刑。

【条文理解】

1. 私放在押人员罪

私放在押人员罪，是指司法工作人员利用职务上的便利，私放在押的犯罪嫌疑人、被告人或者罪犯的行为。本罪的具体构成要件是：

(1)本罪侵犯的客体是司法机关的正常活动。

(2)本罪的客观方面表现为司法工作人员利用职务上的便利，私放在押(包括在羁押场所和押解途中)的犯罪嫌疑人、被告人、罪犯的行为。利用职务上的便利，是指司法工作人员利用自己逮捕、监管、押解犯罪嫌疑人、被告人、罪犯的便利。私放，是指私自决定，非法放走罪犯，既包括行为人亲自私放，也包括授意、指使、强迫他人私放，还可以是通过伪造、变造有关法律文书、证明材料使在押人员逃跑或者被释放等。

(3)本罪的主体是特殊主体，即司法工作人员，主要是负有监管职责的司法工作人员，包括在看守所、拘留所、少年犯管教所、拘役所、社区矫正部门、监狱工作的管教人员和看守人员，以及执行逮捕和押解罪犯的人员。根据 2001 年 3 月 2 日最高人民检察院《关于工人等非监管机关在编监管人员私放在押人员行为和失职致使在押人员脱逃行为适用法律问题的解释》(高检发释字〔2001〕2 号)，工人等非监管机关在编监管人员在被监管机关聘用受委托履行监管职责的过程中私放在押人员的，应当依照《刑法》第 400 条第 1 款的规定，以私放在押人员罪追究刑事责任。

(4)本罪的主观方面是故意，即明知是依法在押的犯罪嫌疑人、被告人或者罪犯，明知自己的私放行为会使犯罪嫌疑人、被告人或者罪犯逃避监管，破坏国家的羁押机能，并且希望或者放任这种结果发生。犯罪的动机是多种多样的，有的是贪赃受贿，有的是出于包庇同伙，有的是徇私情等。犯罪动机不影响本罪的成立。

2. 失职致使在押人员脱逃罪

失职致使在押人员脱逃罪，是指司法工作人员由于严重不负责任，致使在押

的犯罪嫌疑人、被告人或者罪犯脱逃,造成严重后果的行为。本罪的具体构成要件是:

(1)本罪侵犯的客体是司法机关的正常活动。

(2)本罪的客观方面是行为人严重不负责任,不履行或者不认真履行职责,致使在押(包括在羁押场所和在押途中)的犯罪嫌疑人、被告人或者罪犯脱逃,且造成严重后果。所谓脱逃,是指在押的犯罪嫌疑人、被告人或者罪犯从羁押场所,如看守所、拘役所、监狱、未成年犯管教所等或者押解途中或者审判场所逃走,从而脱离司法机关及其工作人员的监管。所谓严重不负责任,是指在羁押场所、押解途中未按规定采取有关看守、监管措施;擅离看守、监管岗位;发现犯罪嫌疑人、被告人或者罪犯有脱逃迹象,不及时采取有效的防范措施;在犯罪嫌疑人、被告人或者罪犯脱逃时,不及时组织、进行追捕等。在押犯罪嫌疑人、被告人或者罪犯的脱逃是由于行为人的玩忽职守、严重不负责任而造成。如果没有玩忽职守、严重不负责任的行为或者虽有玩忽职守、严重不负责任的行为,但与在押人员的脱逃没有刑法上的因果关系,也不能以本罪论处。本罪以造成严重后果为结果要件。所谓造成严重后果,一般是指致使重要的犯罪嫌疑人、被告人或者罪犯脱逃;致使多名犯罪嫌疑人、被告人或者罪犯脱逃;由于犯罪嫌疑人、被告人的脱逃致使案件的侦查、起诉、审判受到严重影响;犯罪嫌疑人、被告人或者罪犯脱逃后打击报复控告人、举报人、证人和司法工作人员,继续犯罪,危害社会;等等。

(3)本罪的主体是特殊主体,即司法工作人员。根据 2001 年 3 月 2 日最高人民检察院《关于工人等非监管机关在编监管人员私放在押人员行为和失职致使在押人员脱逃行为适用法律问题的解释》(高检发释字〔2001〕2 号)的规定,工人等非监管机关在编监管人员在被监管机关聘用受委托履行监管职责的过程中,由于严重不负责任,致使在押人员脱逃,造成严重后果的,应当依照《刑法》第 400 条第 2 款的规定,以失职致使在押人员脱逃罪追究刑事责任。

(4)本罪的主观方面是过失,但这是针对在押人员脱逃这一后果而言的,对于其玩忽职守的行为,则表现为明知故犯。故意不成立本罪。构成犯罪的,应属私放在押人员罪。

【司法适用】

(一)私放在押人员罪

1. 本罪构成要件行为的内涵

“私放”,是指违反规定将在押人员予以释放或者实施类似释放的行为,包括作为与不作为,而且与司法工作人员的职务具有关联性。例如,私自将在押的犯罪嫌疑人、被告人、罪犯放走,或者授意、指使、强迫他人将在押的犯罪嫌疑人、被告人、罪犯放走;伪造、变造有关法律文书、证明材料,以使在押的犯罪嫌疑人、被告人、罪犯逃跑或者被释放;为私放在押的犯罪嫌疑人、被告人、罪犯,故意向其通风报信、提供条件,致使该在押的犯罪嫌疑人、被告人、罪犯脱逃;明知罪犯脱逃而故意不阻拦、不追捕,等等。私自将在押人员带离监管场所,经过一段时间后再带回监管场所的,也属于"私放"。换言之,"放"包括永久性、长期性释放,也包括一定时间的"放出"。释放行为必须具有非法性。依法释放在押人员的,不成立犯罪。不得已私自释放超期羁押的人员的,应阻却违法性,不成立私放在押人员罪。

2. 本罪与非罪的界限

在监管工作中,因警性不高、警戒不严、管理松懈而致犯罪嫌疑人、被告人、罪犯脱逃的,或者由于工作粗枝大叶、疏忽大意而错放犯罪嫌疑人、被告人、罪犯,这种情况一般属于职务上的过错,不构成犯罪,但是如果情节严重的,也可以玩忽职守罪论处。

3. 本罪与徇私枉法罪的界限

侦查、起诉、审判人员利用职务上的便利,徇私枉法,对明知是有罪的人而故意包庇不使他受追诉或者故意宣告无罪,致使罪犯被释放的,应认定为徇私枉法罪。监管人员通过伪造释放证、无罪判决书等释放在押人员的,成立私放在押人员罪。侦查、检察、审判人员,对明知是正在且应继续羁押的犯罪嫌疑人、被告人,枉法采取取保候审措施的,应认定为徇私枉法罪。监管人员擅自对在押人员实行取保候审的,应认定为私放在押人员罪。

4. 本罪与脱逃罪共犯的界限

非司法工作人员帮助在押人员脱逃的,应以脱逃罪的共犯论处;司法工作人员虽帮助在押人员脱逃,但没有利用职务之便的,也应以脱逃罪的共犯论处。司法工作人员主动私放在押人员时,被释放的在押人员不成立脱逃罪,也不成立私放在押人员罪的共犯。在押人员脱逃时,司法工作人员故意不制止、不追捕的,以及在押人员与司法工作人员相勾结,导致在押人员脱离监管的,在押人员成立脱逃罪,司法工作人员同时触犯私放在押人员罪与脱逃罪的共犯,从一重罪(私放在押人员罪)处罚。

5. 本罪与滥用职权罪的法条竞合关系

本罪是滥用职权的特别规定。行为人同时成立本罪与滥用职权罪的,依特别法条即本罪定罪。

6. 区分本罪的既遂与未遂

犯罪嫌疑人、被告人、罪犯已经脱离了监管人或押解人监管的为既遂。私放犯罪嫌疑人、被告人、罪犯的目的是使犯罪嫌疑人、被告人、罪犯摆脱司法机关和监管人员的控制,逃避法律制裁。因此,私放犯罪嫌疑人、被告人、罪犯既遂与否,应以犯罪嫌疑人、被告人、罪犯是否逃脱了监管机关和监管人员的控制为标准。如果是在监狱的被私放的犯罪嫌疑人、被告人、罪犯,虽已逃出监房,但在监狱的看管范围内被抓获的属于未遂;或者虽已逃出狱外,但被及时发觉,当场抓获的,亦属未遂。如果已逃离监管机关和监管人员的管控范围,应属既遂;在押解途中,犯罪嫌疑人、被告人、罪犯被私放后,如果当场被其他人员发现,立即被追捕归案的,则应视为未遂;被私放的犯罪嫌疑人、被告人、罪犯,如果当场逃离,脱离了其他押解人员的控制,即属既遂;被私放的犯罪嫌疑人、被告人、罪犯,在逃出监管机关和监管人员的控制范围以后,经过司法机关侦查,被追捕归案的,仍应视为既遂。

7. 立案标准

根据《渎职侵权案件立案标准》的规定,司法工作人员私放在押(包括在羁押场所和押解途中)的犯罪嫌疑人、被告人或者罪犯,涉嫌下列情形之一的,应予立案:(1)私自将在押的犯罪嫌疑人、被告人、罪犯放走,或者授意、指使、强迫他人将在押的犯罪嫌疑人、被告人、罪犯放走的;(2)伪造、变造有关法律文书、证明材料,以使在押的犯罪嫌疑人、被告人、罪犯逃跑或者被释放的;(3)为私放在押的犯罪嫌疑人、被告人、罪犯,故意向其通风报信、提供条件,致使该在押的犯罪嫌疑人、被告人、罪犯脱逃的;(4)其他私放在押的犯罪嫌疑人、被告人、罪犯应予追究刑事责任的情形。

(二)失职致使在押人员脱逃罪

1. 本罪与玩忽职守罪的法条竞合关系

本罪是玩忽职守的特别规定。行为人同时成立本罪与玩忽职守罪的,依特别法条即本罪定罪。

2. 立案标准

根据《渎职侵权案件立案标准》的规定,司法工作人员由于严重不负责任,不履行或者不认真履行职责,致使在押(包括在羁押场所和押解途中)的犯罪嫌疑人、被告人、罪犯脱逃,造成严重后果,涉嫌下列情形之一的,应予立案:(1)致使依法可能判处或者已经判处10年以上有期徒刑、无期徒刑、死刑的犯罪嫌疑人、被告人、罪犯脱逃的;(2)致使犯罪嫌疑人、被告人、罪犯脱逃3人次以上的;(3)犯罪嫌疑人、被告人、罪犯脱逃以后,打击报复报案人、控告人、举报人、被害人、证人和司法工作人员等,或者继续犯罪的;(4)其他致使在押的犯罪嫌疑人、被告人、罪犯脱逃,造成严重后果的情形。

第四百零一条 【徇私舞弊减刑、假释、暂予监外执行罪】司法工作人员徇私舞弊,对不符合减刑、假释、暂予监外执行条件的罪犯,予以减刑、假释或者暂予监外执行的,处三年以下有期徒刑或者拘役;情节严重的,处三年以上七年以下有期徒刑。

【条文理解】

徇私舞弊减刑、假释、暂予监外执行罪,是指司法工作人员徇私舞弊,对不符合减刑、假释、暂予监外执行条件的罪犯,予以减刑、假释或者暂予监外执行的行为。本罪的具体构成要件是:

(1)本罪侵犯的客体是司法机关的正常活动。

(2)本罪的客观方面是行为人对不符合减刑、假释、暂予监外执行条件的罪犯,予以减刑、假释或者暂予监外执行,主要表现为以下几种类型:①对在执行期间,没有认真遵守监规,接受教育改造,不具有悔改、立功表现的罪犯予以减刑(违反《刑法》第78条第1款);超过减刑的限度予以减刑,如将被判处4年有期徒刑的罪犯,减去3年刑期(违反《刑法》第78条第2款)。②对没有认真遵守监规,不接受教育改造,不具有悔改表现,具有再犯罪危险的罪犯予以假释;对没有达到执行期限的罪犯予以假释;对累犯予以假释;对因故意杀人、强奸、抢劫、绑架、放火、爆炸、投放危险物质或者有组织的暴力性犯罪被判处10年以上有期徒刑、无期徒刑的犯罪分子予以假释。③对不符合《刑事诉讼法》规定的暂予监外执行条件的罪犯暂予监外执行。④由于《刑法》规定基层人民法院无权裁定减刑与假释,因此,基层人民法院工作人员裁定减刑假释的,应以本罪论处。本条中的"舞弊",是"对不符合减刑、假释、暂予监外执行条件的罪犯,予以减刑、假释或者暂予监外执行"的同位语。换言之,只要"对不符合减刑、假释、暂予监外执行条件的罪犯,予以减刑、假释或者暂予监外执行"就属于舞弊,除此之外,不再需要其他客观行为。不符合减刑、假释、暂予监外执行条件的罪犯,已被减刑、假释或者暂予监外执行时,本罪即为既遂。

(3)本罪的主体是特殊主体,即具有司法职权的国家司法工作人员。实际能构成本罪的,为那些具有报请或者决定减刑、假释、暂予监外执行职权的司法工作人员,非上述人员包括非司法工作人员以及虽为司法工作人员但没有报请或决定减刑、假释、暂予监外执行的职权,都不能单独构成本罪,但其与司法工作人员伙同进行本罪行为的,以共犯追究刑事责任。

(4)本罪的主观方面是故意,且出于徇私动机。行为人须明知自己的徇私舞弊行为是违反有关法律规定的,明知自己行为可能产生的后果,并仍对这种后果的发生持希望或者放任的态度。过失不构成本罪。至于行为人的犯罪动机可能是多种多样的,有的是为了贪图钱财等不法利益而徇私舞弊,有的是因碍于亲朋好友情面而徇私舞弊,有的是出于报复或嫉妒心理而徇私舞弊等。动机如何对本罪构成没有影响,可以在量刑时作为因素之一予以考虑。只要排除了因法律水平不高、事实掌握不全而过失造成本罪的结果的,便可认定为“徇私”。

【司法适用】

1. 本罪与非罪的界限

注意区分本罪与国家工作人员工作失误的界限。如果行为人主观上不是明知,而是由于其业务知识、经验不足,或者是调查研究不够充分,工作作风不够深入,思想方法简单片面等造成行为人主观上的认识偏差而发生的错误行为,即使实施将不符合条件的罪犯予以减刑、假释、暂予监外执行的行为,一般也不构成犯罪,如果情节严重或者造成重大后果而构成其他犯罪的,应以其他相应犯罪论处。

2. 本罪与徇私枉法罪的界限

(1)犯罪对象不同。本罪的对象是已决罪犯;徇私枉法罪的对象可以是任何人。(2)客观行为不同。本罪是对不符合减刑、假释、暂予监外执行条件的罪犯,予以减刑、假释或者暂予监外执行的行为;后罪则表现为对明知是无罪的人而使他受追诉,对明知是有罪的人而故意包庇使他不受追诉,或者在刑事审判活动中故意违背事实和法律作枉法裁判的行为。

3. 本罪与滥用职权罪的法条竞合关系

本罪是滥用职权的特别规定。行为人同时成立本罪与滥用职权罪的,依特别法条即本罪定罪。

4. 本罪为选择性罪名

行为人徇私舞弊,实施对不符合减刑、假释、暂予监外执行条件的罪犯予以减刑、假释或者暂予监外执行的选择性构成要件行为中的一行为或者数行为,均仅成立一罪。

5. 立案标准

根据《渎职侵权案件立案标准》的规定,司法工作人员徇私舞弊,对不符合减刑、假释、暂予监外执行条件的罪犯予以减刑、假释、暂予监外执行,涉嫌下列情形之一的,应予立案:(1)刑罚执行机关的工作人员对不符合减刑、假释、暂予监外执行条件的罪犯,捏造事实,伪造材料,违法报请减刑、假释、暂予监外执行的;(2)审判人员对不符合减刑、假释、暂予监外执行条件的罪犯,徇私舞弊,违法裁定减刑、假释或者违法决定暂予监外执行的;(3)监狱管理机关、公安机关的工作人员对不符合暂予监外执行条件的罪犯,徇私舞弊,违法批准暂予监外执行的;(4)不具有报请、裁定、决定或者批准减刑、假释、暂予监外执行权的司法工作人员利用职务上的便利,伪造有关材料,导致不符合减刑、假释、暂予监外执行条件的罪犯被减刑、假释、暂予监外执行的;(5)其他徇私舞弊减刑、假释、暂予监外执行应予追究刑事责任的情形。

第四百零二条 【徇私舞弊不移交刑事案件罪】行政执法人员徇私舞弊,对依法应当移交司法机关追究刑事责任的不移交,情节严重的,处三年以下有期徒刑或者拘役;造成严重后果的,处三年以上七年以下有期徒刑。

【条文理解】

徇私舞弊不移交刑事案件罪,是指行政执法人员徇私舞弊,对依法应当移交司法机关追究刑事责任的不移交,情节严重的行为。本罪的具体构成要件是:

(1)本罪侵犯的客体是行政执法机关和司法机关的正常活动。

(2)本罪的客观方面是行政执法人员徇私舞弊,对依法应当移交司法机关追究刑事责任的案件不移交,且情节严重。所谓"徇私舞弊,对依法应当移交司法机关追究刑事责任的不移交",系指依法应当移交司法机关追究刑事责任的不移交,是指行政执法人员在履行职责的过程中,明知违法行为已经构成犯罪,应当移送司法机关追究刑事责任而不移送,予以隐瞒、掩饰;或者大事减小,以行政处罚代替刑事处罚。

(3)本罪的主体是特殊主体,即行政执法人员。具体是指在国家公安、工商、税务、海关、检疫等行政机关中依法行使行政职权的公务人员,主要包括以下几类:①国务院及国管局组成部门中拥有执法权的人员;②国务院直属机构以及国务院各部委管理的国家局中拥有执法权的人员;③地方各级人民政府及其职能部门中享有执法权的人员;④地方人民政府的派出机关中享有执法权的人员;⑤依照法律、法规的授权决定而设立的、具有行政主体资格的专门机关中享有执法权的人员;⑥依法设定的各种公务组织中享有行政执法权的人员。

(4)本罪的主观方面是故意,即行为人明知应当移交司法机关追究刑事责任而故意不移交,明知自己行为可能产生的后果,而对这种后果的发生持希望或者放任的态度。过失不构成本罪。至于行为人的犯罪动机可能是多种多样的,有的是为了贪图钱财等不法利益,有的是因碍于亲朋好友情面而徇私舞弊,有的是出于报复或嫉妒心理而徇私舞弊等。动机如何对本罪构成没有影响,可以在量刑时作为因素之一予以考虑。

【司法适用】

1. 本罪与非罪的界限

注意区分本罪与国家工作人员工作失误的界限。如果行为人主观上不是明知,而是由于其业务知识、经验不足,或者是调查研究不够充分,工作作风不够深入,思想方法简单片面造成认识偏颇而发生的错误行为,即使造成一定危害后果的,一般也不构成犯罪,如果情节严重或者造成重大后果而构成其他犯罪的,应以其他相应犯罪论处。

2. 本罪与徇私枉法罪的界限

本罪与徇私枉法罪中"明知是有罪的人而故意包庇不使他受追诉"的行为有相似之处,构成要件的明显区别在于行为主体不同:本罪主体是行政执法人员,而徇私枉法罪的主体是司法工作人员。需要注意的是公安机关工作人员的性质,如果他们对犯罪负有侦查职责,则是司法工作人员;如果他们负责行政执法,则是行政执法人员。例如,公安人员在执行《治安管理处罚法》的过程中,明知行为人的行为已构成犯罪,应当移交公安机关的侦查部门进行侦查,但徇私舞弊不移交,仅给予治安处罚的,就构成本罪。反之,刑事犯罪的侦查人员遇到犯罪嫌疑人是自己的亲友,而故意包庇不使其受追诉,擅自不作为刑事案件处理的,则成立徇私枉法罪。概言之,行政机关中具有刑事侦查权限的人,在负责承办(包括指示、指挥)具体案件时,将明知是犯罪的案件作为行政违法处理的,应认定为徇私枉法罪。对于负有行政执法与刑事侦查双重职责的人员,应视其在履行何种职责的过程中不将案件作为犯罪处理而得出不同结论。此外,本罪只限于将应当移交司法机关追究刑事责任的不移交,所以,司法工作人员采取其他手段使有罪的人不受追诉的,不可能成立本罪,但可能成立徇私枉法罪。此外,在海关履行走私犯罪侦查职责的人,属于司法工作人员;明知是走私犯罪人而故意包庇不使其受追诉的,成立徇私枉法罪。

3. 本罪与滥用职权罪的法条竞合关系

本罪是滥用职权的特别规定。行为人同时成立本罪与滥用职权罪的,依特别法条即本罪定罪。

4. 立案标准

根据《渎职侵权案件立案标准》的规定,工商行政管理、税务、监察等行政执法人员,徇私舞弊,对依法应当移交司法机关追究刑事责任的案件不移交,涉嫌下列情形之一的,应予立案:(1)对依法可能判处3年以上有期徒刑、无期徒刑、死刑的犯罪案件不移交的;(2)不移交刑事案件涉及3人次以上的;(3)司法机关提出意见后,无正当理由仍然不予移交的;(4)以罚代刑,放纵犯罪嫌疑人,致使犯罪嫌疑人继续进行违法犯罪活动的;(5)行政执法部门主管领导阻止移交的;(6)隐瞒、毁灭证据,伪造材料,改变刑事案件性质的;(7)直接负责的主管人员和其他直接责任人员为牟取本单位私利而不移交刑事案件,情节严重的;(8)其他情节严重的情形。

【司法案例】

丁某方徇私舞弊不移交刑事案件案[①]

[**裁判要旨**](1)"依法应当移交"这一要素是认定行为人能否构成徇私舞弊不移交刑事案件罪的一个关键要素。根据国务院2001年颁布的《行政执法机关移送涉嫌犯罪案件的规定》第3条[②]的规定,行政执法机关在依法查处违法行为过程中,发现违法事实涉及的金额、违法事实的情节、违法事实造成的后果等,根据《刑法》关于破坏社会主义市场经济秩序罪、妨害社会管理秩序罪等罪的司法解释以及最高人民检察院、公安部关于经济犯罪案件的追诉标准等规定,涉嫌构成犯罪,依法需要追究刑事责任的,必须依照本规定向公安机关移送。判断是否"依法应当移交"的标准,只能是依照该规定第3条规定的刑事实体法律规范的要求,涉案行为的性质必须符合犯罪构成要件的规定。值得指出的是,"依法应当移交"中的所谓"依法"除指根据《刑法》及其相关的司法解释的规定,某种涉案的行为已经触犯了刑律,超出了行政执法机关的查处职权范围,必须实行移送作刑事立案查处外,还包括应当依照《刑事诉讼法》及相关司法解释的规定,必须是向有刑事侦查管辖权的公安机关或检察机关移送的案件。即"移交"应当是从行政执法机关向刑事侦查机关移交,而不是向被害人或者其他诉讼主体移交。因此,如果根据有关程序法律的规定,某种案件虽然涉嫌触犯了刑律,但法律规定不是必须经由公诉程序追究行为人刑事责任的,行政执法人员未向公安机关或检察机关移交案件的,就不应认为其实施了"依法应当移交"而不移交的不作为行为。对于既可以通过公诉程序启动诉讼,也可以通过自诉程序启动诉讼的"两可"案件,从法理

---

① 参见《刑事审判参考》总第28辑第209号案例。

② 2020年8月7日国务院《关于修改〈行政执法机关移送涉嫌犯罪案件的规定〉的决定》对本条进行了修改,规定:"行政执法机关在依法查处违法行为过程中,发现违法事实涉及的金额、违法事实的情节、违法事实造成的后果等,根据刑法关于破坏社会主义市场经济秩序罪、妨害社会管理秩序罪等罪的规定和最高人民法院、最高人民检察院关于破坏社会主义市场经济秩序罪、妨害社会管理秩序罪等罪的司法解释以及最高人民检察院、公安部关于经济犯罪案件的追诉标准等规定,涉嫌构成犯罪,依法需要追究刑事责任的,必须依照本规定向公安机关移送。"

上分析，“两可”与“应当”是不同的。“两可”是一种授权性规范，行为主体是有一定的选择权的；而“应当”是一种强制性规范，行为主体只能遵循和执行，是没有选择权的。因此，当行政执法人员对“两可”的案件作了行政处罚而未予以移送公安机关作刑事立案查处的，是不应追究有关责任人员不移送刑事案件的刑事责任的。

（2）认定徇私舞弊不移交刑事案件罪不以未移交的犯罪嫌疑人已被生效判决确定有罪为前提。首先，本罪对“应当移交而不移交的刑事案件”中的“刑事案件”，要求的仅是进行实体上的预断，即是否涉嫌构成犯罪，而并未要求必须对此作出有罪的生效判决为前提。根据《行政执法机关移送涉嫌犯罪案件的规定》第3条的规定，只能由行政执法机关按照已发现的违法事实所涉及的金额、违法事实的情节、违法事实造成的后果等，根据《刑法》关于破坏社会主义市场经济秩序罪、妨害社会管理秩序罪等的规定和最高人民法院、最高人民检察院关于破坏社会主义市场经济秩序罪、妨害社会管理秩序罪等的司法解释以及最高人民检察院、公安部关于经济犯罪案件的追诉标准等实体规范进行预断，看是否涉嫌构成犯罪。如果涉嫌构成犯罪，该行政执法机关及其执法人员就负有应当移送的义务。如徇私舞弊不履行该义务的，即应当承担徇私舞弊不移交刑事案件的责任。那种将“涉嫌构成犯罪”理解为必须是已作出有罪的生效判决，对犯徇私舞弊不移交刑事案件罪行为人的侦查、起诉、审判要在其“未移交的刑事案件”审结后才能进行的理解，显然违背了立法原意。其次，对行政执法人员徇私舞弊未予移交的刑事案件中的犯罪嫌疑人“可能判处三年以上有期徒刑”也应当理解为是指该犯罪嫌疑人所涉嫌的犯罪依法应当适用的法定刑档次，而不是指实际判处的刑罚。如果该犯罪嫌疑人所涉嫌的犯罪应当适用的量刑档次在有期徒刑3年以上，但因其具有自首、立功等情况减轻处罚致实际判处的刑罚低于3年有期徒刑，不影响徇私舞弊不移交刑事案件罪的构成。总而言之，司法机关在办理徇私舞弊不移交刑事案件过程中，只要根据已经掌握的事实，依据相应的刑事实体规范，足以判定徇私舞弊“未予移交的案件”已经涉嫌构成犯罪，且其犯罪嫌疑人有可能被判处3年以上有期徒刑的，即可对徇私舞弊不移交刑事案件行为人进行刑事追究，而不需要等待该“未移交的案件”的审结。

第四百零三条 【滥用管理公司、证券职权罪】**国家有关主管部门的国家机关工作人员，徇私舞弊，滥用职权，对不符合法律规定条件的公司设立、登记申请或者股票、债券发行、上市申请，予以批准或者登记，致使公共财产、国**

家和人民利益遭受重大损失的,处五年以下有期徒刑或者拘役。

上级部门强令登记机关及其工作人员实施前款行为的,对其直接负责的主管人员,依照前款的规定处罚。

【条文理解】

滥用管理公司、证券职权罪,是指工商行政管理、证券管理等国家有关主管部门的工作人员徇私舞弊,滥用职权,对不符合法律规定条件的公司设立、登记申请或者股票、债券发行、上市申请予以批准或者登记,致使公共财产、国家和人民利益遭受重大损失的行为,以及上级部门、当地政府强令登记机关及其工作人员实施上述行为的行为。本罪的具体构成要件是:

(1)本罪的客体是国家对公司登记和申请、股票与债券发行和上市的管理秩序。

(2)本罪的客观方面是行为人徇私舞弊,滥用职权,对不符合法律规定条件的公司设立、登记申请或者股票、债券发行、上市申请予以批准或者登记,或者强令下级登记机关及其工作人员实施该行为,并由此导致公共财产、国家和人民利益遭受重大损失的结果。

(3)本罪的主体是特殊主体,即国家有关主管部门的国家机关工作人员及其上级部门的直接负责的主管人员。其中,本条第2款的规定也可以理解为对单位主体成立本罪的适用单罚制,即强令登记机关及其工作人员实施滥用管理公司、证券职权行为的上级部门成立本罪的单位教唆犯,仅对该单位的直接负责的主管人员追究刑事责任。

(4)本罪的主观方面是故意,且出于徇私的动机。

【司法适用】

1. 本罪的主体要件

本罪的主体是特殊主体,即对公司设立、登记具有审批权限的国家有关主管部门的国家机关工作人员及其上级部门的直接负责的主管人员。

所谓有关主管部门,是指负责对公司设立、登记申请或者股票、债券发行、上市申请的条件是否符合法律规定予以审核、批准或者登记的国家机关。国家有关主管部门的国家工作人员,包括以下几类人员:(1)法律、行政法规规定的审批有限责任公司设立的国家机关的国家工作人员;(2)审批股份有限公司设立的国务院授权的部门或者省级人民政府中的国家工作人员;(3)审批以募股方式设立股份有限公司的国务院证券管理部门中的国家工作人员;(4)公司设立的登记机关的国家工作人员,一般是指市场监督管理机关中的国家工作人员;(5)审批股票发行的国务院授权部门或者省级人民政府,或者国务院证券管理部门中的国家工作人员;(6)审批股票上市的国务院或者证券管理部门中的国家工作人员;(7)审批债券发行的国务院证券管理部门中的国家工作人员。

本条第2款规定的上级部门,既包括国家有关主管部门的上级管理部门,也包括当地政府;不仅指上级部门的负责人,也包括在上级部门承办具体工作的人员。

2. 本罪的行为要件

本罪以徇私舞弊,滥用职权,对不符合法律规定条件的公司设立、登记申请或者股票、债券发行、上市申请予以批准或者登记,或者明知公司设立、登记申请或者股票、债券发行、上市申请不符合法律规定条件而强令下级登记机关及其工作人员予以批准或者登记为构成要件行为。

该构成要件行为以公司设立、登记申请或者股票、债券发行、上市申请不符合法律规定为前提。我国《公司法》《证券法》《证券投资基金法》《保险法》等法律规范对公司的设立条件和申请登记程序、股票和债券发行、上市的条件和审批程序,作出了明确具体的规定,并通过法律授权国家有关行业主管部门、市场监督管理部门、证券管理部门对公司设立、登记申请或者股票、债券发行、上市申请依法进行审查、批准或者登记。

所谓徇私舞弊,滥用职权,必须是利用职务之便进行的。所谓利用职务之便,是指利用职权或者与职务有关的便利条件。所谓职权,是指本人职务范围内的权利。所谓与职务有关的便利条件,是指虽然不是直接利用职权,但是利用了本人的职权或者地位形成的便利条件。

3. 本罪的结果要件

本罪以公共财产、国家和人民利益遭受重大损失为结果要件。国家有关主管部门的国家机关工作人员,徇私舞弊,滥用职权,对不符合法律规定条件的公司设立、登记申请或者股票、债券发行、上市申请,予以批准或者登记,或者上级部门强令登记机关及其工作人员实施该行为,但未致使公共财产、国家和人民利益遭受重大损失的,不成立本罪。

渎职犯罪的经济损失,是指渎职犯罪或者与渎职犯罪相关联的犯罪立案时已经实际造成的财产损失,包括为挽回渎职犯罪所造成损失而支付的各种开支、费用等。立案后至提起公诉前持续发生的经济损失,应一并计入渎职犯罪造成的经济损失。债务人经法定程序被宣告破产,债务人潜逃、去向不明,或者因行为人的责任超过诉讼时效等,致使债权已经无法实现的,无法实现的债权部分应当认定为渎职犯罪的经济损失。渎职犯罪或者与渎职犯罪相关联的犯罪立案后,犯罪分子及其亲友自行挽回的经济损失,司法机关或者犯罪分子所在单位及其上级主管部门挽回的经济损失,或者因客观原因减少的经济损失,不予扣减,但可以作为酌定从轻处罚的情节。

4. 本罪的因果关系要件

本罪要求行为人徇私舞弊,滥用职权,对不符合法律规定条件的公司设立、登记申请或者股票、债券发行、上市申请,予以批准或者登记的行为,或者对下级登记机关及其工作人员实施该行为的强令行为,与公共财产、国家和人民利益遭受重大损失的结果之间存在《刑法》上的因果关系。

5. 本罪的主观要件

本罪要求行为人系出于故意,即明知其予以批准或者登记的公司设立、登记申请或者股票、债券发行、上市申请不符合法律规定条件,其徇私舞弊、滥用职权的行为可能致使公共财产、国家和人民利益遭受重大损失,而对该结果的发生持希望或者放任的态度。过失不成立本罪。国家有关主管部门的国家机关工作人员,玩忽职守,严重不负责任,对不符合法律规定条件的公司设立、登记申请或者股票、债券发行、上市申请,予以批准或者登记,过失导致公共财产、国家和人民利益遭受重大损失,符合《刑法》第397条之规定的,以玩忽职守罪定罪处罚。

本罪要求行为人系出于徇私的动机,但徇私舞弊的具体原因可能多种多样,如贪图钱财等不法利益、碍于亲朋好友的情面、出于报复或者嫉妒的心理等。具体原因对本罪成立没有影响,可作为量刑情节考虑。国家有关主管部门的国家机关工作人员,滥用职权,对不符合法律规定条件的公司设立、登记申请或者股票、债券发行、上市申请,予以批准或者登记,致使公共财产、国家和人民利益遭受重大损失,但不具备徇私舞弊情形,符合《刑法》第397条之规定的,以滥用职权罪定罪处罚。

6. 本罪为选择性罪名

行为人实施对不符合法律规定条件的公司设立、登记申请或者股票、债券发行、上市申请予以批准或者登记的选择性构成要件行为中的一行为或者数行为,均仅成立一罪。

7. 本罪与滥用职权罪的法条竞合

本罪是滥用职权罪的特别规定。行为人实施滥用职权犯罪行为,成立本罪的,依特别法条即本罪定罪处罚。

8. 本罪与受贿罪的罪数形态

行为人实施本罪并收受贿赂,同时成立受贿罪的,以本罪和受贿罪数罪并罚。

9. 本罪与其他犯罪共犯的罪数形态

行为人与他人共谋，利用其职务行为帮助他人实施其他犯罪行为，同时成立本罪和共谋实施的其他犯罪共犯的，依照处罚较重的规定定罪处罚。

行为人与他人共谋，既利用其职务行为帮助他人实施其他犯罪，又以非职务行为与他人共同实施该其他犯罪行为，同时构成本罪和其他犯罪共犯的，以本罪和该其他犯罪数罪并罚。

10. 立案标准

根据《渎职侵权案件立案标准》的规定，滥用管理公司、证券职权的行为涉嫌下列情形之一的，应予立案：(1)造成直接经济损失50万元以上的；(2)市场监督管理部门的工作人员对不符合法律规定条件的公司设立、登记申请，违法予以批准、登记，严重扰乱市场秩序的；(3)金融证券管理机构工作人员对不符合法律规定条件的股票、债券发行、上市申请，违法予以批准，严重损害公众利益，或者严重扰乱金融秩序的；(4)市场监督管理部门、金融证券管理机构的工作人员对不符合法律规定条件的公司设立、登记申请或者股票、债券发行、上市申请违法予以批准或者登记，致使犯罪行为得逞的；(5)上级部门、当地政府直接负责的主管人员强令登记机关及其工作人员，对不符合法律规定条件的公司设立、登记申请或者股票、债券发行、上市申请予以批准或者登记，致使公共财产、国家或者人民利益遭受重大损失的；(6)其他致使公共财产、国家和人民利益遭受重大损失的情形。

第四百零四条　【徇私舞弊不征、少征税款罪】税务机关的工作人员徇私舞弊，不征或者少征应征税款，致使国家税收遭受重大损失的，处五年以下有期徒刑或者拘役；造成特别重大损失的，处五年以上有期徒刑。

【条文理解】

徇私舞弊不征、少征税款罪，是指税务机关工作人员徇私舞弊，不征、少征应征税款，致使国家税收遭受重大损失的行为。本罪的具体构成要件是：

(1)本罪的客体是国家的税收征收管理秩序。

(2)本罪的客观方面是行为人徇私舞弊，不征或者少征应征税款，并由此导致国家税收遭受重大损失。

(3)本罪的主体是特殊主体，即税务机关的工作人员。

(4)本罪的主观方面是故意，且出于徇私的动机。

【司法适用】

1. 本罪的主体要件

本罪的主体是特殊主体,即履行征收税款职责的税务机关工作人员。所谓税务机关的工作人员,是指在各级税务局、税务分局和税务所中代表国家依法负有向纳税人或者纳税单位征收税款义务并行使征收税款职权的人员。

2. 本罪的行为要件

本罪以徇私舞弊,不征、少征应征税款为构成要件行为。

所谓徇私舞弊,必须是利用职务之便进行的。所谓利用职务之便,是指利用职权或者与职务有关的便利条件。所谓职权,是指本人职务范围内的权利。所谓与职务有关的便利条件,是指虽然不是直接利用职权,但是利用了本人的职权或者地位形成的便利条件。

所谓应征税款,是指税务机关根据法律、行政法规规定的税种、税率应当向纳税人征收的税款。我国相继出台了《税收征收管理法》等一系列涉税法律、法规,详细规定了我国的税收征收管理制度。

所谓不征,是指税务机关工作人员违反法律、行政法规的规定,不向纳税人征收应征税款,包括擅自免征税款。

所谓少征,是指税务机关工作人员违反法律、行政法规的规定,降低税收额或者征税率进行征税,或者明知不具备减税条件,弄虚作假擅自决定减税。

徇私舞弊,不征或者少征应征税款的行为表现在税收征管的各个环节,如税务登记、账簿、凭证管理、纳税申报、税款征收(税款的缴纳、退还、补缴和追征、税收减免、应纳税额的核定、纳税担保)以及税务检查。税务机关工作人员在上述环节中违背事实和法律、法规,滥用征管职权,搞虚假税务登记,涂改账簿,伪造纳税凭证、擅自减少应纳税数额等,都是徇私舞弊行为。

3. 本罪的结果要件

本罪以国家税收遭受重大损失为结果要件。税务机关的工作人员徇私舞弊,不征或者少征应征税款,但未致使国家税收遭受重大损失的,不成立本罪。

所谓致使国家税收遭受重大损失,是指行为人徇私舞弊,不征或者少征的税款,由于主、客观原因,国家无法再实际予以征收。如果行为人不征或者少征的应征税款,在税务机关发现以后,被依法征收并如数收归国库,则不能认为行为人不征或者少征应征税款的行为导致国家税收遭受重大损失,因而不成立本罪。

4. 本罪的因果关系要件

本罪要求行为人徇私舞弊,不征或者少征应征税款的行为,与国家税收遭受重大损失的结果之间存在《刑法》上的因果关系。

5. 本罪的主观要件

本罪要求行为人系出于故意，即明知其徇私舞弊、不征或者少征应征税款的行为可能致使国家税收遭受重大损失，而对该结果的发生持希望或者放任的态度。过失不成立本罪。税务机关的工作人员在履行税收征收管理职责的过程中，玩忽职守，严重不负责任，过失导致国家税收遭受重大损失，符合《刑法》第 397 条之规定的，以玩忽职守罪定罪处罚。

本罪要求行为人系出于徇私的动机，但徇私舞弊的具体原因可能多种多样，如贪图钱财等不法利益、碍于亲朋好友的情面、出于报复或者嫉妒的心理等。具体原因对本罪成立没有影响，可作为量刑情节考虑。税务机关的工作人员不征或者少征应征税款，致使国家税收遭受重大损失，但不具备徇私舞弊情形，符合《刑法》第 397 条之规定的，以滥用职权罪定罪处罚。

6. 本罪为选择性罪名

行为人实施徇私舞弊，不征或者少征应征税款的选择性构成要件行为中的一行为或者数行为，均仅成立一罪。

7. 本罪与逃税罪的界限

逃税罪，是指纳税人采取欺骗、隐瞒手段进行虚假纳税申报或者不申报，逃避缴纳税款数额达到一定程度或者因逃税被税务机关给予二次行政处罚后又逃税的行为。一般而言，逃税罪与徇私舞弊不征、少征税款罪在主体、客观方面、主观方面等内容上，都有很大的区别。但当出现逃税罪的共犯时，则可能导致相互混淆的问题。

税务机关的工作人员与逃税人相互勾结，故意不履行其依法征税的职责，不征或者少征应征税款的，成立逃税罪的共犯。但如果税务机关的工作人员知道逃税行为的存在，出于某种私利而佯装不知，对逃税行为采取放任的态度，并因此不征或者少征应征税款，导致国家税收遭受重大损失的，则成立徇私舞弊不征、少征税款罪。

8. 本罪与滥用职权罪的法条竞合

本罪是滥用职权罪的特别规定。行为人实施滥用职权犯罪行为，成立本罪的，依特别法条即本罪定罪处罚。

9. 本罪与受贿罪的罪数形态

行为人实施本罪并收受贿赂，同时成立受贿罪的，以本罪和受贿罪数罪并罚。

10. 本罪与其他犯罪共犯的罪数形态

行为人与他人共谋，利用其职务行为帮助他人实施其他犯罪行为，同时成立本罪和共谋实施的其他犯罪共犯的，依照处罚较重的规定定罪处罚。

行为人与他人共谋,既利用其职务行为帮助他人实施其他犯罪,又以非职务行为与他人共同实施该其他犯罪行为,同时构成本罪和其他犯罪共犯的,以本罪和该其他犯罪数罪并罚。

11. 立案标准

根据《渎职侵权案件立案标准》的规定,徇私舞弊不征、少征税款的行为,涉嫌下列情形之一的,应予立案:(1)徇私舞弊不征、少征应征税款,致使国家税收损失累计达10万元以上的;(2)上级主管部门工作人员指使税务机关工作人员徇私舞弊不征、少征应征税款,致使国家税收损失累计达10万元以上的;(3)徇私舞弊不征、少征应征税款不满10万元,但具有索取或者收受贿赂或者其他恶劣情节的;(4)其他致使国家税收遭受重大损失的情形。

【司法案例】

杜某军徇私舞弊不征税款、受贿案①

[**裁判要旨**](1)个人股权转让过程中存在应征税款,个人转让股权所得属于税法规定的应征税款的范围,征税对象应当理解为转让股权后获得的实际收益,即股权转让所得与实际投资的差额。

(2)税务工作人员的徇私舞弊行为必须利用职务之便进行,即税务工作人员必须利用职权或者与职务有关的便利条件。徇私舞弊不征应征税款的行为可能出现在税收征管的各个环节,如税务登记、账簿凭证管理、纳税申报、税款征收以及税务检查等环节,税务工作人员只要在上述环节中违背事实法律,滥用征管职权,擅自减少应纳税额等,都是徇私舞弊行为。值得注意的是,徇私舞弊不征税款罪的行为方式属于不作为。涉案税务工作人员的工作职责包括对辖区内的企业及个人进行纳税评估,即检查纳税人有无未进行纳税申报的情况。如果在评估企业税务情况过程中,发现纳税人在企业账面上反映的情况与实际情况不符,税务评估人员应当约谈纳税当事人,要求他们作出解释,如果不能排除疑点,应当移送当地税务稽查局处理。涉案税务工作人员事先已经知悉股权转让过程中有实际收益的情况,但为徇私情、私利,在下属工作人员到公司例行检查账面时,未将该情况告知下属,且在下属未发现疑点时,并未告知下属作进一步核查,最终导致国家税收遭受重大损失。可见,其利用职务之便以不作为形式实现其不征税款目的的行为,符合徇私舞弊不征税款罪的特征。

(3)徇私舞弊不征税款罪的税收损失数额认定以实际取得额为计算基础。根

① 参见《刑事审判参考》总第89集第809号案例。

据相关规定，股权转让合同履行完毕、股权已作变更登记，且所得已经实现的，转让人取得的股权转让收入应当依法缴纳个人所得税。在计算徇私舞弊不征税款罪造成的税款损失时，要以纳税人已经实现的实际所得额作为基础。

第四百零五条 【徇私舞弊发售发票、抵扣税款、出口退税罪】税务机关的工作人员违反法律、行政法规的规定，在办理发售发票、抵扣税款、出口退税工作中，徇私舞弊，致使国家利益遭受重大损失的，处五年以下有期徒刑或者拘役；致使国家利益遭受特别重大损失的，处五年以上有期徒刑。

【违法提供出口退税凭证罪】其他国家机关工作人员违反国家规定，在提供出口货物报关单、出口收汇核销单等出口退税凭证的工作中，徇私舞弊，致使国家利益遭受重大损失的，依照前款的规定处罚。

【条文理解】

1. 徇私舞弊发售发票、抵扣税款、出口退税罪

徇私舞弊发售发票、抵扣税款、出口退税罪，是指税务机关工作人员违反法律、行政法规的规定，在办理发售发票、抵扣税款、出口退税工作中徇私舞弊，致使国家利益遭受重大损失的行为。本罪的具体构成要件是：

（1）本罪的客体是国家的发票、税收管理秩序。

（2）本罪的客观方面是行为人违反法律、行政法规的规定，在办理发售发票、抵扣税款、出口退税工作中，徇私舞弊，并由此导致国家利益遭受重大损失的结果。

（3）本罪的主体是特殊主体，即税务机关的工作人员。

（4）本罪的主观方面是故意，且出于徇私的动机。

2. 违法提供出口退税凭证罪

违法提供出口退税凭证罪，是指海关、外汇管理等国家机关工作人员违反国家规定，在提供出口货物报关单、出口收汇核销单等出口退税凭证的工作中徇私舞弊，致使国家利益遭受重大损失的行为。本罪的具体构成要件是：

（1）本罪的客体是国家的税收管理秩序。

（2）本罪的客观方面是行为人违反国家规定，在提供出口货物报关单、出口收汇核销单等出口退税凭证的工作中，徇私舞弊，并由此导致国家利益遭受重大损失的结果。

（3）本罪的主体是特殊主体，即税务机关以外的其他国家机关的工作人员。

(4)本罪的主观方面是故意,且出于徇私的动机。

【司法适用】

(一)徇私舞弊发售发票、抵扣税款、出口退税罪

1. 本罪的主体要件

本罪的主体是特殊主体,即履行发售发票、抵扣税款、出口退税职责的税务机关工作人员。所谓税务机关的工作人员,是指在各级税务局、税务分局和税务所中代表国家依法负有向纳税人或者纳税单位征收税款义务并行使征收税款职权的人员。

2. 本罪的行为要件

本罪以违反法律、行政法规的规定,在办理发售发票、抵扣税款、出口退税工作中,徇私舞弊为构成要件行为。

所谓违反法律、行政法规的规定,是指违反《税收征收管理法》《发票管理办法》《增值税暂行条例》等法律、行政法规关于发票发售、税款抵扣和出口退税制度的规定。值得注意的是,根据《增值税暂行条例》第13条第1款之规定,小规模纳税人以外的纳税人应当向主管税务机关办理登记。具体登记办法由国务院税务主管部门制定。因此,违反关于一般纳税人资格的认定标准及相关规定,授予不合格单位一般纳税人资格的,系违反《增值税暂行条例》的有关规定,应当认定为《刑法》第405条第1款规定的"违反法律、行政法规的规定"。

所谓发票,是指在购销商品、提供或者接受服务以及从事其他经营活动中,开具、收取的收付款凭证。所谓发售发票,是指主管税务机关根据已依法办理税务登记的单位或者个人提出的领用发票申请向其出售发票的活动。

所谓抵扣税款,是指凭发票对应征税款进行抵扣,发票上所注明的税款是唯一可以抵扣的税款。所谓增值税专用发票,是指以商品和劳动增值额为征税对象,并具有抵扣税款功能的专门用于增值税的收付款凭证。此外,具有同增值税专用发票相同功能,可以抵扣税款的普通发票有农业产品收购发票、废旧物品收购发票、运输发票等。

所谓出口退税,是指税务机关依法向出口商品的生产或者经单位退还该商品在生产、流通环节已征收的增值税和消费税。国家制定这一税收政策的目的是鼓励出口贸易,增强我国出口产品在国际市场上的竞争力。

所谓徇私舞弊,必须是利用职务之便进行的。所谓利用职务之便,是指利用职权或者与职务有关的便利条件。所谓职权,是指本人职务范围内的权利。所谓与职务有关的便利条件,是指虽然不是直接利用职权,但是利用了本人的职权或者地位形成的便利条件。

本罪的构成要件行为,具体表现为以下几类行为:(1)发售发票工作中的徇私舞弊,即向不具备申购发票条件的单位和个人发售发票,或者未按规定的数量发售发票等;(2)抵扣税款工作中的徇私舞弊,即对不应抵扣的国家税款进行抵扣;(3)出口退税工作中的徇私舞弊,即违法办理出口退税。

3. 本罪的结果要件

本罪以国家利益遭受重大损失为结果要件。税务机关的工作人员违反法律、行政法规的规定,在办理发售发票、抵扣税款、出口退税工作中,徇私舞弊,但未致使国家利益遭受重大损失的,不成立本罪。

4. 本罪的因果关系要件

本罪要求行为人违反法律、行政法规的规定,在办理发售发票、抵扣税款、出口退税工作中,徇私舞弊的行为,与国家利益遭受重大损失的结果之间存在刑法上的因果关系。

5. 本罪的主观要件

本罪要求行为人系出于故意,即明知其在办理发售发票、抵扣税款、出口退税工作中徇私舞弊的行为违反法律、行政法规的规定,可能致使国家利益遭受重大损失,而对该结果的发生持希望或者放任的态度。过失不成立本罪。税务机关的工作人员在办理发售发票、抵扣税款、出口退税工作中,玩忽职守,严重不负责任,违反法律、行政法规的规定,过失导致国家利益遭受重大损失,符合《刑法》第 397 条之规定的,以玩忽职守罪定罪处罚。

本罪要求行为人系出于徇私的动机,但徇私舞弊的具体原因可能多种多样,譬如贪图钱财等不法利益、碍于亲朋好友的情面、出于报复或者嫉妒的心理等。具体原因对本罪成立没有影响,可作为量刑情节考虑。税务机关的工作人员在办理发售发票、抵扣税款、出口退税工作中,违反法律、行政法规的规定,致使国家利益遭受重大损失,但不具备徇私舞弊情形,符合《刑法》第 397 条之规定的,以滥用职权罪定罪处罚。

6. 本罪为选择性罪名

行为人实施对徇私舞弊发售发票、抵扣税款、出口退税的选择性构成要件行为中的一行为或者数行为,均仅成立一罪。

7. 本罪与诈骗罪、骗取出口退税罪、逃税罪、非法出售增值税专用发票罪等犯罪的界限

行为人在办理发售发票、抵扣税款、出口退税工作中的徇私舞弊行为,往往会在实际上为他人实施诈骗、骗取国家出口退税款、逃税、非法出售增值税专用发票等犯罪起到帮助作用,因此,必须注意划清徇私舞弊发售发票、抵扣税款、出口退

税罪与这些犯罪的界限。其关键在于查明行为人主观上是否与这些犯罪分子具有共同的犯罪故意。

如果查明行为人主观上与诈骗、骗取国家出口退税款等犯罪分子具有共同犯罪的故意而相互勾结，则其在客观上所实施的非法办理出售发票、抵扣税款、出口退税行为就属于诈骗、骗取国家出口退税款等犯罪的帮助犯，成立这些犯罪的共犯，而不再成立徇私舞弊发售发票、抵扣税款、出口退税罪。

8. 本罪与徇私舞弊不征、少征税款罪的界限

二者主要具有以下区别。

(1)行为阶段不同。徇私舞弊不征、少征税款罪往往直接发生在税务机关的工作人员在征收税收的过程中，或者应当履行征收税收职责而故意不履行。徇私舞弊发售发票则往往发生在征收税收之前，徇私舞弊出口退税又往往发生在征收税收之后。只有抵扣税款的行为可以发生在征收过程中。

(2)行为方式不同。徇私舞弊不征、少征税款罪往往表现为不作为，即行为人为徇私情私利而故意不履行其应当履行的职责，也可以表现为不正确履行其职责。徇私舞弊发售发票、抵扣税款、出口退税罪则往往表现为作为，即行为人为徇私情私利，故意通过其积极的行为去违法发售发票、抵扣税款或者办理出口退税。

9. 本罪与滥用职权罪的法条竞合

本罪是滥用职权罪的特别规定。行为人实施滥用职权犯罪行为，成立本罪的，依特别法条即本罪定罪处罚。

10. 本罪与受贿罪的罪数形态

行为人实施本罪并收受贿赂，同时成立受贿罪的，以本罪和受贿罪数罪并罚。

11. 本罪与其他犯罪共犯的罪数形态

行为人与他人共谋，利用其职务行为帮助他人实施其他犯罪行为，同时成立本罪和共谋实施的其他犯罪共犯的，依照处罚较重的规定定罪处罚。

行为人与他人共谋，既利用其职务行为帮助他人实施其他犯罪，又以非职务行为与他人共同实施该其他犯罪行为，同时构成本罪和其他犯罪共犯的，以本罪和该其他犯罪数罪并罚。

12. 立案标准

根据《渎职侵权案件立案标准》的规定，徇私舞弊发售发票、抵扣税款、出口退税的行为，涉嫌下列情形之一的，应予立案：(1)徇私舞弊，致使国家税收损失累计达 10 万元以上的；(2)徇私舞弊，致使国家税收损失累计不满 10 万元，但发售增值税专用发票 25 份以上或者其他发票 50 份以上或者增值税专用发票与其他发票合计 50 份以上，或者具有索取、收受贿赂或者其他恶劣情节的；(3)其他致使国

家利益遭受重大损失的情形。

(二)违法提供出口退税凭证罪

1. 本罪的主体要件

本罪的主体是特殊主体,即税务机关以外的其他国家机关的工作人员。所谓税务机关以外的其他国家机关的工作人员,主要是指承担着提供出口货物报关单和出口收汇核算单等出口退税凭证职责的海关工作人员等国家机关工作人员。凡是办理出口退税凭证工作的国家机关工作人员,都可以成为本罪的主体。

2. 本罪的行为要件

本罪以违反国家规定,在提供出口货物报关单、出口收汇核销单等出口退税凭证的工作中,徇私舞弊为构成要件行为。

所谓徇私舞弊,必须是利用职务之便进行的。所谓利用职务之便,是指利用职权或者与职务有关的便利条件。所谓职权,是指本人职务范围内的权利。所谓与职务有关的便利条件,是指虽然不是直接利用职权,但是利用了本人的职权或者地位形成的便利条件。

出口企业采取以少报多,以次(废)充好,以低税率产品冒充高税率产品等方式,企图骗取出口退税,海关受理报关时现场发现的部分由海关依法处理。有关国家机关工作人员在提供出口货物报关单、出口收汇核销单等出口退税凭证的工作中,违反国家规定,图私利、徇私情,采取欺骗手段,弄虚作假,提供虚假的出口退税凭证,即成立本罪的构成要件行为。

3. 本罪的结果要件

本罪以国家利益遭受重大损失为结果要件。税务机关以外的其他国家机关的工作人员违反国家规定,在提供出口货物报关单、出口收汇核销单等出口退税凭证的工作中,徇私舞弊,但未致使国家利益遭受重大损失的,不成立本罪。

所谓致使国家利益遭受重大损失,是指致使出口企业骗取国家出口退税款的行为得逞、国库税款损失重大等。

4. 本罪的因果关系要件

本罪要求行为人违反国家规定,在提供出口货物报关单、出口收汇核销单等出口退税凭证的工作中,徇私舞弊的行为,与国家利益遭受重大损失的结果之间存在刑法上的因果关系。

5. 本罪的主观要件

本罪要求行为人系出于故意,即明知其在提供出口货物报关单、出口收汇核销单等出口退税凭证的工作中徇私舞弊的行为违反国家规定,可能致使国家利益遭受重大损失,而对该结果的发生持希望或者放任的态度。过失不成立本罪。税务机关以外的其他国家机关的工作人员在提供出口货物报关单、出口收汇核销单等出口退税凭证的工作中，玩忽职守，严重不负责任，违反国家规定，过失导致国家利益遭受重大损失，符合《刑法》第 397 条之规定的，以玩忽职守罪定罪处罚。

本罪要求行为人系出于徇私的动机，但徇私舞弊的具体原因可能多种多样，譬如贪图钱财等不法利益、碍于亲朋好友的情面、出于报复或者嫉妒的心理等。具体原因对本罪成立没有影响，可作为量刑情节考虑。税务机关以外的其他国家机关的工作人员在提供出口货物报关单、出口收汇核销单等出口退税凭证的工作中，违反国家规定，致使国家利益遭受重大损失，但不具备徇私舞弊情形，符合《刑法》第 397 条之规定的，以滥用职权罪定罪处罚。

6. 本罪与徇私舞弊发售发票、抵扣税款、出口退税罪的界限

二者主要具有以下区别。

(1)犯罪主体不同。违法提供出口退税凭证罪的主体是税务机关以外的其他国家机关的工作人员，主要是海关等国家机关的工作人员。徇私舞弊发售发票、抵扣税款、出口退税罪的主体仅限于税务机关工作人员。

(2)客观方面不同。违法提供出口退税凭证罪的客观方面主要表现为行为人为徇私情私利，违反国家规定，非法提供出口货物报关单、出口收汇核销单等出口退税凭证，致使国家利益遭受重大损失的行为。徇私舞弊发售发票、抵扣税款、出口退税罪的客观方面包括三种形式，即徇私舞弊办理发售发票、徇私舞弊办理抵扣税款、徇私舞弊办理出口退税。其中，违法提供出口退税凭证罪与徇私舞弊出口退税罪主要具有以下区别。一是行为阶段不同。违法提供出口退税凭证罪一般发生在办理出口退税前。徇私舞弊出口退税罪往往发生在办理出口退税过程中，并以伪造或者非法提供的出口退税凭证为前提。二是行为方式不同。违法提供出口退税凭证罪的构成要件行为是徇私舞弊提供出口退税凭证。徇私舞弊出口退税罪的构成要件行为是徇私舞弊办理出口退税。

7. 本罪与骗取出口退税罪的界限

骗取出口退税罪，是指以假报出口或者其他欺骗手段，骗取国家出口退税款，数额较大的行为。其与本罪具有以下区别。

(1)犯罪主体不同。骗取出口退税罪的主体是一般主体。违法提供出口退税凭证罪的主体则为税务机关以外的其他国家机关工作人员。

(2)行为方式不同。骗取出口退税罪的构成要件行为是假报出口或者以少报多、以劣报优或者以其他欺骗手段，骗取国家出口退税款。违法提供出口退税凭证罪的构成要件行为是徇私舞弊，非法提供出口货物报关单、出口收汇核销单等出口退税凭证。

(3)犯罪客体不同。骗取出口退税罪的客体是国家的税收管理秩序。违法提供出口退税凭证罪的客体不仅是国家的税收管理秩序,同时还侵犯了国家机关的正常管理活动。

8. 本罪与滥用职权罪的法条竞合

本罪是滥用职权罪的特别规定。行为人实施滥用职权犯罪行为,成立本罪的,依特别法条即本罪定罪处罚。

9. 本罪与受贿罪的罪数形态

行为人实施本罪并收受贿赂,同时成立受贿罪的,以本罪和受贿罪数罪并罚。

10. 本罪与其他犯罪共犯的罪数形态

行为人与他人共谋,利用其职务行为帮助他人实施其他犯罪行为,同时成立本罪和共谋实施的其他犯罪共犯的,依照处罚较重的规定定罪处罚。

行为人与他人共谋,既利用其职务行为帮助他人实施其他犯罪,又以非职务行为与他人共同实施该其他犯罪行为,同时构成本罪和其他犯罪共犯的,以本罪和该其他犯罪数罪并罚。

11. 立案标准

根据《渎职侵权案件立案标准》的规定,违法提供出口退税凭证的行为,涉嫌下列情形之一的,应予立案:(1)徇私舞弊,致使国家税收损失累计达10万元以上的;(2)徇私舞弊,致使国家税收损失累计不满10万元,但具有索取、收受贿赂或者其他恶劣情节的;(3)其他致使国家利益遭受重大损失的情形。

第四百零六条　【国家机关工作人员签订、履行合同失职被骗罪】国家机关工作人员在签订、履行合同过程中,因严重不负责任被诈骗,致使国家利益遭受重大损失的,处三年以下有期徒刑或者拘役;致使国家利益遭受特别重大损失的,处三年以上七年以下有期徒刑。

【条文理解】

国家机关工作人员签订、履行合同失职被骗罪,是指国家机关工作人员在签订、履行合同过程中,因严重不负责任,不履行或者不认真履行职责被诈骗,致使国家利益遭受重大损失的行为。本罪的具体构成要件是:

(1)本罪的客体是国家机关的经济活动秩序。

(2)本罪的客观方面是行为人在签订、履行合同过程中,因严重不负责任,不履行或者不认真履行职责被诈骗,并由此导致国家利益遭受重大损失的结果。

(3)本罪的主体是特殊主体,即国家机关工作人员。

(4)本罪的主观方面是过失。

【司法适用】

1. 本罪的主体要件

本罪的主体是特殊主体,即国家机关工作人员。所谓国家机关工作人员,包括在国家各级人民代表大会及其常务委员会、国家各级人民政府及其组成部门、各级人民法院、人民检察院中从事公务的人员。

2. 本罪的行为要件

本罪以在签订、履行合同过程中,严重不负责任,不履行或者不认真履行职责被诈骗为构成要件行为。

所谓签订,是指当事人双方就合同的主要条款经过协商,达成一致。

所谓履行,是指合同当事人对于合同中所规定的事项全部并适当地完成。

所谓严重不负责任,是指不履行或者不认真履行应尽职责,情节恶劣。譬如,对待工作敷衍塞责,草率应付,不妥当履行应当履行且能够履行的职责。

本罪的构成要件行为,具体表现为以下几类行为:(1)粗心大意,审慎不足,盲目轻信,不认真审查对方当事人的合同主体资格、资信情况;(2)不认真审查相对方的履约能力和货源情况;(3)应当公证的,不予公证;(4)为谋取私利,在质量上舍优取劣,在价格上舍低就高,在路途上舍近求远,在供货来源上舍公取私等;(5)对并非滞销、甚至紧俏的商品,让价出售或者赊销,以权谋私;(6)无视规章制度和工作纪律,擅自越权签订或者履行合同;(7)急于推销产品,上当受骗;(8)不辨真假,盲目吸收投资,同假外商签订引资合作等协议;(9)违反规定为他人签订合同提供担保,导致发生纠纷时承担担保责任;(10)其他严重不负责任的情形。

3. 本罪的结果要件

本罪以国家利益遭受重大损失为结果要件。国家机关工作人员在签订、履行合同过程中,因严重不负责任被诈骗,但未致使国家利益遭受重大损失的,不成立本罪。

所谓重大损失,是指给国家和人民造成的重大物质性损失和非物质性损失。物质性损失是指人身伤亡和公私财物的重大损失,就本罪而言,一般是指重大的经济损失。非物质性损失,是指严重损害国家机关的正常活动和声誉等。认定是否存在重大损失,应根据司法实践和有关规定,对所造成的物质性和非物质性损失的实际情况,按直接责任人员的职权范围全面分析,以确定应承担责任的大小。

4. 本罪的因果关系要件

本罪要求行为人在签订、履行合同过程中,严重不负责任,不履行或者不认真履行职责被诈骗的行为,与国家利益遭受重大损失的结果之间存在刑法上的因果关系。

5. 本罪的主观要件

本罪要求行为人对于被诈骗,致使国家利益遭受重大损失系出于过失,即应当预见其在签订、履行合同过程中严重不负责任的行为可能导致被诈骗,致使国家利益遭受重大损失,但因疏忽大意而没有预见,或者虽然已经预见但凭借其知识或者经验而轻信可以避免,以致国家利益遭受重大损失。行为人的过失系针对被诈骗,致使国家利益遭受重大损失的结果而言,但并不排斥行为人对其严重不负责任的行为可能存在故意的情形。故意不成立本罪。如果行为人对于致使国家利益遭受重大损失并非出于过失,而是出于故意,即不仅预见到而且希望或者放任该结果的发生,符合《刑法》第 397 条之规定的,以滥用职权罪定罪处罚;或者考虑其他故意犯罪的成立。

6. 本罪为选择性罪名

行为人在签订、履行合同过程中实施严重不负责任的选择性构成要件行为中的一行为或者数行为,均仅成立一罪。

7. 本罪与一般工作失误的界限

一般工作失误也可能给国家和人民的利益造成重大损失,在这一点上与本罪具有相同之处,但二者有严格的区别。

(1)行为方式不同。一般工作失误中行为人仍属于认真履行其职责。国家机关工作人员签订、履行合同失职被骗罪则表现为行为人不履行或者不正确履行其职责。

(2)发生机理不同。一般工作失误是由于制度不完善,具体政策界限不清,管理上存在弊端,以及由于部分工作人员文化水平不高,业务素质较差,缺乏工作经验,因而计划不周,措施不当,方法不对,以致工作人员在积极工作中发生错误,造成国家利益遭受重大损失。国家机关工作人员签订、履行合同失职被骗罪则是行为人违反工作纪律和规章,由于对工作极端不负责任等行为造成国家和人民利益遭受重大损失。在复杂的社会经济管理过程中,出现一些失误,造成某些严重的损失是难免的,这主要是总结经验教训的问题,必须与国家机关工作人员签订、履行合同失职被骗罪严格区别开来。但对于那些在国家法律政策不允许的情况下,借口改革,盲目决策,管理混乱,给国家和人民的利益造成重大损失的,绝不能以工作失误来蒙混过关,逃避罪责。

8. 本罪与签订、履行合同失职被骗罪的界限

两罪区分的关键在于主体不同。国家机关工作人员签订、履行合同失职被骗

罪的主体仅限于国家机关工作人员。签订、履行合同失职被骗罪的主体则为国有公司、企业、事业单位中的直接负责的主管人员。

一些合同如涉外技术转让合同、国有土地转让合同等必须经过国家有关机关审查批准。国有公司、企业、事业单位在签订、履行这些合同过程中玩忽职守,严重不负责任,而有关主管机关的工作人员在审批过程中亦玩忽职守,严重不负责任,由此导致国家利益遭受重大损失的,则国有公司、企业、事业单位的主管人员与主管机关的工作人员都应对此承担责任,但应根据主体身份的不同特征,分别以签订、履行合同失职被骗罪与国家机关工作人员签订、履行合同失职被骗罪定罪处罚。

9. 本罪与玩忽职守罪的法条竞合

本罪是玩忽职守罪的特别规定。行为人实施玩忽职守犯罪行为,成立本罪的,依特别法条即本罪定罪处罚。

国家机关工作人员签订、履行合同失职被骗罪与玩忽职守罪具有以下区别。

(1)行为阶段不同。国家机关工作人员签订、履行合同失职被骗罪的失职行为必须发生在合同的签订、履行过程中,玩忽职守罪的失职行为可以发生在国家机关工作人员履行工作职责的任何过程中,并无具体行为时空范围的限制。

(2)发生机理不同。国家机关工作人员签订、履行合同失职被骗罪的损失的发生系行为人的失职行为和合同相对方的诈骗行为共同导致的。行为人审查不严、未恪尽职守等失职行为,使合同相对方有机可乘,行为人轻信相对方而被骗,且在被骗后未积极采取补救措施或者已无法采取有效补救措施,从而导致损失的发生。该罪所要求的诈骗行为必须以成立犯罪为条件,而非一般的民事欺诈行为。玩忽职守罪仅要求行为人的失职行为与损害结果存在刑法上的因果关系,即行为人的失职行为直接导致损失,不需要结合第三人的行为加以认定。

10. 本罪的认定须将国家机关工作人员的行为与相对方的行为相结合加以评价

只有相对方出于非法占有的目的,采用虚构事实或者隐瞒真相的手段实施了诈骗行为,且成立犯罪的情况下,本罪才能成立。如果相对方不是出于非法占有的目的,即使有虚构事实或者隐瞒真相的手段,且确因国家机关工作人员的行为造成了国家利益重大损失,但由于相对方的行为不属诈骗犯罪,因而也不能以本罪定罪处罚。因此,本罪的成立要以相对方实施诈骗犯罪为前提。

当然,相对方诈骗犯罪成立,并不意味着本罪一定成立。如果行为人认真履行了职责,却仍被相对方诈骗,或者相对方虽然诈骗得逞,但因追回部分损失而未造成重大损失,则不成立本罪。

11. 立案标准

根据《渎职侵权案件立案标准》的规定，国家机关工作人员签订、履行合同失职被骗的行为涉嫌下列情形之一的，应予立案：(1)造成直接经济损失30万元以上，或者直接经济损失不满30万元，但间接经济损失150万元以上的；(2)其他致使国家利益遭受重大损失的情形。

【司法案例】

王某筠等国家机关工作人员签订、履行合同失职被骗案①

[**裁判要旨**]国家机关工作人员虽未在合同上签字署名，但接受委派，在负责签订、履行合同的调查、核实、商谈等工作过程中，严重不负责任被骗的，依法成立国家机关工作人员签订、履行合同失职被骗罪。合同的签订、履行系有多个环节共同组成的动态运行过程，在合同文本上签字署名仅是其中完成形式要件的阶段，而为签订合同所做的准备工作包括调查、协商、谈判等相关工作均属于合同签订、履行的重要环节。因此，判定是否属于签订、履行合同的行为不以是否在合同文本上签字署名为标准，而应当判断具体行为是否属于合同形成的必要阶段。国家机关工作人员签订、履行合同失职被骗罪的时空条件要求行为人的失职行为必须发生在签订、履行合同的过程中。当国家机关作为合同相对方时，一般安排具体的责任人员负责合同签订、履行中的相关工作。作为国家机关利益的代表，相关责任人员在此过程中应当尽到足够谨慎的注意义务，严格审查合同签订之真伪，如认真调查了解对方的资信、经营状况，认真审查对方提供的有关证件、证明，认真检查对方的实际履约能力、供货的质量、来源，等等。这些工作都属于为签订、履行合同所作必要之准备，对合同签订、履约内容起到决定性作用。

第四百零七条 【违法发放林木采伐许可证罪】林业主管部门的工作人员违反森林法的规定，超过批准的年采伐限额发放林木采伐许可证或者违反规定滥发林木采伐许可证，情节严重，致使森林遭受严重破坏的，处三年以下有期徒刑或者拘役。

【条文理解】

违法发放林木采伐许可证罪，是指林业主管部门的工作人员违反森林法的规

① 参见《刑事审判参考》总第122集第1353号案例。

定，超过批准的年采伐限额发放林木采伐许可证或者违反规定滥发林木采伐许可证，情节严重，致使森林遭受严重破坏的行为。本罪的具体构成要件是：

（1）本罪的客体是国家的林业管理秩序。

（2）本罪的客观方面是行为人违反森林法的规定，超过批准的年采伐限额发放林木采伐许可证或者违反规定滥发林木采伐许可证，且达到情节严重的程度，并由此导致森林遭受严重破坏的结果。

（3）本罪的主体是特殊主体，即林业主管部门的工作人员。

（4）本罪的主观方面是故意。

【司法适用】

1. 本罪的主体要件

本罪的主体是特殊主体，即林业主管部门的工作人员。所谓林业主管部门，是指各级人民政府中的林业管理部门。

根据《渎职侵权案件立案标准》的规定，林业主管部门工作人员之外的国家机关工作人员，违反《森林法》的规定，滥用职权或者玩忽职守，致使林木被滥伐40立方米以上或者幼树被滥伐2000株以上，或者致使防护林、特种用途林被滥伐10立方米以上或者幼树被滥伐400株以上，或者致使珍贵树木被采伐、毁坏4立方米或者4株以上，或者致使国家重点保护的其他植物被采伐、毁坏后果严重的，或者致使国家严禁采伐的林木被采伐、毁坏情节恶劣的，按照《刑法》第397条的规定以滥用职权罪或者玩忽职守罪追究刑事责任。

2. 本罪的行为要件

本罪以违反《森林法》的规定，超过批准的年采伐限额发放林木采伐许可证或者违反规定滥发林木采伐许可证为构成要件行为。

所谓违反《森林法》的规定，主要是指违反《森林法》及其实施条例中有关森林年采伐限额的制定和审批、采伐森林和林木的范围与方式、林木采伐许可证的申请与核发职权等方面的规定。

所谓年采伐限额，是指国家根据合理经营、永续利用的原则对森林和林木实行的每年限制采伐的控制指标。根据《森林法实施条例》第28条之规定，国家所有的森林和林木以国有林业企业事业单位、农场、厂矿为单位，集体所有的森林和林木、个人所有的林木以县为单位，制定年森林采伐限额，由省、自治区、直辖市人民政府林业主管部门汇总、平衡，经本级人民政府审核后，报国务院批准；其中，重点林区的年森林采伐限额，由国务院林业主管部门报国务院批准。根据该条例第29条之规定，采伐森林、林木作为商品销售的，必须纳入国家年度木材生产计划；但是，农村居民采伐自留山上个人所有的薪炭林和自留地、房前屋后个人所有的零星林木除外。

所谓林木采伐许可证，是指国家林业行政主管部门，根据需要采伐林木的单位或者个人的申请，经审查核实后而签发的允许采伐林木的证明，主要包括准许采伐的树种、数量（蓄积）、面积、方式、时间、地点以及完成更新造林的期限等内容，是单位、个人采伐林木的法律凭证。凡采伐林木都必须申请林木采伐许可证，但农村居民采伐自留地和房前屋后个人所有的零星林木以及采伐竹子和不是以生产竹材为主要目的竹林除外。遇有紧急抢险情况，必须就地采伐林木的，也可以免除申请林木采伐许可证，但事后组织抢险的单位和部门应当将采伐情况报当地县级以上林业主管部门备案。

林木采伐许可证的审核签发，对铁路、公路的防护林和城镇林木的更新采伐，由有关主管部门进行：(1)农村集体经济组织申请林木采伐许可证，由县级林业主管部门核发；(2)农村居民采伐自留山和个人承包集体的林木，申请林木采伐许可证，由县级林业主管部门或者委托的乡、镇人民政府核发；(3)县属国营林场的机关、团体、学校申请林木采伐许可证，由所在地的县林业主管部门核发；(4)省、自治区、直辖市和设区的市自治州所属的国营林业局、国有林场、其他国有企业、事业单位和部队申请林木采伐许可证，由所在地的省、自治区、直辖市林业主管部门或者其授权的单位核发；(5)林业部直属的国营林业局申请林木采伐许可证，由林业部或者授权的单位核发。

国有林业企业事业单位申请采伐许可证时，必须提出伐区调查设计文件和上年度更新验收证明。其他单位申请采伐许可证时，必须提交有关采伐的目的、地点、林种、林况、面积、蓄积、方式和更新措施等内容的文件，部队还应提交师级以上领导机关同意采伐的文件。个人申请采伐许可证时，必须提交包括采伐的地点、面积、树种、株数、蓄积、更新时间等内容的文件。

本罪的构成要件行为，具体表现为以下两类行为：(1)超过批准的采伐限额发放林木采伐许可证，即明知国家批准的林木年采伐限额已经届满，仍然继续发放采伐许可证；(2)违反规定滥发林木采伐许可证，即超越其职权或者明知他人采伐许可证申请的内容不符合法律规定仍然予以批准而发给采伐许可证。

3. 本罪的结果要件

本罪以森林遭受严重破坏为结果要件。林业主管部门的工作人员违反《森林法》的规定，超过批准的年采伐限额发放林木采伐许可证或者违反规定滥发林木采伐许可证，但未达到情节严重的程度，未致使森林遭受严重破坏的，不成立本罪。

4. 本罪的因果关系要件

本罪要求行为人违反《森林法》的规定,超过批准的年采伐限额发放林木采伐许可证或者违反规定滥发林木采伐许可证的行为,与森林遭受严重破坏的结果之间存在刑法上的因果关系。

5. 本罪的主观要件

本罪要求行为人系出于故意,即明知其超过批准的年采伐限额发放林木采伐许可证或者违反规定滥发林木采伐许可证的行为违反《森林法》的规定,可能致使森林遭受严重破坏,而对该结果的发生持希望或者放任的态度。过失不成立本罪。林业主管部门的工作人员玩忽职守,严重不负责任,违反《森林法》的规定,超过批准的年采伐限额发放林木采伐许可证或者违反规定滥发林木采伐许可证,情节严重,过失导致森林遭受严重破坏,符合《刑法》第 397 条之规定的,以玩忽职守罪定罪处罚。

6. 本罪与滥用职权罪的法条竞合

本罪是滥用职权罪的特别规定。行为人实施滥用职权犯罪行为,成立本罪的,依特别法条即本罪定罪处罚。

7. 本罪与受贿罪的罪数形态

行为人实施本罪并收受贿赂,同时成立受贿罪的,以本罪和受贿罪数罪并罚。

8. 本罪与其他犯罪共犯的罪数形态

行为人与他人共谋,利用其职务行为帮助他人实施其他犯罪行为,同时成立本罪和共谋实施的其他犯罪共犯的,依照处罚较重的规定定罪处罚。

行为人与他人共谋,既利用其职务行为帮助他人实施其他犯罪,又以非职务行为与他人共同实施该其他犯罪行为,同时构成本罪和其他犯罪共犯的,以本罪和该其他犯罪数罪并罚。

9. 立案标准

根据《渎职侵权案件立案标准》的规定,违法发放林木采伐许可证的行为涉嫌下列情形之一的,应予立案:(1)发放林木采伐许可证允许采伐数量累计超过批准的年采伐限额,导致林木被超限额采伐 10 立方米以上的;(2)滥发林木采伐许可证,导致林木被滥伐 20 立方米以上,或者导致幼树被滥伐 1000 株以上的;(3)滥发林木采伐许可证,导致防护林、特种用途林被滥伐 5 立方米以上,或者幼树被滥伐 200 株以上的;(4)滥发林木采伐许可证,导致珍贵树木或者国家重点保护的其他树木被滥伐的;(5)滥发林木采伐许可证,导致国家禁止采伐的林木被采伐的;(6)其他情节严重,致使森林遭受严重破坏的情形。

【司法案例】

李某违法发放林木采伐许可证案[①]

[**裁判要旨**]要根据案件的实际情况认定是否系违反规定滥发林木采伐许可证的行为。申请发放林木采伐许可证,申请方应提交林权证、林木采伐申请表和林木采伐作业设计表等相关书面材料。涉案林业主管部门工作人员在申请方未提交林权证、申请理由和采伐方式不符且在同一份申请报告上审批不妥的情况下,核发了林木采伐许可证,在此过程中确有不合规范、不合法律手续的违法行为。但是从案发省份当时的状况看,全省林权证的确权发证从2007年4月启动,截至案发时也未完成。随着镇建设、经济发展和森林经营管理的需要,案发地区集体林木采伐许可证仍不以有无林权证为发放依据,而案发时案发地区集体山林均无林权证。鉴于这一实际情况,省林业厅规定:农村集体所有的林木申请采伐时,除提交采伐书面申请和采伐作业设计外,乡镇集体经济组织的林木还应提供所在乡镇政府的书面意见。该案中,申请方虽然未提交林权证,但按照上述规定行为人是可以核发林木采伐许可证的。此外,案发地区属松材线虫病害疫区,省、市、县多次下文要求清理大量枯、病死树,任务迫在眉睫。鉴于存在上述特定情形,行为人核发林木采伐许可证的行为虽有不合法律规范之处,但仍属在其法定职责范围内履行职权,没有违反关于发放对象的范围或者发放限额的规定,其行为不属于违反规定滥发林木采伐许可证的情形。

第四百零八条 【环境监管失职罪】负有环境保护监督管理职责的国家机关工作人员严重不负责任,导致发生重大环境污染事故,致使公私财产遭受重大损失或者造成人身伤亡的严重后果的,处三年以下有期徒刑或者拘役。

【条文理解】

环境监管失职罪,是指负有环境保护监督管理职责的国家机关工作人员严重不负责任,不履行或者不认真履行环境保护监管职责导致发生重大环境污染事故,致使公私财产遭受重大损失或者造成人身伤亡的严重后果的行为。本罪的具体构成要件是:

① 参见《刑事审判参考》总第79集第694号案例。

(1)本罪的客体是国家的环境监督管理秩序。

(2)本罪的客观方面是行为人在环境保护监督管理活动中严重不负责任,不履行或者不认真履行环境保护监管职责,因而发生重大环境污染事故,并由此导致公私财产遭受重大损失或者造成人身伤亡的严重后果。

(3)本罪的主体是特殊主体,即负有环境保护监督管理职责的国家机关工作人员。

(4)本罪的主观方面是过失。

【司法适用】

1. 本罪的主体要件

本罪的主体是特殊主体,即负有环境保护监督管理职责的国家机关工作人员。

所谓负有环境保护监督管理职责的国家机关工作人员,是指在国务院环境保护行政主管部门、县级以上地方人民政府环境保护行政主管部门从事环境保护工作的人员,以及在国家海洋行政主管部门、港务监督、渔政渔港监督、军队环境保护部门和各级公安、交通、铁路、民航管理部门中,依照有关法律的规定对环境污染防治实施监督管理的人员。此外,县级以上人民政府的土地、矿产、林业、农业、水利行政主管部门中,依照有关法律的规定对资源的保护实施监督管理的人员,也可以成立本罪的主体。

所谓负有环境保护监督管理职责的国家机关,既包括对环境保护工作实施统一监督管理工作的各级环境行政主管部门,也包括环境保护的协管部门,即依照有关法律规定对环境污染防治实施监督管理的其他部门:(1)国家海洋行政主管部门负责组织海洋环境的调查、监测、监视,开展科学研究,并主管海洋石油勘探开发和防止海洋倾倒废物污染损害的环保工作;(2)港务监督部门负责船舶排污的监督及调查处理、港区水域的监视;(3)军队环保部门负责军用船排污的监督和军港水域的监视;(4)各级交通部门的航政机关负责对船舶污染实行监督管理;(5)各级公安、交通、铁道、渔业管理部门根据各自的职责对机动车、船舶污染大气实施监督管理;(6)县级以上地方人民政府的土地、矿产、林业、农业、水利行政主管部门,分别依照《土地管理法》《矿产资源法》《森林法》《野生动物保护法》《草原法》《渔业法》《水法》的规定对有关资源的保护实施监督管理。

本罪主体的范围十分广泛,并不局限于某一特定部门,凡对环境保护负有监督管理职责的工作人员,无论在政府的何部门工作,都可以成立本罪。

2. 本罪的行为要件

本罪以在环境保护监督管理活动中严重不负责任,不履行或者不认真履行职责为构成要件行为。

所谓严重不负责任,是指不履行或者不认真履行《环境保护法》《水污染防治法》《大气污染防治法》《海洋环境保护法》《固体废物污染环境防治法》等法律及其他有关法规所规定的环境保护监管职责,情节恶劣。譬如,对待工作敷衍塞责,草率应付,不妥当履行应当履行且能够履行的职责。

本罪的构成要件行为,具体表现为以下几类行为:(1)对建设项目任务书中的环境影响报告不作认真审查,或者对防治污染的设施不进行审查验收,即批准投入生产、使用;(2)对不符合环境保护条件的企业、事业单位,发现污染隐患,不采取预防措施,不依法责令其整顿,以防止污染事故发生;(3)对造成环境严重污染的企业、事业单位,应当提出限期治理意见而不提出治理意见,或者虽然提出意见,令其整顿,但不认真检查、监督是否整顿治理以及是否符合条件;(4)应当现场检查排污单位的排污情况而不作现场检查;(5)发现环境受到严重污染,应当报告当地政府而不报告,或者虽作报告但不及时;(6)其他严重不负责任的情形。

3. 本罪的结果要件

本罪以发生重大环境污染事故,致使公私财产遭受重大损失或者造成人身伤亡的严重后果为结果要件。负有环境保护监督管理职责的国家机关工作人员严重不负责任,但未导致发生重大环境污染事故,未致使公私财产遭受重大损失或者造成人身伤亡的严重后果的,不成立本罪。

所谓污染,是指在生产建设或者其他活动中产生的足以危害人体健康的废气、废水、废渣、粉尘、恶臭气体、放射性物质以及噪声、振动、电磁波辐射等。

所谓重大环境污染事故,是指造成大气、水源、海洋、土地等环境质量标准严重不符合国家规定标准,造成公私财产重大损失或者人身伤亡的严重事件。

4. 本罪的因果关系要件

本罪要求行为人在环境保护监督管理活动中严重不负责任,不履行或者不认真履行环境保护监管职责的行为,与发生重大环境污染事故,致使公私财产遭受重大损失或者造成人身伤亡的严重后果之间存在刑法上的因果关系。

5. 本罪的主观要件

本罪要求行为人对于导致发生重大环境污染事故,致使公私财产遭受重大损失或者造成人身伤亡的严重后果系出于过失,即应当预见其在环境保护监督管理活动中严重不负责任的行为可能导致发生重大环境污染事故,致使公私财产受重大损失或者造成人身伤亡的严重后果,但因疏忽大意而没有预见,或者虽然已经预见但凭借其知识或者经验而轻信可以避免,以致公私财产遭受重大损失或者造成人身伤亡的严重后果。行为人的过失系针对导致发生重大环境污染事故,致使公私财产遭受重大损失或者造成人身伤亡的严重后果而言,但并不排斥行为人对其严重不负责任的行为可能存在故意的情形。故意不成立本罪。如果行为人对于导致发生重大环境污染事故,致使公私财产遭受重大损失或者造成人身伤亡的严重后果并非出于过失,而是出于故意,即不仅预见到而且希望或者放任该结果的发生,符合《刑法》第 397 条之规定,以滥用职权罪定罪处罚;或者考虑其他故意犯罪的成立。

6. 本罪与玩忽职守罪的法条竞合

本罪是玩忽职守罪的特别规定。行为人实施玩忽职守犯罪行为,成立本罪的,依特别法条即本罪定罪处罚。

7. 立案标准

根据《渎职侵权案件立案标准》的规定,环境监管失职的行为,涉嫌下列情形之一的,应予立案:(1)造成死亡 1 人以上,或者重伤 3 人以上,或者重伤 2 人、轻伤 4 人以上,或者重伤 1 人、轻伤 7 人以上,或者轻伤 10 人以上的;(2)导致 30 人以上严重中毒的;(3)造成个人财产直接经济损失 15 万元以上,或者直接经济损失不满 15 万元,但间接经济损失 75 万元以上的;(4)造成公共财产、法人或者其他组织财产直接经济损失 30 万元以上,或者直接经济损失不满 30 万元,但间接经济损失 150 万元以上的;(5)虽未达到(3)(4)两项数额标准,但(3)(4)两项合计直接经济损失 30 万元以上,或者合计直接经济损失不满 30 万元,但合计间接经济损失 150 万元以上的;(6)造成基本农田或者防护林地、特种用途林地 10 亩以上,或者基本农田以外的耕地 50 亩以上,或者其他土地 70 亩以上被严重毁坏的;(7)造成生活饮用水地表水源和地下水源严重污染的;(8)其他致使公私财产遭受重大损失或者造成人身伤亡严重后果的情形。

第四百零八条之一 【食品、药品监管渎职罪】负有食品药品安全监督管理职责的国家机关工作人员,滥用职权或者玩忽职守,有下列情形之一,造成严重后果或者有其他严重情节的,处五年以下有期徒刑或者拘役;造成特别严重后果或者有其他特别严重情节的,处五年以上十年以下有期徒刑:

(一)瞒报、谎报食品安全事故、药品安全事件的;

(二)对发现的严重食品药品安全违法行为未按规定查处的;

(三)在药品和特殊食品审批审评过程中,对不符合条件的申请准予许可的;

(四)依法应当移交司法机关追究刑事责任不移交的;

(五)有其他滥用职权或者玩忽职守行为的。
徇私舞弊犯前款罪的,从重处罚。

【条文对照】

1997年《刑法》	2011年《刑法修正案(八)》	2020年《刑法修正案(十一)》
无	第四百零八条之一 负有食品安全监督管理职责的国家机关工作人员,滥用职权或者玩忽职守,**导致发生重大食品安全事故或者造成其他严重后果的**,处五年以下有期徒刑或者拘役;造成特别严重后果的,处五年以上十年以下有期徒刑。 徇私舞弊犯前款罪的,从重处罚。	第四百零八条之一 负有食品**药品**安全监督管理职责的国家机关工作人员,滥用职权或者玩忽职守,**有下列情形之一,造成严重后果或者有其他严重情节的**,处五年以下有期徒刑或者拘役;造成特别严重后果**或者有其他特别严重情节**的,处五年以上十年以下有期徒刑: **(一)瞒报、谎报食品安全事故、药品安全事件的;** **(二)对发现的严重食品药品安全违法行为未按规定查处的;** **(三)在药品和特殊食品审批审评过程中,对不符合条件的申请准予许可的;** **(四)依法应当移交司法机关追究刑事责任不移交的;** **(五)有其他滥用职权或者玩忽职守行为的。** 徇私舞弊犯前款罪的,从重处罚。

【条文理解】

食品、药品监管渎职罪,是指负有食品药品安全监督管理职责的国家机关工作人员,滥用职权或者玩忽职守,造成严重后果或者有其他严重情节的行为。本罪的具体构成要件是:

(1)本罪的客体是国家的食品药品安全监督管理秩序。

(2)本罪的客观方面是行为人在从事食品药品安全监督管理活动中,滥用职权或者玩忽职守,实施下列行为之一,并由此导致严重后果或者有其他严重情节:一是瞒报、谎报食品安全事故、药品安全事件的;二是对发现的严重食品药品安全违法行为未按规定查处的;三是在药品和特殊食品审批审评过程中,对不符合条件的申请准予许可的;四是依法应当移交司法机关追究刑事责任不移交的;五是有其他滥用职权或者玩忽职守行为的。

(3)本罪的主体是特殊主体,即负有食品药品安全监督管理职责的国家机关工作人员。

(4)本罪的主观方面既可以是故意,也可以是过失。出于徇私动机的,从重处罚。

【司法适用】

1. 本罪的历史沿革与时间效力

本罪为《刑法修正案(八)》第 49 条增设,其中第 1 款被《刑法修正案(十一)》第 45 条修改。根据最高人民法院《关于进一步加大力度,依法严惩危害食品安全及相关职务犯罪的通知》,2011 年 4 月 30 日以前实施食品安全监管渎职行为,依法构成滥用职权罪、玩忽职守罪或者其他渎职犯罪,在 5 月 1 日以后审理的,适用修正前《刑法》的规定定罪处罚;2011 年 5 月 1 日以后(2021 年 2 月 28 日以前)实施食品安全监管渎职行为,未导致发生重大食品安全事故或者造成其他严重后果,不构成食品监管渎职罪,但符合其他渎职犯罪构成要件的,依照《刑法》相关规定对其定罪处罚。《刑法修正案(十一)》自 2021 年 3 月 1 日起施行。(2011 年 5 月 1 日以后)2021 年 2 月 28 日以前实施本条有关行为,在 2021 年 3 月 1 日以后审理的,适用从旧兼从轻原则:(1)负有食品安全监督管理职责的国家机关工作人员,滥用职权或者玩忽职守,造成严重后果的,以食品监管渎职罪定罪处罚;(2)负有药品安全监督管理职责的国家机关工作人员,滥用职权或者玩忽职守,造成严重后果的,应当依照《刑法》第 397 条的规定,以滥用职权罪、玩忽职守罪定罪处罚;(3)负有食品药品安全监督管理职责的国家机关工作人员,滥用职权或者玩忽职守,未造成严重后果,仅有其他严重情节的,不以本罪定罪处罚。

2. 本罪的主体要件

本罪的主体是特殊主体,即负有食品药品安全监督管理职责的国家机关工作人员。

根据《食品安全法》第 5 条第 2 款之规定,国务院食品安全监督管理部门依照《食品安全法》和国务院规定的职责,对食品生产经营活动实施监督管理。根据《食品安全法》第 6 条第 2 款之规定,县级以上地方人民政府依照《食品安全法》和国务院的规定,确定本级食品安全监督管理、卫生行政部门和其他有关部门的职责。有关部门在各自职责范围内负责本行政区域的食品安全监督管理工作。

根据《药品管理法》第 8 条之规定,国务院药品监督管理部门主管全国药品监督管理工作。国务院有关部门在各自职责范围内负责与药品有关的监督管理工作。国务院药品监督管理部门配合国务院有关部门,执行国家药品行业发展规划和产业政策。省、自治区、直辖市人民政府药品监督管理部门负责本行政区域内的药品监督管理工作。设区的市级、县级人民政府承担药品监督管理职责的部门(以下称药品监督管理部门)负责本行政区域内的药品监督管理工作。县级以上地方人民政府有关部门在各自职责范围内负责与药品有关的监督管理工作。

据此,食品、药品监管渎职罪的主体主要是县级以上的食品药品监督管理部门和其他有关部门中负有食品药品安全监督管理职责的国家机关工作人员。

需要注意的是,《刑法修正案(十一)》对本条第1款进行修订,拓宽了本罪的主体范围,即在负有食品安全监督管理职责的国家机关工作人员之外,新增了负有药品安全监督管理职责的国家机关工作人员。

3. 本罪的行为要件

本罪以在从事食品药品安全监督管理活动中滥用职权或者玩忽职守为构成要件行为。

《食品安全法》《药品管理法》等法律规范对规范、约束负有食品药品安全监督管理职责的工作人员的职务行为,保证食品药品安全管理机关工作人员正当、合理行使监管职权进行了规定。这些规定既是食品药品安全管理机关工作人员行使和运用各自职权的法律依据和保障,也是其职务行为的界限、范围和行动的准则,规定的是每一个食品药品安全管理机关工作人员的法定责任和义务。

所谓滥用职权或者玩忽职守,必须是利用职务之便进行的。所谓利用职务之便,是指利用职权或者与职务有关的便利条件。所谓职权,是指本人职务范围内的权利。所谓与职务有关的便利条件,是指虽然不是直接利用职权,但是利用了本人的职权或者地位形成的便利条件。

所谓滥用职权,是指负有食品药品安全监督管理职责的国家机关工作人员超越职权违法决定、处理其无权决定、处理的事项,或者违反规定处理公务的行为,具体表现为以下几类行为:(1)不认真行使权力,即在履行职务的过程中,未尽到注意义务,在其职务范围内随便、随意或者马虎地行使权力;(2)过度行使权力,即在履行职务的过程中,超越职务范围去行使权力,或者在职务范围内超越权力运用的前提、条件(如时间、地点、对象等)、程序、内容等要求而行使权力。以上两类行为均属于不正确地履行职责。前者是不认真地履行职责,后者则是超越限度或者没有限度地履行职责。因而滥用职权表现为作为。

所谓玩忽职守,是指负有食品药品安全监督管理职责的国家机关工作人员违反职责和义务,不履行或者不正确履行其职务的行为,具体表现为以下几类行为。(1)不履行职务型,即行为人应该履行且能够履行,但没有履行其职务,表现为不作为,具体包括以下两类情形:①擅离职守,即违反职守中关于时间和空间的明确要求,在特定时间里擅自离开特定场所,以致没有能够履行其职务;②未履行职守,即虽然在工作岗位上,但没有按照法律、法规和规章所规定的职守要求行事,以致没有履行其职务。(2)不正确履行职务型,即行为人应该履行且能够履行,但不严肃认真地对待其职务,以致错误地履行了职务,表现为履行职务不尽心、不得力。

需要注意的是,《刑法修正案(十一)》对本条第1款进行修订,具体列举了本罪的几类构成要件行为,包括:(1)瞒报、谎报食品安全事故、药品安全事件的;(2)对发现的严重食品药品安全违法行为未按规定查处的;(3)在药品和特殊食品审批审评过程中,对不符合条件的申请准予许可的;(4)依法应当移交司法机关追究刑事责任不移交的;(5)有其他滥用职权或者玩忽职守行为的。

4. 本罪的结果、情节要件

本罪以造成严重后果为结果要件,或者以有其他严重情节为情节要件。负有食品药品安全监督管理职责的国家机关工作人员,滥用职权或者玩忽职守,但未造成严重后果且没有其他严重情节的,不成立本罪。

所谓造成严重后果,是指发生重大食品安全事故、重大药品安全事件或者其他严重后果。所谓其他严重情节,是指滥用职权、玩忽职守的情节严重,如滥用职权、玩忽职守的时间长、次数多、涉及面广、社会影响恶劣等。

需要注意的是,《刑法修正案(十一)》对本条第1款进行修订,将本罪由单一的结果犯修改为选择的结果犯或者情节犯(行为犯),即本罪不再要求必须造成严重后果,而是在造成严重后果或者有其他严重情节二者间满足其一即可:未造成严重后果,但有其他严重情节的,同样成立本罪。

5. 本罪的因果关系要件

本罪在结果犯的场合要求行为人在从事食品药品安全监督管理活动中,滥用职权或者玩忽职守的行为,与严重后果之间存在刑法上的因果关系。本罪在情节犯(行为犯)的场合仅要求有其他严重情节,无所谓因果关系要件。

6. 本罪的主观要件

本罪要求行为人系出于故意或者过失。本罪在故意的结果犯的场合要求行为人明知其滥用职权的行为可能造成严重后果,而对该结果的发生持希望或者放任的态度。本罪在过失的结果犯的场合要求行为人应当预见其玩忽职守的行为可能造成严重后果,但因疏忽大意而没有预见,或者虽然已经预见但凭借其知识或者经验而轻信可以避免,以致造成严重后果。行为人的过失系针对造成的严重后果而言,但并不排斥行为人对其玩忽职守的行为可能存在故意的情形。本罪在情节犯(行为犯)的场合要求行为人对其滥用职权或者玩忽职守,有严重情节的行为具有意识。

7. 本罪第2款关于从重处罚的规定

负有食品药品安全监督管理职责的国家机关工作人员,徇私舞弊犯本罪的,从重处罚。徇私舞弊的具体原因可能多种多样,譬如贪图钱财等不法利益、碍于亲朋好友的情面、出于报复或者嫉妒的心理等。具体原因对本罪适用第2款从重处罚没有影响,可作为具体情节考虑。

8. 本罪为选择性罪名

行为人滥用职权或者玩忽职守,实施瞒报、谎报食品安全事故、药品安全事件、对发现的严重食品药品安全违法行为未按规定查处、在药品和特殊食品审批审评过程中对不符合条件的申请准予许可、依法应当移交司法机关追究刑事责任。不移交、其他滥用职权或者玩忽职守行为的选择性构成要件行为中的一行为或者数行为,均仅成立一罪。

9. 本罪与滥用职权罪、玩忽职守罪的法条竞合

本罪是滥用职权罪、玩忽职守罪的特别规定。行为人实施滥用职权或者玩忽职守犯罪行为,成立本罪的,依特别法条即本罪定罪处罚。

10. 本罪与其他渎职犯罪、危害食品药品安全犯罪的罪数形态

根据《危害食品安全案件解释》第20条之规定,负有食品安全监督管理职责的国家机关工作人员,滥用职权或者玩忽职守,构成食品监管渎职罪,同时构成徇私舞弊不移交刑事案件罪、商检徇私舞弊罪、动植物检疫徇私舞弊罪、放纵制售伪劣商品犯罪行为罪等其他渎职犯罪的,依照处罚较重的规定定罪处罚。负有食品安全监督管理职责的国家机关工作人员滥用职权或者玩忽职守,不构成食品监管渎职罪,但构成前述规定的其他渎职犯罪的,依照该其他犯罪定罪处罚。负有食品安全监督管理职责的国家机关工作人员与他人共谋,利用其职务行为帮助他人实施危害食品安全犯罪行为,同时构成渎职犯罪和危害食品安全犯罪共犯的,依照处罚较重的规定定罪从重处罚。

根据《危害药品安全案件解释》第14条之规定,负有药品安全监督管理职责的国家机关工作人员,滥用职权或者玩忽职守,构成药品监管渎职罪,同时构成商检徇私舞弊罪、商检失职罪等其他渎职犯罪的,依照处罚较重的规定定罪处罚。负有药品安全监督管理职责的国家机关工作人员滥用职权或者玩忽职守,不构成药品监管渎职罪,但构成前款规定的其他渎职犯罪的,依照该其他犯罪定罪处罚。负有药品安全监督管理职责的国家机关工作人员与他人共谋,利用其职务便利帮助他人实施危害药品安全犯罪行为,同时构成渎职犯罪和危害药品安全犯罪共犯的,依照处罚较重的规定定罪从重处罚。

11. 本罪与受贿罪的罪数形态

行为人实施本罪并收受贿赂,同时成立受贿罪的,以本罪和受贿罪数罪并罚。

12. 本罪与其他犯罪共犯的罪数形态

行为人与他人共谋,利用其职务行为帮助他人实施其他犯罪行为,同时成立本罪和共谋实施的其他犯罪共犯的,依照处罚较重的规定定罪处罚。

行为人与他人共谋,既利用其职务行为帮助他人实施其他犯罪,又以非职务行为与他人共同实施该其他犯罪行为,同时构成本罪和其他犯罪共犯的,以本罪和该其他犯罪数罪并罚。

【司法案例】

任某太等三人食品监管渎职案①

[**裁判要旨**]在食品监管渎职罪中,行为人对重大食品安全事故或者其他严重后果承担刑事责任的前提是该严重后果是其实施的滥用职权行为或者玩忽职守行为造成的。也就是说,行为人的渎职行为与该严重后果必须具有刑法上的因果关系,否则行为人的行为不构成食品监管渎职罪,自然也不能承担刑事责任。《食品安全法》第 107 条规定,“调查食品安全事故,除了查明事故单位的责任,还应当查明有关监督管理部门、食品检验机构、认证机构及其工作人员的责任”。该规定表明,重大食品安全事故或者其他严重后果固然是由食品生产者或者经营者的不法行为直接造成的,但是负有食品监管职责的国家机关工作人员的渎职行为“纵容”了食品生产者或者经营者的不法行为,基于这种“共同作用力”才导致发生重大食品安全事故或者造成其他严重后果。相对于食品生产者或者经营者而言,国家机关工作人员的渎职行为对于食品安全事故的发生具有某种“间接性”的特点,但仍然属于刑法上的因果关系。如果负有食品监管职责的国家机关工作人员尽职尽责,正确、合法地履行了监督管理职责,食品安全事故就能最大限度地避免,使人民群众免受其害。因此,只要重大食品安全事故或者其他严重后果是由行为人的渎职行为引起的,无论是直接造成的还是间接造成的,其对该结果的发生是起决定作用还是起非决定作用,行为人的行为与结果之间就具有刑法上的因果关系。

第四百零九条 【传染病防治失职罪】从事传染病防治的政府卫生行政部门的工作人员严重不负责任,导致传染病传播或者流行,情节严重的,处三年以下有期徒刑或者拘役。

【条文理解】

传染病防治失职罪,是指从事传染病防治的政府卫生行政部门的工作人员严

① 参见《刑事审判参考》总第 105 集第 1135 号案例。

重不负责任，不履行或者不认真履行传染病防治监管职责，导致传染病传播或者流行，情节严重的行为。本罪的具体构成要件是：

(1)本罪的客体是国家的传染病防治秩序。

(2)本罪的客观方面是行为人在传染病防治管理活动中严重不负责任，不履行或者不认真履行传染病防治监管职责，并由此导致传染病传播或者流行，且达到情节严重的程度。

(3)本罪的主体是特殊主体，即从事传染病防治的政府卫生行政部门的工作人员。

(4)本罪的主观方面是过失。

【司法适用】

1. 本罪的主体要件

本罪的主体是特殊主体，即从事传染病防治的政府卫生行政部门的工作人员。所谓从事传染病防治的政府卫生行政部门的工作人员，是指各级政府卫生行政部门负责传染病防治工作的人员。

根据《传染病案件解释》第16条第1款之规定，在预防、控制突发传染病疫情等灾害期间，从事传染病防治的政府卫生行政部门的工作人员，或者在受政府卫生行政部门委托代表政府卫生行政部门行使职权的组织中从事公务的人员，或者虽未列入政府卫生行政部门人员编制但在政府卫生行政部门从事公务的人员，在代表政府卫生行政部门行使职权时，严重不负责任，导致传染病传播或者流行，情节严重的，依照《刑法》第409条的规定，以传染病防治失职罪定罪处罚。

2. 本罪的行为要件

本罪以在传染病防治管理活动中严重不负责任，不履行或者不认真履行传染病防治监管职责为构成要件行为。

所谓传染病，是指由于致病性生物，如细菌、病毒、立克次体、寄生虫等侵入，使人体健康受到某种损害以及危及生命的疾病。其系危害严重的流行性疾病，可以通过不同方式直接或者间接地传播，造成人群中传染病的发生或者流行。传染病的传播或者流行，不仅严重危害人民的身体健康，而且严重影响传染病流行区人民的正常生产和生活。

我国根据各种传染病的传染性强弱、传播途径难易、传播速度的快慢、人群易感范围等因素将传染病分为以下三类。(1)甲类传染病，即传染性强、传播途径容易实现、传播速度快、人群普遍易感的烈性传染病，包括鼠疫、霍乱。国际检疫传染病，一经发现，必须立即向世界卫生组织通报。(2)乙类传染病，即与甲类传染病比较，传染性、传播途径、速度、易感人群较次的一类，包括传染性非典型肺炎、艾滋病、病毒性肝炎、脊髓灰质炎、人感染高致病性禽流感、麻疹、流行性出血热、狂犬病、流行性乙型脑炎、登革热、炭疽、细菌性和阿米巴性痢疾、肺结核、伤寒和副伤寒、流行性脑脊髓膜炎、百日咳、白喉、新生儿破伤风、猩红热、布鲁氏菌病、淋病、梅毒、钩端螺旋体病、血吸虫病、疟疾。(3)丙类传染病,即根据其可能发生和流行的范围,通过确定疾病监测区和实验室进行监测管理的传染病,包括包虫病、丝虫病、麻风病、流行性感冒、流行性腮腺炎、风疹、急性出血性结膜炎、流行性和地方性斑疹伤寒、黑热病,除霍乱、细菌性和阿米巴性痢疾、伤寒和副伤寒以外的感染性腹泻病。国务院可以根据情况,增加或者减少乙类、丙类传染病病种,并予公布。

所谓严重不负责任,是指不履行或者不认真履行应尽职责,情节恶劣。譬如,对待工作敷衍塞责,草率应付,不妥当履行应当履行且能够履行的职责。

各级政府领导传染病防治工作,制定传染病防治计划并组织实施,其具体职责是:(1)组织开展预防传染病的卫生健康教育;(2)组织力量消灭病媒昆虫、动物等;(3)有计划地建设改造公共卫生设施,创造改善公共卫生的条件;(4)遇有传染病暴发流行,组织力量补救,决定紧急措施的实施;(5)其他传染病防治职责。

本罪的构成要件行为,具体表现为以下几类行为:(1)发现重大疫情,应当报告而不报告或者不立即报告;(2)发现有传染病传播或者流行的可能,应当采取措施而不采取措施;(3)对传染病病人,应当采取隔离治疗措施而未采取措施;(4)应当对传染病的预防、治疗、监测、控制和疫情的管理措施进行监督、检查而不作监督、检查,或者虽作监督、检查但不认真负责;(5)发现有关单位与个人不符合《传染病防治法》的规定,应当责令其改进而不责令改进,或者虽责令改进但不作检查或者不作认真检查;(6)其他严重不负责任的情形。

3. 本罪的结果要件

本罪以传染病传播或者流行,情节严重为结果要件。从事传染病防治的政府卫生行政部门的工作人员严重不负责任,但未导致传染病传播或者流行,未达到情节严重的程度的,不成立本罪。

所谓传染病传播或者流行,是指传染病通过一定的途径播散给其他健康的人,致使一个地区某种传染病发病率显著超过该病历年的一般发病率水平。根据《传染病案件解释》第 16 条第 2 款之规定,在国家对突发传染病疫情等灾害采取预防、控制措施后,具有下列情形之一的,属于《刑法》第 409 条规定的"情节严重":(1)对发生突发传染病疫情等灾害的地区或者突发传染病病人、病原携带者、疑似突发传染病病人,未按照预防、控制突发传染病疫情等灾害工作规范的要求做好防疫、检疫、隔离、防护、救治等工作,或者采取的预防、控制措施不当,造成传染范围扩大或者疫情、灾情加重的;(2)隐瞒、缓报、谎报或者授意、指使、强令他人隐瞒、缓报、谎报疫情、灾情,造成传染范围扩大或者疫情、灾情加重的;(3)拒不执行突发传染病疫情等灾害应急处理指挥机构的决定、命令,造成传染范围扩大或者疫情、灾情加重的;(4)具有其他严重情节的。

4. 本罪的因果关系要件

本罪要求行为人在传染病防治管理活动中严重不负责任,不履行或者不认真履行传染病防治监管职责的行为,与传染病传播或者流行的结果之间存在刑法上的因果关系。

5. 本罪的主观要件

本罪要求行为人对于导致传染病传播或者流行系出于过失,即应当预见其在从事传染病防治管理活动中严重不负责任的行为可能导致传染病传播或者流行,但因疏忽大意而没有预见,或者虽然已经预见但凭借其知识或者经验而轻信可以避免,以致传染病传播或者流行。行为人的过失系针对导致传染病传播或者流行而言,但并不排斥行为人对其严重不负责任的行为可能存在故意的情形。故意不成立本罪。如果行为人对于导致传染病传播或者流行并非出于过失,而是出于故意,即不仅预见到而且希望或者放任该结果的发生,符合《刑法》第 397 条之规定的,以滥用职权罪定罪处罚;或者考虑其他故意犯罪的成立。

6. 本罪与玩忽职守罪的法条竞合

本罪是玩忽职守罪的特别规定。行为人实施玩忽职守犯罪行为,成立本罪的,依特别法条即本罪定罪处罚。

7. 立案标准

根据《渎职侵权案件立案标准》的规定,传染病防治失职的行为涉嫌下列情形之一的,应予立案:(1)导致甲类传染病传播的;(2)导致乙类、丙类传染病流行的;(3)因传染病传播或者流行,造成人员重伤或者死亡的;(4)因传染病传播或者流行,严重影响正常的生产、生活秩序的;(5)在国家对突发传染病疫情等灾害采取预防、控制措施后,对发生突发传染病疫情等灾害的地区或者突发传染病病人、病原携带者、疑似突发传染病病人,未按照预防、控制突发传染病疫情等灾害工作规范的要求做好防疫、检疫、隔离、防护、救治等工作,或者采取的预防、控制措施不当,造成传染范围扩大或者疫情、灾情加重的;(6)在国家对突发传染病疫情等灾害采取预防、控制措施后,隐瞒、缓报、谎报或者授意、指使、强令他人隐瞒、缓报、谎报疫情、灾情,造成传染范围扩大或者疫情、灾情加重的;(7)在国家对突发传染病疫情等灾害采取预防、控制措施后,拒不执行突发传染病疫情等灾害应急处理指挥机构的决定、命令,造成传染范围扩大或者疫情、灾情加重的;(8)其他情节严重的情形。

【司法案例】

黎某文传染病防治失职案①

[**裁判要旨**]传染病防治失职罪与一般工作失误的区别在于:(1)主观动机和客观行为表现不同,即行为人是否认真履职,在恪尽职守中是否能预见或者已经预见到其行为可能导致传染病传播或者流行的严重后果;(2)追责前提不同,即行为人违反职责的行为与传染病传播、流行的后果是否有刑法上的因果关系以及因果作用力大小;(3)政策界限不同,即在国家对突发传染病疫情等灾害尚未采取预防、控制措施时,行为人履职中行为有差错,通常属于工作失误;反之,在采取预防、控制措施之后,具有司法解释所规定"情节严重"的情形之一,才以传染病防治失职罪论处。

第四百一十条 【非法批准征收、征用、占用土地罪;非法低价出让国有土地使用权罪】**国家机关工作人员徇私舞弊,违反土地管理法规,滥用职权,非法批准征收、征用、占用土地,或者非法低价出让国有土地使用权,情节严重的,处三年以下有期徒刑或者拘役;致使国家或者集体利益遭受特别重大损失的,处三年以上七年以下有期徒刑。**

【条文对照】

1997 年《刑法》	2009 年《全国人民代表大会常务委员会关于修改部分法律的决定》
第四百一十条 国家机关工作人员徇私舞弊,违反土地管理法规,滥用职权,非法批准征用、占用土地,或者非法低价出让国有土地使用权,情节严重的,处三年以下有期徒刑或者拘役;致使国家或者集体利益遭受特别重大损失的,处三年以上七年以下有期徒刑。	第四百一十条 国家机关工作人员徇私舞弊,违反土地管理法规,滥用职权,非法批准**征收**、征用、占用土地,或者非法低价出让国有土地使用权,情节严重的,处三年以下有期徒刑或者拘役;致使国家或者集体利益遭受特别重大损失的,处三年以上七年以下有期徒刑。

【条文理解】

1. 非法批准征收、征用、占用土地罪

非法批准征收、征用、占用土地罪,是指国家机关工作人员徇私舞弊,违反《土

① 参见《刑事审判参考》总第 121 集第 1332 号案例。

地管理法》《森林法》《草原法》等法律以及有关行政法规中关于土地管理的规定，滥用职权，非法批准征收、征用、占用耕地、林地等农用地以及其他土地，情节严重的行为。本罪的具体构成要件是：

（1）本罪的客体是国家的土地管理秩序。

（2）本罪的客观方面是行为人徇私舞弊，违反《土地管理法》《森林法》《草原法》等法律以及有关行政法规中关于土地管理的规定，滥用职权，非法批准征收、征用、占用耕地、林地等农用地以及其他土地，且达到情节严重的程度。

（3）本罪的主体是特殊主体，即国家机关工作人员。

（4）本罪的主观方面是故意，且出于徇私的动机。

2. 非法低价出让国有土地使用权罪

非法低价出让国有土地使用权罪，是指国家机关工作人员徇私舞弊，违反《土地管理法》《森林法》《草原法》等法律以及有关行政法规中关于土地管理的规定，滥用职权，非法低价出让国有土地使用权，情节严重的行为。本罪的具体构成要件是：

（1）本罪的客体是国家的土地管理秩序。

（2）本罪的客观方面是行为人徇私舞弊，违反《土地管理法》《森林法》《草原法》等法律以及有关行政法规中关于土地管理的规定，滥用职权，非法低价出让国有土地使用权，且达到情节严重的程度。

（3）本罪的主体是特殊主体，即国家机关工作人员。

（4）本罪的主观方面是故意，且出于徇私的动机。

【司法适用】

（一）非法批准征收、征用、占用土地罪

1. 本罪的主体要件

本罪的主体是特殊主体，即国家机关工作人员，主要是指在各级政府土地管理等部门负责批准征收、征用、占用土地的工作人员。

2. 本罪的行为要件

本罪以徇私舞弊，违反土地管理法规，滥用职权，非法批准征收、征用、占用土地为构成要件行为。

所谓徇私舞弊，滥用职权，必须是利用职务之便进行的。所谓利用职务之便，是指利用职权或者与职务有关的便利条件。所谓职权，是指本人职务范围内的权利。所谓与职务有关的便利条件，是指虽然不是直接利用职权，但是利用了本人的职权或者地位形成的便利条件。

所谓违反土地管理法规，是指违反《土地管理法》《森林法》《草原法》等法律以及有关行政法规中关于土地管理的规定。

所谓征收土地,是指国家为了进行经济、文化、国防建设以及兴办社会公共事业的需要,依照有关法律规定的条件及程序,将属于集体所有的土地收归国有的一种措施。

所谓征用土地,是指国家在抢险、救灾等紧急情况下强制性使用集体或者国有土地的行为。

所谓占用土地,是指对土地事实上的控制、管理与使用。所谓土地,是指耕地、林地等农用地以及其他土地。

3. 本罪的情节要件

本罪以情节严重为情节要件。国家机关工作人员徇私舞弊,违反土地管理法规,滥用职权,非法批准征收、征用、占用土地,但未达到情节严重的程度的,不成立本罪。

所谓情节严重,具体表现为以下几类情形:(1)多次徇私舞弊,违反土地管理法规,滥用职权,非法批准征收、征用、占用土地的;(2)造成大量土地被非法征收、征用、占用的;(3)导致耕地大量荒芜或者毁坏的;(4)因严重徇私而非法批准征收、征用、占用土地的;(5)造成恶劣影响的;(6)其他情节严重的情形。

4. 本罪的主观要件

本罪要求行为人系出于故意,即明知其滥用职权,非法批准征收、征用、占用土地的行为违反土地管理法规,但仍决意为之。过失不成立本罪。国家机关工作人员玩忽职守,严重不负责任,违反土地管理法规,非法批准征收、征用、占用土地,情节严重,符合《刑法》第 397 条之规定的,以玩忽职守罪定罪处罚。

本罪要求行为人系出于徇私的动机,但徇私舞弊的具体原因可能多种多样,譬如贪图钱财等不法利益、碍于亲朋好友的情面、出于报复或者嫉妒的心理等。具体原因对本罪成立没有影响,可作为量刑情节考虑。国家机关工作人员违反土地管理法规,滥用职权,非法批准征收、征用、占用土地,情节严重,但不具备徇私舞弊情形,符合《刑法》第 397 条之规定的,以滥用职权罪定罪处罚。

5. 本罪的结果加重犯

本罪以致国家或者集体利益遭受特别重大损失为加重结果,要求行为人徇私舞弊,违反土地管理法规,滥用职权,非法批准征收、征用、占用土地的行为,与国家或者集体利益遭受特别重大损失的结果之间存在刑法上的因果关系。

根据《破坏土地资源案件解释》第 5 条之规定,国家机关工作人员徇私舞弊,违反土地管理法规,滥用职权,非法批准征用、占用土地,具有下列情形之一的,属于非法批准征用、占用土地“致使国家或者集体利益遭受特别重大损失”:(1)非法批准征用、占用基本农田20亩以上的;(2)非法批准征用、占用基本农田以外的耕地60亩以上的;(3)非法批准征用、占用其他土地100亩以上的;(4)非法批准征用、占用土地,造成基本农田5亩以上,其他耕地10亩以上严重毁坏的;(5)非法批准征用、占用土地造成直接经济损失50万元以上等恶劣情节的。

根据《破坏草原资源案件解释》第3条第2款之规定,国家机关工作人员徇私舞弊,违反《草原法》等土地管理法规,具有下列情形之一,应当认定为《刑法》第410条规定的“致使国家或者集体利益遭受特别重大损失”:(1)非法批准征收、征用、占用草原80亩以上的;(2)非法批准征收、征用、占用草原,造成40亩以上草原被毁坏的;(3)非法批准征收、征用、占用草原,造成直接经济损失60万元以上,或者具有其他特别恶劣情节的。

6. 本罪为选择性罪名

行为人徇私舞弊,违反土地管理法规,滥用职权,实施非法批准征收、征用、占用土地的选择性构成要件行为中的一行为或者数行为,均仅成立一罪。

7. 本罪在成立不并罚的同种数罪的场合应实行数量、数额累计

根据《破坏土地资源案件解释》第9条之规定,多次实施非法批准征用、占用土地的行为依法应当追诉的,或者一年内多次实施非法批准征用、占用土地的行为未经处理的,按照累计的数量、数额处罚。

根据《破坏草原资源案件解释》第6条之规定,多次实施破坏草原资源的违法犯罪行为,未经处理,应当依法追究刑事责任的,按照累计的数量、数额定罪处罚。

8. 本罪与滥用职权罪的法条竞合

本罪是滥用职权罪的特别规定。行为人实施滥用职权犯罪行为,成立本罪的,依特别法条即本罪定罪处罚。

9. 本罪与受贿罪的罪数形态

行为人实施本罪并收受贿赂,同时成立受贿罪的,以本罪和受贿罪数罪并罚。

10. 本罪与其他犯罪共犯的罪数形态

行为人与他人共谋,利用其职务行为帮助他人实施其他犯罪行为,同时成立本罪和共谋实施的其他犯罪共犯的,依照处罚较重的规定定罪处罚。

行为人与他人共谋,既利用其职务行为帮助他人实施其他犯罪,又以非职务行为与他人共同实施该其他犯罪行为,同时构成本罪和其他犯罪共犯的,以本罪和该其他犯罪数罪并罚。

11. 立案标准

根据《渎职侵权案件立案标准》的规定,非法批准征用、占用土地的行为,涉嫌下列情形之一的,应予立案:(1)非法批准征用、占用基本农田10亩以上的;(2)非

法批准征用、占用基本农田以外的耕地30亩以上的;(3)非法批准征用、占用其他土地50亩以上的;(4)虽未达到上述数量标准,但造成有关单位、个人直接经济损失30万元以上,或者造成耕地大量毁坏或者植被遭到严重破坏的;(5)非法批准征用、占用土地,影响群众生产、生活,引起纠纷,造成恶劣影响或者其他严重后果的;(6)非法批准征用、占用防护林地、特种用途林地分别或者合计10亩以上的;(7)非法批准征用、占用其他林地20亩以上的;(8)非法批准征用、占用林地造成直接经济损失30万元以上,或者造成防护林地、特种用途林地分别或者合计5亩以上或者其他林地10亩以上毁坏的;(9)其他情节严重的情形。

根据《破坏土地资源案件解释》第4条之规定,国家机关工作人员徇私舞弊,违反土地管理法规,滥用职权,非法批准征用、占用土地,具有下列情形之一的,属于非法批准征用、占用土地"情节严重":(1)非法批准征用、占用基本农田10亩以上的。(2)非法批准征用、占用基本农田以外的耕地30亩以上的。(3)非法批准征用、占用其他土地50亩以上的。(4)虽未达到上述数量标准,但非法批准征用、占用土地造成直接经济损失30万元以上;造成耕地大量毁坏等恶劣情节的。

根据《破坏草原资源案件解释》第3条第1款之规定,国家机关工作人员徇私舞弊,违反《草原法》等土地管理法规,具有下列情形之一的,应当认定为《刑法》第410条规定的"情节严重":(1)非法批准征收、征用、占用草原40亩以上的;(2)非法批准征收、征用、占用草原,造成20亩以上草原被毁坏的;(3)非法批准征收、征用、占用草原,造成直接经济损失30万元以上,或者具有其他恶劣情节的。

(二)非法低价出让国有土地使用权罪

1. 本罪的主体要件

本罪的主体是特殊主体,即国家机关工作人员,主要是指在各级政府土地管理等部门负责出让国有土地使用权的工作人员。

2. 本罪的行为要件

本罪以徇私舞弊,违反土地管理法规,滥用职权,非法低价出让国有土地使用权为构成要件行为。

所谓徇私舞弊,滥用职权,必须是利用职务之便进行的。所谓利用职务之便,是指利用职权或者与职务有关的便利条件。所谓职权,是指本人职务范围内的权利。所谓与职务有关的便利条件,是指虽然不是直接利用职权,但是利用了本人的职权或者地位形成的便利条件。

所谓违反土地管理法规,是指违反《土地管理法》《森林法》《草原法》等法律以及有关行政法规中关于土地管理的规定。《土地管理法》《土地管理法实施条例》《城镇国有土地使用权出让和转让暂行条例》等法律、法规,对出让国有土地使用权的批准权限、程序和要求等都作了明确具体的规定,这对于合理开发、利用、经营土地,加强土地管理,促进城市建设和经济发展有着十分重要的作用。

所谓土地使用权,是指国家机关、企事业单位、农民集体和公民个人依照法定程序或者依约定,对国有土地或者农民集体土地所享有的占有、利用、收益和有限处分的权利。

所谓出让国有土地使用权,是指国家以土地所有者的身份,通过招标、拍卖、挂牌、协议的方式,将国有土地使用权在一定年限内让与土地使用者,由土地使用者向国家支付土地使用权出让金后取得土地使用权。

所谓低价出让国有土地使用权,是指以低于国有土地使用权最低价的价格出让国有土地使用权。以协议出让的方式为例,根据《协议出让国有土地使用权规定》的规定,协议出让国有土地使用权,应当遵循公开、公平、公正和诚实信用的原则。以协议方式出让国有土地使用权的出让金不得低于按国家规定所确定的最低价。协议出让最低价不得低于新增建设用地的土地有偿使用费、征地(拆迁)补偿费用以及按照国家规定应当缴纳的有关税费之和。有基准地价的地区,协议出让最低价不得低于出让地块所在级别基准地价的70%。低于最低价时国有土地使用权不得出让。省、自治区、直辖市人民政府国土资源行政主管部门应当依据该规定第5条之规定,拟定协议出让最低价,报同级人民政府批准后公布,由市、县人民政府国土资源行政主管部门实施。

3. 本罪的情节要件

本罪以情节严重为情节要件。国家机关工作人员徇私舞弊,违反土地管理法规,滥用职权,非法低价出让国有土地使用权,但未达到情节严重的程度的,不成立本罪。

所谓情节严重,具体表现为以下几类情形:(1)多次徇私舞弊,违反土地管理法规,滥用职权,非法低价出让国有土地使用权,屡教不改的;(2)大量非法低价出让国有土地使用权的;(3)非法低价出让国有土地使用权,造成国家利益重大损失的;(4)因严重徇私而非法低价出让国有土地使用权的;(5)因其行为造成恶劣影响的;(6)其他情节严重的情形。

4. 本罪的主观要件

本罪要求行为人系出于故意,即明知其滥用职权,非法低价出让国有土地使用权的行为违反土地管理法规,但仍决意为之。过失不成立本罪。国家机关工作人员玩忽职守,严重不负责任,违反土地管理法规,非法低价出让国有土地使用权,情节严重,符合《刑法》第397条之规定的,以玩忽职守罪定罪处罚。

本罪要求行为人系出于徇私的动机,但徇私舞弊的具体原因可能多种多样,譬如贪图钱财等不法利益、碍于亲朋好友的情面、出于报复或者嫉妒的心理等。具体原因对本罪成立没有影响,可作为量刑情节考虑。国家机关工作人员违反土地管理法规,滥用职权,非法低价出让国有土地使用权,情节严重,但不具备徇私舞弊情形,符合《刑法》第397条之规定的,以滥用职权罪定罪处罚。

5. 本罪的结果加重犯

本罪以使国家或者集体利益遭受特别重大损失为加重结果,要求行为人徇私舞弊,违反土地管理法规,滥用职权,非法低价出让国有土地使用权的行为,与国家或者集体利益遭受特别重大损失的结果之间存在刑法上的因果关系。

根据《破坏土地资源案件解释》第7条之规定,国家机关工作人员徇私舞弊,违反土地管理法规,非法低价出让国有土地使用权,具有下列情形之一的,属于非法低价出让国有土地使用权,"致使国家和集体利益遭受特别重大损失":(1)非法低价出让国有土地使用权面积在60亩以上,并且出让价额低于国家规定的最低价额标准的40%的;(2)造成国有土地资产流失价额在50万元以上的。

根据《破坏草原资源案件解释》第3条第2款之规定,国家机关工作人员徇私舞弊,违反《草原法》等土地管理法规,具有下列情形之一,应当认定为《刑法》第410条规定的"致使国家或者集体利益遭受特别重大损失":(1)非法批准征收、征用、占用草原80亩以上的;(2)非法批准征收、征用、占用草原,造成40亩以上草原被毁坏的;(3)非法批准征收、征用、占用草原,造成直接经济损失60万元以上,或者具有其他特别恶劣情节的。

6. 本罪在成立不并罚的同种数罪的场合应实行数量、数额累计

根据《破坏土地资源案件解释》第9条之规定,多次实施非法低价出让国有土地使用权的行为依法应当追诉的,或者一年内多次实施非法低价出让国有土地使用权的行为未经处理的,按照累计的数量、数额处罚。

根据《破坏草原资源案件解释》第6条之规定,多次实施破坏草原资源的违法犯罪行为,未经处理,应当依法追究刑事责任的,按照累计的数量、数额定罪处罚。

7. 本罪与非法转让、倒卖土地使用权罪的界限

行为人出于牟利目的,违反土地管理法规,非法转让、倒卖土地使用权包括国有土地使用权的,不成立非法低价出让国有土地使用权罪,而是成立非法转让、倒卖土地使用权罪。

8. 本罪与滥用职权罪的法条竞合

本罪是滥用职权罪的特别规定。行为人实施滥用职权犯罪行为,成立本罪的,依特别法条即本罪定罪处罚。

9. 本罪与受贿罪的罪数形态

行为人实施本罪并收受贿赂,同时成立受贿罪的,以本罪和受贿罪数罪并罚。

10. 本罪与其他犯罪共犯的罪数形态

行为人与他人共谋,利用其职务行为帮助他人实施其他犯罪行为,同时成立本罪和共谋实施的其他犯罪共犯的,依照处罚较重的规定定罪处罚。

行为人与他人共谋,既利用其职务行为帮助他人实施其他犯罪,又以非职务行为与他人共同实施该其他犯罪行为,同时构成本罪和其他犯罪共犯的,以本罪和该其他犯罪数罪并罚。

11. 立案标准

根据《渎职侵权案件立案标准》的规定,非法低价出让国有土地使用权的行为,涉嫌下列情形之一的,应予立案:(1)非法低价出让国有土地30亩以上,并且出让价额低于国家规定的最低价额标准的60%的;(2)造成国有土地资产流失价额30万元以上的;(3)非法低价出让国有土地使用权,影响群众生产、生活,引起纠纷,造成恶劣影响或者其他严重后果的;(4)非法低价出让林地合计30亩以上,并且出让价额低于国家规定的最低价额标准的60%的;(5)造成国有资产流失30万元以上的;(6)其他情节严重的情形。

根据《破坏土地资源案件解释》第6条之规定,国家机关工作人员徇私舞弊,违反土地管理法规,非法低价出让国有土地使用权,具有下列情形之一的,属于"情节严重":(1)出让国有土地使用权面积在30亩以上,并且出让价额低于国家规定的最低价额标准的60%的;(2)造成国有土地资产流失价额在30万元以上的。

根据《破坏草原资源案件解释》第3条第1款之规定,国家机关工作人员徇私舞弊,违反《草原法》等土地管理法规,具有下列情形之一的,应当认定为《刑法》第410条规定的"情节严重":(1)非法批准征收、征用、占用草原40亩以上的;(2)非法批准征收、征用、占用草原,造成20亩以上草原被毁坏的;(3)非法批准征收、征用、占用草原,造成直接经济损失30万元以上,或者具有其他恶劣情节的。

第四百一十一条 【放纵走私罪】海关工作人员徇私舞弊,放纵走私,情节严重的,处五年以下有期徒刑或者拘役;情节特别严重的,处五年以上有期徒刑。

【条文理解】

放纵走私罪,是指海关工作人员徇私舞弊,放纵走私,情节严重的行为。本罪的具体构成要件是:

(1)本罪的客体是国家的缉私秩序。

(2)本罪的客观方面是行为人徇私舞弊,放纵走私,且达到情节严重的程度。

(3)本罪的主体是特殊主体,即海关工作人员。

(4)本罪的主观方面是故意,且出于徇私的动机。

【司法适用】

1. 本罪的主体要件

本罪的主体是特殊主体,即海关工作人员。

所谓海关工作人员,是指在我国海关机构中从事公务的人员。所谓海关机构,主要是指国务院设立的海关总署,以及在对外开放的口岸和海关监管业务集中的地点设立的依法独立行使职权的海关机构。我国目前主要在以下地点设立海关机构:(1)开放对外贸易的港口;(2)边境火车站、汽车站和主要国际联运火车站;(3)边境地区的陆路和江河上准许货物和人员进出的地点;(4)国际航空站;(5)国际邮件互换局(站);(6)其他对外开放口岸和海关监管业务比较集中的地点;(7)国务院特许或者其他需要设立海关的地点。海关机构按层级分为:(1)海关总署;(2)直接由海关总署领导,负责管理一定区域范围内的海关业务的直属海关;(3)由直属海关领导,负责办理具体海关业务的隶属海关。海关总署、直属海关和隶属海关的工作人员都属于海关工作人员。

2. 本罪的行为要件

本罪以徇私舞弊,放纵走私为构成要件行为。

所谓徇私舞弊,必须是利用职务之便进行的。所谓利用职务之便,是指利用职权或者与职务有关的便利条件。所谓职权,是指本人职务范围内的权利。所谓与职务有关的便利条件,是指虽然不是直接利用职权,但是利用了本人的职权或者地位形成的便利条件。

所谓放纵走私,是指故意不履行或者不认真履行监管、查验进出境货物、物品、人员的职责,对明知是走私的行为予以放任、纵容,具体表现为以下几类行为:(1)放行走私行为人;(2)不缉查走私货物、物品;(3)不征收关税;(4)其他放纵走私的行为。

需要注意的是,海关工作人员徇私舞弊,放纵走私的行为,一般只能发生在侦查或者查处阶段。被放纵的是走私罪还是一般走私行为,不影响本罪的成立。

3. 本罪的情节要件

本罪以情节严重为情节要件。海关工作人员徇私舞弊,放纵走私,但未达到情节严重的程度的,不成立本罪。

所谓情节严重,具体表现为以下几类情形:(1)多次放纵走私的;(2)放纵多名走私行为人的;(3)放纵走私犯罪分子的;(4)放纵走私行为,造成严重后果的。

4. 本罪的主观要件

本罪要求行为人系出于故意,即明知系走私,但仍决意放纵之。过失不成立本罪。海关工作人员玩忽职守,严重不负责任,过失导致放纵走私,情节严重,符合《刑法》第 397 条之规定的,以玩忽职守罪定罪处罚。

本罪要求行为人系出于徇私的动机,但徇私舞弊的具体原因可能多种多样,譬如贪图钱财等不法利益、碍于亲朋好友的情面、出于报复或者嫉妒的心理等。具体原因对本罪成立没有影响,可作为量刑情节考虑。海关工作人员放纵走私,情节严重,但不具备徇私舞弊情形,符合《刑法》第 397 条之规定的,以滥用职权罪定罪处罚。

5. 本罪与徇私舞弊不征、少征税款罪的界限

海关工作人员故意放纵走私,不依法征收关税的,成立放纵走私罪,而非徇私舞弊不征、少征税款罪。

6. 本罪与徇私舞弊不移交刑事案件罪的界限

作为行政执法人员的海关工作人员,发现他人行为构成走私犯罪,但徇私舞弊,既不将案件移交司法机关追究刑事责任,也不按海关法作出处理的,成立放纵走私罪。如果其徇私舞弊不将案件移交司法机关追究刑事责任,但按海关法作出处理,则成立徇私舞弊不移交刑事案件罪。

7. 本罪与徇私枉法罪的界限

作为司法工作人员的海关工作人员即负责走私犯罪侦查的人员,发现他人行为构成走私犯罪,但故意使其不受刑事追诉的,应认定为徇私枉法罪。

8. 本罪与走私犯罪共犯的界限

根据《走私案件意见》第 16 条之规定,负有特定监管义务的海关工作人员徇私舞弊,利用职权,放任、纵容走私犯罪行为,情节严重的,构成放纵走私罪。放纵走私行为,一般是消极的不作为。如果海关工作人员与走私分子通谋,在放纵走私过程中以积极的行为配合走私分子逃避海关监管或者在放纵走私之后分得赃款的,应以共同走私犯罪追究刑事责任。

9. 本罪与滥用职权罪的法条竞合

本罪是滥用职权罪的特别规定。行为人实施滥用职权犯罪行为,成立本罪

的,依特别法条即本罪定罪处罚。

10. 本罪与受贿罪的罪数形态

行为人实施本罪并收受贿赂,同时成立受贿罪的,以本罪和受贿罪数罪并罚。

11. 本罪与其他犯罪共犯的罪数形态

行为人与他人共谋,利用其职务行为帮助他人实施其他犯罪行为,同时成立本罪和共谋实施的其他犯罪共犯的,依照处罚较重的规定定罪处罚。

行为人与他人共谋,既利用其职务行为帮助他人实施其他犯罪,又以非职务行为与他人共同实施该其他犯罪行为,同时构成本罪和其他犯罪共犯的,以本罪和该其他犯罪数罪并罚。

12. 立案标准

根据《渎职侵权案件立案标准》的规定,放纵走私的行为,涉嫌下列情形之一的,应予立案:(1)放纵走私犯罪的;(2)因放纵走私致使国家应收税额损失累计达10万元以上的;(3)放纵走私行为3起次以上的;(4)放纵走私行为,具有索取或者收受贿赂情节的;(5)其他情节严重的情形。

第四百一十二条　【商检徇私舞弊罪】国家商检部门、商检机构的工作人员徇私舞弊,伪造检验结果的,处五年以下有期徒刑或者拘役;造成严重后果的,处五年以上十年以下有期徒刑。

【商检失职罪】前款所列人员严重不负责任,对应当检验的物品不检验,或者延误检验出证、错误出证,致使国家利益遭受重大损失的,处三年以下有期徒刑或者拘役。

【条文理解】

1. 商检徇私舞弊罪

商检徇私舞弊罪,是指出入境检验检疫机关、检验检疫机构工作人员徇私舞弊,伪造检验结果的行为。本罪的具体构成要件是:

(1)本罪的客体是国家的商检秩序。

(2)本罪的客观方面是行为人徇私舞弊,伪造检验结果。

(3)本罪的主体是特殊主体,即国家商检部门、商检机构的工作人员。

(4)本罪的主观方面是故意,且出于徇私的动机。

2. 商检失职罪

商检失职罪,是指出入境检验检疫机关、检验检疫机构工作人员严重不负责

任,对应当检验的物品不检验,或者延误检验出证、错误出证,致使国家利益遭受重大损失的行为。本罪的具体构成要件是:

(1)本罪的客体是国家的商检秩序。

(2)本罪的客观方面是行为人在商检工作中严重不负责任,对应当检验的物品不检验,或者延误检验出证、错误出证,并由此导致国家利益遭受重大损失。

(3)本罪的主体是特殊主体,即国家商检部门、商检机构的工作人员。

(4)本罪的主观方面是过失。

【司法适用】

(一)商检徇私舞弊罪

1. 本罪的主体要件

本罪的主体是特殊主体,即国家商检部门、商检机构的工作人员。

所谓国家商检部门、商检机构的工作人员,是指在国务院设立的进出口商品检验部门从事进出口商品检验工作的人员,以及在国家商检部门设在各地的进出口商品检验机构管理所辖地区的进出口商品检验工作的人员。2018 年以前,我国的进出口商品检验工作由质检部门负责。根据 2018 年 3 月 17 日十三届全国人大一次会议批准的国务院机构改革方案,国家质量监督检验检疫总局的出入境检验检疫管理职责和队伍被划入海关总署。根据《进出口商品检验法实施条例》第 2 条之规定,海关总署主管全国进出口商品检验工作。海关总署设在省、自治区、直辖市以及进出口商品的口岸、集散地的出入境检验检疫机构及其分支机构,管理所负责地区的进出口商品检验工作。目前,负责进出口商品检验的是海关部门。

2. 本罪的行为要件

本罪以徇私舞弊,伪造检验结果为构成要件行为。

所谓徇私舞弊,必须是利用职务之便进行的。所谓利用职务之便,是指利用职权或者与职务有关的便利条件。所谓职权,是指本人职务范围内的权利。所谓与职务有关的便利条件,是指虽然不是直接利用职权,但是利用了本人的职权或者地位形成的便利条件。

所谓伪造检验结果,是指有权提出商检结果的人故意提出与事实不相符合的检验结果,系故意的无形伪造并交付无形伪造的文书的行为。

所谓伪造检验结果,是指有权提出商检结果的人故意提出与事实不相符合的检验结果,系故意的无形伪造并交付无形伪造的文书的行为,具体表现为以下几类行为:(1)伪造、出具全部内容不符合事实的检验证明文件;(2)伪造、出具部分内容不符合事实的检验证明文件。

3. 本罪的主观要件

本罪要求行为人系出于故意,即对其徇私舞弊,伪造检验结果的行为具有意识。过失不成立本罪。国家商检部门、商检机构的工作人员玩忽职守,严重不负责任,过失提出与事实不相符合的检验结果,符合《刑法》第 412 条第 2 款之规定的,以商检失职罪定罪处罚;不符合《刑法》第 412 条第 2 款之规定,但符合《刑法》第 397 条之规定的,以玩忽职守罪定罪处罚。

本罪要求行为人系出于徇私的动机,但徇私舞弊的具体原因可能多种多样,譬如贪图钱财等不法利益、碍于亲朋好友的情面、出于报复或者嫉妒的心理等。具体原因对本罪成立没有影响,可作为量刑情节考虑。国家商检部门、商检机构的工作人员伪造检验结果,但不具备徇私舞弊情形,符合《刑法》第 397 条之规定的,以滥用职权罪定罪处罚。

4. 本罪的结果加重犯

本罪以造成严重后果为加重结果,要求行为人徇私舞弊,伪造检验结果的行为,与严重后果之间存在刑法上的因果关系。

所谓造成严重后果,是指致使不合格的或者残损短缺的商品实现进出口,导致国家利益遭受严重损失或者致使外方向我方索赔,造成严重损失。

5. 本罪与滥用职权罪的法条竞合

本罪是滥用职权罪的特别规定。行为人实施滥用职权犯罪行为,成立本罪的,依特别法条即本罪定罪处罚。

6. 本罪与受贿罪的罪数形态

行为人实施本罪并收受贿赂,同时成立受贿罪的,以本罪和受贿罪数罪并罚。

7. 本罪与其他犯罪共犯的罪数形态

行为人与他人共谋,利用其职务行为帮助他人实施其他犯罪行为,同时成立本罪和共谋实施的其他犯罪共犯的,依照处罚较重的规定定罪处罚。

行为人与他人共谋,既利用其职务行为帮助他人实施其他犯罪,又以非职务行为与他人共同实施该其他犯罪行为,同时构成本罪和其他犯罪共犯的,以本罪和该其他犯罪数罪并罚。

8. 立案标准

根据《渎职侵权案件立案标准》的规定,商检徇私舞弊的行为,涉嫌下列情形之一的,应予立案:(1)采取伪造、变造的手段对报检的商品的单证、印章、标志、封识、质量认证标志等作虚假的证明或者出具不真实的证明结论的;(2)将送检的合格商品检验为不合格,或者将不合格商品检验为合格的;(3)对明知是不合格的商品,不检验而出具合格检验结果的;(4)其他伪造检验结果应予追究刑事责任的情形。

（二）商检失职罪

1. 本罪的主体要件

本罪的主体是特殊主体，即国家商检部门、商检机构的工作人员。

所谓国家商检部门、商检机构的工作人员，是指在国务院设立的进出口商品检验部门从事进出口商品检验工作的人员，以及在国家商检部门设在各地的进出口商品检验机构管理所辖地区的进出口商品检验工作的人员。2018 年以前，我国的进出口商品检验工作由质检部门负责。根据 2018 年 3 月 17 日十三届全国人大一次会议批准的国务院机构改革方案，国家质量监督检验检疫总局的出入境检验检疫管理职责和队伍被划入海关总署。根据《进出口商品检验法实施条例》第 2 条之规定，海关总署主管全国进出口商品检验工作。海关总署设在省、自治区、直辖市以及进出口商品的口岸、集散地的出入境检验检疫机构及其分支机构，管理所负责地区的进出口商品检验工作。目前，负责进出口商品检验的是海关部门。

2. 本罪的行为要件

本罪以在商检活动中严重不负责任，对应当检验的物品不检验，或者延误检验出证、错误出证为构成要件行为。

所谓严重不负责任，是指不履行或者不认真履行应尽职责，情节恶劣。譬如，对待工作敷衍塞责，草率应付，不妥当履行应当履行且能够履行的职责。

本罪的构成要件行为，具体表现为以下几类行为。

（1）对应当检验的物品不检验。根据《进出口商品检验法》的规定，所谓应当检验的物品，是指列入国家商检部门根据对外贸易发展的需要，制定、调整并公布的必须实施检验的进出口商品目录的进出口商品和其他法律、行政法规规定须经商检机构检验的进出口商品。

（2）延误检验出证，是指在《进出口商品检验法》规定的或者对外贸易合同约定的进出口商品检验出证的期限内没有完成检验出证。只要检验出证超过了期限，无论检验结果是否出错，均成立本罪的构成要件行为。

（3）错误出证，是指出具与事实不相符合的检验证明文件，具体表现为以下几类情形：①全部内容不符合事实的；②部分内容不符合事实的。

3. 本罪的结果要件

本罪以致使国家利益遭受重大损失为结果要件。国家商检部门、商检机构的工作人员严重不负责任，对应当检验的物品不检验，或者延误检验出证、错误出证，但未致使国家利益遭受重大损失的，不成立本罪。

所谓致使国家利益遭受重大损失，具体表现为以下几类情形：（1）大批出口商品被退回的;(2)给予外商巨额经济赔偿的;(3)大批合同订单被取消的;(4)进口不合格商品不能使用、销售的;(5)严重损害对外贸易关系的;(6)使国家的声誉受到严重影响的;(7)其他致使国家利益遭受重大损失的情形。

4. 本罪的因果关系要件

本罪要求行为人在商检活动中严重不负责任,对应当检验的物品不检验,或者延误检验出证、错误出证的行为,与致使国家利益遭受重大损失的结果之间存在刑法上的因果关系。

5. 本罪的主观要件

本罪要求行为人对于致使国家利益遭受重大损失系出于过失,即应当预见其在商检活动中严重不负责任,对应当检验的物品不检验,或者延误检验出证、错误出证的行为可能致使国家利益遭受重大损失,但因疏忽大意而没有预见,或者虽然已经预见但凭借其知识或者经验而轻信可以避免,以致国家利益遭受重大损失。行为人的过失系针对致使国家利益遭受重大损失的结果而言,但并不排斥行为人对其在商检活动中严重不负责任,对应当检验的物品不检验,或者延误检验出证、错误出证的行为可能存在故意的情形。故意不成立本罪。如果行为人对于致使国家利益遭受重大损失并非出于过失,而是出于故意,即不仅预见到而且希望或者放任该结果的发生,符合《刑法》第 412 条第 1 款之规定的,以商检徇私舞弊罪定罪处罚;不符合《刑法》第 412 条第 1 款之规定,但符合《刑法》第 397 条之规定的,以滥用职权罪定罪处罚;或者考虑其他故意犯罪的成立。

6. 本罪与玩忽职守罪的法条竞合

本罪是玩忽职守罪的特别规定。行为人实施玩忽职守犯罪行为,成立本罪的,依特别法条即本罪定罪处罚。

7. 立案标准

根据《渎职侵权案件立案标准》的规定,商检失职的行为,涉嫌下列情形之一的,应予立案:(1)致使不合格的食品、药品、医疗器械等商品出入境,严重危害生命健康的;(2)造成个人财产直接经济损失 15 万元以上,或者直接经济损失不满 15 万元,但间接经济损失 75 万元以上的;(3)造成公共财产、法人或者其他组织财产直接经济损失 30 万元以上,或者直接经济损失不满 30 万元,但间接经济损失 150 万元以上的;(4)未经检验,出具合格检验结果,致使国家禁止进口的固体废物、液态废物和气态废物等进入境内的;(5)不检验或者延误检验出证、错误出证,引起国际经济贸易纠纷,严重影响国家对外经贸关系,或者严重损害国家声誉的;(6)其他致使国家利益遭受重大损失的情形。

第四百一十三条　【动植物检疫徇私舞弊罪】动植物检疫机关的检疫人员徇私舞弊，伪造检疫结果的，处五年以下有期徒刑或者拘役；造成严重后果的，处五年以上十年以下有期徒刑。

【动植物检疫失职罪】前款所列人员严重不负责任，对应当检疫的检疫物不检疫，或者延误检疫出证、错误出证，致使国家利益遭受重大损失的，处三年以下有期徒刑或者拘役。

【条文理解】

1. 动植物检疫徇私舞弊罪

动植物检疫徇私舞弊罪，是指出入境检验检疫机关、检验检疫机构工作人员徇私舞弊，伪造检疫结果的行为。本罪的具体构成要件是：

(1)本罪的客体是国家的动植物检疫秩序。

(2)本罪的客观方面是行为人徇私舞弊，伪造检疫结果。

(3)本罪的主体是特殊主体，即动植物检疫机关的检疫人员。

(4)本罪的主观方面是故意，且出于徇私的动机。

2. 动植物检疫失职罪

动植物检疫失职罪，是指出入境检验检疫机关、检验检疫机构工作人员严重不负责任，对应当检疫的检疫物不检疫，或者延误检疫出证、错误出证，致使国家利益遭受重大损失的行为。本罪的具体构成要件是：

(1)本罪的客体是国家的动植物检疫秩序。

(2)本罪的客观方面是行为人在动植物检疫活动中严重不负责任，对应当检疫的检疫物不检疫，或者延误检疫出证、错误出证，并由此导致国家利益遭受重大损失。

(3)本罪的主体是特殊主体，即动植物检疫机关的检疫人员。

(4)本罪的主观方面是过失。

【司法适用】

(一)动植物检疫徇私舞弊罪

1. 本罪的主体要件

本罪的主体是特殊主体，即动植物检疫机关的检疫人员。

所谓动植物检疫机关的检疫人员，是指在国务院设立的动植物检疫机关从事进出境动植物检疫工作的人员，以及国家动植物检疫机关在对外开放的口岸和进出境动植物检疫业务集中的地点设立的口岸动植物检疫机关具体实施进出境动植物检疫工作的人员。改革开放以来,我国的进出境动植物检疫体制经历了多次改革。2018年以前,我国的进出境动植物检疫工作由质检部门负责。根据2018年3月17日十三届全国人大一次会议批准的国务院机构改革方案,国家质量监督检验检疫总局的出入境检验检疫管理职责和队伍被划入海关总署。目前,负责进出境动植物检疫的是海关部门。

2. 本罪的行为要件

本罪以徇私舞弊,伪造检疫结果为构成要件行为。

所谓徇私舞弊,必须是利用职务之便进行的。所谓利用职务之便,是指利用职权或者与职务有关的便利条件。所谓职权,是指本人职务范围内的权利。所谓与职务有关的便利条件,是指虽然不是直接利用职权,但是利用了本人的职权或者地位形成的便利条件。

所谓伪造检疫结果,是指有权提出检疫结果的人故意提出与事实不相符合的检疫结果,系故意的无形伪造并交付无形伪造的文书的行为,具体表现为以下几类行为:(1)伪造、出具全部内容不符合事实的检疫证明文件;(2)伪造、出具部分内容不符合事实的检疫证明文件。

3. 本罪的主观要件

本罪要求行为人系出于故意,即对其徇私舞弊,伪造检疫结果的行为具有意识。过失不成立本罪。动植物检疫机关的检疫人员玩忽职守,严重不负责任,过失提出与事实不相符合的检疫结果,符合《刑法》第413条第2款之规定的,以动植物检疫失职罪定罪处罚;不符合《刑法》第413条第2款之规定,但符合《刑法》第397条之规定的,以玩忽职守罪定罪处罚。

本罪要求行为人系出于徇私的动机,但徇私舞弊的具体原因可能多种多样,譬如贪图钱财等不法利益、碍于亲朋好友的情面、出于报复或者嫉妒的心理等。具体原因对本罪成立没有影响,可作为量刑情节考虑。动植物检疫机关的检疫人员伪造检疫结果,但不具备徇私舞弊情形,符合《刑法》第397条之规定的,以滥用职权罪定罪处罚。

4. 本罪的结果加重犯

本罪以造成严重后果为加重结果,要求行为人徇私舞弊,伪造检疫结果的行为,与严重后果之间存在刑法上的因果关系。

所谓造成严重后果,是指致使带有传染病、寄生虫病和植物危险性病、虫、杂草以及其他有害生物传入、传出国境,造成重大疫情或者遭受重大损失的情形。

5. 本罪与滥用职权罪的法条竞合

本罪是滥用职权罪的特别规定。行为人实施滥用职权犯罪行为,成立本罪的,依特别法条即本罪定罪处罚。

6. 本罪与受贿罪的罪数形态

行为人实施本罪并收受贿赂,同时成立受贿罪的,以本罪和受贿罪数罪并罚。

7. 本罪与其他犯罪共犯的罪数形态

行为人与他人共谋,利用其职务行为帮助他人实施其他犯罪行为,同时成立本罪和共谋实施的其他犯罪共犯的,依照处罚较重的规定定罪处罚。

行为人与他人共谋,既利用其职务行为帮助他人实施其他犯罪,又以非职务行为与他人共同实施该其他犯罪行为,同时构成本罪和其他犯罪共犯的,以本罪和该其他犯罪数罪并罚。

8. 立案标准

根据《渎职侵权案件立案标准》的规定,动植物检疫徇私舞弊的行为,涉嫌下列情形之一的,应予立案:(1)采取伪造、变造的手段对检疫的单证、印章、标志、封识等作虚假的证明或者出具不真实的结论的;(2)将送检的合格动植物检疫为不合格,或者将不合格动植物检疫为合格的;(3)对明知是不合格的动植物,不检疫而出具合格检疫结果的;(4)其他伪造检疫结果应予追究刑事责任的情形。

(二)动植物检疫失职罪

1. 本罪的主体要件

本罪的主体是特殊主体,即动植物检疫机关的检疫人员。

所谓动植物检疫机关的检疫人员,是指在国务院设立的动植物检疫机关从事进出境动植物检疫工作的人员,以及国家动植物检疫机关在对外开放的口岸和进出境动植物检疫业务集中的地点设立的口岸动植物检疫机关具体实施进出境动植物检疫工作的人员。改革开放以来,我国的进出境动植物检疫体制经历了多次改革。2018 年以前,我国的进出境动植物检疫工作由质检部门负责。根据 2018 年 3 月 17 日十三届全国人大一次会议批准的国务院机构改革方案,国家质量监督检验检疫总局的出入境检验检疫管理职责和队伍被划入海关总署。目前,负责进出境动植物检疫的是海关部门。

2. 本罪的行为要件

本罪以在动植物检疫活动中严重不负责任,对应当检疫的检疫物不检疫,或者延误检疫出证、错误出证为构成要件行为。

所谓严重不负责任,是指不履行或者不认真履行应尽职责,情节恶劣。譬如,对待工作敷衍塞责,草率应付,不妥当履行应当履行且能够履行的职责。

本罪的构成要件行为,具体表现为以下几类行为。

(1)对应当检疫的检疫物不检疫。根据《进出境动植物检疫法》的规定,所谓应当检疫的检疫物,是指国家动植物检疫机关职权范围内应当检疫的物品,主要包括进出境的动物、动物产品、植物种子、种苗及其他繁殖材料、装载动植物、动植物制品和其他检疫物的装载容器、包装物,以及来自动植物疫区的运输工具等。

(2)延误检疫出证,是指在《进出境动植物检疫法》或者其他依据规定的进出境动植物检疫出证的期限内没有完成检疫出证。只要检疫出证超过了期限,无论检疫结果是否出错,均成立本罪的构成要件行为。

(3)错误出证,是指出具与事实不相符合的检疫证明文件,具体表现为以下几类情形:①全部内容不符合事实的;②部分内容不符合事实的。

3. 本罪的结果要件

本罪以致使国家利益遭受重大损失为结果要件。动植物检疫机关的检疫人员严重不负责任,对应当检疫的检疫物不检疫,或者延误检疫出证、错误出证,但未致使国家利益遭受重大损失的,不成立本罪。

所谓致使国家利益遭受重大损失,具体表现为以下几类情形:(1)致使国家遭受重大经济损失的;(2)引起动植物疫情的;(3)严重损害对外贸易关系的;(4)使国家的声誉受到严重影响的;(5)其他致使国家利益遭受重大损失的情形。

4. 本罪的因果关系要件

本罪要求行为人在动植物检疫活动中严重不负责任,对应当检疫的检疫物不检疫,或者延误检疫出证、错误出证的行为,与致使国家利益遭受重大损失的结果之间存在刑法上的因果关系。

5. 本罪的主观要件

本罪要求行为人对于致使国家利益遭受重大损失系出于过失,即应当预见其在动植物检疫活动中严重不负责任,对应当检疫的检疫物不检疫,或者延误检疫出证、错误出证的行为可能致使国家利益遭受重大损失,但因疏忽大意而没有预见,或者虽然已经预见但凭借其知识或者经验而轻信可以避免,以致国家利益遭受重大损失。行为人的过失系针对致使国家利益遭受重大损失的结果而言,但并不排斥行为人对其在动植物检疫活动中严重不负责任,对应当检疫的检疫物不检疫,或者延误检疫出证、错误出证的行为可能存在故意的情形。故意不成立本罪。如果行为人对于致使国家利益遭受重大损失并非出于过失,而是出于故意,即不仅预见到而且希望或者放任该结果的发生,符合《刑法》第 413 条第 1 款之规定的,以动植物检疫徇私舞弊罪定罪处罚;不符合《刑法》第 413 条第 1 款之规定,但符合《刑法》第 397 条之规定的,以滥用职权罪定罪处罚;或者考虑其他故意犯罪的成立。

6. 本罪与玩忽职守罪的法条竞合

本罪是玩忽职守罪的特别规定。行为人实施玩忽职守犯罪行为,成立本罪的,依特别法条即本罪定罪处罚。

7. 立案标准

根据《渎职侵权案件立案标准》的规定,动植物检疫失职的行为,涉嫌下列情形之一的,应予立案:(1)导致疫情发生,造成人员重伤或者死亡的;(2)导致重大疫情发生、传播或者流行的;(3)造成个人财产直接经济损失15万元以上,或者直接经济损失不满15万元,但间接经济损失75万元以上的;(4)造成公共财产或者法人、其他组织财产直接经济损失30万元以上,或者直接经济损失不满30万元,但间接经济损失150万元以上的;(5)不检疫或者延误检疫出证、错误出证,引起国际经济贸易纠纷,严重影响国家对外经贸关系,或者严重损害国家声誉的;(6)其他致使国家利益遭受重大损失的情形。

第四百一十四条　【放纵制售伪劣商品犯罪行为罪】对生产、销售伪劣商品犯罪行为负有追究责任的国家机关工作人员,徇私舞弊,不履行法律规定的追究职责,情节严重的,处五年以下有期徒刑或者拘役。

【条文理解】

本罪的具体构成要件是:

(1)本罪侵犯的客体是国家对产品质量的监督管理制度。

(2)本罪的客观方面表现为徇私舞弊,对生产、销售伪劣商品犯罪的行为不履行法律规定的追究责任,情节严重的行为。徇私舞弊,指在从事公务追究活动中,故意违背事实和法律,不履行法律规定的追究职责,弄虚作假,应为而不为的行为。不履行法律规定的追究职责的行为方式多种多样,如该调查不调查,该查封、扣押伪劣商品的不予查封、扣押,该处罚的不处罚,该移交司法机关的不予移交等。

(3)本罪的主体为特殊主体,即负有追究责任的国家机关工作人员。主要是指负有法律规定的查处生产、销售伪劣商品的违法犯罪行为义务的国家工作人员,包括各级政府中主管查禁生产、销售伪劣商品的人员;有查禁职责的公、检、法机关中的司法人员以及行业主管部门如技术监督部门和市场监督管理部门中的人员。

(4)本罪的主观方面表现为故意。即明知是有生产、销售伪劣商品犯罪行为的犯罪分子而不予追究刑事责任。如果不知是犯罪而不予追究刑事责任，不构成本罪。本罪的动机是徇私。

【司法适用】

1. 本罪立案标准

根据《渎职侵权案件立案标准》的规定，涉嫌下列情形之一的，应予立案：(1)放纵生产、销售假药或者有毒、有害食品犯罪行为的；(2)放纵生产、销售伪劣农药、兽药、化肥、种子犯罪行为的；(3)放纵依法可能判处3年有期徒刑以上刑罚的生产、销售伪劣商品犯罪行为的；(4)对生产、销售伪劣商品犯罪行为不履行追究职责，致使生产、销售伪劣商品犯罪行为得以继续的；(5)3次以上不履行追究职责，或者对3个以上有生产、销售伪劣商品犯罪行为的单位或者个人不履行追究职责的；(6)其他情节严重的情形。

2. 如果同时构成徇私舞弊不移交刑事案件罪、食品监管渎职罪，应当从一重罪处罚

如果对生产、销售伪劣商品的犯罪行为进行了责任追究，还具有其他行为的，如徇私舞弊，对依法应当移交司法机关追究刑事责任的不移交；对公安人员该移送起诉的不移送起诉；对检察人员该起诉的不起诉；等等。构成犯罪的，应是构成他罪，如徇私舞弊不移交刑事案件罪、食品监管渎职罪、徇私枉法罪等。

3. 构成本罪，必须是不履行法律规定的追究生产、销售伪劣商品犯罪行为达到情节严重的程度

《伪劣商品案件解释》第8条规定了何谓"情节严重"，即国家机关工作人员徇私舞弊，对生产、销售伪劣商品犯罪不履行法律规定的查处职责，具有下列情形之一的，属于《刑法》第414条规定的"情节严重"：(1)放纵生产、销售假药或者有毒、有害食品犯罪行为的；(2)放纵依法可能判处2年有期徒刑以上刑罚的生产、销售、伪劣商品犯罪行为的；(3)对3个以上有生产、销售伪劣商品犯罪行为的单位或者个人不履行追究职责的；(4)致使国家和人民利益遭受重大损失或者造成恶劣影响的。

【司法案例】

崔某放纵制售伪劣商品犯罪行为案

[**裁判要旨**]身为对生产、销售伪劣商品犯罪行为负有追究责任的国家机关工作人员，不正确履行法律规定的追究职责，对伪劣商品不予查扣、不移交职能部门进行处理，致使该伪劣商品在市场上继续流通，给国家食品卫生安全和人民群众生命健康造成严重威胁，构成本罪。

第四百一十五条 【办理偷越国(边)境人员出入境证件罪;放行偷越国(边)境人员罪】负责办理护照、签证以及其他出入境证件的国家机关工作人员,对明知是企图偷越国(边)境的人员,予以办理出入境证件的,或者边防、海关等国家机关工作人员,对明知是偷越国(边)境的人员,予以放行的,处三年以下有期徒刑或者拘役;情节严重的,处三年以上七年以下有期徒刑。

【条文理解】

本罪的具体构成要件是:

(1)本罪侵犯的客体是国家的出入境管理制度。

(2)本罪的客观方面表现为在办理护照、签证以及其他出入境证件的过程中,对明知是企图偷越国(边)境的人员,予以办理出入境证件的行为;或者负责办理护照、签证以及其他出入境证件的国家机关工作人员对明知是持伪造、变造的护照、签证以及其他出入境证件企图偷越国(边)境的人员,而故意予以放行的行为。

越境,指越过国(边)境。越境必须持有有效的护照、签证或其他诸如边境公务通行证、过境通行证等出入境证件。如果没有上述证件或虽有上述证件但系伪造、变造或者超过有效期限的出入境证件而越境的,则都是偷越国(边)境。如果对企图偷越境人员办理出入境证件,即可构成本罪。办理,在本罪中是指利用职务,对不符合条件的企图偷越境人员,非法签发护照、签证等有效证件的行为。除护照、签证外,还有其他可以凭其出入国(边)境的证件,如边防证、海员证、过境通行证等。

(3)本罪的主体要件为特殊主体,只能由负责办理护照、签证以及其他出入境证件的国家机关工作人员构成。

(4)本罪在主观方面表现为故意犯罪,即明知他人是企图偷越国(边)境的人员而故意给其办理出入境证件,或者对明知是持伪造、变造的护照、偷渡等手段偷越国(边)境的人员而故意予以放行。构成本罪须以明知为要件,对"明知"的认定,不能仅凭犯罪嫌疑人、被告人的口供,而应根据案件的整个过程、情节予以全面分析,只要能证明行为人知道或者应当知道对方是企图偷越国(边)境的人员仍予以放行的,应可以认定为"明知"。本罪不要求必须以营利为目的。如果因工作不负责任、疏忽大意、审查不严等原因而错误地为企图偷越国(边)境人员办理了出入境证件,则不构成本罪,应当按玩忽职守罪论处。

【司法适用】

行为人收受他人贿赂,为企图偷越国(边)境的人员办理出入境证件或者放行偷越国(边)境人员的行为,既触犯了受贿罪,又触犯了本罪,实行数罪并罚,并从重处罚。

本罪为行为犯,行为人只要为企图偷越国(边)境的人员办理了护照、签证等出入国(边)境证件的行为或者有为企图偷越国(边)境的人员予以放行的行为,不论其是否造成他人偷越国(边)境的结果,除情节显著轻微,危害不大,不认为是犯罪的以外,都构成本罪。

明知偷越国(边)境的人员是犯罪的人而为其办理出入境证件的,其行为同时触犯办理偷越国(边)境人员出入境证件罪和窝藏罪两个罪名,构成想象竞合犯,应从一重罪处断,不实行并罚。

行为人明知是偷越国(边)境的人员而向其出售护照、签证以及其他出入境证件的,其行为同时触犯办理偷越国(边)境人员出入境证件罪和出售出入境证件罪两个罪名,应按照处理法条竞合犯的原则,从一重罪处断,不实行并罚。

行为人与组织、运送他人偷越国(边)境的犯罪分子相勾结,为偷越国(边)境的人员办理出入境证件的,构成组织、运送他人偷越国(边)境罪的共犯,不以本罪论处。

与玩忽职守罪的界限。二者的区别在于:(1)犯罪主体不同。前者的主体是负责办理护照、签证以及其他出入境证件的国家机关工作人员,后者的主体是一般国家机关工作人员。(2)主观方面不同。前者主观上具有明知的故意,后者则是出于过失。

【司法案例】

张某升放行偷越国(边)境人员案①

[**裁判要旨**]身为国家出境入境边防检查机关的工作人员,为使他人顺利偷越国(边)境,利用职务上的便利,在他人提供的中华人民共和国护照及入境登记卡上加盖入境验讫章,伪造入境记录并存档,该行为违反了国(边)境管理法规,破坏了国家边防检查机关的正常管理活动和管理制度,构成放行偷越国(边)境人员罪。行为人在录入档案过程中被发现,即使没有造成偷越国(边)境的结果发生,亦构成本罪,应按照犯罪未遂处理。

---

① 参见《刑事审判参考》总第15辑第100号案例。

第四百一十六条 【不解救被拐卖、绑架妇女、儿童罪】**对被拐卖、绑架的妇女、儿童负有解救职责的国家机关工作人员，接到被拐卖、绑架的妇女、儿童及其家属的解救要求或者接到其他人的举报，而对被拐卖、绑架的妇女、儿童不进行解救，造成严重后果的，处五年以下有期徒刑或者拘役。**

【阻碍解救被拐卖、绑架妇女、儿童罪】**负有解救职责的国家机关工作人员利用职务阻碍解救的，处二年以上七年以下有期徒刑；情节较轻的，处二年以下有期徒刑或者拘役。**

【条文理解】

1. 不解救被拐卖、绑架妇女、儿童罪

本罪的具体构成要件是：

(1)本罪侵犯的客体为复杂客体，本罪不但侵犯了国家机关及其工作人员的信誉，还侵犯了被拐卖、绑架妇女、儿童的人身权利。(2)本罪在客观方面表现为对被拐卖、绑架的妇女、儿童负有解救职责的国家机关工作人员，接到被拐卖、绑架的妇女、儿童及其家属的解救要求或者接到其他人的举报，而对被拐卖、绑架的妇女、儿童不进行解救，并造成严重后果。"解救要求的举报"，既可以是口头的，也可以是书面的。"不进行解救"，是指对被害人及其家属或者其他人的解救要求和举报置之不理，不采取任何解救措施，或者推诿、推延解救工作。"严重后果"，主要是指负有解救职责的国家机关工作人员对被拐卖、绑架的妇女、儿童不进行解救，因而造成被害人及其家属重伤、死亡或者引起其他恶性案件发生的情形。(3)本罪的犯罪主体是特殊主体，即"负有解救职责的国家机关工作人员"，是指各级政府中主管打击拐卖、绑架妇女、儿童及解救被拐卖、绑架的妇女、儿童的工作人员，公安机关工作人员以及其他负有会同公安机关解救被拐卖、绑架的妇女、儿童职责的工作人员。(4)本罪在主观方面表现为故意。

2. 阻碍解救被拐卖、绑架妇女、儿童罪

本罪的具体构成要件是：

(1)本罪侵犯的客体为复杂客体，本罪不但侵犯了国家机关及其工作人员的信誉，还侵犯了被拐卖、绑架妇女、儿童的人身权利。(2)本罪在客观方面表现为对被拐卖、绑架的妇女、儿童负有解救职责的国家机关工作人员，给解救工作设置障碍，阻挠解救工作的进行。所谓解救职责，是指法律、法规所赋予的把被拐卖、绑架的妇女、儿童从人贩子、收买人或绑架人手中解脱出来，安置或者送返被害人等解救工作的职责。我国目前履行这些职责的机关、组织主要为公安机关、民政、妇联等机关和组织,主管解救工作的也主要是这些部门的工作人员。“利用职务阻碍解救”,是指负有解救职责的国家机关工作人员,利用职务给解救工作设置障碍,或者利用自己的身份、权力,阻止和干扰解救工作的进行。这种行为严重地破坏了解救工作的正常进行,破坏了国家机关在人民群众心目中的形象,社会危害性较大。根据本款规定,具有“利用职务阻碍解救”行为的,无论是否造成严重后果,都构成犯罪,都要依法追究刑事责任。(3)本罪的犯罪主体是特殊主体,即负有解救职责的国家机关工作人员。(4)本罪在主观方面表现为故意。

【司法适用】

1. 对“解救被拐卖、绑架的妇女、儿童”中的“解救”应作广义的理解

它既包括负有解救职责的国家机关工作人员依法履行职责,以使被拐卖、绑架、收买的妇女、儿童摆脱他人的非法控制,解除其与买主非法形成的各种社会关系的公务行为;也应包括被收买的妇女、儿童及其亲友要求解救的行为,或普通公民进行的解救行为。

2. 阻碍解救被拐卖、绑架妇女儿童罪的客观行为可以表现为作为,也可以表现为不作为

消极的不作为,即不履行职责或者在履行职责中打折扣,造成严重后果;“作为”的行为多种多样,如向犯罪分子通风报信,泄露解救的执行人员、时间、步骤等消息;在他人要求解除收买人与被收买人之间非法形成的婚姻、收养关系时,宣布这种关系“合法”予以维护;对要求解救的被拐卖、绑架的妇女、儿童及其亲属进行威胁、蒙骗,令其不得报案,不得要求解救;责令被拐卖、绑架的妇女、儿童与买主共同生活;向上级部门或要求提供协助的其他执行解救公务的国家工作人员提供虚假的情况、拒绝提供真实情况或隐瞒真实情况;利用自己知道内情的便利为他人如何阻碍解救出谋划策等。

3. 立案标准

根据《渎职侵权案件立案标准》规定,不解救被拐卖、绑架妇女、儿童,涉嫌下列情形之一的,应予立案:(1)导致被拐卖、绑架的妇女、儿童或者其家属重伤、死亡或者精神失常的;(2)导致被拐卖、绑架的妇女、儿童被转移、隐匿、转卖,不能及时进行解救的;(3)对被拐卖、绑架的妇女、儿童不进行解救 3 人次以上的;(4)对被拐卖、绑架的妇女、儿童不进行解救,造成恶劣社会影响的;(5)其他造成严重后果的情形。

根据《渎职侵权案件立案标准》的规定,阻碍解救被拐卖、绑架妇女、儿童,涉嫌下列情形之一的,应予立案:(1)利用职权,禁止、阻止或者妨碍有关部门、人员解救被拐卖、绑架的妇女、儿童的;(2)利用职务上的便利,向拐卖、绑架者或者收

买者通风报信,妨碍解救工作正常进行的;(3)其他利用职务阻碍解救被拐卖、绑架的妇女、儿童应予追究刑事责任的情形。

第四百一十七条 【帮助犯罪分子逃避处罚罪】有查禁犯罪活动职责的国家机关工作人员,向犯罪分子通风报信、提供便利,帮助犯罪分子逃避处罚的,处三年以下有期徒刑或者拘役;情节严重的,处三年以上十年以下有期徒刑。

【条文理解】

本罪的具体构成要件是:

(1)本罪的客体是国家机关的威信和正常活动。帮助犯罪分子逃避处罚,犯罪分子不仅包括已经被人民法院判处刑罚的犯罪分子,也包括有证据证明确实实施了犯罪行为的人。帮助一般违法人员使之逃避行政处罚的,不成立本罪。

(2)本罪的客观方面表现为有查禁犯罪活动职责的国家机关工作人员,向犯罪分子通风报信、提供便利,帮助犯罪分子逃避处罚的行为。通风报信、提供便利的行为可能发生在犯罪分子被发现后,也可能发生在犯罪分子被发现前。所谓通风报信,是指向犯罪分子泄露、提供有关查禁犯罪活动的情况、信息,如查禁的时间、地点、人员、方案、计划、部署等。其既可以当面口述,也可以通过电话、传真、书信或者其他电子信息手段等方式告知,还可以通过第三人转告。所谓提供便利条件,是指向犯罪分子提供住处等隐藏处所;提供钱、物、交通工具、证件资助其逃跑;或者指点迷津,协助其串供、隐匿、毁灭、伪造、篡改证据;等等。无论其提供便利的方式如何,其目的只有一个,即帮助犯罪分子逃避制裁,使其免受刑事追究。行为人实施上述行为必须是利用其查禁犯罪活动的职责便利,不论行为的结果如何,只要行为人利用其查禁犯罪活动的职责便利条件,实施了向犯罪分子通风报信、提供便利、帮助犯罪分子逃避处罚的行为即构成犯罪。

(3)本罪的犯罪主体为特殊主体,只能是负有查禁犯罪活动职能的国家机关工作人员,非上述人员不能构成本罪的主体。有查禁犯罪活动职责的国家机关工作人员,主要指司法机关(包括公安机关、国家安全机关、人民法院、人民检察院)的工作人员,此外,各级党委、政府机关中主管查禁犯罪活动的人员也包括在内。

(4)本罪的主观方面表现为故意,即行为人必须出于故意才能构成本罪。行为人明知其为犯罪分子处于查禁之列,仍然向其通风报信、提供便利,目的便在于使犯罪分子逃避处罚。

【司法适用】

帮助犯罪分子"逃避处罚",主要包括以下情形:(1)帮助犯罪分子使之逃避侦查;(2)帮助犯罪分子使之不被起诉;(3)帮助犯罪分子使其免于定罪;(4)帮助犯罪分子使其免于刑事处罚或者使其仅受行政处罚;(5)帮助犯罪分子逃避应受的重刑犯,包括使原本应受重刑罚的犯罪分子仅受到较轻的刑罚处罚;(6)在人民法院判处刑罚后,帮助犯罪分子逃避刑罚执行。但是,如果根据事实与法律,被帮助的人实际上无罪或者原本应当免于刑事处罚的,则帮助者的行为不构成犯罪。

根据《渎职侵权案件立案标准》,涉嫌下列情形之一的,应予立案:(1)向犯罪分子泄漏有关部门查禁犯罪活动的部署、人员、措施、时间、地点等情况的;(2)向犯罪分子提供钱物、交通工具、通讯设备、隐藏处所等便利条件的;(3)向犯罪分子泄漏案情的;(4)帮助、示意犯罪分子隐匿、毁灭、伪造证据,或者串供、翻供的;(5)其他帮助犯罪分子逃避处罚应予追究刑事责任的情形。根据最高人民法院、最高人民检察院、公安部、国家工商行政管理局《关于依法查处盗窃、抢劫机动车案件的规定》第10条的规定,公安人员对盗窃、抢劫的机动车辆,非法提供机动车牌证或者为其取得机动车牌证提供便利,帮助犯罪分子逃避处罚的,按照《刑法》第417条处理。

根据《扰乱无线电通讯管理秩序案件解释》第7条第2款的规定,有查禁扰乱无线电管理秩序犯罪活动职责的国家机关工作人员,向犯罪分子通风报信、提供便利,帮助犯罪分子逃避处罚的,应当依照《刑法》第417条规定追究刑事责任,事先通谋的,以共同犯罪论处。

第四百一十八条　【招收公务员、学生徇私舞弊罪】国家机关工作人员在招收公务员、学生工作中徇私舞弊,情节严重的,处三年以下有期徒刑或者拘役。

【条文理解】

招收公务员、学生徇私舞弊罪的主体是国家机关工作人员。本罪在犯罪客观方面表现为:在招收公务员、学生时弄虚作假、徇私舞弊,一般都是以牟利为目的,或者为自己谋取不正当利益。表现为:徇私舞弊或者寻私利,把不符合条件的人招收为公务员、学生,或者将合格人员应当予以录用、招收而不予录用、招收;弄虚作假,把自己的亲朋好友招收为公务员、学生;其他徇私舞弊行为。招收公务员、学生徇私舞弊罪的主观方面是故意,即明知是招收公务员、学生徇私舞弊行为而有意实施的主观心理状态。构成本罪必须达到"情节严重"的标准。

【司法适用】

参照《渎职侵权案件立案标准》的规定,涉嫌下列情形之一的,应予立案:(1)徇私舞弊,利用职务便利,伪造、变造人事、户口档案、考试成绩或者其他影响招收工作的有关资料,或者明知是伪造、变造的上述材料而予以认可的;(2)徇私舞弊,利用职务便利,帮助5名以上考生作弊的;(3)徇私舞弊招收不合格的公务员、学生3人次以上的;(4)因徇私舞弊招收不合格的公务员、学生,导致被排挤的合格人员或者其近亲属自杀、自残造成重伤、死亡,或者精神失常的;(5)因徇私舞弊招收公务员、学生,导致该项招收工作重新进行的;(6)其他情节严重的情形。

第四百一十九条 【失职造成珍贵文物损毁、流失罪】国家机关工作人员严重不负责任,造成珍贵文物损毁或者流失,后果严重的,处三年以下有期徒刑或者拘役。

【条文理解】

本罪的具体构成要件是:

(1)本罪侵犯的客体是国家机关的正常活动。由于国家工作人员对本职工作严重不负责,不遵纪守法,违反规章制度,不履行应尽的职责义务,致使国家机关的文物保护工作遭到破坏,给国家、集体和人民利益造成严重损害。本罪的犯罪对象为珍贵文物。所谓珍贵文物,是指具有重要历史、艺术、科学价值的文物,主要包括国家规定的一、二级文物,三级文物若要确定为珍贵文物,应经国家文物鉴定委员会确认。毁损一般的文物,不构成本罪。

(2)本罪的客观方面表现为国家机关工作人员违反工作纪律、规章制度,不正确履行职责义务,造成珍贵文物损毁或者流失,后果严重的行为。严重不负责任,是指不履行法律规定和其职务要求的文物保护、管理职责,或者在履行职务中敷衍塞责,草率应付,不尽职责。其具体表现形式多种多样,例如对馆藏珍贵文物不按《文物馆藏品管理办法》的规定建立固定、专用的库房,设专人管理;库房设备和措施不符合防火、防盗、防潮、防虫、防尘、防光、防震、防空气污染的要求;珍贵文物出库归库手续不健全;安全检查制度形同虚设;发现不安全因素,不及时采取措施纠正;发生火灾、文物失窃等案件不及时报告当地公安部门、文物行政管理部门和国家文物局;等等。

所谓"损毁",即损坏和毁灭,既包括使珍贵文物部分破损,使其丧失部分价值,造成原有价值的减少,如使能作为珍贵文物的手稿大面积污损,致其字迹难以辨认;又包括使珍贵文物完全毁灭,从而丧失其全部价值,如珍贵书画被烧毁,珍贵陶器、瓷器被砸碎等。所谓"流失",是指被盗、遗失而下落不明或者流落至国外、境外。

失职造成珍贵文物损毁、流失罪是结果犯,严重不负责任的行为必须后果严重,才构成犯罪。

(3)本罪的主体是特殊主体,即国家机关工作人员。本条所称"国家机关工作人员"是指负有管理、保护文物职责的国家机关工作人员,包括博物馆(院)、纪念馆、图书馆的工作人员、文化行政部门中主管文物保护工作的人员等,并非指所有的国家工作人员。

(4)本罪的主观方面只能由过失构成。即行为人应当知道自己严重不负责任的行为可能会造成珍贵文物损毁或者流失的严重后果,但是由于疏忽大意而没有预见,或者是虽然已经预见到可能会发生,但他凭借着自己的知识或者经验轻信可以避免,以致造成了严重的损失。行为人主观上的过失是针对造成重大损失的结果而言,如果行为人在主观上对于危害结果的发生不是出于过失,而是出于故意,不仅预见到它会发生,而且希望或者放任它的发生,那就不构成失职造成珍贵文物损毁、流失罪,而构成其他的故意犯罪。

【司法适用】

根据《渎职侵权案件立案标准》的规定,涉嫌下列情形之一的,应予立案:(1)导致国家一、二、三级珍贵文物损毁或者流失的;(2)导致全国重点文物保护单位或者省、自治区、直辖市级文物保护单位损毁的;(3)其他后果严重的情形。

第十章　军人违反职责罪

第四百二十条　【军人违反职责罪的概念】军人违反职责，危害国家军事利益，依照法律应当受刑罚处罚的行为，是军人违反职责罪。

【条文理解】

军人违反职责罪，是指军人违反职责，危害国家军事利益，依照法律应当受到刑罚处罚的行为。本类犯罪的具体构成要件是：

(1)本类犯罪侵犯的客体是国家的军事利益。国家军事利益是指与军事活动有直接关系的国家利益，包括国防建设、作战能力、军事秘密、军队武器装备、军事设施、部队管理、军事科研等一切有关国家的军事建设和斗争等事项的利益。军人违反职责的行为必然造成危害国家军事利益的后果。这种危害既可以表现为已造成了一定的损害结果，如作战失利、武器装备和军事设施毁损、人员伤亡等，也可以表现为足以造成一定损害结果，如违抗命令、谎报军情、临阵脱逃、泄露军事秘密等都可能导致作战失利的结果。

(2)本类犯罪在客观方面表现为违反军人职责，危害国家军事利益，依照法律应受到刑罚处罚的行为。军人职责是军人根据国家法律、法规，军事法规、规章以及军队的条令、条例和自己的职务必须承担的责任和应当履行的义务。违反军人职责包括全部不履行职责，部分不履行职责以及超越职责实施违法行为。如果行为人所实施的行为没有违反军人职责，即使对国家军事利益造成危害，也不能构成军人违反职责罪。违反军人职责的行为既有故意行为，也有过失行为；既有作为的行为，也有不作为的行为；既有战时才能发生的行为，也有平时和战时都能发生的行为。只有当军人违反职责行为危害国家军事利益，且依照我国法律明文规定应当受到刑罚处罚时，才构成本类犯罪，否则行为人不承担刑事责任。这里的法律是指我国《刑法》和战时国家制定的特殊军事刑律，不包括其他军事法规、法令。

(3)本类犯罪的主体为特殊主体，即军人。根据《刑法》第450条的规定，军人是指中国人民解放军和中国人民武装警察部队的现役军官(警官)、文职干部、士兵及具有军籍的学员以及文职人员、执行军事任务的预备役人员和其他人员。现役军官(警官)、文职干部、士兵和具有军籍的学员都属于军队和武警部队的在编人员。预备役人员是指编入民兵组织或经过登记服预备役的地方人员。其他人员是指在军队和武警部队机关、部队、院校、医院、基地、仓库等队列单位和事业单位工作的正式职员、工人、临时征用或者受委托执行军事任务的地方人员等。执行军事任务是指担任与军事活动有直接关系的具体工作,如参战、参训、随同部队执行任务、保障部队正常工作等。

军人违反职责罪的主体相对刑法其他主体而言属于特殊主体,但在该罪的主体中也有一般主体和特殊主体之分。一般主体是指军队中的所有军人,特殊主体包括军队中的指挥人员、各级首长、值班和值勤人员、医务人员、现役军人等。军人违反职责罪中的某些犯罪只能由特殊主体构成,而其他犯罪则可由所有军人构成。

(4)本类犯罪在主观方面多数出于故意,少数出于过失。少数罪名需以特定目的、动机作为构成要件。如自伤罪,必须以逃避军事义务为目的;投降罪则是出于贪生怕死的动机。

【司法适用】

1. 正确区分罪与非罪的界限

司法实践中易于混淆的主要是违反军纪行为与违反军人职责犯罪行为的界限。区分时应当注意:首先,要以本章的规定为依据。只有违反军人职责,危害国家军事利益,依照法律应当受到刑罚处罚的行为,才是军人违反职责犯罪。其他的一般违反《内务条令》《纪律条令》等条令、条例的行为,或违反军纪的行为,不能按犯罪行为论处。其次,要根据违反军人职责行为的事实、情节、性质和后果,严格按照本章规定的具体个罪罪状和主要特征加以分析判定。如本章有些个罪规定只要实施了具体行为,就认为是犯罪;有些个罪则要求必须情节严重、情节恶劣或者造成严重后果才构成犯罪;有些个罪规定不仅要求情节严重或者情节恶劣,而且必须同时造成严重后果才构成犯罪;有些个罪要求行为在战时的特定时间、特定场所、特定区域实施才构成犯罪;有些个罪要求必须是特定人员、特定的手段所实施的行为,才构成犯罪,否则就不认为是犯罪;等等。

2. 处罚原则

(1)军法从严的原则。因国家军事利益关系国家和人民的切身利益,在战时更关系着国家的安危存亡,而本类犯罪的主体又是军人,肩负着捍卫国家主权和领土完整,保卫国家政权和人民群众生命财产安全的职责和义务,因此对于本章犯罪的处罚充分体现了从严的原则。主要体现在两方面:一是某些行为由普通公民甚至国家机关工作人员实施可能不是犯罪，但由军人实施则构成犯罪，如投降敌人、违抗上级命令、临阵脱逃等；二是某些犯罪非军人实施处罚较轻，军人实施则处罚较重。如国家机关工作人员叛逃的，法定最高刑为 10 年有期徒刑，军人叛逃的，法定最高刑是死刑。

（2）战时从严原则。因军人战时犯本章罪行对国家军事利益的危害更重于平时，因此本章对以“战时”“临阵”“战场上”“军事行动地区”为构成要件的罪名，规定了较重的刑罚；对平时、战时均能构成的一些犯罪，明确规定“战时从重处罚”。

（3）宽严相济原则。本章对为境外机构、组织、人员窃取、刺探、收买、非法提供军事秘密，以暴力或者威胁的方法阻碍指挥人员或假传军令，在战场上贪生怕死投降敌人、为敌人效劳，畏惧战斗临阵脱逃，违抗作战命令和在军事行动地区掠夺、残害无辜居民等犯罪，都规定了较重的刑罚，直至死刑。对担任特殊职务或者工作的军人与一般军人区别对待，二者实施同样的行为，一般军人可能不构成犯罪或虽构成犯罪但处罚较轻，而具有特殊职责的军人则可能构成犯罪或处罚较重。宽以济严对于违反军纪或者职务上的一般违法行为均未规定为犯罪；对不属于危害重大的犯罪，均规定了较轻的刑罚；对于战时被判处 3 年以下有期徒刑宣告缓刑的犯罪军人，允许其在缓刑考验期内戴罪立功，确有立功表现时，可撤销原判刑罚，不以犯罪论处。

第四百二十一条　【战时违抗命令罪】战时违抗命令，对作战造成危害的，处三年以上十年以下有期徒刑；致使战斗、战役遭受重大损失的，处十年以上有期徒刑、无期徒刑或者死刑。

【条文理解】

战时违抗命令罪，是指军人在战时对上级的命令、指示等故意违抗，拒不执行，对作战造成危害的行为。本罪的具体构成要件是：

（1）本罪侵犯的客体是作战指挥秩序，即战时部队在上级指挥下各司其职、相互配合，顺利完成作战任务的状态。战时违抗命令的行为，使得首长的指挥意图无法实现，导致作战指挥失灵，妨害部队的统一行动，将给作战造成严重危害。

（2）本罪的客观方面表现为行为人战时违抗作战命令，并对作战造成危害的行为。违抗命令的行为必须发生在战时，才可能构成本罪，在和平时期违抗上级命令，一般按军纪处理，不构成本罪。根据本法第 451 条的规定，战时是指国家宣布进入战争状态、部队受领作战任务或者遭敌突然袭击时。部队执行戒严任务或者处置突发性暴力事件时，以战时论。作战命令是指上级在职权范围内对下级、部属下达的必须执行的关于作战的命令、指示等。违抗命令的行为在客观上是公然违背并抗拒执行命令，包括拒绝接受命令、拒绝执行命令、故意拖延执行命令以及在执行命令中拒绝按照命令的具体要求行事等，既可表现为作为，也可表现为不作为。只有因违抗命令对作战造成危害时才构成犯罪，这种危害既可以是现实、具体的危害，如造成我方人员伤亡、造成武器装备等毁损直接影响作战任务完成等；也可以是潜在、抽象的危害，如扰乱作战部署或贻误战机等。应当注意的是，可能出现因执行上级命令而对作战利益造成危害的情况，对此，应由命令发布者承担责任，执行命令者不构成犯罪。

(3)本罪的主体为特殊主体，即与作战命令发布者有隶属关系的下级军职人员。上下级关系的确立主要通过正式的任职、授权命令，特殊情况下还可以根据某些条令、条例确定，从而在违抗命令行为人与命令发布人之间，职务上建立隶属关系，使行为人有义务执行相关命令。这种隶属关系既可以是直接的隶属关系，也可以是越级的隶属关系。

(4)本罪的主观方面表现为故意，即明知是上级关于作战问题的命令而故意违抗。动机不影响本罪的成立。

【司法适用】

致使战斗、战役遭受重大损失，在司法实践中，主要是指造成我军人员重大伤亡，武器装备、军事设施和军用物资严重损失，直至战斗、战役失利，等等。

1. 本罪与阻碍执行军事职务罪的区别

前罪侵害的对象是上级首长或者指挥人员的命令、指示，后罪侵害的对象是指挥人员或值班、值勤人员本身。前罪违抗命令的行为多表现为不执行命令的不作为方式，后罪是一种积极作为的犯罪行为，即采用暴力、威胁的手段，阻碍指挥人员或者值班、执勤人员执行职务。前罪在客观方面具备不执行命令的消极行为，且对作战造成危害，即构成犯罪，后罪要求行为人采取了暴力、威胁手段。前罪只能发生在战时，后罪在战时和平时均可发生。

2. 本罪与投降罪的区别

前罪侵害的客体是作战指挥秩序，后罪侵害的客体是军人的作战义务，最终侵害国防安全秩序和军人参战秩序。前罪在客观方面表现为违背并抗拒执行命令，但行为不一定发生在面对敌人时；后罪表现为在战场上自动放下武器，投降敌人，因此发生在面对敌人时。前罪是为了达到不执行命令的目的，后罪是贪生怕死为了保全性命。

两罪可能出现犯罪竞合情况，即行为人在拒不执行作战命令向敌人投降，向敌人投降的行为,同时也属于战时违抗命令的行为。对此应按照想象竞合犯的处理原则,以处罚较重的战时违抗命令罪论处。

3. 本罪与战时临阵脱逃罪的区别

前罪侵害的客体是作战指挥秩序,后罪侵害的客体是军人作战义务、参战秩序。前罪在客观方面表现为违背并抗拒执行命令,行为一般发生在接受上级命令时,行为人公然抗拒执行命令,但不一定采取脱离岗位的方式;后罪表现为脱离岗位逃避参战,行为一般发生在接受具体作战任务之后,且必须表现为脱离岗位。前罪是为了达到不执行命令的目的,后罪是为了达到不参加作战的目的。

两罪可能出现犯罪竞合情况,即以临阵脱逃方式抗拒执行上级命令。对此应按照想象竞合犯的处理原则,因两罪法定最高刑相同,故应以法定最低刑较重的战时违抗命令罪论处。

4. 本罪与擅离、玩忽军事职守罪的区别

前罪侵害的客体是作战指挥秩序,后罪侵害的客体是指挥和值班、值勤秩序。前罪在客观方面表现为违背并抗拒执行上级命令,行为只能发生在战时,且不要求造成现实的严重后果,只要对作战造成危害,就构成犯罪,属于危险犯;后罪表现为擅自离开正在履职的岗位,或者在履职的岗位上不履行及不正确履行职责,行为不一定发生在战时,且必须造成严重后果,属于实害犯。前罪主体是特殊主体,即与作战命令发布者有隶属关系的下级军职人员;后罪主体是特殊主体,即指挥人员和值班、值勤人员。前罪是故意犯罪,后罪是过失犯罪。

第四百二十二条　【隐瞒、谎报军情罪;拒传、假传军令罪】故意隐瞒、谎报军情或者拒传、假传军令,对作战造成危害的,处三年以上十年以下有期徒刑;致使战斗、战役遭受重大损失的,处十年以上有期徒刑、无期徒刑或者死刑。

【条文理解】

1. 隐瞒、谎报军情罪

隐瞒、谎报军情罪,是指军人故意掩盖真实的军事情况不报告或者报告不真实的军事情况,对作战造成危害的行为。本罪的具体构成要件是:

(1)本罪侵犯的客体是军情报告秩序。下级和部属向上级和首长报告情况是军人法定的义务和职责。隐瞒或谎报军情的行为,严重扰乱军情报告秩序,使得上级领导机关和指挥员无法了解真实情况,导致决策失误,指挥不当,将给作战造成严重危害。

（2）本罪的客观方面表现为隐瞒、谎报军情，对作战利益造成重大危害的行为。军情是指与军事，特别是与作战有关的情况，如兵力、装备、部署、战区地形、地貌、水文、气象以及与军事有关的政治、经济、科技等方面的情况。军事情报机关搜集的情报，不论其内容与军事活动有无直接关系，都属军情。隐瞒、谎报军情必须对作战造成危害才构成犯罪，如造成首长、上级决策失误，造成作战任务不能完成或迟缓完成，造成我人员伤亡，等等。

隐瞒军情与谎报军情既可以单独实施，也可以结合实施，即隐瞒真实军情的同时谎报虚假的军情。此时两罪名作为选择性罪名，不实行数罪并罚，只认定隐瞒、谎报军情罪一个罪名。

（3）本罪的主体是所有参战的军人，主要是担负报告各种军事情况任务的通信、侦察、机要、监听、破译等人员。其他军人在特殊情况下，也可以成为本罪的犯罪主体。如担负警戒任务的哨兵对发现的敌情故意隐瞒不报或作虚假报告，即属隐瞒、谎报军情。

（4）本罪的主观方面表现为故意，即行为人明知自己隐瞒、谎报军情的行为将会对作战造成危害，却希望或放任危害结果的发生。

2. 拒传、假传军令罪

拒传军令罪，是指军人明知是与作战有关的命令、指示等而故意拒绝传递的行为。假传军令罪，是指军人伪造、篡改军事命令并予传达或发布，对作战造成危害的行为。本罪的具体构成要件是：

（1）本罪侵犯的客体是作战指挥秩序。拒传、假传军令的行为，严重妨碍了各级首长对部队的指挥，破坏作战指挥秩序，将对作战造成严重危害。

（2）本罪的客观方面表现为拒传或假传军令，对作战利益造成重大危害的行为。军令是指与部队军事行动有关的命令，如人员配备、部队设防、部队开进、集结、兵力部署、火力配备等命令。拒传军令是指有条件传递军令而故意拒绝传递、拖延传递，如果因客观条件限制，如联络中断等，不能认为是拒传军令。假传军令是指故意伪造、篡改军令，或明知是伪造、篡改的军令而予以传达、发布。前者是不作为的行为方式，后者是作为的行为方式。

拒传军令和假传军令既可以单独实施，也可以结合实施，即拒绝传递真实军令的同时故意传递虚假的军令。此时两罪名作为选择性罪名，不实行数罪并罚，只认定拒传、假传军令罪一个罪名。拒传、假传军令罪必须对作战造成危害才构成犯罪。

（3）本罪的主体是所有参战的军人。司法实践中，拒传军令罪的主体主要是负有传递军令职责的军人，如通信、机要人员等，其他军人因没有传递军令的职责，一般不能构成拒传军令罪。假传军令罪除负有传递军令职责的军人外，其他军人也可以成为该罪的犯罪主体。

(4)本罪的主观方面表现为故意，即行为人明知自己拒传、假传军令的行为将会对作战造成危害，却希望或放任危害结果的发生。对于因过失而错传命令，一般不追究其刑事责任，如对作战危害十分严重，需要追究刑事责任的，可按玩忽军事职守罪惩处。

【司法适用】

1. 隐瞒、谎报军情罪与拒传、假传军令罪的区别

前罪的主体一般是担任侦察、通信、译电等任务的军职人员，也包括其他执行作战任务的军人；后罪的主体仅限于负有传达命令任务或发布命令职权的参战军职人员。前罪客观方面表现为故意掩盖真实的军事情况，不向上级报告，或者编造虚假军事情报，使上级领导机关难以准确判断敌情，从而给作战利益带来危害；后罪表现为故意拒绝传递作战有关的命令、指示，或者发布、传达、虚假的命令，给作战利益造成危害。

2. 谎报军情罪与战时造谣惑众罪的区别

前罪的主体一般是负有报告、传递各种军事情况等特定职责的人员，后者则是任何参战人员。前罪客观方面表现为对作战利益造成重大危害的谎报军情行为；后罪客观方面表现为在战时造谣惑众，致使军心产生动摇的行为，主要指在装备、士气、战绩、伤亡等方面散布吹嘘敌人、贬损我军的谣言。

3. 隐瞒军情罪与遗失武器装备罪的区别

两罪虽然都有隐情不报的行为特征，但前罪隐瞒军情不报是构成该罪的主要特征，后者的不及时报告仅是是否构成犯罪的限制性条件，不能单独成为该罪在客观方面的主要特征。前罪的行为人不一定是涉军情本身的当事人，后罪不及时报告的行为人就是遗失武器装备的行为人。前罪是故意犯罪，后罪是过失犯罪。司法实践中，对于遗失武器装备后不及时报告的，一般不能以隐瞒军情罪论处，除非已对作战造成严重危害，如继续以遗失武器装备罪论处，将造成明显的罚不当罪，才可考虑对其不及时报告的行为以隐瞒军情罪追究刑事责任。

4. 拒传命令罪与战时违抗命令罪的区别

前罪行为人拒绝的是对军事命令的传达，后罪拒绝的是对军事命令的执行。前罪主体是负有传递军令职责的军人，后罪主体是接受命令的下级部属。

5. 假传军令罪与战时造谣惑众罪的区别

前罪表现为编发虚假命令，目的在于破坏作战部署；后罪往往是行为人在作

战能力和作战结果上夸大敌人贬低自己,目的在于动摇军心。前罪主体多为参战人员中负有传达命令职责和发布命令职权的人,后罪主体则是任何参战人员。

第四百二十三条 【投降罪】在战场上贪生怕死,自动放下武器投降敌人的,处三年以上十年以下有期徒刑;情节严重的,处十年以上有期徒刑或者无期徒刑。

投降后为敌人效劳的,处十年以上有期徒刑、无期徒刑或者死刑。

【条文理解】

投降罪,是指军人在战场上,因贪生怕死、畏惧战斗,而自动放下武器,投降敌人的行为。本罪的具体构成要件是:

(1)本罪侵犯的客体是军人参战秩序和国防安全秩序。投降敌人的行为不仅破坏了参战秩序,更严重的是背弃了军人的政治使命,屈服于敌人,危及国防安全,所以本罪侵犯的是双重客体。

(2)本罪的客观方面表现为在战场上自动放下武器向敌人投降的行为。投降敌人的行为只能发生在战场上,即敌我双方进行作战活动的区域。“在战场上”与“战时”有所区别,前者是一个空间概念,强调的是敌我双方直接交战的区域,后者是一个时间概念,强调的是战争时期,但敌我双方不一定发生直接的作战行动。

对“自动放下武器”应作广义理解,即行为人能够使用武器杀伤敌人,保护自己,却不使用武器,自行放弃抵抗,而不能仅仅理解为将武器从手中放下。但因为患病、受伤而丧失继续战斗能力,在战斗中被敌人打散或包围、被叛徒出卖等原因被俘虏,则不构成本罪。对于因听从上级命令放下武器投降敌人的,也不宜以投降罪论处。

向敌人投降,主要是指向战争或武装冲突中的敌对一方屈服。根据本法第451条的规定,部队执行戒严任务或者处置突发性暴力事件应以战时论,故在此情况下向暴力侵害者投降,也应视为向敌人投降。

(3)本罪的主体是参战的军人,且是具有使用武器打击敌人的行为能力的人。

(4)本罪的主观方面表现为故意,即行为人明知自己放弃抵抗、向敌人投降的行为将会造成危害作战和国防安全的危害结果,却希望或放任危害结果的发生。过失不构成本罪。动机是贪生怕死。

【司法适用】

1. 本罪并未要求必须造成一定后果才构成犯罪,只要在战场上贪生怕死,自动放下武器投降敌人的,就构成投降罪,属于行为犯

"情节严重"是本罪的加重处罚情节,在司法实践中一般包括:指挥人员或者其他负有重要职责的人员投降的;在紧要关头或危急时刻投降的;首长率领部队或部属集体投降的;胁迫其他人投降的;策动多人或者策动指挥人员和其他负有重要职责的人员投降的;携带重要武器装备、秘密文件投降的;因投降导致战斗、战役遭受重大损失的等情形。

2. 投降后为敌人效劳

所谓投降后为敌人效劳,在司法实践中一般是指主动向敌人提供我军重要军事秘密,积极为敌人出谋划策,煽动、引诱我军被俘人员叛变投敌,接受敌人派遣,主动要求参加敌军与我军作战等情形。但投降后被迫为敌人服劳役的,如挖工事、搬弹药等,不宜认定为敌人效劳。

3. 投降敌人与被敌人俘虏的区别

一般情况下,投降敌人是主动的,被敌人俘虏是完全被迫的。投降敌人前具有自动放下武器的情节,而被敌人俘虏时已不具备使用武器进行抵抗的条件,如弹药耗尽、武器毁损、严重伤病、极度疲惫而无法使用武器进行抵抗被敌人俘虏;或遭敌人突袭,措手不及未能使用武器进行抵抗而被敌人抓获的,都属于被敌人俘虏。即使被敌人俘虏后叛变,积极为敌人效劳的,也不应以本罪论处,而应适用《刑法》第108条以投敌叛变罪论处。

4. 本罪与战时临阵脱逃罪的区别

前罪是通过放下武器,屈服于敌人的方法达到保全性命的目的,后罪是通过脱离战斗岗位、逃避参加作战的方法达到保全性命的目的。在具体案件中,两罪可能会出现犯罪竞合现象,如部队正在阵地上与敌人作战,行为人贪生怕死,放下武器逃离阵地,向敌人投降。此时,如没有其他严重情节,根据想象竞合犯择重处罚的原则,因投降罪的处罚较重,故一般以投降罪论处。但如果由于行为人临阵脱逃投降敌人的行为致使战斗、战役遭受重大损失的,因此种情形下,后罪的法定最高刑重于投降罪的法定最高刑,则应以战时临阵脱逃罪论处。

5. 本罪与投敌叛变罪的区别

前罪的主体只能是参加作战的军人,而投敌叛变罪的主体既可以是军人,也可以是普通群众。前罪在主观方面是迫于敌人的武装压力,为保全自己的性命而背弃自己的使命,屈服于敌人;后罪则是出于信仰动摇、政治变节而投靠敌人。如行为人蓄谋叛变投敌,在战场上积极寻找机会,直接投靠敌人的,不宜认定投降

罪,应以投敌叛变罪论处。前罪只能发生在战场上,特别是敌我双方短兵相接、面临战斗的情况下;后罪主要发生在平时,即使发生在战时,一般也不是在面临战斗的情况下,如部队正在休整、待机或转移途中,没有遭遇敌人的时候。投降后为敌人效劳的,虽犯罪性质已转化为投敌叛变,但鉴于是在投降敌人后才实施上述行为,可以作为投降罪的一个加重处罚情节,不再进行数罪并罚。

第四百二十四条 【战时临阵脱逃罪】战时临阵脱逃的,处三年以下有期徒刑;情节严重的,处三年以上十年以下有期徒刑;致使战斗、战役遭受重大损失的,处十年以上有期徒刑、无期徒刑或者死刑。

【条文理解】

战时临阵脱逃罪,是指战时军人在战斗中或者在接受作战任务后,因贪生怕死、畏惧战斗,擅自逃离战斗岗位的行为。本罪的具体构成要件是:

(1)本罪侵犯的客体是军人的参战秩序。英勇战斗,不怕牺牲,是在战场上的每一位军人必须遵循的最基本的职责要求。军人战时临阵脱逃的行为,造成部队减员,动摇军心,涣散斗志,扰乱了军人参战秩序,削弱了部队战斗力,将对作战造成严重危害。

(2)本罪的客观方面表现为战时军人面临战斗任务而擅自逃离战斗岗位,逃避参加战斗的行为。面临的战斗任务包括两种情况:一种是正在进行战斗,另一种是已受领了战斗任务,正在准备实施。不论哪种情况,面临的战斗任务都应是具体、明确的,不能泛指参战,故部队奉命向战区开进、集结,在战区休整待命等,不应视为已面临战斗任务。如军人在平时逃离部队,情节严重,需追究刑事责任的,应按照本法第435条规定的逃离部队罪处罚。

擅自逃离战斗岗位是逃避参加战斗的具体表现,指行为人在没有得到指挥人员命令或许可的情况下,擅自脱离正在进行战斗的特定区域或者准备参加战斗的部队。其表现形式包括作为与不作为两种。作为形式如与敌交战中擅自撤出战斗,从遭受敌人攻击的阵地撤退等;不作为形式如有意不随部队进入阵地,在执行作战任务时有意掉队等。临阵脱逃只是为了逃避参加战斗,并不一定要逃离部队。

(3)本罪的主体是所有军人,即《刑法》第450条所规定的所有人员。

(4)本罪的主观方面表现为故意,即行为人明知自己逃避参加战斗将会对作战造成危害结果,却希望或放任这种危害结果的发生。临阵脱逃的动机多为贪生怕死、畏惧战斗,也有不顾大局保存实力。行为人只要不是出于积极的战术目的,如在攻防作战中有组织地退却，诱敌深入，或者在战中为完成其他任务不与敌人恋战，而有意回避作战等，都应认定有临阵脱逃的主观故意。如果是出于过失而在战时临阵状态下脱离部队，或者因受伤、敌人围困拦截而脱离部队，不是临阵脱逃。

【司法适用】

1.“情节严重”的认定

在司法实践中“情节严重”主要是指：指挥人员或者其他负有重要职责的人员临阵脱逃的；在紧要关头或危急时刻临阵脱逃的；首长率领部队或部属临阵脱逃的；胁迫其他人临阵脱逃的；策动多人或者策动指挥人员和其他负有重要职责的人员临阵脱逃的；携带重要武器装备临阵脱逃的；等等。

致使战斗、战役遭受重大损失主要是指：造成我军人员重大伤亡，武器装备、军事设施和军用物资严重损失，直至战斗、战役失利，等等。

2. 本罪与逃离部队罪的区别

前罪行为人在主观动机方面出于畏惧战斗、贪生怕死；后罪在主观上是为了逃避兵役义务或其他个人目的。前罪发生的时间、地点只能在战时、战场上、战斗中或临战状态下；后罪主要发生在平时。即便战时构成逃离部队罪的，也都没有面临具体、明确的战斗任务，仅是针对犯罪所处的时间而言。前罪只要行为人在战场上、战斗中或临战状态下，实施逃离战斗岗位的行为即构成犯罪；后罪一般是在行为人逃离部队的事实发生后，且达到“情节严重”的程度才构成犯罪。

3. 本罪与擅离军事职守罪的区别

（1）前罪是战时犯罪，行为人有逃避参加作战的行为，但并不要求造成具体的危害后果；后罪平时、战时都可以构成，战时犯罪是加重处罚的条件，犯罪行为是不履行指挥人员和值班、值勤人员的特定职责，而且造成严重后果时才构成犯罪。

（2）前罪主体是所有军人，属于军人违反职责罪中的一般主体；后罪主体是指挥人员和值班、值勤人员，属于军人违反职责罪中的特殊主体。

（3）前罪是故意犯罪；后罪是过失犯罪。

4. 本罪与违令作战消极罪的区别

（1）前罪表现为行为人脱离岗位，没有继续参加作战；后罪表现为指挥人员仍在作战岗位上，但违抗命令临阵畏缩，行动消极，以致造成了严重后果。

（2）前罪的主体是所有军人，属于军人违反职责罪的一般主体；后罪主体是指挥人员，属于军人违反职责罪中的特殊主体。

5. 本罪与投敌叛变罪的区别

前罪的主观方面是畏惧战斗、贪生怕死，后罪是为了投靠敌人、进行危害国家安全活动。如果行为人临阵脱逃是为了投奔敌人营垒，进行危害国家安全活动，则应以《刑法》第108条规定的投敌叛变罪论处。

第四百二十五条　【擅离、玩忽军事职守罪】指挥人员和值班、值勤人员擅离职守或者玩忽职守，造成严重后果的，处三年以下有期徒刑或者拘役；造成特别严重后果的，处三年以上七年以下有期徒刑。

战时犯前款罪的，处五年以上有期徒刑。

【条文理解】

擅离、玩忽军事职守罪，是指指挥人员或者值班、值勤人员，擅离职守或者玩忽职守，造成严重后果的行为。本罪的具体构成要件是：

（1）本罪侵犯的客体是指挥和值班、值勤秩序。军队的指挥工作和值班、值勤制度是维护军队高度集中统一，充分发挥军队职能，保障自身安全的必要条件。指挥人员和值班、值勤人员疏于职守，将直接破坏指挥和值班、值勤秩序，造成严重的危害。

（2）本罪的客观方面表现为擅离职守或者玩忽职守，造成严重后果的行为。擅离职守是指行为人擅自离开正在履行职责的岗位，如哨兵擅自离开哨位等。玩忽职守是指行为人在履行职责的岗位上严重不负责任，不履行或不正确履行职责，如值班人员酗酒、值勤哨兵睡觉等。从广义上看，擅离职守的行为也具有玩忽职守性质。

擅离职守或者玩忽职守造成严重后果是构成本罪的必要条件，通常包括贻误战机，严重影响部队完成任务，造成部队人员伤亡，武器装备、军事设施、军用物资或者其他财产毁损，发生其他责任事故等，这些严重后果应和指挥人员和值班、值勤人员违反其指挥和值班、值勤的特殊职责具有因果关系，也即这些危害后果本应是指挥人员和值班、值勤人员正确履行职责就可以避免的。

本罪为选择性罪名，行为人只要实施了擅离军事职守或者玩忽军事职守其中的一种行为即构成本罪，实施两种行为的，仍认定一罪，不实行并罚。

（3）本罪的主体是军队中的指挥人员和值班、值勤人员，属于军人违反职责罪的特殊主体。指挥人员是指对部队的作战、训练及其他各项工作和日常生活负有组织、领导、管理职责的军人，通常是各级首长或部门主管人员。值班人员是指军队各单位、各部门为保持指挥或者职责不间断而设立的、定期轮流负责处理本单位、本部门特定事务的人员，如各级值班首长，作战、通信、机要部门的值班员，各单位节假日的值班员等。值勤人员是指正在担任某项勤务工作的人员，如正在担任警戒守卫、巡逻、观察、军事交通调整、押运等勤务的人员，在城市担任警备勤务的纠察人员等。

(4)本罪的主观方面由过失构成。擅离职守的行为人对违反指挥和值班、值勤规章制度，擅离岗位的行为都是明知的，但对可能造成的危害后果抱有侥幸心理，以为不会发生，故属于过于自信的过失犯罪。而玩忽职守的行为人则是因疏忽大意没有预见可能造成的危害后果，或者虽然已经预见但轻信能够避免，主观上存在疏忽大意或者过于自信两种过失心理。

【司法适用】

1. 正确处理本罪与玩忽职守罪的法条竞合关系

《刑法》对这两种罪的规定存在法条竞合关系，军队指挥人员或者值班、值勤人员擅离职守、玩忽职守的行为构成犯罪时，应适用本章的规定，以擅离、玩忽军事职守罪论处。

2. 正确处理本罪与过失危害公共安全犯罪的竞合关系

由于玩忽军事职守罪客观上造成的严重后果可能表现为失火、爆炸、武器装备和军事设施毁损等，主观上又是出于过失，这与一些过失危害公共安全犯罪具有相似性，在具体案件中可能出现犯罪竞合现象。对此，应按照处理想象竞合犯罪的原则，以处罚较重的犯罪论处。

3. 本罪与逃离部队罪的区别

(1)前罪侵害的是军队的指挥和值班、值勤秩序，行为人所违反的是指挥和值班、值勤人员的特殊职责要求；而后罪侵害的是兵役秩序，行为人所违反的是现役军人依法服兵役的职责要求。

(2)前罪只能发生在指挥和值班、值勤过程中，行为人离开了特定的岗位，而且造成了严重后果，但并不要求行为人离开部队；后罪可以发生在任何时候，行为人必须离开部队，但并不要求客观上造成严重后果。

(3)前罪主体是指挥人员和值班、值勤人员；后罪主体是任何现役军人。

(4)前罪是过失犯罪，后罪是故意犯罪。

行为人在担负指挥工作或在值班、值勤时逃离部队的，从形式上看只实施了一个逃离部队的行为，但实质上先实施了擅离职守的行为，后又实施了逃离部队的行为。故前后两个行为如分别构成擅离军事职守罪和逃离部队罪的，则应实行数罪并罚。

第四百二十六条 【阻碍执行军事职务罪】以暴力、威胁方法,阻碍指挥人员或者值班、值勤人员执行职务的,处五年以下有期徒刑或者拘役;情节严重的,处五年以上十年以下有期徒刑;情节特别严重的,处十年以上有期徒刑或者无期徒刑。战时从重处罚。

【条文对照】

1997 年《刑法》	2015 年《刑法修正案(九)》
第四百二十六条 以暴力、威胁方法,阻碍指挥人员或者值班、值勤人员执行职务的,处五年以下有期徒刑或者拘役;情节严重的,处五年以上有期徒刑;**致人重伤、死亡的,或者有其他特别严重情节**的,处无期徒刑或者**死刑**。战时从重处罚。	第四百二十六条 以暴力、威胁方法,阻碍指挥人员或者值班、值勤人员执行职务的,处五年以下有期徒刑或者拘役;情节严重的,处五年以上**十年以下**有期徒刑;**情节特别严重**的,处**十年以上有期徒刑或者**无期徒刑。战时从重处罚。

【条文理解】

阻碍执行军事职务罪,是指军人以暴力、威胁方法,阻挠军队指挥人员、值班人员、值勤人员执行职务的行为。本罪的具体构成要件是:

(1)本罪侵犯的客体是指挥和值班、值勤秩序。指挥人员和值班、值勤人员执行职务时,担负着特殊的职责,责任重大,应保证其正常履行职责。以暴力、威胁方法阻碍指挥人员或者值班、值勤人员执行职务的行为,严重破坏了指挥和值班、值勤秩序,将造成严重的危害后果。

(2)本罪的客观方面表现为对指挥人员或者值班、值勤人员施以暴力、威胁,阻碍其执行职务的行为。本罪侵害的对象是正在执行职务的部队指挥人员或者值班、值勤人员。如正在哨位上值勤的哨兵,指挥部队作战、训练、施工等活动的军人等。如果军人没有在履行指挥或者值班、值勤职责,仅是在正常进行个人的日常工作,不能作为本罪的侵害对象。

侵害的方法是施以暴力、威胁。暴力泛指捆绑、殴打、伤害和其他危害人身安全和人身自由的行为及强行毁坏财物的行为。威胁是指以实施暴力相要挟,实行精神和心理强制,使对方产生心理恐惧。如果行为人仅以打击报复、揭发隐私等非暴力方法对被害人进行要挟,因其不足以对指挥人员、值班、值勤人员执行职务造成强制性的阻碍,故不属于本罪的威胁方法。

行为人对指挥人员或者值班、值勤人员使用暴力、威胁方法,阻碍其执行职务,包括强制指挥人员和值班、值勤人员停止或者放弃执行职务,变更执行职务的内容等。

(3)本罪的主体是所有军人,包括现役军人、文职人员、武装警察官兵和执行军事任务的预备役人员和其他人员。

(4)本罪的主观方面表现为故意,即行为人明知对正在执行职务的指挥人员或者值班、值勤人员施以暴力、威胁,阻碍其执行职务将会造成破坏指挥和值班、值勤秩序的后果,却希望或者放任这种危害结果的发生。行为人是否希望通过暴力、威胁方法使指挥人员或者值班、值勤人员放弃履行职责,并不影响认定其犯罪的主观故意,因此本罪可以由间接故意构成。如果行为人不知对方是正在执行职务的军队指挥、值班、值勤人员,因其他原因对其暴力殴打或语言威胁的,不构成本罪。

【司法适用】

1. 正确区分罪与非罪的界限

(1)行为人主观上是否具有故意阻挠军队指挥、值班、值勤人员执行职务的目的。如果属于对指挥、值班、值勤人员发牢骚、讲怪话、态度生硬,或者仅有一般嘲讽、辱骂,甚至轻微的顶撞行为,行为人并无希望对方停止、变更、放弃执行职务结果发生的意愿,不应以犯罪论处。

(2)行为人客观上是否实施了暴力、威胁手段,是否因此发生了指挥、值班、值勤人员停止、变更、放弃执行职务或无法执行职务的后果。如行为人虽实施了某种阻挠行为,但只是影响了指挥、值班、值勤人员正常执行职务,或者虽出现了对方停止、变更、放弃执行职务或无法执行职务的结果,但与行为人的暴力、威胁行为并无因果关系,也不应以犯罪论处。

(3)行为人的阻碍行为对国家军事利益侵害的轻重程度。如果行为人阻碍指挥、值班、值勤人员执行职务的情节、后果、危害均不严重,就应按军纪处理。反之,则应以犯罪论处。

2. 犯本罪致人重伤、死亡的定罪量刑

以故意伤害他人的暴力方法阻碍指挥人员或者值班、值勤人员执行职务时,可能会造成被害人重伤或者死亡的后果,虽然行为人对此主观上具有伤害他人的故意,客观上实施了故意伤害行为,但其伤害行为与阻碍执行职务的行为发生犯罪竞合关系。在《刑法修正案(九)》取消本罪的死刑刑罚之前,鉴于《刑法》对阻碍执行军事职务罪有特别规定,且其中对致人重伤或者死亡的法定刑重于《刑法》第 234 条故意伤害罪致人重伤、死亡的法定刑,而且《刑法》第 234 条还明确规定“本法另有规定的,依照规定”,所以应一律以本罪论处。在《刑法修正案(九)》取消本罪的死刑之后,如有暴力阻碍执行军事职务并致人重伤、死亡的,如情节特别恶劣,确需判处死刑的,应根据案件情况,依照《刑法》第 234 条故意伤害罪定罪处罚。

3. 本罪“情节严重”“情节特别严重”的认定

所谓“情节严重”，司法实践中主要是指聚众阻碍执行职务的，使用武器装备阻碍执行职务的，在紧要关头或危急时刻阻碍执行职务的，阻碍担负重要职责的指挥人员或值班、值勤人员执行职务的，阻碍执行职务造成严重后果的，等等。“情节特别严重”主要是指聚众使用武器装备阻碍执行职务的，在紧要关头或危急时刻阻碍担负重要职责的指挥人员或值班、值勤人员执行职务的，阻碍执行职务造成特别严重后果的，等等。

4. 本罪与妨害公务罪的区别

前罪的主体只能是军人；后罪的主体是一般主体，即达到刑事责任年龄、具有刑事责任能力的人。前罪的侵害的客体是军队任务的正常执行活动，侵害的对象是军队的指挥人员、值班人员、值勤人员；后罪侵害的客体是社会管理秩序，侵害的对象是国家机关工作人员。这是认定和区分两罪的关键。如军人以暴力、威胁方法阻碍国家机关工作人员执行职务的，则以妨害公务罪论处。

5. 本罪与聚众扰乱社会秩序罪的区别

前罪侵害的客体是军队任务的正常执行活动，是军事利益，对象必须是军队的指挥、值班、值勤人员；后罪侵害的客体是社会秩序，对象是特定的机关、单位等。前罪的主体只能是军人，后罪的主体则是军内外人员均可构成。前罪的犯罪手段是使用暴力、威胁方法，后罪的犯罪手段多种多样，如静坐围堵、强行侵占、冲击、哄闹等。

6. 本罪与阻碍军人执行职务罪的区别

前罪侵害的客体是指挥和值班、值勤秩序，后罪侵害的客体是军人依法执行职务的秩序。前罪的犯罪对象限定为指挥人员或者值班、值勤人员；后罪的犯罪对象是所有军人，其中也包括指挥人员或者值班、值勤人员。前罪的主体是所有军人；后罪的主体是所有达到刑事责任年龄，具有刑事责任能力的人，也包括所有军人。故当军人阻碍其他军人依法执行职务时，如被阻碍执行职务的是指挥人员或者值班、值勤人员，则应以阻碍执行军事职务罪论处；如被阻碍执行职责的是其他军人，则应以阻碍军人执行职务罪论处。

7.《刑法修正案(九)》取消本罪死刑的理由

(1)本罪与相关罪名的刑罚设置不匹配。从犯罪对象上看，本罪与阻碍军人执行职务罪没有本质区别，后罪侵犯的是军人执行职务的行为；与阻碍军事行动罪相比，本罪侵犯的是指挥、值班、值勤秩序，阻碍军事罪侵犯的是部队的军事行动，二者虽有不同，但性质相近。但刑罚设置上，阻碍军人执行职务罪的最高法定刑为3年有期徒刑,阻碍军事行动罪的最高法定刑为5年有期徒刑,而本罪的最高法定刑为死刑,差距明显过大。

(2)本罪与本章规定的许多犯罪相比,不具有罪行极其严重应适用死刑的条件。本章规定的许多犯罪都可能直接或间接导致作战失利,而本罪的目的是阻碍执行军事职务,并不是积极追求作战失利,造成的直接后果也仅是指挥人员或值班、值勤人员无法正常履职。在健全的军事指挥体系和值班制度下,因阻碍执行职务直接导致作战失利的情形难以出现,即便间接导致作战失利,其罪责也达不到必须适用死刑的程度。

(3)实践中本罪极少适用死刑,取消死刑后,最高可判处无期徒刑。如有暴力阻碍执行军事职务,情节特别恶劣,确需判处死刑的,还可以根据案件情况,依照故意杀人罪、故意伤害罪的规定判处死刑。

第四百二十七条 【指使部属违反职责罪】滥用职权,指使部属进行违反职责的活动,造成严重后果的,处五年以下有期徒刑或者拘役;情节特别严重的,处五年以上十年以下有期徒刑。

【条文理解】

指使部属违反职责罪,是指滥用职权,指使部属进行违反职责的活动,造成严重后果的行为。本罪的具体构成要件是:

(1)本罪侵犯的客体是正当行使职权的秩序。指挥部属必须建立在正当行使指挥权的基础上,这样才有利于部属服从命令听从指挥。如果滥用职权,指使部属进行违反职责的活动,不仅妨碍了部属正确地履行职责,而且破坏了正当行使指挥权的秩序,严重危害部队的高度集中统一。

(2)本罪的客观方面表现为滥用职权,指使部属进行违反职责的活动,造成严重后果的行为。滥用职权即超越职责范围,不正当地运用职务上的权力。指使部属进行违反职责的活动,是指使部属实施国家法律、法规和军队条令、条例所禁止的行为,分为两种情况:一种是指使部属所实施的行为违背了部属所担负的职责;另一种是不正当地让部属履行职责。从所进行的违反职责活动的严重程度看不要求是构成军人违反职责罪的活动,也包括违纪行为和一般违法行为。指使部属进行犯罪活动也属于进行违反职责的活动,但因这种情况本身已属共同犯罪,则同时构成本罪和所指使实施的相关罪名,择一重罪论处。造成严重后果是构成本罪的必要条件,通常包括人员伤亡,武器装备、军事设施或者军用物资毁损,发生其他责任事故,严重影响部队完成任务,引起严重事端,等等。

(3)本罪的主体是特殊主体,是军队中的各级首长和其他有权指挥他人的人员。本罪的犯罪主体与进行违反职责活动人员之间必须有指挥与被指挥的隶属关系,既包括军官与士兵之间的隶属关系,也包括上级军官与下级军官之间的隶属关系,甚至包括士兵与士兵之间的隶属关系。

(4)本罪的主观方面是故意,即行为人明知是违反职责的活动,仍然滥用职权,指使部属进行违反职责的活动,追求或者放任危害后果的发生。

【司法适用】

1. 本罪"造成严重后果""情节特别严重"的认定

司法实践中,"造成严重后果",主要是指造成重大任务不能完成或者迟缓完成;造成死亡 1 人以上,或者重伤 2 人以上,或者重伤 1 人、轻伤 3 人以上,或者轻伤 5 人以上的;造成武器装备、军事设施、军用物资或者其他财产损毁,直接经济损失 20 万元以上,或者直接经济损失、间接经济损失合计 100 万元以上的;造成其他严重后果的。直接经济损失是指与行为有直接因果关系而造成的财产损毁、减少的实际价值,间接经济损失是指由直接经济损失引起和牵连的其他损失,包括失去在正常情况下可能获得的利益和为恢复正常管理活动或者为挽回已经造成的损失所支付的各种费用等。"情节特别严重",主要是指造成的后果特别严重,滥用职权手段特别恶劣,影响特别恶劣,造成人员重大伤亡,严重妨害重要军事任务完成,或者战时指使部属违反职责,指使建制部队违反职责,不顾部属的反对意见强迫部属违反职责,造成严重后果的,等等。

2. 本罪与滥用职权罪的区别

本罪与滥用职权罪的规定存在部分的法条竞合关系,即《刑法》第 397 条对国家机关工作人员犯滥用职权罪的规定与指使部属违反职责罪存在部分交叉关系。对于此种情况,根据刑法理论对法条竞合问题的处理原则,即特别法优先于普通法、法律有特别规定的优先于一般规定进行适用。当军队的各级首长和指挥人员滥用职权,指使部属进行违反职责和活动,造成严重后果时,应优先适用本章规定,以本罪论处。

3. 本罪与重大责任事故罪的区别

前罪侵害的是军队中正当行使指挥权的秩序,后罪侵害的是生产、作业的安全生产秩序。前罪在客观方面的表现范围比较广泛,并未局限在违反哪一方面的职责;而后罪的表现范围相对狭窄,限定在生产作业过程中。前罪的主体是军队中各级首长和指挥人员,而后罪的主体是对生产、作业具有组织、指挥或者管理的负责人、管理人员、实际控制人、投资人等人员,以及直接从事生产、作业的人员。

此外,在司法实践中,两罪可能出现犯罪竞合现象,即军队相关生产企业事业单位的管理人员在生产过程中,指使部属实施违反职责的行为,如军械修理所的所长在维修军械过程中,指使维修人员不按操作规程检修,以致发生严重事故的。对于这种情况,应按处理想象竞合犯的处理原则,以法定刑更重的指使部属违反职责罪论处。

第四百二十八条　【违令作战消极罪】指挥人员违抗命令,临阵畏缩,作战消极,造成严重后果的,处五年以下有期徒刑;致使战斗、战役遭受重大损失或者有其他特别严重情节的,处五年以上有期徒刑。

【条文理解】

违令作战消极罪,是指指挥人员违抗命令,临阵畏缩,作战消极,造成严重后果的行为。本罪的具体构成要件是:

(1)本罪侵犯的客体是军人的参战秩序。在战场上英勇战斗,不怕牺牲,是对每一名参战军人最基本的要求。指挥人员临阵畏缩、作战消极的行为,会挫伤部队士气,涣散斗志,破坏军人参战秩序,影响作战任务的完成,将给作战造成严重危害。

(2)本罪的客观方面表现为行为人违抗命令,临阵畏缩,作战消极,造成严重后果的行为。本罪只能发生在作战过程中,在和平时期违抗上级命令的,一般按违反军纪处理,不构成本罪。违抗命令是指违反并拒不执行上级的命令,违抗命令的形式通常有:拒不执行命令、拖延或迟缓地执行命令、故意执行与命令相反的内容等。临阵畏缩、作战消极在战场上的具体表现多种多样,其共同特点是在作战中不尽全力,畏难怕险,怠战怯战。造成严重后果是构成本罪的必要条件,如果尚未造成严重后果,应给予批评教育和军纪处分。如果行为人主观上积极努力,创造条件争取完成任务,但由于客观条件的限制,无法达到预期目的,以致造成严重后果的,不能认定行为人有作战消极的行为。

(3)本罪的主体是各级指挥人员,即对部队和部属负有领导、管理、指挥职责的军人,属于军人违反职责罪的特殊主体。

(4)本罪的主观方面由故意构成。行为人在战场上临阵畏缩,作战消极往往出于贪生怕死、不顾大局或者对上级不满等原因,故意违背、抗拒执行首长、上级的命令,面临战斗任务而畏缩怯战,作战消极。

【司法适用】

1. 本罪“造成严重后果”“致使战斗、战役遭受重大损失”“其他特别严重情节”的认定

司法实践中,“造成严重后果”主要是指扰乱作战部署或者贻误战机,造成作战任务不能完成或者迟缓完成,造成我方人员死亡 1 人以上,或者重伤 2 人以上,或者轻伤 3 人以上,造成武器装备、军事设施、军用物资或者其他财产损毁,直接经济损失 20 万元以上,或者直接经济损失、间接经济损失合计 100 万元以上,等等;“致使战斗、战役遭受重大损失”主要是指造成我军人员重大伤亡,武器装备、军事设施或者军用物资严重损失,直至战斗、战役失利等;“其他特别严重情节”主要是指造成特别严重后果的,执行重要作战任务行动消极的,在紧要关头或者危急时刻消极作战的,煽动、串联其他部队和人员消极怠战的,等等。

2. 本罪与战时违抗命令罪的区别

两罪虽都有违抗命令的构成要件,但其含义有所不同。在战时违抗命令罪中,违抗命令的行为本身就是犯罪客观方面的主要内容,是需要追究刑事责任的基本依据,不需要再有其他具体的危害行为。而在本罪中,犯罪客观方面的主要内容不仅包括违抗命令,还包括临战畏缩,作战消极,并造成严重后果,行为人违反并抗拒执行上级命令,但其严重程度尚未达到战时违抗命令罪的程度,因此,在本罪中,仅凭行为人违抗命令的行为本身是不能追究刑事责任的。如果行为人在本罪中违抗命令的行为本身性质恶劣,危害严重,符合战时违抗命令罪的构成要件的,应按处理想象竞合犯的原则,以战时违抗命令罪论处。

3. 本罪与玩忽军事职守罪的区别

两罪主观上均出于过失,客观上都造成了严重后果,又都可能发生在战时或战场上,而且作战消极的行为广义上也是一种不尽职的行为。两罪的区别在于,前罪是故意犯罪,后罪是过失犯罪。前罪侧重于指挥人员在指挥部队(分队)执行作战任务时,临阵畏缩,作战态度不坚决,指挥不得力,以致整个部队(分队)行动迟缓、消极怠战,造成严重后果,指挥员对此应负的领导指挥责任;而后罪侧重于指挥人员由于个人在指挥岗位上玩忽职守,以致造成严重后果,指挥员对此应负的责任。

4. 本罪与战时临阵脱逃罪的区别

两罪行为人可能出于相同的犯罪动机,如贪生怕死,畏惧战斗,而且实施犯罪的时间、地点及客观环境很相似。两罪区别除在于犯罪主体不完全相同外,主要在于行为人是否脱离了战斗岗位。后罪行为人已脱离了战斗岗位,没有继续参加作战;前罪行为人仍在战斗岗位上,只是作战消极,如阵地遭敌人攻击时躲在掩体

内不敢积极还击,追击敌人时怕敌人反扑不敢大胆逼近敌人等,都不应认定为临阵脱逃。

第四百二十九条 【拒不救援友邻部队罪】在战场上明知友邻部队处境危急请求救援,能救援而不救援,致使友邻部队遭受重大损失的,对指挥人员,处五年以下有期徒刑。

【条文理解】

拒不救援友邻部队罪,是指在战场上明知友邻部队处境危急请求救援,能救援而不救援,致使友邻部队遭受重大损失的行为。本罪的具体构成要件是:

(1)本罪侵犯的客体是我军在战场上的作战利益和作战秩序。我军是高度集中统一的武装集团,各部队在战场上虽然执行的任务有所不同,但根本目标一致,应该在上级的统一指挥下,团结协作,积极配合,密切协同,主动支援,共同完成作战任务。拒不救援友邻部队的行为不顾大局,使友邻部队遭受不应有的损失,破坏了我军在战场上的友邻关系、作战秩序,削弱了我军的战斗力,将对作战造成严重危害。

(2)本罪是典型的不作为犯罪,客观方面表现为行为人明知友邻部队处境危急请求救援,自己有条件组织部队前去救援而没有救援,以致友邻部队遭受重大损失的行为。友邻部队是指由于驻地、配置地域或者执行任务而相邻的没有隶属关系的部队及其分队。处境危急是指被敌人包围、追击或者阵地将被攻陷等紧急情况。能救援而不救援是本罪在客观方面的主要特征,其含义是指根据当时自己部队及其分队所处的环境、作战能力及所担负的任务,完全有条件救援却没有救援。致使友邻部队遭受重大损失是构成本罪的必要条件,如战斗失利,阵地失陷,突围严重受挫,造成我方人员死亡 3 人以上、重伤 10 人以上或者轻伤 15 人以上,或者造成武器装备、军事设施或者军用物资毁损,直接经济损失 100 万元以上等。如果虽发现友邻部队处境有危险,但友邻部队没有请求救援,行为人此时没有及时组织救援的,不能认为是能救援而不救援。

(3)本罪的主体是部队的各级指挥人员,即对部队和部属负有领导、管理职责的军人,属于军人违反职责罪的特殊主体。

(4)本罪的主观方面由故意构成,即行为人明知友邻部队处境危急请求支援,不救援就会使友邻部队发生重大损失,希望或者放任这种结果发生。

【司法适用】

本罪与玩忽军事职守罪的区别：前罪所未尽的职责是指挥人员基于部队友邻关系而产生的，而后罪所未尽的职责是指挥人员自身职务所要求的。指挥人员对所属部队处境危急不积极组织支援构成犯罪的，应以玩忽军事职守罪论处；对友邻部队见危不救构成犯罪的，应以拒不救援友邻部队罪论处。在主观方面前罪是故意犯罪，后罪是过失犯罪。

第四百三十条　【军人叛逃罪】在履行公务期间，擅离岗位，叛逃境外或者在境外叛逃，危害国家军事利益的，处五年以下有期徒刑或者拘役；情节严重的，处五年以上有期徒刑。

驾驶航空器、舰船叛逃的，或者有其他特别严重情节的，处十年以上有期徒刑、无期徒刑或者死刑。

【条文理解】

军人叛逃罪，是指军职人员在履行公务期间，擅离岗位，叛逃境外或者在境外叛逃，危害国家军事利益的行为。本罪的具体构成要件是：

(1)本罪侵犯的客体是国家军事利益和国防安全秩序。军人不同于普通公民，担负着保卫祖国的神圣使命。军人叛逃的行为，背弃了军人永不叛国的义务，背叛了国家，直接危害了国防安全，必须依法惩处。

(2)本罪的客观方面表现为行为人在履行公务期间，擅离岗位，叛逃境外或在境外叛逃，危害国家军事利益的行为。叛逃境外，是指行为人以背叛祖国为目的，从境内叛逃至境外的行为。既包括通过合法手续出境而叛逃，也包括采取非法手段出境而叛逃。叛逃至外国驻华使馆、领馆的，应以叛逃境外论。在境外叛逃，是指行为人以背叛祖国为目的，因履行公务出境后擅自离队或者与派出单位和有关部门脱离关系，并滞留境外不归而叛逃。叛逃行为必须发生在履行公务期间，并且必须危害了国家军事利益才构成本罪。如果行为人是因私合法出境后与派出单位和有关部门脱离关系，并滞留境外不归的，属于出走，不应认定在境外叛逃，但如其在境外有投敌叛变的行为，则可以投敌叛变罪论处。

(3)本罪的主体是所有军人。

(4)本罪的主观方面由故意构成，即行为人明知自己的行为是叛逃行为，将对国家安全造成危害结果，却希望或者放任这一危害结果的发生。主观上，必须具有背叛祖国的目的。行为人是否具有背叛国家的目的，应以其出逃的原因以及在境外的行为加以分析认定。凡因反对国家政权和社会主义制度而出逃的,因触犯我国法律,为逃避制裁而出逃的,因贪图享受而出逃的,以及出逃后公开发表叛国言论的,投靠境外的反动机构、组织的,参与危害国家安全活动的,申请政治避难的等,都应认定有背叛国家的目的。

【司法适用】

1. 本罪"情节严重""其他特别严重情节"的认定

司法实践中,"情节严重"主要是指指挥人员和其他担负重要职责的人员叛逃的,策动他人叛逃的,携带军事秘密叛逃的,战时叛逃的等;"其他特别严重情节"主要是指劫持航空器、舰船叛逃的,胁迫他人叛逃的,策动多人或者策动指挥人员和其他负有重要职责的人员叛逃的,携带重要或者大量军事秘密叛逃的,叛逃后积极从事危害国家安全和国防利益活动的,等等。

2. 本罪与《刑法》第109条叛逃罪的法条竞合关系

本法对军人叛逃罪和第109条叛逃罪的规定存在法条竞合关系,军人叛逃罪的主体是军职人员,叛逃罪的主体是国家机关工作人员和掌握国家秘密的国家工作人员。当军人叛逃时,应优先适用本章的规定,以军人叛逃罪论处。

3. 本罪与逃离部队罪的区别

前罪侵害的是国防安全秩序,后罪侵害的是兵役秩序。前罪的行为人必须叛逃到境外,后罪的行为人并不要求逃往境外。前罪的行为人在主观上具有背叛国家的目的,后罪的行为人在主观上仅有逃避服兵役的目的。军人叛逃到境外的行为本身必然包含逃离部队、逃避服兵役的行为,在适用法律时应按照重罪吸收轻罪的原则,以军人叛逃罪论处,不应另定逃离部队罪实行数罪并罚。

4. 本罪与投敌叛变罪的区别

前罪侵害的是国防安全秩序,后罪侵害的是国家安全秩序。前罪主体只能是正在履行公务的军职人员,后罪的主体可以是军内外人员。前罪表现为出逃到境外,叛逃后并不一定投靠具体的机构、组织,即使投靠也不是投靠敌对的机构、组织;后罪则不一定逃到境外,但必须有具体的投靠对象,而且这些投靠对象是敌对的国家、集团、机构、组织等。

第四百三十一条 【非法获取军事秘密罪】以窃取、刺探、收买方法,非法获取军事秘密的,处五年以下有期徒刑;情节严重的,处五年以上十年以下有期徒刑;情节特别严重的,处十年以上有期徒刑。

【为境外窃取、刺探、收买、非法提供军事秘密罪】**为境外的机构、组织、人员窃取、刺探、收买、非法提供军事秘密的，处五年以上十年以下有期徒刑；情节严重的，处十年以上有期徒刑、无期徒刑或者死刑。**

【条文对照】

1997 年《刑法》	2020 年《刑法修正案(十一)》
第四百三十一条　以窃取、刺探、收买方法，非法获取军事秘密的，处五年以下有期徒刑；情节严重的，处五年以上十年以下有期徒刑；情节特别严重的，处十年以上有期徒刑。 为境外的机构、组织、人员窃取、刺探、收买、非法提供军事秘密的，处十年以上有期徒刑、无期徒刑或者死刑。	第四百三十一条　以窃取、刺探、收买方法，非法获取军事秘密的，处五年以下有期徒刑；情节严重的，处五年以上十年以下有期徒刑；情节特别严重的，处十年以上有期徒刑。 为境外的机构、组织、人员窃取、刺探、收买、非法提供军事秘密的，**处五年以上十年以下有期徒刑；情节严重的**，处十年以上有期徒刑、无期徒刑或者死刑。

【条文理解】

1. 非法获取军事秘密罪

非法获取军事秘密罪，是指违反保守国家军事秘密法规，以窃取、刺探、收买方法，非法获取国家军事秘密的行为。本罪的具体构成要件是：

(1)本罪侵犯的客体是复杂客体，既包括军事秘密的安全，也包括国防安全。军事秘密关系国防和军队的安全与利益，是国家秘密中的重要组成部分，必须严加保守。任何采用非法手段获取军事秘密的行为，都将造成军事秘密的泄露和扩散，严重危害国防和军队的安全和利益。

(2)本罪的客观方面表现为行为人以窃取、刺探、收买方法，非法获取国家军事秘密的行为。窃取，是指采用不被立即发觉的秘密手段获取；刺探，是指暗中打听、观察、探知等；收买，是指以金钱或财物为交换而取得。其他一些手段，如骗取、敲诈等，从广义上讲也属于窃取行为。

军事秘密是指在一定时间内只限一定范围的人员知悉的关系国防和军队安全与利益的事项，包括以下内容：国防和武装力量建设规划及其实施情况；军事部署，作战和其他重要军事行动的计划及其实施情况；战备演习、军事训练计划及其实施情况；军事情报及其来源，通信、电子对抗和其他特种技术的手段、能力，机要密码及有关资料；武装力量的组织编制，部队的任务、实力、素质、状态等基本情况，师级以下部队及特殊单位的番号；国防动员计划及其实施情况；武器装备的研制、生产、配备情况和补充、维修能力，特种军事装备的战术技术性能；军事学术、国防科学技术研究的重要项目、成果及其应用情况；军队政治工作中不宜公开的事项;国防费用的分配和使用,军事物资的筹措、生产、供应和储备等情况;军事设施及其保护情况中不宜公开的事项;对外军事交流与合作中不宜公开的事项;以及其他需要保密的事项等。军事秘密是国家秘密的重要组成部分,按其重要程度分为绝密、机密和秘密三级。凡属无关人员采取不正当方法知悉军事秘密的内容,即属非法获取军事秘密。

(3)本罪的主体是所有军人,包括中国人民解放军的现役军官、文职干部、士兵及具有军籍的学员和中国人民武装警察部队的现役警官、文职干部、士兵及具有军籍的学员以及文职人员、执行军事任务的预备役人员和其他人员。

(4)本罪的主观方面表现为故意,即行为人明知采取窃取、刺探、收买的方法非法获取军事秘密,将会对军事秘密的安全造成危害结果,却希望或放任这种危害结果的发生。过失不能构成本罪。行为人实施犯罪的目的,不影响本罪构成。

2. 为境外窃取、刺探、收买、非法提供军事秘密罪

为境外窃取、刺探、收买、非法提供军事秘密罪,是指违反保守国家军事秘密法规,为境外的机构、组织、人员窃取、刺探、收买、非法提供军事秘密的行为。本罪的具体构成要件是:

(1)本罪侵犯的客体是军事秘密的安全和国防安全。加强对军事秘密的保护,严防军事秘密被境外的机构、组织、人员知悉,不仅是确保军事秘密安全的需要,而且事关国防安全。军事秘密一旦被境外的机构、组织、人员知悉,除军事秘密的安全将直接受到威胁外,还将对国防安全造成严重危害。所以本罪侵犯的是双重客体。

(2)本罪的客观方面表现为为境外的机构、组织、人员窃取、刺探、收买、非法提供军事秘密的行为。境外的机构、组织、人员,是指外国的或者境外地区的机构、组织、人员,既包括设置在境外的机构、组织和居住在境外的人员,也包括境外机构、组织设置在境内的分支机构和居住在境内的人员。法律没有对境外的机构、组织、人员的性质加以限制,因此,该机构、组织、人员是否与我国为敌、意图如何,不影响本罪的成立。窃取、刺探、收买属于非法获取军事秘密的方法,其含义与非法获取军事秘密罪相同。非法提供,是指违反《保守国家秘密法》的规定,未经事先批准而擅自将军事秘密提供给他人的行为。

本罪属选择性罪名,行为人只要具有上述四种行为之一,即可构成本罪。行为人同时实施两种以上的犯罪手段的,如窃取并非法提供的,不实行数罪并罚,只定为境外窃取、非法提供军事秘密罪。

(3)本罪的主体是所有军人,包括中国人民解放军的现役军官、文职干部、士兵及具有军籍的学员和中国人民武装警察部队的现役警官、文职干部、士兵及具

有军籍的学员以及文职人员、执行军事任务的预备役人员和其他人员。

(4)本罪的主观方面表现为故意,即行为人明知为境外的机构、组织、人员窃取、刺探、收买、非法提供军事秘密,会造成危害军事秘密安全和国家安全的结果,却希望或放任这种危害结果的发生。只要行为人意识到对方可能是境外的机构、组织、人员就可以构成本罪,因为行为人已经意识到这种可能性,仍将军事秘密提供给对方,足以表明其主观上放任甚至积极追求军事秘密流向境外的结果。行为人的犯罪动机不影响本罪主观故意的成立。

【司法适用】

(一)非法获取军事秘密罪

1. 本罪与《刑法》第 282 条非法获取国家秘密罪的法条竞合关系

刑法对两罪的规定存在法条竞合关系。对军人非法获取军事秘密的,应优先适用本章规定,以非法获取军事秘密罪论处。

2. 非法获取军事秘密后又将军事秘密故意泄露的定罪

非法获取军事秘密后又将军事秘密故意泄露的定罪问题,应根据情况区别对待:平时故意泄露军事秘密的,因平时故意泄露军事秘密罪的法定刑比本罪的法定刑轻,故应认定为本罪,而将故意泄露军事秘密的行为作为本罪的从重处罚情节,在量刑时予以考虑。如果战时将非法获取的军事秘密故意泄露,因战时故意泄露军事秘密罪的法定刑比本罪法定刑重,故应认定为故意泄露军事秘密罪,而将非法获取军事秘密行为作为从重处罚的情节。

3. 以盗窃武器装备、军用物资的方式非法获取军事秘密的定罪

军队的许多武器装备、军用物资本身就包含需要保密的内容,如性能、构造、成分等,是军事秘密的载体。为非法获取军事秘密而盗窃武器装备、军用物资的,其目的行为和手段行为分别触犯非法获取军事秘密罪和盗窃武器装备、军用物资罪,属于牵连犯,应根据具体案情,选择适用处罚较重的法律规定定罪处罚。

4. 本罪"情节严重""情节特别严重"的认定

所谓"情节严重",司法实践中主要是指担负军队重要职责的人员利用职权或者其他特殊便利条件非法获取军事秘密的,获取军事秘密的手段恶劣的,获取了重要或大量军事秘密的,从作战、机要、保密、军务等重要部门非法获取军事秘密的,等等。"情节特别严重"主要是指非法获取大量或重要的军事秘密,涉及机密、绝密军事秘密,造成重大损失,等等。

(二)为境外窃取、刺探、收买、非法提供军事秘密罪

1. 本罪与《刑法》第 111 条为境外窃取、刺探、收买、非法提供国家秘密、情报罪的法条竞合关系

刑法对两罪的规定存在完全的法条竞合关系。对军职人员为境外窃取、刺

探、收买、非法提供军事秘密的,应优先适用本章的规定,以为境外窃取、刺探、收买、非法提供军事秘密罪论处。军职人员为境外机构、组织、人员窃取、刺探、收买、非法提供军事秘密以外的国家秘密、情报的,以及一般公民为境外机构、组织、人员窃取、刺探、收买、非法提供国家军事秘密的,只能成立《刑法》第 111 条的为境外窃取、刺探、收买、非法提供国家秘密、情报罪。

2. 本罪与非法获取军事秘密罪、故意泄露军事秘密罪的关系

非法获取军事秘密罪和故意泄露军事秘密罪的构成要件是本罪构成要件的基础。从犯罪手段上看,窃取、刺探、收买与非法获取军事秘密罪中的手段是完全相同的;而故意将军事秘密非法提供给境外的机构、组织、人员,从表现形式看与泄露军事秘密罪相一致。因此,凡为境外机构、组织、人员窃取、刺探、收买军事秘密的,或者故意将军事秘密泄露给境外机构、组织、人员的,均应以本罪论处。

3. 本罪与间谍罪、资敌罪的区别

犯间谍罪、资敌罪的行为人,为敌人服务的内容、范围并不限于军事秘密。并且是在明知服务的对象是“敌人”的前提下故意直接为其服务,其主观恶性比本罪行为人要大。从后果上看,本罪的行为结果可能导致军事秘密落入敌手,也可能落入一般外国机构、组织人员之手;而间谍罪、资敌罪只能使军事秘密落入敌人之手,或者以其他方式帮助敌人反对人民民主专政政权和社会主义制度。

4.《刑法修正案(十一)》调整本罪刑罚结构的理由

本罪原规定最低法定刑为 10 年有期徒刑,从相类似罪名的法定刑来看,为境外窃取、刺探、收买、非法提供国家秘密、情报罪的最低法定刑为 5 年有期徒刑,泄露军事秘密罪最低法定刑为拘役,战时犯泄露军事秘密罪的最低法定刑也仅为 5 年有期徒刑,三者最低法定刑差距明显过大。故《刑法修正案(十一)》根据军事犯罪审判实践和需要,进一步调整本罪第 2 款为境外窃取、刺探、收买、非法提供军事秘密罪的刑罚结构,降低了起刑标准,使本罪的刑罚结构更为合理。

第四百三十二条　【故意泄露军事秘密罪;过失泄露军事秘密罪】违反保守国家秘密法规,故意或者过失泄露军事秘密,情节严重的,处五年以下有期徒刑或者拘役;情节特别严重的,处五年以上十年以下有期徒刑。

战时犯前款罪的,处五年以上十年以下有期徒刑;情节特别严重的,处十年以上有期徒刑或者无期徒刑。

【条文理解】

故意泄露军事秘密罪,是指违反保守国家军事秘密法规,故意泄露军事秘密,情节严重的行为。过失泄露军事秘密罪,是指违反保守国家军事秘密法规,过失泄露军事秘密,情节严重的行为。

故意泄露军事秘密罪、过失泄露军事秘密罪侵犯的客体是军事秘密的安全。故意泄露军事秘密的行为,严重违反保密规定,使军事秘密被无关人员知悉,危及军事秘密的安全,对国防和军队安全与利益也会造成严重危害。

故意泄露军事秘密罪在客观方面表现为行为人违反保守国家军事秘密法规,故意泄露军事秘密,使不应知悉者知悉,或者超出了限定的接触范围,情节严重的行为。违反保守国家秘密法规,是指违反国家颁布的保守国家秘密法及其施行办法,中央军委制定颁发的《军队保密条例》,军委各部门、各军兵种、各战区制定的保密规章等。故意泄露军事秘密的行为是和违反保密法规联系在一起的,只有违反了保密法规,才可能出现故意泄露军事秘密的结果。故意泄露军事秘密行为的表现方式多种多样,从最简单的口头陈述泄密,到高技术条件下的计算机网络泄密。不论哪种方式,只要故意使无关人员知悉军事秘密的内容,均属故意泄露军事秘密的行为。在故意泄露军事秘密时,泄密行为往往是由行为人直接实施的,如将军事秘密的内容亲口告诉他人,将涉及军事秘密的文件交给他人阅看,或将载有军事秘密的载体文件、图片、照片、磁盘等交给他人等。

过失泄露军事秘密罪在客观方面表现为行为人违反保守国家军事秘密法规,过失泄露军事秘密,情节严重的行为。其表现方式多种多样,从最简单的口头陈述泄密,到高技术条件下的计算机网络泄密。在过失泄露军事秘密时,泄密行为既可以由行为人直接实施,如误用明码电报拍发秘密电文;也可以不由行为人直接实施,而是由他人实施,如行为人违反保密法规将秘密文件带到公共场所被盗或丢失。在这种情况下,行为人违反保密规定的行为与泄密的结果存在刑法上的因果关系,应属过失泄露军事秘密的行为。情节严重,在司法实践中主要指:泄露绝密级军事秘密 1 项(件)以上的,泄露机密级军事秘密 3 项(件)以上的,泄露秘密级军事秘密 4 项(件)以上的,负有特殊保密义务的人员泄密的,泄露军事秘密或者遗失军事秘密载体,不按照规定报告,或者不如实提供有关情况,或者未及时采取补救措施的,等等。

本罪主体是所有军人,既包括对军事秘密负有特殊保密义务的军人,如机要、通信、保密人员等,也包括所有了解军事秘密的普通军人,而且不论是通过职务活动了解的军事秘密,还是通过其他途径了解的军事秘密。

故意泄露军事秘密罪的主观方面表现为故意,即行为人明知自己的行为违反保密法规,会造成泄露军事秘密的危害结果,却希望或者放任这种结果发生。故意泄露军事秘密的动机,不影响本罪的构成。过失泄露军事秘密罪主观方面表现为过失,即行为人应当预见自己的行为违反保密法规,会造成泄露军事秘密的危害结果,因疏忽大意而没有预见,或者虽已预见却轻信能够避免,以致将军事秘密泄露。

【司法适用】

1. 罪与非罪的界限

故意泄露军事秘密的行为,必须达到情节严重的程度才构成犯罪。所谓情节严重,司法实践中一般包括:泄露绝密级或者机密级军事秘密 1 项(件)以上的,泄露秘密级军事秘密 3 项(件)以上的,向公众散布、传播军事秘密的,泄露军事秘密造成严重后果的,利用职权指使或者强迫他人泄露军事秘密的,负有特殊保密义务人员泄密的,以牟取私利为目的泄露军事秘密的,执行重大任务时泄密的,等等。对于未达到情节严重的故意泄露军事秘密的行为,应当按照违反军纪处理。

过失泄露军事秘密的行为,必须达到情节严重的程度才构成犯罪。对于未达到情节严重的过失泄露军事秘密的行为,应当按照违反军纪处理。

2. 故意泄露军事秘密罪与《刑法》第 398 条故意泄露国家秘密罪的法条竞合关系

本法对两罪的规定存在完全的法条竞合关系。对军人故意泄露军事秘密的,应优先适用本章的规定,以故意泄露军事秘密罪论处。

3. 故意或过失泄露军事秘密的界限

本法虽将故意泄露军事秘密罪和过失泄露军事秘密罪规定在同一法条,并设定了相同的法定刑,但在具体适用时应注意区别。主观上是故意还是过失,对行为人应负的刑责有重大影响。对于泄露军事秘密的行为,在认定情节是否严重时,对故意犯罪应予从严把握,过失犯罪应予从宽把握;在决定刑罚时,对故意犯罪应予从重,过失犯罪应予从轻。

4. 过失泄露军事秘密罪与《刑法》第 398 条过失泄露国家秘密罪的法条竞合关系

刑法对两罪的规定存在完全的法条竞合关系。对军人过失泄露军事秘密的,应优先适用本章的规定,以过失泄露军事秘密罪论处。

5. 过失泄露军事秘密罪与擅离、玩忽军事职守罪的区别

两罪在主观上都是过失,客观上都可能造成泄密的严重后果,区别在于:前罪所违反的是保守军事秘密的规章制度,违背的是军人保守军事秘密的一般职责;而后罪所违反的是指挥和值班、值勤的规章制度,违背的是指挥人员和值班、值勤人员的特殊职责。如保密室的值勤人员擅离职守、玩忽职守导致保密室被盗的,

应认定擅离、玩忽军事职守罪;而作战指挥人员使用电话了解部队情况时,忘记加密而造成泄密的,则应以过失泄露军事秘密罪论处。

第四百三十三条 【战时造谣惑众罪】战时造谣惑众,动摇军心的,处三年以下有期徒刑;情节严重的,处三年以上十年以下有期徒刑;情节特别严重的,处十年以上有期徒刑或者无期徒刑。

【条文对照】

1997 年《刑法》	2015 年《刑法修正案(九)》
第四百三十三条 战时造谣惑众,动摇军心的,处三年以下有期徒刑;情节严重的,处三年以上十年以下有期徒刑。 **勾结敌人造谣惑众,动摇军心的,处十年以上有期徒刑或者无期徒刑**;情节特别严重的,**可以判处死刑。**	第四百三十三条 战时造谣惑众,动摇军心的,处三年以下有期徒刑;情节严重的,处三年以上十年以下有期徒刑;情节特别严重的,**处十年以上有期徒刑或者无期徒刑。**

【条文理解】

战时造谣惑众罪,是指军职人员在战时造谣惑众,动摇军心的行为。本罪的具体构成要件是:

(1)本罪侵犯的客体是战时宣传舆论秩序。军人战时造谣惑众的行为,破坏了战时的宣传舆论秩序,造成官兵思想混乱,情绪动荡,士气低落,斗志涣散,最终导致军心动摇,对作战将造成严重危害。

(2)本罪的客观方面表现为行为人在战时情况下,造谣惑众,动摇军心的行为。本罪只能发生在战时。造谣惑众、动摇军心,是指故意编造、散布谣言,煽动怯战、厌战或者恐怖情绪,蛊惑官兵,造成或足以造成部队情绪恐慌,士气不振,军心涣散。如果行为人将道听途说的内容不负责任地向他人散布,不能认定为造谣。行为人所散布的内容必须是虚假的,而且是与作战有直接关系的,如夸大敌人的兵力和装备优势,虚构敌方的战绩和对我方不利的战况等。如行为人所散布的内容确属实情,即使对我军不利,也不宜认定为造谣。如涉及泄露军事秘密,可依法以故意或过失泄露军事秘密罪论处。

动摇军心是对造谣惑众的内容和可能造成的危害后果的限制,而不是必须已造成实际的危害后果。因此,只要行为人制造并散布的谣言足以动摇军心,不论是否已经产生了动摇军心的实际后果,如引起部队混乱、指挥失控、人员逃亡等,均应属造谣惑众,动摇军心。

行为人散布谣言的方式,可以是在公开场合散布,也可以是私下传播;可以是口头散布,也可以是通过文字、图像或其他途径散布。只要是将谣言让他人知晓,均属散布谣言。

(3)本罪的主体是所有军人。

(4)本罪的主观方面表现为故意,即行为人明知自己向他人散布的内容是虚假的,会在部队中造成军心动摇的危害后果,却希望或放任这种结果的发生。

【司法适用】

1. 罪与非罪的界限

军人在战时情况下,造谣惑众,动摇军心的,才构成本罪。对在战时因对上级的命令、指示理解不同,随意发表一些错误言论,或者遇到任务较重、伤亡较大、未顺利完成任务而埋怨上级和责怪友邻部队的言论,不能当成造谣惑众的行为加以追究。对行为人仅一般传播战况不真实的消息,或将他人的谎言蜚语加以传播、渲染,尚未或不足以造成动摇军心后果的,亦不应作为犯罪处理。

2. 本罪与谎报军情罪的区别

两罪都有虚构事实并加以扩散的情节,且其虚构的内容可能具有相似性。但前罪是将编造的谣言在公众中散布,散布的对象包括下级、同级和上级,但不是在履行职责;后罪是将编造的情况按隶属关系和职责要求向上级报告,其表现形式是在履行职责。

3. 本罪与假传军令罪的区别

前罪的行为人也可能编造有关作战命令的谣言,其与假传军令罪的区别在于,传递虚假军令的方式和接受虚假军令的对象不同:前罪不是将虚假军令直接传播给执行人,而是在公众中传播,对象是不特定的;后罪是将虚假的命令传递给依职责应该执行该命令的人,假传的方式往往是正常下达命令的方式,对象特定。

4.《刑法修正案(九)》取消本罪死刑的理由

(1)战时造谣惑众罪适用死刑的条件是勾结敌人造谣惑众,而战时勾结敌人造谣惑众、动摇军心的性质是叛变投敌,行为人主观上具有投敌变节的故意,客观上实施了为敌效劳的叛变行为,可以《刑法》第108条投敌叛变罪论处。

(2)取消死刑后,本罪的最高刑为无期徒刑,与《刑法》第378条规定的战时造谣扰乱军心罪的最高刑罚10年有期徒刑相比,仍能体现军法从严的精神。

第四百三十四条　【战时自伤罪】战时自伤身体,逃避军事义务的,处三年以下有期徒刑;情节严重的,处三年以上七年以下有期徒刑。

【条文理解】

战时自伤罪,是指军职人员在战时伤害自己身体,逃避军事义务的行为。本罪的具体构成要件是:

(1)本罪侵犯的客体是军人的参战秩序。战争时期,军人应当随时准备参加作战,履行保卫祖国的神圣使命。为了逃避履行军事义务,军人战时自伤身体,破坏了参战秩序,造成部队非战斗减员,影响了官兵士气,削弱了部队战斗力,对作战有严重危害。

(2)本罪的客观方面表现为行为人在战时自伤身体的行为。本罪只能发生在战时。自伤身体,是指有意识地伤害自己的身体,包括加重已有的伤害等行为。对自伤的部位、方法和伤害程度,应从广义上理解,不论是伤害哪一部位,是造成轻伤还是重伤,是利用枪击、刀砍还是其他方法,是行为人自己伤害自己的身体,还是利用他人的故意或过失行为伤害自己的身体,均属自伤身体的行为。自伤不以造成轻伤为前提,但必须达到足以逃避军事义务的程度。

(3)本罪的主体是所有军人。

(4)本罪的主观方面表现为故意,即行为人明知伤害自己的身体将造成无法履行军事义务的危害结果,却希望或放任这种结果的发生。过失自伤身体的,不构成本罪。行为人伤害自己的身体必须具有逃避军事义务的目的。军事义务泛指要求军人履行的与作战有关的义务,如向战区开进、集结,临战待命和准备,实施战斗行动,担负战场勤务和各种作战保障等。如行为人自伤身体不是为了逃避军事义务,而是为了骗取荣誉或掩盖失误等其他目的,则不构成本罪。

【司法适用】

1. 本罪“情节严重”的认定

司法实践中,主要是指指挥人员或者其他负有重要职责的人员自伤的,紧要关头或者危急时刻自伤的,因自伤造成严重后果的,等等。

2. 本罪与军人违反职责罪中其他犯罪的竞合

行为人在实施投降、战时违抗命令、战时临阵脱逃、违令作战消极等犯罪时,可能会采取自伤身体的方法来达到犯罪目的,此时行为人自伤行为与其欲实施的其他犯罪行为发生竞合。对此应按照想象竞合犯的处理原则,以其中法定刑最重的一个罪名处罚,不再定战时自伤罪或实施并罚。但应将战时自伤行为作为从重处罚的情节,在量刑时予以考虑。

第四百三十五条　【逃离部队罪】违反兵役法规，逃离部队，情节严重的，处三年以下有期徒刑或者拘役。

战时犯前款罪的，处三年以上七年以下有期徒刑。

【条文理解】

逃离部队罪，是指违反兵役法规，逃离部队，情节严重的行为。本罪的具体构成要件是：

(1)本罪侵犯的客体是兵役制度。依法服兵役是每个公民应尽的光荣义务和神圣职责。军人逃离部队的行为，直接妨害了国家的兵役秩序，造成部队减员缺编，影响部队的战斗力，削弱国防实力，将对国防和军队建设造成严重危害。

(2)本罪的客观方面表现为行为人违反兵役法规，逃离部队的行为。违反兵役法规，是指违反我国宪法、国防法、兵役法及其他军事法规要求现役军人必须切实履行兵役义务的规定。逃离部队，是指为逃避服兵役而脱离部队，其行为方式通常表现为未经批准擅自离队，请假离队后逾期不归，工作调动或学员分配离开原单位后拒不向新单位报到等。构成本罪，要求达到情节严重的程度。

(3)本罪的主体是具有服兵役义务的现役军人，包括士兵、学员、军官、文职干部和文职人员。部队的正式职工不具有履行兵役的义务，因而不能成为本罪的主体。预备役人员不能成为本罪的犯罪主体，其平时执行军事任务期间或战时擅自离队，拒绝执行军事任务的，应依据《刑法》第 376 条第 1 款规定追究刑事责任。

(4)本罪的主观方面表现为故意，即行为人明知自己逃离部队的行为违反了兵役法规规定，将会造成逃避兵役义务的危害结果，却希望或放任这种结果发生。在司法实践中，对擅自离队或者逾假不归的军人，如经教育仍拒不返回部队，或者有意脱离与部队联系的，应认定其具有逃避服兵役的主观故意。如行为人确属家庭有实际困难或者其他特殊原因，能主动向部队说明情况，或者经教育后及时归队的，不应认定其具有逃避服兵役的主观故意。

【司法适用】

1. 罪与非罪的界限

区别的关键在于逃离部队行为是否达到“情节严重”。所谓“情节严重”，司法实践中，一般是指逃离部队 3 次以上，或者持续时间达 3 个月以上或累计时间达 6 个月以上的，担负重要职责的人员逃离部队的，策动 3 人以上或者胁迫他人逃离部队的，在执行重大任务期间逃离部队的，携带武器装备逃离部队的，以及其他情节严重的行为，如因逃离部队受纪律处分仍不悔改，再次逃离部队的；逃离部队持续时间较长,经教育拒不归队的;逃离部队后在社会上从事违法活动的;逃离部队后私自出境的;等等。

2. 逃离部队后又实施其他犯罪行为的定性

对军人逃离部队后又实施其他犯罪行为的,应分情况区别对待。如军人逃离部队的行为本身已情节严重,构成逃离部队罪的,应与其又实施的其他犯罪行为进行数罪并罚;如军人逃离部队的行为本身没有达到情节严重的程度,不构成本罪,可将逃离部队行为作为其他犯罪的从重处罚情节。

3. 本罪与投敌叛变罪的区别

(1)本罪的主体为特殊主体,只能是现役军人;后罪的主体为一般主体,既可以是中国军人,也可以是其他中国公民。

(2)前罪只表现为逃离部队,并无投敌叛变的行为;后罪要求行为人必须是以危害国家安全为目的,实施了投敌叛变的行为,而不管行为人是被勾引、策动、收买,还是被捕被俘后经不起考验。

军人以危害国家安全为目的投敌叛变的,通常也需要逃离部队,因此同时触犯逃离部队罪和投敌叛变罪,一般应择一重罪即投敌叛变罪判处。

第四百三十六条　【武器装备肇事罪】违反武器装备使用规定,情节严重,因而发生责任事故,致人重伤、死亡或者造成其他严重后果的,处三年以下有期徒刑或者拘役;后果特别严重的,处三年以上七年以下有期徒刑。

【条文理解】

武器装备肇事罪,是指违反武器装备使用规定,情节严重,因而发生责任事故,致人重伤、死亡或者造成其他严重后果的行为。本罪的具体构成要件是:

(1)本罪侵犯的客体是部队武器装备的使用秩序。武器装备肇事,造成人员的伤亡、武器装备的毁损或者其他严重后果,妨碍武器装备正常发挥效能,直接侵害武器装备的使用制度,破坏武器装备的使用秩序,削弱部队的战斗力,对部队建设造成严重危害。

(2)本罪的客观方面表现为行为人违反武器装备使用规定,情节严重,因而发生责任事故,致人重伤、死亡或者造成其他严重后果的行为。武器装备,是指部队用于实施和保障作战行动的武器、武器系统和军事技术装备,通常包括枪械、火炮、火箭、导弹、弹药、坦克及其他装甲战斗车辆、作战飞机、战斗舰艇等武器;通信指挥器材、侦查探测器材、军用测绘器材、气象保障器材、雷达、电子对抗装备、情报处理设备、军用电子计算机、工程机械及器材、“三防”装备、后勤装备、辅助飞机、勤务舰船、军用车辆等军事技术装备。使用规定，泛指军委各部门、各军兵种、各战区根据各种武器装备的用途和技术性能制定和颁发的，关于武器装备的日常维护保养、保管、检查及使用的规定，以及各种武器装备的操作规程和安全规范等。

武器装备肇事在客观方面首先表现为行为人的行为违反了这些规章制度，即具有违章行为。这里的违章行为不是一般情节的违章行为，而是情节严重的违章行为，即是指违反武器装备使用规定的行为本身情节严重，如严重违反武器装备使用程序，或在使用过程中严重不负责任等。违章行为的表现方式多样，如明知违章冒险蛮干、不懂装懂随意摆弄、有章不循自行其是等。

情节严重是构成本罪的必要条件。情节严重，在司法实践中一般是指行为人没有使用武器装备的任务，却违反规定，擅自动用装备而发生责任事故的；平时经常使用武器装备开玩笑、耍威风，严重不负责任，且屡次不听劝阻和批评的；肇事后不积极抢救人员、装备，挽回损失或自首投案，而是无动于衷，推卸责任，嫁祸于人，伪造现场，欺骗他人，等等。

情节严重的违章行为一旦发生责任事故，致人重伤、死亡或者造成其他严重后果，即构成本罪。责任事故，是指因行为人违反规章制度的失职行为而造成的事故。由于不能预见和不能控制的自然条件发生变化而引起的自然事故，或者由于技术条件限制或武器装备条件不良而造成的技术事故，不属于责任事故。司法实践中，致人重伤、死亡或者造成其他严重后果一般是指：造成死亡 1 人以上，或者重伤 2 人以上，或者轻伤 3 人以上的；影响重大任务完成的；造成武器装备、军事设施、军用物资或者其他财产损毁，直接经济损失 30 万元以上，或者直接经济损失、间接经济损失合计 150 万元以上的；严重损害国家和军队声誉，造成恶劣影响的；等等。

(3)本罪的主体是所有军人。从司法实践看，主要是武器装备的操作使用人员。

(4)本罪的主观方面表现为过失，即行为人应当预见自己的行为违反武器装备使用规定，会发生责任事故，造成严重后果，但因疏忽大意而没有预见，或者虽已预见但轻信能够避免，以致造成这种严重后果的发生。应注意的是，对违反武器装备使用规定的行为，行为人往往是故意实施的。

【司法适用】

1. 本罪“后果特别严重”的认定

后果特别严重，在司法实践中一般是指造成多人重伤死亡的，毁损特别重要武器装备的,严重毁损大量重要武器装备的,致使国家财产遭受重大损失的,等等。

2. 本罪与危害公共安全罪中的过失犯罪的区别

危害公共安全罪中的过失犯罪,如失火罪,过失爆炸罪,过失损坏交通工具、交通设施、电力设备、易燃易爆设备罪过失损坏广播电视设施、公用电信设施罪,交通肇事罪,重大责任事故罪和危险物品肇事罪等,与本罪有许多相似之处。其区别除了在主体要件和客体要件以外,主要有以下两点:

(1)犯罪对象是否属于武器装备。只有犯罪对象属于武器装备,才能构成本罪;如果犯罪对象不属于武器装备,则应根据不同的犯罪构成要件确定相应的罪名。

(2)是否违反了武器装备的使用规定而发生责任事故。如果主要违反了武器装备使用规定,就应认定本罪;如果主要违反了其他维护公共安全的法规和规章制度,就应根据不同犯罪构成要件确定相应的罪名。

3. 武器装备肇事致人重伤、死亡的定罪

枪支走火致人伤亡在部队中比较常见,从广义上说,这种情形也属于过失致人死亡或重伤。根据《刑法》第 233 条和第 235 条对过失致人死亡罪和过失致人重伤罪规定的"本法另有规定的,依照规定",武器装备肇事致人重伤、死亡的,应以本罪论处。

4. 本罪与擅自改变武器装备编配用途罪的区别

两种犯罪均与武器装备有关,行为人主观上都是过失,客观上也可能造成相似的严重后果,而且武器装备的使用和管理规定经常混在一起,使用中有管理要求,管理中有使用规定,故容易发生混淆。其区别在于:

(1)前罪主要是在武器装备的操作过程中发生;后罪主要是在武器装备的管理过程中发生。

(2)前罪的行为人主要是武器装备的操作使用人员;后罪的行为人主要是武器装备的管理人员而不是操作使用人员。如果武器装备的操作使用人员违反武器装备的管理规定,擅自改变武器装备的编配用途,造成严重后果的,也应以擅自改变武器装备编配用途罪论处。

5. 本罪与生产、作业重大安全事故罪和危险物品肇事罪的区别

三个罪名都是行为人违反某种规定,造成人员重伤、死亡或其他严重后果的犯罪,但有严格的区别:

(1)主体不同。武器装备肇事罪的主体是军职人员;而生产、作业重大安全事故罪的主体则是从事生产、作业的人员,危险物品肇事罪的主体则是生产、储存、

运输、使用爆炸性、易燃性、放射性、毒害性、腐蚀性物品的人员。

(2)违反的规定不同。武器装备肇事罪的客观方面表现为军职人员违反武器装备使用规定,因而发生严重后果的行为;生产、作业重大安全事故罪的客观方面表现为在生产、作业中违反有关安全管理的规定,因而发生重大伤亡事故或者造成其他严重后果的行为;危险物品肇事罪的客观方面表现为在生产、储存、运输、使用中违反爆炸性、易燃性、放射性、毒害性、腐蚀性物品的管理规定发生重大事故,造成严重后果的行为。

(3)武器装备肇事罪要求必须是违反规定的情节严重,后两个罪名则无此限制。

(4)客体不同。武器装备肇事罪的客体是部队装备的管理使用制度;而生产、作业重大安全事故罪的客体是公共安全;危险物品肇事罪的客体则主要是危险品的安全管理制度,而且该罪所指的危险品不属于"武器装备"的范围。

第四百三十七条　【擅自改变武器装备编配用途罪】违反武器装备管理规定,擅自改变武器装备的编配用途,造成严重后果的,处三年以下有期徒刑或者拘役;造成特别严重后果的,处三年以上七年以下有期徒刑。

【条文理解】

擅自改变武器装备编配用途罪,是指违反武器装备管理规定,未经有关机关批准,擅自将编配的武器装备改作其他用途,造成严重后果的行为。本罪的具体构成要件是:

(1)本罪侵犯的客体是部队武器装备的管理秩序。部队的武器装备必须按照使用权限和编配用途进行严格管理,才能确保正常使用,使武器装备既充分发挥效能,又经常处于良好的技术状态,为部队随时完成各项任务提供有力保障。擅自改变武器装备编配用途的行为使武器装备管理失控,严重影响正常使用,甚至造成武器装备的毁损、丢失或者其他严重后果,造成武器装备的管理秩序混乱,危害武器装备的安全。

(2)本罪的客观方面表现为行为人违反武器装备管理规定,擅自改变武器装备的编配用途,造成严重后果的行为。武器装备管理规定,是相对于武器装备的操作规程、安全规范等使用规定而言的,主要是指涉及武器装备的动用权限、编配用途、使用范围等管理内容的规定。擅自改变武器装备的编配用途,是指未经上级批准而自行将用于某一用途的武器装备改作其他用途,如随意启封使用作战储备的武器装备,用火炮牵引车改作运输用,随意将武器装备出租、出借等。造成严重后果是构成本罪的必要条件,主要是指武器装备毁损、人员伤亡、严重影响部队执行任务等。

(3)本罪的主体是所有军人。从司法实践看,主要是各级指挥人员和武器装备的管理人员。

(4)本罪的主观方面表现为过失,即行为人应当预见自己的行为违反武器装备管理规定,会造成严重后果,由于疏忽大意而没有预见,或者虽已预见但轻信能够避免,以致发生严重后果。如果行为人对违反武器装备管理规定,擅自改变武器装备编配用途的行为可能造成的严重后果采取希望或放任的态度,则应根据不同的犯罪构成要件以故意犯罪论处。如明知他人借用枪支是为了报复杀人却仍将枪支借给对方,应以故意杀人罪的共犯论处。

【司法适用】

1. 本罪"造成严重后果""造成特别严重后果"的认定

"严重后果",在司法实践中主要包括:造成重大任务不能完成或者迟缓完成的;造成死亡 1 人以上,或者重伤 3 人以上,或者重伤 2 人、轻伤 4 人以上,或者重伤 1 人、轻伤 7 人以上,或者轻伤 10 人以上的;造成武器装备、军事设施、军用物资或者其他财产损毁,直接经济损失 30 万元以上,或者直接经济损失、间接经济损失合计 150 万元以上的;以及造成其他严重后果,如擅自改变编配用途的武器装备被他人用来实施犯罪活动的;因挪用武器装备行为严重败坏军队形象,毁坏军队声誉的;等等。"造成特别严重后果",在司法实践中主要是指多次改变武器装备编配用途造成大量人员伤亡、装备严重受损等特别严重后果;导致作战严重失利,严重影响部队完成重要军事行动任务;等等。

2. 本罪与非法出租、出借枪支罪的区别

前罪侵害的是武器装备的管理秩序;后罪侵害的是公共安全秩序。前罪的行为范围比较广泛,包括出租、出借的方式,其行为必须造成了严重后果,属于结果犯;后罪的行为方式仅限于出租、出借枪支,且并不要求已造成严重后果,属于行为犯。前罪属于过失犯罪;后罪属于故意犯罪。

在司法实践中,两罪可能出现犯罪竞合现象,即军人违反武器装备管理规定,以出租、出借方式擅自改变枪支编配用途。如未发生严重后果,则应以非法出租、出借枪支罪论处,如造成严重后果,则应择一重罪处断,由于两罪法定刑相同,又鉴于行为人系军人,故应适用本罪论处。

3. 本罪与玩忽军事职守罪的区别

两罪存在部分法条竞合关系。当指挥人员玩忽职守的行为表现为不正确履行职责,擅自改变武器装备编配用途时,其行为本身在实质上也是一种玩忽军事职守的行为。如果该行为发生在非战时,以本罪定罪处罚;如行为发生在战时,因战时玩忽军事职守罪的法定刑重于本罪法定刑,则应以玩忽军事职守罪论处。

4. 本罪与指使部属违反职责罪的区别

前罪仅表现为违反武器装备的管理规定,擅自改变武器装备的编配用途,其内容比较单一,范围比较狭窄;后罪表现为滥用职权,指使部属进行违反职责的活动,其内容比较复杂,范围比较广泛。前罪的主体是一般主体,即所有军人;后罪的主体是特殊主体,即军队中的各级首长和其他有权指挥他人的人员。

具体案件中,两罪可能出现犯罪竞合现象,即指使部属所进行的违反职责活动就是违反武器装备管理规定,擅自改变武器装备的编配用途,如部队领导擅自把军用坦克吊车借给地方建筑工地用于基建,造成人员伤亡事故。对此情形应按照想象竞合犯的处理原则,以法定刑较重的指使部属违反职责罪论处。

5. 使用武器装备实施其他犯罪的定罪

使用武器装备实施其他犯罪的,如使用装备枪支杀人,动用舰艇、军用飞机走私等,一般应将其擅自改变武器装备编配用途的行为作为实施其他犯罪的情节从重处罚。但是在使用武器装备实施其他犯罪的过程中,发生武器装备毁损、人员重伤死亡及其他严重责任事故,或影响部队完成重要任务等严重后果的,则应实行数罪并罚。

【司法案例】

军人为牟利提供军用枪弹给人打靶案①

[**裁判要旨**]军人以获得钱财为目的,私自将军用枪支、子弹提供给地方人员打靶的行为,虽然与盗窃武器装备行为、非法出卖武器装备行为有相似之处,但如果以盗窃武器装备罪或者非法出卖武器装备罪定罪处罚,不能完整评价其全部行为表现,没有准确揭示受到侵害的具体法益,其行为的社会危害性、行为人的主观恶性及人身危险性的严重程度与这两个罪名所配置刑罚的严厉程度亦不相匹配;认定构成擅自改变武器装备编配用途罪,则能够全面契合其行为特征,恰当反映被害法益,体现出的罪责刑关系也更为合理和平衡。

① 参见《军人为牟利提供军用枪弹给人打靶的定罪》,载《人民司法·案例》2019年第11期。

第四百三十八条　【盗窃、抢夺武器装备、军用物资罪】盗窃、抢夺武器装备或者军用物资的，处五年以下有期徒刑或者拘役；情节严重的，处五年以上十年以下有期徒刑；情节特别严重的，处十年以上有期徒刑、无期徒刑或者死刑。

【盗窃、抢夺枪支、弹药、爆炸物、危险物质罪】盗窃、抢夺枪支、弹药、爆炸物的，依照本法第一百二十七条的规定处罚。

【条文理解】

盗窃、抢夺武器装备、军用物资罪，是指以非法占有为目的盗窃或者抢夺武器装备或者军用物资的行为。本罪的具体构成要件是：

（1）本罪侵犯的客体是部队武器装备、军用物资的所有权。部队武器装备、军用物资是战斗力的主要物质基础，保证其不受非法侵占，是巩固部队战斗力的客观需要。盗窃、抢夺武器装备、军用物资的行为，直接造成部队武器装备、军用物资的损失，将给部队建设带来严重危害。

（2）本罪的客观方面表现为行为人盗窃、抢夺武器装备、军用物资的行为，即行为人采用秘密窃取或乘人不备、公然夺取的方法，非法占有武器装备、军用物资。犯罪的对象是部队在编的、正在使用的以及储存备用的武器装备或者军用物资，不包括已确定退役报废的武器装备、军用物资。因为退役报废的武器装备、军用物资已不能直接形成部队的战斗力。正在生产过程中，尚未交付部队的产品和物资，不能视为部队的武器装备、军用物资。武器装备的重要零部件，应以武器装备论。用于实施和保障作战行动的军用动物，如军马、军驼、军犬、军鸽等，应视为武器装备。军用物资是指武器装备以外，供军事上使用的其他物资，如被装、粮秣、油料、建材、药材等。

盗窃、抢夺武器装备、军用物资不受部队隶属关系的限制，即甲部队的人盗窃、抢夺乙部队的武器装备、军用物资，现役军人盗窃、抢夺预备役部队的武器装备、军用物资，均属盗窃、抢夺武器装备、军用物资。

本罪为选择性罪名，行为人只要具有盗窃、抢夺武器装备、军用物资其中一种行为就构成本罪；具有两种行为的，仍认定为一罪，不实行数罪并罚。

（3）本罪的主体是所有军人。

（4）本罪的主观方面表现为故意，即行为人明知自己的盗窃、抢夺行为将侵犯部队武器装备、军用物资的所有权，危害国家军事利益，却希望或放任这种危害结果的发生。司法实践中，实施本罪的行为人主观上都具有非法占有武器装备或者军用物资的目的,属于直接故意犯罪。

【司法适用】

1. 本罪"情节严重""情节特别严重"的认定

"情节严重",在司法实践中主要是指盗窃、抢夺重要或者多件武器装备的,盗窃、抢夺军用物资数额巨大的,战时盗窃、抢夺武器装备、军用物资的,严重影响部队完成任务的,采取破坏性方法盗窃造成部队严重损失的,等等。"情节特别严重",在司法实践中主要是指盗窃、抢夺多件重要武器装备或者大量武器装备的,盗窃、抢夺军用物资罪数额特别巨大的,严重影响部队完成重要任务的,采取破坏性方法盗窃造成部队特别严重损失的,等等。

2. 盗窃、抢夺武器装备的零部件、备附件等的处理

对于此类案件,应坚持具体情况具体分析的方法,把握案件性质。首先,对于盗窃、抢夺使用中的武器装备重要零部件,致使其丧失战斗效能的,应按破坏武器装备罪论处。其次,从武器装备上盗窃、抢夺不重要的备附件、器材的,可按盗窃、抢夺军用物资罪论处。最后,盗窃、抢夺储存于仓库中的武器装备重要零部件的,也应以盗窃、抢夺军用物资罪论处。

3. 采取破坏性方法盗窃武器装备、军用物资的定罪

在具体案件中,采取破坏性方法盗窃武器装备、军用物资的,可能出现与破坏武器装备、军事设施罪的竞合现象。因为这两种犯罪虽然最高法定刑相同,但在前两个法定刑档中,本罪的法定刑幅度重于破坏武器装备、军事设施罪,且行为人的犯罪目的是盗窃,故以本罪论处更为妥当,行为人所采取的破坏性方法及其所造成的损失可作为从重处罚的情节,在量刑时予以考虑。

4. 军人携带武器装备逃离部队的定罪

配发给军人个人使用的武器装备,所有权属于部队,个人无权据为已有。军人携带武器逃离部队,不仅逃避服兵役,而且将部队的武器装备带走,侵害了部队对武器装备的所有权,是一种特殊方式的盗窃行为。对此行为,除根据其逃离部队的情节决定是否构成逃离部队罪外,还应以盗窃武器装备罪论处。

5. 盗窃、抢夺枪支、弹药、爆炸物的定罪

为保障公共安全,《刑法》第 127 条规定了盗窃、抢夺枪支、弹药、爆炸物、危险物质罪,并对盗窃、抢夺军警人员的枪支、弹药、爆炸物作了加重处罚的规定,规定了比本罪更重的法定刑。军人盗窃、抢夺部队的枪支、弹药、爆炸物的,应根据《刑法》第 127 条第 2 款的规定,以盗窃、抢夺枪支、弹药、爆炸物、危险物质罪定罪处罚。

第四百三十九条　【非法出卖、转让武器装备罪】非法出卖、转让部队武器装备的，处三年以上十年以下有期徒刑；出卖、转让大量武器装备或者有其他特别严重情节的，处十年以上有期徒刑、无期徒刑或者死刑。

【条文理解】

非法出卖、转让武器装备罪，是指违反武器装备管理规定，未经有权机关批准，擅自出卖、转让部队武器装备的行为。武器装备是部队战斗力的主要物质基础，加强武器装备的严格管理，防止各种危害武器装备安全的违法犯罪行为是巩固部队战斗力的客观需要。本罪的具体构成要件是：

(1)本罪侵犯的客体是部队的武器装备管理秩序。犯罪对象“武器装备”，是实施和保障军事行动的武器、武器系统和军事技术器材的统称。

(2)本罪的客观方面是行为人违反武器装备管理制度，未经有权机关批准擅自出卖、转让武器装备。根据最高人民检察院、解放军总政治部《军人违反职责罪案件立案标准的规定》第22条，出卖、转让是指未经有权机关批准，擅自用武器装备换取金钱、财物或者其他利益，或者将武器装备馈赠他人的行为。“其他特别严重情节”属于加重处罚情节，司法实践中一般指出卖、转让重要的或紧缺的武器装备的；战时出卖、转让武器装备的；出卖、转让武器装备被用于犯罪活动的；致使武器装备流入社会造成危害公共安全的严重后果的；严重影响部队完成重要任务的；出卖、转让给境外的机构、组织、人员的；等等。

(3)本罪的主体是负有武器装备管理职责的军职人员。

(4)本罪的主观方面是故意，行为人明知自己非法出卖、转让武器装备的行为会造成侵害部队对武器装备的所有权，会造成部队永久地丧失对武器装备的控制，部队的战斗力因此而受到削弱，却仍然希望或者放任危害行为的发生。但对于武器装备被出卖、转让后流入社会造成的严重后果，不要求行为人主观上有直接故意。

【司法适用】

1. 本罪要求行为人必须具有转移武器装备所有权的故意

如果只是将武器装备暂时出租、出借给他人，则没有改变武器装备的所有权，只是丧失了对武器装备的占有和控制，不能认定为本罪，应当依照军纪处理。但是如果造成了严重后果，可以依照擅自改变武器装备编配用途罪追究刑事责任。

2. 本罪的犯罪对象是部队在编的、正在服役的武器装备，不包括已经退役报废的武器装备

用于实施和保障作战行动的军用物资，如军马、军犬等，应视为武器装备。根

据有关武器装备管理法规的规定，部队的武器装备由于使用、储存年限久，性能下降，型号技术落后，或者因其他原因不宜继续装备部队的，可以作退役或者报废处理。退役、报废的武器装备根据不同情况，分别作储存备用、教学、训练、装备民兵、拆件留用、非军事使用或者作废旧物资等处置。退役报废的武器装备不能直接形成部队的战斗力，存在出卖、转让行为的，不构成本罪。

3. 注意本罪的"非法"特性，部队正常处理武器装备的行为不构成本罪

部队将报废的武器装备作适当技术处理后出卖、转让给有关单位作展览、观光、科研、回收等用途的，如果已经过上级有权部门审查批准，由单位集体研究并作出决定，则不应认定为犯罪。

4. 本罪没有单位犯罪

实践中本罪多属于单位主管领导决定、以单位名义非法出卖、转让的，但本罪没有规定单位犯罪，根据《刑法》第30条的规定，不能认定为单位犯罪。对单位非法出卖、转让武器装备的行为，应当以本罪追究主管领导和直接责任人员的刑事责任。具体量刑上，可以酌情考虑犯罪行为实际上是以单位名义作出、直接责任人可能存在的服从命令而为之等具体情况，确保罪责刑相适应。

5. 本罪与非法买卖枪支、弹药、爆炸物罪的法条竞合问题

非法买卖枪支、弹药、爆炸物罪的客体是社会公共安全，主体属于一般主体。本罪的客体是部队武器装备的管理秩序，主体是特殊主体即军职人员。根据特别法条优于普通法条的原则，军人非法出卖部队武器装备的，应优先适用本条的规定。

6. 本罪是选择性罪名

行为人既实施了出卖武器装备行为，也实施了转让武器装备行为的，应认定为非法出卖、转让武器装备罪，不实行数罪并罚。

第四百四十条　【遗弃武器装备罪】违抗命令，遗弃武器装备的，处五年以下有期徒刑或者拘役；遗弃重要或者大量武器装备的，或者有其他严重情节的，处五年以上有期徒刑。

【条文理解】

遗弃武器装备罪，是指负有保管武器装备义务的军人，违抗命令，故意遗弃武器装备的行为。武器装备是部队战斗力的主要物质基础，没有武器装备的部队是不具备战斗力的，武器装备残缺不全的部队是不可能有强大战斗力的。保证武器

装备随时在编在位,是巩固部队战斗力的需要。随意将武器遗弃的行为,不仅违反了军人的职责,削弱了部队的战斗力,还可能对社会公共安全造成危害。本罪的具体构成要件是:

(1)本罪侵犯的客体是部队武器装备管理秩序。犯罪对象“武器装备”,是实施和保障军事行动的武器、武器系统和军事技术器材的统称。

(2)本罪的客观方面表现为行为人违抗命令、遗弃武器装备的行为。遗弃行为以违抗命令为前提,指违反并拒不执行上级的命令。遗弃是指故意丢掉,弃置不顾。遗弃的场所主要是在战场、军事行动地区、野外训练场和其他足以使武器装备失控的地点。遗弃的对象是行为人依法持有或有权管理的武器装备,包括暂时损坏但能够修复的武器装备。遗弃的情形既包括抛弃现有的、能够发挥作用的武器装备,如将有用的武器装备当作废品抛弃,也包括应当将置于不安全地方的武器装备妥善管理却不妥善管理,如应当将在野外练习使用的武器装备运回军营而不运回,使其丧失武器性能。在战场上,行为人自行将因战损无法修复的武器装备丢弃,不属于遗弃武器装备。将盗窃、抢夺的武器装备又遗弃的,应作为盗窃、抢夺武器装备罪的从重处罚情节。本罪的加重情节有两个:一是遗弃重要或者大量武器装备的,重要武器装备是指部队的主要武器装备和在作战中有重要作用的武器装备。根据军队有关武器装备管理规定,主要武器装备指的是各种导弹、飞机、作战舰艇、登陆舰和1000吨以上的辅助船、坦克、装甲车辆,85毫米以上口径的地面火炮、岸炮、高炮、鱼雷、水雷、雷达、声呐、指挥仪,15瓦以上的电台和电子对抗装备、舟桥,60千瓦以上的工程机械、汽车、陆军舰艇等;二是有其他严重情节,如指挥人员带头遗弃的、煽动他人遗弃的、战时遗弃的、因遗弃行为影响部队完成重要任务或者造成严重后果的等。

(3)本罪的主体是武器装备的使用者、保管者、指挥者。

(4)本罪的主观方面是故意,没有过错或者过失的行为不构成本罪。犯罪动机较为多样,如由于战事激烈武器被夺取或遗失的,为逃跑、乔装方便而遗弃的,为撤退顺利“甩包袱”遗弃的。

【司法适用】

1. 本罪必须是违反并拒绝执行命令的行为

具体遗弃武器装备的动机,有的出于贪生怕死怯于作战而遗弃,有的为了躲避使用武器可能带来的危险而遗弃,有的为了逃离部队丢掉“包袱”而遗弃,有的为了个人泄私愤而遗弃。但是如果是经过上级批准而遗弃武器装备的,在战时紧急情况下无法和上级取得联系时而遗弃的,在战场上根据作战的需要有组织地丢弃武器的,因战事紧急来不及妥善处理武器装备或修复战损的武器装备而不得已丢弃的,在紧急情况下为了避免造成更大的危害后果而遗弃的,这些均不属于违抗命令的情形。

2. 本罪与战时违抗命令罪的界限

(1)战时违抗命令罪的客体是部队的作战指挥秩序,本罪的客体是武器装备的管理秩序。(2)客观方面,两罪虽然都有违抗命令的要件,但是战时违抗命令罪中违抗命令本身就是客观方面的主要内容,而本罪中客观方面的主要内容是遗弃武器装备,违抗命令只是限制条件,仅有违抗命令还不足以构成本罪。但如果遗弃武器装备时的"违抗命令"特征特别恶劣,二罪发生了想象竞合,则应择一重罪按照战时违抗命令罪处罚。(3)破坏武器装备罪的主体是一般主体,军人和非军人均可构成,本罪主体是特殊主体即军人。

3. 本罪与破坏武器装备罪的界限

(1)破坏武器装备罪的客体是武器装备的安全,本罪的客体是武器装备的管理秩序。(2)破坏武器装备罪的客观方面表现为积极地破坏,本罪的客观方面则是消极地遗弃。但如果消极的遗弃行为必然造成武器装备破坏,应属于破坏武器装备。(3)破坏武器装备罪的主体是一般主体,军人和非军人均可构成,本罪主体是特殊主体即军人。(4)破坏武器装备的犯罪动机是损害武器装备的使用价值,使其功能和作用受到减损。本罪的犯罪动机不是为了破坏。

4. 本罪与遗失武器装备罪的界限

遗失武器装备罪的主观方面是过失,本罪为故意;遗失武器装备罪主要针对的是遗失后隐瞒不报的行为以及因遗失导致严重后果的情况,本罪主要针对的是故意遗弃武器装备的行为。

5. 一罪与数罪的界定

(1)行为人在犯战时临阵脱逃、逃离部队等罪时,有时也会同时遗弃武器装备,如行为人丢掉枪支逃离阵地等。在这种情况下,行为人实际上分别实施了遗弃武器装备的行为和临阵脱逃、逃离部队的行为,其行为符合不同的犯罪构成要件,应当数罪并罚。(2)行为人在实施盗窃、抢夺武器装备犯罪后或实施破坏武器装备后又遗弃武器装备,这种情况就像盗窃后将赃物销赃一样,属于事后不可罚行为,只能定一个盗窃、抢夺武器装备罪,不实行数罪并罚。

6. 以不作为形式犯本罪的既、未遂认定

对以不作为形式实施遗弃武器装备罪的,应以其行为是否明确表达了遗弃武器装备的主观意图为准。如果行为人尚未表达出遗弃武器装备的意图,则无法判断其不作为行为的法律性质,反之如果明确表达出了遗弃武器装备的意图,则其不作为的行为即告完成。所以这种以不作为形式完成本罪的情况,不存在未遂和中止的情况。

第四百四十一条　【遗失武器装备罪】遗失武器装备，不及时报告或者有其他严重情节的，处三年以下有期徒刑或者拘役。

【条文理解】

遗失武器装备罪是指军人遗失武器装备，不及时报告或者有其他严重情节的行为。本罪的具体构成要件是：

（1）本罪侵犯的客体是部队武器装备管理秩序。犯罪对象是武器装备，是实施和保障军事行动的武器、武器系统和军事技术器材的统称。武器装备一般是行为人依法持有或者有权管理的武器装备，包括暂时损坏但能够修复的武器装备。

（2）本罪的客观方面表现为行为人遗失武器装备，不及时报告或者有其他严重情节。"遗失"是指在武器装备的操作、使用、维护、修理、保养、运送等过程中，因疏忽大意或者过于自信而造成武器装备丢失。"不及时报告"是指丢失武器装备后不按有关规定向首长、上级报告，因而丧失追查、寻找武器装备的机会。根据最高人民检察院、解放军总政治部《军人违反职责罪案件立案标准的规定》，"其他严重情节"是指遗失武器装备严重影响重大任务完成的；给人民群众生命财产安全造成严重危害的；遗失的武器装备被敌人或者境外的机构、组织和人员或者国内恐怖组织和人员利用，造成严重后果或者恶劣影响的；遗失的武器装备数量多、价值高的；战时遗失的；等等。

（3）本罪的主体是特殊主体即军人。

（4）本罪的主观方面为过失，要有疏忽大意或过于自信的意志因素。

【司法适用】

1. 本罪罪与非罪的界限

遗失武器装备罪并非行为犯，行为人仅有客观上遗失武器装备的行为不足以定罪，关键取决于是否具备"不及时报告"或者有"其他严重情节"这两个限制性条件。对"不及时报告"的认定也要坚持主客观相一致的原则，如果行为人是想要报告但是由于客观条件的限制而不能、无法向上级报告，不能认定为"不及时报告"。如果行为人在遗失武器装备后及时向本单位领导报告了情况，而本单位领导出于怕影响单位形象和相关考核而没有向上级报告，则不能认定行为人"不及时报告"，只能作违反军纪处理。对单位领导，由于其不是遗失武器装备的直接责任人,也不能认定其构成遗失武器装备罪,但可以考虑以玩忽职守罪追究相应的刑事责任。

2. 本罪与丢失枪支不报罪的界限

在犯罪客体上,本罪侵犯的客体是武器装备的管理秩序,丢失枪支不报罪侵犯的客体是公共安全。在犯罪客观方面,本罪要求具有“不及时报告”和“有其他严重情节”其中之一即可,而丢失枪支不报罪要求既“不及时报告”又同时造成了严重后果。在犯罪主体上,本罪是特殊主体即军人,丢失枪支不报罪是依法配备公务用枪和依法配置枪支的人员。在犯罪对象上,本罪是武器装备,范围较宽,而丢失枪支不报罪仅限于枪支。

3. 本罪与隐瞒军情罪的界限

两罪都有隐情不报的特征,而且遗失武器装备也属于军情,二者的区别是:在犯罪客观方面,本罪的不及时报告是对遗失武器装备行为的限制条件,主要内容还是遗失武器装备;而隐瞒军情罪的主要内容就是隐瞒不报。在犯罪主体上,本罪的主体是遗失武器装备的行为人;而隐瞒军情罪的主体是军情信息的掌握人,不一定就是军情内容的行为人。在犯罪主观方面,本罪是过失,隐瞒军情罪是故意。司法实践中,对于遗失武器装备后不及时报告的,一般不能以隐瞒军情罪论处,除非遗失武器装备已对作战造成了严重的危害,如果仍以遗失武器装备罪论处,将造成明显的罚不当罪,这时才可考虑对行为人不及时报告的行为以隐瞒军情罪追究刑事责任。

4. 本罪的数罪情况

行为人在战时临阵脱逃过程中可能发生遗失武器装备的情况,由于行为人实施的是两种完全不同性质的犯罪,因此应当数罪并罚,以战时临阵脱逃罪和遗失武器装备罪定罪。

第四百四十二条　【擅自出卖、转让军队房地产罪】违反规定,擅自出卖、转让军队房地产,情节严重的,对直接责任人员,处三年以下有期徒刑或者拘役;情节特别严重的,处三年以上十年以下有期徒刑。

【条文理解】

擅自出卖、转让军队房地产罪是指违反军队房地产管理和使用规定,未经有权机关批准,擅自出卖、转让军队房地产,情节严重的行为。本罪的具体构成要件是:

(1)本罪侵犯的客体是军队的房地产管理秩序。军队房地产,是指依法由军队使用管理的土地及其地上地下用于营房保障的建筑物、构筑物、附属设施设备以及其他附着物,包括军队的土地、房屋、国防工程设施、林木等。"房屋"是指军队拥有所有权的房屋等建筑物及构筑物。"国防工程设施"是指机场、码头、公路、铁路专用线、工事和其他建(构)筑设施等。"林木"是指军队拥有所有权的森林、树木。

(2)本罪的客观方面是行为人违反了军队房地产管理和使用规定,未经有权机关依法审批,有偿或者无偿改变军队土地、房屋、国防工程设施、林木的产权关系,情节严重的行为。情节严重,根据最高人民检察院、解放军总政治部《军人违反职责罪案件立案标准的规定》,一般是指擅自出卖、转让军队房地产价值 30 万元以上的;擅自出卖、转让军队房地产给境外的机构、组织、人员的;擅自出卖、转让军队房地产严重影响部队正常战备、训练、工作、生活和完成军事任务的;擅自出卖、转让军队房地产给军事设施安全造成严重危害的;有其他情节严重行为的。如果情节不严重,则可按照军纪处分。

(3)本罪的主体是特殊主体,即军队各单位的主管人员和有房地产管理职责的人员。

(4)本罪的主观方面是故意。

【司法适用】

1. 罪与非罪的界限

本罪客观方面的主要内容是擅自出卖、转让军队房地产。未经有权机关依法审批,任何单位和个人都不得随意处理军队房地产,违者即属于擅自处理军队房地产。出卖和转让是两种主要的擅自处理军队房地产的方式,出卖是指有偿地将房地产让与他人,转让是指无偿地将房地产让与他人,两种方式均造成了原本属于军队的房地产脱离了军队的控制。本罪要求出卖、转让后军队房地产的接受方是地方企业、组织、人员,如果是出卖或者转让给军队其他单位,因为房地产的所有权没有脱离军队,因此不构成本罪。如果仅是出租、出借军队房地产给他人使用,没有改变房地产的产权关系,可以按期收回,则也不属于本罪。

2. 本罪与非法转让、倒卖土地使用权罪的界限

两罪均涉及违规买卖、转让,容易混淆。在客体上,本罪的客体是军队的房地产管理秩序,非法转让、倒卖土地使用权罪的客体是土地市场管理秩序。在犯罪对象上,本罪的犯罪对象是军队的房地产,非法转让、倒卖土地使用权罪的犯罪对象是国有、集体土地的使用权。在主体上,本罪的主体是军队各单位的主管人员和有房地产管理职责的人员,非法转让、倒卖土地使用权罪的主体是一般主体。

3. 本罪与非法低价出让国有土地使用权罪的界限

两罪均涉及房地产,但在客体上,本罪的客体是军队的房地产管理秩序,非法低价出让国有土地使用权罪的客体是国有土地管理秩序;在客观方面,本罪是将军队房地产擅自出卖、转让给地方,产权发生了改变,从军队转移到了地方;非法低价出让国有土地使用权罪的客观方面是将国有土地使用权非法低价出让,产权仍然属于国家,只是使用权发生了改变。

4. 本罪不适用数罪并罚

本罪系选择性罪名,既有擅自出卖又有擅自转让行为的,不适用数罪并罚。

5. 本罪没有单位犯罪条款

对于实践中单位主管领导未经有权部门批准,以单位名义擅自出卖、转让军队房地产的,不能按照单位犯罪处罚,只能依照本条规定追究单位主管领导和直接责任人员的刑事责任。

第四百四十三条 【虐待部属罪】滥用职权,虐待部属,情节恶劣,致人重伤或者造成其他严重后果的,处五年以下有期徒刑或者拘役;致人死亡的,处五年以上有期徒刑。

【条文理解】

虐待部属罪是指滥用职权,虐待部属,情节恶劣,致人重伤、死亡或者造成其他严重后果的行为。本罪的具体构成要件是:

(1)本罪侵犯的客体是官兵关系和部属的人身权利。

(2)本罪的客观方面表现为行为人滥用职权,虐待部属,情节恶劣,造成了严重后果。虐待部属,是指采取殴打、体罚、冻饿或者其他有损身心健康的手段,折磨、摧残部属的行为。根据最高人民检察院、解放军总政治部《军人违反职责罪案件立案标准的规定》,"情节恶劣"是指虐待手段残酷的;虐待 3 人以上的;虐待部属 3 次以上的;虐待伤病残部属的;等等。"其他严重后果"是指部属不堪忍受虐待而自杀、自残造成重伤或者精神失常的;诱发其他案件、事故的;导致部属 1 人逃离部队 3 次以上,或者 2 人以上逃离部队的;造成恶劣影响的;等等。

(3)本罪的主体是负有指挥职能的军职人员,一般士兵不能单独成为本罪主体,但可能成为本罪的共犯。

(4)本罪的主观方面是故意。行为人有意实施虐待行为,但是对于可能出现的致人死亡、重伤后果并不持有追求或放任态度,否则应以故意杀人、故意伤害论处。

【司法适用】

1. 罪与非罪的界限

打骂、体罚士兵现象在一些军队基层单位中不同程度地存在，解决这一问题从根本上讲要靠加强思想政治建设，保持人民军队的本色，进一步端正对士兵的感情和态度，增强爱兵观念。但批评教育不是万能的，对少数人给予相应的纪律处分，直到追究个别人的刑事责任也是完全必要的。对此，既要防止放纵犯罪、打击不力，又要避免扩大打击面、影响部队的严格管理，因此必须将本罪与严格要求部属但方法不当的行为区别开来。本罪是虐待行为，情节恶劣并造成了死亡、重伤等一定后果。所谓虐待，通常有较为特定的对象，且行为具有一定的持续性。而严格要求部属甚至工作方法简单粗暴，如在训练、施工及其他体力活动上提出过高的要求，通常是针对职权范围内的下属整体，对事不对人，不针对某个人或某几个人，只是方法不当的严格要求行为，不具有虐待的故意，一般也不具有恶劣情节和严重后果，不应以虐待部属对待。

2. 本罪是结果犯

必须达到致人重伤或有其他严重后果的才能追究刑事责任。如果只有虐待的主观故意和客观行为，但是没有恶劣情节，也没有出现严重后果，则不能认定本罪。

3. 本罪主体与犯罪对象之间必须具有指挥与被指挥的隶属关系

根据《中国人民解放军内务条令》第 36 条规定，在行政职务上构成隶属关系时，行政职务高的是首长又是上级，行政职务低的是部属又是下级，部属的上一级首长是直接首长；在行政职务上未构成隶属关系时，行政职务高的是上级，行政职务低的是下级，行政职务相当的是同级；在相互不知道行政职务时，军衔高的是上级，军衔低的是下级，军衔相同的是同级。部属、下级必须服从首长、上级。本罪的犯罪主体不要求必须是军官，但是与犯罪对象之间必须具有隶属关系，如部队中的班长也是士兵，但是有权指挥本班其他士兵，对全班的工作负完全责任。没有隶属关系的士兵之间，一方凭借资历或其他有利条件，对另一方实施虐待，如老兵虐待新兵，不能认定构成本罪。

4. 本罪与过失伤害罪的界限

本罪的犯罪主体与犯罪对象都是特殊主体即军人（其中犯罪主体还应是负有指挥职能的军人），属于故意犯罪。过失伤害罪的主体与对象则均是一般主体，属于过失犯罪。

5. 本罪与虐待罪的界限

本罪发生于军人之间，主体与对象均是军人；虐待罪发生于家庭成员之间，主体与对象均是家庭成员。

6. 本罪与滥用职权罪的界限

两罪均有滥用职权的行为，但本罪系特别法条，滥用职权罪系普通法条，应按照特别法优于一般法的原则，对于军人之间发生的上级虐待部属构罪的情况优先适用本罪规定。

7. 本罪与侮辱罪、非法拘禁罪、故意伤害罪、故意杀人罪的界限

在虐待部属过程中，行为人可能实施了侮辱部属人格、将部属关禁闭的手段，属于手段与目的发生牵连，一般应认定为本罪；虐待过程中也可能会出现死亡、重伤的情况，但是这些情况不属于行为人追求或放任出现的结果，行为人对此是过失的，不能认定故意伤害或者故意杀人。但是如果在虐待部属过程中，采取明显的故意伤害或故意杀人行为，如拳打脚踢头面部等要害部位，利用棍棒刀具等随意击打捅刺造成重伤、死亡的，就是以虐待之名行杀人、伤害之实，应以故意伤害或故意杀人论处。此外，侮辱罪、非法拘禁罪、故意伤害罪、故意杀人罪均为一般主体，客体是公民的健康、名誉等人身权利；而本罪的犯罪主体为特殊主体，即负有指挥职能的军人，客体不仅有部属的人身权利，还有部队的正常管理秩序、官兵一致的上下级关系。

第四百四十四条　【遗弃伤病军人罪】在战场上故意遗弃伤病军人，情节恶劣的，对直接责任人员，处五年以下有期徒刑。

【条文理解】

遗弃伤病军人罪是指在战场上故意将我方伤病军人遗弃，情节恶劣的行为。根据最高人民检察院、解放军总政治部《军人违反职责罪案件立案标准的规定》，“情节恶劣”主要是指为挟嫌报复而遗弃伤病军人的；遗弃伤病军人 3 人以上的；导致伤病军人死亡、失踪、被俘的；有其他恶劣情节的。本罪的具体构成要件是：

(1)本罪侵犯的客体是战场救护秩序，同时也包括战场上伤病军人的被救护权利。

(2)本罪的客观方面表现为行为人实施了遗弃伤病军人的行为，遗弃伤病军人的行为达到了情节恶劣的程度。“遗弃”是指有能力也有可能救助而不予救助的行为。

(3)本罪的主体是特殊军人主体，即对伤病军人负有救护职责的直接责任人员，包括救护人员和指挥人员。

(4)本罪的主观方面为故意,过失不构成本罪。

【司法适用】

1. 罪与非罪的界限

(1)要求遗弃伤病军人的行为达到“情节恶劣”的程度,如指挥人员和救护人员在紧要关头或者危急时刻只顾保全自己而遗弃伤病军人的、遗弃重要军人的、因遗弃行为引起官兵强烈义愤或者造成恶劣影响的,才能认定犯罪。(2)救护人员、指挥人员之外的其他军人遗弃伤病军人的,虽然也应受到道德谴责,但是不应认定为本罪。(3)本罪要求具有遗弃伤病军人的主观故意,如果战斗情况极其紧急,确实没有条件将伤病军人抢救下来或带走的,不视为犯罪。

2. 本罪与遗弃罪的界限

本罪与遗弃罪均有遗弃的犯罪行为。本罪的犯罪客体主要是战场救护秩序,犯罪主体与犯罪对象均是军人;遗弃罪的犯罪客体是被遗弃人的受扶养的权利,犯罪主体与犯罪对象均为家庭成员。

3. 本罪与玩忽军事职守罪的界限

本罪与玩忽军事职守罪在犯罪主体和后果上有相似之处,行为人因不负责任而造成伤病军人被遗弃的情况下,如何定罪需要具体分析。本罪是故意犯罪,行为人对遗弃行为是追求或者放任的,但对后果可能是过失的;玩忽军事职守罪是过失犯罪,行为人对可能造成伤病军人被遗弃的后果应当预见,因为疏忽大意没有预见,或者已经预见但轻信能够避免。因此定罪的关键在于查明行为人的主观方面:如果行为人明知存在伤病军人,且有条件抢救,却不履行职责组织抢救伤病军人,遗弃伤病军人不管不顾达到情节恶劣的程度,应以遗弃伤病军人罪论处;如果行为人不认真履行职责,没有查明是否存在伤病军人,以至于伤病军人被遗弃,造成严重后果的,应以玩忽军事职守罪论处。

4. 本罪与战时拒不救治伤病军人罪的界限

本罪与战时拒不救治伤病人罪均侵害了战时的救护秩序,在主观上和犯罪对象上有相同之处。本罪的犯罪主体是参加作战的医护人员、指挥人员,战时拒不救治伤病军人罪的主体只有医护人员。本罪的客观方面主要表现为完全不顾伤病军人的死活将其遗弃,不仅使伤病军人无法得到救治,还可能会使他们脱离部队,甚至会遭遇种种不测。战时拒不救治伤病军人罪的客观方面是使伤病军人在救护单位得不到救治,不存在脱离部队的危险,但是如果造成伤病军人重伤、死亡或有其他严重情节的,要加重处罚。如果负有救治职责的医护人员出于发泄私愤、怕苦怕累、害怕传染等动机,有能力、有条件救治而拒不救治,将伤病军人遗弃的,应按照重罪吸收轻罪的原则,依战时拒不救治伤病军人罪处罚。

5. 本罪的一罪与数罪情形

遗弃伤病军人是单一罪名,不是选择性罪名,无论遗弃的是负伤军人还是患病军人,均认定为遗弃伤病军人罪。在战场上因临阵脱逃而遗弃伤病军人的,属于想象竞合犯,按照“一重从重”的原则,按照法定最高刑更重的临阵脱逃罪处罚,并将遗弃伤病军人罪作为从重处罚情节。

第四百四十五条　【战时拒不救治伤病军人罪】战时在救护治疗职位上,有条件救治而拒不救治危重伤病军人的,处五年以下有期徒刑或者拘役;造成伤病军人重残、死亡或者有其他严重情节的,处五年以上十年以下有期徒刑。

【条文理解】

战时拒不救治伤病军人罪是指战时在救护治疗职位上,有条件救治而拒不救治危重伤病军人的行为。本罪的具体构成要件是:

(1)本罪侵犯的客体是战时救护秩序和军人的生命健康权。犯罪对象是我军的危重伤病军人,即伤病情况危险、紧急、严重,如不及时给予救治可能严重危害生命健康的军人。

(2)本罪的客观方面表现为战时在救护治疗职位上,有条件救治而拒不救治危重伤病军人的行为。根据最高人民检察院、解放军总政治部《军人违反职责罪案件立案标准的规定》,有条件救治而拒不救治,是指根据伤病军人的伤情或者病情,结合救护人员的技术水平、医疗单位的医疗条件及当时的客观环境等因素,能够给予救治而拒绝抢救、治疗。

(3)本罪的主体是军职人员中具有救护、治疗职责的人员,如军医、护理人员、临时被委派从事医务工作的人员等。

(4)本罪的主观方面是故意,即明知他人属于危重伤病军人,有条件救治而拒绝救治。

【司法适用】

战时拒不救治伤病军人,违背医务人员的职责,破坏了战时救护秩序、挫伤部队士气,削弱了我军的战斗力,将给作战带来严重危害。因此,严禁医务人员拒绝诊治按照军队有关规定就诊或转诊的军队伤病员,以及拒绝对危急重症伤病员进行必要的抢救处理。司法实践中应注意以下问题:

1. 罪与非罪的界限

(1)本罪的犯罪主体是负有救护、治疗职责的军医、军护,普通士兵、军官不能构成本罪。负有救护、治疗职责的军医、军护在下班以后、休假之中或者服从指挥临时承担其他更重要职能时,也不是本罪主体。(2)本罪在客观方面对拒绝救治的限制是“有条件救治”,如果行为人根据当时的医疗卫生条件以及个人的医疗技术水平认为没有条件实施救护或治疗行为,强行实施可能更严重损害危重伤病军人身体或导致其他更为严重的后果,因而不愿意实施救护治疗行为的,不能以犯罪论处。(3)本罪的犯罪对象是危重伤病军人,如果是拒绝救治伤病程度较轻的军人的,不能认定为本罪。(4)本罪对时间的要求是战时,发生在非战时的拒不救治危重伤病军人行为,不能认定为本罪。(5)本罪为行为犯,刑法没有就情节或后果作出限制性规定,故只要实施了刑法对该罪名规定的行为即可构成犯罪。但是在具体操作中,应根据战时的具体环境、医务人员所担负的具体职责、医疗设备情况、拒不救治的恶劣程度等综合考量,符合《刑法》第 13 条规定的情节显著轻微、危害不大的,也不宜认定为犯罪。(6)本罪主观方面是故意,过失不构成本罪。如果行为人是由于玩忽职守、严重不负责任而延误了抢救危重伤病军人,不能认定本罪。

2. 本罪与医疗事故罪的界限

两罪均侵害医疗救护秩序,犯罪对象都是伤病人,战时也会出现医疗事故。二者区别在于:(1)在犯罪主观方面,本罪为故意,医疗事故为过失。(2)在犯罪客观方面,本罪表现为不作为的行为犯,客观上不要求造成伤病军人伤残或者死亡等严重后果;而医疗事故罪属于结果犯,要求造成伤病人员死亡或者身体健康严重受损的后果,作为或不作为均可能造成医疗事故。(3)在犯罪对象上,本罪的犯罪对象是军人,而医疗事故罪的犯罪对象既可以是军人也可以是非军人。

3. 本罪只有既遂形态,没有中止、未遂

本罪属于不作为的行为犯,行为人是否实施了拒不救治伤病军人的行为,只能以其是否明确表达了拒不救治伤病军人的意思表示为准。如果行为人没有表示拒不救治的主观意图,则不能直接认定构成犯罪,反之则可认定为构成本罪。因此本罪只有犯罪既遂,不会有中止或未遂的情况。

第四百四十六条　【战时残害居民、掠夺居民财物罪】战时在军事行动地区,残害无辜居民或者掠夺无辜居民财物的,处五年以下有期徒刑;情节严重的,处五年以上十年以下有期徒刑;情节特别严重的,处十年以上有期徒刑、无期徒刑或者死刑。

【条文理解】

战时残害居民罪是指战时在军事行动地区残害无辜居民的行为；战时掠夺居民财物罪是指战时在军事行动地区抢劫、抢夺无辜居民财物的行为。本罪的具体构成要件是：

(1)本罪侵犯的客体是我军的作战利益和军事行动地区无辜居民的人身、财产权利。犯罪对象是无辜居民，指对我军无敌对行动的居民。

(2)本罪的客观方面表现为战时在军事行动地区，残害无辜居民或者掠夺居民财物。“残害”“掠夺”不是某一种具体的犯罪行为表现，而是一系列违法犯罪行为的集合概念，如殴打、体罚、虐待、监禁、奸淫、杀伤无辜居民，焚烧、毁坏、抢劫、抢夺、敲诈勒索、故意毁坏无辜群众财产等。

(3)本罪的主体是参战的军人。

(4)本罪的主观方面是故意。

【司法适用】

1. 罪与非罪的界限

(1)本罪对时间、地点都有明确限制，必须是战时、军事行动地区。发生在非战时、非军事行动地区的残害、掠夺无辜居民情况，不以本罪论处。(2)本罪的犯罪对象是无辜居民，认定本罪时应注意判别被残害、掠夺居民是否无敌对行动。所谓敌对行动，是指对我军官兵、武器装备和军事设施等采取的伤害或破坏活动。针对有该类行为的人采取的伤害行为不构成本罪。但是如果行为人侵害的对象没有敌对行动，只是抱有敌意，如散布不支持我军正义战争的言论或辱骂我军官兵等，则行为人的残害、掠夺行为应认定犯罪。(3)本罪是行为犯，《刑法》没有对犯罪情节或者危害后果作出限制性规定，因此只要行为人实施了残害、掠夺无辜居民的行为，原则上都应以本罪追究刑事责任。但是战场上的情况错综复杂，残害居民、掠夺居民财物的行为是否都要以犯罪论处，还要综合衡量我国《刑法》第13条的规定，对其中情节轻微、危害不大的，如偶尔殴打群众、强拿群众少量财物等情况，可不以犯罪处理。

2. 本罪的立案标准

根据最高人民检察院、解放军总政治部《军人违反职责罪案件立案标准的规定》，以下情形均应立案：故意造成无辜居民死亡、重伤或者轻伤3人以上的；强奸无辜居民的；故意损毁无辜居民财物价值5000元以上，或者不满规定数额，但手段恶劣、后果严重的；抢劫无辜居民财物的；抢夺无辜居民财物价值2000元以上，或者不满规定数额，但手段恶劣、后果严重的。

3. 战时残害居民罪与故意杀人罪、故意伤害罪、强奸罪的界限

本罪与上述罪名均侵犯了公民的人身权利,区别在于本罪对时间、地点、犯罪主体、犯罪对象均有明确限制,只能发生在战时和军事行动地区,主体只能是军人,对象限定为无辜群众。而故意杀人罪、故意伤害罪、强奸罪等罪名则没有时间、地点的限制,主体和对象也可以是所有公民。如果军人在非战时或非军事行动区故意杀人、故意伤害、强奸,符合刑法规定的,应以故意杀人罪、故意伤害罪、强奸罪论处。

4. 战时掠夺居民财物罪与抢劫罪、抢夺罪、故意毁坏财物罪的界限

本罪与上述罪名均侵犯了公民的财产权利,区别在于本罪对时间、地点、犯罪主体、犯罪对象均有明确限制,只能发生在战时和军事行动地区,主体只能是军人,对象限定为无辜群众,而抢劫罪、抢夺罪、故意毁坏财物罪等罪名则没有时间、地点的限制,主体和对象也可以是所有公民。如果军人在非战时或非军事行动区抢劫、抢夺、故意毁坏财物,符合刑法规定的,应以抢劫罪、抢夺罪、故意毁坏财物罪论处。

5. 本罪是选择性罪名

行为人在战时军事行动区既实施了残害无辜居民行为,也实施了掠夺无辜居民财物的行为的,仍只认定战时残害居民、掠夺居民财物罪一罪。

第四百四十七条　【私放俘虏罪】私放俘虏的,处五年以下有期徒刑;私放重要俘虏、私放俘虏多人或者有其他严重情节的,处五年以上有期徒刑。

【条文理解】

私放俘虏罪是指擅自将俘虏放走的行为。本罪的具体构成要件是:

(1)本罪侵犯的客体是对俘虏的管理秩序。俘虏是指在战争或武装冲突中被我方俘获的敌方武装人员及其他为武装部队服务的人员。

(2)本罪的客观方面表现为未经批准,擅自将俘虏放走。私放俘虏行为可能发生在战时,也可能发生在战后,所以本罪没有规定为战时犯罪。

(3)本罪的主体是对俘虏有管理、看护等权限的军人。

(4)本罪的主观方面是故意。犯罪动机可能多种多样,如碍于私情、贪财、贪图女色等。

【司法适用】

俘虏是我军消灭敌人有生力量的直接成果之一。我军对俘虏的处理,要经过

甄别、审讯、教育后区别对待,其中俘虏的敌军士兵和下级军官经批准后可以释放,但不准擅自释放俘虏。私放俘虏行为违反了俘虏管理制度,破坏了俘虏管理的正常秩序,使我军丧失作战成果,甚至增加了敌人的实力,将对我军造成严重的危害。在司法实践中,应注意以下问题:

1. 罪与非罪的界限

(1)战场上的情况错综复杂,部队有时为了执行其他任务,或者因为战事紧急,对于抓获的俘虏一时没有办法押送,只好对俘虏进行教育后将其释放。这种情况是不得已才发生的,行为人主观上是为了有利于作战,没有私放俘虏危害社会的故意,因此不能认定为犯罪。(2)上级领导未获批准下令释放俘虏,行为人执行上级领导命令将俘虏释放的情况,是否定罪应视行为人是否知情而定。如果行为人明知上级领导属于擅自下令释放,仍执行命令释放俘虏的,则构成私放俘虏罪的共犯,反之如果行为人不知情则不构成犯罪。(3)本罪要求必须具有私放俘虏的主观故意。如果行为人没有私放俘虏的故意,只是由于擅离、玩忽军事职守等过错,客观上放走了俘虏,则不能构成本罪。(4)应注意对行为人私放的对象是否为"俘虏"的认定。如我军在作战中,有时会在驻地或者战场周围抓获一些形迹可疑的人,这些人员是否为地方武装人员及其他为敌方武装部队服务的人员有时难以辨认,必须经过审讯才能确认,如果指挥人员经过审讯确认系无辜居民,但未经批准而放走,不构成本罪。

2. 私放俘虏罪与私放在押人员罪的界限

俘虏也属于在押人员,因此本罪与私放在押人员罪有相似之处。区别在于本罪的主体是军人,私放在押人员罪的主体是司法工作人员;本罪侵害的客体是俘虏管理秩序,对象是我军俘获的敌方武装人员及为武装部队服务的人员;私放在押人员罪侵犯的客体是司法监管秩序,对象是刑事案件的犯罪嫌疑人、被告人或者罪犯等;本罪的客观方面不要求行为人利用职务之便,无论行为人有无监管俘虏的职责,都可能实施私放俘虏的行为,私放在押人员罪则要求行为人有利用职务之便的情况。

3. 私放俘虏罪的一罪与数罪情形

行为人在私放俘虏的过程中,有可能伴随实施其他犯罪,如与被私放的俘虏一同投敌、为私放俘虏而杀人、私放俘虏后逃离部队等。这些行为虽然是基于私放俘虏的目的,但是属于行为人出于不同的犯罪故意实施了不同的犯罪行为,独立构成不同的数罪,应按数罪并罚的原则定罪处罚。如果俘虏因其罪行被移交刑事审判,则其具有了俘虏和被告人或罪犯的双重身份,私放这样的俘虏就同时触犯了本罪和私放在押人员罪,属于想象竞合,应当以较重的罪名也即起点刑更高的本罪处罚。

4. 私放俘虏罪的犯罪形态

本罪属于行为犯,是否既遂的标准应以行为人是否完成将俘虏放走的行为作为标准。如果行为人已经完成将俘虏放走的行为,即属于犯罪既遂。如果行为人虽已着手实施但尚未完成将俘虏放走的行为即停止,如果系由于意志外的原因,则属于犯罪未遂;如果系由于行为人能够继续实施但主动放弃,则属于犯罪中止。

第四百四十八条 【虐待俘虏罪】虐待俘虏,情节恶劣的,处三年以下有期徒刑。

【条文理解】

虐待俘虏罪是指虐待俘虏,情节恶劣的行为。本罪的具体构成要件是:

(1)本罪侵犯的客体是我军的俘虏管理秩序。我军对放下武器的敌军官兵实行宽待政策,给予人道待遇。这是我军瓦解敌军的政治工作原则的要求和具体体现。虐待俘虏的行为直接妨害我军的俘虏管理秩序,削弱我军俘虏政策的威力,损害我军的声誉,使敌人的反动宣传有机可乘,导致敌人顽抗到底,增加我军夺取胜利的难度,将对我军作战造成严重的危害。本罪的犯罪对象是俘虏,即在作战中被我方俘获的敌方武装人员及其他为敌方从事战争的人员。

(2)本罪的客观方面表现在对俘虏进行精神上的折磨、肉体上的摧残、生活上的不人道待遇,情节恶劣。虐待行为一般表现为打骂、体罚、折磨及施以酷刑,强迫从事危险性和屈辱性的工作等。虐待俘虏行为可以发生在战时,也可以发生在战后,所以本罪没有规定为战时犯罪。情节恶劣一般指:指挥人员虐待俘虏的;虐待俘虏 3 人以上,或者虐待俘虏 3 次以上的;虐待俘虏手段特别残忍的;虐待伤病俘虏的;导致俘虏自杀、逃跑等严重后果的;造成恶劣影响的;有其他恶劣情节的。随意杀死俘虏的行为属于严重侵害俘虏人身权利的犯罪,已超出虐待行为的本意,不以本罪论处。

(3)本罪的主体是执行押解或监管俘虏的军人及相关职责人员。

(4)本罪的主观方面是故意。

【司法适用】

1. 罪与非罪的界限

(1)本罪是行为犯,在犯罪构成上只要求实施了情节恶劣的虐待行为,并不要求必须造成俘虏人身伤害等严重后果。但是虐待行为本身应具有一定的持续性,对于刚刚开始实施即被制止的虐待行为,没有造成后果,情节也一般的,应注意依照《刑法》第 13 条的规定综合衡量。(2)虐待俘虏行为多是出于对敌人的仇恨和报复心理,对大多数人要依靠思想教育,提高其政治觉悟和政策水平,对极少数虐待俘虏情节恶劣的,虐待俘虏屡教不改的,因虐待俘虏导致俘虏自杀、行凶、伤亡、逃跑、闹事或造成其他恶劣政治影响的,应当追究刑事责任。(3)本罪的犯罪对象是已停止反抗或敌对行动的俘虏,对那些被俘后在被押解途中有反抗、逃跑行为,或者在被看管场所有煽动策划暴乱、聚众闹事和行凶等行为的人,采取必要的暴力手段制止,则不是虐待俘虏的行为,不能认定为犯罪。

2. 本罪与虐待被监管人罪的界限

俘虏也属于被监管人员,与本罪有相似之处。区别在于本罪的主体是军人,主要是执行押解或监管俘虏的军人及相关职责人员,犯罪对象是俘虏,侵犯的客体是我军的俘虏管理秩序;虐待被监管人罪的主体是司法工作人员,犯罪对象是犯罪嫌疑人、被告人、罪犯等,侵犯的客体是被监管人员的人身权利。

3. 本罪与虐待罪的界限

本罪与虐待罪都以虐待行为作为犯罪客观方面的主要内容,且虐待俘虏也没有战时的限制,故二者有相似之处。区别主要在于:犯罪主体和对象不同,前者主要发生在军人和俘虏之间,后者发生于家庭成员之间;本罪侵犯的客体是我军的俘虏管理秩序,虐待罪侵犯的客体是家庭成员的人身、平等权利。

4. 本罪与其他侵犯公民人身权利罪的界限

对俘虏的虐待行为可能包含故意伤害、非法拘禁、侮辱、猥亵等多种内容,主要区别在于本罪系特殊主体即军人,犯罪对象是俘虏,主观方面是故意;其他侵犯公民人身权利罪的主体是一般主体,对象也是一般的自然人,主观方面可以是故意,也可以是过失。

5. 注意本罪的特殊形态

虐待俘虏罪属于行为犯,在确属情节恶劣的情况下,判断其犯罪行为是否既遂,应以是否已完成虐待行为为标准。如果行为人尚未完成虐待俘虏的行为,要根据行为人是自动放弃还是因意志以外的原因而未得逞来确定属于犯罪未遂还是犯罪中止。

第四百四十九条 【战时缓刑】在战时,对被判处三年以下有期徒刑没有现实危险宣告缓刑的犯罪军人,允许其戴罪立功,确有立功表现时,可以撤销原判刑罚,不以犯罪论处。

【条文理解】

本条是针对在战时的特殊条件下,为了化消极因素为积极因素,有利于犯罪军人的教育改造,尽可能避免非战斗减员而规定的一种对犯罪军人的特殊处理方法。主要是考虑战争特殊环境最能考验人、教育人,给犯罪者在战争中戴罪立功的机会,有利于对其的教育改造。让没有现实危险的犯罪军人,特别是有一定经验和专业技术的军人继续留在部队战斗,保持部队的战斗力,有利于调动一切积极因素争取胜利,对教育改造犯罪军人也具有非常积极的意义。

【司法适用】

(1)本条的适用时间必须是在战时,非战时不适用战时缓刑规定。

(2)本条的对象是被判处 3 年以下有期徒刑的犯罪军人。刑罚超过 3 年有期徒刑的不适用战时缓刑。应判处拘役的情况下能否适用本条,刑法虽未作规定,但从立法精神来看应该是可以的。同时,本条是否需要受到《刑法》第 74 条关于累犯不适用缓刑规定的限制问题,刑法没有直接予以明确,但是从《刑法》总则与分则的关系而言,对于累犯也一般不宜适用战时缓刑。

(3)本条的适用条件是在战争条件下宣告缓刑没有实质危险。因为战时缓刑的适用,是将犯罪军人继续留在部队,并在战时状态下执行军事任务,若宣告战时缓刑具有现实的危险,则会在战时状态下严重危害我军的军事利益。行为人是否有现实危险,可以结合行为人所犯之罪的情节、危害程度,以及行为人的悔罪表现来综合判断。

(4)本条规定的战时缓刑和一般的缓刑制度的区别。一般缓刑和战时缓刑在刑期要求等适用条件上相似,主要区别在于:一是适用的时间限制、适用的对象不同:一般缓刑没有时间和主体限制,而战时缓刑只能适用于战时的军人。二是缓刑的执行方式不同:对一般缓刑的人,可以根据其犯罪情况同时禁止其在缓刑考验期内从事特定的活动,进入特定区域、场所、接触特定的人,缓刑考验期内还应当服从监督、遵守会客和迁居的规定,遵守法律,依法进行社区矫正,考验期结束后才确定不执行刑罚,但仍属于犯罪;而战时缓刑的军人则要戴罪立功,确有立功(主要指战功)表现的,可以撤销原判刑罚,比一般缓刑的要求要高,但同时也可不以犯罪论处。

第四百五十条 【本章适用的主体范围】**本章适用于中国人民解放军的现役军官、文职干部、士兵及具有军籍的学员和中国人民武装警察部队的现役警官、文职干部、士兵及具有军籍的学员以及文职人员、执行军事任务的预备役人员和其他人员。**

【条文对照】

1997 年《刑法》	2020 年《刑法修正案(十一)》
第四百五十条　本章适用于中国人民解放军的现役军官、文职干部、士兵及具有军籍的学员和中国人民武装警察部队的现役警官、文职干部、士兵及具有军籍的学员以及执行军事任务的预备役人员和其他人员。	第四百五十条　本章适用于中国人民解放军的现役军官、文职干部、士兵及具有军籍的学员和中国人民武装警察部队的现役警官、文职干部、士兵及具有军籍的学员以及**文职人员、**执行军事任务的预备役人员和其他人员。

【条文理解】

本章罪名的犯罪主体主要包括四部分:(1)中国人民解放军的现役军官、文职干部、士兵及具有军籍的学员。也包括部队的最高机构、领导机构和下属机构里的现役军官、文职干部、士兵及具有军籍的学员。这里的军籍学员包括取得军籍在部队直属院校就读的学生。(2)中国人民武装警察部队的现役警官、文职干部、士兵及具有军籍的学员以及文职人员。中国人民武装警察部队是我国国家武装力量的重要组成部分,由党中央、中央军事委员会集中统一领导。人民武装警察部队应当遵守宪法和法律规定,忠于职守,依法履行职责,不得有违法行为。构成犯罪的,依法追究刑事责任。军籍学员是指取得军籍在各武警学院就读的学员,文职人员是指军队聘用的非现役人员。(3)执行军事任务的预备役人员。预备役军人是受过系统的军事训练和培训过的人,培训过后不一定从事军事工作,可以从事其他行业。不过如有战时需要,要优先补充现役部队。由于其也担负着与军人相同的保卫国家、人民利益的职责,因而也纳入本章罪名的主体范围。(4)其他人员,主要是指上述三类主体之外其他执行军事任务的人员,如军内在编职工等。

【司法适用】

注意军内在编职工属于"其他人员"。军内在编职工一般是指在专业技术岗位以及部分管理实务和服务保障等非专业技术岗位上的职工。在这些岗位中,有的与军事任务相关,例如,军事设施工程建设、对军人伤病员的卫生护理工作等。因此,军内在编职工可以构成军人违反职责罪。军内在编职工的招收、使用、统计、供给关系、行政组织等主要由军队管理,是计入军队序列的人员,对此类人员所犯之罪,要按现役军人处罚,因为在编职工虽然没有军籍,但与现役军人一样具有权利义务,其中大多数人在军事院校、部队机关和国防工厂等重要部门工作,他们了解熟悉部队的情况,执行部队的规章制度,并在部队里面担任一定的职务。其违反职责的行为,同样会给我军利益带来危害,因此可以认定为"其他人员"。

第四百五十一条 【战时的界定】本章所称战时,是指国家宣布进入战争状态、部队受领作战任务或者遭敌突然袭击时。

部队执行戒严任务或者处置突发性暴力事件时,以战时论。

【条文理解】

本条第1款是对"战时"的立法界定,第2款是对"视为战时"情况的规定,也即第2款内容并不属于严格意义上的"战时",只是立法上按照战时对待而已。所谓戒严,依据《戒严法》的规定,是指在发生严重危及国家的统一、安全或者社会公共安全的动乱、暴乱或者严重骚乱,不采取非常措施不足以维护社会秩序、保护人民的生命和财产安全的紧急状态时,国家可以决定在指定地区内,对宪法、法律规定的公民权利和自由的行使作出特别规定的措施。戒严由人民警察、人民武装警察执行,必要时,国务院可以向中央军事委员会提出,由中央军事委员会决定派出人民解放军协助执行戒严任务。突发事件是指突然发生、造成或者可能造成严重社会危害,需要采取应急处置措施予以应对的事件。"突发性暴力事件"是指突然发生的恐怖事件、重大的打砸抢事件等,已经造成或者可能造成严重社会危害,危及人民群众生命和财产安全,需要采取应急处置措施予以应对的事件。

【司法适用】

1. 注意"宣布进入战争状态"的有权国家机关是全国人大。根据宪法规定,全国人民代表大会决定战争问题,在国家遭受武装侵犯或者必须履行国际共同防止侵略的条约的情况下,全国人大常委会有权宣布进入战争状态。对于全局性战争,战时自国家发布战争动员起,至宣布战争结束止;对于局部性战争,战时自部队接受作战任务进行战斗动员起,至部队完成作战任务撤离战区战争结束止。

2. 注意以战时论的突发性事件必须是暴力事件,如果部队执行的是处置突发自然灾害事件(如抗洪救灾)、突发公共卫生事件任务,则不能以战时论。

3. 注意本章不是所有的罪名都有"战时"的要求,但是一些罪名中即使没有"战时"的表述,但也发生在战时,如投降罪、违令作战消极罪、拒不救援友邻部队罪、遗弃伤病军人罪等,故在司法认定时应适用本条的规定。

附　　则

第四百五十二条　【施行日期及法律的废止与保留】本法自 1997 年 10 月 1 日起施行。

列于本法附件一的全国人民代表大会常务委员会制定的条例、补充规定和决定，已纳入本法或者已不适用，自本法施行之日起，予以废止。

列于本法附件二的全国人民代表大会常务委员会制定的补充规定和决定予以保留。其中，有关行政处罚和行政措施的规定继续有效；有关刑事责任的规定已纳入本法，自本法施行之日起，适用本法规定。

附件一

全国人民代表大会常务委员会制定的下列条例、补充规定和决定，已纳入本法或者已不适用，自本法施行之日起，予以废止：

1. 中华人民共和国惩治军人违反职责罪暂行条例
2. 关于严惩严重破坏经济的罪犯的决定
3. 关于严惩严重危害社会治安的犯罪分子的决定
4. 关于惩治走私罪的补充规定
5. 关于惩治贪污罪贿赂罪的补充规定
6. 关于惩治泄露国家秘密犯罪的补充规定
7. 关于惩治捕杀国家重点保护的珍贵、濒危野生动物犯罪的补充规定
8. 关于惩治侮辱中华人民共和国国旗国徽罪的决定
9. 关于惩治盗掘古文化遗址古墓葬犯罪的补充规定
10. 关于惩治劫持航空器犯罪分子的决定
11. 关于惩治假冒注册商标犯罪的补充规定
12. 关于惩治生产、销售伪劣商品犯罪的决定
13. 关于惩治侵犯著作权的犯罪的决定
14. 关于惩治违反公司法的犯罪的决定
15. 关于处理逃跑或者重新犯罪的劳改犯和劳教人员的决定

附件二

全国人民代表大会常务委员会制定的下列补充规定和决定予以保留,其中,有关行政处罚和行政措施的规定继续有效;有关刑事责任的规定已纳入本法,自本法施行之日起,适用本法规定:

1. 关于禁毒的决定
2. 关于惩治走私、制作、贩卖、传播淫秽物品的犯罪分子的决定
3. 关于严禁卖淫嫖娼的决定
4. 关于严惩拐卖、绑架妇女、儿童的犯罪分子的决定
5. 关于惩治偷税、抗税犯罪的补充规定
6. 关于严惩组织、运送他人偷越国(边)境犯罪的补充规定
7. 关于惩治破坏金融秩序犯罪的决定
8. 关于惩治虚开、伪造和非法出售增值税专用发票犯罪的决定

【条文理解】

1997 年第八届全国人大第五次会议修订刑法后,全国人大常委会又通过了全国人民代表大会常务委员会《关于惩治骗购外汇、逃汇和非法买卖外汇犯罪的决定》、全国人民代表大会常务委员会《关于取缔邪教组织、防范和惩治邪教活动的决定》和十一个刑法修正案。其中,上述两个决定、《刑法修正案(一)》至《刑法修正案(七)》、《刑法修正案(十)》均规定该决定和修正案自公布之日起施行,2011 年 2 月 25 日第十一届全国人大常委会第十次会议通过的《刑法修正案(八)》规定,该修正案自 2011 年 5 月 1 日起施行。2015 年 8 月 29 日第十二届全国人大常委会第十六次会议通过的《刑法修正案(九)》规定,该修正案自 2015 年 11 月 1 日起施行。2020 年 12 月 26 日第十三届全国人大常委会第二十四次会议通过的《刑法修正案(十一)》规定,该修正案自 2021 年 3 月 1 日起施行。2023 年 12 月 29 日第十四届全国人大常委第七次会议通过的《刑法修正案(十二)》规定,该修正案自 2024 年 3 月 1 日起施行。在修正案通过以后,规定经过一定期限后开始施行,一方面有利于修改司法解释及相关规定,为修正案的施行进行充分准备;另一方面也有利于对修正案的内容进行广泛宣传,使广大人民群众对修正案的内容有必要的了解,知晓哪些行为被新纳入犯罪行为,从而树立知法守法意识。

【司法适用】

注意本条规定在认定刑法溯及力时的应用。法不溯及既往是刑法罪刑法定原则的体现,对于刑法及其修正案生效以前发生的行为,应当依照《刑法》第 12 条关于刑法溯及力的规定进行处理。

1997 年《刑法》修订时,将 1979 年《刑法》实施以来由全国人大常委会作出的

有关刑法的条例、补充规定和决定研究修改编入《刑法》，以形成一部统一的、比较完备的刑法。列于本法附件一的 15 个条例、补充规定和决定，除《关于处理逃跑或者重新犯罪的劳改犯和劳教人员的决定》经过研究后认为应当不再适用而没有吸纳外，其他条例、规定、决定需要继续适用的内容，都已在研究修改后纳入《刑法》。故这些条例、补充规定、决定已经没有保留的必要，自刑法施行之日起废止。《刑法》施行之后的犯罪，法院在作出判决时应注意不能引用上述条例、补充规定和决定。

列于附件二的 8 个补充规定和决定，规定了有关刑事责任的内容，有的还规定了行政处罚及行政措施。其中涉及行政处罚和行政措施的规定在行政执法活动中仍然起着十分重要的作用，应当继续适用，因此应当予以保留，执法机关仍要适用这些规定处理违法行为；其中有关刑事责任的内容，经过研究后已经纳入《刑法》，《刑法》生效后原有规定不再有效，法院判决时应引用《刑法》规定，按照《刑法》规定执行。